Klicpera/Gasteiger-Klicpera

Psychologie der Lese- und Schreibschwierigkeiten

Christian Klicpera
Barbara Gasteiger-Klicpera

Psychologie der Lese- und Schreibschwierigkeiten

Entwicklung, Ursachen, Förderung

2. Auflage

Anschrift der Autoren:

Christian Klicpera und Barbara Gasteiger-Klicpera
Abteilung für angewandte und klinische Psychologie
Universität Wien
Gölsdorfgasse 3/6
A-1010 Wien

Lektorat: Gerhard Tinger

Wissenschaftlicher Beirat der Psychologie Verlags Union:

Prof. Dr. Walter Bungard, Lehrstuhl Psychologie I, Wirtschafts- und Organisationspsychologie, Universität Mannheim, Schloß, Ehrenhof Ost, 68131 Mannheim
Prof. Dr. Dieter Frey, Institut für Psychologie, Sozialpsychologie, Ludwig-Maximilians-Universität München, Leopoldstr. 13, 80802 München
Prof. Dr. Ernst-D. Lantermann, Universität Kassel, GH, FB 3, Psychologie, Holländische Straße 56, 34127 Kassel
Prof. Dr. Rainer K. Silbereisen, Friedrich-Schiller-Universität Jena, Institut für Psychologie, Lehrstuhl für Entwicklungspsychologie, Am Steiger 3, 07743 Jena
Prof. Dr. Hans-Ulrich Wittchen, Max-Planck-Institut für Psychiatrie, Kraepelinstraße 10, 80804 München

Die Deutsche Bibliothek – CIP-Einheitsaufnahme

Klicpera, Christian:
Psychologie der Lese- und Schreibschwierigkeiten :
Entwicklung, Ursachen, Förderung. / Christian Klicpera ;
Barbara Gasteiger-Klicpera. – Beltz, Psychologie-
Verl.-Union, 1995
   ISBN 3-621-27271-2
NE: Gasteiger-Klicpera, Barbara:

Das Werk einschließlich aller seiner Teile ist urheberrechtlich geschützt. Jede Verwertung außerhalb der engen Grenzen des Urheberrechtsgesetzes ist ohne Zustimmung des Verlags unzulässig und strafbar. Das gilt insbesondere für Vervielfältigungen, Übersetzungen, Mikroverfilmungen und die Einspeicherung und Verarbeitung in elektronischen Systemen.

© 1995, 1998 Psychologie Verlags Union, Weinheim

Umschlaggestaltung: Dieter Vollendorf, München
Druck und Bindung: Druckhaus Thomas Müntzer, Bad Langensalza
Printed in Germany
Gedruckt auf säurefreiem Papier

ISBN 3-621-27271-2

Inhaltsverzeichnis

Einleitung 1

I. Lesen und Schreiben: Die Anforderungen, der Lernprozeß und die dabei auftretenden Schwierigkeiten 4

1. Voraussetzungen für das Verständnis des Lesens und Schreibens 4
1.1. Die Bedeutung des Lesens und Schreibens in unserer Gesellschaft 4
1.2. Wie unterscheidet sich die Schrift von der mündlichen Sprache 5
1.3. Die Gestaltung der Beziehung zwischen Schrift und mündlicher Sprache in verschiedenen Schriftsystemen 8

2. Der Leseprozeß beim geübten Leser 12
2.1. Phonologisches Rekodieren 17
2.2. Ausnutzung der orthographischen Informationen 24
2.3. Die Bedeutung von Buchstabenschemata beim Worterkennen 26
2.4. Die Bedeutung von Morphemen beim Lesen 27
2.5. Automatisierung bzw. Modularität des Worterkennungsprozesses 29
2.6. Der Einfluß des Kontexts auf das Erkennen von Wörtern 30
2.7. Zusammenfassende Darstellung des Worterkennungsprozesses beim geübten Leser 32

3. Lesenlernen: Entwicklung des Worterkennens 33
3.1. Einsicht in die Funktion und Struktur der Schrift als Voraussetzung für das Lesenlernen 33
3.2. Gliederung des Leselernprozesses in Stadien 45
3.3. Allgemeine Kennzeichnung der Fortschritte beim Lesenlernen 54
3.4. Die phonologische Rekodierung in der Leseentwicklung 56
3.5. Aneignung wortspezifischer Lesekenntnisse 63
3.6. Der Einfluß der orthographischen Regelmäßigkeit während der Leseentwicklung 63
3.7. Die Entwicklung von Buchstabenschemata 65
3.8. Ausnutzung des Morphemaufbaus in Abhängigkeit vom Leseentwicklungsstand 66
3.9. Automatisierung des Worterkennens während der Leseentwicklung 67
3.10. Entwicklung des Kontexteinflusses beim Erkennen von Wörtern 68
3.11. Zusammenfassung über die Leseentwicklung 70

4. Schwierigkeiten beim Erlernen des Lesens 71
4.1. Phonologisches Rekodieren und Beherrschung von Graphem-Phonem-Korrespondenz-Regeln 76
4.2. Berücksichtigung der orthographischen Regularität durch leseschwache Kinder 82
4.3. Aneignung wortspezifischer Lesekenntnisse 83
4.4. Die Verwendung von Buchstaben-übergreifenden Merkmalen durch leseschwache Kinder 85
4.5. Schwierigkeiten beim Benennen von Buchstaben und in der Ausbildung von Buchstabenschemata bei leseschwachen Kindern 86

4.6.	Schwierigkeiten beim Erkennen und Ausnutzen der Morphemgliederung	89
4.7.	Automatisierung des Worterkennens bei leseschwachen Kindern	90
4.8.	Die Verwendung des Kontexts beim Worterkennen durch leseschwache Kinder	91
4.9.	Zusammenfassung der Aussagen zu den Schwierigkeiten beim Erlernen des Lesens	94
5.	***Das Rechtschreiben***	**96**
5.1.	Modelle des Rechtschreibprozesses	96
5.2.	Die Rechtschreibung geübter Schreiber: Einflußfaktoren und Evidenz für die Annahmen der Prozeßmodelle	101
5.3.	Stadien der Rechtschreibentwicklung	106
5.4.	Die Entwicklung von Teilfertigkeiten des Rechtschreibens	111
5.5.	Rechtschreibschwierigkeiten	119
5.6.	Zusammenfassung: Was wissen wir derzeit über Schwierigkeiten beim Erlernen des Rechtschreibens?	130
6.	***Das Leseverständnis***	**131**
6.1.	Komponenten des Leseverständnisses	133
6.2.	Verständnisschwierigkeiten leseschwacher Kinder	141
7.	***Die schriftliche Ausdrucksfähigkeit***	**153**
7.1.	Modelle über die kognitiven Prozesse beim Schreiben	154
7.2.	Entwicklung der schriftlichen Ausdrucksfähigkeit	158
7.3.	Schwierigkeiten beim schriftlichen Ausdruck	165
8.	***Zusammenhang zwischen den Teilfertigkeiten des Lesens und Schreibens***	**168**
9.	***Erworbene Lese- und Schreibschwierigkeiten (Alexie und Agraphie)***	**173**
9.1.	Alexien	173
9.2.	Agraphien	188
10.	***Differenzierung von Untergruppen lese- und schreibschwacher Schüler***	**192**
10.1.	Gibt es unterschiedliche Formen von Leseschwierigkeiten?	192
10.2.	Isolierte Schwierigkeiten beim Erlernen des Rechtschreibens	201
10.3.	Untergruppen mit guter bzw. schwacher Lese- und Rechtschreibfähigkeit und unterschiedlichem Leseverständnis und schriftlichem Ausdrucksvermögen	205
10.4.	Hyperlexie: Außergewöhnliche mündliche Lesefertigkeit	207
10.5.	Wieweit lassen sich spezifische von unspezifischen Lese- und Rechtschreibschwächen in der Art ihrer Schwierigkeiten beim Erlernen des Lesens und Schreibens unterscheiden?	208
11.	***Häufigkeit und Verlauf von Lese- und Schreibschwierigkeiten***	**218**
11.1.	Häufigkeit von Lese- und Schreibschwierigkeiten	218
11.2.	Die langfristige Entwicklung von Kindern mit Lese- und Schreibschwierigkeiten	222

11.3. Die Auswirkungen von Lese- und Rechtschreibschwierigkeiten auf die
Schul- und Berufslaufbahn 226
12. *Kurze Zusammenfassung zum Erlernen des Lesens und Schreibens und
den dabei auftretenden Schwierigkeiten* 228

II. Ursachen von Lese- und Schreibschwierigkeiten 233
1. *Der Einfluß sozialer Faktoren auf die Aneignung der Schriftsprache* 235
1.1. Der Einfluß außerschulischen Lesens und Schreibens 241
1.2. Der Einfluß des Fernsehkonsums 242
1.3. Einfluß sozialer Faktoren auf die langfristige Entwicklung von Kindern
mit Lese- und Rechtschreibschwierigkeiten 243
2. *Mangelnde kognitive Lernvoraussetzungen und Teilleistungs-
schwächen als Ursachen für Schwierigkeiten beim Erlernen des
Lesens und Schreibens* 244
2.1. Die phonologische Bewußtheit bei leseschwachen Schülern 246
2.2. Phonologische Verarbeitungsschwächen und Lese- und Schreib-
schwierigkeiten 247
2.3. Lese- und Schreibschwierigkeiten als Folge sprachlicher Begabungs-
mängel bzw. einer Sprachentwicklungsstörung 254
2.4. Beeinträchtigung des Arbeitsgedächtnisses 257
2.5. Mangelnde Entwicklung der metakognitiven Bewußtheit als Ursache 258
2.6. Mangelnde Erfassung von regelhaften Zuordnungssystemen 258
2.7. Perzeptuelle bzw. visuomotorische Fähigkeiten und Lese- und Schreib-
schwierigkeiten 258
2.8. Geringe Automatisierung von Informationsvorgängen als allgemeines
Merkmal 261
2.9. Unterschiede zwischen verschiedenen Formen von Lese- und Schreib-
schwierigkeiten 261
2.10. Bildung von Untergruppen nach den Leistungen bei leseunabhängigen
Aufgaben 263
2.11. Teilleistungsschwächen als Folge des Versagens beim Erlernen des
Lesens und Schreibens 265
3. *Zusammenhang zwischen Lese- und Schreibschwierigkeiten und
emotionalen Problemen sowie Verhaltensauffälligkeiten* 268
4. *Konstitutionelle Ursachen für Schwierigkeiten beim Erlernen des
Lesens und Schreibens* 279
5. *Geschlechtsunterschiede in der Häufigkeit von Lese- und Schreib-
schwierigkeiten* 292
6. *Schulische Faktoren in ihrem Einfluß auf die Häufigkeit von Lese-
und Schreibschwierigkeiten* 296
7. *Kurze Zusammenfassung zu den Ursachen von Lese- und Schreib-
schwierigkeiten* 299

III. Lese- und Schreibunterricht sowie Fördermaßnahmen für Schüler mit Schwierigkeiten beim Erlernen des Lesens und Schreibens 303

1. *Die Gestaltung des Leseunterrichts* 306
1.1. Elemente des Erstlese-Unterrichts 306
1.2. Die methodische Orientierung des Lese- und Schreibunterrichts 314
1.3. Die Bedeutung der Erstleselehrgänge 320

2. *Rechtschreibunterricht* 323

3. *Unterricht im Leseverständnis* 332

4. *Unterricht im schriftlichen Ausdruck* 341

5. *Steuerung des Unterrichts durch den Lehrer* 342

6. *Unterschiede zwischen verschiedenen Klassen in der Gestaltung des Lese- und Schreibunterrichts* 347

7. *Zusammenarbeit zwischen Schule und Elternhaus und Einbeziehung der Eltern in die Leseförderung* 349

8. *Förderunterricht bei Lese- und Schreibschwierigkeiten* 351
8.1. Organisationsformen von Fördermaßnahmen für lese- und schreibschwache Kinder an den Schulen 352
8.2. Schwerpunkte bei der Förderung des Lesens und Schreibens 362
8.3. Förderung des Leseverständnisses 374
8.4. Interventionen zur Verbesserung des Klassenverhaltens und der Lernmotivation 377
8.5. Die Bedeutung von Förderprogrammen für den Unterricht lese- und schreibschwacher Schüler 378
8.6. Die Bedeutung des sogenannten Funktionstrainings im Legastheniker-Förderunterricht 383
8.7. Die Wirksamkeit von Förderungmaßnahmen für lese- und schreibschwache Kinder 384

9. *Kurze Zusammenfassung zum Lese- und Schreibunterricht und den Fördermaßnahmen für Schüler mit speziellen Schwierigkeiten beim Erlernen des Lesens und Schreibens* 392

Schlußwort 396

Literatur 400

Sachregister 440

Einleitung

Lese- und Schreibschwächen sind in unserer Gesellschaft ein tabuisiertes Thema. Menschen, die das Lesen und Schreiben nur unzureichend beherrschen, schämen sich und scheuen sich, dies offen zuzugestehen. Berichte über diese Schwierigkeiten finden zwar in den Medien gelegentlich größere Beachtung, werden jedoch von den Schulverwaltungen zumeist übergangen oder sogar zurückgewiesen. Es mutet in der Tat etwas eigenartig an, daß in einer Gesellschaft, die ein ausgebautes Schulsystem aufweist und einen guten Teil ihrer Ressourcen für den Unterhalt des Bildungssystems verwendet, nach wie vor Menschen existieren, die nur eine ungenügende Fertigkeit in den basalen Kulturtechniken aufweisen. Totzdem wird immer deutlicher, daß es sich hierbei um ein recht persistentes und in allen industrialisierten Ländern anzutreffendes Problem handelt.

An der bisherigen Auseinandersetzung mit Lese- und Schreibschwierigkeiten ist oft kritisiert worden, daß sie sich primär mit den Voraussetzungen für das Lesen und Schreiben beschäftigt und darüber den eigentlichen Lese- und Schreibprozeß vernachlässigt habe. Über mehrere Jahrzehnte war kaum eine psychologische Analyse jener Prozesse, die am Lesen und Schreiben beteiligt sind, vorgenommen worden. In den beiden letzten Jahrzehnten hat sich diese Situation jedoch radikal geändert. Seit Anfang der 70-er Jahre zählt die Analyse des Lese- und Schreibprozesses zu einem der am intensivsten bearbeiteten Gebiete der kognitiven Psychologie. Dadurch hat die Lese- und Schreibforschung, vor allem im angloamerikanischen Bereich, einen gewaltigen Aufschwung genommen. Sie stellt heute einen der aktivsten Bereiche sowohl der kognitiven Psychologie bzw. der Psycholinguistik als auch der Unterrichtsforschung dar. Ein wesentliches Motiv für das starke Interesse an diesem Bereich ist sicher darin zu sehen, daß in dieser Forschung eine Chance gesehen wird, praktisch relevante Ergebnisse für den Unterricht des Lesens und Schreibens sowie für das Verständnis von Lese- und Schreibschwierigkeiten und deren Therapie zu gewinnen. Aus diesem Grund sind die Modelle und Erkenntnisse über den Lese- und Schreibprozeß sowie die Aneignung der Schriftsprache von Anfang an auch auf die Analyse von Lese- und Schreibschwierigkeiten übertragen worden. Man kann sogar sagen, daß diese Untersuchungen immer auch an dem Kriterium gemessen wurden, wieweit sie zum Verständnis von Lese- und Schreibschwierigkeiten beitrugen.

Im Gegensatz zum angloamerikanischen Sprachraum hat die Legasthenieforschung im deutschsprachigen Raum nach einer kurzen Blüte Ende der 60-er bzw. Anfang der 70-er Jahre zunächst ein eher unrühmliches Ende genommen. Zu diesem Zeitpunkt setzte massive Kritik an den Forschungsmethoden und den der Forschung sowie der Behandlung von Lese- und Schreibschwierigkeiten zugrundeliegenden Konzepten ein. Obwohl die Kritik wahrscheinlich konstruktiv gemeint war oder zumindest so hätte verstanden werden können, waren ihre Auswirkungen negativ. Es gab seither nur mehr vereinzelt Untersuchungen, die sich mit Lese- und Schreibschwierigkeiten auseinandergesetzt haben. Jene, die diese Kritik unberechtigt gefunden haben, hielten an traditionellen Vorstellungen fest und haben sich mehr oder weniger gegenüber neuen Ansätzen abgeschottet.

Erst in den letzten Jahren hat auch im deutschen Sprachraum ein Wandel eingesetzt. Von mehreren Forschungsgruppen wurden die Konzepte über den Schriftspracherwerb und die besonderen Merkmale von Lese- und Schreibschwierigkeiten aus dem angloamerikanischen Raum aufgegriffen und durch eigene Untersuchungen weitergeführt. So haben wir in Wien eine umfangreiche Längsschnittuntersuchung durchgeführt, die sich mit der Ausbildung und dem Verlauf von Lese- und Schreibschwierigkeiten auseinandersetzt und diese Schwierigkeiten vor dem Hintergrund der normalen Lese- und Schreibentwicklung verstehen will.

Es fehlt jedoch im deutschen Sprachraum eine neuere umfassende Darstellung über Wesen, Ursachen und Behandlung von Lese- und Schreibschwierigkeiten, die das vorhandene Wissen integriert. Dieser Mangel ist sowohl im Unterricht an den Universitäten wie bei Fortbildungsveranstaltungen spürbar, eine zusammenfassende Darstellung wurde öfters gefordert. Diese Lücke zu füllen, ist ein Anliegen dieses Buches.

Der erste von drei großen Abschnitten des Buches ist - nach einem einführenden Kapitel über den Stellenwert des Lesens und Schreibens in unserer Gesellschaft, die Entwicklung der Schriftsprachen und das Verhältnis von gesprochener und geschriebener Sprache - in vier Teile gegliedert. Im ersten Teil wird auf das Worterkennen sowie die mündliche Lesefähigkeit eingegangen. Der folgende Teil analysiert parallel dazu den Vorgang der Niederschrift von Wörtern, das Rechtschreiben. Nach der Darstellung dieser basalen Fertigkeiten wird in den folgenden Kapiteln auf das Leseverständnis bzw. die schriftliche Ausdrucksfähigkeit eingegangen.

Zunächst wird in jedem der vier Teile der Lese- bzw. Schreibprozeß aus der Sicht der Informationsverarbeitungstheorien dargestellt, um ein Verständnis für die Fertigkeiten zu gewinnen, die vom geübten Leser bzw. Schreiber beherrscht werden. Dies soll die Aufgaben deutlich machen, die den Kindern beim Erlernen des Lesens und Schreibens gestellt sind. Wenn dann im weiteren auf die Aneignung der Schriftsprache eingegangen wird, so wird besonders hervorgehoben, in welchen Stufen sich die Aneignung dieser Fertigkeiten vollzieht und welche Veränderungen der Lese- und Schreibvorgang bzw. die daran beteiligten Teilfertigkeiten im Lauf der Entwicklung durchmachen. Auf diesen Grundlagen aufbauend soll das verfügbare Wissen über die besonderen Merkmale von Lese- und Schreibschwierigkeiten vermittelt und deutlich gemacht werden, was manchen Kindern beim Erlernen des Lesens und Schreibens schwerfällt.

Die folgenden Teile des ersten Abschnitts setzen sich mit der wechselseitigen Beziehung zwischen dem Lesen und Schreiben auseinander sowie mit der Frage, wieweit die Schwierigkeiten der Kinder alle von der selben Art sind. Da erworbene Lese- und Schreibschwierigkeiten (Alexien und Agraphien) in den letzten Jahren häufig als Modell für die Analyse ähnlicher Schwierigkeiten bei Kindern dienten, sollen die verschiedenen Formen von Alexien und Agraphien dargestellt und im Besonderen erläutert werden, worin Ähnlichkeiten zu den Lese- und Schreibschwierigkeiten von Kindern bestehen. Auch die Frage, wieweit sich die Legasthenie, als spezifische Lese- und Rechtschreibschwierigkeit bei normaler Intelligenz, von anderen Formen von Lese- und Schreibschwächen unterscheidet, wird ausführlicher behandelt.

Dieser erste Abschnitt wird mit der Auseinandersetzung mit der Frage nach der Häufigkeit von Lese- und Schreibschwierigkeiten und nach dem längerfristigen Verlauf dieser Schwierigkeiten abgeschlossen. In diesem Zusammenhang soll auch auf die in den letzten Jahren vieldiskutierte Frage nach der Häufigkeit des funktionellen Analphabetismus unter Erwachsenen eingegangen werden.

Im zweiten Abschnitt der Darstellung werden die Ursachen von Lese- und Schreibschwierigkeiten analysiert (mangelnde kognitive Lernvoraussetzungen, soziale Faktoren, konstitutionelle Faktoren, motivationale Faktoren bzw. der Zusammenhang zwischen Lernschwierigkeiten und Anpassungsproblemen im Unterricht). Dieser Teil wurde bewußt von der Analyse der Schwierigkeiten beim Lesen und Schreiben getrennt und dieser Analyse nachgestellt, da davon ausgegangen wird, daß erst aus einem besseren Verständnis dieser Schwierigkeiten heraus die Frage nach den Ursachen sinnvoll wird.

In einem dritten Abschnitt des Buches soll auf den Lese- und Schreibunterricht, die Situation lese- und schreibschwacher Kinder im regulären Unterricht und die Möglichkeiten der Förderung und Therapie eingegangen werden. Hier wird versucht, die Erfahrungen aufzuarbeiten, die in der Unterrichtsforschung über die Methoden, die sich bei der Unterstützung des Prozesses der Schriftaneignung bewährt haben, gewonnen wurden. Dabei soll sowohl auf die didaktische Gestaltung des Lernprozesses wie auf die Unterrichtsorganisation eingegangen werden. Ähnlich wie im ersten Teil werden die Unterrichtsmethoden getrennt für die Vermittlung der basalen Lese- und Rechtschreibfertigkeiten sowie für die Förderung des Leseverständnisses und des schriftlichen Ausdrucks dargestellt. Ein eigenes Kapitel beschäftigt sich schließlich mit den Fördermaßnahmen für lese- und schreibschwache Schüler.

Die Darstellung hat sich das Ziel gesetzt, das heutige Wissen um Lese- und Schreibschwierigkeiten umfassend darzustellen. Neben einer fundierten Literaturanalyse kann sie sich auch auf die Ergebnisse eigener Untersuchungen stützen, die es erlauben, Befunde aus dem angloamerikanischen Raum kritisch zu bewerten und deren Übertragbarkeit auf den deutschsprachigen Raum zu prüfen. Es wurde versucht, aus der kaum mehr überschaubaren Fülle an Literatur jene Ergebnisse herauszufiltern, die einerseits für die weitere Auseinandersetzung mit Lese- und Schreibschwierigkeiten fruchtbar sein dürften, andererseits auch eine Orientierung für die praktische Arbeit mit lese- und schreibschwachen Kindern, also die Diagnostik und Förderung, bieten.

Bei einem Themengebiet, das einen so weiten Rahmen vorgibt, wie dies für Lese- und Schreibschwierigkeiten zutrifft, und zu dem viele unterschiedliche Disziplinen, von der Psychologie und der Pädagogik bis hin zur Psycholinguistik, der Publizistik, der Medizin und der Soziologie, Beiträge geleistet haben, ist es schwer, allen Ansätzen gerecht zu werden. Trotz dieser Schwierigkeiten haben wir auf den Anspruch einer umfassenden Darstellung nicht verzichtet. Die dabei sicher auftretenden Mängel mögen uns die kritischen Leser nachsehen.

I. Lesen und Schreiben: Die Anforderungen, der Lernprozeß und die dabei auftretenden Schwierigkeiten

1. Voraussetzungen für das Verständnis des Lesens und Schreibens

Warum ist es uns eigentlich ein so großes Anliegen, allen Kindern in der Schule das Lesen und Schreiben beizubringen? Diese Frage ist nur zu beantworten, wenn wir uns zunächst mit der Bedeutung der Schrift als Kommunikationsmedium und mit dem Stellenwert des Lesens und Schreibens in unserer Gesellschaft auseinandersetzen. Dabei wird bereits eine weitere Frage angesprochen, die eine Grundlage für das Verständnis des Lesens und Schreibens darstellt und mit der wir uns einleitend befassen wollen, nämlich: In welcher Beziehung stehen Schrift und mündliche Sprache zueinander? Dabei ist wichtig, zu verstehen, daß Schrift mehr ist als eine Abbildung mündlicher Rede in einem anderen Medium und daß die Schrift eigene Formen entwickeln mußte, um den verschiedenen Ausdrucksebenen der Sprache gerecht zu werden.

1.1. Die Bedeutung des Lesens und Schreibens in unserer Gesellschaft

Eine Betrachtung der Geschichte zeigt, daß Entwicklung und Verbreitung schriftlicher Aufzeichnungen zunächst durch die Anforderungen des Handels und der Verwaltung bestimmt waren. Lesen und Schreiben waren für lange Zeit einem kleinen Teil der Bevölkerung vorbehalten gewesen, erst die Erfindung des Buchdrucks schuf die materielle Basis für eine breitere Zugänglichkeit der Schrift. Eine allgemeinere Verbreitung der Lese- und Schreibfertigkeit war jedoch keineswegs die unmittelbare Folge der vermehrten Zugänglichkeit von Büchern. Dafür sorgten erst allmählich die erhöhten Anforderungen in den Gewerben und Handelsbetrieben bzw. das Bemühen des Staates um eine Steigerung der Produktivität (Venezky 1991). Soweit sich dies nachzeichnen läßt, spielte das Bemühen um eine Partizipation der Bürger am gesellschaftlichen Leben erst relativ spät eine Rolle bei der Verbreitung der Schrift. Bedeutsam war jedoch die Wertschätzung religiöser Schriften (Bibel, Koran). Speziell in Europa ist die Verbreitung der Schrift eng mit der Reformation und der Verweisung auf die Bibel als allen zugängliche Quelle der Wahrheit verbunden.

Auch in neuerer Zeit ist die Förderung von Schriftkenntnissen in der Bevölkerung eng mit der Vorstellung verbunden, damit eine Basis für den Fortschritt und für eine rationelle Lebensführung zu schaffen, da eine literale Kultur einer präliteralen oder oralen Kultur überlegen wäre. So bezog sich die UNESCO in der Begründung ihrer Kampagnen zur Literarisierung aller Völker auf die Ansicht, daß das Denken des Illiteraten notwendigerweise konkret bleibt, also ein Denken in Bildern darstellt, die nebeneinander stehen, und nicht in Begriffen, die logisch geordnet sind.

Von Anfang an hatte somit das Erlernen des Lesens und Schreibens etwas mit einer rationalen Lebensführung, mit dem beruflichen Handeln und dem Fortschritt der Güterproduktion, aber auch mit der Gestaltung und der Teilnahme am gesellschaftlichen Leben zu tun. Diese Funktionen sind auch heute noch dominierend und das entscheidende Motiv für die Sorge, allen Mitgliedern unserer Gesellschaft eine selbständige Beherrschung der Schrift zu ermöglichen. Wenn wir uns den Stellenwert des Lesens und Schreibens heute ansehen, so wird zunächst einmal klar, daß nach Umfrageergebnissen und detaillierten Fallstudien, Erwachsene heute im Durchschnitt täglich etwa 2 1/2 Stunden mit dem Lesen bzw. Durchschauen von schriftlichem Material zubringen (Guthrie und Greaney 1991), den Großteil dieser Zeit im Rahmen des Berufs. Gerade im beruflichen Umfeld dürften die Anforderungen an das Lesen und Schreiben in den letzten Jahrzehnten deutlich gestiegen sein. In den industrialisierten Ländern wird davon ausgegangen, daß derzeit 90% aller Arbeitsplätze den Umgang mit schriftlichem Material verlangen (Mikulecky und Drew 1991). Wenn auch umstritten ist, wieweit die Arbeitsplätze, die in Zukunft geschaffen werden, tatsächlich, wie vielfach festgestellt, besonders hohe Anforderungen an die Ausbildung und Mitarbeiterqualifizierung stellen, so herrscht relativ große Übereinstimmung darin, daß Aufstiegsmöglichkeiten zunehmend an die Bewältigung komplexer schriftlicher Aufgaben gebunden sind.

Nicht nur im Beruf, sondern auch im Alltag steigen die Anforderungen an die Lese- und Schreibfertigkeit, da ein immer größer werdender Anteil von Alltagsaufgaben nicht im persönlichen Gespräch oder durch Vorsprechen in einem Amt bzw. einer Firma zu erledigen ist, sondern durch Benutzung schriftlicher Medien.

1.2. Wie unterscheidet sich die Schrift von der mündlichen Sprache?

Oralität versus Literalität

Es wäre ein grobes Mißverständnis, schriftliche Mitteilungen allein als die Darstellung von Sprache in einem anderen Medium aufzufassen. Schriftlichkeit unterscheidet sich in vielen Merkmalen von Oralität.

Kontextfreiheit: In der mündlichen Kommunikation ist neben der sprachlichen Mitteilung zumeist auch der Kontext, auf den sich die Mitteilung bezieht, mitgegeben. Der Gegenstand, über den gesprochen wird, muß deshalb nicht ausdrücklich eingeführt und vorgestellt werden. Gesten, ein Hindeuten etc. können die Sprache unterstützen.

Größere Verantwortung für die Verständlichkeit der Mitteilung: Da der Gesprächspartner anwesend ist und an der Kommunikation direkt teilnimmt, muß vom Sprecher auch nicht genau überlegt werden, welche Informationen der andere braucht, um eine Mitteilung zu verstehen. Dieser kann (neben den vielfältigen Möglichkeiten nonverbaler Rückmeldung) nachfragen, selbst sagen, was er verstanden hat und was nicht. Bei einer schriftlichen Nachricht fällt diese Möglichkeit hingegen weg. Die Verantwortung für das Gelingen der Kommunikation fällt viel stärker dem Schreiber zu, der den Standpunkt des anderen, sein Vorwissen, berücksichtigen muß und besser mehr Informationen gibt als zu wenig. Ein wesentlicher Unterschied zwischen der mündlichen und schriftlichen Form der Kommunikation kann daher darin gesehen werden, daß die mündliche Kommunikation in ihrem Wesen eine dialogische Form des Austauschs, die schriftliche Kommunikation hingegen eine monologische Form darstellt.

Prosodische Gliederung der Mitteilung muß ersetzt werden: Die Gliederung des Redeflusses wird durch die Prosodie, durch die besondere Betonung einzelner Wörter, die Intonation, durch Pausen etc. unterstützt. Die Gliederung wird also z.B. dadurch erleichtert, daß Pausen nach Phraseneinheiten erfolgen und damit nicht nur das Ende einer Aussage angedeutet ist, sondern unwillkürlich auch die abschließende Zusammenfassung dieser Aussage erleichtert wird. Da dies in der Schrift wegfällt, muß die Gliederung explizit und mit eigenen Zeichen, Interpunktionen, merkbar gemacht werden.

Formeller Sprachgebrauch: Der Unterschied zwischen mündlicher Rede und Schrift kann auch auf einem Kontinuum zwischen formellem und informellem Sprachgebrauch abgebildet werden. Mündliche Rede hat demnach eher informellen Charakter, Sätze müssen nicht vollständig sein, solange die Aussage verständlich bleibt. Schriftliche Mitteilungen sind hingegen formeller, auf die korrekte Bildung von Sätzen wird viel größerer Wert gelegt. Wenn der formelle Charakter der Schrift in mündliche Mitteilungen übernommen wird, heißt es deshalb auch: er "redet nach der Schrift".

Dieser informelle Charakter der mündliche Sprache bezieht sich nicht nur auf die Wohlgeformtheit der Sätze und der Mitteilung generell. Auch in der Aussprache werden die Wörter umgangssprachlich meist nicht voll realisiert. Die Äußerungen sind durch den Kontext so sehr unterstützt, daß selbst Annäherungen, massive Reduktionen der Aussprache, wie sie der Bequemlichkeit halber üblich sind, kein Problem für die Verständigung bedeuten.

Stärkere Planung der Mitteilung: Schriftliche Kommunikation ist eine Kommunikationsform, die weit mehr als die mündliche Kommunikation der bewußten Planung, der Korrektur, Überarbeitung und Revision unterliegt. Diese Planung wird bereits durch das Medium ermöglicht, das Korrekturen, ins reine Schreiben zuläßt, da man sich auf die Teile, die einer Überarbeitung bedürfen, konzentrieren kann.

Das Erlernen einer Schrift bedeutet für Kinder deshalb nicht nur den Erwerb einer weiteren Fertigkeit, sondern erfordert auch eine neue Form von Reflektiertheit. Die Kinder kommen durch Bücher mit Situationen in Kontakt, zu denen sie keinen unmittelbaren Zugang haben. Sie müssen sich auf die Intentionen eines Schreibers bzw. - sobald sie selbst zu schreiben anfangen - auf die Bedürfnisse eines Lesers einstellen, den sie nicht direkt kennen. Neben der realen Welt eröffnet sich für sie eine Welt der Möglichkeiten, die sie dazu führt, über das Hier und Jetzt hinauszugehen.

Problem der Segmentierung der mündlichen Sprache

Der größte Unterschied zwischen mündlicher Sprache und Schrift besteht jedoch darin, daß die Schrift aus eindeutig abgegrenzten und somit isoliert vorzeigbaren Einheiten, in einer alphabetischen Schrift den Buchstaben oder Graphemen, aufgebaut ist, während in der mündlichen Sprache die Aufbauelemente vielfach ineinander übergehen und nicht ohne weiteres voneinander abgegrenzt werden können.

Dies gilt bereits für die Wörter, die dem Benützer einer Schriftsprache als natürliche Einheiten erscheinen und die in der Schrift durch Zwischenräume voneinander abgehoben werden. Die spektrographische Darstellung der Sprache macht deutlich, daß es keine eindeutigen akustischen Merkmale gibt, an Hand derer Wortgrenzen erkennbar sind. Nach Chomsky und Halle (1968) können Wörter nur durch syntaktische Analyse als Einheiten erkannt werden, und die so gebildeten Einheiten bestehen zum Teil aus Artikel bzw. Präposition und nachfolgendem Hauptwort und nicht aus "Wörtern" im konventionellen Sinn.

Noch deutlicher wird das Problem der Segmentierung, wenn es um die weitere Aufgliederung von Wörtern geht. Eine der wichtigsten Voraussetzungen alphabetischer Schriftsysteme stellt die Annahme dar, daß die Sprache in eine begrenzte Anzahl kleinster Lautsegmente, die sogenannten Phoneme, zerlegbar ist, die durch Schriftzeichen repräsentiert werden sollen. Diese Annahme wird auch alphabetisches Prinzip genannt.

Über die Natur dieser Lautsegmente und die Prinzipien, die ihrer Identifikation zugrundeliegen, werden in der modernen Sprachwissenschaft nach wie vor konträre Auffassungen vertreten. In der deskriptiven Linguistik werden die Phoneme als perzeptuelle Klassen gedeutet, während sie die generative Transformationstheorie als abstrakte perzeptuell-kognitive Kategorien betrachtet. Fest steht für die verschiedenen theoretischen Ansätze, daß die Definition der Phoneme sowohl Informationen über die Lautstruktur, also die phonetische Ebene, als auch über den Wortbestand einer Sprache, also die Morphemebene, erfordert.

Sprache ist akustisch auch nicht ohne weiteres in Phoneme segmentierbar. Beim Übergang von einem Phonem zum anderen läßt sich, ähnlich wie bei den Wörtern, ebenfalls keine Grenze nachweisen, vielmehr gehen die Phoneme fließend ineinander über. Dies läßt sich deutlich an Spektrogrammen demonstrieren, in denen die Intensität der Sprachlaute für den Frequenzbereich der menschlichen Sprache dargestellt ist. Phoneme können z.T. gar nicht isoliert produziert werden. Wird die Sprache künstlich in kleine, phonemähnliche Einheiten unterteilt, so kann ein Teil der Konsonanten nicht als Sprachlaut identifiziert werden. Eine verläßliche, kontextunabhängige Identifikation der Phoneme mit Hilfe von akustischen Merkmalen ist nur bei einfachen Vokalen möglich.

Bei Konsonanten ermöglicht z.T. die Konstanz einiger Merkmale, wie etwa die Frequenz des anfänglichen Lautmaximums der Verschlußlaute p und t, eine Unterscheidung, obwohl andere Merkmale variabel sind. Bei Konsonanten wie dem "d" ist die Unterscheidung nicht auf Grund eines positiven, d.h. tatsächlich wahrnehmbaren Merkmals möglich, sondern auf Grund der Konstanz eines aus den wahrnehmbaren physikalischen Eigenschaften extrapolierbaren Merkmals, in diesem Fall der Frequenz, zu der der Anstiegsgradient des zweiten Formanten rückführbar ist.

Wegen der geringen Invarianz der akustischen Merkmale der Phoneme wird angenommen, daß die Sprachwahrnehmung nur durch den gleichzeitig stattfindenden Versuch einer Synthese in ein artikulatorisches Programm möglich ist. Die Invarianz der Phoneme ist daher zwar an Hand der Artikulationsvorgänge bei ihrer Produktion zu beschreiben, hingegen kaum oder nur begrenzt durch die akustischen Merkmale der Lautäußerungen. Die abstrakten linguistischen Merkmale von Phonemen können deshalb erkannt werden, weil sie Komponenten in der Artikulation dieser Phoneme entsprechen, die bei inneren Rekonstruktionen dieser Wörter identifiziert werden können. Die intendierte gleichzeitige Produktion der verschiedenen Merkmale bzw. Komponenten führt über Integration zu den Phonemen als Einheiten. Nur die zentrale Programmierung der Artikulatoren, die angestrebten Artikulationspositionen, sind invariant. Wegen der inhärenten Trägheit der Artikulatoren, wird die tatsächliche Produktionsweise der Phoneme von den Artikulationsstellungen beeinflußt, die für die Produktion der vorausgehenden und nachfolgenden Phoneme innerhalb einer Silbe erforderlich sind.

Alternativ wird auch die Ansicht vertreten, daß die natürliche Einheit bei der Sprachwahrnehmung nicht das Phonem, sondern die Silbe ist, in der eine gewisse Invarianz der akustischen Merkmale gegeben ist, während innerhalb der Silben die Merkmale der Phoneme ineinander übergehen und sich überlappen bzw. aufeinander abgestimmt werden müssen.

Zum anderen dürfte es sinnvoll sein, zwischen einem prälexikalischen sprachlichen Kode zu unterscheiden, auf dem das Erkennen von Wörtern beruht, und einem postlexikalischen sprachlichen Kode, in den Informationen, die bereits über die Wörter gespeichert sind, eingehen. Der prälexikalische Kode dürfte verschiedene Merkmale enthalten, die z.T. Informationen über Silben, z.T. Informationen über besondere akustische Merkmale sind. Die Wörter sind hier nur unvollständig analysiert und spezifiziert.

1.3. Die Gestaltung der Beziehung zwischen Schrift und mündlicher Sprache in verschiedenen Schriftsystemen

Die Geschichte und der Vergleich verschiedener Schriftsprachen zeigt die Möglichkeiten auf, wie die Schrift zur dauerhaften Fixierung und Übermittlung von Bedeutungen genutzt werden kann. Unter den verschiedenen schriftlichen Kommunikationsformen lassen sich einige Haupttypen erkennen, die sich darin unterscheiden, welche Einheiten zur Übermittlung der Informationen gewählt werden. Dabei ist bemerkenswert, daß die Entwicklung der Schriftsprachen konsistent zur Verwendung immer kleinerer Einheiten für die Abbildung der Sprache fortgeschritten ist (Gelb 1963).

- Als Vorstufe in der Entwicklung einer Schrift kann die *Zeichensprache (Semasiographie)* gelten, in der Bedeutungen in einer unmittelbar verständlichen, bildlichen Form ausgedrückt werden. Wird die bildliche Darstellungsform stärker geregelt, spricht man auch von *Piktographien*. Heute verwenden z.B. Hinweistafeln in Bahnhöfen, Flughäfen und Massentransportmitteln eine einheitliche Zeichensprache, um Informationen zu übermitteln.

- Piktographien machen im Laufe der Zeit eine Ausweitung der dargestellten Bedeutungen und gleichzeitig eine starke Stilisierung und Vereinfachung durch, wodurch sie ihren bildhaften, unmittelbar verständlichen Charakter verlieren. Sie gehen damit allmählich in eine *Logographie* über. Logographische Zeichen geben den vollen Umfang der Wortbedeutungen wieder und stellen damit eine echte Schriftsprache dar. Sie entwickeln sich allmählich aus Piktogrammen, Diagrammen (geometrische Zeichen für nicht bildlich darstellbare Wörter), Ideogrammen (semantisch motivierte Assoziationen der mit einem Piktogramm dargestellten Inhalte) und aus semantischen Komplementen (Dies sind Zeichen, die zu den Logogrammen hinzugefügt werden, um den Oberbegriff des entsprechenden Wortes auszudrücken, selbst aber nicht gelesen werden).

- Allmählich setzt sich die Tendenz durch, Zeichen zur Darstellung bestimmter Wörter zu verwenden. Die Einheiten der Schriftsprache beziehen sich nun direkt auf Einheiten der gesprochenen Sprache und stellen einen Bezug zu lautsprachlichen Merkmalen her. Wird die Logographie um solche Bezüge ergänzt, so spricht man von einer *Phonographie*. Diese Informationen können auf zweierlei Art eingefügt werden, einerseits durch Angliederung von Zeichen, die auf phonetische Merkmale hinweisen (*phonetische Komplemente*), andererseits durch das sogenannte *Rebus-System*. Dieses besteht darin, daß längere, mehrsilbige Wörter aus den Zeichen zusammengesetzt werden, mit denen Teile der Wörter logographisch dargestellt werden. So werden im

Ägyptischen Wörter, die die Silbe "re" enthalten, unter Verwendung des Zeichens für den Sonnengott Re gebildet.
- Wird das Prinzip des Rebus-Systems verallgemeinert, so entsteht eine *Silbenschrift*. Eine Silbenschrift ist vor allem in Sprachen sinnvoll, die nur wenige Arten von Silben zulassen, und bei denen daher die Anzahl der erforderlichen Silbenzeichen begrenzt ist. Dies gilt zum Beispiel für das Japanische, in dem die Silben entweder nur aus einem Vokal oder aus einem Konsonanten plus einem Vokal bestehen. Hier sind nur 50 Silbenzeichen für alle tatsächlich auftretenden Silben erforderlich.
- Der Übergang von einer Silbenschrift zu einer Schrift, in der Merkmale von kleineren Einheiten als der Silbe wiedergegeben werden, geschieht durch Darstellung von Konsonantenmerkmalen in den Schriftzeichen. Dies ist in den modernen semitischen Schriftsystemen der Fall. Es handelt sich hier um *Konsonantenschriften*, in denen die Vokale nicht oder nur als zusätzliche, nicht unbedingt erforderliche Zeichen wiedergeben werden.
- Der weitere Übergang zu einer *alphabetischen Schrift* wurde in der Geschichte nur einmal vollzogen, nämlich von den Griechen. Diese haben die von den Phöniziern verwendeten Schriftzeichen übernommen und das Schriftsystem in mehrfacher Weise modifiziert, sodaß die wichtigsten Phoneme, sowohl Konsonanten wie Vokale, jeweils durch ein Schriftzeichen repräsentiert werden konnten. Dies war wohl nur durch eine besondere Einsicht in die Bedeutung der Phoneme als konstituierende Elemente der Sprache möglich. Mit eine Rolle dürfte die Tatsache gespielt haben, daß den Vokalen im Griechischen eine besondere Bedeutung zukommt, da diese als Affixe die Bedeutung der Stamm-Morpheme modifizieren.

Das alphabetische Schriftsystem wurde in alle Sprachen übernommen, die im Einflußkreis der griechischen Kultur die Schwelle der Verschriftlichung überschritten haben. Jedoch bestehen zwischen den verschiedenen Schriftsprachen, denen ein alphabetisches Schriftsystem zugrundeliegt, beträchtliche Unterschiede. Ein wesentliches Merkmal, in dem sich die verschiedenen alphabetischen Schriftsprachen unterscheiden, ist die Regelmäßigkeit der Korrespondenz zwischen den Graphemen und den Phonemen der jeweiligen Sprache. In einigen Schriftsprachen ist die Korrespondenz klar erkennbar und konstant, so zum Beispiel im Finnischen oder im Serbokroatischen, in anderen Schriftsprachen läßt sich die Aussprache vieler Wörter von ihrer Schreibweise her nicht eindeutig vorhersagen. Dies ist etwa im Englischen oder Französischen der Fall. Die deutsche Schriftsprache gehört in ihrer heutigen Form zu den Schriftsprachen mit einer relativ regelmäßigen Graphem-Phonem-Korrespondenz.

Schriftsprachen, die nach dem alphabetischen Prinzip der Repräsentation von Phonemen durch einzelne Schriftzeichen aufgebaut sind, haben auf die Möglichkeit, Informationen über größere sprachliche Einheiten, die bedeutungstragenden Morpheme, schriftlich zu repräsentieren, nicht vollständig verzichtet. Ein Teil der Unregelmäßigkeiten in der Graphem-Phonem-Korrespondenz ist dadurch bedingt, daß die Erkennbarkeit der Morpheme gewahrt bleiben soll, auch wenn die Aussprache der Morpheme in zusammengesetzten Wörtern aufgrund von Wortbidlungsregeln modifiziert werden muß.

Einige Anmerkungen zur deutschen Orthographie

Die deutsche Rechtschreibung folgt verschiedenen Prinzipien. Als alphabetische Schrift folgt sie dem Prinzip, den Phonembestand der Sprache wenigstens annäherungsweise wiederzugeben. Dieses phonematische Prinzip ist jedoch überformt durch andere Prinzipien, vor allem das morphematische Prinzip, wodurch eine "lautgetreue" Schreibweise kein durchgängiges Prinzip der deutschen Schriftsprache ist (Piirainen 1981, Naumann 1989).

Phonematisches Prinzip: Alphabetische Schriften repräsentieren die mündliche Sprache auf der Phonemebene. Es werden also nicht alle Sprachlaute, die sich in bestimmten Merkmalen (phonetisch) unterscheiden, durch die Buchstabenzeichen repräsentiert, sondern nur jene, die für eine Unterscheidung zwischen Wörtern mit verschiedener Bedeutung erforderlich sind. Trotz dieser systematischen Einschränkung besteht ein Grundproblem der deutschen, wie auch vieler anderer alphabetischer Schriftsprachen darin, daß eine größere Anzahl an Phonemen durch eine kleinere Zahl unterschiedlicher Graphemzeichen wiedergegeben werden muß. Bei dem Bemühen um eine konsistente Zuordnung zwischen Phonemen und Graphemen muß daher von bestimmten Unterscheidungen abgesehen werden - verschiedene Phoneme werden durch die selben Grapheme realisiert. Die Diskrepanz ist allerdings bei den deutschen Stammwörtern (im Unterschied zu den Lehnwörtern) nicht sehr groß. Es stehen etwa 40 Phonemen 26 Buchstaben (mit Umlauten und scharfem ß 30) gegenüber. Wenn Buchstabenverbindungen (wie ch, sch, ng) als Grapheme gewertet werden, so unterbleibt im Deutschen vor allem die konsistente Unterscheidung zwischen stimmhaften und stimmlosen s-Lauten und die durchgehende Markierung der Vokallänge.

Eine Komplikation für die Einheitlichkeit der Phonem-Graphem-Zuordnung ergibt sich durch die Einführung von Lehnwörtern aus anderen Sprachen, die nicht nur durch ungewöhnliche Phonemfolgen, sondern auch durch im Deutschen sonst nicht vorkommende Graphem-Phonem-Zuordnungen gekennzeichnet sind. Selbst Lehnwörter, die bereits seit langer Zeit in die deutsche Sprache übernommen wurden, werden zumeist weiterhin in ihrer ursprünglichen Form geschrieben (z.B. Jazz), nur zögernd finden Eindeutschungen der Schreibweise statt (z.B. Friseur - Frisör).

Von einem quantitativen Standpunkt aus betrachtet, ist die Zuordnung von Phonemen zu Graphemen im deutschen Gebrauchswortschatz recht konsistent. Naumann (1989) gibt an, daß selbst bei enger Wertung der Lauttreue 73% der Wörter, die in der größten Sprachzählung vorhanden sind, lautgetreu geschrieben werden, bei etwas weiterer Definition (in der auch konsistent angewandte Regeln berücksichtigt sind) sogar 90% der Wörter.

Morphematisches Prinzip: Nach Piirainen (1981) ist das Deutsche durch einen Stock von etwa 5.000 Grundmorphemen (mit Fremdwörtern etwa 10.000) gekennzeichnet, die durch Ableitungen und Zusammensetzungen den Gesamtbestand von einigen hunderttausend Wörtern bzw. lexikalischen Einheiten ergeben. Die deutsche Rechtschreibung gibt die Herleitung zusammengesetzter Wörter in vielen Fällen wieder, indem die Ableitungsformen trotz veränderter Aussprache in ihrer Schreibweise konstant bleiben oder so wenig wie möglich verändert werden.

Historisches Prinzip: Es lassen sich verschiedene Beispiele dafür anführen, daß historische Formen tradiert werden, obwohl sich die Aussprache inzwischen verändert hat. Dies gilt z.B. für die Schreibweise von sp und st am Wortanfang, das im Mittelhochdeutschen noch als <sp> bzw. <st> gesprochen wurde. Bei den übrigen Konsonantenverbindungen mit s wie sm, sl wurde diese Veränderung der Aussprache auch in der Schreibweise nachvollzogen. Ein anderes Beispiel stellt die Schreibweise des <ie> dar, das im Mittelhochdeutschen in manchen Wörtern wie z.B. "hier" noch als Diphthong ausgesprochen wurde. Trotz der Monophthongierung wurde die ältere Schreibweise beibehalten und in Analogie auch in andere Wörter eingeführt, in denen früher kein Diphthong enthalten war.

Grammatikalisches Prinzip: Die deutsche Orthographie verlangt die Großschreibung aller Substantiva. Ursprünglich wurden auch im Deutschen, wie in den meisten anderen europäischen Schriftsprachen, nur Namen groß geschrieben. Die Großschreibung der Substantiva wurde erst relativ spät, im 16. und 17.Jahrhundert, eingeführt. Die Regelung, daß die Großschreibung auch auf alle substantivisch verwendeten Wörter angewandt werden soll, setzt ein hohes Maß an Einsicht in den grammatikalischen Aufbau von Sätzen voraus.

Semantisches Prinzip: Im Bemühen um Verständlichkeit wurde homophonen Wörtern vielfach eine unterschiedliche Schreibweise gegeben (z.B. Wahl - Wal). Die Kennzeichnung von unterschiedlichen Wörtern durch die Schreibweise ist jedoch im Deutschen ohne Verstoß gegen das phonematische Prinzip nur beschränkt möglich. Die Möglichkeit wird allerdings auch dort nicht immer ausgenutzt, wo eine Unterscheidung möglich wäre (z.B. Ton, kehren) (Naumann 1989). An einigen Beispielen läßt sich die Problematik aufzeigen, die mit der Kennzeichnung unterschiedlicher Bedeutungen gegeben ist (z.B. Laib - Leib, wieder - wider wie in wiedergeben gegenüber widerspiegeln).

Neben diesen Grundprinzipien können noch andere Leitlinien geltend gemacht werden, an denen sich die Ausformung der deutschen Schriftsprache orientiert hat. So läßt sich etwa für die Beschränkung von Konsonantenverdoppelungen zur Kennzeichnung der Vokalkürze auf jene Positionen, wo ein Kontrast zwischen Vokalkürze und -länge möglich ist, ein Prägnanzprinzip formulieren. Diese Überlegungen spielen jedoch wohl eher in der Auseinandersetzung über die Rechtschreibreform eine Rolle, als daß man sie als Leitlinien bei der Ausformung der deutschen Rechtschreibung ausmachen kann.

Das phonematische Prinzip läßt sich, ebenso wie die anderen Prinzipien, in eine größere Zahl von Regeln aufgliedern. Nach Naumann (1989) sind sie somit als eine Art Regeln höherer Ordnung oder als Metaregeln aufzufassen.

Rechtschreibpraxis und Rechtschreibreform: Eine einheitliche deutsche Schreibweise, die sich von den regionalen Mundarten abhebt, ist im Frühneuhochdeutschen durch die Kanzleien an den Fürstenhöfen vorbereitet und dann vor allem durch Luther's Bibelübersetzung allgemein durchgesetzt worden. Das späte 19.Jahrhundert war dann durch das Bemühen um Kodifizierung und Reform der deutschen Orthographie gekennzeichnet. Von den vielfältigen in die Diskussion eingebrachten Reformvorschlägen haben sich jedoch nur wenige durchgesetzt.

Als besondere Probleme für eine konsistente, regelgeleitete Schreibweise werden für das Deutsche vor allem die folgenden Bereiche immer wieder angeführt und beherrschen auch die fortdauernden Bemühungen um eine Reform der deutschen Rechtschreibung (siehe August 1985 a,b, Naumann 1989).

- Groß- und Kleinschreibung
- Schreibung der s-Laute
- Kennzeichnung der Vokalkürze bzw. Vokallänge
- Zeichensetzung und Zusammen- bzw. Getrenntschreibung
- Schreibung der Diphthonge ei/ai und eu/äu
- Schreibung von f/ph/v sowie auch von rh, th

Zusammenfassend können wir zunächst feststellen, daß der Zugang zur Schrift zwar nicht die Voraussetzung für eine allgemeine Teilnahme am gesellschaftlichen Leben und den gesellschaftlichen Fortschritt darstellt, daß sich aber in unserer Gesellschaft der Einzelne, der nur eine geringe Lese- und Schreibfertigkeit besitzt, deutlichen Nachteilen ausgesetzt sieht.

Der Hauptteil dieses Kapitels setzte sich mit dem Verhältnis von Schrift und mündlicher Sprache auseinander. Dazu wurden einmal die wichtigsten Unterschiede herausgearbeitet, die mit der Verwendung der Schrift als Kommunikationsmedium gegenüber der mündlichen Kommunikation verbunden sind. Weiters wurde analysiert, auf welchen Ebenen die Schrift die mündliche Sprache repräsentiert. Dafür erschien eine Auseinandersetzung mit der Frage von Bedeutung, ob es natürliche Einheiten für die Sprachwahrnehmung gibt und worin diese Einheiten bestehen. Die Entwicklung der Schriftsysteme suchte bis zur Entwicklung der alphabetischen Schrift, die mündliche Sprache auf unterschiedliche Weise zu vergegenständlichen, und auch heute noch sind, selbst in der deutschen Orthographie, neben der Graphem-Phonem-Korrespondenz noch andere Prinzipien, vor allem ein morphematisches Prinzip, wirksam.

2. Der Leseprozeß beim geübten Leser

Bevor wir auf das Erlernen des Lesens und im weiteren dann auf Leseschwierigkeiten eingehen, ist es sinnvoll, uns zunächst mit dem Lesevorgang beim geübten Leser auseinanderzusetzen. Der geübte Leser ist in unserer Kultur täglich mit schriftlichen Informationen konfrontiert, Lesen gehört für ihn zum Alltag, fast so wie Essen und Schlafen. Sein Umgang mit schriftlichem Material ist vor allem durch zwei Merkmale gekennzeichnet, durch die Leichtigkeit, mit der Information beim Lesen aufgenommen wird, und durch die Flexibilität, mit der der Lesevorgang an die Umstände und Erfordernisse angepaßt werden kann.

Das Lesen ist also bei einem geübten Leser ein bemerkenswert effizienter Vorgang. Allein die Geschwindigkeit, mit der es vor sich geht, ist höchst erstaunlich. Im Durchschnitt kann ein geübter Leser ca. 250 bis 300 Wörter pro Minute leise lesen (Perfetti 1985). Selbst Bilder von Gegenständen, mit denen wir von Kindheit an vertraut sind, können nicht so rasch identifiziert und richtig benannt werden, wie geschriebene Wörter.

Weiters besticht die scheinbare Mühelosigkeit des Worterkennens. Die Aufnahme und Verarbeitung der visuellen Informationen erfordert keine Anstrengung mehr und kann als nahezu automatisierter Vorgang betrachtet werden, der es nicht nötig macht, die Aufmerksamkeit speziell darauf zu richten.

Die Effizienz des Lesevorgangs wird auch daran ersichtlich, daß der geübte Leser nach relativ kurzer Zeit handgeschriebene Texte, die verschiedene Personen verfaßt haben, sowie auch stark entstellte Schriftzüge mit einiger Geläufigkeit lesen kann. Es ist also möglich, sich von den konkreten Merkmalen des Schrifttyps weitgehend unabhängig zu machen und die Identität der Buchstaben, aus denen die Wörter gebildet sind, trotzdem rasch auszumachen.

Aber nicht allein die Geschwindigkeit erstaunt. Lesen ist auch ein höchst flexibler Vorgang. Geübte Leser können die Art des Lesens dem jeweiligen Zweck anpassen und ihr Verhalten entsprechend modifizieren, je nachdem, ob sie zum Vergnügen lesen, einen schwierigen Text kritisch lesen und behalten wollen, einen Text nur überfliegen oder auf Fehler hin korrigieren. Diese Flexibilität zeigt sich auch beim Worterkennen. Die Informationen, die für das Worterkennen verwendet werden, hängen in weitem Maß davon ab, unter welchen Bedingungen es stattfindet und wieweit bestimmte Informationen bei der Identifikation der Wörter helfen können.

Übersicht über das Kapitel

Wir wollen uns in diesem Kapitel damit auseinandersetzen, wie geübte Leser geschriebene Wörter erkennen und aufgrund welcher Prozesse dieser Vorgang so effizient ist. In den ersten Abschnitten werden einige grundlegende Modelle über den Worterkennungsvorgang vorgestellt, die sich vor allem mit der Frage auseinandersetzen, wie die visuellen Informationen beim Lesen kodiert werden und wie diese Kodierung das Erkennen von Wörtern ermöglicht. In den weiteren Abschnitten wird dann auf die Verarbeitung der verschiedenen Informationen aus der Schrift näher eingegangen:

- Informationen über die Aussprache der Wörter
- Informationen über ihre Schreibweise
- Informationen über die Buchstaben
- Informationen über den Aufbau zusammengesetzter Wörter
- Informationen über den Kontext, in dem die Wörter vorkommen

Abschließend soll dann nochmals die bereits angesprochene Frage der Automatisierung des Leseprozesses aufgegriffen werden.

Das Worterkennen

Für das Hauptziel des Lesens, das Verständnis von Texten, spielt die Erfassung der Bedeutung einzelner Wörter eine zentrale Rolle. Diese zentrale Stellung des Worterkennens zeigt sich auch darin, daß der Lesevorgang im Wesentlichen aus einer sequentiellen Fixierung einzelner Wörter in einem Text besteht, die jeweils von einer kurzen Augenbewegung (Sakkade) zum nächsten Wort gefolgt wird. Im Großen und Ganzen ist der Lesevorgang also ein Wort für Wort Lesen.

Die besondere Bedeutung, die dem Wort als schriftsprachlicher Einheit zukommt, wird an einem Phänomen deutlich, das heute als Wortüberlegenheitseffekt bezeichnet wird. Der geübte Leser kann Wörter in kürzerer Zeit wahrnehmen, als für das Erkennen von Einzelbuchstaben nötig ist, und für zufällige Buchstabenfolgen ist - bis sie vollständig berichtet werden können - eine wesentlich verlängerte Darbietung (Exposition) nötig als für Wörter.

Dieser bemerkenswerte Vorsprung in der Wahrnehmbarkeit von Wörtern wurde bereits in der ersten Blütezeit der experimentellen Leseforschung um die Jahrhundertwende nachgewiesen (Cattell 1886). Damals wurde dieses Phänomen so interpretiert, daß Wörter aufgrund ihrer vertrauten Gestalt als Einheit erkannt werden - analog zu einzelnen Buchstaben, bei denen es sich ja ebenso um kompakte Einheiten handelt. Später wurde der Wortüberlegenheitseffekt nicht so sehr auf die bessere Wahrnehmbarkeit, sondern auf das bessere Behalten von größeren, sinnvollen Einheiten zurückgeführt oder durch die Tendenz, aufgrund wahrgenommener Teile die Identität des Wortes zu erraten, erklärt.

Ende der 60-iger Jahre brachten neue experimentelle Versuchsanordnungen diese Phänomene wieder in die Diskussion und die alten Interpretationen ins Wanken. Diese Untersuchungen können als Beginn der neuen experimentellen Leseforschung betrachtet werden.

Zum einen konnte Reicher (1969) zeigen, daß Wörter auch dann gegenüber zufälligen Buchstabenfolgen einen Vorteil aufweisen, wenn die Gedächtnisbeanspruchung auf ein Minimum reduziert wurde ("Reicher-Paradigma"). Die Versuchspersonen mußten nicht mehr, wie in frühen Experimenten, ganze Wörter berichten, sondern unmittelbar anschließend an die (tachistoskopische) Vorgabe lediglich einen Buchstaben aus zwei Alternativen auswählen (je nachdem, ob er im vorgegebenen Wort vorkommt oder nicht). Die Anzahl der Alternativen war bei Buchstaben, Wörtern und zufälligen Buchstabenfolgen gleich. Der trotzdem nachweisbare Vorteil von Wörtern mußte also in erster Linie etwas mit der Wahrnehmung bzw. der rascheren Verarbeitungsmöglichkeit von Wörtern zu tun haben.

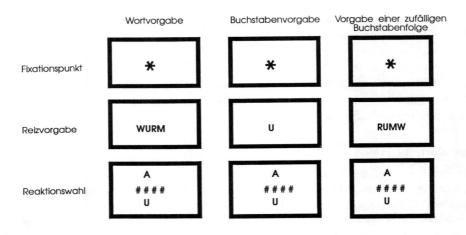

Abbildung 1: **Aufbau des Experiments von Reicher (1969):** Die Versuchspersonen werden aufgefordert, einen Punkt zu fixieren, und sehen dann kurzfristig eine Reizvorgabe, die entweder aus einem Wort, einem Buchstaben oder einer zufälligen Buchstabenfolge besteht. Ihre Aufgabe ist es, den an einer bestimmten Stelle gesehenen Buchstaben jeweils aus zwei Alternativen auszuwählen.

In weiteren Experimenten konnten diese Ergebnisse bestätigt und die besonderen Bedingungen näher eingeschränkt werden, auf denen der Wortüberlegenheitseffekt beruht. So ist der Vorteil von Wörtern (bei geringer Gedächtnisbeanspruchung) an eine Begrenzung der bei der Reizverarbeitung zur Verfügung stehenden Zeit gebunden. Nur wenn die Reizverarbeitung etwa 100-300 msec nach Reizexposition durch einen kontrastreichen, aus Buchstabenteilen bestehenden Maskierungsreiz unterbrochen wird, tritt der Effekt auf. Die Aufmerksamkeit muß auch auf die gesamte Buchstabenfolge und nicht allein auf eine Buchstabenposition gerichtet sein, d.h. die zu erkennenden Buchstaben müssen an verschiedenen Positionen im Wort vorkommen und in einem so kurzen

Abstand voneinander stehen, daß sich immer mehrere Buchstaben gleichzeitig im Blickfeld befinden.

Ein weiterer Befund war für das heutige Verständnis des Leseprozesses von besonderer Bedeutung. Es handelt sich dabei um den Nachweis, daß nicht nur sinnvolle Wörter, sondern auch aussprechbare sinnlose Buchstabenfolgen (sogenannte Pseudowörter) unter ähnlicher experimenteller Anordnung einen deutlichen Vorteil gegenüber zufälligen Buchstabenfolgen aufweisen und etwa so gut wahrgenommen werden wie richtige Wörter (Baron und Thurston 1973). Der Wortüberlegenheitseffekt scheint demnach etwas mit den Regelmäßigkeiten der Schriftsprache und nicht mit der Vertrautheit von speziellen Wörtern zu tun zu haben.

In der experimentellen Leseforschung findet sich eine Vielzahl von Erklärungsversuchen für den Wortüberlegenheitseffekt. Es existieren unterschiedliche Modelle über den Worterkennungsvorgang, die auch unterschiedliche Mechanismen annehmen, um den Vorteil von Wörtern und Pseudowörtern zu erklären. Henderson (1982) sowie Carr und Pollatsek (1985) haben versucht, eine Übersicht über die verschiedenen Erklärungsansätze zu geben und die Evidenz für diese Modelle zu bewerten. Wörter und Pseudowörter sollen demnach einen positiven Einfluß entweder auf

- die Aufnahme von Informationen aus den visuellen Sinneseindrücken (Geschwindigkeit und Genauigkeit der Merkmalsextraktion),
- die Ergänzung der visuellen Informationen durch das vorhandene Wissen über Wörter (Inferenz oder Raten) oder
- auf die Verfügbarkeit eines rasch zugänglichen und relativ stabilen bzw. robusten Kodes haben, wodurch das Behalten der vorgegebenen Information erleichtert wird.

Gegen die zweite Erklärung spricht vor allem, daß auch die Einschränkung der zu erkennenden Buchstaben auf wenige Alternativen, die den Versuchspersonen vorher genannt werden, zu einer besseren Erkennbarkeit von Buchstaben in Wörtern als in einer zufälligen Buchstabenfolge führt (Carr und Pollatsek 1985).

Nach dem heutigen Stand der experimentellen Forschung dürfte die dritte Annahme, daß der Wortüberlegenheitseffekt durch die Art der Kodierung bewirkt wird, am meisten Evidenz für sich haben. Der besondere Vorteil von Wörtern sowie anderer regelmäßiger Buchstabenfolgen (Pseudowörter) kann zu einem Gutteil dadurch erklärt werden, daß für diese Buchstabenfolgen ein robuster Kode zur Verfügung steht, der das Behalten erleichtert. Dafür spricht vor allem, daß der Wortüberlegenheitseffekt in erster Linie dann nachweisbar ist, wenn die Verfügbarkeit eines visuellen Nachbilds durch einen Maskierungsreiz bald nach Vorgabe der Buchstabenfolge unterbrochen wird und damit eine weitere Informationsextraktion aus dem Reiz bzw. dem Nachbild nicht mehr möglich ist. Die Tatsache, daß dieser Effekt vor allem dann nachweisbar ist, wenn der Maskierungsreiz aus Buchstabenteilen besteht, legt zudem nahe, daß durch die Maskierung einzelne Buchstabenmerkmale der zuvor gezeigten Buchstabenfolge nicht mehr verfügbar sind, soweit sie nicht bereits in einem robusteren, abstrakteren (d.h. nicht mehr rein visuellen) Kode festgehalten wurden. Weiters ist der Wortüberlegenheitseffekt immer dann besonders deutlich nachzuweisen, wenn die Informationen über die Buchstabenfolgen etwas länger zu behalten sind (z.B. beim Vergleich von nebeneinanderstehenden Wörtern im Gegensatz zu übereinanderstehenden), und er fällt schließlich bei Wahrnehmungsaufgaben, die längere Buchstabenfolgen verwenden und daher schwerer in unkodierter Form zu behalten sind, stärker aus als bei kürzeren Buchstabenfolgen.

Die Verfügbarkeit eines integrierenden Kodes für die Buchstabenfolge könnte auch die Verarbeitung der visuellen Buchstabenmerkmale und die Bildung abstrakter Kodes für die einzelnen Buchstaben erleichtern und somit die Geschwindigkeit oder Effizienz der visuellen Informationsverarbeitung beeinflussen. So könnte die Identifikation der einzelnen Buchstaben aufgrund weniger visueller Merkmale erfolgen.

Um diese Annahmen zu verstehen, ist es notwendig, zwischen verschiedenen Stufen der Informationsverarbeitung zu differenzieren. Dies soll an dem Modell von McClelland und Rumelhart (1981, Rumelhart und McClelland 1982), das einen beträchtlichen Einfluß auf die heutigen Vorstellungen über den Worterkennungsprozeß ausgeübt hat, erläutert werden.

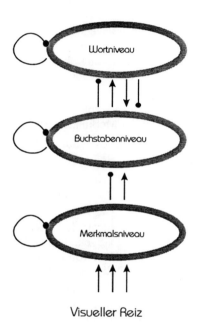

Abbildung 2: Interaktives Modell des Worterkennens von McClelland und Rummelhart (1981): Neben einem vom visuellen Reiz ausgehenden Informationsfluß, der die Alternativen aktiviert, die den auf den unteren Ebenen verfügbaren Informationen entsprechen (als Pfeile ausgedrückt), bzw. nicht entsprechende Alternativen hemmt (mit Strichen, die in einem Punkt enden, ausgedrückt) (=bottom-up Prozesse), gibt es auch einen Informationsfluß, der von den Wörtern ausgeht und die Identifikation der Buchstaben erleichtert (top-down-Prozesse). Zusätzlich werden auf allen Verarbeitungsebenen hemmende Einflüsse angenommen.

In einer ersten Stufe werden aus den visuellen Reizen durch Merkmalsidentifikatoren bestimmte Merkmale (etwa das Vorhandensein einer Diagonale) extrahiert. Der Leser muß dann die Buchstaben aufgrund der für sie typischen Merkmale identifizieren und somit von den Besonderheiten, die durch das Schriftbild bzw. die individuelle Ausprägung der Buchstaben (z.B. in einem handschriftlichen Text) gegeben sind, abstrahieren. Die Buchstaben werden dann zu Wörtern verbunden, indem Worteinheiten durch die eintreffenden Informationen über die Identität und Position der Buchstaben aktiviert werden. Dieser Verarbeitungsprozeß würde von unten (von den Sinnesreizen) nach oben (zu größeren Einheiten wie den Wörtern) verlaufen. Man spricht hier von **bottom-up**-Prozessen.

Die Informationsverarbeitung wird bereits auf den unteren Stufen durch die Vorerfahrung - das Vorwissen über die Wörter - bestimmt. Aus den (durch einzelne Buchstaben) teilweise aktivierten Worteinheiten entstehen automatisch Hypothesen über die noch nicht vollständig bearbeiteten Buchstaben und beeinflussen die Extraktion von Merkmalen bzw. die Identifizierung und den Entscheidungsprozeß über das Vorhandensein der übrigen Buchstaben (**top-down**-Prozesse). Beide Prozesse wirken im aktuellen Wahrnehmungsvorgang zusammen und ergeben so seine besondere Effizienz.

In dem Modell wird, wie kurz erwähnt, angenommen, daß die Schreibweise der bereits bekannten Wörter innerlich bzw. mental gespeichert wird und daß die Aktivierung dieser Einheiten zum Worterkennen führt. Dieses Konzept eines *inneren Wortspeichers bzw. Lexikons* wurde von Morton (1969) in die kognitive Psychologie eingeführt, der die mentale Einheiten Logogene nannte. Sie werden durch die sich ansammelnden Informationen (in diesem Fall über die in den zu lesenden Wörtern enthaltenen Buchstaben) aktiviert. Wenn diese Aktivität eine bestimmte Schwelle übersteigt, dann besteht Gewißheit, ein Wort erkannt zu haben. Weiters wird angenommen, daß dieses innere Lexikon den Zugang auch zu anderen Informationen ermöglicht, die über die Wörter gespeichert sind, so z.B. zu der Bedeutung der Wörter, zu ihrer Funktion im Satzkontext sowie dazu, wie diese Wörter ausgesprochen werden etc. Das innere Lexikon ist deshalb in verschiedene spezielle Speichereinheiten gegliedert (z.B. phonologisches Input-Lexikon, das für das Verständnis gesprochener Wörter zuständig ist; orthographisches Lexikon, in dem die Schreibweise der Wörter gespeichert ist).

In dem Modell von Rummelhart und McClelland (1981) wurde bereits eine *Form der Kodierung*, die für das visuelle Worterkennen verwendet wird, dargestellt. Rummelhart und McClelland nehmen an, daß die Buchstabenfolge, aus der die Wörter aufgebaut sind, als Kode benutzt wird. Allerdings handelt es sich dabei um bereits vorverarbeitete visuelle Merkmale. Um diese Abstraktion zu kennzeichnen, spricht man auch von der Kodierung der Graphemfolge (im Unterschied zur konkreten Folge von Buchstaben, die in einem Wort anzutreffen sind) oder einem orthographischen Kode.

Zum anderen können die den Buchstaben bzw. Buchstabengruppen (Graphemen) zugeordneten Sprachlaute (Phoneme) ein Wiedererkennen der Wörter ermöglichen. Der Leser greift hier auf seine Sprachkenntnis zurück und identifiziert die Wörter, nachdem er die Buchstaben in eine lautsprachliche Form rekodiert hat. Diese Form der Kodierung wird phonologische Rekodierung genannt.

2.1. Phonologisches Rekodieren

Wenn wir die Bedeutung des phonologischen Rekodierens beim Worterkennen betrachten, so ist es sinnvoll, das laute und das leise Lesen getrennt zu betrachten. Die mündliche Wiedergabe eines schriftlichen Textes, das laute Lesen, wird zurecht als ein Kernstück der Lesefähigkeit betrachtet. Unser Schriftsystem ermöglicht es ja nicht nur, die schriftlichen Äußerungen dem Inhalt nach wiederzugeben, sondern sie wörtlich vorzulesen. Die Frage dabei ist, wie der Leser die in dem alphabetischen Schriftsystem enthaltenen Hinweise auf die Aussprache der Wörter nutzt.

Der Zusammenhang zwischen geschriebener und gesprochener Sprache geht jedoch über die Fähigkeit, Geschriebenes vorzulesen, weit hinaus. Ein zweiter Aspekt betrifft daher das leise Lesen. Wie weit kann der Leser dabei auf der mündlichen Sprache aufbauen? Inwiefern werden hier die vorhandenen Sprachfertigkeiten benutzt? Hat die Tatsache, daß die Schriftsprache auf der zuerst entwickelten mündlichen Sprachform aufbaut, Auswirkungen auf den Leseprozeß?

Das laute Lesen

Wie entnimmt der Leser der Schrift Informationen, die es ihm ermöglichen, einen geschriebenen Text laut vorzulesen? Auf welche Kenntnisse und Fertigkeiten greift er dabei zurück? Über diesen Prozeß, den wir als phonologische Rekodierung bezeichnen, bestehen zwei verschiedene Vorstellungen, das Modell der zweifachen Zugangswege und das Analogie-Modell. Beide Modellvorstellungen haben sich in den letzten Jahren allerdings deutlich aneinander angenähert (Patterson und Coltheart 1987).

Das Modell der zweifachen Zugangswege: Nach dieser Vorstellung, die von Coltheart (1978) prägnant formuliert wurde, stehen dem Leser prinzipiell zwei Zugangsmöglichkeiten zur Verfügung:

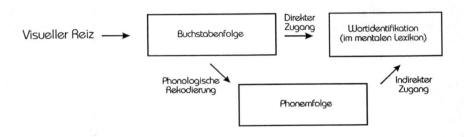

Abbildung 3: Modell der zweifachen Zugangswege beim Worterkennen, des direkten und indirekten Zugangs

Der erste Zugangsweg besteht in einer orthographischen Kodierung des Schriftbilds, wobei über den orthographischen Kode ein unmittelbarer (direkter) Kontakt mit einem lexikalischen Eintrag hergestellt werden kann. Nachdem der lexikalische Eintrag ermittelt ist, kann über diesen Eintrag auch die Aussprache des Wortes eruiert werden (postlexikalische phonologische Rekodierung). Es handelt sich also um einen direkten Zugang zum Lexikon.

Für das Lesen vertrauter Wörter reicht dieser Zugang ohne weiteres aus, da über das Lexikon die phonologisch-artikulatorischen Informationen über die Aussprache der Wörter abrufbar sind. Anders stellt sich die Situation beim Lesen von unbekannten Wörtern oder von aussprechbaren sinnlosen Silben (Pseudowörtern) dar. Da hier keine Eintragung im Lexikon vorhanden und somit kein direkter Zugang zum Lexikon möglich ist, müssen diese Wörter auf andere Weise erlesen werden.

In diesem zweiten Fall kann eine Rekodierung der einzelnen Buchstaben bzw. Buchstabengruppen in eine sprechsprachliche (phonologische) Form erfolgen, von der aus die

Aussprache der Wörter möglich ist. In der Folge kann die Identität und Bedeutung der Worte erfaßt werden. Die phonologische Rekodierung erfolgt hier also vor dem Zugang zum Lexikon und ohne seine Konsultation. Wir sprechen daher von einer prälexikalischen phonologischen Rekodierung. Allerdings kann diese Form der Rekodierung nicht die einzige Art sein, um die Aussprache zu ermitteln. Dies ergibt sich schon aus der Tatsache, daß es in manchen Schriftsprachen, wie dem Englischen, Homographe gibt, Wörter, die gleich geschrieben, aber verschieden ausgesprochen werden (z.B. the wind, wind up).

Als Einheiten beim phonologischen Rekodieren werden nach dem Modell der zweifachen Zugangswege Grapheme (Einzelbuchstaben bzw. kleine Buchstabengruppen, z.B. *sch*) verwendet. Dies bedeutet aber, daß vor der eigentlichen phonologischen Kodierung eine Unterteilung der Wörter in Grapheme stattfinden muß, da es einen Unterschied macht, ob etwa ie als ein Graphem (z.B. die) oder als zwei (z.B Linie) aufgefaßt wird.

Nach dem Modell der zweifachen Zugangswege sind diese beiden Prozesse ohne Rückgriff auf wortspezifische Informationen möglich. Das phonologische Rekodieren und der direkte Zugriff werden also als zwei voneinander unabhängige Prozesse verstanden. Diese Annahme erfordert allerdings den Nachweis, daß sich allgemeine Regeln für die Zuordnung von Graphemen zu Phonemen (Graphem-Phonem-Korrespondenzregeln) aufstellen lassen. Nun kann selbst in einer recht unregelmäßigen Schriftsprache, wie dem Englischen, die Korrespondenz zwischen Graphemen und Phonemen mit einer begrenzten Anzahl von Regeln in etwa 70-80% der Wörter beschrieben werden (Hanna et. al, 1966; Venezky, 1970). Jedoch ermöglicht nur ein Teil dieser Regeln eine unmittelbare Zuordnung von Graphemen und Phonemen, in den anderen Fällen muß der Kontext, d.h. die anderen Buchstaben des Wortes, mitberücksichtigt werden.

Außerdem ist eine Unterscheidung hinsichtlich der Regelmäßigkeit der Wörter vorzunehmen: Da in vielen Schriftsprachen die Graphem-Phonem-Zuordnungsregeln nur bei einem Teil der Wörter die korrekte Aussprache ergeben, sind Wörter zu unterscheiden, deren Aussprache aus dem Schriftbild entsprechend den Graphem-Phonem-Korrespondenzregeln abgeleitet werden kann (regelmäßige Wörter), und solche, für die dies nicht möglich ist (unregelmäßige Wörter). Nach dem Modell sollten "unregelmäßige" Wörter, deren Aussprache den Phonem-Graphem-Korrespondenzregeln nicht entspricht, durch prälexikalische phonologische Rekodierung nicht korrekt erlesen werden können und wären daher ausschließlich auf den direkten Zugangsweg angewiesen. Hier fällt also ein Zugangsweg sozusagen aus, was die Leseleistung beeinträchtigen sollte.

Damit ist das Verhältnis der beiden Zugangswege zueinander angesprochen. Nach einer einfachen Vorstellung werden beide Zugangswege parallel eingeschlagen, wobei der direkte Zugang bei häufigen Wörtern der schnellere ist und zum Zug kommt (von Henderson, 1982, wurde diese Vorstellung das Pferderennen-Modell genannt). Nach Henderson (1982) ist aufgrund der Unterschiede in der Lesegeschwindigkeit bei regelmäßigen und unregelmäßigen Wörtern jedoch anzunehmen, daß sich die Verarbeitungsgeschwindigkeit der beiden Zugangswege überlappt und daß das Resultat beider Verarbeitungen daher voneinander abweichen kann. Dies bedeutet aber, daß die Ergebnisse beider Verarbeitungswege verglichen werden müssen. Im Besonderen muß dabei überprüft werden, ob die über den indirekten Weg zusammengestellte Phonemfolge auch einem richtigen Wort entspricht. Danach müßte auch bei einer prälexikalischen phonologischen Rekodierung das mentale Lexikon konsultiert und die ermittelte Aussprache verifiziert werden.

Mit dieser Annahme muß allerdings das Modell der zweifachen Zugangswege erweitert werden - die prälexikalische Kodierung ist dann nicht ohne Bezug zum mentalen Lexikon denkbar. Vertreter des Modells nehmen daher an, daß beim lauten Lesen Informationen über die Aussprache der gelesenen Wörter, die über beide Zugangswege aktiviert werden, parallel eintreffen und miteinander kombiniert werden. Dieser Prozeß sei etwa jenem vergleichbar, der im Gespräch festgestellt werden kann, wo akustische Informationen mit jenen visuellen Informationen integriert werden, die durch das Lippenlesen erwachsen (Carr und Pollatsek 1985).

Das Analogie-Modell: Das *Analogie-Modell* (Patterson und Coltheart 1987), auch *Aktivations-Synthese-Modell* (Glushko 1979) genannt, geht davon aus, daß die phonologische Rekodierung nicht aufgrund von Graphem-Phonem-Korrespondenz-Regeln erfolgt, sondern daß die Aussprache dort, wo sie nicht direkt von dem lexikalischen Eintrag des Wortes abgeleitet werden kann (also bei unbekannten Wörtern oder Pseudowörtern), aufgrund des Wissens um die Aussprache anderer, ähnlich geschriebener Wörter rekonstruiert wird.

Eine erste Formulierung eines derartigen Modells der phonologischen Rekodierung stammt von Glushko (1979). Er geht davon aus, daß beim Lesen von Wörtern automatisch die Information über die Aussprache aller Wörter aktiviert wird, die gewisse Merkmale mit der zu lesenden Buchstabensequenz gemeinsam haben. Aus diesen vielfältigen Informationen wird dann die richtige Aussprache synthetisiert. Die Aussprache kann umso rascher eruiert werden, je konsistenter die Information ist, d.h. je weniger Wörter (die in der Buchstabenfolge ähnlich aufgebaut sind) eine voneinander abweichende Aussprache haben. Dabei handelt es sich nicht um ein bewußtes Suchen nach ähnlich geschriebenen Wörtern, sondern um eine rasche automatische Aktivierung aller dem Leser bekannten ähnlichen Wörter.

Nach diesem Modell besteht zwar kein grundsätzlicher Unterschied zwischen der Rekonstruktion der Aussprache von bekannten Wörtern und Pseudowörtern, es wird aber angenommen, daß bei bekannten Wörtern auch direkt die Aussprache der gesamten Buchstabensequenz abgerufen werden kann. Es wird also zwischen einer direkt abrufbaren (addressed) Aussprache und einer neu erstellten (assembled) Aussprache unterschieden (Patterson und Coltheart 1987). Wenn auch hier keine im strengen Sinn nichtlexikalischen Prozesse beim Lesen angenommen werden, da auch die Aussprache von unbekannten Wörtern bzw. Pseudowörtern durch die Informationen über die Aussprache anderer Wörter rekonstruiert wird, so werden doch zwei unterschiedliche Prozesse angenommen, wie das mündliche Lesen zustandekommt.

Das Analogie-Modell gewann vor allem dadurch in den letzten Jahren viele Befürworter, daß Glushko (1979) zeigen konnte, daß ein Großteil des Einflusses der Regelmäßigkeit in der Graphem-Phonem-Zuordnung durch die Konsistenz der Aussprache von Buchstabenfolgen erklärt werden kann: Wörter mit Buchstabenfolgen, die in den meisten Wörtern immer auf die gleiche Art ausgesprochen werden, können rascher gelesen werden als Wörter mit Buchstabenfolgen, die sehr inkonsistent ausgesprochen werden. Die Regelhaftigkeit der Graphem-Phonem-Zuordnung hat auf das mündliche Lesen geringere Auswirkungen als die Konsistenz der Aussprache bei den Buchstabenfolgen. Wörter, die Buchstabenfolgen enthalten, die in anderen Wörtern anders ausgesprochen werden, werden demnach langsamer gelesen, unabhängig davon, ob ihre Aussprache der dominanten, regelhaften Graphem-Phonem-Zuordnung folgt oder nicht.

Ein Einfluß der Konsistenz der Aussprache von Buchstabenfolgen ist mit dem Modell der zweifachen Zugangswege in der ursprünglichen Fassung nicht vereinbar. Patterson und Morton (1985) haben jedoch auf die Möglichkeit hingewiesen, dieses Modell so zu erweitern, daß die Grundannahme, nämlich die Unterscheidung zwischen einem lexikalischen und einem nicht-lexikalischen Weg, aufrechterhalten bleibt. Nach Patterson und Morton kann man annehmen, daß neben der phonologischen Rekodierung durch Graphem-Phonem-Zuordnungsregeln ein zweiter Rekodierungsprozeß zur Verfügung steht, nämlich die Zuordnung der Graphem- und Phonemfolge des Silbenauslauts bzw. Silbenkörpers (=Rest der Silbe, nachdem der Anfangskonsonant bzw. die anfängliche Konsonantenverbindung entfernt wurde). In 70% der Fälle würde das Ergebnis dieser Rekodierung mit jener aufgrund von Graphem-Phonem-Zuordnungsregeln übereinstimmen. Wenn keine Übereinstimmung vorhanden ist, würde sich der Leser auf die Zuordnung dieser größeren Einheiten stützen.

Neue Modelle - Netzwerkmodelle: Einen neuen Typ von Modellen über den Mechanismus des Worterkennens und des lauten Lesens stellen die in den letzten Jahren entwickelten Netzwerkmodelle (Seidenberg und McClelland 1989, Van Orden et al. 1990) dar. Diese Modelle verzichten sowohl auf die Annahme von Graphem-Phonem-Zuordnungsregeln wie auf die Annahme eines einheitlichen mentalen Lexikons. Die Aussprache von Wörtern wird vielmehr dadurch möglich, daß der Leser durch tausendfache Übung die Zuordnung von Buchstabenfolgen und Phonemfolgen gelernt hat, ohne dabei explizite Regeln zu benötigen. Ein wichtiger Punkt dabei ist die Charakterisierung dieser Zuordnungen nicht als ein System von Regeln, die immer nur eine Annäherung darstellen, da die Regeln alle eine mehr oder weniger große Anzahl von Ausnahmen enthalten. Die Zuordnungsbeziehung wird vielmehr als ein quasi-regelhaftes Verhältnis verstanden, das durch statistische Kovariation gekennzeichnet ist. Der Leser muß beim Lesen jedes Wortes sein Wissen um die Aussprache dieses Wortes und anderer ähnlicher Wörter nicht bewußt heranziehen, vielmehr ist seine gesamte Erfahrung in einer begrenzten Anzahl sogenannter verborgener Einheiten (d.h. Einheiten, die vom Netzwerk aufgrund der bisherigen Erfahrung mit der Umwandlung der Schrift in mündliche Sprache gebildet wurden) repräsentiert.

In diesen Modellen werden die verschiedenen Informationen, die wir über Wörter haben, in getrennten (modularen) Netzwerken gespeichert, die jeweils über Zuordnungswege miteinander verbunden sind. In dem von Seidenberg und McClelland (1989) vorgestellten Modell, das sich in der Computersimulation recht gut bewährt und die meisten bisher beobachteten Effekte beim lauten Lesen recht gut vorhersagen kann, wird davon ausgegangen, daß es eine innere Repräsentation von orthographischen, phonologischen und semantischen Informationen gibt. Diese Repräsentationen, etwa der orthographischen Informationen, stellen jedoch keine Eins-zu-Eins-Entsprechung der Buchstabenfolge von Wörtern dar, vielmehr werden die Wörter in sich überlappende Sequenzen von Buchstaben zerlegt, die ihrerseits wieder jeweils nur einen Teil der Informationen jedes Buchstabens einer Sequenz speichern. So aktiviert ein Wort eine große Anzahl an internen orthographischen Repräsentationseinheiten. Das Aktivitätsmuster im Netzwerk erlaubt in seiner Gesamtheit eine sichere Identifikation der Buchstabenfolge eines Wortes. Das Modell kommt somit ohne die Vorstellung eines mentalen Lexikons aus. Die Zuordnungen zwischen der inneren Repräsentation der orthographischen Struktur von Wörtern und dem Wissen um ihre Aussprache geschehen nicht über Regeln, sondern über probabilistische Verbindungen. Der Leser erliest also

Wörter nicht dadurch, daß er den einzelnen Graphemen Phoneme zuordnet, sondern er lernt, wie bestimmte Buchstabenfolgen in Phonemfolgen übersetzt werden. Das Wissen um diese Zuordnung eignet er sich durch die Erfahrung im Lesen einer Vielzahl von Wörtern an, ohne über die Gründe, wieso eine Zuordnung im Einzelfall auf bestimmte Weise vorzunehmen ist, Auskunft geben zu können.

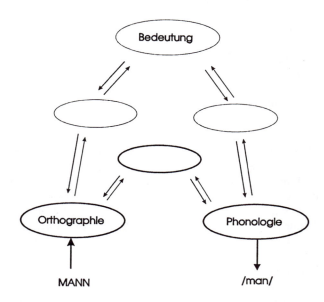

Abbildung 4: Netzwerkmodell des Worterkennens nach Seidenberg und McClelland (1989): Es werden drei Arten von Kodes beim Worterkennen unterschieden, Kodes für orthographische, phonologische und semantische Informationen. Diese Kodes sind über sogenannte vorborgene Einheiten (als leere Ovale gekennzeichnet) miteinander verbunden.

Evidenz für ein phonologisches Rekodieren beim Worterkennen und leisen Lesen

Die in der neueren Leseforschung wohl am meisten diskutierte Frage ist jene, ob das phonologische Rekodieren auch für die Erfassung der Wortbedeutung und damit für das leise Lesen von Bedeutung ist. Wie weit findet ein phonologisches Rekodieren auch dann statt, wenn leise gelesen wird, die Wörter also nicht ausgesprochen werden müssen?

    Coltheart (1978) hat recht überzeugend darauf hingewiesen, daß die Bedeutung des phonologischen Rekodierens für das Worterkennen in erster Linie für das Leseverständnis, also das Erfassen des Sinns der gelesenen Wörter, nachzuweisen wäre. Man kann sich durchaus vorstellen, daß das laute Lesen auf anderen Prozessen aufbaut als das leise, verständnisvolle Lesen und beim lauten Lesen nicht unbedingt die Bedeutung der Wörter erfaßt, also das Lexikon konsultiert werden muß. Aus diesem Grund wird bei der experimentellen Überprüfung des Einflusses des phonologischen Rekodierens vielfach die sogenannte lexikalische Entscheidungsaufgabe verwendet. Bei dieser Aufgabe werden den Versuchspersonen auf einem Bildschirm Buchstabenfolgen gezeigt und sie müssen möglichst rasch entscheiden, ob es sich dabei um ein Wort oder eine sinnlose Folge handelt. Da bei dieser Aufgabe entschieden werden muß, ob es sich um ein richtiges Wort handelt, müßte - so das Argument von Coltheart (1978) - das Lexikon konsultiert werden. In den letzten Jahren sind allerdings eine Reihe von Einwänden gegen diese Versuchsanordnung vorgebracht worden, die betonen, daß bei dieser Aufgabe verschiedenen Strategien möglich sind, die eine Entscheidung ermöglichen, ohne das Wort vollständig zu lesen bzw. das mentale Lexikon zu überprüfen (Seidenberg und McClelland 1989). Aus diesem Grund werden in den letzten Jahren vermehrt andere Aufgaben (neben dem Bestimmen der Benennungslatenz von Wörtern, auch die Aufgabe, bestimmte Buchstaben in Texten zu suchen) eingesetzt, um Effekte aufzuzeigen, die auf ein phonologisches Rekodieren hindeuten.

Es gibt eine Reihe von Ergebnissen aus der experimentellen Leseforschung, die für die Bedeutung des phonologischen Rekodierens beim Worterkennen sprechen. Phonologisches Rekodieren dürfte selbst dann automatisch erfolgen, wenn die Informationen über die Aussprache der Wörter das Leseverständnis behindern.

Einfluß der Homophonie auf das Worterkennen: Unter Pseudohomophonen versteht man sinnlose Silben, die zwar anders geschrieben, aber genauso wie richtige Wörter ausgesprochen werden (z.B. Fogl-Vogel). Wenn eine lautliche Rekodierung der Schrift zur Erfassung der Bedeutung von Wörtern erfolgt, dann müssen solche Pseudohomophone gewisse Schwierigkeiten beim Lesen bereiten. Der Grund dafür wäre einfach, daß diese schlechter von richtigen Wörtern unterschieden werden sollten als andere, von der Aussprache her richtigen Wörtern unähnliche (aber visuelle ähnliche) Pseudowörter. Tatsächlich konnte man in lexikalischen Entscheidungsaufgaben (wenn also von den Probanden eine Unterscheidung von Wörtern und sinnlosen Buchstabenfolgen verlangt wurde) wiederholt eine längere Entscheidungszeit für Pseudohomophone als für andere Pseudowörter finden (Rubenstein et al. 1971, Coltheart et al. 1977, Bias und McCusker 1980).

Eine Verlangsamung der Entscheidung für Homophone und Pseudohomophone läßt sich auch bei der Aufgabe feststellen, Wörter und Pseudowörter in Bezug auf ihre Zugehörigkeit zu vorgegebenen semantischen Kategorien zu beurteilen (z.B. "Handelt es sich bei der folgenden Buchstabenfolge um die Bezeichnung für ein Lebewesen? Ja oder Nein." "Fogl, Wahl"). Auch hier ist der Einfluß von Pseudohomophonen (Green und Shallice 1976) stärker als der Einfluß von Homophonen (McCusker et al. 1981). Ähnliches gilt für die Aufgabe, Sätze danach zu beurteilen, ob sie sinnvoll oder sinnlos sind. Auch hier fällt die Entscheidung schlechter aus, wenn in den zu lesenden Sätzen Homophone oder Pseudohomophone enthalten sind (Baron 1973, Doctor und Coltheart 1980, Coltheart et al. 1986).

Informationen über die Phonemfolge von Wörtern: Mehrere experimentelle Anordnungen zeigen, daß Hinweise auf die Aussprache, die gleichzeitig oder in enger zeitlicher Nähe zu einem zu lesenden Wort gezeigt werden, nicht ohne weiteres ignoriert werden und die korrekte Identifikation erleichtern oder (wenn es falsche Hinweise sind) erschweren können (für eine Diskussion siehe Van Orden et al. 1990). Dies gilt z.B. für die Aufgabe, Bilder zu benennen, in die Wörter eingetragen wurden. Hier wird die Benennungsgeschwindigkeit von Merkmalen der eingetragenen Wörter beeinflußt, selbst wenn diese ausdrücklich ignoriert werden sollen. Wörter mit ähnlicher Aussprache können das Benennen erleichtern, solche mit unähnlicher Aussprache erschweren. Dies spricht für eine automatische Aktivierung phonologischer Informationen beim Lesen von Buchstabenfolgen, auch wenn sie nur peripher beachtet werden.

Der Vergleich des Schriftbildes zweier Wörter wird ebenfalls von der Lautähnlichkeit, zusätzlich zu der visuellen Ähnlichkeit dieser Wörter, beeinflußt, aber nur dann, wenn diese Wörter in einem gewissen - nicht zu großen - Abstand nebeneinander geschrieben sind (Baron 1978). Hier erleichtert also die phonologische Repräsentation der Wörter den sonst (wegen der erforderlichen Zwischenspeicherung) schwerfallenden Vergleichsprozeß.

Unterschiede im Erkennen von (nach den Graphem-Phonem-Korrespondenzen) regelmäßigen und unregelmäßigen Wörtern: Nach dem Modell der zweifachen Zugangswege sollte das Lesen unregelmäßiger Wörter erschwert sein, da bei diesen Wörtern nur ein Zugangsweg (nämlich der direkte) zur Verfügung steht. Unregelmäßige Wörter werden in der Tat nicht nur langsamer gelesen, sondern bei einer lexikalischen Entscheidungsaufgabe in der Tendenz auch langsamer erkannt als regelmäßige (Baron und Strawson 1976, Stanovich und Bauer 1978, Bauer und Stanovich 1980, Glushko 1979). Dieser Befund ist allerdings nicht einheitlich repliziert worden. Seidenberg (1985) hat jedoch darauf hingewiesen, daß in den Experimenten, die diesen Unterschied nicht nachweisen konnten, Wörter verwendet wurden, die nur geringfügig - in der Aussprache eines Graphems - von der regelhaft erwarteten Zuordnung abwichen. Werden in einem Experiment Wörter gezeigt, deren Aussprache sehr von der üblichen Aussprache abweicht - von den Autoren "seltsame" Wörter genannt - dann zeigt sich auch bei lexikalischen Entscheidungsaufgaben ein deutlicher Einfluß der Regelmäßigkeit der Graphem-Phonem-Zuordnung.

Auf den Unterschied zwischen regelmäßigen und unregelmäßigen Wörtern übt außerdem die Worthäufigkeit einen deutlichen Einfluß aus. Beim geübten Leser sind es in erster Linie seltene unregelmäßige Wörter, die langsamer gelesen bzw. als richtige Wörter identifiziert werden als regelmäßige Wörter. Untersuchungen, die keinen Unterschied im Worterkennen von regelmäßigen und unregelmäßigen Wörtern nachweisen konnten, verwendeten zum Teil Wortlisten, in denen häufigere uunregelmäßige Wörter einen größeren Anteil ausmachten (Seidenberg 1985).

Insgesamt legen die vorliegenden Befunde nahe, daß beim visuellen Worterkennen automatisch auch Informationen über die Aussprache der Wörter mit aktiviert werden. Es hängt allerdings sehr von der jeweiligen Aufgabenstellung ab, wieweit eine phonologische Rekodierung für das Worterkennen benutzt wird: Je mehr homophone Wörter (wie Wahl/Wal) z.B. in einer Wortliste vorkommen, je weniger man sich also auf die phonologischen Informationen verlassen kann (da die Homophone ja irreleiten), desto mehr wird die phonologische Rekodierung unterdrückt. Die phonologische Rekodierung unterliegt somit unter bestimmten Umständen der subjektiven Kontrolle (Coltheart 1978, Hawkins et al. 1976). Aus diesem Grund ist es nicht verwunderlich, daß mehrere Experimente zeigen, daß phonologische Informationen in Schriftsprachen mit größerer Regelmäßigkeit der Graphem-Phonem-Korrespondenz für das Lesen von größerer Bedeutung sind und auch vom geübten Leser noch stärker genutzt werden. So konnten etwa Katz und Feldmann (1981) nachweisen, daß im Serbokroatischen (einer Schriftsprache mit einer sehr konsistenten Graphem-Phonem-Zuordnung) das Lesen durch eine Vorgabeform, bei der die Wörter in Silben unterteilt sind, stärker erleichtert wird als im Englischen.

2.2. Ausnutzung der orthographischen Informationen

Im Prinzip könnte man sich vorstellen, daß alle Wörter zuerst innerlich in eine phonologische Form umgewandelt werden, bevor sie verstanden werden. Dieser indirekte Zugang über die phonologische Rekodierung kann freilich nicht der einzige Weg zur Erfassung von Wortbedeutungen sein, da sonst Wörter, die gleich klingen, aber verschieden geschrieben werden (=Homophone z.B. Wahl/Wal), ohne Heranziehung des Kontexts nicht unterschieden werden könnten. Diese Unterscheidung ist aber ohne weiteres möglich. Die phonologische Rekodierung als indirekter Zugangsweg kommt deshalb ohne direkten Zugangsweg nicht aus.

Das phonologische Rekodieren kann auch die Effizienz des Worterkennens beim geübten Leser nur teilweise erklären, es scheint beim Erkennen häufiger vorkommender Wörter eine untergeordnete Rolle zu spielen. Es müssen also noch andere Mechanismen in Betracht gezogen werden, die den Lesevorgang ökonomisieren und Effizienz bei der Wahrnehmung der Schriftsprache bewirken können. Dabei ist vorrangig zu berücksichtigen, daß der geübte Leser - wie bereits erwähnt - eine erstaunliche Kompetenz nicht nur beim Erkennen von richtigen Wörtern entwickelt, sondern auch für andere regelmäßige Buchstabenfolgen, sogenannte Pseudowörter, ja daß bei manchen Aufgaben für Pseudowörter ähnliche Leistungen erzielt werden wie für Wörter, jedenfalls weit bessere als für zufällige Buchstabenfolgen.

Wie kommt es, daß der Leser eine so große Fertigkeit bei der Bearbeitung von Regelmäßigkeiten des Schriftsystems entwickelt?

Einer der Faktoren, die dabei diskutiert werden, ist die *orthographische Regularität*. Mit diesem Begriff sollen Regelmäßigkeiten bezeichnet werden, die in der Schreibweise vieler Wörter wiederkehren und eine gewisse Redundanz bewirken: Buchstaben kommen mit unterschiedlicher Häufigkeit vor, sie treten mit größerer Wahrscheinlichkeit in einigen Wortpositionen auf als in anderen (Positionsredundanz) und folgen mit unterschiedlicher Wahrscheinlichkeit aufeinander (sequentielle Redundanz). Diese Regelmäßigkeit in der Orthographie bildet zum Großteil, wie schon Bierwisch (1972) festgestellt hat, die phonotaktischen Regelmäßigkeiten der Sprache ab. Anderseits gibt es auch Regeln, die aus der Tradition der Verschriftlichung der Sprache ableitbar sind. Eine solche Regel wäre z.B. jene, daß es kein unmittelbares Aufeinandertreffen dreier gleicher Buchstaben in einem Wort geben darf.

In mehreren Worterkennungsexperimenten wurde ein Einfluß von Maßen der orthographischen Regularität auf das Erkennen von Wörtern sowie von Pseudowörtern festgestellt. Buchstaben können in Folgen mit einer höheren orthographischen Redundanz effizienter wahrgenommen werden (Massaro et al. 1980, Henderson 1982). In erster Linie dürfte die Positionsredundanz von Bedeutung sein. Maße, die die Positionsabhängigkeit für Einzelbuchstaben und Bigramme (=Folgen von 2 Buchstaben) sowie die Wortlänge mitberücksichtigen, zeigen bereits einen signifikanten Einfluß der orthographischen Regularität auf die Wahrnehmbarkeit. Für kurze Wörter sind sogar Maße für die Positionsredundanz von Einzelbuchstaben von großem Einfluß. Bei längeren Wörtern ist jedoch auch bei positionsabhängigen Maßen die Berücksichtigung längerer Buchstabensequenzen von Vorteil.

Wie läßt sich dieser Einfluß der orthographischen Regularität auf die Wahrnehmbarkeit von Wörtern erklären. Hier hat das bereits vorgestellte Modell von McClelland und Rummelhart (1981) einen großen Einfluß ausgeübt. Nach diesem Modell werden durch die Identifikation eines Buchstaben an einer bestimmten Wortposition alle Wörter (im inneren orthographischen Lexikon bzw. einer Art orthographischen Register) aktiviert, in denen dieser Buchstabe an der gleichen Stelle vorkommt. Aus der Summe bzw. dem Muster dieser Aktivierung können automatisch Vorhersagen über die anderen Buchstaben des Wortes abgeleitet werden. Buchstaben, die häufig auf einen anderen Buchstaben folgen, werden dadurch ihrerseits aktiviert und somit effizienter wahrgenommen.

Da dieser Einfluß für alle Buchstabenfolgen gilt, folgt daraus, daß auch Pseudowörter besser wahrgenommen werden als zufällige Buchstabenfolgen.

2.3. Die Bedeutung von Buchstabenschemata beim Worterkennen

Die Tatsache, daß Wörter um vieles rascher erkannt werden als zufällige Buchstabenfolgen, ja daß sie etwa so rasch erkannt werden wie ein einzelner Buchstabe, wurde von der älteren Leseforschung häufig so interpretiert, daß die Wörter als Ganzes aufgrund ihrer Gestalt wahrgenommen werden. Dabei wurde unter anderem daran gedacht, daß der Umriß eines Wortes benutzt wird. Dagegen spricht zunächst, daß Wörter kaum langsamer gelesen werden, wenn sie in Großbuchstaben geschrieben werden, obwohl Unterschiede im Umriß von Wörtern dann weitgehend wegfallen. Selbst wenn Buchstabenfolgen aLtErNiErEnD in Groß- und Kleinbuchstaben geschrieben werden, werden Wörter nach einiger Übung beinahe ebenso rasch gelesen wie in gewohnter Anordnung (Smith et al. 1969 nach Rayner und Pollatsek 1989). Auch bei kurzzeitiger Darbietung von Wörtern in alternierender Schreibweise bleibt ein Vorteil in der Wahrnehmung von Wörtern über jene von zufälligen Buchstabenfolgen erhalten (McClelland 1976, Adams 1979a). Diese Ergebnisse legen nahe, daß das Worterkennen auf der Verarbeitung der Buchstabenmerkmale aufbaut und daß dabei relativ rasch auf abstrakte Buchstabenschemata zurückgegriffen wird, die von Besonderheiten des verwendeten Schrifttyps unabhängig sind.

Worin bestehen nun Buchstabenschemata? Von den meisten Autoren wird angenommen, daß Buchstaben anhand einiger basaler Eigenschaften diskriminiert werden. Für die großgeschriebenen Buchstaben kam etwa Gibson (1971) auf eine Liste von 12 Merkmalen. Diese Merkmale dürften zwar parallel (Dunn-Rankin 1978), aber mit unterschiedlichen Zeitkonstanten verarbeitet werden. Globalere Merkmale, die den Umriß der Buchstaben kennzeichnen, werden rascher und zuverlässiger als Details verarbeitet. Dies zeigt sich sowohl im Fehlermuster bei tachistoskopischen Diskriminationsaufgaben (Massaro et al. 1980) als auch bei der Korrektur von Rechtschreibfehlern (Healy 1981). Bemerkenswert ist jedoch, daß die Vertrautheit mit den Buchstaben beim geübten Leser so groß ist, daß das Erkennen kaum durch die Häufigkeit ihres Vorkommens in der Schriftsprache beeinflußt wird (Appelman und Mayzner 1981).

Am Erkennen der Buchstaben ist vor allem bemerkenswert, daß der geübte Leser sehr rasch von Besonderheiten der Buchstabenform abstrahiert und nur mehr die Identität des Buchstabens festhält. Dieses abstrakte Buchstabenschema ist bei ihm soweit entwickelt, daß bei kurzzeitiger Darbietung von Buchstabenfolgen und Wörtern unterschiedliche Schrifttypen nur zu einer leichten Behinderung des Worterkennens führen. Solche Änderungen im Schriftbild werden, selbst wenn die Versuchspersonen angewiesen werden, darauf zu achten, von ihnen nicht bemerkt. Die Wörter erscheinen vielmehr so, als ob sie in gewohnten Schrifttypen dargeboten wurden (McClelland 1976).

Es ist daher anzunehmen, daß eine visuelle Verarbeitungseinheit die graphischen Merkmale der Buchstabenfolgen rasch in einen Kode überführt, der die Identität der Buchstaben in nicht-visueller, von der jeweiligen Schreibweise (Font, Groß/Kleinschreibung) unabhängigen, nicht-phonologischen Form repräsentiert. Besondere Merkmale, wie die räumliche Orientierung von im übrigen gleichen Buchstaben (z.B. b/d), dürften dabei eine zusätzliche Überprüfung erfahren, bevor dieser Kode gebildet wird (Bigsby 1990).

2.4. Die Bedeutung von Morphemen beim Lesen

Wenn vom Worterkennen die Rede ist, ist auch die Tatsache zu bedenken, daß gerade das Deutsche eine Sprache darstellt, in der viele Wörter zusammengesetzt sind, also in mehrere Morpheme als Wortbestandteile gegliedert werden können.

Morpheme werden in der semantischen Tradition der Linguistik als kleinste, selbständig bedeutungstragende Einheiten definiert. Alternativ werden sie auch als kleinste Einheiten der grammatikalischen Analyse oder als kleinste Einheiten mit einem konsistenten Verteilungsmuster aufgefaßt. Zusammengesetzte Wörter bestehen aus Wortstämmen und Affixen, wobei die Wortstämme danach weiter differenziert werden können, ob sie neben dem Vorkommen in zusammengesetzten Wörtern auch als selbständige Wörter auftreten (freie Wortstämme) bzw. ob sie nur als Teil eines zusammengesetzten Wortes vorkommen (gebundene Wortstämme). Viele Wörter sind über Wortbildungregeln von Stammorphemen ableitbar. Die Anzahl der Stammorpheme ist daher deutlich geringer als die Anzahl der Wörter bzw. Wortformen.

Für die Leseforschung stellt sich die Frage, ob diese Tatsache beim Worterkennungsvorgang in irgendeiner Weise zum Ausdruck kommt und zu einer Ökonomisierung des Vorgangs beiträgt. Eine Hypothese lautet, daß nicht jedes Wort bzw. jede Wortform in der Gesamtheit getrennt behalten und im Lexikon, dem inneren Wortspeicher, repräsentiert wird, sondern nur die Grundform, von der aus die verschiedenen sprachlich möglichen Ausdrucksformen abgeleitet werden können (Taft und Forster 1975). Eine weitere Möglichkeit besteht darin, daß beim Suchvorgang im Lexikon nicht die vollständige Information, die in einem Wort enthalten ist, verwendet wird. Vielmehr wird zunächst nur ein Teil der Buchstabensequenz beachtet und erst in einem weiteren Schritt die Übereinstimmung zwischen der wahrgenommenen Buchstabenfolge und den lexikalischen Informationen über die entsprechenden Wörter verglichen.

Einen zusätzlichen Akzent bekommt die Frage, in welcher Form Wörter lexikalisch repräsentiert sind, dadurch, daß in der Orthographie morphologische und damit semantische Zusammenhänge durch die gleiche Schreibweise gewahrt bleiben, unabhängig davon, ob die Aussprache der abgeleiteten Wörter voneinander abweicht oder nicht. Der Kontext bestimmt nun die phonologische Realisation eines gegebenen Morphems, ohne daß dies orthographisch zum Ausdruck kommt, so werden im Deutschen z.B. Fälle von Auslautverhärtungen orthographisch nicht wiedergegeben und bei Flexionen werden die Veränderungen der Vokalqualität zumeist durch Allographe abgebildet (z.B. Kalb, Kälber). Nach Chomsky (1970) entspricht somit die Orthographie der abstrakten phonologischen Repräsentation in besonderem Maße, nicht jedoch dem phonologisch-artikulatorischen Kode, der erst von der abstrakten phonologischen Repräsentation über phonologische Regeln abgeleitet werden muß.

Form der lexikalischen Repräsentation zusammengesetzter Wörter: Die Auseinandersetzung mit dem Worterkennungsprozeß zusammengesetzter Wörter führt unmittelbar zur Frage, wie das Lexikon organisiert ist. Sind im Lexikon alle Wortformen durch einen eigenen Eintrag repräsentiert oder sind nur die zusammengesetzten Wörter als Grundform enthalten mit zusätzlichen Verweisen auf die möglichen Anfügungen? Zu dieser Frage wurden unterschiedliche Positionen bezogen (Schriefers et al. 1992).

- Taft und Forster (1975, Taft 1979, 1985), die das erste explizite Modell über die Rolle der Morpheme beim Worterkennen formuliert haben, nahmen an, daß im Lexikon nur die Grundformen zusammengesetzter Wörter enthalten sind und daß diese Wörter daher, um wiedererkannt zu werden, in ihre Bestandteile gegliedert werden müssen (für eine kritische Auseinandersetzung mit diesen Annahmen siehe Henderson 1986).
- Die extreme Gegenposition wäre, daß alle Wortformen einen eigenen lexikalischen Eintrag haben und nur assoziative Verbindungen zwischen den Wortformen bestehen. Selbst bei dieser Annahme werden zumeist besondere Beziehungen zwischen den Wörtern angenommen, die Stammorpheme gemeinsam haben. Das innere Lexikon sollte also eine Organisation aufweisen, die die morphologische Struktur der Wörter berücksichtigt. Eine solche Hypothese wäre, daß abgeleitete Wortformen wie Satelliten um das Stammorphem angeordnet sind (z.B. Lukatela et al. 1980). Eine etwas modifizierte Annahme geht von einem Netzwerk an Beziehungen aus und nimmt an, daß zwischen Ableitungsformen eines Wortes besonders enge Beziehungen über das Stammorphem bestehen (Schriefers et al. 1992).

Evidenz für den Einfluß der morphologischen Struktur auf das Worterkennen: Zur Untersuchung der lexikalischen Repräsentation zusammengesetzter Wörter wurde in erster Linie die lexikalische Entscheidungsaufgabe verwendet, bei der möglichst rasch eine Entscheidung darüber zu treffen ist, ob eine gezeigte Buchstabenfolge einem Wort entspricht oder nicht. Werden in diesen Experimenten flektierte Formen eines Hauptworts oder Verbs gezeigt, so erfolgt diese Entscheidung deutlich langsamer als bei der Grundform (Lukatela et al. 1980, Stanners et al. 1979, Günther et al. 1982). Dies gilt auch dann, wenn die Grundform und die flektierte Form mit etwa der gleichen Häufigkeit in der Umgangssprache verwendet werden (Stanners et al. 1979). Dies deutet darauf hin, daß zusammengesetzte Wörter einer umfangreicheren Analyse unterliegen, bevor sie als Wörter identifiziert werden können. Die Frage, ob diese Analyse wenigstens teilweise bereits vor dem Zugriff zum Lexikon erfolgt, wie von Taft (1979, 1985) angenommen, oder erst aufgrund der im Lexikon angetroffenen Informationen, ist aufgrund der Untersuchungsergebnisse schwer zu beantworten, da in die lexikalische Entscheidungsaufgabe viele Faktoren (wie z.B. die Zusammensetzung der Wort- bzw. Pseudowortliste) eingehen (Henderson 1985, 1986). Vieles spricht dafür, daß ein automatisches prälexikalisches Unterteilen von Wörtern z.B. in Stammorpheme und bedeutungsmodifizierende Affixe in vielen Sprachen ein recht unökonomischer Prozeß ist, da es viele Wörter gibt, die so aussehen, als hätten sie z.B. eine Vorsilbe (wie ge-), bei denen jedoch eine derartige Gliederung nicht sinnvoll ist (z.B. Gemüse, genau, sogenannte Pseudopräfixe) (Schreuder et al. 1990).

Eine morphologische Zusammensetzung von Wörtern erschwert natürlich nur unter bestimmten Bedingungen das Worterkennen, unter andereren Bedingungen kommt es zu einer deutlichen Erleichterung. So z.B. wenn bei der Aufgabe, Wörter rasch zu benennen, ein morphologisch eng verwandtes Wort (z.B. Beugungsform eines Verbs/ Grundform) kurz vorher gezeigt wurde und somit der entsprechende lexikalische Eintrag bereits aktiviert ist (sogenanntes Repetition Priming, Fowler et al. 1985, Schriefers et al. 1992, Schreuder et al. 1990).

Die Ergebnisse dieser Experimente deuten ferner darauf hin, daß die Vertrautheit mit der Grundform eines Wortes das Worterkennen verschiedener Flexionsformen in unterschiedlichem Ausmaß beeinflußt. Dies dürfte mit der Häufigkeit des Auftretens der

Flexionsformen in der Umgangssprache zusammenhängen (Schriefers et al. 1992) sowie mit der Komplexität der Ableitung der Flexionsform aus der Grundform (Lukatela et al. 1980, MacKay 1978). Weiters gibt es Hinweise, daß die morphologische Zusammensetzung für das Worterkennen in verschiedenen Sprachen eine unterschiedliche Bedeutung hat. Flexionsformen dürften in Sprachen, deren Grammatik ein recht regelmäßiges, aber komplexes Beugungssystem aufweist (wie z.B. das Italienische), für das Worterkennen eher in Komponenten gegliedert werden als in Sprachen, in denen die Beugung von Verben und Hauptwörtern keine so große Bedeutung hat (wie z.B. das Holländische, Schreuder et al. 1990). Weiters dürfte die Funktion der Morphemanalyse für das Worterkennen davon abhängen, wieweit die Wortteile auch als freie Wortstämme auftreten und wieweit z.B. zusammengesetzte Verben manchmal getrennt geschrieben und für die Bedeutungsanalyse des Satzes integriert werden müssen (z.B. einsammeln/ ich sammle die Münzen ein; Schreuder et al. 1990).

Zusammenfassend können wir festhalten, daß beim Worterkennen eine morphematische Gliederung zusammengesetzter Wörter stattfindet. Diese Gliederung geschieht zum Teil automatisch, zum Teil beruht sie auf (mehr oder weniger bewußten) Strategien, die von der jeweiligen Aufgabenstellung abhängen. Diese Gliederung wird zum Teil durch die Vertrautheit mit häufig vorkommenden Wortteilen, wie etwa Vorsilben, unterstützt, wobei dies allerdings nur bei selteneren Wörtern von Bedeutung sein dürfte. Zum Großteil dürfte der Einfluß der Morphemzusammensetzung jedoch auf einer Strukturierung des Lexikons nach morphematischen Gesichtspunkten beruhen, die sowohl für die Bedeutungsermittlung der Wörter als auch für die Satzanalyse von Bedeutung ist.

2.5. Automatisierung bzw. Modularität des Worterkennungsprozesses

Um die Geschwindigkeit des Worterkennungsprozesses beim Lesen zu erklären, haben LaBerge und Samuels (1974) auf die Unterscheidung zwischen automatisierten und kontrollierten Informationsverarbeitungsprozessen zurückgegriffen, eine Unterscheidung, die sich für die Wahrnehmungspsychologie als bedeutsam erwiesen hat (Schneider und Shiffrin 1977).

Automatisierte Verarbeitungsprozesse können rasch ablaufen. Sie müssen nicht bewußt eingeleitet und gesteuert werden, beanspruchen daher auch nicht die Aufmerksamkeit und können schließlich parallel zu anderen Prozessen vor sich gehen, da sie keine Verarbeitungskapazität in Anspruch nehmen (Posner und Snyder 1975). Dem stehen diejenigen Prozesse gegenüber, die bewußt reguliert werden müssen (kontrollierte Verarbeitungsprozesse). Sie erfordern Aufmerksamkeit und können nicht parallel zu anderen Prozessen durchgeführt werden, sondern müssen nacheinander, also sequentiell ablaufen. Daher ist die Verarbeitung durch diese Prozesse zeitaufwendig und langsam.

LaBerge und Samuels (1974) nahmen nun an, daß der Worterkennungsprozeß beim geübten Leser automatisiert ist. Daraus ergibt sich die Folgerung, daß die einzelnen Buchstaben eines Wortes nicht der Reihe nach analysiert werden müssen, sondern daß die Bestimmung ihrer wesentlichen Merkmale gleichzeitig erfolgen kann, ebenso auf einer nächsten Stufe ihre Identifikation. Die dazu nötige Information im Langzeitgedächtnis kann rasch und mühelos, ohne bewußte Suche, abgerufen werden.

Wenn man versucht die von Posner und Snyder (1975) genannten Kriterien für die Automatisierung eines Verarbeitungsprozesses auf das Worterkennen des geübten Lesers anzuwenden, so findet sich eine Reihe von Belegen für eine Automatisierung:

- Dem geübten Leser ist es während einfacher Worterkennungsaufgaben möglich, von dieser Aufgabe auf eine zweite Aufgabe umzuschalten. Faktoren, die das Worterkennen beeinflussen (z.B. die Worthäufigkeit), wirken sich allerdings auf die Geschwindigkeit aus, mit der die zweite Aufgabe ausgeführt werden kann (für eine Übersicht siehe Humphreys 1985). Das Worterkennen beansprucht demnach die begrenzte Verarbeitungskapazität nur geringfügig, es kann jedoch nicht völlig parallel zu anderen Tätigkeiten ausgeführt werden.
- Da die Verarbeitung der Buchstaben parallel geschieht, spielt für das Worterkennen die Länge der Wörter eine untergeordnete Rolle, solange die Wörter nicht ausgesprochen werden müssen und als einheitlicher Kode benutzt werden können (Johnston 1981).
- Schließlich zeigen die Stroop-Aufgaben, daß die Bedeutung von Wörtern selbst dann noch erfaßt wird, wenn sie zu einer Interferenz mit der eigentlichen Aufgabenstellung führt (Dyer 1973). Bei den Stroop-Aufgaben sind Bilder oder Farben möglichst rasch zu benennen. Das Hinzufügen von geschriebenen Wörtern mit einer anderen Bedeutung führt zu einer Verlangsamung beim Benennen, obwohl diese Wörter nicht beachtet werden müssen. Dies zeigt, daß der Worterkennungsvorgang soweit automatisiert ist, daß er nicht unter bewußter Kontrolle steht, also nicht vom geübten Leser initiiert werden muß und auch kaum ausgeschalten werden kann.

Die Tatsache, daß beim Worterkennen trotz der beträchtlichen Geschwindigkeit des Prozesses und der fehlenden Notwenigkeit einer bewußten Kontrolle weiterhin Verarbeitungskapazität erforderlich ist, hat dazu beigetragen, daß ein anderes Konzept in den letzten Jahren stärkere Beachtung gefunden hat, nämlich das von Fodor (1983) entwickelte Konzept der Modularität (Stanovich 1990, 1991b). Dieses Konzept hat viel mit dem Konzept der Automatisierung von Verarbeitungsvorgängen gemeinsam, verzichtet jedoch auf Aussagen über die Kapazitätsbeanspruchung und betont statt dessen, daß der menschliche Verstand Formen der Informationsverarbeitung kennt, auf die das Wissen um größere Zusammenhänge, Erwartungen und ganz allgemein die in der Verarbeitungshierarchie höher angesiedelten kognitiven Prozesse keinen Einfluß haben. Ein Test für diese Annahme besteht darin, daß das Worterkennen durch Erwartungen, die aus dem Kontext hervorgehen, nur gering beeinfußt wird.

2.6. Der Einfluß des Kontextes auf das Erkennen von Wörtern

Obwohl wir introspektiv das Gefühl haben, nicht Wort für Wort zu lesen, sondern teilweise gelesene Sätze (wenigstens sinngemäß) ergänzen können, dürfte der Kontext, in dem ein Wort vorkommt, nur einen geringen Einfluß auf das Worterkennen haben (Stanovich 1991b). Die Geschwindigkeit des Worterkennens ist beim geübten Leser so groß, daß Wörter auch ohne Hilfe des Kontexts rasch erkannt werden können. Zudem sind die Wortfolgen in Texten zumeist assoziativ nur wenig verbunden, die unmittelbar vorhergehenden Wörter sagen die folgenden nur ungenügend voraus. Der geübte Leser zieht daher sein bisheriges Wissen, Hypothesen und Schlußfolgerungen heran, um den

Text zu verstehen und zu interpretieren und nicht um die zu lesenden Wörter zu erkennen.

In experimentellen Versuchsanordnungen, in denen der Zusammenhang zwischen dem Kontext und dem kurz danach zu lesenden Wort manipuliert wird und die Vorhersagbarkeit der Wörter damit stark voneineiander abweichen kann, läßt sich allerdings ein gewisser Kontexteinfluß nachweisen. Dieser Einfluß kommt aber in erster Linie durch die automatische Aktivierung von eng assoziierten Wörtern und nicht durch bewußte Erwartungen bzw. Vorhersagen über die nächsten Wörter zustande (Stanovich 1991b).

In einer typischen Aufgabe (sogenannten Priming-Experimenten) wird den Versuchspersonen ein Wort oder ein unvollständiger Satz gezeigt und gleich, nachdem sie angegeben haben, daß sie dies lesen konnten, wird ein Wort oder ein Pseudowort gezeigt. Die Aufgabe der Versuchspersonen ist es dann, dieses Wort möglichst rasch laut vorzulesen. Wörter, die durch den vorausgehenden Kontext nahe gelegt werden, können rascher benannt werden als neutrale Wörter (Übereinstimmungseffekt). Mit dem vorhergehenden Kontext nicht übereinstimmende Wörter werden hingegen gleich rasch oder etwas langsamer benannt als neutrale. Es überwiegt also bei Benennungsaufgaben ein fazilitierender Effekt. Wörter, die mit dem Kontext eng assoziiert sind, können rascher benannt werden, der negative Einfluß auf nicht-übereinstimmende Wörter ist hingegen gering (bei anderen Aufgaben, wie der lexikalischen Entscheidungsaufgabe, sind die Auswirkungen weniger einheitlich, Seidenberg 1985).

Untersuchungen über den Kontexteinfluß, der von Wörtern mit mehreren Bedeutungen ausgeht, zeigen zudem, daß dieser Einfluß verschiedene Komponenten beinhaltet:

- Eine rasch einsetzende automatische Komponente wird vor allem dann wirksam, wenn die zur Verfügung stehende visuelle Information über die nach Darbietung des Kontexts zu lesenden Wörter gering ist (Meyer et al. 1975). Die Interaktion des Kontexteinflusses mit der Qualität der visuellen Information läßt darauf schließen, daß der Kontext sich auf die anfängliche Reizverarbeitung auswirkt (Neeley 1977).
- Daneben gibt es noch einen labileren Einfluß des Kontexts, der mehr Zeit benötigt, um sich ausbilden zu können, aber unter bestimmten Umständen wesentlich stärker sein kann. Der sich erst allmählich ausbildende Kontexteinfluß unterliegt einer subjektiven, d.h. strategischen Kontrolle. So tritt dieser Effekt vor allem dann ein, wenn die Kontextinformationen mehrheitlich eine enge Beziehung zu den kurz danach gezeigten Wörtern haben und somit eine Beachtung des Kontexts hilfreich ist (Becker 1980, Tweedy und Lapinski 1981).

Kontexteinflüsse sind intralexikalische Prozesse, sie gehen nur von eng assoziierten Wörtern aus. Es kann kein Einfluß des Themas einer Geschichte nachgewiesen werden. Auch der Einfluß von syntaktischen Relationen wirkt sich nicht auf das Worterkennen, sondern nur auf Prozesse aus, die postlexikalisch ablaufen und die weitere Verarbeitung der Wörter widerspiegeln.

Die Ergebnisse der Untersuchungen von Kontexteinflüssen stellen somit einerseits eine Bestätigung der top-down-Einflüsse auf das Worterkennen dar und legen nahe, das Worterkennen als einen interaktiven Prozeß zu betrachten, bei dem Informationen über den visuellen Reiz bzw. die perzeptuellen Merkmale der Buchstabenfolge mit semantischen Informationen, die vom Kontext ausgehen, zusammenwirken. Andererseits legen diese Ergebnisse auch nahe, das Ausmaß der Interaktion zu beschränken. Beim Worterkennen handelt es sich um einen intralexikalischen Prozeß. Informationen aus anderen (höheren) Ebenen, wie der Ebene der Konzepte, der Textstrukturen, der Ebene der

Pragmatik etc., sind zwar wichtig für das Verständnis der Wörter, beeinflussen jedoch das visuelle Worterkennen nicht. Beim Worterkennen dürfte es sich somit - wie vom Konzept der Modularität postuliert - um Verarbeitungsprozesse handeln, die einen relativ autonomen Teilbereich der kognitiven Fähigkeiten ausmachen.

2.7. Zusammenfassung der Darstellung des Worterkennungsprozesses beim geübten Leser

In diesem Kapitel wurde versucht, die Grundzüge dessen darzustellen, was über den Informationsverarbeitungsvorgang beim Worterkennen geübter Leser bekannt ist. Die dabei vorgestellten Konzepte und Modelle betreffen einmal die Unterscheidung mehrerer Ebenen der Informationsverarbeitung und die Wechselwirkung zwischen diesen Ebenen, weiters die Annahmen über die mentale Repräsentation unseres Wissens über die Schrift und den Aufbau der Wörter in einem inneren Lexikon sowie schließlich die Form der Kodierung, die die visuellen Informationen für den Leser aufschließt.

Wir haben gezeigt, daß die erstaunliche Effizienz des Worterkennens auf der Fähigkeit zur Bildung eines abstrakten Schemas für die Buchstaben und auf der Vertrautheit mit einer Vielzahl von Buchstabenfolgen beruht. Weiters wurde herausgearbeitet, daß Buchstabenfolgen wahrscheinlich nicht nur als abstrakte Graphemfolgen im Gedächtnis repräsentiert werden, sondern automatisch auch in Phonemfolgen umgewandelt werden. Die Fähigkeit zur Zuordnung von Phonemen zu Graphemen stellt nach heutigem Verständnis ein wichtiges Merkmal der Lesefähigkeit des geübten Lesers dar, deren Anteil am Worterkennen von der Aufgabenstellung, aber auch von der Regelmäßigkeit der Graphem-Phonem-Korrespondenzen in einer Schriftsprache abhängt. Diese doppelte Form der Kodierung beim visuellen Worterkennen - einerseits eine orthographische, andererseits eine phonologische - verleiht dem Lesen die für den geübten Leser charakteristische Sicherheit und Flexibilität.

Das Schwergewicht der Darstellung bezog sich auf das Erkennen einfacher Wörter, doch wurde darauf hingewiesen, daß spezielle Anpassungen des Informationsverarbeitungsvorgangs für das Erkennen zusammengesetzter Wörter vorhanden sein dürften und daß auch beim Lesen der Unterteilung der Wörter anhand einfacher Heuristiken einige Bedeutung zukommen dürfte. Entgegen der intuitiven Sichtweise wurde weiter herausgearbeitet, daß das Worterkennen beim geübten Leser ein derart rasch ablaufender und automatisierter Prozeß ist, daß bewußte Vorhersagen über die zu lesenden Wörter kaum eine Rolle spielen und Kontexteinflüsse kaum zum Tragen kommen. Das Worterkennen stellt somit für den geübten Leser eine in sich weitgehende geschlossene, im Sinn von Fodor (1983) modulare Fertigkeit dar, auf der die Auseinandersetzung mit einem Text und dessen verständnisvolle Interpretation aufbauen können.

3. Lesenlernen: Entwicklung des Worterkennens

Gehen wir von den allgemeinen Merkmalen aus, durch die das Lernen einer Fertigkeit gekennzeichnet ist, und betrachten das Worterkennen als speziellen Fall der Aneignung einer neuen Fertigkeit (Downing und Leong 1982), so können wir 3 Phasen unterscheiden: eine anfängliche kognitive Phase, eine Übungsphase und eine Automatisierungsphase.

- Die anfängliche kognitive Phase ist jenes Stadium, in der die Kinder in einer ihnen neuen Situation herausfinden müssen, was sie tun sollen. Zu Anfang muß daher die Aufgabe, die es beim Lesen zu bewältigen gilt, sowie die Ziele des Lesens (Entschlüsseln einer Botschaft; Erfassen dessen, was der Schreiber sagen wollte, etc.) den Kindern bewußt werden. Diese erste Phase erfordert auch, daß die Kinder Begriffe (z.B. "Wort", "Satz", "Zeile", im weiteren dann "Hauptwort" etc.) lernen, die es ihnen ermöglichen, die Aufgabe und ihre schrittweise Bewältigung zu beschreiben.
- In der Übungsphase müssen sich die Kinder solange um die Ausführung der Aufgabe bemühen, bis sie diese nahezu ohne Fehler durchführen können.
- Nach vielfacher Wiederholung können schließlich die basalen Prozesse des Lesens automatisch, ohne besondere Anstrengung und ohne besondere Aufmerksamkeit zu erfordern, ablaufen.

Dieser Betrachtungsweise entsprechend soll im ersten Teil dieses Kapitels zunächst dargestellt werden, wie sich bei Kindern allmählich eine Einsicht in die Merkmale der Schriftsprache entwickelt. Im zweiten Teil wird ein Überblick gegeben, wie sich das Lesenlernen aufgrund der Verwendung unterschiedlicher Lesestrategien in Stadien gliedern läßt. Zuletzt wird auf die Entwicklung der verschiedenen Verarbeitungsprozesse eingegangen, die wir beim geübten Leser kennengelernt haben.

3.1. Einsicht in die Funktion und Struktur der Schrift als Voraussetzung für das Lesenlernen

Sensibilität für die Merkmale schriftlicher Texte als Vorstufe des Lesenlernens

Die Anfänge der Leseentwicklung sind schon weit vor dem formellen Leseunterricht zu suchen (Goelman et al. 1984, Teale und Sulzby 1986). In unserer Kultur ist das Vorlesen in der Familie eine zentrale Situation, in der eine Hinwendung zur Schrift stattfindet. Für dieses Vorlesen von Geschichten bzw. das gemeinsame Anschauen von Bilderbüchern werden spezielle Routinen entwickelt. Meist wird die Geschichte von Eltern und Kindern gemeinsam entwickelt, wobei die Eltern den aktiven, vorantreibenden Part übernehmen und sich bemühen, die Kinder einzubeziehen und ihnen einen mittragenden Part zuzuweisen. Sehr früh ahmen Kinder diese Situationen nach und lesen auf eine ähnliche Weise auch allein eine Geschichte.

Sulzby (1988) hat diese spontan auftretenden Initiativen der Kinder aufgegriffen und Kinder zwischen 2 und 5 Jahren aufgefordert, ihre Lieblingsgeschichtenbücher vorzulesen, sie gemeinsam zu lesen oder so zu tun, als ob sie sie lesen würden. Dabei ergab sich eine charakteristische Sequenz der Annäherung an konventionelles Lesen. Diese Sequenz führt von einem noch ganz an den Bildern orientierten Erzählen hin zu einer

Wiedergabe der Geschichten, in der schon Elemente des Geschriebenen aufgegriffen werden. Dabei passen sich die Kinder allmählich dem Sprachstil geschriebener Texte an, sei es in der Wortwahl, in der Intonation oder in bestimmten Merkmalen der Schriftsprache (etwa darin, daß Dialogpartner erst nach dem Inhalt des Dialogs erwähnt werden). Im weiteren tauchen dann direkte Bezüge zu den geschriebenen Texten auf, indem auf bestimmte Wörter hingewiesen wird, auf die Buchstaben oder auf die Bedeutung des Geschriebenen. Langsam nähern sich damit die Kinder einem unabhängigen Lesen im konventionellen Sinn an.

Entwicklung eines Verständnisses dafür, was Lesen (und Schreiben) bedeutet

Obwohl Kinder schon sehr früh von Schrift und schriftlichen Symbolen umgeben sind und Gelegenheit haben, andere beim Lesen (und Schreiben) zu beobachten, gewinnen sie nur allmählich Einsicht in das, was beim Lesen geschieht und was der Zweck des Lesens ist. Beobachtungen der frühen Versuche von Kindern, ihre Erfahrungen und Einsichten in das Wesen der Schrift zu strukturieren und ihnen Sinn zu geben, lassen einige Gemeinsamkeiten erkennen.

Kinder im Vorschulalter haben Mühe zu erklären, was ihre Eltern tun, wenn sie lesen. Einige sagen, die Eltern setzen sich nieder, andere stellen fest, daß ihre Eltern schauen. Die Kinder beschreiben also meist nur das äußerlich sichtbare Verhalten, ein Bezug zur Schrift wird selten hergestellt. Manche zeigen sich gar unsicher, ob ihre Eltern tatsächlich lesen können (Donaldson 1984).

Ferreiro (1984), die die Schriftkonzepte mexikanischer Kinder studierte, stellte fest, daß Kinder Buchstaben lange Zeit nicht als etwas betrachten, das anderes repräsentiert, sondern einfach als Gegenstände, die sie in ihrer Umwelt vorfinden und die ebenso wie andere Objekte einen Namen haben. Wenn sie erfaßt haben, daß ein Unterschied zwischen Zeichnungen und Buchstaben besteht, beginnen sie sich mit dem speziellen Charakter der Buchstaben auseinanderzusetzen. Eine wichtige Übergangsstufe stellt hier die Vorstellung dar, daß die Texte irgendwie zu den Dingen und Personen gehören und in gewisser Weise anzeigen, wie diese genannt werden, also ihren Namen wiedergeben. Die Schrift zeigt an, was Abbildungen der Gegenstände nicht wiedergeben können, nämlich ihren Namen. Dieses Verständnis der Schrift zeigt sich etwa bei der von Ferreiro wiederholt verwendeten Aufgabe, bei der der Gesprächspartner der Kinder einen Satz aufschreibt und ihn dann den Kindern vorliest, um sie anschließend zu fragen: "Glaubst du, daß ich ___ irgendwo geschrieben habe?" "Was denkst du, steht hier geschrieben?" In dem beschriebenen Übergangsstadium denken Kinder, daß nur die Namen von statischen, abbildbaren Gegenständen in den geschriebenen Sätzen wiedergegeben werden, Verben oder andere Bezeichnungen von Veränderungen haben nach Auffassung der Kinder keine von den Gegenständen unabhängige Repräsentation in der Schrift.

Entwicklung von Konzepten über die Schrift

Welche Konzepte müssen nun von den Kindern im Verlauf der Leseentwicklung erworben werden? Clay (1972) hat sich als eine der ersten intensiv mit dieser Frage auseinandergesetzt und die Leseentwicklung in einem Unterricht, der die individuellen Erfahrungen der Kinder betont und ihnen viel Freiheit bei der Aneignung der Schriftsprache läßt (language experience approach), beobachtet.

Nach Clay müssen die Kinder zuerst sehr globale Merkmale der Schriftsprache lernen. Sie erfasssen, daß die Schrift in gesprochene Sprache umgesetzt werden kann, daß die

Anordnung der Wörter nicht willkürlich ist und daß die Bedeutung einer Mitteilung in einer bestimmten Art und Weise mit Wörtern ausgedrückt wird. Sie gleichen ihre Sprache im Leseunterricht allmählich der Sprache an, die in den Büchern angetroffen wird. Als Nächstes wird erfaßt, daß das Lesen das Einhalten einer bestimmten Richtung erfordert und die Schrift in einer vorgegebenen Art und Weise in den Büchern angeordnet ist: Zeilen, Seiten, Überschriften. Die Schrift wird in Wörter und Buchstaben unterteilt, wobei diese beiden Konzepte differenziert werden.

Andere Autoren, vor allem Downing (1979), haben versucht, einen Ansatz zu finden, der es gestattet, das Verständnis für die Aufgabe des Lesenlernens bereits vor dem Beginn des eigentlichen Leseunterrichts zu erfassen. Für Downing ist die Einsicht in das, was eigentlich beim Lesenlernen gelernt werden soll, eine der wesentlichen Voraussetzungen eines Erfolgs. Downing unterscheidet dabei drei Aspekte: das Verständnis dafür, worin sich die Tätigkeit des Lesens von anderen Tätigkeiten unterscheidet; das Verständnis für die Ziele, dem das Lesen dient (z.B. Lesen der Beschriftung einer Verpackung, um zu wissen, was in der Verpackung ist), und ein Verständnis für jene Einheiten, die beim Lesen im Vordergrund stehen (Wort, Buchstabe).

Metalinguistische Bewußtheit

Kinder erreichen bis zum Schuleintritt einen beachtlichen Stand in ihrer kognitiven und sprachlichen Entwicklung. Die Entwicklung des Lautbestands ist bei den meisten abgeschlossen, sie besitzen einen recht umfangreichen Wortschatz, können sich bereits in längeren Sätzen verständlich ausdrücken und beherrschen die wesentlichen syntaktischen Elemente der Sprache.

Bis zum 5. oder 6.Lebensjahr steht für Kinder jedoch immer der Inhalt einer Mitteilung im Vordergrund und sie sind nur begrenzt in der Lage, auf den sprachlichen Ausdruck selbst zu achten. Erst ab diesem Alter entwickelt sich die Fähigkeit, sprachliche Vorgänge zu reflektieren (=metalinguistische Fähigkeit), bzw. allgemeiner noch, psychologische Vorgänge zum Gegenstand von Betrachtungen zu machen und über die Bedingungen Bescheid zu wissen, die sie beeinflussen. Die sich entwickelnden Konzepte über einen Bereich (z.B. Meta-Gedächtnis als Wissen um die Bedingungen, von denen die Gedächtnisleistung abhängt) beeinflussen auch die Leistungen der Kinder. Sie werden nun zunehmend fähig, die Aufnahme und Verarbeitung von Informationen selbst gezielt zu steuern und Strategien anzuwenden, die ihnen die Bearbeitung verschiedener Aufgaben erleichtern. Die Ausbildung der Fähigkeit zur Reflexion auf den sprachlichen Ausdruck steht somit in enger Beziehung zu Veränderungen, die sich in der kognitiven Entwicklung zeigen.

Man kann sagen, daß die Verwendung von Sprache - solange die Aufmerksamkeit auf den Gegenstand der Mitteilung gerichtet ist - automatisch erfolgt, erst das Hinlenken auf die Form der Mitteilung erfordert eine bewußte Kontrolle. Jüngere Kinder richten ihre Aufmerksamkeit auf die Situation als Ganzes, die eine sprachliche Äußerung erfordert, und kontrollieren nicht bewußt, wie sie etwas sagen. Dies trägt zu dem Eindruck der Spontaneität und Direktheit kindlicher Äußerungen bei. Es führt jedoch auch dazu, daß den Kindern der Aufbau sprachlicher Äußerungen aus Wörtern und die Zusammensetzung von Wörtern aus Phonemen ebenso wenig bewußt sind wie die strukturellen Merkmale von Sätzen.

Tunmer (Tunmer et al. 1984, Tunmer und Hoover 1992) schlug aufgrund eines einfachen Modells der Sprachverarbeitung eine Gliederung der metalinguistischen

Fähigkeiten in 4 allgemeinere Kategorien vor, die sich jeweils auf unterschiedliche Verarbeitungseinheiten beziehen:

- phonologische Bewußtheit: Phoneme oder Silben stellen die basale Ebene der Sprachverarbeitung dar, ihre Verarbeitung ist soweit automatisiert, daß die Aufmerksamkeit gewöhnlich nicht auf diese Ebene gelenkt wird.
- Wortbewußtheit: Hiermit ist nicht nur die Vertrautheit mit dem Begriff Wort gemeint, sondern die Fähigkeit, Wörter als Elemente der Sprache anzusehen und sie unabhängig von ihrer Bedeutung, ihrer Verweisung auf bestimmte Referenten, als Gegenstände zu betrachten, die bestimmte Eigenschaften haben (z.B. eine bestimmte Länge, wodurch kurze von langen Wörtern zu unterscheiden sind, unabhängig von der Größe der Referenten). Zur Wortbewußtheit zählt weiter die Fähigkeit, Sätze in Wörter zu gliedern, Synonyme und Antonyme bzw. zweideutige Wörter zu erkennen, Wörter in Sätzen durch andere Wörter mit ähnlicher Bedeutung auszutauschen etc.
- syntaktische Bewußtheit: Die syntaktische Bewußtheit bezeichnet die Fähigkeit, Verletzungen der korrekten Satzbildung zu erkennen und korrigieren zu können (etwa falsche Wortstellungen in einem Satz oder das Fehlen eines Wortes). Diese Reflexionsfähigkeit geht über die Fähigkeit, grammatikalische Strukturformen korrekt zu bilden, hinaus.
- Pragmatische Bewußtheit bezeichnet die Fähigkeit, auf die Verständlichkeit einer Mitteilung achten zu können sowie auf die Beziehung zwischen mehreren Sätzen und die gesamte Struktur eines Textes (etwa den Aufbau eines Textes).

Welche Beziehung zwischen den verschiedenen, sich in einem relativ begrenzten Zeitraum ausbildenden konzeptionellen Fähigkeiten besteht, ist noch wenig untersucht. Ihre Ausbildung zeigt allerdings einen recht engen Zusammenhang, weshalb angenommen werden kann, daß für ihre Entwicklung ähnliche Prozesse verantwortlich sind.

Trotz des engen zeitlichen Zusammentreffens in der Entwicklung scheint es eine bestimmte Reihenfolge im Erreichen einer bewußten Kontrolle des sprachlichen Ausdrucks zu geben. Als eine Determinante für den Zeitpunkt der Ausbildung dieser Fähigkeiten sehen Rozin und Gleitman (1977) die Zugänglichkeit dieser Prozesse für bewußte Reflexion an. Diese ist vom Analyseniveau abhängig, wobei für die Sprache eine (aufsteigende) Hierarchie phonologisch-syntaktisch-semantisch anzunehmen ist. Prozesse auf untergeordneten Analyse-Ebenen sind einer Reflexion schwerer zugänglich.

Syntaktische Bewußtheit

Kinder unterteilen Sätze zuerst in semantische Einheiten, danach in die Subjekt- und Verbphrase, bevor sie in der Lage sind, die Sätze in einzelne Wörter zu gliedern. Bis in die ersten Schulklassen hinein fällt es den Kindern jedoch schwer, Funktionswörter (d.h. grammatikalische Partikel) von Inhaltswörtern abzutrennen (Karpova 1966, Ehri 1979).

Funktionswörter (=grammatikalische Partikel wie "für", "jedoch") sind Vorschulkindern noch wenig vertraut und werden, isoliert ausgesprochen, nicht als richtige Wörter erkannt. Sogar in der 1.Klasse haben viele Kinder noch keine klare Auffassung davon, daß auch Wörter, die keine selbständige Bedeutung haben, eine wichtige Funktion in der Sprache erfüllen.

Wegen der Schwierigkeiten bei der Analyse bzw. Teilung von Sätzen fallen Kindern auch die folgenden Aufgaben schwer: die Umstellung von Wörtern in Sätzen; das Erfinden von Satzrahmen für einzelne vorgegebene Wörter; das Herausgreifen jenes Wortes, in dem sich zwei sonst gleiche Sätze unterscheiden.

Tunmer und Hoover (1992) haben in einer Übersicht über bisherige Untersuchungsergebnisse zum Einfluß der syntaktischen Bewußtheit plausibel gemacht, daß ein unabhängiger Einfluß dieser Fähigkeiten auf das Lesenlernen vorhanden ist. Die bisherigen Befunde sprechen dafür, daß die syntaktische Bewußtheit sich sowohl auf das spätere Leseverständnis wie auf das Worterkennen bzw. das Verständnis dafür, wie Wörter zu erlesen sind, auswirkt. Es ist wahrscheinlich, daß die syntaktische Bewußtheit den Kindern dabei hilft, den Kontext zum Erkennen von Wörtern heranzuziehen, und es ihnen dadurch leichter möglich wird, selbständig zu lesen.

Wortbewußtheit

Die Beachtung von Wörtern als Grundeinheiten sprachlicher Mitteilungen ist eine Voraussetzung für das Erlernen aller Schriftsysteme, in denen die Zuordnung von Schrift und Sprache nicht auf der Ebene der Bedeutungen geschieht, sondern auf der Ebene der Wörter.

Für Lehrer mag es überraschend sein, daß es den Kindern zu Schulbeginn nur teilweise bewußt ist, daß Sätze aus Wörtern aufgebaut sind, und daß sie Sätze auf Aufforderung nicht vollständig in Wörter aufteilen können. Bei der Entwicklung der Wortbewußtheit ist es wichtig, zwischen implizitem und explizitem Wissen zu unterscheiden. Implizites Wissen um die Gliederung der Sprache in Wörter ist bei den Kindern von früh an vorhanden, wie sich aus ihrem Sprachgebrauch - der flexiblen Verwendung der Wörter in immer neuen Zusammensetzungen, dem Fragen nach der Bedeutung eines Wortes, den Wortspielen etc. - ablesen läßt. Kinder tendieren jedoch zunächst dazu, Wörter mit ihren Referenten gleichzusetzen. Die Frage, ob ein Wort lang oder kurz bzw. schwierig oder leicht ist, wird daher nicht in Bezug auf die Aussprache des Wortes, sondern in Bezug auf die Referenten beantwortet, "Hund" ist daher länger als "Regenwurm".

Auffallend an dieser Entwicklung ist, daß sich der erste explizite Bezug auf die Wörter selbst unter Verweis auf die Schrift herausbildet (Francis 1973). Die Schrift prägt auch später noch das Verständnis über die Gliederung der Sprache in Wörter, obwohl die Abgrenzung von Wörtern arbiträr sein kann, was etwa die Inkonsistenz der Regeln für das Zusammen- bzw. Getrenntschreiben von Wörtern zeigt.

Phonologische Bewußtheit

Unter dem Begriff phonologische Bewußtheit werden die Leistungen in einer Reihe von Aufgaben zusammengefaßt, in denen die Isolierung von Einzellauten und die Manipulation mit der Lautfolge verlangt wird.

Entwicklungsstand der phonologischen Bewußtheit bei Schuleintritt: Die Teilung von Wörtern in Silben und von Silben in Phoneme ist im Allgemeinen erst möglich, nachdem die Kinder einigermaßen Sätze in Wörter gliedern können. Vor Schuleintritt ist etwa die Hälfte der Kinder in der Lage, Wörter in Silben zu trennen, am Ende des ersten Schuljahres trifft dies für etwa 90% der Kinder zu.

Eine Unterteilung in Phoneme dagegen können vor Schuleintritt nur ein Sechstel aller Kinder, am Ende der 1.Klasse etwa zwei Drittel vornehmen (Liberman et al. 1977). Andere Aufgaben, die eine Segmentierung in Phoneme voraussetzen, etwa das Auslassen eines Lautes aus einem Wort, sind den meisten Kindern erst in der 2.Klasse möglich.

In der Folge bestätigte eine große Anzahl von Untersuchungen (zunächst fast ausschließlich aus nicht-deutschsprachigen Ländern z.B. Lundberg et al. 1980, Zifzack 1981, Übersicht bei Wagner und Torgesen 1987), daß keinesfalls alle Leseanfänger zu Beginn des Leseunterrichtes diese Fähigkeiten besitzen. In den letzten Jahren demonstrierten vergleichbare Untersuchungen, daß dies trotz des relativ späten Einschulungsalters auch im deutschsprachigen Raum gilt (Wimmer, Landerl et al. 1991, Klicpera und Gasteiger-Klicpera 1993).

Ein Rückstand in der Entwicklung metalinguistischer Fähigkeiten im Allgemeinen und ein Mangel an phonologischer Bewußtheit im Besonderen wird von diesen Autoren als eine der möglichen Ursachen von Leseschwierigkeiten angesehen. Es wird angenommen, daß Kinder nur dann effizient vom Leseunterricht profitieren können, wenn sie bereits zuvor jene Konzepte gebildet haben oder frühzeitig im Leseunterricht ausbilden, die für den Umgang mit einer nach dem alphabetischen Prinzip aufgebauten Schrift wesentlich sind. Grundlegend wäre vor allem die Einsicht, daß die Wörter unserer Sprache aus kleineren Einheiten, den Phonemen, aufgebaut sind.

Eine mögliche Ursache für die Schwierigkeiten bei der Entwicklung der phonologischen Bewußtheit: Zumeist werden die besonderen Schwierigkeiten bei der Analyse von Wörtern in Einzellaute bzw. Phoneme darauf zurückgeführt, daß es sich bei den Phonemen um abstrakte Einheiten handelt, für deren Erfassung die Beobachtung der Kontraste in der Aussprache von Wörtern erforderlich ist (Gleitman und Rozin 1977, siehe Kapitel 1). Nach Ansicht mancher Linguisten (z.B. Fowler 1991) fällt jungen Kindern jedoch nicht nur die Einsicht in die Art jener Einheiten schwer, die der Sprachwahrnehmung und -produktion zugrundeliegen, die Form der Sprachrepräsentation, die für den Erwachsenen typisch ist, bildet sich bei Kindern erst allmählich heraus. Die Sprachrepräsentation (= jene Kategorien, auf die sich die Sprachwahrnehmung und Sprachproduktion stützt) unterliegt bis zum 4.Lebensjahr (Studert-Kennedy 1987), eventuell sogar bis ins frühe Schulalter (Fowler 1991) einer kontinuierlichen Reorganisation. Erst im Verlauf einer längeren Entwicklung werden phonemische Segmente zu den basalen Einheiten, auf die sich die Repräsentation der Sprache im Wesentlichen stützt (Fowler 1991).

Als erste basale Einheiten der Sprachrepräsentation können "artikulatorische Gesten" gelten, das sind globale Bewegungsentwürfe für die Artikulationsorgane. Diese Gesten repräsentieren zunächst ganze Wörter, erst später werden Routinen für kleinere Einheiten entwickelt. In den ersten Worten, die von den Kindern geäußert werden, sind phonemische Segmente noch nicht systematisch kontrastiert. Das gleiche Phonem kann in verschiedenen Wörtern durch unterschiedliche artikulatorische Gesten realisiert sein. Die artikulatorischen Gesten der Kinder sind zunächst noch instabil und das gleiche Wort kann unterschiedlich ausgesprochen werden. Vor allem die genaue zeitliche Steuerung der Aussprache fällt jüngeren Kindern schwer.

Die Ausweitung des Wortschatzes zwingt die Kinder, ökonomischere Formen der Sprachrepräsentation auszubilden. Über Silben vollzieht sich der Übergang zu subsyllabischen Routinen, die zwischen dem Silbenbeginn und dem Auslaut differenzieren. Diese Entwicklung setzt sich mit der Herausarbeitung der Phoneme als Grundlage der Sprachrepräsentation fort. Diese Entwicklung vollzieht sich jedoch über einen längeren Zeitraum. Erst im Verlauf von einigen Jahren (ab dem 3.Lebensjahr) wird bei der Sprachwahrnehmung und -produktion klarer zwischen Phonemen differenziert, die Phonemgrenzen werden stärker beachtet. Im Vorschulalter sind die Phoneme allerdings noch keine stabilen und kohärenten Einheiten, bei Sprechfehlern werden deshalb gelegentlich einzelne phonetische Merkmale auf andere Phoneme transponiert. Später betreffen die Umstellungen weniger einzelne phonetische Merkmale, sondern die Vertauschung, Verdoppelung von Phonemen (Fowler 1991).

Nach dieser neuen Sichtweise ist die Ausbildung der phonologischen Bewußtheit auch deshalb erst spät möglich, weil diese Bewußtheit eine Form der Sprachrepräsentation voraussetzt, nämlich die systematische Verwendung von Phonemen als basale Einheiten der Sprachwahrnehmung und -produktion, die die Kinder erst entwickeln müssen. Bei Schuleintritt dürften die Kinder in dieser Entwicklung unterschiedlich weit vorangeschritten sein, dadurch ergeben sich notwendigerweise auch individuelle Unterschiede in der phonologischen Bewußtheit.

Prüfung der phonologischen Bewußtheit: Wie kann der Entwicklungsstand der phonologischen Bewußtheit geprüft werden? Als Indikatoren sind mittlerweile eine Vielzahl von Aufgaben ersonnen worden, die alle gemeinsam haben, daß ihre Ausführung eine besondere Sensibilität für die Merkmale der Phonemfolge von Wörtern (unabhängig von der Bedeutung der Wörter) erfordert. Diese Aufgaben reichen vom Erkennen bzw. Bilden von Reimen und Alliterationen bis zu Operationen an Phonemfolgen (Weglassen, Umstellen oder Vertauschen von Phonemen) bzw. dem Zusammenfügen einzeln vorgesprochener Laute und Silben zu Wörtern. Die folgende Liste bietet einen Überblick über diese Aufgaben (Erweiterung einer Aufstellung von Yopp 1988):

Laut-Wort-Zuordnung (Kommt *f* in *Affe* vor?)
Angeben der Position eines Lautes (Befindet sich das *f* in *Affe* am Anfang, in der Mitte oder am Ende des Wortes?)
Wort-Wort-Zuordnung (Ist der Anfang von *Bub* und *Bauch* gleich?)
Erkennen oder Nennen von Reimen (Reimt sich *Sand* und *Wand*?) und Alliterationen (Welches von den Wörtern ist den anderen unähnlich: *Saft - Salz - Pfand - Sand*?)
Isolieren eines Lautes (Was ist der erste Laut in *Rose*?)
Phonemsegmentierung (Welche Laute hörst du in *Tal*?)
Phonemzählen (Wieviele Laute hörst du in *Saal*?)
Phonemverbinden (Verbinde diese Laute: *r-o-t*)
Phoneme weglassen (Welches Wort ergibt sich, wenn *w* aus dem Wort *Schwein* weggelassen wird?)
Angeben eines weggelassenen Phonems (Welchen Laut hörst du in *Maus*, der in *aus* fehlt?)
Reihenfolge von Phonemen vertauschen (Sag *os* mit dem ersten Laut am Ende und dem letzten Laut zuerst.)
Phoneme austauschen (Sag *rot*, aber ersetze *o* durch *a*.)

Diese Aufgaben bereiten den Kindern unterschiedliche Schwierigkeiten (Ehri 1979, Golinkoff 1978, Stanovich, Cunningham und Cramer 1984, Yopp 1988). Golinkoff hat versucht, die Faktoren, die für diesen unterschiedlichen Schwierigkeitsgrad einzelner Aufgaben verantwortlich sein könnten, zu systematisieren. Ihr Ansatz wurde von Lefkowicz (1980) und Yopp (1988) weitergeführt. Danach sind folgende Faktoren wesentlich:

1. die Art der zu manipulierenden Lauteinheit (Wörter leichter als Silben, diese leichter als Phoneme, innerhalb der Phoneme bereiten Verschlußlaute wie t, d größere Schwierigkeiten als Kontinuants wie s, l),
2. die Position der Laute im Wort (Anlaut leichter als Auslaut, mittlere Laute am schwersten),
3. die Anzahl der Elemente, in die Worte zerlegt werden sollen, sowie die Anzahl der Elemente, die im Gedächtnis zu behalten sind, und schließlich
4. die Art und die Anzahl der vorzunehmenden Operationen.

Viele Operationen fallen vor allem deshalb schwer, weil sie aus mehreren Teiloperationen zusammengesetzt sind. Die einfachste und vielleicht für alle Aufgaben spezifische Operation wäre nach Ansicht von Lefkowicz (1980) und Yopp (1988) die Segmentation von Wörtern in Einzellaute. Nach Yopp (1988) kann man auf Grund der Aufgabenanalyse zwei unterschiedliche Arten von Aufgaben unterscheiden: relativ einfache phonologische Bewußtheitsaufgaben und zusammengesetzte, komplexere Aufgaben, bei deren Ausführung eine größere Anzahl an Operationen erforderlich ist. Diese Einteilung ließ sich auch empirisch (in einer Faktorenanalyse) nachvollziehen.

Die Analyse der verschiedenen Aufgaben kann dabei helfen, die Schwierigkeiten, die diese Aufgaben Kindern bereiten, sowie die Fehler, die dabei begangen werden, besser zu verstehen. So haben Perfetti et al. (1987) ein Informationsverarbeitungsmodell für die Phonemsynthese vorgeschlagen, nach dem hierbei vier Schritte zu unterscheiden sind: Zunächst müssen die Phoneme, die es zusammenzuschleifen gilt, im Gedächtnis zwischengespeichert werden, um sie in den nächsten Schritten zu einer wortähnlichen Form zu verbinden (z.B. M - u: - t -> Mut). Um dies zu vollziehen, müssen jene Phoneme (z.B. die Verschlußlaute, in unserem Beispiel t), an die bei isolierter Aussprache ein irrelevanter Vokal angehängt wird, von diesen Zusätzen gelöst werden. Für die Phonemfolge wird dann im Lexikon nach entsprechenden Wörtern gesucht. Im letzten Schritt werden diese Wörter mit der synthetisierten Phonemfolge verglichen und die richtige Alternative ausgewählt.

Die Aufgabe der Phonemsynthese bietet den Kindern verschiedene Möglichkeiten, auch bei einer unvollständigen Verarbeitung zu Lösungen zu kommen. Kinder können z.B. Wörter suchen, die ein bestimmtes Phonem enthalten, oder sie können versuchen, Phoneme miteinander zu verbinden, ohne darauf zu achten, daß diese ein Wort ergeben (also nicht in ihrem inneren Lexikon nach vergleichbaren Eintragungen suchen). In einer Längsschnittuntersuchung während der 1.Klasse konnten Perfetti et al. (1987) zeigen, daß der wesentliche Fortschritt darin bestand, daß die Kinder immer mehr in der Lage waren, alle Phoneme bei der Suche nach einem entsprechenden Wort zu berücksichtigen.

Stufen in der Entwicklung der phonologischen Bewußtheit: Neben der Komplexität der vorzunehmenden Operationen dürfte auch die erforderliche Einsicht in den Aufbau der Sprache für die Schwierigkeit der Aufgaben verantwortlich sein. Morais et al. (1987) schlugen ein Entwicklungsmodell vor, nach dem sich die phonologische Bewußtheit in drei Stufen ausformt:

- In einem ersten Stadium entwickelt sich allmählich die Fähigkeit, die Bedeutung von Wörtern außer Acht zu lassen und allein auf die Lautfolge, die äußere Form, zu achten. Charakteristisch für diese erste Stufe ist eine Sensibilität für Reime und Alliterationen (Goswami und Bryant 1990).
- In der zweiten Stufe, phonetische Bewußtheit genannt, achten die Kinder auf Ähnlichkeiten in der Lautfolge verschiedener Wörter, jedoch nur in Bezug auf jene Merkmale, die für eine perzeptuelle Unterscheidung relevant sind.
- In der dritten Stufe, der Stufe der phonematischen Bewußtheit, systematisieren die Kinder die Unterscheidung der Phonemfolgen und differenzieren nur jene Merkmale, die für die Unterscheidung von Wörtern unterschiedlicher Bedeutung wesentlich sind, d.h. sie repräsentieren die Lautfolge als Folge von Phonemen im Sinn der Linguistik.

Es ist wahrscheinlich, daß die Entwicklung auf der Stufe der phonetischen bzw. phonematischen Bewußtheit mehrere wichtige Entwicklungsschritte umfaßt. So fällt es Vorschulkindern viel leichter, den Silbenanfang vom Rest der Silbe zu trennen (z.B. T-al), als eine Unterteilung des Hauptteils der Silbe vorzunehmen (z.B. Ta-l) (Treiman 1985 a-c, 1992). Wenn der Anfangsteil aus einer Konsonantenverbindung besteht, bereitet es jedoch wieder Schwierigkeiten, den ersten Konsonanten abzutrennen. Konsonantenverbindungen am Silbenanfang werden von Kindern offensichtlich als eine Einheit betrachtet, die nicht weiter aufgeteilt werden kann. Treiman konnte somit zeigen, daß die von Linguisten vorgeschlagene Unterteilung der Silbe in Anlaut und Hauptteil (onset und rime) die Fähigkeit der Kinder zur Segmentierung der Silbe wesentlich beeinflußt.

Aufgaben können unter dem Entwicklungsgesichtspunkt unterteilt werden in solche, die nur eine eher oberflächliche Einsicht voraussetzen, wie das Erkennen von sichreimenden Wörtern, und andere Aufgaben, wie die meisten Segmentierungsaufgaben, die einen höheren Grad an Abstraktion verlangen (Stanovich 1992). Dies hat praktische Konsequenzen für den Versuch, künftige Leseschwierigkeiten vorherzusagen. Die Sensibilität für Reime differenziert bei drei- und vierjährigen Kindern recht gut zwischen jenen, die später gut lesenlernen, und Kindern mit späteren Leseschwierigkeiten (Bradley und Bryant 1983). Bei Kindern knapp vor Beginn des Leseunterrichts ist jedoch die Fähigkeit, Reime zu erkennen und selbst zu finden, schon so gut ausgebildet, daß diese Aufgaben kaum mehr zwischen den Kindern differenzieren und daher weder mit anderen Aufgaben, die zur Bestimmung der phonologischen Bewußtheit vorgegeben werden, korrelieren noch einen nützlichen Prädiktor für die spätere Lesefähigkeit darstellen (Stanovich, Cunningham und Cramer 1984).

Es ist jedoch möglich, daß die Sensibilität für Reime ein Kennzeichen für die Fähigkeit ist, nicht nur einzelne Phoneme, sondern größere sprachliche Einheiten miteinander zu vergleichen, während Segmentierungsaufgaben die Fähigkeit zu bewußten Operationen auf der Phonemebene prüfen. Dies könnte bedeuten, daß diese Sensibilität, speziell für das Erkennen von Analogien in der Aussprache verschiedener Wörter, beim Erlernen des Lesens von Bedeutung ist (Goswami und Bryant 1990). Wimmer et al. (1994) haben diesbezüglich ein interessantes Ergebnis für den deutschen Sprachraum berichtet, wonach die Fähigkeit zum Reimerkennen im Vorschulalter zwar nicht die Lesefähigkeit am Ende der 1.Klasse, wohl aber die Lesegeschwindigkeit und die Rechtschreibfähigkeit in den höheren Schulstufen vorhersagt.

Zusammenhang zwischen der Entwicklung der phonologischen Bewußtheit und dem Lesenlernen

Die Entwicklung der phonologischen Bewußtheit als Folge des Erlernens einer alphabetischen Schrift: Die Annahme, daß die phonologische Bewußtheit eine Voraussetzung für das Erlernen des Lesens ist, ist nicht unbestritten. Die Tatsache, daß sich die phonologische Bewußtheit gerade zu Schulbeginn herausbildet, zu einer Zeit also, da die Kinder in unserer Gesellschaft lesen lernen, läßt die Frage entstehen, wieweit die Entwicklung der phonologischen Bewußtheit eine Folge des Leseunterrichts ist, es sich also erst als Folge der Aneignung einer alphabetischen Schrift herausbildet.

In einigen Untersuchungen konnte gezeigt werden, daß Vorschulkinder, denen im Kindergarten versuchsweise die Anfänge des Lesens beigebracht wurden, während dieser Zeit auch allmählich lernen, einzelne Worte in Laute zu zergliedern, ohne daß diese Fähigkeit eigens geübt worden wäre (Fox und Routh 1976, Goldstein 1976).

Auf der anderen Seite können erwachsene Analphabeten, die nie einen Unterricht im Lesen und Schreiben gehabt haben, selbst einfache Laut-Trennungsaufgaben von sinnlosen Silben nicht ausführen (Morais et al. 1979, 1986). Portugiesische Landarbeiter, die nie am Schulunterricht teilgenommen hatten und keine Kenntnisse über die Schrift besaßen, konnten - ähnlich wie Kinder vor dem Schulbesuch - Wörter nicht in Phoneme aufgliedern. Zu ähnlichen Ergebnissen kamen Untersuchungen an Erwachsenen in China, die nur das logographische Schriftsystem gelernt hatten (Read et al. 1986). Auch diese Erwachsenen hatten große Mühe, Wörter in Phoneme zu gliedern, eine Aufgabe, die für das Erlernen einer logographischen Schrift ohne Bedeutung ist, sondern nur in einem alphabetischen Schriftsystem bedeutsam wird, bei dem die Grapheme Phoneme repräsentieren.

Eine differenziertere Bewußtheit über Laute als Bestandteile der Sprache entsteht also nicht spontan. Die im Leseunterricht vermittelte Visualisierung, also Vergegenständlichung der Sprache, hat zumindest eine initiierende Wirkung.

Phonologische Bewußtheit als Voraussetzung für das Lesenlernen: Trotzdem spricht einiges dafür, daß für die Entwicklung der phonologischen Bewußtheit noch andere Faktoren ausschlaggebend sind als die Lesekenntnisse. Erwachsene mit minimalen Kenntnissen der Schriftsprache haben etwa ein differenzierteres Wissen um die Gliederung der Sprache in Lautsegmente als Kinder der gleichen Lesestufe. Umgekehrt dürfte auch dir phonologische Bewußtheit einen Einfluß auf das Lesenlernen haben. So machen Kinder, die wenigstens ansatzweise eine Lautsegmentierung vornehmen können, beim Leseunterricht größere Fortschritte (Goldstein 1976).

Vor allem für das Lesen neuer, den Kindern bisher in schriftlicher Form unbekannter Wörter muß eine gewisse Fähigkeit zur Phonemsegmentierung und -synthese vorhanden sein (Tunmer und Hoover 1992). Diese Fähigkeit ist allerdings keine hinreichende Voraussetzung für das selbständige Erlesen von Wörtern, das Beherrschen der Graphem-Phonem-Korrespondenzen muß noch hinzukommen.

In einer Übersicht über die bisherigen Untersuchungsergebnisse zum Zusammenhang zwischen phonologischer Bewußtheit und der Aneignung der Schriftsprache konnten Wagner und Torgesen (1987) zwar bereits vor einigen Jahren auf eine Vielzahl von Befunden hinweisen, die eine signifikante Vorhersage der späteren Lesefertigkeit durch die phonologische Bewußtheit der Kinder vor Schuleintritt demonstrierten. Mehrere Untersuchungen zeigten überdies, daß der signifikante Zusammenhang zwischen der phonologischen Bewußtheit und der späteren Lesefertigkeit erhalten bleibt, wenn die Intelligenz der Kinder berücksichtigt wird. Wagner und Torgesen (1987) mußten jedoch einschränken, daß in kaum einer Untersuchung die von den Kindern bereits beherrschten Schriftkenntnisse miterfaßt wurden. Es ist daher nicht auszuschließen, daß nicht so sehr die phonologische Bewußtheit die spätere Lesefertigkeit beeinflußt, sondern bereits frühzeitig erworbene Schriftkenntnisse manchen Kindern einen besseren Start beim Lesenlernen ermöglichen. Nur eine einzige der von Wagner und Torgesen (1987) zitierten Untersuchungen (Lundberg et al. 1980) erfaßte neben der phonologischen Bewußtheit auch die vor Schuleintritt vorhandenen Schriftkenntnisse, mit dem Ergebnis, daß bei Berücksichtigung der bereits vor Schulbeginn vorhandenen Lesefertigkeiten die (partielle) Korrelation zwischen phonologischer Bewußtheit und späterer Leseleistung nicht mehr signifikant ist.

In einer kürzlich fertiggestellten österreichischen Längsschnittuntersuchung haben Wimmer, Landerl et al. (1991) eine für die Kinder etwas schwerere Aufgabe zur Prüfung der phonologischen Bewußtheit verwendet, bei der der Zentralvokal vertrauter Wörter durch einen anderen, unähnlichen Vokal zu ersetzen ist. Wimmer et al. (1991) konnten zeigen, daß die Leistungen auf diesen Tests zu Beginn der 1.Klasse - selbst bei Berücksichtigung der von den Kindern bereits erworbenen Schriftkenntnisse - die spätere Lese- und Schreibfertigkeit vorhersagen. Ein ähnlicher Nachweis konnte auch in den Wiener Längsschnittuntersuchungen erbracht werden (Klicpera und Gasteiger-Klicpera 1993). Auch hier erwies sich die phonologische Bewußtheit als wichtige Starthilfe für das Lesenlernen, selbst wenn man die unterschiedlichen Eingangskenntnisse der Kinder über die Schriftsprache berücksichtigte. Es konnte im Besonderen nachgewiesen werden, daß eine differenziertere Ausbildung der phonologischen Bewußtheit vor allem die Fähigkeit der Kinder positiv beeinflußt, die im Unterricht beigebrachten Kenntnisse über Graphem-Phonem-Zuordnungen selbständig auf das Lesen neuer Wörter anzuwenden. Kinder, die sich der Phonemgliederung der Sprache bereits vor Beginn des eigentlichen Leseunterrichts bewußt sind, haben demnach einen gewissen Startvorteil.

Einschränkender kann daher der Ausbildung der phonologischen Bewußtheit eine das Lesenlernen erleichternde Funktion zugesprochen werden.

Der Beitrag von Trainingsexperimenten für das Verständnis der Rolle der phonologischen Bewußtheit beim Lesenlernen: Selbst durch Längsschnittuntersuchungen kann nur schwer nachgewiesen werden, welche Erfahrungen und Kenntnisse den Kindern ermöglichen, allmählich Einsicht in die phonologische Struktur einer Sprache zu gewinnen. Trainingsexperimente können hier helfen, einen besseren Einblick zu erhalten.

Ein Beispiel stellen die Untersuchungen von Byrne und Fielding-Barnsley (1989, 1990) dar. Byrne und Fielding-Barnsley haben Kindergarten-Kindern, die noch nicht lesen konnten, beigebracht, die Identität von vier Phonemen am Wortbeginn und Wortende zu erkennen. Der Großteil der Kinder konnte nach wenigen Demonstrationen zwischen häufigen einsilbigen Wörtern, die mit den vier Phonemen beginnen oder enden, unterscheiden und diese Kinder hatten in der Folge - nachdem ihnen zusätzlich die Zuordnung von Buchstaben und Phonemen beigebracht worden war - auch weniger Mühe, Buchstabenfolgen vorgesprochenen Wörtern zuzuordnen.

Ein deutlicher Beleg für eine Erleichterung der ersten Stadien des Lesenlernens durch Fortschritte in der phonologischen Bewußtheit kommt aus einer schwedischen Interventionsstudie im Kindergarten (Lundberg et al. 1988). In einem Teil der Kindergärten in einer ländlichen Region wurde in einem intensiven Förderprogramm die phonologische Bewußtheit und die Fähigkeit, Lautähnlichkeiten zwischen Wörtern zu erkennen sowie Wörter in Phoneme zu gliedern bzw. aus Einzellauten zusammenzusetzen, trainiert. Kinder, die an diesem Programm teilnahmen, verbesserten sich nicht nur deutlich in diesen Fertigkeiten, sondern hatten in der Folge auch beim Lesenlernen deutlich weniger Schwierigkeiten.

Trainingsexperimente sind auch relevant für die Frage, wie schwer es ist, Kindern, die noch nicht in der Lage sind, Aufgaben auszuführen, die von der phonologischen Bewußtheit abhängen, diese Fertigkeiten beizubringen. Für einfachere Segmentierungsaufgaben, wie dem Trennen des Anlauts vom restlichen Wort, bedarf es nach den bisherigen Erfahrungen keiner speziellen Trainingsprozedur. Obwohl die meisten Kindergarten-Kinder bei diesen Aufgaben ohne Hilfe große Schwierigkeiten haben, verbessert sich ihre Leistung, indem ihre Versuche korrigiert werden und sie die richtige Lösung nachmachen (Content et al. 1986).

Rückkoppelung zwischen dem Lesenlernen und der Ausbildung der phonologischen Bewußtheit: Eine Lösung für das Dilemma, daß die phonologische Bewußtheit sowohl Voraussetzung wie auch Folge des Lesenlernens ist, liegt in der Annahme, daß sich beides in enger Interaktion und ständiger Rückkoppelung ausbildet.

Eine Längsschnittuntersuchung aus den USA (Perfetti et al. 1987) belegt, daß es beim Lesenlernen zu einer Interaktion zwischen den sich ausbildenden Fertigkeiten, die auf der phonologischen Bewußtheit aufbauen, und der sich entwickelnden Lesefähigkeit kommt. Im Verlauf der 1.Klasse kam es zu einer stetigen Zunahme der Fähigkeit zur Phonemanalyse und -synthese, die weitgehend parallel zum Zuwachs an Lesefertigkeit verlief. Eine Korrelationsanalyse der Ergebnisse legte nahe, daß die Fähigkeit, Laute zu Wörtern zu verbinden bzw. sie "zusammenzuschleifen" (Phonemsynthese), eine Hilfe für die ersten Schritte beim unabhängigen Erlesen neuer Wörter darstellt. Die Fähigkeit zur Phonemanalyse hingegen hatte nur einen geringen Einfluß auf die Entwicklung des Lesens, wurde jedoch von der sich entwickelnden Lesefertigkeit gefördert. Perfetti et al. nahmen deshalb an, daß die Phonemsynthese als einfachere Fähigkeit eine basale Voraussetzung für das Lesenlernen darstellt. Die Phonemanalyse würde hingegen eine differenziertere Einsicht in den Aufbau der Sprache voraussetzen und sei für die Kinder nur durch eine gewisse Vertrautheit mit einer alphabetischen Schrift erreichbar.

Auch in den Wiener Längsschnittuntersuchungen (Klicpera und Gasteiger-Klicpera 1993) konnte ein starker Anstieg der Fähigkeit zur Phonemanalyse und -synthese während des ersten Schuljahres nachgewiesen werden. Dieser Anstieg war allerdings viel abrupter als jener, den Perfetti et al. (1987) in den USA beobachteten. Bereits nach den ersten acht Wochen Leseunterricht konnten die meisten Kinder die Aufgaben der Phonemanalyse und -synthese mit recht großer Sicherheit ausführen.

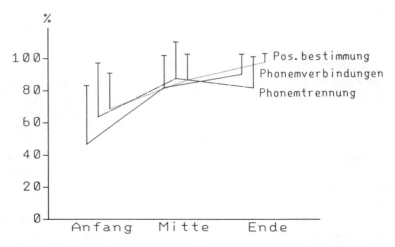

Abbildung 5: Entwicklung der phonologischen Bewußtheit im Verlauf der 1.Klasse: Prozentsatz richtig gelöster Aufgaben beim Verbinden von Einzellauten zu Wörtern, beim Aufgliedern von Wörtern in Einzellaute und beim Angeben der Position von Phonemen innerhalb von Wörtern (Wiener Längsschnittuntersuchungen).

Der Entwicklungsverlauf in der 1.Klasse ließ sich am besten durch eine ständige Wechselwirkung zwischen der sich ausbildenden Lesefertigkeit und der Vertiefung der phonologischen Bewußtheit erklären (Klicpera und Gasteiger-Klicpera 1993). Der Leistungsstand im Lesen zu einem Testzeitpunkt sagte die weitere Entwicklung der phonologischen Bewußtheit bis zum nächsten Testzeitpunkt ebenso voraus wie umgekehrt die phonologische Bewußtheit die Fortschritte im Lesen. Dies galt für die Phonemanalyse ebenso wie für die Phonemsynthese, wobei die beiden Fertigkeiten jeweils recht eng miteinander korrelierten. Ein besonderer Einfluß der Phonemsynthese auf die Leseentwicklung ließ sich nicht nachweisen, vielmehr schienen beide Fertigkeiten - die Phonemanalyse und -synthese - nur Ausdruck der sich entwickelnden Einsicht in den Lautaufbau der Sprache zu sein (Klicpera und Gasteiger-Klicpera 1993).

Die Ausbildung der phonologischen Bewußtheit wird allerdings durch den Leseunterricht nur dann so rasch gefördert, wenn der Unterricht die Graphem-Phonem-Zuordnungen bereits in der Anfangsphase einführt. In einem Leseunterricht, der Wörter als Ganzes vorstellt und mit der Vermittlung des segmentweisen Erlesens zuwartet, läßt sich dieser frühzeitige starke Anstieg der phonologischen Bewußtheit nicht nachweisen (Alegria et al. 1982).

Bertelson und de Gelder (1989) nahmen an, daß es zwei verschiedene Auswirkungen des Lesenlernens auf die phonologische Bewußtheit gibt: eine tatsächliche Vertiefung der phonologischen Bewußtheit sowie eine orthographische Ersatzstrategie, bei der die Kinder ihr Wissen um die Schreibweise von Wörtern verwenden, um Aussagen über die Phonemfolge zu machen. Diese Strategie führt jedoch gelegentlich in die Irre, wenn die Schrift die Phonemfolge nicht korrekt bzw. nicht eindeutig wiedergibt.

Bei durchschnittlichen Lesern läßt sich recht früh beides feststellen, sowohl die Verwendung einer orthographischen Ersatzstrategie wie die Orientierung an der Lautfolge. Stuart (1990) hat dies an dem Beispiel der Segmentierung von Konsonantenklustern im Auslaut demonstriert. Er gab den Kindern mit einiger Leseerfahrung die Aufgabe, in Wörtern mit einem Konsonantenkluster am Wortende den ersten (schwächeren) der beiden Konsonanten wegzulassen und das sich dabei ergebende Wort zu benennen. Bei einem Teil der Wörter war das Ergebnis davon abhängig, welche Strategie gewählt wurde. Bei einer orthographischen Strategie wurde z.B. aus dem Wort cold, wenn l auszulassen war, cod (also ein kurzes o), bei einer phonologischen Strategie code (ein langes o). Es zeigte sich, daß durchschnittliche Leser dort, wo diese Unterscheidung möglich war, etwa ebenso oft die phonologische wie die orthographische Strategie anwandten.

Zusammenfassend können wir feststellen, daß zwar noch viele Fragen offen sind, was den Zusammenhang zwischen Lesenlernen und der Ausbildung der phonologischen Bewußtheit betrifft. Gesichert scheint jedoch, daß die phonologische Bewußtheit nicht bzw. nur zu einem geringen Teil spontan, d.h. ohne besondere Übung, entsteht. Sicher ist auch, daß der Leseunterricht und der Umgang mit der Schriftsprache ein besonders gutes Medium zur Förderung der phonologischen Bewußtheit ist. Von Bedeutung dürfte vor allem die Frage sein, wieweit eine besondere Übung dieser Fähigkeiten einerseits für die weitere Entwicklung der phonologischen Bewußtheit selbst, andererseits für das Lesenlernen notwendig ist. Auf diese Frage werden wir im dritten Abschnitt zurückkommen.

3.2. Gliederung des Leselernprozesses in Stadien

Um Fortschritte beim Lesenlernen zu charakterisieren, hat man bereits relativ früh versucht, verschiedene Phasen zu unterscheiden. Dieses Anliegen ist in den letzten Jahren wieder aufgegriffen worden. Zunächst haben Marsh et al. (1981) den Leselernprozeß als allmähliche Entwicklung von differenzierten Lesestrategien beschrieben. Sie unterschieden folgende Stadien, wobei sie Parallelen zur allgemeinen kognitiven Entwicklung betonten:

1. Stadium des linguistischen Ratens: In diesem Stadium werden Assoziationen zwischen weitgehend unanalysierten visuellen Reizen und unanalysierten Einheiten der Umgangssprache zum Lesen benutzt. Es können deshalb nur Wörter gelesen werden, die den Kindern zuvor bereits vorgestellt worden sind. Die Kinder stützen sich beim Lesen stark auf den Kontext, auf Bilder ebenso wie auf den Satzrahmen, in den die Wörter eingebettet sind. Nach Ansicht von Marsh et al. (1977) ist der weiteren Leseentwicklung in diesem Stadium eine relativ enge Grenze gesetzt. Es wird von den Kindern jedoch solange beibehalten, bis ihnen der Konflikt zwischen der verwendeten Strategie und der Leseaufgabe deutlich wird. Dann kommt es zu einer neuen Anpassung an die Aufgabe und zum Übergang in das nächste Stadium.

2. Stadium des Diskriminierens statt Ratens: Es werden wesentlich mehr Merkmale der Wörter (Anfangs- und Endbuchstaben, Wortlänge sowie einzelne hervorstechende Buchstaben) verwendet, die Buchstabenfolge wird aber noch nicht sequentiell dekodiert.

3. Stadium des sequentiellen Dekodierens: In diesem Stadium nehmen die Kinder eine unbedingte Gültigkeit der Graphem-Phonem-Zuordnungen an. Es wird nicht beachtet, daß der Kontext, in dem die Grapheme vorkommen, die Zuordnung von Phonemen modifizieren kann. Insofern sehen Marsh et al. eine Parallele zum Stadium der Konkreten Operationen.

4. Stadium des hierarchischen Dekodierens: Erst jetzt können die Kinder ihr Wissen um die Regelmäßigkeiten der Sprache voll in den Leseprozeß einbringen. Es werden dabei nicht nur der unmittelbare Kontext, sondern auch Analogien zu anderen Wörtern und das Wissen um den Morphemaufbau beachtet.

In der Folge hat ein Stadienmodell besondere Beachtung gefunden, das sich explizit auf die Informationsverarbeitungstheorien des Leseprozesses bezieht (Frith 1985, Seymour und MacGregor 1984, Jorm und Share 1983). Die Entwicklungsstufen dieses Modells sollen zunächst kurz beschrieben werden, um dann auf die Evidenz einzugehen, die eine Unterteilung des Lesenlernens in unterschiedliche Phasen begründet.

Logographisches Stadium: In einer ersten Phase beruht das Lesen überwiegend auf der Vertrautheit mit den Merkmalen einiger Wörter. Die Kinder identifizieren diese Wörter nur auf Grund hervorstechender, oft globaler visueller Merkmale, die nicht oder nur teilweise zur Identifikation der Buchstaben führen, aus denen die Wörter zusammengesetzt sind. Auch die Buchstabenanordnung findet nur begrenzt Beachtung. Eventuell können die für das Lesen verwendeten Merkmale weiter differenziert werden, damit wäre ein beachtlicher Lesefortschritt auf dem logographischen Stadium möglich (Frith 1985).

Alphabetisches Stadium: In diesem Stadium wird die Kenntnis der Identität von Buchstaben und Phonemen sowie das Wissen um deren Zuordnung systematisch zum Erlesen von Wörtern eingesetzt. Es handelt sich also um eine Phase des buchstabenweisen Erlesens. Die Wörter werden nicht mehr unmittelbar, auf Grund einiger Merkmale, die mit diesen Wörtern verbunden werden, erkannt, sondern nur dadurch, daß das Wort in seiner Aussprache durch die Phoneme, die den einzelnen Graphemen zugeordnet werden, rekonstruiert wird. Die Identifikation der Wörter erfolgt also durch das phonologische Rekodieren der Buchstabenfolge.

Orthographisches Stadium: In diesem Stadium werden die Wörter ebenfalls direkt, ohne phonologische Rekodierung, erkannt. Für das Erkennen werden jedoch die Informationen über die Buchstabenfolge verwendet. Auf Grund dieser Informationen können entsprechende Eintragungen in einem schriftspezifischen orthographischen Lexikon aktiviert und damit die gelesenen Wörter identifziert werden. Dieser Vorgang wird wahrscheinlich dadurch ökonomisiert, daß die Wörter in Morpheme, eventuell auch in Silben oder in andere kleinere, häufig vorkommende Buchstabenfolgen auf Sub-Wort-Ebene gegliedert werden. Dabei können auch recht komplexe Merkmale der Schrift berücksichtigt werden, etwa das Wissen um die Herkunft der Wörter auf Grund von gemeinsamen Schreibweisen gewisser Wortgruppen.

Der Beginn des Lesenlernens (logographisches Stadium)

Viele Kinder können heute bereits vor dem Leseunterricht einige Wörter lesen. Dabei handelt es sich häufig um den eigenen Namen, der in vielen Fällen auch schon geschrieben werden kann, sowie um einige Aufschriften (Mason 1980, 1984). Diese Beobachtungen haben zu einer Verunsicherung geführt, ab wann man von dem Vorliegen einer Lesefähigkeit bei einem Kind sprechen solle. Können z.B. Kinder, die häufiger vorkommende Beschriftungen von Artikeln oder Reklame-Logos erkennen, bereits lesen? Masonheimer et al. (1984) sind dieser Frage nachgegangen und haben Kindern, die eine größere Zahl an Beschriftungen richtig benennen konnten, diese Zeichen in normalem Buchstabenformat, also ohne die charakteristischen Merkmale des Logos (z.B. Coca Cola, McDonalds), vorgegeben. 95% dieser Kinder erkannten die Zeichen dann nicht mehr, und alle diese Kinder konnten auch sonst keine Wörter lesen. Sie bemerkten auch nicht, wenn einzelne Buchstaben ausgetauscht oder die Reihenfolge umgestellt wurde, solange nur die typische Form des Logos erhalten blieb.

Andere Untersuchungen an Kindern, denen viele Reklame-Logos bekannt sind, die aber sonst noch nicht lesen können, haben darauf hingewiesen, daß diese Kinder die Logos nicht konstant mit einem bestimmten Namen in Verbindung bringen, sondern nur die Bedeutung des Logos kennen. Sie sagen etwa "Blend-a-Med", "Zahnpaste" oder "Putz dir die Zähne" (Ehri 1992).

Wie werden von Kindern, die nur wenig Kenntnisse über die Schrift haben, Wörter gelernt? Wahrscheinlich geschieht dies in Form eines Assoziationslernens zwischen den Wörtern in ihrer schriftlichen Form und den Wortbedeutungen, wie Gough und Hillinger (1980) vermutet haben. Byrne (1992) konnte in einer Reihe von Lernversuchen mit Kindergarten-Kindern recht überzeugende Hinweise dafür finden.

Kinder, die noch keine Wörter lesen und keine Buchstaben benennen konnten, lernten viel leichter, Wörter zu lesen, die untereinander sehr unähnlich waren, die also schon an wenigen Merkmalen zu unterscheiden waren. Zumeist wurde dabei der erste Buchstabe zur Unterscheidung verwendet. Bei Wörtern, bei denen sich nur ein Buchstabe in der Mitte unterschied, taten sich die Kinder viel schwerer. Das Lesenlernen gleicht somit in diesem Stadium dem Assoziationslernen, das ebenfalls leichter fällt, wenn die Reize, die mit den Reaktionen zu assoziieren sind, einander sehr unähnlich sind und damit gut auseinander gehalten werden können.

In weiteren Lernexperimenten konnte Byrne (1992) zeigen, daß Kindergarten-Kinder mit fehlenden Kenntnissen über die Schriftsprache Ähnlichkeiten der Schreibweise von Wörtern und ihrer Aussprache nicht spontan entdecken. Wenn sie also gelernt haben, daß die Buchstabenfolge BAT einer Fledermaus und FAT einem dicken Buben zuzuordnen ist, und ihnen gesagt wurde, daß FIG Feige bedeutet, können sie die Bedeutung von BIG trotzdem noch nicht erkennen. Dies ist erst möglich, wenn die Kinder wissen, welche Laute die Buchstaben repräsentieren. Hingegen können Kindergarten-Kinder auch ohne Buchstabenkenntnis ein einmal gelerntes Wort behalten und auf neue Wortpaare übertragen (clean chair/ dirty chair -> clean dog/ dirty dog). Nach diesen Ergebnissen ist es also Kindern, die noch keine Schriftkenntnisse haben, sehr wohl möglich, Wörter lesen zu lernen. Sie können aber - ohne zusätzliches Wissen um die systematische Beziehung zwischen Buchstaben und Lauten - Ähnlichkeiten zwischen Wörtern nicht ausnutzen, um gesprochene und geschriebene Wörter zuzuordnen.

Das Lesenlernen in diesem ersten Stadium ist dadurch chrakterisiert, daß die Kinder nur Teile der Buchstabenfolgen beachten, dabei meist sehr unsystematisch vorgehen, sowie mitunter irrelevante Hinweise aufgreifen. Da die Kinder sehr uneinheitliche Merkmale verwenden, um Wörter zu behalten, bauen sie kein einheitliches Repräsentationssystem im Gedächtnis auf und haben daher Schwierigkeiten, eine größere Anzahl an Wörtern wiederzuerkennen (Gough 1993).

Gough (1993) hat die Tendenz zum Aufgreifen irrelevanter, aber hervorstechender Merkmale dadurch demonstriert, daß er Kindergarten-Kindern, die noch nicht lesen konnten, 4 Karten mit jeweils einem Wort zu lesen beigebracht hat. Wenn auf einer Karte ein zusätzlicher Hinweis vorhanden war (ein schwarzer Fingerabdruck), dann konnten die Kinder das Wort auf dieser Karte viel leichter behalten. Wenn allerdings dann das Wort ohne diesem Fingerabdruck gezeigt wurde, dann konnte es von den meisten Kindern nicht mehr gelesen werden.

Nach dieser Charakterisierung des ersten Stadiums des Lesenlernens wäre somit zu vermuten, daß zwar eine erste Begegnung mit der Schrift stattfindet, diese aber nicht sehr weit führt. Dieser Ansicht widersprechen Beobachtungen aus englisch-sprachigen Erstleseprogrammen, in denen das Schwergewicht auf der Vermittlung sinnvollen Lesens und nicht so sehr auf dem Dekodieren von Wörtern liegt. Wörter werden in diesem Unterricht den Kindern nur als Ganzes vorgestellt, mit dem systematischen Unterricht von Graphem-Phonem-Korrespondenzen wird zugewartet. Unter diesen Umständen kann zu Beginn des Lesenlernens eine längere Phase vorherrschen, die in einer Reihe von Merkmalen dem logographischen Lesen ähnelt.

Weber (1970) protokollierte in einer 1.Klasse, die nach einem derartigen Erstleseprogramm unterrichtet wurde, während des ganzen Schuljahres täglich alle Lesefehler. An der Leseentwicklung fiel zunächst auf, daß die Kinder während der ersten Monate eine große Sensibilität dafür hatten, welchen Wörtern und Sprachformen sie beim Lesen begegnet waren. Fast alle Fehler, die die Kinder begingen, ergaben Wörter und nicht sinnlose Lautfolgen, wobei die substituierten Wörter zumeist an anderer Stelle in den Lesetexten vorgekommen waren. Solche Verwechslungen kamen besonders häufig zwischen Wörtern vor, denen die Kinder in der gleichen Unterrichtsstunde begegnet oder die der Bedeutung nach eng aufeinander bezogen waren. Auch der Stil der Sätze, die durch Lesefehler der Kinder zustande kamen, war jenem ähnlich, der den Kindern aus ihren Lesebüchern vertraut war. Die Kinder erwarteten offensichtlich, in den Texten bestimmte Satztypen und Phrasen anzutreffen.

Weber führte außerdem eine detaillierte Analyse der graphischen Ähnlichkeit zwischen den (alphabetisch transkribierten) Lesefehlern und den Zielwörtern durch. Die meisten Fehler hatten zwar eine gewisse graphische Ähnlichkeit zum Zielwort, zumeist war jedoch nur der erste Buchstabe identisch, in manchen Fällen stimmten auch die beiden ersten oder der letzte Buchstabe mit dem Zielwort überein. Weber folgerte daraus, daß die Kinder die Wörter nur aufgrund weniger Merkmale zu identifizieren suchten und sie nicht aufgrund von Graphem-Phonem-Zuordnungen erlasen.

Den überzeugendsten Beleg für eine längere Phase logographischen Lesens erbrachte eine Untersuchung von Seymour und Elder (1986). Sie dokumentierten den Fortschritt, den die Kinder einer 1.Klasse in England (wo die Kinder schon mit 4 1/2 bis 5 1/2 Jahren eingeschult werden) während des 1.Schuljahres erzielen, durch wiederholte kurze Leseaufgaben. Der Leseunterricht orientierte sich auch hier an der Ganzwortmethode, und während der ersten zwei Dritte! des Schuljahres gab es keinen speziellen Unterricht in den Buchstaben-Laut-Korrespondenzen. Neue Wörter wurden vom Lehrer vorgestellt und dann bei den Leseübungen, die auf selbst zusammengestelltem Material aufbauten, verwendet.

Im gesamten Verlauf des 1.Schuljahres erreichte nur eines von 24 Kindern die Fähigkeit, selbständig neue Wörter zu lesen. Die übrigen Kinder konnten zwar bereits im Leseunterricht durchgenommene Wörter lesen, aber keine neuen. Erstaunlich war jedoch die große Anzahl an Wörtern, die von vielen Kindern auf diese Weise gelernt werden konnte. Es handelte sich um mehrere hundert.

Eine Vielzahl an zusätzlichen Hinweisen belegte, daß diese Wörter als visuelle Muster gelernt und abgerufen werden konnten. Zum einen deutete die Art der Fehler darauf hin. Bei der überwiegenden Mehrzahl der fehlerhaft gelesenen Wörter wurde als Fehler ein anderes bereits im Leseunterricht durchgenommenes Wort genannt. Bei den meisten Fehlern ließ sich zudem eine visuelle Ähnlichkeit zwischen dem zu lesenden und dem fälschlich genannten Wort aufzeigen. Meist wurden die Wortlänge und einige hervorstechende Buchstabenmerkmale aufgegriffen, wie auch in den Kommentaren der Kinder zu ihren Fehlern ersichtlich war. Andererseits wurden als Lesefehler kaum sinnlose Wörter genannt und die Aussprache von Wörtern mit von den üblichen Graphem-Phonem-Korrespondenzen abweichenden Phonemzuordnungen wurden auch nicht regularisiert, d.h. nicht den häufigeren Mustern angeglichen. So ergaben sich bei fast allen Kindern keine Hinweise auf die Verwendung einer phonologischen Rekodierung für das Erlesen der Wörter.

Wie bei einem direkten visuellen Zugang zu erwarten, ließ sich auch kein Einfluß der Wortlänge auf die Ausprachlatenz nachweisen. Die Aussprache wurde also nicht durch sequentielle Rekodierung der Buchstabenfolge rekonstruiert, sondern durch direkten Zugang zu den erinnerten Wortbildern, von denen dann die Aussprache der Wörter als Ganzes abgerufen werden konnte.

Eine ungewohnte Anordnung der Buchstaben beeinträchtigte die Lesefähigkeit nur gering, wobei hier allerdings zwischen den Kindern große Unterschiede bestanden. Da die Kinder viele Wörter auch noch lesen konnten, wenn die Buchstaben in Zick-Zack-Form angeordnet waren, kann zum Worterkennen nicht die äußere Wortform benutzt worden sein, vielmehr müssen die Wörter auf eine allgemeinere bzw. abstraktere Weise kodiert worden sein, um auch in verzerrter Anordnung erkannt zu werden.

Beginnt das Lesenlernen notwendigerweise mit einem logographischen Stadium?

Das Modell von Frith (1985) sowie andere Stadienmodelle gehen davon aus, daß die erste Stufe des Lesenlernens immer durch ein logographisches Lesen gekennzeichnet ist. Damit wird beim Lesenlernen gleichsam jene Entwicklung nachvollzogen, die auch bei der Entwicklung der Schreibsysteme festzustellen ist. Führt diese Analogie aber nicht in die Irre, vor allem dann, wenn daraus gefolgert wird, daß mit dem Unterricht von Graphem-Phonem-Korrespondenzen länger gewartet werden sollte?

Untersuchungen aus dem englischen Sprachraum deuten darauf hin, daß die Kenntnisse einiger Buchstaben-Laut-Zuordnungen und ein wenigstens rudimentäres Verständnis für die Gliederung der Sprache in Phoneme das Leseverhalten von Kindern bereits frühzeitig verändern.

Hinweise auf eine frühe Beachtung der Graphem-Phonem-Korrespondenzen gibt ein Analogieexperiment von Ehri und Wilce (1985). Kindern aus Vorschul- und Kindergartengruppen wurde beigebracht, zwei Arten von vereinfachten Schreibweisen zu lernen, einmal Wörter, deren Schreibweise so verändert worden war, daß die Buchstaben die Lautfolge der Wörter wiedergaben (z.B. JRF für giraffe), zum anderen visuell deutlicher unterscheidbare Schreibweisen, die aber keinen Hinweis auf die Aussprache boten. Es zeigte sich, daß Kinder, die noch keine Wörter lesen konnten, die visuell deutlicher unterscheidbaren Buchstabenfolgen leichter lernten. Kinder jedoch, die wenigstens einige Wörter lesen konnten und über die den Buchstaben zugeordneten Laute Bescheid wußten, profitierten bereits von der Möglichkeit, Graphem-Phonem-Korrespondenzen ausnutzen zu können, und lernten Wörter, deren Schreibweise auf den üblichen Graphem-Phonem-Korrespondenzen aufbaute, leichter als Wörter mit willkürlichen Schreibweisen. Für Ehri und Wilce (1985) tritt mit der Hinführung zum Lesen daher ein Wechsel von einem visuellen zu einem phonologischen Kode ein.

In der 1.Klasse kann den meisten Untersuchungen zufolge noch deutlicher als bei den ersten Schritten des Lesenlernens im Vorschulalter beobachtet werden, daß Fortschritte nicht nur auf der Vertrautheit mit einzelnen Wörtern, deren Bedeutung durch den Lehrer vorgestellt wurde, beruhen.

Stuart (1990) konnte in einer Untersuchung der rudimentären Lesefertigkeit von Kindern in England kurz nach der Einschulung, also mit 4 1/2 Jahren, recht eindeutig belegen, daß sich das Worterkennen von Kindern auf das Wissen von Graphem-Phonem-Zuordnungen und die Fähigkeit zur Phonemsegmentierung stützt und über die Vertrautheit mit der Schreibweise einzelner Wörter hinausgeht. Nur jene Kinder, die Buchstaben benennen und Wörter in Phoneme gliedern konnten, waren in der Lage, geschriebenen Wörtern Bilder zuzuordnen. Für die Kinder machte es jedoch keinen Unterschied, ob es sich dabei um die korrekte Schreibweise oder um eine vereinfachte Lautschrift handelte. Ja, sie konnten auch Namen von Phantasiefiguren, also sinnlose Silben bzw. Pseudowörter, richtig zuordnen. Die Fähigkeit, die Bedeutung der Wörter bzw. Pseudowörter zu erkennen, stützte sich dabei in erster Linie auf die Graphem-Phonem-Zuordnung der Anfangsbuchstaben. Kaum ein Kind konnte die Wörter zur Gänze lesen.

Selbst bei einem Unterricht, in dem die Graphem-Phonem-Korrespondenzen den Kindern erst spät systematisch vorgestellt werden, dürften die Beobachtungen, wie sie etwa Seymour und Elder (1986) in England gemacht haben, nicht für alle Kinder typisch sein. Stuart und Coltheart (1988) haben gezeigt, daß im Verlauf des ersten Schuljahres zwar mehr oder weniger alle Kinder zunächst Fehler machen, die nur wenige Buchstaben aus den zu lesenden Wörtern berücksichtigen, daß dieses Stadium bei den meisten Schülern jedoch nur kurz dauert und auch nicht sehr ausgeprägt ist. Dabei war festzustellen, daß vor allem jene Kinder sehr früh zu einem systematischen Erlesen der gesamten Buchstabenfolge übergingen, die bereits zu Schulbeginn Silben in Phoneme gliedern konnten und die Zuordnung von Buchstaben und Phonemen kannten.

Auch Leseübungen, bei denen man vermuten könnte, daß sie stark auf der Vertrautheit mit der Schreibweise einzelner Wörter aufbauen und dieses vertiefen (wie etwa das Mitlesen eines bereits geübten Textes), dürften in der 1.Klasse nur dann zu einer Steigerung der Lesefertigkeit beitragen, wenn die Kinder bereits Kenntnisse über Buchstaben-Laut-Zuordnungen haben und sich nicht ausschließlich auf ein logographisches Lesen stützen.

Ehri und Sweet (1991) wiesen nach, daß die Fähigkeit, einem vorgelesenen bzw. einem auswendig gelernten Text mit dem Finger zu folgen (eine Übung, die speziell in einem ganzheitlich orientierten Leseunterricht für die Anfangsphase des Lesenlernens empfohlen wird), von der sich entwickelnden Fähigkeit zur Phonemsegmentation und der Kenntnis der Graphem-Phonem-Zuordnungen abhängig ist. Ohne diese Kenntnisse war es 4-5-jährigen Kindern nicht möglich, genau auf die Wörter zu zeigen, die sie aufsagten, und damit wohl auch nicht möglich, sich die Zuordnung der Wörter in gesprochener und schriftlicher Form einzuprägen bzw. nähere Übereinstimmungen zwischen der Phonem- und der Buchstabenfolge zu entdecken. Wie zu erwarten, wurden auch nur von jenen Kindern, die wenigstens rudimentäre alphabetische Kenntnisse hatten, Veränderungen im Text bemerkt. Auch dies legt also nahe, daß die ersten Schritte ins eigentliche Lesen von der Einsicht in das alphabetische Prinzip unserer Schriftsprache getragen werden und über wortspezifische logographische Kenntnisse hinausgehen.

Ob sich in der 1.Klasse ein länger anhaltendes Stadium des logographischen Lesens feststellen läßt, dürfte auch von der Gestaltung des Unterrichts abhängen. Cohen (1975) verglich die Entwicklung des Leseverhaltens in Klassen, in denen bereits frühzeitig das Erlernen der Strukturelemente der Schriftsprache und das Dekodieren betont wurden, mit den Beobachtungen von Weber (1970) und Biemiller (1970), die in Klassen durchgeführt worden waren, in denen Graphem-Phonem-Korrespondenzen erst relativ spät eingeführt wurden. In den Klassen mit Betonung des Dekodierens war sehr bald eine systematische Beziehung zwischen den Buchstaben des zu lesenden Wortes und den Lesefehlern sowie eine hohe graphische Ähnlichkeit zwischen der Transkription der Lesefehler und den Zielwörtern festzustellen. Die Lesefehler der Kinder bestanden zudem während eines großen Teils der ersten Klasse häufig aus sinnlosen Lautfolgen, nur sehr selten wurden Fehler gemacht, die auf einer Verwechslung mit anderen, den Kindern bekannten Wörtern beruhten. Das Leseverhalten unterschied sich somit deutlich von dem durch Weber (1970) beschriebenen (siehe oben) und dürfte davon abhängig sein, welche Lesestrategien im Unterrichtsprogramm betont werden (Cohen, 1975).

Untersuchungen aus dem deutschsprachigen Raum: Nach den bisherigen Beobachtungen dürfte im deutschen Sprachraum die Leseentwicklung von Kindern in der 1.Klasse durch ein frühzeitiges Bemühen um ein Erlesen aufgrund der im Unterricht vermittelten Kenntnisse über die Graphem-Phonem-Beziehungen gekennzeichnet sein.

May (1986) beobachtete bei der Mehrzahl der Kinder in der 1.Klasse ein Fortschreiten von einem überwiegend an Einzellauten oder Wortteilen orientierten Vorgehen hin zu der Fähigkeit, die Wörter direkt zu erlesen. Sowohl Wimmer und Hummer (1990) als auch wir selbst (Klicpera 1989, Klicpera und Gasteiger-Klicpera 1993) konnten feststellen, daß Erstklässler schon nach relativ kurzem Leseunterricht eine hohe Fähigkeit zum Erlesen von unbekannten Buchstabenfolgen haben. Zudem versuchte ein Großteil der Kinder, die zu Beginn der 1.Klasse noch gewisse Schwierigkeiten beim Erlesen neuer Wörter hatten, diese Wörter doch aufgrund der in den ersten Wochen angeeigneten Kenntnisse über Graphem-Phonem-Zuordnungen zu erlesen. Nach zwei bis drei Monaten Leseunterricht war bei diesen Kindern die Fähigkeit, neue Wörter zu erlesen, beträchtlich angewachsen und sie konnten nun kurze, unbekannte Buchstabenfolgen mit recht großer Sicherheit lesen (Klicpera und Gasteiger-Klicpera 1993).

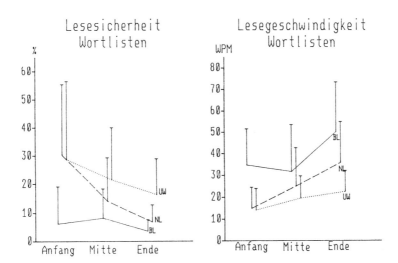

Abbildung 6: Entwicklung der Lesegenauigkeit und Lesegeschwindigkeit beim Lesen von Wortlisten im Verlauf der 1.Klasse (BL=Listen mit bekannten Wörtern, NL=Listen mit neuen Wörtern, UW=Listen mit Unsinnswörtern) (Wiener Längsschnittuntersuchungen).

Nach diesen Ergebnissen läßt sich schließen, daß die Leseentwicklung in einem hohen Maß von der Regelmäßigkeit und Durchsichtigkeit der Graphem-Phonem-Korrespondenzen abhängt. Während also beim Lernen der englischen Schriftsprache wortspezifische Kenntnisse den Einstieg ermöglichen und für längere Zeit nur das Lesen von bereits bekannten Wörtern möglich ist, ist eine derartige Entwicklung beim Erlernen der deutschen Schriftsprache nicht beobachtbar. Dies hängt auch damit zusammen, daß im deutschsprachigen Raum im Leseunterricht typischerweise bereits zu Beginn der 1.Klasse die Buchstaben, die in den Leselehrgängen verwendet werden, systematisch vorgestellt und die Buchstaben-Laut-Zuordnungen an einem begrenzten Set an Wörtern geübt werden.

Der Übergang ins alphabetische Stadium

Eine längere Dauer des logographischen Stadiums wird von manchen Autoren (z.B. Gough und Hillinger 1980) damit begründet, daß die Kinder erst eine größere Anzahl von Wörtern dem Schriftbild nach lernen müssen, bis sie in der Lage sind, aus dem ihnen hiermit zur Verfügung stehenden Anschauungsmaterial selbst die Regelmäßigkeiten der Graphem-Phonem-Korrespondenzen zu erkennen. Der Übergang ins alphabetische Stadium erfolgt nach dieser Ansicht erst dann, wenn die Kinder bereits eine größere Anzahl an Wörtern logographisch lesen können und wenn durch die Zunahme der bekannten Wörter die bisher beachteten eher globalen Merkmale nicht mehr ausreichen, um die Wörter zu unterscheiden.

Nach den Stadientheorien kann der Übergang vom logographischen zum orthographischen Lesen allmählich oder eher abrupt erfolgen. Biemiller (1970) beobachtete, daß alle Kinder während der ersten Klasse eine Phase durchlaufen, in der sie, aufgefordert etwas zu lesen, mit der Antwort lange zögern oder gar keine geben. Diese Phase scheint einen wichtigen und klar erkennbaren Wechsel in den Lesestrategien der Kinder zu markieren, da die Qualität der Lesefehler vor und nach dieser Phase unterschiedlich ist. Vor dieser Phase der Reaktionsverweigerung bestehen die meisten Lesefehler aus Wörtern, die die Kinder bereits in den Lesetexten angetroffen haben und die oft nur eine geringe Ähnlichkeit mit den zu lesenden Wörtern aufweisen. Von der Phase der Reaktionsverweigerung an sind die Lesefehler hingegen den Zielwörtern graphisch recht ähnlich. Die graphische Ähnlichkeit zwischen Fehlern und Zielwörtern nimmt also mit Beginn der Phase der Reaktionsverweigerung plötzlich stark zu und bleibt von da an hoch.

Auch für die Kontextadäquatheit der Lesefehler bedeutet die Phase der Reaktionsverweigerung einen Einschnitt. Substitutionsfehler entsprechen plötzlich viel weniger dem Kontext als zuvor, jedoch nur vorübergehend. Mit dem Ende dieser Phase ist wieder eine starke Berücksichtigung des syntaktischen und semantischen Kontexts bei den Lesefehlern zu beobachten, jedoch weisen die Substitutionsfehler nun überwiegend auch graphisch eine hohe Ähnlichkeit zu den Zielwörtern auf.

In den Wiener Längsschnitt-Untersuchungen, in denen die Leseentwicklung in der 1.Klasse alle 6 Wochen bestimmt wurde, war allerdings eine derartige Phase der Reaktionsverweigerung nicht festzustellen. Vielmehr neigten die Kinder eher gleich zu Beginn der 1.Klasse dazu, Wörter, mit denen sie nicht vertraut waren, überhaupt nicht zu lesen zu versuchen. Dies stimmt mit den Feststellungen des letzten Abschnitts überein, daß beim herkömmlichen Leseunterricht Kinder im deutschsprachigen Raum bereits recht früh beginnen, die Wörter zu erlesen, obwohl es ihnen zunächst noch schwer fällt.

Kennzeichen des alphabetischen Stadiums soll es sein, daß die Kinder sich nun beim Lesen überwiegend auf die sequentielle phonologische Rekodierung stützen und die Wörter nicht mehr anhand ihrer spezifischen Schreibweise zu erkennen suchen. Die Kinder können daher Wörter, die gleich ausgesprochen, aber verschieden geschrieben werden (z.B. Pseudohomophone wie Taal für Tal), und richtige Wörter nur schwer unterscheiden (Stuart et al. 1992).

In dem alphabetischen Stadium des Lesenlernens geht es also darum, eine hinreichende Genauigkeit beim Erkennen von geschriebenen Wörtern zu erwerben. Die Kinder müssen deshalb ihre Aufmerksamkeit auf die einzelnen Buchstaben richten, wenn sie versuchen, die zugehörige Phonemfolge zu bilden. Merkmale des Wortes als Ganzes wie auch der Kontext geraten dabei leicht in den Hintergrund. Wir können eine derartige Phase als eine notwendige Durchgangsphase hin zu einem reiferen Lesen ansehen (Ehri 1992).

Es muß nicht eigens betont werden, daß Fortschritte in diesem Stadium nicht allein auf der Kenntnis der Graphem-Phonem-Verbindungen beruhen, sondern vielmehr auf dem Zusammenspiel dieser Kenntnisse mit anderen Teilfertigkeiten, wie etwa dem Dehnlesen. Aus diesem Grund ist es nicht weiter verwunderlich, daß eine Verbesserung der Kenntnisse über die den Buchstaben zugeordneten Laute nur wenig zum Fortschritt beim Lesen beiträgt. Eine Studie, die dies recht gut belegt, stammt von Ehri und Wilce (1987). In dieser Untersuchung wurde versucht, durch ein Training im Lesen von Pseudowörtern die Lesefertigkeiten von Kindern, die sich in der Anfangsphase des Lesenlernens befinden und zwar die meisten Buchstaben benennen und ihre Aussprache angeben konnten, aber erst wenige Wörter zu lesen imstande waren, zu steigern. Eine andere Gruppe von Kindern erhielt nur zusätzliches Training im Benennen von Buchstaben. Die Gruppe, die Pseudowörter zu lesen geübt hatte, lernte in der Folge auch rascher, einfache Wörter zu lesen. Nachdem diese Kinder siebenmal die Wörter (unter ständiger Rückmeldung) gelesen hatten, konnten sie fast alle richtig benennen. Die Gruppe, die nur Buchstaben zu lesen geübt hatte, konnte am Ende hingegen nur ein Drittel richtig lesen.

Die Art, wie die Kinder in diesem Stadium neue Wörter erlesen, ist allerdings von außen nur zum Teil durch Beobachtung zu erschließen. Treffen sie in einem sinnnvollen Kontext auf ein neues Wort, so machen sie bei etwa der Hälfte der Wörter eine Pause und lesen sie dann langsam (McNaughton 1981a). Ein hörbares Lautieren der Wörter ist nur in den ersten zwei drei Monaten der 1.Klasse häufiger, später jedoch recht selten zu beobachten (Klicpera und Gasteiger-Klicpera 1993). Jedoch läßt sich sowohl bei myographischer Registrierung der Muskelaktivität wie an der langsamen Art des Lesens feststellen, daß die Kinder innerlich an der Eruierung der Aussprache der Wörter arbeiten und diese noch nicht unmittelbar abgerufen werden kann. Wenn die Kinder in dieser Phase über die Art ihres Vorgehens befragt werden, geben sie oft an, daß sie die einzelnen Wortteile analysierten, sodaß ein inneres Lautieren und komponentenweises Erlesen der Wörter anzunehmen ist (McNaughton 1981a).

Der Übergang ins orthographische Stadium

Der Übergang ins orthographische Stadium ist dadurch gekennzeichnet, daß die Kinder nun eine vollständige innerliche Repräsentation der Buchstabenfolge aufbauen, die die Redundanz der Schriftsprache ausnutzt. Die Kinder müssen somit einerseits lernen, auch komplexere Merkmale von Wörtern zu beachten - wie z.B. die Kennzeichnung von Silbenübergängen (Adams und Huggins 1986) oder den Einfluß benachbarter Grapheme auf die Aussprache. Andererseits geht es in dieser Phase darum, den Prozeß des phonologischen Rekodierens soweit zu automatisieren, daß er keine Aufmerksamkeit mehr erfordert. Diese Automatisierung ist nach Ehri und Wilce (1983) gleichbedeutend mit dem Erreichen der reifen Stufe des Worterkennens, bei der effiziente Zugriffsmöglichkeiten zu innerlich (im Gedächtnis) gespeicherten Informationen über die Wörter vorhanden sind. Damit sich diese ausbilden können, müssen die Wörter als Einheiten der Schriftsprache rasch zugänglich sein und diese orthographischen Einheiten müssen auch eng mit den übrigen Informationen verbunden sein, die über die Wörter gespeichert werden, also mit ihrer Aussprache und Bedeutung. Die Ausbildung dieser Verbindungen wäre das besondere Charakteristikum des Leselernprozesses, weshalb Ehri ihre Theorie auch Wortverschmelzungstheorie (word amalgation theory) nennt. Kennzeichen dieser Effizienz wäre die Entwicklung einer beträchtlichen Geschwindigkeit beim Worterkennungsvorgang. sodaß geschriebene Wörter nun ebenso schnell benannt werden können wie Buchstaben und Zahlen.

Zeichen der Automatisierung des Worterkennens zeigen sich erst bei einiger Sicherheit im Lesen. Dann kommt es durch Übung zu einer Steigerung der Lesegeschwindigkeit, bis Wörter, Pseudowörter, Buchstaben und Zahlen ähnlich rasch benannt werden (Ehri und Wilce 1979, 1983). Für den deutschen Sprachraum zeigten Rott und Zielinski (1985), daß gute Leser bereits am Ende der 2.Klasse eine gewisse Automatisierung des Leseprozesses erreicht haben und Wörter und Pseudowörter ähnlich rasch identifizieren können wie Buchstaben.

Zusammenfassung und Diskussion der Ergebnisse zu den Stadien des Leselernprozesses
Die Annahme, daß zu Beginn des Lesenlernens notwendigerweise ein logographisches Stadium des Lesenlernens steht, scheint sich nicht sonderlich zu bewähren. Eine solche Abfolge könnte für manche Kinder charakteristisch sein, die in einem Unterricht lesenlernen, der der Ganzwortmethode verpflichtet ist. Doch selbst in diesem Unterricht ist wahrscheinlich, daß in die Fortschritte beim Lesenlernen ein großes Ausmaß an Einsicht in die Gliederung der Sprache und an Beherrschung der Graphem-Phonem-Korrespondenzen eingeht. Angemessener erscheint es daher, anzunehmen, daß nach einer Phase, in der die Kinder noch wenig Einsicht in den Aufbau der Schriftsprache haben und nur relativ wenig Wörter lesen können, die Kinder sehr rasch beginnen, einzelne Buchstaben, deren Phonem-Zuordnung sie kennen, als Hinweise beim Lesen zu verwenden. Diese Übergangsphase wurde daher von Ehri (1978, 1979, 1980, 1984, 1991, 1992, Ehri und Wilce 1983) treffend als phonetic cue reading bezeichnet.

In einem Leseunterricht, der die Graphem-Phonem-Korrespondenzen frühzeitig systematisch einführt und die von den Kindern zu lesenden Wörter auf solche beschränkt, die durch Kenntnis dieser Korrespondenzen zu lesen sind, läßt sich außerdem feststellen, daß der Großteil der Kinder bereits in der Anfangsphase auch unbekannte Wörter vollständig erlesen kann. Anfangs ist dieses Lesen noch recht langsam und in nicht wenigen Fällen vom hörbaren Bemühen um das Lautieren und Zusammenschleifen der Buchstaben begleitet. Es erfordert einige Zeit, bis diese Fertigkeiten soweit beherrscht werden, daß die Kinder zu einem flüssigen Lesen kommen. Es ist nicht ganz unzutreffend, wenn diese Phase als alphabetisches Stadium bezeichnet wird. Allerdings profitieren die Kinder auch in diesem Stadium von der Vertrautheit mit wiederholt gelesenen Wörtern, sodaß es im Allgemeinen wohl eher die Tatsache ist, daß den Kindern erst wenige Wörter vertraut sind, die zu dem auffällig langsamen und angestrengten Lesen führt, als daß nun die Wörter als Ganzes aus dem Blick geraten.

3.3. Allgemeine Kennzeichnung der Fortschritte beim Lesenlernen

Das Lesen wird von nahezu allen Kindern in der Schule, in einem Unterricht gelernt, der für die Aneignung der Schriftsprache nicht unbeträchtliche Zeit zur Verfügung stellt. Von den Kindern wird dabei erwartet, daß sie sich die grundlegenden Fertigkeiten, die für ein selbständiges Lesen erforderlich sind, in den beiden ersten Schuljahren aneignen können. In den späteren Schuljahren soll diese Fertigkeit dann weiter vertieft werden. Wenn man den Zuwachs der Lesefertigkeit über die Schuljahre verfolgt, dann sieht man in der Tat, daß sich über die gesamte Grundschulzeit eine stetige Zunahme der Lesefertigkeit nachweisen läßt (Klicpera und Gasteiger-Klicpera 1993).

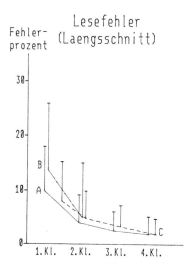
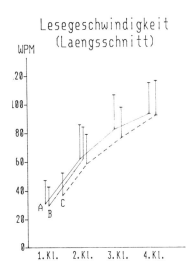

Abbildung 7: Entwicklung der Lesesicherheit (Prozentsatz falsch gelesener Wörter) und der Lesegeschwindigkeit (Anzahl der pro Minute gelesenen Wörter) von der 1. zur 4.Klasse in den drei Stichproben der Wiener Längsschnittuntersuchungen (Stichprobe A, B und C), Ende der 1. und Mitte der 2.Klasse wurde die Wiener Leseprobe, Ende der 2. bis Ende der 4.Klasse der Züricher Lesetest verwendet.

Welche Fertigkeiten lernen die Kinder in dieser Zeit, wie verändert sich ihr Leseverhalten mit fortlaufender Übung und immer besserer Einsicht in die Funktion der Schrift? Die Dynamik des Leselernprozesses läßt sich durch verschiedene Fortschritte charakterisieren:

- *Von der unvollständigen Verwendung graphischer Hinweise zur vollständigen Ausnutzung der Graphem-Informationen:* In den ersten Phasen der Leseentwicklung nutzen die Kinder nur Teile der zur Verfügung stehenden Buchstaben-Informationen, sie beachten vor allem die Anfangsbuchstaben und die Wortlänge, etwas später auch das Wortende. Informationen aus dem Wortinneren werden längere Zeit nur wenig beachtet. Unter erschwerten Bedingungen (wenig vertraute Wörter, Zeitdruck) läßt sich diese Entwicklungsstufe länger beobachten.

- *Vom phonologischen Rekodieren zum direkten lexikalischen Zugang:* Nach Auffassung mancher Experten besteht der wesentliche Fortschritt darin, daß das phonologische Rekodieren beim fortgeschrittenen Leser nicht mehr zum Erfassen des Sinns des Gelesenen erforderlich und mit einem direkten Zugang zu einem speziellen schriftsprachlichen bzw. orthographischen Register (Lexikon) ein rascheres Worterkennen möglich ist.

- *Zunehmende Ausnutzung der orthographischen Redundanz:* Verbunden mit den bereits genannten Fortschritten läßt sich eine zunehmende Ökonomisierung des Leseprozesses feststellen. Kindern gelingt es mit zunehmender Vertrautheit mit der

Schriftsprache immer mehr, deren Redundanz zu nutzen. Dies setzt voraus, daß die Kinder ein immer dichteres Netz an Informationen über die spezifische Schreibweise von Wörtern verfügbar haben.

- *Ausbildung effizienter Buchstabenschemata:* Mit zunehmender Erfahrung können die Kinder die Buchstaben rascher anhand der für sie charakteristischen Merkmale erkennen.
- *Zunehmende Berücksichtigung des Morphemaufbaus der Wörter:* Kinder lernen im Verlauf der Leseentwicklung allmählich, den Wortstamm von Flexionsformen zu unterscheiden und zusammengesetzte Wörter zu untergliedern. Dies bringt eine beträchtliche Ökonomisierung beim Worterkennen mit sich.
- *Automatisierung des Leseprozesses:* Das Worterkennen braucht im Lauf der Entwicklung immer weniger Zeit und beansprucht auch einen geringeren Anteil an bewußter Aufmerksamkeitszuwendung.
- *Zunehmende Dekontextualisierung des Worterkennens:* Der Leseanfänger stützt sich beim Lesen noch sehr stark auf den Kontext. Mit zunehmender Lesefertigkeit wird das Wissen um die Wörter immer vollständiger und damit vom Kontext unabhängiger.

Dieser kurze Überblick zeigt, daß das Lesenlernen die Ausbildung mehrerer Teilfertigkeiten verlangt. Wir wollen nun auf die Entwicklung der einzelnen Teilfertigkeiten näher eingehen.

3.4. Die phonologische Rekodierung in der Leseentwicklung

Während der phonologischen Rekodierung als Zugangsweg zu der Wortbedeutung sowie als Faktor beim Erkennen von Wörtern für Erwachsene wenig Bedeutung zugemessen wird, ist die Ansicht verbreitet, daß diesem Prozeß zu Beginn der Leseentwicklung und in den ersten Jahren der Grundschule größere Bedeutung zukommt. Bereits Edfelt (1960) hat die Ansicht geäußert, daß in der Lesentwicklung zunächst alle Wörter phonologisch rekodiert werden. Eine erhöhte Bedeutung des phonologischen Rekodierens ist aus mehreren Gründen recht plausibel:

1. Die phonologische Rekodierung würde den Kindern gestatten, ihr bereits vorhandenes sprachliches Wissen beim Lesen zur Anwendung zu bringen. Über die Phonemfolge, die mit Hilfe der phonologischen Rekodierung gebildet wird, kann die Bedeutung vieler Wörter erfaßt werden. Dagegen bildet sich ein direkter Zugang zum orthographischen Lexikon erst mit längerer Übung aus. Das phonologische Rekodieren gestattet den Kindern somit, auch weniger bekannte Wörter zu erkennen und neue Texte zu lesen, ohne andere ständig fragen zu müssen, wie dieses oder jenes Wort zu lesen sei.

2. Bei Erwachsenen spielt die phonologische Rekodierung für das Worterkennen deshalb keine besondere Rolle, weil dieser Prozeß deutlich langsamer ist als der direkte lexikalische Zugang. Die Erwachsenen sind deshalb auf diese indirekte Vermittlung nicht angewiesen, selbst wenn phonologische Informationen durch Graphem-Phonem-Zuordnungen automatisch aktiviert werden. Die Lesegeschwindigkeit von Kindern ist jedoch viel geringer, sodaß für sie auch langsamer eintreffende Informationen von Bedeutung sind.

3. Beim Lesenlernen spielt das laute Lesen eine große Rolle. Die Kinder werden durch die Betonung des lauten Lesens dazu angehalten, die Buchstabenfolge der Reihe nach in Phoneme umzusetzen und die Bedeutung der Wörter nicht aufgrund einiger Hinweise zu erraten.

4. Während des Leseunterrichts wird im allgemeinen auf die direkte Vermittlung von Graphem-Phonem-Korrespondenz-Regeln besonderer Wert gelegt. Zusätzlich wird für den Leseunterricht Lesematerial ausgewählt, das eine relativ regelmäßige Graphem-Phonem-Zuordnung aufweist und dadurch die phonologische Rekodierung begünstigt.

Die phonologische Rekodierung und das Erlesen von Wörtern aufgrund der Kenntnis der Graphem-Phonem-Korrespondenzen dürfte ein Hilfsmittel sein, mit dem andere, später beim Lesen relevante Informationen (etwa jene über die orthographischen Regelmäßigkeiten der Schriftsprache) zugänglich werden. Durch das langsame, segmentweise Erlesen der Wörter wird die Aufmerksamkeit auf die gesamte Buchstabenfolge gelenkt und so werden allmählich regelmäßig vorkommende Sequenzen erkannt.

Läßt sich eine größere Bedeutung des phonologischen Rekodierens in den Anfangsphasen des Lesenlernens auch empirisch nachweisen? Zwei konsistente Ergebnisse mehrerer Untersuchungen sprechen dafür: einmal der größere Einfluß der Regelmäßigkeit der Graphem-Phonem-Zuordnung der Wörter auf die Leseleistungen jüngerer Kinder und zum anderen, daß zusätzliche Informationen über die Aussprache eines Wortes das Lesen von jüngeren Kindern stärker beeinflussen als das von älteren Kindern und Erwachsenen.

Einfluß der Regelmäßigkeit der Graphem-Phonem-Zuordnung: Wie wir in dem vorangehenden Kapitel ausgeführt haben, kann das prälexikalische phonologische Rekodieren (der indirekte Zugang zum Lexikon) nur bei Wörtern erfolgreich sein, die eine regelmäßige Graphem-Phonem-Korrespondenz (GPK) aufweisen. Unregelmäßige Wörter werden bei Anwendung des indirekten Zugangs falsch gelesen, bei diesen Wörtern kann nur ein direkter lexikalischer Zugang zu einer korrekten Identifizierung und zum richtigen Lesen führen. Wenn sich Kinder in den Anfangsphasen des Lesenlernens stärker auf das phonologische Rekodieren stützen, so wäre zu erwarten, daß bei ihnen der Unterschied zwischen unregelmäßigen und regelmäßigen Wörtern größer ist als bei Erwachsenen. Daß dies tatsächlich der Fall ist, zeigt etwa eine Untersuchung von Backman et al. (1984). In dieser Untersuchung lasen Kinder der ersten Klassen Volksschule Wörter mit einer abweichenden Aussprache (unregelmäßige Wörter oder Ausnahmewörter) häufig falsch und sprachen diese Wörter dabei vielfach so aus, wie dies bei der Anwendung von Graphem-Phonem-Regeln zu erwarten wäre. Auch Pseudowörter, die von Wörtern mit einer abweichenden Aussprache abgeleitet wurden, wurden von jüngeren Kindern häufig so ausgesprochen, wie dies die Anwendung von Graphem-Phonem-Korrespondenz-Regeln nahelegen würde. Ältere Kinder und Erwachsene zeigten sich hingegen, wenigstens bei häufigeren Wörtern, durch Abweichungen von der Regelmäßigkeit der Graphem-Phonem-Zuordnung nicht beeinträchtigt.

In frühen Stadien der Leseentwicklung ist zudem bei verschiedenen Leseaufgaben (lexikalische Entscheidung, Urteil über die Korrektheit von Sätzen, Wort-Bild-Zuordnung), die eine Aussprache der Wörter nicht erforderlich machen, ebenfalls ein stärkerer Einfluß der Regelmäßigkeit der Graphem-Phonem-Zuordnung in der Schreibweise von Wörtern festzustellen als bei älteren Kindern oder Erwachsenen (Juel 1983, Waters et al. 1984).

Einfluß von zusätzlichen Hinweisen über die Aussprache auf das Erkennen und Lesen von Wörtern während der Leseentwicklung: Drei Arten von zusätzlichen Lautinformationen werden von Kindern stärker ausgenutzt als von Erwachsenen.

- Dies gilt einmal für die Unterteilung von Wörtern in Silben (Katz und Feldman 1981). Sowohl in der Lesegeschwindigkeit als auch bei lexikalischen Entscheidungsaufgaben werden Kinder durch eine Unterteilung der Wörter an anderen Stellen als den Silbengrenzen behindert, d.h. sie begehen mehr Fehler und sind langsamer, als wenn die Wörter an den Silbengrenzen unterteilt wurden. Erwachsene werden dagegen von der Qualität dieser Zusatzinformationen nicht beeinflußt.
- Ähnliches gilt für Vokal-Informationen. Hier zeigt ein elegantes Experiment von Shimron und Navon (1982), bei dem der optionale Charakter der Vokal-Informationen im Hebräischen ausgenutzt wurde, daß Kinder durch richtige Vokal-Informationen Wörter rascher lesen können und durch falsche Vokal-Informationen deutlich behindert werden. Bei Erwachsenen sind diese Effekte signifikant geringer ausgeprägt.[1]
- Mit einem besonderen experimentellen Ansatz hat Reitsma (1984) ohne Eingriff in den eigentlichen Lesevorgang gezeigt, daß die Sinnzuordnung von (schriftlich gezeigten) Wörtern in der 1.Klasse durch die kurz zuvor erfolgte Vorgabe eines in den Wörtern enthaltenen Lautes erleichtert wird, während dies in den höheren Klassen nicht mehr der Fall ist.

Zusammenfassend kann man feststellen, daß die einfache Annahme eines eindeutigen Strategiewechsels - zuerst werden die Wörter beim Lesenlernen phonologisch rekodiert, später nicht mehr - empirisch nicht bestätigt werden kann. Vielmehr dürfte schon von Anfang an bei einigen Wörtern ein direkter lexikalischer Zugang verwendet werden. Einige verfeinerte Theorien sollen diesen allmählichen Übergang sowie die Bedingungen, unter denen er stattfindet, erklären. Die Wahrscheinlichkeits-Effizienz-Theorie (Jorm und Share 1984) nimmt an, daß bei Kindern eine von ihrem Leseentwicklungsstand abhängige Wahrscheinlichkeit besteht, den einen oder anderen Zugang bei einer Aufgabe zu wählen, und daß dies von der individuell unterschiedlich ausgebildeten Effizienz dieser Zugänge abhängig ist. Das phonologische Rekodieren dürfte dabei nur dann zum Einsatz kommen, wenn ein direkter lexikalischer Zugang nicht möglich oder nicht verläßlich genug ist (Waters et al. 1984).

Es bleibt jedoch festzuhalten, daß Kinder in der Leseentwicklung solange auf die phonologische Rekodierung und damit auf Informationen über die Phonemzusammensetzung von Wörtern für das Erkennen der Wortbedeutungen angewiesen sind, bis die Geläufigkeit eines direkten lexikalischen Zugangs so groß ist, daß die phonologischen Informationen unerheblich werden.

Exkurs: Das Erlernen der Graphem-Phonem-Korrespondenzregeln einer unregelmäßigen Schriftsprache

Die detailliertesten Beobachtungen zur Leseentwicklung stammen, wie bereits mehrfach betont, aus dem anglo-amerikanischen Raum, mit einer in den Graphem-Phonem-Korrespondenzen recht unregelmäßigen Schriftsprache. Diese Beobachtungen zeigen, daß dort die Kinder zwar rasch lernen, Hinweise über den Zusammenhang zwischen Buchstaben und Lauten zu benutzen, daß es aber sehr lange braucht, bis sie hierin einigermaßen sicher sind. Adams und Huggins (1986) haben in einer Querschnittsuntersuchung von Kindern der 2. bis 5.Klassenstufe die Fähigkeit von Kindern, in den Graphem-Phonem-Korrespondenzen regelmäßige, unregelmäßige sowie Pseudowörter zu lesen, dokumen-

---

[1] Das Hebräische bildet als Konsonantenschrift Vokale normalerweise nicht ab, die Informationen über die einzufügenden Vokale können jedoch als Zusatzinformation den Konsonantenzeichen hinzugefügt werden.

tiert. Es zeigte sich ein sehr langsamer Anstieg in der Fähigkeit, nicht nur die häufigsten Graphem-Phonem-Korrespondenzen zu berücksichtigen, sondern auch Wörter lesen zu können, die in ihrer Graphem-Phonem-Korrespondenz abweichende Buchstabenfolgen enthielten. Fehler, die bei unregelmäßigen Wörtern gemacht werden, bestehen meist darin, daß die regelmäßigste, d.h. die häufigste Phonemzuordnung einzelner Grapheme beachtet und der Rest des Wortes so verändert wird, daß daraus ein tatsächlich vorkommendes Wort entsteht.

Eine genauere linguistische Analyse der Lesefehler von Kindern aus dem angloamerikanischen Sprachbereich verdanken wir vor allem der Gruppe um Liberman und Shankweiler vom Haskins-Laboratorium. Nach dieser Analyse bestehen die meisten Fehler in dem Ersetzen von Konsonanten durch andere Konsonanten (32%) und von Vokalen durch andere Vokale (43%) (Liberman et al. 1971, Fischer et al. 1978).

Für die Konsonantenfehler wurde ein deutlicher Einfluß der Position innerhalb der Wörter beobachtet - sie traten häufiger am Wortende auf als am Wortanfang (Liberman et al. 1971, Fischer et al. 1978). Dieser Positionseffekt bleibt in den ersten Klassenstufen nahezu unverändert erhalten und dürfte auf Schwierigkeiten bei der phonologischen Segmentation zurückzuführen sein (Fowler et al. 1977).

Die orthographische Komplexität (Anzahl der Buchstaben, durch die ein Phonem repräsentiert ist, sowie Ambiguität bzw. Regelmäßigkeit der Graphem-Phonem-Zuordnung) ist in erster Linie bei der Wiedergabe von Vokalen von Bedeutung. In allen Wortpositionen traten mehr Lesefehler an Vokalen auf als an Konsonanten, was auf die größere Variabilität der Graphem-Phonem-Zuordnung bei den Vokalen zurückgeführt werden kann (Fowler et al. 1977).

Zinna et al. (1986) konnten zeigen, daß Leseanfänger noch recht wenig sensitiv dafür sind, ob die Aussprache von Vokalen konsistent ist und der dominanten Regel folgt oder nicht. In der 3.Klasse übt hingegen die Konsistenz der Graphem-Phonem-Korrespondenz einen deutlichen Einfluß darauf aus, ob ein Wort richtig gelesen wird, und zwar vor allem dann, wenn es sich um seltene Wörter handelt. In der fünften Klasse ist hingegen der Unterschied zwischen konsistent und inkonsistent ausgesprochenen Wörtern fast vollständig zurückgegangen und die Kinder sind in ihrer Lesefähigkeit bereits ähnlich sicher wie Erwachsene.

Die Aneignung der Graphem-Phonem-Korrespondenzen scheint also Kindern, die eine in der Abbildung der mündlichen Sprache wenig konsistente Schriftsprache zu erlernen haben, wie das Englische, recht schwer zu fallen.

Prüfung der Beherrschung von Graphem-Phonem-Korrespondenzregeln durch das Lesen sinnloser Silben: Die Analyse der Lesefehler läßt die mangelnde Beherrschung von Graphem-Phonem-Korrespondenzregeln (GPK-Regeln) als eine Quelle von Lesefehlern bei Kindern erscheinen. Selbst in Wortlisten werden Lesefehler bei richtigen Wörtern auch durch andere Faktoren bestimmt. Deshalb wird das Beherrschen dieser Regeln besser durch die Aufgabe geprüft, sinnlose, aussprechbare Buchstabenfolgen laut zu lesen, um so die Möglichkeit wortspezifischer Lesestrategien möglichst auszuschließen.

In einer unregelmäßigen Schriftsprache haben die Kinder große Mühe, ihre Kenntnisse über Graphem-Phonem-Zuordnungen auf völlig neue, bedeutungslose Buchstabenfolgen zu übertragen (Adams und Huggins 1986). Pseudowörter konnten selbst von guten Lesern in der 2. und 3.Klasse nur recht unsicher und mit vielen Fehlern gelesen werden. In der 2.Klasse wurden von guten Lesern nur 60% der einsilbigen und 30% der zweisilbigen Pseudowörter richtig gelesen. Erst in der 4.Klasse lasen gute Leser etwa 90% der Pseudowörter fehlerfrei. Bei der Aussprache von sinnlosen Silben läßt sich somit nur eine langsame Zunahme in der Anwendung von GPK-Regeln bis in das Erwachsenenalter hinein feststellen. Dabei zeigen sich auch einige allgemeine Entwicklungslinien, die für eine unterschiedliche Schwierigkeit der einzelnen GPK-Regeln sprechen:

1. Relativ frühzeitig wird die Identifikation von Buchstabengruppen als Subeinheiten für die Anwendung der GPK-Regeln erworben. Häufig vorkommende Digraphe werden bereits von Leseanfängern bei der Aussprache kaum getrennt (Venezky und Johnson 1973).
2. Die Aussprache von sinnlosen Wörtern wird nicht nur von der Komplexität der Regeln, sondern auch von der Position der jeweiligen Buchstaben innerhalb der Silben bestimmt. Dabei wird die Aussprache von Konsonanten früher gelernt, wenn diese Konsonanten zu Beginn des Wortes stehen, als wenn sie in einer mittleren Position oder am Ende des Wortes vorkommen (Venezky et al. 1972).
3. Unter den GPK-Regeln sind jene, bei denen die Aussprache direkt, ohne Berücksichtigung des Kontexts, abgeleitet werden kann (Kontext-unabhängige Regeln), von denen zu differenzieren, bei denen der Kontext die Aussprache des einzelnen Buchstabens bzw. der Buchstabengruppe modifiziert (Kontext-sensitive Regeln). Kontextsensitive Regeln werden erst später angewandt als kontextunabhängige, dies gilt sowohl für Konsonanten als auch für Vokale (Venezky et al. 1972, Wolf und Robinson 1976).
4. Einige kontextsensitive Regeln werden schwerer erworben als andere, wobei in diesen Fällen ungeachtet vom Kontext eine Aussprache bevorzugt wird. Diese Bevorzugung ist u.a. durch die Häufigkeit des Vorkommens verschiedener Graphem-Phonemzuordnungen zu erklären (z.B. bei der Aussprache von Vokal-Digraphen) (Venezky et al. 1972, Wolf und Robinson 1976, Ryder und Pearson 1980). Die Reihenfolge, in der Wörter, die unterschiedlichen Zuordnungsmustern entsprechen, während des Leseunterrichts eingeführt werden, ist wahrscheinlich gleichfalls von Bedeutung.
5. Die Regeln für Vokale werden im Englischen schwerer erlernt als jene für Konsonanten, wobei die Zuordnungsregeln für Vokale im Englischen besonders viele Ausnahmen aufweisen (Venezky et al. 1972). Die Konsistenz der Aussprache stellt dabei erwartungsgemäß einen wesentlichen Faktor dar, vor allem für Kinder in den Anfangsstadien der Leseentwicklung (Zinna et al. 1986). Die Berücksichtigung von Dehnungs- und Längungsmarkierungen, die besonders vielen Einflüssen unterliegt, wird im Englischen erst relativ spät gelernt (Venezky et al. 1972, Smith 1980).
6. Die Aussprache von Konsonantengruppen wird nach der Aussprache einzelner Konsonanten gemeistert (Ryder und Graves 1980).

Einfluß der Regelmäßigkeit einer Schriftsprache auf das Lesenlernen

Das Ausmaß der Regelmäßigkeit einer Schriftsprache dürfte die Geschwindigkeit, mit der die Kinder lesen lernen, wenigstens teilweise beeinflussen. So lernen Kinder, die mit dem ITA (Initial Teaching Alphabet), einem Schriftsystem mit höherer Graphem-Phonem-Regelmäßigkeit als das herkömmliche Englisch unterrichtet wurden, früher, flüssig zu lesen, zeigen jedoch im Vergleich zu traditionellen Unterrichtsmethoden keine Verbesserung des Leseverständnisses (Literatur bei Doctor und Coltheart 1980). Ähnliche Ergebnisse liegen für den Vergleich von Schriftsprachen mit unterschiedlicher Regelmäßigkeit der Graphem-Phonem-Korrespondenz vor, etwa des Türkischen und Englischen (Oney und Goldman 1984) sowie des Italienischen und Englischen (Thorstad 1991).

Einen besonders interessanten, direkten Vergleich des Deutschen und Englischen führten Wimmer und Goswami (1994) sowie Wimmer und Frith (1994) durch. Kinder der ersten Klassenstufen aus England bzw. Österreich bekamen einmal Zahlenwörter, das andere Mal Wörter, die im Deutschen und Englischen gleich oder zumindest sehr ähnlich geschrieben werden (z.B. ball/Ball, garden/Garten), sowie aus diesen Wörtern durch Buchstabentausch gebildete Pseudowörter zu lesen. In beiden Fällen zeigte sich, daß die vertrauten Wörter von Kindern beider Länder ähnlich sicher und rasch gelesen werden konnten, daß aber die deutschsprachigen Kinder auch die sehr ähnlichen Pseudowörter sicher und rasch lesen konnten, während dies den englisch-sprachigen Kindern noch in der dritten Klasse recht schwer fiel und sie dabei fast doppelt so viele Fehler begingen als die deutschsprachigen Kinder am Ende der 1.Klasse.

Diese Ergebnisse legen nahe, daß beim Erlernen einer in den Graphem-Phonem-Korrespondenzen recht regelmäßigen Schriftsprache, wie z.B. dem Deutschen, frühzeitig eine Ausbildung der phonologischen Rekodierung und eine sichere Beherrschung der wichtigsten Korrespondenzregeln die Entwicklung der Lesefähigkeit unterstützt. Beim Erlernen einer unregelmäßigen Schrfitsprache, wie dem Englischen, fällt den Kindern hingegen die Aneignung der Korrespondenzregeln viel schwerer. Die Kinder müssen sich deshalb stärker auf ihre Kenntnis der spezifischen Schreibweise der Wörter stützen. Dieser Unterschied in den Lesestrategien und in der Entwicklung verschiedener Teilfertigkeiten des Lesens zeigt sich auch darin, daß englische Kinder bereits frühzeitig mehr über die spezifische Schreibweise der Wörter wissen und bei einer lexikalischen Entscheidungsaufgabe schon in der 1.Klasse Pseudohomophone von häufigen Wörtern recht sicher unterscheiden können, während die deutschsprachigen Kinder dabei zunächst Schwierigkeiten haben (bis zur 3.Klasse gleicht sich dieser Unterschied allerdings aus) (Wimmer und Frith 1994).

Anwendung von Analogien bei der phonologischen Rekodierung
Wenn das Erlernen der Graphem-Phonem-Korrespondenz-Regeln in einer unregelmäßigen Schriftsprache, wie dem Englischen, so lange dauert, wie die eben dargestellten Untersuchungen belegen, wodurch können die Kinder dann frühzeitig ihnen unbekannte Wörter erlesen? Eine Möglichkeit bieten Analogien zu anderen, bereits bekannten Wörtern. Nach dem Modell von Patterson und Morton (1985) stellt vor allem die Aussprache des Silbenkörpers (In- und Auslaut einer Silbe) eine zusätzliche Informationsquelle dar, die zum Erlesen neuer Wörter, aber auch von Wörtern mit unregelmäßiger Aussprache, benutzt werden kann.

Nun könnte man vermuten, daß nur der geübte Leser in der Lage ist, solche Analogien zu verwenden, da er hierzu auf eine lange Vertrautheit mit der Schriftsprache zurückgreifen kann. Dem Lesenlernenden würde sich diese Möglichkeit erst nach einiger Zeit eröffnen (Marsh et al. 1981). Einen Möglichkeit, diese Hypothese zu überprüfen, bieten Pseudowörtern, die analog zu häufigen, jedoch nach den Graphem-Phonem-Korrrespondenzregeln unregelmäßig ausgesprochenen Wörtern gebildet wurden. Solche Pseudowörter werden mit zunehmendem Alter öfter in Analogie zu den bekannten Wörtern und seltener den G-P-K-Regeln folgend ausgesprochen (Marsh et al. 1977). Dabei dürfte allerdings auch die geringere Vertrautheit jüngerer Kinder mit der Aussprache der analogen Wörter eine Rolle gespielt haben (Goswami 1986). In späteren Experimenten (Manis et al. 1986) wurde gezeigt, daß die Verwendung von Analogien beim Lesen von Pseudowörtern deutlich von der Vorkommenshäufigkeit der analogen Wörter abhängig ist und deshalb mit dem Alter bzw. der Lesefähigkeit zunimmt.

Goswami (1986, 1988a) konnte in einer Reihe von Experimenten die Ausnutzung von Analogien für das Lesen von richtigen und Pseudowörtern bereits bei Kindern im 1. und 2.Schuljahr nachweisen.

So zeigte Goswami (1986), daß Kinder mit geringen Lesekenntnissen - wenn ihnen vom Testleiter die Aussprache eines Wortes vorgestellt wurde - dies als Hilfe benutzen konnten, um andere ähnlich geschriebene Wörter oder Pseudowörter zu lesen. Am meisten half den Kindern, wenn sich die einsilbigen Wörter im In- und Auslaut glichen (z.B. beak - weak). Die Ähnlichkeit im An- und Inlaut (z.B. beak - bean) war ebenfalls eine wesentliche, wenn auch geringere Hilfe. Erstaunlicherweise konnten Kinder, die erst wenige Wörter lesen konnten, von Analogien in der Aussprache ebenso deutlich profitieren wie Kinder, die in ihrer Leseentwicklung schon weiter fortgeschritten waren. Selbst Kinder, die noch gar keine Wörter lesen konnten, griffen ein wenig von den Analogien auf.

In einem nachfolgenden Trainingsexperiment zeigte Goswami (1988a), daß Leseanfängern geholfen werden kann, diese Analogien noch stärker auszunutzen. Diese Hilfen können einmal darin bestehen, daß das Wort, das Hinweise auf die Aussprache gibt, während des Lesens neuer Wörter sichtbar bleibt, zum anderen darin, daß die Unterteilung in Anlaut sowie In- und Auslaut (onset und rime) durch Verdecken besonders demonstriert und die konsistente Aussprache des In- und Auslauts hervorgehoben wird.

In einem weiteren Experiment versuchte Goswami (1988a) zu demonstrieren, daß die Verwendung von Analogien auch beim Textlesen von Bedeutung ist. Sie gab dazu Leseanfängern kurze Texte vor, die in ihrem - vorgelesenen - Titel Wörter enthielten, die Hinweise auf die Aussprache von analogen Wörtern im Text gaben. Diese Texte wurden von den Kindern leichter gelesen als Texte, deren Titel keine Hinweise auf die Aussprache der im Text vorkommenden Wörter enthielten. Die Ergebnisse legen nahe, daß Kinder beim Lesen auch ohne besondere Aufforderung frühzeitig auf ihnen angebotene Analogien zurückgreifen.

Auch nach früheren Beobachtungen von Ehri (1980) werden schriftlich vorgegebene sinnlose Silben schon von Kindern der 2.Klasse häufiger so ausgesprochen, daß ihre Aussprache von den dominanten Graphem-Phonem-Korrespondenzen abweicht und anderen in der Schriftsprache vorkommenden Mustern entspricht. Die Übernahme dieser Strategie scheint nach den Beobachtungen von Ehri (1980) ohne bewußte Reflexion, scheinbar automatisch, zu erfolgen.

Nach Goswami (1988a) legen diese Befunde nahe, daß ein anfängliches Stadium des (logographischen) Ganzwortlesens in ein weiteres übergeht, in dem die Kinder größere Wortteile lesen. Diese Annahme ist jedoch strittig. Einmal belegen viele Beobachtungen - wie bereits berichtet -, daß Kinder bereits frühzeitig auf ihre Kenntnis der Graphem-Phonem-Verbindungen zurückgreifen, Ehri und Robbins (1992) konnten darüberhinaus zeigen, daß Leseanfänger Analogien zwischen Wörtern erst dann ausnutzen können, wenn sie eine gewisse Fertigkeit im Erlesen von Wörtern haben, also zumindest gewisse Fertigkeiten in der Phonemsegmentierung, in der Graphem-Phonem-Zuordnung und im Verbinden bzw. Zusammenschleifen von Phonemen.

Zweifel an dem Wert von Analogien als Hilfe für das Lesenlernen kommen auch aus anderen Untersuchungen. So konnten Bruck und Treiman (1992) zwar zeigen, daß eine Unterteilung der Wörter in Anlaut und Wortstamm und das Hervorheben der Ähnlichkeiten im Wortstamm zu einem rascheren Fortschritt beim Lesenlernen einer Wortliste führt als ein Training, das die Graphem-Phonem-Zuordnungen betont. Längerfristig wird von den Kindern jedoch nur schwer behalten, wie die durch das Analogie-Training gelernten Wörter zu lesen sind. Die Untersuchung von Bruck und Treiman (1992) sowie andere Trainingsstudien (Lemoine et al. 1993) haben zudem darauf hingewiesen, daß es nur schwer gelingt, Kindern systematisch beizubringen, über Analogien die Aussprache neuer Wörter zu ermitteln.

Analogien zu bereits gelesenen Wörtern stellen also für Kinder eine gewisse Hilfe dar, wenn ihre Kenntnisse der Graphem-Phonem-Korrespondenzen noch unsicher sind. Diese Analogien düften den Prozeß der Phonemanalyse und des Phonemverbindens erleichtern. Es ist jedoch nach heutigem Kenntnisstand eher unwahrscheinlich, daß größere Einheiten, wie etwa Wortstämme, eine wesentliche Rolle beim Erlernen des phonologischen Rekodierens spielen.

3.5. Aneignung wortspezifischer Lesekenntnisse

Relativ früh beginnen Kinder Wissen um die spezifische Schreibweise von Wörtern zu erwerben. Sie lernen, daß Wörter aus bestimmten Buchstabenfolgen aufgebaut sind, und können diese Information benutzen, um die Wörter rascher zu erkennen und zu lesen. Entscheidend ist die Vertrautheit mit der Buchstabenzusammensetzung, besondere graphemische Merkmale (z.B. der Wortumriß) spielen in dem Wissen über den Aufbau der Wörter nur eine untergeordnete Rolle.

Reitsma (1983 a,b) hat in einigen Experimenten die Aneignung wortspezifischen Wissens in den ersten Volksschulklassen untersucht. Zunächst konnte er zeigen, daß holländische Kinder bereits am Ende der 1.Klasse ihnen bekannte Wörter deutlich rascher lesen können als Pseudohomophone, also sinnlose Buchstabenfolgen, die - da das Holländische ähnlich wie das Deutsche eine recht regelmäßige Schriftsprache ist - nur geringfügig von richtigen Wörtern abweichen (z.B. vogel/fogel). In den höheren Klassen war dieser Unterschied weiter nachzuweisen. Die Kinder sind also nach wenigen Monaten Leseunterricht mit der speziellen Schreibweise häufiger Wörter bereits so vertraut, daß sie diese Wörter rascher erkennen und lesen können.

In kurzen Lernversuchen konnte Reitsma (1983 a) weiter zeigen, daß Kinder erstaunlich wenig Übung benötigen, um von der spezifischen Schreibweise von Wörtern zu profitieren. Buchstabenfolgen, die die Kinder noch nicht kannten (bei älteren Kindern Pseudowörter, bei jüngeren Kindern Wörter, die sie noch nicht im Leseunterricht gelesen hatten und von denen die Lehrer meinten, daß sie den Kindern als Lesewörter unbekannt wären), wurden bereits nach 4-8-maliger Vorgabe einige Tage später noch rascher gelesen als homophone Wörter. Dies traf selbst für Erstklässler zu, die noch wenig Lesefertigkeit besaßen.

Zwei Prozesse scheinen hier also ineinanderzugreifen: einerseits gelingt es den Kindern rascher, über Graphem-Phonem-Korrespondenzen und ihr Beherrschen der Phonemsynthese die phonologische Wortgestalt zu rekonstruieren. Gleichzeitig wird durch wiederholtes Lesen der Wörter ein wortspezifisches Wissen aufgebaut, ein Wissen darum, aus welchen Buchstaben Wörter zusammengesetzt sind. Dieses Wissen wird erstaunlich rasch erworben und mit zunehmender Übung immer sicherer, die Informationen werden auch zunehmend rascher verfügbar. Aber selbst wenn dieses Wissen nachweisbar ist, bleibt die phonologische Rekodierung noch von Bedeutung (Reitsma 1984).

In den höheren Klassen führt das wiederholte Lesen von Wörtern bei guten Lesern nur mehr zu einem geringen Anstieg der Lesegeläufigkeit, der allerdings auch noch nach einiger Zeit nachweisbar ist. Nur schwache Leser verbessern sich auch in den höheren Klassen mit dem wiederholten Lesen sehr stark sowohl in der Geschwindigkeit wie der Sicherheit, mit der sie bestimmte Wörter lesen können (Lemoine et al. 1993). Die Effekte sind spezifisch für die jeweils gelesenen Wörter und generalisieren kaum auf andere, ähnliche Wörter, sodaß anzunehmen ist, daß durch das wiederholte Lesen der Zugriff auf die lexikalische Eintragung der häufiger gelesenen Wörter leichter gelingt.

3.6. Der Einfluß der orthographischen Regelmäßigkeit während der Leseentwicklung

Geübte Leser können aus ihrer Vertrautheit mit der Schreibweise vieler Wörter einen deutlichen Vorteil ziehen, der ihnen das rasche Erkennen auch bislang unbekannter Wörter bzw. von Pseudowörtern ermöglicht. Nach den Worterkennungsmodellen resultiert dieser Vorteil neben der Geläufigkeit im phonologischen Rekodieren aus dem Vorhandensein eines orthographischen Lexikons (also einer mentalen Speicherung der

Buchstabenfolgen vertrauter Wörter), das das Erkennen häufiger Buchstabenfolgen erleichtert, bzw. aus dem Aufbau eines Netzwerks, in dem die Informationen über die Buchstabenfolgen repräsentiert sind.

Es stellt sich nun die Frage, wie rasch Kinder lernen, die orthographische Regularität auszunutzen, um die Verarbeitung schriftlicher Informationen zu beschleunigen. Weiters stellt sich die Frage, wie rasch Kinder lernen, auf Regelmäßigkeiten in den Buchstabenfolgen zu achten, und wie bald sie über derartige Regelmäßigkeiten Bescheid wissen. Die Sensibilität der Kinder für die orthographische Regularität wurde hauptsächlich mit drei experimentellen Paradigmen untersucht:

- Buchstaben-Suchaufgaben;
- Gedächtnisaufgaben, bei denen längere Buchstabenfolgen kurzfristig dargeboten und von den Kindern wiederzugeben waren;
- lexikalische Entscheidungsaufgaben;
- Einstufungen von Buchstabenfolgen nach ihrer Ähnlichkeit mit der Schriftsprache.

In diesen experimentellen Paradigmen wurde die orthographische Redundanz dadurch variiert, daß entweder Buchstabenfolgen unterschiedlicher (wahrscheinlichkeitstheoretisch bestimmter) Annäherungsstufen an die Schriftsprache verwendet wurden oder aber Buchstabenfolgen, die sich durch verschiedene summierte Bigramm- oder Trigrammhäufigkeiten auszeichneten.

Buchstaben- und Wortsuchaufgaben: Kinder entwickeln nachweislich bereits früh die Fähigkeit, die Regelmäßigkeit der Schriftsprache bei Aufgaben auszunutzen, bei denen bestimmte visuelle Merkmale der Schrift rasch identifiziert werden müssen. Eine solche Aufgabe ist das rasche Suchen nach Buchstaben oder Buchstabengruppen, die in ähnliches schriftsprachliches Material eingebettet sind. Wenn es dabei rascher gelingt, Buchstaben in Wörtern und in Pseudowörtern als in zufälligen Buchstabenfolgen zu identifizieren, so ist anzunehmen, daß die Kinder die orthographische Regelmäßigkeit bei der Ausführung der Aufgabe genutzt haben.

Mehrere neuere Untersuchungen fanden bei diesen Aufgaben, daß schon Kinder in den ersten Volksschulklassen die Suchgeschwindigkeit nach Einzelbuchstaben verbessern können, wenn sie Buchstaben in Wörtern zu identifizieren haben. So beobachteten Leslie und Calfee (1971) zwar eine kontinuierliche Verbesserung der Suchzeit von der 2. zur 4. und 6.Klasse, proportional gesehen blieb die Erleichterung, die durch das Suchen in Wörtern erfolgte, in den verschiedenen Klassenstufen jedoch konstant.

In einem Experiment von Juola et al. (1978) sollten von Vorschulkindern, Kindern der 2. und 4.Klasse, die Buchstaben nicht nur in Wortlisten und zufälligen Buchstabenfolgen, sondern zusätzlich noch in Listen von Pseudowörtern identifiziert werden. Wieder wurde beobachtet, daß die Suchzeit in den höheren Klassen zwar rascher wurde, der Einfluß der Listen, in denen die Buchstaben vorkamen, jedoch bei den Kindern der verschiedenen Klassenstufen und bei Erwachsenen etwa gleich stark blieb. Buchstaben konnten in Wörtern rascher als in Pseudowörtern und hier wieder rascher als in zufälligen Buchstabenfolgen identifiziert werden. Bei Kindergartenkindern war hingegen noch kein Unterschied in der Suchzeit für die verschiedenen Listen festzustellen.

In einem späteren Experiment wurden die gleichen Aufgaben auch Kindern am Ende der 1.Volksschulklasse gestellt (McCaughey et al. 1980). Diese Kinder zeigten ein interessantes Übergangsstadium zwischen dem Leistungsmuster der Vorschulkinder und jenem älterer Kinder. Sie konnten zwar Buchstaben rascher in Wörtern identifizieren als in zufälligen Buchstabenfolgen. Wenn Buchstaben hingegen in Pseudowörtern vorkamen, so wurde die Suchaufgabe nicht leichter für sie als bei zufälligen Buchstabenfolgen. Ein zusätzlicher Hinweis dafür, daß es sich dabei um ein labiles Übergangsstadium handelt, war die größere Variabilität der Leistungen der Erstklässler gegenüber jener der jüngeren und älteren Kinder.

Diese Ergebnisse deuten darauf hin, daß in der Leseentwicklung zuerst wortspezifische visuelle Informationen angeeignet und benutzt werden, und daß erst danach die orthographische Redundanz abstrahiert wird. Allerdings scheint auch letzteres relativ frühzeitig, nämlich bereits in der 2. Volksschulklasse, gelernt zu werden.

Wiedergabe tachistoskopisch gezeigter Buchstabenfolgen: Bei dieser Aufgabe werden Buchstabenfolgen kurzfristig gezeigt, danach sollen alle erfaßten Buchstaben niedergeschrieben werden. Um den Einfluß der orthographischen Regularität zu bestimmen, werden Buchstabenfolgen vorgegeben, deren Abfolge in unterschiedlichem Maß dem in der Schriftsprache üblichen Muster entspricht (z.B. in der sequentiellen Redundanz). Lefton und Spragins (1974) konnten bei Kindern der 1.Klasse Volksschule noch keinen Unterschied in der Wiedergabe von unterschiedlich redundanten Folgen von 8 Buchstaben feststellen. Bei Kindern der 5.Klasse wirkte sich die Redundanz jedoch bereits ähnlich stark wie bei Erwachsenen aus, Kinder der 3.Klasse befanden sich hingegen noch in einem Übergangsstadium.

Lexikalische Entscheidungsaufgabe: Von der 2. zur 4.Klasse ist mit der lexikalischen Entscheidungsaufgabe eine gewisse Zunahme der Sensibilität für die Positionsredundanz beobachtet worden. So können Kinder der 4.Klasse bei Buchstabenfolgen schon allein aufgrund einer geringen Positionsredundanz der Einzelbuchstaben rasch feststellen, daß es sich um keine richtigen Wörter handelt. Für Kinder der 2.Klasse reicht diese Information hingegen nicht aus, sie benötigen noch andere Informationen, etwa jene, ob ein Vokal in der Buchstabenfolge enthalten ist oder nicht (Henderson und Chard 1980).

Beurteilung der Ähnlichkeit von Buchstabenfolgen und Wörtern: Bei dieser Aufgabe werden den Kindern jeweils zwei Buchstabenreihen mit verschiedener Annäherung an die sequentielle Regelmäßigkeit der Schriftsprache vorgelegt. Die Kinder sollen bestimmen, welche Buchstabenreihe der Schriftsprache ähnlicher ist. In der 1.Klasse ist diese Unterscheidung noch sehr unsicher. Von Kindern der 2.Klasse wird die Aufgabe hingegen schon recht gut beherrscht. Die feinere Differenzierung verschiedener Annäherungsstufen wird aber erst allmählich bis zur 4.Klasse erreicht (Niles und Taylor 1978, Rosinski und Wheeler 1972, Pick et al. 1978). Gut lesende Kinder in den höheren Klassen (6.Klasse) können schon ähnlich gut wie Erwachsene angeben, an welchen Positionen die Buchstaben in Wörtern am häufigsten vorkommen (Katz 1977).

Zusammenfassend können wir feststellen, daß sich experimentell bereits frühzeitig eine Sensibilität für die orthographische Regularität feststellen läßt. Es ist somit wahrscheinlich, daß gleichzeitig mit der Entwicklung des phonologischen Rekodierens, bei dem auf die Zuordnung von Graphemen und Phonemen geachtet wird, und mit der Einprägung der spezifischen Schreibweise von Wörtern auch Regelmäßigkeiten in der Buchstabenfolge registriert werden. Die Ergebnisse der bisherigen Untersuchungen deuten außerdem darauf hin, daß die Fähigkeit zur Ausnutzung der orthographischen Regularität sich über einen längeren Zeitraum entwickelt und verschiedene Abstufungen erkennen läßt.

3.7. Die Entwicklung der Buchstabenschemata

Von den allerersten Anfängen baut das Worterkennen auf der Unterscheidung und der Identifikation der Buchstaben auf. Hierzu müssen die Kinder zunächst die relevanten Merkmale der einzelnen Buchstaben erkennen und sie anhand dieser Merkmale unterscheiden lernen. Dies fällt für verschiedene Merkmale unterschiedlich schwer (Gibson

1971, Gibson und Levin 1975). Die Unterscheidung auf Grund der Offenheit bzw. Geschlossenheit der Buchstabenform wird bereits frühzeitig beherrscht, andere Formmerkmale können ebenfalls bereits bei Schulbeginn sicher gemeistert werden. Am schwersten fällt es Kindern, die Orientierung von Buchstaben zu beachten. Dieses Merkmal wird erst dann konsistent beachtet, wenn die anderen bereits relativ gesichert sind (Gibson et al. 1962). Kleinbuchstaben, bei denen die Orientierung häufiger zur Identifizierung zu beachten ist, können daher erst später vollständig richtig benannt werden als Großbuchstaben.

Frith (1971) hat diese allmähliche Beachtung der Orientierung von Buchstaben, die mit der Leseerfahrung eintritt, sehr deutlich herausarbeiten können. Während im Vorschulalter Buchstaben, die in normaler und spiegelbildlicher Anordnung geschrieben sind, von Kindern ohne Lesekenntnisse noch als äquivalent betrachtet werden, so zeigt sich bei jenen, die bereits Erfahrung mit schriftsprachlichem Material haben, ein deutlicher Trend für die Wiedergabe bzw. die Wahl von Buchstaben in ihrer gewohnten Anordnung. Dieser Trend ist bei häufiger vorkommenden Buchstaben stärker als bei seltenen.

Kinder benutzen schon zu Anfang des Schriftspracherwerbs nicht nur ein Merkmal für die Unterscheidung von Buchstaben, sondern mehrere gleichzeitig. Die Koordination der verschiedenen Merkmale gelingt mit größerer Leseerfahrung immer besser (Dunn-Rankin 1978). Untersuchungen über die Beurteilung der Ähnlichkeit von Buchstaben zeigen jedoch, daß Kinder die Buchstaben bereits frühzeitig nach ihrer visuellen Ähnlichkeit in die gleichen Gruppen zusammenfassen wie Erwachsene (Dunn-Rankin 1978).

Einige neuere Untersuchungen verfolgten die Ausbildung effizienter Verarbeitung von Buchstaben bei Kindern. Es wurde vor allem die Frage untersucht, wie rasch die Identität von Buchstaben, die in verschiedener Schreibweise (Groß- bzw. Kleinschreibung, z.B. a - A) gezeigt werden (= Namensidentität), im Vergleich zur visuellen Identität (z.B. a - a) festgestellt werden kann. Der Unterschied zwischen einem Urteil über die visuelle Identität und die Namensidentität wird in den beiden ersten Grundschuljahren allmählich geringer, Buchstaben in verschiedener Schreibweise können zunehmend effizient zu einem abstrakten Kode transformiert werden. Auch bei der Aufgabe, nach bestimmten Buchstaben zu suchen, werden in dieser Zeit immer sicherer nicht nur Buchstaben mit einer bestimmten Schreibweise, sondern alle Buchstaben mit gleichem Namen angestrichen (Reitsma 1978). Die Ausbildung dieses Transformationsprozesses scheint zwar recht rasch vor sich zu gehen, die Relation zwischen dem Urteil über visuelle und Namensidentität bleibt ab der 2.Klasse weitgehend konstant (Henderson 1974). Bis diese Transformation jedoch perfektioniert und automatisiert ist, sind die Kinder bereits in der 5. und 6.Klasse (Bigsby 1990, McFarland et al. 1978).

3.8. Ausnutzung des Morphemaufbaus in Abhängigkeit vom Leseentwicklungsstand

Die wenigen Untersuchungen, die sich mit der Prüfung des Einflusses der Morphemzusammensetzung auf den Leseprozeß bei Kindern befaßten, versuchten vor allem die Hypothese zu prüfen, daß im Laufe der Leseentwicklung allmählich die Fähigkeit zunimmt, häufig vorkommende Morpheme als Einheit zu verarbeiten, und daß diese Fähigkeit zur Steigerung der Leseleistung beiträgt.

Gibson und Guinet (1971) folgerten aus dieser Annahme, daß das Vorhandensein von gebundenen Morphemen, wenn diese als Einheit verarbeitet werden, die Anzahl der Buchstaben erhöht, die nach kurzer Expositionszeit berichtet werden können. Zwar ließ sich weder bei Kindern noch bei Erwachsenen nachweisen, daß Wörter bzw. nicht aussprechbare Buchstabensequenzen, die mit gebundenen Morphemen bzw. häufigen Affixen versehen waren, signifikant besser berichtet werden können als gleich lange Sequenzen ohne gebundene Morpheme, allerdings traten signifikant weniger Fehler bei der Wiedergabe der gebundenen Morpheme auf als bei anderen Wortteilen. Dies war schon bei Kindern der 3.Klasse zu beobachten, war jedoch bei älteren Kindern und Erwachsenen jedoch zunehmend deutlicher.

Schwartz und Doehring (1977) konnten bei einer anderen Aufgabe, in der Wörter und sinnlose Silben zunächst vorgesprochen wurden und dann in einer Mehrfachwahlaufgabe wiederzuerkennen waren, den gleichen Trend beobachten. Die richtige Schreibung von gebundenen Morphemen wurde von der 2. bis zur 6.Klasse mit immer größerer Sicherheit gewählt.

Im Buchstabenausstreich-Experiment läßt sich mit fortschreitender Leseentwicklung eine zunehmende Differenzierung des Fehlermusters nachweisen. Bereits in der 2.Klasse werden bei Funktionswörtern deutlich mehr Fehler begangen als bei Inhaltswörtern, während in der 1.Klasse die Fehlerhäufigkeit bei beiden Wortklassen noch etwa gleich ist (Drewnowski 1978). Häufig vorkommende Funktionswörter können somit rasch als Einheit erkannt werden. Die Vertrautheit mit Affixen, wie z.B. Flexionsmorphemen, als Einheiten der Schriftsprache, dürfte sich erst später entwickeln, da sich ein Unterschied zwischen der Fehlerhäufigkeit bei Wortstämmen und Affixen erst im Anschluß an die Differenzierung zwischen Inhaltswörtern und Funktionswörtern nachweisen läßt (Drewnowski 1981).

Es ist sehr wahrscheinlich, daß eine Vertrautheit mit dem Morphemaufbau das Lesen unterstützt und daß die Einsicht in diesen Aufbau allmählich zunimmt. Bisher gibt es allerdings kaum Beobachtungen darüber, wie sich dadurch das Lesen bei den Kindern verändert.

3.9. Automatisierung des Worterkennens während der Leseentwicklung

La Berge und Samuels (1974) nahmen an, daß der Fortschritt im Lesenlernen zum größten Teil in einer Automatisierung der Kodierungsprozesse durch fortwährende Übung besteht. Wenn auch die damit verbundene Annahme, daß mit fortschreitender Lesegeläufigkeit immer größere Einheiten als Kode für das Worterkennen benutzt werden (zunächst einzelne Buchstabenmerkmale, dann Buchstaben, schließlich Buchstabengruppen und Wörter), eher einen für den Leser subjektiv erlebbaren Aspekt des Umgangs mit der Schrift bezeichnet, so wurde damit doch ein wesentliches Merkmal der Leseentwicklung erkannt. Fortschritte in der Automatisierung während der Leseentwicklung äußern sich bei experimentellen Leseaufgaben darin, daß die Anzahl der Buchstaben für die Geschwindigkeit, mit der Wörter identifiziert werden können, allmählich an Bedeutung verliert. Samuels et al. (1978) konnten einen solchen Trend nachweisen. Bei einer semantischen Klassifikationsaufgabe, also bei der Entscheidung, ob ein Wort zu einer vorgegebenen semantischen Kategorie gehört, war die Wortlänge in der 2.Klasse für die Reaktionszeit noch von Bedeutung, in der 4. und 6.Klasse nicht mehr. Ein Merkmal dieser Automatisierung ist also die zunehmende Fähigkeit zur parallelen Verarbeitung mehrerer Buchstaben.

Ein anderer Aspekt der Automatisierung des Worterkennens besteht darin, daß es unwillkürlich, ohne gezielte Hinwendung der Aufmerksamkeit erfolgt. Bei Kindern wird dieser Aspekt der Automatisierung mit der Aufgabe überprüft, Bilder zu benennen, in die verschiedene Wörter eingetragen sind, deren Namen oder Schreibweise mit den Namen der dargestellten Bilder übereinstimmt oder von ihnen abweicht. Wenn die Wörter und Bilder nicht übereinstimmen, kann bei einer Automatisierung des Worterkennens eine

Interferenz, d.h. eine Verlangsamung der Benennungsgeschwindigkeit, beobachtet werden. Hingegen wird die Benennungszeit reduziert, wenn sie identisch sind.

Ein Vergleich der Leistungen von Kindern verschiedener Klassenstufen zeigt, daß Buchstabenfolgen bereits sehr früh die Benennungsgeschwindigkeit der Bilder beeinflussen und ihre Beachtung nicht ausgeschaltet werden kann (Guttentag und Haith 1980). Unterschiede in der Interferenz durch Wörter, die auf die Bilder semantisch bezogen sind, und solche, die keinen semantischen Bezug haben, bilden sich bereits in der 1.Klasse heraus (Guttentag und Haith 1980). Ähnliches gilt für den unterschiedlichen Einfluß häufiger und seltenerer Wörter (Stanovich et al. 1981). Nach Ende der 1.Klasse nimmt die Interferenz durch diese Merkmale nicht mehr zu (Guttentag 1979, Rosinski et al. 1975, Rosinski 1977).

Zu Anfang der Leseentwicklung kommt es selbst bei Wörtern zu einer Interferenz, die von den Kindern nur langsam und fehlerhaft gelesen werden können, allerdings ist eine minimale Geläufigkeit im Dekodieren einzelner Wörter Voraussetzung für ihr Auftreten (Ehri 1976). Aus diesem Befund läßt sich folgern, daß bereits eine geringe Fähigkeit, die Bedeutung von Wörtern zu erfassen, mit der Ausbildung einer Automatisierung der Verarbeitungsprozesse zusammenhängt. Die Automatisierung der Sinnerfassung bildet sich also bereits nach einigen Kontakten mit den Wörtern heraus (Ehri und Wilce 1979, Stanovich et al. 1981). Dies konnten Ehri und Wilce (1979) direkt nachweisen, indem sie Kinder der 1.Klasse das Lesen neuer, ihnen unbekannter Wörter üben ließen. Bereits nach wenigen Übungen kam es zu einem Anstieg der Interferenzen durch diese Wörter bei einer Bild-Wort-Interferenzaufgabe. Die Stärke der Interferenz, die bei diesen Kindern beobachtet wurde, glich jener, die bei Kindern der gleichen Klassenstufe auftrat, die diese Wörter bereits recht gut lesen konnten. Es scheint also, daß sich eine automatische Erfassung der Bedeutung von Wörtern früher herausbildet als die Geläufigkeit im Lesen der Wörter.

3.10. Entwicklung des Kontexteinflusses beim Erkennen von Wörtern

Von einigen Lesetheorien wird angenommen, daß Texte vom geübten Leser in größeren Einheiten gelesen werden. Der geübte Leser wäre demnach dadurch gekennzeichnet, daß er aus bereits gelesenen Text Hypothesen bildet, die das Erkennen einzelner Wörter schon aufgrund weniger visueller Informationen bzw. aufgrund einer oberflächlicheren Analyse der visuellen Information gestatten. Der Einfluß des Kontexts sollte nach diesen Vorstellungen im Lauf der Leseentwicklung zunehmend bedeutsam werden (Goodman 1976, Smith 1971). Beim geübten Leser würde während des Lesens die Aktivität von der semantischen Ebene ausgehen. Hypothesen, die sich aus der semantischen Verarbeitung ableiten, würden an die niedrigeren Verarbeitungsebenen, die mit der Analyse der visuellen Informationen befaßt wären, zur Prüfung weitergegeben.

Nach diesen Modellen müßte der Kontext bei Erwachsenen einen größeren Einfluß auf das Erkennen von Wörtern, die am Ende eines Satzes stehen, haben als bei Kindern. Dies trifft aber, wie in mehreren Experimenten gezeigt wurde, nicht zu. Vielmehr wird die Wahrnehmung von Wörtern, die durch den Kontext voraussagbar sind, bei Kindern entweder ebenso stark wie bei Erwachsenen erleichtert (West und Stanovich 1978) oder sogar noch stärker (Schwantes et al. 1980, Schwantes 1981). Die Wahrnehmung von Wörtern, die dem vorausgehenden Kontext widersprechen, wird im Vergleich zu neutralen Wörtern bei Erwachsenen konsistent weniger beeinträchtigt als bei Kindern.

Zusätzlich läßt sich bei Kindern im Lauf der Leseentwicklung eine deutliche Abnahme des Kontexteinflusses feststellen, wenn etwa Kinder der 3. Klasse mit jenen der 6.Klasse verglichen werden (Schwantes et al. 1980), oder wenn Kinder am Anfang und Ende etwa der 2.Klasse untersucht werden (Stanovich, West und Freeman 1981).

Diese Befunde lassen sich am besten im Rahmen des von Stanovich (1980, 1981) erweiterten Modells von Posner und Snyder (1975) erklären. Nach diesem Modell ist ein automatisch entstehender Kontexteinfluß, der sich aus der Aktivierung eines semantischen Konzepts ergibt, auf verschiedenen Stufen der Leseentwicklung konstant. Dieser automatische Kontexteinfluß führt zu einer geringen Erleichterung bei der Wahrnehmung von Wörtern, die mit dem Kontext übereinstimmen, da diese Wörter durch den Kontext bereits aktiviert wurden. Eine Behinderung von Wörtern, die mit dem Kontext nicht übereinstimmen, bzw. dem Kontext widersprechen, tritt durch den automatischen Kontexteinfluß nicht auf.

Eine solche Behinderung kann nur durch eine zweite Komponente des Kontexteinflusses entstehen. Diese zweite Komponente beruht auf spezifischen Vorhersagen und Erwartungen, die der Lesende aufgrund des Kontexts bildet. Diese Erwartungen führen zu einer Einengung der Aufmerksamkeit auf eine kleine Gruppe erwarteter Wörter. Treten die erwarteten Wörter tatsächlich auf, wird die Wahrnehmung dieser Wörter sehr stark erleichtert, treten sie aber nicht auf, muß die Aufmerksamkeit erst auf die neuen, unerwarteten Wörter gelenkt werden. Dadurch kommt es zu einer starken Behinderung und Verlangsamung bei der Wahrnehmung dieser unerwarteten Wörter. Nach Stanovich (1980) ist auch der Einfluß dieser zweiten Komponente des Kontexteinflusses während der Leseentwicklung konstant, sie spielt jedoch beim Worterkennen von Erwachsenen nur eine geringe Bedeutung, da der Worterkennungsprozeß zu rasch abläuft, sodaß sich der Einfluß dieser zweiten langsameren Komponente nicht auswirken kann. Bei Kindern ist das Erkennen von Wörtern jedoch noch so langsam, daß genügend Zeit besteht, Hypothesen über die zu erwartenden Wörter zu bilden und die Aufmerksamkeit entsprechend auf diese Wörter zu orientieren.

Nach diesem Modell wäre zu erwarten, daß der Kontexteinfluß bei Kindern stärker von den spezifischen Hypothesen über die als nächstes zu lesenden Wörter abhängt als bei Erwachsenen. Schwantes et al. (1980) konnten in der Tat nachweisen, daß die Erleichterung der Wortwahrnehmung durch einen vorausgehenden Kontext nur bei Kindern signifikant davon abhängig war, ob sie das Wort tatsächlich erraten hatten. Bei Erwachsenen war die Richtigkeit der von ihnen gebildeten Hypothesen hingegen ohne Bedeutung.

Nach diesem Modell ist weiter zu erwarten, daß der Kontexteinfluß bei Erwachsenen größer wird, wenn das Worterkennen durch Beeinträchtigung der visuellen Informationsqualität behindert und damit die Merkmalsextraktion verzögert wird. Bei Kindern hingegen sollte sich die Manipulation der visuellen Informationsqualität nur gering auf den Kontexteinfluß auswirken, da bei ihnen der an sich langsamere Worterkennungsprozeß auch ohne Reduktion der visuellen Informationsqualität bereits so langsam ist, daß sich die zweite, Hypothesen-geleitete Einflußkomponente des Kontexts auswirken kann. Diese Vorhersagen konnte Schwantes (1981) bestätigen. Eine Reduktion der visuellen Reizqualität führte zu einer Abnahme der Worterkennungsgeschwindigkeit bei Erwachsenen und bei Kindern. Während jedoch bei Kindern unter diesen Umständen der Kontexteinfluß konstant blieb, nahm er bei Erwachsenen gegenüber einer Situation mit guter visueller Informationsqualität deutlich zu.

Wie der Kontext Leseanfängern hilft, ihre Lesekompetenz zu erweitern, wird aus der Analyse ihrer Strategien beim Lesen von Wörtern, die sie nicht auf den ersten Blick erkennen, deutlich. Dies hat McNaughton (1981a) dadurch versucht, daß er neue Wörter in Texten vorgab und das Verhalten der Kinder beim Lesen der neuen Wörter beobachtete, sie über die Techniken, die sie für die Identifikation der Wörter benutzten, befragte und die Auswirkungen untersuchte, die das Antreffen neuer Wörter in einem sinnvollen Kontext auf die Fähigkeit hat, die Wörter zu lesen, wenn sie isoliert vorgegeben worden waren. Der Befund, den es zu klären galt und den McNaughton eindeutig bestätigen konnte, bestand darin, daß neue Wörter, die von den Kindern zunächst nicht erkannt und gelesen werden konnten, ohne Hilfe deutlich häufiger gelernt wurden, wenn sie in einem sinnvollen Text eingebettet waren, als wenn sie in einer Wortliste vorgegeben wurden. Etwa bei der Hälfte dieser Wörter geschah dies scheinbar ohne Mühe, sie konnten auf Anhieb im Kontext richtig gelesen werden. Bei anderen Wörtern gingen die Kinder im Text ein Stück zurück und lasen von dort an nochmals, oder sie machten zunächst einen Fehler (oft zu dem Kontext passende Substitutionen) und korrigierten sich dann.

3.11. Zusammenfassung über die Leseentwicklung

Die Leseentwicklung stellt ein Beispiel für eine Fertigkeit dar, die sich über einen relativ langen Zeitraum ausbildet und dabei die Entwicklung verschiedener Teilfertigkeiten verlangt. Allein das Zusammenwirken dieser Teilfertigkeiten ermöglicht die Effizienz und Geschwindigkeit des Lesevorgangs, die für den geübten Leser schließlich charakteristisch ist. Diese Teilfertigkeiten umfassen auf der untersten Ebene eine Fertigkeit in der Extraktion der Buchstabenmerkmale und die Zuordnung dieser Merkmale zu abstrakten Buchstabenschemata. Den Kern der Lesefähigkeit bilden freilich die sich herausbildende Fähigkeit zur phonologischen Rekodierung der Schrift und das sich entwickelnde Wissen um die Schreibweise von Wörtern.

Die Analyse der Leseentwicklung hat gezeigt, daß sich die verschiedenen Kodierungsvorgänge beim Worterkennen parallel, jedoch mit unterschiedlicher Geschwindigkeit entwickeln. Dies ist zum Teil wohl dadurch bedingt, daß die Kodierungsvorgänge ein unterschiedliches Ausmaß an Übung bzw. an Erfahrung benötigen, um effizient vollzogen zu werden. Zum Teil setzen sie auch einen unterschiedlichen Grad an Einsicht in den Aufbau der Sprache und die Beziehung zwischen Sprache und Schrift voraus.

In einem alphabetischen Schriftsystem ist es zunächst die vorrangige Aufgabe der Kinder, Phoneme als basale Einheiten bei der Zuordnung zwischen Schrift und mündlicher Sprache zu erfassen. Dies setzt voraus, daß die Kinder einen anderen Zugang zu der bis dahin unreflektiert verwendeten Sprache finden. Die phonologische Bewußtheit, wie auch andere Komponenten der Sprachbewußtheit, stellt also eine wichtige Voraussetzung für das Erlernen des Lesens dar. Allerdings ergibt sich dabei eine komplexe Wechselwirkung, da die Schrift gleichzeitig ein Medium darstellt, das die Kinder bei dieser Reflexion unterstützt und ihnen hilft, Sprache in neuer Weise abzubilden.

In den letzten Jahren ist es sehr populär geworden, von Stufen bei der Aneignung der Schriftsprache zu sprechen. Auch wir denken, daß die Vorstellung von Entwicklungsstadien des Lesens hilfreich ist. Sie fördert das Denken, daß in verschiedenen Phasen des Lesenlernens jeweils andere Anforderungen an die Kinder gestellt werden. Zu Beginn des Lesenlernens steht die Aufgabe, im Lesen ein ausreichendes Maß an Sicherheit und Selbständigkeit zu erlangen, im Vordergrund. Dieser Anforderung wird durch das Erfassen der Graphem-Phonem-Zuordnungen und das Erlernen des phonologischen Rekodierens der Schrift entsprochen. Später wenn es darum geht, Geläufigkeit im Lesen zu erreichen, und die Anforderungen an das Lesen steigen (z.B. längere Wörter mit komplexerer Struktur) müssen die Kinder lernen, auch andere Informationsquellen für das Worterkennen zu erschließen. Allerdings darf diese Vorstellung nicht dazu verleiten, das Gemeinsame an der Dynamik der Leseentwicklung zu übersehen. Lesenlernen bedeutet in allen Phasen die Aneignung wortspezifischer Kenntnisse und das Erfassen einer allgemeinen Beziehung zwischen Schrift und Lautsprache.

Besonders bei der Aneignung der phonologischen Rekodierung dürften zwischen den verschiedenen alphabetischen Schriftsprachen beträchtliche Unterschiede bestehen, die vom Ausmaß der Regelmäßigkeit der Graphem-Phonem-Korrespondenzen abhängen. In einer regelmäßigen Schriftsprache, wie dem Deutschen, erfassen die Kinder diese Korrespondenzen bereits sehr früh und stützen sich beim Lesen weit stärker darauf als in einer unregelmäßigen Schriftsprache, wie dem Englischen. Dies hat natürlich Konsequenzen für die Unterscheidung zwischen verschiedenen Phasen der Leseentwicklung. Ein logographisches Stadium ist im deutschen Sprachraum, sobald die Graphem-Phonem-Korrespondenzen im Unterricht vorgestellt werden, praktisch nicht zu beobachten, während die Phase des alphabetischen Lesens, in der die Kinder Buchstabe für Buchstabe lesen und kaum einen Versuch zum spontanen Erfassen des ganzen Wortes machen, mitunter mehrere Monate dauern kann.

Die Darstellung des Entwicklungsverlaufs der verschiedenen Teilfertigkeiten des Lesens hat nochmals deutlich gemacht, daß entscheidende Veränderungen am Leseprozeß bereits sehr früh stattfinden. Praktisch alle wichtigen Teilfertigkeiten werden bereits in der ersten Phase des Lesenlernens grundgelegt. Selbst die Automatisierung des Leseprozesses nimmt bereits in der 1.Klasse ihren Anfang, indem es bei den bereits bekannten Wörtern nach wenigen Vorgaben zu einer unwillkürlichen Weiterverarbeitung der einmal aufgenommenen Informationen kommt.

4. Schwierigkeiten beim Erlernen des Lesens

Die vorangehenden Kapitel über den Leseprozeß und die Leseentwicklung haben gezeigt, daß in das Lesen verschiedene Teilfertigkeiten eingehen und daß sich der Leseprozeß im Lauf der Entwicklung wesentlich verändert. Wie sieht dieser Prozeß nun bei Kindern aus, die Leseschwierigkeiten haben, und was fällt diesen Kindern beim Erlernen des Lesens so besonders schwer?

Wann kann man überhaupt von Leseschwierigkeiten sprechen? Als leseschwach oder lesegestört können wir jene Schüler bezeichnen, die im Vergleich zu anderen Schülern der gleichen Klassenstufe sehr stockend und fehlerhaft lesen. Im deutschen Sprachraum werden Kinder zumeist dann als leseschwach bezeichnet, wenn ihre Leistungen um mehr als eine Standardabweichung unter den durchschnittlichen Leistungen der Kinder ihrer Klassenstufe liegen und damit zu den schwächsten 15% gehören. Im anglo-amerikanischen Raum wird als Kriterium der Vergleich mit Kindern verschiedener Klassenstufen herangezogen und in den oberen Klassen der Grundschule ein Leistungsrückstand von mehr als zwei Jahren als ernstzunehmende Leseschwäche angesehen.

Leseschwierigkeiten werden typischerweise mit einem mündlichen Lesetest erfaßt, bei dem die Kinder Listen von Wörtern unterschiedlicher Länge und Vorkommenshäufigkeit sowie kurze Texte laut vorlesen sollen. Öfters werden zur Diagnose auch Leseverständnistests vorgegeben, bei denen die Schüler z.B. kurze Texte still für sich lesen und im Anschluß einige Fragen zu den Texten beantworten sollen. Obwohl hier primär das Leseverständnis geprüft wird, geben auch diese Aufgaben Hinweise auf Schwierigkeiten beim Worterkennen und in den basalen Lesefertigkeiten.

Im Einklang mit den meisten Untersuchungen werden in diesem Kapitel leseschwache Kinder als eine einheitliche Gruppe betrachtet, die Frage, wieweit es sinnvoll ist, verschiedene Formen von Leseschwierigkeiten zu unterscheiden, und damit auch die Frage, ob sich die Leseschwierigkeiten durchschnittlich intelligenter Kinder (sogenannter Legastheniker) von jenen schwächer begabter Kinder unterscheiden, wird in Kap.9 aufgegriffen. Trotzdem ist darauf hinzuweisen, daß nahezu alle der in diesem Kapitel berichteten Untersuchungen an intellektuell durchschnittlich begabten Kindern, zumeist an Kindern in regulären Klassen, durchgeführt wurden und daß viele Untersuchungen eine durchschnittliche Allgemeinbegabung als Aufnahmekriterium voraussetzten. Es handelt sich also großteils um Kinder mit von ihrer Allgemeinbegabung her unerwarteten Leseschwierigkeiten.

In diesem Kapitel wollen wir uns speziell mit der Frage befassen, worin sich die Entwicklung des Worterkennens bei leseschwachen Kindern von der normalen Leseentwicklung unterscheidet. Die einfachste Annahme wäre, daß leseschwache Kinder im Erlernen des Lesens zurückbleiben. Dies würde bedeuten, daß sie den Leselernprozeß wie alle anderen Kinder durchlaufen, nur einfach langsamer. Sie müßten dann beim Erwerb aller Teilfertigkeiten des Lesens einen Rückstand aufweisen, beim Erlernen des phonologischen Rekodierens ebenso wie bei der Aneignung wortspezifischer Lesekenntnisse.

Die Gegenposition zu der These, daß es sich bei Leseschwierigkeiten um eine allgemeine Erschwernis und deshalb um eine deutliche Verzögerung des Lesenlernens handelt, besteht in der Annahme, daß bei leseschwachen Kindern eine qualitative Abweichung in der Art des Lesenlernens festzustellen ist. Einzelne Teilfertigkeiten des Lesens würden von diesen Kindern nur mit großer Mühe oder gar nicht erworben, sodaß das Lesen sich vermehrt auf andere Teilfertigkeiten stützen müßte und die Kinder bestimmte Aufgaben nicht oder nur mit großer Mühe ausführen könnten. Im Hinblick auf das Konzept der Leseentwicklungsstadien könnte vermutet werden, daß leseschwache Kinder beim Übergang zu gewissen Stadien der Leseentwicklung scheitern und sie den entsprechenden Übergang nicht oder nur teilweise mitvollziehen würden.

Von dieser Logik ausgehend ist der Vergleich leseschwacher Kinder mit guten Lesern der gleichen Klassenstufe möglicherweise irreführend, da ja die Leistungen leseschwacher Kinder viel geringer sind und somit die spezifischen Auswirkungen bestimmter Einflußfaktoren auf die Leseleistung kaum erfaßt werden können. Zudem hat die Analyse der Leseentwicklung ergeben, daß diese nicht durch einen linearen, parallelen Anstieg von Fertigkeiten in verschiedenen Teilbereichen gekennzeichnet ist. Die jeweils erzielte Leistung stützt sich somit in verschiedenen Phasen des Leselernprozesses auf unterschiedliche Fertigkeiten und zeigt qualitative Veränderungen. Ohne Berücksichtigung des jeweiligen Leseentwicklungsstandes ist daher ein Unterschied zwischen leseschwachen und gut lesenden Kindern schwer zu interpretieren und kann zu falschen Schlußfolgerungen führen.

Eine Möglichkeit, diese Frage zu klären, liegt darin, die verschiedenen Aspekte der Leseleistung leseschwacher Kinder mit jener jüngerer durchschnittlicher Schüler zu vergleichen, die sich auf dem gleichen Leseentwicklungsniveau befinden (Backman et al. 1984, Bryant und Goswami 1986). Dies kann einmal in Form einer Querschnittsuntersuchung geschehen, bei der die leseschwachen Kinder mit jüngeren Kindern (sowie zusätzlich noch mit gleichaltrigen guten Lesern) verglichen werden. Als Alternative bietet sich die Längsschnittuntersuchung an, bei der das Erlernen des Lesens über einen längeren, für das Lesenlernen wesentlichen Zeitraum beobachtet wird und die Fortschritte analysiert werden, die leseschwache Kinder und gute Leser erzielen. Diese Strategien wurden in den letzten Jahren zunehmend eingeschlagen.

Wir wollen in der Auseinandersetzung mit der Frage, was manchen Kindern beim Erlernen des Lesens so große Mühe bereitet, zunächst darauf eingehen, was die Beobachtung des Lesenlernens - vor allem zu Beginn - über diese Probleme aussagt. Im weiteren wollen wir uns der Frage zuwenden, in welchen Teilprozessen sich besondere Schwierigkeiten nachweisen lassen.

Unterschiede zwischen schwachen und guten Lesern zu Beginn der Leseentwicklung

Nach den Stadienmodellen beginnt die Leseentwicklung mit einer Phase, in der die Wörter aufgrund einzelner hervorstechender Merkmale wiedererkannt werden. Erst allmählich beginnen die Kinder die Kenntnisse über die Graphem-Phonem-Korrespondenzen, die sie im Unterricht erwerben, systematisch zum Lesen neuer Wörter einzusetzen. Als erstes stellt sich die Frage, ob leseschwache Kinder in dem anfänglichen logographischen Stadium die gleichen Fortschritte erzielen wie gute Leser und die Leseentwicklung in dem ersten Stadium des Lesenlernens somit noch ungestört verläuft und erst nach einiger Zeit ein Zurückbleiben der Kinder festzustellen ist. Weiters stellt sich die Frage, ob das anfängliche Stadium des logographischen Lesens bei guten Lesern ebenso ausgeprägt ist wie bei schwachen und ob schwache Leser vielleicht in dem ersten Stadium verharren und ihre Lesestrategien nur ungenügend weiterentwickeln (Frith 1985).

Ähnlich wie bei der Darstellung der Leseentwicklung lassen sich die vorliegenden Befunde über den Beginn des Lesens bei schwachen Lesern nur ordnen, wenn man den Leseunterricht mit in Betracht zieht. In einem Leseunterricht, der die Kinder allmählich zur Schrift hinführt und Graphem-Phonem-Korrespondenzen erst relativ spät systematisch einführt, läßt sich bei den guten wie den schwachen Lesern eine Phase logographischen Lesens feststellen. Schwache Leser fallen jedoch bereits in diesem ersten Stadium durch ihr Leseverhalten auf.

Weber (1970) konnte in einer der ersten systematischen Beobachtungsstudien des Leseverhaltens zu Beginn des Leseunterrichts zeigen, daß die Leichtigkeit, mit der Kinder lesen lernen, auch ihr Leseverhalten und damit die Art der Lesefehler beeinflußt. Kinder, die ohne Mühe lesen lernen, begehen von Anfang an Lesefehler, die eine größere graphische Ähnlichkeit mit den Zielwörtern aufweisen.

Nach Biemiller (1970) zeigen sich bei den guten Lesern zudem erst deutlich später Anzeichen für den Übergang (als Indikator diente der Anstieg von Verweigerungen des Lesens von Wörtern, die nicht spontan gelesen werden konnten) aus einer anfänglichen Phase, die sich stark auf die Vertrautheit mit den Wörtern aus dem Leseunterricht stützt, in eine qualitativ andere Phase der Leseentwicklung, als bei leseschwachen Kindern. Die Änderung des Leseverhaltens nach diesem Übergang ist bei schwachen Lesern auch weniger tiefgreifend (Biemiller 1970). Nur bei gut lesenlernenden Kindern kommt es mit dem Übergang in die neue Phase zu einem weiteren deutlichen Anstieg der graphischen Ähnlichkeit zwischen Fehlern und Zielwörtern, während sie bei schlecht lesenlernenden Kindern auch nach dieser Phase gering bleibt.

Diese Befunde sprechen dafür, daß leseschwachen Kindern in dieser Form des Unterrichts der Übergang aus dem Stadium des logographischen in jenes des alphabetischen Lesens schwerfällt und daß sie länger eine logographische Strategie beibehalten.

In einem Leseunterricht, bei dem die Vermittlung der Graphem-Phonem-Korrespondenzen besonders betont wird, sind hingegen die Anfänge des Lesenlernens bei leseschwachen Kindern auch im anglo-amerikanischen Sprachraum durch ganz andere Merkmale charakterisiert (Cohen 1975). Diese Kinder geben hier von Anfang an viel öfter keine Antwort, wenn ihnen ein Wort zum Lesen vorgegeben wird, als gute Leser und sie behalten diese Tendenz auch viel länger bei. Ihre Fehler bestehen zudem öfter darin, daß sie einfach Buchstaben der Wörter benennen oder mit einem Wort der Geschichte antworten, also auf den Kontext zurückgreifen. Die graphische Ähnlichkeit der Fehler zu den Zielwörtern ist im Verlauf der ganzen ersten Klasse bei schlecht lesen lernenden Kindern gering. Relativ lange gleichen die Fehler den Zielwörtern nur im ersten oder letzten Buchstaben. Gut lesenlernende Kinder verlassen hingegen bei synthetischem Leseunterricht rasch die Phase des Nicht-Reagierens und begehen dann eine Zeit lang Fehler, die im Nennen sinnloser Wörter bestehen, die eine hohe graphische Ähnlichkeit zu den Zielwörtern aufweisen. Sie bemühen sich auch öfters, Wörter zu lautieren, und korrigieren ihre Fehler häufiger, bemerken also die Nicht-Übereinstimmung zwischen dem Gelesenen und dem Text.

Bei einem Unterricht, bei dem die Beachtung der Graphem-Phonem-Zuordnungen von Anfang an betont wird, sind somit die besonderen Schwierigkeiten leseschwacher Kinder von Anfang an deutlich sichtbar. Diesen Kindern stehen hier keine Ersatzstrategien zur Verfügung, mit denen sie die Schwierigkeiten bei der Anwendung des phonologischen Rekodierens kompensieren könnten.

Ähnliche Beobachtungen liegen auch aus dem deutschen Sprachraum vor, wo im Leseunterricht im Allgemeinen ebenfalls frühzeitig Wert auf die systematische Vermittlung von Graphem-Phonem-Korrespondenzen gelegt wird. Nach May (1986) ist besonders auffällig, daß schwache Leser zu Beginn ihre Aufmerksamkeit ausschließlich auf einzelne Buchstaben richten und das Wort als Ganzes nicht beachten. Gute Leser würden hingegen in der ersten Klasse von Anfang an auf größere Einheiten hinzielen und bereits frühzeitig das gesamte Wort im Auge haben. Schwache Leser wären lange Zeit nur in der Lage, die einzelnen Buchstaben zu lautieren, könnten jedoch nicht die einzelnen Laute zu Wortteilen verbinden. Als Alternative bliebe ihnen somit nur das Raten übrig. Die Unterteilung in gute, durchschnittliche und schwache Leser ist in dieser Untersuchung nach der Leistung am Ende der 1.Klasse erfolgt. Es war auffallend, daß schlechte Leser in der Leseentwicklung von Anfang an zurückgeblieben sind und durch sehr geringe Fortschritte während der gesamten 1.Klasse gekennzeichnet waren.

In einer Längsschnittuntersuchung haben wir in Wien bei einer größeren Gruppe von Kindern den Leselernprozeß während der 1.Klasse durch wiederholte Testung analysiert (Klicpera und Gasteiger-Klicpera 1993). Die Ergebnisse zeigen, daß nicht alle Kinder, die zu Beginn Mühe beim Lesenlernen haben, längerfristig zu schwachen Lesern werden. Außerdem legen sie eine differenzierte Betrachtung der ersten Phasen des Lesenlernens nahe.

Aufgrund des Verlaufs der Leseentwicklung ließen sich drei Gruppen unterscheiden: Kinder, die keine merkbaren Schwierigkeiten beim Lesenlernen zeigten; Kinder, denen die ersten Schritte des Lesenlernens deutliche Schwierigkeiten bereiteten, und Kinder mit anhaltenden Leseschwierigkeiten. Für Kinder, die das Lesen problemlos erlernten, ließ sich eine anfängliche logographische Phase nicht nachweisen. Diese Gruppe, die mehr als die Hälfte der Kinder ausmachte, konnte von Anfang an neue, im Leseunterricht noch nicht vorgestellte Wörter, deren Buchstaben schon eingeführt und für die auch die Phonem-Zuordnungen explizit vorgestellt worden waren, fast ebenso gut lesen wie bekannte Wörter. Alle übrigen Kinder hatten jedoch zu Beginn deutliche Schwierigkeiten beim Lesen neuer Wörter.

Bei etwa einem Drittel der Kinder ließ sich zu Beginn der 1.Klasse eine Phase nachweisen, in der zwar bekannte Wörter mit großer Sicherheit gelesen werden konnten, unbekannte Wörter jedoch große Schwierigkeiten bereiteten. Wenn man jedoch das Verhalten der Kinder beim Lesen beobachtete, so konnte man erkennen, daß sie selbst in dieser Phase bereits bei unbekannten Wörtern versuchten, sie (über gedehntes Lesen und Zusammenschleifen) zu erlesen. Diese Phase dauerte zudem nur sehr kurz. Bereits nach zwei bis drei Monaten Leseunterricht gelang es den Kindern, ihre Fertigkeit im Lesen von unbekannten Wörtern deutlich zu steigern, sodaß nur mehr ein geringer Unterschied beim Lesen von bekannten und unbekannten Wörtern bestand. Längerfristig wurden diese Kinder trotz der anfänglichen Schwierigkeiten durchschnittliche Leser.

Bei den schwächsten Lesern war die Anfangsphase durch das Zusammentreffen zweier Schwierigkeiten bestimmt. Sie hatten Schwierigkeiten, die im Leseunterricht bereits durchgenommen, im Prinzip also bekannten Wörter zu lesen, und sie versagten fast vollständig, wenn sie unbekannte Wörter lesen sollten. Nur bei ihnen war zu Beginn keinerlei Versuch zu erkennen, Wörter aufgrund alphabetischer Kenntnisse zu erlesen. Doch auch bei diesen Kindern änderte sich das Leseverhalten nach kurzer Zeit und sie begannen nach etwa drei Monaten mit dem gedehnten Erlesen von Wörtern. Das Lesen von unbekannten Wörtern bereitete ihnen jedoch noch die ganze erste Klasse beträchtliche Schwierigkeiten, und sie blieben auch langfristig schwache Leser.

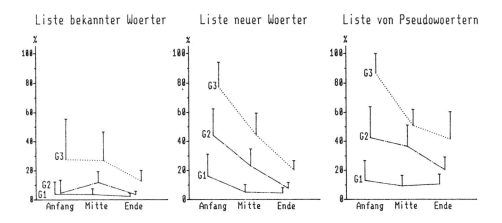

Abbildung 8: Entwicklung der Lesesicherheit beim Lesen von Listen bekannter und neuer Wörter sowie von Pseudowörtern im Verlauf der 1.Klasse bei Kindern mit unterschiedlichem Verlauf der Leseentwicklung (G1: gute Leser, G2: anfangs schwache Leser, G3: durchgehend schwache Leser) (Wiener Längsschnittuntersuchungen).

Wie man sieht, ließ sich somit bei keiner Gruppe von Kindern eine so vollständige Dissoziation der verschiedenen Teilfertigkeiten des Lesens feststellen, wie sie in dem Stufenmodell des Lesenlernens postuliert wird und im englischen Sprachraum auch beobachtet wurde. Der Beginn des Lesens stützte sich zwar sehr stark auf die Vertrautheit mit den im Leseunterricht eingeführten Wörtern, doch ließ sich bei allen Kindern außer den schwächsten Lesern bereits von Anfang an wenigstens ein Ansatz zum Erlesen aufgrund alphabetischer Kenntnisse ausmachen. Die Mehrzahl der Kinder beherrschte die im Leseunterricht durchgenommenen Buchstaben-Laut-Verbindungen nach einigen Wochen sogar soweit, daß sie diese Kenntnisse relativ sicher auf unbekannte Wörter übertragen konnten. Die schwächsten Leser hatten andererseits nicht nur beim Lesen unbekannter Wörter und bei der Anwendung alphabetischen Wissens Schwierigkeiten, sie behielten auch nicht, wie die bereits durchgenommenen Wörter gelesen werden.

Zusammenfassung: Die bisher vorliegenden Beobachtungen zu den Anfängen des Lesenlernens bei schwachen Lesern weisen darauf hin, daß es auch für leseschwache Kinder verschiedene Zugangswege zur Schrift gibt und daß diese durch den Unterricht geprägt werden. Einige Untersuchungen aus dem anglo-amerikanischen Raum belegen, daß in einem Erstleseunterricht, in dem Graphem-Phonem-Korrespondenzen erst spät systematisch eingeführt werden, der Übergang von einem anfänglichen logographischen Lesestadium in ein alphabetisches bei leseschwachen Kindern verzögert ist bzw. weniger markant ausfällt als bei guten und durchschnittlichen Lesern. Untersuchungen über den Beginn der Leseentwicklung in einem Unterricht, bei dem Wert auf frühzeitige Vermittlung der Graphem-Phonem-Korrespondenzen gelegt wird, bieten hingegen ein anderes Bild. In dieser Unterrichtsform läßt sich auch bei den schwachen Lesern nur recht kurzfristig ein Lesen ausschließlich aufgrund einer logographischen Lesestrategie feststellen. Diese Kinder haben sowohl Mühe, die im Unterricht vermittelten Kenntnisse über die Graphem-Phonem-Zuordnungen beim Lesen einzusetzen als auch Schwierigkeiten, die bereits gelesenen Wörter zu behalten. Ihr Lesen erscheint daher über weite Strecken wie ein Haftenbleiben an einzelnen Buchstaben, ohne die diesen zugeordneten Laute zu Wörtern verbinden zu können.

4.1. Phonologisches Rekodieren und Beherrschung von Graphem-Phonem-Korrespondenz-Regeln

Von den verschiedenen Teilfertigkeiten des Lesens dürfte die phonologische Rekodierungsfähigkeit für das Lesenlernen von besonderer Bedeutung sein. Dies läßt sich u.a. damit erklären, daß diese Fähigkeit es den Kindern erlaubt, selbständig neue, bis dahin in ihrer schriftlichen Form unbekannte Wörter zu erlesen. Sie kommen damit früher zum eigenständigen Lesen von Texten und können damit mehr Erfahrung im Lesen gewinnen. Das Erlernen dieser Fähigkeit bereitet den Kindern aber auch besondere Mühe, da es eine Einsicht in den Aufbau der Sprache aus Phonemen voraussetzt.

Die eben berichteten Beobachtungen über die Anfänge des Lesenlernens deuten darauf hin, daß leseschwache Kinder hier besondere Schwierigkeiten haben. Wie sieht dies jedoch bei älteren Kindern aus? Bleiben diese Schwierigkeiten auch noch bestehen, wenn die Kinder größere Erfahrung mit dem Lesen haben? Vieles deutet darauf hin, daß Schwierigkeiten bei der phonologischen Rekodierung von Wörtern ein fortdauerndes Merkmal leseschwacher Kinder und Jugendlicher sind.

Einen wichtigen Hinweis darauf, daß es auch älteren leseschwachen Kindern noch schwer fällt, die Aussprache einer Buchstabenfolge zu ermitteln, gibt die Aufgabe, zu beurteilen, ob sich zwei Buchstabenfolgen in ihrer Aussprache ähnlich sind (sich miteinander reimen) bzw. ob ein Pseudowort gleich ausgesprochen wird wie ein bekanntes Wort. Bei dieser Aufgabe haben leseschwache Kinder nicht nur größere Schwierigkeiten als gut lesende Kinder der gleichen Klassenstufe (Mackworth und Mackworth 1974 a,b), auch im Vergleich zu jüngeren Kindern mit einem ähnlichen Leseentwicklungsstand fallen ihre besonderen Schwierigkeiten auf (Steinheiser und Guthrie 1978, Olson et al. 1985). Im Vergleich zu jüngeren Kindern des gleichen Leseentwicklungsstandes haben hingegen leseschwache Kinder geringere Schwierigkeiten beim Vergleich der Graphemfolge, d.h. der visuellen Ähnlichkeit von Wörtern (Steinheiser und Guthrie 1978). Zu beurteilen, welche von zwei Buchstabenfolgen richtig geschrieben ist (z.B. fahren/faren), fällt ihnen ebenfalls nicht schwerer als jüngeren Kindern (Olson et al. 1985).

Neben den Schwierigkeiten bei der Beurteilung der Aussprache einer Buchstabenfolge sind es vor allem zwei Besonderheiten leseschwacher Kinder und Jugendlicher, die auf Schwierigkeiten bei der phonologischen Rekodierung hinweisen: einmal die größere

Abhängigkeit ihrer Leseleistung von der Vorkommenshäufigkeit der Wörter und zum anderen ihre großen Schwierigkeiten beim Lesen von Pseudowörtern. Beides läßt sich dadurch erklären, daß schwache Leser auf die Vertrautheit mit den zu lesenden Wörtern und damit auf die Verfügbarkeit eines internen (lexikalischen) Gedächtniskodes stärker angewiesen sind als gute Leser.

Einfluß der Worthäufigkeit auf die Leseleistung: Ein größerer Einfluß der Worthäufigkeit auf die Leseleistung leseschwacher Kinder ist sowohl in der Aussprechlatenz von einzeln dargebotenen Wörtern als auch in der Anzahl der Lesefehler ersichtlich und kann in den verschiedensten Altersstufen zumindest von den höheren Grundschuljahren an (siehe z.B. Adams 1985, Perfetti und Hogaboam 1975) bis hin in die Adoleszenz und in das Erwachsenenalter (Frederiksen 1978, 1981) beobachtet werden.

Dieser stärkere Frequenzeffekt deutet auf eine vermehrte Benutzung des direkten lexikalischen Zugriffs beim Lesen hin, ist also ein lexikalisch vermittelter Effekt, da das Lexikon besonders sensitiv für Häufigkeitseffekte ist (Morton 1979). Auch die Tatsache, daß in manchen Untersuchungen in der Geschwindigkeit, mit der die häufigsten Wörter identifiziert und gelesen werden können, kein Unterschied zwischen leseschwachen und gut lesenden Kindern gefunden wurde, deutet darauf hin, daß der lexikalische Zugriff relativ intakt, die phonologische Rekodierung jedoch beeinträchtigt ist. Hochfrequenten Wörtern wird nämlich von einigen Autoren (z.B. McCusker et al. 1981) eine bevorzugte Bearbeitung beim Lesen zugeschrieben, bei der die phonologische Rekodierung weitgehend ausgeschaltet ist und die Kodierung der Buchstabenfolge rasch zur Worterkennung führt.

Perfetti und Hogaboam (1975) hatten zudem gezeigt, daß der größere Frequenzeinfluß auf die Aussprechlatenz leseschwacher Kinder nicht dadurch zu erklären ist, daß sie seltener vorkommende Wörter nicht kennen. Wurde nämlich das Wissen der Kinder um die Bedeutung der Wörter geprüft, und nur Wörter verglichen, die leseschwachen und gut lesenden Kindern bekannt bzw. unbekannt waren, so ergab sich erneut ein größerer Unterschied in der Aussprachlatenz zwischen bekannten und unbekannten Wörtern bei den leseschwachen Kindern.

Gewöhnlich wird der Frequenzeinfluß auf die Leseleistung nur beim Lesen von isoliert dargebotenen Wörtern bestimmt. Einige neuere Untersuchungen haben jedoch gezeigt, daß ein ähnlicher Gruppenunterschied auch nachweisbar ist, wenn die Wörter in einem Satzrahmen dargeboten werden, und damit Kontexteinflüsse zur Geltung kommen. Der Gruppenunterschied scheint hier sogar noch deutlicher zu sein (Perfetti und Roth 1981). Der größere Häufigkeitseffekt bei leseschwachen Kindern wird zudem auch bei Aufgaben beobachtet, in denen nur die Identifikation und nicht die Aussprache der Wörter erforderlich ist (Adams 1979).

Schwierigkeiten beim Lesen von sinnlosen Silben (Pseudowörtern): Ein zweiter Unterschied in der Leseleistung leseschwacher und gut lesender Kinder liegt in den besonderen Schwierigkeiten, die leseschwache Kinder beim Lesen aussprechbarer, sinnloser Buchstabenfolgen (Pseudowörter) haben. Bei diesen Wörtern existiert kein lexikalischer Eintrag, d.h. solche Wörter müssen entweder über eine phonologische Rekodierung oder in Analogie zu richtigen Wörtern gelesen werden, wobei jedoch gleichfalls die richtige Aussprache erst ermittelt werden müßte. Besondere Schwierigkeiten leseschwacher Kinder beim Lesen von Pseudowörtern im Vergleich zu gleichaltrigen gut lesenden Kindern sind in einer Vielzahl von Untersuchungen (z.B. Adams 1986, Backman et al. 1984, Perfetti und Hogaboam 1975, Hogaboam und Perfetti 1978) sehr konsistent beobachtet worden. Daraus kann man folgern, daß leseschwache Kinder im Vergleich zu gleichaltrigen guten Lesern die phonologische Rekodierung auf Grund von Graphem-Phonem-Zuordnungen weniger beherrschen.

Bei der Darstellung der Leseentwicklung im letzten Kapitel wurde darauf hingewiesen, daß auch guten und durchschnittlichen Lesern das Lesen von Pseudowörtern in einem unregelmäßigen Schriftsystem wie dem englischen erstaunlich schwerfällt und erst in den höheren Klassen eine größere Sicherheit erreicht wird. Eine kritische Prüfung für die Bedeutung der Schwierigkeiten bei der phonologischen Rekodierung stellt daher der Vergleich des Lesens von Wörtern und Pseudowörtern bei leseschwachen sowie bei jüngeren gut lesenden Kindern mit einem ähnlichen Leistungsstand dar. Dieser Vergleich hat in der angloamerikanischen Leseforschung in den letzten Jahren große Beachtung gefunden. Von den 21 in der Literatur berichteten Untersuchungen haben 12 größere Schwierigkeiten der leseschwachen Kinder beim Lesen von Pseudowörtern (z.B. Marsh et al. 1980, Richardson et al. 1982, Snowling 1980, 1981) und 9 Untersuchungen keinen Unterschied (z.B. Backman et al. 1984, Baddeley et al. 1988, Beech und Harding 1984, Bruck 1988, Stanovich et al. 1986, 1988, Treiman und Hirsh-Pasek 1985) gefunden. Wenn man versucht, Gründe für die diskrepanten Ergebnisse auszumachen, so dürften drei Faktoren eine Rolle spielen.

- die Länge der zu lesenden Wörter bzw. Pseudowörter: Im Vergleich zu den jüngeren, gut lesenden Kindern haben leseschwache Kinder vor allem bei längeren, mehrsilbigen Pseudowörtern größere Schwierigkeiten (Snowling 1981). Alle Untersuchungen, die keinen Unterschied in der Fähigkeit, Wörter und Pseudowörter zu lesen, zwischen leseschwachen Kindern und Kindern ohne Leseschwierigkeiten fanden, ließen die Kinder nur einsilbige Wörter und Pseudowörter lesen.
- die Komplexität der Pseudowörter bzw. die Komplexität der dabei zu beachteten Einflüsse: Besondere Schwierigkeiten leseschwacher Kinder sind eher bei Pseudowörtern zu beobachten, die in Analogie zu Wörtern mit ungewöhnlichen Buchstabenfolgen gebildet wurden (Manis et al. 1986).
- das Alter bzw. der Leseleistungsstand der Kinder: Unterschiede sind eher bei leseschwachen Kindern zu finden, die einen relativ großen Leistungsrückstand haben und noch sehr unsicher lesen (Szeszulski und Manis 1987).
- die Art der Bildung von Vergleichsgruppen: Wenn die leseschwachen und die jüngeren, gut lesenden Kinder nach ihren Leistungen auf einem Leseverständnistest gematcht werden, so ist wahrscheinlich, daß die leseschwachen Kinder beim mündlichen Lesen größere Schwierigkeiten haben und Pseudowörter besonders schlecht lesen können (Aaron 1989).

Leseschwache Kinder unterscheiden sich meist sowohl in der Anzahl der Fehler wie in der Lesegeschwindigkeit beim Lesen von Pseudowörtern. Dabei ist freilich zu beachten, daß der Gruppenunterschied zwischen leseschwachen und gut lesenden Kindern abnimmt, wenn die Latenz kontrolliert wird, die die Kinder für die Aussprache ihnen bereits bekannter, also bereits identifizierter, Pseudowörter brauchen (Mason 1978). Ein Teil der Schwierigkeiten beim Lesen von Pseudowörtern ist also auf die Unsicherheit leseschwacher Kinder zurückzuführen, wie sie diese sinnlosen Wörter, die sie bereits identifiziert haben, aussprechen sollen, in anderen Worten, die Schwierigkeiten beruhen z.T. auf der Initiierung eines adäquaten artikulatorischen Programms für sinnlose Wörter.

Die bisher erwähnten Untersuchungen stammen alle aus dem anglo-amerikanischen Sprachraum, man könnte nun vermuten, daß die Schwierigkeiten beim Erlernen der Graphem-Phonem-Zuordnung und des phonologischen Rekodierens geringer sind, wenn die Schriftsprache weniger Unregelmäßigkeiten in der Graphem-Phonem-Zuordnung aufweist und daß es dann auch den schwächeren Lesern gelingt, die phonologische Rekodierung zu erlernen. Zwei Untersuchungen, die im Rahmen der Wiener Längsschnittstudien durchgeführt wurden, zeigen jedoch übereinstimmend, daß auch im deutschsprachigen Raum leseschwache Kinder der 4. bzw. 8.Klassenstufe größere Schwierigkeiten beim Lesen von Pseudowörtern haben als jüngere Kinder, die etwa den gleichen Leistungsstand im Lesen erreicht haben (Klicpera und Gasteiger-Klicpera 1993).

Trotz einer gewissen Uneinheitlichkeit der Befunde bleibt festzuhalten, daß leseschwache Kinder beim Lesen von Pseudowörtern nicht vollständig versagen. Es ist ihnen jedenfalls möglich, Graphem-Phonem-Zuordnungen zu lernen. Ihre Leistungen liegen etwa auf dem Niveau jüngerer Kinder mit einem vergleichbaren Leseentwicklungsstand oder leicht darunter. Nur wenn die Anforderungen an das Erlesen aufgrund der Kenntnisse über die Graphem-Phonem-Zuordnung größer werden, wie dies bei mehrsilbigen Wörtern oder bei Wörtern mit einer ungewöhnlichen Buchstabenfolge der Fall ist, werden größere Schwierigkeiten offensichtlich. Es ist daher anzunehmen, daß Schwierigkeiten bei der phonologischen Rekodierung zur Erklärung des Rückstands leseschwacher Kinder nicht ausreichen.

Anwendung von Graphem-Phonem-Korrespondenzregeln durch leseschwache Kinder

Die Schwierigkeiten bei der phonologischen Rekodierung legen nahe, daß schwache Leser Graphem-Phonem-Korrespondenzregeln (GPK-Regeln) weniger beherrschen. Dies wird durch die linguistische Analyse der Lesefehler belegt. Je größer die Leseschwierigkeiten, desto häufiger werden beim lauten Lesen die Grapheme falsch wiedergegeben. Es sind zumeist jene Grapheme, deren korrekte Aussprache auch guten Lesern Mühe bereitet, jedoch begehen leseschwache Kinder insgesamt deutlich mehr Fehler (40% gg 27% aller Vokale falsch wiedergegeben, 33% gg 16% andere Konsonantenfehler) (Liberman et al. 1971, Fischer et al. 1978).

Die Anwendung von GPK-Regeln kann am besten durch das Lesen von Pseudowörtern untersucht werden, da hier die Aussprache der Wörter von den Kindern erst eruiert werden muß und nicht durch Übung geläufig ist. Wie bereits erwähnt, sind beim Lesen von Pseudowörtern die Unterschiede zwischen schwachen und guten Lesern vor allem bei jüngeren Kindern sehr deutlich. Die Unterschiede nehmen etwa von der 4.Klasse an ab, da in den späteren Jahren der Zuwachs an Sicherheit in der Regelanwendung bei den leseschwachen Kindern größer ist als bei den gut lesenden (Venezky et al. 1972, Venezky und Johnson 1973, Ryder and Graves 1980). Trotzdem verschwindet der Unterschied auch in den späteren Klassenstufen nicht vollständig.

Ältere leseschwache Kinder entsprechen dabei nicht einfach jüngeren Kindern des gleichen Leseentwicklungsniveaus. Einzelne dominante GPK-Regeln werden von leseschwachen Kindern stärker generalisiert, also auch dann angewandt, wenn eine andere Aussprache der Pseudowörter möglich waäre (Smiley et al. 1976). Zudem ist die korrekte Anwendung von Regeln bei leseschwachen Kindern stärker von der Wortposition abhängig als bei gut lesenden. Anfangskonsonanten werden häufiger richtig ausgesprochen (Venezky et al. 1972). Die Reihenfolge bei der Aneignung der Regeln im Laufe eines Schuljahres zeigt jedoch für leseschwache und gut lesende Kinder, die sich etwa auf dem gleichen Leseentwicklungsniveau befinden, eine eindeutige Parallele (Guthrie und Seifert 1977).

Obwohl sich gut und schlecht lesende Kinder in der Anwendung von GPK-Regeln als Gruppen deutlich unterscheiden, so besteht doch auch unter den gut lesenden Kindern eine deutliche Variabilität in der Fähigkeit, Pseudowörter zu lesen. Die Beherrschung von GPK-Regeln ist somit keine unbedingt notwendige Voraussetzung für flüssiges Lesen. Zwar können Leser, die GPK-Regeln beim Lesen von Pseudowörtern beachten, richtige Wörter sicher lesen, letzteres ist aber auch möglich, ohne daß Pseudowörter gut gelesen werden können (Walmsley 1979).

Stützen sich leseschwache Kinder trotz ihrer Schwierigkeiten beim Lesen auf das phonologische Rekodieren?

Die bisherigen Untersuchungen geben recht eindeutige Hinweise darauf, daß schwache Leser anhaltende Schwierigkeiten beim phonologischen Rekodieren haben, es stellt sich jedoch die Frage, ob sich schwache Leser nicht trotz dieser Schwierigkeiten auf diese Fertigkeiten stützen. Zwei Befunde scheinen dafür zu sprechen, einmal ein deutlicher Einfluß der Regelmäßigkeit der Graphem-Phonem-Korrespondenz auf die Leseleistungen schwacher Leser und zum anderen die Beeinträchtigung des Leseverständnisses durch Wörter (bzw. Pseudowörter), die gleich ausgesprochen, aber verschieden geschrieben werden (Homophone bzw. Pseudohomophone).

Einfluß der Regelmäßigkeit in der Graphem-Phonem-Korrespondenz auf die Leistungen leseschwacher Kinder: Wörter, deren Schreibweise unregelmäßig, d.h. nicht über Graphem-Phonem-Korrespondenz-Regeln ableitbar ist, können nach der Theorie der zweifachen Zugangswege nicht über eine prälexikalische phonologische Rekodierung einzelner Buchstaben oder Buchstaben-Gruppen gelesen werden. Diese Wörter können demnach nur gelesen werden, indem unter Zuhilfenahme des orthographischen lexikalischen Eintrags die Aussprache der Wörter bzw. ihre Bedeutung eruiert wird. Für das Lesen regelmäßiger Wörter kann hingegen sowohl der direkte wie auch der indirekte Zugang zu lexikalischen Informationen benutzt werden.

Sollten leseschwache Kinder die phonologische Rekodierung nicht verwenden, wäre zu erwarten, daß in der Leseleistung dieser Kinder kein oder nur ein geringer Unterschied zwischen regelmäßigen und unregelmäßigen Wörtern festzustellen ist. Die leseschwachen Kinder sollten durch die Möglichkeit zur phonologischen Rekodierung keinen zusätzlichen Vorteil erhalten, da sie sich aufgrund ihrer Schwierigkeiten in erster Linie auf den direkten lexikalischen Zugang zur Eruierung der Aussprache und Bedeutung von Wörtern stützen.

Die vorliegenden Befunde aus dem anglo-amerikanischen Raum stützen diese Hypothese nicht. Erste Befunde von Baron (1979), daß ältere leseschwache Kinder Wörter, die von den Graphem-Phonem-Zuordnungsregeln abweichen, besser lesen können als jüngere gut lesende Kinder, die sich auf dem gleichen Leseentwicklungsstand befinden, konnten in der Folge bei besserer Kontrolle anderer Einflußfaktoren (z.B. Worthäufigkeit, Differenzierung zwischen Buchstabenfolgen mit unterschiedlicher Konsistenz in der Aussprache und echten Ausnahmen) nicht bestätigt werden. Ergebnisse aus mehreren Untersuchungen zeigen recht übereinstimmend, daß im Vergleich zu gut lesenden Kindern der gleichen Klassenstufe die Regelmäßigkeit der Graphem-Phonem-Zuordnungen auf die Leseleistung leseschwacher Kinder einen größeren Einfluß ausübt (z.B.

Adams und Huggins 1986, Backman et al. 1984, Beech und Harding 1984, Seidenberg et al. 1985, Stanovich et al. 1986, 1988, Waters et al. 1985). In den höheren Klassenstufen lesen leseschwache Kinder unregelmäßige Wörter fehlerhafter und langsamer als regelmäßige, selbst dann, wenn es sich um recht häufige Wörter handelt. Bei guten Lesern ist hingegen ein Einfluß der Regelmäßigkeit in der Graphem-Phonem-Korrespondenz nur mehr bei seltenen Wörtern festzustellen (Backman et al. 1984, Waters et al. 1984).

Leseschwache Kinder aus den höheren Klassen werden somit von der Regelmäßigkeit der Graphem-Phonem-Zuordnung ähnlich beeinflußt, wie wir dies bereits im vorigen Abschnitt für Kinder in den ersten Stadien der Leseentwicklung festgestellt haben. Dies wurde in einer Reihe von Untersuchungen direkt überprüft. Im Vergleich zu jüngeren Kindern, die sich auf dem gleichen Leseentwicklungsstand befinden, lassen sich beim Lesen von Wörtern, die sich in der Regelmäßigkeit der Graphem-Phonem-Zuordnung unterscheiden, weitgehend ähnliche Leistungen feststellen (z.B. Backman et al. 1984, Baddeley et al. 1988, Beech und Harding 1984, Bruck 1988, Stanovich et al. 1986, 1988, Treiman und Hirsh-Pasek 1985).

Beeinträchtigung des Leseverständnisses durch homophone Wörter: Auch geübte Leser bemerken oft nicht, daß in einem Satz Wörter oder Pseudowörter vorkommen, die zwar ausgesprochen werden wie die Wörter, die vom Kontext her erwartet werden, jedoch anders geschrieben sind (Homophone bzw. Pseudohomophone). Bei Kindern ist dieser Effekt noch größer als bei Erwachsenen (Doctor und Coltheart 1980). Er wird so interpretiert, daß beim Lesen automatisch phonologische Informationen aktiviert werden, die nicht ignoriert werden können. Wenn sich leseschwache Kinder weniger auf das phonologische Rekodieren stützen, so wäre zu erwarten, daß sie durch das Vorkommen von Homophonen und Pseudohomophonen weniger irregeführt werden. Johnston et al. (1987a, 1988) konnten diese Erwartung für jüngere (8-jährige) leseschwache Kinder, aber nicht für ältere (11-jährige) bestätigen (wobei die leseschwachen Kinder mit guten Lesern einer niedrigeren Klassenstufe verglichen wurden, die sich auf dem gleichen Leseentwicklungsstand befanden).

Zusammenfassung: Insgesamt stützen die Ergebnisse der bisherigen Untersuchungen die Hypothese, daß schwache Leser anhaltende Schwierigkeiten beim phonologischen Rekodieren haben. Es handelt sich zwar nicht um ein absolutes Versagen, aber um ein relatives Defizit. Sie lernen leichter jene Zuordnungen, die regelmäßig sind, und sie können diese Kenntnisse eher einsetzen, wenn es sich um kurze Wörter handelt oder wenn die Gliederung der Wörter weniger Schwierigkeiten bereitet (z.B. beim Wortanfang).

Von Bedeutung ist der Nachweis, daß schwache Leser noch mehr Schwierigkeiten beim Lesen von Pseudowörtern und beim Eruieren der Aussprache von Wörtern haben als jüngere durchschnittliche Leser, die etwa den gleichen Leistungsstand im Lesen aufweisen. Dies ist ein Hinweis dafür, daß diese Schwierigkeiten nicht einfach eine Begleiterscheinung des Rückstands in der Leseentwicklung sind, sondern möglicherweise eine der Ursachen dafür darstellen könnten.

Die mangelnde Beherrschung der Graphem-Phonem-Korrespondenzen bedeutet jedoch nicht, daß schwache Leser diese Lesestrategie beim Lesen ausblenden können und eine phonologische Rekodierung seltener anwenden. Die recht konsistente Beobachtung, daß schwache Leser genauso wie jüngere durchschnittliche Leser unregelmäßige Wörter schwerer lesen als regelmäßige, legt nahe, daß es sich beim phonologischen Rekodieren um eine für den ungeübten Leser automatisierte Lesestrategie handelt. Für die wiederholt geäußerte Vermutung, daß die Erfahrung leseschwache Kinder dahin bringt, alternative Lesestrategien, die keine phonologische Rekodierung voraussetzen, mit den Jahren immer häufiger zu benutzen (Baron 1979, Seymour und Porpodas 1980), gibt es derzeit nur ungenügende Belege.

4.2. Berücksichtigung der orthographischen Regularität durch leseschwache Kinder

Schwierigkeiten beim Lesen von Pseudowörtern könnten auch dadurch bedingt sein, daß es schwachen Lesern weniger gelingt, Regelmäßigkeiten in den Buchstabenfolgen zu erkennen und diese Redundanz auszunutzen. Diese mangelnde Ausnutzung der orthographischen Redundanz könnte auch eine Ursache für die Schwierigkeiten beim Erkennen von Wörtern sein, vor allem wenn man dem Netzwerkmodell von Seidenberg und McClelland (1989) folgt, in dem orthographische Kodes, also die Speicherung der häufig vorkommenden Buchstabensequenzen, eine der beiden Kodierungsmöglichkeiten darstellen, die beim Worterkennen verwendet werden.

Hinweise dafür, daß schwachen Lesern die Regelmäßigkeiten der Orthographie weniger bewußt sind, gibt es mehrere. So können lesegestörte Kinder schlechter als gut lesende beurteilen, welche von zwei Buchstabenfolgen unterschiedlicher Annäherungsstufe an die Schriftsprache mehr einem richtigen Wort entspricht. Ihre Leistungen auf diesem Test der orthographischen Sensibilität gleichen etwa denen von jüngeren Kindern, die sich auf einem ähnlichen Leseentwicklungsstand befinden (Allington 1978c). Ein weiterer Hinweis auf derartige Schwierigkeiten ist, daß lesegestörte Kinder auf Befragen weniger über Positionsrestriktionen von Buchstaben Bescheid wissen als gut lesende (Katz 1977).

Wichtig ist jedoch vor allem die Frage, wieweit eine mangelnde Sensibilität für orthographische Regelmäßigkeiten eine Ursache für die Schwierigkeiten beim Lesen von Wörtern und Pseudowörtern darstellen kann. Dies wurde vor allem in den 70-iger Jahren durch die Variation der orthographischen Redundanz in den von den Kindern zu lesenden Buchstabenfolgen überprüft. Die Ergebnisse sind widersprüchlich. Bei manchen Aufgaben haben leseschwache Kinder keine besonderen Schwierigkeiten, regelmäßig vorkommende orthographische Merkmale der Schrift zu nutzen, etwa bei der Aufgabe, in Listen mit unterschiedlichem Grad von orthographischer Redundanz nach einem vorgegebenen Buchstaben zu suchen. Hier werden leseschwache Kinder ähnlich von der Listenzusammensetzung beeinflußt wie gute Leser der gleichen Klassenstufe (z.B. Leslie und Calfee 1971, Juola et al. 1978, 1979).

Bei der Wiedergabe tachistoskopisch gezeigter Buchstabenfolgen wird hingegen die orthographische Redundanz von leseschwachen Kindern weniger genutzt als von gleichaltrigen gut lesenden Kindern (Adams 1979 b, Scheerer-Neumann et al. 1978, Frederiksen 1978). Drei Teilergebnisse dieser Untersuchungen sollen erwähnt werden.

a) Pseudowörter, die aus vier Buchstaben bestanden und mit hoher Übergangsregelmäßigkeit konstruiert wurden, konnten in der Untersuchung von Frederiksen (1978) auch von leseschwachen Jugendlichen recht gut wiedergegeben werden. Sobald die Buchstabenfolge jedoch nur etwas von den am häufigsten anzutreffenden Mustern abwich, fiel ihre Leistung stark ab. Die Jugendlichen benutzen demnach zwar die orthographische Regularität bei dieser Aufgabe, aber eben nur in den am häufigsten anzutreffenden und den auffälligsten Merkmalen.

b) Scheerer-Neumann et al. (1978) berichteten von einer Untersuchung an jüngeren Kindern. Die Leistungen der lesegestörten Kinder waren in der ersten Hälfte der Buchstabenfolge nahezu identisch mit jenen der gut lesenden Vergleichsgruppe, bei der zweiten Hälfte der Buchstabengruppe fiel ihr Erinnerungsvermögen jedoch stark ab. Ein geringeres Behalten der Reihenfolge als Ursache für dieses Defizit war nicht wahrscheinlich, da die Anzahl der Transpositionsfehler in den beiden Gruppen proportional ähnlich war. Eine wichtige Ursache für die Leistungsschwierigkeiten dürfte hingegen sein, daß die lesegestörten Kinder keine Strategien entwickelt hatten, die die Bildung größerer, leichter zu behaltender Gruppen ermöglicht hätten.

c) Bei den beiden eben genannten Ergebnissen ist unklar, wieweit die Gruppenunterschiede durch eine schlechtere Auffassung der Reize oder durch eine schlechtere Einprägung zustande kamen. Ein Ergebnis der Untersuchung von Adams (1979b) deutet jedoch darauf hin, daß lesegestörte Kinder bereits bei der anfänglichen Verarbeitung von Buchstabenfolgen weniger sensibel für die orthographische Regularität sind. Gut lesende Kinder können zufällige Buchstabenfolgen, die unerwartet in eine Liste von Pseudowörtern eingefügt wurden, signifikant schlechter wiedergeben, als wenn diese in Listen mit anderen zufälligen Buchstabenfolgen enthalten waren. Die gut lesenden Kinder entwickelten also eine Erwartung über die in einer Liste vorhandenen orthographischen Regelmäßigkeiten. Wenn redundante, orthographisch regelmäßige Buchstabenfolgen (=Pseudowörter) erwartet wurden, beeinträchtigte dies die Wahrnehmung zufälliger Buchstabenfolgen. Lesegestörte Kinder konnten jedoch diese spezifischen Erwartungen nicht bilden, da sie nicht über genügend Sensibilität für die orthographische Regelmäßigkeit verfügten. In dieser Gruppe kam es daher bei dieser Aufgabe zu keiner oder nur zu geringer Interferenz, wenn plötzlich ein Reiz dargeboten wurde, der in der orthographischen Regelmäßigkeit von den übrigen abwich.

Nach den vorliegenden Untersuchungsergebnissen kann die Möglichkeit nicht ganz ausgeschlossen werden, daß leseschwache Kinder Probleme damit haben, Regelmäßigkeiten in Buchstabenfolgen zu behalten. Da jedoch kein Vergleich zu den Leistungen jüngerer Kinder mit ähnlichen Leseleistungen durchgeführt wurde, ist unklar, wieweit dies eine Folge des Leistungsrückstands im Lesen und der mangelnden Erfahrung mit schriftlichem Material ist.

4.3. Aneignung wortspezifischer Lesekenntnisse

Das Wissen um die konkrete Schreibweise bestimmter Wörter ermöglicht nach dem Modell der zweifachen Zugangswege den direkten Zugang zum mentalen Lexikon bzw. die Aktivierung der intern in Form eines Netzwerks gespeicherten Informationen über die Wörter. Im Leseunterricht wird versucht, diese Lesestrategie zu fördern, indem der beim Lesen verwendete Wortschatz zunächst eingeschränkt wird. Dadurch lernen die Kinder, sich einen sogenannten Sichtwortschatz anzueignen, also ein Set an Wörtern, die sie unmittelbar erkennen. Eine Reihe von Befunden deutet darauf hin, daß leseschwache Kinder Probleme beim Behalten der Schreibweise von Wörtern und damit beim Aufbau eines Sichtwortschatzes (bzw. einer mentalen orthographischen Repräsentation) haben.

Reitsma (1983 a), dessen Untersuchungen über die Aneignung wortspezifischen Wissens in den ersten Volksschulklassen bereits dargestellt wurden, hat in einem der Experimente leseschwache, lernbehinderte Kinder, die bereits 4 Jahre die Schule besuchten, mit Kindern der 1.Klasse verglichen. Er konnte zeigen, daß leseschwache Kinder - im Gegensatz zu den Erstklässlern - selbst nach achtmaligem Lesen geübte Wörter nicht rascher lesen konnten als Pseudohomophone, die sich nur gering unterschieden (im Holländischen z.B. zeilen/zijlen) und nicht geübt worden waren. Leseschwache Kinder scheinen demnach ein bedeutend größeres Ausmaß an Übung zu brauchen, um sich die Schreibweise von Wörtern einzuprägen und von dieser Kenntnis beim Lesen zu profitieren. Nur sehr häufig vorkommende Wörter werden von ihnen rascher gelesen als

Pseudowörter mit einer homophonen Schreibweise (Reitsma 1983 a), erst mit ausgedehnter Übung kann also eine orthographische Repräsentation dieser Wörter gebildet werden.

Nach Olson et al. (1985) haben jedoch ältere leseschwache Kinder bei ausreichender Übung des Lesens ein beträchtliches Wissen über die spezifische Schreibweise vieler Wörter und können diese von Pseudohomophonen etwa ebensogut unterscheiden wie jüngere durchschnittliche Schüler mit einem ähnlichen Leistungsstand. Man könnte aus diesem Befund folgern, daß das im Vergleich zu Gleichaltrigen unzureichende Wissen um die korrekte Schreibweise von Wörtern nur eine Folgeerscheinung der Leseschwierigkeiten ist. Gegen diese Interpretation sprechen allerdings (neben den Ergebnissen des Lernexperiments von Reitsma 1983a) Befunde, die Stanovich und West (1989) sowie Cunningham und Stanovich (1990) berichteten. Die Autoren konnten sowohl bei Kindern im Volksschulalter wie bei Studenten nachweisen, daß die Fähigkeit, die korrekte Schreibweise eines Wortes von einem Pseudohomophon zu unterscheiden, einen wesentlichen Anteil an der Lesefähigkeit erklärt, auch wenn die phonologische Rekodierungsfähigkeit und das Ausmaß an Leseübung bzw. der Umfang der von Kindern bereits gelesenen Bücher berücksichtigt wird. Man kann also davon ausgehen, daß auch die Schwierigkeiten beim Aufbau zuverlässiger orthographischer Repräsentationen einen Beitrag zu den Leseschwierigkeiten von Kindern leisten.

Diese Interpretation wird auch durch die Ergebnisse unserer Untersuchung über das Lesenlernen in der 1.Klasse gestützt (Klicpera und Gasteiger-Klicpera 1993). Unter den Kindern, die beim Lesenlernen Schwierigkeiten hatten, ließen sich - wie bereits erwähnt - zwei Gruppen unterscheiden: Kinder mit vorübergehenden Leseschwierigkeiten in der ersten Hälfte des Schuljahres und Kinder mit persistenten Schwierigkeiten. Ein wesentliches Merkmal der Kinder mit persistenten Leseschwierigkeiten war, daß sie von Anfang an große Schwierigkeiten hatten, die bereits im Leseunterricht wiederholt geübten Wörter richtig zu lesen. Kinder mit anfänglichen Leseschwierigkeiten konnten diese Wörter hingegen gut lesen, obwohl beide Gruppen große Mühe hatten, neue, im Leseunterricht noch nicht gelesene Wörter zu lesen und somit die im Leseunterricht erworbenen Kenntnisse über die Graphem-Phonem-Zuordnung nicht auf neue Aufgaben übertragen konnten.

Einen deutlichen Hinweis auf Schwierigkeiten leseschwacher Kinder bei der Aneignung wortspezifischer Lesekenntnisse geben Trainingsexperimente, in denen die Entwicklung der Lesesicherheit und -geläufigkeit nach wiederholtem Lesen der Wörter beobachtet wird (Lemoine et al. 1993, Abb.9). Während gute Leser schon in der 3.Klasse sowohl (in den Graphem-Phonem-Zuordnungen) regelmäßige wie unregelmäßige Wörter bei der ersten Darbietung relativ rasch lesen können und nach wenigen Darbietungen bereits ein Plateau erreichen, nimmt die Lesegeschwindigkeit schwacher Leser langsamer zu und bleibt auch nach vielen Wiederholungen deutlich über jener der guten Leser. Die Übungseffekte bleiben allerdings auch bei schwachen Lesern über längere Zeit erhalten. Sie sind spezifisch für die jeweils geübten Wörter und führen nicht dazu, daß andere ähnliche Wörter nun ebenfalls schneller oder sicherer gelesen werden.

Mit dem wiederholten Lesen werden also die lexikalischen Eintragungen der Wörter auch bei schwachen Lesern leichter zugänglich und das Lesen wird sicherer und rascher. Dieser Übungseffekt erfordert jedoch mehr Zeit und häufigere Wiederholungen als bei guten Lesern.

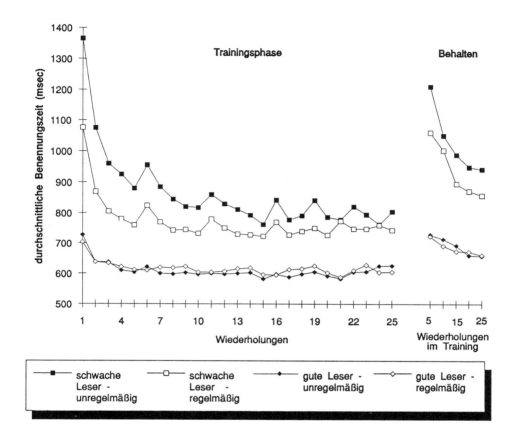

Abbildung 9: Übungseffekte beim Lesen von regelmäßigen und unregelmäßigen Wörtern bei guten und schwachen Lesern: Abnahme der Benennungsgeschwindigkeit von (nach den Graphem-Phonem-Korrespondenzen) regelmäßigen und unregelmäßigen Wörtern bei widerholter Vorgabe (linke Hälfte der Abbildung) sowie Behalten des Übungseffekts nach 1 Woche bei unterschiedlicher Anzahl von Wiederholungen im Training (nach Lemoine et al. 1993).

4.4. Die Verwendung von Buchstaben-übergreifenden Merkmalen durch leseschwache Kinder

Lesegestörte Kinder scheinen sich mehr als gut lesende Kinder auf die vertraute Wortgestalt zu verlassen. Mason (1978) konnte feststellen, daß die Lesezeit von lesegestörten Jugendlichen gerade bei orthographisch regelmäßigen Buchstabenfolgen stärker durch eine alternierende Groß- und Kleinschreibung behindert wird, als jene von gut lesenden. Frederiksen (1978) konnte einen ähnlichen Effekt - ebenfalls bei lesegestörten Jugendlichen - für die lexikalische Entscheidungszeit beobachten.

Schlecht lesende Kinder werden schon in den ersten Klassen stärker in ihrer Leseleistung beeinträchtigt als gut lesende, wenn die Wörter in einer visuell wenig vertrauten Form geschrieben werden (Snowling und Frith 1981). Gut lesende Kinder stützen sich von Anfang an stärker auf die orthographische Regularität und die den Buchstaben zugeordneten Phoneme und werden durch Entstellung der vertrauten Wortgestalt daher weniger beeinträchtigt als durch Reduktion der anderen Informationen. Auf die Leistung schlecht lesender Kinder wirken sich hingegen Veränderungen der Wortgestalt ebenso stark aus, wie falsche Informationen in den anderen Bereichen.

4.5. Schwierigkeiten beim Benennen von Buchstaben und in der Ausbildung der Buchstabenschemata bei leseschwachen Kindern

Auf einer niedrigeren Ebene der Informationsverarbeitung ist das Worterkennen von der Vertrautheit mit den Buchstaben und der Ausbildung von Buchstabenschemata abhängig. In den niedrigeren Klassen zeigen leseschwache Kinder häufiger Schwierigkeiten beim Behalten der Buchstabennamen und der diesen zugeordneten Phoneme. Selbst wenn die leseschwachen Kinder in den höheren Klassen die Buchstaben sicher benennen können, sind sie langsamer dabei (Spring und Capps 1974, Denckla und Rudel 1976, Bouma und Legein 1980, Biemiller 1977, Curtis 1980). Diese Unterschiede lassen sich sowohl bei einzelner Darbietung von Buchstaben (Bouma und Legein 1980) als auch bei der üblicheren Darbietung von Buchstabenreihen feststellen. Einige Untersuchungen an Kindern und älteren Jugendlichen, die nur eine geringe Leseschwäche aufwiesen, konnten allerdings bei einzelner Darbietung der Buchstaben keine Unterschiede in der Benennungslatenz gegenüber gut lesenden Kindern finden (Stanovich 1981, Mason 1980).

Bei der Interpretation dieser Ergebnisse muß zunächst die Frage gestellt werden, wieweit es sich bei diesen Unterschieden um eine geringere perzeptuelle Sensibilität handelt. Gross et al. (1978) haben bei leseschwachen Kindern eine höhere Wahrnehmungsschwelle gefunden. Dieses Ergebnis ist jedoch isoliert geblieben. Die meisten anderen Untersuchungen fanden an leseschwachen Kindern und Jugendlichen, die eine erhöhte Benennungslatenz zeigten, keinen Hinweis für ein perzeptuelles Defizit. So wurde in mehreren Untersuchungen die Geschwindigkeit verglichen, mit der die physische Identität (z.B. a - a) und die Namensidentität (z.B. a - A) von Buchstaben bestimmt werden konnte. Jackson und McClelland (1979) sowie Ellis und Miles (1978) fanden, daß die leseschwachen Kinder und Jugendlichen die physische Identität ähnlich rasch beurteilen konnten wie eine gut lesende gleichaltrige Kontrollgruppe. Bei der Beurteilung der Namensidentität waren sie jedoch bedeutend langsamer.

Die meisten Untersuchungen zum Ausschluß von Informationsverarbeitungsdefiziten perzeptueller Natur haben Jackson und McClelland (1975, 1979) durchgeführt und dabei keinerlei Hinweise für ein entsprechendes Defizit gefunden. Allerdings handelt es sich hier um Jugendliche, deren Leseleistungen nicht allzu schlecht waren, während die Kinder in der Untersuchung von Gross et al. (1978) große Leseschwierigkeiten hatten.

Wenn es sich aber um kein perzeptuelles Defizit handelt, worum handelt es sich dann? Nach Ansicht der meisten Autoren liegt die Schwierigkeit darin, konkrete visuelle Informationen in einen abstrakten Buchstaben-Kode umzuwandeln.

Untersuchungen der letzten Jahre gehen davon aus, daß eine Leseschwäche bei unterschiedlichen Kindern nicht auf den selben Verarbeitungsschwächen beruhen muß. Bigsby

(1990) hat deshalb bei einer kleinen Gruppe leseschwacher Kinder und Jugendlicher individuell für jedes dieser Kinder bzw. jeden Jugendlichen bestimmt, wieweit eine Schwäche bei der Verarbeitung von Buchstabeninformationen vorliegt. Sie stellte fest, daß etwa die Hälfte beim Vergleich der (graphischen) Buchstabenmerkmale oder bei der Bildung der abstrakten Buchstabenkodes sehr langsam und fehleranfällig ist. Als Folge dieser Schwierigkeiten können die Kinder Buchstaben nicht parallel verarbeiten und sind daher auf ein langsames sequentielles Dekodieren angewiesen.

Neben den Schwierigkeiten beim Benennen und bei der raschen Identifikation von Buchstaben sind auch Schwierigkeiten bei der Wiedergabe kurzer, zufälliger Buchstabenfolgen beschrieben worden, etwa in der gut kontrollierten Untersuchung von Adams (1979), ebenso bei Scheerer-Neumann et al. (1978). Um ein ähnliches Wiedergabeniveau zu erreichen, müssen solche Reihen den lesegestörten Kindern deutlich länger dargeboten werden. Auch dies dürfte durch Schwierigkeiten bei der Bildung von (verbalen) Buchstabenkodes bedingt sein.

Reversionstendenz: Beachtung der Orientierung beim Lesen
Unter den möglichen Schwierigkeiten bei der Ausbildung von Buchstabenschemata hat die Beachtung der Orientierung der Buchstaben lange Zeit besondere Beachtung erfahren. Dies dürfte zum Teil darauf zurückzuführen sein, daß es sich bei sogenannten Reversionsfehlern (also der Verwechslung z.B. der Buchstaben b und d) um - für den Erwachsenen - sehr auffällige Fehler handelt. Hinzu kommt, daß es - wie im letzten Kapitel bereits erwähnt - Kindern zu Beginn des Lesenlernens bei der Unterscheidung von Buchstaben am schwersten fällt, deren Orientierung zu beachten (Gibson et al. 1962). Es stellt sich nun die Frage, wieweit diese Schwierigkeiten bei leseschwachen Kindern besonders auffällig sind und ob sie in einem größeren Ausmaß zu den Leseschwierigkeiten beitragen.

Reversionen beim Zuordnen und Benennen einzeln vorgegebener Buchstaben: Zu Beginn der Leseentwicklung dürfte die Beziehung zwischen der Lesefähigkeit und dem Anteil der Reversionsfehler beim Zuordnen und Benennen einzeln vorgegebener Buchstaben kurvilinear sein.

Reversionsfehler beim Benennen von Buchstaben machen bei Kindern, die nur mehr wenig Fehler begehen, einen größeren Teil der Fehler aus als bei Kindern mit einer größeren Unsicherheit beim Buchstabenbenennen (Cohen und Stricker 1979). Auch Kinder mit sehr großen Leseschwierigkeiten begehen beim Zuordnen und Benennen von Buchstaben einen recht großen Anteil an Reversionsfehlern (Fischer et al. 1978). Mit dieser kurvilinearen Beziehung vereinbar ist es, daß andere Untersuchungen keinen Unterschied in der relativen Häufigkeit von Reversionsfehlern zwischen leseschwachen und gut lesenden Kindern feststellten. So fanden Lyle und Goyen (1968) bei der Aufgabe, Buchstaben in einer Multiple-Choice-Anordnung zuvor gezeigten Buchstaben zuzuordnen, zwar mehr Fehler bei den schwachen Lesern, aber keine deutliche Bevorzugung von Reversionsfehlern.

Leseschwache Kinder begehen Reversionsfehler vor allem dann, wenn die Form des Buchstabens aus dem Gedächtnis zu rekonstruieren ist, wenn also einem genannten Buchstaben die richtige graphische Form zuzuordnen ist oder einem Großbuchstaben der gleiche Buchstabe in Kleinschreibung (Sidman und Kirk 1974).

Reversionen beim Lesen von Wörtern in Wortlisten: Nur in wenigen Untersuchungen sind differenzierte Angaben über die Häufigkeit von Orientierungsfehlern beim Lesen von Wörtern enthalten. Die detailliertesten Angaben sind zwei Untersuchungen der Gruppe um Liberman und Shankweiler (Liberman et al. 1971, Fischer et al. 1978) zu entnehmen.

Danach treten Lesefehler, die mit der Verwechslung von Buchstaben mit unterschiedlicher Orientierung zusammenhängen, in der 2.Klasse praktisch nur mehr bei den am schlechtesten lesenden Kindern auf und machen bei diesen Kindern etwa 15% aller Fehler aus, wobei große interindividuelle Unterschiede bestehen (3-32% der Fehler bei verschiedenen Kindern). Diese Orientierungsfehler treten im Durchschnitt bei 12.7% der reversionsgefährdeten Buchstaben auf. Reversionen von Buchstaben treten häufiger in Wörtern als bei Vorgabe einzelner Buchstaben auf (12.7% gg 7.4%), auch wenn diese tachistoskopisch vorgegeben werden und vor allem aus reversionsgefährdeten Buchstaben bestehen. Die Häufigkeit der Reversionen von Buchstaben in Wörtern und bei einzelner Vorgabe korreliert praktisch nicht miteinander (Liberman et al. 1971). Dies deutet darauf hin, daß an der Schwierigkeit, einzeln vorgegebene Buchstaben zu unterscheiden und Buchstaben im Wortkontext richtig zu lesen, unterschiedliche Faktoren beteiligt sind.

Dies erhärtet sich bei genauerer Betrachtung der Lesefehler. Die meisten dieser Fehler betreffen den Buchstaben b, seltener d und p. 'b' wird vor allem mit 'p' verwechselt, weniger oft mit 'd'. 'd' und 'p' werden fast immer durch 'b' ersetzt. Es ist also auffallend, daß die Verwechslungen in erster Linie Buchstaben betreffen, bei denen sich auch die ihnen zugeordneten Laute nur in einem Merkmal unterscheiden. Liberman et al. (1971) folgerten daraus, daß Orientierungsfehler beim Lesen von Wörtern durch Unsicherheiten der Graphem-Phonem-Zuordnung mitbestimmt sind.

Sequenzfehler beim Lesen einzelner Wörter: Die Verwechslung der Buchstabenreihenfolge beim Lesen von Wörtern ist ein recht eindrucksvoller Fehler und erweckt vor allem bei jüngeren Kindern den Anschein, als ob diese noch nicht gelernt hätten, die Leserichtung von links nach rechts einzuhalten. Solche Fehler werden daher von vielen Pädagogen und Psychologen als besonderes Merkmal der Leseleistung wenig geübter und schlechter Leser betrachtet. Differenzierte Angaben über die Häufigkeit solcher Fehler bei Kindern verschiedener Klassenstufen können jedoch nur in wenigen Untersuchungen gefunden werden.

Liberman et al. (1971) berichten, daß Sequenzfehler beim Lesen einer Wortliste in der 2.Schulstufe fast nur mehr bei den am schlechtesten lesenden Kindern zu finden sind und dort etwa 10% aller Fehler ausmachen. Die Häufigkeit, mit der solche Fehler gemacht werden, korreliert bei diesen Kindern nicht mit der Häufigkeit von Orientierungsfehlern, wohl aber mit der Häufigkeit anderer Fehler wie Fehlern bei der Wiedergabe von Vokalen und Konsonanten. Bei schwerer lesegestörten Kindern (Fisher et al. 1978) ist zwar die relative Häufigkeit solcher Fehler auch größer, ihre Genese könnte jedoch eine etwas andere sein, da sich bei diesen Kindern eine signifikante Korrelation ($r=0.55$) mit der Häufigkeit von Orientierungsfehlern zeigt.

Es muß jedoch darauf hingewiesen werden, daß sich bei der Bewertung von Sequenzfehlern eine Reihe methodischer Probleme ergeben. So ist die Frage ungelöst, ob alle jene Fehler als Sequenzfehler gezählt werden sollen, bei denen Buchstaben bzw. Laute ihre relative Position zueinander vertauschen, unabhängig vom ursprünglichen Abstand der Buchstaben zueinander. Sind Sequenzfehler gar alle Fehler, bei denen ein Buchstabe bzw. der ihn repräsentierende Laut nicht an der richtigen Stelle wiedergegeben wird, oder sollten als Sequenzfehler nur jene Fehler bewertet werden, bei denen - abgesehen von der Reihenfolge - die richtigen Buchstaben bzw. Laute im Wort enthalten sind? Wie sollen Perseverationen bewertet werden, bei denen der Buchstabe an der ursprünglichen Stelle erhalten bleibt? Solche Entscheidungen werden besonders dann akut, wenn pro

Wort nur ein Fehler bewertet wird. Die Wahrscheinlichkeit, daß in einem verstümmelt wiedergegebenen Wort auch Sequenzfehler enthalten sind, steigt natürlich mit dem Grad der Verstümmelung des Wortes beträchtlich an.

Aus den Angaben zur Fehleranalyse der Untersuchung von Liberman et al. (1971) und Fischer et al. (1978) ist nicht klar zu entnehmen, wie die Autoren diese methodischen Probleme gelöst haben. Es scheint eine relativ enge Definition der Sequenzfehler verwendet worden zu sein, die jedoch nicht sehr präzise war, da Liberman et al. (1971) berichten, daß die Reliabilität der Bewertung von Sequenzfehlern relativ gering war. Während die Reliabilität der Bewertung von Lesefehlern ganz allgemein bei 0.83 lag, betrug die Reliabilität der Bewertung von Sequenzfehlern nur 0.43.

Zusammenfassend läßt sich feststellen, daß Unsicherheiten der Unterscheidung von Buchstaben bei leseschwachen Kindern in den ersten Phasen des Leselernprozesses häufig vorkommen. Auch längerfristig bildet ein Teil dieser Kinder die für das Lesen benötigten abstrakten Buchstabenkodes nur langsam und bleibt darin ineffizient. Die Bedeutung visueller Diskriminierungsschwächen, vor allem in Bezug auf die Orientierung der Buchstaben, ist jedoch in der Vergangenheit überschätzt worden. Detaillierte Untersuchungen weisen darauf hin, daß Orientierungs- und Sequenzfehler nur einen relativ geringen Teil der Lesefehler schwacher Leser ausmachen und daß sie auch noch durch andere Faktoren als die Orientierung der Buchstaben bestimmt sind. Der Anteil dieser Fehler an der Gesamtfehlerzahl zeigt selbst in den ersten Klassen nur einen sehr geringen Zusammenhang mit der Lesefähigkeit (für Reversionen bei tachistoskopischer Vorgabe einzelner Buchstaben r= .01, für Reversionen in Wortlisten r= .15, Liberman et al. 1971).

4.6. Schwierigkeiten beim Erkennen und Ausnutzen der Morphemgliederung

Einige Untersuchungen zeigen, daß lesegestörte Kinder neben anderen Schwächen auch den Morphemaufbau der Wörter wenig nutzen. So können sie die Zusammengehörigkeit voneinander abgeleiteter Wörter weniger gut beurteilen als gut lesende Kinder (Barganz 1974). Dies ist nicht nur dann der Fall, wenn die Wörter visuell vorgegeben werden, sondern auch bei auditiver Präsentation.

Auch bei Buchstabenausstreich-Aufgaben wurde eine geringere Differenzierung des Fehlermusters bei schlecht lesenden Kindern beobachtet. Während gute Leser bei Inhaltswörtern deutlich weniger Buchstaben übersehen als bei Funktionswörtern und bei Stammorphemen ebenfalls weniger als bei Affixen, ist dieser Unterschied bei lesegestörten Kindern deutlich geringer ausgeprägt (Drewnowski 1981).

Die Sensitivität für Wortbildungsregeln beeinflußt die Entwicklung der Lesefähigkeit nicht nur direkt durch ihren Einfluß auf den Leseprozeß, sondern auch auf indirektem Weg. Das Erfassen der Wortbildungsregeln führt dazu, daß Komposita leichter in einfachere Elemente zerlegt und ihre Bedeutung dadurch erfaßt werden kann. Dies führt dazu, daß der von den Kindern beherrschte Wortschatz umfangreicher ist. Kinder, die frühzeitig einen großen Wortschatz erworben haben, zeichnen sich, wie Freyd und Baron (1982) gezeigt haben, von älteren Kindern, die etwa den gleichen Wortschatzumfang haben, durch ein besseres Verständnis für zusammengesetzte Wörter aus. Sie können Wortbildungsregeln auch in größerem Ausmaß benutzen, um sich neue, unbekannte Wörter bei einer Lernaufgabe anzueignen und diese Wörter längerfristig zu behalten. Das explizite Üben in der Analyse von zusammengesetzten Wörtern führt bei Kindern, die diese Analyse spontan kaum anwenden, zu einem besseren Verständnis von Wörtern. Da der Wortschatz der Kinder einen großen Einfluß auf ihr Leseverständnis ausübt, kommt der Fähigkeit zur Wortanalyse also über das Worterkennen hinaus Bedeutung für die Lesefähigkeit zu.

4.7. Automatisierung des Worterkennens bei leseschwachen Kindern

In den letzten Jahren sind die Schwierigkeiten lesegestörter Kinder in Anlehnung an LaBerge und Samuels (1974) mehrfach als Folge einer zu geringen Automatisierung der einzelnen, beim Worterkennungsprozeß notwendigen Informationsverarbeitungsschritte interpretiert worden. Vor allem Perfetti und Lesgold (1979) haben die auffallende Langsamkeit beim Lesen einzelner Wörter betont, die sich selbst dann noch zeigt, wenn die Kinder mit jüngeren Kindern nach dem Leseleistungsniveau bei nicht zeitgebundenen Aufgaben parallelisiert werden (so etwa Seymour und Porpodas 1980). Diese auffallende Langsamkeit sowie die dabei oft sichtbare Anstrengung legt die Interpretation nahe, daß das Worterkennen ein Übermaß an Aufmerksamkeit fordert.

Es stellt sich daher die Frage, ob dieses geringe Ausmaß an Automatisierung bei lesegestörten Kindern auch durch jene experimentellen Paradigmata nachgewiesen werden kann, mit denen die Ausbildung der Automatisierung während der Leseentwicklung untersucht wurde.

Größerer Einfluß der Wortlänge: Mehrfach und an verschiedenen Stichproben leseschwacher Kinder wurde beobachtet, daß die Aussprechlatenz für Wörter bei diesen Kindern stärker mit der Wortlänge zunimmt als bei gut lesenden Kindern - dies gilt sowohl für jüngere (Hogaboam und Perfetti 1978, Perfetti et al. 1978, 1979, Seymour und Porpodas 1980) als auch für ältere lesegestörte Kinder (Frederiksen 1978). Dieser Einfluß zeigt sich auch noch, wenn die Anzahl der Buchstaben bei konstanter Silbenzahl variiert wird, der Einfluß artikulatorischer Faktoren also kontrolliert ist (Seymour und Porpodas 1980).

Ein größerer Einfluß der Wortlänge auf lesegestörte Kinder läßt sich auch bei Aufgaben feststellen, in denen es darauf ankommt, die Bedeutung von Wörtern zu erfassen, es aber nicht notwendig ist, die Wörter selbst richtig auszusprechen. So war bei einer lexikalischen Entscheidungsaufgabe (Frederiksen 1978) die Anzahl der Buchstaben sowie die Anzahl der Silben nur für die Reaktionszeit von lesegestörten Jugendlichen von Bedeutung.

Ein ähnlicher Effekt zeigt sich auch bei Buchstabensuchaufgaben und zwar sogar bei jenen, in denen die Buchstaben in zufälliger Reihenfolge angeordnet sind (Frederiksen 1978, Krueger et al. 1974). Die Anzahl der Buchstaben, die lesegestörte Kinder und Jugendliche pro Sekunde durchmustern können, ist deutlich geringer als bei gleichaltrigen guten Lesern. Die angemessenste Interpretation scheint zu sein, daß die Verarbeitung der Buchstaben seriell statt parallel erfolgt, und das würde bedeuten, daß die Verarbeitung weniger automatisiert ist.

Leistungen bei Interferenz-Aufgaben: Bei diesen Aufgaben wird, wie beschrieben, der Einfluß semantischer bzw. graphischer Ähnlichkeit von Wörtern, die in Bilder eingetragen sind, auf die Benennungsgeschwindigkeit der Bilder bestimmt. Dabei zeigte sich, daß lesegestörte Kinder zwar langsamer beim Benennen der Bilder sind, die Erleichterung bzw. die Interferenz durch Wörter bei ihnen aber ähnlich stark ausgeprägt ist wie bei gut lesenden Kindern (Golinkoff und Rosinski 1976, Guttentag und Haith 1978, Pace und Golinkoff 1976). Allerdings gilt dies nur für die oberen Volksschulklassen, vorher kommt es bei leseschwachen Kindern ohne zusätzliche Übung im Dekodieren der einzelnen Wörter zu keinem deutlichen Interferenzeffekt (Ehri 1976, Ehri und Wilce 1979).

Anders als bei gut lesenden ist bei den lesegestörten Kindern jedoch auch in der 3.Klasse noch kein Unterschied in der Größe des Interferenzeffekts festzustellen, wenn die Aussprechbarkeit der eingetragenen Buchstabenfolgen variiert wird (Guttentag und Haith 1978). Dies deutet darauf hin, daß zwar der lexikalische Zugang bei den lesegestörten Kindern automatisch erfolgt, nicht jedoch die phonologische Rekodierung von Buchstabenfolgen.

Zusammenfassend kann man feststellen, daß der Leseprozeß bei leseschwachen Kindern - wenn auch erst nach einiger Zeit und damit verzögert - unwillkürlich und ohne bewußte Entscheidung abläuft. Er erfordert jedoch sogar auf der Ebene der Buchstabenkodierung mehr Anstrengung, sodaß diese selbst bei älteren leseschwachen Kindern und Jugendlichen nicht parallel an mehreren Buchstaben gleichzeitig durchgeführt werden kann. Es ist jedoch möglich, daß diese mangelnde Automatisierung bei einigen Kindern auch durch eine frühzeitig festgelegte, falsche Strategie der Aufmerksamkeitsverteilung bedingt ist, bei der nicht auf größere orthographische Sequenzen geachtet wird. Die daraus resultierende mangelnde Vertrautheit mit solchen Sequenzen erschwert dann in weiterer Folge eine parallele Verarbeitung mehrerer Buchstaben und verlangsamt damit den Leseprozeß deutlich.

4.8. Die Verwendung des Kontexts beim Worterkennen durch leseschwache Kinder

Da leseschwache Kinder auch Schwierigkeiten beim Verständnis von Geschichten und bei der Verarbeitung syntaktischer und semantischer Informationen haben, ist es möglich, daß diese Schwierigkeiten die Worterkennungsprobleme mit verursachen. Dieser Standpunkt wurde etwa von Goodman (1976) vertreten, der annahm, daß leseschwache Kinder die potentiellen Informationen eines Textes weniger ausnutzen als leistungsunauffällige Kinder. Dies sollte sich nach Goodman darin äußern, daß das Worterkennen leseschwacher Kinder weniger durch die zuvor gelesenen Informationen erleichtert wird, also weniger kontextabhängig ist als bei gut lesenden Kindern.

Viele Untersuchungen, die als Unterstützung der Hypothese einer geringeren Kontextausnutzung leseschwacher Kinder zitiert werden, verwendeten Lückentexte, in denen ein fehlendes Wort zu erraten oder aus mehreren Alternativen auszuwählen war (z.B. Guthrie 1973, Perfetti et al. 1979). Dabei zeigte sich, daß leseschwache Kinder die fehlenden Wörter weniger gut aus den vorausgehenden Informationen ergänzen können. Diese Befunde weisen darauf hin, daß leseschwache Kinder Schwierigkeiten bei der Verarbeitung von Texten und beim Textverständnis haben, und daß sie Schwierigkeiten haben, Hypothesen über die Ergänzung der durch den Text vorgegebenen Strukturen zu bilden. Aber der Einfluß des Kontextes auf das Lesen einzelner Wörter wird hier nicht direkt untersucht.

Perfetti und Roth (1981) führten ein Experiment mit lesegestörten und leistungsunauffälligen Kindern durch, bei dem die den einzelnen Leerstellen vorausgegangenen Textstrukturen variiert wurden. Es wurde die Fähigkeit der Kinder geprüft, aus den Texten spezifische Vorhersagen über die Ergänzung der Leerstellen zu machen. Die von den lesegestörten Kindern vorhergesagten Wörter entsprachen seltener den weggelassenen und setzten den begonnenen Text weniger adäquat fort. Dabei zeigten sich die deutlichsten Unterschiede zwischen gut lesenden und leseschwachen Kindern dann, wenn die vorausgehenden Texte eine in sich gegliederte hierarchische Struktur hatten. Gut lesende Kinder führten diese Struktur meist angemessen zu Ende, während die leseschwachen oft nur den hervorstechendsten Teil der Geschichten beachteten. Einschränkungen und Modifikationen früherer Aussagen wurden von diesen Kindern vernachlässigt, vor allem wenn sie nicht im zuletzt gehörten Teil der Geschichte vorkamen.

Die geringere Fähigkeit, aus einem vorhergehenden Text Ergänzungen abzuleiten, erklärt auch, daß lesegestörte Kinder mehr graphische Informationen benötigen, um Wörter, die auf einen bestimmten, vorgegebenen Kontext folgen, zu erraten bzw. zu erkennen. Gut lesende Kinder konnten z.B. auf die Vorgabe eines Eigenschaftswortes hin, mit minimalen Hinweisen (z.B. erster Buchstabe und Wortlänge) besser ein ergänzendes Hauptwort identifizieren als leseschwache Kinder (Samuels et al. 1975). Nur bei sehr eng assoziierten Wörtern waren keine Unterschiede zwischen den Gruppen zu beobachten.

Eine ähnliche Beobachtung machten Allington und Strange (1978), die den Einfluß graphischer Informationen sowie des Kontextes auf das Erraten der Wörter, die einen Satz vervollständigten, untersuchten. Gut lesende Kinder konnten die ergänzenden Wörter bereits erraten, nachdem sie nur einen oder zwei Buchstaben der Zielwörter gesehen hatten. Die lesegestörten Kinder benötigten signifikant mehr Buchstaben. Auch entsprachen ihre Antworten weniger dem syntaktischen und semantischen Zusammenhang, der vervollständigt werden sollte. Auffällig war weiters, daß die lesegestörten Kinder häufiger, wenn ihnen die ersten Buchstaben gezeigt wurden, zunächst kein passendes Wort finden konnten und keine Antwort gaben, während ihnen ohne graphische Informationen genügend Wörter einfielen. Allington und Strange schlossen daraus, daß es den lesegestörten Kindern schwerer fällt, graphische und semantisch-syntaktische Informationen zu integrieren.

Mit diesen Untersuchungen ist jedoch die Frage nach der Bedeutung des Kontextes für das Lesen lesegestörter Kinder noch immer unzureichend beantwortet. Die Untersuchungen zeigen nur, daß lesegestörte Kinder Schwierigkeiten bei der Verarbeitung von Texten haben und daher auf mehr graphische Informationen angewiesen sind. Sie sagen jedoch nichts darüber aus, wieweit lesegestörte Kinder einen von ihnen verarbeiteten Kontext für das Erkennen von Wörtern benutzen.

Während die bisherigen Befunde auf eine geringere Kontextausnutzung durch lesegestörte Kinder hinweisen, verschiebt sich das Bild bereits, wenn ihre Leistung bei Wortlisten und bei einem zusammenhängenden Text beobachtet wird. Bei gut lesenden Kindern besteht bereits in der 2. und 3.Klasse Volksschule nur ein geringer Unterschied in der Anzahl der Fehler, die sie beim Lesen von Wortlisten und von kurzen Texten machen. Schlecht lesenden Kindern wird dagegen durch den Kontext relativ stärker geholfen. Je enger der Zusammenhalt innerhalb des Textes, je größer also die Vorhersagbarkeit der einzelnen Wörter, desto größer ist der Leistungszuwachs der leseschwachen Kinder (Juel 1980). Allington (1978 a) konnte diese Beobachtung an gut und schlecht lesenden Kindern der 4.Klasse bestätigen. Allerdings ist nach Allington (1978 b) der Zusammenhang zwischen dem Lesen isolierter Wörter und dem Lesen von Wörtern im Kontext bei schlecht lesenden Kindern insgesamt geringer. Die meisten dieser Kinder können mehrere Wörter nur unter der einen oder der anderen Bedingung lesen und die Art der Fehler, die an den gleichen Wörtern begangen wurden, ist unter den beiden Bedingungen oft verschieden.

Für die Untersuchung des Kontexteinflusses auf das Worterkennen dürfte sich ein experimentelles Paradigma am besten eignen, bei dem der Kontext und das zu lesende Zielwort getrennt vorgegeben werden, und der Einfluß des Kontexts auf die Latenz bis zum Nennen der Zielwörter sowie das Auftreten von Fehlern beim Lesen dieser Wörter bestimmt werden kann. Durch Variation der vor den Zielwörtern zu lesenden Texte kann die Möglichkeit, die Wörter aus dem Text vorherzusagen, direkt beeinflußt werden. Zusätzlich kann durch Veränderung von Reizparametern, etwa des Helligkeitskontrasts, die Erkennbarkeit der Zielwörter manipuliert werden. Bei diesem Experiment werden die Latenzzeiten für das Benennen der Zielwörter bei leseschwachen Kindern stärker vom Kontext beeinflußt als bei leistungsunauffälligen Kindern. In die Lesefehler gehen in beiden Gruppen Informationen aus dem Kontext in etwa dem gleichen Ausmaß ein. Die Art der Lesefehler weist jedoch darauf hin, daß die leseschwachen Kinder die visuellen bzw. graphischen Informationen der Zielwörter weniger ausnützen als die leistungsunauffälligen Kinder (Perfetti und Roth 1981, Stanovich 1980).

Der größere Einfluß des Kontexts zeigt sich sowohl in einer verhältnismäßig stärkeren Abnahme der Worterkennungslatenz bei den leseschwachen Kindern, wenn die Zielwörter aus dem Kontext gut vorhersagbar sind, als auch in einer stärkeren Zunahme dieser Latenz, wenn die Zielwörter nur einen geringen Zusammenhang mit dem Kontext aufweisen. Durch systematische Manipulation des Grads der Vorhersagbarkeit kann dabei ausgeschlossen werden, daß die Erleichterung beim Worterkennen die Folge bloßen Erratens des Zielwortes ist.

Der Kontexteinfluß auf die Benennungslatenz von Zielwörtern kann auch bei gut lesenden Kindern vergrößert werden, und zwar dadurch, daß die Wörter durch Änderungen an den Buchstaben weniger erkennbar gemacht werden. Der Kontext kann also Schwierigkeiten bei der Worterkennung in beiden Gruppen kompensieren, bei den gut lesenden Kindern ist dies im Allgemeinen aber nicht nötig, während dies bei den leseschwachen Kindern - vor allem bei selteneren Wörtern - auch bei optimaler visueller Darbietung der Fall ist. Leseschwache Kinder sind also beim Lesen einzelner Wörter vom Kontext in einem noch größeren Maß abhängig als gut lesende Kinder. Diese größere Kontextabhängigkeit kommt wohl in erster Linie dadurch zustande, daß die Verarbeitung wortspezifischer, visueller Informationen bei den leseschwachen Kindern so langsam ist, daß genügend Zeit bleibt, Kontextinformationen für die Identifikation der Wörter zu verwenden.

Stanovich (1980) hat - wie bereits in den letzten Kapiteln erwähnt - in Anlehnung an Posner und Snyder (1975) zwei Prozesse bei der Ausnutzung des Kontexts für das Worterkennen unterschieden. Einer dieser beiden Prozesse besteht in einer raschen, automatischen Aktivierung orthographischer Hinweise für das nächste zu erwartende Wort durch die im Kontext enthaltenen semantischen Informationen. Dieser Prozess führt in jedem Fall, also auch bei gut lesenden Kindern, zu einer, wenn auch nur geringen, Erleichterung des Worterkennens durch den Kontext.

Daneben gibt es noch eine langsamere, bewußte, also Aufmerksamkeit erfordernde Ausnutzung von Kontextinformationen. Leseschwache Kinder haben nach Stanovich (1980) so große Schwierigkeiten beim Identifizieren von Wörtern, daß sie im Gegensatz zu gut lesenden Kindern auf diesen zweiten Prozess zurückgreifen müssen. Dieser zweite, bewußt ablaufende Prozess der Kontextausnutzung kann allerdings nicht nur eine stärkere Erleichterung, sondern auch eine Hemmung des Worterkennens verursachen, und zwar dann, wenn der Kontext und das Zielwort nicht kongruent sind. Der erste Prozess hingegen verursacht immer eine Erleichterung und nie eine Hemmung des Worterkennens. Tatsächlich konnten sowohl Stanovich und West als auch Perfetti und Roth (1981) zeigen, daß gut lesende Kinder ab einer gewissen Stufe der Leseentwicklung (etwa ab der 4.Klasse) keine Beeinträchtigung der Benennungslatenz von Wörtern durch einen Kontext, der die Erwartung in eine andere Richtung lenkt, mehr erleiden. Leseschwache Kinder werden hingegen durch eine solche Nichtübereinstimmung von Kontext und Zielwort deutlich behindert.

Neben dieser Unterscheidung zwischen einer automatischen und einer bewußten Kontextausnutzung ist es für die Beschreibung des Kontexteinflusses auf die Worterkennung wahrscheinlich auch notwendig, zwischen verschiedenen Strategien der Kontextauswertung zu differenzieren. So haben Eisenberg und Becker (1982) beobachtet, daß gute Leser beim Erkennen von Wörtern nur einige sehr spezifische Vorhersagen aus dem Kontext rasch überprüfen, dann jedoch die Analyse der visuellen Informationen heranziehen. Schwache Leser bilden hingegen ein größeres Set an möglichen Wörtern, die alle überprüft werden, bevor auf die visuelle Informationsanalyse zurückgegriffen wird.

Perfetti et al. (1979) ließen lesegestörte und leistungsunauffällige Kinder die Wörter erraten, die auf einen bestimmten Kontext folgen würden. Sie beobachteten, daß bei gut lesenden Kindern eine deutliche Erleichterung der Benennungslatenz beim Lesen nicht nur dann auftrat, wenn das richtige Wort erraten wurde, sondern auch wenn ein semantisch sehr ähnliches Wort geraten wurde. Bei schlecht lesenden Kindern wurde hingegen die Benennungslatenz bei sehr ähnlichen und bei relativ unähnlich geratenen Wörtern nur gering beschleunigt. Auch hier zeigt sich, daß gut lesende Kinder spezifischere Vorhersagen aus dem Kontext bevorzugt verarbeiten, während leseschwache Kinder ineffiziente Strategien beibehalten.

Zusammenfassend kann man feststellen, daß die Schwierigkeiten beim Worterkennen schwacher Leser nicht auf einer mangelnden Kontextausnutzung beruhen. Obwohl leseschwache Kinder auch Schwierigkeiten beim Satzverständnis und beim Bilden von Hypothesen über die auf einen unvollständigen Text folgenden Wörter haben, wird ihre mündliche Lesefähigkeit durch das Vorhandensein eines sinnvollen Kontexts weit stärker unterstützt, als dies bei guten Lesern der Fall ist. Eine große Anzahl an Untersuchungen belegt, daß es irreführend ist, aus einer größeren Anzahl von Lesefehlern, die syntaktisch oder semantisch unangemessen sind, abzuleiten, die leseschwachen Kinder müßten vor allem lernen, aus dem Kontext besser auf die folgenden Wörter zu schließen. Die eigentliche Schwachstelle beim Leseprozeß schwacher Leser liegt in der mangelnden Effizienz des visuellen Worterkennens.

4.9. Zusammenfassung der Aussagen zu den Schwierigkeiten beim Erlernen des Lesens

Die intensiven Bemühungen um ein Verständnis für die Schwierigkeiten beim Erlernen des Lesens haben gezeigt, daß eine wesentliche Ursache in den Problemen liegen dürfte, die das Erlernen des phonologischen Rekodierens den schwachen Lesern bereitet. Bereits zu Beginn des Lesenlernens ist auffällig, daß die schwachen Leser große Mühe haben, die im Unterricht vorgestellten Graphem-Phonem-Korrespondenzen zu behalten und sie auf neue Wörter zu übertragen. Diese Schwierigkeiten sind auch noch bei Schülern der höheren Klassen nachzuweisen, wenn es darum geht, unbekannte Buchstabenfolgen (Pseudowörter) zu lesen. Trotz dieser Schwierigkeiten können leseschwache Kinder das phonologische Rekodieren nicht ausblenden und sich ganz auf ein direktes, unmittelbares Erlesen der Wörter stützen.

Durch die Schwierigkeiten beim phonologischen Rekodieren ist der Lesefortschritt notwendigerweise eingeschränkt, da die Kinder ihnen unbekannte Wörter nicht erlesen können und so weitgehend auf die Hilfe anderer angewiesen sind. Dies dürfte jedoch nicht der einzige Grund für den geringen Fortschritt beim Lesen sein. Schwache Leser tun sich auch schwerer beim Behalten einmal gelesener Wörter. Sie können sich die spezifische Schreibweise von Wörtern nur mangelhaft einprägen und haben deshalb Mühe, einen Sichtwortschatz aufzubauen. Auch dies ist bereits in der 1.Klasse nachweisbar, wo die schwächsten Leser von Anfang an Mühe haben, die im Leseunterricht wiederholt gelesenen Wörter selbständig zu erlesen. Auch am Ende der Schulzeit können sie nur die häufigsten Wörter sicher und rasch lesen. Aus diesem Grund ist es nicht verwunderlich, daß sie selbst häufig vorkommende Buchstabenfolgen nicht als Einheiten erkennen und die orthographische Redundanz, die Regelmäßigkeiten im Auftreten der Buchstaben, nur begrenzt ausnutzen können.

Obwohl sich bei leseschwachen Schülern also in zwei zentralen Teilbereichen, beim Erlernen des phonologischen Rekodierens wie beim Behalten der spezifischen Schreibweise von Wörtern, Schwierigkeiten zeigen, dürfte in den meisten Fällen das phonologische Rekodierungsdefizit das größere und wahrscheinlich auch das basale Problem darstellen. Die Tatsache, daß diese Kinder trotz ihrer Schwierigkeiten, wenn auch mit Mühe, wenigstens einigermaßen lesen lernen, wird auf die allmähliche, wenn auch deutlich verlangsamte Ausbildung eines direkten lexikalischen Zugangs zurückgeführt (Rack et al. 1993, Siegel 1993). Bei leseschwachen Personen liegt demnach ein bleibendes Ungleichgewicht zwischen den beiden Zugangswegen für das Worterkennen, dem direkten lexikalischen Zugang und dem indirekten Zugang über das phonologische Rekodieren, vor.

Ein hervorstechendes Merkmal des Lesens leseschwacher Kinder ist die große Mühe und Anstrengung, die ihnen das Lesen bereitet. Zwar sind gewisse Teilprozesse soweit automatisiert, das sie ohne bewußte Kontrolle ablaufen, der Leseprozeß insgesamt erfordert jedoch ein hohes Ausmaß an Aufmerksamkeit.

Wenn wir die Untersuchungen zur Entwicklung der verschiedenen Teilfertigkeiten bei schwachen Lesern zusammenfassen, können wir erkennen, daß das Erlernen des Lesens bei diesen Kindern auf verschiedenen Ebenen erschwert ist. Wie wir in Kapitel 10 zeigen werden, bedeutet dies nicht, daß bei allen Kindern immer alle Teilprozesse in gleicher Weise beeinträchtigt sind, vielmehr lassen die einzelnen Kinder unterschiedliche Schwerpunkte der Beeinträchtigung erkennen.

5. Das Rechtschreiben

In gewisser Weise ist das Rechtschreiben das Spiegelbild des Worterkennungsvorgangs beim Lesen. Ähnlich wie z.B. beim mündlichen Lesen visuelle Informationen über eine Buchstabenfolge in eine Phonemfolge umgewandelt werden, so wird beim Schreiben nach Diktat ein vorgesprochenes Wort in eine Buchstabenfolge übertragen.

Die Gemeinsamkeit zwischen dem Lesen und Schreiben sollte allerdings nicht überschätzt werden, so besteht etwa ein Unterschied in der Eindeutigkeit der Zuordnung zwischen Graphemen und Phonemen in den beiden Richtungen. Die meisten Phoneme können durch eine größere Anzahl an Graphemen repräsentiert werden, während Grapheme öfters nur eine oder einige wenige Aussprachen zulassen. Im Deutschen kann etwa ein Viertel der Grapheme mehr als einem Phonem zugeordnet werden, während umgekehrt etwa zwei Drittel der Phoneme durch mehr als ein Graphem wiedergegeben werden.

Ein besonders auffälliger Unterschied besteht natürlich in der Geschwindigkeit des Prozesses. Während das Worterkennen beim durchschnittlich geübten Leser sehr rasch vor sich geht, benötigt der Schreiber deutlich länger, um ein gehörtes Wort niederzuschreiben. Dies hängt damit zusammen, daß beim Worterkennen eine gleichzeitige, parallele Verarbeitung der Buchstaben eines Wortes möglich ist, beim Schreiben jedoch die Buchstabenfolge sequentiell wiedergegeben werden muß. Auch gegenüber dem Sprechen ist das Schreiben durch eine größere Langsamkeit gekennzeichnet (Sprechen etwa 6 Silben, Schreiben etwa 0.7 Silben pro Sekunde; Hotopf 1980). Dadurch wird das Schreiben selbst für den Geübten ein recht fehleranfälliger Prozeß. Vergleicht man das Schreiben etwa mit dem mündlichen Sprechen, so werden beim Schreiben bei etwa 1% der Wörter, deren korrekte Schreibweise dem Schreiber bekannt ist, Fehler begangen (Slips of the Pen). Diese Fehler sind deutlich häufiger als Sprechfehler, die nur bei 0.2% der Wörter auftreten (Hotopf 1980). Dies legt nahe, daß das Schreiben ein wenig automatisierter Prozeß ist.

5.1. Modelle des Rechtschreibprozesses

Im Gegensatz zum Leseprozeß wurde der Rechtschreibprozeß lange Zeit kaum von der Psychologie beachtet, und es wurden nur wenige Hypothesen über die während des Rechtschreibens ablaufenden kognitiven Vorgänge formuliert. Erst in den letzten Jahren hat sich dies etwas geändert. Die Anregungen für die Modellvorstellungen sind von der experimentellen Leseforschung gekommen. Ähnlich den Modellen über den Leseprozeß wird auch in den Modellen über den Rechtschreibvorgang nicht mehr ein einheitlicher Informationsverarbeitungsprozeß angenommen, sondern davon ausgegangen, daß die Umwandlung der Sprache in Schrift auf verschiedene Weise möglich ist. Im Unterschied zu den reichhaltigen Befunden aus der experimentellen Leseforschung können sich die Modellvorstellungen über den Rechtschreibvorgang bisher allerdings auf recht wenige empirische Befunde stützen. Für die Entwicklung dieser Modelle waren vor allem Beobachtungen über die auch bei Erwachsenen mit guten Rechtschreibkenntnissen während des Rechtschreibens auftretenden Fehler maßgebend, sowie neuropsychologische Untersuchungsbefunde bei Patienten mit erworbenen Schreibstörungen (Agraphien).

Modell von Simon und Simon: Simon und Simon (1973, Simon 1976) nehmen verschiedene Wege an, auf denen die für das Rechtschreiben nötigen Informationen zugänglich werden können.

- Der einfachste Vorgang besteht darin, daß der Schreiber unmittelbar weiß, wie ein Wort zu schreiben ist, d.h. eine direkte Erinnerung an die Schreibweise des jeweiligen Wortes hat. Dies trifft in erster Linie für häufig vorkommende Wörter zu.
- Alternativ dazu können für jedes Phonem verschiedene mögliche Schreibweisen erinnert werden, wobei dieser Vorgang im wesentlichen über gelernte Assoziationen zwischen Phonemen und Graphemen abläuft. Die Assoziationen, die nur die Häufigkeit der Verbindung berücksichtigen, werden dabei durch das Wissen um Regelmäßigkeiten der Schriftsprache, also durch Anwendung von Rechtschreibregeln ergänzt.
- Wegen der Unsicherheit bei der Umsetzung von Phonemen in Grapheme muß der Schreiber die verschiedenen von ihm generierten Schreibweisen der Wörter gegen seine innere Vorstellung, d.h. gegen die Erinnerung an bestimmte Wortbilder prüfen.
- Eine weitere Hypothese, die zu einer zusätzlichen Differenzierung der Vorstellungen über den Rechtschreibprozeß geführt hat, stellt die Annahme dar, daß Wörter und bestimmte Stellen innerhalb von Wörtern, die von den üblichen (häufigsten) Phonem-Graphem-Assoziationen abweichen, besonders markiert werden (Simon 1976). Wird ein solcher Eintrag entdeckt, so sucht der Schreiber ihm zur Verfügung stehendes Wissen um Rechtschreibregeln bzw. besondere Merkhilfen mit heranzuziehen.
- In der späteren Formulierung (Simon und Simon 1973) wurde die Annahme, daß die Schreibweise von Wörtern als Ganzes behalten werden kann, durch die weitere Annahme ergänzt, daß die Wörter, wenn ihre Schreibweise nicht geläufig ist, nicht gleich in Phoneme gegliedert werden und ihre Schreibweise über Phonem-Graphem-Assoziationen zu rekonstruieren versucht wird. Vielmehr wird zunächst noch weiter versucht, das Wissen um die Schreibweise größerer Wortteile heranzuziehen, wobei Simon (1976) vor allem an eine Aufteilung der Wörter in Silben und den Abruf der Schreibweisen dieser Silben aus dem Langzeitgedächtnis als Möglichkeit gedacht hat.
- Zusätzlich, meinen Simon und Simon (1973), ist es nötig, daß der Schreiber Informationen über die Morphemgliederung mit heranzieht.

Ein Modell der zweifachen Zugangswege für den Rechtschreibvorgang: Morton, der bereits in den 60er Jahren (Morton 1969) ein Modell über den Worterkennungsvorgang beim Lesen entwickelt hat, hat dieses Modell später erweitert, sodaß es auch Vorstellungen über die beim Rechtschreiben ablaufenden Informationsverarbeitungsvorgänge enthält (Morton 1980). Dieses Modell wurde in der Folge von Ellis (Ellis 1982) und anderen (z.B. Badecker et al. 1990) näher ausgeführt.

Das Modell unterscheidet zwischen verschiedenen Eingangsinformationen beim Schreiben. Die Eingangsinformation kann bereits aus geschriebenen Wörtern bestehen, etwa wenn der zu schreibende Text in schriftlicher Form vorliegt und nur abgeschrieben werden muß. Der Text kann aber auch wie beim Diktat zunächst akustisch aufgenommen oder wie beim Schreiben eines Aufsatzes selbst zusammengestellt werden. In diesen Fällen muß die Eingangsinformation erst in Schriftform umgewandelt werden.

Neben verschiedenen Arten von Eingangsinformationen sind in dem Modell auch unterschiedliche Formen der Weiterverarbeitung vorgesehen. Grundsätzlich unterscheidet das Modell lexikalische von nichtlexikalischen Verarbeitungsvorgängen. Die Art und Weise der Verarbeitung im Lexikon orientiert sich am Logogenmodell von Morton, bei dem Worterkennungseinheiten (das akustische bzw. visuelle Eingangs-Logogensystem) und Worterzeugungseinheiten (das akustische bzw. visuelle Ausgangs-Logogensystem) vom kognitiven System unterschieden werden. Das kognitive System, das das Erfassen von Bedeutungen ermöglicht, wird also von den Einheiten, die für das Erkennen und Hervorbringen von Wörtern zuständig sind, getrennt.

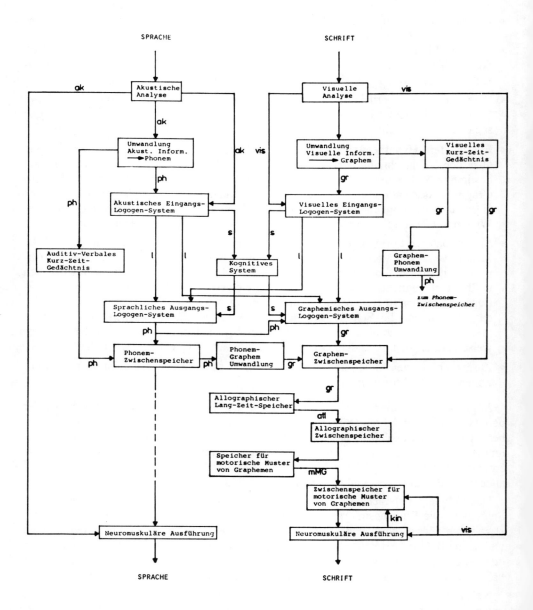

Abbildung 10: Modell über den Informationsverarbeitungsprozeß beim Rechtschreiben nach Ellis (1982).

Das besondere Merkmal der Logogensysteme besteht darin, daß sie aus einzelnen Einheiten - den Logogenen - aufgebaut sind, die den Wörtern entsprechen und die durch Informationen, die in den Systemen eintreffen, aktiviert werden. Diese Aktivierung geschieht bei häufig vorkommenden Wörtern leichter. Die aktivierten Einheiten bleiben eine Zeitlang in einem Aktivierungszustand, der dann allmählich wieder abnimmt. Überschreitet die Aktivierung eine vorgegebene Schwelle, so kommt es zum Erkennen des entsprechenden Wortes.

Durch die interne Gliederung des Lexikons ergeben sich verschiedene Möglichkeiten, Sprache in Schrift zu übertragen und etwa von einem diktierten Text zu einer schriftlichen Fassung fortzuschreiten.

- Einerseits können die im akustischen Eingangs-Logogen-System erkannten Wörter an das kognitive System weitergeleitet werden, und dieses kann dann Wörter im graphematischen Ausgangs-Logogen-System aktivieren, deren Bedeutung dem im kognitiven System erarbeiteten Sinn entspricht. Wenn gelegentlich semantisch ähnliche Wörter statt der eigentlich diktierten Wörter geschrieben werden, so dürfte die Fehlerquelle nach diesem Modell darin zu suchen sein, daß sich die Textinterpretationen durch das kognitive System unmittelbar auf die Planung der Niederschrift auswirken, ohne daß Informationen über die Lautstruktur der Wörter mitherangezogen werden.

- Eine weitere Möglichkeit der Verarbeitung von Sprache zu Schrift innerhalb des Lexikons besteht darin, daß vom akustischen Eingangs-Logogen-System oder vom sprachlichen Ausgangs-Logogen-System das graphemische Ausgangs-Logogen-System aktiviert wird, daß also direkte Assoziationen zwischen den akustischen Worterkennungseinheiten bzw. den sprachlichen und den graphemischen Wortproduktionseinheiten angestoßen werden. Dies wäre etwa in der Weise vorzustellen, daß man beim Hören eines Wortes bzw. beim Versuch, ein Wort auszusprechen, unmittelbar auch weiß, wie es geschrieben wird. Da bei diesem Verarbeitungsweg ein Erkennen der Bedeutung der Wörter nicht impliziert ist, kann es auf diese Weise zum fälschlichen Schreiben von homophonen Wörtern kommen, die zwar gleich ausgesprochen, aber verschieden geschrieben werden und jeweils eine andere Bedeutung haben (z.B. das/daß, Moor/Mohr).

- Eine besondere Berücksichtigung erfordert das Schreiben von zusammengesetzten Wörtern. Dabei deutet manches darauf hin, daß viele zusammengesetzte Wörter keine eigene Eintragung im orthographischen Lexikon haben, sondern Wortstämme und Appositionsmorpheme (wenigstens soweit die Unterteilung durchsichtig und geläufig ist) im Lexikon getrennt gespeichert und erst später zusammengefügt werden. Badecker et al. (1990) vermuten, daß die Graphemfolge vom Lexikon bzw. dem orthographischen Ausgangslogogensystem in Morphemeinheiten an den Graphembuffer weitergegeben und dort in dieser Gliederung zwischengespeichert wird, um auf diese Weise die Gedächtnisbelastung gering zu halten.

- Neben lexikalischen Verarbeitungsmöglichkeiten von Wörtern aus einer mündlichen in eine schriftliche Form sieht das Modell auch nichtlexikalische Prozesse vor, bei denen der Phonem-Graphem-Umwandlung eine zentrale Bedeutung zukommt. Beim geübten Rechtschreiber soll sich der Rechtschreibvorgang jedoch zu einem großen Teil auf wortspezifische, lexikalische Informationen stützen. Der Phonem-Graphem-Umwandlung wird nur eine untergeordnete Funktion zugesprochen. Nur wenn die im Lexikon enthaltenen Informationen die Schreibweise von Wörtern ungenügend angeben, treten phonemische Informationen ergänzend hinzu. Bei der Zuordnung ist ein Wissen darüber vorhanden, daß die Phoneme mit unterschiedlicher Häufigkeit durch verschiedene Grapheme realisiert werden. Dabei werden sowohl die Stellung des Phonems im Wort wie auch die benachbarten Phoneme berücksichtigt. Als basale Einheit, innerhalb der die Zuordnung vorgenommen wird, dürfte die Silbe fungieren.

Nach der Rekodierung der Phonem- in eine Graphemfolge bzw. direkt vom (lexikalischen) orthographischen Ausgangslogogensystem werden die Informationen an den *Graphembuffer* weitergegeben. Dieser stellt ein spezielles Gedächtnissystem für die Zwischenspeicherung der Grapheminformationen dar, das die Informationen über die Sequenz der Buchstaben in aktiviertem Zustand hält. Die Informationen, die der Graphembuffer enthält, dürften dabei mehrere Dimensionen umfassen: einmal die Identität und Position der Grapheme in linearer Anordnung, zum anderen eine Markierung der Grapheme als vokalische oder konsonantische Einheiten und eine Zuordnung zu Silbeneinheiten. Die Graphemfolge stellt somit eine intern strukturierte Einheit dar, deren Aufbau in manchen Merkmalen der Strukturierung der Phonemfolge entspricht. Zusätzlich dürften jedoch redundante Elemente der Graphemfolge besonders markiert werden, um die Belastung des Graphembuffers zu reduzieren. Dies gilt z.B. für Doppelkonsonanten.

Prozeß der Graphembildung: Ellis (1982) hat das Modell von Morton (1980) um weitere hypothetische Verarbeitungsstufen zwischen der Konzeption der Buchstabenfolge in abstrakter Form, den sogenannten Graphemen, und der Ausführung des Schreibvorgangs erweitert. Die Grapheme spezifizieren noch nicht die konkrete Form der Buchstaben, etwa ob es sich um Groß- oder Kleinbuchstaben handelt. Diese Information über die Buchstabenform muß erst im allographischen Langzeitspeicher abgerufen werden. Sobald die Buchstabenform dem Schreiber präsent ist, kann die Planung des Schreibvorgangs durch Hinzuziehung der ebenfalls im Langzeitgedächtnis gespeicherten Informationen über die Linienführung bei der Ausführung der jeweiligen Buchstaben vervollständigt werden. Diese Informationen sind nach Ellis in einer Art motorischem Langzeitgedächtnis festgehalten.

Erweiterung der Netzwerkmodelle für das Lesen auf den Schreibvorgang: Die in den letzten Jahren für die kognitive Psychologie bedeutsam gewordenen Netzwerkmodelle lassen sich auch auf den Rechtschreibprozeß anwenden, allerdings liegt bisher kein ausformuliertes und in Computersimulationen erprobtes Modell vor. Diese Netzwerkmodelle verzichten auf die Annahme eines inneren Lexikons und damit auf eine Trennung von lexikalischen und nichtlexikalischen Verbindungen zwischen Schrift und mündlicher Sprache. Alles, was über die Zuordnung von gesprochenen und geschriebenen Wörtern gelernt wird, wird in Verbindungen zwischen Phonem- und Graphemfolgen bzw. in der Gewichtung dieser Verbindungen festgehalten. Eine Erweiterung des Modells von Seidenberg und McClelland (1989), des bisher differenziertesten Netzwerkmodells über den Leseprozeß bei einsilbigen Wörtern, müßte neben der Verbindung von phonologischen zu orthographischen Einheiten auch umgekehrte Verbindungen vorsehen, die in jedem Fall andere Gewichtungen erhalten müßten. Der Vorteil eines derartigen Modells liegt darin, daß es die Interaktion zwischen der Vertrautheit mit Phonem-Graphem-Zuordnungen und dem Einfluß ähnlich geschriebener Wörter auf das Schreiben unbekannter Buchstabenfolgen leichter erklären könnte (Seymour und Dargie 1990).

5.2. Die Rechtschreibung geübter Schreiber: Einflußfaktoren und Evidenz für die Annahmen der Prozeßmodelle

Im Folgenden soll auf die Verarbeitungsprozesse beim Rechtschreiben, die in den eben dargestellten Modellen angesprochen wurden, etwas näher eingegangen und dabei deren Beitrag zur Rechtschreibung eines geübten Schreibers geklärt werden.

Die Bedeutung der Phonem-Graphem-Zuordnung

Da sich die Rechtschreibung an den Phonem-Graphem-Zuordnungen orientiert, sollten regelmäßige Wörter, deren Aufbau den häufigsten Phonem-Graphem-Korrespondenzen entspricht, leichter zu schreiben sein als unregelmäßige. Diese Annahme finden wir bestätigt. Im Englischen wie im Deutschen übt die Eindeutigkeit der Phonem-Graphem-Zuordnung einen deutlichen Einfluß auf die Wahrscheinlichkeit aus, daß die Wörter richtig geschrieben werden (Cahen et al. 1971, Perin 1982, Seymour und Porpodas 1980, Waters et al. 1985, Zur Oeveste 1977, 1981). Allerdings ist bei Erwachsenen - ähnlich wie beim Lesen - ein deutlicher Unterschied in der Sicherheit des Schreibens von regelmäßigen und unregelmäßigen Wörtern nur bei seltenen Wörtern zu finden (Seymour und Porpodas 1980).

Zusätzlich wäre anzunehmen, daß der geübte Schreiber ein so vollständiges Wissen um die Regelmäßigkeiten der Phonem-Graphem-Korrespondenz hat, daß es ihm möglich ist, auch gänzlich unbekannte Buchstabenfolgen so zu schreiben, daß sie von anderen wiedererkannt und gelesen werden können. Mit der Evidenz dieser Annahme wollen wir uns im Folgenden beschäftigen.

Prüfung der Vertrautheit mit Phonem-Graphem-Korrespondenzen durch das Schreiben von Pseudowörtern: Da beim Schreiben richtiger Wörter neben dem Wissen um Phonem-Graphem-Zuordnungen auch wortspezifische Kenntnisse herangezogen werden können, kann das Schreiben von Pseudowörtern - also von neuen, sinnlosen Buchstabenfolgen, bei denen keine wortspezifischen Kenntnisse verfügbar sind - zusätzlichen Aufschluß über die Frage bringen, wieweit in einer Schriftsprache die Regelmäßigkeiten der Phonem-Graphem-Beziehung vom geübten Rechtschreiber beherrscht werden.

Da eine hohe Korrelation zwischen der Fähigkeit, diktierte Pseudowörter niederzuschreiben, und den Leistungen beim Diktat einer Wortliste besteht (Campbell 1985, Fischer et al. 1985), dürfte die Vertrautheit mit der Phonem-Graphem-Zuordnung für die Beherrschung des Rechtschreibens bedeutsam bedeutsam sein. Beim Schreiben von Pseudowörtern werden in der Regel die am häufigsten vorkommenden Phonem-Graphem-Zuordnungen verwendet (Secrist 1976, Seymour und Dargie 1990). Dabei besteht eine hohe Korrelation zwischen der Wahrscheinlichkeit, daß ein Phonem in einer Silbenposition durch eine bestimmte Schreibweise wiedergegeben wird, mit der Häufigkeit dieser Zuordnung im Umgangswortschatz. Andererseits läßt sich aus der Wiedergabe von Pseudowörtern folgern, daß auch dort Vorstellungen (Pseudoregeln) über Phonem-Graphem-Zuordnungen ausgebildet werden, wo solche Regelmäßigkeiten in der Schriftsprache nicht vorkommen und die Phoneme durch verschiedene Schreibweisen wiedergegeben werden. Maßgebend sind dabei die Zuordnungen, die in einigen relativ häufigen Wörtern anzutreffen sind. Pseudowörter werden also vor allem durch Verallgemeinerung einiger weniger, häufiger vorkommender Phonem-Graphem-Zuordnungen geschrieben.

Unterliegt die Schreibweise einer Phonemfolge Kontexteinflüssen, so werden diese Einschränkungen beim Diktat von Pseudowörtern auch von geübten Schreibern nicht sehr gut berücksichtigt (Secrist 1976). Die mangelnde Anwendung von komplexen Graphem-Phonem-Zuordnungsregeln darf allerdings nicht dazu verleiten, auf eine fehlende Internalisation dieser Regelmäßigkeiten beim geübten Schreiber zu schließen. Geübte Schreiber können mit großer Sicherheit zulässige und unzulässige Schreibweisen von Pseudowörtern unterscheiden, wenn ihnen diese als Alternativen vorliegen (Fischer et al. 1985). Manche der komplexen Phonem-Graphem-Zuordnungsregeln entsprechen zudem eher orthographischen Konventionen. Trotz der mangelnden Berücksichtigung dieser Regeln kann die richtige Aussprache der Pseudowörter meist leicht rekonstruiert werden.

Bedeutung der phonologischen Analyse für das Rechtschreiben: Wenn das Rechtschreiben auf Phonem-Graphem-Zuordnungen beruht, so müßte der phonologischen Analyse eine entscheidende Bedeutung zukommen, was auch durch mehrere Befunde belegt wird. So konnte Lanyon (1974) zeigen, daß das Schreiben von Pseudowörtern sich verbessert, wenn Erwachsenen die Möglichkeit gegeben wird, die Pseudowörter vor der Niederschrift mehrmals zu hören und deren Lautfolge mit anderen, ähnlichen Pseudowörtern zu vergleichen. Eine ähnliche Verbesserung tritt ein, wenn sie die Pseudowörter mehrmals laut nachsprechen.

Beim freien Schreiben zeigt sich in manchen Fehlerarten ein Einfluß der Subvokalisation auf den Rechtschreibvorgang (Sterling 1983). So werden Flexionsmorpheme vor allem dann ausgelassen, wenn sie keine eigene Silbe bilden, was nahelegt, daß beim Rechtschreiben mitunter eine Art silbenmäßige Transskription stattfindet. Ebenso werden einzelne Buchstaben überwiegend dann ausgelassen, wenn sie in einer unbetonten Silbe vorkommen. Bei Auslassungen von Buchstaben in Konsonantenverbindungen wird meist jener Konsonant ausgelassen, der den Artikulationsvorgang am wenigsten obstruiert (Liquide, Nasale), und bei relativ vielen Buchstabenverwechslungen unterscheiden sich die den Buchstaben zugeordneten Phoneme nur in einem distinktiven Merkmal - was ebenfalls einen Einfluß der Subvokalisation auf die Entstehung dieser Fehler nahelegt (Sterling 1983).

Die Bedeutung wortspezifischer Rechtschreibkenntnisse und die Verwendung von Analogien

In allen Modellen über den Rechtschreibprozeß wird angenommen, daß die spezifische Schreibweise eines Wortes erinnert und direkt aus dem mentalen Lexikon abgerufen werden kann. Es ist daher zu erwarten, daß die Vorkommenshäufigkeit von Wörtern einen deutlichen Einfluß auf die Fähigkeit hat, sie richtig zu schreiben. Diese Erwartung kann auch für geübte Schreiber als bestätigt gelten (Cahen et al. 1971).

Wenn der Rechtschreibvorgang durch das lexikalisch gespeicherte Wissen gesteuert wird, ist zu erwarten, daß sich dies an den Rechtschreibfehlern ablesen läßt. Spontane Verschreibungen zeigen auch oft einen Einfluß anderer, ähnlich geschriebener Wörter (Ellis 1979).

Eindeutige Hinweise auf lexikalische Einflüsse finden sich bei der Aufgabe, Pseudowörter nach Diktat zu schreiben. Die von Erwachsenen gewählte Schreibweise wird deutlich davon beeinflußt, mit welchen Wörtern diese zuletzt konfrontiert waren. Werden unmittelbar vor dem Diktat Wörter genannt, die eine von den regelmäßigen bzw. häufigsten Phonem-Graphem-Korrespondenzen abweichende Schreibweise haben, so werden die Pseudowörter ebenfalls vermehrt nach diesen Mustern geschrieben (Campbell 1983, Barry und Seymour 1988). Dies gilt auch dann noch, wenn nicht Wörter mit selteneren Schreibweisen genannt werden, sondern nur eng mit diesen assoziierte (Seymour und Dargie 1990).

Wie wirken die beiden Zugangswege (der lexikalische und der Regel-gesteuerte) beim Rechtschreiben zusammen? In dem Modell von Simon und Simon (1973) wie auch in einfacheren Modellen, die zwei Zugangswege bzw. Strategien beim Rechtschreiben postulieren (z.B. Kreiner und Gough 1990), wird angenommen, daß die direkte, lexikalische Ermittlung der Schreibweise eines Wortes Vorrang vor der Anwendung von Phonem-Graphem-Korrespondenzregeln hat. Alternativ könnte angenommen werden, daß die beiden Zugangswege parallel eingeschlagen werden und das Ergebnis beider nachher miteinander verglichen werden muß.

Kreiner (1992) verwendete zur Prüfung dieser Frage eine auch für geübte Rechtschreiber schwirige Aufgabe. Die Versuchspersonen, Studenten, sollten möglichst rasch angeben, ob ein Buchstabe in einem vorgesprochenen Wort enthalten war. Kreiner konnte zeigen, daß sowohl die Geschwindigkeit, mit der die Schreibweise der Wörter ermittelt werden konnte, wie auch die Korrektheit der Antworten bei häufigen ebenso wie bei seltenen Wörtern von der Eindeutigkeit der Phonem-Graphem-Zuordnung abhängig war.

Die Ergebnisse der Untersuchung von Kreiner (1992) deuten darauf hin, daß auch bei häufigen Wörtern Unregelmäßigkeiten erst überprüft werden müssen und sich das Rechtschreiben nicht allein auf die im inneren Lexikon gespeicherten Angaben über die spezielle Schreibweise eines Wortes stützt. Zu einem ähnlichen Ergebnis kam auch die zuvor beschriebene Untersuchung von Seymour und Dargie (1990), da der Einfluß der Graphem-Phonem-Zuordnungswahrscheinlichkeiten und der Einfluß der zuvor begegneten Wortbeispiele additiv war. Die Informationen aus beiden Quellen werden also bei der Wahl einer bestimmten Schreibweise miteinander kombiniert.

Hinweise auf die Markierung von besonderen orthographischen Merkmalen: Auffällig bei den Verschreibungen geübter Rechtschreiber ist, daß häufig Fehler in Wörtern mit mehreren gleichen Buchstaben vorkommen, wobei einer dieser Buchstaben ausgelassen wird (Ellis 1979, Hotopf 1980). Auch werden in solchen Wörtern relativ oft andere Buchstaben fälschlich mehrmals geschrieben. Ellis (1979) führt dies darauf zurück, daß im Wissen um die Schreibweise von Wörtern zwar die Tatsache enthalten ist, daß in diesen Wörtern Buchstaben mehrmals vorkommen, aber nur ungenügend spezifiziert ist, welche Buchstaben verdoppelt sind.

Wissen um die Herkunft von Wörtern: Geübte Rechtschreiber haben ein implizites Wissen darum, ob es sich bei einem Wort um einen Teil des Stammwortschatzes der eigenen Sprache handelt oder um eines, das einer anderen Sprache entlehnt ist und auf das daher nicht die üblichen Phonem-Graphem-Zuordnungen anzuwenden sind (Scheerer 1987).

Evidenz für die Bedeutsamkeit eines visuellen Erinnerungsbildes beim Rechtschreiben: Nach dem Rechtschreibmodell von Simon und Simon (1973) wird die Richtigkeit der Schreibweise durch den Vergleich mit einer Art visuellem Erinnerungsbild überprüft. Einen gewissen Hinweis auf eine Bedeutung visueller Informationen geben die spontanen Verschreibungen geübter Rechtschreiber. So spielt bei Auslassungen die visuelle Prominenz der Buchstaben eine nicht unbedeutende Rolle. Buchstaben mit einer aszendierenden oder deszendierenden Komponente werden signifikant seltener ausgelassen als andere (Hotopf 1980).

Ein weiterer Hinweis kommt aus dem Vergleich der Rechtschreibfehler bei diktierten Wörter mit dem Erkennen der richtigen Schreibweise in einer Mehrfachwahlaufgabe. Vor allem bei seltenen, ungewöhnlich geschriebenen Wörtern kann die richtige Schreibweise leichter erkannt als selbst produziert werden (Fischer et al. 1885).

Der bisher eindeutigste Hinweis auf die Bedeutung visueller Rückmeldung für die Rechtschreibleistung kommt von Experimenten, die Tenney (1980) durchgeführt hat.

In einem ersten Experiment sollten Studenten bei häufig falsch geschriebenen Wörtern angeben, welche von 2 Alternativen die richtige Schreibweise wäre. Wenn die Wörter in einer unvertrauten visuellen Form (Zick-Zack-Anordnung der Buchstaben) vorgegeben wurden, machten die Studenten häufiger Fehler als bei der Vorgabe in der gewohnten Schriftform, sie hatten weniger Zutrauen zu ihrem Urteil und die subjektive Einschätzung der Richtigkeit ihrer Entscheidungen stimmte weniger mit der objektiven Richtigkeit überein. Wenn die Unterschiede auch nicht sehr groß waren, waren sie doch signifikant. In einem zweiten Experiment wurden Studenten die Alternativen mündlich vorgegeben, und sie sollten in einer Bedingung die Alternativen vor der Entscheidung hinschreiben, in einer anderen Bedingung wurde ihnen diese Möglichkeit nicht gegeben. Die Möglichkeit, die Alternativen aufzuschreiben, führte zu signifikant weniger Fehlern bei der Wahl der richtigen Schreibweise. Zudem stimmte die subjektive Einschätzung auch in diesem Experiment bei visueller Rückmeldung mehr mit der objektiven Richtigkeit der Wahl überein. Interessant war in beiden Experimenten, daß die Studenten berichteten, daß sie auch unter ungünstigen Bedingungen versuchten, sich eine innere Vorstellung darüber zu bilden, wie die ihnen vorgegebenen Alternativen in einer ihnen vertrauten Schriftform aussehen würden.

Tenney (1980) sah in den Ergebnissen allerdings keine eindeutige Unterstützung für das Simon'sche Modell, wonach zwischen alternativen Schreibweisen auf Grund eines Vergleichs mit gespeicherten Wortbildern entschieden wird. Die visuelle Präsentation der Alternativen begünstigt vielmehr eine genauere Überprüfung, weil es leichter möglich ist, sich auf einzelne Wortteile zu konzentrieren und das Wissen um Regelmäßigkeiten der Schriftsprache anzuwenden. Eine posthoc Analyse, bei der die Wörter in solche unterteilt wurden, bei denen Regeln sinnvoll angewandt werden konnten, und solche, bei denen dies nicht möglich war, bestätigte diese Interpretation. Die Wahl der richtigen Alternativen wurde durch eine adäquate visuelle Vorgabe der Alternativen stärker bei den Wörtern erleichtert, bei denen Regeln zur Anwendung kommen konnten.

Das Wissen um Wortbildungsregeln

Geübte Schreiber können die richtige Bildung zusammengesetzter Wörter sowie die Bildung von Flexionen gut beurteilen. Sie zeigen auch kaum Schwierigkeiten bei der Anwendung dieser Wortbildungsregeln auf das Schreiben von Pseudowörtern. Werden solche lexikalische Ableitungsformen (als Prä- oder Suffixe) Pseudowörtern angefügt, kann zumeist die erforderliche Anpassung vorgenommen werden (Fischer et al. 1985). Auch hier können wir also annehmen, daß der geübte Schreiber ein beträchtliches Wissen um die Regelmäßigkeiten der Wortbildung hat, auch wenn die Regeln den meisten Schreibern nicht bewußt sind.

Trotzdem werden beim freien Schreiben von Texten oft Fehler an Flexionsmorphemen begangen (Sterling 1983, Hotopf 1980). Hotopf erklärt diese Fehler, ebenso wie die nicht seltenen Fehler an grammatikalischen Funktionswörtern, damit, daß beim Schreiben wegen der geringen Geschwindigkeit die syntaktische Struktur des Satzes ungenügend berücksichtigt wird. Wird jedoch die spezifische Art der Verschreibungen von Flexionsmorphemen mit in Betracht gezogen, so erscheint diese Erklärung ungenügend (Sterling

1983). Diese Fehler bestehen nämlich entweder darin, daß bei der Zusammenfügung von Stamm- und Flexionsmorphem die erforderliche Anpassung nicht vorgenommen wird, oder darin, daß die Flexionen rein phonetisch geschrieben oder, was am häufigsten ist, ganz weggelassen werden. Eine plausible Erklärung für diese Fehler kann mit Sterling darin gesehen werden, daß die graphemischen Formen von Stamm- und Beugungsmorphemen getrennt im Lexikon gespeichert und erst beim Schreibvorgang zusammengefügt werden. Dabei kann es auch zu einem Versagen beim Abruf der Informationen aus dem Lexikon kommen oder diese können im Zwischenspeicher wegen des langsamen Schreibvorgangs oder wegen Überlastung wieder verlorengehen. Fehler, die auf ein Versagen bei der Zusammensetzung von getrennt gespeicherten Morphemen hindeuten, kommen beim Schreiben nur bei Flexionsmorphemen vor, nicht jedoch bei Komposita oder bei abgeleiteten Wörtern. Diese scheinen bereits als Einheiten aus dem Lexikon abgerufen zu werden (Sterling 1983).

Einfluß der Gedächtnisanforderungen auf den Rechtschreibprozeß

Für einen Teil der Rechtschreibfehler dürften die speziellen Anforderungen verantwortlich sein, die durch den langsamen Schreibprozeß an die Zwischenspeicherung der Informationen über die Graphemfolge entstehen. So konnte vielfach ein starker Einfluß der Wortlänge auf die Fehlerhäufigkeit gesichert werden (Bloomer 1956, 1961, 1963 zitiert nach Cahen et al. 1971). Für die Bedeutung des Gedächtnisses spricht auch die ungleichmäßige Verteilung der Fehler innerhalb der Wörter (Mendenhall 1930). Wenn phonologisch schwierige Wortteile nicht berücksichtigt werden, folgt die Fehlerverteilung in Wörtern einer seriellen Positionskurve, die jener ähnlich ist, die auch bei Gedächtnisaufgaben gefunden wurde (Jensen 1962, Kooi et al. 1965).

Einfluß der Graphembildung auf den Rechtschreibprozeß

Bei den spontanen Verschreibungen geübter Rechtschreiber treten Sequenzfehler in der Regel nur auf, wenn die vertauschten Buchstaben die gleiche Form (Groß- bzw. Kleinbuchstaben) aufweisen. Solche Sequenzfehler müssen also entstehen, nachdem eine Kodierung der zu schreibenden Wörter in die jeweils richtige Buchstabenform (allographische Form nach Ellis 1982) stattgefunden hat. Außerdem scheinen Buchstabenverwechslungen häufig auf der teilweisen Identität der Schreibbewegungen zu beruhen, also auf der Ebene der motorischen Muster von Graphemen zu entstehen (Ellis 1979, 1982).

Evidenz für Planungs- und Kontrollvorgänge beim Rechtschreiben

Ähnlich wie beim Sprechen zeigen auch beim Schreiben viele Fehler den Einfluß benachbarter Wörter. Trotz der unterschiedlichen Geschwindigkeit scheint die Antizipationsspanne beim Sprechen und beim Schreiben etwa gleich groß zu sein (etwa 7 Silben), und in beiden Fällen dürfte der Produktionsvorgang jeweils für ganze Phraseneinheiten vorausgeplant werden, da der Einfluß benachbarter Wörter nur innerhalb von Phraseneinheiten festzustellen ist (Hotopf 1980).

Kontrollprozessen kommt beim Rechtschreiben eine große Bedeutung zu, weil das Schreiben ein recht langsamer Vorgang ist und dadurch relativ viel Zeit zur Kontrolle bleibt. Ein großer Teil der sogenannten Verschreibungen (Slips of the Pen) kann deshalb vom geübten Schreiber korrigiert werden (nach Wing und Baddeley 1980, 73%). Die meisten Fehler werden allerdings nicht unmittelbar verbessert, sondern erst nach einer gewissen Verzögerung. Dies gilt etwa für Auslassungen von Buchstaben, die häufiger dann entdeckt werden, wenn sie zu Beginn eines Wortes begangen werden als gegen Wortende, und ebenso, wenn sie mehrere Buchstaben betreffen (Hotopf 1980). Einige Fehlerarten deuten jedoch darauf hin, daß bei ihnen bereits während des Schreibens ein Korrekturvorgang stattgefunden hat. Dies gilt etwa für Vervollständigungsfehler, bei denen ein falsch angefangenes Wort zu einem anderen als dem ursprünglich geplanten ergänzt wird. Das gleiche gilt für manche Antizipationsfehler, bei denen wahrscheinlich Buchstabenumstellungen abgebrochen wurden, nachdem der Schreiber bemerkt hat, daß bereits ein späterer Buchstabe im Wort erreicht ist.

Einige Fehlermerkmale deuten auch darauf hin, daß beim Schreiben eine kontinuierliche Kontrolle darüber stattfindet, ob die entstehende Buchstabenfolge vertrauten Wörtern entspricht. Dies gilt vor allem für die bereits erwähnten Vervollständigungsfehler, die vor allem bei kürzeren und häufigen Wörtern, und zwar meist bei grammatikalischen Funktionswörtern, zu beobachten sind. Besonders, wenn gegen Ende des Wortes ein Fehler begangen wird, wird signifikant häufiger trotz des Fehlers ein richtiges Wort geschrieben als eine sinnlose Buchstabenfolge. Auch wenn zusammengehörige Wörter fälschlich auseinander geschrieben werden, ist der erste Teil in jedem Fall ein sinnvolles selbständiges Wort, der zweite Teil in der überwiegenden Anzahl der Fälle ebenfalls (Sterling 1983).

Zusammenfassend können wir feststellen, daß sich geübte Erwachsene ähnlich wie beim Worterkennen auch beim Rechtschreiben sowohl auf ihr Wissen um die spezifische Schreibweise bekannterer Wörter wie auf die Zuordnung von Phonemen und Graphemen stützen. Beim Schreiben dürfte der Orientierung an der Phonemfolge sogar eine größere Bedeutung zukommen als beim Lesen, wo der geübte Leser das phonologische Rekodieren nur als gelegentliche Hilfsstrategie benutzt (Smith 1980). Dies könnte mit der geringen Geschwindigkeit und dem sequentiellen Charakter des Schreibens zusammenhängen, weil diese Merkmale des Schreibvorgangs eine Subvokalisation als Unterstützung nahelegen.

5.3. Stadien der Rechtschreibentwicklung

Die Entwicklung der Rechtschreibfertigkeit stellt einen Prozeß dar, der sich über die gesamte Schulzeit erstreckt, und basiert dabei, mehr als das Lesen, auf der formalen Vermittlung von Kenntnissen durch den schulischen Unterricht. Doch auch hier läßt sich bei einem größeren Teil der Kinder eine frühzeitige Auseinandersetzung - lange vor der Schulzeit - mit dem Schreiben feststellen. Um diesen langdauernden Lernprozeß verständlicher zu machen, ist es hilfreich, verschiedene Stadien zu unterscheiden.

Marsh et al. (1980) sowie Frith (1985) und Dehn (1984) haben für das Erlernen des Rechtschreibens Stadienmodelle konzipiert, in denen z.B. nach der Formulierung von Frith (1985) zwischen einem logographischen, einem alphabetischen und einem orthographischen Stadium unterschieden wird. Neben diesem Modell über die Entwicklungsstufen beim Rechtschreiben, das den Konzepten der Informationsverarbeitungstheorie folgt und eng an der Leseentwicklung orientiert ist, hat sich im Bereich der pädagogischen Psychologie ein etwas anderes, deskriptives Modell herausgebildet (Gentry 1978, Beers und Henderson 1977, Brown 1990), das vor allem die Anfänge der Entwicklung des Rechtschreibens näher analysiert. Dieses Modell ist aus der intensiven Auseinandersetzung mit den Anfängen des Schreibens bei einigen wenigen Kindern entstanden (z.B. Bissex 1980). In der folgenden Darstellung werden wir versuchen, die beiden Beschreibungen miteinander zu verbinden.

Die erste Phase der Schreibentwicklung

Nach dem Modell von Frith (1985) ist der Beginn der Schreibentwicklung dadurch gekennzeichnet, daß Wörtern nicht näher analysierte Zeichen ganzheitlich zugeordnet werden. Es fehlt eine systematische Zuordnung zwischen Graphemen und Phonemen. Das Schreiben der Wörter im logographischen Stadium wäre daher durch eine geringe Lautgetreuheit und durch eine Nichtbeachtung der orthographischen Konventionen charakterisiert.

Eine genauere Analyse kann in dieser ersten Phase bereits zwei große Entwicklungsschritte unterscheiden. Das erste Stadium beginnt mit Schreibversuchen der Kinder, die noch keine kommunikative Funktion haben. Diese Anfänge sind vor allem von Ferreiro (1984) differenziert beschrieben worden. Zunächst sind die Buchstaben bzw. deren Vorformen für die Kinder graphische Formen und werden nicht klar von Zeichnungen unterschieden und vielfach auch in gezeichnete Gegenstände eingefügt. Allmählich bekommen sie eine eigene Ordnung, indem sie aneinander gereiht und ausdifferenziert werden.

Abbildung 11: Die erste Phase der Schreibentwicklung: Angeregt von ihrem Bruder, der seit einigen Monaten die 1.Klasse besuchte, hat Anna mit 4:7 Jahren einen Bildtext über einen Ausflug verfaßt, in den sie ihren Namen und die ihr bekannten Buchstaben sowie Vorformen von Buchstaben, ein Auto und andere Zeichen eingefügt hat.

Ein wichtiger Schritt in der Entwicklung des Schreibens wird - wie bereits bei der Entwicklung des Lesens erwähnt - dadurch vollzogen, daß die Kinder erfassen, daß die Buchstaben etwas bezeichnen, wobei dies meist die Namen von Gegenständen sind.

Auch dieses Verständnis ist zunächst wenig differenziert: der gleiche Buchstabe kann in unterschiedlichem Kontext den Namen verschiedener Gegenstände bezeichnen. Erst allmählich bemühen sich die Kinder, die Anordnung der Buchstaben zu variieren, sodaß sie Unterschiede zwischen den bezeichneten Gegenständen ausdrücken. So sollen etwa mehrere Buchstaben ausdrücken, daß der Gegenstand größer oder schwerer als ein anderer ist.

In dem nächsten, semiphonetischen Stadium haben die Kinder bereits erfaßt, daß Buchstaben bestimmte Laute wiedergeben und daß beim Schreiben die Richtung von links nach rechts einzuhalten ist. Wörter werden oft nur durch einen oder wenige Buchstaben wiedergegeben, die die Kinder mit diesen Wörtern assoziieren (Bissex 1980, Dehn 1984). Es handelt sich dabei nicht um eine feste Zuordnung bestimmter Buchstaben zu Wörtern, vielmehr werden jene Buchstaben wiedergegeben, die beim Hören der Wörter auffallen bzw. gerade noch in Erinnerung sind. Den Kindern selbst fällt es daher schwer, ihre eigenen Schreibweisen nach einiger Zeit wiederzuerkennen und zu lesen. Ferreiro (1984) beschreibt, daß bei manchen Kindern diese Phase dadurch gekennzeichnet ist, daß Buchstaben jeweils für eine Silbe stehen.

Das alphabetische oder phonetische Stadium der Rechtschreibentwicklung

Bald nach Beginn des Erstleseunterrichts, spätestens nach einigen Monaten, wird diese erste Phase von den meisten Kindern der 1.Klasse verlassen und sie scheinen sich nun sehr stark darum zu bemühen, die Phonemfolge wiederzugeben. Im alphabetischen Stadium sollten die Fehler, bei denen die Schreibweise der Phonemfolge der Wörter nicht entspricht, deutlich abnehmen. Die Fehler hingegen, bei denen gegen orthographische Konventionen verstoßen wird, die Lautfolge aber aus der Schreibweise rekonstruierbar ist, sollen weiterhin in größerer Zahl vorhanden sein und nun den größten Teil der Rechtschreibfehler ausmachen. In dieser Phase geben die Kinder zunächst selbst regelmäßig vorkommende Flexionsformen so wieder, wie sie diese hören (im Englischen z.B. bei der Vergangenheitsform -t für -ed) (Read 1971). Die regelmäßige Schreibweise bestimmter Morpheme findet also noch kaum Beachtung.

Die Verfeinerung der Kenntnisse über die Buchstaben-Laut-Zuordnung kennzeichnet auch in dem Modell von Gentry das dritte, phonetische Stadium der Rechtschreibentwicklung (siehe Brown 1990). Die Kinder setzen sich in diesem Stadium bereits mit dem Morphemaufbau der Wörter auseinander und damit, wie sich gleichlautende Wörter unterscheiden, ihr Wissen um orthographische Konventionen ist jedoch noch sehr gering.

Besondere Merkmale des selbsterlernten Schreibens und des phonetischen Stadiums der Rechtschreibentwicklung: Einige wenige Kinder bringen sich das Rechtschreiben weitgehend selbständig bei. Diese Kinder sind von der Möglichkeit, etwas schriftlich mitteilen zu können, so fasziniert, daß sie das Schreiben noch vor der Schule erlernen (siehe z.B. Bissex 1980). Da sie auch oft nur wenig Unterweisung von den Erwachsenen erhalten haben, zeigt die Art, wie sie die Wörter schreiben, zum Teil größere Abweichungen von der üblichen Schreibweise.

Selbsterlerntes Rechtschreiben ist allerdings nicht auf das Vorschulalter beschränkt. Vor allem in kindzentrierten Unterrichtsformen, in denen die eigenständige Auseinandersetzung mit der Schriftsprache betont wird, sind die Eingriffe der Lehrer in den Lernprozeß so gering, daß die Schreibversuche der Kinder jenen von Kindern ähnlich sind, die bereits im Vorschulalter schreibenlernen (Treiman 1991). Zudem lassen sich auch bei einem Unterricht, der stärker die direkte Vermittlung von Phonem-Graphem-Korrespondenzen betont, viele Ähnlichkeiten zum selbsterlernten Rechtschreiben feststellen (Beers und Beers 1980).

Die Untersuchungen über das selbsterlernte Schreiben haben dafür sensibilisiert, daß das Erlernen des Rechtschreibens nicht einfach das Behalten der korrekten Schreibweise von Wörtern bedeutet, also keine Aufgabe ist, die allein auf dem Auswendiglernen und Üben eines Schreibwortschatzes beruht, sondern auf einer Auseinandersetzung mit den Regelmäßigkeiten der Sprache bzw. der Korrespondenz zwischen mündlicher und geschriebener Sprache.

Gemeinsam ist den spontanen Schreibversuchen, daß die Buchstabennamen, die die Kinder gelernt haben, die wichtigste Orientierung bei der Übersetzung der gesprochenen Sprache in eine schriftliche Form sind. Die Kinder gehen zunächst von einer Eins-zu-Eins-Zuordnung zwischen den Segmenten, die sie an der Phonemfolge differenzieren, und den Buchstaben aus. Jeder Buchstabe, den sie schreiben, soll ein Segment der Phonemfolge repräsentieren und ist diesem Segment konstant zugeordnet. Die Kinder geben daher in einer ersten Phase nicht alle Phoneme der Wörter wieder, sondern nur jene, die ihnen an der Aussprache besonders auffallen. Die Konsonanten erscheinen dabei zunächst dominanter. Die Buchstaben, die die Konsonanten vertreten, werden zu Anfang meist dazu benützt, sowohl die Konsonanten wie auch die nachfolgenden Vokale wiederzugeben (z.B. k für ka), wie es durch die Buchstabennamen nahegelegt wird.

Auch sonst kommt es vielfach zu einer Vereinfachung und unvollständigen Wiedergabe der Lautform von Wörtern. Phonetisch komplexere Lautfolgen werden nicht adäquat dargestellt. Dies gilt vor allem für Konsonantengruppen, aber auch für Vokalfolgen und Diphthonge, wobei sowohl *Konsonantenverbindungen* am Wort- bzw. Silbenbeginn wie im Wortauslaut betroffen sind. Im Wortauslaut betrifft dieser Fehler vor allem Konsonantenverbindungen, deren erster Konsonant ein Nasal ist. Diese Nasale werden häufig ausgelassen, da sie nur sehr kurz ausgesprochen werden und statt dessen die Aussprache der vorausgehenden Vokale beeinflussen (Ehri 1984).

Auch Konsonantenkluster zu Wortbeginn werden von Kindern häufig vereinfacht, wobei fast immer der zweite Konsonant ausgelassen wird (Treiman 1985 c, 1991). Treiman erklärt dies damit, daß die einfachste und basale Gliederung der Silbe zwischen Silbenbeginn und Auslaut (Vokal+Konsonant) unterscheidet. Die weitere Aufgliederung eines komplexeren Anlauts fällt den Kindern schwer. In einem kindzentrierten Unterricht wird daher von den Konsonantenverbindungen zu Wortbeginn in 25% der Fälle der zweite Konsonant während des gesamten 1.Schuljahres ausgelassen, selbst wenn es sich um einsilbige Wörter handelt, der erste Konsonant hingegen nur in 2% der Fälle. Diese Fehler nehmen in der Folge deutlich ab, sind jedoch nach Treiman (1985 c, 1991) vor allem bei zwei- und mehrsilbigen Wörtern auch in der 2. und 3.Klasse noch nachzuweisen. Die Auslassungen dürften alle Arten von Konsonantenverbindungen zu Silbenbeginn in gleicher Weise betreffen (Treiman 1991), also nicht mit speziellen Merkmalen von bestimmten Konsonanten zusammenhängen, wie dies in der Vergangenheit mehrmals vermutet wurde (Liquide als zweite Konsonanten besonders häufig ausgelassen - Marcel 1980, Kossakowski 1961; oder besonders oft, wenn erster Konsonant ein stimmloser Verschlußlaut ist - Marcel 1980).

Bemerkenswert ist dabei allerdings, daß zwischen verschiedenen Kindern relativ stabile interindividuelle Unterschiede in der Tendenz, Konsonantenverbindungen zu reduzieren, bestehen (Treiman 1991). Während die meisten Kinder diese Fehler recht selten begehen, wird von einigen wenigen der Großteil der Konsonantenverbindungen zu Wortbeginn falsch geschrieben.

Diese Vereinfachungen stellen jedoch nicht das einzig Bemerkenswerte an der Schreibweise der Kinder dar. Diese sehen sich vor die Aufgabe gestellt, die große Zahl an Phonemen durch eine kleinere Zahl von Buchstaben zu repräsentieren. Die Zuordnungen, die sie dabei wählen, weisen einige Gemeinsamkeiten auf, die sie von jenen der herkömmlichen Schriftsprache unterscheiden. Es läßt sich somit feststellen, daß sich in der anfänglichen Rechtschreibung von Kindern Momente einer Klassifikation, Generalisierung und Systembildung erkennen lassen, die von jenen der Erwachsenen etwas abweichen. So ist auffallend, daß die Kinder gelegentlich phonetische Merkmale berücksichtigen, die wir als Erwachsene (fast) nicht mehr wahrnehmen. Zum Beispiel wird die vokalische Natur mancher Laute, die wir als Teil der Konsonanten zu klassifizieren gelernt haben, in ihrer Schreibweise wiedergegeben. Dies gilt etwa für die Wiedergabe von "l" und "r" in Konsonantenverbindungen (z.B. bei "Freund"). Der vokalische Anteil dieser Übergangslaute wird von dem vokalischen Anteil getrennt und eigens repräsentiert ('Fereund') (Ehri 1984).

Die Zuordnung der vielfältigen Vokalformen zu den entsprechenden Buchstaben erfolgt bei Kindern zunächst aufgrund der Ähnlichkeit der Artikulationsstelle, während von anderen Merkmalen der Vokale abgesehen wird.

In der Tendenz folgt das Rechtschreiben in dieser Phase eher phonetischen Merkmalen. Die phonologischen Regeln, die die Kontrastbildung des Erwachsenen bestimmen, scheinen erst gelernt werden zu müssen. Sowohl Untersuchungen zur Entwicklung der Lautdiskrimination wie Fehleranalysen zu Beginn des Schreibenlernens haben gezeigt, daß das Urteil von Kindern über die Ähnlichkeit von Konsonanten z.B. auch die Affrikation von Verschlußlauten beachtet. Kinder geben deshalb /tr/ am Wortanfang als 'chr' wieder (Treiman 1985 a). Die Aufmerksamkeit der Kinder ist somit stärker auf phonetische Merkmale der wiederzugebenden Lautfolge gerichtet.

Bereits in der ersten Klasse, mit beginnender Kenntnis der Schriftsprache, differenziert sich jedoch das Urteil über die Lautähnlichkeit und Klassenbildung von Lauten. Gleichzeitig ändert sich auch die Zuordnung der Laute zu den Buchstaben und damit die Rechtschreibung. Das Wissen über die konventionelle Schreibweise von Lauten beeinflußt dabei zum Teil das Urteil über deren Ähnlichkeit.

Mit zunehmender Geläufigkeit im Rechtschreiben erkennen die Kinder, daß nicht alle Buchstaben die Funktion haben, Laute abzubilden, sondern einige Buchstaben (sogenannte "stille" Buchstaben) auch anzeigen, wie andere Buchstaben ausgesprochen werden. Ein Vergleich von Kindern der 1. und 2.Klasse zeigt an, daß diese zunächst lernen, wie häufige Wörter mit "stillen" Buchstaben geschrieben werden, bevor sie diese Einsicht auch auf neue, unbekannte Wörter übertragen (Beers und Beers 1980).

Das orthographische Stadium der Rechtschreibentwicklung

Im orthographischen Stadium schließlich sind beide Formen von Fehlern - Verstöße gegen die Lauttreue sowie Mißachtung orthographischer Konventionen - sehr gering. Die Kinder beachten zunehmend die Kontextabhängigkeit der Phonem-Graphem-Zuordnungen (im Englischen etwa den Einfluß der nachfolgenden Vokale auf die Schreibweise von /k/ als 'c' bzw. 'k') und berücksichtigen damit komplexere Regeln (Marsh et al. 1980). Zum anderen werden unbekannte Wörter (im Besonderen Pseudowörter) nun häufiger in Analogie zu bekannten Wörtern geschrieben (Marsh et al. 1980, Campbell

1985), auch wenn die bekannten Wörter in ihrer Schreibweise nicht den häufigsten und somit regelmäßigen Phonem-Graphemzuordnungen entsprechen.

Ähnlich wie beim Lesen läßt sich somit beim Rechtschreiben eine zunehmende Verwendung komplexerer Strategien und eine zunehmende Flexibilität in deren Anwendung nachweisen (Marsh et al. 1980). Statt der sequentiellen Umsetzung von Phonemen in Grapheme können vom geübten Rechtschreiber auch Informationen über größere Einheiten innerhalb der Wörter verwendet werden, größere Sequenzen, die aus anderen Wörtern vertraut sind, bzw. Morpheme und lexikalische Ableitungen. Daß solche Informationen aufgegriffen werden, kann am unmittelbarsten beim Schreiben von Pseudowörtern nachgewiesen werden. Geübte Rechtschreiber können Kontexteinschränkungen für die Anwendung von Phonem-Graphem-Zuordnungsregeln sicherer anwenden. Sie können die Analogie zu lexikalischen Ableitungen in der Bildung von Pseudowörtern erkennen und schreiben häufiger Pseudowörter in Analogie zu häufig vorkommenden Wörtern, selbst wenn die Phonem-Graphem-Zuordnung in diesen Fällen unregelmäßig wird.

Bevor die Rechtschreibung beherrscht wird, läßt sich nach den Beobachtungen von Gentry und Henderson (siehe Brown 1990) noch ein Übergangsstadium feststellen, in dem die Schüler, die nun bereits in die Sekundarschule gehen (4.-6. Schulstufe), immer mehr um die spezifische Schreibweise von Wörtern wissen und auch in der Lage sind, seltenere Korrespondenzen zwischen Phonemen und Schrift zu beachten. Dieses Übergangsstadium ist dadurch gekennzeichnet, daß die Kinder sich nun bemühen, die orthographischen Konventionen zu berücksichtigen, dies aber noch nicht richtig schaffen. Es wird nun etwa die Vokallänge gekennzeichnet, aber noch nicht mit dem in dem Wort tatsächlich vorkommenden Dehnungszeichen (z.B. Bihne für Biene).

5.4. Die Entwicklung von Teilfertigkeiten des Rechtschreibens

Ähnlich wie das Erlernen des Lesens kann auch die Rechtschreibentwicklung als allmählicher Zuwachs einzelner Teilfertigkeiten aufgefaßt werden. Solche Teilfertigkeiten wären:
- Fertigkeiten bei der Bildung der Grapheme
- Kenntnis der häufigsten bzw. regelhaften Phonem-Graphemzuordnungen und deren Kontextabhängigkeit
- Kenntnis der Kontextabhängigkeit von Phonem-Graphemzuordnungen
- Entdeckung von Regelmäßigkeiten, Analogien der Schreibweise von Wörtern (z.B. Kennzeichnung von Dehnungen)
- Wissen um die Schreibweise verschiedener Wörter, Fähigkeit, die spezielle Schreibweise eines Wortes aus dem inneren orthographischen Lexikon abzurufen und ihre Richtigkeit anhand der Vorstellung zu überprüfen
- Wissen um orthographische Regelmäßigkeiten (z.B. keine drei gleichen Konsonanten hintereinander)
- Wissen um die Regelmäßigkeiten bei der Wortbildung, der Morphemzusammensetzung, um Wortfamilien; Wissen um grammatikalische Kategorien, um die Bildung von Fällen etc.
- Wissen um die Herkunft von Wörtern

Eine grundlegende Unterscheidung unter den Teilfertigkeiten, die dem Rechtschreiben zugrundeliegen, wird zwischen jenen Teilfertigkeiten, die eine Umsetzung der gesprochenen Sprache in die schriftliche Form ohne Heranziehung des Lexikons, also der internen Speicherung wortspezifischer Informationen, ermöglichen, und jenen Teilfertigkeiten, die auf der Verfügbarkeit wortspezifischer Informationen beruhen, getroffen. Es soll deshalb zunächst auf die Entwicklung dieser beiden Fertigkeiten eingegangen werden.

Die Entwicklung der Schreibfertigkeit und motorischer Buchstabenschemata

Die Rechtschreibfähigkeit setzt nicht nur Kenntnisse über die Orthographie, sondern auf einer basalen Stufe auch die Entwicklung motorischer Fertigkeiten und die Ausbildung von motorischen Schemata zur Steuerung der Bewegungen bei der Buchstabenbildung voraus (Ellis 1982, Thomassen und Teulings 1983). Schemata zur Identifikation und Differenzierung der Buchstaben, wie sie bereits im Kapitel über das Lesen vorgestellt wurden, müssen ergänzt werden um Konzepte, wie die Buchstaben zu formen bzw. zu rekonstruieren sind. Beobachtungen an Kindern im Vorschulalter machen deutlich, daß die Fähigkeit zur Buchstabenunterscheidung dafür nicht ausreicht, sondern durch expliziten Unterricht im Nachbilden der Buchstaben ergänzt werden muß (Williams 1975). Kinder entwickeln dabei einen Handlungsplan, der die Reihenfolge und Art der zur Buchstabenformung erforderlichen Strichführungen angibt. Dieser Plan folgt der auch beim Kopieren von geometrischen Formen beobachteten Tendenz, oben zu beginnen und Striche von oben nach unten bzw. links nach rechts zu ziehen (Simner 1981). Auf dieser Tendenz könnte es beruhen, daß Kinder zu Beginn der Schreibentwicklung, häufiger statt einem d ein b und statt einem q ein p schreiben, aber kaum umgekehrt (Lewis und Lewis 1965, Thomassen und Teulings 1983).

Die Entwicklung der Schreibmotorik stellt recht hohe Anforderungen an die Koordination verschiedener Bewegungen, und es zeigt sich, daß die Schreibgeschwindigkeit der Kinder bis etwa 10 Jahre deutlich zunimmt, um erst mit 15 Jahren das Niveau des geübten Erwachsenen zu erreichen (Thomassen und Teulings 1983). Einen Aspekt dieser Entwicklung stellt die Koordination von horizontalem Fortschreiten in der Schreibrichtung und gleichzeitigen feinmotorischen Bewegungen zur Buchstabenbildung dar. Diese Anforderung mühelos zu koordinieren, gelingt erst nach langer Übung.

Das Erlernen von Phonem-Graphem-Zuordnungen

In den Anfangsphasen kommt dem Schreiben nach Gehör eine größere Bedeutung zu als später. Anfangs fällt den Kindern die bewußte Differenzierung und Analyse der Phonemfolge recht schwer, und das Erlernen der Differenzierung benötigt Zeit. Der Lernprozeß wird dadurch erschwert, daß manche Unterscheidungen, die in der Hochlautung klar nachvollzogen werden können, in der Umgangssprache reduziert bis aufgehoben und zudem durch Dialekteinflüsse überformt sind (Naumann 1989).

Von besonderer Bedeutung für das Rechtschreiben dürfte jedoch das Ausmaß der Regelmäßigkeit der Phonem-Graphem-Korrespondenzen in einer Schriftsprache sein. Untersuchungen aus den letzten Jahren machen recht wahrscheinlich, daß die Entwicklung der Rechtschreibfertigkeit in verschiedenen Schriftsprachen unterschiedlich verläuft.

Auswirkungen der Regelmäßigkeit der Phonem-Graphem-Korrespondenzen auf das Erlernen des Rechtschreibens: Manche alphabetischen Schriftsprachen, wie etwa das

Englische, sind sowohl in den Phonem-Graphem- wie in Graphem-Phonem-Korrespondenzen recht unregelmäßig. Im Deutschen sind die Phonem-Graphem-Zuordnungsmöglichkeiten zwar variabler als umgekehrt, doch kann die deutsche Schriftsprache auch in Bezug auf die Rechtschreibung immer noch als relativ regelmäßig betrachtet werden (Naumann 1989). Welche Auswirkungen hat dies auf das Erlernen des Rechtschreibens?

Die besondere Bedeutung von Regelmäßigkeiten der Graphem-Phonem-Zuordnung zeigt sich beim Vergleich der Anfänge der Schreibentwicklung mit den Anfängen der Leseentwicklung (Bryant und Bradley 1980). Danach besteht in einer unregelmäßigen Schriftsprache, wie dem Englischen, zu Anfang eine relative Unabhängigkeit beider Leistungen, sodaß sowohl Wörter gelesen werden können, die nicht geschrieben werden können, wie umgekehrt. Die Art der Wörter in diesen beiden diskrepanten Gruppen ist jedoch unterschiedlich. Wörter, die gelesen, aber nicht geschrieben werden können, sind im allgemeinen in ihrer Schreibweise sehr unregelmäßig. Umgekehrt weisen die Wörter, die geschrieben, aber nicht gelesen werden können, meist eine regelmäßige Phomen-Graphem-Zuordnung auf. Das Fehlermuster beim Lesen und Schreiben ist in der Anfangsphase ebenfalls verschieden. Fehler, die beim Rechtschreiben begangen werden, geben meist die Lautgestalt der zu schreibenden Wörter recht gut wieder. Die Aussprache der Wörter ist auch aus fehlerhaft geschriebenen Wörtern meist rekonstruierbar. Lesefehler auf der anderen Seite sind in der Anfangssphase oft den zu lesenden Wörtern lautlich nicht sehr ähnlich und bestehen häufiger aus dem Nennen eines anderen bekannten Wortes (Bryant und Bradley 1980).

Im deutschen Sprachraum ist die von Bryant und Bradley (1980) beobachtete Diskrepanz zwischen dem Lesen und Schreiben selbst zu Beginn der 1.Klasse kaum zu beobachten. Der Großteil der im Unterricht vorgestellten Wörter kann sowohl gelesen wie korrekt geschrieben werden, da diese Wörter zumeist eine regelmäßige Schreibweise aufweisen. Auch von kurzen Wörter, die zwar noch nicht im Unterricht gelesenen, aber aus bereits bekannten Buchstaben aufgebaut sind, kann ein großer Teil korrekt gelesen und geschrieben werden. Es kommt nur sehr selten vor, daß Wörter korrekt geschrieben, aber falsch gelesen werden (Klicpera 1994).

Im englischen Sprachraum ist in den ersten drei Klassenstufen ein relativ rascher Zuwachs der Fertigkeit, regelmäßige Wörter zu schreiben, festzustellen. Diese Wörter können von Schülern mit guten Rechtschreibkenntnissen bereits in der 3.Klasse ähnlich gut geschrieben werden wie von Schülern höherer Klassen. Bei Wörtern mit Phonemfolgen, die auf unterschiedliche Art geschrieben werden können, zeigen jedoch auch gute Rechtschreiber in dieser Klassenstufe noch größere Unsicherheit, die erst in den höheren Klassenstufen allmählich abnimmt (Waters et al. 1988).

Von besonderem Interesse sind natürlich Untersuchungen, die die Rechtschreibfertigkeit von Kindern in Sprachräumen mit einer unterschiedlich regelmäßigen Schriftsprache direkt verglichen haben. Im Gegensatz zum Lesenlernen gibt es diesbezüglich nur wenige vergleichende Untersuchungen. Wimmer und Frith (1994) haben österreichischen und englischen Kindern Wörter, die in den beiden Sprachen gleich oder ähnlich geschrieben werden (hand/Hand, garden/Garten etc.), sowie davon abgeleitete Pseudowörter nicht nur lesen (siehe Kap.3), sondern auch nach Diktat schreiben lassen. Es zeigte sich, daß die Wörter in beiden Sprachen mit ähnlicher Sicherheit und Geschwindigkeit gelesen wurden, die Rechtschreibfertigkeit der englischen Kinder in den beiden ersten Klassen jedoch merklich geringer war als jene der österreichischen. Erst in der 3.Klasse glich sich dieser Unterschied beim Schreiben der relativ häufigen Wörter aus. Dies legt nahe, daß sich die Kinder in einem relativ regelmäßigen Schriftsystem weitgehend auf die Phonem-

Graphem-Zuordnung stützen können und dadurch ein besseres Fundament für die Entwicklung der Rechtschreibsicherheit haben als in einem unregelmäßigen Schriftsystem.

Von Interesse ist auch das Ergebnis beim Schreiben der Pseudowörter. Hier erzielten die englischen Kinder ähnliche Leistungen wie die österreichischen, wenn die Angemessenheit der Widergabe sehr großzügig beurteilt wurde (also ähnliche Fehler, wie sie für das semiphonetische Stadium der Rechtschreibentwicklung beschrieben wurden, nicht als Fehler gewertet wurden, wie z.B. Auslassungen von Vokalen, wenn diese im Namen des vorausgehenden Konsonanten enthalten waren) (Wimmer und Frith 1994). Dies - ebenso wie das Ergebnis, daß die meisten Rechtschreibfehler beim Schreiben der häufigen Wörter relativ lautgetreu waren, - legt nahe, daß sich im Rechtschreiben auch Kinder in einem unregelmäßigen Schriftsystem auf die Phonem-Graphem-Korrespondenzen stützen, um zu einer schriftlichen Wiedergabe von Wörtern und unbekannten Phonemfolgen zu gelangen. Der Erfolg hängt nicht zuletzt von der Regelmäßigkeit des Schriftsystems ab.

Dies wird noch deutlicher, wenn man die Ergebnisse von Wimmer und Frith (1994) mit einer anderen Untersuchung vergleicht, in der die Bewertung der phonologischen Angemessenheit der Niederschrift von Pseudowörtern strenger war (Campbell 1985). Nach diesen strengeren Kriterien wurden unbekannte Phonemfolgen (Pseudowörter) von englischen Kindern auch am Ende der Grundschulzeit noch recht inkonsistent wiedergegeben. Obwohl sich also die Kinder beim Rechtschreiben von Anfang an auf Phonem-Graphem-Zuordnungen zu stützen scheinen, beherrschen sie das System dieser Zuordnungen nicht soweit, daß sie ohne eine gewisse Vertrautheit mit den zu schreibenden Wörtern bzw. ohne Bezugnahme auf das orthographische Lexikon eine Buchstabenfolge plausibel wiedergeben können (Campbell 1985). Es braucht wohl viel Zeit, um in einem unregelmäßigen Schriftsystem die Phonem-Graphem-Zuordnungen wirklich zu beherrschen.

Art der Rechtschreibfehler in verschiedenen Phasen der Rechtschreibentwicklung im deutschen Sprachraum: Bei der Darstellung der Entwicklungsstadien des Rechtschreibens haben wir darauf hingewiesen, daß Kinder sich nach einer Anfangsphase, die man logographisch oder semiphonetisch nennen könnte, bemühen, die Phonemfolge vollständig wiederzugeben, auch wenn sie die orthographischen Konventionen noch nicht beherrschen. Im Verlauf der ersten Klassenstufen lernen die Kinder immer besser, die Phonemfolge angemessen wiederzugeben.

Dies haben wir in der bereits mehrfach erwähnten Wiener Längsschnittuntersuchung (Klicpera und Gasteiger-Klicpera 1993) versucht herauszuarbeiten, und zwar anhand einer qualitativen Analyse der Rechtschreibfehler, die bei zwei standardisierten Rechtschreibtests (DRT2+ und DRT3+) begangen wurden. Dabei zeigte sich, daß die Kinder Mitte der 2.Klasse noch 11% der Wörter so schrieben, daß die Aussprache der Wörter aus der Schreibweise nicht ohne weiteres zu rekonstruieren war, Ende der 4.Klasse war dies nur mehr bei 3% der Wörter der Fall. Bei weiteren 10% der Wörter lagen in der 2.Klasse und bei 4% in der 4.Klasse geringere Abweichungen von einer lautgetreuen Schreibweise vor. Als Hauptschwierigkeiten für die lautgetreue Schreibung erwiesen sich in allen Klassen die Wiedergabe von Konsonantenverbindungen, bei denen es häufig zu Auslassungen kam, sowie die Kennzeichnung der Stimmhaftigkeit von Verschlußlauten und der Vokallänge.

Nach zur Oeveste (1981) sind im deutschen Sprachraum bereits in der 5.Schulstufe die meisten Fehler durch die Mehrdeutigkeit der Phonem-Graphem-Assoziation vorauszusagen. Nahezu alle Schreibweisen sind also lautgetreu und beruhen nur mehr auf einem mangelnden Wissen um die spezifische Schreibweise der Wörter, wobei allerdings festzustellen ist, daß zur Oeveste von vielen phonematischen Differenzierungen absieht (z.B.

von der Vokallänge oder von den meisten positionsabhängigen Veränderungen der Aussprache).

Weitere Belege der Bedeutung phonologischer Informationen für die Rechtschreibfertigkeit von Kindern: Es wurde bereits darauf aufmerksam gemacht, daß in der Umgangssprache die Tendenz besteht, die Phonemfolge zu vereinfachen. Davon sind vor allem unbetonte Silben betroffen. In einer sorgfältigen silbenweisen Aussprache von Wörtern, bei der jede Silbe gleich betont wird, ist daher die Phonem-Graphem-Korrespondenz durchsichtiger als bei der Aussprache des ganzen Wortes (z.B. geben -> ge-ben). Drake und Ehri (1984) konnten in einer kleinen Trainingsstudie zeigen, daß die sorgfältige silbenweise Aussprache bei Rechtschreibübungen zu einer deutlichen Zunahme der Rechtschreibsicherheit bei den geübten Wörtern führt, die auch nach einer Woche noch nachzuweisen war.

Ein weiterer Beleg für die große Bedeutung der Phonem-Graphem-Zuordnung und der phonologischen Kodierung bzw. Subvokalisation beim Schreiben kommt von Interferenzaufgaben. Während Interferenzaufgaben, wie das fortwährende Wiederholen einer Silbe, das die Bildung phonologisch-artikulatorischer Kodes verhindert, bei Kindern die Zuordnung von Bildern und Wörtern nur wenig beeinträchtigen (Barron und Baron 1977), hat die gleiche Interferenz einen großen Effekt, wenn über das Vorkommen von Buchstaben in Wörtern Angaben gemacht werden sollen. So haben die Kinder große Schwierigkeiten, während der Unterdrückung der Artikulation von Wörtern den Anfangs-, Mittel- oder Endbuchstaben anzugeben, aber auch Wörter niederzuschreiben (Bradley und Bryant 1982).

Verwendung von Analogien

Außer durch Verwendung von Phonem-Graphem-Zuordnungen können unbekannte Wörter auch in Analogie zu bereits bekannten Wörtern geschrieben werden. Während dies beim Lesen wahrscheinlich eine relativ früh verwendete Strategie darstellt, deutet manches darauf hin, daß Analogien zu bekannten Wörtern beim Rechtschreiben erst deutlich später Bedeutung erlangen.

So beobachteten Marsh et al. (1980, 1981), daß Kinder der 2.Klasse beim Lesen neue Wörter in Analogie zu bereits bekannten, häufig vorkommenden Wörtern aussprechen, während sie beim Schreiben die Laute meist der Reihe nach - entsprechend den häufigsten Phonem-Graphem-Zuordnungen - rekodieren. In der 4.Klasse hingegen wird sowohl beim Lesen wie beim Schreiben häufig eine Analogiestrategie benutzt. Pseudowörter, die in Analogie zu richtigen Wörtern gebildet wurden, werden nun häufig so geschrieben wie die richtigen Wörter, während jüngere Kinder noch keine Analogien verwenden. Dies wird besonders deutlich, wenn den Kindern zuvor richtige Wörter mit ähnlicher Aussprache, aber unterschiedlicher Schreibweise genannt werden (z.B. 'frit', nachdem zuvor "neat" bzw. "feet" zu hören war). Campbell (1985) hat bei älteren Kindern (3. und 4.Klasse Volksschule), ähnlich wie bei Erwachsenen, einen direkten Einfluß der zuvor gehörten Wörter auf das Schreiben von Pseudowörtern festgestellt. Dies traf vor allem für Kinder zu, deren Lese- und Rechtschreibfertigkeiten schon weiter entwickelt waren. Bei Kindern mit geringeren schriftsprachlichen Fertigkeiten war hingegen ein derartiger Einfluß nicht festzustellen.

Diese Experimente und die daraus abgeleitete Schlußfolgerung, daß Analogien in der Entwicklung des Rechtschreibens erst später Bedeutung erlangen, wurden in der Folge kritisiert, da die geringe Verwendung von Analogien auch darauf beruhen könnte, daß jüngere Kinder die Schreibweise von Wörtern, die als Vorbild für das Schreiben von Pseudowörtern dienen sollten, zu wenig beherrschen. Goswami (1988b) hat deshalb versucht, jüngere Kinder (Beginn der 2.Klasse) direkt darauf hinzuweisen, daß sie Wörter verwenden sollten, um die Schreibweise anderer Wörter herauszufinden. Dieser Hinweis und die zusätzliche Erleichterung der Aufgabe durch die Verwendung von Wörtern, die die Kinder zwar vom Lesen kannten, aber noch nicht schreiben konnten, führte dazu, daß nun auch Kinder mit geringen Schreibkenntnissen von Analogien profitieren konnten.

Einen Hinweis auf die frühzeitige Verwendung von Analogien beim Schreiben bietet auch der Vergleich von Wörtern mit Teilen, die auch in vielen anderen Wörtern enthalten sind und dort ähnlich ausgesprochen werden ("freundliche" Wörter mit einer großen "orthographischen Nachbarschaft"), und Wörtern mit einer relativ seltenen Schreibweise (Laxon et al. 1988). Derartige "freundliche" Wörter werden bereits in der 2.Klasse eher fehlerfrei geschrieben als "unfreundliche" Wörter mit ähnlicher Vorkommenshäufigkeit und Länge. Im Vergleich zum Lesen sind die Auswirkungen beim Rechtschreiben sogar nochmals deutlich größer (Laxon et al. 1988). Es ist also wahrscheinlich, daß sich bereits frühzeitig eine Vertrautheit mit häufig vorkommenden Schreibweisen entwickelt und daß dies eine wichtige Hilfe für das Rechtschreiben darstellt.

Ausbildung wortspezifischer Rechtschreibkenntnisse

Das Phasenmodell der Rechtschreibentwicklung legt die Hypothese nahe, daß sich die Kinder über längere Zeit in erster Linie an der Analyse der Phonemfolge orientieren und den Phonemen entsprechend ihrem Wissen um die Phonem-Graphem-Korrespondenzen Buchstaben zuordnen. Daraus könnte weiter abgeleitet werden, daß für Kinder zunächst die Vorkommenshäufigkeit der Wörter nicht relevant ist. Wie Schneider (1980) für das Deutsche und Valle-Arroyo (1990) für das Spanische gezeigt haben, ist jedoch diese Hypothese nicht haltbar. Die Vorkommenshäufigkeit von Wörtern übt bereits frühzeitig, in der 2.Klasse, einen großen Einfluß auf die Sicherheit aus, mit der Wörter geschrieben werden können, und dieser Einfluß dürfte in den unteren Klassen der Grundschule ebenso groß sein wie gegen Ende der Schulzeit.

Einige Beobachtungen zeigen zudem, daß Kinder - ähnlich wie beim Lesen - wortspezifische Merkmale beim Schreiben bereits frühzeitig berücksichtigen. Ehri (1980) gab Kindern der 2.Klasse Pseudowörter als Namen von Tieren vor, die jeweils auf besondere Weise geschrieben wurden, ohne daß dies auf die Aussprache einen Einfluß hatte (z.B. wh/w, gh/g). Die Kinder sollten die Namen der Tiere lesen und sich dann merken, um sie ein wenig später niederzuschreiben. Es zeigte sich, daß die Kinder die besonderen Merkmale der Schreibweise immer berücksichtigten, auch wenn sie sonst manche Fehler begingen.

Das wortspezifische Wissen ist jedoch lange Zeit noch unzuverlässig. Ein sicheres Wissen um die Schreibweise von Wörtern, die ungewöhnlich geschrieben werden, entwickelt sich bei Kindern recht spät. In der 3.Klasse wird selbst von guten Schülern der Großteil dieser Wörter falsch geschrieben. In den folgenden Klassen geht die Fehleranzahl deutlich zurück, doch begehen die Kinder noch in der 6.Schulstufe beim Schreiben dieser Wörter deutlich mehr Fehler als bei gleich häufigen Wörtern, deren Schreibweise einer regelhaften Graphem-Phonem-Zuordnung folgt (Waters et al. 1988).

Die Ausbildung wortspezifischer Rechtschreibkenntnisse kann auch durch den Vergleich der Fehlerhäufigkeit beim Niederschreiben von Wörtern und des Wiedererkennens der richtigen Schreibweise in einer Mehrfachwahlaufgabe untersucht werden. Hier zeigt sich, daß das passive Wissen um die korrekte Schreibweise bei ungewöhnlich geschriebenen Wörtern weit größer ist als die Fähigkeit, diese Wörter eigenständig korrekt zu schreiben (Waters et al. 1988). Einen interessanten Vergleich bieten hier Schüler, die bestimmte Wörter konsistent falsch schreiben, obwohl sie in einer Mehrfachwahlaufgabe die richtige Schreibweise dieser Wörter angeben können (Campbell 1987). Dies legt nahe, daß entweder das wortspezifische Wissen beim Worterkennen bzw. Rechtschreiben unterschiedlich gut zugänglich ist oder daß das Rechtschreiben ein weit aktiveres Wissen bzw. einen detaillierteren lexikalischen Eintrag erfordert als das Wiedererkennen.

Erlernen orthographischer Konventionen

Im Vergleich zum Lesen erfordert das Rechtschreiben eine genauere Kenntnis der Schreibweise von Wörtern. Während das Lesen mit einer unvollständigen bzw. ungenauen orthographischen Repräsentation der Schrift auskommen kann, da es sich hier um ein Wiedererkennen von Wörtern handelt, verlangt das Schreiben, daß die gesamte Buchstabenfolge bekannt ist und richtig wiedergegeben werden kann. Kinder können deshalb lange Zeit nur einen Teil der Wörter, die sie rasch und mühelos lesen können, auch fehlerfrei schreiben.

Während die Entwicklung der Fähigkeit, komplexere, kontextabhängige Graphem-Phonem-Zuordnungen beim Lesen zu berücksichtigen, zumindest im Englischen recht gut untersucht ist, gibt es kaum Untersuchungen, die über die Aneignung orthographischer Konventionen beim Rechtschreiben Aufschluß geben. Eindeutige Konventionen, etwa jene, daß Wörter nie mit einer Buchstabenverdoppelung beginnen, werden recht früh beherrscht (Treiman 1993), bei anderen dürfte das Erlernen jedoch beträchtliche Zeit in Anspruch nehmen. In einer eigenen Untersuchung haben wir die Wiedergabe von Dehnungs- und Kürzungskennzeichen im Deutschen an einem beschränkten Stamm von Wörtern untersucht (Klicpera und Gasteiger-Klicpera 1993). Es zeigte sich, daß die korrekte Wiedergabe von Markierungen sowohl der Vokallänge wie der Vokalkürze Mitte der 2.Klasse bei durchschnittlichen Schülern noch auf dem Zufallsniveau war. Die Beherrschung dieser Konventionen verbesserte sich in den folgenden Klassen, doch wurden auch am Ende der 4.Klasse noch 10% dieser Kennzeichnungen falsch wiedergegeben. Wie zu erwarten, bestand der größte Teil dieser Fehler im Weglassen der Kennzeichnungen, in einer nicht unerheblichen Anzahl von Fällen wurden Kürzungs- und Dehnungskennzeichnung miteinander vertauscht. Dies deutet einerseits darauf hin, daß die Kinder für das Merkmal der Vokallänge nicht sehr sensibel waren, andererseits kann daraus geschlossen werden, daß die Kinder zwar wußten, daß in diesen Wörtern ein besonderes orthographisches Merkmal vorhanden sei, dieses Merkmal jedoch unzureichend spezifiziert war.

Entwicklung der Kenntnisse über die Bildung von Ableitungsformen

Die korrekte Bildung von Ableitungsformen dürfte eine erst relativ spät gemeisterte Fähigkeit sein. Im Vergleich zu Wörtern mit anderen orthographischen Konventionen begehen Kinder relativ viele Fehler, wenn die korrekte Schreibweise eines Wortes nur dadurch ableitbar ist, daß man daran denkt, wie andere Wörter geschrieben werden, die mit dem Wort verwandt und von ihm ableitbar sind (im Deutschen z.B. Häuser - Haus, im Englischen z.B. sign - signal) (Waters et al. 1988).

Die Einsicht von Kindern in den Vorgang der Rechtschreibung

Da das Rechtschreiben relativ hohe Anforderungen an die Kontrolle und Überpüfung des Schreibvorgangs stellt und durch seine Langsamkeit auch bewußte Entscheidungen über die Wahl einer bestimmten Schreibweise möglich sind, erhebt sich die Frage, wieweit die Kinder selbst über die von ihnen gewählten Vorgangsweisen Auskunft geben können.

Meis (1970) befragte Kinder der 3.Volksschulklasse, warum sie die jeweilige Schreibweise eines Wortes gewählt hatten. Wenn ein Wort richtig geschrieben wurde, gaben die Kinder am häufigsten Antworten, die auf eine Regelanwendung hindeuteten (26%), auf ein Schreiben nach dem Hören (22%), auf das Vertrautsein mit der richtigen Schreibweise (19%) und auf die Bildung von Ableitungen (18%). Bei Fehlern wurde hingegen nur eine Antwort sehr häufig genannt, nämlich das Schreiben nach dem Gehör. Wenn man die Antworten der Kinder wörtlich nimmt, würde daraus folgen, daß die Kinder ihr Wissen um Rechtschreibregeln und um die Verwandtschaft von Wörtern recht häufig mitheranziehen, und daß sich dies auf die Rechtschreibleistung günstig auswirkt. Sich ausschließlich auf die Aussprache der Wörter zu verlassen, führt hingegen recht häufig zu Fehlern. Nach den Antworten der Kinder ist es jedoch leichter, zwischen verschiedenen Informationen zu unterscheiden, die zu einer richtigen Wiedergabe von Wörtern führen, als die Gründe zu bestimmen, die zu einem Rechtschreibfehler geführt haben.

Spätere Untersuchungen haben die Möglichkeit, die Kinder direkt über ihr Wissen um die am Rechtschreiben beteiligten Prozesse und ihre Verwendung von verschiedenen Strategien zu befragen, intensiv genutzt (Downing et al. 1984). Dabei lassen sich zwar einige deutliche Veränderungen von der 1. zur 2.Klasse Volksschule feststellen, und zwar nimmt die Zahl jener Kinder zu, die angeben, daß sie die korrekte Schreibweise durch Übung erinnert oder daß sie Rechtschreibregeln angewandt hätten, um die Schreibweise zu eruieren. In den höheren Klassen sind die Angaben der Kinder dann weitgehend konstant: am häufigsten wurde in dieser Untersuchung an englischsprachigen Kindern das innere Vorsprechen (38%) genannt, weiters - "sich erinnern" (21%), Anwenden von Regeln (19%). Ein gewisser Hinweis für eine Validität dieser Angaben kommt aus dem Vergleich mit den Antworten der Kinder auf die Frage, wie sie sinnlose Silben schreiben würden. Hier berichten zwei Drittel der Kinder, daß sie sich die Silben innerlich vorsprechen und die Laute wiederzugeben versuchen. Kaum ein Kind erwähnt die Verwendung von Analogien oder das Anwenden von Regeln. Der Versuch, die Introspektion der Kinder zu erhöhen, indem sie aufgefordert wurden, direkt zu berichten, was sie während des Schreibens dächten, erwies sich nicht als sehr erfolgreich. Insgesamt kam die Untersuchung zu dem Schluß, daß die Einsicht von Kindern in die mentalen Prozesse, die am Rechtschreiben beteiligt sind, gering ist.

Zusammenfassend können wir für die Rechtschreibentwicklung festhalten, daß die Kinder bereits früh Konzepte entwickeln, wie die Phonemfolge durch die Buchstaben wiedergegeben werden kann und daß diese Konzepte allmählich weiter differenziert und an die konventionelle Schreibweise angepaßt werden. In einer regelmäßigen Schriftsprache (beezüglich der Phonem-Graphem-Beziehungen), wie dem Deutschen, kann durch das Sichstützen auf diese Korrespondenzen relativ früh eine beträchtliche Rechtschreibsicherheit erreicht werden. Allerdings benötigt es länger, bis die Kinder die orthographischen Konventionen und die oft durch phonologische Rekodierung nur unzureichend vorherzusagenden speziellen Schreibweisen vieler Wörter beherrschen. Auch die Verwendung von Ableitungsformen zur Eruierung der Schreibweise sowie die Anwendung komplexerer Regeln, etwa in Bezug auf die Kennzeichnung der Vokallänge, dürfte beträchtliche Übung und Unterstützung durch die Kenntnis einer größeren Anzahl an Beispielen erfordern.

5.5. Rechtschreibschwierigkeiten

Wenn wir uns nun der Frage zuwenden, was Kindern mit Schwierigkeiten beim Erlernen des Rechtschreibens besonders schwerfällt, so stellt sich erneut - ähnlich wie beim Lesen - die Frage, ob es sich hier um eine allgemeine Behinderung des Lernprozesses bzw. um einen allgemeinen Rückstand in der Entwicklung handelt oder ob spezifische Komponenten des Rechtschreibprozesses, mithin Schwierigkeiten bei der Ausbildung einzelner Teilfertigkeiten, den Aneignungsprozeß beeinträchtigen.

Wenn in diesem Abschnitt von rechtschreib- sowie von lese- und rechtschreibschwachen Kindern die Rede ist, so gilt erneut - ähnlich wie beim Lesen - , daß damit nur der geringe Leistungsstand dieser Kinder bezeichnet wird. Es wurde darauf verzichtet, die Gruppe nach bestimmten Kriterien näher einzugrenzen (z.B. Kinder mit isolierten Rechtschreibschwierigkeiten vs. Kinder mit Schwierigkeiten im Lesen und Rechtschreiben, siehe Kap.10). Aus diesem Grund wird oft der Ausdruck lese- und rechtschreibschwache Kinder verwendet, da in vielen Untersuchungen die Rechtschreibleistungen leseschwacher Kinder analysiert wurden und sich dabei, wie erwartet, beträchtliche Schwierigkeiten beim Rechtschreiben zeigten. Die Frage nach Untergruppen rechtschreibschwacher Kinder wird in einem späteren Kapitel (Kap.10) aufgegriffen. Allerdings müssen wir erwähnen, daß in vielen Untersuchungen Kinder ausgewählt wurden, die normal intelligent sind, die also nach dem traditionellen Verständnis als Legastheniker zu bezeichnen wären.

Verharren rechtschreibschwache Schüler auf einem niedrigeren Stadium der Rechtschreibentwicklung? Nach dem Stadienmodell von Frith (1985) ist die Entwicklung des Rechtschreibens bei lese- und rechtschreibschwachen Kindern dadurch gekennzeichnet, daß diese den Übergang vom logographischen bzw. semiphonetischen ins alphabetische Stadium oder - bei weniger großen Schwierigkeiten - den Übergang vom alphabetischen zum orthographischen Stadium nicht vollziehen. Nach diesem Modell wäre bei einem Teil der Kinder, die Mühe haben, das Schreiben zu erlernen, festzustellen, daß sie zwar einige Wörter korrekt zu schreiben lernen, daß ihre häufigen fehlerhaften Schreibungen von Wörtern jedoch die Phonemfolge der Wörter nur unzureichend wiedergeben, sodaß vermutet werden kann, daß diese Kinder weiterhin nur einige hervorstechende Merkmale der Wörter behalten.

Eine Analyse der Rechtschreibentwicklung schwacher Schüler, die sich an dem Stadienmodell orientiert, ist bisher kaum versucht worden. Die wenigen vorliegenden Untersuchungen beziehen sich vor allem auf die Anfänge des Schreibenlernens und haben eher anekdotischen Charakter (z.B. Valtin 1989). Diese Beobachtungen zeigen, daß die basalen Funktionen des Schreibens von schwachen Schülern in der 1.Klasse recht langsam erworben werden und die Kinder beim Schreiben von Texten nur Teile der Wortfolge wiedergeben und die Wörter vielfach rudimentär durch einzelne Buchstaben repräsentieren. Die Beziehung zwischen geschriebener und gesprochener Sprache kann noch am Ende der 1.Klasse bei vielen schwachen Schülern als semiphonetisch charakterisiert werden.

Eine einzige Untersuchung wurde gefunden, die sich eng an der Stadienbeschreibung von Beers und Henderson (1977) orientiert und den Stand der Rechtschreibentwicklung größerer Gruppen von lernbehinderten, rechtschreibschwachen und guten Schülern am Ende der Grundschulzeit (8-10 Jahre) analysiert hat (Schwartz 1983). In dieser Untersuchung wurden Pseudowörter diktiert, die in Sätze eingebettet waren, wodurch sie eine bestimmte grammatikalische Funktion erhielten. Bei schwachen Schülern wurde eine große Anzahl an Fehlern gefunden, die für die ersten Phasen der Schreibentwicklung typisch sind, in der nur Teile der Phonemfolge wiedergegeben werden (semiphonetisches Stadium). Zudem fanden sich auch viele Beispiele dafür, daß diese Kinder zwar die Phonemfolge wiederzugeben suchten, dabei aber - ähnlich wie Kinder zu Beginn der Schreibentwicklung - z.B. vokalische Konnsonanten als Zeichen für die ganze Silbe benutzten. Bei den rechtschreibschwachen Kindern waren kaum Ansätze dafür zu erkennen, orthographische Konventionen (wie die Verdoppelung von Konsonanten) zur Kennzeichnung der Vokalkürze zu verwenden. Wenn die Fortschritte von Kindern mit 8, 9 und 10 Jahren verglichen wurden, so waren mit zunehmendem Alter vor allem bei den sehr schwachen Rechtschreibern (von Schwartz als learning disabled bezeichnet, zumeist sonderpädagogisch betreut) nur geringe Fortschritte festzustellen. Schwartz (1983) schloß daraus, daß die schwächsten Rechtschreiber über lange Zeit die ersten Stadien der Rechtschreibentwicklung nicht verlassen, wenn sie völlig unbekannte Phonemfolgen (=Pseudowörter) wiedergeben müssen und sich daher nicht auf eine Vertrautheit mit der spezifischen Schreibweise von Wörtern stützen können, sondern die Zuordnung von Phonemfolge und Schrift selbst finden müssen.

Relevant für das Stadienmodell der Rechtschreibung und die Frage, ob Rechtschreibschwierigkeiten als ein Verharren auf einem frühen Stadium der Rechtschreibentwicklung beschrieben werden können, sind auch die Langzeituntersuchungen einiger Kinder mit schweren Lese- und Schreibentwicklungstörungen, die gegen Ende der Grundschulzeit nur wenige Wörter und fast keine Pseudowörter richtig schreiben konnten (z.B. Temple 1990, Snowling et al. 1992, Stackhouse und Snowling 1992). Dabei zeigt sich, daß diese Kinder im Jugend- bzw. frühen Erwachsenenalter zwar weiterhin einen großen Rückstand im Lesen und Rechtschreiben aufwiesen, jedoch eine recht große Anzahl an Wörtern orthographisch korrekt schreiben konnten. Obwohl sie auch viele Pseudowörter richtig schrieben, also auch unbekannte Phonemfolgen schriftlich wiedergeben konnten, blieb ein großer Teil ihrer Fehler phonologisch unplausibel. Was bedeuten diese Ergebnisse für die Stadienentwicklung? Temple (1990) interpretierte sie als Beleg dafür, daß ein orthographisches Stadium der Schreibentwicklung erreicht werden kann, ohne daß ein alphabetisches Stadium durchlaufen wurde. Für Snowling et al. (1992) und Stackhouse und Snowling (1992) legen diese Befunde nahe, daß beim Schreiben weiterhin wortspezifische, logographische Fertigkeiten die größte Stütze darstellen. Dies macht deutlich, daß es kaum mehr möglich ist, die Entwicklungsstand beim Rechtschreiben einem bestimmten Stadium zuzuordnen, wenn ein gewisses Maß an Fertigkeiten beim Schreiben erreicht ist.

Welche Teilfertigkeiten des Rechtschreibens bereiten schwachen Schülern besondere Schwierigkeiten?

Werden rechtschreibschwache Kinder mit gleichaltrigen durchschnittlichen Schülern verglichen, so unterscheiden sich die beiden Gruppen in erster Linie dadurch, daß rechtschreibschwache Kinder wesentlich mehr Fehler machen. Detaillierte qualitative Fehleranalysen zeigen, daß mehr oder weniger alle Arten von Fehlern häufiger vorkommen. Bedeutet dies, daß mehr oder weniger alle Teilfertigkeiten des Rechtschreibens

schwachen Schülern Probleme bereiten oder lassen sich doch bestimmte Schwerpunkte identifizieren? Es gibt verschiedene Möglichkeit, diese Frage zu beantworten:
- Eine Möglichkeit besteht darin, die Fehlerverteilung zu betrachten, indem der Anteil verschiedener Fehlerformen an der Fehlergesamtzahl betrachtet wird.
- Ähnlich wie beim Lesen können die Rechtschreibfertigkeiten schwacher Schüler auch mit jenen jüngerer durchschnittlicher Schüler verglichen werden, die etwa den gleichen Leistungsstand im Rechtschreiben erreicht haben.
- Eine weitere Möglichkeit liegt darin, verschiedene Rechtschreibaufgaben vorzugeben, die jeweils unterschiedliche Anforderungen stellen.

Im Folgenden werden wir diese Möglichkeiten ausnutzen, um die Ausbildung verschiedener Teilfertigkeiten bei rechtschreibschwachen Kindern darzustellen:
- Beherrschung der Buchstabenschemata beim Schreiben
- Beherrschung der Phonem-Graphem-Zuordnung
- wortspezifische Rechtschreibkenntnisse und die Beherrschung orthographischer Konventionen
- Beherrschung von Wortbildungsregeln und grammatikalische Kompetenz
- Automatisierung und Selbstkontrolle

5.5.1. Beherrschung der Buchstabenschemata beim Schreiben

Trotz der geringen Sicherheit beim Rechtschreiben schreiben rechtschreibschwache Kinder relativ rasch und unterscheiden sich in ihrer Schreibgeschwindigkeit kaum von gleichaltrigen guten Schülern. Ihre Schrift ist jedoch schwerer lesbar, sodaß eine Automatisierung des Schreibvorgangs bei gleichzeitig nur unzureichend ausgebildeten Buchstabenschemata angenommen werden kann (Martlew 1992).

Häufung von Orientierungs- und Sequenzfehlern? In der älteren Legasthenieforschung war vermutet worden, daß rechtschreibschwache Kinder vor allem durch eine größere Häufigkeit von Reversionsfehlern auffallen, Fehlern also, bei denen die Orientierung der Buchstaben nicht richtig wiedergegeben bzw. die Reihenfolge der Buchstaben vertauscht ist. Die Ergebnisse der besser kontrollierten Untersuchungen konnten diese Hypothese allerdings nicht bestätigen (Holmes und Peper 1977, Nelson 1980). Da auf diese Frage bereits bei der Darstellung der Lesefehler eingegangen wurde, soll die Diskussion, wieso es auch Untersuchungen mit gegenteiligen Ergebnissen gibt, hier nicht vertieft werden. Es sei nur auf die Ergebnisse der Wiener Längsschnittuntersuchungen (Klicpera und Gasteiger-Klicpera 1993) hingewiesen, nach denen auch beim Rechtschreiben die relative Häufigkeit von Orientierungs- und Sequenzfehlern nicht miteinander korreliert und somit wahrscheinlich eine recht unterschiedliche Genese aufweist. Zudem zeigte sich in dieser Untersuchung, daß der Anteil an Fehlern in diesen Kategorien - nicht zuletzt wegen ihrer geringen Häufigkeit - von Test zu Test wenig stabil ist.

5.5.2. Beherrschung der Phonem-Graphem-Zuordnung

In der deutschsprachigen Legasthenieliteratur findet sich seit langem die Hypothese, Rechtschreibschwierigkeiten seien auf Probleme bei der Differenzierung zwischen ähnlichen Phonemen zurückzuführen (Lautnuancentaubheit nach Kossakowski 1961). Diese Hypothese wurde in den letzten Jahren durch die Annahme ergänzt, daß lese- und rechtschreibschwache Kinder besondere Schwierigkeiten hätten, die Phonemfolge zu analysieren und den Phonemen aufgrund der Phonem-Graphem-Korrespondenzregeln die entsprechenden Grapheme zuzuweisen.

Lauttreue bzw. phonologische Angemessenheit der Rechtschreibfehler: Untersuchungen sowohl aus dem deutschen wie dem anglo-amerikanischen Sprachraum haben sich wiederholt mit der Frage auseinandergesetzt, ob die Rechtschreibfehler lese- und rechtschreibschwacher Kinder durch eine geringere Lauttreue gekennzeichnet sind. Diese Untersuchungen sind sowohl im deutsch- wie im englisch-sprachigen Raum zu recht widersprüchlichen Ergebnissen gekommen. Im deutschsprachigen Raum berichten mehrere ältere Untersuchungen, daß rechtschreibschwache Kinder in der 2. und 3.Klasse Wörter häufiger so verstümmelt wiedergäben, daß die Silbenstruktur der Wörter nicht erhalten bliebe und damit nur eine geringe Lauttreue gegeben sei (z.B. Zingeler-Gundlach et al. 1970, Schmalohr und Winkelmann 1969). Neuere Untersuchungen konnten hingegen bei etwas älteren Kindern keinen Hinweis auf qualitative Unterschiede in der Art der Rechtschreibfehler feststellen (Ensslen und Benda 1985).

In den Wiener Längsschnittuntersuchungen (Klicpera und Gasteiger-Klicpera 1993) wurde der Anteil verschiedener Formen von Rechtschreibfehlern an der Gesamtfehleranzahl in der 2. bis 4.Klasse verglichen. Die Kinder hatten in allen Klassenstufen die gleichen Wörter zu schreiben. Es zeigte sich, daß der relative Anteil an nicht lautgetreuen (phonematischen) Fehlern bei schwachen Rechtschreibern von der 2. zur 4.Klasse zurückging, während er bei guten und durchschnittlichen Schülern bereits frühzeitig recht gering war und in der Folge nicht weiter abnahm. Daher bestanden wohl in der 2. und 3., nicht aber in der 4.Klasse Unterschiede im Anteil an phonematischen Fehlern zwischen Schülern mit unterschiedlichem Leistungsstand.

Auch im englischen Sprachraum stehen Untersuchungen, die eine geringere Lautgetreuheit der Rechtschreibfehler beobachteten (Frith 1980, Finucci et al. 1983, Schwartz 1983, Waters et al. 1985, Bruck und Waters 1988, Horn et al. 1988, Bruck und Treiman 1990), anderen gegenüber, die keinen Unterschied im Anteil an lautgetreuen Fehlern feststellten (Holmes und Peper 1977, Nelson 1980, Moats 1983).

Im anglo-amerikanischen Raum wurde in den letzten Jahren der Weg beschritten, - ähnlich wie beim Lesen - rechtschreibschwache Kinder mit jüngeren Kindern zu vergleichen, die etwa die gleiche Gesamtleistung im Rechtschreiben zeigen. Jedoch sind auch hier die Ergebnisse nicht einheitlich. Während in der Untersuchung von Nelson (1980) die Art der Fehler rechtschreibschwacher Kinder völlig den Fehlern jüngerer Kinder mit ähnlichen Rechtschreibfertigkeiten glich, begingen in den Untersuchungen von Waters et al. (1988) sowie Bruck (1988) und Bruck und Treiman (1990) lese- und rechtschreibschwache Kinder mehr Fehler, die nicht lautgetreu waren, als die jüngeren Kinder.

Von besonderem Interesse dürfte die Untersuchung der Rechtschreibfertigkeit von Erwachsenen mit fortbestehenden Lese- und Rechtschreibschwierigkeiten sein, da hier anzunehmen ist, daß diese reichlich Gelegenheit zum Üben und damit die Möglichkeit hatten, Strategien zu entwickeln, die manche Schwierigkeit beim Rechtschreiben hätte kompensieren können. Eine der überzeugendsten Untersuchungen dieser Art ist von Pennington et al. (1986) berichtet worden. Die Autoren wählten eine Gruppe von Erwachsenen mit fortbestehenden großen Schwierigkeiten beim Lesen und Schreiben aus und verglichen die Fehler, die beim Diktat einer Wortliste begangen wurden, mit jenen von gleichaltrigen Erwachsenen ohne Lese- und Rechtschreibschwierigkeiten sowie mit Kindern, die etwa die gleiche Fertigkeit im Rechtschreiben aufwiesen. Jedem Einzelnen wurde eine nach Schwierigkeit gestufte Reihe von Wörtern diktiert und abgebrochen, sobald 10 Wörter hintereinander falsch geschrieben worden waren. Die falsch geschriebenen Wörter wurden dann nach dem Ausmaß an phonologischer und orthographischer Angemessenheit bewertet und der Anteil an Fehlern berechnet, die als phonologisch bzw. orthographisch angemessen zu beurteilen waren. Sowohl bei der phonologischen wie bei der orthographischen Angemessenheit wurde zwischen zwei Stufen unterschieden: Fehler, die einfachen Kriterien der Angemessenheit genügten, und Fehler, die auch komplexeren Kriterien genügten. Die Ergebnisse wiesen auf eine wichtige Dissoziation in den Rechtschreibkenntnissen hin: die Fehler rechtschreibschwacher Erwachsener waren zwar auf einem niedrigen Niveau phonologisch angemessen, gaben also die Silbenstruktur der Wörter wieder; komplexere Merkmale der Phonemfolge - vor allem die korrekte Wiedergabe der Vokale, unter Berücksichtigung des Kontexts - wurden jedoch nur unzureichend beherrscht. Rechtschreibschwache Erwachsene glichen hier den weit jüngeren Kindern, deren Gesamtleistung im Rechtschreiben ähnlich war. Hingegen spiegelten die Fehler eine bessere Beherrschung orthographischer Konventionen wieder (z.B. die Verdoppelung von Konsonanten), als dies bei den jüngeren Kindern der Fall war.

Einfluß der Regelmäßigkeit der Phonem-Graphem-Korrespondenzen: Im anglo-amerikanischen Sprachraum versuchte man, die Frage nach der Bedeutung phonologischer Faktoren für die Rechtschreibschwierigkeiten auch dadurch zu beantworten, daß die Fähigkeit, (in den Phonem-Graphem-Korrespondenzen) regelmäßige und unregelmäßige Wörter zu schreiben, verglichen wurde. Wenn sich lese- und rechtschreibschwache Kinder weniger auf Phonem-Graphem-Zuordnungen stützen, so ist anzunehmen, daß bei ihnen der Unterschied zwischen regelmäßigen und unregelmäßigen Wörtern gering ausfällt. Auch hier sind die Ergebnisse der bisherigen Untersuchungen wenig einheitlich: einige Untersuchungen kamen zu dem Schluß, daß es lese- und rechtschreibschwachen Kindern im Vergleich zu Kindern ohne Schwierigkeiten viel schwerer fällt, unregelmäßige Wörter zu schreiben, während der Unterschied bei regelmäßigen Wörtern nur gering ist (Barron 1980), andere Untersuchungen fanden die Fehlerrate sowohl bei regelmäßigen wie bei unregelmäßigen Wörtern deutlich erhöht und somit einen ähnlichen Einfluß der Regelmäßigkeit der Phonem-Graphem-Zuordnung wie bei durchschnittlichen Schülern (Carpenter und Miller 1982, Waters et al. 1985, Seymour und Porpodas 1980).

Abstraktion der Phonem-Graphem-Korrespondenzen: Wenn rechtschreibschwache Kinder besondere Mühe bei der Benutzung nicht-lexikalischer Schreibstrategien haben, so ist zu erwarten, daß sie beim Schreiben von Pseudowörtern besondere Schwierigkeiten zeigen. Diese Erwartung wurde bisher kaum geprüft. Die wenigen Befunde kamen zu uneinheitlichen Ergebnissen und sprechen somit eher dagegen, daß dies auf alle rechtschreibschwachen Kinder zutrifft. Während zwei Untersuchungen weder im Vergleich zu gleichaltrigen guten Schülern (Waters et al. 1988) noch im Vergleich zu jüngeren Kindern mit ähnlichen Rechtschreibleistungen (Bruck 1988) spezielle Schwierigkeiten rechtschreibschwacher Kinder beim Schreiben von Pseudowörtern nachweisen konnten, wurden in einer anderen Untersuchung deutlich größere Schwierigkeiten bei rechtschreibschwachen Kindern als bei jüngeren Kindern beobachtet (Martlew 1992).

Es bestehen zudem Hinweise dafür, daß ein Teil der rechtschreibschwachen Kinder besondere Probleme bei der Verwendung von Phonem-Graphem-Korrespondenzen hat (siehe auch Kap.9). Dodd et al. (1989) wählten in Australien aus der 6.Schulstufe jene

Schüler aus, die neben einer insgesamt beträchtlichen Anzahl an Rechtschreibfehlern einen großen Anteil (> 70%) an nicht-lautgetreuen Schreibweisen zeigten. Bei einem anschließenden Test hatten diese Schüler im Gegensatz zu Schülern mit ähnlichen Leseleistungen, aber mit einer weitgehend lautgetreuen Rechtschreibung, besondere Schwierigkeiten beim Schreiben (und auch beim Lesen) von Pseudowörtern. Der größte Teil der Fehler bestand in der Vereinfachung von Konsonantenverbindungen.

Bedeutung der phonologischen Analyse für die Rechtschreibleistung bei rechtschreibschwachen Kindern: Eisenhut (1981) beobachtete besondere Schwierigkeiten rechtschreibschwacher Kinder beim Schreiben von Pseudowörtern - diese Kinder schrieben bereits 13% von vorgesprochenen Pseudowörtern mit zwei Phonemen falsch und mehr als die Hälfte der Pseudowörter mit mehreren Phonemen. Die Anweisung, die Pseudowörter vor dem Niederschreiben nachzusprechen, führte bei diesen Kindern zu keiner Verbesserung ihrer Leistungen. Nur wenn die Pseudowörter den Kindern überdeutlich vorgesprochen und die kritischen Stellen besonders betont wurden, nahm die Fehlerzahl ab.

Einige Einzelfallbeschreibungen geben jedoch einen spezifischeren Hinweis darauf, daß den Rechtschreibschwierigkeiten Probleme bei der phonologischen Analyse und der Sprachproduktion zugrundeliegen können. Snowling et al. (1992) berichteten von einem Jugendlichen, der bereits früh durch Sprachentwicklungsschwierigkeiten auffiel und dessen Lese- und Schreibentwicklung detailliert untersucht wurde. Noch mit 13 Jahren waren 87% seiner Rechtschreibfehler nicht lauttreue Schreibweisen. Es zeigten sich dabei einige Parallelen zwischen den residualen Artikulations- und den Rechtschreibschwierigkeiten. So waren sowohl beim Sprechen wie beim Schreiben Probleme bei der Realisierung des Unterschieds zwischen stimmhaften und stimmlosen Konsonanten und bei der Wiedergabe von Konsonantenverbindungen auffällig.

Dialekteinflüsse auf die Rechtschreibung: Aus der Annahme, daß sich der Schreibvorgang an den Ergebnissen der Phonemanalyse orientiert, läßt sich ableiten, daß Schüler, deren Umgangssprache stark vom Dialekt geprägt ist, beim Erlernen des Rechtschreibens behindert sind und daß ein größerer Teil der Rechtschreibfehler einen Dialekteinfluß erkennen läßt. In der Tat konnte sowohl im anglo-amerikanischen wie im deutschsprachigen Raum diese Annahme bestätigt werden. In den USA wurde z.B. gezeigt, daß die Anzahl an Dialektmerkmalen in der mündlichen Sprache eines Schülers die Leistungen im Rechtschreiben signifikant vorhersagen, selbst wenn soziale Faktoren (Einstellung zur Schule) und Intelligenz mit in Betracht gezogen werden (Desberg et al. 1980). Der Einfluß auf das Rechtschreiben erwies sich als deutlich stärker als jener auf die Lesefähigkeit und nahm in den höheren Klassenstufen zu - durch die Schriftkenntnisse dürfte ein Teil der Schüler die Standardaussprache lernen und in der Folge gute Fortschritte beim Lernen der Rechtschreibung machen. Der restliche Teil der Schüler dürfte hingegen weiter zurückfallen.

Für den deutschen Sprachraum zeigen mehrere Untersuchungen (zusammenfassend bei Naumann 1989), daß in den ersten Klassen Grundschule ein nicht unwesentlicher Anteil der Fehler durch den lokalen Dialekt induziert ist, daß diese Fehler jedoch bei den meisten Schülern bereits in den höheren Klassen der Grundschule wesentlich zurückgegangen sind. Schüler aus sozial schwächeren Schichten, deren mündliche Sprache stärker durch den Dialekt gefärbt ist, fallen nicht nur durch die insgesamt schlechteren Leistungen beim Rechtschreiben auf, sondern auch durch eine größere Anzahl von dialektal bedingten Rechtschreibfehlern in den höheren Klassen.

5.5.3. Wortspezifische Rechtschreibkenntnisse und Beherrschung orthographischer Konventionen

Eine andere Quelle der Schwierigkeiten beim Erlernen des Rechtschreibens kann darin gesehen werden, daß sich Schüler die spezifische Schreibweise von Wörtern nicht einprägen und somit über keine Repräsentation dieser Wörter im inneren orthographischen Lexikon verfügen, auf die sie beim Schreiben zurückgreifen können.

Wortspezifische Rechtschreibkenntnisse: Die Wahrscheinlichkeit, daß ein Wort falsch geschrieben wird, ist bei rechtschreibschwachen Schülern sogar noch stärker von der Vorkommenshäufigkeit der Wörter abhängig als bei guten und durchschnittlichen Rechtschreibern (zur Oeveste 1977). Dies bedeutet, daß schwache Rechtschreiber sich mindestens ebenso sehr auf wortspezifische Informationen stützen müssen wie gute Rechtschreiber, daß sie aber Mühe haben, die dazu erforderlichen Kenntnisse aufzubauen. Es ist wahrscheinlich, daß die Kenntnisse, die den schwachen Rechtschreibern über die Schreibweise der Wörter zur Verfügung stehen, weniger spezifiziert sind und somit zum fehlerfreien Schreiben nicht ausreichen. Nach Waters et al. (1988) verbessern sich rechtschreibschwache Schüler besonders deutlich gegenüber ihren Leistungen in einem Diktat, wenn sie die richtige Schreibweise eines Wortes aus mehreren Alternativen auszuwählen haben, also eine zusätzliche visuelle Stütze erhalten.

Beherrschung orthographischer Konventionen: Als weiterer Faktor könnte beitragen, daß diese Kinder Mühe haben, die Regelmäßigkeiten zu abstrahieren, die den orthographischen Konventionen zugrundeliegen.

Die bereits berichtete Untersuchung von Pennington et al. (1986) kam zu dem Ergebnis, daß rechtschreibschwache Erwachsene orthographische Konventionen mehr beachten als durchschnittliche Schüler, die etwa den gleichen Leistungsstand im Rechtschreiben aufweisen. Die Ergebnisse von Untersuchungen an Kindern stimmen damit jedoch nicht unbedingt überein. Waters et al. (1988) haben sich besonders bemüht, die Wiedergabe von Schreibweisen, die durch orthographische Konventionen bestimmt werden, mit der Beherrschung anderer Fertigkeiten, wie z.B. der Wiedergabe regelmäßig und unregelmäßig geschriebener Wörter zu vergleichen. Sie beobachteten, daß die Beherrschung dieser orthographischen Regeln durch die schwächsten Rechtschreiber in regulären Klassen etwa dem Niveau ihrer sonstigen Rechtschreibfertigkeiten entspricht. In den Wiener Längsschnittuntersuchungen (Klicpera und Gasteiger-Klicpera 1993) kamen wir zu einem ähnlichen Ergebnis. Die Kennzeichnung der Vokallänge wurde von den rechtschreibschwachen Kindern zwar deutlich fehlerhafter als von durchschnittlichen und guten Rechtschreibern vorgenommen und die dabei erzielten Fortschritte waren von der 2. zur 4.Klasse bei diesen Kindern auch geringer, dies entsprach jedoch durchaus dem insgesamt recht langsamen Verlauf ihrer Rechtschreibentwicklung. Die bisher vorliegenden Befunde legen somit nicht nahe, daß das Erlernen häufiger vorkommender orthographischer Konventionen ein Bereich ist, der rechtschreibschwachen Schülern besondere Probleme bereitet.

5.5.4. Beherrschung von Wortbildungsregeln und grammatikalische Kompetenz

Schwache Rechtschreiber begehen beim Schreiben von Texten häufig grammatikalische Fehler. In den ersten Klassen bestehen diese vielfach im Weglassen der Flexionskennzeichnungen. Einige Untersuchungen aus dem englischen Sprachraum machten deutlich, daß diese Fehler, die bei schwachen Schülern in der 2.Klasse immerhin etwa 40% der Pluralbildungen und der Verbbeugungen in Nebensätzen ausmachen (Smith-Lock 1991), nicht einfach auf eine mangelnde grammatikalische Kompetenz zurückgeführt werden können, da sie bei der eigenständigen mündlichen Bildung der gleichen Sätze nicht nachzuweisen sind. Die Ursache für diese Auslassungen dürften vielmehr darin zu suchen sein, daß die korrekte Rechtschreibung ein explizites Wissen um die Bildung von Flexionsformen und damit ein höheres grammatikalisches Bewußtsein verlangt, als die schwächeren Schüler besitzen (Rubin 1988).

Eine Untersuchung an rechtschreibschwachen Erwachsenen (Fischer et al. 1985) weist ebenfalls auf eine mangelnde Beherrschung von Wortbildungsregeln hin. Studenten, die sich in ihren Rechtschreibleistungen beträchtlich unterschieden, wurde ein experimenteller Rechtschreibtest vorgegeben, bei dem in einem ersten Teil die Wörter aufgrund der Berücksichtigung einfacher Phonem-Graphem-Korrespondenzen richtig geschrieben werden konnten. Der zweite Teil der Liste bestand aus Wörtern, deren korrekte Schreibung entweder die Anwendung komplexerer Regeln verlangte oder die Berücksichtigung von Morphemableitungen. In einem dritten Teil schließlich wurde die Kenntnis der korrekten Schreibweise von seltenen und ungewöhnlichen Wörtern bzw. von Fremdwörtern verlangt. Rechtschreibschwache Erwachsene erzielten zwar in allen drei Teilen des Rechtschreibtests schlechtere Leistungen als gute Rechtschreiber, der Unterschied war jedoch im zweiten Teil des Rechtschreibtests besonders groß. Selbst im Erwachsenenalter berücksichtigen rechtschreibschwache Personen kaum komplexere Regeln für die Wiedergabe einer Phonemfolge. Dies gilt sowohl für oberflächliche (nicht-lexikalische) Zuordnungen wie für Regelmäßigkeiten, die aufgrund der Kenntnisse von Ableitungsformen durchschaubar sind. Fischer et al. (1985) konnten in einem weiteren Experiment ausschließen, daß diese Unterschiede durch größere Vertrautheit mit der spezifischen Schreibweise von Wörtern bedingt sind. Ähnliche Unterschiede zwischen den Gruppen waren ebenfalls zu beobachten, wenn den beiden Gruppen Pseudowörter zu Schreiben gegeben wurden. Auch hier zeigten sich Schwierigkeiten sowohl in der Anwendung der Phonem-Graphem-Korrespondenzregeln wie in der Berücksichtigung von Wortbildungsregeln (rechtschreibschwache Erwachsene taten sich etwa deutlich schwerer, die Anpassung von Präfixen an den Wortstamm vorzunehmen).

Die Ergebnisse von Fischer et al. (1985) konnten allerdings bei Kindern nur teilweise repliziert werden (Waters et al. 1988). Übereinstimmend mit den Ergebnissen von Fischer et al. konnte gezeigt werden, daß sich Kinder bei der Berücksichtigung von Ableitungsformen sehr schwer taten. Die Fehler von rechtschreibschwachen Kindern waren jedoch insgesamt so zahlreich, daß die speziellen Schwierigkeiten bei der Bildung von Ableitungsformen nicht herausstachen.

5.5.5. Automatisierung und Selbstkontrolle beim Rechtschreiben

Bei rechtschreibschwachen Kindern dürfte der Einsatz der vorhandenen Rechtschreibkenntnisse viel Aufmerksamkeit erfordern und wenig automatisiert sein. Dies zeigt sich daran, daß sich die Rechtschreibleistung dieser Kinder signifikant verbessert, wenn die Kinder aufgefordert werden, langsam zu schreiben und genau aufzupassen (Eisenhut 1981). Da sich dies sowohl beim Schreiben von Wörtern nachweisen läßt, deren Schreibweise nach den Phonem-Graphem-Zuordnungen regelmäßig ist, wie beim Schreiben von unregelmäßigen Wörtern, liegt nahe, daß sowohl die Anwendung von

Phonem-Graphem-Korrespondenzregeln wie der Abruf lexikalischer Informationen bei diesen Kindern langsamer erfolgt und recht unsicher ist.

Mangelnde Selbstkontrolle beim Rechtschreiben: Mehrere Befunde belegen die mangelnde Kontrolle des eigenen Schreibvorgangs durch rechtschreibschwache Kinder. Dies dürfte nicht allein auf die geringen Rechtschreibkenntnisse dieser Kinder zurückzuführen sein, was natürlich ein Auffinden von Fehlern erschwert. Deshler et al. (1978) konnten darüber hinaus zeigen, daß rechtschreibschwache Kinder anzunehmen scheinen, daß sie in selbst geschriebenen Texten bereits alle Fehler, die sie feststellen können, entdeckt und korrigiert hätten. Bei einer nachträglichen Durchsicht der Texte werden daher von diesen Kindern kaum mehr Fehler verbessert. Gleichaltrige Kinder ohne Rechtschreibschwierigkeiten sind hingegen eher bereit, Fehler zu suchen und zu korrigieren, und neigen sogar dazu, bei einer nachträglichen Kontrolle auch Wörter zu korrigieren, die ursprünglich richtig geschrieben worden waren.

5.5.6. Exkurs: Die Analyse von Rechtschreibfehlern zur Diagnose von Rechtschreibschwierigkeiten

In der Diagnostik von Rechtschreibschwierigkeiten nimmt die Fehleranalyse traditionell einen relativ großen Raum ein. Die Einstellung zu dieser Fehleranalyse ist recht unterschiedlich. Während einige (z.B. Zielinski und Schneider 1986) die Schwierigkeiten der Fehleranalyse betonen und ihr deshalb recht zurückhaltend gegenüberstehen, wird sie in den manchen Rechtschreibtests (vor allem den sogenannten Diagnostischen Rechtschreibtests) empfohlen. Auch in einigen Förderprogrammen wird ihr ein relativ hoher Stellenwert für die Ausarbeitung eines individuellen Förderplans zugemessen.

Wir wollen zunächst auf die Schwierigkeiten, die bei der Analyse von Rechtschreibfehlern auftreten, eingehen.

- Ein grundsätzliches Problem stellt die Tatsache dar, daß eine differenzierte Fehleranalyse eine relativ große Anzahl an Fehlern voraussetzt, um zu halbwegs zuverlässigen Ergebnissen zu kommen. Dies ist jedoch bei der Fehleranalyse anhand der Ergebnisse eines Rechtschreibtests nicht gegeben.
- Bei Fehlerbeurteilungen sollte zudem der Einfluß des Kontexts bzw. der Fehlerlokalisation (z.B. ob der Fehler in einer betonten oder einer unbetonten Silbe aufgetreten ist) auf die Art der Fehler berücksichtigt werden.
- Bei Fehlerbeurteilungen ist immer zu berücksichtigen, daß Fehler auf verschiedene Art und Weise zustandegekommen sein können und vielfach auch gleichzeitig verschiedenen Kategorien zugeordnet werden können. So können Fehler einmal dadurch zustande kommen, daß die Schreibweise eines Wortes nicht oder nur unvollständig gewußt wird, zum anderen dadurch, daß andere Teilfertigkeiten des Rechtschreibens nicht ausreichend zur Verfügung stehen (z.B. Erkennen von morphematischen Zusammenhängen). Eine Entscheidung zwischen den beiden Möglichkeiten ist bei einem einzelnen Fehler nicht möglich.
- Eine andere Schwierigkeit betrifft die hohe Variabilität der Rechtschreibfehler. Die meisten Fehler bei der Rechtschreibung stellen Einzelfälle dar (Richmond 1960), der häufigste Fehler bei einem Wort macht im Durchschnitt nur 32% der Falschschreibungen aus (Mendenhall 1930). Je geringer die Rechtschreibkenntnisse sind, desto häufiger handelt es sich bei den Fehlern um Einzelfälle, und desto mehr verschiedene Falschschreibungen sind zu beobachten. Hinzu kommt noch, daß recht-

schreibschwache Kinder vielfach, wenn sie das gleiche Wort mehrmals schreiben, jeweils andere Fehler machen.

Im Prinzip können diese Schwierigkeiten bei der Analyse von Rechtschreibschwierigkeiten berücksichtigt werden, sie machen jedoch - insbesondere bei einer differenzierten Analyse - diese zu einem recht aufwendigen Verfahren (siehe z.B. Treiman 1993). Um die Vorgehensweise dabei etwas zu erläutern, sollen zunächst zwei Ansätze gegenübergestellt werden.

Deskriptive orthographische Fehleranalysen: Viele Klassifikationsansätze beschränken sich auf eine Analyse der Veränderungen, die an der Buchstabenfolge vorgenommen wurden. Sie sind darüber hinaus rein deskriptiv, d.h. sie versuchen, die Rechtschreibfehler zu beschreiben, ohne Annahmen darüber, welche Prozesse an der Entstehung der Rechtschreibfehler beteiligt gewesen sein könnten (z.B. Ferdinand und Müller 1965, Klicpera und Gasteiger-Klicpera 1993, Zingeler-Gundlach et al. 1970). Deskriptive Fehleranalyse kommen bei deutschsprachigen Kindern zu folgenden Ergebnissen:

- In den meisten Fällen kommt es zur Auslassung einzelner Buchstaben oder zum Ersetzen durch andere Buchstaben. Einfügungen und Buchstabenumstellungen (Sequenzfehler) machen nur einen geringen Prozentsatz der Fehler aus.
- Konsonanten werden in der deutschen Rechtschreibung häufiger falsch wiedergegeben als Vokale. (Im Englischen ist es genau umgekehrt - hier spiegeln sich die Unterschiede in der Regelmäßigkeit der Phonem-Graphem-Zuordnung wieder.)
- Der Anteil an Groß/Kleinschreibungsfehler an der Fehlergesamtzahl nimmt mit der Klassenstufe zu, in den höheren Volksschulklassen machen Groß/Kleinschreibungsfehler etwa ein Fünftel der Fehler aus.

Fehleranalysen, die sich an der Wiedergabe der Phonemfolge orientieren: Im Unterschied zu den deskriptiven orthographischen Fehleranalysen beziehen sich Fehleranalysen seit Mitte der 70-er Jahre vielfach darauf, anhand der Wiedergabe der Phonemfolge die Konzepte der Kinder über die Phoneme und die Art, wie Phoneme durch Buchstaben bzw. Grapheme abgebildet werden, zu identifizieren (z.B. Treiman 1993). Bezugspunkt ist hier also nicht die orthographische Übereinstimmung zwischen der fehlerhaften und der korrekten Schreibweise, sondern die Abbildung der Phonemfolge in der Niederschrift der Kinder.

Bereits in den älteren Fehleranalysen wurden die Fehler in akustische und visuell motivierte unterteilt (Ferdinand und Müller 1965, Schmahlohr und Winkelmann 1969). Diese Unterteilung findet sich auch in neueren qualitativen Fehleranalysen. Diese bewerten häufig die Schreibweise des ganzen Wortes danach, ob diese lautgetreu ist oder primär eine visuelle Ähnlichkeit zu dem Zielwort aufweist (z.B. mehr als 50% der Buchstaben zwischen dem fehlerhaft geschriebenen Wort und dem Zielwort übereinstimmend). Die Verwendung operationaler Kriterien und die Verankerung in einer Prozeßtheorie des Rechtschreibens läßt diese Unterscheidung als angemessen erscheinen (siehe z.B. Snowling, Stackhouse und Rack 1986).

Kritisch wurde zu dieser Einteilung häufig angemerkt, daß bei der Fehlerklassifikation sprachgesetzliche Abweichungen der Schreibweise von der Aussprache nicht genügend berücksichtigt und deshalb Fehler als Wahrnehmungsfehler bezeichnet wurden, die in Wirklichkeit ganz an der Aussprache der Wörter orientiert waren (Eichler 1976, Jung 1976, 1981). Dies gilt etwa für die lautkombinatorische Verhärtung bzw. Erweichung von Konsonanten, für die Elision des p in 'pf' in bestimmten Buchstabenfolgen, die

Elision des r bei Vokalisierung, das Einfügen bzw. die Elision des e in Konsonantenfolgen etc.

Es besteht jedoch auch eine prinzipielle Unklarheit darüber, wieweit bei der Bewertung der Lauttreue der Kontext mitzuberücksichtigen ist. Geht man davon aus, daß den Phonemen der Reihe nach Grapheme zugeordnet werden, so wäre jede mögliche Zuordnung eines Graphems (auch wenn diese nur an anderen Positionen im Wort oder nur in einem bestimmten Kontext vorkommt) eine lauttreue Schreibweise. Im Deutschen wären danach etwa z.B. alle Verwechslungen von stimmhaften und stimmlosen Konsonanten als lauttreue Fehler zu werten. Manche Fehlerbewertungen unterscheiden deshalb eine enge und eine weiter gefaßte Bewertung der Lauttreue (z.B. Snowling et al. 1992). Diese Unterscheidung kann auch unter Entwicklungsgesichtspunkten vorgenommen werden. In den frühen Stadien der Rechtschreibentwicklung wird die Phonemfolge in der Niederschrift von Kindern häufig vereinfacht (z.B. werden Konsonantenkluster reduziert). Es werden Konsonanten als Zeichen für Konsonant plus Vokal aufgefaßt. Es kommt zum übergenauen Abhören, verbunden mit einer gedehnten Aussprache der Wörter und deshalb zum Einfügen von Vokalen etc. Diese Fehler können als semiphonetische Schreibweisen von klaren Abweichungen in der Lauttreue unterschieden werden (siehe z.B. Wimmer und Frith 1994).

Auf ein besonderes Problem bei der Fehleranalyse muß noch hingewiesen werden. Die Qualität der Rechtschreibfehler ist nicht unabhängig vom Schwierigkeitsgrad der zu schreibenden Wörter (Morris et al. 1986). Je länger die Wörter werden und je mehr ungewöhnliche Phonem- bzw. Buchstabenfolgen sie enthalten, desto größer wird die Wahrscheinlichkeit, daß diese Wörter auch phonologisch falsch, d.h. nicht lautgetreu, geschrieben werden. Bei der qualitativen Fehleranalyse ist also auch auf die Auswahl der Testwörter zu achten.

Welchen Zweck verfolgt die Fehleranalyse? Es lassen sich unterschiedliche Zielsetzungen ausmachen, denen die Analyse der Rechtschreibfehler dienen soll.

- Identifizieren des Entwicklungsstandes, auf dem sich die Kinder im Rechtschreiben befinden;
- Rekonstruktion der von den Kindern selbst gebildeten Konzepte über die Systematik des Regelsystems in der Rechtschreibung (z.B. Balhorn 1985).

Diese beiden Zielsetzungen erscheinen zunächst unproblematisch, da sie von vornherein individuumszentriert sind. Im ersten Fall geht es um die Identifikation eines bestimmten Musters an Rechtschreibfehlern, wie es im Kapitel über die Rechtschreibentwicklung beschrieben wurde. Dieser Ansatz dürfte vor allem zu Beginn der Rechtschreibentwicklung und bei schweren Rückständen im Rechtschreiben hilfreich sein, um einen Blick für die von den Kindern bereits erbrachten Leistungen zu bekommen und zu sehen, daß die Kinder ihre Konzepte über den Zusammenhang zwischen Schrift und Sprache weiter vertiefen müssen und nicht nur möglichst viele Wörter korrekt schreiben sollen.

Auch im zweiten Fall wird die Aufmerksamkeit auf die kognitive Aktivität beim Rechtschreiben gelenkt. Dieser Ansatz versucht ebenfalls, den Prozeß der Rechtschreibung für die Kinder durchsichtiger zu machen. Allerdings kann sich dieser Ansatz auf wenig Evidenz stützen, daß das Wissen bzw. die Einsicht in Rechtschreibregeln einen großen Beitrag zur Entwicklung der Rechtschreibfertigkeit leistet.

Problematischer erscheint der Ansatz, durch die Fehleranalyse jene Teilbereiche bzw. Teilfertigkeiten herausarbeiten zu wollen, die von den Kindern noch ungenügend gemeistert werden. Dies gilt insbesondere für alle Ansätze, die Rechtschreibfehler als Hinweis auf Funktionsstörungen interpretieren. Hier wird vielfach ein direkter Schluß von der Fehleranalyse zur Diagnose der Ursachen der individuellen Schreibschwierigkeiten gemacht, der recht problematisch erscheint. Dies gilt im Besonderen für den früheren Ansatz von Müller (1965), der in den Rechtschreibfehlern den Ausdruck von zugrundeliegenden, allgemeineren Funktionsstörungen sah und die Rechtschreibfehler daher nach Funktionsbereichen klassifizierte. Es wird zwischen den großen Gruppen der Speicherfehler, der Wahrnehmungsfehler, der Regelfehler und der sonstigen Fehler (logische Fehler und Flüchtigkeitsfehler) unterschieden. Die verschiedenen Kategorien werden dann noch jeweils unterteilt. Abgesehen von der Fragwürdigkeit des zugrundeliegenden Modells über den Rechtschreibvorgang stellt sich bei der Bewertung dieser differenzierten Fehlerzuordnung auch die Frage nach der Reliabilität und Validität der Fehlerkategorien.

- Ist die Beurteilerübereinstimmung bei der Fehleranalyse ausreichend? Nach Eichler (1983) kann nur eine Bewertung der Rechtschreibfehler nach der Lauttreue zuverlässig nachvollzogen werden, während andere Unterscheidungen sehr unsicher sind.
- Wie ist es mit der Stabilität des Fehlerprofils bestellt? Lassen sich Unterschiede in der Häufigkeit verschiedener Fehler über verschiedene Tests replizieren oder sind die Fehler z.B. stark von der Zusammensetzung der Wortlisten aus bestimmten Wörtern abhängig? Die qualitativen Fehleranalysen, die im Rahmen der Wiener Längsschnittuntersuchungen durchgeführt wurden, haben in der Tat eine hohe Abhängigkeit der Fehlerart von der Zusammensetzung der Wortliste ergeben. Trotzdem konnte gezeigt werden, daß der Anteil nicht-lautgetreuer Fehler über verschiedene Tests recht hoch korrelierte. Für differenziertere Fehlerbewertungen war dies allerdings nicht mehr der Fall (Klicpera und Gasteiger-Klicpera 1993).
- Ergeben sich durch die Fehleranalyse in der Tat verläßliche Profilunterschiede oder sind alle Fehler nicht primär Ausdruck einer mangelnden Rechtschreibkompetenz? Damit in Zusammenhang steht die Frage, ob verschiedene Fehlerarten nicht so hoch miteinander korrelieren, daß eine Differenzierung zwischen ihnen nicht mehr sinnvoll erscheint. Nach den wenigen bisher vorliegenden Untersuchungen dürfte mit zunehmendem Entwicklungsstand (etwa ab der 4.Klasse) die Korrelation zwischen verschiedenen Fehlerarten so hoch sein, daß eine differenzierte Fehleranalyse wenig Auskunft über spezifische Rechtschreibprobleme bringt (Rauer et al. 1978, Klicpera et al. 1994), in den niedrigeren Klassenstufen ist jedoch die Korrelation der verschiedenen Fehlerarten noch nicht sehr groß und eine differenzierte Fehleranalyse sinnvoll (Klicpera et al. 1994).

5.6. Zusammenfassung: Was wissen wir derzeit über Schwierigkeiten beim Erlernen des Rechtschreibens?

Bei den meisten Schülern, die Schwierigkeiten bei der Aneignung der Schriftsprache zeigen, sind die Schwierigkeiten beim Rechtschreiben noch deutlicher als jene beim Lesen. Das Verständnis dieser speziellen Schwierigkeiten ist allerdings bei weitem nicht so weit entwickelt wie jenes der Leseschwierigkeiten. Trotzdem wurden in den letzten Jahren Fortschritte erzielt, die zum Teil den Prozeßmodellen der kognitiven Psychologie, zum Teil den Beobachtungen über die normale Entwicklung der Rechtschreibkompetenz zu verdanken sind. Das Erlernen des Rechtschreibens kann demnach als Ausbildung verschiedener Teilfertigkeiten verstanden werden und ist von einer Vertiefung der Einsicht in den Aufbau der Sprache und in die Regelmäßigkeiten der Abbildung der Sprache durch die Schrift abhängig. Sowohl die Entwicklung der Teilfertigkeiten wie der Sprachbewußtheit geschieht allmählich und in Stufen, die jenen ähnlich sind, die bei der Leseentwicklung beschrieben wurden.

Die Differenzierung von Teilfertigkeiten legt nahe, daß Schwierigkeiten beim Rechtschreiben verschiedenen Quellen entspringen dürften. Eine mittlerweile recht umfangreiche Zahl von Beobachtungen legt nahe, daß die Rechtschreibentwicklung vor allem durch folgende Schwächen beeinträchtigt wird:

- einer mangelnden Ausbildung der Fähigkeit zur Phonem-Graphem-Zuordnung (teilweise bedingt durch Schwierigkeiten bei der Analyse der Phonemfolge, siehe Teil II, Kap.2);
- einem zu geringen Wissen um die spezielle Schreibweise vieler Wörter (mitbedingt durch geringe Leseerfahrungen);
- zu geringen Fertigkeiten bei der Wortbildung und der Bildung von Ableitungen;
- einer mangelnden eigenständigen Kontrolle des Rechtschreibprozesses.

Die Art der Schwierigkeiten dürfte sowohl vom Entwicklungsstand im Rechtschreiben wie vom Unterricht bzw. den Merkmalen des Schriftsystems abhängen. Im deutschen Sprachraum läßt sich bei jüngeren Kindern eine mangelnde Lauttreue der Rechtschreibung feststellen, die jedoch in den höheren Klassen kein eindeutiges Merkmal mehr darstellt. In den höheren Klassen fällt stärker die geringe Vertrautheit mit der spezifischen Schreibweise vieler Wörter auf. In diesen Klassenstufen werden auch Schwierigkeiten bei der Wortbildung und bei der eigenständigen Kontrolle des Rechtschreibvorgangs offensichtlicher.

Für die Diagnostik stellt sich somit die Aufgabe, die Ausbildung der verschiedenen Teilfertigkeiten differenziert zu analysieren. Dies ist - wie wir gezeigt haben - recht aufwendig, die herkömmlichen Rechtschreibtests (einschließlich der "Diagnostischen Rechtschreibtests") reichen dazu nicht aus. Für eine verläßliche Diagnose benötigt man ein umfangreicheres Fehlerkorpus und auch verschiedene Aufgabenformen. Anregungen dazu sollten die in diesem Kapitel berichteten experimentellen Untersuchungen geben.

6. Das Leseverständnis

In den bisherigen Abschnitten haben wir uns mit den basalen Fertigkeiten des Lesens und Schreibens, dem Worterkennen und dem Rechtschreiben, auseinandergesetzt. Wenn wir uns nun dem Leseverständnis und im folgenden Kapitel der schriftlichen Ausdrucksfähigkeit zuwenden, so bedarf es wohl keiner besonderen Betonung, daß diese Fertigkeiten das eigentliche Ziel des Lese- und Schreibunterrichts darstellen. Trotzdem finden im Rahmen der Auseinandersetzung mit Lese- und Schreibschwierigkeiten von Kindern Schwächen in diesem Bereich nicht immer jene Beachtung, die sie eigentlich verdienen.

Der Hauptgrund für die Vernachlässigung der Leseverständnisschwierigkeiten liegt darin, daß die wesentliche Ursache der Leseschwierigkeiten in Problemen beim Dekodieren der Schrift, also beim Worterkennen, zu sehen ist. Wir werden jedoch zeigen, daß ein beträchtlicher Teil der leseschwachen Schüler auch Schwierigkeiten beim Verständnis des Gelesenen hat. Für viele dieser Kinder sind die Verständnisschwierigkeiten beim Lesen stärker ausgeprägt als beim Verarbeiten einer mündlichen Kommunikation, also beim Hören, aber im Grunde handelt es sich um sehr ähnliche Schwierigkeiten. Allerdings besteht hier eine gewisse Heterogenität unter den leseschwachen Kindern. Es gibt Schüler, die zwar Probleme beim Worterkennen haben, die jedoch einer mündlichen Mitteilung gut folgen können, wie es auf der anderen Seite Kinder gibt, die zwar beim mündlichen Lesen kaum Probleme haben, deren Leseverständnis aber sehr begrenzt ist. Auch auf diese Heterogenität werden wir eingehen müssen. Trotz dieser Einschränkung bleibt festzuhalten, daß Verständnisschwierigkeiten einen wesentlichen Teil der Leseschwierigkeiten von Kindern ausmachen und daß ein besseres Verständnis dieser Schwierigkeiten für eine angemessene Förderung der Kinder notwendig ist.

Ein weiterer Grund für die Vernachlässigung des Leseverständnisses ist wohl darin zu sehen, daß es sich beim Leseverständnis im Grunde um die gleichen oder sehr ähnliche Fertigkeiten handelt, die bereits beim mündlichen Sprachverstehen von Bedeutung sind. Das Leseverständnis baut somit auf jenen Fertigkeiten auf, die für das mündliche Sprachverständnis erforderlich sind. Diese Aussage muß allerdings relativiert werden. Bereits im Eingangskapitel wurde darauf hingewiesen, daß sich die schriftliche von der mündlichen Kommunikation in einer Reihe von Merkmalen unterscheidet. So ist bei der mündlichen Kommunikation der Kontext, auf den sich die Äußerungen beziehen, zumeist gleichzeitig gegenwärtig, während in der schriftlichen Kommunikation eine Kontextunabhängigkeit besteht. Bevor wir näher auf die Komponenten oder Teilfertigkeiten des Leseverständnisses eingehen, ist es daher sinnvoll, sich mit dem Unterschied zwischen mündlicher und schriftlicher Kommunikation näher zu befassen.

Die Unterschiede zwischen mündlicher und schriftlicher Sprache sind aus der geringeren Planbarkeit der mündlichen Rede sowie den erhöhten Gedächtnisanforderungen herzuleiten, da beim Sprechen ja keine direkte Rückschau auf das bereits Gesagte möglich ist und dieses somit im Gedächtnis behalten werden muß. Auffallende Unterschiede sind in folgenden Bereichen zu finden (Chafe und Danielewicz 1987):

- Wortschatz: In der schriftlichen Mitteilung treffen wir eine differenziertere Wortwahl an. Dies äußert sich einmal in der Verwendung einer größeren Anzahl unterschiedlicher Wörter pro Textabschnitt (Type-Token-Ratio), in der geringen Benutzung von unbestimmten Ausdrücken (="hedges"), wie z.B. "Tun", "eine Art ...", in der seltenen Verwendung von Slang- bzw. Modewörtern ("toll", "cool").

- Satzbau: In der mündlichen Rede werden vielfach einfache Teilsätze bzw. Intonationseinheiten aneinandergereiht und nur mit "und" verbunden. Schriftliche Texte zeichnen sich demgegenüber durch einen komplexeren Satzbau aus. In ihnen wird der Zusammenhang von Teilsätzen, durch Zuordnung von abhängigen Nebensätzen zu Hauptsätzen, explizit gekennzeichnet. Die Teilsätze selbst sind länger, wobei dies durch verschiedene Mittel zustande kommt: u.a. durch Nominalisierungen, durch häufige Verwendung von einschränkenden Adjektiven sowie durch ergänzendes Anfügen weiterer Ausdrücke in Nominalphrasen.

Zwar würde es den Rahmen dieser Darstellung sprengen, das heutige Wissen um die Prozesse, die das Verstehen eines Textes ermöglichen, und die Entwicklung des Leseverständnisses bei Kindern umfassend darzustellen, es soll allerdings versucht werden, die wichtigsten Probleme, die zu Leseverständnisschwierigkeiten führen können, zu erläutern.

6.1. Komponenten des Leseverständnisses

Der Prozeß des verständnisvollen Lesens hat in den letzten Jahren das Interesse der kognitiven Psychologie und der experimentellen Leseforschung stark auf sich gezogen (siehe z.B. Balota et al. 1990). Die heutige Betrachtungsweise des Leseverständnisses betont, daß es sich dabei nicht um eine passive Rezeption, sondern um eine aktive Auseinandersetzung mit dem Text handelt, bei der das Aufgenommene weiter ausgearbeitet, und die einzelnen Informationen miteinander und mit dem Vorwissen des Lesers in Beziehung gesetzt werden müssen. Verschiedene Strategien stehen dem geübten Leser dabei zur Verfügung, die von den Kindern erst allmählich erworben werden müssen und deren Aneignung einem Teil der Kinder Schwierigkeiten bereitet.

Um die für das Verständnis eines Textes erforderlichen Verarbeitungsschritte zu identifizieren, erscheint es zunächst sinnvoll, zwischen verschiedenen Einheiten zu unterscheiden, auf die sich das Verständnis beziehen kann. Beim Lesen spielt der Wortschatz der Kinder, das Verständnis für die Bedeutung von Wörtern und dafür, wie diese Bedeutung durch den Kontext modifiziert werden kann, eine wichtige Rolle. Mit der Fähigkeit, den Kontext zur Entschlüsselung der Bedeutung einzelner Wörter heranzuziehen, ist schon eine Vernetzung zur nächsten Ebene, der Satzebene, gegeben, auf der auch grammatikalische Fertigkeiten notwendig werden. Schließlich kann man noch die Ebene des Textabschnitts anführen, auf der die Informationen verschiedener Sätze integriert werden sollen, und das Verständnis für einen ganzen Text, etwa eine Geschichte.

Ähnlich wie der Wortschatz der Kinder das Verständnis für gelesene Wörter mitbestimmt, so bestimmt die Vertrautheit mit spezifischen Texten und deren Struktur sowie das Vorwissen der Kinder über die in den Texten behandelten Inhalte das Verständnis für längere Texte (Wilson und Anderson 1986). Ein Leser wird leichteren Zugang zu Texten finden, deren Thema ihm vertraut ist und die eine ihm bekannte Erzähl- oder Argumentationsstruktur aufweisen. Er kann dann neue Informationen mit dem schon vorhandenen Wissen in Beziehung setzen und verfügt über einen Rahmen, in den er die neuen Informationen einbauen kann.

6.1.1. Wortverständnis

Wie bereits im Kapitel über das Worterkennen erwähnt, wird der Prozeß des Wortverstehens in Informationsverarbeitungsmodellen als Zugriff auf die im mentalen Lexikon gespeicherten Wortbedeutungen verstanden. Nach den klassischen Modellen ("Standardmodell" nach Anderson und Nagy 1991) wird dabei davon ausgegangen, daß die Wortbedeutung in einzelne Merkmale aufgegliedert wird, die das durch ein Wort Bezeichnete vollständig bzw. eindeutig beschreiben (z.B. Junggeselle: männlich, alleinstehend etc.). Das Erlernen von Wortbedeutungen stellt somit mehr dar als die Aneignung von Namen für Gegenstände, es bedeutet, die kritischen Merkmale zu erkennen, die das Bezeichnete von anderen Gegenständen, Handlungen etc. unterscheidet. Gewöhnlich sind allerdings auch Erwachsene nicht imstande, diese kritischen Merkmale in einer Definition wiederzugeben. Es dürften daher neben den Merkmalen der Wortbedeutungen auch typische Beispiele für das Bezeichnete im Gedächtnis gespeichert werden.

Probleme für dieses Modell bereitet einerseits die Modifikation der Wortbedeutung durch den Kontext sowie die übertragenen Bedeutungen eines Wortes. Da die Bedeutung eines Wortes je nach Kontext Änderungen durchmachen kann und dieser Bedeutungswandel oft fließend ist, erscheint es manchmal fast unmöglich, Gemeinsamkeiten zwischen den unterschiedlichen Verwendungsweisen der Wörter anzugeben, da diese oft nur in Analogien bestehen. Man wird daher davon ausgehen müssen, daß das Wortwissen ein komplexes, nur teilweise geordnetes Wissen darstellt.

Der Wortschatz ist einer der wesentlichsten Einflußfaktoren auf das Leseverständnis und die schriftliche Ausdrucksfähigkeit. Dabei sollte allerdings bedacht werden, daß sich im Wortschatz eines Schülers ein Gutteil seines verfügbaren Wissens spiegelt. Das Wissen um Wortbedeutungen ist außerdem kein alles oder nichts Zustand, man kann Abstufungen der Vertrautheit annehmen. Ein sehr einfaches Konzept (Dale 1965) unterscheidet dabei 4 Stufen:

Stufe 1: Das Wort noch nie gesehen.
Stufe 2: Schon einmal gehört, weiß aber nicht, was es bedeutet.
Stufe 3: Kann es im Kontext erkennen, "es hat etwas mit .. zu tun".
Stufe 4: Zuverlässiges Wissen.

Etwas anspruchsvollere Einteilungen beziehen die Tatsache mit ein, daß Wörter mehrere Bedeutungen haben können und daß auch die den Wortbedeutungen zugrundeliegenden Konzepte vertraut sein müssen. Eine solche Betrachtungsweise macht gerade vom didaktischen Gesichtspunkt her Sinnn. Graves (1984) unterscheidet etwa 6 verschiedene Wissensstufen:

Wissensstand	Lernziel	Beispiel
1. Kennt Wortbedeutung in der mündlichen Rede	Dekodieren beim Lesen	Kann einen Elefanten beschreiben, aber das Wort nicht lesen
2. Kennt Wortbedeutung, aber verwendet Wort nicht	Gebrauch beim Schreiben und Sprechen	Versteht "Chaos", nicht vertraut genug, um es anzuwenden
3. Kennt die Bedeutung, aber nicht das Wort	Neuer Ausdruck für vertrautes Konzept	Vertraut mit dem Konzept von Furcht und Macht, kennt "Terror" nicht
4. Weiß nur um Teil der Bedeutung eines Wortes	Erweitern der mit einem Wort verbundenen Merkmale	Weiß, daß "Guerilla" eine Art Soldat bedeutet, aber kennt nicht die damit verbundene Taktik und Art des Krieges
5. Kennt eine andere Bedeutung eines Wortes	Neues Konzept für eine alte Bezeichnung	Weiß, daß "Kraft" Stärke bedeutet, kennt aber nicht die Bedeutung als Vektor
6. Kennt weder das Konzept noch den Ausdruck	Neues Konzept und neuer Ausdruck	Weiß nichts über die Atomstruktur und über "Ionen"

Jede Darstellung des Wortverständnisses muß, gerade im Deutschen, auch auf die Wortbildung Bezug nehmen, also darauf, daß ein wesentliches Moment der Ausdrucksfähigkeit unserer Sprache in der Zusammensetzung von Wortstämmen zu neuen Wörtern liegt. Diese Wortbildungen reflektieren zu können, sie zu erkennen, macht ein differenziertes Verständnis der Sprache möglich.

6.1.2. Satzverständnis

Um die Bedeutung des Satzes zu verstehen, ist es notwendig, den Satz in seine Strukturelemente zu gliedern. Als elementare Strukturelemente gelten Phrasen (Nominalphrase, Verbalphrase), zu denen verschiedene Konstituenten zusammengefaßt werden. Dieser Prozeß der grammatikalischen Analyse, zumeist auch im Deutschen als Parsing bezeichnet, vollzieht sich nach heutigem Verständnis automatisch, sobald Teile eines Satzes gelesen werden. Jedem Wort wird von einem Parser sofort eine bestimmte Position in der Struktur des Satzes zugewiesen. Es wird also nicht gewartet, bis ein Satz vollständig gelesen wurde, sondern aufgrund der jeweils zur Verfügung stehenden Informationen wird die Satzstruktur angenommen, die am wahrscheinlichsten ist. Kommen später Informationen hinzu, die gegen die bisher angenommene Satzstruktur sprechen, so wird sie revidiert.

Das derzeit am besten ausgearbeitete Modell für eine on-line-Analyse der Satzstruktur ist das "garden-path"-Modell. In diesem Modell wird angenommen, daß die Analyse aufgrund einiger weniger allgemeiner Regeln stattfindet. Zwei Regeln wurden formuliert: minimal attachement-Prinzip (die zu rekonstruierende Satzstruktur wird so gebildet, daß sie möglichst wenig Verzweigungen aufweist) und late closure (das gerade gelesene Wort wird nach Möglichkeit in die zuletzt aktive Phrase eingebaut).

Verschiedene Modelle (siehe Balota et al. 1990) gehen entweder davon aus, daß die syntaktische Analyse allein aufgrund struktureller Informationen geschieht oder daß diese Analyse sich von Anfang an auch auf semantische Informationen stützt (etwa über die Bedeutung der Verben). Für den Erwachsenen muß wohl eine enge Interaktion zwischen syntaktischer und semantischer Analyse angenommen werden, allerdings spricht viel dafür, daß zuerst eine rasche syntaktische Analyse vorgenommen wird, bevor semantische Beziehungen zwischen den Wörtern für das Verständnis der Sätze mit herangezogen werden. Diese relative Autonomie der syntaktischen Analyse ist vor allem für Kinder, die sich noch in der Phase der Aneignung der Sprache befinden, wahrscheinlich.

Ein wesentlicher Faktor für das Leseverständnis von Kindern dürfte daher die Entwicklung der Fähigkeit zur Satzanalyse bzw. die grammatikalische Kompetenz der Kinder sein.

Der Entwicklungsstand der grammatikalischen Kompetenz bei Schuleintritt: Mit etwa fünf Jahren beherrschen Kinder die basalen syntaktischen Strukturen, die Entwicklung der grammatikalischen Kompetenz ist jedoch keineswegs abgeschlossen. Carol Chomsky (1969) hat in einer wegweisenden Studie auf wichtige Bereiche hingewiesen, die Kinder bei Schuleintritt noch nicht gemeistert haben, deren Aneignung somit in das Schulalter fällt und eng mit der Entwicklung der Lese- und Schreibfertigkeit gekoppelt erscheint.

Fünfjährige können bereits relativ lange und komplexe Sätze bilden, das Verständnis mancher Satztypen bereitet ihnen jedoch Schwierigkeiten. Ein gemeinsames Merkmal jener Konstruktionen, bei denen Kinder in diesem Alter noch Verständnisprobleme haben, liegt darin, daß in diesen Konstruktionen die äußere Form nicht mit der inneren Struktur (der Tiefenstruktur) der Sätze übereinstimmt. Ein typisches Beispiel dieser Schwierigkeiten, das zunächst von C.Chomsky (1969) und in der Folge von einer Reihe anderer Autoren untersucht wurde, sind Sätze wie: "Helmut ist leicht zu sehen". Hier nimmt Helmut im Satz die Position des Subjekts ein, in der Tiefenstruktur ist er jedoch das Objekt der durch das Verb bezeichneten Tätigkeit. Kinder neigen bis etwa sieben, acht Jahren dazu, diesen Satz so zu interpretieren, daß Helmut leicht sieht. Ähnliche Verständnisschwierigkeiten zeigen sich bei Sätzen wie "Hans verspricht Fritz zu kommen". In diesem Fall wird von jüngeren Kindern meist angenommen, daß Fritz kommen wird, da Fritz dem Verb unmittelbar vorausgeht. Auf der gleichen Grundlage sind die Schwierigkeiten von Kindern bei der Interpretation von Passiv-Konstruktionen sowie bei der Zuordnung von Relativsätzen zu verstehen (für eine Zusammenfassung siehe Oakhill und Garnham 1988).

6.1.3. Textverständnis

Das Verständnis für einen gelesenen Text beruht auf zwei teilweise unabhängigen Prozessen, einmal der schrittweisen Bearbeitung der Informationen, die beim Lesen aufgenommen werden, somit der Erarbeitung einer Textbasis. Dabei müssen die Informationen, die durch die Analyse der Sätze gewonnen wurden, miteinander integriert werden. Diese Informationsintegration bezieht sich zunächst auf recht kleine Einheiten, weshalb man auch von lokalen Verarbeitungsprozessen spricht. Durch Anfügen weiterer Informationen werden die Strukturen, die diese Informationen darstellen, komplexer und erfordern eine weitere interne Gliederung, allerdings nun auf einem höheren Niveau, dem Niveau des ganzen Textes, weshalb man auch von Makrostrukturen des Textes spricht. In diesen Makrostrukturen wird der Text etwa in verschiedene Themenbereiche gegliedert.

Gleichzeitig werden durch Vorinformationen, die der Leser über den Text hat, bzw. durch die ersten Textinformationen Vorwissen bzw. Vorerfahrungen des Lesers aktiviert. Diese Vorerfahrungen werden nun mit den Textinformationen in Beziehung gesetzt, wobei je nach Situation, Lesemotivation etc. die im Leser aktivierten Vorerfahrungen oder die erarbeitete Textbasis im Vordergrund der Aufmerksamkeit steht. Kintsch und van Dijk (1978, van Dijk und Kintsch 1983) sprechen von verschiedenen Strategien bei der Auseinandersetzung mit Texten und unterscheiden zwischen Verstehensprozessen, die sich eng an dem vorliegenden Text orientieren, und solchen, die sich stärker auf das Vorverständnis stützen, das der Leser über die im Text beschriebene Situation hat.

Diese unterschiedlichen Strategien kann man auch als Verstehensprozesse kennzeichnen, die von unterschiedlichen Ebenen ausgehen. Verstehensprozesse, die von den im Text enthaltenen Informationen ausgehen, schreiten gleichsam von den elementaren Aussagen zur Rekonstruktion der im Text behandelten Themen fort. Dem steht eine andere Strategie gegenüber, die von einem Vorverständnis ausgeht und die im Text enthaltenen Informationen in das aktualisierte Bild einfügt. Dieser Ansatz wird in der Schematheorie des Leseverständnisses angesprochen.

Erarbeiten der Textbedeutung auf lokaler Ebene: Wir wollen uns zunächst mit jenen Prozessen auseinandersetzen, die die Erarbeitung der Textbasis auf lokaler Ebene bestimmen, also die Integration der in einem kurzen Textabschnitt enthaltenen Informationen.

Zuerst werden die dem Leser vertrauten Bedeutungen der Wörter aktiviert. Es ist sinnvoll, sich diesen Prozeß als Aktivierung eines Netzwerks vorzustellen, in dem die Konzepte, für die die Wörter stehen, mit den Konzepten anderer Wörter verbunden sind. Bei Wörtern mit mehreren Bedeutungen werden zunächst alle aktiviert, es bleiben jedoch nur jene in einem aktivierten Zustand, die durch den Kontext nahegelegt werden.

Verschiedene Modelle wurden entwickelt, um zu erklären, wie ausgehend von Einzelinformationen eines Textes eine Integration stattfinden kann. Der bekannteste Ansatz ist die Propositionsanalyse (Kintsch 1974). Nach diesem Modell ermöglicht das Verständnis einzelner Wörter die Bildung elementarer Texteinheiten oder Aussagen (Propositionen). In einem Satz sind mehrere Aussagen enthalten. Das zentrale Element in einer Aussage ist das Prädikat, dies kann ein Verb, aber auch ein Eigenschaftswort sein. So enthält z.B.

der Satz: "Der Raum war warm und stickig, deshalb öffneten sie das Fenster" 6 Aussagen:
1. Existenz (eines Raums)
2. warm (Raum)
3. stickig (Raum)
4. Existenz (eines Fensters)
5. öffnen (sie, das Fenster)
6. weil (5(2 & 3))

Integration von Textinformationen - Anaphora: Eine zentrale Aufgabe beim Verstehen von Texten liegt im Herstellen von Zusammenhängen zwischen den Teilinformationen. Diese Integration von Informationen geschieht auf verschiedenen Ebenen, einmal müssen in umschriebenen Textabschnitten die Aussagen der einzelnen Sätze aufeinander bezogen werden (Erarbeitung der Mikrostruktur eines Textes), zum anderen soll der gesamte Text gegliedert und in eine Struktur gefügt werden (Erarbeitung der Makrostruktur).

Zur Herstellung von Beziehungen zwischen verschiedenen Sätzen bzw. zwischen den Referenten in einem Satz bedient sich die Sprache sogenannter Kohäsionsmittel (Kohäsion aus dem Lat.: cohaere = zusammenkleben), wie der Verwendung von rückbezüglichen Ausdrücken, mit denen die Identität z.B. einer gerade erwähnten Person mit jenem Menschen, über den zuvor eine Aussage gemacht wurde, ausgedrückt wird. Zu den rückbezüglichen Ausdrücken zählen somit rückbezügliche Fürwörter, Demonstrativpronomina, Possessivpronomina, rückbezügliche Adverbien des Ortes und der Zeit. Sie dienen dazu, den Zusammenhang zwischen den im Text schon erwähnten Inhalten (z.B. Personen, Gegenständen etc.) aufrechtzuerhalten, ohne daß jedesmal wieder die ursprüngliche Bezeichnung verwendet werden muß.

Sprachlich können die Zusammenhänge zwischen verschiedenen Aussagen explizit ausgedrückt werden, um das Verständnis zu erleichtern. Der Zeitablauf kann u.a. durch Adverbien und Präpositionalgruppen angegeben werden (=*Temporalität*), um die zeitliche Gliederung einer Geschichte durchsichtig zu machen (z.B. "nachdem", "jetzt", etc.).

Der Zusammenhang zwischen Sätzen und Satzteilen kann durch Konnektoren expliziert werden. Von Bedeutung sind hier insbesondere die *logisch-semantischen Konnektoren.* Unter diesem Ausdruck werden modale, temporale, adversative, finale und kausale Konjunktionen zusammengefaßt. Im Gegensatz zu der bloß aneinanderreihenden Verknüpfung durch koordinierende Konnektoren drücken die logisch-semantischen Konnektoren etwas über die Art der Beziehung aus, die zwischen den verknüpften Sätzen oder Satzteilen besteht. Eine kausale Konjunktion signalisiert z.B., daß die Inhalte zweier Satzteile in einer Ursache-Wirkungs-Relation zueinander stehen.

Schemageleitetes Textverstehen: Eine Hilfe bei der Erarbeitung der Bedeutung eines Textes stellt die Verfügbarkeit geeigneter Schemata dar. Dies sind abstrakte Konzepte, die eine Ordnung vorgeben, in die Informationen eingefügt werden können. Solche Schemata betreffen einerseits einzelne Handlungen, z.B. haben wir eine bestimmte Vorstellung davon, was zum Öffnen eines Fensters gehört. Schemata ordnen aber auch komplexe Situationen, hierzu gehört etwa das beliebte Beispiel eines Restaurantbesuchs. Schemata werden (soweit sie verfügbar sind) durch bestimmte Informationen aktiviert, die eng mit den Schemata verbunden sind und als typisch angesehen werden können. Auf der höchsten Ebene sind sie gleichsam ein Modell des gelesenen Textes: Worum geht es in dem Text?

Verschiedene Begriffe werden verwendet, um diese gleichsam top-down geleiteten Verstehensprozesse zu kennzeichnen. Der Begriff Skript kennzeichnet etwa das Verständnis von Handlungen, wie es in einem bestimmten sozialen Umfeld als typisch anzusehen ist, also von einer größeren Anzahl von Leuten geteilt wird. Van Djik (1987) stellt dem den Begriff des Situationsmodells gegenüber, der das auf persönlichen, individuellen Erfahrungen beruhende Situationsverständnis kennzeichnen soll.

Wörtliches Textverständnis und Verständnis der hinter den Zeilen liegenden Bedeutung - Inferenzen: Eine andere Unterscheidung betrifft jene zwischen dem Behalten und Auffindenkönnen von explizit in einem Text enthaltenen Informationen und den Schlußfolgerungen (Inferenzen), die aus diesen Informationen gezogen werden. Während traditionell Inferenzen als Ergänzungen des Textes verstanden werden, in denen gleichsam Leerstellen gefüllt und nicht-explizit ausgesprochene Zusammenhänge zwischen Textinformationen durch den Kontext und das Vorwissen des Lesers hergestellt werden, wird in neueren Modellen als eigentlicher Zweck von Inferenzen das Schaffen eines komplexen Modells oder Szenarios für einen Text angegeben (Collins et al. 1980). Viele sehen in diesen Inferenzen, in der Fähigkeit, auch zwischen oder hinter den Zeilen lesen zu können, jene Fertigkeit, um die es eigentlich beim Leseverständnis geht.

Es ist jedoch klar, daß beim Lesen eines Textes nicht alles wörtlich mitgeteilt wird. Oft sind Inferenzen notwendig, um auch die vordergründige Bedeutung eines Textes zu verstehen. Nach dem Lesen des Satzes "Anna versuchte, aus dem schönen Stoff ein Kleid zu machen." wird der Leser vermuten, daß Anna eine Schere verwendete. Anna könnte aber auch etwas anderes verwendet haben. Der nachfolgende Satz jedoch "Die Schere war stumpf und es bereitete ihr große Mühe." ist nur zu verstehen, wenn nun die Folgerung gezogen wird, daß Anna versucht hat, den Stoff mit der Schere zurechtzuschneiden.

Ein Beispiel für notwendige Inferenzen, stellt das Phänomen der Instantiation dar, wo in einem Text aus stilistischen Gründen ein allgemeiner Ausdruck (z.B. das Tier, die Frau) verwendet wird, um ein zuvor schon konkret genanntes Lebewesen bzw. eine konkrete Person zu bezeichnen.

Von diesen notwendigen Inferenzen sind jene Fälle zu unterscheiden, in denen aus dem Text Folgerungen gezogen werden, die das im Text Ausgedrückte weiterführen, ergänzen bzw. einengen. Ein Beispiel dafür wäre der Satz: "Der Kellner rutschte auf dem glatten Boden aus, und das teure Glas fiel zu Boden." Von vielen, die diesen Satz lesen, wird - wie sich bei einer Überprüfung des Behaltens nach einiger Zeit zeigt - dieser Satz so verstanden, daß das Glas zerbrochen ist.

Notwendige Inferenzen unterscheiden sich von weiterführenden Inferenzen nicht in ihrer Form oder in ihrem Inhalt, sondern nur in ihrer Funktion für das Verständnis eines Textes. Notwendige Inferenzen müssen während des Lesen eines Textes gebildet werden, um ihn zu verstehen. Erweiternde Inferenzen werden nur unter Umständen gebildet und die Kodierung der Texte läßt diese Inferenzen offen.

Inferenzen können auch danach unterschieden werden, an welcher Ebene sie ansetzen. Unter diesem Gesichtspunkt kann man zwischen Inferenzen unterscheiden, die Informationen ergänzen, die in einzelnen Sätzen eingeführt werden, Inferenzen, die Aussagen miteinander in Beziehung setzen, die an verschiedenen Textstellen bzw. in verschiedenen Sätzen gemacht wurden, und Inferenzen, die die wesentlichen Aussagen eines Texts in seiner Gesamtheit klarer herausarbeiten wollen. Es scheint jedoch so zu sein, daß die verschiedenen Formen von Inferenzen ein gemeinsames Merkmal des Leseverhaltens ausmachen, ohne daß etwa Inferenzen, die sich auf kleinere Einheiten wie einzelne Sätze bzw. einzelne Aussagen in einem Text beziehen, eine Voraussetzung dafür darstellen würden, daß die Bedeutung des Gesamttextes herausgearbeitet wird (Davey und Macready 1985).

Differenzierung zwischen zentralen Inhalten und Informationen von untergeordneter Bedeutung: Für das Verständnis eines Textes ist es notwendig, zwischen wichtigen Inhalten und weniger Wichtigem (Details) zu unterscheiden. Diese banal klingende Aussage hat weitreichende Implikationen. Um diese Unterscheidung treffen zu können, muß eine Vorstellung von dem vorhanden sein, worum es in einem Text geht, und es muß bestimmt werden können, was mit dem Thema mehr zu tun hat und was weniger. Diesen Vorgang kann man sich als Konstruktion von Aussagenhierarchien vorstellen (Kintsch 1974, Kintsch und van Dijk 1978). Kintsch (1974) nimmt an, daß die basalen Einheiten von Texten Argumente sind, die logisch zu Aussagen (Propositionen) verknüpft werden. Die Aussagen bilden in ihrer Gesamtheit auf einer vordergründigen Ebene die Einheit des Textes. Der Text kann somit als hierarchische Struktur von Aussagen aufgefaßt und nachgebildet werden. Bei der Konstruktion von Aussagenhierarchien wird angenommen, daß Aussagen, die in einem Text die logische Voraussetzung für weitere Aussagen bilden, von zentraler Bedeutung sind. So kann die Bedeutung einer Aussage für das Verständnis eines Textes durch die hierarchische Ebene bestimmt werden, der diese Aussage zugeordnet ist. Eine Reihe an Experimenten hat gezeigt, daß das Konstrukt der Aussagenhierarchie die Wahrscheinlichkeit des Behaltens vorhersagen kann.

Es handelt sich bei der Identifizierung der zentralen Aussagen eines Textes um einen komplexen Vorgang, der vom Leser verlangt, daß er den Standpunkt des Autors nachvollzieht und von dort her die übrigen Informationen ordnet. Daher ist es nicht unerwartet, daß dies Kindern und sogar Erwachsenen oft nicht vollständig gelingt. Ihre Textwiedergaben sind dann schwer nachvollziehbar, die für das Verständnis wesentlichen Informationen bleiben unvollständig (Meyer et al. 1980).

6.1.4. Verständnis für Textstrukturen und Diskursformen

Nicht nur das Wissen um Handlungen und Situationen aus unserer Erfahrungswelt bestimmt das Leseverständnis, wir greifen beim Lesen auch auf Erwartungen über den Aufbau bestimmter Texte zurück. Man spricht hier von der Struktur oder der Grammatik bestimmter Textarten. Das Wissen um derartige Strukturen läßt den Leser bestimmte Erwartungen darüber bilden, was in einem Text enthalten sein wird. Dies hilft ihm seine Aufmerksamkeit auf die für das Verständnis eines Textes wesentlichen Informationen zu lenken. Das Lesen wird somit durch die Vertrautheit mit verschiedenen Diskursformen erleichtert. Beschreiben, Erzählen, Argumentieren (Bewerten) und Darlegen (Klassifizieren) können als Grundmodalitäten des Diskurses betrachtet werden, wobei die Struktur von Geschichten oder Erzählungen bisher am meisten Beachtung gefunden hat.

Bedeutung der Geschichtenstruktur: Zu einem besseren Verständnis dessen, worum es beim Lesen und bei der Wiedergabe von Geschichten geht, haben jene Analysen beigetragen, nach denen Geschichten eine Grundstruktur aufweisen, ein bestimmtes Muster, oft auch die Grammatik einer Geschichte genannt. Mit dieser Struktur sind Kinder vertraut und sie erleichtert es ihnen, den Geschichten zu folgen, sie zu verstehen und sich an sie zu erinnern. Es ist gezeigt worden, daß Kinder sehr früh solche Regelmäßigkeiten in Geschichten erkennen und entsprechende Erwartungen darüber ausbilden, was eine richtige Geschichte ist (Applebee 1978). Für den Hörer und den Leser einer Geschichte genügt diese Vertrautheit wahrscheinlich, um Interesse an Geschichten zu finden und ihnen im Großen und Ganzen folgen zu können. Für das Schreiben einer Geschichte und auch das Nacherzählen von Geschichten reicht es jedoch nicht aus. Hier ist mehr als bloße Vertrautheit mit dem Aufbau erforderlich, ein mehr oder weniger explizites Wissen um diese Regelmäßigkeiten wird nötig, damit der Aufbau der Geschichte bei der Wiedergabe auch beachtet wird. Schon beim Lesen der Geschichten kann dann die Aufmerksamkeit bewußt auf die Gliederung und die Struktur der Geschichte konzentriert werden, sodaß die für den Fortgang wesentlichen Teile mehr beachtet und besser erinnert werden.

Für die Bestimmung der inneren Struktur von Geschichten hat sich die Annahme von Handlungsschemata als hilfreich erwiesen, die Annahme also, daß es in allen Handlungen eine bestimmte Abfolge gibt, eine Ausgangssituation, die das Motiv des Handelnden und sein Ziel bestimmt, einen Versuch, dieses Ziel zu verwirklichen, und schließlich ein Ergebnis. Solche Handlungsschemata liegen auch Geschichten zugrunde und das Erkennen dieser Schemata bildet die Grundlage für die Rekonstruktion ihres Ablaufs und ihrer Bedeutung.

Am bekanntesten sind jene Ansätze, die die notwendigen Bestandteile einer Geschichte in Form einer Geschichtengrammatik zu beschreiben versuchen. Sie beschränken sich bewußt auf einfache und "wohlgeformte" Geschichten mit einem Hauptprotagonisten, geben aber Regeln an, wie eine Geschichte in ihre Strukturelemente zu gliedern sei. Eine typische Geschichte umfaßt demnach die Beschreibung einer bestimmten Situation sowie (wenigstens) eine komplette Episode (Stein und Glenn 1979), die aus folgenden Teilen besteht: einem initiierenden Ereignis, einem motivierenden Zustand, einem Versuch und einer obligatorischen Konsequenz. Wenn diese Bestandteile in einer selbsterfundenen oder reproduzierten Geschichte enthalten seien, könne man sicher sein, daß der Leser/Erzähler das Verhalten des Protagonisten in der Geschichte als zielgerichtet verstehe, mit anderen Worten, daß er das Handlungsschema der Geschichte erfasse.

Das Modell sagt voraus, daß bei einer Wiedergabe die verschiedenen Geschichtenteile in der oben angeführten Reihenfolge berichtet werden, selbst wenn sie im Text anders angeordnet sind, und daß es ein relativ einheitliches Muster der Wiedergabe der verschiedenen Geschichtenkategorien gibt (Stein und Trabasso 1982). Am besten werden danach die das Hauptgeschehen auslösende Situation (das Hauptsetting), das Anfangsereignis und die Konsequenzen reproduziert; am schlechtesten Nebensettings, innere Reaktionen der Handelnden (Reaktionen auf das Ergebnis, Gedanken, Gefühle), aber auch Bewertungen.

Andere Ansätze (z.B. Trabasso's Kausale Netzwerktheorie) haben die Kategorien der Geschichtengrammatik benutzt, um ein generelles Modell der Struktur von Geschichten zu entwickeln, das deren Verstehen und Behalten erklären kann und nicht mehr auf einfache "typische" Geschichten beschränkt ist. Diese Ansätze nehmen keine hierarchische Struktur der Geschichten an, sondern gehen davon aus, daß alle Elemente miteinander in einem Netzwerk, das den Handlungsfortgang und seine (kausale) Dynamik beschreibt, verbunden sind (Graesser et al. 1991).

Struktur von Sachtexten: Auch Sachtexte weisen bestimmte Strukturen auf, die vielfach von rhetorischen Mustern abgeleitet werden können (z.B. Weaver und Kintsch

1991). Im Unterschied zu Erzähltexten, bei denen es um persönliche Erfahrungen und um die Lösung eines Konflikts geht, sind Sachtexte um Erklärungen von Sachverhalten bemüht. Sie verwenden Schemata, in denen es um die folgenden Beziehungen geht:

- Erläuterung eines allgemeinen Prinzips und der Beziehung zwischen Allgemeinem und Besonderem: Hierunter fallen Identifikation (Beschreibung) und Definition des zu erläuternden Sachverhalts bzw. Gegenstands, Klassifikation sowie Illustration an Beispielen.
- Verhältnis von einem Gegenstand zu einem anderen: Vergleich und Gegenüberstellung
- Erläuterung des Aufbaus eines Gegenstands: Diese Analyse kann sowohl nach strukturellen wie nach funktionellen und kausalen Gesichtspunkten vorgenommen werden.

Kinder lernen erst später, diese Strukturen zu erkennen und bei der Auseinandersetzung mit Sachtexten zu nutzen als die Struktur von Geschichten. Gegen Ende der Pflichtschulzeit gelingt dies den meisten gut lesenden Kindern für die am häufigsten verwendeten Texttypen (Meyer et al. 1980). Jene Kinder, die beim Lesen eines Sachtexts dessen Struktur beachten, können sowohl kurz- wie langfristig bedeutend mehr Informationen behalten. Die Vertrautheit mit den rhetorischen Strukturen dürfte sich sowohl auf das Einprägen und damit das Behalten wie auf den Abruf der gelesenen Informationen auswirken. Kinder, die mit diesen Strukturen vertraut sind, können die Informationen später besser wiedererkennen und organisieren auch ihre eigene freie Wiedergabe anhand dieser Strukturen, was ihnen hilft, mehr relevante Informationen abzurufen.

6.1.5. Überwachen des eigenen Verständnisses eines Textes

Das Verständnis für einen Text hängt auch davon ab, wieweit Leser ausreichend Fragen an den Text stellen und prüfen, ob sie ihn auch wirklich verstanden haben (siehe z.B. Brown 1980, Baker und Brown 1984, Garner und Reis 1981, Garner und Anderson 1982). Bei jüngeren Kindern fällt auf, daß sie selbst von augenscheinlichen Widersprüchen eines Textes wenig berührt sind und Informationslücken kaum bemerken (Markman 1977, 1979). Erst in den höheren Klassen nimmt die aktive Auseinandersetzung mit Texten zu.

6.2. Verständnisschwierigkeiten leseschwacher Kinder

Im Folgenden soll diskutiert werden, ob das Leseverständnis neben den Schwierigkeiten beim Dekodieren einzelner Wörter einen spezifischen Problembereich für lesegestörte Kinder darstellt. Des weiteren soll dargestellt werden, in welchen Bereichen und bei welchen Prozessen Verständnisschwierigkeiten für lesegestörte Kinder entstehen können.

In vielen Lesetests wird nicht zwischen dem Worterkennen und dem Leseverständnis unterschieden. Sie prüfen den Entwicklungsstand im Lesen durch Aufgaben, die ein Verständnis für das Gelesene verlangen, wie etwa das Beantworten von Multiple-Choice-Fragen nach dem Lesen eines kurzen Paragraphen oder das Ergänzen eines Lückentests. Lesegestörte Kinder sind bei Verwendung dieser Testverfahren immer Kinder mit Leseverständnis-Problemen. Die geringen Leistungen bei diesen Aufgaben können jedoch sowohl durch Unsicherheit beim Worterkennen bzw. die Langsamkeit des Lesens als auch durch spezielle Schwierigkeiten bei der Sinnentnahme zustandekommen. Es stellt sich daher die Frage, wieweit Leseverständnisschwierigkeiten durch Schwierigkeiten beim Worterkennen erklärbar sind und wie eng der Zusammenhang zwischen den beiden Teilleistungen ist. In den ersten Grundschuljahren besteht eine enge Korrelation zwischen der Sicherheit bzw. der Geschwindigkeit, mit der einzelne Wörter gelesen werden können, und dem Leseverständnis von Texten (z.B. Curtis 1980, Shankweiler und Libermann 1972), sie nimmt aber in den höheren Grundschulklassen ab (Curtis 1980). Leistungsunterschiede bei Leseverständnisaufgaben sind also in den höheren Klassen immer weniger durch die Fertigkeit im Dekodieren einzelner Wörter zu erklären.

Bei leseschwachen Kindern ist der Zusammenhang zwischen der Leseleistung bei einzelnen Wörtern und dem Verständnis von Texten noch enger als bei durchschnittlichen Lesern, ja sogar enger als bei jüngeren normal lesenden Kindern des gleichen Leseentwicklungsstandes. Aber auch ihre geringen Leistungen bei Leseverständnisaufgaben sind nur zum Teil durch die Schwächen beim Worterkennen zu erklären.

Viele leseschwache Kinder zeigen auch bei mündlicher Vorgabe von Texten Verständnisschwierigkeiten: Untersuchungen, bei denen das Verständnis und die Wiedergabe mündlich vorgegebenen Materials geprüft wurde, haben gleichfalls Unterschiede zwischen lesegestörten und gut lesenden Kindern gefunden. So zeigen sich deutliche Schwierigkeiten lesegestörter Kinder bei der Wiedergabe von Geschichten, unabhängig davon, ob die Geschichten mündlich oder in schriftlicher Form vorgegeben werden (Berger und Perfetti 1977, Hinchley und Levy 1988, Smiley et al. 1977). In der Untersuchung von Smiley et al. (1977) war die Leistung von leseschwachen Kindern aus einer 7.Klasse beim Geschichten-Nacherzählen etwa jener von Kindern aus der 1.Klasse vergleichbar.

Schwierigkeiten beim Worterkennen reichen als Erklärung für die Leseverständnisschwierigkeiten nicht aus: Wenn die Leseverständnisschwierigkeiten lesegestörter Kinder ausschließlich durch die Schwierigkeiten beim Lesen einzelner Wörter bedingt wären, so würde man erwarten, daß ein Training im Lesen einzelner Wörter zu einem deutlichen Anstieg des Leseverständnisses führen müßte. In mehreren Experimenten wurde jedoch gezeigt, daß auch eine längere Übung im Dekodieren von Wörtern nicht zu einem besseren Verständnis von Geschichten führt, die aus den geübten Wörtern zusammengesetzt sind (Oakan et al. 1971, Samuels et al. 1974, Fleisher et al. 1979). Obwohl in der Untersuchung von Fleisher et al. (1979) durch das Training eine Angleichung der Lesegeschwindigkeit sowie der Anzahl der Lesefehler an das Niveau leistungsunauffälliger Kinder erzielt werden konnte, behielten die lesegestörten Kinder auch nach dem Lesetraining deutlich weniger Informationen und konnten die Geschichten weniger kohärent erzählen. Während also Leseübungen mit einzelnen Wörtern das Leseverständnis von Texten nicht unbedingt verbessern müssen, zeigt sich, wie später ausgeführt wird, daß ein spezifisches Training von Verständnis-Strategien zu einem signifikanten Leistungsanstieg auch bei lesegestörten Kindern beiträgt (z.B. White et al. 1981).

Schwierigkeiten beim Worterkennen schränken die Intensität der Textverarbeitung ein: Die eben dargestellten Befunde weisen auf eine relative Unabhängigkeit der Worterkennungsfähigkeit und des Leseverständnisses von zusammenhängenden Texten hin. Dies heißt jedoch nicht, daß Schwierigkeiten beim Dekodieren einzelner Wörter nicht auch zu Leseverständnisschwierigkeiten beitragen. Vor allem Perfetti (1977, 1985) hat darauf hingewiesen, daß die Mühe, die das Erkennen einzelner Wörter bereitet, die Fähigkeit einschränkt, die Textinformationen längere Zeit in einem aktivierten Zustand im Gedächtnis zu behalten und sie weiter zu bearbeiten. Es lassen sich eine Reihe von

Belegen dafür aufzeigen, so zum Beispiel: Wenn Kinder beim Lesen eines Textes unterbrochen werden und nach dem jeweils vorausgehenden Wort gefragt werden, so können sich schlecht lesende Kinder besser als gut lesende daran erinnern, da sie dieses Wort gerade mit besonders viel Mühe entziffert haben. Weiter zurückliegende Wörter können leseschwache Kinder jedoch nur schlecht wiedergeben.

Heterogenität der leseschwachen Kinder in Bezug auf Verständnisschwierigkeiten: Obwohl ein enger Zusammenhang zwischen dem Verständnis mündlich und schriftlich vorgegebener Geschichten besteht, gibt es bei leseschwachen Kindern eine größere Zahl, denen die Wiedergabe mündlicher Geschichten recht gut gelingt (Oakan et al. 1971) und die nur wenig Verständnisschwierigkeiten bei mündlichen Texten haben (Conners und Olson 1990). Je vergleichbarer die allgemeine verbale Begabung mit jener der gut lesenden Kinder ist, desto wahrscheinlicher ist es, daß schwache Leser beim Verstehen und der Wiedergabe mündlich vorgetragener Geschichten wenig Schwierigkeiten haben. Allerdings zeigt die Untersuchung von Oakan et al. (1971), daß auch diese leseschwachen Kinder beim Anhören von Geschichten sensibler als normal lesende Kinder sind, wenn an den Geschichten Veränderungen vorgenommen werden, die das Verständnis erschweren (Pausen, falsches Aussprechen von Wörtern etc.). Gut lesende Kinder können solche Mängel offensichtlich leichter kompensieren als schwache Leser. Conners und Olson (1990) weisen ebenfalls darauf hin, daß schwache Leser mit guten verbalen Fähigkeiten zwar ein deutlich besseres mündliches Sprachverständnis haben als jüngere durchschnittliche Leser, deren Worterkennungsfähigkeit etwa den gleichen Entwicklungsstand aufweist, daß aber trotzdem im Vergleich zu gleichaltrigen guten Lesern ein Rückstand im Sprachverständnis besteht. Dieser Rückstand kann eine Folge der geringen Leseerfahrung sein.

Auf der anderen Seite gibt es auch unter den Kindern, die das mündliche Lesen ausreichend erlernt haben, Kinder, die eindeutige Leseverständnisschwierigkeiten zeigen. Im Vergleich zu den mündlichen Leseschwierigkeiten sind die speziellen Leseverständnisschwierigkeiten sowohl von den Lehrern wie von der psychologischen Forschung eher vernachlässigt worden. Wie bereits Oakhill und Garnham (1988) festgestellt haben, scheinen die Lehrer bereits zufrieden zu sein, wenn die Kinder einen Text fehlerfrei vorlesen können und scheinen dies als Indiz dafür zu nehmen, daß die Kinder keine Leseschwierigkeiten haben. Leseverständnisschwierigkeiten bleiben also in der Schule häufig unbemerkt. In einer Serie von Experimenten haben Anfang der 70-iger Jahre Cromer und später Oakhill (für eine Übersicht siehe Oakhill und Garnham 1988) die besonderen Leseverständnisschwierigkeiten von Kindern, die in ihrer mündlichen Lesefähigkeit nicht beeinträchtigt sind, analysiert. Sie konnten zeigen, daß die Verständnisschwierigkeiten dieser Kinder qualitativ von der gleichen Art sind wie jene von leseschwachen Kindern, die zusätzlich beim mündlichen Lesen Schwierigkeiten haben.

Ort der Leseverständnisschwierigkeiten

Die Leseverständnisschwierigkeiten lesegestörter Kinder können auf unterschiedlichen Ebenen entstehen.

1. Wortverständnis: Das Vokabular eines Kindes ist einer der besten Prädiktoren für sein Leseverständnis (Adams 1980). Die schwächsten Leser in einer Klasse besitzen nach verschiedenen Schätzungen nur einen halb so großen Wortschatz wie durchschnittliche Leser (Nagy und Herman 1987). Der Unterschied zwischen den schwächeren und besseren Lesern im Umfang und der Differenziertheit des Wortschatzes nimmt in den höheren Klassen weiter zu, zugleich hängt das Leseverständnis immer stärker von ihrem Verständnis der Wortbedeutungen ab (Chall et al. 1990). Das Wortverständnis wird zu einem der wesentlichen limitierenden Faktoren für den weiteren Lesefortschritt von schwachen Lesern.

Leseschwache Schüler haben nicht nur Schwierigkeiten, die Bedeutung seltenerer Wörter zu erklären, es fällt ihnen auch schwerer, Wörter semantischen Kategorien zuzuordnen. Diese Schwierigkeit zeigt sich schon bei einfachen semantischen Entscheidungsaufgaben, bei denen anzugeben ist, ob Wörter einer vorgegebenen Kategorie angehören (Perfetti 1985, Perfetti und Lesgold 1979). Leseschwache Kinder benötigen hier übermäßig viel Zeit, selbst wenn man die Schwierigkeiten beim mündlichen Lesen bzw. Worterkennen berücksichtigt.

Leseschwache Schüler haben nicht nur einen geringeren Wortschatz, sie haben auch größere Schwierigkeiten, die Bedeutung neuer Wörter aus dem Kontext zu ermitteln und ihren Wortschatz auf diese Weise zu erweitern (McKeown 1985). Eine qualitative Analyse der Informationen, die leseschwache Kinder aus Sätzen mit unbekannten Wörtern aufnehmen, gibt Aufschluß über die Gründe, weshalb diese Kinder neue Wörter kaum lernen, wenn ihre Bedeutung nicht direkt erklärt wird. McKeown (1985) konnte zeigen, daß leseschwache Kinder dazu tendieren, neue Wörter beim Lesen zu ignorieren und ihre Interpretation der Sätze allein auf den Kontext zu stützen. Gute Leser hingegen bemühen sich darum, mögliche Bedeutungen der neuen Wörter mitzuberücksichtigen, auch wenn dies gelegentlich zu Mißinterpretationen führt.

Die Gründe für den engen Zusammenhang zwischen Wortschatz und Leseverständnis sind vielfältig. Einerseits werden durch ein besseres Vokabular weniger Wortverständnisfehler entstehen. Der Umfang des Vokabulares ist jedoch auch ein Hinweis auf die Qualität der allgemeinen bisherigen Spracherfahrungen des Kindes. In einem beschränkten Vokabular sind oft auch Schwierigkeiten bei der Bildung kognitiver Konzepte angedeutet, da ein Wort nur erworben wird, wenn das durch das Wort vertretene Konzept sowie die damit zusammenhängenden Konzepte verstanden werden.

2. Satzverständnis: Lesegestörte Kinder können sowohl während des Lesens als auch bei leseunabhängigen Aufgaben einzelne Wortbedeutungen schwerer als andere Kinder miteinander zu einem Beziehungsganzen verbinden. Dies zeigt sich etwa bei der Aufgabe, die Bedeutung von Zeichen zu lernen, um sie dann in einem weiteren Schritt zueinander in Beziehung zu setzen. Leseschwache Kinder haben keine Schwierigkeiten, die einzelnen Bedeutungen zu lernen, es fällt ihnen aber recht schwer, die Bedeutung, die durch die Verbindung der Zeichen ausgedrückt wird, zu verstehen (Denner 1970).

Ähnliche Schwierigkeiten zeigen sich bei der Bearbeitung einfacher Aussagen (z.B. "Ein Apfel ist eine Frucht."). Um die Richtigkeit derartiger Aussagen festzustellen, benötigen schwache Leser mehr Zeit als gute Leser (Perfetti 1985). Eine geringe Erhöhung der Anforderungen (z.B. das Einfügen einer Negation) führt bei leseschwachen Kindern bereits zu einem weiteren deutlichen Anstieg der Entscheidungszeit, der viel größer ausfällt als bei guten Lesern (590 msec gegen 220 msec).

Ein Teil der Verständnisschwierigkeiten leseschwacher Schüler dürfte durch Probleme bei der Analyse von syntaktischen Konstruktionen zustandekommen. Cromer und Wiener (Cromer 1970, Oakan et al. 1971) konnten zeigen, daß Schüler mit einer recht guten mündlichen Lesefähigkeit, aber einem geringen Leseverständnis, vor allem Probleme bei der Gliederung von Texten haben, und zwar bereits auf der Satzebene. Ihr Leseverständnis wurde deutlich besser, wenn sie Texte lasen, die bereits in sinnvolle Einheiten gegliedert waren. Schüler hingegen, die auch beim mündlichen Lesen einer Wortliste Schwierigkeiten hatten, profitierten von dieser Unterteilung nicht.

Der gleiche Mangel an spontaner Berücksichtigung größerer Spracheinheiten zeigt sich auch darin, daß die Wiedergabe von Texten durch eine Unterbrechung nach jedem Wort (z.B. durch die Einschätzung, ob ein Wort angenehm oder unangenehm ist) bei schlecht lesenden Kindern deutlich weniger als jene von gut lesenden Kindern beeinträchtigt wird (Martinez et al. 1980). Wird das Lesen jedoch an Satzgrenzen unterbrochen, und soll ein ähnliches Urteil über den vorausgehenden Satz abgegeben werden, so verbessert sich die Leistung der leseschwachen Kinder bei der Wiedergabe des Textes signifikant, da diese durch die neue Aufgabe angehalten werden, den Satz als Ganzes zu verarbeiten. Die Leistung von gut lesenden Kindern bleibt hingegen von dieser Aufgabenstellung unbeeinflußt.

Bei einem Teil der leseschwachen Kinder zeigen sich Schwierigkeiten im Satzverständnis vor allem beim Lesen, weniger bei mündlich vorgetragenen Texten. Dies trifft vor allem für die ersten Klassenstufen zu. Was sind die Gründe für diese Diskrepanz? Einmal erfordert das Lesen ein bewußteres Umgehen mit syntaktischen Informationen, da die Interpretation bei der mündlichen Kommunikation durch den Kontext, in dem eine Äußerung getan wird, erleichtert wird (Adams 1980). Zum anderen wird beim Lesen die Gliederung von Sätzen in Phrasen nicht durch die Intonation oder durch Pausen unterstützt, vielmehr muß diese allein aufgrund semantischer Informationen und durch die Zuordnung der Wörter zu syntaktischen Klassen vorgenommen werden. Kinder sind nun aber gerade für die Intonationsmerkmale einer Sprache besonders sensibel, die ja beim Lesen wegfallen (Schreiber und Read 1980, Schreiber 1987). Dies hat zur Folge, daß das Verständnis für grammatikalische Konstruktionen in der geschriebenen Sprache jenem in der mündlichen Sprache deutlich hinterherhinkt (Sticht und James 1984). Bei lesegestörten Kindern, die ja bereits beim Verständnis gesprochener Sprache Schwierigkeiten in der Beherrschung syntaktischer Strukturen zeigen (siehe Abschnitt II), nehmen diese Schwierigkeiten beim Lesen eine noch ausgeprägtere Form an.

Hinzu kommt, daß leseschwache Kinder lange Zeit beim lauten Lesen sehr abgehackt lesen, alle Wörter gleich stark betonen, keine für einen Satz typische Intonation einbringen und so den Satzzusammenhang zerreißen (Clay und Imlach 1971). Während gut lesende Kinder auch bei einem Text, der nur eine Annäherung an die vertraute Umgangssprache darstellt, versuchen, die Phraseneinheiten durch die Intonation zu markieren, lesen schwache Leser so monoton, als ob es sich um eine Wortliste handeln würde (Cohen und Freeman 1978). Das laute Lesen erleichtert ihnen somit nicht die Satzanalyse. Erst wenn sich bei einem Teil der leseschwachen Kinder in den höheren Klassen eine gewisse Geläufigkeit im mündlichen Lesen eingestellt hat, kann das laute Lesen das Leseverständnis erleichtern (Hinchley und Levy 1988).

3. Informationsintegration auf der lokalen, satzübergreifenden Textebene: Leseschwache Kinder verstehen auch Referenzbeziehungen zwischen Wörtern, die in verschiedenen Sätzen vorkommen, nur ungenügend (Dalgleish und Enkelman 1979). Sie haben lange Zeit die Tendenz, eine Identität der Subjekte in zwei aufeinanderfolgenden Sätzen anzunehmen. Ähnlich wie bei jüngeren Kindern wird von ihnen bei der Überprüfung der Identität meist nur das Geschlecht und der Unterschied zwischen Ein- und Mehrzahl beachtet, während Einschränkungen, die sich aus dem Kontext ergeben, unbeachtet bleiben.

Ein Mittel, das die Integration der Informationen innerhalb eines Satzes und zwischen verschiedenen Sätzen erleichtern soll, ist die Verwendung von persönlichen Fürwörtern sowie von rückbezüglichen Ausdrücken (*Anaphora*). Oakhill und Yuill (1986) konnten zeigen, daß Kinder mit Leseverständnisschwierigkeiten selbst bei einfachen Sätzen oft nicht das passende Fürwort einsetzen können ("Anna gab Daniel ihre Schuhe, weil ... sie brauchte"). In einem späteren Experiment (Yuill und Oakhill 1988) wurden die Kinder während des Lesens direkt gefragt, auf welche Person ein Fürwort verweise. Wie erwartet, konnten Kinder mit Leseverständnisschwierigkeiten den Referenten oft nicht angeben. Wie Registrierungen der Augenbewegungen zeigen, wird durch diese Schwierigkeiten das Lesen deutlich verlangsamt, weil die schwachen Leser nicht gezielt zu jenen Satzstellen zurückblicken, in denen mögliche Referenten genannt werden, sondern größere Textabschnitte nach den Referenten durchsuchen (Murray und Kennedy 1988).

Frederiksen (1981) beobachtete noch bei lesegestörten Jugendlichen Schwierigkeiten im Verständnis von Texten, bei denen den Referenzbeziehungen von Fürwörtern kritische Bedeutung zukommt. Die Lesezeit von lesegestörten Jugendlichen stieg deutlich stärker als jene von gut lesenden Jugendlichen, wenn der Referent des Fürwortes im ursprünglichen Satz, wo er eingeführt wurde, nicht in der Subjektposition erschien. Die lesegestörten Jugendlichen waren also deutlich stärker von der Topikalisierung abhängig.

Eine ähnliche Tendenz zeigt sich bei Verben, die sowohl eine Subjekt- wie auch eine Objektergänzung erfahren können. Auch hier verwenden lesegestörte Kinder bedeutend länger die Strategie, das Subjekt des Hauptsatzes auch als Subjekt des Nebensatzes zu betrachten und die besonderen satzsemantischen Relationen zu vernachlässigen (Goldman 1976). Diese Schwierigkeiten im Verstehen von Ergänzungssätzen sind bereits bei der Verarbeitung mündlicher Informationen zu beobachten, beim Lesen treten sie allerdings noch deutlicher in Erscheinung. Gut lesende Kinder der gleichen Klassenstufe haben hingegen kaum Schwierigkeiten beim Verständnis von Ergänzungssätzen, weder bei mündlicher, noch bei schriftlicher Vorgabe.

Kinder mit Leseverständnisschwierigkeiten können *Kohäsionsmittel*, die Informationen aus verschiedenen Sätzen miteinander verbinden, weniger gut zum Verständnis einer Geschichte verwenden. In einem eleganten Experiment gaben Garnham et al. (1982) leseschwachen Kindern und guten Lesern die Sätze einer Geschichte in zufälliger Anordnung vor. Durch die zufällige Aneinanderreihung der Sätze war nicht nur der Ablauf der Geschichte durcheinandergeraten, auch die Kohäsionsmittel und die Verweise von Fürwörtern etc. ergaben keinen Sinn mehr. Durch diese Veränderungen litt das Verständnis sowohl der guten wie der schwachen Leser. In einem nächsten Schritt wurden die sprachlichen Ausdrucksmittel, die den Zusammenhang der Geschichte anzeigen sollten, so verändert, daß sie wieder Sinn machten, obwohl die Ereignisse immer noch nicht in der richtigen Reihenfolge berichtet wurden. Gute Leser konnten jetzt die Geschichten verstehen und einen Sinn in den Ablauf des Geschehens bringen. Kinder mit Leseverständnisschwierigkeiten half dies im Gegensatz dazu nur wenig, ihr Verständnis der Geschichten blieb weiter sehr gering.

Schwierigkeiten bei der Satzintegration dürften beträchtlich zu den Verständnisschwierigkeiten schwächerer Leser beitragen. Nach Graesser et al. (1980) entstehen selbst bei Erwachsenen individuelle Unterschiede in der Geschwindigkeit, mit der Texte gelesen werden können, vor allem bei der Aufgabe, Informationen auf lokaler Ebene zu integrieren.

4. Bilden von Inferenzen: Einen wichtigen Anteil am Leseverständnis kommt dem Bemühen zu, aus dem Gelesenen Folgerungen zu ziehen und die im Text nicht explizit angesprochenen Voraussetzungen und Konsequenzen von Feststellungen durch eigene Aktivität und unter Heranziehung des eigenen Wissens zu ergänzen. In den Protokollen von Geschichtennacherzählungen lesegestörter Kinder sind solche sinngemäßen Ergänzungen seltener enthalten als bei gut lesenden Kindern (Klicpera und Savakis 1983). Dieser Mangel an Inferenzbildung läßt sich auf allen Ebenen der Textorganisation feststellen und führt zu einer ungenügenden Integration der Texte durch leseschwache Kinder.

- Die mangelnde Weiterbearbeitung der Textinformationen gilt bereits für die Bedeutung von Wörtern. Oft wird die Wortbedeutung durch den Kontext eingeschränkt und spezifiziert (=Instantiation). Diese Einschränkungen scheinen leseschwache Kinder häufiger nicht vorzunehmen. Auch einfachere Synonyme, die das Erzählen einer Geschichte sehr erleichtern können, werden selbst dann nicht verwendet, wenn ihnen die Begriffe vertraut sind (z.B. Leute, die Häuser aus Eis bauen - Eskimos; Oakhill 1983).

- Schlechter lesende Kinder benötigen mehr Zeit, um die Richtigkeit von impliziten Voraussetzungen und Konsequenzen einer vom Versuchsleiter gemachten Feststellung zu überprüfen (Kail et al. 1977). Aus der Höhe der Korrelation zwischen der Verifikationszeit und dem testmäßig erfaßten Leseverständnis ($r = 0.64$) ergibt sich ein deutlicher Hinweis auf die Bedeutung der Fähigkeiten, Inferenzen zu bilden, für das Leseverständnis.

- Schwache Leser ziehen beim Lesen eines Textes nicht spontan Folgerungen aus den berichteten Ereignissen. Ihre Wiedergabe des Textes leidet deshalb an Unvollständigkeit, weil sie weniger Hinweise haben, anhand derer sie die Informationen rekonstruieren können. Auch Hinweise, die vom Versuchsleiter gegeben werden und die sich auf allgemeinere Aspekte (z.B. Konsequenzen) der Ereignisse in einem Text beziehen, helfen ihnen wenig, weitere, noch nicht erwähnte Textinformationen zu erinnern (Wong 1980).

- Ein Grund für die geringe aktive Textbearbeitung dürfte auch sein, daß den schwachen Lesern weniger Strategien zur Verfügung stehen, wenn sie auf Schwierigkeiten beim Textverständnis stoßen. Dies zeigt sich deutlich in den Protokollen, in denen die Äußerungen von guten und schwachen Lesern bei schwierigen Textstellen aufgezeichnet wurden (Kletzien 1990, Phillips 1988). Schwache Leser verzichten an solchen Stellen öfters auf eine Interpretation oder behalten die ursprüngliche bei, selbst wenn sie den Textinformationen offensichtlich widerspricht.

- Die geringe Bearbeitung der Texte zeigt sich deutlich, wenn - wie in den meisten Leseverständnistests üblich - im Anschluß an das Lesen eines Textes Fragen zu dessen Inhalt gestellt werden. Leseschwache Kinder können zwar Fragen, die sich auf explizit in den Texten erwähnte Informationen beziehen, recht gut beantworten (70% richtig), jene Fragen, deren Beantwortung die Integration von Vorwissen und Textinformationen verlangt, werden jedoch kaum beantwortet (25% richtig, McCormick 1992). Ihre Beantwortung fällt den schwachen Lesern selbst dann schwer, wenn währenddessen der Text zugänglich ist (Oakhill 1984).

- Fragen, die eine intensivere Auseinandersetzung mit einem Text erfordern, werden von schwachen Lesern zu spezifisch und zu wenig allgemein sowie ohne Bezugnahme auf die Hauptaussagen des Textes beantwortet (McCormick 1992).

5. Schemageleitetes Textverständnis und Vertrautheit mit Textstrukturen: Neben Problemen beim Verständnis einzelner Wörter und Sätze sowie der Textverarbeitung auf lokaler Ebene können Verständnisschwierigkeiten auch dadurch entstehen, daß lesegestörte Kinder Mühe haben, ein geeignetes Schema zu aktivieren und die einzelnen Informationen eines Textes in eine kohärente Struktur einzufügen bzw. Textstrukturen zu analysieren und für das Verständnis zu nutzen. Die in den letzten Jahren entwickelten Textanalyse-Methoden haben Möglichkeiten zur Bestimmung des Einflusses von Textvariablen auf die Behaltensleistung geschaffen.

Differenzierung zwischen zentralen Inhalten und Informationen von untergeordneter Bedeutung: Ein relativ einfaches und direktes Kennzeichen für diese unterschiedliche Sensibilität für das, worum es in einem Text geht, kann in der Beobachtung gesehen werden, daß von schlechten Lesern jene Teile einer Geschichte, die wichtig für ihr Verständnis sind, nicht viel besser nacherzählt werden, als weniger wichtige Teile. Dies wurde von Eamon (1978-79) bei Studenten beobachtet, von Smiley et al. (1977) bei älteren Kindern (11-14 Jahre). Zu einem ähnlichen Ergebnis gelangten Untersuchungen, in denen die Teile der Geschichten nicht nach ihrer thematischen Wichtigkeit, sondern nach ihrer logischen Abhängigkeit beurteilt wurden. Auch nach diesem Maß, das gewöhnlich einen klaren Zusammenhang mit der Behaltenswahrscheinlichkeit von Informationen zeigt (Kintsch 1974), ergibt sich nur eine geringe Bevorzugung zentraler Aspekte einer Geschichte in der Wiedergabe lesegestörter Kinder (Hansen 1978, Klicpera und Savakis 1983).

Diese Vernachlässigung der für das Verständnis zentralen Informationen ist z.T. durch eine mangelnde Bearbeitung dieser Informationen während des Lesens bedingt. So verwenden lesegestörte Kinder nicht mehr Zeit für die Betrachtung wichtiger Teile einer Geschichte als für die Betrachtung unwichtiger Teile (Perfetti und Lesgold 1977). Schlechter lesende Studenten können auch weniger gut angeben, welche Teile eines Textes wichtig sind und welche nicht (Eamon 1978/79). Ein ähnlicher Unterschied tritt auch zwischen Kindern unterschiedlicher Lesefähigkeit der 4. und 6.Klasse auf (Grabe 1980). Jedoch konnten die schlecht lesenden Kinder auch von den Teilen, die sie selbst zutreffend als wichtig bezeichnet hatten, einen geringeren Anteil korrekt wiedergeben als die gut lesenden Kinder. Die unterschiedliche Beachtung wichtiger und unwichtiger Teile erklärt also die unterschiedliche Sensibilität gegenüber der Struktur von Geschichten nur zum Teil.

Gut lesende Kinder benutzen die unterschiedliche Bedeutung von Informationen innerhalb einer Geschichte auch stärker, wenn sie versuchen, sich die Geschichte einzuprägen bzw. sie wiederzugeben. Wenn durch vorausgehende Instruktionen die Aufmerksamkeit von Kindern besonders auf das Thema einer Geschichte gelenkt wird, so hat dies bei gut lesenden Kindern eine deutliche Verbesserung sowohl beim Erkennen als auch bei der Wiedergabe der zentralen Aspekte dieser Geschichte zur Folge. Lesegestörte Kinder sind unter diesen Umständen zwar ebenfalls besser in der Lage, die Bedeutung der einzelnen Informationen einzuschätzen, auf ihre Wiedergabe der Geschichten hat die Hervorhebung des Themas jedoch nur einen geringen Einfluß (Grabe und Prentice 1979, Grabe 1980). Auch dies spricht dagegen, daß der Unterschied zwischen Kindern mit unterschiedlicher

Leseleistung allein auf eine geringere Wahrnehmung von Bedeutungsunterschieden einzelner Informationen zurückgeführt werden kann.

Schließlich tun sich schlechte Leser schwer, zu entscheiden, welche Hinweise ihnen bei einer späteren Wiedergabe einer Geschichte helfen könnten (Wong 1982). Während gute Leser dabei wichtige Informationen aus den Geschichten aussuchen, von denen jeweils der Ablauf eines Teils der Geschichte abhängt, gehen schwache Leser eher planlos vor und berücksichtigen kaum die Bedeutung der Informationen für das Gesamtgeschehen.

Bedeutung der Geschichtenstruktur für leseschwache Kinder: Im Allgemeinen wird bei einer Nacherzählung einer wohlgeformten Geschichte von leseschwachen Kindern aus allen Kategorien, die in Geschichten-Grammatiken unterschieden werden, ein geringerer Prozentsatz berichtet. Das Profil unterscheidet sich jedoch nicht wesentlich von jenem gut lesender Kinder (Tierney et al. 1979, Weaver und Dickinson 1979). Nur bei lesegestörten Kindern mit einer geringen sprachlichen Begabung zeigen sich hier Unterschiede. Diese Kinder sind in ihrer Wiedergabe von Informationen weniger selektiv. Dies drückt sich darin aus, daß diese Kinder die gewöhnlich am meisten beachteten Kategorien (die Teile einer Geschichte, in denen die Hauptperson eingeführt und die Folgen einer Handlung beschrieben werden) relativ seltener erwähnen (Weaver und Dickinson 1979).

Eine geringere Sensibilität für die Struktur von Geschichten zeigt sich noch deutlicher in anderen Merkmalen. So werden von leseschwachen Kindern sowohl nach dem Lesen wie nach dem Anhören von Geschichten nicht nur insgesamt weniger Begebenheiten aus diesen Geschichten wiedergegeben, der größte Unterschied zu gut lesenden Kindern zeigt sich vielmehr in der Erwähnung von Zusammenhängen zwischen einzelnen Begebenheiten. Lesegestörte Kinder stellen einen solchen Zusammenhang nur selten her, sondern reihen die einzelnen Begebenheiten einfach aneinander. Dabei werden sowohl Angaben über die zeitliche Reihenfolge ausgelassen als auch über kausale Zusammenhänge und über die Bedingungen, unter denen die einzelnen Begebenheiten stattgefunden haben (Tierney et al. 1979, Weaver und Dickinson 1979, Weisberg 1979). Für den Zuhörer entsteht dadurch übereinstimmend der Eindruck einer geringeren Kohärenz der von lesegestörten Kindern wiedergegebenen Geschichten (Weaver und Dickinson 1979).

Eine geringere Sensibilität für die Makrostruktur von Texten ist auch daraus ersichtlich, daß schlechte Leser es oft nicht bemerken, wenn Sätze nicht zu der eigentlichen Aussage eines Textes passen (Taylor und Williams 1983). Sie haben auch Schwierigkeiten, fehlende Informationen, die zur Rekonstruktion eines Gesamttextes notwendig sind, zu ergänzen oder eine unabgeschlossene Geschichte zu vervollständigen (Fitzgerald 1984).

Der deutlichste Beleg einer mangelnden Sensibilität für die Struktur von Geschichten kommt aus Untersuchungen, in denen die Reihenfolge der Informationen, wie sie in den Geschichten-Grammatiken beschrieben wird, durcheinander gebracht wurde (Hinchley und Levy 1988, Rahman und Bisanz 1986). Diese Veränderungen wirken sich auf die Wiedergabe der Geschichten durch gute Leser deutlich stärker aus als auf jene schwacher Leser, gleichzeitig sind jedoch gute Leser besser in der Lage - auf Aufforderung hin - die Geschichten wieder zu rekonstruieren. Unter den schwachen Lesern gibt es zudem eine größere Gruppe, die Geschichten nur sehr schlecht nacherzählen kann, und diese Kinder profitieren gar nicht von der Struktur einer Geschichte, es sei denn, diese Struktur wird explizit kenntlich gemacht (Hinchley und Levy 1988).

Berücksichtigung der Struktur von Sachtexten: Die bisherigen Untersuchungen über den Einfluß von Textstrukturen auf das Leseverständnis von Kindern haben sich überwiegend mit dem Verständnis und dem Behalten von Geschichten beschäftigt. Der Lesestoff von Kindern besteht nach den ersten Grundschuljahren jedoch zunehmend aus Texten, in denen Wissensstoff behandelt wird. Auch solche Texte haben Strukturen, die analysiert und bestimmten Typen zugeordnet werden können (Meyer 1975). Während gute Leser in den höheren Klassen in der Auseinandersetzung mit Sachtexten auf diesen Strukturen aufbauen können, gelingt dies den leseschwachen Kindern nicht (Meyer et al. 1980). Die leseschwachen Kinder geben die von ihnen erwähnten Informationen relativ unorganisiert wieder und reihen die einzelnen Teile wie in einer Liste aneinander. Sie nutzen nur selten die (rhetorische) Argumentationsstruktur eines Sachtextes zur Organisation ihrer eigenen Wiedergabe und können infolgedessen weniger Informationen wiedergeben.

Den meisten leseschwachen Kindern hilft es auch nicht, wenn die Textstruktur (wie in der Untersuchung von Meyer et al. 1980) durch besondere Hinweise im Text explizit hervorgehoben wird. Nur einem kleinen Teil ermöglichen diese Hinweise eine adäquatere Wiedergabe der Texte. Diese Kinder orientieren sich zwar nicht spontan an der Textstruktur, sind aber mit Hilfe durchaus in der Lage, ihre Wiedergabe besser zu strukturieren. Voraussetzung dafür scheint allerdings eine gewisse Geläufigkeit beim Worterkennen zu sein, nur dann können die Kinder ihre Aufmerksamkeit auch auf die Textstruktur eines Sachtextes richten (Meyer et al. 1980).

6. Vorwissen: Ein wesentlicher Grund für Schwierigkeiten, einen Text zu verstehen, liegt darin, daß es dem Leser am erforderlichen Vorwissen mangelt. Durch die Vertrautheit mit einem Gegenstand bzw. einer Situation, die im Text angesprochen wird, haben wir ein inneres Modell bzw. Schema zur Verfügung, in das wir die Textinformationen einordnen und auch nicht explizit Mitgeteiltes verstehen können. Es konnte deutlich nachgewiesen werden, daß ein größeres Vorwissen über bestimmte Themen, wie z.B. Fußball, zu einem deutlich besseren Leseverständnis der Texte zu diesen Themen führt (Wilson und Anderson 1986). Mit ein Grund für ein geringes Leseverständnis ist daher ein Mangel an Allgemeinwissen. Wenn man bedenkt, daß ein Gutteil des Wissens über das Lesen erworben wird, so wird offensichtlich, daß Leseschwächen über das daraus resultierende geringere Lesen die Basis für das Leseverständnis untergraben (Daneman 1991). Einschränkend muß freilich festgehalten werden, daß Unterschiede zwischen guten und schlechten Lesern auch bei Texten zu beobachten sind, für deren Verständnis nur wenig Vorwissen erforderlich ist. Sie können daher nicht allein auf einen unterschiedlichen Kenntnisstand guter und schlechter Leser zurückgeführt werden (Franks et al. 1982).

7. Kontrolle des eigenen Verständnisses: Ein Merkmal, das Kinder mit geringem Leseverständnis von jenen mit gutem Leseverständnis unterscheidet, stellt die unterschiedliche Sensibilität gegenüber Inkonsistenzen im Text dar. Dies weist darauf hin, daß schlecht lesende Kinder weniger darauf achten, ob sie das, was sie lesen, auch verstehen. Derartige Unterschiede konnten in mehreren Untersuchungen nachgewiesen werden, in denen in sonst gut strukturierte Texte offensichtliche Inkonsistenzen eingeführt wurden (Garner 1980, Paris und Myers 1981). Lesegestörte Kinder bemerken solche Inkonsistenzen seltener. Auch wenn ihnen die Abschnitte eigenartig vorkommen, können sie weniger gezielt angeben, was in diesen Abschnitten nicht stimmt. Angehalten, Inkonsistenzen während des Lesens - etwa durch Unterstreichen - zu markieren, begehen lesegestörte Kinder auch öfters Fehler. Solche Schwierigkeiten tauchen besonders auf, wenn Inkonsistenzen den einzelnen Satz sinnvoll lassen, aber den größeren Textzusammenhang stören.

Man kann aus diesen Ergebnissen folgern, daß leseschwache Kinder erwarten, daß Texte für sie nicht sehr viel Sinn machen und deshalb Unstimmigkeiten in den Texten nicht weiter beachten. Dies dürfte jedoch nicht das einzige Moment sein. Wie Garner (1981, 1987) zeigte, beurteilen leseschwache Kinder Texte in erster Linie nach der Schwierigkeit, mit der einzelne Wörter zu lesen (z.B. Wortlänge) bzw. zu verstehen (Fremdwörter mit abstrakter Bedeutung) sind, und achten nicht auf den Text als Ganzes. Ihre Aufmerksamkeit scheint noch ganz auf das Erlesen von Wörtern konzentriert. Ein guter Leser ist für sie jemand, der alle Wörter weiß und die Wörter richtig aussprechen kann. Für gute Leser steht demgegenüber bereits früh das Leseverständnis als eigentliche Aufgabe beim Lesen im Vordergrund.

Bei lesegestörten Kindern hält diese Passivität in der Überprüfung aufgenommener Informationen relativ lange an und ist noch nach Abschluß der Grundschule feststellbar (Garner 1980). Auch beschränkt sie sich nicht allein auf das Lesen. Ein ähnlicher Trend läßt sich bei vielen jüngeren sowie älteren lesegestörten Kindern auch beobachten, wenn es darum geht, die Regeln eines Spieles zu lernen (Kotsonis und Patterson 1980). Lesegestörte Kinder überprüfen weniger, ob sie schon alle Anweisungen erhalten haben, die für die Ausführung des Spieles notwendig sind.

8. Studierverhalten: Leseschwache Kinder bleiben häufig in den späteren Schuljahren in mehreren Unterrichtsgegenständen zurück. Eine wesentliche Ursache dafür dürfte darin liegen, daß diese Kinder unzulängliche Lernstrategien entwickeln.

Für die Aneignung neuen Wissens ist eine aktive Auseinandersetzung mit dem Wissensstoff eine Voraussetzung. Die neuen Informationen müssen miteinander und mit dem bereits erworbenen Wissen in Zusammenhang und in eine sinnvolle Ordnung gebracht werden. Dadurch kann das neu angeeignete Wissen später besser abgerufen und wiedergegeben werden. Die im Text enthaltenen Informationen unter Heranziehung eigenen Wissens zu ergänzen, ist also eine wesentliche Aufgabe des Lesers. Voraussetzung dafür ist natürlich zunächst einmal, daß der Leser prüft, ob die im Text enthaltene Information in sich konsistent ist und eine kohärente, leicht zu behaltende Ordnung ergibt. Bereits bei diesem ersten Schritt zeigen sich die leseschwachen Kinder weniger kompetent. Nicht nur, daß sie Inkonsistenzen leichter übersehen. Auch wenn sie aufgefordert werden zu beurteilen, ob kurze Textabschnitte in sich schlüssig sind, ist ihr Urteil weniger zuverlässig (Owings et al. 1980, Stein et al. 1982 b). Nach Gründen für ihr Urteil über die Konsistenz von Textstellen befragt, geben sie signifikant seltener Antworten, die auf den mangelnden inneren Zusammenhang der Textinformationen verweisen (Owings et al. 1980). Werden die leseschwachen Kinder aufgefordert, durch einen ergänzenden Satz die im Text enthaltenen Informationen kohärenter und logisch stimmiger zu machen, dann greifen ihre Ergänzungen die speziellen Informationen, die in einen Zusammenhang zu bringen sind, weniger präzise auf (Stein et al. 1982 a).

Wie sehr die Lernfähigkeit leseschacher Kinder, durch ihre geringe Fähigkeit, Informationen durch Erweiterung und Ergänzung in eine sinnvolle Ordnung zu bringen, beeinträchtigt wird, zeigt sich darin, daß der Lernerfolg deutlich besser wird, wenn sie Texte behalten sollen, in denen eine solche Kohärenz schon vorhanden ist (Bransford et al. 1982).

Die geringere aktive Kontrolle des Verständnisses bedingt weitere Unterschiede im Lernverhalten zwischen lesegestörten und gut lesenden Kindern (Baker und Brown 1984, Paris und Myers 1981). So wurde gezeigt, daß leseschwache Kinder weniger nach der Bedeutung von seltenen, den Kindern unbekannten Wörtern fragen, und daß sie weniger Notizen beim Lernen machen, auch wenn sie eigens darauf hingewiesen worden sind, daß sie dies dürfen.

Gute Leser bemühen sich, inkohärente Texte, sowie Texte, in denen mangels einer sinnvollen Ordnung Informationen leichter zu verwechseln sind, durch längere Beschäftigung mit diesen Texten aufzubereiten. Schlechte Leser stimmen die Zeit, die sie für das Studium von Texten verwenden, weniger auf die Schwierigkeit der Texte ab (Bransford et al. 1982, Franks et al. 1982). Gute Leser lernen auch mehr aus der vorausgehenden Erfahrung. Wenn ihnen zunächst ein schwieriger Text, in dem die Informationen nicht explizit in einem kohärenten Zusammenhang gebracht sind, zum Studieren gegeben wird, so werden sie auch beim nächsten Text, selbst wenn es sich um einen leichten Text handelt, aus Vorsicht mehr Zeit fürs Studium aufwenden. Schlechte Leser ziehen hingegen aus einer solchen Erfahrung keine Lehre und ändern ihre Lerngewohnheiten nicht. Dies hat natürlich auch Auswirkungen auf die Fähigkeit, Informationen zu behalten. Während gute Leser ihre Leistungen weiter verbessern, bleibt die Wiedergabe schlechter Leser unverändert unzureichend.

Diese mangelnde Abstimmung der Lernzeit auf die Schwierigkeit der Lernaufgabe dürfte auch damit zusammenhängen, daß ein Teil der leseschwachen Kinder deutlich mehr Zeit für das Einprägen eines Textes benötigt als gute Leser. Schwache Leser unterschätzen aber die für sie erforderliche Lernzeit und orientieren sich an der Lernzeit anderer Schüler (Gettinger 1991).

Leseschwache Kinder können schließlich weniger nützliche Strategien für das Behalten eines Textes nennen. Gute Leser führen folgende Strategien recht häufig an: Das nochmalige Durchlesen einer schwierigen Stelle, sich etwas innerlich vorstellen, Notizen machen etc. Wenn den Kindern verschiedene Strategien für das Lernen vorgestellt werden, können die lesegestörten Kinder ebenfalls weniger gut zwischen nützlichen Strategien und Strategien, die das Lesen eher behindern, unterscheiden (Paris und Myers 1981). Das Wissen um solche Strategien zeigt - vor allem in den höheren Klassen - einen signifikanten Zusammenhang mit der Fähigkeit, aufmerksam gelesene Texte zu behalten. Dies gilt sowohl für gute wie für schlecht lesende Kinder.

Gut lesende Kinder wenden nicht nur häufiger Strategien an, die für das Behalten von Geschichten nützlich sind, sie sind auch flexibler in der Anwendung dieser Strategien. So können sich diese Kinder eher auf unterschiedliche Aufgaben einstellen, die ihnen vor dem Lesen eines Textes gegeben wurden. Stärker als bei leseschwachen Kindern ändert sich ihr Lernverhalten, je nachdem, ob sie nur die Hauptgesichtspunkte eines Texts oder ob sie möglichst viele Details behalten sollen. In Übereinstimmung mit dem unterschiedlichen Lernverhalten können in der Folge die Hauptgesichtspunkte einer Geschichte von den gut lesenden Kindern auch deutlich besser wiedergegeben werden (Baker und Brown 1984).

Zusammenfassend wäre hervorzuheben, daß Schwierigkeiten beim Erlernen des Dekodierens der Schrift also beim Worterkennen nicht notwendig mit Leseverständnisschwierigkeiten verbunden sind. Manche Kinder können ihre Dekodierungsschwierigkeiten durch geeignete Strategien kompensieren. Andererseits gibt es auch Kinder, die das mündliche Lesen gut beherrschen, aber trotzdem Schwierigkeiten beim Verständnis des Gelesenen zeigen. Ein großer Teil der leseschwachen Kinder hat freilich Schwierigkeiten in beiden Bereichen.

Zu einem geringen Leseverständnis tragen Schwächen in verschiedenen Teilfertigkeiten bei, mangelnde Entwicklung des Wortschatzes, Probleme bei der syntaktischen Analyse und der Satzintegration bis hin zu Problemen bei der Erfassung der Textstruktur und der Erarbeiten eines Textmodells. Diese Schwächen lassen sich zum Teil auch in der mündlichen Kommunikation feststellen und werden uns daher auch im Abschnitt über die Ursachen von Lese- und Schreibschwierigkeiten beschäftigen. Auf der anderen Seite ist zu bedenken, daß diese Schwächen durch die geringen Fortschritte beim Lesen mitbedingt sind.

Auch wenn man am verständnisvollen Lesen verschiedene Teilprozesse unterscheiden kann, so dürfte klar sein, daß diese Prozesse eng zusammenwirken. Diagnostisch hat es sich daher als schwierig erwiesen, verläßliche, unabhängige Indikatoren für diese Prozesse und die daran beteiligten Teilfertigkeiten zu bilden (Rosenshine 1980). Wegen der engen Korrelation konnten faktorenanalytische Untersuchungen vielfach nur einen einheitlichen Faktor des Leseverständnisses ausmachen (z.B. Rost 1987). Trotzdem dürfte eine differenzierte Betrachtung auch für den Unterricht sinnvoll sein, worauf im dritten Abschnitt näher eingegangen wird.

7. Die schriftliche Ausdrucksfähigkeit

Wenn von Problemen bei der Aneignung der Schriftsprache und dem Erlernen des Schreibens die Rede ist, wird die schriftliche Ausdrucksfähigkeit oft vernachlässigt. Dabei kommt der Fähigkeit, etwas schriftlich darstellen und mitteilen zu können, für das spätere Leben sicher besondere Bedeutung zu. Auch für den Schulerfolg wird die schriftliche Ausdrucksfähigkeit mit zunehmender Klassenstufe immer wichtiger.

Für die Vernachlässigung der schriftlichen Ausdrucksfähigkeit gibt es verschiedene Gründe. Ein Grund dürfte darin zu suchen sein, daß Lernschwierigkeiten in der Grundschule stärkere Beachtung gefunden haben als jene in den höheren Klassen. Schwächen im schriftlichen Ausdruck werden aber in den höheren Klassen immer auffallender und bedeutsamer. Weiters wurden die Schwierigkeiten im schriftlichen Ausdruck vielfach als Folge basalerer Schwächen, etwa beim Worterkennen und beim Rechtschreiben, oder als Folge eines allgemeineren sprachlichen Begabungsmangels verstanden und es wurde ihnen deshalb keine besondere Aufmerksamkeit geschenkt. Schließlich war die Auseinandersetzung mit der schriftlichen Ausdrucksfähigkeit lange Zeit ein Spezialbereich der Sprach- und Literaturwissenschaften, der weder von der Pädagogik noch der Psychologie besonders beachtet wurde.

Diese Situation hat sich seit Mitte der 70-er Jahre wesentlich geändert. Dazu haben einmal die Ergebnisse der nationalen Schulleistungstests in den USA beigetragen, die deutlich machten, daß ein größerer Teil der Schüler am Ende der Pflichtschulzeit noch immer ein sehr geringes schriftliches Ausdrucksvermögen hat. Dies hat zu Bemühungen geführt, der Förderung der Schreibfertigkeit im Rahmen des Schulsystems einen höheren Stellenwert einzuräumen und sich mit den speziellen Schwierigkeiten beim Erlernen des Schreibens näher auseinanderzusetzen. Andererseits setzte zu dem gleichen Zeitpunkt auch von Seiten der kognitiven Psychologie eine intensive Auseinandersetzung mit dem

Schreibprozeß ein, die zu einem besseren Verständnis der Fertigkeiten führte, die für eine kompetente Schreibproduktion erforderlich sind.

Bei unserer Darstellung der schriftlichen Ausdrucksfähigkeit müssen wir uns auf einige wesentliche Aspekte beschränken, da eine umfassende Auseinandersetzung mit diesem Thema zu weitreichend wäre. Fragen des Schreibstils sowie die sich in den Texten ausdrückende Weltsicht der Kinder bleiben weitgehend ausgeklammert, ebenso die Frage, welche Funktion das Schreiben für die Selbstreflexion der Kinder hat. Wir gehen vielmehr von einer Betrachtungsweise aus, in der die am Schreiben beteiligten kognitiven Prozesse in den Mittelpunkt gerückt werden. Die Fähigkeit, sich schriftlich mitzuteilen, ist bei dieser Betrachtungsweise eng mit dem Verständnis für Texte und damit auch mit dem Leseverständnis verknüpft, sodaß diese Auseinandersetzung auch eine Fortsetzung und Vertiefung der bisherigen Analyse des Leseverständnisses bedeutet. Ähnlich wie in den vorangegangenen Kapiteln wollen wir uns zuerst mit Modellen auseinandersetzen, die erklären, welche kognitiven Prozesse beim Schreiben geübter, kompetenter Erwachsener zu unterscheiden sind, um dann auf die Entwicklung des Schreibens und auf Schwächen im schriftlichen Ausdruck einzugehen.

7.1. Modelle über die kognitiven Prozesse beim Schreiben

Das bekannteste der Modelle, die in den letzten Jahren über die am Schreiben beteiligten kognitiven Prozesse vorgestellt worden sind, ist jenes von Hayes und Flower (1980). Nach diesem Modell lassen sich drei Hauptaktivitäten unterscheiden: das Planen, die Übersetzung des Plans und das Überdenken bzw. eventuell Überarbeiten des bisher Geschriebenen. Das Schreiben wird nach diesem Modell als ein Problemlöseprozeß aufgefaßt, dem die Schreibaufgabe als Ziel vorgegeben ist, zu dessen Erreichen das vorhandene Wissen sowie die vorhandenen Fertigkeiten kontrolliert eingesetzt werden.

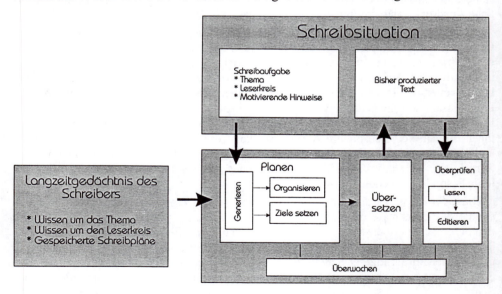

Abbildung 12: **Modell der Textproduktion** nach Hayes und Flower (1980)

Der Schreibprozeß wird durch die dem Schreiber vorgegebene Aufgabenstellung initiiert, wobei das Thema bzw. der Gegenstand, über den ein Text verfaßt werden soll, sowohl von außen vorgegeben (wie dies in der Schule typisch ist), als auch selbst gewählt sein kann. Für die Einstellung bzw. Motivation zum Schreiben sind darüber hinaus auch das Anliegen, das mit dem Schreiben verfolgt wird, sowie die potentielle Leserschaft von Bedeutung.

Das Modell von Hayes und Flower (1980) enthält einige wesentliche Annahmen über die am Schreiben beteiligten kognitiven Prozesse. So wird z.B. angenommen, daß die Planung eines Textes (unter Heranziehung des Langzeitgedächtnisses) durch Generieren von Subzielen und von Inhalten geschieht, die der Schreiber dann in eine Ordnung bringt. Die Effizienz des Planungsvorgangs hängt zu einem guten Teil davon ab, ob der Schreiber ein umfangreicheres Wissen sowohl über das Thema wie auch über den Aufbau eines derartigen Textes (z.B. verschiedene Formen von Argumentationen) und die Anliegen (das Vorwissen, die Interessen, Einstellungen etc.) der künftigen Leser zur Verfügung hat.

In einer weiteren Phase werden die generierten Inhalte unter Zuhilfenahme des Plans, der zunächst nur aus einem Grobkonzept besteht, in sprachliche Ausdrücke übertragen und ein Text formuliert, der dann die Basis für die weiteren Schritte der Textbearbeitung darstellt. Als eine derartige dritte Phase wird in dem Modell das Überdenken des bisher geschriebenen Textes angesehen, wobei der Text rekapituliert, bewertet und - wenn nötig - umgearbeitet wird.

Die drei Phasen werden im Verlauf des Verfassens eines Textes wiederholt durchlaufen, wobei individuelle Unterschiede im Vorgehen denkbar sind. Ein Schreiber wird etwa länger an einem Plan für den Text arbeiten und erst dann mit der Ausformulierung der Gedanken beginnen, ein anderer mag bereits erste Gedanken skizzieren und dann den Text überarbeiten. Aus diesem Grund wird zusätzlich eine übergeordnete Kontroll- oder Überwachungseinheit angenommen, die den Einsatz der kognitiven Prozesse reguliert.

In dem Modell von Flower und Hayes (1980) wird vor allem die bewußte Planung der Textproduktion akzentuiert, seine Stärke liegt darin, daß es die notwendigen Teilprozesse dieses Vorgangs spezifiziert. Bemühungen um eine nähere Ausarbeitung eines psychologischen Modells der Textproduktion haben an verschiedenen Aspekten angesetzt. Bereiter und Scardamalia (1987), denen es vor allem um die Entwicklung der Schreibkompetenz ging, sehen das wesentliche Anliegen der Textproduktion darin, zu einer Gestaltung eines Textes zu kommen, der auf dem vorhandenen Wissen des Schreibers aufbaut, aber es gleichzeitig eigenständig integriert und für den Zweck des Schreibens bearbeitet. Sie haben dabei die Dichotomie zwischen dem Inhaltsaspekt des Geschriebenen und der rhetorischen Form hervorgehoben.

Das Modell von Feilke und Augst (1989) setzt sich vor allem mit den Wissensbeständen bzw. Fertigkeiten auseinander, die der Schreiber in die Texterzeugung einbringt. Die Autoren gehen von einer hierarchischen Strukturierung dieser Wissenskomponenten aus und unterscheiden drei Stufen:

- Konzeptionswissen, das in das Wissen um allgemeine Kommunikationsnormen (Aufrichtigkeit, Objektivität, Verständlichkeit, situative Angemessenheit) und das Weltwissen gegliedert wird;

- Realisierungswissen, das sie in textbezogenes Makrostrukturwissen (Wissen um Textsorten, um Planungstechniken und Kohärenzprinzipien) und linguistisches Mikrostrukturwissen (Syntax, Lexik, Kohäsionstechniken) unterteilen;
- Routinewissen (Rechtschreibung und Interpunktion, Schreibmotorik)

Kompetenzen des geübten Schreibers

Bei der Darstellung der Fertigkeiten und Kompetenzen, die den geübten Schreiber auszeichnen, wollen wir uns an diesen Modellen orientieren.

Planen der schriftichen Wiedergabe: Scardamalia und Bereiter (1986) sprechen von vorausschauendem Planen, wenn der Text zunächst auf einem allgemeineren Niveau strukturiert wird, bevor die einzelnen Inhalte, die er enthalten soll, gesammelt werden. Planen bedeutet unter diesem Gesichtspunkt auch, daß aus den Zielen, denen der Text dienen soll, Unterziele abgeleitet werden. Das Planen eines Textes ist allerdings keine Tätigkeit, die vor dem Schreiben bereits abgeschlossen ist, sondern erstreckt sich über den gesamten Schreibvorgang, da während des Schreibens häufig neue Gesichtspunkte auftauchen und sich damit sowohl die Ziele wie die Gliederung des Texts fortlaufend verändern.

Strukturierung des Textes: Der Schreiber bemüht sich von allem Anfang an, dem von ihm gestalteten Text eine Struktur zu geben. Feilke und Augst (1989) haben diese erste Orientierung als Rückgriff auf Makrostrukturen bezeichnet. Bei den Makrostrukturen handelt es sich um Organisations- bzw. Gliederungsmöglichkeiten ganzer Texte, wie z.B. den Aufbau verschiedener Textarten (erzählende Texte, Sachtexte). Das Wissen um Makrostrukturen ist ein wesentlicher Indikator für die Fähigkeit des Schreibers, verständliche bzw. gut lesbare Texte zu produzieren. Die Differenzierung dieses Wissensbereiches ist gleichzeitig Ausdruck der sozial-kognitiven Entwicklung im Schreiben, also der Fähigkeit, einen Text auf zukünftige Leser abzustimmen, ihn nicht nur verständlich, sondern auch einprägsam und interessant zu gestalten (Collins und Gentner 1980).

Diskursformen schriftlicher Texte: Durch die unterschiedlichen Zielsetzungen, denen das Schreiben dienen soll, ergeben sich jeweils spezifische Diskursformen. Kinneavy (1971) hat dies durch das sogenannte Kommunikationsdreieck verständlich zu machen versucht, dessen drei Ecken den Specher/Schreiber, den Zuhörer/Leser sowie die Realität und dessen Inneres die Botschaft/der Text ausmachen. Je nachdem, welche Ziele im Vordergrund stehen, bzw. was im Mittelpunkt der Mitteilung steht, ergibt sich eine andere Form.

Schreiber im Vordergrund ⟶	Ziel: Sich selbst Ausdrücken	expressiver Diskurs
Leser im Vordergrund ⟶	Ziel: Überzeugen	Einfluß nehmender Diskurs
Realität im Vordergrund ⟶	Ziel: Realität logisch Erklären	referentieller Diskurs
Text im Vordergrund ⟶	Ziel: Unterhalten	literarischer Diskurs

Die schriftliche Ausdrucksfähigkeit verlangt darüber hinaus die Vertrautheit mit verschiedenen rhetorischen Formen: Beschreiben, Erzählen, Argumentieren (Bewerten) und Darlegen (Klassifizieren).

Die formale Struktur der Diskursformen gibt einen Rahmen vor, der bei geübten Schreibern der Ausgestaltung schriftlicher Texte zugrundegelegt wird. Dies ist insbesondere für Erzähltexte herausgearbeitet worden, mit deren Struktur der geübte Schreiber seit Kindheit vertraut ist, und die es ihm erleichtert, sich an eine Geschichte zu erinnern und sie zu berichten, aber auch sich selbst eine Geschichte auszudenken und sie niederzuschreiben. Geübte Schreiber besitzen auch ein mehr oder weniger explizites Wissen um diese Regelmäßigkeiten. Deshalb können sie beim Schreiben eines Textes Bezug auf dessen Aufbau nehmen und planen, welche Teile sie noch schreiben oder weiter ausgestalten müssen (Scardamalia und Bereiter 1986).

Ausdenken der Inhalte eines Textes: Eine der zentralen Aktivitäten beim Schreiben besteht in der Sammlung bzw. dem Ordnen der Inhalte für den zu schreibenden Text. Für Erwachsene bzw. geübte Schreiber ist es meist kein Problem, genügend Inhalte zu finden bzw. sich auszudenken, für sie geht es mehr darum, die geeigneten Inhalte auszuwählen. Um Inhalte für einen Text zu sammeln und diese zu ordnen, schlüsseln geübte Schreiber das Thema auf und sind so bei der Suche nach geeigneten Inhalten recht systematisch.

Schaffen eines kohärenten Textes: Ein weiterer Aspekt, der für die Qualität der Wiedergabe von zentraler Bedeutung ist, ist die Fähigkeit, verschiedene Inhalte nicht nebeneinanderzustellen, sondern sie in einen Zusammenhang zu bringen, zu integrieren.

Beherrschung eines Registers an sprachlichen Ausdrucksformen: Kennzeichen des geübten Schreibers ist die Flexibilität in der Formulierung der angestrebten Inhalte. Dazu ist eine beträchtliche Sicherheit im Umgang mit sprachlichen Ausdrucksformen notwendig, sodaß die Inhalte möglichst treffend und verständlich ausgedrückt werden können. Dies setzt sowohl einen umfangreichen Wortschatz wie auch Sicherheit in der Beherrschung der syntaktischen Formen voraus. Außerdem ist anzunehmen, daß geübte Schreiber mit Formen (bestimmten "Redewendungen") vertraut sind, die von einem Gedanken zu einem anderen überleiten können. Kompetente Schreiber wissen außerdem, welche Art der Formulierung einer schriftlichen Mitteilung angemessen ist, können also den eher informellen Stil der Umgangssprache vom formellen Schreibstil unterscheiden.

Zur Formsprache schriftlicher Texte gehört vor allem eine ausreichende sprachliche Kennzeichnung des Zusammenhangs zwischen verschiedenen Inhalten. Dazu bedient sich die Sprache verschiedener Ausdrucksformen, vor allem sogenannter Kohäsionsmittel, wie der Verwendung von bestimmten und unbestimmten Artikeln, von rückbezüglichen Ausdrücken, mit denen die Identität z.B. einer gerade erwähnten Person mit jenem Menschen, über den zuvor eine Aussage gemacht wurde, ausgedrückt wird. Sprachlich können aber auch Zusammenhänge explizit ausgedrückt werden: der Zeitablauf kann u.a. durch Adverbien angegeben werden, ebenso der kausale Zusammenhang durch Konnektoren. Die Verwendung solcher Mittel erleichtert das Verständnis und erhöht somit die Qualität der Wiedergabe einer Geschichte.

Überwachen der Verständlichkeit einer Mitteilung für andere: Sich in die Position des potentiellen Lesers zu versetzen und sich zu fragen, ob dieser alle Informationen hat, die er benötigt, um der erzählten Geschichte bzw. der Darlegung eines Gedankenganges folgen zu können, ist für den geübten Schreiber eines der zentralen Momente der konstanten kritischen Kontrolle des Schreibprozesses.

Ansprechen des Rezipienten: Ein den Rezipienten ansprechender Text muß neben inhaltlicher Prägnanz und grammatikalischer wie makrostruktureller Homogenität auch "Interesse" im weitesten Sinn wecken. Dieses Interesse läßt sich zwar quantifizieren, es muß jedoch zwangsläufig in gewissem Rahmen "subjektiv" sein. Je mehr Aufmerksamkeit ein Text erweckt, desto gründlicher wird sich der Adressat mit ihm auseinandersetzen und über Mängel der Prägnanz und Homogenität hinwegsehen.

Ständige Revision und Überarbeitung eines Textes: Schriftliche Texte zeichnen sich dadurch aus, daß sie - im Gegensatz zur mündlichen Rede - überarbeitet werden können, um dem Gesamtplan besser entsprechen zu können. Um dies zu tun, muß der Schreiber den vorhandenen Text mit dem inneren Textmodell, dem geplanten Text, vergleichen. Revisionen geschehen während der gesamten Textproduktion. Geübte Schreiber gehen beim Schreiben wiederholt durch die Stadien des Entwerfens, der Evaluation und des Überarbeitens. Die Überarbeitung kann auf verschiedenen Ebenen ansetzen, sowohl die äußere Form, die Wortwahl, den Satzbau betreffen, wie auch die Reihenfolge, die Organisation der Inhalte, ja sogar die Gesamttendenz des Textes. Kennzeichen des kompetenten Schreibers ist es, daß durch diese Revisionen der Text immer besser seinen Zielsetzungen entspricht.

7.2. Entwicklung der schriftlichen Ausdrucksfähigkeit

Infolge des in den letzten Jahren stark zugenommenen Interesses am Schreibprozeß gibt es eine größere Anzahl an vergleichenden Untersuchungen über die Entwicklung der Schreibfertigkeit im Verlauf der Schulzeit (z.B. Augst und Faigel 1986, Bereiter und Scardamalia 1987, Britton et al. 1975, Langer 1986, Myklebust 1973, Wilkinson et al. 1980). Ältere Untersuchungen (z.B. mit dem standardisierten Picture Story Language Test: Myklebust 1973) belegen in erster Linie einen deutlichen Anstieg in der Ausführlichkeit schriftlicher Textproduktionen während der Pflichtschulzeit und einen Anstieg in der Komplexität der verwendeten sprachlichen Mittel. Zum Teil beschäftigen sie sich jedoch auch mit der formalen Qualität der Texte oder ihrer Fähigkeit, den Leser anzusprechen. In den letzten Jahren ist - vor allem durch die Anregung, die von den bereits dargestellten Prozeßmodellen ausgegangen ist - die Entwicklung der am Schreiben beteiligten kognitiven Prozesse der Planung, des Generierens von Inhalten und der Überarbeitung stärker in das Blickfeld gerückt.

Stadien in der Entwicklung der schriftlichen Ausdrucksfähigkeit: Ähnlich wie bei der Entwicklung des mündlichen Lesens und Rechtschreibens wird von einigen Autoren versucht, in der Entwicklung der schriftlichen Ausdrucksfähigkeit verschiedene Entwicklungsstufen zu unterscheiden, um so die Dynamik dieser Entwicklung besser kennzeichnen zu können.

Eine Möglichkeit, die Entwicklung der schriftlichen Ausdrucksfähigkeit zu kennzeichnen, liegt in dem Vergleich der schriftlichen mit der mündlichen Ausdrucksfähigkeit. Kroll (1981) ging von diesem Vergleich aus und schlug folgende Stadien der Schreibentwicklung vor:

- *Stadium der Vorbereitung auf das Schreiben*, in dem die Kinder die basalen Fertigkeiten in der Handschrift und im Rechtschreiben erwerben und erste Versuche zur schriftlichen Gestaltung eines Textes unternehmen.
- *Stadium der Konsolidierung:* Diese Periode ist dadurch gekennzeichnet, daß die Kinder in der gleichen Art schreiben, wie sie sprechen. Britton et al. (1975) haben die besonderen Merkmale dieser Phase als expressive Sprache herausgearbeitet. Die schriftlichen Mitteilungen erfüllen die Funktion, die eigenen Anliegen, das, was die

Kinder beeindruckt, einem Leser, der als Vertrauter empfunden wird, nahezubringen. Diese Mitteilungen sind dadurch charakterisiert, daß sie wenig geordnet sind, sondern jeweils das wiedergeben, was gerade in den Sinn kommt, daß sie also dem freien Strom der Empfindungen und Einfälle folgen. Schließlich wird vieles nicht explizit angesprochen und erklärt, vielmehr verlassen sich die Kinder auf die Mitarbeit, ähnliche Empfindungen und das Verständnis des Lesers.

- *Stadium der Differenzierung:* Mit zunehmender Fertigkeit und Übung im Schreiben können sich die Kinder nun auf die besonderen Merkmale schriftlicher Mitteilungen einstellen, die sich nun von den mündlichen Mitteilungen abheben. Ein typisches Beispiel für diese Differenzierung ist die Abnahme des Aneinanderreihens von Sätzen, die durch "und" verbunden werden und die Verwendung einer größeren Vielfalt von Konjunktoren. Diese Differenzierung drückt sich auch darin aus, daß das Schreiben nun einer größeren Vielfalt von Zielen dient, nicht nur dem Ausdruck des eigenen Erlebens. Das Schreiben nähert sich den literarischen Formen an, die die Kinder durch das Lesen kennenlernen, Geschichten, Darstellen eines Standpunktes etc.

- *Stadium der systematischen Integration:* Für den geübten Schreiber nähern sich die beiden Pole der mündlichen und schriftlichen Kommunikation wieder an. Die schriftlichen Texte werden im Hinblick auf ihre Lesbarkeit gestaltet. Umgekehrt beeinflußt die Erfahrung in der Gestaltung schriftlicher Texte und in der Planung eines Textes auch die mündliche Kommunikation. Die mündlich verwendete Sprache bekommt damit formelleren Charakter. Gleichzeitig werden die beiden Kommunikationsformen jedoch weiterhin differenziert und als Funktionen mit einem unterschiedlichen Schwerpunkt ausgestaltet.

Ein anderer Ansatz zur Kennzeichnung der Entwicklungsdynamik der schriftlichen Ausdrucksfähigkeit, der von Bereiter (1980) vorgeschlagen wurde, geht von einer fortschreitenden Differenzierung durch Einbeziehung verschiedener Informationen aus. Bereiter (1980) gelangt so zu folgenden Entwicklungsstufen:

- *Assoziatives Schreiben:* Wesentliches Kennzeichen dieses ersten Stadiums ist es, daß die Kinder entweder Gedanken zu einem vorgegebenen Thema assoziieren und aneinanderreihen oder daß sie eine Abfolge von Gedanken produzieren, die jeweils von dem zuletzt geäußerten Gedanken angestoßen wird.

- *Performatives Schreiben:* Im folgenden Stadium gelingt es den Kindern zunehmend, Konventionen des Schreibstils zu beachten. Auf der untersten Ebene bedeutet dies eine Beherrschung der Rechtschreibung sowie der Interpunktionsregeln, auf einer höheren Ebene die Berücksichtigung von stilistischen Konventionen, wie die Variation des Satzbaus und die eindeutige Kennzeichnung des Referenten einer Aussage (unter Beachtung der Referenzregeln).

- *Kommunikatives Schreiben:* Als wesentlicher Fortschritt dieses Stadiums gilt die stärkere Beachtung der Standpunkte des Lesers bzw. Adressaten. Während Kinder zunächst so schreiben, als ob sie selbst oder ein enger Vertrauter Leser wären, gelingt es ihnen nun, den Stil an verschiedene Leser anzupassen und deren unterschiedliches Wissen zu berücksichtigen.

- *Durchgestaltetes Schreiben:* Der Schreiber bemüht sich in diesem Stadium darum, den Text so zu gestalten, daß er ihn als Leser voll zufrieden stellt.

- *Epistemisches Schreiben:* Auf der höchsten Stufe der Entwicklung wird das Schreiben zu einer neuen Form der Selbstreflexion.

Im Folgenden wollen wir uns vor allem mit der Entwicklung der in den kognitiven Prozeßmodellen angesprochenen Teilfertigkeiten auseinandersetzen. Zuvor soll jedoch versucht werden, jene Aspekte herauszuarbeiten, die die schriftliche Ausdrucksfähigkeit von der mündlichen unterscheiden und die daher beim Schreibenlernen von den Kindern gemeistert werden müssen.

Bereits beim Leseverständnis wurde darauf eingegangen, daß sich schriftliche Texte von mündlichen in einer Reihe an Merkmalen unterscheiden. So wurde darauf hingewiesen, daß in der mündlichen Kommunikation der Kontext zumeist bereits mitgegeben ist, schriftliche Texte jedoch ohne Bezug auf einen konkreten Kontext gelesen werden. Dies bedeutet, daß der Kontext in einem schriftlichen Text mitausgeführt werden muß. Schriftliche Kommunikation verlangt somit in gewisser Weise sich selbst versorgende Texte. Weitere wesentliche Aspekte schriftlicher Kommunikation betreffen den Schreiber. In der mündlichen Kommunikation wird die Auseinandersetzung von mehreren Partnern getragen, deren gemeinsames Anliegen das Gelingen dieses Gesprächs ist. Eine längere Ausführung eines Partners ist hier nicht üblich und würde sogar den Kommunikationsregeln widersprechen. Vielmehr wird etwa in einer Auseinandersetzung über eine Frage ein Argument eines Gesprächsteilnehmers durch einen Einwand des anderen beantwortet. Auf diesen Einwand hin kann das Argument weiter ausgeführt, können unterstützende Informationen vorgebracht werden etc. Mündliche Kommunikation ist damit offen für die Beiträge beider Gesprächspartner. In der schriftlichen Kommunikation fällt dies weg, hier liegt die Verantwortung für das Gelingen der Verständigung viel stärker beim Schreiber, der Einwände und Gegenargumente vorwegnehmen muß.

Kinder sind mit dieser Situation nicht vertraut. Dies hat zur Folge, daß ihre schriftlich verfaßten Texte, vor allem wenn es sich um argumentative oder Sachtexte handelt, oft sehr kurz sind und eher den Ausführungen entsprechen, die man bei einer mündlichen Auseinandersetzung vorbringen würde, als einem eigenständigen schriftlichen Text.

Planen der schriftlichen Wiedergabe: Wird Kindern die Aufgabe gestellt, einen Text zu einem Thema zu verfassen, so beginnen sie meist recht rasch zu schreiben. Das Hauptproblem stellt für sie dar, einen Anfang zu finden. Wenn sie aufgefordert werden, sich Zeit zu nehmen, den Text vorher zu überlegen und zu planen, was sie schreiben wollen, können sie wenig damit anfangen (Bereiter und Scardamalia 1987).

Wenn Kinder vor dem Schreiben gefragt werden, was sie in dem Text schreiben wollen, so führen sie bis in die höheren Klassen meist eine Reihe an Inhalten an, die bereits eine Kurzfassung des künftigen Textes sind und keine Gliederung auf einem allgemeineren Niveau darstellen (Burtis et al. 1983). Zu einem ähnlichen Ergebnis gelangt man, wenn die Kinder sich zunächst Notizen machen sollen, bevor sie mit dem eigentlichen Schreiben beginnen. Lange Zeit enthalten diese Notizen nichts anderes als Teile des später geschriebenen Textes. Erst mit etwa 14 Jahren ist den Notizen so etwas wie Stichworte zu den wichtigsten Ideen, die später ausgeführt werden, zu entnehmen (Bereiter und Scardamalia 1987).

Aus Protokollanalysen der Kommentare, die die Schüler beim Schreiben machen, läßt sich ablesen, daß in den höheren Klassen eine beträchtliche Weiterentwicklung der Vorausplanung stattfindet. Während noch mit 8 und mit 11, 12 Jahren zu Anfang des Schreibens nur die Unsicherheit artikuliert wird, worüber die Kinder schreiben und wie sie beginnen sollen, formulieren Schüler mit 14 Jahren bereits Pläne für den Aufbau und die Aussage des Texts sowie Hypothesen über eine sinnvolle Anordnung der Inhalte (Burtis et al. 1983, Langer 1986).

Ausdenken der Inhalte eines Textes: Beim Vergleich schriftlicher und mündlicher von Kindern produzierter Texte fällt oft auf, daß mündliche Texte weit ausführlicher und weit stärker elaboriert sind als schriftliche. Dies gilt für Erzähltexte ebenso wie für Sachtexte (McCutchen 1987). Für Kinder ist das Finden von Inhalten für den Text ein größeres Problem und sie können sich daher nicht vorstellen, etwas wegzulassen, das nur halbwegs paßt (Scardamalia und Bereiter 1986). Dies hängt nicht nur mit dem geringeren Wissen von Kindern zusammen, sondern auch damit, daß Kinder ohne Unterstützung und zusätzliche Hilfen das vorhandene Wissen beim Schreiben nur ungenügend aktivieren können. Unerfahrene Schreiber schüsseln das Thema nur unzureichend auf und verlassen sich auf die Assoziationen, die ihnen zum vorgegebenen Thema oder die bereits geschriebenen Inhalte einfallen.

Die Bedeutung der Beherrschung basaler Schreibfertigkeiten (Produktionsfaktoren) für die schriftliche Ausdrucksfähigkeit: Mängel an schriftlichen Texten von Kindern können zum Teil auch auf die Mühe zurückgeführt werden, die es die Kinder in den ersten Klassen noch kostet, einen Text zu schreiben. Solange der Schreibvorgang selbst und das Achten auf eine korrekte Rechtschreibung noch keine automatisierten Vorgänge sind, ist die Aufmerksamkeit der Kinder nicht frei, sich mit der Planung der höheren Ebenen der Textproduktion zu beschäftigen. Dies kann dazu führen, daß die Kinder, während sie auf den Schreibvorgang achten, vergessen, was sie eigentlich als Nächstes schreiben wollten. Eine Erschwernis stellt auch die Langsamkeit des Schreibvorgangs bei Kindern dar. Dadurch fällt es ihnen schwer, das vorantreibende Moment beim Schreiben zu erhalten, und sie verlieren leicht den Faden. Scardamalia et al. (1982) zeigten, daß die Texte von Kindern wesentlich besser werden, wenn sie einen Text nicht selber schreiben mußten, sondern einem Erwachsenen diktieren konnten. Dies gilt insbesondere dann, wenn das Diktiertempo dem normalen Sprechtempo angepaßt werden konnte und die Kinder somit - anders als wenn sie selbst schreiben mußten - ihre Textproduktion nicht mit dem Tempo des Schreibprozesses abstimmen mußten.

Kohärenz der Texte: Der Fortschritt drückt sich einmal in dem höheren Strukturierungsgrad schriftlicher Texte, von einem Aneinanderreihen zum Verbinden und Integrieren der Informationen, aus. Während zunächst die Struktur der Texte recht flach ist und sich kaum hierarchisch gegliederte Strukturen finden lassen, nimmt in der Sekundarschule die Tiefe der Strukturierung, vor allem bei Sachtexten, deutlich zu (Langer 1986).

Bedeutung des Vorwissens und der Vertrautheit mit einem Thema für das Schreiben: Einen wesentlichen Einfluß auf die Textproduktion übt das Vorwissen aus. Kinder, die mit einem Thema (z.B. Fußball) vertraut sind, können viel spezifischere Informationen in einen Text einbringen. Allerdings führt dies nicht unbedingt dazu, daß diese Informationen auch in einen besseren Zusammenhang gebracht werden. Die Texte von jüngeren Kindern sind selbst dann, wenn sie über ein relativ großes Wissen zu einem Thema verfügen, vielfach nur eine Sammlung von Informationen, ohne daß diese zu einer kohärenten Argumention zusammengefügt werden (McCutchen 1986). Die größere Vertrautheit mit einem Thema erleichtert es allerdings, die Informationen in einen Bezug zueinander zu bringen.

Berücksichtigung des Standpunkts des Lesers: Verschiedene Untersuchungsansätze zeigen, daß Kinder lange Zeit besondere Mühe haben, ihre Mitteilungen auf Verständlichkeit und Vollständigkeit bzw. Eindeutigkeit zu überprüfen. Dies gilt für die schriftliche Kommunikation in noch größerem Maß als für die mündliche, wie eine Untersuchung von Kroll (1978) demonstriert hat. Vor allem dann, wenn Schüler aus einer 4.Klasse ohne Einübung eine Aufgabe (ein Spiel mit einem Set von aufeinander bezogenen Regeln) erklären mußten, fielen schriftliche Erklärungen schlechter aus als mündliche.

Aus Protokollanalysen der Kommentare, die die Schüler beim Schreiben machen, läßt sich ablesen, daß sich ältere Schüler stärker der Anliegen künftiger Leser ihrer Texte bewußt sind und versuchen, sich auch in der Sprache auf verschiedene Leser einzustellen und ihr Interesse zu wecken (Langer 1986).

Entwicklung der Fertigkeit zur Revision und Überarbeitung eines Textes: Die Fähigkeit zur Revision und Überarbeitung wird als ein wichtiger Bestandteil des Schreibprozesses betrachtet, da es das Bemühen wiederspiegelt, die Aussagen eines Textes zu überdenken und ihnen eine neue Form zu geben. Es spiegelt sowohl die gedankliche Auseinandersetzung mit einem Text wie auch das Bemühen um eine formelle Gestaltung des Textes wider.

Während die Überarbeitung eines Textes beim geübten Schreiber einen wesentlichen Bestandteil der Schreibaktivität ausmacht, spielt sie bei ungeübten Schreibern nur eine untergeordnete Rolle. Kinder korrigieren zumeist nur untergeordnete Ebenen des Textes: die Wortwahl und die Rechtschreibung. Zudem scheint die Überarbeitung eines Textes bei Kindern wenig Einfluß auf seine Verständlichkeit zu haben. Kindern gelingt es kaum, die mangelnde Übereinstimmung zwischen dem erwarteten Aufbau eines Textes sowie der Darstellung der wesentlichen Aussagen und den von ihnen geschriebenen Texten zu erkennen und zu korrigieren (Scardamalia und Bereiter 1983). Ein wesentlicher Faktor dürfte dabei sein, daß dazu ein konstanter innerer Dialog während des Schreibprozesses erforderlich ist, bei dem sich der Schreiber fragt, was er sagen will, und überprüft, wieweit es ihm gelungen ist, dies verständlich zu machen. Diese kritische Haltung gegenüber dem eigenen Schreiben wird von vielen nicht spontan eingenommen. Da die Intention, die das Schreiben bestimmt hat, dem Schreiber innerlich nahe ist, fällt es ihm schwer, die erforderliche Distanz zu wahren (Daiute und Kruidenier 1985).

Entwicklung der Verwendung verschiedener Diskursformen: Für das Verständnis der Schreibentwicklung ist eine Unterscheidung zwischen verschiedenen Diskurs- oder Textformen sinnvoll, da diese zu einem guten Teil den Aufbau und die Gestaltung der schriftlichen Produkte bestimmen. Dabei dürfte es für die Analyse der Schreibentwicklung sinnvoll sein, die Diskursformen nach den besonderen Anforderungen, die in der Aufgabenstellung gegeben sind, weiter zu differenzieren, wie es etwa in dem Kategoriensystem zur Beurteilung von Schreibaufgaben der APU Language Performance Surveys geschehen ist (Wilkinson et al. 1980).

Zweck des Schreibens	Art der beabsichtigen schriftlichen Produkte
1. Zu beschreiben	1.1. Ausführliche Beschreibung einer Person, eines Ortes oder Gegenstandes
	1.2. Beschreibung und Ausdruck von Gefühlen gegenüber dem, was dargestellt wird
	1.3. Geordnete Beschreibung aus der Erinnerung
	1.4. Beschreibung als Ergänzung zu einem vorgegebenen Bild

2. Zu erzählen	2.1. Phantasievolle Erzählung basierend auf vorgegebenen Akteuren und Situationen
	2.2. Eigener Abschluß einer Geschichte, die vom Schüler gewählt wurde
	2.3. Kurzgeschichte
3. Festzuhalten/zu berichten	3.1. Persönlicher Bericht eines kürzlich erlebten Ereignisses
	3.2. Objektiver Bericht über ein Ereignis
	3.3. Darstellung etwas Gelernten
4. Zu erklären/anzuleiten	4.1. Eine Konvention oder Regel erklären und sich mit ihr auseinandersetzen
	4.2. Erklären einer komplexen Fertigkeit
	4.3. Anweisungen, um eine einfache Tätigkeit auszuführen
5. Zu überreden/überzeugen	5.1. Informeller/persönlicher Brief an einen Freund, damit der Leser seine Absicht ändert
	5.2. Argumentieren, um einen Standpunkt zu rechtfertigen
6. Anzusuchen/zu verlangen	6.1. Brief an eine Person in einem Amt/ einer Firma
	6.2. Bewerbungsschreiben
7. Zu planen	7.1. Darstellung einer beabsichtigten Unternehmung
8. Zu editieren/überarbeiten	8.1. Überarbeiten eines schriftlichen Berichts

In Untersuchungen aus den letzten Jahren wird zurecht zwischen verschiedenen Aufgabenstellungen beim Schreiben unterschieden, etwa dem erläuternden Schreiben (Kroll 1986) oder dem Zusammenfassen eines Textes (Taylor 1986). In der Ausführung vieler Schreibaufgaben zeigt sich ein deutlicher Zuwachs an Kompetenz beim Schreiben.

Erzählen einer Geschichte: Kinder erkennen sehr früh Regelmäßigkeiten im Aufbau von Geschichten und bilden entsprechende Erwartungen aus, was eine richtige Geschichte ist (Applebee 1978). Am Ende der Grundschulzeit können die meisten Kinder regelhaft aufgebaute Geschichten wiedergeben, vor allem wenn sie beim Schreiben etwas Hilfe erhalten. Schwerer fällt es den Schülern selbst am Ende der Pflichtschulzeit noch, eine eigene Geschichte zu einem vorgegebenen Thema zu entwickeln. Die Geschichten von etwa einem Drittel der Schüler haben nur einen dürftigen Aufbau, die Geschehnisse werden oft durcheinander berichtet und wesentliche Teile werden ausgelassen (Scardamalia und Bereiter 1986).

Einige Querschnittsuntersuchungen haben die Entwicklung der Fähigkeit, eine Geschichte zu einem Bild zu erzählen, über verschiedene Klassenstufen hinweg verfolgt (z.B. Chall und Jacobs 1983: Vergleich der 3., 5. und 7. Schustufe). Dabei zeigt sich, daß viele Schüler zunächst über das bloße Aufzählen und Aneinanderreihen von Fakten nicht hinauskommen. Mit zunehmender Entwicklung werden die Geschichten interessanter und vielfältiger, vor allem wird jedoch von den Kindern immer stärker eine Erzähllinie eingebracht und die berichteten Fakten werden in einen Zusammenhang gestellt, indem den handelnden Personen Motive gegeben und die Ursachen der Ereignisse explizit erwähnt werden.

Besonders deutlich lassen sich diese Fortschritte etwa daran ablesen, wie die Schüler den Beginn bzw. das Ende eines Textes gestalten. Während Geschichten von jüngeren Schülern nach der Beschreibung des Ausgangs oft abrupt aufhören, bemühen sich kompetentere ältere Schüler um eine Zusammenfassung (Langer 1986).

Schreiben von Sachtexten: Beobachtungen zeigen, daß Kinder zunächst sehr persönlich schreiben, als ob sie selbst etwas sagen, ihr persönliches Anliegen ausdrücken wollten. Eine differenzierte Verwendung verschiedener rhetorischer Formen bildet sich erst allmählich heraus. Gegen Ende der Grundschulzeit ist bei einem Großteil der Kinder ein Grundverständnis für die Strukturen von Sachtexten vorhanden. Die verschiedenen rhetorischen Formen werden ab diesem Alter in den Grundzügen eingehalten, allerdings sind bei vielen Kindern noch Mängel festzustellen, indem etwa im Argumentieren der eigene Standpunkt überhaupt nicht begründet wird.

Entwicklung der Fertigkeit, Texte zusammenzufassen: Eine der am detailliertesten untersuchten Fertigkeiten ist jene, einen Text angemessen zusammenzufassen. Hierzu ist neben der Analyse der Erzählung bzw. des Berichts das Herausarbeiten der wichtigsten Teile von besonderer Bedeutung. Der Schreiber muß dafür zuerst die verschiedenen Informationen ordnen und in einen Zusammenhang bringen, mit anderen Worten, die Struktur des zusammenzufassenden Textes rekonstruieren.

Johnson (1982) hat in einem Vergleich der Zusammenfassungen von Kindern verschiedener Klassenstufen gezeigt, daß eine erste Annäherung an diese Aufgabe darin besteht, daß die Kinder Teile der Geschichte weglassen. Erst mit zunehmender Fertigkeit gelingt es den Kindern in den höheren Klassen, den Kern der verschiedenen Geschichtenteile wiederzugeben, indem sie auf die Darstellung von Details verzichten und somit bei einer Geschichte den gesamten Ablauf schildern, aber nur jene Ereignisse darstellen, die für den Fortgang der Geschichten von fundamentaler Bedeutung sind.

Johnson (1982) vermutete, daß einer der wesentlichsten Gründe der Schwierigkeiten für jüngere Kinder bei dieser Aufgabe darin besteht, daß sie noch nicht über die Ausdrucksmittel verfügen, die es ihnen gestatten würden, in Kurzform die wesentlichen Zusammenhänge einer Geschichte kohärent darzustellen.

In einer eigenen Untersuchung an Kindern der 4. und 8.Schulstufe (Klicpera und Gasteiger-Klicpera 1993) konnten wir zeigen, daß bereits am Ende der Grundschule (4.Klasse) ein Teil der Kinder in der Lage ist, eine altersgemäße Geschichte zusammenzufassen und daß dieser Anteil von der 4. zur 8.Schulstufe nicht mehr wesentlich ansteigt. Gute Zusammenfassungen waren in beiden Klassenstufen dadurch gekennzeichnet, daß nicht nur die wesentlichen Ereignisse der Geschichten berichtet wurden, sondern auch die Motive der handelnden Personen. In der sprachlichen Formulierung der Zusammenhänge fand freilich eine deutliche Weiterentwicklung statt. Von den älteren Kindern wurden die kausalen Beziehungen zwischen den Ereignissen der Geschichten bedeutend öfter explizit gekennzeichnet.

Eine differenzierte Analyse der Vorgehensweise von Kindern am Ende der Grundschulzeit beim Zusammenfassen einer Geschichte und eines Sachtexts aus einem Schullesebuch hat Taylor (1986) mit einer Protokollanalyse versucht. Bei expliziter Instruktion, sich kurz zu halten, gaben die Kinder die Texte hauptsächlich in eigenen Worten und mit wenigen Sätzen wieder. Sie hatten jedoch bei beiden Texten Schwierigkeiten, die Hauptidee der Texte zu erfassen. Die Befragung eines Teils der Kinder während ihrer Arbeit an den Texten machte deutlich, daß für viele unklar war, welche Informationen sie in ihre Zusammenfassung aufnehmen sollten. Manche Kinder dachten, daß wichtige Elemente dem Leser ja schon bekannt sein müßten und sie daher das berichten sollten, was neu oder besonders interessant sei. Schwierigkeiten bereitete den Kindern auch, das erforderliche Ausmaß an Detailliertheit bzw. an Abstraktion zu finden, das dem Leser ein Verständnis ermöglicht. Manche Zusammenfassungen waren daher zu vage, andere wiederum zu detailliert. Besonders bei Sachtexten hatten die Schüler Probleme, Wichtiges von Unwichtigem zu unterscheiden und die Hauptlinie bzw. Struktur der Darstellung herauszuarbeiten. Bei der Zusammenfassung der Geschichte lag ihr Problem eher darin, daß sie die Aussage, die Moral der Geschichte, nicht erfaßten und in keinen direkten Zusammenfassung mit der Erzählung brachten.

Kintsch (1990) konnte für die Zusammenfassung von Sachtexten einen deutlichen Anstieg in der Qualität von der 6. zur 10.Schulstufe feststellen. In der 6.Schulstufe war der Aufbau meist noch sehr einfach: zu einem globalen Hauptthema wurden verschiedene Detailinformationen berichtet. Erst später wurden feinere, hierarchische Gliederungsstufen des Textes berücksichtigt. Nachfragen im Anschluß an die Zusammenfassung zeigten, daß die Schüler auch in der 6.Schulstufe die wichtigsten Informationen behalten hatten. Sie konnten sie allerdings nicht soweit ordnen, daß sie eine sinnvolle Gliederung und Struktur ergaben. Dies drückte sich auch darin aus, daß von den Kindern Zusammenhänge zwischen den verschiedenen Informationen kaum explizit ausgedrückt wurden.

Erstellen eines Sachtextes unter Benutzung verschiedener schriftlicher Quellen: Anspruchsvoller noch als das Zusammenfassen ist das Verfassen eines Textes zu einem Thema unter Verwendung verschiedener Quellen. Auch hier zeigt sich ein deutlicher Zuwachs an Fertigkeiten während der höheren Schulklassen (Spivey und King 1989). An den von den Schülern erstellten Texten lassen sich vor allem zwei wesentliche Fortschritte feststellen: einmal gelingt es ihnen besser, die für das Verständnis bedeutsamsten Informationen aus den Texten auszuwählen. Zum anderen zeichnen sich kompetentere Schreiber auch dadurch aus, daß sie den Zusammenhang zwischen den Informationen deutlicher hervorheben, die Texte also kohärenter werden. Diese Fortschritte sind zum Teil dadurch bedingt, daß sich kompetentere Schreiber bereits beim Lesen der Quellentexte mehr mit dem Planen des künftigenSchreibvorgangs beschäftigen und die wichtigsten Informationen durch Unterstreichen und Notizenmachen hervorheben.

Wissen um die Merkmale verschiedener Diskursformen: Ab dem Ende der Grundschulzeit können die meisten Schüler auch wesentliche Merkmale verschiedener Diskursformen angeben (Bereiter und Scardamalia 1982). Wenn sie während des Schreibens über den geplanten Aufbau ihrer Texte befragt werden, ist allerdings auch bei älteren Kindern - im Unterschied zu geübten Schreibern - kaum eine Bezugnahme auf den regelhaften Aufbau verschiedener Textsorten festzustellen.

7.3. Schwierigkeiten beim schriftlichen Ausdruck

Schüler, denen das Schreiben schwer fällt, können auf allen Ebenen der Textproduktion Schwierigkeiten haben. Ihre schriftlichen Texte sind jenen jüngerer Kinder, die noch wenig Erfahrung beim Schreiben haben, recht ähnlich. Es sollen im Folgenden einige dieser Schwierigkeiten, die in den letzten Jahren besondere Beachtung gefunden haben, hervorgehoben werden.

Der auffälligste Unterschied zwischen den Texten schwacher und guter Schreiber liegt in der geringeren Länge und Ausführlichkeit der Texte von schwächeren Schülern. Ihre Texte sind vielfach nicht einmal halb so lang wie jene guter Schreiber der gleichen Klassenstufe. Selbst bei der schriftlichen Beantwortung von Fragen zu einem vorher gelesenen Text werden nur sehr kurze Antworten gegeben und die Informationen wenig ausgeführt, sodaß die gestellten Fragen kaum als beantwortet gewertet werden können (Thomas et al. 1987). Eine zentrale Schwierigkeit schwacher Schüler dürfte daher sein, daß sie sich auf die einseitige, monologische Kommunikationsform des Schreibens nicht einstellen können und ohne die gewohnte äußere Unterstützung durch einen Gesprächspartner nicht die nötige Persistenz beim Schreiben aufbringen.

Mangelnde Beherrschung von Makrostrukturen: Schwache Schreiber produzieren vielfach Texte, die dem erwarteten Aufbau nicht entsprechen. In den Wiener Längsschnittuntersuchungen (Klicpera und Gasteiger-Klicpera 1993) wurde z.B. beobachtet, daß die Geschichtenwiedergaben schwacher Schreiber dadurch gekennzeichnet sind, daß die für das Verständnis einer Geschichte wesentlichen Teile, die Motive der Handelnden, ihre Lösungsversuche und deren Ergebnisse, nur sehr mangelhaft berichtet werden. Hingegen werden eher periphere Teile, wie etwa die Ausgangssituation, recht breit dargestellt.

Schwache Schreiber sind auch weniger in der Lage, zu einem Thema, in dem die Argumentationsstruktur bereits vorgegeben ist (z.B. Katzen unterscheiden sich in vielem von Hunden.), einen angemessenen Text zu verfassen, der auf der vorgegebenen Struktur aufbaut (Englert und Thomas 1987). Dies deutet darauf hin, daß ihnen solche Text- bzw. Argumentationsstrukturen zuwenig vertraut sind oder daß sie zuwenig Übung darin haben, ihre Ideen zu einem Thema in eine Ordnung zu bringen.

Schwierigkeiten bei der Bildung von Mikrostrukturen: Eine Analyse der Texte schwacher Schreiber deutet in allen Altersstufen auf Schwierigkeiten bei der Satzbildung und bei der Auswahl von Wörtern mit einer präzisen Kennzeichnung des semantischen Gehalts hin. Schwache Schüler verwenden in ihren Texten einen einfacheren, weniger umfangreichen Wortschatz. Auch die Satzbildung ist in Texten schwacher Schüler deutlich einfacher. Die Sätze sind kürzer und enthalten einen geringeren Anteil an bedeutungsmodifizierenden Nebensätzen (Klicpera und Gasteiger-Klicpera 1993). Zudem lassen sich häufiger Fehler sowohl bei der Wortwahl wie bei der Satzbildung feststellen.

Trotz der großen Zahl der Fehler in der Satzbildung muß es sich dabei jedoch nicht um eine spezifische Schwierigkeit in der Beherrschung syntaktischer Strukturen handeln. Ein Großteil der Fehler scheint vielmehr darauf zu beruhen, daß schwache Schreiber bei der Kontrolle der Satzbildung überfordert sind (Gregg et al. 1991).

Mangelnde Textintegration: Die Texte schwacher Schreiber sind jenen jüngerer Kinder darin ähnlich, daß die Inhalte vielfach nur aneinandergereiht werden, ohne den Zusammenhang für den Leser kenntlich zu machen.

Sehr deutlich wird dieser Mangel an Kohärenz bei der Aufgabe, eine Geschichte nach einer Bildfolge zu erzählen (Nodine et al. 1985). Von vielen schwachen Schülern werden dabei noch mit 12 Jahren die Bilder einfach beschrieben, ohne eine Folge von Ereignissen anzugeben. Oft mangelt es der erzählten Geschichte an einem zentralen Problem, einem Konflikt, um dessen Lösung sich die Handlungen der Beteiligten bemühen.

Der Mangel an Kohärenz ist zum Teil auf eine mangelnde oder falsche Verwendung von sprachlichen Kohäsionsmitteln zurückzuführen. In den schriftlichen Texten schwacher Schüler bleiben die Referenzbeziehungen rückbezüglicher Ausdrücke öfter unklar oder diese Ausdrücke werden falsch eingesetzt. Sätze werden vielfach nur mit "und" verbunden, logisch-sematische Konjunktoren, wie weil/weshalb, werden nur selten verwendet (Klicpera und Gasteiger-Klicpera 1993).

Auswirkungen mangelnder Beherrschung basaler Schreibfertigkeiten (Produktionsfaktoren) auf die schriftliche Ausdrucksfähigkeit: Mängel in der schriftlichen Ausdrucksfähigkeit sind teilweise auf Schwierigkeiten in den niedrigeren Ebenen des Schreibprozesses zurückzuführen. So konnte gezeigt werden (Graham 1990), daß bei älteren Schülern, die besondere Probleme beim Schreiben zeigen, sowohl die Qualität wie der Umfang eines Textes verbessert wird, wenn sie den Text nicht selbst schreiben müssen, sondern ihn jemand anderem diktieren können.

Mangelnde Überarbeitung der Texte: Schwache Schüler zeichnen sich dadurch aus, daß sie die von ihnen produzierten Texte kaum überarbeiten. Selbst wenn sie dazu ausdrücklich angehalten werden, zeigen sie sich darin wenig kompetent. Ihre Überarbeitungen beziehen sich zudem in erster Linie auf die äußere Form (z.B. Groß-/ Kleinschreibung) oder auf Veränderungen der Wortwahl, kaum auf Veränderungen, die den Satzbau oder die Bedeutung des Textes betreffen (MacArthur et al. 1991). Dies stimmt mit einem eingeschränkten Verständnis der Funktion von Überarbeitungen überein, die in erster Linie als eine Korrektur von Fehlern verstanden wird und nicht als eine Verbesserung der Verständlichkeit und der Organisation eines Textes.

Schwierigkeiten bei Sachtexten: Sachtexte bereiten schwachen Schülern im Allgemeinen mehr Schwierigkeiten als Erzähltexte. Bei ihnen sind die mangelnde Ausführlichkeit der Darstellung, der geringe Ideenreichtum und die einfacheren rhetorischen Strukturen besonders auffällig. Selbst wenn Sachtexte in den höheren Klassen unter Benutzung verschiedener Quellen erstellt werden können, sind die Texte schwächerer Schüler deutlich inhaltsärmer und leiden vor allem an mangelnder Organisation und Kohärenz (Spivey und King 1989). Während bei relativ einfachen Themenstellungen zwischen 12 und 16 Jahren kaum mehr Fortschritte in der Verwendung von rhetorischen Strukturen für die Organisation der Darstellung festzustellen sind, gibt es in allen Klassenstufen deutliche Unterschiede zwischen schwachen und guten Schülern. Die geringen Leistungen schwächerer Schüler sind dabei zu einem wesentlichen Teil auf mangelnde Planung und Ausdauer sowohl bei der Vorbereitung wie beim Erstellen der Texte zurückzuführen. Der Großteil der schwächeren Schüler fertigt vor Beginn des Schreibens, trotz ausdrücklicher Ermutigung dazu, keinerlei schriftliche Vorbereitung an und macht sich kaum Notizen.

Schwierigkeiten beim Zusammenfassen: Ein Vergleich der Protokolle von Schülern, die Texte unterschiedlich gut zusammenfassen konnten (Taylor 1986), machte deutlich, daß Schüler mit guten Leistungen sich schon während des Lesens um eine Ordnung der Informationen bemühten und begannen einen Plan dafür zu entwerfen, was in die Zusammenfassung aufgenommen werden sollte. Schwache Zusammenfasser schoben diese Auseinandersetzung hingegen hinaus, bis sie die Geschichten fertiggelesen hatten. Im Unterschied zu den guten Schülern begannen sie jedoch dann gleich mit dem Niederschreiben, ohne einen Plan dafür zu haben, wie die Zusammenfassung aussehen sollte. Die Befragung während der Aufgabe zeigte darüber hinaus, daß wohl die guten Schüler, nicht aber die schwachen den Aufbau der Texte angeben konnten. Schwache Zusammenfasser führten nur Informationen an, faßten diese jedoch nicht nach einem übergeordneten Gesichtspunkt zusammen.

Mangelndes Wissen um Strategien, die für das Texterarbeiten hilfreich sind: Die geringen schriftlichen Leistungen schwacher Schüler dürften auch mit einer geringeren Kenntnis der dafür geeigneten Strategien zusammenhängen. Englert et al. (1988) konnten zeigen, daß das Verständnis für die am Schreiben beteiligten Prozesse (Planen,

Entwerfen, Überarbeiten etc.) sowie die Kenntnisse, wie die Ideen organisiert und in einen Text übertragen werden können, bei schwachen Schülern deutlich geringer ausgebildet sind als bei guten, und daß diese Kenntnisse deutlich mit der Qualität eigener Texte korrelieren.

Zusammenfassend können wir festhalten, daß es lange Zeit dauert, bis Kinder in der schriftlichen Kommunikation eine ähnliche Geläufigkeit entwickeln wie in der mündlichen. Die Schwierigkeiten, die Kinder beim Erlernen des Schreibens haben, werden durch die Prozeßmodelle des Schreibvorgangs, in denen dieser als ein Problemlösungsprozeß dargestellt wird, verständlicher. Analysen, die auf diesen Modellen aufbauten, konnten zeigen, daß es nicht nur die größeren Anforderungen an die Planung sind, die den Kindern Schwierigkeiten bereiten. Auch die beim Schreiben vorhandene Möglichkeit zur Kontrolle und Überarbeitung wird von den Kindern lange Zeit ungenutzt gelassen. Das Schreiben stellt, unabhängig von der Verwendung eines neuen Mediums, eine in den Anforderungen zunächst noch schwer zu bewältigende Herausforderung dar.

Die Schwierigkeiten, die alle Kinder beim Erlernen des Schreibens zeigen, sind bei schwachen Schülern besonders ausgeprägt. Wohl das auffallendste Merkmal dieser Schüler in allen Klassenstufen ist der geringe Umfang der von ihnen produzierten Texte, ein deutlicher Hinweis auf die Mühe, die es ihnen bereitet, unabhängig von Anregungen durch Gesprächspartner, an der Produktion und Gestaltung eines Textes zu arbeiten. Ähnlich wie wir dies bereits beim Leseverständnis feststellen mußten, ist die Textproduktion dieser Schüler auch durch eine mangelnde Bearbeitungstiefe gekennzeichnet. Dies zeigt sich sowohl auf der Ebene der einzelnen Sätze, die selbst in höheren Klassen vielfach noch, mehr oder weniger unverbunden aneinandergereiht werden, als auch auf der Textebene, wo nur sehr einfache Gliederungen zu erkennen sind. Insgesamt deuten die berichteten Ergebnisse darauf hin, daß schwächere Schüler ohne ausreichende pädagogische Intervention nur geringe Fortschritte in ihrer schriftlichen Ausdrucksfähigkeit erzielen können.

8. Der Zusammenhang zwischen den Teilfertigkeiten des Lesens und Schreibens

In den vorangehenden Kapiteln wurden die Prozesse dargestellt, die der mündlichen Lesefähigkeit, dem Rechtschreiben, dem Leseverständnis und der schriftlichen Ausdrucksfähigkeit zugrundeliegen. Es konnte deutlich gemacht werden, daß die Lese- und Schreibfähigkeit von verschiedenen Informationsverarbeitungsprozessen bestimmt wird und daß Schwierigkeiten somit durch Schwächen bei der Aneignung recht unterschiedlicher Teilfertigkeiten entstehen können. Im folgenden Abschnitt wollen wir uns mit der Frage auseinandersetzen, wie die Teilfertigkeiten des Lesens und Schreibens miteinander verbunden sind und wieweit die Lese- und Schreibfähigkeit sich gegenseitig beeinflussen und in ihrer Entwicklung voneinander abhängen.

Zusammenhang der Leistungen beim mündlichen Lesen mit der Rechtschreibleistung

In allen Klassenstufen besteht ein enger Zusammenhang zwischen der mündlichen Lesefertigkeit und der Rechtschreibleistung. Sowohl in englisch- wie in deutsch-sprachigen Untersuchungen wurden Korrelationen zwischen der mündlichen Lese- und der Rechtschreibfertigkeit von .50 bis .80 berichtet (Frith 1983, Klicpera und Gasteiger-Klicpera 1993).

Dieser enge Zusammenhang zwischen dem Worterkennen und dem Rechtschreiben ist in erster Linie darauf zurückzuführen, daß beide Leistungen auf den gleichen oder doch sehr ähnlichen Teilfertigkeiten aufbauen. Nach Juel et al. (1986) wird in den ersten Klassenstufen ein hoher Prozentsatz sowohl der Wortlesefähigkeit wie der Rechtschreibleistung durch die phonologische Rekodierungsfähigkeit bzw. die Kenntnis der Phonem-Graphem-Zuordnungen und die wortspezifischen Kenntnisse vorhergesagt. Der Beitrag der Teilfertigkeiten zu den beiden Leistungen hängt allerdings von der Klassenstufe ab. Während in der 1.Klassenstufe die mündliche Lesefertigkeit vor allem von der phonologischen Rekodierungsfähigkeit bestimmt wird, ist in der 2.Klassenstufe die Kenntnis der spezifischen Schreibweise verschiedener Wörter von größerer Bedeutung. Für die Rechtschreibleistung sind hingegen bereits in der 1.Klasse wortspezifische Kenntnisse bedeutsamer.

Diese korrelativen Beziehungen können jedoch die Dynamik des Wechselspiels zwischen der sich ausbildenden Lese- und Rechtschreibfähigkeit nicht deutlich machen. Obwohl beide Fähigkeiten in ähnlicher Weise von spezifischen Kenntnissen und Fertigkeiten abhängen, ist anzunehmen, daß diese Teilfertigkeiten durch das Üben des Lesens und Schreibens in unterschiedlicher Weise fortentwickelt werden. Das Lesen wie das Schreiben basieren auf jeweils unterschiedlichen Zugängen zur Schriftsprache. Während im Lesen die visuelle Information über die gesamte Buchstabenfolge gleichzeitig verfügbar ist, ist die Buchstabenbildung beim Schreiben ein sequentieller Prozeß, der eine analytische, segmentweise Rekodierungsstrategie begünstigt. Daher ist es naheliegend, daß sich das Lesen- und Schreibenlernen gegenseitig befruchten und ergänzen. Frith (1985) hat diese Wechselwirkung im Rahmen ihres Stufenmodells über die Lese- und Rechtschreibentwicklung in den Blickpunkt gerückt.

Stufe	Lesen	Schreiben
1a	Logographisches Stadium 1	Symbolisches Stadium
1b	Logographisches Stadium 2	Logographisches Stadium 2
2a	Logographisches Stadium 3	Alphabetisches Stadium 1
2b	Alphabetisches Stadium 2	Alphabetisches Stadium 2
3a	Orthographisches Stadium 1	Alphabetisches Stadium 3
3b	Orthographisches Stadium 2	Orthographisches Stadium 1

Frith (1985) nimmt an, daß in einer ersten Phase das Erlernen des Rechtschreibens stärker von der Leseentwicklung abhängt, da durch das Lesen erste Informationen über die schriftliche Darstellungsform der Wörter zugänglich werden. In einer weiteren Phase würde die Entwicklung des Lesens jedoch von der sich herausbildenden Schreibkompetenz vorangetrieben. Die Grundannahme ist hierbei, daß das Schreiben wegen seines sequentiellen Charakters das Erfassen des alphabetischen Prinzips und somit den Übergang vom logographischen zum alphabetischen Stadium begünstigt. Später übernimmt jedoch wieder die sich festigende Lesefertigkeit die vorantreibende Rolle, da sich das Lesen besser dazu eignet, größere Einheiten zu erfassen und Regelmäßigkeiten in der Schrift zu erkennen. Dies ermöglicht den Übergang vom alphabetischen zum orthographischen Stadium, zunächst beim Lesen, im weiteren auch beim Schreiben.

Die in diesem Entwicklungsmodell angenommene wechselseitige Beeinflussung des Lesens und Schreibens läßt sich auch empirisch nachweisen. Für die ersten Stadien zeigt eine Interventionsstudie von Ehri und Wilce (1987), daß ein Training der Rechtschreibfertigkeit auch zu deutlichen Fortschritten im Lesen führt. Ehri und Wilce unterwiesen Kindergarten-Kinder, die zwar schon die Buchstaben kannten und ihnen die richtigen Laute zuordnen konnten, aber Wörter noch nicht schreiben konnten, in einer vereinfachten, lautgetreuen Schreibweise. Ein relativ kurzes Training von etwa 10 Stunden im Schreiben von einfachen, sinnlosen Phonemfolgen führte zu einem deutlichen Anstieg sowohl in der Rechtschreibfähigkeit wie im Lesen und in der Fähigkeit, Phonemfolgen zu segmentieren. Dieser Anstieg fiel in allen Bereichen deutlich größer aus als in einer Kontrollgruppe, deren Kenntnisse über die Phonem-Graphem-Zuordnungen vertieft wurden, die also nicht in der Rechtschreibung unterwiesen wurden.

Das Schreiben dürfte somit in den ersten Stadien zwei Effekte haben. Einmal führt es zu einer besseren Einprägung des Aufbaus der Wörter. Die Wörter werden nun in einem zusätzlichen Abbildungssystem als Folge von Buchstaben repräsentiert. Dadurch werden die bisher verfügbaren lexikalischen Eintragungen (v.a. Informationen über die Aussprache der Wörter, also phonologische Informationen) durch orthographische Konzepte ergänzt (Ehri 1980). Zum anderen wird beim Rechtschreiben eine allgemeinere Einsicht in die Segmentierung der Sprache in Phoneme gefördert. Die Buchstaben dienen dabei als Symbole für Laute (phonologische Symbolisierung nach Ehri 1980). Diese Einsicht führt, wie das Experiment von Ehri und Wilce (1987) zeigt, dazu, daß auch nicht geübte Wörter besser gelesen und geschrieben werden können.

Während die Evidenz für einen Einfluß des Rechtschreibenlernens auf die Entwicklung der Lesefähigkeit begrenzt ist, gibt es deutliche Belege für den Einfluß des Lesens auf die Fortentwicklung der Rechtschreibfertigkeit. In den Wiener Längsschnittuntersuchungen (Klicpera und Gasteiger-Klicpera 1993) hing der Leistungsstand im Rechtschreiben in den höheren Klassen nicht nur vom zuvor erreichten Leistungsstand im Rechtschreiben ab, sondern wurde zusätzlich auch von der früheren Lesefertigkeit beeinflußt. Zu einem ähnlichen Ergebnis kam auch Mommers (1987, 1989) in einer niederländischen Längsschnittuntersuchung. Ein weiterer Beleg für die Bedeutung des Lesens für die Rechtschreibentwicklung kommt aus Untersuchungen, die das Ausmaß des außerschulischen Lesens bestimmten. Danach beeinflußt die Übung bzw. Erfahrung im Lesen die Entwicklung wortspezifischer, orthographischer Kenntnisse und die Rechtschreibfertigkeiten. Dies trifft in allen Altersstufen zu und gilt selbst dann noch, wenn individuelle Unterschiede in Intelligenz und sprachlichen Fähigkeiten berücksichtigt werden (Cunningham und Stanovich 1991, Stanovich und Cunningham 1992). Die Erfahrung im Lesen ist vor allem dafür entscheidend, wie jene Merkmale der Schreibweise von Wörtern wiedergegeben werden können, die nicht aus den Phonem-Graphem-Zuordnungen abgeleitet werden können (Stanovich und West 1989).

Die Voraussagen des Stadienmodells über die Wechselwirkungen zwischen der Lese- und der Rechtschreibfertigkeit werden also durch die vorliegenden empirischen Befunde im Wesentlichen bestätigt. Während eines Großteils der Entwicklung ist die Lesefertigkeit für das Erlernen des Rechtschreibens von großer Bedeutung. Das Lesen dürfte wesentlich dazu beitragen, die orthographischen, wortspezifischen Kenntnisse der Kinder zu fördern und damit das Rechtschreiben aus dem bloß lautgetreuen Schreiben herauszuführen.

Zusammenhang zwischen dem Leseverständnis und der schriftlichen Ausdrucksfähigkeit

Ähnlich wie zwischen dem Worterkennen und dem Rechtschreiben müssen wir auch zwischen dem Leseverständnis und dem schriftlichen Ausdrucksvermögen eine enge Beziehung annehmen. Auch diese Fähigkeiten - das dürfte aus der Darstellung in den beiden vorangegangenen Kapiteln offensichtlich geworden sein - basieren auf denselben oder sehr ähnlichen Teilfertigkeiten. Untersuchungen, die mithilfe von Interviews oder der Methode des lauten Denkens die beim Lesen bzw. Schreiben von Texten verwendeten Strategien analysiert haben, identifizierten weitgehend ähnliche Strategien, die allerdings abhängig von der Art der Aufgabenstellung (Lesen/Schreiben sowie Art des Textes) in unterschiedlichem Ausmaß zum Einsatz kommen (Langer 1986, Tierney und Shanahan 1991).

Es ist deshalb nicht verwunderlich, daß eine Reihe an Untersuchungen eine relativ enge Korrelation zwischen diesen beiden Fähigkeiten festgestellt haben (in den höheren Klassen meist zwischen .40 und .60, z.B. Englert und Thomas 1987, Juel et al. 1986, Klicpera 1991). Dieser Zusammenhang beruht zum Teil darauf, daß beide Fähigkeiten außer von den basalen schriftsprachlichen Fähigkeiten (Dekodierungs- und Rechtschreibfähigkeit) auch von den allgemeineren sprachlichen Kommunikations-fähigkeiten der Kinder (Fähigkeit, die Gedanken zu einem Thema zu sammeln und zu ordnen; mündliches Sprachverständnis) bestimmt werden (Juel et al. 1986).

Es gibt jedoch auch Hinweise darauf, daß das Leseverständnis bzw. dessen Teilfertigkeiten den schriftlichen Ausdruck beeinflussen und umgekehrt. So war in den Wiener Längsschnittuntersuchungen (Klicpera und Gasteiger-Klicpera 1993) die Qualität der schriftlichen Wiedergabe einer Geschichte neben der Rechtschreibfähigkeit davon abhängig, wieweit die Kinder die Geschichte verstanden hatten und wieweit sie über die sprachlichen Ausdrucksmittel verfügten, um sie angemessen nacherzählen zu können. Das (unabhängig bestimmte) Leseverständnis der Kinder stand dabei in einer engen Beziehung zur Verwendung syntaktischer Konstruktionen, mit denen der innere Zusammenhang der Geschichte ausgedrückt werden kann. Je besser das Textverständnis der Kinder war, desto mehr versuchten sie, die Abfolge der Geschehnisse und deren inneren Zusammenhang auch sprachlich zu explizieren.

Wechselwirkungen zwischen dem Leseverständnis und der schriftlichen Ausdrucksfähigkeit sind auch nach der Untersuchungen von Shanahan und Lomax (1986) wahrscheinlich. So konnte beispielsweise gezeigt werden, daß das Wortverständnis beim Lesen den Umfang und die Differenziertheit des beim Schreiben verwendeten Wortschatzes vorhersagt. Das Leseverständnis ist nun aber nicht nur vom Lesevokabular, sondern auch von der Differenziertheit des aktiv verwendeten Wortschatzes abhängig.

Neben diesen korrelativen Zusammenhängen zwischen dem Leseverständnis und der schriftlichen Ausdrucksfähigkeit gibt es auch experimentelle Belege für Wechselwirkungen zwischen den beiden Fähigkeiten. Durch Training von Teilfertigkeiten kann die Entwicklung des Leseverständnisses wie auch jene der schriftlichen Ausdrucksfähigkeit positiv beeinflußt werden, unabhängig davon, ob das Training am Leseverständnis oder am schriftlichen Ausdruck ansetzt (Überblick bei Tierney und Shanahan 1991). Dies gilt sowohl für ein Training in der Satzanalyse bzw. dem Satzverbinden, wie auch für den Unterricht im Verständnis für die Struktur bzw. den organisatorischen Aufbau von Texten.

Einen besonders deutlichen Hinweis auf das Zusammenwirken des Lesens und Schreibens gibt die gegenseitige Ergänzung dieser beiden Aktivitäten im Lernen neuer Ideen (Überblick bei Tierney und Shanahan 1991). Hier zeigt sich, daß die Ergänzung der Informationsaufnahme beim Lesen durch schriftliche Aufgabenstellungen dazu führt, daß sich Schüler gedanklich mehr mit den Ideen auseinandersetzen, sie stärker mit dem eigenen Vorwissen verknüpfen und Zusammenhänge zwischen den verschiedenen Informationen erkennen. Das zusätzliche Lesen beim Schreiben eines Textes verändert damit den Schreibvorgang, etwa indem es dazu führt, daß die Texte häufiger und grundsätzlicher umgearbeitet werden. Das Schreiben verändert jedoch auch den Leseprozeß, da die Schüler nun beim Lesen stärker nach Zusammenhängen im Gelesenen suchen und die wesentlichen Aussagen des gelesenen Textes mehr hervorheben.

Zudem ist anzunehmen, daß auch längerfristig eine Wechselwirkung bei der Entwicklung des Leseverständnisses und des schriftlichen Ausdrucksvermögens besteht (Tierney und Shanahan 1991). Eine angemessene Analyse dieser längerfristigen Wechselwirkungen liegt bisher nicht vor, sodaß nur Vermutungen möglich sind, die spätere Untersuchungen prüfen müssen. So kann angenommen werden, daß die Leseerfahrungen für die Erweiterung des Wortschatzes besonders bedeutsam sind, das Schreiben jedoch für die Entwicklung der grammatikalischen Kompetenz. Auch auf den höheren Textebenen dürfte der Beitrag der Lese- und Schreiberfahrung ein jeweils unterschiedlicher sein. Beim Lesen ist etwa die Fähigkeit, Inferenzen zu bilden und hinter den Zeilen zu lesen, stärker gefordert. Die Aufgabe, selbst einen Text zu produzieren, sensibiliert auf der anderen Seite weit stärker für formale Aspekte der Textgestaltung als das Lesen.

Das Zusammenwirken von Lese- und Schreiberfahrungen dürfte allerdings von gewissen Voraussetzungen abhängen. So konnte wiederholt gezeigt werden (Überblick bei Tierney und Shanahan 1991), daß nicht alle Schüler davon profitieren, wenn sie zusätzlich zum Lesen die Aufgabe bekommen, einen Text zum Thema des Lesestoffs zu verfassen. Voraussetzung für die wechselseitige Anregung dürfte sein, daß die Schüler imstande sind, den Zusammenhang zwischen verschiedenen Informationen zu erkennen. Schwächere Schüler benötigen dazu Hilfen, etwa bei der Strukturierung und Gliederung eines Themas, und eine explizitere Verdeutlichung der Zielsetzung des Schreibens.

Zusammenfassend können wir festhalten, daß Lesen und Schreiben auf den verschiedenen Ebenen, sowohl beim Umgang mit der Schrift (dem Worterkennen bzw. dem Rechtschreiben) wie auf der Textebene, unterschiedliche Zugangsweisen im Gebrauch und in der Auseinandersetzung mit schriftlicher Kommunikation darstellen. Diese unterschiedlichen Zugangsweisen können sich ergänzen und gegenseitig befruchten, wobei sich der Beitrag des Lesens bzw. Schreibens mit dem Entwicklungsstand verändert.

9. Erworbene Lese- und Schreibschwierigkeiten (Alexie und Agraphie)

Die Auseinandersetzung mit erworbenen Lese- und Schreibschwierigkeiten und die genaue Analyse der Schwierigkeiten von Patienten, die nach einer Gehirnschädigung (z.B. Schlaganfall) ihre früheren Lese- und Schreibfertigkeiten teilweise verloren haben, haben das Verständnis für die Informationsverarbeitungsvorgänge beim Lesen und Schreiben beträchtlich erweitert und sind ein Vorbild für die Unterscheidung zwischen verschiedenen Formen von Schwierigkeiten beim Erlernen des Lesens und Schreibens geworden.

9.1. Alexien

In den letzten Jahren ist durch sorgfältige Beobachtung der Patienten mit Lesestörungen, die nach einer Beeinträchtigung der zentralnervösen Funktionen aufgetreten sind, eine sehr differenzierte Betrachtungsweise dieser Schwierigkeiten entstanden. (Diese erworbenen Lesestörungen wurden früher einheitlich Alexien, erworbene Schreibstörungen Agraphien genannt. In den letzten Jahren wird zusätzlich der Begriff Dyslexie bzw. Dysgraphie verwendet, da es sich dabei nicht um einen vollständigen Verlust der Lese- bzw. Schreibfähigkeit handelt, sondern nur um eine Beeinträchtigung dieser Fähigkeiten. Wir verwenden - wie heute zumeist üblich - beide Begriffe nebeneinander, ohne damit einen Bedeutungsunterschied kennzeichnen zu wollen.)

In den meisten Fällen treten die Lesestörungen bei Patienten auf, die gleichzeitig auch Schwierigkeiten in der mündlichen Kommunikation haben, und die Art der Leseschwierigkeiten entspricht meist der Form der mündlichen Sprachstörung: das Lesen von Patienten mit einer Wernicke'schen ("sensorischen") Aphasie ist durch häufige, den Sinn störende Lesefehler (Paralexien) gekennzeichnet, während Patienten mit einer Broca'schen (motorischen) Aphasie vor allem Schwierigkeiten bei der Aussprache und damit beim lauten Lesen sowie bei der Analyse des Satzaufbaus haben. Trotzdem hat die sorgfältige Analyse der Lesestörungen in vielen Fällen eine spezifische Störung gerade des Leseprozesses bei neurologischen Patienten enthüllt, die ältere Einteilungen nach den begleitenden Symptomen, etwa in eine reine Alexie, eine Alexie mit Agraphie und eine Alexie im Rahmen einer Aphasie, als eine unangemessene Vereinfachung erscheinen lassen (Marshall 1984).

Nach Shallice und Warrington (1980) sollten einer Klassifikation der Alexien zwei Hauptunterscheidungen zugrundegelegt werden. Einmal können periphere von zentralen Alexien unterschieden werden, zum anderen können unter den zentralen Alexien Syndrome, bei denen die Störung nur eine Komponente bzw. nur einen Verarbeitungsmechanismus betrifft, von Syndromen mit multiplen Komponenten abgegrenzt werden.

Periphere Alexien sind durch eine Schädigung in einem visuellen Verarbeitungsmechanismus bedingt, der auf die Analyse und Kategorisierung von Schrift spezialisiert ist. Dieses Versagen kann die Buchstabenidentifikation betreffen, wobei die Symptome einer Neglect-Alexie entstehen. Es kann die Funktion betreffen, die Aufmerksamkeit selektiv auf einzelne Elemente innerhalb von Buchstaben zu richten (attentional dyslexia), oder eine Störung bei der ganzheitlichen Verarbeitung und dem Erkennen von Wörtern zur Folge haben (Wortform-Alexie).

Zentrale Alexien kommen durch eine Schädigung in jenen Systemen zustande, die mit der semantischen oder der phonologischen Analyse von Geschriebenem befaßt sind. Ein-Komponenten-Syndrome stellen hier die phonologische Alexie dar, bei der eine Störung in der Erstellung einer phonologischen Repräsentation vorliegt, sowie die Oberflächendyslexie, bei der der direkte lexikalische Zugang zur Ermittlung der Aussprache der Wörter erschwert ist. Die phonemische Dyslexie oder Tiefendyslexie stellt hingegen eine Störung dar, in der augenscheinlich mehrere Komponenten des Leseprozesses betroffen sind.

Besondere Beachtung haben die Untersuchungen an Patienten mit erworbenen Lesestörungen nicht zuletzt deshalb gefunden, weil sie zeigen, daß der Leseprozeß auf sehr unterschiedliche Art beeinträchtigt sein kann. Die besondere Eigenart verschiedener Schwierigkeiten gestattet Rückschlüsse auf die Verarbeitungsprozesse, die durch die Hirnschädigung betroffen sind. Im Vordergrund steht dabei die Unterscheidung zwischen den beiden Prozessen des Worterkennens, einem direkten, lexikalischen Prozeß und einem nicht-lexikalischen Prozeß der phonologischen Rekodierung mithilfe von Graphem-Phonem-Zuordnungen.

Periphere Alexien

Neglekt-Dyslexie - bei dieser Störung werden zumeist die auf der linken Seite eines Blattes gelegenen Wörter sowie die Anfangsbuchstaben von Wörtern ausgelassen bzw. falsch gelesen. Die Störung tritt zumeist im Rahmen eines allgemeineren Neglekt-Syndroms auf (eine Nichtbeachtung von Gegenständen im linken Gesichtsfeld ist also auch bei anderen Aufgaben als dem Lesen zu beobachten) und ist im Allgemeinen Folge einer Schädigung der rechten Hemisphäre.

Literale Alexie (Attentional Dyslexia) - Patienten haben Mühe, die Buchstaben in Wörtern zu benennen, obwohl sie die Wörter lesen können; es scheint sich dabei um eine Beeinträchtigung der Aufmerksamkeit zu handeln, die dann auftritt, wenn mehrere Buchstaben gleichzeitig zu sehen sind.

Wortform-Dyslexie - das Lesen ist ein mühsamer, langsamer Prozeß; im Extremfall können Wörter nur dadurch erlesen werden, daß die Buchstaben der Reihe nach benannt werden; Wortlänge ist daher für die Leseleistung sehr wichtig.

Zentrale Alexien

Phonologische Dyslexie - Das Lesen von Pseudowörtern bereitet große Schwierigkeiten, während richtige Wörter recht gut gelesen werden können; viele Lesefehler sind visuelle Paralexien (Fehler und Zielwörter haben mehr als 50% der Buchstaben gemein). Nach dem Modell der zweifachen Zugangswege dürfte eine Beeinträchtigung des phonologischen Rekodierens und damit des indirekten lexikalischen Zugangs beim Worterkennen wahrscheinlich sein.

Phononemische oder Tiefendyslexie: Zentrales Merkmal ist das häufigere Vorkommen von "semantischen" Lesefehlern (die eine ähnliche, allerdings weniger spezifische Bedeutung wie die Zielwörter haben), außerdem haben die Patienten große Schwierigkeiten beim Lesen von Pseudowörtern, begehen sie viele visuell ähnliche Lesefehler und sind in ihrer Leseleistung stark von der Konkretheit bzw. Vorstellbarkeit der Wörter abhängig. Besonders schwer tun sie sich beim Lesen von grammatikalischen Funktionswörtern und von Ableitungsformen.

Oberflächendyslexie - Regelmäßige Wörter werden deutlich besser gelesen als unregelmäßige, Pseudowörter bereiten keine besonderen Schwierigkeiten, Lesefehler sind oft phonologisch plausible Neologismen (Wörter werden so ausgesprochen, wie es die am häufigsten vorkommenden GPK-Regeln nahelegen). Nach dem Modell der zweifachen Zugangswege dürfte eine Beeinträchtigung des direkten lexikalischen Zugangs beim Worterkennen wahrscheinlich sein.

Auswirkungen einer Beeinträchtigung des phonologischen Outputbuffers - Richtige Wörter können gut gelesen werden, die Fähigkeit, Pseudowörter zu lesen, ist jedoch stark von der Wortlänge abhängig. Wegen des starken Einflusses der Wortlänge und parallelen Auswirkungen auch auf das Nachsprechen und Schreiben von Pseudowörtern ist eine Beeinträchtigung der Zwischenspeicherung phonologischer Informationen wahrscheinlich.

Phonologische Dyslexie

Es handelt sich hierbei um eine Lesestörung, die in der Umschriebenheit der beobachteten Ausfälle bemerkenswert ist. Der erste derartige Fall (R.G.) wurde von Beauvois und Dérouesné (1979) beschrieben, bald folgten weitere Berichte (Dérouesné und Beauvois 1979, Patterson 1982). Sartori et al. (1984) konnten in einer Übersicht bereits die Merkmale des Leseprozesses sowie begleitende Symptome von 16 Patienten aus dem englischen, französischen und italienischen Sprachraum zusammenstellen. Folgende Merkmale sind für diese Patienten charakteristisch:

- große Schwierigkeiten beim Lesen von Pseudowörtern
- relativ gut erhaltene Fähigkeit, richtige Wörter zu lesen
- Lesefehler sind durch visuelle bzw. orthographische Ähnlichkeit, aber nicht durch eine ähnliche Bedeutung gekennzeichnet (keine semantischen Fehler)

Diese Form der Lesestörung kommt somit jenem Bild nahe, das man erwarten würde, wenn - basierend auf dem Modell der zweifachen Zugangswege - einer der beiden Zugangswege beim geübten Leser nicht mehr verwendet werden kann. Der geübte Leser würde in diesem Fall durch sein Wissen um die Schreibweise der Wörter in seiner Lesefähigkeit nicht völlig behindert sein, hätte aber Mühe, unbekannte Buchstabenfolgen zu lesen.

Die Patienten können Wörter recht gut, aber nicht perfekt lesen und zeigen gleichzeitig große Schwierigkeiten beim Lesen von Pseudowörtern. Bei keinem der bisher beschriebenen Patienten war allerdings eine völlige Unfähigkeit, Pseudowörter zu lesen, festzustellen. Manche Patienten weigern sich zwar zunächst, das Lesen von Pseudowörtern zu versuchen, da sie sagen, sie können es nicht. Meist gelingt es ihnen jedoch dann annäherungsweise, wenn sie danach trachten, ein ähnliches Wort zu finden. Eine analytische Strategie, die allmähliche Rekonstruktion der Aussprache über die Einzelbuchstaben, gelingt nicht. Manche Patienten haben auch große Schwierigkeiten, einzelne Buchstaben zu benennen bzw. die ihnen entsprechenden Lautwerte zu produzieren (z.B. Funnell 1983). Obwohl diese Patienten also eine bemerkenswerte Lesefähigkeit behalten haben, haben sie keinen Zugang mehr zu den Graphem-Phonem-Assoziationen. Andere Patienten dürften dabei Probleme haben, die Buchstabenfolge in Grapheme zu gliedern, die eine konstante Phonemzuordnung aufweisen (Dérouesné und Beauvois 1979). Ihr Problem liegt also in einem früheren Stadium der (nicht-lexikalischen) phonologischen Rekodierung.

Ebenso wie das Lesen von Pseudowörtern bereitet den Patienten auch die Zuordnung der richtigen Buchstabenfolge zu der vorgesprochenen Lautfolge in einer Mehrfachwahlaufgabe große Schwierigkeiten, während dies bei Wörtern ohne Mühe gelingt. Die Schwierigkeit ist also nicht auf das laute Lesen und die Anforderung, die Aussprache der Wörter selbst zu ermitteln, beschränkt.

Postlexikalisch, d.h. unter Heranziehung des intern gespeicherten Wissens über die Wörter, haben die Patienten durchaus Zugang zu phonologischen Informationen, auch auf einer abstrakteren Ebene. Die Patienten haben deshalb auch keine Schwierigkeiten zu beurteilen, ob sich visuell dargebotene Wörter reimen, während dies bei Pseudowörtern nicht möglich ist.

Pseudohomophone konnten von manchen Patienten etwas besser gelesen werden als andere Pseudowörter (Dérouesné und Beauvois 1979). Auch die lautgetreue Verschriftung von Dialektwörtern fällt - wie Denes et al. (1987) für einen italienischen Patienten berichtet haben - leichter als das Lesen anderer Pseudowörter, obwohl diese Wörter nie gelesen wurden. Eine Unterstützung des Lesens durch die Vertrautheit mit der Aussprache eines Wortes ist deshalb wahrscheinlich.

Das Lesen von einfachen Inhaltswörtern ist bei manchen Patienten nahezu perfekt. Wie bei der ausschießlichen Verwendung des direkten, lexikalischen Zugangs für das Worterkennen zu erwarten, hat die Regelmäßigkeit der Graphem-Phonemzuordnung keinen Einfluß auf die Lesesicherheit. Auch die Vorstellbarkeit bzw. Konkretheit der Wörter haben auf die Lesefähigkeit dieser Patienten keinen Einfluß. Bei einigen Patienten (z.B. A.M. Patterson 1982) war das Verständnis für das Gelesene nicht beeinträchtigt. Das lexikalische System ist somit intakt.

Fehler, die beim Lesen von Wörtern begangen werden, bestehen bei den meisten Patienten vor allem aus visuell ähnlichen Fehlern. Kaum je werden von den Patienten die zu lesenden Wörter mit anderen Wörtern ähnlicher Bedeutung verwechselt.

Das Lesen von Affixen bzw. Appositionsmorphemen bereitet manchen Patienten mit einer phonologischen Dyslexie besondere Schwierigkeiten und es kommt deshalb häufig zu Ableitungsfehlern (Patterson 1982). Auch grammatikalische Funktionswörter werden vielfach falsch gelesen und dabei durch andere Funktionswörter ersetzt. Während Patterson (1982) diese Fehler dadurch zu erklären suchte, daß Morpheme, denen keine selbständige Bedeutung zukommt, über nicht-lexikalische Rekodierung erlesen werden müssen und daß damit die Schwierigkeiten beim Lesen von Pseudowörtern und von Funktionswörtern bzw. von Affixen auf ähnlichen Defiziten beruhen, zeigten Untersuchungen an anderen Patienten, daß diese beiden Schwierigkeiten nicht notwendig gemeinsam auftreten müssen und daß bei manchen Patienten zu dem Unvermögen der nicht-lexikalischen phonologischen Rekodierung noch eine Beeinträchtigung der Morphemgliederung bzw. eine Erschwerung des Zugangs zu den lexikalisch getrennt repräsentierten Appositionsmorphemen hinzutritt (Funnell 1983, Job und Sartori 1984, Caramazza et al. 1985).

Tiefendyslexie (Phonemische Dyslexie)

Die Tiefendyslexie oder phonemische Dyslexie ist in erster Linie durch das Auftreten von Lesefehlern gekennzeichnet, die in einer ausschließlich semantischen Relation zum vorgegebenen Wort stehen. Semantische Fehler werden zwar auch von normal lesenden Erwachsenen beim Lesen von zusammenhängenden Texten beobachtet, praktisch nie jedoch beim Lesen isoliert dargebotener einzelner Wörter. Auch bei erworbenen Lesestörungen werden solche Fehler nur bei wenigen Patienten beobachtet. Obwohl Patienten mit semantischen Lesefehlern vereinzelt in der Literatur beschrieben worden sind (für eine Übersicht siehe Marshall und Newcombe 1980), hat erst der Bericht von Marshall und Newcombe (1966) über einen Patienten mit einer derartigen Lesestörung zu einer systematischen Untersuchung dieses Störungsbildes geführt. Zwar handelt es sich nur um wenige Patienten, durch die Verwendung experimenteller Methoden und die enge Orientierung an Modellen des Lesevorganges sowie die Relevanz der Ergebnisse für die Frage nach der psychologischen Realität von Leseprozeßmodellen kommt diesen Untersuchungen jedoch große Bedeutung zu.

Semantische Lesefehler als zentrales Merkmal des Syndroms werden nahezu regelmäßig von weiteren Verarbeitungsschwierigkeiten beim Lesen begleitet:

- Unter den Lesefehlern fällt die große Anzahl von visuell ähnlichen Fehlern und von Ableitungsfehlern auf. Rein phonologisch ähnliche Wörter treten hingegen kaum als Fehler auf, auch phonologisch ähnliche Neologismen sind selten.
- Patienten, die diese Lesestörung zeigen, haben große Schwierigkeiten beim Lesen von Pseudowörtern.
- Die Fähigkeit, Wörter zu lesen, wird deutlich von der Vorstellbarkeit der Wörter, bzw. von der Konkretheit oder dem Grad der Abstraktion beeinflußt. Semantische Fehler treten eher bei konkreten, vorstellbaren Wörtern auf, als bei abstrakten.
- Lesefehler treten wesentlich häufiger bei grammatikalischen Funktionswörtern als bei Wörtern mit einer eigenständigen Bedeutung (Inhaltswörtern) auf.

Semantische Fehler: Bei wiederholter Vorgabe sind es überzufällig häufig die gleichen Wörter, die semantische Fehler hervorrufen. Die Fehler stehen zwar jeweils in einer inhaltlichen Beziehung zum Zielwort, sind jedoch i.A. nicht identisch (Marshall und Newcombe 1966, Saffran und Marin 1977). Von einigen Patienten werden nacheinander verschiedene Wörter genannt, die eine enge Beziehung zur Bedeutung des zu lesenden Wortes haben. Auch wenn das richtige Wort unter den Antworten ist, wird es nicht als dem zu lesenden Wort besonders nahestehend erkannt. Ein Teil der semantischen Fehler besteht aus Umschreibungen der Bedeutung des zu lesenden Wortes, in denen der Patient ausdrückt, daß er das Wort zwar nicht lesen kann, aber seine Bedeutung verstanden hat. Auch bei den übrigen semantischen sind sich die Patienten oft unsicher über die Richtigkeit ihrer Antwort und drücken dies auch spontan aus. Sollen sie bei jeder Antwort ihre Gewißheit über die Richtigkeit bzw. Unrichtigkeit der Antwort angeben, so werden die semantischen Fehler etwa zur Hälfte von ihnen selbst als unrichtig eingestuft (Patterson 1978, Newcombe und Marshall 1978). Dies geschieht deutlich häufiger als bei visuellen Fehlern und bei Ableitungsfehlern.

Die semantischen Fehler haben in den meisten Fällen einige Merkmale mit den vorgegebenen Wörtern gemein, oft handelt es sich um die Nennung eines Oberbegriffs. Der semantische Fehler ist in diesem Fall weniger spezifiziert als das vorgegebene Wort. Seltener handelt es sich um einen Begriff aus der gleichen semantischen Klasse, bei dem zusätzlich zu den gemeinsamen Klassenmerkmalen falsche differenzierende Merkmale gewählt wurden (Tulpe -> Rose). Fast nie werden nachgeordnete Begriffe gewählt, bei denen eine weitere Verengung des Begriffsumfangs durch Vermehrung der kennzeichnenden Merkmale eingetreten ist (Coltheart 1980).

Es ist bemerkenswert, daß Patienten mit einer Tiefendyslexie nahezu bei allen Wörtern, auch solchen, die sie nicht lesen können, in der Lage sind anzugeben, ob es sich um ein richtiges Wort oder nur um eine wortähnliche Buchstabenfolge handelt. Die Patienten können die Wörter zudem in Bezug auf ihre Bedeutung sehr gut semantischen Kategorien zuordnen sowie aus mehreren vorgegebenen Bildern die dem Wort entsprechende bildliche Darstellung auswählen. Ebenso können sie angeben, ob ein inhaltlicher Zusammenhang zwischen Wörtern besteht, glauben aber häufiger, eine inhaltliche Beziehung und teilweise Übereinstimmung der Bedeutung verschiedener Wörter zu erkennen, zwischen denen nur eine periphere Verwandtschaft besteht (Kapur 1980).

Wird das Wort vom Untersucher genannt, also auditiv vorgegeben, so können die meisten Patienten recht gut das entsprechende Schriftbild aus mehreren Alternativen auswählen. Dies gelingt vor allem dann, wenn der beim Lesen begangene Fehler ein semantischer Fehler war. War der Lesefehler der Patienten hingegen ein visueller Fehler oder ein Ableitungsfehler, so ist die Fähigkeit zur richtigen Zuordnung deutlich geringer ausgeprägt.

Schwierigkeiten beim Lesen von Funktionswörtern: Die Wortklassenzugehörigkeit hat gleichfalls einen deutlichen Einfluß auf die Leseleistung der Patienten. Hauptwörter (Nomina) werden, auch wenn sie in Listen vorgegeben werden, deutlich leichter gelesen als Adjektive und diese wieder leichter als Verben. Grammatikalische Funktionswörter bereiten die größten Schwierigkeiten. Wird bei Fehlern die Wortklasse geändert, so handelt es sich meist um eine Nominalisierung, also die falsche Nennung eines Hauptwortes statt eines Adjektives oder Verbs (Marshall und Newcombe 1966). Die Fehler an grammatikalischen Funktionswörtern stellen hingegen eine eigene Gruppe dar, da sie überwiegend in der Nennung eines anderen als des vorgegebenen Funktionswortes bestehen. Grammatikalische Funktionswörter werden auch öfter ausgelassen als Inhaltswörter (nach den Worten eines Patienten: "Little words - no!" Morton und Patterson 1980b). Zwischen den verschiedenen Funktionswörtern bestehen aber Unterschiede, die z.T. mit der semantischen Wertigkeit zusammenhängen. Wörter, denen kaum selbständige Bedeutung zukommt, wie Relativpronomina und Hilfszeitwörter, können so gut wie nicht gelesen werden. Vorwörter, persönliche Fürwörter werden hingegen besser gelesen (Morton und Patterson 1980b).

Die Vorgabe von Wörtern in gebundenem Text statt in Listenformat verbessert die Leseleistung nur geringfügig (Nolan und Caramazza 1982), der Text wird so behandelt, als ob er aus einer Ansammlung einzelner Wörter bestehen würde (Coltheart 1980). Der Wortklasseneffekt auf die Leseleistung wird durch diese Art der Darbietung nicht reduziert. Dabei ist auffallend, daß die gleichen Wörter schlechter gelesen werden können, wenn sie im Satz die Rolle eines Verbs einnehmen, als wenn sie als Hauptwort fungieren (Coltheart 1980).

Unterschiede zwischen den Wortklassen sind nicht nur beim lauten Lesen zu beobachten, sondern auch bei der Zuordnung der Buchstabenfolge zu einem vorgesprochenen Wort. Funktionswörter können auch unter diesen Bedingungen sehr schlecht identifiziert werden (Morton und Patterson 1980b). Trotz dieser Schwierig-keiten ist die Fähigkeit, Funktionswörter in einer lexikalischen Entscheidungsaufgabe als Bestandteile der Schriftsprache zu identifizieren, bei den meisten Patienten nicht beeinträchtigt.

Wegen der Schwierigkeit, grammatikalische Funktionswörter zu lesen, entwickeln Patienten besondere Strategien, um sich die phonologische Form dieser Wörter zugänglich zu machen. Bei dem Patienten P.W. war dies besonders ausgeprägt (Morton und Patterson 1980b). Er hatte sich über mehrere Jahre verschiedene Hilfen in einem Übungsbuch zusammengestellt. Diese Hilfen bestanden aus anderen, ähnlichen Wörtern, wobei sich drei verschiedene Strategien unterscheiden ließen - ein Lesen über homophone Wörter (through = threw), über Wortergänzungen (after = afternoon) und Phrasenergänzungen (the = God save the Queen). Der Patient versuchte, nachdem die phonologische Form des Funktionswortes auf diese Weise zugänglich geworden war, die Ergänzungen beim lauten Lesen wegzulassen. Diese Strategien versagen manchmal, v.a. die Strategie der Wortergänzung, da der Patient auch Schwierigkeiten beim Umgang mit der phonologischen Kodierungsform hat und deshalb gelegentlich die falsche Silbe wegläßt (Morton und Patterson 1980b).

Das Verständnis für Funktionswörter ist besser erhalten als die Fähigkeit, diese Wörter zu lesen. Dieses Verständnis bezieht sich jedoch nur auf den semantischen Gehalt, nicht auf die syntaktische Funktion. So können Wörter, die die Häufigkeit, Größe oder räumliche Position von Gegenständen bezeichnen, richtig geordnet werden, jedoch fällt ein Urteil über die Flexionsform, die ein Partikel verlangt, schwer.

Es ist umstritten, wieweit der Einfluß auf die Lesefähigkeit dieser Patienten tatsächlich vom unterschiedlichen Status der verschiedenen grammatikalischen Wortklassen im kognitiven System abhängt oder Folge des größeren Abstraktionsgrades in der Bedeutung etwa der Funktionswörter ist (Caramazza et al. 1981, Coltheart 1980, Morton und Patterson 1980b, Nolan und Caramazza 1982). Wenn die Wörter in Bezug auf Vorkommenshäufigkeit, Konkretheit und Silbenzahl vergleichbar waren, wurden bei einem Patienten in der Anzahl der Lesefehler keine deutlichen Unterschiede mehr zwischen den Wortklassen beobachtet (Nolan und Caramazza 1982).

Schwierigkeiten beim Lesen von Pseudowörtern: Ein weiteres auffälliges Merkmal der Leseleistung von Patienten mit einer phonemischen Dyslexie liegt in den großen Schwierigkeiten, die diesen Patienten das Lesen von Pseudowörtern bereitet. Von einigen Patienten wird berichtet, daß sie überhaupt keine Pseudowörter lesen können (z.B. Patient P.S. von Shallice und Coughlan 1980), von anderen können auch nach wiederholten Versuchen nur wenige Nichtwörter gelesen werden. Die Schwierigkeiten treten bereits bei kurzen einfachen Pseudowörtern, sogar bei Konsonant-Vokal-Paaren (Nolan und Caramazza 1982), auf. In den meisten Fällen geben die Patienten keine Antwort, selbst der Versuch, die Pseudowörter zu lesen, scheint ihnen aussichtslos. Wenn sie es versuchen, so ist die Antwort fast ausnahmslos ein richtiges Wort (Patterson und Marcel 1977, Saffran und Marin 1977). Die Patienten können dies nur, wenn sie die Strategie verwenden, nach einem ähnlichen richtigen Wort zu suchen. Pseudowörter, die den richtigen Wörtern ähnlich sind, etwa dadurch, daß sie gleich lauten und einen guten Teil der Buchstabenfolge gemein haben, können deshalb öfters gelesen werden (Saffran und Marin 1977).

Nicht nur das laute Lesen, auch das Identifizieren der einem vorgesprochenen Pseudowort entsprechenden Buchstabenfolge fällt den Patienten sehr schwer. Oft wird die von dem Untersucher vorgeschlagene richtige Aussprache als unzutreffend abgelehnt (Patterson und Marcel 1977). In einer auditiv-visuellen Zuordnungsaufgabe kann von den Patienten eine größere Zahl an Pseudowörtern nur dann richtig identifiziert werden (Patterson 1978, Shallice und Coughlan 1980), wenn die Buchstabenfolgen, die zur Wahl angeboten werden, einander sehr unähnlich sind. Besteht eine stärkere Ähnlichkeit unter den Buchstabenfolgen, liegt die Leistung kaum über dem Zufallsniveau. Die Patienten können die Aufgabe nur ausführen, indem sie ein richtiges Wort als Vermittler benutzen.

Schwierigkeiten bei der Beurteilung von Homophonie und Reimen: Besondere Schwierigkeiten, die einer Buchstabenfolge entsprechende Lautsequenz zu erfassen, zeigt sich auch bei der Aufgabe, zu beurteilen, ob Wörter gleich lauten, also homophon sind bzw. ob sie sich reimen (Saffran und Marin 1977, Shallice und Coughlan 1980). Die Patienten urteilen in diesem Fall nur nach der visuellen bzw. orthographischen Ähnlichkeit. Weicht die Schreibweise der Wörter voneinander ab, so wird die Lautähnlichkeit nicht erkannt. Die Patienten können daher auch Pseudowörter, die zu richtigen Wörtern homophon sind (=Pseudohomophone), nur bei großer Ähnlichkeit erkennen. Die Abweichung in einem Buchstaben wird toleriert, bei einer größeren Abweichung sinkt die Leistung bereits auf Zufallsniveau (Saffran und Marin 1977). In einer lexikalischen Entscheidungsaufgabe begehen daher diese Patienten bei Pseudohomophonen nicht mehr Fehler als bei anderen Pseudowörtern, wenn die visuelle Ähnlichkeit dieser Buchstabenfolgen zu Wörtern vergleichbar ist (Patterson und Marcel 1977), während Normalpersonen größere Schwierigkeiten haben, Pseudohomophone als Pseudowörter zu identifizieren.

Fehlender Einfluß der Regelmäßigkeit der Graphem-Phonem-Korrespondenz: Die Konsistenz oder Regelmäßigkeit der Entsprechung zwischen Lautfolge und Schriftzeichen beeinflußt die Fähigkeit der Patienten, Wörter zu lesen, überhaupt nicht. Regelmäßige Wörter können so gut wie unregelmäßige Wörter gelesen werden.

Einfluß der Konkretheit bzw. Vorstellbarkeit der Wörter: Die Fähigkeit, einzelne Wörter zu lesen, ist bei Patienten mit einer Tiefendyslexie deutlich davon abhängig, ob den Wörtern ein konkreter vorstellbarer Referent zugeordnet werden kann. Während ein von Patterson und Marcel (1977) beschriebener Patient (D.E.) 60% der konkreten vorstellbaren Hauptwörter lesen konnte, so waren dies aus einer Liste von Wörtern mit geringer Vorstellbarkeit nur 10%. Konkretheit und Vorstellbarkeit sind stark miteinander korreliert, versucht man, den Einfluß der beiden Faktoren getrennt zu erfassen, so scheint der Vorstellbarkeit des Referenten die größere Bedeutung zuzukommen (Richardson 1975).

Schwierigkeiten beim Lesen von Affixen: Ein häufig von den Patienten begangener Fehler besteht in der falschen Wiedergabe von Affixen (Appositionsmorphemen), die dem Wortstamm angefügt sind und entweder seine Bedeutung oder seine syntaktische Funktion modifizieren. Diese Affixe werden meist weggelassen, gelegentlich auch durch andere ersetzt. Aber selbst wenn die Affixe in der Antwort der Patienten nicht enthalten waren, zeigen ihre Reaktionen doch, daß sie sich der Affixe bewußt sind, da sie diese durch einen Verlegenheitslaut ersetzen. Die Fehler treten nicht an allen Affixen gleich häufig auf, einige (z.B. -ing, -ly, -y) werden recht häufig richtig wiedergegeben. In anderen Ableitungsfehlern wird ein Affix dem Wort fälschlich hinzugefügt. Auffällig an diesen Fehlern ist, daß bei Substitutionen und inkorrekten Anfügungen von Affixen die neue Wortbildung fast immer legal ist, also eine Ableitung darstellt, die an diesem Wort tatsächlich vorgenommen werden kann. Wörter mit Affixen können insgesamt schlechter gelesen werden als die gleichen Wörter ohne Affixe, es treten dabei nicht nur mehr Fehler als bei den Affixen auf, auch die Wortstämme werden dann öfters fehlerhaft gelesen.

Die Patienten begehen nicht nur beim lauten Lesen von Ableitungsformen häufig Fehler, es fällt ihnen auch sehr schwer, auditiv vorgegebene Alternativen einer visuell dargebotenen Ableitungsform zuzuordnen. Bei lexikalischen Entscheidungsaufgaben ist es für die Patienten deutlich schwerer, den lexikalischen Status von Wörtern mit illegalen Affixen zu beurteilen, als von Pseudowörtern mit richtigen Affixen.

Erklärungen zur Entstehung der phonemischen Dyslexie: Ausgehend von dem fast vollständigen Unvermögen, Pseudowörter zu lesen, und dem Mangel an Hinweisen auf eine Benutzung nicht-lexikalischer phonologischer Rekodierung (z.B. kein Einfluß der Regelmäßigkeit der Graphem-Phonem-Korrespondenz) kann in der Tiefendyslexie eine extremere Form jener Schwierigkeiten gesehen werden, die bei etwas geringerer Ausprägung zur phonologischen Dyslexie führen. Semantische Fehler würden nach dieser Erklärung dadurch entstehen, daß der direkte Zugang zum Lexikon die Wörter nicht ausreichend spezifiziert. Der unmittelbare lexikalische Zugang muß vielmehr durch die über eine Graphem-Phonem-Konversion gewonnene phonologische Repräsentation des Wortes unterstützt und ergänzt werden. Da dies bei den Patienten nicht möglich ist, werden statt des vorgegebenen Wortes Synonyme, Oberbegriffe, Wörter mit einer ähnlichen Bedeutung und mit dem Wort assoziativ verbundene Wörter genannt.

Der Einfluß der Konkretheit bzw. Vorstellbarkeit auf die Lesefähigkeit, die bei diesen Patienten besonders ausgeprägt ist, könnte dadurch erklärt werden, daß von konkreten Wörtern mehr Merkmale bedeutungsmäßig evoziert werden und dadurch ein Abruf leichter erfolgen kann als bei abstrakten Wörtern. Ähnlich könnte der Einfluß der Wortklassenzugehörigkeit auf die Lesefähigkeit der Patienten erklärt werden.

Die größeren Schwierigkeiten beim Lesen von grammatikalischen Funktionswörtern und von Affixen könnten weiters damit in Zusammenhang stehen, daß für diese Wörter bzw. Wortteile kein eindeutiger lexikalischer Eintrag vorhanden ist und daß diese daher in besonderer Weise auf die Rekonstruktion ihrer Lautgestalt über eine Graphem-Phonem-Konversion angewiesen sind.

Es erfordert spezielle Zusatzannahmen, will man alle Schwierigkeiten, die bei der phonemischen Dyslexie zu beobachten sind, auf ein einziges Defizit zurückführen, deshalb scheint es sinnvoller, nicht eine, sondern zwei oder mehrere Störungen als Ursache für die Entstehung dieser Dyslexieform anzunehmen. Neben einer Beeinträchtigung der nicht-lexikalischen phonologischen Rekodierungsfähigkeit ist eine Störung folgender Mechanismen diskutiert worden (Morton und Patterson 1980a, Nolan und Caramazza 1982, Shallice und Warrington 1980):

- Bei den Patienten dürfte auch der Zugang zu phonologischen Kodes von Seiten des semantischen Systems behindert sein. Der phonologische Kode kann zwar aktiviert werden, ist aber manchmal trotzdem einer bewußten Manipulation nicht zugänglich. So können die Patienten sogar bei Wörtern, die sie lesen können, nicht sagen, ob sie sich reimen oder nicht.

- Die besondere Häufigkeit von visuellen Paralexien, deren Fehlerhaftigkeit zudem oft nicht bemerkt wird, spricht dafür, daß die Aktivierung der wortspezifischen visuell-orthographischen Einheit (visuelle Eingangslogogene) von einigen Wörtern erschwert ist (Morton und Patterson 1980a). Als Folge dieser Blockierung können visuell ähnliche Wörter aktiviert werden. Diese Interpretation der visuellen Fehler kann jedoch die gute Leistung der Patienten bei lexikalischen Entscheidungsaufgaben auch für jene Wörter, bei denen visuelle Lesefehler auftreten, nur erklären, wenn zusätzlich angenommen wird, daß die Aktivierung orthographischer Einheiten auch im Fall einer Blockierung dieser Einheiten durch eine Art Kontrollmechanismus registriert wird. Die Tatsache, daß diese visuellen Fehler nicht bei allen Wörtern gleich häufig, sondern vermehrt bei abstrakten Fehlern zu beobachten sind, macht es schwer, eine Störung in der Aktivierung von orthographischen Einheiten noch vor dem eigentlichen semantischen System anzunehmen. Eher dürfte es sich um eine Störung im Zugang zum semantischen System handeln, die für bestimmte Wortarten deutlicher ausgeprägt ist. Da für diese Wörter keine semantischen Informationen abgerufen werden können, werden visuell ähnliche Wörter aktiviert.

- Die häufigen Ableitungsfehler und die Schwierigkeiten bei der Wahl von syntaktisch angemessenen Affixen sowie die Fehler bei grammatikalischen Funktionswörtern machen nach Morton und Patterson (1980a) zusätzlich eine Störung in jenem Mechanismus wahrscheinlich, der für die Verarbeitung syntaktischer Informationen verantwortlich ist. Diese Störung scheint bei den meisten Patienten eine supramodale Störung zu sein, da sich große Schwierigkeiten im Umgang mit syntaktischen Informationen auch in der mündlichen Verständigung mit den Patienten zeigen.

- Nolan und Caramazza (1982) nehmen eine Störung im semantischen System als Ursache der semantischen Fehler an. Diese Störung würde in einer allgemeinen Zunahme der Erregungsschwellen für semantische Einheiten bestehen, wodurch der schon normalerweise vorhandene Gradient zwischen konkreten und abstrakten Wörtern besonders deutlich ausgeprägt würde. Da abstrakte Wörter schwerer aktiviert werden, kommt es zu einer falschen Aktivierung konkreter Wörter. Durch die Erhöhung der Erregungsschwelle dauert es länger, bis eine Einheit die Erregungsschwelle überschreitet, daher können sich semantische Informationen stärker auswirken und ebenfalls Worteinheiten aktivieren. Die semantisch bedingten Lesefehler werden von den Patienten eher bemerkt als visuelle Fehler, da sie den Zielwörtern visuell sehr unähnlich sind. Es sei daher nicht notwendig, für visuelle und semantische Fehler einen unterschiedlichen Entstehungsmechanismus anzunehmen. Nolan und Caramazza sehen in der Frage, wie das Auftreten visueller Fehler durch eine Störung des semantischen Systems erklärt werden kann, eine Hauptschwierigkeit der bisherigen Erklärungsversuche der phonemischen Dyslexie.

Auch die Wortklasseneffekte seien zur Gänze auf diese Erhöhung der Erregungsschwelle zurückzuführen, da etwa grammatikalische Funktionswörter durch eine größere Abstraktheit gekennzeichnet seien. Nur wenn bei den Patienten zusätzlich besondere Verständnisschwierigkeiten für syntaktische Informationen zu beobachten wären, wäre auch eine Störung in einem syntaktischen Verarbeitungsmechanismus anzunehmen. Dies sei jedoch nicht bei allen Patienten mit einer phonemischen Dyslexie der Fall.

- Für Shallice und Warrington (1980) ist die phonemische Dyslexie kein einheitliches Störungsbild, sondern ein Syndrom, bei dem sowohl die phonologische Rekodierung als auch das semantische System gestört ist. Die jeweils betroffenen Verarbeitungsmechanismen sind dabei jedoch nicht immer die gleichen, wodurch sich eine gewisse Variabilität im Erscheinungsbild ergibt. Die Störung auf der Ebene des semantischen Systems kann entweder den Zugang zum semantischen System, die Verarbeitung innerhalb des semantischen Systems oder den Abruf phonologischer Informationen nach der erfolgten semantischen Verarbeitung betreffen.

Eine Störung des Zugangs zum semantischen System liege in den meisten Fällen vor. Sie betrifft entweder stärker den Zugang zu abstrakten oder aber, wie in einem Fall beobachtet, stärker den Zugang zu konkreten Wörtern (Warrington 1981). Meist kann ein Teil der Informationen über die Bedeutung der falsch gelesenen Wörter abgerufen werden, wenn auch die volle Spezifikation der Wortbedeutung nicht zugänglich ist.

Oberflächendyslexie (Semantische Dyslexie)

Die Schwierigkeiten beim Lesen sind bei dieser erworbenen Lesestörung vor allem durch folgende Merkmale gekennzeichnet:

- Die Patienten haben keine besondere Mühe beim Lesen von Pseudowörtern.
- Ein erheblicher Teil der Fehler beim Lesen von Wörtern gibt die Buchstabenfolge plausibel wieder, d.h. wenn man die Aussprache der Wörter nicht kennt, so kann man das Wort auf diese Weise lesen. Oft entsprechen daher die Lesefehler sinnlosen Lautfolgen bzw. Wortneubildungen (Neologismen), während die Patienten praktisch nie einen rein semantischen Fehler begehen.
- Weiters bereitet es den Patienten deutlich mehr Mühe, Wörter zu lesen, bei denen die Korrespondenz zwischen Buchstabenfolge und Lautfolge nicht dem für die jeweilige

Schriftsprache üblichen Muster entspricht (unregelmäßige Wörter), als Wörter, bei denen dies der Fall ist (regelmäßige Wörter).

Die erste detaillierte Beschreibung dieser Form von Leseschwierigkeiten stammt von Marshall und Newcombe (1973). In den Jahren seither sind weitere Patienten mit einer ähnlichen Lesestörung beschrieben worden. Einen guten Überblick gibt ein von Patterson et al. (1985) herausgegebenes Buch, in dem sowohl auf die besonderen Merkmale der Leseschwierigkeiten dieser Patienten eingegangen als auch die Relevanz dieser Störung für Leseprozeßmodelle diskutiert wird.

Die Schwierigkeiten der Patienten mit einer Oberflächendyslexie weichen auffällig von jenen der Patienten mit einer phonologischen Dyslexie sowie mit einer Tiefendyslexie ab. Während bei der Oberflächendyslexie das Lesen von Pseudowörtern keine Schwierigkeiten bereitet, fällt dies Patienten mit den beiden bisher beschriebenen Formen von Lesestörungen besonders schwer. Umgekehrt verhält es sich mit dem Lesen von Wörtern, die in der Graphem-Phonem-Korrespondenz unregelmäßig sind. Was liegt also näher, als die Schwierigkeiten dieser Patienten im Rahmen der Theorie der zweifachen Zugangswege durch eine Erschwernis des direkten lexikalischen Zugangs beim Worterkennen zu erklären, die verbliebenen Lesefertigkeiten hingegen durch die Intaktheit der nichtlexikalischen phonologischen Rekodierungsfähigkeit und somit des indirekten Zugangs beim Worterkennen. Diese naheliegende Interpretation macht deutlich, daß eine Auseinandersetzung mit diesen Leseschwierigkeiten von besonderem Interesse für die Leseforschung ist.

Die bislang vorliegenden Berichte machen deutlich, daß es neben Gemeinsamkeiten unter den Patienten auch beträchtliche individuelle Unterschiede in der Ausprägung der Schwierigkeiten geben kann, sodaß man wohl davon ausgehen muß, daß bei den Patienten verschiedene Komponenten des Leseprozesses betroffen sein können.

Beeinträchtigung der Identifizierung orthographischer Einheiten: Von manchen Patienten (Newcombe und Marshall 1985, Deloche et al. 1982) wird nur die häufigste Entsprechung zwischen einzelnen Buchstaben und Phonemen berücksichtigt. Die Modifikation der Graphem-Phonem-Korrespondenz durch den Kontext d.h. durch andere Buchstaben, die eine solche abweichende Aussprache signalisieren (z. B. im Englischen der Einfluß des nachfolgenden Vokals auf die Aussprache von "g"), wird übersehen. Stummen Konsonanten wird ein Lautwert zugesprochen. Sogar häufig vorkommende Konsonantendigraphe, die nur ein Phonem repräsentieren (wie "ch"), werden gelegentlich aufgelöst und als mehrere Phoneme wiedergegeben. Auch von Vokaldigraphen wird mitunter nur ein Vokal ausgesprochen. Die Fehler resultieren also zum Teil aus der falschen Unterteilung von Wörtern (Deloche et al. 1982). Nach den Leseprozeßmodellen dürfte bei einem Teil der Patienten somit jener Prozeß beeinträchtigt sein, der häufig vorkommende Einheiten innerhalb von Wörtern identifiziert, denen recht konsistent eine bestimmte Phonemfolge zugeordnet werden kann.

Bei anderen Patienten läßt sich hingegen feststellen, daß auch größere Einheiten berücksichtigt werden. So berichten Shallice et al. (1983) über einen Patienten, der auch komplexere Zuordnungen zwischen längeren Buchstabenfolgen und Silbeneinheiten angemessen vornehmen konnte. Dieser Patient konnte somit Wörter, die auf der Ebene der Graphem-Phonem-Zuordnung unregelmäßig waren, solange gut lesen, als auf der Ebene von Silbeneinheiten eine konsistente Zuordnung möglich war.

Beeinträchtigung der Graphem-Phonem-Zuordnung: Typisch für alle Patienten mit einer Oberflächendyslexie ist, daß sie Wörter mit einer regelmäßigen Graphem-Phonem-Zuordnung deutlich besser lesen können als unregelmäßige Wörter. Beim Lesen von unregelmäßigen Wörtern kommt es oft zu sogenannten "Regularisierungsfehlern", d.h. daß diese Wörter so gelesen werden, als würde ihre Aussprache den häufigsten Graphem-Phonem-Zuordnungen folgen. Dabei handelt es sich jedoch nicht um die konstante Zuordnung eines Phonems zu einem bestimmten Graphem, vielmehr dürfte diese Zuordnung die Häufigkeit bzw. Wahrscheinlichkeit berücksichtigen, mit der Grapheme in der Schriftsprache verschiedene Phoneme repräsentieren (Kay und Lesser 1985).

Bei manchen Patienten ist darüber hinaus auch eine Unsicherheit in der Graphem-Phonem-Zuordnung festzustellen. Dies dürfte ein Grund dafür sein, daß auch das Lesen von regelmäßig geschriebenen Wörtern nicht fehlerfrei ist. Diese Unsicherheit zeigt sich auch im Leseverhalten. Da die Patienten unsicher sind, wieweit ihre Antworten richtig sind, unternehmen sie oft mehrere Versuche, die Wörter zu lesen und korrigieren sich dabei selbst (Deloche et al. 1982).

Die Bewertung der Lesefehler wird durch eine Tendenz zur Lexikalisierung kompliziert, die bei manchen Patienten sehr deutlich zu beobachten ist (Saffran 1985). Die Patienten scheinen verschiedene Alternativen für die Aussprache der Wörter aufgrund von Graphem-Phonem-Zuordnungen zu generieren und diese Alternativen dann mit ihrem lexikalischen Wissen, also mit dem Wissen um die korrekte Aussprache verschiedener Wörter zu vergleichen. Dadurch entsteht die Tendenz, beim Lesen richtige Wörter zu nennen, selbst wenn diese Wörter nur eine teilweise Ähnlichkeit mit den Zielwörtern aufweisen. Dies erklärt, wieso trotz Anwendung einer nicht-lexikalischen Lesestrategie nur ein Viertel aller Fehler Neologismen sind (Marcel 1980).

Zusätzliche Hinweise auf die Verwendung des indirekten, nicht-lexikalischen Zugangs beim Worterkennen: Ein deutlicher Einfluß der Regularität der Schreibweise ist bei diesen Patienten nicht nur bei der Aufgabe festzustellen, Wörter laut zu lesen, sondern auch bei der Entscheidung darüber, ob es sich bei einer Buchstabenfolge um ein Wort handelt oder nicht (Deloche et al. 1982). Für unregelmäßige Wörter bereitet dabei die Zuordnung deutlich größere Schwierigkeiten. Auch die Fähigkeit zu beurteilen, ob sich zwei Wörter reimen, ist von der Regelmäßigkeit der Schreibweise dieser Wörter abhängig. Wird ein Wort nicht nach der häufigsten Graphem-Phonem-Korrespondenz geschrieben, so können die Patienten nicht feststellen, ob sich die Wörter reimen oder nicht (Deloche et al. 1982).

Wie bei einer vorwiegenden Verwendung einer nicht-lexikalischen phonologischen Rekodierung beim Lesen, bereitet es Patienten mit einer Oberflächendyslexie beträchtliche Schwierigkeiten, Pseudohomophone (also Pseudowörter, die so wie richtige Wörter ausgesprochen werden) als sinnlos zu identifizieren (Deloche et al. 1982).

Leseverständnis: Im Leseverständnis sind unter den Patienten große Unterschiede festzustellen. Einige Patienten erfassen die Bedeutung von Wörtern nur insofern, als diese auch ausgesprochen, also laut gelesen werden können. Wird ein Wort falsch gelesen, so wird dem Wort eine dem Lesefehler entsprechende Bedeutung zugeordnet (Marshall und Newcombe 1973, Newcombe und Marshall 1985). Andere Patienten hingegen erfassen die Bedeutung von Wörtern, die sie nicht lesen können (Bub et al. 1985, Kay und Patterson 1985, Margolin et al. 1985). Es ist daher wahrscheinlich, daß es sich hier um zwei verschiedene Formen der Oberflächendyslexie handelt. Bei einigen

Patienten dürfte der direkte Zugang des Worterkennens intakt sein, sodaß die im Lexikon gespeicherte Bedeutung der Wörter erfaßt wird, deren Aussprache jedoch nicht erinnert bzw. nicht abgerufen werden kann. Wie zu erwarten, zeigen diese Patienten neben ihren Leseschwierigkeiten viele Versprechungen beim Bilderbenennen und in der Spontansprache. Bei anderen Patienten ist der direkte Zugang zum Lexikon ganz unmöglich geworden, sowohl das Leseverständnis wie die mündliche Lesefähigkeit beruht zur Gänze auf dem indirekten Zugang über die nichtlexikalische phonologische Rekodierung. Allerdings läßt sich bei einigen dieser Patienten ein gewisses Verständnis nachweisen, wenn die Patienten die Wörter nicht laut lesen, sondern sie nur ihrer Bedeutung nach gruppieren sollen (Deloche et al. 1982).

Uneinheitliche Ergebnisse werden für den Einfluß der Worthäufigkeit auf die Leseleistung berichtet. Während manche Patienten (Bub et al. 1985, Marshall und Newcombe 1973) häufig vorkommende Wörter leichter lesen können, hat die Worthäufigkeit auf die Leseleistung bei anderen (Deloche et al. 1982) keinen Einfluß. Nach dem Modell der zweifachen Zugangswege wäre dies so zu erklären, daß der direkte Zugang bei einem Teil der Patienten nicht vollständig unmöglich wird, sondern nur für jene Wörter, die wenig vertraut sind.

Auswirkungen einer Beeinträchtigung des phonologischen Outputbuffers

Caramazza et al. (1986) beschrieben einen Patienten, der nach einem Schlaganfall zunächst neben einer linksseitigen Lähmung auch eine globale Aphasie zeigte, die sich jedoch rasch zurückbildete. Während die Sprachfähigkeit in der Folge kaum beeinträchtigt war und der Patient auch beim Lesen und Schreiben von Wörtern keine Schwierigkeiten zeigte, wurde eine deutliche Beeinträchtigung der Fähigkeit beobachtet, Pseudowörter mündlich zu wiederholen, sie zu lesen und zu schreiben. Diese Schwierigkeiten waren deutlich von der Länge der Pseudowörter abhängig, nahmen also bei längeren Wörtern zu. Die Fehler, die dabei begangen wurden, bestanden überwiegend aus dem Vertauschen der Phoneme bzw. Buchstaben durch andere Phoneme bzw. Buchstaben, die ähnlich ausgesprochen wurden.

Die Abhängigkeit der beobachteten Schwierigkeiten von der Pseudowortlänge legt eine Beeinträchtigung einer Gedächtnis- bzw. Speicherfunktion nahe, die auf das Behalten phonologischer Informationen spezialisiert sein muß. Die Beschränkung der Schwierigkeiten auf Pseudowörter spricht dafür, daß die Zwischenspeicherung für richtige Wörter nicht erforderlich ist, da hier die lexikalischen Informationen ausreichen, um die Aussprache bzw. die für das Schreiben erforderliche Graphem-Zuordnung vorzunehmen.

Buchstaben-für-Buchstaben-Lesen (Wortform-Dyslexie, Verbale Alexie)

Bereits um die Jahrhundertwende sind von Neuropsychologen Patienten mit Lesestörungen beschrieben worden, bei denen die Schreibfähigkeit weitgehend erhalten war (Alexie ohne Agraphie oder reine Alexie). Diese Störung hat von allen erworbenen Lesestörungen den klarsten Zusammenhang mit der Schädigung eines bestimmten Hirnareals und sie tritt oft ohne sonstige Beeinträchtigung der sprachlichen Fähigkeiten auf (deshalb wird sie auch "reine Alexie" genannt), während in den meisten Fällen gleichzeitig eine rechtsseitige Hemianopsie (eine Blindheit in der rechten Hälfte des Gesichtsfelds) vorliegt. Im Laufe der Jahre sind die Schwierigkeiten dieser Patienten unterschiedlich bezeichnet worden (Buchstaben-für-Buchstaben-Lesen, Spelling Dyslexie, Wortform-Dyslexie, Verbale Alexie), in den letzten Jahren wurde deren Leseprozeß detailliert untersucht.

- Patienten mit dieser Lesestörung zeigen meist deutlich größere Schwierigkeiten beim Lesen von Wörtern als beim Lesen von Buchstaben. Die Fähigkeit, Wörter zu lesen, zeigt einen klaren Zusammenhang mit der Wortlänge. Während kurze Wörter gelesen werden können, ist dies bei längeren Wörtern nicht mehr möglich (Hécaen und Kremin 1976).

- Bei einigen dieser Patienten nimmt diese Störung eine besonders ausgeprägte Form an und das Lesen von Wörtern scheint nur mehr dadurch möglich zu sein, daß die einzelnen Buchstaben des Wortes der Reihe nach benannt werden. Erst nach dem Benennen aller Buchstaben können die Patienten das Wort sagen. Einige Patienten verwenden ausschließlich diese Strategie (z.B. Rothi et al. 1981), bei anderen ist sie nicht immer beobachtbar, aber es bleibt unklar, ob sie nicht wenigstens subvokal angewandt wird.

- Die Schreibfähigkeit ist bei den Patienten oft vollständig normal, sie können jedoch das von ihnen selbst Geschriebene nur mit großer Mühe lesen.

Die klassische neurologische Interpretation dieser Störung lautet, daß die Verbindung zwischen dem Gyrus angularis der linken Hemisphäre und den beiden Okzipitallappen unterbrochen ist (im typischen Fall durch die Läsion des linken Okzipitallappens und jene des Spleniums des Corpus Callosums, wodurch der Zugang vom rechten Okzipitallappen zum Gyrus angularis unterbrochen wird). Das intakte Wortbildzentrum kann somit zwar den Schreibvorgang steuern, aber nicht durch die visuellen Informationen über den Graphemaufbau der Wörter aktiviert werden. Um Wörter zu erkennen, müssen diese buchstabiert werden.

In allen Fällen ist das Lesen ein langsamer, mühsamer Prozeß, wobei sich ein klarer Zusammenhang zwischen der Lesezeit einzelner Wörter und ihrer Länge zeigt. Das Lesen längerer Wörter scheint vor allem durch die auf Grund der sequentiellen Dekodierungsstrategie stärkere Belastung des Kurzzeitgedächtnisses behindert sowie dadurch, daß die Patienten, um ihre Schwierigkeiten zu umgehen, längere Wörter auf Grund der ersten Buchstaben zu erraten suchen. Folge ist der erwähnte deutliche Unterschied zwischen der Fähigkeit, kurze und lange Wörter zu lesen (z.B. bei dem Patienten von Speedie et al., 1982, 97% gegenüber 17% richtige Antworten). Wird die Darbietungszeit der Wörter reduziert, so treten auch bei kurzen Wörtern viele Fehler auf (Warrington und Shallice 1980, Speedie et al. 1982).

Einfluß von Wortmerkmalen auf die Lesefähigkeit: Die Fähigkeit, Buchstabenfolgen zu lesen, ist unabhängig davon, ob es sich dabei um Wörter oder Pseudowörter handelt. Auch die Regelmäßigkeit der Graphem-Phonem-Korrespondenz übt bei einigen Patienten keinen deutlichen Einfluß aus (Speedie et al. 1982), bei anderen Patienten sind gleichzeitig Merkmale der Oberflächendyslexie vorhanden - ihnen fällt das Lesen von regelmäßigen Wörtern deutlich leichter als das Lesen unregelmäßiger Wörter.

Schwierigkeiten bei der Verarbeitung der Schriftbildinformationen: Die Komplexität des Schriftbilds hat einen signifikanten Einfluß auf die Lesefähigkeit der Patienten. Wörter, die in Schreibschrift vorgegeben werden, können schlechter gelesen werden als Wörter in Druckschrift. Auch die Darbietung der Wörter in alternierender Groß- und Kleinschrift statt in normaler Druckschrift behindert das Lesen deutlich (Warrington und Shallice 1980). Die Transskription eines Wortes von Schreibschrift in Druckschrift ist deutlich behindert und zwar stärker als die Transskription von Druckschrift in Schreibschrift (Speedie et al. 1982), was ebenfalls auf Schwierigkeiten bei der Verarbeitung der (visuellen) Grapheminformationen hinweist, während demgegenüber die bei der Niederschrift nötige Graphemwahl und die motorische Ausführung der Schreibbewegungen deutlich weniger behindert sind.

Einige Patienten haben auch Schwierigkeiten bei der Identifizierung einzelner Buchstaben in normaler Druckschrift. Dieses Defizit ist interindividuell unterschiedlich ausgeprägt und bestimmt das Ausmaß der verbliebenen Lesefähigkeit. Im Allgemeinen fällt es den Patienten leichter, die Namen von Buchstaben zu nennen, als den Buchstaben die ihnen normalerweise zugehörigen Lautwerte zuzuordnen. Jedoch ist bei manchen Patienten auch das Benennen von Buchstaben leicht beeinträchtigt (Staller et al. 1978). Die Auswahl der Phoneme für vorgegebene Buchstaben fällt den Patienten schwerer als die Auswahl der richtigen Grapheme für vorgegebene Phoneme (Speedie et al. 1982).

Gegenüber den großen Schwierigkeiten, die diese Patienten bei dem Lesen von Wörtern haben, sind die relativ geringen Schwierigkeiten beim Lesen von Zahlen und Logographen auffällig.

Hinweise für die Verwendung impliziter orthographischer Kenntnisse: Die Fähigkeit, Wörter von Nichtwörtern zu unterscheiden, bleibt bei den Patienten weitgehend erhalten (Staller et al. 1978). Die Sicherheit bei dieser Entscheidung hängt ebenso wie bei Normalpersonen von der Vorkommenshäufigkeit der Wörter sowie von der Aussprechbarkeit der Buchstabenfolge ab. Trotz der schweren Beschränkung der Lesefähigkeit bei dieser Dyslexieform bleibt also das implizite orthographische Wissen erhalten. Bei einigen Patienten zumindest scheint unter bestimmten Bedingungen das Wissen um die Schreibweise der Wörter deren Identifikation zu erleichtern. Wenn die Aufgabe gestellt wird, nach bestimmten Wörtern in einem Text zu suchen, dann kann die Durchführung der Aufgabe den Patienten dadurch erleichtert werden, daß ihnen das Wort in schriftlicher Form gezeigt wird (Staller et al. 1978).

Leseverständnis: Die meisten bisherigen Untersuchungen kamen zu dem Ergebnis, daß es den Patienten nur möglich ist, Wörter zu verstehen, wenn sie genügend Zeit haben, diese auch Buchstabe für Buchstabe zu erlesen (z.B. Patterson und Kay 1982). Es gibt allerdings einige Berichte, die nahelegen, daß manche Patienten ein gewisses Verständnis auch für Wörter zeigen, die sie nicht lesen konnten (Shallice und Saffran 1986).

Erklärungen des Buchstaben-für-Buchstaben Lesens: Nach den Modellen der Informationsverarbeitungstheorie ist bei dieser Dyslexieform zwar eine anfängliche visuelle Verarbeitung der Buchstabenfolgen möglich, jedoch ist das System gestört, das für die weitere Verarbeitung der Buchstabenfolgen verantwortlich ist und zwar vor allem jenes für die Unterteilung der Sequenzen in größere vertraute Einheiten und deren Kategorisierung. Dieses System, von Warrington und Shallice (1980) visuelles Wortformsystem genannt, bearbeitet die Informationen der Buchstabenfolgen nicht sequentiell, sondern parallel und ist somit optimal zur Identifikation von größeren Einheiten innerhalb der Sequenz ausgestattet. An den von diesem System gebildeten Einheiten kann die phonologische Rekodierung und die semantische Verarbeitung beim Lesen direkt ansetzen, ohne auf die Informationen über das Vorhandensein einzelner Buchstaben zurückgreifen zu müssen. Durch die Identifikation dieser größeren Einheiten erhält das Lesen die für den geübten Leser charakteristische Effizienz.

Unter expliziter Bezugnahme auf das Logogen-Modell nahmen Patterson und Kay (1982) hingegen an, daß die visuelle Analyse der Buchstabeninformationen weitgehend ungestört vor sich gehe, die Informationen jedoch keinen Zugang zu den diese Informationen sammelnden und integrierenden Einheiten, den visuellen Eingangs-Logogenen, fänden. Dadurch wäre es den Patienten unmöglich, die volle wortspezifische Information beim Lesen auszunutzen.

9.2. Agraphien

Bei den erworbenen Schreibstörungen gibt es umschriebene Störungsformen, die in ihrer Symptomatik weitgehend den eben beschriebenen Formen der erworbenen Lesestörungen ähneln, mit denen sie auch oft einhergehen (Alexie plus Agraphie). Es gibt jedoch auch Patienten, bei denen die Schreibstörung entweder isoliert auftritt (reine Agraphie) oder aber sich in ihrer Symptomatik von der gleichzeitig vorhandenen Lesestörung deutlich unterscheidet.

Ähnlich wie bei den Alexien ist es auch bei den Agraphien sinnvoll, zwischen peripheren und zentralen Formen zu unterscheiden. Während bei den peripheren Agraphien der Prozeß der Buchstabenbildung bzw. der räumlichen Anordnung der Buchstaben beeinträchtigt ist, betrifft die Störung bei den zentralen Agraphien vorgeordnete Prozesse der Informationsverarbeitung. Neben den beiden Formen von zentraler Schreibstörung, der lexikalischen (oder Oberflächen-) Dysgraphie und der phonologischen Dysgraphie, die als Analoga der zuvor beschriebenen Lesestörungen aufgefaßt werden können, gibt es auch eine Form, bei der die für das Schreiben nötige Zwischenspeicherung beeinträchtigt ist.

Periphere Agraphien

Neglekt- (afferente oder räumliche) Dysgraphie - bei dieser Störung wird zumeist nur auf der rechten Seite eines Blattes geschrieben, Teile der Wörter werden ausgelassen. Sie tritt zumeist mit einer Neglekt-Dyslexie und einem klinischen Neglekt-Syndrom auf.

Apraktische Dysgraphie - Die Patienten haben Mühe, die Buchstaben zu bilden, es kommt zu Fehlformen, auch die räumliche Anordnung der Buchstaben ist beeinträchtigt. Die wahrscheinliche Ursache liegt in Schwierigkeiten beim Abruf der Bewegungsmuster für die Ausführung der Schreibbewegungen. In einer speziellen Form dieser Störung können die Buchstaben zwar korrekt geschrieben werden, es kommt jedoch zu Fehlern bei der Auswahl der Buchstabenschemata.

Zentrale Agraphien

Phonologische Dysgraphie - Das Schreiben von Pseudowörtern bereitet große Schwierigkeiten, während richtige Wörter recht gut geschrieben werden können; viele Schreibfehler sind visuell bestimmt (Fehler und Zielwörter haben mehr als 50% der Buchstaben gemein).

Lexikalische Dysgraphie - Regelmäßige Wörter werden deutlich besser geschrieben als unregelmäßige, Pseudowörter bereiten keine besonderen Schwierigkeiten, Schreibfehler sind oft phonologisch plausible Neologismen (Wörter werden so geschrieben, wie es die am häufigsten vorkommenden GPK-Regeln nahelegen).

Dysgraphie durch Beeinträchtigung des Graphemzwischenspeichers - Mit zunehmender Wortlänge erhöht sich die Wahrscheinlichkeit von Fehlern, wobei weder die Worthäufigkeit noch die Regelmäßigkeit der Graphem-Phonem-Zuordnung von Bedeutung sind.

Phonologische Dysgraphie

Ein von Shallice (1981) beschriebener Patient zeigte beim Lesen nur wenig Schwierigkeiten, während das Schreiben deutlich behindert war. Am auffälligsten waren die großen Schwierigkeiten beim Schreiben von Pseudowörtern. Selbst einfache sinnlose Vokal-Konsonantenfolgen konnten nicht geschrieben werden. Wenn der Patient Pseudowörter niederzuschreiben versuchte, so benutzte er oft richtige Wörter als Vermittlungshilfe, konnte jedoch die notwendigen Veränderungen nicht mehr vornehmen, um das Geschriebene der Lautfolge der vorgesprochenen Wörter anzugleichen. Dem Patienten war es auch nicht möglich, die den Buchstabenlauten entsprechenden Grapheme niederzuschreiben, obwohl es ihm möglich war, die richtigen Grapheme zu schreiben, wenn statt der Buchstabenlaute die Namen der Buchstaben diktiert wurden. Das Schreiben von Wörtern war demgegenüber weniger beeinträchtigt. Ob ein Wort geschrieben werden konnte, hing von der Vorkommenshäufigkeit und der Konkretheit bzw. Vorstellbarkeit der Wörter ab. Die Regelmäßigkeit der Phonem-Graphem-Zuordnung in diesen Wörtern hatte hingegen keinen Einfluß. Der Patient berichtete, daß er, wenn er ein Wort niederschreiben wollte, dieses Wort deutlich wie auf einer Projektionsfläche innerlich vor sich sah, sodaß er sie nur abzuschreiben hatte. Die Fehler, die er beim Schreiben beging, ergaben fast alle ein anderes Wort.

Seit dem Bericht von Shallice (1981) sind ähnliche Fälle von Schreibschwierigkeiten wiederholt berichtet worden. Die meisten Fälle wiesen vergleichbare Schwierigkeiten beim Lesen und Schreiben auf, jedoch gibt es Fälle, bei denen die Art der Schwierigkeiten beim Lesen und Schreiben unterschiedlich ist oder die Schwierigkeiten allein auf das Schreiben beschränkt sind (Roeltgen und Heilman 1985).

Lexikalische Dysgraphie

Diese Schreibstörung wurde zuerst von Beauvois und Dérouesné (1981) in einer Einzelfallstudie beschrieben, in der Folge sind eine Reihe weiterer Fälle mit ähnlichen umschriebenen Schwierigkeiten berichtet worden (Hatfield und Patterson 1983, Roeltgen und Heilman 1984, Baxter und Warrington 1987, Sanders und Caramazza 1990).

Es soll hier nur etwas näher auf den von Beauvois und Dérouesné (1981) beschriebenen Patienten (R.G.) eingegangen werden, da bei ihm das Lesen zwar ebenfalls gestört war, aber in Form einer phonologischen Dyslexie. Im Unterschied zur Lesefähigkeit hing die Fähigkeit, diktierte Wörter niederzuschreiben, deutlich davon ab, ob die Phonem-Graphem-Zuordnung der Wörter eindeutig war. Wörter, bei denen die Phonem-Graphem-Zuordnung ambigue war oder von dem in der Schriftsprache üblichen Muster abwich, also unregelmäßig war, konnten fast nie richtig geschrieben werden. In ihrer Schreibweise regelmäßige Wörter wurden hingegen in den allermeisten Fällen richtig geschrieben. Die Fehler gaben die Aussprache der Wörter meist angemessen wieder. Wenn sie auch von der tatsächlichen Schreibweise der Wörter abwichen, waren sie doch phonetisch korrekt. Auch die sequentiellen Beschränkungen, die die Aussprache von Wörtern modifizieren, also regelhafte Kontexteinflüsse auf die Phonem-Graphem-Zuordnung, wurden beachtet. Es wurde jedoch nur die am häufigsten vorkommende Graphem-Phonem-Zuordnung angewandt. Der Patient konnte selbst bei sehr häufigen unregelmäßigen Wörtern deren spezifische Schreibweise nicht wiedergeben. In einzelnen Fällen schien der Patient zu wissen, daß es sich um unregelmäßige Wörter handelte, und sprach diese Wörter dann von der üblichen Aussprache abweichend aus. So sprach er Wörter, die in ihrer schriftlichen Form einen stummen Buchstaben enthielten, mit diesem Buchstaben aus und behauptete auf Nachfragen, daß dies die richtige Aussprache sei.

Das Niederschreiben von Pseudowörtern bereitete ihm keine Schwierigkeiten, er wählte dabei meist die ökonomischste Schreibweise (o und nicht eau). Auch die Fehler, die er beim Niederschreiben von Wörtern machte, bestanden überwiegend in Vereinfachungen. Die Art der Fehler blieb zwar bei mehrmaligem Niederschreiben der gleichen Wörter in größeren Abständen konstant, sie wurden jedoch nicht immer auf die gleiche Weise geschrieben.

Die selben Schwierigkeiten wie beim Niederschreiben wurden auch beim mündlichen Buchstabieren von Wörtern beobachtet, obwohl der Patient die Wörter, die er buchstabieren sollte, am Ende seiner fehlerhaften Versuche noch gut wiederholen konnte.

Ob ein Wort richtig geschrieben werden konnte oder nicht, war auch von der Vorkommenshäufigkeit der Wörter abhängig, wenn dieser Faktor auch von geringerer Bedeutung war als die Regelmäßigkeit der Phonem-Graphem-Korrespondenz. (Es dürfte also ein Zugang zur - nach der Worthäufigkeit geordneten - lexikalischen Repräsentation der Wörter teilweise erhalten geblieben sein, wenn er auch stark behindert war.)

Die Kombination unterschiedlicher Verarbeitungsschwierigkeiten beim Lesen und Schreiben führte dazu, daß dieser Patient große Schwierigkeiten hatte, die eigene Schrift zu lesen. Auch bei der Transkription von in Druckschrift vorgegebenen Wörtern in normale Schreibschrift traten sehr viele Fehler auf.

Dysgraphie aufgrund einer Beeinträchtigung des Graphemzwischenspeichers

Caramazza et al. (1987) stellten folgende Kriterien für die Diagnose dieser Schreibstörung auf:

- Es sollte das Schreiben von Wörtern und Pseudowörtern in gleicher Weise beeinträchtigt sein.
- Die Fehlerwahrscheinlichkeit sollte nicht von lexikalischen Faktoren (Worthäufigkeit etc.) abhängen. Ebensowenig sollte die Regelmäßigkeit der Phonem-Graphem-Zuordnung einen Einfluß ausüben.
- Fehler sollten bei allen Aufgaben auftreten, bei denen die Buchstabenfolge anzugeben ist, also beim mündlichen Buchstabieren ebenso wie beim Schreiben. Die Fehler sollten auch von der Modalität des Inputs unabhängig sein, so wären sowohl beim spontanen Schreiben wie beim Diktatschreiben und beim verzögerten Abschreiben ähnliche Fehler zu beobachten.
- Die Fehler sollten mit der Wort- bzw. Pseudowortlänge zunehmen.

Caramazza et al. (1987) und Caramazza und Miceli (1990) analysierten im Detail die Art der Rechtschreibschwierigkeiten bei einem Patienten (LB), der nach einem Schlaganfall vorübergehend eine leichte rechtsseitige Hemiparese sowie geringe Sprachschwierigkeiten, aber persistente Rechtschreibschwierigkeiten aufwies. Die Rechtschreibschwierigkeiten folgten nicht nur dem postulierten Muster, sondern zeigten auch weitere Besonderheiten, die auf die Art der Kodierung im Graphemzwischenspeicher schließen ließen. Zwei weitere Fälle, die vergleichbare umschriebene Schreibschwierigkeiten aufwiesen, wurden von Hillis und Caramazza (1989) sowie Badecker et al. (1990) beschrieben.

Periphere Dysgraphien

Als periphere Dysgraphien werden jene Rechtschreibschwierigkeiten bezeichnet, in denen die Schwierigkeiten auf den Produktionsprozeß, im Allgemeinen also auf den Schreibprozeß, beschränkt sind, das mündliche Buchstabieren also nicht beeinträchtigt ist. Diese Schreibschwierigkeiten können auf unterschiedlichen Ebenen entstehen.

Beeinträchtigung der Buchstabenauswahl: Bei einigen Patienten dürfte der Prozeß der Auswahl der richtigen Buchstaben für den Schreibprozeß beeinträchtigt sein, obwohl die Buchstaben korrekt und leserlich geschrieben werden können. Goodman und Caramazza (1986) sahen als Ursache für diese Schwierigkeiten eine Störung bei der Zuweisung der (allographischen) Schreibform, durch die das generelle Bewegungsschema von Buchstaben in bestimmten Schriftformen (z.B. Groß- versus Kleinschreibung) festgelegt wird, an.

Beeinträchtigung der Planung des Bewegungsablaufs: Bei anderen Schreibschwierigkeiten ist ausschließlich der Abruf der Bewegungsmuster beeinträchtigt, die für die Ausführung der Schreibbewegungen erforderlich sind. Diese Schwierigkeiten können im Rahmen einer allgemeineren Apraxie auftreten, bei denen die Patienten Schwierigkeiten haben, Bewegungen ihrer Gliedmaßen zu steuern und komplexe Bewegungsfolgen auszuführen, oder auf das Schreiben beschränkt bleiben. Kennzeichen dieser Schwierigkeiten ist, daß Buchstaben nicht mehr leserlich gebildet werden, Verdoppelungen von Buchstaben bzw. einzelner Strichführungen vorkommen. Auch die räumliche Anordnung der Buchstaben ist beeinträchtigt, indem in der Kursivschrift Buchstaben häufiger nicht verbunden und Abstände zwischen den Buchstaben eines Wortes gelassen werden (Papagno 1992).

Neglekt-Dysgraphie (afferente oder räumliche Dysgraphie): Diese Schwierigkeiten sind durch folgende Merkmale charakterisiert:
- Die Patienten haben die Tendenz, nur auf der rechten Seitenhälfte zu schreiben.
- Buchstaben bzw. Buchstabenteile werden häufig ausgelassen.
- Schwierigkeiten, auf einer geraden, horizontalen Linie zu schreiben.

Neben einer Beeinträchtigung der Aufmerksamkeit (halbseitiger Neglect), von der auch das Lesen betroffen ist, dürfte dieser Form der Schreibschwierigkeiten auch eine mangelnde Fähigkeit zur Ausnutzung taktiler und räumlicher Rückmeldungen zugrundeliegen (Ellis et al. 1987).

Zusammenfassend können wir festhalten, daß die Analyse der erworbenen Lese- und Schreibstörungen die Fruchtbarkeit der Informationsverarbeitungsmodelle des Worterkennungs- und Schreibprozesses deutlich gemacht hat. Diese Analysen zeigten, daß Lese- und Schreibstörungen sehr unterschiedliche Formen annehmen können. Das Fehlermuster der verschiedenen Störungen ist in einem hohen Ausmaß durch die Annahme der Beeinträchtigung jeweils unterschiedlicher Komponenten der Informationsverarbeitung zu erklären. Deshalb sind die neuropsychologischen Befunde ein guter Ausgangspunkt für die Frage, ob sich auch unter den Schwierigkeiten beim Erlernen des Lesens und Schreibens verschiedene Subtypen differenzieren lassen. Mit dieser Frage wollen wir uns im nächsten Kapitel beschäftigen.

10. Differenzierung von Untergruppen lese- und schreibschwacher Schüler

Beim Versuch, bestimmte Verarbeitungsschwierigkeiten beim Lese- und Schreibprozeß von Kindern mit Lese- und Rechtschreibschwierigkeiten hervorzuheben, stellt man bald fest, daß diese Kinder eine recht große Variabilität zeigen. Es ist daher naheliegend, an Hand der Art der bei Lese- und Schreibaufgaben gezeigten Schwierigkeiten nach Untergruppen zu suchen.

Versuche, solche Untergruppen zu bilden, wurden bereits vor längerer Zeit unternommen, stützten sich jedoch überwiegend auf die Leistungen in Testverfahren, die nicht unmittelbar die Lese- und Rechtschreibleistung der Kinder, sondern das allgemeine Begabungsprofil erfassen. Auf diese Ansätze soll an dieser Stelle nicht näher eingegangen werden (siehe Abschnitt II, Kap.2), hier geht es in erster Linie darum, homogene Subgruppen nach der Art der Lese- und Schreibschwierigkeiten zu bilden.

10.1. Gibt es unterschiedliche Formen von Leseschwierigkeiten?

In den letzten beiden Jahrzehnten wurden verschiedene Vorschläge gemacht, um unter den Leseschwierigkeiten von Kindern unterschiedliche Typen zu differenzieren. Der theoretische Bezugsrahmen dieser Ansätze war jeweils unterschiedlich. Während Boder (1973), die den ersten bekannter gewordenen Typologieansatz vorstellte, noch von einem sehr einfachen Modell ausging, in dem vor allem die an den Schwierigkeiten beteiligten Sinnesmodalitäten zur Einteilung herangezogen wurden, orientieren sich die neueren Einteilungsversuche an den Informationsverarbeitungsmodellen der kognitiven Psychologie bzw. unmittelbar an den im letzten Kapitel dargestellten unterschiedlichen Formen von erworbenen Lese- und Schreibschwierigkeiten.

Die wichtigsten Ansätze sind in der folgenden Tabelle in ihren Grundzügen charakterisiert. Dabei wird deutlich, daß diese Ansätze zwar ein unterschiedliches Ausmaß an Differenziertheit sowohl in der Diagnosestellung wie in der Charakterisierung der Gruppen aufweisen, jedoch in allen Ansätzen zwei Gruppen unterschieden werden, die (zwar unterschiedlich benannt) wesentliche Merkmale gemeinsam haben.

Orientierung an modalitätsspezifischen Defiziten (Boder 1973): Annahme, daß Leseschwierigkeiten entweder durch visuelle oder durch akustisch-phonologische Verarbeitungsschwächen (oder eine Kombination beider Schwächen) zustandekommen, unterschieden werden - Dyseidetiker, Dysphonetiker, Alektiker (=Dyseidetiker + Dysphonetiker)

Orientierung an den Alexieformen bei spät erworbenen Hirnschädigungen: In diesem an der Neurolinguistik orientierten Ansatz wird das Informationsverarbeitungsmodell der zweifachen Zugangswege als Grundlage genommen und schwerpunktmäßig Störungen in einem dieser beiden Zugangswege beim Worterkennen postuliert, wodurch zwei qualitativ unterschiedliche Störungen entstehen - Oberflächendyslexie und phonologische Dyslexie

Orientierung an einem Effizienzmodell der Informationsverarbeitung (Seymour 1986): Die Art der Leseschwierigkeiten wird von der Effizienz der drei am Worterkennen beteiligten Prozessoren (visueller, phonologischer, semantischer) sowie der beiden Zugangswege zum phonologischen Prozessor (graphemischer und phonemischer) abgeleitet. Drei Formen von Leseschwächen werden unterschieden - phonologische, morphemische und visuell-analytische.

Diagnosestellung

Modalitätsmodell: Zuordnung erfolgt aufgrund eines Diktats jener Wörter aus einer speziellen Wortliste (mit nach den GPK-Regeln regelmäßigen und unregelmäßigen Wörtern), die nicht flüssig gelesen werden; qualitative Analyse der Rechtschreibfehler (zusätzlich auch der Lesefehler) nach ihrer phonologischen Angemessenheit

Neurolinguistisches Modell: Für die Zuordnung entscheidend sind die Anzahl und die Art der Fehler beim Lesen von Listen mit regelmäßigen, unregelmäßigen und Pseudowörtern; zusätzliche Tests überprüfen die Unterscheidung von homophonen Wörtern sowie von Pseudohomophonen

Effizienzmodell: Neben dem lauten Lesen von Wörtern und Pseudowörtern (bei dem verschiedene Faktoren wie Worthäufigkeit, Wortlänge, Regelhaftigkeit der Aussprache systematisch variiert werden) werden auch visuelle Vergleichsaufgaben (Überprüfung, ob in einer Reihe von Buchstaben nur identische Buchstaben vorkommen bzw. ob zwei gleichzeitig gezeigte Buchstabenfolgen identisch sind) und Aufgaben, die die Bedeutungserfassung überprüfen (lexikalische und semantische Entscheidungsaufgaben), vorgegeben. Als entscheidend wird nicht nur die Genauigkeit bzw. Richtigkeit der Antworten, sondern auch deren Geschwindigkeit betrachtet. Ein effizienter Verarbeitungsprozeß zeichnet sich danach dadurch aus, daß die Reaktionen sehr rasch erfolgen und wenig Variabilität zeigen.

Gruppenmerkmale

Dyseidetiker - Lese- und Rechtschreibfehler zumeist phonologisch angemessen, größere Schwierigkeiten bei unregelmäßigen als bei regelmäßigen Wörtern

Oberflächendyslexie - regelmäßige Wörter deutlich besser gelesen als unregelmäßige, Pseudowörter bereiten keine besonderen Schwierigkeiten, viele Lesefehler bestehen aus Regularisierungen (Wörter werden so ausgesprochen, wie es die am häufigsten vorkommenden GPK-Regeln nahelegen) und sind oft Neologismen, homophone Wörter können schwer unterschieden werden

Morphemische Leseschwäche: Ähnliche Merkmale wie bei der Oberflächendyslexie betont, zusätzlich soll die Aussprechlatenz beim Lesen von Wörtern relativ groß sein und linear mit der Wortlänge zunehmen, auch visuelle Vergleichsaufgaben werden sehr langsam ausgeführt. Der Zugriff zu den Wortbedeutungen gelingt besonders schlecht.

Dysphonetiker - Lese- und Rechtschreibfehler zumeist phonologisch nicht angemessen

Phonologische Dyslexie - regelmäßige und unregelmäßige Wörter werden etwa gleich schwer gelesen, Pseudowörter bereiten deutlich größere Schwierigkeiten, viele Lesefehler sind visuelle Paralexien (Fehler und Zielwörter haben mehr als 50% der Buchstaben gemein)

Phonologische Leseschwäche: Neben den besonderen Schwierigkeiten bei Pseudowörtern wird noch hervorgehoben, daß Aufgaben, in denen nur die Bedeutung der Wörter zu eruieren ist, leichter bearbeitet werden als Aufgaben, in denen eine phonologische Rekodierung erforderlich ist (lautes Lesen). Da die Funktionsweise des visuellen Processors unbeeinträchtigt ist, bereiten Vergleichsaufgaben keine Schwierigkeiten. Wortlänge und Formatverzerrungen sollen nur einen geringen Einfluß haben.

Visuell-analytische Leseschwäche: Schwierigkeiten zeigen sich in der Langsamkeit von visuellen Vergleichsaufgaben und dabei vor allem bei Veränderungen der gewohnten Vorgabe.

Im Folgenden soll zunächst auf die Evidenz eingegangen werden, daß sich tatsächlich unterschiedliche Formen von Leseschwierigkeiten differenzieren lassen. Dabei gehen wir von dem neurolinguistischen Klassifikationsansatz aus, da dieser bereits im vorangehenden Kapitel ausführlicher dargestellt wurde und den Arbeiten der meisten Autoren zugrundeliegt. Dieser Ansatz bemüht sich um die Kennzeichnung typischer Fälle der verschiedenen Formen von Leseschwierigkeiten, nicht so sehr um die Frage, wieweit die beschriebenen Formen eine Klassifikation der Mehrzahl der Kinder mit Leseschwierigkeiten ermöglichen und wieweit auch unter durchschnittlichen Lesern unterschiedliche Ausprägungen verschiedener Teilfertigkeiten des Lesens vorkommen. Auf diese Fragen soll im Anschluß eingegangen werden.

Evidenz für das Vorhandensein der phonologischen Dyslexie: In der Beschreibung der Leseschwierigkeiten wurde bereits betont, daß diese mit besonders großen Defiziten bei der Anwendung der phonologischen Rekodierung einhergehen. Leseschwache Schüler haben also im Durchschnitt deutlich größere Schwierigkeiten beim Lesen von Pseudowörtern als von richtigen Wörtern. Es wurden jedoch in den letzten Jahren einige Fälle beschrieben, bei denen diese Schwierigkeiten besonders ausgeprägt waren und die daher in Anlehnung an die durch Hirnschädigung im Erwachsenenalter auftretenden Leseschwächen als phonologische Dyslexie bezeichnet wurden. Den überzeugendsten Fall einer solchen phonologischen Dyslexie stellt ein von Campbell und Butterworth (1985) beschriebener Fall, R.E., dar.

Es handelt sich um eine 20-jährige Studentin, die als Kind größere Schwierigkeiten beim Erlernen des Lesens hatte. Sie erlernte das Lesen nach einem Schulwechsel und mit Unterstützung ihrer Mutter recht gut, sodaß ihr weiterer Fortschritt in der Schule befriedigend verlief und sie auch die erforderlichen Aufnahmeprüfungen für die Universität bestand. Beim Studium konnte sie das erforderliche Lesepensum des (Psychologie-) Studiums bewältigen und es fiel nur durch Zufall auf, daß sie zwar richtige Wörter, aber keine Pseudowörter lesen konnte. Die im Anschluß durchgeführte detaillierte Untersuchung ihrer Lese- und Schreibfertigkeit brachte ein markantes Profil zu Tage.

R.E. konnte, wenn es um richtige Wörter ging, als gute Leserin betrachtet werden. Sie konnte sogar einen Großteil einer Liste seltener Wörter mit ungewöhnlicher (d.h. von den Graphem-Phonem-Korrespondenzregeln abweichender) Aussprache lesen. Schon von kurzen Pseudowörtern konnte sie jedoch nur zwei Drittel richtig lesen, und zwar sehr stockend und langsam. Von längeren Pseudowörtern las sie sogar nur etwa jedes zehnte richtig. Diese Unsicherheit bei der phonologischen Rekodierung zeigte sich auch, wenn sie aufgefordert wurde, die den Buchstaben zugeordneten Laute auszusprechen. Zwar konnte sie alle Buchstaben richtig benennen und in verschiedenen Schrifttypen einander zuordnen, sie hatte jedoch große Mühe die einzelnen Laute auszusprechen und gab mehrfach statt des Lautes ein Wort an, in dem dieser Laut vorkam.

R.E. war es praktisch unmöglich, anzugeben, ob sich zwei geschriebene Wörter reimten, wenn die Lautähnlichkeit nicht aus der Schreibweise abzulesen war.

Auch die Rechtschreibfähigkeit von R.E. entsprach den Durchschnittsleistungen von Studenten, wies aber doch einige Auffälligkeiten auf. Selbst wenn sie nicht viele Fehler beging, so waren diese Fehler doch deutlich öfter als bei normalen Rechtschreibern phonologisch unakzeptabel und stellten keine plausible Wiedergabe des Wortes dar. Auch wenn sie auf ihre Fehler hingewiesen wurde und verschiedene Schreibweisen vergleichen sollte, zog sie oft phonologisch unplausible Fehler phonologisch plausiblen vor. Auffälliger noch war, daß sie - ähnlich wie beim Lesen - große Schwierigkeiten mit dem Schreiben von Pseudowörtern hatte.

Die Leseleistungen von R.E. sind als ungewöhnlich zu betrachten, da sie darauf hinweisen, daß sich bei langdauernder Förderung eine relativ gute Lesefähigkeit sogar bei nahezu völligem Versagen der phonologischen Rekodierungsfähigkeit herausbilden kann. Die gute Lesefähigkeit dürfte in diesem Fall ausschließlich auf der Erinnerung an die spezifische Schreibweise einer großen Zahl von Wörtern beruhen. Dies ist jedoch als Ausnahme zu betrachten. Bei den übrigen in der Literatur beschriebenen Fällen handelt es sich meist um Kinder bzw. Jugendliche, deren Lese- (und Rechtschreib-) Fähigkeit nach mehreren Jahren Schulbesuch noch sehr gering war. Auffallend war allerdings auch hier, daß Pseudowörter praktisch überhaupt nicht gelesen und geschrieben werden konnten, während unregelmäßige Wörter kaum mehr Schwierigkeiten bereiteten als Wörter mit regelmäßigen Graphem-Phonem-Korrespondenzen. Ein Großteil der Lese- und Rechtschreibfehler wies zwar eine visuelle Ähnlichkeit zu den Zielwörtern auf, berücksichtigte jedoch die Graphem-Phonem- bzw. die Phonem-Graphem-Korrespondenzen nur unzureichend (Snowling, Stackhouse und Rack. 1986, Stackhouse und Snowling 1992, Temple und Marshall 1983, Temple 1986). Der beträchtliche Rückstand in der Leseentwicklung weist allerdings darauf hin, daß durch die Schwierigkeiten beim phonologischen Rekodieren auch die lexikalische Speicherung der Schreibweise und der direkte Zugangsweg zur Ermittlung der Aussprache eines Wortes beeinträchtigt ist. Trotzdem handelt es sich hier, wie der Vergleich mit jüngeren Kindern ähnlichen Leseentwicklungsstands beweist, nicht einfach um einen Rückstand beim Erlernen des Lesens, sondern um eine qualitativ unterschiedliche Form der Aneignung der Schrift.

Bei einigen dieser Kinder konnte die weitere Lese- und Rechtschreibentwicklung über mehrere Jahre beobachtet werden (Fall J.M. Snowling und Hulme 1989, Snowling et al. 1992, Hulme und Snowling 1992; Fall A.H. Temple 1990; Stackhouse und Snowling 1992). Alle erhielten in der Zwischenzeit eine spezielle Förderung, bei der besonderer Wert auf die Schulung der phonologischen Rekodierungsfertigkeiten gelegt wurde. Es zeigte sich, daß sich zwar im Laufe der Jahre sowohl die Lesefertigkeit insgesamt verbesserte als auch eine gewisse Fertigkeit beim Lesen von Pseudowörtern entwickelt wurde, daß aber der Lernzuwachs in erster Linie auf der Weiterentwicklung wort-spezifischer Lesefertigkeiten beruhte. Auch als Jugendliche zeigten sie weiterhin im Vergleich zu ihrem Leistungsstand im Lesen ungewöhnliche Schwierigkeiten bei allen Aufgaben, die einen Zugriff auf phonologische Kodes beim Lesen und Schreiben verlangten.

Mit der detaillierten Darstellung einer größeren Zahl von Fällen, die alle gewisse Hinweise auf eine Störung des phonologischen Rekodierens zeigten, konnten Snowling, Stackhouse und Rack (1986) deutlich machen, daß es ein relativ großes Spektrum an Schwierigkeiten bei der Verwendung phonologischer Kodes gibt. Bereits beim Vergleich verschiedener Kinder deutete sich an, daß sich das Leseverhalten ändert, sobald eine größere Lesefertigkeit erreicht ist. In den allermeisten Fällen ist der Fortschritt im Lesen wenigstens mit einer rudimentären Beherrschung der Graphem-Phonem-Zuordnungen verbunden und die Kinder können deshalb wenigstens kurze Pseudowörter lesen. Ähnliches gilt für die Rechtschreibleistung. Dies hat sich - wie erwähnt - auch in den wenigen Längsschnittbeobachtungen von Kindern mit phonologischer Dyslexie bestätigt. Allerdings ist darauf hinzuweisen, daß bei Kindern und Jugendlichen mit phonologischer Dyslexie zumeist auch andere phonologische Störungen (Schwierigkeiten bei der Artikulation, im Kurzzeitgedächtnis etc.) bestehen, die allerdings unterschiedlicher Art sein können (siehe Abschnitt II, Kap.2).

Die meisten Fälle von sogenannter phonologischer Dyslexie sind demnach Kinder bzw. Jugendliche mit sehr großen Rückständen im Lesen und sehr gering entwickelter Lesefertigkeit. Die Wörter würden von diesen Kindern aufgrund einiger weniger Merkmale identifiziert, eine innere Repräsentation der ganzen Buchstabenfolge der Wörter sei nicht ausgebildet (Snowling, Stackhouse und Rack 1986). Insofern handelt es sich nicht eigentlich um die überwiegende Verwendung einer lexikalischen Lesestrategie, sondern um eine Vorform dieser Strategie, nämlich um das Anlegen eines logographischen Registers.

In diesem Sinn haben Seymour und Evans (1988) einen Fall einer schweren Lese- und Schreibstörung bei einem Jungen (A.T.) mit einer Chromosomenstörung (Klinefelter-Syndrom) beschrieben.

Der leicht geistig behinderte Jugendliche konnte alle Buchstaben lesen und schreiben, konnte auch etwa 500 Wörter lesen, was (nach Schätzung der Autoren) etwa dem Niveau gegen Ende des 1.Schuljahres in Großbritannien entspricht, war fast überhaupt nicht in der Lage, selbst kurze Pseudowörter zu lesen. Ebenso weigerte er sich, auch nur zu versuchen, ihm unbekannte Wörter zu lesen. Gelegentliche Versuche endeten meist damit, daß er ein anderes ihm bekanntes Wort nannte, das gewisse Ähnlichkeiten aufwies. Ähnlich wie bei den Lesern im 1.Schuljahr in der Untersuchung von Seymour und Elder (1986), hatte die Wortlänge keinen Einfluß auf die Geschwindigkeit, mit der ein Wort gelesen werden konnte. Im Unterschied zu den Kindern der 1.Klasse wurde die Lesefähigkeit jedoch sehr beeinträchtigt, wenn die Wörter in veränderter Anordnung dargeboten wurden. Auch war die Fähigkeit, einzelne Wörter zu lesen, nicht konstant verfügbar. Bei zweimaliger Vorgabe konnten etwa zwei Drittel der vertrauten Wörter beidesmal gelesen werden, ein Drittel nur bei einer Gelegenheit.

Von Interesse war, daß A.T. auch manche Wörter fehlerfrei schreiben konnte (insgesamt etwa 170). Dies war ihm aber fast nur für Wörter möglich, die er auch lesen konnte, und zwar waren dies hauptsächlich kurze, einsilbige Wörter. Häufig war die Schreibweise inkonsistent, d.h. manchmal konnten die Wörter richtig geschrieben werden, manchmal nicht. Die Analyse der Fehler zeigte, daß A.T. oft die Anordnung der Buchstaben durcheinanderbrachte oder zusätzliche Buchstaben einfügte. Unbekannte Wörter oder Pseudowörter konnte A.T. nicht schreiben, allerdings zeigte sich, daß er bei einem Teil der Schreibversuche (etwa bei 40%) den Anfangsbuchstaben und bei einem kleineren Teil (etwa bei 25%) andere Merkmale der Phonemfolge, wie den Vokal, wiedergeben konnte.

Dieser Fall macht nochmals deutlich, daß es rudimentäre Formen lexikalischer Speicherung von Wörtern gibt, die man mit Seymour und Evans (1988) auch als logographische Speicherung bezeichnen kann, daß aber selbst in dieser rudimentären Form der Speicherung die Wörter nicht als undifferenzierte Gestalt festgehalten werden, sondern daß es sich um die Einprägung von Buchstabenfolgen handelt, die allerdings die Wörter nur unvollständig repräsentieren und nicht immer in einer Qualität verfügbar sind, die ein sicheres Abrufen gestattet.

Evidenz für das Vorhandensein der Oberflächen-Dyslexie: In den vergangenen Jahren wurden auch einige Fälle von Leseentwicklungsschwierigkeiten berichtet, die sich beim Lesen in erster Linie auf das phonologische Rekodieren zu stützen schienen und die spezielle Aussprache bzw. Schreibweise mancher Wörter nicht erinnerten, also dem Erscheinungsbild der Oberflächen-Dyslexie, wie es bei erwachsenen hirngeschädigten Patienten beobachtet wurde, nahekommen (Coltheart et al. 1983, Holmes 1978, Temple 1984, 1985 a,b, 1986). Bei diesen Fällen handelt es sich zumeist um Jugendliche, die regelmäßige Wörter viel sicherer lesen konnten als unregelmäßige. Sowohl die Lese- als auch die Rechtschreibfehler bestanden zu einem größeren Teil darin, daß die abweichenden Graphem-Phonem-Zuordnungen regularisiert, die Wörter also so ausgesprochen wurden, wie es den dominanten Zuordnungsregeln entsprach. Als Folge der Lesefehler wurden deshalb auch oft sinnlose Wörter bzw. Neologismen genannt, seltener hingegen andere Wörter, die den zu lesenden Wörtern visuell ähnlich waren. Die Jugendlichen konnten - weil sie beim Lesen die spezielle Schreibweise von Wörtern wenig beachteten - die Bedeutung von homophonen Wörter kaum auseinanderhalten und Pseudohomophone nur schwer von richtigen Wörtern unterscheiden. Beim Lesen und Schreiben von Pseudowörtern waren hingegen verhältnismäßig wenig Schwierigkeiten zu beobachten (dies trifft allerdings nicht auf alle Fälle zu, der von Coltheart et al., 1983, berichtete Fall hatte relativ große Mühe beim Lesen von Pseudowörtern).

In einzelnen Fällen (Temple 1985b) hatte den Jugendlichen zwar das Lesenlernen beträchtliche Schwierigkeiten bereitet, zum Zeitpunkt der Untersuchung hatten sie jedoch eine relativ große Sicherheit im Lesen erlangt. Deutliche Schwierigkeiten bestanden jedoch beim Rechtschreiben, wobei - ähnlich wie sonst bei ähnlichen Fällen im Lesen - regelmäßige Wörter viel besser geschrieben werden konnten als unregelmäßige und die Fehler zwar phonologisch plausibel waren, aber nicht der speziellen Schreibweise der Wörter entsprachen. Pseudowörter zu schreiben, bereitete keine besondere Mühe.

Baddeley et al. (1988) sowie Temple (1986) verglichen die Lese- bzw. Rechtschreibleistungen dieser Fälle von Oberflächen-Dylexie bzw. -Dysgraphie mit jenen jüngerer Kinder aus den ersten Klassen Volksschule und stellten eine große Ähnlichkeit fest. In den ersten Klassen sind auch normale Kinder gewöhnlich viel besser in der Lage, regelmäßige Wörter zu lesen als unregelmäßige Wörter. Sie stützen sich - wie wir bereits gezeigt haben - zu Beginn der Lese- und Schreibentwicklung, in Ermangelung wortspezifischer Kenntnisse, viel stärker auf die Phonem-Graphem- bzw. Graphem-Phonem-Zuordnungen, als dies später der Fall ist. Insofern kann man feststellen, daß es sich bei den Fällen von Oberflächen-Dyslexie und -Dysgraphie um einen beträchtlichen Rückstand in der Entwicklung des Lesens und Schreibens handelt, nicht jedoch um eine abweichende Entwicklung.

Die Fallbeschreibungen der Oberflächen-Dyslexie sind zurecht kritisiert worden (Wilding 1989), da im Unterschied zur phonologischen Dyslexie die Merkmale kaum je eindeutig sind. So hat ein Teil der Kinder und Jugendlichen auch Schwierigkeiten beim Lesen von Pseudowörtern, die Lesefehler enthalten auch eine Anzahl an Fehlern, bei denen visuell ähnliche Wörter genannt werden. Somit ist anzunehmen, daß ihre phonologische Rekodierungsfähigkeit keineswegs perfekt ist und sie sich beim Lesen teilweise auch auf eine (allerdings recht unvollständige) lexikalische Repräsentation der Buchstabenfolge stützen. Trotzdem gibt es einige Fälle, bei denen eine detaillierte Analyse doch ein spezielles Profil der Schwierigkeiten wahrscheinlich macht (Hanley et al. 1992, Goulandris und Snowling 1991).

Allan, ein von Hanley et al. (1992) beschriebener 22-jähriger Mann, suchte wegen großer Rechtschreibschwierigkeiten, die sein berufliches Fortkommen als leitender Mechaniker beeinträchtigten, um Hilfe nach. Die Rechtschreibschwierigkeiten waren bereits während der Schulzeit aufgefallen, allerdings waren - soweit dies rückblickend zu eruieren war - nie Leseschwierigkeiten notiert worden. Sein Rechtschreiben war in der Tat sehr auffällig und entsprach etwa dem Leistungsniveau eines Drittklässlers. Neben dem großen Leistungsunterschied im Schreiben von regelmäßigen und unregelmäßigen Wörtern war vor allem auffällig, daß die meisten Fehler zwar die Aussprache der Wörter wiedergaben, aber (im Unterschied zu jüngeren Kindern) kaum je Hinweise auf die besondere Schreibweise der Wörter enthielten. Außerdem war die Rechtschreibung nicht von der Worthäufigkeit beeinflußt. Das Lesen war auf den ersten Blick unauffällig, er erzielte sowohl beim Lesen regelmäßiger wie unregelmäßiger Wörter durchschnittliche Leistungen. Die wenigen Lesefehler bestanden allerdings fast ausschließlich aus einer falschen Anwendung von Graphem-Phonem-Korrespondenzen. Zudem zeigte sich, daß Allan homophone Wörter in ihrer Bedeutung schwer unterscheiden konnte, daß er auch Pseudohomophone vielfach für richtige Wörter hielt und die von ihm falsch geschriebenen Wörter den korrekt geschriebenen vorzog.

Dieser Fall sowie der sehr ähnliche Fall von Goulandris und Snowling (1991) legen nahe, daß es sehr wohl spezielle Leseschwierigkeiten trotz gut entwickelter phonologischer Rekodierungsfähigkeit geben kann. Die hauptsächliche Beeinträchtigung scheint dabei ein unzureichend detailliertes orthographisches Lexikon zu sein. Allerdings dürfte sich diese Schwierigkeit beim Lesen nur gering auswirken, weil sowohl die häufigsten Graphem-Phonem-Korrespondenzen als auch die möglichen Abweichungen gelernt werden und damit die Aussprache regelmäßiger wie unregelmäßiger Wörter mit der Zeit beherrscht wird. Die ungenügende lexikalische Eintragung der spezifischen Schreibweise wirkt sich auf die Rechtschreibleistung weit schwerer aus als auf die Lesefähigkeit, eine Beobachtung, die auch durch die früher beschriebenen Fälle von Oberflächendyslexie eine Bestätigung findet.

Wieweit kann man leseschwache Kinder in Untergruppen einteilen?

Die neurolinguistisch orientierte Einzelfallanalyse macht deutlich, daß es unter den Kindern, die Schwierigkeiten beim Erlernen des Lesens haben, Extremfälle gibt, bei denen die beiden wichtigsten Teilfertigkeiten des Worterkennens, die phonologische Rekodierungsfähigkeit und das wortspezifische Wissen, dissoziiert sein können. Es stellt sich nun die Frage, ob auch bei der Untersuchung einer größeren Gruppe von leseschwachen Kindern eine Heterogenität in der Art der Leseschwierigkeiten festzustellen ist. Einige größere Untersuchungen aus dem englischen Sprachraum machen dies sehr wahrscheinlich.

Sowohl Mitterer (1982) wie Manis et al. (1990) gaben in einem ersten Schritt einer größeren Gruppe von Kindern eine Reihe von Aufgaben vor, die die Verwendung der beiden Teilfertigkeiten oder Strategien des Lesens und Schreibens überprüfen sollten, wobei sie sich vor allem auf das Lesen von regelmäßigen, unregelmäßigen und Pseudowörtern stützten. Mitterer (1982) wählte als Indikatoren neben der Anzahl der Fehler auch die Art der Lesefehler, Manis et al. (1990) gaben den Kindern ein größeres Spektrum an Aufgaben (lexikalische Entscheidungsaufgabe, bei der auch Pseudohomophone von richtigen Wörtern zu differenzieren waren; Erkennen der orthographischen Zulässigkeit von Buchstabenverdoppelungen etc.). Korrelations- und Faktorenanalysen zeigten, daß Indikatoren für die Verwendung phonologischer Kodes beim Lesen und die Vertrautheit mit der spezifischen Schreibweise von Wörtern bzw. die Kenntnis orthographischer Konventionen auf unterschiedlichen Faktoren luden.

In der Untersuchung von Mitterer (1982) korrelierten die Indikatoren für eine der beiden Teilfertigkeiten vor allem bei Kindern mit spezifischen Lese- und Rechtschreibschwierigkeiten hoch und die Ausprägung der beiden Teilfertigkeiten war unabhängig von der Höhe der Rückstände im Lesen und Rechtschreiben sowie von der allgemeinen Intelligenz. Bei Kindern ohne Leseschwierigkeiten waren die Interkorrelationen hingegen viel geringer, diese Kinder verwendeten also, wie vermutet, die beiden Lesestrategien gleichzeitig und bevorzugten abhängig von der Art der Aufgabe einmal die eine, einmal die andere Strategie, ohne eine klare Präferenz auszubilden.

Mitterer (1982) wählte aufgrund der Faktorenscores Extremgruppen, diese wurden dann mit speziellen Paradigmen der experimentellen Leseforschung näher untersucht. In einer lexikalischen Entscheidungsaufgabe mit Pseudohomophonen (=sinnlose Wörter, die wie richtige Wörter ausgesprochen werden) hatten die schwachen Leser, die sich stärker auf das phonologische Rekodieren stützten, relativ größere Schwierigkeiten, Pseudohomophone von richtigen Wörtern zu unterscheiden als nicht-homophone Pseudowörter. Diese Kinder wurden in ihrer Leistung auch stärker behindert, wenn die lexikalischen Entscheidungen vorzunehmen waren, während gleichzeitig ein Wort laut wiederholt werden mußte, also eine phonologische Rekodierung nicht möglich war. Allerdings war, wie erwartet, bei ihnen dann kein Unterschied mehr zwischen Pseudohomophonen und nicht-homophonen Pseudowörtern vorhanden. Andererseits wurde das laute Lesen von Wörtern nur bei der anderen Extremgruppe, den leseschwachen Kindern mit einer Schwäche im phonologischen Rekodieren, erschwert, wenn die Wörter statt in der gewohnten Schreibweise mit Buchstaben geschrieben wurden, die in zufälliger Folge zwischen Groß- und Kleinschreibung wechselten. Dies macht wahrscheinlich, daß sie auf die Vertrautheit des Schriftbildes angewiesen waren, also wortspezifische visuelle Informationen benutzten.

Im Rahmen einer Übersicht haben Rack et al. (1992) die Verteilung der Unterschiede zwischen der Fähigkeit, richtige Wörter und Pseudowörter zu lesen, an einer großen Stichprobe leseschwacher Kinder (N=458) dargestellt. Im Durchschnitt fiel der gesamten Gruppe das Lesen von Pseudowörtern deutlich schwerer als das Lesen richtiger, wohl zum Teil bereits bekannter Wörter. Die Verteilung der Differenzwerte war jedoch kontinuierlich und ein Viertel der schwachen Leser konnte Pseudowörter sogar etwa besser lesen als richtige Wörter. Man muß daher annehmen, daß schwache Leser auf einer Dimension zwischen dem Extrem der phonologischen Dyslexie und der Oberflächendyslexie verteilt sind.

Einer der wichtigsten empirischen Beiträge zur Frage nach Untergruppen lese- und schreibschwacher Kinder, Jugendlicher und Erwachsener kommt aus mehreren Serien von detaillierten Einzelfallstudien über das Worterkennen, die Seymour in Schottland durchgeführt hat (Seymour und MacGregor 1984, Seymour 1986, 1987). Seymour versuchte, die Effizienz verschiedener Verarbeitungsprozesse beim Lesen in Stichproben von leseschwachen Kindern, Jugendlichen und Erwachsenen zu prüfen und die Häufigkeit einer Beeinträchtigung zu bestimmen, wobei er jedoch an der detaillierten Analyse und Darstellung jeden Falls festhielt. Weiters geht es Seymour um die Frage, wieweit die

Verarbeitungsschwäche in einem Teilbereich die Effizienz anderer Verarbeitungsprozesse bzw. die Wahl kompensatorischer Strategien nach sich zieht.

Seymour bezieht sich in seinen Untersuchungen auf ein Modell des Worterkennens, in dem (ähnlich wie in vielen Versionen des Logogen-Modells) zwischen einem visuellen, einem phonologischen und einem semantischen Prozessor sowie zwei unterschiedlichen Zugangswegen vom visuellen zum phonologischen Prozessor (in einem Fall fungieren Grapheme bzw. kleine Graphemgruppen als Einheit, im anderen Fall Wörter bzw. Morpheme) unterschieden wird. Eine Besonderheit des Ansatzes von Seymour liegt also darin, daß dem visuellen Prozessor eine größere Bedeutung zugesprochen wird und dessen Effizienz ebenfalls geprüft werden soll. Seymour gab seinen Versuchspersonen dazu eine Reihe von Aufgaben, die unterschiedliche Anforderungen an das Worterkennen stellen und die in der Tabelle zu Beginn des Kapitels bereits vorgestellt wurden. Aufgrund der Leistungen bei den einzelnen Aufgaben wurde für jede getestete Person die Effizienz der drei Prozessoren und die Verfügbarkeit der Zugangswege bestimmt.

Trotz einer großen Variabilität in der Funktionsweise der verschiedenen Verarbeitungswege meinten Seymour (1986) und Seymour und MacGregor (1984) ältere leseschwache Personen drei verschiedenen Typen (phonologische, morphemische und visuell-analytische Leseschwäche) zuordnen zu können. Allerdings stellte Seymour (1986, 1987) fest, daß leseschwache Personen fast immer in der Verwendung von Graphem-Phonem-Zuordnungen und damit besonders in ihrer Fähigkeit, unbekannte Wörter und Pseudowörter zu lesen, beeinträchtigt sind. Selbst bei einer morphemischen Leseschwäche ist diese Fähigkeit immer mit beeinträchtigt. Nur die visuell-analytische Leseschwäche kann auch ohne Beeinträchtigung der phonologischen Rekodierungsfähigkeit ('g'-Route) vorkommen.

Insgesamt zeigte sich, daß die Effizienz bzw. Schwäche eines Prozessors wenig Vorhersage über die Effizienz der anderen Verarbeitungsschritte erlaubt. Kompensatorische Strategien können, müssen aber nicht zum Ausgleich der vorhandenen Schwierigkeiten gewählt werden. So stützen sich viele schwache Leser - trotz der geringen Effizienz der phonologischen Rekodierung - in erster Linie auf diesen Verarbeitungsweg (und haben deshalb große Schwierigkeiten beim Lesen von unregelmäßigen Wörtern). Seymour spricht in diesem Zusammenhang von einer grundsätzlichen und tiefgreifenden Heterogenität unter den leseschwachen Personen. In jedem einzelnen Fall kann ein unterschiedliches Profil der Lesefertigkeit vorhanden sein. Man kann ergänzend hinzufügen, daß auch eine insgesamt gut entwickelte Lesefähigkeit mit einer Schwäche in einzelnen Teilprozessen einhergehen kann, wobei dies vor allem Schwächen in der Anwendung einer visuell-analytischen Verarbeitungsweise im visuellen Prozessor und geringere Schwächen bei der (prälexikalischen) phonologischen Rekodierung sein können (Seymour 1986, 1987).

Unterscheiden sich auch Kinder ohne Lese- und Rechtschreibschwierigkeiten in ihren Lese- und Rechtschreibstrategien?

Auch unter Kindern ohne Leseschwierigkeiten gibt es große Unterschiede in der Ausprägung verschiedener Teilprozesse des Lesens. Um die daraus resultierenden unterschiedlichen Lesestile zu charakterisieren, haben Baron (1979) und Treiman (1984) die Bezeichnung "Phönizier" und "Chinesen" geprägt. "Chinesen" bevorzugen beim Lesen und Schreiben die Strategie, sich auf wortspezifische Kenntnisse zu stützen (wie es die Chinesen in ihrem Schriftsystem tun), "Phoenizier" hingegen die Strategie, die Kenntnisse über die Korrespondenz-Regeln zwischen den Graphemen und Phonemen als hauptsächliche Information zu benutzen (deshalb wurden sie nach den Erfindern der Urform der alphabetischen Schrift "Phönizier" benannt).

In einer von Baron et al. (1980) berichteten Untersuchung erzielten die beiden Gruppen zwar gleiche Leistungen beim Schreiben einer Wortliste nach Diktat, den "Phöniziern" fiel es jedoch deutlich leichter, regelmäßige Wörter als unregelmäßige Wörter zu schreiben, während die "Chinesen" bei den beiden Wortarten kaum Unterschiede zeigten. Auch in der Art der Rechtschreibfehler war ein qualitativer Unterschied festzustellen. Ein signifikant größerer Prozentsatz der Fehler der "Phönizier" gab die Lautgestalt der Wörter zutreffend wieder als dies bei den "Chinesen" der Fall war. Die Phönizier schienen deutlich sensibler für die phonologische Struktur der zu schreibenden Wörter zu sein. Sie konnten, wenn sie dazu aufgefordert wurden, deutlich besser alternative Schreibweisen für Wörter erfinden, die es anderen erlauben würde, diese richtig auszusprechen. Selbst wenn ihnen Pseudowörter vorgesprochen wurden, die Segmente enthielten, die in dieser Form im Englischen nicht vorkommen, bei denen also genau auf die wenig vertraute Lautsequenz zu achten war, fiel ihnen das Niederschreiben der Wörter nicht besonders schwer.

Bryant und Impey (1986) konnten zeigen, daß bei Kindern im Grundschulalter Indikatoren dieser beiden Stile bipolar auf einem Faktor laden, also immer ein Stil bevorzugt wird. Manche durchschnittlichen Leser aus den ersten Klassen verhielten sich so, wie dies bei der Oberflächen-Dyslexie beschrieben worden war (Coltheart et al. 1983), sie stützten sich also sehr stark auf ein segmentweises Erlesen von Wörtern und begingen beim Lesen von unregelmäßigen Wörtern viele Fehler, die oft durch die falsche Verwendung der häufigsten Graphem-Phonem-Zuordnungen zustande kamen. Andere Kindern hatten zwar größere Schwierigkeiten beim Lesen von Pseudowörtern, allerdings hatte keines der Kinder so große Schwierigkeiten, wie dies bei den leseschwachen Kindern beobachtet wurde. Dies belegt, daß Schwierigkeiten beim Lesen von Pseudowörtern ein spezielles Merkmal leseschwacher Kinder darstellen.

Auch bei normalen Kindern ist die Ausprägung einer chinesischen bzw. phönizischen Lesestrategie - ähnlich wie bei lese- und rechtschreibschwachen Kindern - meist mit der Bevorzugung einer ähnlichen Strategie beim Rechtschreiben verbunden (Treiman 1984).

Eine andere Dimension - Lesegenauigkeit gegen Lesegeschwindigkeit: Bei manchen Kindern ist auffällig, daß sie zwar recht genau lesen, also kaum Lesefehler begehen, daß ihre Lesegeschwindigkeit jedoch sehr langsam ist. Werden diese Kinder schwachen Lesern gegenübergestellt, die recht viele Fehler machen, so erscheinen sie auf einer weiter fortgeschrittenen Stufe der Leseentwicklung zu sein (Lovett 1984). Ihr Leseverständnis bei zeitlimitierten Test ist allerdings genauso gering wie jenes der noch sehr fehlerhaft lesenden Kinder. Die Rechtschreibleistungen der langsamen Leser sind allerdings deutlich besser, da hier genügend Zeit gegeben ist.

Auch im deutschen Sprachraum lassen sich trotz der engen Korrelation zwischen Lesegeschwindigkeit und Lesegenauigkeit Fälle beobachten, die man als hastige, ungenaue bzw. genaue, langsame Leser bezeichnen kann. Eine detailliertere Analyse, die wir anhand der Daten der Wiener Längsschnittuntersuchung vorgenommen haben, zeigt, daß sich die hastigen Leser beim Lesen sehr stark auf den Kontext stützen, während die Lesegeschwindigkeit der langsamen Leser kaum vom Kontext beeinflußt wird.

In einigen Fällen kann die Langsamkeit des Dekodierens der Schrift so markant sein, daß die Kinder den erwachsenen Patienten mit einer Buchstabierdyslexie ähnlich sind.

Ein Beispiel eines derartigen Falls wurde von Prior und McCorriston (1983) beschrieben. Dieser 11-jährige Bub, der trotz durchschnittlicher Intelligenz nach standardisierten Tests im Lesen den Leistungsstand eines 6-Jährigen erreichte, konnte auch häufige Wörter nur über das Lautieren bzw. Benennen aller Grapheme eines Worts erlesen. Unregelmäßige Wörter konnten deshalb nur selten richtig gelesen werden, während er die Hälfte kürzerer regelmäßiger Wörter korrekt las. Auch beim Schreiben folgte er einer Lautierstategie. Diese Strategie führte dazu, daß die Rechtschreibfehler überwiegend phonetisch angemessen waren. Trotz der geringen Zahl richtig geschriebener Wörter wurde seine Rechtschreibfähigkeit deshalb von den Lehrern höher eingestuft als die Lesefähigkeit.

Einen ähnlichen Fall konnten auch wir dokumentieren und zwar handelt es sich dabei um einen 14-Jährigen, der zwar sehr genau las, also in der Lesefähigkeit deutlich über dem von Prior und McCorriston (1983) beschriebenen Fall lag, aber ebenfalls auch bei häufigen Wörtern konsequent eine Lautierstrategie anwandte.

Rayner et al. (1989) konnten in einer weiteren Einzelfallanalyse eine andere mögliche Ursache langsamen Lesens aufzeigen. Der von ihnen untersuchte, gebildete und sehr intelligente Mann hatte seit Kindheit vor allem Schwierigkeiten, zusammenhängende Texte (selbst in der Zeitung) zu lesen, was ihn sehr ermüdete und nach einiger Zeit zu Übelkeit führte. Sein Lesen konnte deutlich verbessert werden, wenn mit einer Computer-gesteuerten Technik nur jeweils 15 Buchstaben - kontigent auf Blickbewegungen - um den Fixierungspunkt dargeboten wurden. Es konnte in diesem Fall also gezeigt werden, daß parafoveale Buchstaben mit den im zentralen Blickfeld gelegenen Buchstaben interferierten und die Wahrnehmung der Wörter beeinträchtigte. Rayner et al. (1989) fassen den von ihnen beschriebenen Fall als Beispiel einer Behinderung des Lesens durch eine nicht-linguistisch bedingte Wahrnehmungsschwäche auf, deren genaue Ursache allerdings unklar blieb.

10.2. Isolierte Schwierigkeiten beim Erlernen des Rechtschreibens

Häufig wird die Ansicht geäußert, daß in den höheren Klassenstufen eine Differenzierung der Kinder, die Schwierigkeiten beim Erwerb der Schriftsprache haben, zu beobachten sei. Während ein Teil der Kinder auch weiterhin beim Lesen und beim Rechtschreiben etwa gleich schlechte Leistungen erbringt, bessern sich bei anderen Kindern die Leseleistungen und erreichen auf standardisierten Tests nahezu unauffällige Werte, obwohl die Rechtschreibschwierigkeiten fortbestehen (Frith 1979, 1980). Nach dieser Ansicht wären somit isolierte Rechtschreibschwierigkeiten ein Residuum ursprünglich umfassenderer Schwierigkeiten beim Erlernen der Schriftsprache.

In den Wiener Längsschnittuntersuchungen (Klicpera und Gasteiger-Klicpera 1993) wurde der Frage nach der Häufigkeit von isolierten Rechtschreibschwierigkeiten und der längerfristigen Entwicklung von Kindern, die speziell Probleme beim Erlernen des Rechtschreibens zeigen, besondere Aufmerksamkeit gewidmet. Um spezifische Rechtschreibschwierigkeiten zu identifizieren, wurde jeweils auf die Diskrepanz zwischen der mündlichen Lesefertigkeit und der Rechtschreibfertigkeit geachtet. Es zeigte sich, daß entgegen der gerade erwähnten Ansicht in allen Klassenstufen Kinder zu finden waren, die im Rechtschreiben deutlich mehr Schwierigkeiten als durchschnittliche Schüler, jedoch durchschnittliche Leistungen im Lesen aufwiesen. Ein Großteil der Kinder, die in den ersten Klassenstufen nur beim Rechtschreiben Schwierigkeiten hatten, konnte diese allerdings längerfristig überwinden. Im Gegensatz dazu verbesserte sich von den Kindern, die nach Abschluß der 1.Klasse noch sehr unsicher im Lesen und Rechtschreiben waren, nur ein sehr geringer Teil soweit im Lesen, daß sie später nur mehr im

Rechtschreiben Schwierigkeiten hatten. Es war somit recht selten ein Übergang von anfänglichen Lese- und Rechtschreibschwierigkeiten in isolierte Rechtschreibschwierigkeiten festzustellen. Der Großteil der Kinder, die in den höheren Klassen isolierte Rechtschreibschwierigkeiten zeigten, hatte vielmehr entweder bereits in den ersten Klassen derartige spezifische Rechtschreibschwierigkeiten gehabt oder war in den ersten Klassen nicht durch besondere Probleme beim Erlernen des Lesens und Schreibens aufgefallen, sondern allmählich im Lauf der Jahre zurückgeblieben.

Besondere Merkmale der Rechtschreibprobleme von Kindern mit isolierten Rechtschreibschwierigkeiten: Entscheidende Anregungen für die Auseinandersetzung mit besonderen Problemen beim Erlernen des Rechtschreibens sind Uta Frith (1979, 1980) zu verdanken. Sie hat in einigen Experimenten verschiedene Aspekte der Rechtschreibleistung von Kindern, die sowohl im Lesen wie im Rechtschreiben Schwierigkeiten hatten, mit jenen von Kindern, die nur im Rechtschreiben Schwierigkeiten zeigten, und von Kindern ohne Schulschwierigkeiten verglichen. Bei der Auswahl der Kinder wurde die Lese- und Rechtschreibfähigkeit an Hand der Fehler geprüft, die die Kinder beim Lesen bzw. beim Schreiben einer Liste von Wörtern begingen. Bereits bei der Analyse der Fehler in dem zur Auswahl der Gruppen verwendeten Rechtschreibtest war auffällig, daß die Rechtschreibfehler der Kinder mit schlechten Rechtschreib-, aber guten Leseleistungen die zu schreibenden Wörter zumeist phonologisch adäquat wiedergaben, was bei den Fehlern von Kindern, die auch im Lesen Schwierigkeiten hatten, deutlich weniger oft der Fall war. Dieser Unterschied war auch bei neuerlicher Testung mit der gleichen Wortliste nach ein paar Wochen zu beobachten. Darüber hinaus waren die Fehler der rechtschreibschwachen Kinder bei der Wiederholung des Tests oft die gleichen geblieben, während lese- und rechtschreibschwache Kinder häufig bei den beiden Gelegenheiten verschiedene Fehler begingen, also eine geringe Konsistenz und Regelmäßigkeit in ihrem Vorgehen beim Rechtschreiben erkennen ließen.

Da die rechtschreibschwachen Kinder Phonemfolgen ohne weiteres Grapheme zuordnen konnten, bereitete ihnen das Schreiben von Pseudowörtern nach Diktat keine besonderen Schwierigkeiten. Allerdings verwendeten sie dabei häufiger unkonventionelle Phonem-Graphem-Zuordnungen als Kinder ohne Lese- und Rechtschreibschwierigkeiten. In einer qualitativen Analyse konnte dies darauf zurückgeführt werden, daß diese Kinder weniger oft Analogien zur Schreibweise von bekannten Wörtern herstellten. Kinder mit Lese- und Rechtschreibschwierigkeiten hatten hingegen Mühe, die Phonemfolge von sinnlosen Wörtern wiederzugeben, und begingen daher bei dieser Aufgabe viele Fehler.

Das Überwiegen von Rechtschreibfehlern mit phonologisch adäquater Wiedergabe der zu schreibenden Wörter bei Kindern mit relativ guten Lese- aber schlechten Rechtschreibleistungen und im Kontrast dazu das häufige Auftreten auch phonologisch falscher Schreibweisen unter den Rechtschreibfehlern von Kindern mit schlechten Lese- und Rechtschreibleistungen konnte auch in anderen Untersuchungen bestätigt werden (Jorm 1981, Nelson und Warrington 1974, Sweeney und Rourke 1978).

Ein derartiger Unterschied läßt sich zudem nicht nur bei Kindern, sondern auch bei Erwachsenen, die der Schriftsprache nicht ganz mächtig sind, beobachten (Perin 1981, 1982). Die Rechtschreibfehler von Erwachsenen, die halbwegs lesen, aber schlecht schreiben können, geben ebenfalls die Wörter meist so wieder, daß die Phonemfolge rekonstruierbar ist, während Erwachsene, die schlecht schreiben und lesen können, überwiegend Fehler begehen, die auch phonologisch falsch sind. Dies ist vor allem bei Diktaten zu beobachten, während beim freien Schreiben, wo die Erwachsenen ihnen vertraute Wörter wählen können, dieser Unterschied weniger markant ist. Die beiden Gruppen von Erwachsenen unterscheiden sich auch, ähnlich wie dies bei Kindern beobachtet wurde, in der Fähigkeit, Pseudowörter nach Diktat zu schreiben. Dabei ist bemerkenswert, daß Erwachsene, die Schwierigkeiten beim Lesen und Schreiben haben und deren Rechtschreibfehler in den meisten Fällen die Lautfolge diktierter Wörter verzerrt wiedergeben, beim Schreiben von Pseudowörtern relativ bessere Leistungen erzielen, als von der Art ihrer Rechtschreibfehler her zu erwarten gewesen wäre. Die Erwachsenen scheinen eine phonologische Strategie beim Rechtschreiben verwenden zu können, wenn dies die einzige Möglichkeit ist, das Gehörte schriftlich festzuhalten, wenn es sich also um völlig unbekannte Wörter handelt.

Auch für den deutschsprachigen Raum konnte in den Wiener Längsschnittuntersuchungen (Klicpera und Gasteiger-Klicpera 1993) nachgewiesen werden, daß Kinder mit isolierten Rechtschreibschwierigkeiten bei etwa gleicher Anzahl an Rechtschreibfehlern weniger Fehler begehen, die die Phonemfolge falsch wiedergeben, als lese- und rechtschreibschwache Kinder. Im Unterschied zum anglo-amerikanischen Sprachraum nahm allerdings auch bei den lese- und rechtschreibschwachen Schülern der Anteil an groben Verstößen gegen eine lautgetreue Schreibweise bereits gegen Ende der Grundschulzeit deutlich ab. Die insgesamt recht große Lauttreue der deutschen Schriftsprache führte daher dazu, daß in der 4.Klasse selbst von diesen Kindern nur mehr knapp 10% der Wörter so geschrieben wurden, daß die Aussprache der Wörter nicht mehr rekonstruiert werden konnte.

Haben rechtschreibschwache Schüler wirklich keine Leseschwäche? Die Frage nach den Kriterien für die Diagnose von "isolierten" Rechtschreibschwierigkeiten: Da die Lesefähigkeit und die Übung im Lesen normalerweise einen positiven Einfluß auf die Entwicklung des Rechtschreibens hat, stellt sich die Frage, wieso die Rechtschreibschwierigkeiten bei einigen Kinder bestehen bleiben können, nachdem sie das Lesen gelernt haben. Daraus ergibt sich die Vermutung, daß Schüler, die nach den üblichen standardisierten Lesetests durchschnittliche Leistungen im Lesen erbringen, verdeckte Schwierigkeiten beim Lesen haben, die durch spezielle Testverfahren zutage gebracht werden können.

Bei der Überprüfung dieser Hypothese und der Bewertung der dazu durchgeführten Untersuchungen ist freilich zu bedenken, daß sehr unterschiedliche Kriterien verwendet werden können, um das Vorliegen einer isolierten Leseschwierigkeit zu bestimmen. Am naheliegendsten ist es, die Lesefähigkeit als Fähigkeit zum Worterkennen bzw. zum lauten Lesen (Dekodieren) zu bestimmen und nicht als Leseverständnis, da in das Leseverständnis noch andere Faktoren eingehen, die ja für das Rechtschreiben nicht unmittelbar relevant sind.

So hat Frith (1979, 1980) als Kriterium für die Bestimmung der Lesefähigkeit die Anzahl der Fehler beim Lesen einer Wortliste gewählt. Doch selbst bei diesem Kriterium lasen Kinder mit isolierten Rechtschreibschwierigkeiten deutlich langsamer als durchschnittliche Schüler, waren also in gewisser Weise doch leseschwach. Zudem hatten sie mehr Schwierigkeiten beim Lesen von sinnlosen Buchstabenfolgen (Pseudowörtern) als durchschnittliche Schüler, hatten also das phonologische Rekodieren noch nicht sicher gemeistert. Besonders auffällig war, daß diese Kinder die von ihnen selbst bei einem Diktat fehlerhaft geschriebenen Wörter, die phonologisch richtig, aber in einer von der geläufigen Schreibweise abweichenden Form geschrieben waren, nur mit Mühe lesen konnten.

Als Alternative bietet sich an, von isolierten Rechtschreibschwierigkeiten nur zu sprechen, wenn Schüler sowohl in der Lesesicherheit wie in der Lesegeschwindigkeit einen dem Klassenniveau entsprechenden Leistungsstand erreicht haben, aber im Rechtschreiben deutliche Schwierigkeiten zeigen. Dieses Vorgehen wurde in den Wiener Längsschnittuntersuchungen (Klicpera und Gasteiger-Klicpera 1993) gewählt und bei den auf diese Weise ausgewählten Kindern konnten bei einer zusätzlichen Testung mit einem speziellen Lesetest weder Schwächen beim Lesen von Pseudowörtern noch eine geringere Lesegeschwindigkeit festgestellt werden.

Zu unterschiedlichen Ergebnissen kommt man, wenn als Kriterium einer durchschnittlichen Lesefähigkeit nicht die mündliche Lese- bzw. Dekodierfähigkeit, sondern das Leseverständnis herangezogen wird. Hier zeigt sich, daß manche Schüler Schwächen beim Dekodieren bzw. mündlichen Lesen kompensieren und somit auf Leseverständnistests durchschnittliche Werte erzielen können, aber beim Rechtschreiben versagen. Kinder mit "isolierten" Rechtschreibschwierigkeiten haben dann beim lauten Lesen einzelner Wörter deutliche Schwierigkeiten, die sich in ihrer Art nur wenig von den Schwierigkeiten lese- und rechtschreibschwacher Kinder unterscheiden (Jorm 1981, Waters et al. 1985, Bruck und Waters 1988a,b, 1990). Allerdings zeichnen sich die Rechtschreibfehler der Kinder mit "isolierten" Rechtschreibschwierigkeiten dann nicht mehr durch ihre größere Lauttreue aus. Wenn man sich bei der Definition der Lesefähigkeit auf das Leseverständnis stützt, dann treten Unterschiede in der Rechtschreibleistung zwischen lese- und rechtschreibschwachen Kindern und Kindern mit "isolierten" Rechtschreibschwierigkeiten nur bei jenen Wörtern auf, deren Schreibweise durch allgemeine sprachliche Fertigkeiten vorhergesagt werden kann, also z.B. Wörter, deren Schreibweise durch die Bildung von Ableitungen bzw. durch morphologisches Wissen eruiert werden kann (Bruck und Waters 1990b). Die größere Leseerfahrung dürfte somit den Kindern mit "isolierten" Rechtschreibschwierigkeiten mehr linguistische Kenntnisse vermittelt haben.

Die Art, wie die Kriterien für isolierte Rechtschreibschwierigkeiten festgelegt werden, bestimmt somit nicht nur, ob sich bei rechtschreibschwachen Kindern gewisse Leseschwächen nachweisen lassen, sondern auch die Charakteristika der Rechtschreibschwierigkeiten. Wie Bruck und Waters (1988) gezeigt haben, besteht nur eine geringe Überlappung zwischen rechtschreibschwachen Kindern, die wegen ihrer durchschnittlichen Leistungen auf einem Leseverständnistest zur Gruppe von Kindern mit "isolierten" Rechtschreibschwierigkeiten gerechnet werden, und jenen, bei denen diese Diagnose wegen einer guten mündlichen Lesefähigkeit gestellt wird.

Wie kann es zu isolierten Rechtschreibschwierigkeiten kommen? Die Ursache für das Auseinanderklaffen der beiden Fertigkeiten bei einem Teil der Schüler ist wohl darin zu sehen, daß das Lesen und Rechtschreiben unterschiedliche Anforderungen stellen.
- Die Zuordnungen von Graphemen und Phonemen bieten zwar Informationen, wie die Wörter ausgesprochen bzw. geschrieben werden, diese Zuordnungen sind jedoch beim Rechtschreiben weniger eindeutig. Da es sich in vielen Fällen nicht um eine Eins-zu-Eins-Zuordnung handelt und diese Zuordnungen nicht streng gegenläufig sind, muß aus der Beherrschung der Graphem-Phonem-Zuordnungen nicht automatisch die Beherrschung der Phonem-Graphem-Zuordnungen folgen.
- Wichtiger dürfte sein, daß das Lesen als Wiedererkennen der Wörter nicht auf eine vollständige Ausnutzung der gesamten Informationen über die Buchstabenfolgen angewiesen ist, sondern auf einer Aktivierung einiger charakteristischer Merkmale beruhen kann. Beim Rechtschreiben muß hingegen die Buchstabenfolge zur Gänze

orthographisch korrekt wiedergegeben werden. Dabei müssen auch Merkmale beachtet werden, denen für die Ermittlung der Aussprache keine besondere Bedeutung zukommt, wie etwa die Schreibweise von Verschlußlauten am Wortende oder die Kennzeichnung der Vokallänge. Da das Lesen auf einer partiellen Ausnutzung der zur Verfügung stehenden Informationen beruhen kann, können Schwierigkeiten auftreten, wenn beim Schreiben die Wörter vollständig wiedergegeben werden müssen, mithin alle Informationen über die Schreibweise der Wörter verfügbar sein sollten.

Lese- und rechtschreibschwache Kinder haben - wie bereits wiederholt ausgeführt wurde - Schwierigkeiten, die Zuordnungen von Phonemen und Graphemen zu erfassen, und sind dadurch beim Erlernen des Lesens wie des Rechtschreibens behindert. Schüler mit isolierten Rechtschreibschwierigkeiten haben hingegen die regelhaften Beziehungen zwischen Phonemen und Graphemen erfaßt, weisen jedoch einen Rückstand im Aufbau einer differenzierten inneren Repräsentation der Schreibweise der Wörter auf.

Eine Möglichkeit, die besonderen Schwierigkeiten der rechtschreibschwachen Kinder als Entwicklungsphänomen zu erklären, bietet die Stufentheorie der Lese- und Rechtschreibentwicklung (Frith 1985). Danach haben die Kinder mit isolierten Rechtschreibschwierigkeiten in den ersten Klassen in ihrer Lesefähigkeit so große Fortschritte gemacht, daß sie die Wörter aufgrund eines inneren orthographischen Registers wiedererkennen können (erste Stufe des orthographischen Stadiums der Leseentwicklung). Die innere Repräsentation der Graphemfolge in diesem Register ist freilich noch unvollständig, trotzdem reicht sie für das Lesen unter normalen Umständen aus. Für das Rechtschreiben freilich bietet die unvollständige Repräsentation zu wenig Anhaltspunkte, weshalb sich das Rechtschreiben in diesem Stadium weiterhin auf die Phonem-Graphem-Zuordnungen stützen muß.

Diese Charakterisierung der isolierten Rechtschreibschwierigkeiten würde erklären, wieso isolierte Rechtschreibschwierigkeiten beim Großteil der Kinder in der Grundschule ein Übergangsstadium darstellen und nur wenige Kinder langfristig diese Schwierigkeiten beibehalten (Klicpera und Gasteiger-Klicpera 1993). Bei den wenigen Kindern, die auch längerfristig isolierte Schwierigkeiten beim Rechtschreiben beibehalten, sowie bei jenen Kindern, die in den folgenden Jahren beim Rechtschreiben wenig Fortschritte machen, obwohl sie gut lesen können, konnten wir zeigen, daß sie während der gesamten Schulzeit recht wenig lesen. Durch die geringen Leseerfahrungen können sie keine differenzierte Repräsentation von Wörtern aufbauen. Da der Aufbau eines genau spezifizierten orthographischen Lexikons recht lange dauert, schleift sich inzwischen die Gewohnheit ein, sich beim Rechtschreiben allein auf das "Gehör" zu verlassen, oder es werden recht stabile, aber unzureichende Informationen über die Schreibweise der Wörter angelegt, die in der Folge nur mehr schwer zu modifizieren sind.

10.3. Untergruppen mit guter bzw. schwacher Lese- und Rechtschreibfähigkeit und unterschiedlichem Leseverständnis und schriftlichen Ausdrucksvermögen

Bereits bei der Darstellung von Leseverständnisschwierigkeiten wurde darauf eingegangen, daß das Leseverständnis bei leseschwachen Kindern unterschiedlich ausgebildet ist. Ein Teil der Kinder kann die Schwierigkeiten beim Worterkennen kompensieren und zeigt keine Schwierigkeiten beim Verständnis des Gelesenen. Für andere Kinder ist es gerade das Verständnis des Gelesenen, das die größten Probleme macht. Ähnliche Unterschiede gibt es auch in Bezug auf die schriftliche Ausdrucksfähigkeit. Die meisten Schüler mit geringerer Lese- und Rechtschreibfähigkeit zeigen erwartungsgemäß auch bei der schriftlichen Wiedergabe einer Geschichte Probleme. Der Zusammenhang zwischen der Lese- und Rechtschreibfähigkeit und dem schriftlichen Ausdrucksvermögen ist aber bei weitem nicht so eng, wie man vermuten könnte. Für ein gutes Leseverständnis und eine gute schriftliche Ausdrucksfähigkeit sind noch andere Fertigkeiten wesentlich als jene, die die Leistungen beim mündlichen Lesen und beim Rechtschreiben bestimmen. Deshalb sind wohl die Kinder mit Lese- und Rechtschreibschwäche auch nicht deckungsgleich mit den Kindern, die beim Leseverständnis und in der schriftlichen Ausdrucksfähigkeit Probleme haben.

In den Wiener Längsschnittuntersuchungen (Klicpera und Gasteiger-Klicpera 1993) haben wir uns auf die Aufklärung von Diskrepanzen zwischen der mündlichen Lesefähigkeit bzw. der Rechtschreibleistung und der schriftlichen Ausdrucksfähigkeit konzentriert.

Es wurden sowohl unter den lese- und rechtschreibschwachen wie unter den im Lesen und Rechtschreiben durchschnittlichen Schülern zwei Gruppen gebildet, die die Geschichten unterschiedlich gut wiedergeben konnten. Damit ergaben sich zwei in ihren Leistungen diskrepante und jeweils eine durchgehend gute bzw. eine durchgehend schwache Gruppe. Der Vergleich der Einteilung in der 4. und 8.Klasse wies auf eine hohe Stabilität jener beiden Gruppen hin, die in beiden Teilbereich konsistent gute oder schwache Leistungen erzielen. Von den diskrepanten Gruppen werden immerhin etwa 40% auch nach vier Jahren noch der gleichen Gruppe zugerechnet.

Unabhängig von dem Bestehen von Lese- und Rechtschreibschwierigkeiten waren die Merkmale, die die Nacherzählungen von Kindern mit Schwierigkeiten bei der schriftlichen Wiedergabe kennzeichneten, weitgehend identisch. Sowohl die mangelnde Rekonstruktion der Geschichtenstruktur bei der Wiedergabe und das Übergehen wesentlicher Handlungsteile wie auch die ungenügende Markierung des Handlungsablaufs durch sprachliche Mittel, wie logisch-semantische Konnektoren, waren charakteristisch für Schüler, die Schwierigkeiten bei der Textproduktion zeigen. Gerade unter den Schülern, die in ihren mündlichen Lese- und in den Rechtschreibleistungen zum Durchschnitt zählten, waren diese Schwierigkeiten besonders auffällig. Manche dieser Schüler beschrieben recht ausführlich die Ausgangssituation, das Setting, während sie von der eigentlichen Handlung nur Bruchstücke wiedergaben. Von anderen wiederum wurden zwar viele Informationen berichtet, die Elemente der Geschichte aber völlig durcheinandergebracht.

Nur zwei Merkmale schienen für lese- und rechtschreibschwache Kinder insgesamt charakteristisch. Einmal verwendeten diese Kinder einen einfacheren Satzbau, zum anderen hatten sie in der 8.Schulstufe einen geringeren und weniger differenzierten Wortschatz.

Sowohl bei den Verständnisfragen, die den Schülern im Anschluß an die schriftliche Wiedergabe gestellt wurden, als auch bei den standardisierten Leseverständnistests, die in jeder Klassenstufe vorgegeben wurden, erzielten die Schüler, die Geschichten nur ungenügend wiedergeben konnten, deutlich schlechtere Leistungen als Schüler, die imstande waren, die Geschichten angemessen wiederzugeben. Die mündliche Lesefähigkeit wirkte sich nur dann stärker auf die Beantwortung der Verständnisfragen aus, wenn bei den Tests Zeitlimits vorgegeben waren und die Lesegeschwindigkeit somit von besonderer Bedeutung war. Die Untergruppen unterschieden sich also nicht nur in der schriftlichen Ausdrucksfähigkeit, sondern auch im Leseverständnis.

Schwierigkeiten beim Leseverständnis und der schriftlichen Ausdrucksfähigkeit können sowohl bei Kindern auftreten, die beim mündlichen Lesen und Rechtschreiben keine Schwierigkeiten haben, wie bei lese- und rechtschreibschwachen Kindern. Nicht alle lese- und rechtschreibschwachen Schüler haben also genuine Verständnis- und schriftliche Ausdrucksschwierigkeiten. Manche lese- und rechtschreibschwachen Schüler können, wenn sie genügend Zeit haben, eine Geschichte unerwartet gut wiedergeben. Dies spricht dafür, Verständnis- bzw. Ausdrucksschwierigkeiten als eine zusätzliche Dimension zu betrachten, als einen weiteren Teilbereich, in dem bei Kindern, unabhängig von Schwierigkeiten im mündlichen Lesen und im Rechtschreiben, Probleme bestehen können.

10.4. Hyperlexie: Außergewöhnliche mündliche Lesefertigkeit

Pädagogen und Kinderpsychologen ist wohl bereits früh aufgefallen, daß es neben Kindern, denen das Lesenlernen unerwartet große Schwierigkeiten bereitet, auch Kinder gibt, deren mündliche Lesefertigkeit deutlich besser als ihre sonstigen sprachlichen und kognitiven Fertigkeiten ist (Aram und Healy 1988). Silberberg und Silberberg (1967) haben in einem kurzen, jedoch weithin beachteten Bericht erstmals auf diese besondere Teilbegabung hingewiesen und dieses Phänomen als Hyperlexie bezeichnet. In der Folge sind wiederholt Kinder mit derartigen außergewöhnlichen Lesefertigkeiten beschrieben worden. Folgende Merkmale sollen nach heutigem Verständnis bei hyperlektischen Kindern vorhanden sein:

- eine große Diskrepanz zwischen der mündlichen Lesefertigkeit bzw. dem Worterkennen und anderen Fertigkeiten, vor allem dem Leseverständnis und dem Sprachentwicklungsstand;
- die gute Entwicklung der mündlichen Lesefähigkeit sollte in Kontrast zu einem beträchtlichen kognitiven Entwicklungsrückstand stehen;
- Fortschritte im Lesen werden bereits sehr früh erzielt, wenigstens früher als andere Entwicklungsschritte vollzogen werden.

Diese Kinder entwickeln zumeist bereits zwischen zweieinhalb und dreieinhalb Jahren die Fähigkeit, einzelne Wörter zu lesen. Das Interesse an der Schrift entwickelt sich spontan, es hat oft zwanghafte Züge und verdrängt in der Ausschließlichkeit, mit der diesem Interesse nachgegangen wird, andere spielerische Aktivitäten.

Von den meisten hyperlektischen Kindern werden Wörter mit einer regelmäßigen Graphem-Phonem-Zuordnung besser gelesen als unregelmäßige Wörter. Dies legt nahe, daß die Lesefähigkeit auf der phonologischen Rekodierungsfähigkeit aufbaut und nicht auf wortspezifischen, logographischen Kenntnissen beruht. Hyperlektische Kinder haben im Allgemeinen auch keine Schwierigkeiten, Pseudowörter zu lesen. Doch scheint es hier Ausnahmen zu geben. Aram und Healy (1988) berichten von einem hyperlektischen Kind, das Pseudowörter nicht lesen konnte, dessen Lesefähigkeit also auf wortspezifischen Kenntnissen zu beruhen schien.

Trotz der gut entwickelten mündlichen Lesefertigkeit besitzen hyperlektische Kinder kaum die Fähigkeit, über die Sprache zu reflektieren, metalinguistische Fähigkeiten sind also kaum ausgebildet. Dies gilt auch für das phonematische Bewußtsein (Cossu und Marshall 1990). Die Kinder scheinen Mühe zu haben, die Aufgabenstellung zu begreifen und können ohne Hilfe der Schrift ihre Aufmerksamkeit nicht auf einen Aspekt der

Sprache konzentrieren. Wie Cossu und Marshall (1990) zurecht feststellen, schränken diese Beobachtungen die Bedingungen wesentlich ein, unter denen das phonologische Bewußtsein als Voraussetzung für das Erlernen des Lesens betrachtet werden kann.

Das Leseverständnis dieser Kinder scheint auf einem ähnlich niedrigem Entwicklungsstand zu verharren wie ihr mündliches Sprachverständnis. Trotz der Vergegenständlichung der Sprache in der Schrift und der damit gegebenen Möglichkeit, sich der Sprache reflektierter zu nähern, setzt der kognitive Entwicklungsrückstand der Kinder einer Fortentwicklung des Leseverständnisses somit enge Grenzen.

10.5. Wieweit lassen sich spezifische von unspezifischen Lese- und Rechtschreibschwächen in der Art ihrer Schwierigkeiten beim Erlernen des Lesens und Schreibens unterscheiden?

Es gibt wenige Aussagen über schulische Lernschwierigkeiten, die eine so weite Verbreitung im pädagogischen Bereich, ja auch unter interessierten Laien gefunden haben, wie jene, daß es eine spezielle Form von Lese- und Rechtschreibschwierigkeiten gibt - die Legasthenie - und daß man auf die besonderen Merkmale dieser Schwierigkeiten achten müsse, wenn man den Kindern gerecht werden wolle. Vielfach herrscht die Meinung vor, dies seien ungewöhnliche Kinder, die irgendwie anders seien, die aber gut begabt wären und denen die Schule ein Unrecht antue, weil es sie in ihrer besonderen Eigenart nicht respektiere.

Bevor wir uns mit der Frage befassen, wie man spezifische Lese- und Rechtschreibschwächen diagnostizieren kann und wieweit sich diese Schwierigkeiten von jenen anderer schwacher Schüler unterscheiden, müssen wir uns etwas mit der Motivation auseinandersetzen, die hinter dieser Unterscheidung steht. Was sind es für Gründe, die für die Unterscheidung zwischen spezifischen und unspezifischen Lese- und Rechtschreibschwierigkeiten sprechen:

- Zunächst steht hinter dieser Unterscheidung der Gedanke, daß durchschnittlich intelligente Kinder besser begabt sind und daher - wären nicht die speziellen Schwierigkeiten beim Erlernen des Lesens und Schreibens - größere Fortschritte in der Schule machen könnten. Die Diagnose einer speziellen Schwäche beim Erlernen des Lesens und Schreibens hat daher den Zweck, auf das vorhandene Lernpotential dieser Kinder hinzuweisen und sie davor zu bewahren, einfach als Schulversager abgestempelt zu werden. Es soll ihnen damit die Chance gegeben werden, ihre übrigen Fähigkeiten weiterzuentwickeln. In diesem Sinn wird etwa vorgeschlagen, bei diesen Kindern die schriftlichen Leistungen weniger zu bewerten als die mündlichen und das Aufsteigen von einer Klasse in die nächste nicht wegen zu geringer Leistungen im Lesen und Schreiben zu verhindern.

- Ein weiteres Motiv für die Hervorhebung spezieller Schwierigkeiten beim Erlernen des Lesens und Schreibens ist in der Hoffnung zu sehen, daß diese Schwierigkeiten durch geeignete Fördermaßnahmen überwunden werden können, da die Kinder ja gute allgemeine Lernvoraussetzungen haben. Die dafür geeigneten Fördermaßnahmen könnten sich jedoch von den Unterrichtsmethoden unterscheiden, die beim regulären Erstleseunterricht zur Anwendung kommen.

- Spezifische Lese- und Schreibschwierigkeiten werden nicht zuletzt auch in der Erwartung hervorgehoben, die Ursachen für diese Schwierigkeiten besser zu verstehen. Dies ist vor allem die Intention der medizinisch-psychologischen Legasthenieforschung. Diese will die spezifischen Bedingungen ergründen, die zu Schwierigkeiten beim Erlernen des Lesens und Schreibens führen, nachdem andere Ursachen - wie etwa zu geringe Förderung der Kinder, ein unzureichender Unterricht, Sinnesbehinderungen und eben eine zu geringe Allgemeinbegabung der Kinder - ausgeschlossen wurden.
- Schließlich ist nicht zu verkennen, daß die Hervorhebung dieser besonderen Schwierigkeiten auch aus einem stillen Zweifel an dem Wert von Literarität und schulischer Bildung für den Menschen resultiert. Unter Hinweis auf Einstein, Leonardo da Vinci, die angeblich auch derartige Schwierigkeiten gehabt haben, wird davon ausgegangen, daß es unrecht sei, an den Forderungen nach einer perfekten Beherrschung der Rechtschreibung und an einer guten Lesefähigkeit für alle Schüler festzuhalten.

Bereits aus dieser kurzen Reflexion über die Motive, spezifische von unspezifischen Lese- und Rechtschreibschwierigkeiten zu unterscheiden, können wir ersehen, daß an die Diagnose spezifischer Lese- und Rechtschreibschwierigkeiten unterschiedliche Anforderungen gestellt werden. Aus der Intention, eine Gruppe von Kindern zu identifizieren, bei denen diese Schwierigkeiten von der Allgemeinbegabung her tatsächlich unerwartet sind, müßte gefordert werden, möglichst strikte Kriterien für die Definition zu wählen. Auf der anderen Seite wünschen viele Eltern, deren Kinder Probleme beim Lesen- und Schreibenlernen haben, daß sie besondere Hilfen bekommen und ihre Leistungen in der schulischen Beurteilung milder bewertet werden, und plädieren deshalb dafür, die Definition weiter zu fassen. Es ist vereinfachend, zu sagen, daß das wissenschaftliche Bemühen um ein Verständnis spezieller Schwierigkeiten beim Erlernen des Lesens und Schreibens für eine enge Definition spricht und die Anliegen der Förderung für eine weite. Letztlich dienen auch spezielle Fördermaßnahmen nicht den Kindern, wenn diese Fördermaßnahmen die in sie gesetzten Erwartungen nicht erfüllen können.

Die Diagnose spezifischer Lese- und Rechtschreibschwierigkeiten

Für die Diagnose einer spezifischen Lese- und Rechtschreibschwierigkeit werden neben den Schwierigkeiten bei der Aneignung der Schriftsprache vor allem zwei Dinge gefordert: einmal das Vorliegen einer guten Allgemeinbegabung, also eines wenigstens durchschnittlichen Lernpotentials des Kindes, zum anderen der Ausschluß aller Bedingungen, die die Lernsituation beeinträchtigen können, wie unzureichende familiäre Förderung, mangelhafter Unterricht (wobei hier fast ausschließlich auf den Schulbesuch bzw. zu häufigen Schulwechsel geachtet wird), auf Seiten des Kindes sollen noch Sinnesbehinderungen, manifeste zerebrale Störungen (z.B. Epilepsie), emotionale Störungen, mangelnde Kenntnis der Unterrichtssprache ausgeschlossen werden.

In diesem Abschnitt wollen wir uns ausschließlich mit der Frage auseinandersetzen, wie bestimmt werden kann, daß die Lese- und Rechtschreibschwierigkeiten eines Kindes von seiner Allgemeinbegabung her unerwartet sind. Zentrale Aufmerksamkeit verdient hier die Frage, zu welcher Fähigkeit die Schwierigkeiten beim Erlernen des Lesens und Schreibens in Diskrepanz zu setzen sind. In einem der ersten deutschsprachigen Versuche, Kriterien zu formulieren, hat Linder (1951) diese Schwierigkeiten abgehoben von durchschnittlichen Lernerfolgen in anderen Schulfächern, vor allem im Rechnen, und von einer durchschnittlichen Intelligenz. Bis auf wenige Ausnahmen wurde jedoch in der Folge nur die Diskrepanz zur Intelligenz als entscheidendes Merkmal festgehalten.

Die Konzeption der Intelligenz in einer Diskrepanzdefinition der Legasthenie geht davon aus, daß die Intelligenz als Allgemeinbegabung, als g-Faktor, aufgefaßt werden kann, die die Lernfähigkeit und die Fähigkeit zur Problemlösung bestimmt. Diskrepanzen zu dieser Allgemeinbegabung in einzelnen Teilbereichen wären bemerkenswert, weil damit angezeigt wäre, daß bei spezieller Förderung bzw. bei Berücksichtigung der speziellen Schwierigkeiten in diesen Teilbereichen die Lernfortschritte deutlich verbessert werden könnten.

So einleuchtend das Konzept der spezifischen Lese- und Rechtschreibschwierigkeiten auch zunächst ist, so ist doch festzustellen, daß es eine Reihe an Schwachstellen enthält. Diese Schwächen entstehen vor allem durch die Probleme, erwartungswidrige bzw. "spezifische" Probleme beim Erlernen des Lesens und Schreibens zu definieren. Diese Kritik wurde im deutschen Sprachraum bereits Mitte der 70er Jahre vorgetragen und hat hier dazu geführt, daß spezielle Fördermaßnahmen für Kinder mit spezifischen Lese- und Rechtschreibschwierigkeiten im schulischen Bereich keine besondere Bedeutung erlangten. In den USA wurden hingegen spezifische Lernschwierigkeiten 1967 offiziell anerkannt und Fördermaßnahmen für diese Kinder bilden einen wesentlichen Bestandteil der sonderpädagogischen Maßnahmen in der Schule. Die Auseinandersetzung mit dem Konzept der spezifischen Lernschwierigkeiten ist nach wie vor aktuell.

• Ein Kerngedanke der Kritik am Konzept der spezifischen Lese- und Rechtschreibschwierigkeiten besteht darin, daß es bei einem geringen Zusammenhang zwischen Intelligenz und der Lese- und Rechtschreibfertigkeit Kinder geben müsse, die schlechter lesen und schreiben, als dies von ihrer Intelligenz her zu erwarten ist, daß es aber unbegründet sei, dies als etwas Besonderes zu betrachten, da ja die Intelligenz die Schwierigkeiten beim Erlernen der Schriftsprache nur teilweise voraussage. Zum anderen wurde darauf hingewiesen, daß solche Diskrepanzen wenig stabil seien, da unerwartete Ergebnisse immer zum Teil auf Meßfehlern beruhen würden. Bei einer Meßwiederholung würde sich daher bei einem Teil der Kinder herausstellen, daß entweder ihre Begabung doch nicht so gut sei, bei anderen, daß ihre geringen Leistungen im Lesen und Schreiben nicht so schlecht seien.

Diese Kritik ist ernst zu nehmen, aber die Meßfehlerartefakte lassen sich berücksichtigen, indem man die Diagnose durch Meßwiederholung absichert bzw. ein strenges Kriterium der Diskrepanz anlegt. Eine Reihe von Untersuchungen hat gezeigt, daß Diskrepanzeinteilungen, die ein strengeres Kriterium für die Bestimmung der Diskrepanz wählen, doch zu recht stabilen Einteilungen kommen (Dobbins und Tafa 1991, Share und Silva 1986). Was das erste Argument anbelangt, so ist es zwar richtig, daß bei einem Teil der Kinder Diskrepanzen zu erwarten sind, allerdings bedeutet dies nicht, daß diese keiner näheren Erklärung bedürfen.

• Probleme entstehen weiters dadurch, daß der Anteil gemeinsamer Varianz, der durch verschiedene Intelligenztests erklärt wird, nicht sehr groß ist, daß also neben der Allgemeinbegabung (g-Faktor) verschiedene Begabungskomponenten in den unterschiedlichen Intelligenztests erfaßt werden, die jeweils einen anderen Zusammenhang mit der Lese- und Rechtschreibleistung aufweisen. Dadurch wird die Definition und Abgrenzung diskrepanter bzw. spezifischer Lese- und Rechtschreibschwierigkeiten ungewiß.

Im deutschen Sprachraum hat vor allem Valtin (1978, 1981) darauf hingewiesen, daß bei der Verwendung eines Diskrepanzkriteriums entscheidend sei, zu welchem Merkmal die Lese- und Rechtschreibleistungen in Diskrepanz gesetzt würden und daß bei Verwendung unterschiedlicher Intelligenztests bzw. unterschiedlicher Subtests jeweils unterschiedliche Kinder als legasthen diagnostiziert würden. Sie bezeichnete die Auswahl unterschiedlicher Tests als mehr oder weniger willkürlich und betrachtete das Diskrepanzkriterium deshalb insgesamt als ungerechtfertigt, weil damit nur künstliche Ergebnisse produziert werden. Würde man die Leseschwierigkeiten der verbalen Begabung gegenüberstellen, so würde man wegen des zwar begrenzten, aber doch vorhandenen Zusammenhangs zwischen Lesefertigkeit und nonverbaler Begabung eine Gruppe von Kindern auswählen, die zwar verbal durchschnittlich begabt seien, aber im nonverbalen Bereich Schwächen zeigten. Das Umgekehrte gelte, wenn man die Auswahl auf nonverbale, visuell-räumliche Intelligenztests stütze. Eine Erwartung, die sich empirisch bestätigen ließ (Valtin 1981).

Worauf Valtin nicht ausdrücklich hingewiesen hat, was aber in vielen Untersuchungen bestätigt wird, ist, daß die Leistungen im Lesen und Rechtschreiben einen engeren Zusammenhang mit verbalen Fähigkeiten zeigen und lese- und rechtschreibschwache Kinder daher oft gewisse sprachliche Begabungsmängel aufweisen. Daraus wurde zumeist der Schluß gezogen, daß als Vergleichskriterium ein sprachfreier Intelligenztest genommen werden muß, um diese Kinder nicht von vornherein zu benachteiligen. In einer beachtenswerten Arbeit hat Stanovich (1991a) diese Frage erneut aufgegriffen. Er geht davon aus, daß es mittlerweile hinlänglich nachgewiesen sei, daß der Kern der Leseschwierigkeiten im Erlernen des phonologischen Rekodierens liegt und daß bei leseschwachen Kindern zumeist auch andere phonologische Fertigkeiten beeinträchtigt sind. Will man daher Kinder mit spezifischen Schwierigkeiten beim Lesen und Rechtschreiben auswählen, so müsse man die Lesefähigkeit in Kontrast gerade zu jenen Fähigkeiten setzen, die an sich den engsten Zusammenhang mit der Lese- und Schreibfertigkeit zeigen, nämlich den verbalen Fähigkeiten. Dann sei die Chance am größten, daß man Kinder auswähle, die tatsächlich umschriebene Schwierigkeiten in einem Teilbereich ihrer Fähigkeiten hätten. Vor allem das mündliche Sprachverständnis bietet sich hier als Vergleichskriterium an. Wenn Kinder mündlich vorgetragene Texte gut verstehen können, aber Probleme beim Lesenlernen haben, dann sind ihre Schwierigkeiten tatsächlich unerwartet und die Wahrscheinlichkeit groß, daß hier eine umschriebene Teilleistungsschwäche vorliegt.

- Relativ wenig Beachtung hat bisher die Frage gefunden, welche der Teilfertigkeiten des Lesens bzw. Schreibens eigentlich in Kontrast zur Allgemeinbegabung der Kinder zu stellen ist. Es ist einleuchtend, daß der Zusammenhang zwischen Intelligenz bzw. verschiedenen Begabungskomponenten und den Lese- und Schreibleistungen auch von der Art der geprüften Teilleistung im Lesen und Schreiben abhängig ist. So ist der Zusammenhang mit der Intelligenz (vor allem wenn verbale Fähigkeiten erfaßt werden) beim Leseverständnis größer als beim Lesen einzelner Wörter. Trotzdem scheint es sinnvoll zu sein, in erster Linie die Diskrepanz zwischen dem Worterkennen bzw. der mündlichen Lesefähigkeit und der Intelligenz zu beachten, da die Fähigkeit, einzelne Wörter zu dekodieren bzw. zu erlesen, den Kern der Lesefähigkeit und das eigentliche Neue darstellen, das beim Lesen gelernt werden muß (Stanovich 1991a,c).

Methoden zur Bestimmung der Diskrepanz: Es ist weithin üblich, dann von einer spezifischen Lese- und Rechtschreibschwäche zu sprechen, wenn die Intelligenz der Kinder im

Durchschnittsbereich liegt (IQ größer als 90) und gleichzeitig die Leistungen im Lesen oder Rechtschreiben in der Altersgruppe nur einen Prozentrang von 15 oder geringer erreichen, also mehr als eine Standardabweichung unter dem Durchschnitt liegen. Dabei ist allerdings die Chance groß, Kinder zu identifizieren, die leicht unterdurchschnittlich begabt sind und deren Intelligenz in keinem allzu großen Kontrast zu ihrer Lese- bzw. Rechtschreibfähigkeit steht. Als Alternative wird daher vielfach empfohlen, Differenzscores zwischen der Intelligenz und den Leistungen im Lesen bzw. Rechtschreiben (nachdem diese auf eine einheitliche Metrik, z.B. T- oder z-Werte, transformiert wurden) zu bilden. Hierbei bleibt allerdings unberücksichtigt, daß keine perfekte Korrelation zwischen den beiden Skalen (r=1.0) besteht, sondern zumeist nur eine Korrelation zwischen 0.30 und 0.60, sodaß bei höherer Intelligenz der Unterschied zwischen den beiden Testwerten überschätzt wird. Aus diesem Grund wurde bereits von Yule (1973) die Bestimmung spezifischer Leistungsausfälle im Lesen und Rechtschreiben mittels einer Regressionsgleichung empfohlen (siehe auch Cone und Wilson 1981, Reynolds 1984, Shepard 1980). Dies setzt natürlich voraus, daß die Korrelation beider Tests in verschiedenen Altersgruppen bekannt ist. Für die Einzelfalldiagnose ist darüber hinaus auch die Kenntnis der Meßzuverlässigkeit bzw. Reliabilität der Tests erforderlich.

Relativ wenig Übereinstimmung besteht darin, eine wie große Diskrepanz zwischen der Allgemeinbegabung und den Leistungen im Lesen und Rechtschreiben zu fordern ist, um von spezifischen Lese- und Rechtschreibschwierigkeiten zu sprechen. Es wurde bereits darauf hingewiesen, daß hier unterschiedliche Erwartungen bestehen. Vieles spricht jedoch dafür, eine beträchtliche Diskrepanz zu fordern, um Kinder zu identifzieren, deren geringe Leistungen im Lesen bzw. Rechtschreiben tatsächlich unerwartet sind. In Analogie zur Diagnose der geistigen Behinderung wird dabei von verschiedenen Autoren (Reynolds 1984, Yule 1973, Stanovich 1991a,c) eine Diskrepanz von mehr als zwei Standardeinheiten vorgeschlagen.

Die Häufigkeit spezifischer Lese- und Schreibschwierigkeiten

Welchen Anteil machen nun spezifische bzw. diskrepante Lese- und Rechtschreibschwierigkeiten unter jenen Kindern aus, die Probleme beim Erlernen des Lesens und Schreibens zeigen? Detaillierte Angaben über die Häufigkeit von Lese- und Schreibschwierigkeiten bei Kindern unterschiedlicher Intelligenz sind vor allem in der Isle of Wight-Untersuchung zu finden (Rutter et al. 1970). Von den etwa 2100 zehn- bis elfjährigen Kindern dieser überwiegend ländlichen Gegend wiesen 155 Kinder einen beträchtlichen Rückstand in der Leseentwicklung auf (mehr als 2 1/2 Jahre). Bei 86 Kindern waren die Leseleistungen deutlich schlechter, als von der Intelligenz der Kinder her zu erwarten gewesen wäre, wobei als Kriterium (in einer Regressionsgleichung) eine Diskrepanz von mehr als zwei Standardabweichungen zwischen der tatsächlichen und der von der Intelligenz der Kinder her zu erwartenden Leseleistung zugrundegelegt wurde. 76 dieser Kinder hatten auch nach den Normen des Leseleistungstests einen beträchtlichen Rückstand in der Lesefähigkeit, gehörten also zur Gruppe der leseschwachen Kinder. Von den restlichen 79 leseschwachen Kindern, bei denen die geringe Leseleistung mit einer niedrigen Intelligenz einherging, hatten 37 einen Intelligenzqotienten unter 70, waren also geistig behindert. Ein beträchtlicher Teil dieser Kinder wurde nicht in der Regelschule, sondern in Sonderschulen betreut.

Obwohl der Häufigkeit nach das Verhältnis von spezifischen Lese- und Schreibschwierigkeiten zu Lese- und Schreibschwierigkeiten bei niedriger Intelligenz etwa 1 zu

1 betrug, war das Verhältnis in den normalen Grundschulen etwas anders. Am Ende der Grundschule dürften nach dieser Untersuchung etwa 2/3 der Kinder mit einem deutlichen Leseentwicklungsrückstand spezifische Leseschwierigkeiten bei normaler Intelligenz haben. Aus der Untersuchung geht jedoch auch hervor, daß nicht nur minderbegabte und geistig behinderte Kinder mit Lese- und Schreibschwierigkeiten in Sonderschulen unterrichtet werden. Auch von den Kindern mit spezifischen Lese- und Schreibschwierigkeiten besuchten in dieser Gegend etwa 13% Sonderschulen und weitere 13% spezielle Förderklassen in den Grundschulen.

Eine ähnlich repräsentative Erhebung über den Anteil von Kindern mit spezifischen Lese- und Schreibschwierigkeiten an der Gesamtgruppe von lese- und Schreibschwachen Kindern, wie sie die Untersuchung von Rutter et al. (1970) darstellt, liegt für den deutschsprachigen Raum nicht vor. Die Untersuchungen beschränken sich alle auf die Grundschule, beziehen also die Sonderschule nicht ein. In einer kleineren Untersuchung von Valtin (1981), bei der zur Bestimmung spezifischer Lese- und Rechtschreibleistungen eine Diskrepanz zwischen der (durch die Intelligenz) vorhergesagten und der tatsächlichen Lese- bzw. Rechtschreibleistung von mehr als einer Standardabweichung zugrundegelegt wurde, wiesen in der 3.Klasse Grundschule etwa zwei Drittel der lese- bzw. rechtschreibschwachen Kinder spezifische (bzw. unerwartete) Lese- und Rechtschreibschwierigkeiten auf. In den Wiener Längsschnittuntersuchungen (Klicpera und Gasteiger-Klicpera 1993) kamen wir bei der Festlegung der Diskrepanz auf 1 1/2 Standardabweichungen zu einem ähnlichen Ergebnis.

Bimodalität der Verteilung der Regressionswerte zwischen Intelligenz und Leseleistung? Wenn es sich bei spezifischen Lese- und Rechtschreibschwierigkeiten um eine besondere Form von Problemen handeln sollte, deren Ursachen spezieller Natur sind, dann wäre zu erwarten, daß sich dies auch in einer unerwartet großen Häufigkeit derartiger Schwierigkeiten niederschlägt. Zu den Kindern, die wegen anderer Umstände (zu geringe Unterstützung durch die Eltern etc.) Probleme beim Lesen- und Schreibenlernen zeigen, sollten dann noch die Kinder mit spezifischen (also eigentlich unerwarteten) Lese- und Rechtschreibschwierigkeiten hinzukommen. Dies müßte sich dann in der Verteilung der Regressionswerte zwischen Intelligenz und Lese- und Rechtschreibleistung in einer Zweigipfeligkeit (Bimodalität) zeigen. Eine solche Bimodalität wurde etwa für die Intelligenzverteilung beobachtet, wo sich am unteren Ende der Verteilung ein zweiter Gipfel zeigt, der darauf zurückgeführt wird, daß es bestimmte Formen von geistiger Behinderung gibt, die auf genetische Faktoren, Chromosomenstörungen) bzw. andere spezifische Krankheiten zurückführen lassen und somit zu einer größeren Häufigkeit von schwerer geistiger Behinderung führen, als dies bei einer Normalverteilung, der die intellektuelle Begabung sonst unterliegt, zu erwarten wäre.

Yule et al. (1974) prüften anhand der Ergebnisse der Isle of Wight-Studie sowie der nachfolgenden Inner London Borough-Studie, ob die Verteilung der Regressionswerte zwischen Intelligenz und Leseleistung bimodal ist und sich so aufgrund der Regressionswerte empirisch die Häufigkeit spezifischer Leseschwierigkeiten bestimmen läßt. Sie beobachteten dabei übereinstimmend in mehreren Stichproben eine größere als (nach der rein statistischen Definition, die eine Abweichung von mehr als 2 Standardabweichungen als Kriterium festlegte) erwartete Häufigkeit spezifischer Leseschwierigkeiten.

In den vergangenen Jahren ist diese Frage erneut aufgegriffen worden. Simulationsstudien von Van der Wissel und Zegers (1985) und Share et al. (1987) konnten zeigen, daß die Abweichung von Erwartungswerten aus Deckeneffekten in den Lesetests bzw.

aus der Schiefe der Verteilung in manchen Tests resultiert, also ein Artefakt der in den Untersuchungen von Rutter und Yule verwendeten Tests ist. Neuere Untersuchungen an großen Stichproben, in denen die Verteilung der Ausgangstestwerte keine Deckenwerte aufwies, kamen zu unterschiedlichen Ergebnissen. In einigen Untersuchungen, wie der Dunedin Entwicklungsstudie (Share et al. 1987) und der britischen Child Health und Education Studie (Rodgers 1983), stimmten die erhaltenen Häufigkeitswerte sehr genau mit den erwarteten Werten überein. In anderen Untersuchungen ergaben sich Hinweise für eine größere Häufigkeit von Leseschwierigkeiten, als bei einer Normalverteilung zu erwarten ist (Stevenson 1988, Dobbins 1988).

Wenn an die Beobachtung einer Zweigipfeligkeit die Hoffnung geknüpft war, Hinweise darauf zu bekommen, welches Diskrepanzkriterium der Definition spezifischer Lese- und Rechtschreibschwierigkeiten zugrundezulegen ist, so muß man wohl feststellen, daß sich diese Hoffnung nicht erfüllt hat. Bei der Definition und der Bestimmung der Häufigkeit von spezifischen Lese- und Schreibschwierigkeiten sind wir also entweder auf ein inhaltliches, pädagogisch sinnvolles Kriterium angewiesen oder können (bei Fehlen eines solchen Kriteriums) nur rein arbiträr vorgehen, also einen bestimmten Grenzwert vorgeben.

Vergleich spezifischer und unspezifischer Lese- und Rechtschreibschwierigkeiten

Wir wollen uns in diesem Abschnitt auf die Frage konzentrieren, wieweit sich Schüler mit diskrepanten Lese- und Schreibschwierigkeiten in der Art der Schwierigkeiten, die sie beim Erlernen des Lesens und Schreibens zeigen, von Schülern unterscheiden, deren schwache Leistungen von ihrer Begabung her nicht unerwartet sind. Ein derartiger Unterschied ist in der älteren Legasthenieliteratur wiederholt postuliert, aber nie überzeugend nachgewiesen worden. Ein Gutteil dieser Bemühungen um einen Nachweis spezieller Schwierigkeiten konzentrierte sich auf die Frage, ob Legastheniker beim Lesen und Rechtschreiben eine erhöhte Reversionstendenz von Buchstaben zeigen.

Die Reversiontendenz von Legasthenikern: In der Legasthenieliteratur wird wiederholt, auch im deutschsprachigen Raum, die Ansicht vertreten, daß ein charakteristisches Merkmal legasthener Kinder eine erhöhte Anzahl an Reversionsfehlern beim Lesen und Schreiben sei. Obwohl diese Ansicht in der aktuellen wissenschaftlichen Auseinandersetzung keine bedeutsame Rolle spielt, wird sie doch von vielen Lehrern nach wie vor vertreten. Im deutschen Sprachraum wurde diese These vor allem von Schenk-Danzinger (1968) propagiert, die allerdings in einer von ihr selbst in den 60-er Jahren durchgeführten Untersuchung keinen Unterschied zwischen der Häufigkeit dieser Fehler bei Kindern mit spezifischen und unspezifischen Lese- und Rechtschreibschwierigkeiten nachweisen konnte. Bei einer sehr weiten Definition von Reversionsfehlern konnte sie nur zeigen, daß der Anteil dieser Fehler an der Gesamtfehlerzahl mit dem Schweregrad der Leseschwierigkeiten zunimmt. In einer neueren Untersuchung kam auch Dummer (1981) bei der Analyse von Rechtschreibfehlern zu einem recht ähnlichen Ergebnis, allerdings verglich auch sie nicht Schüler mit spezifischen und unspezifischen Lese- und Rechtschreibschwierigkeiten, sondern stellte die Fehler von lese- und rechtschreibschwachen Schülern durchschnittlicher Intelligenz einer Gruppe jüngerer durchschnittlicher Schüler gegenüber.

Die beiden Untersuchungen sind aus methodischer Sicht stark anfechtbar, u.a. deshalb, weil sie eine sehr weite (und unpräzise) Definition von Reversionsfehlern verwendeten und damit zu dem ungewöhnlichen Ergebnis kamen, daß etwa 50% der Fehler legasthener Kinder als Reversionsfehler zu werten sind. Versuche, diese Ergebnisse zu replizieren, kamen sowohl bei einer weiten Definition von Reversionsfehlern (Valtin 1972) als auch bei einer präziseren Definiton (Klicpera und Gasteiger-Klicpera 1993) zu negativen Ergebnissen. Zwei größere repräsentative Untersuchungen (Taylor et al. 1979, Klicpera 1993 - unveröffentlichte Daten der Wr.Längsschnittuntersuchungen) verglichen die Häufigkeit von Reversionsfehlern bei Legasthenikern und leseschwachen Kindern mit niedriger Intelligenz und konnten keine Unterschiede feststellen.

Vergleich der beiden Gruppen nach den Informationsverarbeitungsmodellen des Lesens und Rechtschreibens: In den letzten Jahren wurde die Frage nach Unterschieden zwischen Kindern mit spezifischen und unspezifischen Lese- und Rechtschreibschwierigkeiten anhand der differenzierteren Modelle über den Lese- und Schreibprozeß wieder aufgegriffen. Die Hypothese, die dabei im Vordergrund steht ist jene, daß Kinder mit spezifischen Lese- und Rechtschreibschwierigkeiten in erster Linie beim Erlernen des phonologischen Rekodierens beeinträchtigt sein sollten, während lese- und rechtschreibschwache Kinder mit schwächerer intellektueller Begabung in einem weiteren Bereich beeinträchtigt sind, also etwa auch größere Mühe haben, die spezifische Schreibweise von Wörtern zu behalten.

Diese Frage ist bisher erst recht selten direkt untersucht worden. Zwar gibt es mittlerweile recht eindeutige Hinweise darauf, daß Kinder mit spezifischen Lese- und Rechtschreibschwierigkeiten im Vergleich zu jüngeren durchschnittlichen Schülern mit einem ähnlichen Leistungsstand im Lesen deutlich größere Schwierigkeiten beim phonologischen Rekodieren zeigen, die bisher vorliegenden Befunde sowohl aus dem englischen wie aus dem deutschen Sprachraum deuten jedoch eher darauf hin, daß dies für die meisten Schüler mit großen Lese- und Rechtschreibschwierigkeiten - unabhängig von ihrer Allgemeinbegabung - gilt. Für den englischen Sprachraum haben sowohl Seidenberg et al. (1985) wie Bruck (1988), Fredman und Stevenson (1988), Siegel (1988) und Ellis und Large (1987) keinen Unterschied zwischen Schülern mit spezifischen und unspezifischen Leseschwierigkeiten nachweisen können. Beide Gruppen tun sich recht schwer beim Lesen von Pseudowörtern, zumeist aber auch von unregelmäßigen Wörtern, deren Aussprache von den häufig anzutreffenden Graphem-Phonem-Zuordnungen abweicht. Ähnliches gilt für das Rechtschreiben.

Diese Übereinstimmung im Leistungsprofil von schwachen Lesern, unabhängig von ihrer Intelligenz gilt insbesonders für Lese- und Rechtschreibaufgaben, die auf das phonologische Rekodieren aufbauen. Olson et al. (1990) konnten zeigen, daß sowohl die Intelligenz wie Diskrepanzscores zwischen Intelligenz und Leseleistung kaum mit der Fähigkeit, phonologische Kodes beim Worterkennen zu verwenden, korrelieren.

Diese Befunde wurden in der Wiener Längsschnittuntersuchung für den deutschen Sprachraum bestätigt (Klicpera und Gasteiger-Klicpera 1993). Schwächer begabte lese- und schreibschwache Schüler hatten in dieser Untersuchung ebenso wie die durchschnittlich begabten schwachen Schüler von Anfang der 3.Klasse bis zum Ende der Pflichtschulzeit beträchtliche Schwierigkeiten beim Lesen von Pseudowörtern. Beide Gruppen unterschieden sich jedoch nicht wesentlich voneinander. Auch bei der qualitativen Analyse der Rechtschreibfehler konnte kein Unterschied zwischen den beiden Gruppen festgestellt werden. Für alle schwachen Schüler galt, daß sie in den ersten Klassen einen größeren Teil der Wörter nicht lautgetreu schrieben, während später diese groben Verstöße abnahmen und der größte Teil der Wörter zwar lautgetreu, aber orthographisch falsch geschrieben wurde.

In der Wiener Längsschnittuntersuchung wurde zusätzlich der Versuch gemacht, die Leseentwicklung von schwachen Lesern aus der Volksschule mit jener lern- bzw. leicht geistigbehinderter Kinder aus den Sonderschulen zu vergleichen. Nur bei diesem Vergleich deutete sich ein Unterschied in der Aneignung der Lesefertigkeit an. Lernbehinderte Kinder hatten vergleichsweise mehr Schwierigkeiten beim Lesen häufig vorkommender, im Unterricht vermutlich bereits wiederholt gelesener Wörter. Bei durchschnittlich begabten leseschwachen Kindern waren hingegen die Leseschwierigkeiten stärker auf das Lesen von seltenen Wörtern bzw. von Pseudowörtern beschränkt (Klicpera und Gasteiger-Klicpera 1993). Besonders deutlich zeigte sich der unterschiedliche Verlauf der Leseentwicklung in der 1.Klasse, wo durchschnittlich begabte Kinder relativ wenig Mühe beim Lesen der vom Unterricht her bekannten Wörter hatten, beim Lesen neuer Wörter sowie Pseudowörter jedoch große Schwierigkeiten erkennen ließen. Die lern- bzw. leicht geistig behinderten Kinder konnten hingegen während der gesamten 1.Klasse selbst häufiger im Unterricht vorgestellte Wörter kaum lesen (Klicpera, Ehgartner et al. 1993a)

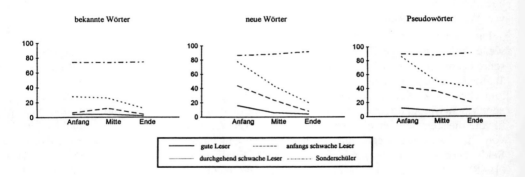

Abbildung 13: Entwicklung der Lesesicherheit in der 1.Klasse beim Lesen von Listen bekannter und neuer Wörter sowie von Pseudowörtern bei lernbehinderten Kindern in der Sonderschule und bei Kindern in der Grundschule mit unterschiedlichem Verlauf der Leseentwicklung (nach Klicpera, Ehgartner et al. 1993a).

Ähnlich wie bei dem Vergleich von Gruppen, die sich sehr deutlich in ihrer Intelligenz unterscheiden, deuten sich auch Unterschiede an, wenn man Kinder betrachtet, die nur relativ geringe Schwierigkeiten im mündlichen Lesen haben, und diese den Kindern mit schweren Leseschwierigkeiten gegenüberstellt. Auch wenn ein direkter Vergleich bisher nicht gemacht wurde, so ist es doch möglich, z.B. die Ergebnisse von Stanovich et al. (1986, 1988) jenen gegenüberzustellen, die Rack et al. (1992) in einer Übersicht über das phonologische Rekodierungsdefizit bei Kindern mit spezifischen Leseschwierigkeiten zusammengestellt haben. Danach zeigt sich, daß Kinder mit einem geringen Rückstand im Lesen in ihrem Leistungsprofil beim Lesen und Schreiben jüngeren Kindern, die einen ähnlichen Leistungsstand im Lesen erreicht haben, gleichen, während die Ergebnisse aus den Untersuchungen von Rack et al. (1992) auf eine qualitative Abweichung hinweisen.

Zusammenfassend müssen wir feststellen, daß es derzeit kaum Hinweise dafür gibt, daß das Erscheinungsbild der Lese- und Rechtschreibschwierigkeiten von der Intelligenz der Kinder abhängt. Unabhängig von der Intelligenz bereitet Kindern, die Mühe haben, das Lesen und Schreiben zu erlernen, die Aneignung der phonologischen Rekodierung zur Zuordnung von Sprache und Schrift die größte Mühe. Wie wir später zeigen werden, gilt Ähnliches für den Unterricht bzw. für spezielle Fördermaßnahmen. Auch hier ist kein empirischer Beleg dafür vorhanden, daß Legastheniker, also lese- und rechtschreibschwache Kinder mit durchschnittlicher oder guter Allgemeinbegabung, andere Fördermaßnahmen benötigen als andere lese- und schreibschwache Schüler.

Allerdings wäre es sinnvoll, dies nicht als ein abschließendes Urteil zu betrachten. Einerseits wird man feststellen müssen, daß die meisten bisherigen Vergleiche von Kindern mit spezifischen und unspezifischen Lese- und Rechtschreibschwierigkeiten nicht an Extremgruppen vorgenommen wurden. Andererseits ist natürlich auch die Frage, ob es nicht sinnvoller wäre, spezifische Lese- und Rechtschreibschwierigkeiten nicht in Diskrepanz zur Allgemeinbegabung oder wie in vielen Fällen zur durch nonverbale Tests bestimmten Intelligenz zu setzen, sondern zu verbalen Fähigkeiten, insbesondere zum mündlichen Sprachverständnis (Stanovich 1991a,c). Schließlich ist auch der Zeitpunkt des Vergleichs kritisch. Wie im folgenden Abschnitt ausgeführt, führen Leseschwierigkeiten zu beträchtlichen Folgen für die kognitive Entwicklung und vor allem auch zu einer Einschränkung des Lesens, es ist daher möglich, daß Unterschiede zwischen spezifischen und unspezifischen Lese- und Rechtschreibschwierigkeiten in erster Linie in den ersten Phasen des Lesen- und Schreibenlernens deutlich werden, wofür gewisse Hinweise aus dem Vergleich des Lesenlernens bei lernbehinderten Kindern in der Sonderschule und schwachen Lesern in der Grundschule gewonnen werden konnten (Klicpera, Ehgartner et al. 1993a).

Zusammenfassung: Untergruppen lese- und schreibschwacher Schüler

Die zunehmend differenziertere Betrachtungsweise von Schwierigkeiten beim Erlernen des Lesens und Schreibens hat zu intensiven Bemühungen um die Unterscheidung zwischen verschiedenen Arten von Schwierigkeiten geführt. Während zunächst diese Bemühungen eher an externen Kriterien, Merkmalen also, die nicht unmittelbar den Lese- und Schreibprozeß selbst betreffen, angesetzt haben, steht heute eindeutig das Leistungsprofil der schriftsprachlichen Fertigkeiten bzw. die Prozeßanalyse im Vordergrund. Aufgrund dieser Bemühungen kann man davon ausgehen, daß es sinnvoll ist, verschiedene Formen von Schwierigkeiten zu unterscheiden: diese Unterschiede betreffen einmal das Ausmaß der Beeinträchtigung der beiden wichtigsten Teilfertigkeiten des Worterkennens bzw. des Rechtschreibens, nämlich die phonologische Rekodierung und das wortspezifische, orthographische Wissen, zum anderen das Ausmaß der Schwierigkeiten im Rechtschreiben im Vergleich zum mündlichen Lesen und im Leseverständnis bzw. in der schriftlichen Ausdrucksfähigkeit. Bei all diesen Unterscheidungen kann man zwar Extremfälle mit relativ isolierten Beeinträchtigungen eines Teilbereichs finden, öfter jedoch handelt es sich um die Identifikation von Teilfertigkeiten, die manchen Kindern mehr Mühe bereiten als anderen.

11. Häufigkeit und Verlauf von Lese- und Schreibschwierigkeiten

Sowohl in den Massenmedien wie in pädagogischen Kreisen wird seit einigen Jahren immer wieder die Frage diskutiert, ob Lese- und Schreibschwierigkeiten zunehmen und wieweit die in der Schule vermittelten Lese- und Schreibkenntnisse angesichts der Anforderungen, die die Gesellschaft an die Beherrschung der Schriftsprache stellt, ausreichen. Zusätzlich stellt sich die Frage, wie stabil Schwierigkeiten beim Erlernen des Lesens und Schreibens eigentlich sind. Öfters hört man von Eltern leseschwacher Schüler, die Lehrer hätten ihnen in der Volksschule geraten, zuzuwarten und die Kinder nicht unter Druck zu setzen, die Schwächen würden sich mit der Zeit schon geben. Die bisherigen Ausführungen lassen vermuten, daß dies für die Mehrzahl der Kinder nicht zutrifft. Was sagen systematische, repräsentative Untersuchungen dazu?

11.1. Häufigkeit von Lese- und Schreibschwierigkeiten

Die Frage nach der Häufigkeit von Lese- und Rechtschreibschwierigkeiten läßt sich aus mehreren Gründen nicht ohne Vorbehalt beantworten. Zum einen ist es vom jeweiligen Schulsystem und den Lehrplänen abhängig, in welchem Alter bzw. in welcher Klasse die Kinder ein bestimmtes Maß an Lese- und Schreibfertigkeit erreicht haben sollen. Die Anforderungen an die Lese- und Schreibfertigkeit von Kindern sind somit vom Unterricht abhängig, und der Leistungsstand der Kinder kann nicht so ohne weiteres ohne Berücksichtigung der konkreten Anforderungen und der Erwartungen der Lehrer bzw. der Eltern beurteilt werden.

Im Erwachsenenalter scheint es zunächst einfacher zu sein, ein bestimmtes Maß an Lesefertigkeit anzugeben, das ausreichend ist, um den im Alltag notwendigen Umgang mit der Schriftsprache vollziehen zu können, gleichzeitig ist jedoch klar, daß die Anforderungen von Beruf zu Beruf wechseln und sich auch hier mit der Zeit ändern.

Solange keine äußeren, inhaltlichen Kriterien für die Diagnose von Lese- und Schreibschwierigkeiten festgelegt sind, die Diagnose sich vielmehr allein auf die Verteilung der Lese- und Rechtschreibleistungen innerhalb einer Klassenstufe bezieht, reduziert sich die Frage nach der Häufigkeit von Lese- und Schreibschwierigkeiten auf die Frage, ab welchem Prozentrang man von Lese- und Schreibschwierigkeiten sprechen soll. Wie Langhorst (1975) gezeigt hat, wurde diese Frage im deutschen Sprachraum in verschiedenen Untersuchungen zur Legasthenie recht unterschiedlich beantwortet. Die Kriterien reichen von einem Prozentrang von 10 bis zu einem Prozentrang von 30.

Man könnte die Frage nach den Kriterien für die Diagnose einer Lese- und Schreibschwierigkeit natürlich auch so zu beantworten versuchen, daß man die Auswirkungen von Lese- und Schreibschwierigkeiten auf die weitere Entwicklung betrachtet. Wenn ein leichter Rückstand beim Lesen und Schreiben ohne weitere Unterstützung überwunden wird, dann wäre es sinnvoll, nur schwerere Störungen als Lese- und Schreibschwierigkeiten zu diagnostizieren. Allerdings zeigen die bisher vorliegenden Langzeituntersuchungen (siehe Kapitel 11.2) eine erstaunlich hohe Stabilität der Lese- und Schreibfertigkeit auf allen Leistungsniveaus, sodaß aus dem Verlauf keine Kriterien für die Diagnose abgeleitet werden können.

Eine Möglichkeit, die Frage nach den Kriterien zu beantworten, wäre es, sich zu entscheiden, wieviel das Schulsystem bereit ist, für die Förderung von Kindern zu tun, die Schwierigkeiten beim Erlernen des Lesens und Schreibens zeigen. Hier wird allerdings die Aufgabe an die schulpolitisch Verantwortlichen zurückgegeben, die sie gern von Experten entschieden hätten.

Häufigkeit von Leseschwierigkeiten anhand von Kriterien über den Leistungsstand im Lesen

Im anglo-amerikanischen Sprachraum spricht man in der Grundschule meist von Lese- und Schreibschwierigkeiten, wenn die Leistungen der Kinder ein bzw. zwei Jahre hinter dem Leistungsstand der jeweiligen Klassenstufe zurückgeblieben sind. Diese Form der Beurteilung des Leistungsstands hat den Vorteil, daß das Ausmaß des Rückstands und damit in etwa auch die erforderliche Zeit, um diesen Rückstand aufzuholen, anschaulich gemacht wird. Dabei ist allerdings zu berücksichtigen, daß die Zunahme des Leistungsstands in den höheren Klassen abflacht und die (klassenstufen-übergreifend normierten) Tests deshalb nicht mehr so stark zwischen den in aufeinanderfolgenden Klassenstufen erwarteten Leistungen differenzieren. Ein Rückstand von einem Jahr bedeutet deshalb in den höheren Klassen etwas anderes als in den ersten Klassen der Grundschule.

Untersuchungen in England zeigen nun, daß von den sieben- bis achtjährigen Kindern etwa 10 bis 15% bereits ein Jahr hinter den Leistungsstand ihrer Klasse zurückgefallen sind, mit 10 bis 11 Jahren ist ein etwa gleich großer Prozentsatz bereits mehr als zwei Jahre zurück (Cockburn 1973, Rutter et al. 1970). Eine andere Untersuchung (Clark 1979), die in einem Schulbezirk in Schottland durchgeführt wurde, stellte fest, daß zu Anfang der dritten Schulstufe 15% der Kinder noch nicht über die ersten Stadien des Lesenlernens hinausgekommen waren. Etwa 1% der Kinder konnte kein einziges der zum Lesen vorgegebenen Wörter laut vorlesen.

Bereits zu Anfang der Leseentwicklung bleibt also ein nicht unerheblicher Teil der Volksschüler in seinen Leistungen hinter dem Altersdurchschnitt zurück. Im Laufe der Jahre dürfte sich, epidemiologischen Untersuchungen zufolge, dieser Rückstand weiter erhöhen. Zudem scheint es auch bei einem Teil jener Kinder, die zunächst keine Schwierigkeiten beim Lernen des Lesens und Rechtschreibens hatten, in den höheren Schulklassen zu einem Rückstand in der Lese- und Rechtschreibentwicklung zu kommen. So hatten in der Longitudinalstudie von Satz et al. (1978) von den Buben eines Schulbezirkes in Florida am Ende der 2.Klasse Volksschule nach Einschätzung der Lehrer 12% noch nicht die Anfänge des Lesenlernens sicher gemeistert, weitere 14% wiesen einen geringeren Rückstand in der Leseentwicklung auf. Am Ende der 5.Klasse hatte sich die Zahl der Kinder mit Leseschwierigkeiten jedoch deutlich erhöht, jeweils etwa 20% der Kinder wiesen einen schweren (mehr als zwei Jahre) bzw. leichten (ein bis zwei Jahre) Rückstand in der Leseentwicklung auf. Wieweit diese Zunahme der Leseschwierigkeiten über die Jahre ein Artefakt der Untersuchungsmethode (aufgrund unterschiedlich schwerer Tests) gewesen ist, läßt sich allerdings aus der Darstellung nicht mit Sicherheit beurteilen.

In den Wiener Längsschnittuntersuchungen wurde der Versuch unternommen, durch die Vorgabe der gleichen Tests in verschiedenen Klassenstufen auch für den deutschen Sprachraum die Häufigkeit eines Rückstands in der Leseentwicklung um ein bzw. mehrere Jahre zu bestimmen (Klicpera und Gasteiger-Klicpera 1993). Danach begeht in der Grundschule beim Lesen einfacher Wortlisten bzw. Texte etwa ein Viertel der Kinder mehr Fehler als der Durchschnitt der Kinder in der vorausgehenden Klassenstufe, 14% begehen sogar mehr Fehler als die Kinder der nächst niedrigen Klassenstufe.

Von Lesepädagogen (z.B. Harris und Sipay 1985) wird als Kriterium für die Lesefertigkeit vielfach der Prozentsatz der falsch gelesenen Wörter bei einem dem Klassenniveau entsprechenden Lesetext genommen. Kinder, die mehr als 10% der Wörter falsch lesen, sind demnach beim Lesen eindeutig überfordert. Allerdings ist uns keine Untersuchung bekannt, die dieses Kriterium zur Bestimmung der Häufigkeit von Leseschwierigkeiten in verschiedenen Klassenstufen verwendet hätte. Hingegen versuchten Bamberger et al. (1977) in einem ähnlichen Ansatz anhand der Lesegeschwindigkeit die Häufigkeit von Leseschwächen am Ende der Grundschulzeit zu bestimmen. Bamberger et al. (1977) gingen von der "Buchreife" aus und nahmen an, daß für das sebständige, persönlich gewinnbringende Lesen eines Buches eine Lesegeschwindigkeit von mehr als 150 Wörtern pro Minute erforderlich ist. Von 2398 zehnjährigen Kindern aus verschiedenen Teilen Österreichs waren nach diesem Kriterium 40 bis 50% noch nicht buchreif. Bei 1.4% der Kinder war die Lesegeschwindigkeit mit weniger als 50 Wörtern pro Minute sehr gering, bei weiteren 3.3% war sie mit 51 bis 100 Wörtern pro Minute deutlich reduziert. Auf der anderen Seite war die Lesefähigkeit von etwa einem Viertel der Kinder gut (151 bis 200 Wörter pro Minute) und bei dem restlichen Viertel sehr gut (über 200 Wörter pro Minute). Das Verständnis und Behalten des Gelesenen war bei den langsamer lesenden Kindern ebenfalls deutlich geringer als bei den Kindern, die flüssig lesen konnten.

Häufigkeit eines Rückstands im Rechtschreiben

Über die Häufigkeit des Zurückbleibens beim Erlernen des Rechtschreibens finden sich in der angloamerikanischen Literatur kaum Angaben. In den Wiener Längsschnittuntersuchungen wurde der Versuch unternommen, durch die Vorgabe der gleichen Tests in verschiedenen Klassenstufen auch die Häufigkeit eines Rückstands in der Rechtschreibentwicklung um ein bzw. mehrere Jahre zu bestimmen (Klicpera und Gasteiger-Klicpera 1993). Im Unterschied zur Lesesicherheit ist im Rechtschreiben auch in den höheren Grundschulklassen ein beträchtlicher Zuwachs festzustellen und die Überlappung der Leistungen der aufeinanderfolgenden Klassenstufen ist geringer. Hier zeigen etwa 15% der Kinder eine geringere Sicherheit im Rechtschreiben als die Kinder der jeweils niedrigeren Klassenstufe und 5-10% zeigen einen Rückstand von zwei Jahren oder mehr.

Funktionelle Literarität und die Häufigkeit von funktionellem Analphabetismus

In den Industriestaaten ist in den letzten Jahrzehnten der Zweifel gewachsen, wieweit das Schulsystem die Anforderungen der Gesellschaft an die Beherrschung der Schriftsprache erfüllt. Vor allem in den USA gab es in den 80-iger Jahren eine intensive Diskussion darüber, ob nicht ein zunehmender Teil der Jugendlichen, die die Schule verlassen, auf die Anforderungen des öffentlichen Lebens nur ungenügend vorbereitet ist. Vielfach wird davon gesprochen, daß das Problem des Analphabetismus kein Problem allein der Entwicklungsländer mehr ist, sondern auch in den Industrieländern zunimmt.

Wie häufig ist nun tatsächlich der Analphabetismus in den industrialisierten Ländern? Hat das Problem des Analphabetismus in den letzten Jahrzehnten zugenommen? Hinter dieser zunächst einfach erscheinenden Frage verbergen sich eine Reihe von schwierigen Fragestellungen. Betrachtet man das Problem sehr vordergründig, wird man der Behauptung, daß in den industrialisierten Ländern der Analphabetismus ein häufig vorkommendes und zunehmendes Phänomen ist, widersprechen müssen. In den USA wurde von der Mitte des 19.Jahrhunderts an bei Volkszählungen regelmäßig die Frage gestellt, ob die erfaßten Personen eine einfache Mitteilung (in Englisch oder einer anderen Sprache) lesen und schreiben könnten. Die Antworten zeigten, daß 1870 noch 20% der erwachsenen Bevölkerung sich als Analphabeten einstuften, 1979 jedoch nur 0.6% (Stedman und Kaestle 1987).

Die Antwort auf die Frage, ob in letzter Zeit ein Abfall der Leseleistungen stattgefunden hat, läßt sich nur für jene Länder beantworten, in denen regelmäßig größeren Gruppen von Schülern Schulleistungstests vorgegeben werden. Dies trifft in erster Linie für die USA zu. Dort zeigten verschiedene Untersuchungen (für eine Übersicht siehe Stedman und Kaestle 1987), daß die schulischen Leistungen etwa bis 1970 ständig gestiegen sind, aber in der Dekade zwischen 1970 und 1980 ein Rückgang der Leistungen stattgefunden hat. Die Befunde sind allerdings nicht so einfach zu bewerten, da sowohl die Inhalte der Tests (Schulleistungstests müssen etwa alle 5-7 Jahre neu konzipiert werden, um den veränderten schulischen Anforderungen zu entsprechen) als auch die Zusammensetzung der Stichproben vielfach nur schwer miteinander zu vergleichen sind.

Erste Versuche, funktionelle Literarität zu definieren, bezogen diese auf die Lesefertigkeit von Schülern in verschiedenen Klassenstufen. In den USA läßt sich rückblickend feststellen, daß die Anforderungen dabei laufend höher gesetzt wurden. Ging man noch in den 30-iger Jahren davon aus, daß die Lese- und Schreibfertigkeit, die am Ende des 3.Schuljahres erreicht wird, für die Anforderungen im Erwachsenenleben ausreichen würde, wurde dies später immer höher gesetzt, bis zuletzt die funktionelle Literarität mit den Fertigkeiten gleichgesetzt wurde, die beim Abschluß der Pflichtschule erwartet werden. Diese Schätzungen stützen sich in den letzten Jahren auch auf Berechnungen des Schwierigkeitsgrades von Lesetexten. Danach ist ein Lesealter von etwa 13 Jahren (durchschnittliche Lesefähigkeit am Ende der 7.-8.Schulstufe) notwendig, um einfache Zeitungsberichte flüssig und mit Verständnis lesen zu können (Yule 1976). Andere schätzen die Anforderungen durch Alltagstexte (Zeitungen, Zeitschriften, Lesetexte für den Beruf) sogar noch höher ein (Stedman und Kaestle 1987).

In verschiedenen Untersuchungen in den USA wurde aufrund großer Stichproben der Leistungsstand von repräsentativen Stichproben Erwachsener im Lesen bestimmt und mit jenem von Schülern verschiedener Klassenstufen verglichen. Diese Untersuchungen kamen zu dem Schluß, daß etwa 6% der Erwachsenen eine geringere Lesefertigkeit besitzen als durchschnittliche Schüler der 4.Schulstufe und weitere 25% eine geringere Lesefertigkeit als Schüler der 8.Schulstufe (Stedman und Kaestle 1987). Wenn man dies mit den Anforderungen vergleicht, die Alltagstexte an die Lesefertigkeit stellen, so wird klar, daß ein großer Prozentsatz der Erwachsenen mit vielen Leseaufgaben überfordert sein dürfte.

Schulleistungstests geben jedoch nur eine sehr begrenzte Antwort auf die Frage, wieweit Jugendliche am Ende der Pflichtschulzeit auf die alltäglichen Anforderungen an die Lese- und Schreibkompetenz im späteren Leben vorbereitet sind. In verschiedenen Untersuchungen ging man daher von verschiedenen Aufgaben aus, die im Alltag gestellt werden: Ausfüllen von Berwerbungsunterlagen (z.B. für einen Führerschein, für ein Bankdarlehen), Verständnis für Zeitungsannoncen, Benutzen von Verzeichnissen (z.B.Fahrplänen), Verständnis für öffentliche Verlautbarungen, für Formulierungen, die häufig von öffentlichen Stellen im Schriftverkehr mit Klienten verwendet werden (siehe

Stedman und Kaestle 1987). Die Ergebnisse dieser Untersuchungen zeigen, daß es unmöglich ist, die Häufigkeit funktioneller Literarität anzugeben, da es sich dabei um ein kontinuierliches Leistungsspektrum handelt und verschiedene Anforderungen unterschiedlich schwer fallen. Die Ergebnisse geben jedoch einen gewissen Eindruck davon, ein wie großes Ausmaß an Schwierigkeiten bei verschiedenen Aufgaben anzutreffen ist. Aufgrund dieser Ergebnisse (siehe Stedman und Kaestle 1987) kann man feststellen, daß in den industrialisierten Ländern zwar kaum jemand Probleme hat, einfache Beschriftungen auf bekannten Gegenständen zu identifizieren, daß aber etwa 5-10% Mühe haben, relevante Informationen in Wohnungsannoncen zu erkennen, einfache Formulare z.B. bei einer Stellenbewerbung auszufüllen. Fast ein Viertel kann aus den Anweisungen in einem Medikamentenbeipackzettel nicht entnehmen, wieviele Tabletten täglich zu nehmen sind. Insgesamt kann man aufgrund dieser Untersuchungen schätzen, daß etwa 20% der erwachsenen Bevölkerung bei alltäglichen Lese- und Schreibaufgaben überfordert sind.

Die Auswirkungen mangelnder funktioneller Literarität im Alltag sind kaum systematisch untersucht. Bisherige Untersuchungen von Sticht (1982) haben gezeigt, daß eine geringere Lese- und Schreibfähigkeit in vielen Berufen durch stärkeres Sichstützen auf mündliche Informationsweitergabe und Erklärenlassen kompensiert werden kann, daß diese Kompensation aber selten vollständig ist.

Aus den Untersuchungen zur funktionellen Literarität lassen sich verschiedene Folgerungen ziehen. Fortschritte in der Literarität sind bisher vor allem dadurch erreicht worden, daß die Schulzeit verlängert und der Anteil der Schüler, die über die Pflichtschulzeit hinaus die Schule besuchten, erhöht wurde. Dies dürfte in den industrialisierten Ländern kein Programm für die Zukunft sein. Vielmehr müßte der schulische Unterricht mehr auf die Anforderungen abgestimmt werden, die später an die Lese- und Schreibfertigkeit gestellt werden. Hier können Untersuchungen über die Bedeutung des Lesens und Schreibens im Alltag durchaus eine Orientierung geben. Beispielsweise ist gezeigt worden, daß der Einsatz der Lesefertigkeit am Arbeitsplatz hohe Anforderungen an die Organisation von Informationen stellt, daß die Informationen, nach denen gesucht wird, möglichst gut definiert werden müssen und daß sich der Leser immer fragen muß, ob die bisherige Information ausreicht. Auf diese Form des Lesens bereitet jedoch der übliche Leseunterricht in den Schulen nur ungenügend vor (Mikulecky 1982).

11.2. Die langfristige Entwicklung von Kindern mit Lese- und Schreibschwierigkeiten

Unter Pädagogen wie Psychologen ist die Ansicht verbreitet, daß es sich bei Lese- und Rechtschreibschwierigkeiten in den meisten Fällen um ein vorübergehendes Phänomen handelt, das vielfach bereits gegen Ende der Volksschulzeit, in den meisten Fällen jedoch mit der Pubertät abgeklungen ist, wenn die Kinder normal intelligent sind und zusätzlich gefördert werden. Diese Auffassung ist zwar für die Lehrer und Eltern der Kinder beruhigend, kann sich jedoch nach den bisher vorliegenden Untersuchungsergebnissen nur auf wenig Evidenz stützen.

Stabilität der Lese- und Rechtschreibleistungen

Längsschnittuntersuchungen, die die Entwicklung des Lesens und Schreibens über einige Jahre beobachteten, haben eine hohe Konstanz der Leistungsunterschiede zwischen den Kindern festgestellt (Juel 1988, Klicpera und Gasteiger-Klicpera 1993, Mommers und Boland 1989, Stanovich et al. 1988, Wimmer, Zwicker und Gugg 1991). Recht einheitlich werden Korrelationen zwischen der Leseleistung in aufeinanderfolgenden Jahren von .75 bis .90 berichtet. Einige Längsschnittuntersuchungen geben auch Aufschluß darüber, wie stabil die Lese- und Rechtschreibleistungen von Kindern über mehrere Jahre sind (z.B. Klicpera und Gasteiger-Klicpera 1993). Danach besteht selbst über einen längeren Zeitraum eine beträchtliche Korrelation zwischen den Lese- und Rechtschreibleistungen. Größere Schwankungen im Leseentwicklungsverlauf sind somit recht selten.

Stevenson et al. (1976) führten eine Längsschnittuntersuchung über die kognitive Entwicklung und die Leseentwicklung vom Beginn des Kindergartens bis zum Ende der 3. Klasse an anfangs 255 Kindern durch, allerdings konnten nur 142 Kinder in allen Jahren getestet werden. In den Leseleistungen dieser Kinder waren in den aufeinanderfolgenden Jahren von der 1.Klasse an stabile individuelle Unterschiede in der Lesefähigkeit zu erkennen. Die durchschnittliche Änderung der Leseleistung betrug, bezogen auf die Verteilung der Leseleistungen innerhalb der Gesamtgruppe, nur 1/3 einer Standardabweichung.

Die hohe Stabilität der Leseleistung über verschiedene Jahre noch während der ersten Phasen des Lesenlernens dürfte auf den kumulativen Charakter des Lesenlernens zurückzuführen sein, wo spätere Schritte in sehr hohem Maß von der Sicherheit bei der Bewältigung früherer Schritte abhängig sind.

Längerfristige Entwicklung der Lese- und Rechtschreibleistungen bei schwachen Schülern

Über die längerfristige Entwicklung lese- und rechtschreibschwacher Schüler gibt es, vor allem aus dem anglo-amerikanischen Raum, eine größere Anzahl von Untersuchungen an Kindern, die wegen ihrer Lese- und Rechtschreibschwierigkeiten an Erziehungsberatungsstellen oder an klinischen Einrichtungen vorgestellt wurden. Diese Untersuchungen kamen zu sehr unterschiedlichen Ergebnissen, zum Teil recht günstigen, wonach längerfristig ein größerer Teil der Schüler die Schwierigkeiten im Lesen und Rechtschreiben überwindet (z.B. Balow und Blomquist 1965, Preston und Yarrington 1967, Rawson 1968, Robinson und Smith 1962), zum Teil zu recht negativen, da sie feststellten, daß sich der Rückstand der Kinder im Lesen und Schreiben in den Jahren der Nachuntersuchung immer weiter vergrößerte (z.B. Gottesman et al. 1975, Safer und Allen 1973, Trites und Fiedorowicz 1976). Aus diesen Untersuchungen lassen sich jedoch nur sehr begrenzt Aussagen für die Gesamtgruppe der lese- und schreibschwachen Kinder ableiten, da die Zuweisung zu diesen Einrichtungen aus sehr unterschiedlichen Gründen erfolgt ist (zum Teil wurden nur Kinder mit sehr hoher Intelligenz betreut - z.B. Rawson 1968, Robinson und Smith 1962; zum Teil zeigten die Kinder zusätzlich zu den Leistungsproblemen deutliche Anpassungsschwierigkeiten und Verhaltensstörungen, aber auch neurologische Auffälligkeiten - z.B. Gottesman et al. 1975) und über das Ausmaß des anfänglichen Rückstands im Lesen und Rechtschreiben in den Berichten häufig nur sehr spärliche Angaben enthalten sind.

In Kontrast zu diesen recht uneinheitlichen Ergebnissen kamen Längsschnittuntersuchungen, in denen die Entwicklung einer relativ großen, repräsentativ aus den Schulen einer Region ausgewählten Gruppe von Kindern über einen längeren Zeitraum verfolgt wurde, sehr einheitlich zu dem Schluß, daß die Chancen, Lese- und Rechtschreibschwierigkeiten ohne gezielte Intervention zu überwinden, sehr gering sind. Derartige Untersuchungen gibt es sowohl aus dem anglo-amerikanischen Raum (Isle of Wight-Untersuchung: Rutter et al. 1976; Satz et al. 1978), aus Skandinavien (Gjessing und Karlsen 1989, Lundberg 1985) wie auch aus dem deutschsprachigen Raum (Klicpera und Gasteiger-Klicpera 1993). Leider sind die Angaben über die langfristige Stabilität von Lese- und Schreibschwierigkeiten in einem Großteil der Untersuchungsberichte recht mangelhaft. Es soll daher nur auf einige hervorstechende Ergebnisse eingegangen werden.

In der Isle of Wight-Untersuchung (Rutter et al. 1976) wurde nach 5 Jahren der schulische Fortschritt von Kindern verglichen, die im Alter von 10-11 Jahren Leseschwierigkeiten hatten. Der Rückstand in der Lese- und Rechtschreibleistung zu den Kindern ohne Schulschwierigkeiten vergrößerte sich in den folgenden Jahren weiter und war mit 14 bis 15 Jahren so groß, daß diese Kinder nur auf dem Niveau von 9-Jährigen lesen konnten, eine Leseleistung, die nicht ausreicht, schriftliches Material lesen zu können, das für die Erfordernisse des Alltags geschrieben wird. Auch die Dunedin-Studie aus Neuseeland konnte eine hohe Stabilität der Lese- und Rechtschreibschwierigkeiten von 7 bis 13 Jahren feststellen.

Die Untersuchung von Satz et al. (1978) ist durch den Versuch bekannt geworden, Leseschwierigkeiten im Kindergarten vorherzusagen, die weitere Entwicklung der schulischen Leistungen dieser Kinder wurde jedoch - und das ist in diesem Zusammenhang vor allem relevant - bis zum Ende der Grundschulzeit beobachtet. Von den Kindern, die am Ende der 2.Volksschulklasse größere Schwierigkeiten im Lesen hatten, konnten nur 6% diese Schwierigkeiten bis zum Ende der 5.Klasse überwinden. Von den Kindern mit den geringeren Schwierigkeiten im Lesen traf dies auch nur für weniger als 20% zu. Anderseits war von den Kindern, die zunächst keine größeren Schwierigkeiten gezeigt hatten, immerhin ein Drittel in den folgenden Jahren zurückgeblieben und wies in der 5.Klasse Schwierigkeiten in der Beherrschung der Schriftsprache auf. Wenn Kinder in den ersten Klassen hingegen bereits sehr gute Leistungen im Lesen erzielt hatten, war die Wahrscheinlichkeit des Auftretens von Schwierigkeiten in den folgenden Jahren sehr gering.

Juel (1988) berichtet ebenfalls, daß nur 10% der schwächsten Leser am Ende der 1.Klasse nach 4 Jahren ihren Rückstand soweit aufgeholt haben, daß sie zu den durchschnittlichen Lesern der Klasse gehören.

In den Wiener Längsschnittuntersuchungen (Klicpera und Gasteiger-Klicpera 1993) wurde der Frage nach den Chancen für ein Aufholen eines Rückstands im Lesen und Schreiben breiter Raum gewidmet. Übereinstimmend mit den gerade berichteten Ergebnissen konnte dabei nachgewiesen werden, daß nahezu alle Kinder, die nach Abschluß des ersten Schuljahres noch deutliche Schwierigkeiten beim Lesen haben, diese Schwierigkeiten weder kurz- noch langfristig überwinden. Eine deutliche Verbesserung des Leistungsstands (um mehr als eine Standardabweichung) von Anfang der 2. bis zum Ende der 8.Schulstufe war bei den Schülern mit den schwächsten Leistungen im Lesen und Rechtschreiben kaum festzustellen. Solche Verbesserungen traten eher bei Schülern auf, die zunächst etwas unterdurchschnittliche Leistungen erzielt hatten. Anderseits war auch bei den guten Schülern nur in Ausnahmefällen ein Leistungsabfall zu beobachten. Ein guter Start beim Erlernen der Schriftsprache macht es offensichtlich extrem unwahrscheinlich, daß die Kinder durch mangelnde Übung in der Folge wieder zurückfallen.

Wieweit sich neben dem Schweregrad der anfänglichen Lese- und Rechtschreibschwierigkeit auch Unterschiede in der Beherrschung verschiedener Teilfertigkeiten des Lesens und Schreibens auf die weitere Lese- und Rechtschreibentwicklung auswirken, läßt sich derzeit nicht mit Bestimmtheit sagen. Nach Beobachtungen von Aman und Werry (1982) dürfte das beim Lesen sichtbar werdende Bemühen um Selbstkontrolle ein wichtiger Hinweis auf die Möglichkeit sein, später die Leseschwierigkeiten zu überwinden. Kinder, die sich bei einer anfänglichen Untersuchung der Lese- und Rechtschreibfertigkeit aktiver um ein korrektes Lesen bemühten, also Fehler häufiger korrigierten und öfter um Hilfe baten, wenn sie Schwierigkeiten hatten, besserten sich stärker als die übrigen Kinder (Aman und Werry 1982).

Entwicklung der Lesefähigkeit im frühen Erwachsenenalter: Über die Entwicklung der Lesefähigkeit nach Abschluß der Pflichtschulzeit ist recht wenig bekannt, doch deuten Ergebnisse aus einer großen englischen Längsschnittuntersuchung (MRC National Survey of Health and Development, Rodgers 1986) an, daß sich auch nach Abschluß der Pflichtschulzeit die Lesefähigkeit bei der Mehrzahl weiterentwickelt und daß diese Zeit auch für viele ehemals schwächere Schüler eine Chance bedeutet, einen besseren Zugang zum Lesen zu bekommen. Neben dem positiven Einfluß weiterer Schulbesuchs auf die Leseentwicklung konnte aufgezeigt werden, daß speziell Jugendliche, die zuletzt ein negatives Verhältnis zur Schule hatten, sowie Jugendliche aus großen und sozial benachteiligten Familien die neue unabhängigere Lebenssituation nutzen und ihre Lesefähigkeit verbessern können.

Allerdings machen einige detailliertere Untersuchungen der Lese- und Rechtschreibfähigkeit von Erwachsenen, die in der Grundschule große Schwierigkeiten beim Erlernen der Schriftsprache hatten, deutlich, daß selbst dann, wenn nach den Leistungen in der Schule und bei standardisierten Lesetests eine gewisse Lesesicherheit feststellbar ist, ihre Lesefähigkeit nur beschränkt ist (z.B. Bruck 1990, Russell 1982). Obwohl sie bekannte Wörter mit einiger Sicherheit lesen können, versagen sie, wenn sie Buchstabenfolgen lesen sollen, die für sie neu sind, etwa wenn es sich um sinnlose Silben (Pseudowörtern) handelt oder auch um selten vorkommende Wörter, die sie nicht aus bekannten Wörtern ableiten können. Die Lesefähigkeit, die sie erworben haben, scheint also nicht auf einer tatsächlichen Beherrschung des schriftsprachlichen Prinzips zu beruhen, sondern auf der Vertrautheit mit spezifischen Buchstabenfolgen. Die anhaltenden Schwierigkeiten beim Lesen von Pseudowörtern und damit bei der phonologischen Rekodierung scheinen für diese Erwachsenen besonders charkteristisch zu sein (Ben-Dror et al. 1991, Bruck 1990) und sie haben hier nicht nur größere Schwierigkeiten als andere gleichaltrige Erwachsene, sondern auch als jüngere Kinder, die sonst die gleiche Lesefähigkeit haben.

Die Schullaufbahn von funktionellen Analphabeten: Die Erfahrungen aus der Erwachsenenbildung in der BRD (Decroll und Müller 1981) legen nahe, daß ein Großteil der funktionellen Analphabeten die Schule ohne Hauptschulabschluß oder nur mit Sonderschulabschluß verlassen. Die späteren Schwierigkeiten sind meist schon durch ein Versagen im Erstlese- und Schreibunterricht während der Volksschule angebahnt. Etwa ein Viertel mußte die ersten Volksschulklassen wiederholen, auch später mußte ein beträchtlicher Teil Klassen wiederholen. Eine Abneigung gegen das Lesen entwickelte sich nach den Angaben der Betroffenen ebenfalls bereits zu Anfang des Leseunterrichts, später weitete sich diese Abneigung auf den gesamten Deutschunterricht aus. Viele der Betroffenen entwickelten eine beträchtliche Angst vor Diktaten.

Zusammenfassende Bewertung: Von den Kindern, die während der Grundschulzeit leichte Schwierigkeiten beim Erlernen des Lesens und Rechtschreibens haben, überwinden diese etwa 25% bis zum Ende der Grundschulzeit, also mit 10 bis 12 Jahren, und erreichen ein normales Leistungsniveau. Von den Kindern mit großen Schwierigkeiten ist dies allerdings nur bei 5 bis 10% der Fall. In den folgenden Jahren ist die Prognose eher noch ungünstiger. Wenige der Kinder, die am Ende der Grundschulzeit noch deutliche Leseschwierigkeiten haben, holen diesen Rückstand auf, der Rückstand zu den übrigen Kindern scheint sich im Gegenteil eher noch zu vergrößern. Selbst bei jenen, die später eine recht gute Lesefähigkeit entwickeln, scheinen bei differenzierter Testung Schwierigkeiten, die bereits in den ersten Schuljahren auffällig waren, fortzubestehen, nämlich vor allem die Schwierigkeiten bei der phonologischen Rekodierung sowohl beim Lesen wie beim Schreiben.

11.3. Die Auswirkungen von Lese- und Rechtschreibschwierigkeiten auf die Schul- und die Berufslaufbahn

Kinder, die in den ersten Volksschulklassen wegen ihrer Lese- und Rechtschreibschwierigkeiten auffallen, bleiben in der Folge häufig auch in anderen schulischen Leistungsbereichen zurück. Bereits in der Grundschule haben viele dieser Kinder auch in anderen Schulfächern Schwierigkeiten, vor allem in Rechnen. In den folgenden Schuljahren nimmt dieser Trend noch weiter zu, sodaß mit 14 Jahren 2/3 dieser Kinder auch in Mathematik zu den schlechtesten Schülern zählen. Dies ist vor allem bei Kindern zu beobachten, die nicht nur im Rechtschreiben, sondern auch im Lesen Schwierigkeiten haben (Ackerman et al. 1977a). Das relative Zurückbleiben im Rechnen bzw. Mathematik ist jedoch bei Kindern mit spezifischen Lese- und Rechtschreibschwierigkeiten, d.h. bei Kindern, deren Schwierigkeiten im Lesen und Rechtschreiben in Kontrast zu ihrer sonst guten intellektuellen Begabung stehen, geringer als bei minderbegabten Kindern mit ähnlichen Lese- und Rechtschreibschwierigkeiten (Rutter et al. 1976).

Die Schwierigkeiten im Lesen und Rechtschreiben sowie in den anderen Schulfächern führen dazu, daß ein großer Teil der lese- und rechtschreibschwachen Kinder wenigstens eine Klassenstufe wiederholen muß (in der Untersuchung von Ackerman et al. 1977a etwa 2/3 der Kinder).

In den höheren Klassen zeigt sich in den Interessen der gut und schlecht lesenden Kinder eine stärkere Differenzierung. Während gut lesende Kinder eine Vielzahl an Hobbys und Interessen entwickeln, sind diese bei Kindern mit schlechten Leseleistungen beschränkt (Newman 1972, 1977). Schlecht lesende Kinder geben auch an, daß sie weniger aus Wettbewerb und Hoffnung auf Lob, sondern mehr unter Druck lernen. Parallel dazu berichten die Eltern dieser Kinder, daß sie häufig Druck anwenden, während die Eltern von gut lesenden Kindern häufiger die Kinder positiv mit dem In-Aussicht-Stellen von Belohnungen und durch die Betonung von Vorbildern motivieren (Newman 1972, 1977).

Welch starken Einfluß die Lese- und Rechtschreibleistung auf die Schullaufbahn von Kindern ausübt, zeigt besonders eindrucksvoll die Untersuchung von Kemmler (1967, 1976). Kemmler untersuchte die Schullaufbahn von 314 Kindern eines Einschulungsjahrgangs an 5 Münsteraner Grundschulen und zwar bis zum Abschluß der schulischen Ausbildung, also bis zum Ende des 9.Schulbesuchsjahres bzw. bis zum Abschluß einer weiterführenden Schule. Sie beobachtete, daß Kinder, die bereits in der Volksschule eine Klasse wiederholen mußten, sich vor allem durch schlechte Leistungen im Lesen und Rechtschreiben auszeichneten. Wenn Kinder gleicher Intelligenz verglichen wurden, die in der Volksschule erfolgreiche Schüler waren bzw. versagten, so waren es wieder das Lesen und das Rechtschreiben sowie damit eng in Zusammenhang stehende Leistungen, die zwischen den Gruppen differenzierten. Der Einfluß der Lese- und Rechtschreibleistung war noch über die Grundschule hinaus wirksam. Wenn Kinder mit relativ geringer intellektueller Begabung sich auf weiterführenden Schulen halten konnten, so zeichneten sie sich meist durch relativ gute Rechtschreibleistungen sowie durch einen guten Wortschatz aus. Umgekehrt hatten Kinder, die trotz guter intellektueller Begabung langfristig erwartungswidrig schlechte Schulleistungen erzielten und nur die Hauptschule besuchen konnten, oft (in mehr als 50%) auffallend schlechte Rechtschreibfähigkeiten.

Der Lebenslauf von funktionellen Analphabeten: Die Auswirkungen des Versagens beim Erlernen des Lesens und Schreibens sind, wie Erfahrungen aus der Alphabetisierungsarbeit mit funktionellen Analphabeten in der BRD zeigen (Decroll und Müller 1981), beträchtlich. Viele der Betroffenen erwerben keine qualifizierte Berufsausbildung und haben infolgedessen Mühe, eine Arbeitsstelle zu finden. Die Schwierigkeiten werden von den Betroffenen oft geheim gehalten, was zur Isolation, zur Flucht und einem Sichzurückziehen von Kontakten sowie zu beträchtlichen sozialen Anpassungsschwierigkeiten führt. Viele erleben sich als Versager.

Späterer Lebenslauf von lese- und schreibschwachen Kindern: Nur wenige Untersuchungen haben die weitere Entwicklung von Kindern mit Lese- und Rechtschreibschwierigkeiten bis ins Erwachsenenalter hinein verfolgt. Bis heute ist daher das Wissen um die langfristigen Möglichkeiten zur Überwindung von Lese- und Rechtschreibschwierigkeiten nicht sehr groß. Neben positiven Berichten (z.B. Rawson 1968), die allerdings überwiegend Kinder aus sozial bevorzugten Familien betreffen, gibt es einige Untersuchungen, deren Ergebnisse eher bedenklich stimmen. Spreen (1982) verglich die Entwicklung von Kindern, die wegen spezifischer Schulleistungschwierigkeiten, vor allem im Lesen und Rechtschreiben, in einer Beratungsstelle untersucht wurden, mit jener von Kindern ohne Schulschwierigkeiten. Nach 10 Jahren, in der späteren Adoleszenz und im frühen Erwachsenenalter, waren die Kinder mit spezifischen Schulleistungsschwierigkeiten in fast allen Bereichen, sowohl in der Schullaufbahn, in der beruflichen Situation wie in der sozialen Anpassung, ungünstiger zu beurteilen. Im besonderen hatten diese Kinder später eine geringere (kürzere) schulische Ausbildung und eine größere Abneigung gegen jede Form von Fortbildung. Das Einkommen dieser Gruppe war gleichfalls geringer, allerdings war die Zufriedenheit mit der beruflichen Situation sogar größer als in der Vergleichsgruppe. Dies hängt wahrscheinlich damit zusammen, daß sie sich zu Beginn der beruflichen Laufbahn noch stärker über die neuen Anforderungen und das Wegfallen der alten Verpflichtungen freuen. Die negativen Auswirkungen der geringeren Aufstiegsmöglichkeiten werden erst später spürbar.

Zusammenfassung: Häufigkeit und Verlauf von Lese- und Schreibschwierigkeiten

Da es sich bei den Lese- und Schreibleistungen um kontinuierlich verteilte Werte handelt, ist es unmöglich, ohne Bezugnahme auf zuvor festgelegte Kriterien Aussagen über die Häufigkeit von Lese- und Schreibschwierigkeiten zu machen. Selbst wenn man die Latte niedriger legt als manche Lesepädagogen, die alle Kinder als leseschwach bezeichnen, denen das Lesen eines altersentsprechenden Buches Mühe bereitet, und nur Kinder mit einem größeren Rückstand gegenüber ihren Klassenkameraden einschließt, wird man zu dem Schluß kommen, daß mindestens 10-15% der Kinder auch in unserem Schulsystem deutliche Schwierigkeiten beim Lesen und Schreiben haben. Zu ähnlichen Häufigkeitsangaben kamen auch Untersuchungen an Erwachsenen, wenn typische Alltagsaufgaben gestellt wurden. Allerdings findet sich - trotz der immer wieder geäußerten Befürchtungen - kein eindeutiger Hinweis dafür, daß die Leistungen der Schulabgänger im Lesen und Schreiben in den letzten Jahren geringer geworden sind.

Längsschnittuntersuchungen zeigen, daß nur wenige Schüler schwerwiegendere Lese- und Schreibschwierigkeiten ohne spezielle Hilfestellung überwinden. Funktioneller Analphabetismus unter Erwachsenen ist demnach in den meisten Fällen Folge eines beeinträchtigten schulischen Lernprozesses. Derartige Schwierigkeiten haben deutliche Auswirkungen nicht nur auf den Bildungsweg, sondern auch auf die spätere Berufslaufbahn.

12. Kurze Zusammenfassung zum Erlernen des Lesens und Schreibens und den dabei auftretenden Schwierigkeiten

Wenn wir abschließend eine Zusammenfassung der wesentliche Aussagen dieses Abschnitts versuchen, so scheint uns sinnvoll, die Fortschritte, die die Forschung der letzten zwanzig Jahre für das Verständnis der Lese- und Schreibschwierigkeiten gebracht hat, als Ausgangspunkt zu wählen. Diese Fortschritte sind vor allem der kognitiven Psychologie sowie der Psycholinguistik zu verdanken. Die kognitive Psychologie hat das Konzept der Teilfertigkeiten und der am Lesen und Schreiben beteiligten Informationsverarbeitungsvorgänge in die Auseinandersetzung eingebracht. Diese Konzepte haben sich als fruchtbar erwiesen sowohl für die Analyse und das Verständnis der Lese- und Schreibentwicklung als auch für jenes von Lese- und Schreibschwierigkeiten. Fruchtbar wurden diese Konzepte vor allem dadurch, daß sie dazu beitrugen, besondere Aufgabenstellungen zu suchen, die die Funktionsweise der am Lesen und Schreiben beteiligten Teilprozesse erfassen. Es sollen nun jene Schwerpunkte herausgearbeitet werden, die das heutige Verständnis über die Entwicklung des Lesens und Schreibens und die dabei auftretenden Schwierigkeiten prägen.

- *Der Beitrag von Modellen über den Lese- bzw. Schreibprozeß:* Die heutige Form der Auseinandersetzung mit dem Lesen- und Schreibenlernen war zweifelsohne erst möglich, nachdem durch die Informationsverarbeitungsmodelle der kognitiven Psychologie und neue Methoden zur Untersuchung des Worterkennens der Weg für ein klareres Verständnis der am Lesen beteiligten Prozesse ermöglicht wurde. Dies gilt nicht nur für das Worterkennen, sondern mindestens in ebenso großem Ausmaß für das Rechtschreiben, das Leseverständnis und die Textproduktion. Diese Modelle geben ein theoretisches Gerüst vor, an dem sich im weiteren die Analyse der Lernprozesse und der Lernschwierigkeiten orientieren können.

- *Der Beitrag von Modellen über den Prozeß des Lesen- und Schreibenlernens:* Die Modelle über den Lese- und Schreibprozeß beim geübten, kompetenten Erwachsenen reichen allerdings für das Verständnis von Lernprozessen nicht aus. Sie müssen durch spezielle Annahmen über die Natur des Lernvorgangs ergänzt werden. Eine wesentliche Anregung für das Verständnis des Lese- und Rechtschreiblernprozesses ging von der Neuformulierung des Konzepts der phonematischen Bewußtheit aus. Dieses Konzept bot einen neuen Zugang zu der Frage, wie Kinder die Zuordnung zwischen Sprache und Schrift verstehen können. Darüber hinaus machte dieses Konzept deutlich, daß das Erlernen des Lesens und Schreibens nicht bloß ein Auswendiglernen der

Zuordnungen von Symbolen ist, die in verschiedenen Modalitäten dargeboten werden, also eine Art intermodales Assoziationslernen, sondern daß es auf einem neuen Verständnis von Sprache beruht.

Andere Modellvorstellungen, die ebenfalls aus der Entwicklungspsychologie abgeleitet wurden, haben unserer Ansicht nach ebenfalls zu einem besseren Verständnis des Lernprozesses beigetragen. Hier wäre vor allem das Modell der Entwicklungsstufen zu nennen, das eine nützliche Orientierung für das Verständnis des Aneignungsprozesses des Lesens und Schreibens darstellen dürfte. Diese Modelle haben vor allem auf die Vorstellungen, wie sich das Worterkennen und das Rechtschreiben entwickelt, einen nachhaltigen Einfluß ausgeübt. Zwar stellen sie eine starke Vereinfachung dar, sie können jedoch die sich in den ersten beiden Klassenstufen abzeichnenden Veränderungen im Leseverhalten recht anschaulich machen. Darüberhinaus sensibilisieren sie für die Tatsache, daß das Zusammenspiel der verschiedenen Teilfertigkeiten in unterschiedlichen Phasen des Aneignungsprozesses unterschiedlich sein dürfte.

- *Zentrale Bedeutung der phonologischen Rekodierung für die Aneignung der basalen Lese- und Rechtschreibfertigkeiten:* Untersuchungen sowohl aus dem anglo-amerikanischen, wie auch aus dem deutschen Sprachraum deuten darauf hin, daß das Erlernen des Graphem-Phonem-Korrespondenzen und die Entwicklung der Fähigkeit, diese Korrespondenzen für das Erlesen unbekannter Wörter zu verwenden, einen, wenn nicht den entscheidenden Schritt beim Lesenlernen darstellen. Der Großteil der leseschwachen Schüler scheint genau bei diesem Lernschritt Probleme zu haben. Diese Probleme scheinen damit zusammenzuhängen, daß die schwachen Leser nicht genügend Einsicht in den Aufbau der Sprache gewinnen, dürften jedoch auch mit einer mangelnden Automatisierung des phonologischen Rekodierungsvorgangs zusammenhängen.

- Als wesentlicher Fortschritt erscheint uns auch, daß sich die Aufmerksamkeit heute nicht mehr allein auf die Schwierigkeiten bei der Aneignung der basalen Fertigkeiten des mündlichen Lesens und Rechtschreibens richtet, sondern auch Schwierigkeiten im Leseverständnis und im schriftlichen Ausdruck zunehmend Beachtung finden. Obwohl klar sein dürfte, daß das Worterkennen und die Rechtschreibung kein Selbstzweck sind, sondern diese Fertigkeiten in den Austausch und die Kommunikation mit anderen eingebracht werden müssen, fanden Leseverständnisschwierigkeiten und Schwächen beim Erstellen schriftlicher Texte bis vor einigen Jahren nicht die ihnen zukommende Beachtung. Diese Erweiterung der Betrachtungsweise zwingt uns allerdings auch, die speziellen Schwierigkeiten eines Schülers differenziert zu betrachten.

- *Herausarbeiten von Wechselwirkungen zwischen den verschiedenen Teilfertigkeiten beim Erlernen des Lesens und Schreibens:* Mangelnde Sprachbewußtheit stellt ein Risiko für Schwierigkeiten beim Erlernen des Lesens und Schreibens dar. Bereits zu Beginn der Leseentwicklung läßt sich aber auch ein Einfluß der Schriftkenntnisse auf die Sprachbewußtheit nachweisen. Das Erlernen des Lesens beeinflußt somit das Verständnis von Sprache und unterstützt die Reflexionsmöglichkeiten der Kinder über die Sprache. Ähnliche Wechselwirkungen lassen sich auch zwischen anderen Teilfertigkeiten nachweisen. So dürften sich wortspezifische Lese- und Rechtschreibfertigkeiten in enger Interaktion mit der phonologischen Rekodierungsfähigkeit entwickeln. Ebenso stehen sowohl Worterkennen und Rechtschreiben als auch Leseverständnis und schriftliches Ausdrucksvermögen in einem engen Zusammenhang und befruchten sich gegenseitig. Das Zusammenspiel der Teilfertigkeiten dürfte sich, so unvollständig unsere Kenntnisse in diesem Bereich auch noch sind, im Verlauf der Entwicklung verändern. Hinweise dafür zeigen sich z.B. bei der Wechselwirkung zwischen der mündlichen Lesefertigkeit und dem Rechtschreiben. Hier dürfte das Schreiben in den Anfangsphasen der Auseinandersetzung mit der Schrift für die Entwicklung des Lesens von großer Bedeutung sein. Später erweist sich hingegen die Leseerfahrung der Kinder als überaus wichtig, damit die Kinder ein umfangreicheres Wissen über die Schreibweise von Wörtern erwerben.

- *Differenzierung zwischen unterschiedlichen Formen von Lese- und Schreibschwierigkeiten:* Ein deutlicher Beleg für die Differenzierung verschiedener Teilprozesse bzw. Teilfertigkeiten beim Lesen und Schreiben sind die unterschiedlichen Formen von Schwierigkeiten, die nach einer Hirnschädigung auftreten können. Es wurden Patienten beschrieben, deren Schwierigkeiten beim Lesen und Schreiben auf die Beeinträchtigung umschriebener Teilprozesse zurückgeführt werden können und die ein sehr spezifisches Profil an verbliebenen Kompetenzen bzw. an Defiziten haben. Diese Beobachtungen haben den Bemühungen, auch unter den lese- und schreibschwachen Kindern Subgruppen mit unterschiedlichen Formen von Lese- bzw. Rechtschreibschwierigkeiten zu identifizieren, großen Auftrieb gegeben. In der Tat dürften sich auch unter diesen Kindern gewisse Unterschiede in der Art ihrer Schwierigkeiten beim Worterkennen und Rechtschreiben (z.B. Schwächen im phonologischen Rekodieren vs. in den wortspezifischen Kenntnissen) finden, die bei einer differenzierten Diagnostik zu beachten wären.

- Die Identifikation von Kindern mit spezifischen Lese- und Schreibschwierigkeiten muß überdacht werden. Es ist nach dem heutigen Kenntnisstand fraglich, ob die Diskrepanz zwischen Allgemeinbegabung, vor allem wenn sie durch nonverbale Intelligenztests erfaßt wird, und Lese- und Rechtschreibleistung die geeignete Methode darstellt, Kinder mit spezifischen, isolierten Schwierigkeiten zu identifizieren. Die bisherigen Beobachtungen legen nahe, daß durch diese Art von Diskrepanzdefinition nicht - wie von vielen angenommen - Kinder unterschieden werden, die sich in der Art ihrer Schwierigkeiten beim Lesen und Schreiben unterscheiden. Es ist allerdings möglich, daß andere Formen der Diskrepanzdefinition zielführender sind. Eine plausible Alternative besteht darin, von der Diskrepanz zwischen allgemeineren sprachlichen Fähigkeiten (etwa dem Verständnis mündlich vorgetragener Geschichten) und der Lesefähigkeit auszugehen. Es ist möglich, daß auf diese Weise Kinder mit spezifischen Problemen bei der phonologischen Rekodierung der Schrift und Kinder mit allgemeineren, unspezifischeren Lese- und Schreibschwierigkeiten unterschieden werden können.

- Wesentliche Anregungen sind den neueren Untersuchungen für die Entwicklung besserer diagnostischer Methoden zur Erfassung von Teilfertigkeiten des Lesens und Schreibens zu entnehmen. Dies gilt sowohl für die Bestimmung des Entwicklungsstands der metalinguistischen Fähigkeiten wie für die Diagnostik der Lese- und Schreibfertigkeiten. Derzeit liegen allerdings noch keine normierten Tests vor. Als Beispiel sollen hier nur einige Anregungen für die Diagnostik der Worterkennungsfähigkeit herausgegriffen werden, bei der die Prüfung folgender Teilfertigkeiten sinnvoll erscheint:

⇒ Prüfung des phonologischen Rekodierens: Bestimmung der Fertigkeit im Lesen von Pseudowörtern im Vergleich zu richtigen Wörtern, Bestimmung der Fähigkeit zu erkennen, ob zwei Buchstabenfolgen gleich ausgesprochen gehören

⇒ Prüfung des orthographischen Wissens: z.B. Feststellen der Kenntnisse über orthographische Konventionen

⇒ Prüfung wortspezifischer Kenntnisse: Unterscheidung, welche von verschiedenen (phonologisch plausiblen) Schreibweisen eines Wortes die richtige ist

Trotz der Fortschritte sind die Lücken in unseren Kenntnissen freilich auch nicht zu übersehen. Es soll hier nur auf einige Fragestellungen hingewiesen werden.

- Eine dieser Lücken ist durch den Mangel an Untersuchungen über Lese- und Schreibschwierigkeiten aus dem deutschsprachigen Raum bedingt. Dies hat zur Folge, daß ein großer Teil der in diesem Abschnitt berichteten Untersuchungen aus dem anglo-amerikanischen Raum stammt. Zwischen dem anglo-amerikanischen und dem deutschen Sprachraum bestehen jedoch Unterschiede nicht nur im Schulsystem und in der Gestaltung des Unterrichts, sondern auch im Grad der Regelmäßigkeit der Graphem-Phonem-Korrespondenzen. Es erhebt sich damit die Frage, wieweit Ergebnisse über die Aneignung der Schriftsprache aus dem anglo-amerikanischen Raum auf den deutschsprachigen Raum zu übertragen sind. Erste Ergebnisse, im deutschen Sprachraum vor allem von Wimmer, aber auch aus den eigenen Untersuchungen, weisen darauf hin, daß die Regelmäßigkeit der Graphem-Phonem-Korrespondenz einen deutlichen Einfluß auf den Lese- und Rechtschreiblernprozeß ausübt. Das Erlernen des phonologischen Rekodierens fällt den Kindern in einer Schriftsprache mit regelmäßigeren Graphem-Phonem-Korrespondenzen wesentlich leichter. Nur wenig geklärt sind jedoch die Auswirkungen, die dies auf die Kinder hat, denen das Erlernen des Lesens und Schreibens besondere Mühe bereitet. Die bisherigen Beobachtungen legen nahe, daß lese- und rechtschreibschwache Kinder auch im deutschsprachigen Raum anhaltende Probleme beim phonologischen Rekodieren zeigen. Diese Frage weiter zu klären, stellt ein wichtiges Anliegen dar. Näheren Aufschluß erfordert auch die Frage, wieweit im deutschen Sprachraum, in ähnlichem Ausmaß wie im anglo-amerikanischen, Subgruppen mit unterschiedlichen Schwierigkeiten beim Worterkennen zu unterscheiden sind. Hier wären intensivere Einzelfalluntersuchungen nötig, die auf die individuellen Schwierigkeiten einzelner Kinder eingehen. In derartigen Einzelfallstudien, die möglichst im Längsschnitt durchzuführen wären, sollte mit einem größeren Set an Lese- und Schreibaufgaben die Ausbildung verschiedener Teilfertigkeiten des Lesens und Schreibens (vor allem wortspezifische und orthographische Kenntnisse sowie die Anwendung des phonologischen Rekodierens) analysiert werden.

- Bislang wurde zumeist nur der jeweils erreichte Entwicklungsstand verschiedener Teilfertigkeiten des Lesens und Schreibens untersucht, für das Verständnis der Lese- und Schreiblernschwierigkeiten wäre es jedoch hilfreich, vermehrt die Lernfortschritte zu analysieren, die die Kinder unter bestimmten Bedingungen (wiederholte Darbietung eines Wortes, bestimmte Hilfestellungen) erzielen. Dies könnte zusätzlichen Aufschluß darüber bringen, wodurch die - im Längsschnitt betrachtet - doch sehr geringen Fortschritte der Kinder bedingt sind. Ansätze dazu wurden in einigen Teilbereichen dargestellt (z.B. bei der Aneignung wortspezifischer Lesefertigkeiten), solche Untersuchungen sind bisher allerdings sehr dünn gesät.

- Wünschenswert wären außerdem Untersuchungen über die gegenseitige Beeinflussung verschiedener Teilfertigkeiten, z.B. durch kurzdauernde Interventionsstudien sowie mehr Untersuchungen über den Beginn des Lesen- und Schreibenlernens.

Aus den in diesem Abschnitt dargestellten Kenntnissen ergeben sich eine Reihe an Folgerungen für die Praxis. Wir wollen an dieser Stelle nur einige davon andeuten, auf Fördermaßnahmen soll im dritten Abschnitt des Buchs näher eingegangen werden.

- Nach dem heutigen Kenntnisstand scheint ein Erkennen von Lese- und Schreibschwierigkeiten bereits in den ersten Monaten des ersten Schuljahres möglich. Ein Großteil der Kinder, die zu diesem Zeitpunkt Probleme haben, dem Lese- und Schreibunterricht zu folgen, zeigt auch längerfristig Schwächen im Lesen und Schreiben.

- Identifizieren der spezifischen Art der Schwierigkeiten eines Schülers bzw. jener Teilprozesse, bei denen er Schwierigkeiten hat, um die Förderung auf die speziellen Schwierigkeiten des Schülers abzustimmen.

- In vielen Bereichen erscheint es sinnvoll, die diagnostischen Kompetenzen von Lehrern zu stärken, damit diese selbst den Lernprozeß der Kinder ihrer Klasse besser analysieren können. Die Diagnostik könnte dadurch auch eine Art dialogischer Prozeß werden, der den Kindern tiefere Einsicht in ihre eigenen mentalen Prozesse ermöglicht und etwa die Konzepte herausarbeitet, die zu ihren Fehlern führen. Dies gilt insbesondere für die Diagnostik des Leseverständnisses und des schriftlichen Ausdrucksvermögens, dürfte jedoch auch bei den basaleren Kompetenzen des Worterkennens und Rechtschreibens möglich sein.

- Obwohl wir an dieser Stelle nicht näher auf Unterrichtsmethoden und die Förderung eingehen wollen, so sei doch darauf hingewiesen, daß aus den Ausführungen dieses Abschnitts folgt, daß sich die Förderung schwacher Schüler nicht nur auf Hilfen für die Fortentwicklung des Worterkennens und Rechtschreibens beziehen sollte, sondern bei manchen Kindern auch das Leseverständnis und das schriftliche Ausdrucksvermögen gezielt zu fördern ist. Weiters legen die Beobachtungen über den längerfristigen Verlauf z.B. nahe, daß auch bei rechtschreibschwachen Schülern die Leseförderung stärker betont werden sollte, da vom Lesen deutliche Anregungen für das Rechtschreiben ausgehen.

II. Ursachen von Lese- und Schreibschwierigkeiten

Die Frage nach den Ursachen von Lese- und Schreibschwierigkeiten beschäftigt Laien wie Fachleute nun schon seit fast 100 Jahren. Die Antworten der Wissenschaft auf diese Frage sind - wie so oft in den Sozialwissenschaften - sehr unterschiedlich ausgefallen. Für manche sind diese Schwierigkeiten in erster Linie Ausdruck der Chancenungleichheit in unserem Gesellschaftssystem. Andere sehen darin die Folge von Teilleistungsstörungen, spezifischen Begabungsmängeln, die möglicherweise eine genetische Ursache haben. Für einige drückt sich in den Lese- und Schreibschwierigkeiten ein Versagen unseres Schulsystems aus. Wieder andere sehen die Beschäftigung mit diesen Problemen als ein Symptom für die Verdinglichung des Problembewußtseins in den Sozialwissenschaften, da man sich hier mit einem Problem beschäftigt, das nicht greifbar ist. Diese Liste könnte man noch fortsetzen, so unterschiedlich sind die Standpunkte.

Während sich die empirische Forschung sowohl über die Art der Untersuchungen, die zur Klärung dieser Frage beitragen können, wie über die Richtung, in die die Forschung gehen sollte, uneins ist, stehen für manche die Antworten bereits fest. Lese- und Schreibschwäche hat etwas mit "Legasthenie" zu tun und ist die Folge einer Hirnfunktionsstörung, die sich in bestimmten Fehlern beim Lesen und Schreiben äußert und auf Begabungsmängel zurückzuführen ist. Es ist für uns erstaunlich, daß sich in diesem komplexen Gebiet, für das an sich so viele Antworten verfügbar sind, doch einige Ansichten mit großer Hartnäckigkeit halten. Wir haben die Erfahrung gemacht, daß vorgefaßte Meinungen gerade unter Lehrern überaus verbreitet und in Diskussionen kaum in Frage zu stellen sind. Andererseits gibt es in diesem Bereich starke Modetrends, wobei allzu oft kurzlebige Patentlösungen propagiert werden. Beides ist ein Zeichen für die Notwendigkeit empirischer Untersuchungen. Diese haben freilich mittlerweile auch hier einen Umfang angenommen, der selbst für den Fachmann kaum mehr überschaubar ist. Es kann daher bei dieser Übersichtsdarstellung nur das Ziel bestehen, die wichtigsten Erklärungsansätze darzustellen und wichtige Argumente sowie Befunde vorzubringen, die für die Bedeutsamkeit der verschiedenen Erklärungsansätze sprechen.

Man wird wohl davon ausgehen müssen, daß nicht ein einziger Einflußfaktor allein die individuellen Unterschiede in der Lese- und Schreibfertigkeit bestimmt und das Erlernen des Lesens und Schreibens somit nicht nur von den individuellen Lernvoraussetzungen des Kindes, sondern auch vom Unterricht (und das bedeutet nicht nur die Gestaltung des Unterrichts durch den Lehrer, sondern auch die Zusammensetzung der Klasse, das Klassen- bzw. Schulklima) und von der Förderung und Unterstützung durch die Eltern beeinflußt wird. Diese Faktoren beeinflussen sich darüber hinaus aller Wahrscheinlichkeit nach, wie wir zeigen werden, gegenseitig. Somit dürfte ein interaktionelles Entwicklungskonzept (Abb. 14) dem komplexen Zusammenwirken verschiedener Faktoren bei der Entstehung von Lese- und Schreibschwierigkeiten am angemessensten sein.

Die wichtigsten Annahmen eines solchen interaktionellen Entwicklungskonzepts lauten:
1. Die Ausbildung von Lese- und Schreibschwierigkeiten ist sowohl von individuellen Lernvoraussetzungen als auch von der familiären Situation und vom Unterricht abhängig.

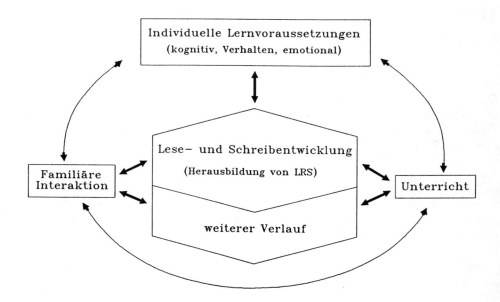

Abbildung 14: Einfaches interaktionelles Modell über die Einflüsse auf die Lese- und Schreibentwicklung und die Entstehung sowie den Verlauf von Lese- und Schreibschwierigkeiten

2. Der Einfluß dieser Faktoren auf die Lese- und Schreibentwicklung ist aber nicht einseitig (unidirektional), vielmehr beeinflußt die Lese- und Schreibentwicklung ihrerseits wieder die Ausprägung der Lernvoraussetzungen, die familiären Interaktionen und den Unterricht, an dem die Kinder teilhaben.
3. Die verschiedenen Einflußfaktoren stehen auch untereinander in Interaktion. Die Lernvoraussetzungen, die die Kinder in den Unterricht mitbringen, hängen z.B. wesentlich von der Förderung ab, zu der die Familien in der Lage sind. Die familiäre Unterstützung wird aber auch von der Zusammenarbeit zwischen Schule und Elternhaus geprägt.
4. Der Zusammenhang zwischen Lernvoraussetzungen und dem Erlernen des Lesens und Schreibens ist von dem Entwicklungsstand bzw. der Lernphase abhängig. Dies heißt einmal, daß manches, was etwa zu Anfang des Lesenlernens eine wichtige Lernvoraussetzung sein kann, sich seinerseits unter den Bedingungen eines formalen Leseunterrichts weiterentwickelt und dann zu einem späteren Zeitpunkt auch als von den Lernfortschritten beim Lesen abhängig erweist.

Zweitens kann angenommen werden, daß sich mit zunehmender Dauer des Schulbesuchs und des schriftsprachlichen Unterrichts immer weniger Fähigkeiten eindeutig als Lernvoraussetzungen erweisen, also als unabhängige Variable, die den Fortschritt beim Lesenlernen bestimmt und nicht ihrerseits davon abhängig ist.

Daraus folgt drittens, daß der weitere Fortschritt beim Lesenlernen immer stärker von dem bis dahin erreichten Leistungsstand im Lesen und immer weniger von davon unabhängigen Variablen vorhergesagt wird.

Viertens bedeutet dies, daß die jeweils benötigten Lernvoraussetzungen in verschiedenen Phasen des Leselernprozesses jeweils andere sind. Mit der Lernphase im Lesen und Schreiben ändert sich nicht nur die Art des Einflusses der Lernvoraussetzungen, sondern auch die Art, wie die familiäre Situation auf den Lernfortschritt der Kinder Einfluß nimmt (ob direkt oder über die Prägung der Lernvoraussetzungen etc.).

Diese grundlegenden Annahmen über die Einflüsse auf die Lese- und Schreibentwicklung müssen noch ergänzt werden durch Annahmen über die Homogenität des Leistungs- und Begabungsprofils der Kinder. Innerhalb der Gruppe der Kinder mit Lese- und Schreibschwierigkeiten gibt es Unterschiede in den beim Lesen und Schreiben verwendeten Strategien, ebenso gibt es individuelle Unterschiede in der Ausprägung und dem Entwicklungsstand einzelner Teilfertigkeiten. Es ist anzunehmen, daß diese Unterschiede auch mit unterschiedlichen Einflüssen bei der Entstehung der Schwierigkeiten zusammenhängen.

Gliederung dieses Abschnitts: Wir haben die Frage nach den Einflußfaktoren auf das Erlernen des Lesens und Schreibens in sechs Teile gegliedert. Im ersten Kapitel beschäftigen wir uns mit den familiären und sozialen Faktoren, die auf die Lese- und Schreibentwicklung Einfluß nehmen, im zweiten mit den individuellen kognitiven Lernvoraussetzungen. Im dritten Kapitel gehen wir auf die emotionalen und motivationalen Lernvoraussetzungen ein bzw. auf den Zusammenhang zwischen Lese- und Schreibschwierigkeiten und sozialen Anpassungschwierigkeiten. Die Auseinandersetzung mit den individuellen Einflußfaktoren wird dann im vierten Kapitel weiter fortgeführt, indem auf die Frage der konstitutionellen bzw. biologischen Ursachen von Lese- und Schreibschwierigkeiten eingegangen wird. In einem kurzen Kapitel wird die Frage nach Geschlechtsunterschieden beim Erlernen des Lesens und Schreibens aufgegriffen, eine Frage, bei der sowohl sozialpsychologische wie konstitutionelle Faktoren zu bedenken sind. Das sechste Kapitel schließlich stellt bereits einen Übergang zum folgenden Abschnitt dar und greift die Frage nach schulischen Faktoren bei der Entstehung von Lese- und Schreibschwierigkeiten auf.

1. Der Einfluß sozialer Faktoren auf die Aneignung der Schriftsprache

Der Einfluß der sozialen Bedingungen, in denen die Kinder aufwachsen, auf das Erlernen des Lesens und Schreibens ist beträchtlich. Die soziale Situation der Kinder beeinflußt sowohl die kognitiven und motivationalen Lernvoraussetzungen bei Schuleintritt als auch den weiteren Lernfortschritt in der Schule. Von besonderer Bedeutung scheinen soziale Faktoren einerseits zu Beginn der Leseentwicklung, also in der 1.Klasse Grundschule (Alexander und Entwisle 1988), zu sein, andererseits für den längerfristigen Verlauf. Nach Marjoribanks (1979) erklärt das schulische Engagement der Eltern etwa ein Viertel der Varianz in der Leseleistung für die Grundschuljahre, jedoch 30-40% für die Sekundarstufe.

Im Bemühen um Verständnis für diese Einflüsse ist es zunächst wichtig, die Wirkung der sozialen Schichtzugehörigkeit und der unterschiedlichen materiellen Ressourcen in den Familien zu analysieren. Sie geben gleichsam den Rahmen ab für die Einflüsse, die von der familiären Sozialisation ausgehen und zwar sowohl auf die Leistungsmotivation und die Einstellung zum schulischen Lernen wie auf die kognitive Entwicklung im Vorschul- und Schulalter. In der Sozialisation werden die strukturell bedingten sozialen Unterschiede über die Beziehung zwischen Eltern und Kindern in individuelle Merkmale der Kinder transformiert (Alexander und Entwisle 1988). Schließlich ist es auch wichtig, das Zusammenwirken zwischen Schule und Familie bzw. die Diskrepanz zwischen den Erwartungen, die von beiden Sozialisationsinstanzen ausgehen, als wesentlichen Einflußfaktor für die Schullaufbahn zu verstehen.

Einfluß der sozialen Schicht und der Schulbildung der Eltern: Die Untersuchungen der letzten 50 Jahre haben einen Zusammenhang zwischen dem Vorhandensein von Lese- und Schreibschwierigkeiten und ungünstigen sozialen Bedingungen in den Familien der Kinder nachgewiesen. Die ersten repräsentativen Untersuchungen zu dieser Frage stammen aus England (u.a. Burt 1937), umfangreiche Untersuchungen in den 50-iger und 60-iger sowie in den 80-er Jahren haben diesen Zusammenhang - trotz der inzwischen eingetretenen Verbesserung des allgemeinen Wohlstands - bestätigt (Douglas 1964, Rutter et al. 1970, Tizard et al. 1988). Der Unterschied im Leseleistungstand zwischen Kindern, deren Väter einen manuellen bzw. einen nicht-manuellen Beruf ausüben, beträgt mit 13 Jahren etwa 1 Jahr (Stevenson und Fredman 1990).

Auch deutschsprachige Untersuchungen bestätigen, daß die meisten Kinder mit Lese- und Schreibschwierigkeiten aus sozial schlechter gestellten Schichten stammen. Je größer die Lese- und Schreibschwierigkeiten, desto stärker zeichnet sich dieser Trend ab (Valtin 1970, Angermaier 1974, Niemeyer 1974, Klicpera und Gasteiger-Klicpera 1993).

Es stellt sich allerdings die Frage, wieweit dies auch für Kinder mit spezifischen Lese- und Schreibschwierigkeiten zutrifft. Nach der bekannten epidemiologischen Isle-of-Wight-Untersuchung (Rutter et al. 1970) kommen diese Kinder zwar nicht in erster Linie aus Familien der untersten sozialen Schichten - diesbezüglich unterscheiden sie sich von lernbehinderten Kindern - aber doch aus sozial etwas schlechter gestellten Familien. Nach den deutschsprachigen Untersuchungen von Valtin (1970) und Niemeyer (1974) kommen zwei Drittel der Legastheniker, also der Kinder mit Lese- und Rechtschreibschwierigkeiten trotz durchschnittlicher Intelligenz, aus der Unterschicht. Einige neuere Untersuchungen fanden jedoch keinen Einfluß der sozialen Herkunft auf die Leseleistung mehr, wenn die Intelligenz der Kinder berücksichtigt wurde (Stevenson und Fredman 1990). Auch andere Untersuchungen zeigen, daß der größte Einfluß äußerer, gleichsam struktureller sozialer Bedingungen bereits im Vorschulalter wirksam ist (Tizard et al. 1988).

Der Bildungsabschluß der Eltern, ein anderer Indikator für die soziale Schichtzugehörigkeit (neben dem Einkommen und dem sozialen Ansehen des Berufs des Hauptverdieners), zeigt ebenfalls einen Zusammenhang mit dem Leistungsstand der Kinder im Lesen und Schreiben (Niemeyer 1974, Klicpera und Gasteiger-Klicpera 1993, Tizard et al. 1988), aber auch hier dürfte der größte Einfluß auf die Lernvoraussetzungen wirksam werden, mit denen die Kinder in die Schule eintreten (Alexander und Entwisle 1988, Tizard et al. 1988).

Trotz des nachweisbaren Zusammenhangs zwischen der sozialen Schichtzugehörigkeit und dem Erfolg beim Lesen- und Schreibenlernen darf dieser Einfluß nicht überschätzt werden. Nach einer Metaanalyse von etwa 100 Untersuchungen aus dem anglo-amerikanischen Raum beträgt die Korrelation zwischen der sozialen Schichtzugehörigkeit und den Leistungen im Lesen und Schreiben etwa .30. Wenn Untersuchungen, die Schulen als Einheit betrachten und dadurch zu einem deutlich engeren Zusammenhang kommen, außer Acht gelassen werden, beträgt sie im Durchschnitt sogar nur .23 (White 1982).

Wichtiger als die äußeren sozialen Bedingungen ist hingegen die Förderung der Kinder in den Familien.

Zusammenhang mit den äußeren Lebensbedingungen der Familien: Recht übereinstimmend wird in fast allen Untersuchungen berichtet, daß Lese- und Schreibschwierigkeiten in Familien mit 4 und mehr Kindern deutlich häufiger auftreten (Rutter et al. 1970, in neueren Untersuchungen bereits mit 3 und mehr Kindern: Klicpera und Gasteiger-Klicpera 1993). Dies gilt auch noch, wenn die Häufigkeit von spezifischen Lese- und Rechtschreibschwierigkeiten in Beziehung zur Familiengröße gesetzt wird (Stevenson und Fredman 1990). Ein Abfall der Leistungen ist hier vor allem bei den Kindern zu beobachten, die in der Geschwisterreihe eine spätere Position einnehmen. Es dürfte klar sein, daß eine größere Anzahl an Kindern die Möglichkeiten der Eltern, allen eine ausreichende Förderung und Unterstützung zukommen zu lassen, deutlich einschränkt. Auch ungünstige Wohnverhältnisse zählen nicht nur in älteren Untersuchungen (Rutter et al. 1970), sondern auch heute zu den Bedingungen, die den schulischen Fortschritt im Lesen und Schreiben erschweren. Zum Teil dürfte dies auf den Mangel an einem geeigneten Arbeitsplatz für das Kind und auf häufigere Störungen bei den Hausübungen zurückzuführen sein (Klicpera und Gasteiger-Klicpera 1993).

Regionale Unterschiede: Der Einfluß sozialer Faktoren auf das Auftreten von Lese- und Schreibschwierigkeiten kann auch durch den Vergleich von Gegenden erhellt werden, die sich den sozialen Verhältnissen nach unterscheiden. So bestehen sowohl in den USA (z.B. Eisenberg 1966) als auch in Großbritannien (Berger et al. 1975) deutliche Unterschiede im Anteil von Kindern mit schweren Lese- und Rechtschreibschwierigkeiten zwischen innerstädtischen Problemzonen von Großstädten und den Vorstädten bzw. ländlichen Regionen. Für Großbritannien konnten Berger et al. (1975) zeigen, daß in einem innerstädtischen Bezirk Londons sowohl die Häufigkeit eines schweren Rückstands in der Leseentwicklung als auch die Häufigkeit spezifischer Leseschwierigkeiten mehr als doppelt so groß ist wie in einer ländlichen Region (Isle of Wight), obwohl das Familieneinkommen der beiden Gegenden etwa gleich war. Allerdings waren andere für die Familien ungünstige Faktoren in London häufiger anzutreffen (z.B. ungünstige Wohnverhältnisse).

Für den deutschen Sprachraum liegen vergleichbare Daten über regionale Unterschiede nicht vor. Zwar weisen die Normen von Lese- und Rechtschreibtests darauf hin, daß der Leistungsunterschied im Lesen und Rechtschreiben zwischen Groß- und Kleinstädten, sowie zwischen Stadt und Land nicht sehr groß ist, aber die Angaben über die Gewinnung der Stichproben speziell in den Großstädten gestatten nicht, auf die soziale Situation der Familien der untersuchten Kinder rückzuschließen. Im Rahmen der Wiener Längsschnittuntersuchungen konnten wir allerdings deutliche Unterschiede in den Lese- und Rechtschreibschwierigkeiten zwischen den Schulen in verschiedenen Wiener Wohnbezirken aufzeigen, die deutlich mit sozialen Merkmalen zusammenhingen (Klicpera und Gasteiger-Klicpera 1993).

Eltern-Kind-Beziehung und emotionales Klima in den Familien: Das Ausmaß an emotionaler Unterstützung, das die Kinder in den Familien bekommen, beeinflußt auch die Fortschritte beim Erlernen des Lesens und Schreibens. Von unmittelbarer Bedeutung sind hier sowohl das Fehlen einer kritischen Einstellung seitens der Eltern, insbesondere der Mutter, als auch das Ausmaß an positiver Unterstützung und Wärme in der Eltern-Kind-Beziehung. Dies konnte sowohl in Längsschnittuntersuchungen vom Vorschul- ins

Schulalter gezeigt werden (Richman et al. 1982) als auch in Querschnittsuntersuchungen (Stevenson und Fredman 1990).

Die emotionale Unterstützung wird natürlich auch von der emotionalen Ausgeglichenheit der Eltern und der Beziehung zwischen den Eltern bestimmt, sowie von der Häufigkeit belastender Ereignisse in den Familien bzw. der Fähigkeit, diese belastenden Ereignisse zu bewältigen (Chall et al. 1990). Eine besondere Risikogruppe stellen hier die Kinder depressiver Mütter dar, da diese aufgrund der depressiven Verstimmung oft nicht in der Lage sind, positiv auf Initiativen der Kinder zu reagieren und dadurch zu einer raschen Frustrierbarkeit bei Anstrengungen und zu Aufmerksamkeitsproblemen beitragen (Stevenson und Fredman 1990).

Vorbereitung auf die Schule durch das Elternhaus: Viele dieser ungünstigen Bedingungen sind bereits lange vor dem Schuleintritt der Kinder vorhanden und führen dazu, daß die Kinder weniger vorbereitet, mit geringeren kognitiven Lernvoraussetzungen und mit einem an die Unterrichtsbedingungen weniger angepaßten Sozialverhalten in die Schule kommen. So konnte ein eindeutiger Zusammenhang zwischen ungünstigen sozialen Bedingungen und verbalen Defiziten, wie einem geringeren Wortschatz, aufgezeigt werden (Douglas 1964, Tizard et al. 1988, Warren-Leubecker und Carter 1988). Es ist deshalb nicht verwunderlich, daß in einigen Untersuchungen ein deutlicher Zusammenhang zwischen dem Bemühen der Eltern um kognitive Anregungen für die Kinder (z.B. gemeinsame Freizeitaktivitäten, wie Museumsbesuche) und dem Erfolg beim Lesen und Schreibenlernen festgestellt wurde (Chall et al. 1990).

Speziell unterscheiden sich Familien aus günstigeren bzw. weniger günstigen sozialen Verhältnissen darin, wie sehr sie Kinder durch das Vorlesen von Büchern bereits vor Schulbeginn für die Freuden des Lesens gewinnen können und sie auf den besonderen Umgang mit sprachlichen Ausdrucksfomen in Büchern vorbereiten. Dieser erste Kontakt mit der Schrift bahnt bei vielen Kindern bereits im Vorschulalter eine Sensibilität für die Sprache an. Kinder aus sozial schwächeren Familien fallen daher bei Schuleintritt durch ihre geringere Sprachbewußtheit und vor allem durch einen weitgehenden Mangel an phonologischer Bewußtheit auf. Dieser Rückstand vergrößert sich in der ersten Phase des formellen Leseunterrichts noch, wenn sich der Lehrer nicht bewußt bemüht, ihn durch direkten Unterricht der Sprachanalyse auszugleichen (Wallach et al. 1977, Warren-Leubecker und Carter 1988).

Kinder aus sozial ungünstiger gestellten Familien sind andererseits auch auf die sozialen Anforderungen der Unterrichtssituation weniger vorbereitet und kommen mit einer geringeren sozialen Reife in die Schule (Entwisle und Hayduk 1978, Alexander und Entwisle 1988). Sowohl die geringere verbale Begabung wie die geringere Anpassungsfähigkeit an die sozialen Erwartungen im Unterricht beeinflussen die Fortschritte beim Erlernen des Lesens und Schreibens.

Prägung des Lernstils durch die Eltern: Laosa (1982) hat in einem recht umfassenden Forschungsprojekt versucht, jene elterlichen Verhaltensweisen zu konkretisieren, die zu der unterschiedlichen Vorbereitung von Kindern auf den Unterricht beitragen. Als eine wesentliche vermittelnde Variable wird von Laosa der Unterrichtsstil der Mütter angenommen, der seinerseits das Lernverhalten der Kinder beeinflußt. Laosa konnte zeigen, daß Mütter mit längerer Schulbildung bei der gemeinsamen Bearbeitung von vorschulischen Aufgaben die Kinder weniger direkt führen, seltener die Lösung demonstrieren und die Kinder stärker durch Fragen in ihrem Lösungsverhalten beeinflussen. Dies führt bei den Kindern zu einem Lernstil, der das selbständige Suchen nach Lösungen beinhaltet und stärker an verbaler Repräsentation, weniger an visuellen Vorbildern orientiert ist. Laosa konnte zeigen, daß das Unterrichtsverhalten von Müttern mit längerer Schulbildung sehr dem Verhalten von Lehrern in den ersten Volksschulklassen ähnelt. Dies macht wahrscheinlich, daß die Kinder dieser Familien besser auf den Unterrichtsstil der Schule vorbereitet sind und deshalb weniger Mühe haben, sich an die neue Lernsituation anzupassen.

Auch Hess et al. (1982) sehen einen Teil des Einflusses der Schulbildung der Eltern in der Art begründet, wie Eltern bereits im Vorschulalter Lernsituationen für die Kinder gestalten. Sie konnten zeigen, daß Mütter, deren Kinder später beim Lesenlernen keine Schwierigkeiten haben, bei einfachen Lernspielen ihre Aufforderungen so gestalten, daß die Kinder verbal reagieren müssen und nicht bloß nonverbal die Lösungen demonstrieren.

Einfluß der Eltern auf die Leistungsmotivation: Für die längerfristige Entwicklung der Schulleistungen kommt den Leistungserwartungen der Eltern eine nicht unbeträchtliche Bedeutung zu. Die Erwartungen der Eltern bestimmen sowohl das Bild, das die Kinder von ihrer eigenen Leistungsfähigkeit haben, als auch die Leistungsmotivation der Kinder. Dabei sind verschiedene Aspekte zu unterscheiden (Helmke et al. 1991):

- Einmal die Zuversicht der Eltern, daß ihre Kinder in der Lage sind, gute Leistungen in der Schule zu erbringen.
- Zum anderen ist die Bedeutsamkeit schulischer Leistungen für die Eltern als Einflußfaktor zu berücksichtigen.
- Schließlich werden die Kinder auch dadurch geprägt, wieweit die Eltern meinen, daß für die Leistungen in der Schule die Anstrengung und der Lerneifer oder aber die Begabung der Kinder entscheidend ist.

Leistungserwartungen der Eltern dürften bereits frühzeitig, noch im Vorschulalter, von Bedeutung sein. Hess et al. (1982) konnten nachweisen, daß der Nachdruck, den Eltern in der Vorschule auf Leistungen ihrer Kinder legen, ein bedeutsamer Prädiktor für den Erfolg beim Lesenlernen ist. Ein beträchtlicher Einfluß dürfte von den Leistungserwartungen der Eltern dadurch ausgehen, daß Kinder von Eltern mit einer höheren Leistungserwartung besser vorbereitet in die Schule kommen.

Wenn in höheren Klassen ein Zusammenhang zwischen den Leistungserwartungen der Eltern und dem schulischen Leistungsstand der Kinder nachgewiesen wird, so stellt sich natürlich immer die Frage, wieweit höhere Leistungserwartungen tatsächlich die Ursache besserer Leistungen im Lesen und Schreiben darstellen und nicht vielleicht umgekehrt eine Folge der größeren Lernfortschritte der Kinder sind. Einzig Längsschnittuntersuchungen können hier Aufschluß geben. Für das Erlernen des Lesens und Schreibens ist in diesem Zusammenhang eine Untersuchung von Alexander und Entwisle (1988) relevant, in der der Lernfortschritt von Kindern in Baltimore über die ersten beiden Grundschulklassen mit den Leistungserwartungen der Eltern und der Schüler in Beziehung gesetzt wurde. Sie konnten zeigen, daß der Erfolg im Lesen und Schreiben während der 1. Klasse von den Erwartungen der Eltern mitbestimmt war, selbst wenn man die unterschiedlichen kognitiven Lernvoraussetzungen der Kinder zu Beginn des Schuljahres berücksichtigte. Die Selbsteinschätzung der eigenen Leistungen durch die Kinder war in den ersten Klassen noch sehr diffus, sodaß sich die Kinder wohl stärker an den Erwartungen der Eltern orientierten.

Alexander und Entwisle (1988) konnten jedoch auch aufzeigen, daß Eltern aus sozial benachteiligten Schichten die Leistungsfähigkeit der Kinder deutlich überschätzen. Trotz des in positiven Einflusses des Zutrauens in die Leistungsfähigkeit der Kinder birgt dies Gefahren in sich, da die Eltern keine Notwendigkeit sehen, mit den Kindern zuhause intensiver zu üben. Weiters kann dies bei den Kindern zu Angst führen, die Eltern zu enttäuschen, und zu einer Entmutigung des Vertrauens in die Eltern. So nimmt bei diesen Kindern, im Unterschied zu Kindern von Eltern aus besser gestellten sozialen Schichten, der Einfluß der Elternerwartungen bald ab. Die Kinder orientieren sich dann stärker an den von den Lehrern gegebenen Noten, die allerdings - selbst in Relation zu den testmäßig erfaßten Lese- und Schreibleistungen - ungünstiger ausfallen.

Die Bedeutsamkeit schulischer Leistungen für die Eltern spiegelt sich auch in ihrer Bereitschaft, etwas zu unternehmen, wenn die Kinder geringere Leistungen als erwartet erbringen. Dies ist für den längerfristigen Schulerfolg ausschlaggebender als die abstrakte, rein kognitive Bewertung der schulischen Leistungen (Helmke et al. 1991).

Schließlich ist für die Lernmotivation auch von Bedeutung, welchen Stellenwert die Eltern der Anstrengung für die schulischen Leistungen zumessen. In einer eindrucksvollen Untersuchung haben Stevenson und Lee (1990) gezeigt, daß die beträchtlichen Leistungsunterschiede in der Grundschule zwischen Japan bzw. China und den USA mit einer unterschiedlichen Bewertung von Anstrengung für den Schulerfolg zusammenhängen. In den ostasiatischen Ländern nehmen Hausübungen nicht nur einen deutlich größeren Zeitraum im Alltag der Schüler ein, sie werden auch ohne besonderen Druck der Eltern durchgeführt, weil es für die Kinder selbstverständlich ist, daß sie sich für die Schule anstrengen müssen und sich nicht auf ihre Begabung verlassen können. Auch für den mitteleuropäischen Raum gibt es jedoch Hinweise, daß die Überzeugung der Eltern, ihre Kinder könnten durch mehr Anstrengung zu besseren Leistungen in der Schule kommen, zum Schulerfolg beiträgt (Helmke et al. 1991).

Unterstützung schulischen Lernens durch die Eltern: Wegen der geringen eigenen Schulbildung, begrenzter Wohnverhältnisse, der größeren Anzahl von Kindern etc. ist es für die Eltern lese- und schreibschwacher Schüler oft nicht möglich, ihren Kindern jene Erziehung und Förderung zukommen zu lassen, die sie ihnen wünschen würden. Während des Lesenlernens bekommen sie zu Hause weniger Anregung dazu und Lesen wird ihnen von den Eltern weniger beispielhaft als etwas Erstrebenswertes vor Augen geführt.

In einer einflußreichen Untersuchung von Hewison und Tizard (1980) zeigte vom Erziehungsverhalten der Eltern ein Aspekt einen besonders engen Zusammenhang mit dem Lesefortschritt der Kinder und zwar war die Zeit wichtig, die sich die Eltern nahmen, daß die Kinder ihnen etwas vorlesen konnten, und wieweit sie die Kinder dazu ermunterten. Dieser Einfluß war auf allen Intelligenzstufen der Kinder festzustellen und schien auch relativ unabhängig von anderen Aspekten des Erziehungsverhaltens zu sein. Spätere Untersuchungen machen wahrscheinlich, daß nicht allein die Häufigkeit des Vorlesens entscheidend ist, sondern auch, wie anregend diese Situation von den Eltern gestaltet wird und wieweit die Eltern den Kindern dabei angemessene Hilfestellungen geben können (Scheerer-Neumann 1989, Tizard et al. 1988). In den Wiener Längsschnittuntersuchungen konnte zwar ein Einfluß der Häufigkeit des Vorlesens durch die Kinder auf die Leseleistung bestätigt werden, allerdings erwies sich dabei der Anregungsreichtum der Bücher als entscheidend dafür, ob die Kinder im Lesen fortfuhren und anfingen, aus eigener Initiative zu lesen. Zudem fanden sich Hinweise dafür, daß das regelmäßige

Vorlesen zuhause besonders im ersten Schuljahr von Bedeutung ist (Klicpera und Gasteiger-Klicpera 1993).

Bei den Hausübungen, auf die im Abschnitt III nochmals eingegangen wird, kommt den Eltern ebenfalls eine wichtige Funktion zu. Für den Fortschritt der Kinder ist dabei entscheidend, daß sie sich nicht so sehr für das Ergebnis der Hausübung verantwortlich fühlen und diese auf Sauberkeit, Fehler, Vollständigkeit etc. kontrollieren (produktorientiertes Hausaufgabenengagement, Scheerer-Neumann 1989, Helmke et al. 1991). Die wichtigste Funktion der Eltern liegt vielmehr einerseits darin, die Situation so zu gestalten, daß die Kinder wenig gestört sind (Trudewind und Wegge 1989, Klicpera und Gasteiger-Klicpera 1993). Andererseits sollen die Hausübungen für die Kinder eine Lernmöglichkeit darstellen, und die Eltern können dies durch Erklärungen und Vermittlung von Strategien fördern (prozeßorientiertes Hausaufgabenengagement, Scheerer-Neumann 1989, Helmke et al. 1991). Positive Hausaufgabenhilfen durch die Eltern zeigen einen signifikanten Zusammenhang mit den Lernfortschritten in der Schule, sowohl im Lesen und Schreiben (Stevenson und Fredman 1990), wie in anderen Unterrichtsgegenständen (Helmke et al. 1991).

Kontakt zwischen Eltern und Schule: Die Intensität des Kontakts zwischen Eltern und Schule wird in einem beträchtlichen Ausmaß vom sozialen Status der Familien und dem Bildungsgrad der Eltern bestimmt (Hoover-Dempsey et al. 1987, Stevenson und Baker 1987, Tizard et al. 1988). Im Allgemeinen ist der Kontakt in den ersten Klassen Grundschule wesentlich intensiver als in den höheren Klassen. Mehrere Längsschnittuntersuchungen konnten zeigen, daß das Ausmaß des Kontakts zwischen den Eltern und den Lehrern (Teilnahme an Elternabenden, Häufigkeit von Gesprächen mit den Lehrern) einen Einfluß auf den Fortschritt beim Lesen und Schreibenlernen ausübt (Reynolds 1989, Tizard et al. 1988). Entscheidend dürfte dabei einerseits sein, daß die Eltern durch diesen Kontakt mehr über die Schule und den Unterricht sowie die Unterrichtssituation ihrer Kinder erfahren (Tizard et al. 1988), andererseits dürfte dieser Kontakt auch dem Lehrer mehr Verständnis für die Kinder vermitteln und zu einer positiveren Einstellung den Kindern gegenüber beitragen.

1.1. Der Einfluß außerschulischen Lesens und Schreibens

Die Gelegenheit zum selbständigen Lesen ist in der Schule recht gering (siehe Abschnitt III), umso größer ist die Bedeutung des außerschulischen Lesens. Eine Reihe von Untersuchungen hat auf den engen Zusammenhang zwischen der Lesefertigkeit und dem Buchlesen außerhalb des Unterrichts hingewiesen (z.B. Bamberger et al. 1977, Binder et al. 1984). Von zehnjährigen österreichischen Schülern gaben z.B. schwache Leser an, daß sie im letzten Jahr nur 10 Bücher oder weniger gelesen hätten, die guten Leser hatten hingegen im Durchschnitt mehr als dreißig Bücher gelesen (Bamberger et al. 1977). Zwei Einwände können gegen diese Untersuchungen vorgebracht werden. Einmal handelt es sich um sehr summarische Angaben, bei denen auch nicht ganz klar ist, wieweit sie verläßlich sind. Zum anderen erhebt sich natürlich die Frage, wieweit das seltenere Lesen schwacher Schüler Folge von Schwierigkeiten beim Lesenlernen ist bzw. wieweit es seinerseits einen Beitrag zur geringen Lesefertigkeit leistet.

In einer recht aufwendigen Untersuchung wurde deshalb von Anderson et al. (1988) über einen längeren Zeitraum (8-26 Wochen) bei Schülern der 5.Klasse täglich die gesamte Zeitverwendung außerhalb des Unterrichts erhoben. Für die Schüler war nicht offensichtlich, daß dabei das Lesen besonders interessierte, sodaß Erwartungseffekte unwahrscheinlich sind. Der durchschnittliche Schüler verbringt demnach etwa 13 min täglich außerhalb des Unterrichts mit Lesen und liest damit etwa 600.000 Wörter pro Jahr. Wie wenig außerhalb der Schule gelesen wird, wird besonders deutlich, wenn man die Lesezeit mit der Zeit vergleicht, die ein Schüler im Durchschnitt täglich mit dem Fernsehen verbringt (130 min täglich). Erstaunen mag die große Streuung: während die eifrigsten Leser täglich etwa 1 1/2 Stunden und damit 4.7 Millionen Wörter pro Jahr lesen, gibt es Kinder, die kaum außerhalb der Schule lesen und somit nicht einmal auf eine Minute Lesezeit und nur einige tausend gelesene Wörter im Jahr kommen. Anderson et al. konnten nicht nur einen beträchtlichen Zusammenhang zwischen dem Lesen außerhalb des Unterrichts und der Lesefertigkeit sichern (Korrelationen zwischen der logarithmierten Lesezeit und verschiedenen Aspekten der Lesefertigkeit zwischen .30 und .35), sondern - da auch die Lesefertigkeit der Kinder in der 2.Klasse erfaßt wurde - nachweisen, daß die Zeit, die für das Lesen außerhalb des Unterrichts verwendet wird, einen deutlichen Einfluß auf den in der Zwischenzeit erzielten Fortschritt im Lesen hat. Von besonderem Interesse ist ein Teilergebnis, das auch in anderen Untersuchungen (z.B. Walberg und Tsai 1984) bestätigt wurde: der stärkste Anstieg in der Lesefertigkeit erfolgt, wenn die tägliche Lesezeit von 0 auf 10 min erhöht wird. Wenn Kinder mehr lesen, nimmt ihre Lesefertigkeit nur mehr geringfügig zu. Es ist demnach vor allem wichtig, Kinder dazu zu motivieren, überhaupt etwas zu lesen, selbst geringe Übung im Lesen außerhalb des Unterrichts macht einen großen Unterschied.

Im Unterschied zum Lesen steht für das Schreiben in der Schule recht viel Zeit zur Verfügung. Allerdings handelt es sich dabei vielfach um Aufgaben, die relativ stark vom Lehrer bestimmt werden und vor allem in den ersten Klassen Grundschule nur wenig Anforderungen an das Ausdrucksvermögen der Kinder stellen. Deshalb ist zu erwarten, daß auch das außerschulische selbständige Schreiben für die Entwicklung der schriftsprachlichen Fertigkeiten von Bedeutung ist. Dies konnte in einer Längsschnittuntersuchung für die Grundschule bestätigt werden. Die Zeit, die Kinder zuhause mit dem selbständigen Schreiben, das nicht unmittelbar für die Schule nötig war, verbrachten, hatte (auch nach Berücksichtigung der anfänglichen Leistungsunterschiede einen deutlichen Einfluß auf die längerfristige Entwicklung der Lese- und Schreibfertigkeit (Tizard et al. 1988).

1.2. Der Einfluß des Fernsehkonsums

Zum Einfluß des Fernsehens auf die Lesefertigkeit von Kindern liegt inzwischen eine größere Anzahl an Untersuchungen vor (für eine Übersicht siehe Beentjes und Van der Voort 1988), die in der Mehrzahl die Hypothese bestätigen, daß häufiges Fernsehen die Entwicklung der Lesefähigkeit von Kindern negativ beeinflußt. Dieser Effekt kommt vor allem dadurch zustande, daß die Kinder ihre Freizeit statt mit einem Buch vor dem Fernseher verbringen. Der negative Effekt ist daher vor allem bei exzessivem Fernsehen zu beobachten, wobei Beentjes und Van der Voort (1988) als kritische Schwelle eine Fernsehzeit von mehr als 3 Stunden täglich angeben. Trotz des im Vergleich zu den USA insgesamt niedrigeren Fernsehkonsums von Kindern in Österreich konnte auch in den Wiener Längsschnittuntersuchungen (Klicpera und Gasteiger-Klicpera 1993) ein signifikanter Zusammenhang zwischen exzessivem Fernsehkonsum (mehr als 3 Stunden tgl.)

und Lese- und Schreibschwierigkeiten festgestellt werden. Von Bedeutung war dabei, ob die Eltern klare Regeln für das Fernsehen vorgaben und auf ihre Einhaltung achten konnten.

1.3. Einfluß sozialer Faktoren auf die langfristige Entwicklung von Kindern mit Lese- und Rechtschreibschwierigkeiten

Soziale Faktoren dürften auch für die längerfristige Entwicklung der schulischen Leistungen bedeutsam sein. Diesen Schluß legt einerseits der Vergleich von Kindern nahe, die sich längerfristig in ihren Lese- und Rechtschreibleistungen verbesserten bzw. gleichblieben oder verschlechterten (Cox 1987, Klicpera und Schabmann 1993). Ein anhaltendes oder zunehmendes Zurückbleiben ist danach mit wenig Unterstützung im Lesen- Schreibenlernen durch die Eltern sowie mit ungünstigen sozialen Bedingungen in den Familien verbunden. Deutlicher noch wird dies durch Untersuchungen demonstriert, die die weitere Entwicklung von lese- und rechtschreibschwachen Kindern aus günstigen bzw. ungünstigen sozialen Verhältnissen beobachtet haben (Cox 1979).

Eine Untersuchung aus England, die sich auf die National Child Development Study stützen konnte, wählte 2 Gruppen von Kindern aus, die in die gleichen Schulen gingen und im Alter, Geschlecht und im Intelligenzniveau parallelisiert wurden, deren Familien den Kindern aber in Bezug auf finanzielle Ressourcen, Wohnbedingungen, Ausbildung der Eltern, Interesse der Eltern an der Erziehung und Vorhandensein von Spielmaterial und Büchern sehr unterschiedliche Entwicklungsbedingungen boten (Cox 1979). Bereits mit 7 bis 8 Jahren hatten Kinder aus kulturell deprivierten Familien einen deutlichen Rückstand in der Leseentwicklung. Mit diesem Rückstand im Lesen ging jedoch eine sogar noch weitergehende mangelnde Entwicklung der sprachlichen Ausdrucksfähigkeit einher. Nach 4 Jahren, am Ende der Grundschulzeit in England, hatten die Gruppenunterschiede weiter zugenommen. Der Fortschritt im Lesen war bei der benachteiligten Gruppe in der Zwischenzeit um 1/3 geringer, obwohl die meisten Kinder auch in der Zwischenzeit die gleichen Schulen oder mindestens in den Unterrichtsbedingungen sehr ähnliche Schulen besucht hatten. Der Rückstand gegenüber der Altersnorm betrug mit 11 Jahren mehr als 2 Jahre. Fast die Hälfte dieser Kinder hatten nun schon einen Leserückstand von mehr als 3 Jahren, also sehr ernste Schwierigkeiten beim Lesen. Als die Kinder 15 Jahre alt waren, wurde nochmals analysiert, welche Faktoren dazu beitrugen, daß ein Teil der Kinder in der Lage ist, den anfänglichen Rückstand im Lesen aufzuholen, während andere Kinder noch weiter zurückfallen (Cox 1987). Wieder war das häusliche Milieu und die Unterstützung der Kinder durch die Eltern jener Faktor, der am stärksten zwischen den beiden Gruppen diskriminierte.

Die schlechte Prognose für die Leseentwicklung sozial benachteiligter Kinder wird auch von Institutionen bestätigt, die sich besonders um die Beratung und Förderung von Kindern mit Schulschwierigkeiten aus sozial benachteiligten Schichten kümmern. So berichteten Gottesman et al. (1975) über eine Nachuntersuchung von lesegestörten Kindern aus einer Ambulanz in Bronx, New York. Ältere Kinder konnten schon bei der Erstuntersuchung nur wenig besser lesen als jüngere. Bei 7- bis 8-jährigen Kindern betrug der Leserückstand bereits ein Jahr, bei 13-jährigen aber 6 Jahre. Bei der Nachuntersuchung nach 3 bis 4 Jahren hatte sich der Leistungsstand der Kinder im Vergleich zu anderen Kindern des gleichen Alters weiter verschlechtert. Nur 2 von über 50 Kindern hatten sich in der dazwischenliegenden Zeit deutlich verbessert, aber selbst diese lagen noch im unteren Drittel des Leistungsbandes ihrer Altersgruppe.

Zusammenfassend können wir feststellen, daß soziale Faktoren einen deutlichen Einfluß auf die Lese- und Schreibentwicklung ausüben. Kinder aus ungünstigen sozialen Verhältnissen bleiben bereits früh in der Leseentwicklung zurück und ihr Rückstand vergrößert sich mit der Zeit. Ein Großteil der sozialen Einflüsse ist allerdings nicht spezifisch für das Lesen- und Schreibenlernen, sondern gilt für die kognitive Entwicklung generell. Trotzdem lassen sich auch einige Bedingungen herausarbeiten, die für die Aneignung der Schriftsprache von spezieller Bedeutung sind. Hier scheint der Anregungsreichtum für das Lesen und Schreiben in der Familie von primärer Bedeutung zu sein. Bereits in der Vorschulzeit können die Eltern ihre Kinder für Bücher interessieren und für die Auseinandersetzung mit der Sprache als Ausdrucksmittel sensibilisieren. Besonders in den ersten Klassen benötigen die meisten Kinder die Unterstützung der Eltern beim Lesen- und Schreibenlernen. In Familien, wo dies nicht möglich ist, sehen sich Kinder einem erhöhten Risiko ausgesetzt, die sehr bedeutsamen ersten Schritte bei der Aneignung der Schrift nicht ausreichend zu meistern.

2. Mangelnde kognitive Lernvoraussetzungen und Teilleistungsschwächen als Ursachen von Lese- und Schreibschwierigkeiten

Die naheliegendste Erklärung für Lese- und Schreibschwierigkeiten trotz eines regulären Schulbesuchs liegt in Begabungsmängeln der Kinder. Nun ist jedoch bereits für die ersten Beschreiber der sogenannte "kongenitalen Wortblindheit" (Hinshelwood 1900, Peters 1908) offensichtlich gewesen, daß bei einem Teil der Kinder diese Schwierigkeiten trotz guter Allgemeinbegabung auftreten. Aus diesem Grund begann sehr früh die Suche nach speziellen Begabungsmängeln, die die Ursache für diese Schwierigkeiten darstellen könnten. Heute hat sich dafür weitgehend der Begriff der Teilleistungsschwächen durchgesetzt.

Zusammenhang zwischen der Intelligenz und Lese- und Schreibschwierigkeiten: Die Tatsache, daß das Erlernen des Lesens und Schreibens auch Kindern durchschnittlicher Intelligenz Probleme bereiten kann, bedeutet allerdings nicht, daß der Intelligenz für die Aneignung der Schrift keine Bedeutung zukommt. Lernbehinderten Schülern in Sonderschulen bereitet das Erlernen des Lesens und Schreibens beträchtliche Mühe, wie bereits eine der ersten deutschsprachigen Untersuchungen zu diesem Thema (Berkhan 1885), aber auch neuere Untersuchungen (Klicpera, Ehgartner et al. 1993 a,b) belegen. Auch bei Schülern der Regelschule besteht ein Zusammenhang zwischen Intelligenz und Lesefähigkeit, wie eine große Zahl von Untersuchungen aus dem englisch-sprachigen (Stanovich, Cunningham und Feeman 1984) sowie auch einige Untersuchungen aus dem deutschsprachigen Raum (Valtin 1981, Klicpera und Gasteiger-Klicpera 1993) gezeigt haben. Für die ersten Klassen Volksschule wird zumeist eine Korrelation zwischen .3 und .5 angegeben, für die höheren Klassen Volksschule und die ersten Klassen der Sekundarstufe eine Korrelation zwischen .45 und .65 (Stanovich et al. 1984). Die Lesefähigkeit wurde in diesen Untersuchungen auf verschiedene Art und Weise bestimmt, zum Teil wurde die Lesegenauigkeit, zum Teil das Leseverständnis als Maß verwendet. Der Zusammenhang des Leseverständnisses mit der Intelligenz ist im Allgemeinen größer als jener der Lesegenauigkeit oder der Lesegeschwindigkeit. Dies gilt insbesondere dann, wenn verbale Intelligenztests verwendet werden.

In deutsch-sprachigen Untersuchungen wurde vor allem auf den Zusammenhang zwischen Intelligenz und Rechtschreibfähigkeit eingegangen (Pfeiffer und Zielinski 1975, Glogauer 1977, Valtin 1981), wobei Korrelationen zwischen .35 und .55 berichtet wurden. In den Wiener Längsschnittuntersuchungen (Klicpera und Gasteiger-Klicpera 1993) bestand von der 2.Klasse an ein größerer Zusammenhang zwischen Intelligenz und Rechtschreibleistung (in der 4.Klasse r=.52) als zwischen der Intelligenz und den Leistungen im mündlichen Lesen (r=.41). In der 1.Klasse war das Gegenteil der Fall. Der weitere Fortschritt im Rechtschreiben scheint also stärker von der Intelligenz bestimmt zu sein als der Fortschritt in der mündlichen Leseleistung.

Teilleistungsschwächen bei lese- und schreibschwachen Kindern
Lese- und Schreibschwierigkeiten bei Kindern durchschnittlicher Intelligenz werden von vielen als Folge von Teilleistungsschwächen, d.h. als Folge von Schwächen in speziellen Begabungsbereichen, die eine Voraussetzung für das Lesen- und Schreibenlernen darstellen, aufgefaßt. Das Konzept der Teilleistungsschwächen ist so einleuchtend, daß wir geneigt sind, seine impliziten Voraussetzungen zu übersehen. Einige Autoren haben sich jedoch recht kritisch damit auseinandergesetzt. Marshall (1989) hat darauf hingewiesen, daß die Geschichte der Legasthenieforschung, ebenso wie die der Alexieforschung, also der Auseinandersetzung mit den aufgrund von Hirnläsionen erworbenen Lesestörungen, davon geprägt war, daß man immer nach der Beeinträchtigung anderer Funktionen gesucht und nie angenommen hat, es könne eine Beeinträchtigung der Lesefähigkeit geben, die nicht auf eine noch basalere Störung zurückzuführen sei. Hier wird impliziert, daß das Lesen als kulturell vermittelte Tätigkeit nicht auf einer basalen, angeborenen Anlage des Menschen beruhen könne und daher immer, gleichsam parasitär, auf basaleren Teilleistungen aufbaue.

Weiters wird bei dieser Betrachtungsweise gewöhnlich auf allgemeine kognitive Fähigkeiten Bezug genommen, die an allen Informationsverarbeitungsprozessen beteiligt sind. Die Diskussion um diese Modelle wurde jedoch in den letzten Jahren mit der Einführung des Begriffs der Module neu angeregt (siehe u.a. Fodor 1983, Shankweiler und Crain 1986, Mattingly 1991). Mit diesem Begriff ist die Vorstellung verbunden, daß die Informationsverarbeitung beim Menschen nicht horizontal in verschiedene Prozesse aufgespalten werden kann, wie Wahrnehmung, Gedächtnis etc., sondern daß es spezialisierte und eng miteinander gekoppelte Verarbeitungssysteme gibt, die für bestimmte Bereiche zuständig sind, etwa für die Sprachverarbeitung. Die Architektur des Informationsverarbeitungssystems sieht demnach eine vertikale Gliederung vor. Mit diesen Modellen wird eine neue Sichtweise eröffnet, durch die nun manche Fragen, etwa wie jene nach einer allgemeinen Fertigkeit für die Kodierung und das Behalten sequentieller Informationen und die weitere Frage, ob bei legasthenen Kindern eine Beeinträchtigung der Verarbeitung von Sequenzinformationen vorliegt, fraglich werden. Allerdings ist dabei zu bedenken, daß eine Unabhängigkeit verschiedener Teilbereiche eine Automatisierung der Fertigkeiten voraussetzt. Diese wird jedoch erst mit der Zeit erworben, sodaß in der Entwicklung durchaus eine gegenseitige Beeinflussung von Fertigkeiten, die später weitgehend voneinander unabhängig sind, gegeben sein kann.

Teilleistungsschwächen und ihre Bedeutsamkeit für das Lesen- und Schreibenlernen werden traditionell durch die Auswahl von lese- und rechtschreibschwachen Kindern durchschnittlicher Intelligenz und den Vergleich mit Kindern ähnlicher Allgemeinbegabung ohne Lese- und Rechtschreibschwäche überprüft. In den letzten Jahren ist jedoch der Einwand gemacht worden, daß dies nur eine Minimalforderung darstellen kann und zusätzlich geprüft werden sollte, wieweit sich die lese- und rechtschreibschwachen Kinder auch von jüngeren durchschnittlichen Schülern, die den gleichen Leistungsstand im Lesen und Rechtschreiben erreicht haben, unterscheiden ("Leseniveau-Design"). Nur dann, wenn auch hier ein Unterschied besteht, kann man als möglich erachten, daß die Teilleistungsschwächen eine Ursache der Schwierigkeiten im Lesen und Rechtschreiben darstellen (Backman, Mamen und Ferguson 1984). Allerdings muß dabei bedacht werden, daß Fertigkeiten in verschiedenen Lernphasen eine unterschiedliche Bedeutung haben können und daß gerade zu Beginn der Leseentwicklung, wo möglicherweise gewisse Fertigkeiten von besonderer Bedeutung sind, ein Leseniveau-Design schwer durchzuführen ist (siehe Bryant und Goswami 1986, Goswami und Bryant 1989).

2.1. Die phonologische Bewußtheit bei leseschwachen Schülern

Die Fähigkeit zur Phonemsegmentation vor Schulbeginn sowie andere Aufgaben, deren Ausführung eine Einsicht in den Phonemaufbau der Sprache voraussetzt, sagt - wie wir bereits ausführlicher in Kapitel 3 des ersten Abschnitts dargestellt haben - den Leseentwicklungsstand nach 1-2 Jahren zu einem beträchtlichen Teil voraus. Ein großer Teil dieser Vorhersagefähigkeit ist unabhängig von der Intelligenz der Kinder (Lundberg et al. 1980). Leseschwache Schüler scheinen somit durch einen Rückstand in der Entwicklung der phonologischen Bewußtheit unzureichend auf die Aneignung einer alphabetischen Schriftsprache vorbereitet.

Die leseschwachen Kinder können durch die Auseinandersetzung mit der Schrift allein - ohne spezielle Unterweisung in der Phonemanalyse - den Rückstand in der Entwicklung der phonologischen Bewußtheit nicht aufholen. Am Ende der ersten Klasse können alle gut lesenden Kinder Wörter in Phoneme unterteilen, von den schwächeren Lesern jedoch nur etwa die Hälfte (Liberman 1973). Fast alle Kinder mit deutlichen Schwierigkeiten beim Lesenlernen haben in den ersten Volksschulklassen große Schwierigkeiten bei der Aufgabe, selbst einsilbige Worte in ihre Phonem-Segmente aufzugliedern (Fox und Routh 1980). Gegen Ende der Grundschule können dies auch die meisten leseschwachen Kinder. Andere Aufgaben der Phonemsegmentation sowie die Segmentation von längeren, sinnlosen Pseudowörtern bereiten jedoch älteren leseschwachen Schülern noch Schwierigkeiten (Calfee et al. 1973, Hook and Johnson 1978). Calfee et al. konnten relativ große Unterschiede zwischen guten und schwachen Lesern noch nach 12 Schuljahren, Bruck (1992) noch im Erwachsenenalter nachweisen.

In einem Unterricht, in dem Übungen zum Heraushören von Phonemen größerer Raum gewidmet wird und die Graphem-Phonem-Korrespondenzen systematisch eingeführt werden, ist bereits in der 1.Klasse ein beträchtlicher Fortschritt der leseschwachen Kinder bei der Phonemanalyse festzustellen (Klicpera und Gasteiger-Klicpera 1993). Jedoch bleiben auch hier die Leistungen der leseschwachen Kinder deutlich hinter jenen der guten Leser zurück und dieser Rückstand hält bis in die höheren Klassen an.

Eine geringere Sensibilität für Lautunterschiede dürfte zudem ein stabiles Merkmal sein, das auch bei Erwachsenen für interindividuelle Unterschiede in der Lesefähigkeit bzw. in den verwendeten Lesestrategien von Bedeutung ist. Baron et al. (1980) haben an erwachsenen Studenten, die sich nach der vorwiegenden Verwendung von visuellen bzw. phonologischen Kodes beim Lesen unterschieden, auch deutliche Unterschiede in der Fähigkeit festgestellt, das Vorkommen von Lauten an bestimmten Wortpositionen zu beurteilen. Die Studenten, die vorwiegend einen visuellen Kode beim Lesen verwendeten, waren bei dieser Aufgabe deutlich schlechter. Zudem beurteilte diese Gruppe auch die Ähnlichkeit von Silben vor allem nach dem Klangcharakter, also nach einem Globaleindruck, während die andere Gruppe sich dabei überwiegend auf die Eigenschaften einzelner Segmente stützte.

2.2. Phonologische Verarbeitungsschwächen und Lese- und Schreibschwierigkeiten

In den letzten Jahren wird vor allem eine allgemeine phonologische Verarbeitungsschwäche als Ursache für die Entwicklung von Lese- und Schreibschwierigkeiten diskutiert. Diese Hypothese ist insofern von besonderem Belang, als sie eine direkte Brücke zu den Informationsverarbeitungstheorien des Lesens und Schreibens schlägt. Da das Rekodieren der Grapheme in Phoneme beim Lesen sowie umgekehrt der Phoneme in Grapheme beim Rechtschreiben jene Funktion sein dürfte, die dem Großteil der lese- und rechtschreibschwachen Kinder besonders schwerfällt, wäre es möglich, daß dies auf einer allgemeineren Beeinträchtigung phonologischer Funktionen beruht.

Eine allgemeinere phonologische Verarbeitungsschwäche könnte die Ursache dafür sein, daß lese- und schreibschwachen Kindern die Einsicht in den Phonemaufbau der Sprache schwerfällt und sie noch in den höheren Klassen Mühe haben, die Phonemfolge zu analysieren. Solche Verarbeitungsschwächen können nach Informationsverarbeitungsmodellen auf verschiedenen Ebenen lokalisiert sein, wobei folgenden Verarbeitungsstufen besondere Bedeutung zukommen dürfte:

- die Ebene der auditiven Analyse und Diskrimination,
- die Ebene des phonologischen Zwischenspeichers, der die analysierten bzw. aus dem inneren Lexikon abgerufenen Informationen über die Aussprache der Wörter bis zur weiteren Bearbeitung aktiv halten soll,
- die Umwandlung der phonologischen Informationen in Artikulationsprogramme

Diesen Verarbeitungsstufen entsprechend sind vor allem vier Phänomene als Evidenz für eine phonologische Verarbeitungsschwäche angeführt worden und kommen auch als Ursache für die Schwierigkeiten bei der Ausbildung der phonologischen Bewußtheit in Frage:

- Schwierigkeiten lese- und rechtschreibschwacher Kinder bei der Aussprache komplexerer Wörter sowie eine geringe artikulatorische Geläufigkeit: Phoneme sind nicht als wahrnehmbare Einheiten gegeben, sondern nur durch die Beobachtung der Artikulation und die Assoziation von Artikulationsstellen mit akustischen Reizen zugänglich (Ehri 1984). Es ist möglich, daß dies leseschwachen Kindern, wegen ihrer Schwierigkeiten bei der Kontrolle der Artikulationsorgane und bei der Ausnutzung der Rückmeldung über Artikulationsstellen, besonders schwer fällt.
- Schwierigkeiten lese- und rechtschreibschwacher Kinder bei der Diskrimination ähnlicher Phoneme: Schwierigkeiten bei der phonologischen Analyse und im weiteren bei der phonologischen Rekodierung während des Lesens können auch dadurch ent-

stehen, daß in der akustischen Wahrnehmung eine geringere Sensibilität für Segmenthinweise besteht und vor allem die Markierung von Transitionen zwischen Segmenten nicht beachtet wird (Studdert-Kennedy 1980). Das Sprachverständnis von leseschwachen Kindern könnte dann vor allem über die Auffassung größerer, unanalysierter Teile erfolgen.

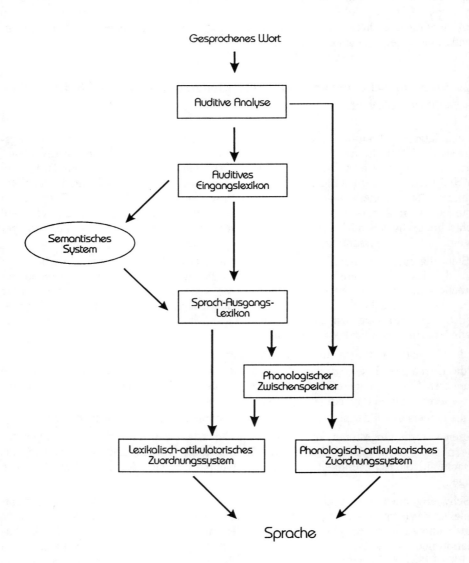

Abbildung 15: Modell der Verarbeitung phonologischer Informationen in der mündlichen Sprache (nach Hulme und Snowling 1992).

- Schwierigkeiten beim Bildbenennen bzw. beim Abruf der korrekten Aussprache eines Wortes vom lexikalischen Eintrag können ebenfalls als Hinweis auf eine phonologische Verarbeitungsschwäche interpretiert werden.
- Beeinträchtigung des verbalen Kurzzeitgedächtnisses: Eine weitere Möglichkeit kann darin gesehen werden, daß durch ein Defizit des Kurzzeitgedächtnisses die bei der phonologischen Analyse erforderlichen inneren Manipulationen von Lauten erschwert sind (Jorm 1979a,b). Eine Beeinträchtigung des Kurzzeitgedächtnisses könnte auch den Lesevorgang auf verschiedenen Ebenen behindern, etwa beim Vorgang des Zusammenschleifens von Phonemen.

Bei Kindern ist wohl zunächst noch keine Unabhängigkeit der Verarbeitungsstufen gegeben, vielmehr ist anzunehmen, daß diese sich wechselseitig beeinflussen, trotzdem können die Schwierigkeiten einzelner Kinder schwerpunktmäßig auf verschiedenen Verarbeitungsstufen lokalisiert sein. Wir wollen daher zunächst auf diese Schwierigkeiten im Einzelnen eingehen, bevor der Zusammenhang dieser mutmaßlichen phonologischen Verarbeitungsschwächen und die Beziehung zur phonologischen Bewußtheit diskutiert wird.

Artikulatorische Geläufigkeit und Lese- und Schreibschwierigkeiten

Kossakowski (1961) stellte die Hypothese auf, daß für die Segmentation der Lautfolge von Wörtern und die Differenzierung einzelner Phoneme vor allem motorisch-kinästhetische Hinweise über die Stellung der Artikulationsorgane benutzt würden. Kossakowski nahm weiter an, daß leseschwache Kinder weniger in der Lage seien, Rückmeldungen über die Artikulationsstellungen zu benutzen als gut lesende Kinder. Einen Hinweis für eine solche Schwäche sah er in der Beobachtung, daß ein großer Teil der leseschwachen Kinder auch Artikulationsstörungen zeigt.

In einer Replikation eines Experiments von Nasarewo konnte Kossakowski zeigen, daß leseschwache Kinder durch die Unterdrückung der Artikulation während einer auditiven Diskriminationsaufgabe von Wörtern kaum behindert werden, während die sonst um vieles bessere Leistung gut lesender Kinder unter diesen Bedingungen stark abfällt. Gut lesende Kinder dürften sich also bei der auditiven Diskrimination von Wörtern stark auf die Informationen stützen, die ihnen durch die Stellung der Artikulationsorgane zufließen. Leseschwache Kinder scheinen diese Information hingegen kaum zu benützen. Allerdings war die Größe der Stichprobe in der Untersuchung von Kossakowski sehr klein, und Becker (1977) konnte diese Befunde in einer späteren Untersuchung nur im Trend bestätigen. Leseschwache Kinder waren zwar auch in dieser Untersuchung deutlich schlechter in der Unterscheidung vorgesprochener Wörter. Ihre Leistung fiel jedoch nach Unterdrückung der Artikulation gleichfalls deutlich ab, wenn auch nicht so stark wie die der gut lesenden Kinder.

Den bisher eindeutigsten Hinweis für eine geringere Feedback-Ausnutzung artikulatorischer Informationen lieferte eine Untersuchung von Montgomery (1981). Montgomery ließ leseschwache und gut lesende Kinder die Stellung der Artikulationsorgane während des Aussprechens von zehn Lauten in Form einer Mehrfach-Wahl-Aufgabe anhand einer zeichnerischen Darstellung der Artikulationsorgane beurteilen. Die zu beurteilenden Laute wurden den Kindern dabei isoliert vorgesprochen. Die leseschwachen Kinder begingen bei dieser Aufgabe deutlich mehr Fehler als die gut lesenden.

Ein weiterer Hinweis für eine möglicherweise geringere Ausnutzung von Informationen über die Stellung der Artikulationsorgane liegt in der Beobachtung, daß leseschwache Kinder eine geringere orale Sensibilität haben, d.h. Schwierigkeiten bei der Unterscheidung von Formen zeigen, die sie im Mund betasten können (Larsen und Hudson 1973).

Wenn der Zugriff auf phonologische Kodes weniger effizient erfolgt, könnte sich als Folge ergeben, daß lese- und schreibschwache Kinder auch bei Aufgaben, bei denen es allein um die Geläufigkeit der Aussprache geht, langsamer sind und mehr Fehler begehen. Ein häufigeres Vorkommen von Artikulationsschwierigkeiten, die sich im Schulalter oft nur in einer undeutlicheren Sprache bemerkbar machen, wurde wiederholt beschrieben (Kossakowski 1961, Naidoo 1972, Wocken und Wocken 1977).

Schwierigkeiten der Sprachproduktion können bei leseschwachen Kindern sowohl bei der Wiederholung mehrsilbiger Wörter (Rapala und Brady 1990) wie bei sinnlosen Silben (Brady et al. 1983, Snowling 1981, Snowling, Goulandris et al. 1986) nachgewiesen werden. Leseschwache Kinder sind hier sowohl ungenauer als auch langsamer. Sie haben beim Nachsprechen von längeren (vier-silbigen) sinnlosen Pseudowörtern sogar größere Schwierigkeiten als jüngere normale Kinder des gleichen Leseentwicklungsstands (Snowling 1980). Bei gleichlangen sinnvollen Wörtern waren die leseschwachen hingegen besser als die jüngeren Kinder. Der Grund für die besonderen Schwierigkeiten beim Wiederholen von Pseudowörtern dürfte, neben der größeren Geläufigkeit von richtigen Wörtern, darin liegen, daß leseschwache Kinder beim Behalten von Wörtern eine semantische Stütze benutzen können, wenn jedoch die Wiedergabe von sinnlosen Silben verlangt wird, sind die Kinder allein auf die phonologische Repräsentation der Reize angewiesen.

Gegen eine besondere Bedeutung von Artikulationsschwierigkeiten scheinen zunächst die Ergebnisse von Langzeitbeobachtungen zu sprechen, daß Kinder mit reinen Artikulationsstörungen nicht häufiger Schwierigkeiten beim Erlernen des Lesens und Schreibens zeigen als andere Kinder (Bishop und Adams 1990). Dabei muß man sich jedoch bewußt sein, daß es sich hier um verschiedene Formen von Schwierigkeiten handelt. Bei lese- und schreibschwachen Kindern liegt ja im Gegensatz zu Kindern mit Artikulationsstörungen nicht eine mangelnde Beherrschung eines bestimmten artikulatorischen Musters vor, sondern eine unzureichende Spezifizierung der für die Steuerung der Artikulation erforderlichen Informationen auf der Ebene der phonemischen Segmente.

Auditive Diskriminationsschwäche

Bereits in der älteren, kasuistisch orientierten Legasthenie-Literatur wurden die Schwierigkeiten bei der Lautanalyse auf eine ungenügende Lautauffassung bzw. nicht-optimale Differenzierung von Lautmerkmalen zurückgeführt (z.B. Walter 1956). Schwierigkeiten leseschwacher Kinder bei der auditiven Diskrimination werden deutlich, wenn das Sprechtempo erhöht ist oder Konsonantenhäufungen auftreten. Walter (1956) berichtete, daß schlechte Leser dann den Eindruck hätten, die Laute würden "verschwimmen".

Systematische Untersuchungen zur auditiven Diskrimination von leseschwachen Kindern wurden vor allem mit Wort-Unterscheidungstests (z.B. Bremer Laut-Diskriminationstest = BLDT, im Englischen Wepman-Test) vorgenommen. Bei diesen Tests ist die Identität bzw. die Unterschiedlichkeit zweier oder mehrerer vorgesprochener Worte zu beurteilen. Eine Zusammenstellung einer größeren Anzahl von Untersuchungen mit dem Wepman-Test (Hammill und Larsen 1974) deutet auf inkonsistente Ergebnisse hin, woraus wahrscheinlich gefolgert werden kann, daß ein Teil der leseschwachen Kinder tatsächlich Schwierigkeiten bei diesen Aufgaben hat, daß dies aber nicht für die Mehrzahl zutrifft. Insgesamt ergeben die Untersuchungen eine signifikante Korrelation zwischen auditiver Diskrimination und Lesefähigkeit von etwa r = 0.30, wobei in vielen Untersuchungen die Intelligenz der Kinder nicht bei der Berechnung der Korrelationen berücksichtigt wurde. Lernbehinderte Kinder zeigen jedoch häufiger auditive Diskriminationsschwierigkeiten in solchen Testverfahren als leseschwache Kinder normaler Intelligenz (Wocken und Wocken 1977). Fraglich ist auch, bei wievielen Kindern derartige Unterschiede auf perzeptive Faktoren und nicht auf geringere Gedächtnisleistungen zurückzuführen sind. Blank (1968) fand, daß leseschwache Kinder zwar mehr Fehler machten, wenn sie zwei vorgesprochene Wörter vergleichen sollten, die Kinder begingen jedoch auch mehr Fehler, wenn sie nur die Wörter zu wiederholen hatten. Waren die Wörter einzeln nachzusprechen, so hatten die leseschwachen Kinder keine Schwierigkeiten.

Ein Hinweis auf Unterschiede in der auditiven Diskrimination zwischen leseschwachen und gut lesenden Kindern gibt auch die Prüfung des verbalen Transformationseffekts (Barr et al. 1978). Bei dieser Aufgabe werden den Kindern die gleichen Wörter wiederholt vorgesprochen, was mit der Zeit zu einer Änderung der wahrgenommenen Reize führt, dem verbalen Transformationseffekt. Dieser Effekt ist bei leseschwachen Kindern geringer ausgeprägt, was darauf hindeutet, daß sie Übergänge zwischen Phonemen und Morphemen weniger wahrnehmen und ein oberflächlicheres Konstrukt der Phonem-Organisation benutzen.

In einigen Untersuchungen über die auditive Diskrimination bei leseschwachen Kindern wurden auch synthetische Laute vorgegeben. Becker (1977) berichtet über eine Untersuchung mit synthetischen Vokalen, die isoliert dargeboten wurden und identifiziert werden sollten. Leseschwache Kinder erzielten dabei schlechtere Leistungen als gut lesende. Schwierigkeiten bei der Sprachwahrnehmung wurden auch von Godfrey et al. (1981) und Werker und Tees (1987) beobachtet. Rosen und Brandt (1980) fanden hingegen keinen Unterschied zwischen leseschwachen und normal lesenden Kindern in der Unterscheidung von stimmhaften und stimmlosen Verschlußlauten nach der VOT (Voice Onset Time) und in der Unterscheidung der Artikulationsstelle von stimmhaften Verschlußlauten nach den Formanten-Übergängen (F2 und F3). Die Untersuchung von Brady et al. (1983) deutet darauf hin, daß Diskriminationsschwierigkeiten nur unter erschwerten Bedingungen nachzuweisen sind, etwa unter Lärm, wenn also die sprachlichen Äußerungen durch zusätzliche Detailinformationen zu ergänzen sind, um verstanden zu werden.

Nach Tallal (1980) sind die auditiven Diskriminationsschwierigkeiten nicht auf sprachliche Reize beschränkt, sondern treten bei allen akustischen Reizen auf, bei denen rasch ablaufende Veränderungen zu unterscheiden sind. Sie beobachtete bei leseschwachen Kindern ähnliche Schwierigkeiten wie zuvor bei sprachentwicklungsgestörten Kindern, wenn nicht-verbale, sprachähnliche akustische Reize in rascher Abfolge vorgespielt wurden und die Reize bzw. deren Reihenfolge identifiziert werden sollte. Die Korrelation dieser Diskriminationsleistung mit der Leistung auf einem Test, bei dem sinnlose Silben zu lesen waren, war sehr hoch (r=0.81), jene mit anderen konventionellen Lese- und Rechtschreibtests immerhin noch beträchtlich.

Beeinträchtigung des verbalen Kurzzeitgedächtnisses

Ein häufig berichteter Befund bei lese- und rechtschreibschwachen Kindern bezieht sich auf eine Beeinträchtigung des verbalen Kurzzeitgedächtnisses und zwar insbesondere auf eine Reduktion der Gedächtnisspanne (z.B. Torgesen und Houck 1980, Übersicht bei Klicpera 1983).

Das verbale Kurzzeitgedächtnis ist stark von der Geschwindigkeit der Kodierungsprozesse, durch die Informationen in einen artikulatorisch-phonologischen Kode umgesetzt werden, abhängig. Bei vielen Gedächtnisaufgaben ist es aber hilfreich, wenn das zu behaltende Material in eine sprachliche, phonologisch-artikulatorische Form gebracht wird. Durch diese Rekodierung finden die zu behaltenden Informationen Eingang in das verbale Kurzzeitgedächtnis, und sie können dort in einem aktivierten Zustand gehalten werden. Die Geläufigkeit der Artikulation bzw. die Sprechgeschwindigkeit hat deshalb einen deutlichen Einfluß auf die verbale Gedächtnisspanne.

Erwartungsgemäß konnte gezeigt werden, daß lese- und rechtschreibschwache Kinder auch bei Gedächtnisaufgaben weniger Gebrauch vom phonologischen Rekodieren machen und deshalb auch weniger beeinträchtigt werden, wenn die Wörter einer Wortliste sich reimen und deshalb schlechter behalten werden (Shankweiler et al. 1979). Allerdings ist das Ergebnis nicht unwidersprochen geblieben und spätere Untersuchungen konnten die Befunde nicht immer replizieren (Hall et al. 1983, Johnston et al. 1987b, Wagner und Torgesen 1987).

Hinweise auf eine mangelnde phonologische Rekodierung bei Gedächtnisaufgaben sind am elegantesten mit reimenden und nicht-reimenden verbalen Informationen zu erhalten. Folgen von sich-reimenden Wörtern werden, wenn phonologisch rekodiert wird, schlechter behalten als Folgen sich nicht-reimender Wörter, da die sich-reimenden Wörter wegen ihrer phonologischen Ähnlichkeit weniger gut unterschieden werden können. Diese Aufgabe erscheint für die Überprüfung von Schwierigkeiten beim phonologischen Rekodieren gut geeignet, da hier ein Vorteil für Kinder zu erwarten ist, die nicht phonologisch rekodieren. Bei ihnen müßte der Leistungsabfall bei sich-reimenden Wörtern gegenüber sich nicht-reimenden Wörtern geringer ausfallen als bei den Kindern, die diese Schwierigkeiten nicht haben.

Außerdem sprechen leseschwache Kinder die Wörter, die bei verbalen Kurzzeitgedächtnisaufgaben zu behalten sind, bei der Wiedergabe weniger genau aus. Es kommt dabei häufiger zur Transposition von Phonemen (z.B. train+plate -> trait+plane, Brady et al. 1983). Diese Umstellungen sind noch häufiger, wenn sinnlose Silben verwendet werden und somit eine Sinnstütze wegfällt (Brady et al. 1987).

Schwierigkeiten beim lexikalischen Zugang als Ausdruck einer phonologischen Verarbeitungsschwäche

In neueren Theorien über den Aufbau des inneren Lexikons wird angenommen, daß die Wortbedeutungen und die Phonemfolgen der Wörter getrennt gespeichert werden. Das Benennen von Gegenständen ist demnach nicht nur vom Vorhandensein eines entsprechenden lexikalischen Eintrags für das Wiedererkennen eines Gegenstands und dessen Abrufbarkeit abhängig, sondern auch davon, daß von diesem Eintrag aus die zugehörige Phonemfolge sicher aktiviert werden kann. Wortfindungsschwierigkeiten können deshalb auch entstehen, wenn der Zugriff auf den phonologischen Kode erschwert oder dieser weniger gut ausgebildet ist. Hinweise, daß dies bei lese- und schreibschwachen Kindern der Fall ist, kommen zunächst aus Untersuchungen über das Benennen von Gegenständen. Dabei werden bei lese- und schreibschwachen Kindern häufiger Versprechungen und phonematische Annäherungen an das Zielwort beobachtet

(Katz 1986, Klicpera 1985). Auch wenn leseschwache Kinder den Anfangslaut des Namens eines Gegenstandes und ähnlich lautende Wörter angeben können, sind sie dennoch oft nicht in der Lage, das richtige Wort zu finden (Rubin et al. 1989). Als mögliche Ursache für diese Schwierigkeiten wird die Unfähigkeit der leseschwachen Kinder gesehen, die Phonemfolge gezielt zu variieren, bis der richtige Name gefunden wird. Rubin et al. (1991) trainierten leseschwache Kinder daher in der Phonemanalyse, um ihnen eine gezieltere Suche nach der richtigen Aussprache von Wörtern zu ermöglichen, und konnten als Folge eine Verbesserung beim Bilderbenennen feststellen.

Vertraute Bild- und Zahlenfolgen können zudem von lese- und schreibschwachen Schülern nicht so rasch benannt werden wie von guten Lesern der gleichen Klassenstufe (Denckla und Rudel 1976, Klicpera 1985, Wolf 1981). Die Spezifität der geringeren Benennungsgeschwindigkeit ist allerdings nicht unbestritten. In einigen Untersuchungen wurde zwar ein Unterschied bei jüngeren Kindern gefunden, und die Fortschritte beim Lesenlernen ließen sich mit der Bildbenennungsgeschwindigkeit bereits im Kindergarten signifikant voraussagen, bei älteren Kindern wurde jedoch zum Teil eine Angleichung der Benennungslatenz an jene durchschnittlicher Schüler beobachtet (Wolf et al. 1986).

Zusammenhang zwischen verschiedenen Hinweisen auf eine phonologische Verarbeitungsschwäche sowie Beziehung dieser Schwäche zur phonologischen Bewußtheit: Wagner et al. (1987) haben in einer Übersicht über die bislang vorliegenden Befunde die verschiedenen Möglichkeiten diskutiert, wie der Zusammenhang zwischen verschiedenen Teilfertigkeiten, die auf eine phonologische Kodierung angewiesen sind, sowie der Zusammenhang dieser Teilfertigkeiten mit der phonologischen Bewußtheit vorgestellt werden kann. Neben den extremen Annahmen, daß es sich bei allen diesen Fertigkeiten um den Ausdruck der gleichen grundlegenden Fähigkeit handelt, sowie der entgegengesetzten Annahme, daß alle diese Fertigkeiten voneinander unabhängig sind und nur einen geringen Zusammenhang aufweisen, verdient vor allem die Hypothese Beachtung, daß die phonologische Bewußtheit eine andere Dimension darstellt als jene Fertigkeiten, in denen die Effizienz der phonologischen Kodierung eine Rolle spielt.

Die bisher berichteten Korrelationen deuten eher darauf hin, daß entweder die verschiedenen Teilfertigkeiten (verbales Kurzzeitgedächtnis, artikulatorische Geläufigkeit etc. und phonologische Bewußtheit) nur einen geringen Zusammenhang aufweisen und somit weitgehend unabhängig voneinander sind (so z.B. Pennington, Van Orden et al. 1991, Wagner 1988) oder daß zwar ein gewisser Zusammenhang zwischen Teilfertigkeiten besteht, die auf die Effizienz des phonologischen Kodierens angewiesen sind, jedoch nur ein geringer Zusammenhang dieser Teilfertigkeiten mit der phonologischen Bewußtheit.

Die Gedächtnisspanne hängt enger mit der Geschwindigkeit zusammen, mit der die zu behaltenden Wörter ausgesprochen werden können. Sie ist deshalb für längere Wörter kürzer (dies gilt z.B. auch, wenn Wörter in verschiedenen Sprachen zu behalten sind, in denen die Bezeichnungen für die selben Gegenstände unterschiedlich lang sind, wie im Englischen und Walisischen). Auch die Altersunterschiede im Kurzzeitgedächtnis sind zum Teil auf den Anstieg der Sprechrate mit zunehmendem Alter zurückzuführen (Case et al. 1982, zitiert nach Brady 1991).

Ein gewisser Zusammenhang wurde auch zwischen der Benennungsgeschwindigkeit und dem Kurzzeitgedächtnis gefunden (Spring und Capps 1974, Spring und Perry 1983, Torgesen und Houck 1980).

Untersuchungsergebnisse von Gathercole und Baddeley (1990, 1993) stellen einen direkten Zusammenhang zwischen dem phonologischen Kurzzeitgedächtnis und dem Lernen neuer Wörter her. Die Fertigkeit im Wiederholen von sinnlosen Silben korreliert bei 4-5-jährigen Kindern signifikant mit dem Umfang ihres Wortschatzes und - wie die Autoren in einer Längsschnittuntersuchung über ein Jahr sowie in einem Lernexperiment gezeigt haben - auch mit dem Zuwachs an neu gelernten Wörtern. Die mangelnde Verfügbarkeit eines detaillierten phonologischen Kodes hindert somit die Kinder daran, ihren aktiven Wortschatz zu erweitern. Dies könnte eine Ursache dafür sein, daß leseschwache Kinder bereits im Vorschulalter durch einen geringeren aktiven Wortschatz auffallen.

In manchen Untersuchungen wurde auch ein Zusammenhang zwischen dem Kurzzeitgedächtnis und der phonologischen Bewußtheit gefunden (Mann und Liberman 1984, Fowler 1988, Goldstein 1976), andere Untersuchungen konnten diesen Zusammenhang jedoch nicht bestätigen (Mann 1984, Mann und Ditunno 1990). Der Zusammenhang dürfte wahrscheinlich von der Art der zur Prüfung der phonologischen Bewußtheit verwendeten Aufgaben abhängig sein, insbesondere davon, wieweit die in diesen Aufgaben erforderlichen Manipulationen besondere Anforderungen an das Gedächtnis stellen. Die phonologische Bewußtheit dürfte ein gewisses Minimum an Arbeitsgedächtnis voraussetzen, die Einsicht in den Aufbau der Sprache dürfte jedoch von der Effizienz des Gedächtnisses weitgehend unabhängig sein (Brady 1991).

Bei geübten Lesern jedenfalls hat sich die Fähigkeit, Operationen auf der Phonemebene vorzunehmen, soweit automatisiert und verselbständigt, daß auch eine schwerwiegende Beeinträchtigung des phonologischen Kurzzeitgedächtnisses sowie des Lesens und Schreibens mithilfe der Graphem-Phonem-Zuordnung - wie es bei der erworbenen phonologische Dyslexie eintritt - die phonologische Bewußtheit (Austausch und Zählen von Phonemen in Wörtern) intakt lassen kann (Bisiacchi et al. 1989).

2.3. Lese- und Schreibschwierigkeiten als Folge sprachlicher Begabungsmängel bzw. einer Sprachentwicklungsstörung

Eine einleuchtende Erklärung sieht in den Lese- und Schreibschwierigkeiten die Folge eines allgemeinen sprachlichen Begabungsmangels. Bei vielen lese- und schreibschwachen Kindern ist anamnestisch eine verzögerte Sprachentwicklung nachgewiesen worden (Ingram 1963, Rabinovitch et al. 1954). Auch prospektive Untersuchungen an Kindern aus Familien, in denen gehäuft Leseschwierigkeiten auftreten, konnten frühzeitig Hinweise auf eine mangelhafte Entwicklung sprachlicher Funktionen finden (Scarborough 1989, 1990).

Eine etwas präzisere Fassung dieser Hypothese stellt die sprachliche Effizienztheorie (verbal efficiency theory) von Perfetti (1985, 1988) dar, die annimmt, daß Lese- und Schreibschwierigkeiten Folge einer weniger effizienten sprachlichen Verarbeitung sind. Nach dieser Theorie sind bei leseschwachen Kindern alle sprachlichen Verarbeitungsvorgänge weniger effizient und die Verarbeitung geschieht zu langsam, um flüssiges und verständnisvolles Lesen zu ermöglichen.

Wortschatz, lexikalischer Zugriff und Lese- und Schreibschwierigkeiten: Hier wäre einmal die Hypothese anzuführen, nach der Leseschwierigkeiten auf Schwierigkeiten beim Abruf von Informationen aus dem internen Lexikon beruhen. Diese Schwierigkeiten würden sich nicht nur beim Lesen, sondern auch bei anderen Aufgaben zeigen. So hätten legasthene Kinder Schwierigkeiten, den richtigen Namen für an sich vertraute Gegenstände zu finden, und das Benennen selbst von sehr bekannten Gegenständen (z.B. Baum, Biene) würde bei ihnen langsamer erfolgen als bei Kindern ohne Leseschwierigkeiten (Wolf 1981, Wolf 1984, Wagner und Torgesen 1987).

Der lexikalische Zugriff ist nach der verbal-efficiency-Theorie ein wichtiger Kandidat zur Erklärung von Unterschieden in der Leseleistung, da ein effizienter Zugriff zum inneren Lexikon normalerweise nur wenig Verarbeitungskapazität benötigt und somit Ressourcen für andere Verarbeitungsschritte frei bleiben, die beim Lesen erforderlich sind (Perfetti 1985). Ein langsamer lexikalischer Zugriff beeinträchtigt daher notwendigerweise alle folgenden Stufen der Informationsverarbeitung und wirkt sich insbesondere auf das Leseverständnis aus.

Ein Teil der lese- und schreibschwachen Kinder zeigt bei Schuleintritt einen geringeren Wortschatz (DeHirsch et al. 1966, Jansky und DeHirsch 1972). Auch hier dürfte ein Zusammenhang mit einer phonologischen Verarbeitungsschwäche bestehen. Gathercole und Baddeley (1990) konnten zeigen, daß bei Kindern im Vorschulalter für das Erlernen der Bezeichnung von Gegenständen (Namen von Spielzeugfiguren) die Effizienz der Verwendung eines phonologischen Kodes im Kurzzeitgedächtnis entscheidend ist. Dies gilt in erster Linie für das Lernen neuer, in ihrer Lautfolge noch nicht vertrauter Wörter (z.B. Pimas), nicht jedoch für die Zuordnung eines vertrauten Namens (z.B. Thomas) zu einer Spielzeugfigur. Das phonologische Kurzzeitgedächtnis dürfte somit eine Rolle bei der Erweiterung des Wortschatzes spielen. Für diese Vermutung konnten sie in einer Längsschnittstudie (Gathercole et al. 1992) weitere Hinweise gewinnen. Die Weiterentwicklung des Wortschatzes zwischen 4 und 5 Jahren wird demnach (neben der Intelligenz der Kinder) zu einem beträchtlichen Teil durch die Effizienz des phonologischen Kurzzeitgedächtnisses bestimmt. Wie Gathercole et al. (1990) weiter zeigen konnten, verliert jedoch mit dem Erlernen des Lesens das Kurzzeitgedächtnis seinen bestimmenden Einfluß auf die Fortentwicklung des Wortschatzes. Von da an dürften der schulische Unterricht und die Leseerfahrungen der Kinder entscheidend sein.

Lese- und schreibschwache Kinder zeigen - wie wir bereits im Kapitel über das Leseverständnis ausgeführt haben - auch ein mangelndes Verständnis für die Bedeutung vieler Wörter. Die geringe Geläufigkeit der Wortbedeutungen und der darin angesprochenen Konzepte dürfte ein zusätzliches Handicap für das Leseverständnis und das schriftliche Ausdrucksvermögen sein.

Grammatikalische Kompetenz und Lese- und Schreibschwierigkeiten: Der grammatikalischen Kompetenz kommt beim Lesen vor allem in den Phasen, die dem Worterkennen nachgeordnet sind, Bedeutung zu. Sie ermöglicht das Verständnis der Textaussagen und spielt so eine bedeutende Rolle für das Leseverständnis, ist aber auch für das Erlernen der Rechtschreibung und das schriftliche Ausdrucksvermögen eine wichtige Voraussetzung.

Für das mündliche Lesen wird der grammatikalischen Kompetenz in erster Linie in jenen Theorien der Wert eines Indikators zugesprochen, die die Leseschwäche als Folge einer allgemeinen Schwäche bei der Aneignung von Regelsystemen verstehen (Morrison 1984). Wenn leseschwache Kinder beim Lesenlernen deshalb scheitern, weil sie die Regeln der Zuordnung zwischen Graphemen und Phonemen nicht erlernen, dann ist anzunehmen, daß ihnen auch das Erlernen der grammatikalischen Regeln Mühe bereitet.

Eine mangelnde grammatikalische Kompetenz lese- und schreibschwacher Kinder wurde mit vielen speziellen Aufgaben nachgewiesen. Sie tritt in den sprachlichen

Äußerungen leseschwacher Schüler deutlicher hervor als bei Sprachverständnisaufgaben. So konnte gezeigt werden, daß sich freie mündliche Äußerungen leseschwacher Kinder durch kürzere Satzbildungen auszeichnen (Davenport et al. 1986), daß sie einfachere Sätze bilden (Feagans und Short 1984) und einfachere syntaktische Mittel verwenden (Donahue 1984).

Schwierigkeiten beim Verstehen syntaktischer Konstruktionen zeigen sich insbesondere dort, wo sich leseschwache Kinder nicht auf ein Verständnis der Situation stützen können und wo einfachere Strategien zur Auflösung der syntaktischen Konstruktionen (wie die Strategie, das erste Hauptwort als Subjekt des Satzes anzunehmen) zu falschen Lösungen führen. Dieser Rückstand im Verständnis syntaktischer Konstruktionen wird aber auch von älteren leseschwachen Kindern und Jugendlichen nicht aufgeholt (Stein et al. 1984).

Langsamere verbale Kodierfähigkeit: Perfetti und Lesgold (1977) sehen als wesentliche Ursache für die Verständnisschwierigkeiten leseschwacher Kinder eine langsamere verbale Kodierungsfähigkeit sowie größere Schwierigkeiten an, die im Kurzzeitgedächtnis befindlichen Informationen mit Inhalten des Langzeitgedächtnisses in Kontakt zu bringen. Da nur eine bestimmte Menge an Informationen im Kurzzeitgedächtnis gehalten werden kann, durch die langsamere verbale Kodierfähigkeit die Bildung größerer Einheiten jedoch behindert ist, nimmt die funktionelle Kapazität des Kurzzeitgedächtnisses ab. Diese Prozeßdefizite wirken sich auf die Verständnisfähigkeit leseschwacher Kinder deshalb so stark aus, da beim Verstehen ständig Kodierungsprozesse beteiligt sind. Einerseits müssen Wörter bzw. Namen dekodiert werden, andererseits müssen semantischen Informationen mit Konzepten in Zusammenhang gebracht bzw. von übergeordneten Konzepten Detailinformationen abgeleitet werden.

Perfetti und Lesgold beschreiben die Auswirkungen des verlangsamten Kodierens als Hysteresis-Problem, d.h. die Verarbeitung hinkt dem Eintreffen der Informationen hinterher und kann den Informationsstrom nicht bewältigen. Dadurch können die verschiedenen Verarbeitungsprozesse, die für das Verstehen notwendig sind, auch nicht geordnet ausgeführt werden. Besonders deutlich werden diese Schwierigkeiten, wenn die Verarbeitungskapazität stärker beansprucht wird.

Ein konkretes Beispiel für diese Probleme ergibt sich bei der Aufgabe, kurze Texte wörtlich wiederzugeben. Leseschwache Kinder zeigen dabei schlechtere Leistungen als gut lesende. Perfetti und Goldman (1976) beobachteten zusätzlich, daß gut lesende Kinder weiter zurückliegende Informationen nur sinngemäß berichten, Informationen aus dem letzten Satz jedoch fast immer in wörtlicher Form. Bei den leseschwachen Kindern waren diese Unterschiede nicht zu finden. Perfetti und Goldman vermuteten deshalb zunächst, daß leseschwache Kinder die Möglichkeit, wörtliche Informationen in leichter zu behaltende Bedeutung umzukodieren, weniger benutzen würden. Solche Umkodierungen geschehen normalerweise an Phrasen bzw. Satzgrenzen. Eine nachfolgende Untersuchung zeigte jedoch, daß die leseschwachen Kinder diese von der Sprachstruktur aufgezeigten Gelegenheiten zur Umkodierung ebenso wie gut lesende Kinder nutzen (Goldman et al. 1980). Allerdings ist bei diesen Kindern, besonders beim Lesen, die Spanne an Wörtern, die kurzfristig behalten werden können, deutlich vermindert. Wenn diese Spanne überschritten wird, fällt ihre Leistung deutlich ab, und sie können dann Gelegenheiten zur Umkodierung von Informationen nicht mehr wahrnehmen. Aus dieser Beobachtung folgern die Autoren, daß nicht Strategiedefizite die Leistung der leseschwachen Kinder behindern, sondern der langsamere Ablauf basaler Informationsverarbeitungsprozesse.

2.4. Beeinträchtigung des Arbeitsgedächtnisses

In den modernen Gedächtnismodellen wird für die weitere Verarbeitung der aufgenommenen Informationen nach der anfänglichen verbalen Kodierung die Notwendigkeit einer Zwischenspeicherung angenommen. Für diese Zwischenspeicherung steht das sogenannte Arbeitsgedächtnis zur Verfügung, das die Informationen in einem aktivierten Zustand hält, während gleichzeitig Operationen an den Informationen durchgeführt werden. Wieviel Informationen kurzfristig behalten werden können, hängt demnach weitgehend von der Effizienz der parallel ablaufenden Verarbeitung und Integration von Informationen ab. Maße für die funktionelle Kapazität des Arbeitsgedächtnisses, wie z.B. der Lesespannentest von Daneman und Carpenter (1980), bestehen somit aus Aufgaben, in denen gleichzeitig das Verständnis von Sätzen und das Behalten des jeweils letzten Wortes dieser Sätze verlangt wird. Derartige Maße erlauben somit eher eine Beurteilung der dynamischen Funktion des Gedächtnisses als traditionelle Gedächtnisspannen-Aufgaben. Sie zeigen eine beträchtliche Korrelation mit dem Leseverständnis, vor allem bei Jugendlichen und Erwachsenen (Daneman 1991). Eine geringe Kapazität des Arbeitsgedächtnisses wird daher als eine Ursache für Leseverständnisschwierigkeiten angesehen (Daneman und Carpenter 1980, Crain und Shankweiler 1990). Vor allem Crain und Shankweiler (1990) haben in den letzten Jahren überzeugend dafür plädiert, daß die Schwierigkeiten, die leseschwache Kinder beim Sprachverständnis zeigen, nur dann auftreten, wenn die Aufgabenstellung das Arbeitsgedächtnis besonders belastet. Sie können dabei auf die Ergebnisse einer Reihe von Experimenten verweisen, die keine Unterschiede in der Sensibilität für syntaktische Strukturen zwischen guten und schwachen Lesern mehr beobachteten, wenn die Aufgaben in einer Weise dargeboten wurden, daß das Gedächtnis nicht belastet wurde. So stellte Fowler (1988) fest, daß schwache Leser die grammatikalische Korrektheit von Sätzen sehr gut beurteilen können (eine Aufgabe, die geringe Gedächtnisanforderungen stellt), aber große Probleme beim Korrigieren von syntaktisch falsch gebildeten Sätzen haben. Macaruso et al. (1989) stellten fest, daß die Ausführung von Aufgaben, bei denen eine bestimmte Reihenfolge zu beachten war, die der zeitlichen Vorgabe widersprach ("Schieb das Motorrad, nachdem du den Helikopter schiebst"), den leseschwachen Kindern nur dann schwerfällt, wenn die Aufgabe nicht ihren Erwatungen entspricht und keine Unterstützung durch den Kontext hat. Wurden die Kinder vorher gefragt, mit welchem Spielzeug sie am liebsten spielen würden, und antworteten sie "mit dem Helikopter", so machte die verwendete Formulierung Sinn und bereitete den Kindern keine Verständnisschwierigkeiten. Es kann also nicht die Struktur des Satzes sein, die leseschwachen Kindern Probleme macht, sondern der Widerspruch zu ihren Erwartungen, der sie zwingt, innezuhalten, noch einmal nachzudenken, und damit Anforderungen an das Gedächtnis stellt.

Wie Baddeley et al. (1985) zurecht feststellen, ergibt sich allerdings aus der Komplexität der Maße für das Arbeitsgedächtnis ein Problem für diese und andere Untersuchungen, die auf die Bedeutung des Arbeitsgedächtnisses hinweisen. In diese Maße gehen das Sprachverständnis ebenso ein wie das Vorwissen, die Kodiergeschwindigkeit für syntaktische und semantische Informationen, die Behaltensleistung, die Auswahl geeigneter Strategien und die Fähigkeit, sie anzuwenden.

2.5. Mangelnde Entwicklung der metakognitiven Bewußtheit als Ursache

In den letzten Jahren hat sich ein Wandel in der Betrachtungsweise von Leistungsschwierigkeiten vollzogen, der sich gerade auf das Verständnis der wiederholt nachgewiesenen geringeren Gedächtnisleistungen der lese- und schreibschwachen Kinder ausgewirkt hat. Lange Zeit sind die vielfältigen Schwierigkeiten, die diese Kinder auch bei Leistungsproben zeigen, bei denen die Leistung nicht vom Lesen und Rechtschreiben abhängt, ausschließlich als Hinweis auf Begabungsdefizite gedeutet worden.

Entwicklungspsychologische Untersuchungen haben jedoch gezeigt, daß die Gedächtnisleistung in einem bedeutenden Ausmaß nicht von strukturellen Merkmalen des Gedächtnisses abhängt, sondern von den Strategien, die die Kinder bei diesen Aufgaben anwenden. In der Folge konnte auch bei lese- und schreibschwachen Kindern eine geringe Neigung, spontan auf Gedächtnisstrategien zurückzugreifen, demonstriert werden (Klicpera 1983). Weiters konnten solche Unterschiede im strategischen, planvollen Herangehen auch bei anderen Aufgaben, etwa dem Abzeichnen von Figuren, nachgewiesen werden (Klicpera 1985). Aus diesen Untersuchungen ergibt sich die Folgerung, daß ein Teil der Schwierigkeiten lese- und schreibschwacher Kinder nicht begabungsbedingt, wenigstens nicht als Folge spezieller Teilleistungsschwächen aufzufassen ist, sondern Ausdruck ihrer mangelnden Verwendung von geeigneten Strategien. Diese mangelnde Verwendung von Strategien kann ihrerseits einmal darauf beruhen, daß die Kinder die Hoffnung aufgegeben haben, die an sie gestellten Aufgaben zu meistern, daß sie also aus mangelnder Motivation zu inaktiven Lernern geworden sind (siehe Kapitel II.3). Andererseits kann die Ursache darin liegen, daß die Kinder ein unzureichendes Verständnis für die an sie gestellten Aufgaben und für die Möglichkeiten, den Anforderungen dieser Aufgaben zu genügen, aufweisen.

2.6. Mangelnde Erfassung von regelhaften Zuordnungssystemen

Spezifisch für das Erlernen der Graphem-Phonem-Korrespondenz-(GPK) Regeln könnte ein geringeres Erfassen von Regelmäßigkeiten und ein allgemeineres Defizit beim Lernen von Regeln zur Diskrimination von Reizen sein. Diese Hypothese wurde erstmals von Baron et al. (1980) formuliert und später von Manis und Morrison (1985) erneut aufgegriffen. Sie konnten zeigen, daß leseschwache Kinder nicht nur beim Lesen Kontextabhängige Graphem-Phonem-Korrespondenzregeln ungenügend meistern, sondern daß ähnliches auch beim Lernen eines neuen Zeichensystems festzustellen ist.

2.7. Perzeptuelle bzw. visuomotorische Fähigkeiten und Lese- und Schreibschwierigkeiten

Lange Zeit war die Ansicht dominierend, daß in Mängeln der visuell-räumlichen Perzeption die Ursachen für die Lese- und Schreibschwierigkeiten zu sehen sind. Wenn diese Ansicht auch noch immer von vielen vertreten wird, so ist sie doch durch eine lange Folge von Untersuchungen (Vellutino 1979), auch aus dem deutschen Sprachraum (Valtin 1972, Oehrle 1975), als Erklärung der Schwierigkeiten der überwiegenden

Anzahl der lese- und rechtschreibschwachen Kinder recht unwahrscheinlich geworden. Vor allem die Untersuchungen von Vellutino (zusammenfassend Vellutino 1979) haben aufgezeigt, daß geringen Leistungen bei visuell-räumlichen Aufgaben in vielen Fällen ein Problem der verbalen Kodierung zugrundeliegt. Wenn Figuren nicht in einfachere, benennbare Bestandteile (wie z.B. Kreis, Dreieck) aufgliederbar und kein Name für sie verfügbar ist, tun sich durchschnittliche Schüler beim Behalten dieser Figuren genauso schwer wie leseschwache. Erst die Benennbarkeit von Figuren führt zu einer Differenzierung der beiden Gruppen, da leseschwache Schüler davon weniger profitieren als durchschnittliche.

In komplexere visuomotorische Aufgaben geht auch die Fähigkeit zum planvollen Herangehen an eine Aufgabe ein. Diese Tests können daher auch als Problemlösungsaufgaben betrachtet werden. Das Anfertigen der Kopie einer Vorlage (etwa des Komplexen Figuren-Tests von Rey-Osterrieth) durch leseschwache Jugend-liche ist z.B. dadurch gekennzeichnet, daß sie mit auffälligen Details beginnen und die gesamte Figur in kleinere Einheiten auflösen, während durchschnittiche Schüler sich bemühen, zunächst die Grundstruktur der Figur wiederzugeben. Das unterschiedliche Vorgehen beim Kopieren der Figur führt im weiteren dazu, daß die leseschwachen Jugendlichen viel mehr Schwierigkeiten haben, die Figur aus dem Gedächtnis wieder-zugeben, da die Details nicht in eine Struktur eingefügt werden können (Klicpera 1985).

Gegen die Bedeutung visuell-perzeptiver Faktoren sprechen weiters die detaillierten Untersuchungen von Jackson und McClelland (1975, 1979). Sie konnten nachweisen, daß sich Studenten mit sehr unterschiedlicher Lesefähigkeit nicht in der erforderlichen Expositionszeit für Einzelbuchstaben unterscheiden, ebensowenig in der Anfälligkeit für laterale Maskierung. Waren Wörter nur in Bezug auf visuelle Merkmale zu vergleichen, trat gleichfalls kein Unterschied zwischen langsamen und guten Lesern auf. Ein solcher Unterschied war vielmehr erst dann nachzuweisen, wenn zumindest ein Rückgriff auf die Buchstabennamen, also eine verbale Kodierung, erforderlich war.

Vor allem wurde die Hypothese, daß visuo-perzeptuelle oder visuo-motorische Schwächen eine Ursache für Schwierigkeiten beim Erlernen des Lesens sein könnten, dadurch recht unwahrscheinlich, daß - wie bereits ausführlich beschrieben - linguistische Faktoren, wie etwa die Komplexität der Graphem-Phonem-Korrespondenzen, die Lese- und Schreibfähigkeit der lese- und rechtschreibschwachen Schüler wesentlich bestimmen und daß ihre Fehler eher Zeugnis von einer mangelnden Beherrschung der Regelmäßigkeiten der Schriftsprache ablegen als von einer Fehlwahrnehmung der Wörter.

In den letzten Jahren sind trotzdem erneut einige Hypothesen für ein basales perzeptuelles bzw. perzeptuo-motorisches Defizit bei lese- und schreibschwachen Kindern formuliert und entsprechende Befunde vorgelegt worden, auf die kurz eingegangen werden soll:

- Lovegrove (z.B. Lovegrove et al. 1986, Lovegrove und Williams 1993) und Breitmeyer (1989) nehmen bei leseschwachen Kindern ein Defizit in den frühen Phasen der visuellen Wahrnehmung an, da bei diesen das transiente visuelle Subsystem beeinträchtigt sei. (Dadurch würde das Zusammenwirken der beiden - eines transienten und eines anhaltenden - Subsysteme, die auf die Verarbeitung von Kontrasten mit hoher bzw. niedriger räumlicher Frequenz spezialisiert sind, beeinträchtigt.) Obwohl Lovegrove in einer Reihe von Experimenten viele Hinweise für eine solche Beeinträchtigung vorlegen konnte, deutet eine Kritik an den daraus gezogenen Folgerungen von Hulme (1988) darauf hin, daß diese Beeinträchtigung nur eine Begleiterscheinung der Leseschwäche, nicht deren Ursache sein könne. So wäre nach dem Modell von Lovegrove und Breitmeyer zu erwarten, daß leseschwache Kinder vor allem beim Lesen von zusammenhängendem Text Schwierigkeiten hätten, da eine Störung des transienten visuellen Subsystems bei aufeinanderfolgenden Fixierungen von Wörtern zu einer Maskierung der visuellen Reize führen würde. Leseschwache Kinder sind jedoch beim Lesen eines zusammenhängenden Textes weniger beeinträchtigt als beim Lesen einzelner Wörter, da ihnen der vorausgehende Kontext das Worterkennen sogar stärker erleichtert als guten Lesern.

- Pavlidis (1981, 1983, 1986) nimmt ein Defizit bei der Steuerung rascher Blickbewegungen an. Durch dieses Defizit sei der Lesevorgang und damit auch die Informationsaufnahme beim Lesen behindert. Nun ist zwar vielfach belegt, daß die Augenbewegungen leseschwacher Kinder beim Lesen deutlich von jenen guter Leser abweichen: es treten mehr und längere Fixierungen sowie häufigeres Zurückfahren mit den Augen (=Regressionen) auf. Diese Auffälligkeiten werden jedoch allgemein als die Folge, nicht die Ursache der Leseschwierigkeiten betrachtet. Pavlidis führte jedoch Belege dafür an, daß die Augenbewegungen von Kindern mit spezifischen Leseschwierigkeiten (nicht jedoch jene von unspezifisch schwachen Lesern) auch dann, wenn sie einem Lichtpunkt mit dem Blick folgen sollen, unstetig sind, d.h. mehr und größere Sakkaden sowie häufigere Regressionen aufweisen. Diese Befunde sind allerdings nur zum Teil von anderen Untersuchergruppen bestätigt worden (dafür: Martos und Vila 1990, dagegen: Black et al. 1984, Brown et al. 1983, Olson et al. 1983, Stanley et al. 1983). Rayner (1986) führt die Diskrepanzen darauf zurück, daß Pavlidis möglicherweise eine Subgruppe von Kindern, die durch ein visuo-motorisches Defizit gekennzeichnet sind, untersucht hat, während in den übrigen Studien schwache Leser mit Sprachschwächen untersucht wurden (siehe Kap. 2.10 dieses Abschnitts).

- Stein und Fowler (1981, 1982) nehmen eine mangelnde Ausbildung eines stabilen Referenzauges an, wodurch es zur mangelnden Kontrolle der Konvergenz beider Augen beim Anschauen kleiner Gegenstände kommen würde. Dies würde zu vielen visuellen Fehlern beim Lesen führen und wäre daher die Ursache für einen Teil der Leseschwäche (bei der Untergruppe der dyseidetischen Leser). Als Therapie wird die Okklusion eines Auges mithilfe einer Brille beim Lesen und anderen Arbeiten im Nahbereich vorgeschlagen. Bishop (1989) bietet eine kritische Übersicht über die vorliegenden Untersuchungen und kommt zu dem Schluß, daß zwar ein Zusammenhang zwischen Leseschwäche und mangelnder Ausbildung eines stabilen Referenzauges besteht, dieser Zusammenhang wäre jedoch unspezifisch und ein Hinweis auf eine allgemeinere Reifungsverzögerung bei einem Teil der leseschwachen Kinder. In einer Reanalyse der Daten einer von Stein und Fowler (1982) durchgeführten Untersuchung zur Okklusionstherapie konnte Bishop (1989) zeigen, daß die zunächst berichteten signifikanten Effekte dieser Therapie auf die Leseentwicklung bei Berücksichtigung des ursprünglichen (in der Therapie- und Kontrollgruppe unterschiedlichen) Leistungsniveaus nicht zu bestätigen sind.

Während Untersuchungen an größeren Gruppen von leseschwachen Kindern durchschnittlicher Intelligenz somit kaum Hinweise auf ein visuo-perzeptuelles Defizit gefunden haben, ist die Frage nach wie vor aktuell, ob Schwächen in diesem Bereich nicht für die mangelnde Entwicklung einiger Teilfertigkeiten des Lesens und Schreibens sowie für bestimmte Formen von Lese- und Rechtschreibschwierigkeiten verantwortlich sein könnten (Watson und Willows 1993). Besondere Beachtung hat hier einerseits jene Form von Lese- und Rechtschreib-schwäche, die als Oberflächendyslexie bzw. -dysgraphie bezeichnet wird und durch ein mangelndes Wissen um wortspezifische Schreibweisen gekennzeichnet ist. Es ist naheliegend, diese Teilfertigkeit mit dem visuellen Gedächtnis in Zusammenhang zu bringen. Die bisherigen Untersuchungen (Olson et al. 1985, Stanovich und West 1989) fanden allerdings keinen signifikanten Zusammenhang zwischen den Leistungen auf visuellen Gedächtnistests und dem orthographischen Wissen. Goulandris und Snowling (1991) haben zwar bei einem Fall von Oberflächendyslexie eine ausgeprägte Schwäche des visuellen Gedächtnisses beobachtet, Hanley und Kay (1992) konnten dies jedoch an einem sehr ähnlichen Fall nicht bestätigen.

Andererseits ist es möglich, daß etwa die Schwierigkeiten, die manche leseschwachen Kinder beim Lesen längerer Wörter zeigen, auch durch visuelle Verarbeitungsschwächen bedingt sind (Seymour und Evans 1993).

2.8. Geringe Automatisierung von Informationsverarbeitungsvorgängen als allgemeines Merkmal

Frederiksen (1981) betont als wesentliche Ursache der Leseschwierigkeiten eine zu geringe Automatisierung der sprachlichen Verarbeitungsprozesse bei leseschwachen Kindern, die deshalb nicht parallel und ohne starke Beteiligung bzw. Hinwendung von Aufmerksamkeit ablaufen können. Deshalb werden von Kindern immer nur die gerade hervorstechendsten Informationen verarbeitet, während andere nicht berücksichtigt werden. Die Hypothese einer zu geringen Automatisierung basaler Fertigkeiten hat in den letzten Jahren wiederholt Aufmerksamkeit gefunden, da sie in der Lage zu sein scheint, Schwierigkeiten in verschiedenen Bereichen, von der Motorik bis zur Verwendung multipler Kodes im Gedächtnis, zu erklären (siehe z.B. Nicolson und Fawcett 1990, die auch verschiedene Möglichkeiten anführen, wie es zu einem solchen Automatisierungsdefizit kommen kann). Es erhebt sich dabei allerdings die Frage, ob damit mehr bezeichnet wird, als daß leseschwache Kinder oft an einer beträchtlichen Störung der Aufmerksamkeit leiden. Allerdings läßt sich aus der Hypothese eine Differenzierung innerhalb des Konstrukts der Aufmerksamkeitsstörung ableiten, nämlich die Annahme, daß ein Teil dieser Kinder nicht aus mangelnder Motivation oder durch größere Anfälligkeit für Ablenkungen Probleme hat, ihre Aufmerksamkeit länger bei einer Aufgabe zu halten, sondern weil sie große Anstrengung aufwenden müssen, um die geringe Automatisierung vieler basaler Fertigkeiten zu kompensieren.

2.9. Unterschiede zwischen verschiedenen Formen von Lese- und Schreibschwierigkeiten

Bei der Bewertung der Ergebnisse mancher Untersuchungen ist zu bedenken, daß mit der globalen Charakterisierung der untersuchten Kinder als lese- und schreib- (bzw. rechtschreib-) schwach, bedeutsame Unterschiede zwischen Untergruppen verdeckt werden können. Kinder, die spezielle Schwierigkeiten bei einzelnen Teilfertigkeiten des Lesens und Schreibens haben, dürften sich auch in ihrer Begabung voneinander unterscheiden.

Untergruppen von Kindern mit Lese- und Rechtschreibschwierigkeiten und von Kindern mit isolierten Schwierigkeiten beim Rechtschreiben bzw. Lesen: Die Definition des Wortes Legasthenie beinhaltet eigentlich Schwierigkeiten beim Erlernen des Lesens, dennoch wurden in vielen deutschsprachigen "Legasthenie"-Untersuchungen (z.B. Angermaier 1974) geringe Leistungen auf Rechtschreibtests als Auswahl- und Definitionskriterium verwendet. Es besteht zwar, wie auch die Wiener Längsschnittuntersuchungen (Klicpera und Gasteiger-Klicpera 1993) gezeigt haben, ein enger Zusammenhang zwischen der Lese- und Rechtschreibfähigkeit, aber es gibt sehr wohl Kinder, deren Rechtschreibfähigkeit deutlich unter ihrer Lesefähigkeit liegt und umgekehrt. Wenn daher Kinder mit Rechtschreibschwierigkeiten für eine Untersuchung ausgewählt werden, wird nur ein Teil dieser Kinder Leseschwierigkeiten aufweisen, und ein Teil der Kinder mit Leseschwierigkeiten wird gar nicht untersucht werden. Da sich in anderen Sprachräumen (vor allem im anglo-amerikanischen Sprachraum) die Auswahlkriterien zudem eindeutig auf die Lesefähigkeit beziehen, sind die Ergebnisse aus verschiedenen Sprachräumen nicht mehr miteinander vergleichbar, was selten reflektiert wird.

Der unterschiedlichen Verwendung von Auswahlkriterien kommt vor allem deshalb Bedeutung zu, da in englischsprachigen Untersuchungen gezeigt wurde, daß sich Kinder mit Lese- und Rechtschreibschwierigkeiten von Kindern mit isolierten Rechtschreibschwierigkeiten in Bezug auf ihre Begabung unterscheiden. Kinder mit Lese- und Rechtschreibschwierigkeiten haben danach deutlich mehr Sprachentwicklungsprobleme als Kinder mit isolierten Rechtschreibschwierigkeiten. Die Sprachentwicklung dieser Kinder erfolgt häufiger verzögert (Naidoo 1972, Nelson und Warrington 1974) und sie haben öfter Artikulationsschwierigkeiten. Ihre Sprache ist durch Verwendung einer einfacheren Syntax sowie durch mehr syntaktische Fehler gekennzeichnet. Unterschiede zwischen den beiden Gruppen sollen sich auch im nonverbalen Bereich zeigen. Lese- und rechtschreibschwache Kinder sollen häufiger einen Rückstand in der motorischen Entwicklung aufweisen und mehr Mühe bei der Rechts-Links-Unterscheidung und bei visuellen Gedächtnisaufgaben haben (Naidoo 1972). Zudem haben diese Kinder auch ein reduziertes verbales Kurzzeitgedächtnis (Nelson und Warrington 1974, Sweeney und Rourke 1978). Umgekehrt haben Kinder, deren Schwierigkeiten auf das Rechtschreiben beschränkt sind, relativ mehr Schwierigkeiten bei räumlichen Visualisierungsaufgaben (Sweeney und Rourke 1978).

Untergruppen von Kindern mit Schwierigkeiten beim mündlichen Lesen und beim Rechtschreiben und von Kindern mit Schwierigkeiten beim Leseverständnis und beim schriftlichen Ausdruck: Auch das Auswahlkriterium Leseschwierigkeiten kann verschieden verstanden werden, es kann sich dabei um Schwierigkeiten beim mündlichen Lesen bzw. beim Lesen einzelner Wörter oder um Schwierigkeiten beim Leseverständnis handeln. Die Ergebnisse der Wiener Längsschnittuntersuchungen (Klicpera und Gasteiger-Klicpera 1993) haben gezeigt, daß es möglich ist, Untergruppen von Kindern zu bilden, bei denen die Leistungen im mündlichen Lesen und Rechtschreiben einerseits und die Leistungen bei Leseverständnistests und bei der schriftlichen Wiedergabe einer Geschichte andererseits deutlich auseinanderklaffen. Schüler mit Problemen bei der schriftlichen Wiedergabe einer Geschichte bzw. bei Leseverständnisaufgaben haben einen beschränkteren Wortschatz, geringere grammatikalische Kompetenz und auch ein beschränkteres verbales Gedächtnis als Schüler, die nur beim mündlichen Lesen und Rechtschreiben Schwierigkeiten zeigen.

2.10. Bildung von Untergruppen nach den Leistungen bei leseunabhängigen Aufgaben

Lange Zeit war es üblich, nach den Begabungsdefiziten bzw. Teilleistungsstörungen zu suchen, die für lese- und schreibschwache Kinder schlechthin typisch wären und ihre Schwierigkeiten beim Erlernen des Lesens und Schreibens erklären sollten. Ein Richtungswandel wurde durch einen Bericht von Mattis et al. (1975) eingeleitet, in dem nach dem Profil bei leseunabhängigen Begabungstests drei deutlich unterscheidbare Subgruppen beschrieben wurden: eine sprachgestörte Gruppe, eine Gruppe mit einer visuell-räumlichen Wahrnehmungsstörung und eine Gruppe mit Artikulations- und graphomotorischen Schwierigkeiten.

In der Folge wurde versucht, die zunächst nach klinischen Gesichtspunkten getroffene Einteilung von Mattis et al. (1975), bei der erst im nachhinein explizite Kriterien für die Zuteilung zu den Gruppen definiert worden waren, durch statistische Verfahren der Gruppenbildung zu verifizieren. Diese Untersuchungen stimmen darin überein, daß unter leseschwachen Kindern Untergruppen mit einem recht unterschiedlichen Begabungsprofil zu finden sind, wobei zumeist die größte Gruppe einen allgemeineren Sprachentwicklungsrückstand aufwies (Übersicht bei Klicpera 1982, Satz und Morris 1981, Rourke 1985, Fletcher und Morris 1986, Hooper und Willis 1989).

Klassifikation von Mattis (Mattis et al. 1975, Mattis 1978): klinische Einteilung in 3 Subtypen aufgrund der Leistungen bei einer Testung mit einer umfangreicheren Testbatterie. Als auffällig werden Leistungen gewertet, wenn sie mehr als eine Standardabweichung unter dem Altersdurchschnitt sind.

Sprachstörung: Kennzeichnend sind geringe Leistungen bei einem Bildbenennungstest, hinzu sollen geringe Leistungen in einem der folgenden Bereiche kommen: Syntaxverständnis (Token-Test), verbales Gedächtnis (Sätze Nachsprechen), Lautdiskrimination (Erkennen von reimenden Wörtern)

Artikulatorische und graphomotorische Dyskoordination: Schwierigkeiten beim Lauteverbinden und bei einem graphomotorischen Test

Visuell-räumliche Wahrnehmungsstörung: Verbalteil des HAWIK mehr als 10 Punkte über dem Handlungsteil, noch schlechtere Leistungen auf dem Raven-Test als auf dem Handlungsteil des HAWIK sowie geringes visuelles Gedächtnis

Klassifikation der Florida Längsschnittuntersuchung (Satz und Morris 1981, Fletcher und Morris 1986): statistische Gruppenzuordnung mit Clusteranalysen, 5 Subtypen aufgrund der Leistungen mit 11 Jahren auf einer Testbatterie, aus der 4 Indikatoren ausgewählt worden waren (2 für sprachliche Leistungen: Subtest Gemeinsamkeiten Finden des HAWIK und Sprachflüssigkeit, 2 für visuell-räumliche bzw. visuomotorische Leistungen).

Allgemeine Sprachstörung: Diese Gruppe erzielte auf beiden sprachlichen Subtests geringe Leistungen.

Spezielle Wortfindungsschwierigkeiten: Hier waren die Schwierigkeiten auf die Wortfindung beschränkt.

Globale Sprach- und visuomotorische Schwierigkeiten: Die Gruppe erzielte auf allen Tests geringe Leistungen.

Isolierte visuomotorische Störung: Diese Gruppe war im sprachlichen Bereich nicht beeinträchtigt, erzielte jedoch geringe Leistungen auf den beiden visuoperzeptuellen bzw. visuomotorischen Tests.

Unauffälliges Leistungsprofil: Die Gruppe erzielte auf allen Tests durchschnittliche Leistungen.

Neben der Einteilung von Mattis ist vor allem der Klassifikationsansatz der Florida Längsschnittstudie bekannt geworden. Die Florida Längsschnittuntersuchung zeichnet sich dadurch aus, daß sowohl die Replizierbarkeit der Gruppenbildung statistisch gut überprüft als auch die Validität der Einteilung an Testergebnissen, die nicht zur Gruppenbildung verwendet wurden, bestimmt wurde (Satz und Morris 1981). In einem weiteren Schritt wurde die längerfristige Entwicklung dieser Gruppen analysiert (Morris et al. 1986). Dies war dadurch möglich, daß den Kindern die gleichen Leistungstests im Kindergarten, in der 2. und 5.Klasse vorgegeben wurden. Dabei zeigte sich, daß im Verlauf drei Untergruppen schwacher Leser zu unterscheiden waren: einmal eine kleinere Gruppe von Kindern, die während des ganzen Zeitraums geringe Leistungen im sprachlichen sowie visuoperzeptuellen und visuomotorischen Bereich erbrachten, sowie zwei Gruppen, deren Begabungsprofil sich im Verlauf der Zeit änderte. Die erste dieser beiden Gruppen wies anfänglich im visuellen Bereich unterdurchschnittliche Leistungen auf, die sich jedoch im Verlauf deutlich verbesserten, während die sprachlichen Leistungen konstant schwach blieben. Bei der zweiten Gruppe waren zunächst nur visuoperzeptuelle und visuomotorische Schwächen aufgefallen, diese blieben auch in den folgenden Jahren erhalten. Zusätzlich machten die Kinder jedoch im sprachlichen Bereich kaum Fortschritte, sodaß ihre Leistungen in diesem Bereich immer mehr zurückfielen und sie in der 5.Klasse durch geringe Leistungen im sprachlichen wie im visuellen Bereich gekennzeichnet waren.

Obwohl mittlerweile eine beträchtliche Anzahl an Untersuchungen zur Klassifikation schwacher Leser nach dem Begabungsprofil vorliegen, sind diese im Detail so wenig vergleichbar, daß kaum allgemeine Folgerungen für eine Typologie gezogen werden können.

- Die in den Untersuchungen identifizierten Subgruppen werden zwar öfters gleich benannt, es ist jedoch kaum auszumachen, ob tatsächlich ähnliche Leistungsprofile identifiziert wurden, da recht unterschiedliche Testverfahren verwendet wurden. Kinder, die in einer Untersuchung einer Untergruppe sprachgestörter Kinder angehörten, wären möglicherweise in einer anderen Untersuchung einer anderen Untergruppe zugeordnet worden (Satz und Morris 1981).

- Für die Klassifikation wurden vielfach Leistungen auf Tests verwendet, deren Bedeutung für das Lesen- und Schreibenlernen schwer auszumachen ist. Dies gilt vor allem für Untersuchungen, die sich älterer neuropsychologischer Testbatterien (wie z.B. der Halstead-Reitan Testbatterie) bedienten (so etwa Petrauskas und Rourke 1979, Doehring et al. 1981), aber auch für Untersuchungen, die sich auf andere Testbatterien beziehen (z.B. die British Ability Scales: Tyler und Elliott 1988).

- Die Interpretation der Leistungsprofile der verschiedenen Gruppen ist schwierig und die Kennzeichnung der Untergruppen erscheint deshalb vielfach willkürlich. Dies gilt vor allem dann, wenn in die statistischen Klassifikationsverfahren eine größere Anzahl an Tests eingebracht wurde, die jeweils recht spezielle Fertigkeiten messen sollten.

- Im Großteil der bisherigen Klassifikationsversuche wurde nicht der Versuch unternommen, die Spezifität der Begabungsprofile für Kinder mit Lese- und Schreibschwierigkeiten nachzuweisen, da sich die Untersuchungen von vornherein auf lese- und schreibschwache Kinder beschränkten und keine durchschnittlichen Schüler miteinbezogen.

Die bisherigen Versuche, Subtypen von Lese- und Schreibschwierigkeiten abzugrenzen, fanden auch nur einen begrenzten Zusammenhang zwischen Subtypen, die nach dem Profil bei leseunabhängigen Testverfahren gebildet wurden, und Subtypen, die unterschiedliche Formen von Lese- und Schreibschwierigkeiten bezeichnen (Doehring et al. 1981, Smith et al. 1986). Dabei ist freilich festzustellen, daß sich der Großteil der bisher zu dieser Frage veröffentlichten Untersuchungen kaum an den neueren Informationsverarbeitungstheorien des Lesens und Schreibens orientiert hat. Obwohl die Frage nach der Relevanz dieser Klassifikation für die Förderung der Kinder wiederholt gestellt wurde, liegen bisher keine aussagekräftigen Ergebnisse vor, die zeigen würden, daß bei Kindern mit einem unterschiedlichen Begabungsprofil besondere Fördermaßnahmen angezeigt wären.

2.11. Teilleistungsschwächen als Folge des Versagens beim Erlernen des Lesens und Schreibens

Untersuchungen in Kulturen, die im Übergang zur Literarität sind, haben dafür sensibilisiert, daß die Aneignung des Lesens und Schreibens Auswirkungen auf die Denkart der Menschen hat (Scribner und Cole 1981, Goody 1987). Im Unterschied dazu sind Teilleistungsschwächen von Kindern fast ausschließlich als Ursache und kaum je als Folge der mangelnden Entwicklung der Lese- und Schreibfertigkeit verstanden worden. Dabei dürfte klar sein, daß die mangelnde Leseerfahrung, die mit diesen Schwächen einhergeht, den Kindern den Zugang zu vielen Informationen verschließt und somit ihrerseits Auswirkungen haben muß.

Auf die Bedeutung des Lesenlernens für die Entwicklung der phonologischen Bewußtheit wurde bereits im Kapitel 3 des ersten Abschnitts hingewiesen, das Lesenlernen dürfte jedoch auch für die Weiterentwicklung anderer sprachlicher Fähigkeiten von Bedeutung sein (Ehri 1984).

1. Eine gleichzeitige Darstellung akustisch dargebotener sinnloser Silben durch Buchstabenfolgen verbessert die Gedächtnisleistung signifikant, der Leistungsanstieg zeigt eine enge Korrelation mit der Lesefähigkeit von Kindern (Ehri und Wilce 1979).
2. Die Lesefähigkeit hat einen deutlichen Einfluß auf die Konzepte über lexikalische Segmente, was sich auf die Wahrnehmung vor allem von Funktionswörtern und flektierten Wörtern auswirkt. Es dürfte zu einer Analyse der lexikalischen Segmente auf einem tieferen bzw. abstrakteren Niveau kommen.
3. Die Lesefähigkeit steht in einem engen Zusammenhang mit der Fähigkeit, die wörtliche Formulierung von Sätzen zu behalten. Dies zeigt sich sowohl entwicklungsmäßig wie beim Vergleich gut lesender und leseschwacher Kinder der gleichen Klassenstufe (Waller 1976). Als Ursache dafür wird ein detaillierterer lexikalischer Eintrag der Wörter angenommen.
4. Das Erlernen der Schriftsprache formt die Konzepte über die Lautfolge von Wörtern. Die Anzahl der wahrgenommenen Phoneme gleicht sich der Schreibweise an, ähnliches gilt für die Wahrnehmung der Dehnung und Kürzung von Vokalen (Jung 1977). Dieser Angleichungsprozeß konnte experimentell mit unbekannten Pseudowörtern nachgewiesen werden (Ehri und Wilce 1980). Auch Änderungen der Segmentation von Wörtern in Silben vollziehen sich unter dem Einfluß der Schriftsprache. Dies zeigt wieder einen Einfluß auf die Aussprache dieser Wörter. Vorschulkinder zeigen eine variablere und stärker vom Kontext abhängige Aussprache von Wörtern, die öfter klare Abweichungen von der gewöhnlichen Aussprache der Wörter enthält.

Ehri (1978, 1984) hat diesen Einfluß der Schriftsprache auf die sprachliche Performanz von Kindern im Rahmen einer Wortverschmelzungstheorie zu erklären versucht. Danach wird die Schriftsprache als Abbildsystem im Gedächtnis gespeichert und die lexikalischen

Eintragungen (phonologische, syntaktische, semantische) werden durch orthographische Konzepte ergänzt. Die Wörter werden nun zusätzlich als Folge von Buchstaben repräsentiert. Die Buchstaben dienen gleichzeitig als Symbole für Laute. Dieser Prozeß, in dem die Buchstaben gedächtnismäßig zu Lautsymbolen werden, kann als phonetische Symbolisierung aufgefaßt werden.

Mit dem Lesenlernen erhalten die Wörter eine neue Identität als Bestandteile der Schriftsprache, d.h. als orthographische Einheiten. Diese neue Identität muß mit den bisherigen Informationen über die Wörter, die mit ihrer Identität als syntaktische und semantische Einheiten zusammenhängen, verbunden werden. Das Ziel dieses Vorgangs ist die vollständige Verschmelzung dieser Informationen, daher die Kennzeichnung dieses Ansatzes als Wortverschmelzungstheorie.

Über den Bereich der Sprachbewußtheit hinaus hat die Leseerfahrung einen deutlichen Einfluß auf die Entwicklung der meisten sprachlichen Fähigkeiten. Am deutlichsten gilt dies für den Wortschatz. Wie bereits im Kapitel über das Leseverständnis herausgearbeitet, kommt es während der Schuljahre zu einem beträchtlichen Anstieg des Wortschatzes. Nur wenige Wörter werden den Kindern dabei explizit vorgestellt, die meisten eignen sich die Kinder spontan durch das Lesen unter Heranziehung des Kontexts an. Stanovich und Cunningham (1992, Cunningham und Stanovich 1991, Allen et al. 1992, West et al. 1993) konnten zeigen, daß die Anzahl der Bücher bzw. Autoren, mit denen Kinder und Erwachsene durch das außerschulische Lesen vertraut sind, eng mit dem Umfang des Wortschatzes, der Vertrautheit mit der Bedeutung von Wörtern und der Wortflüssigkeit korrelieren, selbst wenn man die Intelligenz und das unterschiedliche Leseverständnis (bei Erwachsenen auch die Dauer der Schulbildung) berücksichtigt. Neben dem Wortschatz haben Stanovich und Mitarbeiter auch einen deutlichen Einfluß der Leseerfahrung auf das Allgemeinwissen (insbesondere auf das kulturelle und historische Wissen) feststellen können.

Einige Befunde stützen die Annahme eines Einflusses der Leseerfahrung auch für das Verständnis grammatikalischer Konstruktionen. Donahue (1984) stellte fest, daß sich die Fähigkeit älterer leseschwacher Schüler, den Unterschied zwischen Personen oder Objekten auszudrücken, die neu eingeführt werden oder bereits bekannt sind, in der mündlichen Sprache weniger auf syntaktische Mittel stützt. Vielmehr betonen sie - ebenso wie jüngere Kinder - das neu Eingeführte besonders und richten auf diese Weise die Aufmerksamkeit darauf. Im Gegensatz dazu fangen gute Leser in den höheren Klassen Volksschule an, neue Informationen syntaktisch zu kennzeichnen und z.B. durch Bildung von Nebensätzen alte und neue Informationen zu unterscheiden. Donahue führte dies darauf zurück, daß sich geschriebene Texte nicht auf die Betonung als Mittel zur Unterscheidung alter und neuer Informationen stützen können und deshalb die syntaktische Kennzeichnung verwenden müssen. Gute Leser übernehmen somit den Sprachstil geschriebener Texte.

Stanovich (1986, 1993) argumentiert, daß die Erfahrungen mit der Schrift bzw. der positive Schulerfolg auch die Lernstrategien der Kinder verändern und führt dafür einige Untersuchungen an, die gezeigt haben, daß sich schwache Leser in höheren Klassen deutlicher in ihren Gedächtnisleistungen unterscheiden als in der ersten Schulzeit bzw. vor der Einschulung. So haben nach Brainerd et al. (1986) legasthene Schüler in den ersten Klassen nur Schwierigkeiten beim Abruf von Informationen aus dem Gedächtnis, in den höheren Klassen kommen aber noch Schwierigkeiten beim Einprägen hinzu. Cohen (1982) konnte einen Einfluß der phonologischen Kodierungsfähigkeit im Vorschulalter auf die Leseleistung am Ende der 1.Klasse nachweisen, nicht jedoch den der

Anwendung von Gedächtnisstrategien. Am Ende der 1.Klasse steht jedoch die Leseleistung in einem deutlichen Zusammenhang damit, wieweit die Kinder nun Gedächtnisstrategien anwenden. Mit dem Versagen beim Erlernen des Lesens und Schreibens werden somit schwache Leser immer mehr zu inaktiven Lernern, die die zunehmend bedeutsamen Gedächtnisstrategien nur spärlich einsetzen. Zudem ist sehr wahrscheinlich, daß der durch das Lesen erfolgte Wissenszuwachs seinerseits das Lernen beeinflußt. Mangelndes Wissen infolge zu geringen Lesens führt dazu, daß neue Informationen nicht in bereits entwickelte Wissensstrukturen eingebaut und somit nur schwer behalten werden können.

Stanovich (1986) meint, daß die in den ersten Phasen des Lesenlernens erworbene Lesesicherheit nicht nur die weitere Entwicklung der Lesefertigkeit entscheidend beeinflußt, indem sie das Leseinteresse und die Lesefreude prägt. Sie hat auch entscheidenden Einfluß auf die Entwicklung vieler kognitiver Fähigkeiten. Beide Langzeitfolgen werden von Stanovich nach dem Bibelwort von Matthäus "Jenen, die haben, soll gegeben, jenen, die nichts haben, soll noch genommen werden" als Matthäus-Effekt bezeichnet.

Der bisher eindeutigste Nachweis eines negativen Effekts von Leseschwierigkeiten kommt aus einer Langzeitstudie in Neuseeland (Share und Silva 1988), in der es möglich war, die langfristige Entwicklung von Kindern zu vergleichen, die mit drei Jahren einen ähnlichen Sprachentwicklungsstand aufwiesen und von denen eine Gruppe später Leseschwierigkeiten entwickelte, die andere nicht. Die leseschwachen Kinder erzielten in der Folge bis zum Ende der Grundschule deutlich weniger Fortschritte sowohl in ihrem Wortschatz als auch in allgemeineren sprachlichen Kompetenzen als die Vergleichsgruppe. Bei den leseschwachen Kindern war zwar bereits zu Beginn ein leichter Rückstand im Sprachentwicklungsstand festzustellen, dieser Rückstand zur Altersnorm vergrößerte sich jedoch in den folgenden Jahren beträchtlich, während die Vergleichsgruppe ohne Leseschwierigkeiten weitgehend aufholen konnte.

Zusammenfassung: Die in diesem Kapitel ausschnittsweise referierten Untersuchungen weisen auf eine beträchtliche Komplexität der Befunde zur Frage nach Teilleistungsschwächen als Ursache von Lese- und Schreibschwierigkeiten hin. Für die teilweise doch recht widersprüchlichen Befunde werden verschiedene Ursachen in Betracht gezogen:
- die Heterogenität der Gruppe lese- und rechtschreibschwacher Kinder sowie Unterschiede in der Auswahl der Stichprobe. Bei vielen Untersuchungen, die einen Mangel an speziellen kognitiven Lernvoraussetzungen von Kindern mit Lese- und Schreibschwierigkeiten und damit sogenannte "Teilleistungsschwächen" nachgewiesen haben, handelt es sich um Untersuchungen an Kindern, die in speziellen Einrichtungen betreut wurden (z.B. Doehring 1968, Doehring et al. 1981, Klasen 1970, Klicpera 1985, Naidoo 1972). Hier stellt sich natürlich die Frage, wieweit die Ergebnisse durch unkontrollierte Auswahlfaktoren verzerrt wurden.
- die Schwierigkeit, die bereits darin liegt, Ursachen und Folgen von Leseschwierigkeiten auseinanderzuhalten
- die Schwierigkeit, Teilleistungsschwächen zu identifizieren, die für die Schwierigkeiten beim Erlernen des Lesens und Schreibens verantwortlich sind, und von anderen Schwächen zu unterscheiden, die bei einem Teil der Kinder hinzukommen, ohne ursächlich relevant zu sein.

Trotz dieser Probleme wurden bei der Identifizierung relevanter Begabungsfaktoren Fortschritte erzielt. Zusammenfassend kann man feststellen, daß als Voraussetzung für das Erlernen des Worterkennens bzw. mündlichen Lesens sowie des Rechtschreibens phonologischen Fertigkeiten eine besondere Bedeutung zukommen dürfte. Das Leseverständnis wie der schriftliche Ausdruck dürften hingegen von einem breiteren Spektrum sprachlicher Teilfertigkeiten abhängen. Wesentlich erscheint allerdings, daß Leseschwächen selbst die Weiterentwicklung vieler Fertigkeiten und die Ausbildung von Strategien hemmen, die für das Lernen in der Schule sowie im späteren Leben relevant sind. Leseschwierigkeiten stellen somit für die kognitve Entwicklung insgesamt einen nicht gering zu erachtenden Hemmschuh dar.

3. Zusammenhang zwischen Lese- und Schreibschwierigkeiten und emotionalen Problemen sowie Verhaltensauffälligkeiten

Lese- und schreibschwache Schüler zeigen neben den Schulleistungsschwierigkeiten häufig auch Anpassungsschwierigkeiten und Verhaltensauffälligkeiten. Frühe Untersuchungen betonten vor allem einen Zusammenhang mit emotionalen Problemen (z.B. Glavin und Annesley 1971, Klasen 1970, Malmquist 1958, Schenk-Danziger 1968, für eine Übersicht siehe Rutter 1974, Spreen 1989), die bereits erwähnte Isle of Wight-Untersuchung hat hingegen in erster Linie auf die größere Häufigkeit von sozial unangepaßten und störenden Verhaltensweisen, die gegen Normen und Erwartungen verstoßen (dissoziale Verhaltensweisen), bei Kindern mit Lese- und Schreibschwierigkeiten hingewiesen (Rutter et al. 1970). Etwa ein Drittel der Kinder mit einem schweren Rückstand in der Leseentwicklung zeigte auch ein markantes dissoziales Verhalten, ebenso wies etwa ein Drittel der Kinder mit dissozialen Verhaltensstörungen Lese- und Schreibschwierigkeiten auf (Rutter et al. 1970, Seite 241). Dieser Zusammenhang ist in der Folge wiederholt bestätigt worden (Bale 1981, McGee et al. 1986, McMichael 1979, Stott 1981, Sturge 1982).

In den letzten Jahren sind neben den allgemeinen sozialen Anpassungsschwierigkeiten von Kindern mit Lese- und Schreibschwierigkeiten, vor allem in Untersuchungen aus den USA, speziell die häufige motorische Unruhe und die Konzentrationsschwierigkeiten leseschwacher Kinder hervorgehoben worden. Unter Schulkindern, die in kinderpsychiatrischen Einrichtungen der USA wegen hyperaktiven Verhaltens und Aufmerksamkeitsstörungen vorgestellt werden, haben mehr als ein Drittel auch einen erheblichen Rückstand beim Erlernen des Lesens und Schreibens (August und Garfinkel 1990).

Für diesen Zusammenhang gibt es verschiedene Interpretationen.
- Die am häufigsten genannte Alternative besteht darin, daß sich Verhaltensauffälligkeiten und emotionale Schwierigkeiten als Folge des Schulversagens entwickeln. Schenk-Danziger (1968) beschrieb 4 Reaktionstypen auf die anhaltenden Versagenserlebnisse beim Lesen und Schreiben: Abwehr- und Ausweichreaktionen, Kompensation, aggressives Ausagieren, angstvolles Sichzurückziehen. Nach Schenk-Danziger (1968) gibt es kaum ein legasthenisches Kind, das im Verhalten unauffällig ist. Zu ähn-

lichen Ergebnissen kam auch Klasen (1970), die besonders auf die große Häufigkeit von ängstlichem Verhalten hinwies.

- Der Zusammenhang kann andererseits auch dadurch zustandekommen, daß sowohl die Verhaltensauffälligkeiten wie die Lese- und Rechtschreibschwierigkeiten auf die gleichen Ursachen zurückzuführen sind, wobei hier sowohl ungünstige familiäre Verhältnisse wie konstitutionelle Faktoren in Frage kommen. Konstitutionelle Ursachen werden vor allem von jenen Klinikern angenommen, die die Lese- und Schreibschwierigkeiten als Folge einer Minimalen Cerebralen Dysfunktion (MCD) ansehen. Als begleitende Symptome dieses Syndroms werden vor allem die Konzentrationsschwierigkeiten, aber auch Probleme bei der Impulskontrolle und der Einschätzung sozial angemessener Verhaltensweisen genannt. Neben dem vor allem unter Medizinern verbreiteten Konzept des MCD-Syndroms verweist auch das Konzept der Teilleistungsstörungen (im englischen Sprachraum "learning disabilities") auf konstitutionelle Ursachen, die sowohl das Verhalten wie die Lernleistungen der Kinder beeinflussen. International läßt sich ein Trend feststellen, daß sowohl das Schulsystem wie die Pädagogik als Wissenschaft die Ursachen der Schulschwierigkeiten immer häufiger in konstitutionell begründeten, mangelnden Lernvoraussetzungen der Kinder sehen und die sozial-politischen Ursachen dabei weitgehend aus dem Blickfeld verlieren.

- Von einzelnen Autoren wird auch auf eine dritte mögliche Ursache für diesen Zusammenhang hingewiesen, nämlich, daß die Lese- und Rechtschreibschwierigkeiten Folge von emotionalen Problemen oder von Anpassungschwierigkeiten an die Schulsituation sein können.

Nicht nur in der englischsprachigen Literatur, sondern auch im deutschsprachigen Raum ist wiederholt auf die Gefahr hingewiesen worden, daß durch das Schulversagen ein negativer Kreislauf in Gang gesetzt wird, der die Kinder nicht nur der Schule immer mehr entfremdet, sondern auch negative Auswirkungen auf ihr Selbstwertgefühl hat.

Welche Evidenz liegt nun tatsächlich für einen kausalen Zusammenhang zwischen Lese- und Schreibschwierigkeiten und Verhaltensstörungen vor? Rutter et al. (1970) wiesen auf eine Reihe ähnlicher Merkmale von Kindern mit Leseschwierigkeiten hin, die unabhängig vom zusätzlichen Vorhandensein dissozialen Verhaltens sind, wie z.B. die Herkunft aus Familien mit vielen Kindern, die große Häufigkeit von Konzentrationsschwierigkeiten, und argumentierten, daß sich die Verhaltensstörungen entweder als Folge der Lernschwierigkeiten entwickeln oder auf ähnliche Ursachen wie die Schulschwierigkeiten zurückzuführen sind.

Inzwischen liegen eine Reihe von Längsschnittuntersuchungen vor, die es unwahrscheinlich erscheinen lassen, daß schwere Anpassungsprobleme in erster Linie Folge von Lernproblemen sind. Hier ist zunächst auf die Untersuchung von McMichael (1979) hinzuweisen, die zeigen konnte, daß Anpassungsschwierigkeiten bei einem Teil der leseschwachen Kinder bereits vor dem eigentlichen Leseunterricht bestehen und daß Schwierigkeiten beim Erlernen des Lesens nicht zu einer Zunahme unangepaßten Verhaltens bis zum Ende der 2.Klasse führen. Zu einem ähnlichen Ergebnis kam Stott (1981), der ebenfalls feststellte, daß Kinder, die am Ende der 2.Klasse Verhaltensauffälligkeiten zeigten, bereits im Kindergarten Anpassungschwierigkeiten aufwiesen und daß Schwierigkeiten beim Erlernen des Lesens nach dem Lehrerurteil nicht zu einer Zunahme der sozialen Anpassungschwierigkeiten führten. Die Längsschnittuntersuchung aus dem englischen Sprachraum, die bisher den Verlauf von Schulschwierigkeiten und Verhaltensstörungen am detailliertesten untersucht hat, die Dunedin-Studie aus Neuseeland (McGee et al. 1986), konnte gleichfalls bestätigen, daß Anpassungsprobleme Schwierigkeiten beim Lesenlernen vorausgehen. Die Studie konnte jedoch zusätzlich zeigen, daß sowohl nach dem Urteil der Eltern wie nach jenem der Lehrer die Anpassungsschwierigkeiten der leseschwachen Schüler von Beginn des Kindergartens bis zu 7 Jahren und dann nochmals bis zum 9.Lebensjahr der Kinder deutlich zunehmen. Familiäre Probleme erklärten einen Teil des Zusammenhangs zwischen Leseschwierigkeiten und den Anpassungsschwierigkeiten der Kinder, boten jedoch keine Erklärung für die weitere Zunahme der letzteren. Diese Zunahme wäre vielmehr auf die negativen Schulerfahrungen zurückzuführen.

Auch in den Wiener Längsschnittuntersuchungen (Klicpera und Gasteiger-Klicpera 1993) waren nach dem Lehrerurteil bereits in der 2.Klasse bei etwa einem Drittel der lese- und rechtschreibschwachen Kinder Verhaltensauffälligkeiten festzustellen. Ein beträchtlicher Teil des Zusammenhangs zwischen Verhaltensauffälligkeiten und Lese- bzw. Rechtschreibschwierigkeiten war durch soziale bzw. familiäre Bedingungen erklärbar. Darüber hinaus legten die Ergebnisse nahe, die Lernprobleme auch als Folge von Konzentrationsschwierigkeiten und der Schwierigkeiten, im Klassenverband zurecht zukommen, zu sehen. Eine Zunahme der Anpassungsschwierigkeiten der lese- und rechtschreibschwachen Kinder in den höheren Klassen konnte nach dem Lehrerurteil nicht nachgewiesen werden. Die Aussagen der Schüler ließen aber auf eine nicht unbeträchtliche emotionale Belastung der Kinder durch das Schulversagen schließen.

Insgesamt wird man aufgrund der vorliegenden Befunde feststellen müssen, daß zwar ein enger Zusammenhang zwischen sozialen Anpassungsschwierigkeiten bzw. Verhaltensauffälligkeiten und Lese- und Schreibschwierigkeiten besteht, daß der wechselseitige Einfluß jedoch begrenzt ist. Im Grunde können alle drei Annahmen über den kausalen Zusammenhang zwischen diesen Schwierigkeiten eine gewisse Evidenz für sich anführen. Nahezu alle Längsschnittuntersuchungen kamen zu dem Ergebnis, daß ein Großteil der Anpassungsschwierigkeiten den Leseschwierigkeiten vorausgeht. Viel spricht dafür, daß das gemeinsame Auftreten dieser Schwierigkeiten wenigstens zum Teil auf gemeinsame Ursachen zurückzuführen ist. Die Anpassungsschwierigkeiten können, wie wir im Folgenden noch zeigen werden, auch zur Entstehung der Lernschwierigkeiten beitragen. Umgekehrt bietet die Dunedin-Studie auch eine gewisse Evidenz dafür, daß sich Anpassungsprobleme in Folge der Schwierigkeiten beim Erlernen des Lesens verschärfen.

Spezifität der Anpassungsschwierigkeiten: Wenn man davon ausgeht, daß Leistungsschwierigkeiten in erster Linie in der Schule sichtbar werden und daß diese mit Anpassungsschwierigkeiten an die Schulsituation einhergehen, könnte man erwarten, daß lese- und rechtschreibschwache Kinder zuhause wenig Probleme haben und von den Eltern als ebenso gut angepaßt beschrieben werden wie durchschnittliche Schüler. Nun haben bereits frühere Untersuchungen gezeigt, daß diese Erwartung nicht der Realität entspricht. Auch die Eltern lese- und schreibschwacher Kinder berichten von vermehrten Schwierigkeiten dieser Kinder, mit anderen Kindern auszukommen, von vermehrtem dissozialen Verhalten und von Problemen bei der Impulskontrolle (McGee et al. 1986, Rutter et al. 1970).

Depressive Reaktionen bei lese- und schreibschwachen Kindern: Die Verletzung des Selbstwertgefühls kann nach klinischen Beobachtungen depressive Reaktionen auslösen, vor allem wenn die Schwierigkeiten der Kinder auch von den Eltern als deren Versagen erlebt werden und die Kinder deshalb zuhause Ablehnung erfahren (Jochmus 1971). In den meisten epidemiologischen Untersuchungen sind depressive Reaktionen bei leseschwachen Kindern nicht häufiger als bei Kindern ohne Schulschwierigkeiten beobachtet worden, allerdings wurden keine Skalen verwendet, die sehr sensitiv für die Erfassung dieser Reaktionen sind. Neuere Untersuchungen, die derartige speziell zur Erfassung depressiver Reaktionen bei Kindern erstellte Skalen verwendet haben, konnten eine Zunahme depressiver Verhaltensweisen bei lese- und schreibschwachen Kindern (z.B. scheinbar grundlose Traurigkeit) feststellen (Goldstein und Dundon 1987).

Selbstkonzept und Attribuierungsverhalten: Ein entscheidender Vermittler für die negativen Auswirkungen von Mißerfolgen in der Schule auf das Verhalten und die Persönlichkeitsentwicklung dürfte das Selbstkonzept der Kinder sein. Mißerfolgserfahrungen beeinträchtigen das Selbstkonzept in mehrfacher Weise (Licht und Kistner 1986). Einerseits stellt die Erfahrung von Kompetenz in der Schule einen wichtigen Aspekt des Selbstkonzepts dar und es ist zu erwarten, daß fehlendes Kompetenzgefühl generelle Auswirkungen auf das Selbstkonzept der Kinder hat. Andererseits führen Mißerfolge auch dazu, daß die Kinder das Vertrauen verlieren, selbst Erfolge herbeiführen zu können und sich selbst zwar die Schuld an Mißerfolgen zuschreiben, in der eigenen Leistungsfähigkeit aber nicht mehr die Ursache für Erfolg und Fortschritte sehen. Es entwickelt sich ein Erklärungsmuster für die Ursachen von Ereignissen, ein sogenanntes Attribuierungsverhalten, das die Kinder in ein Gefühl der Hilflosigkeit führt. Dieses Erklärungsmuster hat nicht nur negative Auswirkungen auf die Lernmotivation, sondern auch auf das emotionale Befinden der Kinder (Weiner 1979, Sabatino 1982, Licht und Kistner 1986).

Auf Grund ihrer Mißerfolge entwickeln die Kinder eine negative Einstellung zu ihrer eigenen Leistungsfähigkeit und damit auch ein Attribuierungsverhalten, das als Ausdruck von Hilflosigkeit verstanden werden kann (Butkowsky und Willows 1980, Licht und Kistner 1986). Bei neuen Aufgaben glauben lernschwache Kinder weniger, daß sie sie bewältigen können. Eventuelle Erfolge führen sie nicht so sehr auf ihr eigenes Können zurück, sondern auf Glück oder die besondere Leichtigkeit der Aufgaben. Wenn sie jedoch die Aufgaben nicht richtig lösen können, so führen sie dies viel häufiger auf ihre mangelnden Fähigkeiten zurück als gleichaltrige Kinder ohne Schulschwierigkeiten und nehmen auch seltener an, daß sie die Aufgaben bei stärkerer Anstrengung lösen könnten. Die Kinder glauben also nicht mehr daran, daß sie selbst ihre Leistungen verbessern können, sondern sehen sich angewiesen auf äußere Faktoren, die aber nicht kontinuierlich zur Verfügung stehen. Dies führt dazu, daß sich die Kinder in Hinkunft weniger anstrengen und weniger Ausdauer bei der Bearbeitung schulischer Aufgaben zeigen werden.

Man könnte die Einstellung der lernschwachen Kinder als realistisch bezeichnen, da diese Kinder ja tatsächlich einen geringeren Leistungsstand erreicht haben als andere und deshalb bei der Bearbeitung vieler Aufgaben mehr Schwierigkeiten haben. Wenn man jedoch die Folgen dieser Einstellung sieht, nämlich, daß die lernschwachen Kinder nun in dem Bemühen um die Erarbeitung von Lösungen nachlassen oder daß bei der Bearbeitung einer neuen Aufgabe gleichsam automatisch Gedanken, daß sie diese sowieso nicht schaffen könnten, hochkommen und daß diese Gedanken sie von der eigentlichen Aufgabe ablenken, so wird klar, daß die Attribuierungen wesentlich zu den Lernschwierigkeiten der Kinder beitragen.

Daß die negativen Attribuierungen nicht als belanglose Folgeerscheinung mißverstanden werden dürfen, zeigen vor allem Interventionsstudien, in denen versucht wurde, den negativen Attributionsstil lernschwacher Kinder zu verändern, und die zu einem vermehrten Bemühen der Kinder bei der Aufgabenbearbeitung geführt haben (Licht und Kistner 1986).

Die Auswirkungen des Versagens sind allerdings vom Alter der Kinder abhängig. Jüngere Kinder bis etwa 7 Jahre sehen Begabung nicht als ein stabiles Merkmal, sondern glauben, daß die Leistungen bei einer Aufgabe in erster Linie von der investierten Anstrengung abhängig sind. Versagen bei einer Aufgabe führt deshalb nicht notwendigerweise zu einem Nachlassen der Anstrengung, die Aufgabe nochmals zu versuchen, und zu einer Beeinträchtigung des Selbstkonzepts. Für jüngere Kinder ist auch der Vergleich mit den Leistungen anderer Kinder weniger bedeutsam, viel mehr zählt die Freude, ein selbst gestecktes Ziel erreicht und eine Aufgabe gelöst zu haben. Dadurch, daß jüngere Kinder die Lösung einer Aufgabe in erster Linie von der Anstrengung abhängig sehen, entwickeln sie auch kein stabiles Konzept der eigenen Fähigkeiten. Ihre Einschätzung der eigenen Leistungen und Fertigkeiten stimmt nur begrenzt mit dem objektiv feststellbaren Leistungsstand überein. Erst ab etwa 10 Jahren haben die meisten Kinder ein stabiles Konzept über die eigenen Fähigkeiten ausgebildet und sehen von da an die Leistungen in erster Linie durch die eigenen Fähigkeiten und nicht so sehr von der Anstrengung und der Mühe, die sie sich geben, abhängig.

Nicht alle lernschwachen Kinder sind in gleicher Weise von dem negativen Kreislauf (Mißerfolg - Entmutigung, weniger Anstrengung - weitere Mißerfolge) betroffen. Einem Teil der Kinder gelingt es trotz ihrer Schulschwierigkeiten, das Vertrauen zu bewahren, daß sie mit den Aufgaben zurechtkommen können, und in ihren Anstrengungen um bessere Schulleistungen zu persistieren. In je mehr Fächern die Kinder jedoch schlechte Leistungen erzielen, desto wahrscheinlicher sind negative Auswirkungen auf das Attributionsverhalten und auf die Lernmotivation. Schwierigkeiten beim Lesen- und Schreibenlernen dürften dabei besonders große Auswirkungen auf die Kinder haben, da diese Fertigkeiten in vielen Fächern vorausgesetzt werden (Licht und Kistner 1986).

Wenn dieses Gefühl der Hilflosigkeit über den engen Bereich der schulischen Leistungen hinaus generalisiert, oder wenn die schulischen Leistungen auch für den Lebensbereich lernschwacher Kinder eine zentrale Stellung einnehmen, so müßte dies, so die Annahme der Attributionstheorie (Weiner 1979), zu depressiven Reaktionen führen. Wir haben bereits darauf hingewiesen, daß manche Untersuchungen depressive Reaktionen bei lese- und schreibschwachen Kindern nachgewiesen haben, daß dies jedoch kein sehr auffälliges Merkmal dieser Kinder ist. Die Kinder entwickeln also wahrscheinlich Mechanismen, sich vor den bedrückenden Folgen des Versagens zu schützen. Einer dieser Mechanismen besteht in einer Verminderung der Anstrengung und in der geringeren Bewertung schulischer Erfolge.

Eine wichtige Einflußgröße stellt die Definition von Erfolg dar. Erfolg und Mißerfolg sind ja nicht konkrete Ereignisse, sondern sind davon abhängig, was als Ziel bei einer Aufgabe gesehen wird und an welchen Standards das eigene Verhalten bzw. die eigenen Leistungen gemessen werden. Frieze et al. (1982) fordern daher zurecht, daß die Definition von Erfolg in Attributionsmodelle miteinbezogen werden muß. Sie schlagen ein erweitertes Modell des Attributionsprozesses vor, das auch die soziale Bewertung von Erfolg und Mißerfolg berücksichtigt:

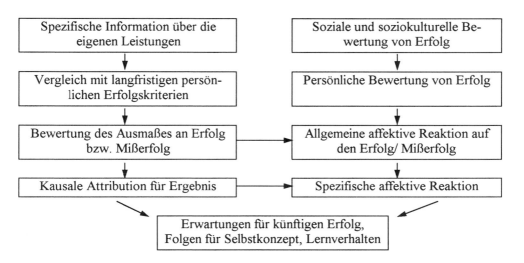

Einfluß der Eltern: Die Erfahrung schulischen Mißerfolgs kann nicht isoliert von der familiären Situation betrachtet werden. Einerseits sind für die Auswirkungen dieser Mißerfolge auf die Entwicklung der Kinder die Reaktionen der Eltern mitverantwortlich. Hier dürfte vor allem eine Rolle spielen, wieweit die Eltern selbst von den Mißerfolgen der Kinder betroffen sind und die Kinder negative Reaktionen bei den Eltern wahrnehmen.

Einfluß der Unterrichtssituation: Andererseits ist der Mißerfolg der Kinder auch kein privates Ereignis, sondern geschieht in der Öffentlichkeit der Schulklasse und damit vor den anderen Kindern. Es sind daher allein schon deshalb Auswirkungen auf die sozialen Beziehungen zu den anderen Kindern zu erwarten. Der Mißerfolg der Kinder beeinflußt aber auch die Beziehung der Kinder zu den Lehrkräften, die ebenfalls in diese Erfahrungen einbezogen sind.

Soziale Anpassungsschwierigkeiten als Ursache für Lernschwierigkeiten: Freilich können alle diese Erfahrungen nicht zur Gänze auf das Erleben von Mißerfolgen beim Erlernen des Lesens und Schreibens bezogen werden. Lernschwache Kinder sind auch in ihrem Sozialverhalten weniger auf die Schule vorbereitet und haben größere Schwierigkeiten, die Intentionen anderer Kinder zu verstehen und ihr Verhalten an sie anzupassen. Zudem haben wir bereits aufgezeigt, daß die Eltern dieser Kinder weniger Möglichkeiten haben, die Kinder in ihrem Bemühen, sich in die Schule einzuleben, zu unterstützen.

Aufmerksamkeitsschwäche bei lese- und schreibschwachen Kindern

Ein beträchtlicher Teil der lese- und schreibschwachen Kinder wird von den Lehrern auf Grund des Eindrucks im Unterricht als konzentrationsschwach bezeichnet (Klicpera und Gasteiger-Klicpera 1993, Rutter et al. 1970). Umgekehrt hat auch ein erheblicher Teil der Kinder, bei denen Eltern und Lehrer Konzentrationsprobleme feststellen, Mühe, das Lesen und Schreiben zu erlernen. Je deutlicher die Konzentrationsschwierigkeiten sind und je weniger sie auf bestimmte Situationen begrenzt sind, desto häufiger werden bei Kindern im Grundschulalter Lese- und Schreibschwierigkeiten angetroffen (Boudreault et al. 1988).

Mangelnde Aufmerksamkeit im Unterricht als Ursache von Lese- und Schreibschwierigkeiten: Aufmerksamkeit und aktive Mitarbeit im Unterricht sind wesentliche Voraussetzungen dafür, von den Unterrichtsaktivitäten zu profitieren. Wird das Verhalten von Kindern mit manifesten Leseschwierigkeiten während des Unterrichts beobachtet, so ist die geringe Aufmerksamkeit der Kinder, ihre größere Ablenkbarkeit und das häufige Beschäftigen mit anderen Dingen als den gerade gestellten Aufgaben das markanteste Merkmal ihres Verhaltens (Forness und Esveldt 1975, Camp und Zimet 1974, Feagans und McKinney 1981, Richey und McKinney 1978, Roberts 1981). Die geringe Aufmerksamkeit der leseschwachen Kinder resultiert allerdings zum Teil daraus, daß diese durch die ihnen gestellten Aufgaben und die für sie ausgesuchten Lesetexte überfordert werden. Dies führt dazu, daß viele Aufgaben nicht zu Ende geführt, sondern abgebrochen werden, bzw. oft auch dazu, daß Aufgaben ausgeführt werden, ohne daß sie die Kinder ganz verstanden haben (Gickling und Armstrong 1978).

Es gibt allerdings Hinweise dafür, daß die geringe Aufmerksamkeit leseschwacher Kinder nicht nur Folge ihrer Leseschwierigkeiten ist, sondern diesen vorausgeht. So zeigen diese Kinder bereits vor dem Manifestwerden der spezifischen Lerndefizite weniger Aufmerksamkeit im Unterricht (Chapman et al. 1979). Die Häufigkeit aufmerksamen Verhaltens und die Mitarbeit in der Klasse im Verlauf des ersten Schuljahres sagt zudem signifikant voraus, welchen Stand die Lesefähigkeit der Kinder am Ende des ersten Schuljahres erreicht (Samuels und Turnure 1974).

Einschränkend muß freilich festgestellt werden, daß die Aufmerksamkeit der Schüler während des Unterrichts auch von der Gestaltung des Unterrichts abhängt und damit ein Maß darstellt, an dem die Effektivität des Unterrichts und die didaktischen Fähigkeiten des Lehrers abgelesen werden können (Klicpera und Gasteiger-Klicpera 1993, siehe Abschnitt III).

Welche Aspekte der Aufmerksamkeit sind bei konzentrationsgestörten Kindern beeinträchtigt? Der Eindruck einer Konzentrationsschwäche kann durch unterschiedliche Beeinträchtigungen zustandekommen und verschiedene Aspekte der Aufmerksamkeit bezeichnen: die mangelnde Fähigkeit, eine Aufgabe für längere Zeit konzentriert zu bearbeiten (kurze Aufmerksamkeitsspanne); eine erhöhte Ablenkbarkeit bzw. eine reduzierte Fähigkeit zur selektiven Aufmerksamkeit; eine mangelnde Entwicklung geeigneter Problemlösungsstrategien und schließlich eine geringe Anstrengungsbereitschaft.

Die vorliegenden Untersuchungen deuten darauf hin, daß konzentrationsschwache Kinder durch eine geringere Aufmerksamkeitsspanne bzw. ein geringeres Beharrungsvermögen bei einer Aufgabe auffallen. So sind bei einfachen Konzentrationsaufgaben, die das rasche Reagieren auf ein gleichbleibendes Signal verlangen oder das Ankreuzen eines bestimmten Zeichens (wie in den häufig verwendeten Durchstreichtests, z.B. dem d2), recht konsistent geringere Leistungen von lernschwachen und im Besonderen von lese- und schreibschwachen Schülern festgestellt worden (Übersicht bei Krupski 1986, McNellis 1987). Entgegen dem klinischen Eindruck ist jedoch eine erhöhte Ablenkbarkeit und eine geringere Selektivität der Aufmerksamkeit weder bei lernschwachen Kindern (Krupski 1986, McNellis 1987) noch bei Kindern, die von Lehrern als konzentrationsschwach bezeichnet wurden, experimentell eindeutig nachzuweisen (z.B. van der Meere und Sergeant 1988).

Die Zuwendung und der aktive Einsatz von Aufmerksamkeit hängen allerdings auch bei konzentrationsschwachen Kindern in einem großen Ausmaß von der Motivation und dem Einschätzen der eigenen Fähigkeiten ab (Borcherding et al. 1988). Situative

Faktoren haben daher auf die Aufmerksamkeitsleistungen einen großen Einfluß. So konnten etwa Draeger et al. (1986) zeigen, daß diese Kinder nur dann schlechtere Leistungen bei einfachen Aufmerksamkeitstests erzielen, wenn sie den Eindruck haben, daß niemand die Ergebnisse kontrolliert und sie keine unmittelbare Rückmeldung bekommen.

Es ist zudem wahrscheinlich, daß eine unzureichende Ausbildung von Problemlösungsstrategien eine wesentliche Ursache für die Schwierigkeiten, aufmerksam bei der Bearbeitung einer Aufgabe zu bleiben, darstellt. So wie es sinnvoll ist, zwischen der Fähigkeit zum Behalten von Informationen und der angemessenen Verwendung geeigneter Gedächtnisstrategien zu unterscheiden, so dürfte es auch sinnvoll sein, zwischen der Aufmerksamkeitsfähigkeit und dem Wissen bzw. der Sensibilität dafür, wie die Aufmerksamkeit zu verteilen ist, zu differenzieren (Miller 1985). Eine Quelle für die Schwierigkeiten konzentrationsschwacher Kinder dürfte die mangelnde Vertrautheit mit den Anforderungen vieler Aufgaben darstellen.

Einfluß von Konzentrations- und Motivationsproblemen auf das Lernverhalten: Untersuchungen zu den Gedächtnisleistungen lernschwacher Schüler haben gezeigt, daß ihre geringen Leistungen bei Gedächtnisaufgaben nicht auf strukturellen Merkmalen des Gedächtnisses, wie etwa der Kapazität des Arbeitsgedächtnisses, beruhen müssen, sondern auch auf die fehlende Anwendung geeigneter Gedächtnisstrategien zurückgeführt werden können (Klicpera 1983). Eine Gedächtnisstrategie, die sowohl das kurzfristige Behalten wie das langfristige Lernen erleichtert, ist die sogenannte kumulative Wiederholung oder das "Rehearsal", bei dem die zu behaltenden Informationen (z.B Wörter einer Wortliste) innerlich - in der gleichen Reihenfolge, wie sie dargeboten werden - wiederholt werden. Diese Gedächtnisstrategie wirkt sich deutlich auf die Fähigkeit zur späteren Wiedergabe der Wörter aus, indem die Wörter, die zu Beginn dargeboten wurden und deshalb oft wiederholt werden konnten, besser erinnert werden. Andere Strategien, die eine aktive Bearbeitung der zu behaltenden Informationen erfordern, sind: die Verwendung von Elaborationen, die Gruppierung der Informationen zu größeren, sinnvollen Einheiten, Erarbeitung von Hypothesen über den weiteren Fortgang einer Geschichte etc. Für viele dieser Strategien ist gezeigt worden, daß sie von konzentrationsschwachen Kindern kaum angewandt werden und daß die Anleitung zur Verwendung dieser Strategien zu nahezu altersgemäßen Leistungen führt. Dies legt nahe, daß Konzentrationsschwächen zu einem guten Teil auch mit einer mangelnden Lernmotivation bzw. mit einer Entmutigung in Bezug die eigene Lernfähigkeit zusammenhängen.

Borkowski et al. (1987) stellen zurecht eine direkte Verbindung zwischen der Metakognition und der Lernmotivation her. Danach ist die Verwendung von Problemlösungsstrategien nur wahrscheinlich, wenn der Schüler auch daran glaubt, durch sein Verhalten das Ergebnis beeinflussen zu können. Die mangelnde Generalisation z.B. von Gedächtnisstrategien bei lernbehinderten Kindern ist zum guten Teil die Folge gelernter Hilflosigkeit. Auf der allgemeinsten Ebene hat das Wissen um die Bedeutung der aktiven Bearbeitung von Informationen auch eine motivationale Komponente, nämlich den Glauben bzw. das Zutrauen, diese Strategien selbst anwenden zu können.

Aufmerksamkeitsgestörte Kinder als spezielle Untergruppe unter den lese- und schreibschwachen Schülern: Es dürfte sinnvoll sein, die Ursachen sowie die Auswirkungen von Aufmerksamkeitsstörungen von jenen der Lese- und Schreibschwierigkeiten zu trennen, da es sich dabei um verschiedene, wenn auch einander überlappende

Formen von Schwierigkeiten handelt. Was die Ursachen betrifft, so deuten die Ergebnisse neuerer Untersuchungen an Zwillingspaaren (Gillis et al. 1992, Goodman und Stevenson 1989) darauf hin, daß es sich bei früh auftretenden Aufmerksamkeitsstörungen, die mit erhöhter motorischer Unruhe einhergehen, um eine vererbbare Anlage handelt, die unabhängig von der Anlage für (gleichfalls familiär gehäuft auftretende, siehe Kap.4) Lese- und Rechtschreibschwierigkeiten ist. In den Auswirkungen auf kognitive Leistungen bestehen gleichfalls deutliche Unterschiede zwischen den beiden Formen von Schwierigkeiten. Aufmerksamkeitsgestörte Kinder zeichnen sich vor allem durch einen Mangel an Organisation bei der Ausführung von Aufgaben aus, die Planung und den gezielten Einsatz von Strategien verlangen. Leseschwache Kinder weisen hingegen vermehrt Schwierigkeiten bei der verbalen Kodierung von Informationen, beim Benennen von Gegenständen und speziell beim phonologischen Kodieren auf (O'Neill und Douglas 1991, Benezra und Douglas 1988, Douglas und Benezra 1990, Felton et al. 1987, August und Garfinkel 1990, Ackerman et al. 1990).

Verhaltensweisen, die ein Zurechtkommen im Klassenunterricht erleichtern
Neben der Aufmerksamkeit haben auch andere Verhaltensweisen einen bedeutsamen Einfluß auf den schulischen Fortschritt der Kinder, der zum Teil unabhängig von ihrer schulisch relevanten Begabung und ihren Fähigkeiten ist. Diese Verhaltensweisen wurden von Cobb (1972; Hops und Cobb 1974) academic survival skills genannt und umfassen das Nachkommen gegenüber Aufforderungen des Lehrers, die Bereitschaft, aktiv am Unterricht (z.B. bei Diskussionen und Klassengesprächen) teilzunehmen, sowie positiven Kontakt zu Mitschülern.

In anfänglichen Untersuchungen konnten Meyers et al. (1968) zeigen, daß langfristig das Verhalten in der Klasse für den Schulerfolg fast ebenso bedeutsam ist, wie verschiedene schulisch relevante Fähigkeiten. Von den zu Beginn des Schulbesuches erhebbaren Merkmalen der Kinder dürfte der Fähigkeit, in einer größeren Gruppe bei aufgabenbezogenen Aktivitäten zu reüssieren, die größte Bedeutung zukommen.

Im Laufe der Schuljahre scheint sich bei den meisten Schülern dann ein relativ konsistentes Verhaltensrepertoire während des Unterrichts herauszubilden, sodaß in der 4.Klasse die Leistungen in verschiedenen Schulfächern durch die Beobachtung des Verhaltens während eines Unterrichtsgegenstandes, etwa Mathematik, signifikant vorhergesagt werden können (Cobb 1972). Die Art des Zusammenhanges zwischen dem Verhalten während des Unterrichts und den schulischen Leistungen ist zudem in verschiedenen Schulen ähnlich (Cobb 1972). Das Verhalten der Kinder ist darüber hinaus ziemlich stabil, sodaß die Leistungen am Ende eines Schuljahres fast ebenso gut durch Beobachtung des Verhaltens der Kinder zu Beginn des Schuljahres vorausgesagt werden können wie durch Beobachtung am Ende des Schuljahres. Dies gilt bereits für die 2.Klasse Volksschule (McKinney et al. 1975).

Die Verhaltensweisen, die für den schulischen Fortschritt bedeutsam sind, dürften für Kinder mit guten und schlechten Schulleistungen nicht ganz identisch sein (Soli und Devine 1976). Bei Kindern mit guten Schulleistungen kann nur für wenige Verhaltensweisen während des Unterrichts ein Zusammenhang mit dem Schulerfolg nachgewiesen werden und zwar ist hier vor allem das Ausmaß an Kooperation mit den anderen Kindern der Klasse und an Aufgaben-orientiertem Verhalten wichtig. Bei Kindern mit schlechten Schulleistungen ist der Zusammenhang zwischen Schulleistungen und Verhalten viel enger. Es sind jedoch nicht nur positive Verhaltensweisen, die bedeutsam sind, sondern auch die Häufigkeit, mit der die Kinder negative, störende Verhaltensweisen zeigen.

Neben störendem Verhalten ist auch passives und zurückgezogenes Verhalten während des Unterrichts eine häufigere Verhaltensweise, mit der Kinder auf Mißerfolgserfahrungen reagieren und die für den Lesefortschritt recht ungünstig ist (Lorentz und Coker 1978).

Die systematische Unterrichtsbeobachtung hat deutlich gemacht, daß sich lernschwache Kinder in der Klasse heterogener verhalten, als man aufgrund mancher Beschreibungen vermuten könnte. Speece et al. (1985) bildeten aufgrund von Beobachtungsdaten eine Typologie des Klassenverhaltens lernschwacher Kinder. Aufgrund statistischer Klassifikationsverfahren konnten sie das typische Klassenverhalten sieben Typen zuordnen, von denen die wichtigsten Typen hervorgehoben werden sollen: Eine Gruppe von Kindern stellte sich als relativ unselbständig und wenig aufgabenorientiert dar. Eine weitere Gruppe zeigte zusätzlich störendes Verhalten. Eine dritte Gruppe nahm sehr wenig Anteil am Klassengeschehen, war recht unselbständig, störte aber den Unterricht nicht. Schließlich gab es noch Kinder, die eine Mischung dieser unangepaßten Verhaltensweisen zeigten, und andere Kinder, deren Klassenverhalten völlig jenem von Kindern ohne Lernschwächen glich.

Lese- und Rechtschreibschwierigkeiten und spätere emotionale Probleme, Verhaltensstörungen und Delinquenz

In mehreren Nachuntersuchungen wurde beobachtet, daß Kinder mit Lese- und Rechtschreibschwierigkeiten später häufig emotionale Probleme entwickeln. Balow und Blomquist (1965) weisen darauf hin, daß später bei vielen dieser Kinder vor allem eine pessimistische Einstellung zum Leben nachzuweisen ist. Auch Ackerman et al. (1977b) heben hervor, daß ein beträchtlicher Teil dieser Kinder später, unabhängig davon, ob sie sonst Verhaltensauffälligkeiten zeigen, ein geringes Selbstvertrauen an den Tag legt. Solche Probleme sind auch im späteren Jugendalter und im Erwachsenenalter zu beobachten. Spreen (1982) berichtet, daß die Kontakte mit Gleichaltrigen, auch die Kontakte zum anderen Geschlecht, relativ beschränkt sind. Auch Mitarbeiter von Alphabetisierungskursen in der BRD (Decroll und Müller 1981) heben die teilweise beträchtlichen sozialen Anpassungsschwierigkeiten hervor, die sowohl zu Isolationstendenzen wie zu Alkoholismus und Kriminalität führen können.

In der Isle of Wight-Untersuchung (Rutter et al. 1976) zeigte ein größerer Teil der Kinder mit Lese- und Rechtschreibschwierigkeiten bereits bei der ersten Untersuchung am Ende der Grundschulzeit deutliches dissoziales Verhalten. Viele dieser Kinder gerieten auch in den folgenden Jahren ihres Verhaltens wegen in Schwierigkeiten. Allerdings traten nach Abschluß der Grundschulzeit trotz der fortbestehenden Schulschwierigkeiten bei lese- und rechtschreibschwachen Kindern neue Verhaltensstörungen nicht häufiger auf als in der gesamten Population. Es erscheint daher fraglich, daß die dissozialen Verhaltensweisen legasthener Kinder als Folge der Leistungsprobleme und als Reaktion auf die dadurch entstehenden Belastungen und Frustationen interpretiert werden können. Wahrscheinlicher ist, daß die Verhaltensstörungen und die Schulschwierigkeiten, die in einem gewissen Ausmaß assoziiert sind, Folge ähnlicher Bedingungen sind.

Auch Ackerman et al. (1977b) beobachteten bei Kindern mit Lese- und Rechtschreibschwierigkeiten bereits beim ersten Kontakt neben den Leistungsproblemen zum Teil auch eine erhöhte motorische Unruhe und Ablenkbarkeit, während andere eher zurückgezogen und antriebsschwach waren. Die schulische Entwicklung dieser Untergruppen wies keine wesentlichen Unterschiede auf. Allerdings gerieten die motorisch unruhigen (hyperaktiven) Kinder später öfters wegen ihres Verhaltens in Schwierigkeiten und etwa die Hälfte dieser Kinder hatte in der Adoleszenz ernste Anpassungsprobleme. Auch antriebsschwache und zurückgezogene Kinder hatten öfters Anpassungsprobleme, allerdings anderer Art. Ihre Probleme entstanden meist im Umgang mit den anderen Kindern, da sie nicht so leicht Kontakt fanden.

Delinquente Jugendliche und delinquente Erwachsene haben relativ oft schwere Lese- und Rechtschreibschwierigkeiten (Critchley 1968, Wehrens 1981). Deshalb ist öfters vermutet worden, daß das Schulversagen in Folge von Lese- und Rechtschreibschwierigkeiten und die damit verbundenen negativen Erfahrungen zu einer Störung der sozialen Anpassung und zu Delinquenz führen. Ein unmittelbarer Nachweis für einen solchen Zusammenhang ist jedoch bisher nicht erbracht worden. Eine Nachuntersuchung von Kindern, die wegen Leistungversagen in der Schule in einer ambulanten Einrichtung untersucht worden waren (Spreen 1978), konnte nach den Angaben der Eltern und den verfügbaren Unterlagen keinen Unterschied in der Anzahl der Kontakte mit der Polizei und in der Anzahl der begangenen Vergehen feststellen, es kam aber wegen ihrer Vergehen häufiger zu einer Verurteilung. Dieser Unterschied war jedoch nicht sehr groß und stand zum Teil mit dem niedrigeren Intelligenzniveau dieser Gruppe in Zusammenhang.

Auch in der Nachuntersuchung der Kinder aus den epidemiologischen Erhebungen von Rutter in London und auf der Isle of Wight hatte ein Teil der lese- und schreibschwachen Kinder im frühen Erwachsenenalter große Anpassungsschwierigkeiten und wurde auch häufiger straffällig, dies traf jedoch in erster Linie auf jene Kinder zu, die bereits frühzeitig, noch im Schulalter, durch ihr dissoziales Verhalten aufgefallen waren (Maughan et al. 1985).

Einfluß der Verhaltensschwierigkeiten auf die längerfristige Entwicklung: Das Ausmaß und die Art der Verhaltensstörungen scheinen bei bereits vorhandenen Lese- und Rechtschreibschwierigkeiten die weitere Leistungsentwicklung nicht wesentlich zu beeinflussen (Ackerman et al. 1977b). Für die längerfristige Prognose ist in erster Linie der bereits in den ersten Klassen sichtbare Leistungsrückstand verantwortlich. Nur wenn Extremgruppen verglichen werden, Kinder, deren Leseschwierigkeiten sich gebessert haben, und Kinder mit anhaltenden Leseschwierigkeiten, läßt sich nachweisen, daß auch die Lernmotivation der Kinder, ihr Schulbesuchsverhalten sowie ihre soziale Stellung in der Klasse die längerfristige Prognose beeinflussen (Cox 1987, Klicpera und Schabmann 1993).

Zusammenfassend wäre zunächst das häufig vorkommende Zusammentreffen von Lese- und Schreibschwierigkeiten sowie Verhaltensauffälligkeiten und emotionalen Problemen festzuhalten. Die vorliegenden Untersuchungsergebnisse weisen darauf hin, daß diese Verbindung aus unterschiedlichen Gründen recht häufig vorkommt. Zum einen können ungünstige soziale Bedingungen sowohl zu Schwierigkeiten beim Erlernen des Lesens und Schreibens wie zu sozialen Anpassungsschwierigkeiten führen. Dies würde bedeuten, daß die Anpassungsschwierigkeiten den Lernschwierigkeiten vorausgehen und sie zum Teil auch mitbedingen. Andererseits sind jedoch auch negative Auswirkungen des Schulversagens auf die soziale Anpassung möglich. Letzteres dürfte vor allem dann eintreten, wenn die Eltern zu hohe Erwartungen an den Schulerfolg ihrer Kinder haben (Klicpera und Gasteiger-Klicpera 1993).

Für die Förderung und Therapie ist es wichtig, die Verhaltensprobleme lese- und rechtschreibschwacher Kinder mit in Betracht zu ziehen. Dies gilt insbesondere für die Konzentrationsprobleme mancher Kinder, die die Lernfähigkeit zusätzlich beeinträchtigen können, aber - sowohl was die Ursachen wie die Auswirkungen betrifft - von den Lese- und Schreibschwierigkeiten zu unterscheiden sind.

4. Konstitutionelle Ursachen für Schwierigkeiten beim Erlernen des Lesens und Schreibens

Es ist sicher kein Zufall, daß zuerst Mediziner die Aufmerksamkeit auf Schüler gelenkt haben, die beim Erlernen des Lesens und Schreibens unerwartete Schwierigkeiten zeigen. In der Schule waren diese Schwierigkeiten früher, bei relativ großen Klassen, mehr noch als heute in Gefahr, übersehen zu werden und unterzugehen. Ärzten kommt daher das Verdienst zu, auf die großen Unterschiede zwischen Schülern beim Lesenlernen aufmerksam gemacht zu haben. Von Seiten der Medizin wurde auch früh die Möglichkeit diskutiert, bei diesen Schwierigkeiten könnte es sich um eine konstitutionell begründete Störung handeln. Während diese Ansicht noch vor einiger Zeit von vielen Pädagogen und Psychologen zurückgewiesen wurde, mehren sich in den letzten Jahren die Hinweise dafür, daß wenigstens bei einem Teil der lese- und schreibschwachen Kinder die Schwierigkeiten beim Erlernen des Lesens und Schreibens nicht so sehr durch mangelnde soziale Anregung bzw. Unterstützung, sondern durch eine Anlage-bedingte Leistungsschwäche verursacht werden.

Ein grundätzliches Problem, mit dem sich Vertreter einer konstitutionellen Verursachung von Lese- und Schreibschwierigkeiten konfrontiert sehen, liegt in der Frage, wieso eine Fähigkeit, die so offensichtlich ein spätes Produkt der kulturellen Entwicklung der Menschheit ist, wie die Lese- und Schreibfähigkeit, konstitutionell präformiert sein soll. Auf diese Frage wurden verschiedene Antworten gegeben.

- Einmal wurde darauf hingewiesen, daß die Schrift in der kulturellen Entwicklung der Menschheit erst jüngeren Ursprungs ist, daß die Lesefähigkeit jedoch auf einer allgemeinen Anlage zur Entzifferung von Zeichen beruhe, die z.B. bereits beim Spurenerkennen in der Vorzeit, als die Menschen noch Jäger und Sammler waren, von Bedeutung war (Marshall 1989).
- Die andere Erklärung sieht die Lesefähigkeit in allgemeinen sprachlichen Fertigkeiten begründet. Schwächen beim Erlernen des Lesens und Schreibens müssen demnach nicht mit einer Beeeinträchtigung der konstitutionell angelegten Lese- und Schreibfähigkeit zu tun haben, sondern können Folge einer speziellen Form von Sprachentwicklungsstörung sein.

Neben diesen beiden heute dominierenden Betrachtungsweisen sind in der Vergangenheit viele andere Hypothesen formuliert worden (Klicpera 1984). Unabhängig von der Art und Weise, in der konstitutionelle Faktoren einen Einfluß ausüben, werden zwei allgemeine Mechanismen diskutiert: die Vererbung einer Anlage, die ein erhöhtes Risiko für die Entwicklung von Lese- und Schreibschwierigkeiten mit sich bringt, und eine Beeinträchtigung der zentralnervösen Entwicklung, die entweder auf einer frühzeitigen

Schädigung des Gehirns beruht oder ebenfalls durch genetische Einflüsse bedingt sein kann.

Genetische Einflüsse

Schon die ersten Beschreibungen besonderer, von der Begabung der Kinder unerwarteter Schwierigkeiten beim Erlernen des Lesens und Schreibens wiesen auf das gehäufte Auftreten dieser Schwierigkeiten in manchen Familien hin (Hinshelwood 1900, Stephenson 1907). Eine recht einflußreiche Untersuchung von Hallgren (1950) hat diese Beobachtungen erstmals auf eine breitere empirische Basis zu stellen versucht. Nach vereinzelten Untersuchungen in den nächsten beiden Jahrzehnten fand diese Frage in den letzten Jahren erneut zunehmende Beachtung. Inzwischen liegt nicht nur eine größere Anzahl an Untersuchungen vor, auch mehrere zusammenfassende Darstellungen (z.B. Ludlow und Cooper 1983, Pennington und Smith 1983, Pennington 1990, Smith 1986, Schulte-Körne et al. 1993) geben einen Überblick über die vorliegenden Befunde. Hinweise auf eine Bedeutung genetischer Faktoren für Schwächen beim Erlernen des Lesens und Schreibens kommen aus verschiedenen Arten von Untersuchungen.

Zwillingsstudien: Zunächst liegen aus einer Reihe von umfangreicheren Zwillingsuntersuchungen Angaben über die Ähnlichkeiten in der Lesefähigkeit von ein- und zweieiigen Zwillingen vor, die es gestatten, den Beitrag genetischer Faktoren zu bestimmen. Noch etwas aufschlußreicher sind jene Zwillingsstudien, in denen die Konkordanz in Zwillingspaaren berechnet wurde, gesetzt den Fall, einer von den Zwillingen hatte besondere Schwierigkeiten beim Lesen- und Schreibenlernen. Frühe Untersuchungen weisen allerdings eine Reihe methodischer Mängel auf (Stevenson et al. 1987), die eine Beurteilung der Ergebnisse erschweren: Die Lese- und Schreibfähigkeit wurde vielfach nicht objektiv erfaßt, die Kriterien für die Definition von Lese- und Schreibschwierigkeiten waren häufig nicht angegeben. Der Einfluß der Intelligenz wurde nicht berücksichtigt, obwohl ein genetischer Einfluß auf die intellektuelle Begabung anzunehmen ist. Probleme ergeben sich weiters dadurch, daß die Unterscheidung zwischen ein- und zweieiigen Zwillingen nicht immer adäquat durchgeführt wurde und die Repräsentativität der untersuchten Paare meist nicht gegeben ist, da die Rekrutierung vielfach aufgrund freiwilliger Meldungen zustandekam.

Ein weiteres Problem für Zwillingsstudien stellt die Tatsache dar, daß die Sprachentwicklung bei Zwillingen häufig verzögert ist und in der Folge auch Schwierigkeiten beim Erlernen des Lesens und Schreibens häufiger auftreten als bei anderen Kindern (Johnston et al. 1984). Nach Stephenson et al. (1987) kommt noch hinzu, daß allgemeinere Beeinträchtigungen der kognitiven Entwicklung bei zweieiigen Zwillingen häufiger auftreten als bei eineiigen.

Wenn man diese Schwierigkeiten bedenkt, so ist es nicht verwunderlich, daß selbst größere Untersuchungen der letzten Jahre zu recht unterschiedlichen Ergebnissen kommen. Stevenson et al. (1987) konnten in England eine recht große, auf repräsentativen Vorerhebungen aufbauende Untersuchung der Lese- und Rechtschreibfähigkeit von 285 Zwillingspaaren im Alter von 13 Jahren durchführen. Obwohl die Korrelationen zwischen der Lese- und Schreibfähigkeit der Geschwister bei eineiigen Zwillingspaaren konsistent größer war als bei zweieiigen, war dieser Unterschied in allen Maßen außer der Rechtschreibfähigkeit auf den Einfluß der Intelligenz zurückzuführen. Auch wenn jene Zwillingspaare herausgegriffen wurden, von denen ein Proband Schwierigkeiten beim Lesen und Rechtschreiben hatte, zeigte sich nur im Rechtschreiben eine höhere Konkordanz bei ein- als bei zweieiigen Zwillingen, ein Befund, der sich bei gemeinsamer Analyse der Zwillingspaare aus London und dem Colorado Reading Project bestätigte (DeFries, Stevenson et al. 1991).

DeFries et al. (1987) haben im Rahmen des Colorado Reading Project die bisher größte Untersuchung an Zwillingspaaren, von denen wenigstens ein Geschwisterteil Lese- und Schreibschwierigkeiten hat, durchgeführt. Im Gegensatz zu der englischen Untersuchung von Stephenson et al. fanden sie eine signifikant höhere Ähnlichkeit sowohl in der Lese- wie in der Schreibfertigkeit bei ein- als bei zweieiigen Zwillingen. Das Ausmaß an Varianz in der Lesefähigkeit, das durch genetische Faktoren bestimmt wird, wurde auf 30% geschätzt. DeFries et al. (1987) haben allerdings den Einfluß der Intelligenz nicht eigens kontrolliert, sondern bei der Auswahl ihrer Stichprobe darauf geachtet, daß nur Probanden aufgenommen wurden, deren IQ größer als 90 war.

In einer nachfolgenden Untersuchung an der gleichen Stichprobe (Olson et al. 1989) wurde versucht, die Komponenten der Lesefähigkeit, in denen sich zweieiige Zwillinge ähnlicher sind als eineiige, näher zu bestimmen. Die Ergebnisse legten nahe, daß die phonologische Rekodierungsfähigkeit (Lesen von Pseudowörtern) eine signifikant höhere Erblichkeit aufweist als die Lesefähigkeit, die sich auf orthographische Kodes stützt, d.h. von der Vertrautheit mit der Schreibweise von Wörtern abhängt. Zudem dürfte auch der Beitrag des phonematischen Bewußtseins zur Lesefähigkeit genetischen Einflüssen unterliegen und sich somit indirekt über die phonologische Rekodierungsfähigkeit auf die Lesefertigkeit auswirken.

Familienuntersuchungen: In einem weiteren Ansatz wurde in jenen Familien, in denen ein Kind Lese- und Schreibschwierigkeiten hatte, die Lese- und Schreibfertigkeit anderer Familienmitglieder bestimmt (z.B. Finucci und Childs 1983, Lubs et al. 1991, Colorado Family Reading Study: DeFries und Decker 1982, DeFries, Olson et al. 1991). Dieser Ansatz gestattet zwar nicht so ohne weiteres, genetische Einflüsse von jenen Faktoren zu trennen, die durch das Aufwachsen unter ähnlichen Umweltbedingungen zustandekommen, er gibt jedoch Hinweise auf das Risiko, das es bedeutet, in einer Familie groß zu werden, in der bereits ein Elternteil Schwierigkeiten beim Erlernen des Lesens und Schreibens hatte, und erlaubt durch die Analyse von Stammbäumen die Testung verschiedener Modelle von Vererbungsmechanismen. Diese Untersuchungen zeigen recht übereinstimmend, daß das Risiko für Kinder, Lese- und Rechtschreibschwierigkeiten zu entwickeln, wenn ein Elternteil bereits ähnliche Schwierigkeiten hatte, um ein Mehrfaches erhöht ist und auf etwa 35% geschätzt werden kann. Die Analysen bezüglich der Art einer möglichen Vererbung sind zu keinem einheitlichen Schluß gekommen und konnten keine eindeutige Evidenz für einen bestimmten Vererbungsmechanismus (polygenetisches Modell, Vererbung über ein Hauptgen) finden, legen jedoch insgesamt nahe, daß es sich bei Kindern mit Lese- und Schreibschwierigkeiten wahrscheinlich um eine heterogene Population handeln dürfte, bei der verschiedene Vererbungsmechanismen in Frage kommen. Am häufigsten dürfte es sich um eine autosomal dominante Vererbung handeln (DeFries und Decker 1982, DeFries, Olson et al. 1991).

Kopplungsstudien: Unter der Annahme, daß es sich bei einem Teil der Familien um eine autosomal dominante Vererbung über ein Hauptgen handelt, kann versucht werden, diese durch eine Kopplungsuntersuchung (Linkage-Analyse) auf den Chromosomen zu lokalisieren. Bei dieser Analyse wird die Wahrscheinlichkeit des gemeinsamen Auftretens des relevanten Merkmals (Lese- und Schreibschwierigkeiten) und anderer Merkmale, die von einem bestimmten, lokalisierbaren Gen abhängen, bestimmt. Da bei der Rekombination der Chromosomen Gene, die nah beieinander am gleichen Chromosom lokalisiert sind, mit größerer Wahrscheinlichkeit zusammenbleiben, gestattet diese Analyse bei einer genügend großen Zahl von Familienmitgliedern, für die diese Untersuchung durchgeführt werden kann, den Genlokus zu bestimmen. Pennington und Smith (1983, Smith et al. 1983, Pennington et al. 1984) konnten aufgrund einer derartigen Analyse für eine kleine Zahl an Familien, in denen über drei Generationen Leseschwierigkeiten gehäuft aufgetreten sind, Evidenz für den Einfluß eines Hauptgens auf dem Chromosom 15 finden. Von den 8 Familien boten 7 Hinweise auf eine autosomal dominante Form der Vererbung.

Spätere Untersuchungen der gleichen Forschungsgruppe an einer größeren Zahl von Familien (Smith et al. 1990, DeFries, Olson et al. 1991, Lubs et al. 1991) kamen zu dem Schluß, daß eine Übertragung durch ein Hauptgen nur für einen Teil der Familien zutrifft und daß sich dabei wahrscheinlich um verschiedene Hauptgene handelt. Neben einem auf dem Chromosom 15 lokalisierten Gen wurde bei anderen Familien eines auf dem Chromosom 6 identifiziert, wobei diese Form sogar häufiger sein dürfte (siehe auch den negativen Bericht einer Gruppe aus Dänemark, die mit der gleichen Linkage-Analyse an einigen Familien mit gehäuften Lese- und Schreibschwierigkeiten keinen Hinweis für eine Lokalisation auf dem Chromosom 15 fanden: Bisgaard et al. 1987).

Längsschnittuntersuchungen an Risikokindern: Einer der überzeugendsten Hinweise für die Wirksamkeit genetischer Einflüsse kommt aus einer Längsschnittuntersuchung von Scarborough (1989, 1990). In einer sozial gut gestellten Vorstadt im Osten der USA wurden Familien mit zweijährigen Kindern angesprochen, in denen ein Familienmitglied in der Kindheit eine schwere Lesestörung hatte. Die Sprachentwicklung der Kinder wurde dann bis zum Schuleintritt beobachtet, um schließlich am Ende der 2.Schulstufe auch den schulischen Leistungsstand, speziell die Leseleistung der Kinder, bestimmen zu können. Es zeigte sich, daß 65% der 34 Kinder aus belasteten (legasthenen) Familien im Lesen mehr als 1 1/2 Standardabweichungen hinter dem in diesen Klassen üblichen Leseleistungsstand zurückgeblieben waren. Im Vergleich zu einer nach Allgemeinbegabung (IQ), sozialem Status und Geschlecht gematchten Gruppe erzielten die Kinder aus den legasthenen Familien hingegen am Ende der 2.Klasse ähnliche Leistungen im Rechnen. Von besonderem Interesse sind die Beobachtungen über den Sprachentwicklungsstand der Kinder mit 2 1/2 Jahren, der anhand der spontanen Sprachäußerungen in einer Spielsituation bestimmt wurde. Hier unterschieden sich die Kinder aus belasteten Familien, die später Lese- und Schreibschwierigkeiten zeigten, bereits frühzeitig von der Vergleichsgruppe und von Kindern aus belasteten Familien, die später keine Leseschwierigkeiten zeigten, in der grammatikalischen Entwicklung (mittlere Äußerungslänge und Verwendung syntaktischer Konstruktionen) und in ihrer Fähigkeit zur genauen Aussprache von Konsonanten, nicht jedoch in der Diskrimination von Phonemen. Der Wortschatz der Kinder diskriminierte mit 2 1/2 Jahren nicht zwischen den Gruppen, wohl aber mit 3 1/2 und 5 Jahren. Insgesamt deutet diese Untersuchung darauf hin, daß eine familiäre Disposition zu Sprachentwicklungsproblemen spätere Leseschwierigkeiten determinieren kann.

Eine weitere Möglichkeit zur Bestimmung des Einflusses genetischer Faktoren läge in *Adoptionsstudien*. Obwohl im Rahmen des Colorado Reading Project über den Plan für eine derartige Untersuchung berichtet wurde, sind bisher keine Ergebnisse vorgelegt worden.

Sex-Chromosomen-Anomalien als Risikofaktor für Lese- und Schreibschwierigkeiten:
Neben genetischen Faktoren dürften auch Chromosomenanomalien, also Abweichungen in der Anzahl der Chromosomenzahl und zwar vor allem der Geschlechtschromosomen, ein Risiko für die Entstehung von Lese- und Schreibschwächen darstellen (Bender et al. 1991). Dies gilt vor allem für Buben mit einem XXY-Chromosomensatz, bei denen - trotz sonst (wenigstens bis zur Pubertät unauffälliger Entwicklung - häufig eine Sprachentwicklungsverzögerung und eine allgemeinere Beeinträchtigung verbaler Fähigkeiten festgestellt werden kann. Ein größerer Teil dieser Buben hat besondere Schwierigkeiten beim Erlernen des Lesens und Schreibens (für eine detaillierte Fallbeschreibung siehe Seymour und Evans 1988).

Zusammenfassend kann man feststellen, daß aus einer recht großen Zahl von Untersuchungen Hinweise für ein genetisch bedingtes Risiko zur Entwicklung von Lese- und Schreibschwierigkeiten kommen. Es besteht zwar keine Klarheit darüber, wie diese Anlage übertragen wird, noch welche Prozesse beim Erlernen des Lesens und Schreibens von diesem Risiko betroffen sind, jedoch gibt es erste Hinweise. So legen die bisherigen Familienuntersuchungen nahe, daß die Anlage in einem Teil der Fälle autosomal dominant übertragen wird, wobei einige mögliche Genloci eruiert wurden. Die Untersuchung von Scarborough (1990) deutet auf eine frühzeitige Beeinträchtigung der Sprachentwicklung hin, die in der Folge dann auch die Ausbildung der phonologischen Bewußtheit und des phonologischen Rekodierens beim Lesen erschweren könnte. Sowohl bei Erwachsenen (Pennington et al. 1984, 1990) wie bei Schülern (Olson et al. 1989, 1990) konnte gezeigt werden, daß die phonematische Bewußtheit und im weiteren die phonologische Rekodierungsfähigkeit stärker genetischen Einflüssen unterliegt als das Wissen um die orthographisch korrekte Schreibweise eines Wortes. Dies legt nahe, daß das Erlernen einiger Teilfertigkeiten des Lesens und Rechtschreibens stärker von der genetisch bedingten Anlage bestimmt wird, während andere Teilfertigkeiten eher von der familiären Förderung, der Leseerfahrung etc. abhängen.

Es erhebt sich natürlich die Frage, ob sich die Lese- und Schreibschwierigkeiten von Schülern, in deren Familien noch weitere Mitglieder ähnliche Schwierigkeiten haben (=familiäre Form einer Lese- und Schreibschwierigkeit), in ihrer Art von jener der lese- und schreibschwachen Schüler, bei denen dies nicht der Fall ist, unterscheiden. Diese Frage ist bisher kaum untersucht worden. In einer ersten Vergleichsuntersuchung wurden die Schwierigkeiten von Erwachsenen mit einer familiären Form von Lese- und Schreibschwäche jenen von Erwachsenen gegenübergestellt, die ihre mangelnde Schulbildung an einer Erwachsenenbildungseinrichtung (Community College) ergänzen wollten (Pennington et al. 1986, 1990). Dabei fanden sich kaum Unterschiede zwischen den beiden Gruppen. Die Art der Lese- und Schreibschwierigkeiten war nahezu identisch, Erwachsene mit einer familiären Form von Lese- und Rechtschreibschwierigkeiten zeigten jedoch im Gegensatz zu der anderen Gruppe geringere Gedächtnisschwächen.

Minimale cerebrale Dysfunktion als Ursache von Lese- und Schreibschwierigkeiten

Neben der Vererbung wird auch einer - im Vergleich zu anderen neurologischen Störungen - geringfügigen Funktionsbeeinträchtigung des Zentralnervensystems eine Rolle bei der Entstehung von Lese- und Schreibschwierigkeiten zugeschrieben. Die Diagnose "minimale cerebrale Dysfunktion" wurde in den 70-er sowie Anfang der 80-er Jahre sehr häufig gestellt, in den letzten Jahren ist sie jedoch in den Hintergrund getreten, da die Diagnosenstellung als unzuverlässig erachtet wird. Der Begriff "minimale cerebrale Dysfunktion" wird sehr unterschiedlich verwendet (Rie 1980),

- z.T. um ein Syndrom von Verhaltensauffälligkeiten und perzeptuo-motorischen Störungen sowie Beeinträchtigungen der kognitiven Entwicklung zu kennzeichnen, das nicht auf ungünstige Umweltfaktoren zurückzuführen ist und daher auf einer Beeinträchtigung der zentralnervösen Funktionen beruhen kann;
- z.T. um auf den (unspezifischen) Einfluß einer geringfügigen Hirnschädigung oder von Risikofaktoren für eine derartige Schädigung (wie z.B. nicht-optimalen Bedingungen in der Schwangerschaft oder bei der Geburt) auf die Entwicklung hinzuweisen;
- z.T. um Auffälligkeiten bei der neurologischen Untersuchung zu kennzeichnen, die geringfügiger sind als jene, die bei einer manifesten neurologischen Störung (wie der Zerebralparese) auftreten, aber doch vom altersgemäßen Befund abweichen und als Hinweis auf eine Beeinträchtigung der Entwicklung des Zentralnervensystems gelten können.

Das Konzept der minimalen cerebralen Dysfunktion geht auf Beobachtungen zurück, die in den 20-er Jahren an Kindern nach den großen Enzephalitisepidemien gemacht wurden und in denen Spätfolgen der Gehirnentzündung auf das Verhalten, wie etwa erhöhte Reizbarkeit, motorische Unruhe, aber auch Aufmerksamkeits- und Gedächtnisstörungen hervorgehoben wurden (siehe Kessler 1980). Nachhaltigen Einfluß hatten die Beschreibungen von Strauss und Lehtinen (1947), die meinten, ein spezifisches Syndrom von Verhaltensauffälligkeiten (u.a. übermäßige Aktivität, Unaufmerksamkeit) und perzeptuellen sowie Lernstörungen als eindeutigen Hinweis auf eine Hirnschädigung werten zu können. Unterstützung fand der postulierte Zusammenhang zwischen einer Hirnschädigung und Verhaltensstörungen durch Berichte über häufige perinatale Komplikationen bei Kindern in psychiatrischen Einrichtungen (Knobloch und Pasamanick 1966) und über geringe Auffälligkeiten dieser Kinder bei der neurologischen Untersuchung (sogenannte soft signs).

Aufgrund einer großen Anzahl von Untersuchungen wird heute das Konzept der minimalen cerebralen Dysfunktion zumeist recht skeptisch bewertet (Rie und Rie 1980). Neben der bereits erwähnten vielfältigen und verwirrenden Bedeutung, den dieser Begriff im Lauf der Jahre angenommen hat, wird vor allem die Annahme kritisiert, es gebe ein Syndrom von Verhaltensauffälligkeiten und Beeinträchtigungen der perzeptuellen bzw. kognitiven Entwicklung, das einen direkten Rückschluß auf eine Beeinträchtigung der Gehirnentwicklung erlaube. Größer angelegte Untersuchungen, wie etwa im deutschen Sprachraum die Mannheimer Längsschnittuntersuchung (Esser und Schmidt 1987), haben gezeigt, daß der Zusammenhang zwischen den verschiedenen Komponenten des Syndroms (im Verhalten etwa Aufmerksamkeitsstörungen und motorische Unruhe) nicht sehr groß ist und daß ähnliche Verhaltensstörungen auch bei Fehlen von Hinweisen auf eine neurologische Dysfunktion zu beobachten sind. Andererseits sind diese Verhaltensauffälligkeiten bei gegebener neurologischer Dysfunktion oft nicht vorhanden.

Im Gegensatz zu früheren Untersuchungen an Kindern, die in klinischen Einrichtungen vorgestellt worden sind, wurde in neueren epidemiologischen Untersuchungen (wie z.B. der Mannheimer Längsschnittuntersuchung: Esser und Schmidt 1987, Esser 1994) kein Zusammenhang zwischen definierten Risikofaktoren in der Prä- und Perinatalzeit und Lese- und Schreibschwierigkeiten gefunden. Ähnliches gilt auch für Auffälligkeiten in der motorischen Entwicklung. Auch hier wurden die an lese- und schreibschwachen Kindern in speziellen Betreuungseinrichtungen erhobenen Befunde über motorische Koordinationsstörungen und über ein vermehrtes Auftreten geringfügiger neurologischer Auffälligkeiten (z.B. Klicpera 1985) in epidemiologischen Untersuchungen (Share et al. 1986, Klicpera und Gasteiger-Klicpera 1993) nicht bestätigt. Es ist somit wahrscheinlich, daß es zwar eine Subgruppe gibt, die - auch bei normaler Intelligenz - Hinweise auf eine allgemeinere Entwicklungsbeeinträchtigung zeigt, daß diese Kinder aber nur eine Minderheit der lese- und schreibschwachen Schüler darstellen.

Eine ähnlich kritische Bewertung erfahren heute zumeist Befunde über Auffälligkeiten im Gehirnstrombefund (klinische Auswertung des EEG). In einer Stellungnahme zu Untersuchungen über Auffälligkeiten der zentralnervösen Funktionen, die sich des Elektroenzephalogramms (EEG's) bedient haben, hat Conners (1978) kritisch festgestellt, daß der klarste Trend, der sich aus den bis dahin vorliegenden Untersuchungen ableiten läßt, ein Zusammenhang zwischen dem Jahr der Publikation und den Angaben über die Häufigkeit von Auffälligkeiten ist. Je älter die Publikation desto mehr Auffälligkeiten wurden berichtet. Im übrigen ließen sich aus den Untersuchungen kaum Schlußfolgerungen ableiten, da diese sehr unterschiedliche Raten von "pathologischen" EEG-Befunden berichteten und immer wieder andere abnorme EEG-Komponenten als charakteristisch angegeben wurden. Die geringe Aussagekraft klassischer EEG-Untersuchungen wird auch in jüngeren Veröffentlichungen bestätigt (Conners 1987, Warnke 1990).

Hinweise auf eine abweichende Organisation der zerebralen Aktivität

Obwohl die Evidenz, daß die Ursachen von Lese- und Schreibschwierigkeiten in einer allgemeineren Beeinträchtigung der zentralnervösen Entwicklung zu suchen sind, recht gering ist, deutet manches darauf hin, daß die Verarbeitung sprachlicher Informationen im Gehirn bei lese- und schreibschwachen Personen anders organisiert ist als bei guten Lesern. In den letzten Jahren haben vor allem drei Arten von Untersuchungen Beachtung gefunden:

- EEG-Untersuchungen, die sich um eine Lokalisation von Aktivitätsveränderungen im EEG während des Leseprozesses bemühten;
- Aktivitätsmessungen des Stoffwechsels in verschiedenen Hirnregionen während des Leseprozesses (mithilfe von kurzlebigen, radioaktiven Isotopen);
- Untersuchungen zur Ausbildung der zerebralen Lateralisation: Diese Untersuchungen haben die längste Tradition und eine Fülle an Ergebnissen hervorgebracht, die sich auf verschiedene Aspekte der Lateralisation beziehen, von der Händigkeit bis zur auditiven und visuellen Wahrnehmung.

Bemühungen um eine Eingrenzung möglicher zentralnervöser Funktionsschwächen mit EEG-Untersuchungen: Warnke (1990) hat in der einzigen größeren deutschsprachigen Untersuchung zu diesem Thema die methodischen Probleme, die mit diesem Ansatz verbunden sind, deutlich gemacht. Die EEG-Parameter reagieren sensibel auf die Anforderungen, die verschiedene Aufgaben an die Verarbeitungskapazität stellen. Wenn daher Unterschiede zwischen lese- und rechtschreibschwachen Kindern gefunden werden, so ist dies kein Hinweis dafür, daß den Lese- und Schreibschwierigkeiten eine zerebrale Dysfunktion zugrundeliegt, sondern nur darauf, daß bestimmte Informationsverarbeitungsprozesse lese- und schreibschwachen Kindern schwerer fallen als anderen und daß die EEG-Methoden mittlerweile so sensitiv sind, daß sie diese unterschiedlichen Prozesse erfassen können. EEG-Untersuchungen können unter diesen Umständen zusätzliche Hinweise darauf geben, welche Verarbeitungsprozesse den Kindern schwerer fallen. Ihre Interpretation setzt jedoch nicht nur angemessene psychologische Modelle über den Lese- und Schreibprozeß voraus, sie ist auch darauf angewiesen, diese Prozesse bestimmten Hirnregionen zuzuordnen, und dies setzt wieder ein Modell über die Funktionsweise (und Entwicklung) des Zentralnervensystems und die dabei stattfindenden Erregungsprozesse in ihrer räumlichen Anordnung voraus.

Sowohl die Analyse evozierter Potentiale als auch die Analyse der EEG-Aktivität unter Aktivierungsbedingungen haben wiederholt Hinweise dafür gebracht, daß die hirnelektrischen Korrelate der Reizverarbeitung bzw. der kognitiven Aktivität bei lese- und schreibschwachen Kindern und durchschnittlichen Schülern voneinander abweichen (für eine Übersicht siehe etwa Warnke 1990, Miles und Stelmack 1994). Spezifische Abweichungen der evozierten Potentiale auf visuelle bzw. akustische Reize von leseschwachen Kindern und Erwachsenen wurden bei verschiedenen Aufgaben beobachtet: Einprägen von einzeln auf einem Bildschirm dargebotenen Wörtern (Miles und Stelmack 1994, Stelmack und Miles 1990), Unterscheidung, ob sich zwei geschriebene Wörter reimen (Ackerman et al. 1994). Dabei zeigten sich einerseits Auffälligkeiten, die darauf hindeuten, daß die Verarbeitung phonologischer Informationen bei leseschwachen Schülern weniger automatisiert ist und mehr Anstrengung erfordert (erhöhte späte negative Potentiale, Ackerman et al. 1994). Andererseits auch Hinweise darauf, daß die Verarbeitung von visuell dargebotenen Wörtern bzw. Buchstabenfolgen weniger intensiv und effizient erfolgt (geringere Negativität der evozierten Potentiale im Bereich 150-400 msec, Stelmack und Miles 1990, Naylor et al. 1990). Da diese Unterschiede spezifisch für lese- und rechtschreibschwache Schüler sind und bei Kindern mit Aufmerksamkeitsstörungen (Ackerman et al. 1994, Harter et al. 1988 a,b) oder mit anderen Lernschwierigkeiten, etwa in Mathematik (Miles und Stelmack 1994, Mattson et al. 1992), nicht beobachtet wurden, können diese Befunde als ein Beleg dafür gelten, daß die Informationsverarbeitung des Lesens bzw. Schreibens bei lese- schreibschwachen Kindern im Gehirn anders organisiert ist.

Untersuchungen der Stoffwechselaktivität verschiedener Hirnregionen während des Lesens und Schreibens: Durchblutungsmessungen während des Lesens bzw. der Verarbeitung schriftlicher Informationen zeigen bei geübten Lesern eine charakteristische Verteilung. Das Muster dieser Aktivität dürfte nach den vorliegenden Befunden bei schwachen Lesern von jener bei guten Lesern abweichen. Wood et al. (1991, Flowers et al. 1991) führten eine derartige Untersuchung bei einer größeren Gruppe von Erwachsenen durch, die während der Schulzeit wegen Teilleistungsschwächen behandelt worden waren. Die Durchblutung von 8 Hirnregionen beider Hemisphären (=Großhirnhälften) wurde mithilfe der Einatmung radioaktiven Xenons gemessen, während die Probanden die Aufgabe hatten, die Anzahl der Buchstaben von vorgesprochenen Wörtern anzugeben (Flowers et al. 1991). Es zeigte sich, daß die Durchblutungsintensität der Wernicke'schen Region (einer Region im linken Temporallappen, der für das Sprachverständnis besondere Bedeutung zukommt) bei allen Probanden, sowohl bei den Leseschwachen wie bei einer Kontrollgruppe, mit der Leistung bei dieser Aufgabe positiv korrelierte. Erwachsene, die als Kinder Leseschwierigkeiten gezeigt hatten, wiesen jedoch gleichzeitig eine größere Aktivität im angrenzenden Gyrus angularis Bereich auf. Die Durchblutungssteigerung während dieser Aufgabe umfaßte also einen größeren Bereich und war auch in einer Hirnregion nachweisbar, die dafür nicht primär spezialisiert erscheint.

Regionale Unterschiede im Gehirnstoffwechsel zwischen leseschwachen Erwachsenen und einer Kontrollgruppe konnten von einer anderen Forschungsgruppe auch mit einer anderen Methode, der Positronen-Emissions-Tomographie (PET) nachgewiesen werden (Gross-Glenn et al. 1990, 1991). Bei dieser Methode wird den Probanden eine geringe Dosis eines Glucose-Isotops (mit einer sehr geringen Halbwertszeit) injiziert und die Verteilung des Isotops während einer anschließenden Aktivität, in diesem Fall während des lauten Lesens, bestimmt. Diese Verteilung gibt einen Hinweis auf den Glusoseverbrauch in verschiedenen Hirnregionen und damit auf den Aktivitätsgrad dieser Regionen. Auch bei dieser Untersuchung zeigte sich, daß bei leseschwachen Personen während des Lesens verschiedene Hirnregionen in beiden Hemisphären stärker aktiviert waren, also stärker beansprucht wurden, als bei normalen. Dies betraf sowohl Regionen im Okzipitallappen (der primär für die visuelle Reizverarbeitung zuständig ist) als auch im Temporallappen (für die Verarbeitung sprachlicher Reize zuständig). Auffallend war weiter, daß die Aktivierung bei den leseschwachen Erwachsenen in einigen Regionen (v.a. im Frontalhirn und im Temporallappen) auf beiden Hemisphären gleich stark erfolgte, während sie bei den guten Lesern auf die linke Hemisphäre beschränkt war.

Mit der gleichen Methode läßt sich bei Erwachsenen mit einer schweren Lesestörung unter anderen Bedingungen (Erkennen von Reimen) auch eine mangelnde Aktivierung der linkseitigen Temporalregion nachweisen (Rumsey et al. 1992).

Untersuchungen zur Ausbildung der zerebralen Lateralisation: Die in der breiteren Öffentlichkeit wohl am bekanntesten gewordene Annahme der traditionellen Legasthenie-Theorie betrifft den Zusammenhang zwischen der Lese- und Rechtschreibschwäche und der Hemisphärendominanz. Dabei wird angenommen, daß eine mangelnde oder verzögerte Ausbildung der Hemisphärendominanz zu einer Beeinträchtigung der Sprachentwicklung und zu Schwierigkeiten beim Worterkennen und damit zu einer Lese- und Schreibschwäche führt.

Seitenpräferenz: Der sichtbarste Ausdruck einer mangelnden Ausbildung der Hemisphärendominanz wäre - so Orton (1937) - die größere Häufigkeit von Linkshändern bzw. von Kindern ohne klare Seitenpräferenz unter den lese- und schreibschwachen Kindern. Diese Hypothese ist vielfach untersucht worden, mit insgesamt doch eher negativen Ergebnissen, gerade in den größeren, epidemiologischen Untersuchungen (Belmont und Birch 1965, Fennell et al. 1983, Klicpera und Gasteiger-Klicpera 1993, Rutter et al. 1970, Satz und Flechter 1987, Valtin 1972). Sie hat trotzdem weiterhin eine gewisse Verbreitung und ist vielfach modifiziert worden, um neue Befunde zu berücksichtigen. Ein Grund für manche widersprüchliche Ergebnisse liegt wohl darin, daß die Definition der Händigkeit verschiedene Vorgehensweisen zuläßt. Die Verfügbarkeit von Händigkeitsinventaren, in denen der Gebrauch der beiden Hände bei verschiedenen Tätigkeiten bestimmt wird, lädt dazu ein, Kriterien für die Definition von Rechts- bzw. Linkshändigkeit erst nach Inspektion der Ergebnisse festzulegen. Dadurch wird die Chance auf das Erzielen einer signifikanten Assoziation zwischen Lernschwierigkeiten und Linkshändigkeit deutlich erhöht (Bishop 1990). Ein weiterer Grund für widersprüchliche Ergebnisse liegt darin, daß in manche Einrichtungen - wegen der verbreiteten Ansicht über einen Zusammenhang zwischen Händigkeit und Lese- und Rechtschreibschwäche - bevorzugt linkshändige Kinder überwiesen werden, wie wir am Beispiel der Legastheniker-Förderkurse in Wien nachweisen konnten (Klicpera und Gasteiger-Klicpera 1994a).

Annett (1985) hat der Hypothese einer abweichenden Seitendominanz bei leseschwachen Kindern neue Aktualität gegeben, indem sie die Präferenz der rechten bzw. linken Hand als Ausdruck einer unterschiedlichen motorischen Fertigkeit der beiden

Hände betrachtet, die genetisch reguliert wird. Die Schwelle, die die Differenz zwischen der motorischen Geschicklichkeit der rechten und der linken Hand überschreiten muß, um auch einen Ausdruck in der Seitenpräferenz zu finden, ist individuell sehr unterschiedlich und möglicherweise stärkerem sozialem Druck unterworfen. Die kontinuierlich verteilte Differenz zwischen der Geschicklichkeit beider Hände wäre demnach ein klarerer Ausdruck jener genetischen Einflüsse, die auch die Ausbildung der Sprachfunktionen in der linken Hemisphäre steuern, als die Seitenpräferenz. Bei leseschwachen Kindern wären demnach die Leistungen der rechten Hand bei motorischen Geschicklichkeitsaufgaben relativ schwächer und die Leistungen der linken Hand relativ besser als bei durchschnittlichen Lesern. Eine Hypothese, die Annett und Kilshaw (1984) an einer größeren Gruppe leseschwacher Schüler bestätigen konnten. Dieses Ergebnis konnte allerdings im Rahmen der Wiener Längsschnittuntersuchung nicht repliziert werden (Klicpera und Gasteiger-Klicpera 1994a).

Ein weiterer neuerer Ansatz (Geschwind und Behan 1982, Geschwind 1983) stellte einen Zusammenhang zwischen Linkshändigkeit, Migräne, Autoimmunstörungen und Leseschwächen her und meinte, daß diese Störungen auf eine abnorm hohe Ausschüttung von Testosteron in der Schwangerschaft oder eine erhöhte Sensibilität gegenüber Testosteron zurückzuführen sei, die die Zellwanderung in die linke Hemisphäre und damit die Entwicklung des Hemisphärendominanz beeinträchtigen würde. Auch hier konnte in der Zwischenzeit eine größere Anzahl von Untersuchungen keine Evidenz eines derartigen Zusammenhangs finden (Satz und Soper 1986, Van Strien et al. 1987).

Perzeptuelle Seitendominanz: Einen entscheidenden Anstoß hat die Auseinandersetzung mit der zerebralen Lateralisation durch die Beobachtung erhalten, daß bei gleichzeitiger Präsentation von unterschiedlichen verbalen Signalen (zumeist von Zahlen oder Wörtern) in beiden Ohren (=dichotischer Hörtest) jene, die im rechten Ohr zu hören sind, besser berichtet werden können (right ear advantage, REA). Dieser Befund wird als Hinweis auf die Spezialisierung der linken Hirnhälfte für die Verarbeitung von sprachlichen Informationen gewertet, da die Verbindungen des rechten Ohrs zur gegenüberliegenden, linken Hirnhälfte jene zur gleichseitigen, rechten Hirnhälfte übertreffen und eine raschere und zuverlässigere Informationsübertragung zulassen. Wenn lese- und schreibschwache Kinder daher eine mangelnde Spezialisierung der linken Hemisphäre auf die Verarbeitung von Sprachreizen zeigen, so wäre zu vermuten, daß bei ihnen ein geringerer Vorteil für die Verarbeitung rechts dargebotener verbaler Reize vorliegt. Die Befunde sind diesbezüglich jedoch widersprüchlich. Während einige ältere Untersuchungen einen verminderten REA festellten (z.B. Zurif und Carson 1970), konnten andere dies nicht bestätigen, vor allem wenn die Gedächtnisbelastung reduziert wurde (Prior et al. 1983). Neuere Untersuchungen betonen, daß der dichotische Hörtest vor allem die Fähigkeit zur Aufmerksamkeitsfokussierung erfassen kann und bestimmen daher die Leistungen, wenn sich die Kinder selektiv auf das eine oder andere Ohr konzentrieren. Doch auch hier gibt es widersprüchliche Ergebnisse. Während die Gruppe um Obrzut wiederholt eine geringere Fähigkeit guter Leser, die Aufmerksamkeit auf das linke Ohr zu konzentrieren, feststellte (z.B. Obrzut et al. 1985, 1988), kamen andere genau zum gegenteiligen Ergebnis (z.B. Morton und Siegel 1991), wieder andere fanden keinen Unterschied zwischen guten und schwachen Lesern (Hiscock und Beckie 1993). Insgesamt gesehen bieten somit die Untersuchungen zum dichotischen Hören keinen klaren Hinweis dafür, daß ein Zusammenhang zwischen der Hemisphärenspezialisierung und Schwierigkeiten beim Erlernen des Lesens und Schreibens besteht (Hiscock und Kinsbourne 1987, Bryden 1988).

Etwas anders sind die Befunde bezüglich der visuo-perzeptuellen Dominanz. Auch hier werden vom geübten Leser Wörter in der rechten Gesichtsfeldhälfte besser wahrgenommen als in der linken. Wiederholt wurde beschrieben, daß dies für leseschwache Kinder weniger zutrifft, allerdings ist die Interpretation dieser Ergebnisse schwierig (Young und Ellis 1981, Underwood und Boot 1986): Diese Untersuchungen gestatten es nicht, zwischen dem Einfluß unterschiedlicher Strategien bei der Informationsverarbeitung und der Ausbildung einer unterschiedlichen hemisphärischen Dominanz zu differenzieren. Wenn leseschwache Kinder Wörter auf andere Weise verarbeiten als gleichaltrige gut lesende Kinder, so muß der Nachweis eines geringeren Unterschieds zwischen der Vorgabe eines Wortes in der rechten und in der linken Gesichtshälfte oder sogar die Umkehrung der Unterschiede nicht bedeuten, daß die linke Hemisphäre leseschwacher Kinder weniger auf die Verarbeitung von Sprachreizen spezialisiert ist. Diese Unterschiede sind nur ein zusätzlicher Beleg für die bereits im ersten Abschnitt beschriebenen speziellen Merkmale des Worterkennungsvorgangs bei leseschwachen Kindern.

Direkte Hinweise auf Beeinträchtigungen bei der Entwicklung der zerebralen Organisation

Überzeugende Hinweise dafür, daß bei einem Teil der lese- und schreibschwachen Kinder eine Beeinträchtigung der Gehirnentwicklung bzw. qualitative Unterschiede in der Ausbildung der Gehirnstruktur den Schwierigkeiten bei der Aneignung der Schrftsprache zugrundeliegen, kommen vor allem aus drei Quellen:
- hirnpathologische Untersuchungen, die an einer kleinen Zahl von verstorbenen früheren Legasthenikern kleinste, nur mikroskopisch erkennbare Veränderungen beobachteten;
- morphologische Untersuchungen des Gehirn mithilfe bildgebender Verfahren: Die Entwicklung neuer, sehr sensitiver bildgebender Verfahren bietet die Möglichkeit bereits relativ feine Abweichungen der Hirnstruktur mit nicht-invasiven Verfahren festzustellen;
- Beobachtungen, daß bei einigen neurologischen Störungen - auch bei normaler Intelligenz - Schwierigkeiten beim Erlernen des Lesens und Schreibens gehäuft auftreten.

Hirnpathologische Untersuchungen: Da Lese- und Schreibschwierigkeiten im Schulalter die größte Beachtung finden und später entweder in der einen oder anderen Weise kompensiert bzw. verleugnet und ignoriert werden, gibt es kaum hirnpathologische Befunde. Deshalb haben Berichte von Galaburda (Galaburda und Kemper 1979, Galaburda et al. 1985, 1989, Humphreys et al. 1990, Kaufmann und Galaburda 1989) über histopathologische Untersuchungen an Gehirnen von früh verstorbenen Legasthenikern beträchtliches Aufsehen erregt, auch wenn es sich dabei nur um sehr wenige Fälle (insgesamt 8) handelte. Galaburda berichtete, daß sich in allen untersuchten (fünf männlichen und drei weiblichen) Gehirnen zwar keine groben pathologischen Befunde feststellen ließen, aber eine Häufung von kleinen, nur mikroskopisch identifizierbaren Herden von Zelldesorganisation (Mikrodysgenesis). Solche Herde werden zwar gelegentlich auch in anderen Gehirnen gefunden, aber nur bei einem kleinen Teil und in geringer Anzahl. Bei den untersuchten Gehirnen von Legasthenikern waren diese Herde in der linken Hemisphäre etwas häufiger anzutreffen als in der rechten, auch war ein Schwerpunkt in der Verteilung um die Sylvische Furche festzustellen, in Regionen also, die wesentlichen Anteil an Sprachverarbeitungsprozessen haben.

Als Mechanismus für das Entstehen dieser Anomalien kommen Prozesse (Infektionen etc.) in Frage, die um die Mitte der Schwangerschaft die späte Phase der neuronalen Wanderung beeinträchtigen. Da eine Häufung gravierender Störungen der Schwangerschaft bei leseschwachen Kindern sehr unwahrscheinlich ist, diskutieren Galaburda et al. (1989) einen Zusammenhang mit Autoimmunerkrankungen, die zu einer spezifischen Beeintächtigung der zentralnervösen Entwicklung führen könnten. Auf diese Weise könnte eine Brücke zu den Befunden über genetische Faktoren geschlagen werden, da eine Veranlagung für Autoimmunerkrankungen vererbt sein könnte. Diese Überlegungen sind allerdings äußerst spekulativ und können sich bisher auf sehr wenig Evidenz stützen. Zwar lagen bei den von Galaburda untersuchten Fällen zu Lebzeiten allergische Erkrankungen vor, eine größere Häufigkeit derartiger Erkrankungen bei lese- und rechtschreibschwachen Kindern bzw. ihren Familien ist jedoch aus größeren Untersuchungen nicht berichtet worden (Pennington et al. 1987, DeFries et al. 1991).

Morphologische Untersuchungen mithilfe bildgebender Verfahren: Neben der pathologischen Untersuchung von Gehirnen verstorbener Legastheniker bieten auch die modernen Methoden der Radiologie (CT-Scan etc.) die Möglichkeit, wenigstens auffällige Schädigungen des Gehirns bei lese- und rechtschreibschwachen Personen zu identifizieren. Die bisher vorliegenden Berichte konnten allerdings - selbst bei Kindern bzw. Jugendlichen, die bei der neurologischen Untersuchung Anzeichen für eine zerebrale Beeinträchtigung geboten haben - kaum pathologische Auffälligkeiten identifizieren (Denckla et al. 1985, Thompson et al. 1980).

Allerdings geben die bisherigen Untersuchungen Hinweise darauf, daß strukturelle Unterschiede bestehen. Am konsistentesten sind die Hinweise, daß bei lese- und schreibschwachen Probanden die Asymmetrie der beiden Hemisphären geringer ausgebildet ist. Vor allem in den Sprachregionen zeigt sich bei Legasthenikern eine geringere Asymmetrie zugunsten der (bei Rechtshändern) dominanten linken Hemisphäre (für eine Übersicht über etwas ältere Arbeiten siehe Hynd und Semrud-Clikeman 1989). Dies läßt sich am verläßlichsten mit der neuen MRI-Technik (Magnetic Resonance Imaging) zeigen, die Größenbestimmungen auch kleiner Areale ermöglicht, etwa des Planum temporale, das gewöhnlich in der dominanten Hemisphäre deutlich größer als in der nicht-dominanten ist. Bei Personen mit spezifischen Lese- und Schreibschwierig-keiten ist diese Asymmetrie häufig aufgehoben (Rumsey et al. 1986, Hynd et al. 1990, Larsen et al. 1990), wobei allerdings widersprüchliche Berichte darüber vorliegen, wieweit dies darauf beruht, daß die Region in diesen Fällen auf der dominanten Hemisphäre kleiner (Hynd et al. 1990) oder auf der nicht-dominanten größer ist. Eine neue Untersuchung (Arnold et al. 1993) stellt diese Befunde allerdings in Frage und deutete darauf hin, daß bei leseschwachen Personen durch Anwendung von Verfahren mit besonders hoher Bildauflösung sogar eine besonders ausgeprägte Asymmetrie des Planum temporale festgestellt werden kann.

Neben diesen wiederholt berichteten Veränderungen der Hemisphärenasymmetrie liegen noch vereinzelt Befunde über andere Auffälligkeiten vor, die jedoch von anderen nicht bestätigt werden konnten. So berichteten Duara et al. (1991), daß das Corpus Callosum, jene Faserstränge, die einen Großteil der beiden Hemisphären miteinander verbinden, bei Leseschwachen relativ stärker ausgebildet ist. Larsen et al. (1992) konnten dies wenig später an einer größeren Gruppe von leseschwachen Jugendlichen nicht bestätigen. Die bereits erwähnte Untersuchung von Arnold et al. (1993) stellte (bislang unbestätigt) gehäuft kleinere Abweichungen der Hirnwindungen auf beiden Hemisphären fest, die auf eine Störung der Zellmigration hindeuten.

Beeinträchtigung des Zentralnervensystems im Rahmen neurologischer Störungen als Risikofaktor für Lese- und Schreibschwächen: Einige neurologische Krankheiten erschweren Kindern das Erlernen des Lesens und Schreibens deutlich. Dies gilt für manche Epilepsieformen ebenso wie für Folgezustände schwerer Schädel-Hirntraumen (Klicpera 1984). Auch perinatale Schädigungen, die zu neurologischen Auffälligkeiten führen, dürften langfristig ein geringes, insgesamt betrachtet jedoch signifikantes Risiko für das Erlernen des Lesens und Schreibens darstellen (Balow et al. 1975). Die detaillierte Untersuchung des Lesen- und Schreibenlernens bei solchen Erkrankungen kann zusätzlichen Aufschluß nicht nur über die zentralnervöse Entwicklung, sondern auch über den Lese- und Schreiblernprozeß bringen. Eine derartige Untersuchung wurde etwa von Dennis et al. (1981) über das Lesen- und Schreibenlernen von Kindern, denen wegen therapieresistenter Anfälle frühzeitig große Teile der linken oder rechten Hemisphäre entfernt werden mußten, berichtet. Die langfristige Beobachtung dieser Kinder deutete auf eine Dissoziation der logographischen Lesefähigkeit (besser bei Erhaltung der rechten Heimsphäre) und der orthographischen Lesefähigkeit (besser bei Erhaltung der linken Hemisphäre) hin. Für den Fortschritt beim Lesen- und Schreibenlernen war jedoch die linke Hemisphäre eindeutig bedeutsamer, die Kinder, deren linke Hemisphäre entfernt werden mußte, hatten nicht nur größere Mühe bei der Entwicklung der Lesegeläufigkeit, auch ihr Leseverständnis war deutlich beeinträchtigt, da sie weniger in der Lage waren, syntaktische Informationen für das Verständnis zu nutzen.

Zusätzlich sind neurologische Störungen beschrieben worden, die zwar nicht zu einer globalen Beeinträchtigung der Leseentwicklung führen, jedoch zu einer Beeinträchtigung von Teilprozessen des Lesens. Dies gilt etwa für einen angeborenen Mangel der großen Faserverbindungen zwischen den Hemisphären (angeborener Balkenmangel, Agenesis des Corpus Callosums). Diese komplexe Strukturveränderung des Zentralnervensystems führt in einigen Fällen nur zu leichten kognitiven Beeinträchtigungen, dabei scheint jedoch die phonologische Rekodierungsfähigkeit beim Lesen sowie die Sensibilität für phonologische Informationen bei Gedächtnisaufgaben spezifisch beeinträchtigt, sodaß diese Kinder Pseudowörter deutlich schlechter als richtige Wörter lesen können (Temple et al. 1989, 1990).

Zusammenfassend muß festgehalten werden, daß die letzten Jahre einen bedeutenden Fortschritt in der Herausarbeitung einiger biologischer Faktoren, die mit zur Entstehung von Lese- und Schreibschwierigkeiten beitragen können, gebracht haben. Besonders hervorgehoben muß werden, daß Familienuntersuchungen gezeigt haben, daß eben jene Schwierigkeiten, die nach den an Informationsverarbeitungsmodellen orientierten Analysen als zentrale Schwierigkeit lese- und rechtschreibschwacher Kinder erscheinen, nämlich die Schwierigkeiten beim phonologischen Rekodieren, auf einer genetisch fundierten Anlage beruhen dürften. Sollte sich die bisher festgestellte hohe Quote der Übertragung dieser Anlage bestätigen, würde dies erlauben, die Entwicklung von Kindern in Familien mit einem erhöhten Risiko bereits im Vorschulalter zu beobachten und damit zunächst zu einem besseren Verständnis der Vorläufer von Lese- und Schreibschwierigkeiten zu gelangen, im weiteren dann geeignete Präventions- bzw. Frühförderprogramme für diese Kinder zu entwickeln.

Andere in diesem Abschnitt dargestellten Befunde zeigen, daß die Funktionen des Lesens und Schreibens durch die Aktivität bestimmter Gehirnzentren unterhalten werden und daß sich Schwierigkeiten bei der Ausführung von Lese- und Schreibaufgaben zumeist in einer gesteigerten Aktivierung dieser Zentren sowie in einer ungewöhnlichen

Verteilung des Aktivitätsmusters im Gehirn manifestieren. Damit ist allerdings noch nicht gesagt, daß eine zentralnervöse Funktionsstörung die Ursache der Lese- und Schreibschwierigkeiten ist. Frühere Hypothesen, die in diese Richtung gingen und annahmen, daß Lese- und Schreibschwierigkeiten auf einer unzureichenden Lateralisation der Sprachfunktionen oder einer allgemeineren, wenn auch eher geringfügigen Beeinträchtigung der Gehirnentwicklung ("minimale cerebrale Dysfunktion") beruhen würden, haben sich als zu unpräzise und damit wenig fruchtbar für das genauere Verständnis dieser Schwierigkeiten erwiesen. Ergebnisse aus den letzten Jahren zeigen allerdings, daß zumindest bei einem Teil der lese- und schreibschwachen Kinder mit neueren Methoden geringfügige Abweichungen in Aufbau und Organisation des Gehirns nachgewiesen werden können. Auch wenn diese Ergebnisse nicht ohne Bedeutung sind, so lassen sich doch daraus keine unmittelbaren Schlußfolgerungen für das diagnostische oder therapeutische Handeln ziehen.

5. Geschlechtsunterschiede in der Häufigkeit von Lese- und Schreibschwierigkeiten

Unterschiede in den Schulleistungen zwischen Buben und Mädchen haben seit langem besondere Beachtung gefunden, da sie ganz offensichtlich dem Prinzip der Chancengleichheit widersprechen. Zwar stehen vor allem die geringeren Leistungen der Mädchen in Mathematik im Zentrum einer intensiven pädagogischen Diskussion, jedoch gibt es auch bezüglich der Fortschritte beim Lesen- und Schreibenlernen Hinweise auf eine unterschiedliche Leistungsentwicklung bei Buben und Mädchen, hier allerdings zu ungunsten der Buben. Da diese Unterschiede durch verschiedene Faktoren bedingt sein können, setzen wir uns damit im Anschluß an die vorausgehenden Kapitel über mögliche Ursachen von Lese- und Schreibschwierigkeiten auseinander.

Evidenz für Geschlechtsunterschiede in den Lese- und Schreibfertigkeiten: Wie die jüngste IEA (International Association for the Evaluation of Educational Achievement) Lesestudie (Elley 1992), an der 27 Länder teilgenommen haben, gezeigt hat, erzielen am Ende der Grundschulzeit in allen Ländern Mädchen bessere Leistungen im Lesen als Buben. Die Geschlechtsunterschiede sind in verschiedenen Ländern von unterschiedlicher Größe, jedoch zumeist (in der IEA-Studie in 19 von 27 Ländern) signifikant. Neben dieser großangelegten internationalen Vergleichsstudie berichten auch die meisten anderen größeren Untersuchungen, vor allem aus dem anglo-amerikanischen Bereich (z.B. Gates 1961, Morris 1966, Rutter et al. 1970, Davie et al. 1972), über geringere Leistungen von Buben im Lesen und/oder Rechtschreiben. Beim Versuch, die Befunde zu ordnen, erscheinen folgende Faktoren bedeutsam:

Art der Aufgabenstellung: In der Tendenz sind Geschlechtsunterschiede eher in den Fortschritten beim Erlernen von basalen Lesefertigkeiten (Lesesicherheit und Lesegeschwindigkeit) und im Rechtschreiben festzustellen als etwa im Leseverständnis.

Mündliche Lesefertigkeit: Aus dem anglo-amerikanischen Raum gibt es viele Berichte über geringere Fortschritte von Buben in den ersten Stadien der Leseentwicklung, in denen es um die Grundlegung von Sicherheit und Geläufigkeit im Worterkennen geht (z.B. Clark 1979, Davie et al. 1972, Rutter et al. 1970). Für den deutschen Sprachraum liegen nur wenige Berichte über Geschlechtsunterschiede beim mündlichen Lesen vor, und diese sind nicht zu einheitlichen Ergebnissen gekommen. Einige Untersuchungen (Niemeyer 1974, Preston 1953, 1962, Schenk-Danziger 1968, Valtin 1972) fanden nur geringe Unterschiede, wobei besonders die Untersuchungen von Preston (1953, 1962) hervorstechen, da hier bei ähnlichen Aufgaben in den USA ein recht deutlicher Geschlechtsunterschied festgestellt wurde. Andere Untersuchungen beobachteten hingegen deutliche Unterschiede in der Lesegeschwindigkeit (Binder et al. 1984) bzw. in allen basalen Lesefertigkeiten (Lesesicherheit und -geschwindigkeit) (Klicpera und Gasteiger-Klicpera 1994b).

Rechtschreiben: Hier werden in den meisten Untersuchungen sowohl für die englisch-sprachigen Länder deutlich bessere Leistungen für die Mädchen berichtet (Allred 1990), als auch für den deutschsprachigen Raum (Angermaier 1974, Niemeyer 1974, Kemmler 1967, Klauer 1992, Klicpera und Gasteiger-Klicpera 1994b, siehe auch die Ergebnisse zur Normierung der meisten Rechtschreibtests sowohl in Deutschland wie in Österreich).

Leseverständnis: Tests, die das Leseverständnis bestimmen, zeigen im deutschsprachigen Raum bereits in den ersten Klassenstufen häufig kaum Unterschiede in den Leistungen von Buben und Mädchen (z.B. Valtin 1981, Klauer 1990, siehe auch die Ergebnisse zur Normierung der meisten Leseverständnistests), eine Tendenz, die im anglo-amerikanischen Raum zumindest für die höheren Klassen ebenfalls gilt (Hogrebe et al. 1985).

Einfluß der Klassenstufe: Die Leistungsunterschiede sind in den niedrigen Klassen in der Tendenz größer als in den höheren Klassenstufen (Elley 1992, Morris 1966, Wolf und Gow 1986). Dies liegt z.T. daran, daß die Buben tatsächlich ihren anfänglichen Rückstand den Mädchen gegenüber aufholen, sich also vor allem bei den ersten Schritten des Lesenlernens schwerer tun, diese Anfangsschwierigkeiten dann jedoch überwinden. Z.T. könnte dies auch mit den veränderten Anforderungen an das Lesen in den höheren Klassen zusammenhängen, in denen das Vorwissen der Schüler - va. bei Sachtexten - stärker die Leseleistungen bestimmt.

Größere Variabilität der Leistungen bei den Buben als bei den Mädchen: Buben zeigen nicht nur insgesamt geringere Leistungen im Lesen und Schreiben als Mädchen, auch die Variabilität der Leistungen ist bei ihnen oft größer (z.B. Gates 1961, Morris 1966, Rutter et al. 1970, Stevenson et al. 1976). In der Tendenz sind jedenfalls die Unterschiede zwischen Buben und Mädchen am unteren Ende des Leistungsspektrums besonders groß.

Epidemiologische Untersuchungen aus dem anglo-amerikanischen Bereich berichten, daß das Verhältnis von Buben und Mädchen unter den Kindern mit Leseschwierigkeiten etwa 2 zu 1 beträgt (Berger et al. 1975, Eisenberg 1966, Werner et al. 1967). Im deutschsprachigen Raum waren allerdings die Unterschiede im Anteil von Kindern mit Lese- und Rechtschreibschwierigkeiten in den älteren, größeren Untersuchungen nicht sehr ausgeprägt (3:2) (Angermaier 1974, Niemeyer 1974, Valtin 1981). In den Normentabellen der meisten Rechtschreibtests wie auch nach den Ergebnissen der Wiener Längsschnittuntersuchungen (Klicpera und Gasteiger-Klicpera 1994) zeigen sich jedoch in allen Klassenstufen sehr ausgeprägte Unterschiede in der Häufigkeit schwacher Leistungen zwischen Buben und Mädchen.

Abhängigkeit der Leistungen von der Intelligenz und Unterschiede in der Häufigkeit von spezifischen Lese- und Rechtschreibschwierigkeiten: In einigen Untersuchungen wurden Unterschiede in der Vorhersagbarkeit der Lese- und Rechtschreibschwierigkeiten durch die Intelligenz bei Buben und Mädchen festgestellt. Diese Unterschiede sind allerdings keineswegs konsistent. So berichtete Clark (1979), daß Buben mit Leseschwierigkeiten intelligenter wären als Mädchen mit gleich großen Schwierigkeiten. Auch in den beiden bekannten epidemiologischen Untersuchungen von Rutter und Mitarbeitern in London bzw. auf der Isle of Wight war der Anteil an Buben unter den Kindern mit spezifischen bzw. (zur Intelligenz der Kinder) diskrepanten Leseschwierigkeiten besonders groß (Verhältnis Buben : Mädchen 3:1) und damit deutlich größer als unter den schwachbegabten Kindern mit Leseschwierigkeiten (Berger et. al. 1975). Dies würde bedeuten, daß eine gute Allgemeinbegabung Buben viel weniger vor Schwierigkeiten beim Lesenlernen bewahrt als Mädchen. Dieses Ergebnis ist allerdings in neueren Untersuchungen nicht bestätigt worden (Silva et al. 1985, Shaywitz et al. 1990, Wood et al. 1991, Valtin 1981, Klicpera und Gasteiger-Klicpera 1994). Eine Untersuchung berichtete sogar, daß der Zusammenhang zwischen dem Intelligenzniveau und der Leseleistung bei den Buben signifikant größer ist als bei den Mädchen (Stevenson et al. 1976).

Einfluß sozialer Faktoren: Die Lese- und Rechtschreibleistung von Buben hängt nach Stevenson et al. (1976) stärker von sozialen Faktoren ab als jene von Mädchen. So ist der Zusammenhang des Leistungsstands im Lesen mit der Sozialschichtzugehörigkeit der Familien bei Buben enger als bei Mädchen. Dies deutet darauf hin, daß Buben mehr äußere Unterstützung beim Lesenlernen benötigen. Außerdem korreliert bei Buben die Leseleistung sowohl mit der Qualität der schulischen und Berufsausbildung der Väter wie mit jener der Mütter, bei den Mädchen ist hingegen nur die Korrelation mit der schulischen und der Berufsausbildung der Mütter signifikant (Stevenson et al. 1976, Schabmann und Klicpera 1994). Auch dies weist auf einen größeren Bedarf an Unterstützung beim Lesenlernen hin, in diesem Fall die Unterstützung durch das väterliche Vorbild.

Ursachen der Geschlechtsunterschiede: Folgende Hypothesen kommen als Erklärung der Geschlechtsunterschiede in den Lese- und Schreibleistungen in Frage:

Geringere kognitive Lernvoraussetzungen für das Erlernen des Lesens und Schreibens: Nach der ersten Gruppe von Hypothesen würden die Leistungsunterschiede im Lesen und Schreiben dadurch zustande kommen, daß sich Buben und Mädchen in ihrer Begabung unterscheiden. In diesem Zusammenhang wird vor allem auf die größere Häufigkeit von Sprachentwicklungsverzögerungen und Sprachentwicklungsstörungen bei Buben hingewiesen (Davie et al. 1972), da diese als Vorläufer von Lese- und Schreibschwierigkeiten gelten können. Es ist allerdings unwahrscheinlich, daß dies als Erklärung für die doch recht spezifischen Schwierigkeiten vieler Kinder beim Lesen- und Schreibenlernen ausreicht. Zudem ist die Evidenz dafür, daß Buben insgesamt eine geringere verbale Begabung aufweisen, recht gering. Nach Maccoby und Jacklin (1974) werden Geschlechtsunterschiede in verbalen Fähigkeiten erst um die Pubertät sichtbar, neuere Auseinandersetzungen mit dieser Frage bezeichnen die verbale Überlegenheit von Mädchen überhaupt als einen Mythos (Macaulay 1978).

Eine spezifischere Annahme über die Ursachen der Geschlechtsunterschiede geht von einer leichteren Automatisierung verbaler Fähigkeiten bei Mädchen aus (Bakker und Moerland 1981). Hinweise dafür finden sich in einer geringeren lexikalischen Abrufsgeschwindigkeit bei Buben, die den Leseschwierigkeiten vorausgeht und diese signifikant vorhersagt (Wolf und Gow 1986). Diese Ergebnisse konnten allerdings in den Wiener Längsschnittuntersuchungen nicht repliziert werden, hingegen beobachteten wir eine geringere Ausbildung der phonologischen Bewußtheit bei Buben zum Schuleintritt. Auch diese Ergebnisse bedürfen allerdings der Replikation. In den bisherigen Untersuchungen wurde kaum über Geschlechtsunterschiede etwa in der Ausbildung der phonologischen Bewußtheit oder in anderen phonologischen Fähigkeiten berichtet.

Konstitutionell-biologisch bedingte Ursachen: Ein Überblick über neuropsychologische Hypothesen zu den Geschlechtsunterschieden bei Sprach- und Lesestörungen von Satz und Zaide (1983) weist darauf hin, daß die meisten Entwicklungsstörungen, bei denen die Sprachentwicklung betroffen ist, bei Buben deutlich häufiger auftreten als bei Mädchen. Erklärungen für dieses Phänomen sind allerdings heterogen. Es wurde deshalb vermutet, daß Buben aufgrund langsamerer Reifung des Zentralnervensystems oder anderer konstitutionell bedingter Unterschiede (z.B. stärkere Hemisphärendominanz bzw. Lateralisation kognitiver Fähigkeiten) ein erhöhtes Risiko für ein Zurückbleiben in der Sprachentwicklung und beim Lesen- und Schreibenlernen aufweisen. Die Evidenz für diese Hypothesen, insbesondere für geschlechtsspezifische Unterschiede in der Ausbildung der Hemisphärendominanz, ist jedoch gering (Satz und Zaide 1983).

Eine weitere Ursache geschlechtsspezifischer Unterschiede in der Häufigkeit von Lese- und Rechtschreibschwierigkeiten könnte in genetischen Faktoren zu suchen sein. Als ein derartiger Mechanismus kommt eine geringere Penetranz der genetischen Prädisposition zu Leseschwierigkeiten in Frage, wie dies bereits in der älteren genetischen Forschung (Hallgren 1950) angenommen wurde. Nach den Befunden der neueren Forschung dürfte die Schwelle, ab der es zu einem deutlichen Rückstand in der Leseentwicklung kommt, bei Mädchen höher liegen (Pennington et al. 1991, Schulte-Körne et al. 1993). Betroffene Mädchen wären demnach stärker genetisch belastet, in ihren Familien würden sich häufiger Angehörige mit Leseschwierigkeiten finden als in den Familien leseschwacher Buben. Von Galaburda (1991, Diskussionsbemerkung in Duane und Gray 1991) wird auch die Möglichkeit erwähnt, daß genetisch belastete Frauen weniger Mädchen als Buben zur Welt bringen und dadurch ein Übergewicht an leseschwachen Buben zustandekommt.

Geringere Motivation von Buben zum Lesen- und Schreibenlernen: Eine weitere Hypothese verweist auf die unterschiedliche Sozialisation von Buben und Mädchen, die im Schulalter häufiges Lesen als zum Rollenbild der Mädchen, aber weniger zu dem der Buben passend erscheinen läßt (Dwyer 1973, Kagan 1964). Nach dieser Hypothese ist der Unterschied nicht in unterschiedlichen Lernvoraussetzungen begründet, sondern in einer stärkeren Motivation der Mädchen, das Lesen zu lernen. Dafür spricht etwa, daß Buben in den ersten Klassen ähnlich gute Leseleistungen erbringen wie Mädchen, wenn der zu lesende Text das besondere Interesse jedes Kindes anspricht, schlechtere Leistungen hingegen, wenn es sich um einen für die Kinder uninteressanten Text handelt (Asher und Markell 1974). Auf die Bedeutung der Lesemotivation für die unterschiedliche Leseleistung von Buben und Mädchen weist auch die Tatsache hin, daß die Unterschiede bei Erzähltexten deutlich größer sind als bei Sachtexten (Elley 1992). Erzähltexte werden jedoch von Mädchen in ihrer Freizeit viel häufiger gelesen als von Buben (Guthrie und Greaney 1991, Schabmann und Klicpera 1994). Wenn die unterschiedliche Lesehäufigkeit von Buben und Mädchen außerhalb des Unterrichts in Betracht gezogen wird, so verschwinden - wenigstens bei älteren Schülern - die Geschlechtsunterschiede in der Leseleistung nahezu vollständig (Schabmann und Klicpera 1994).

Unterrichtsfaktoren: Ein weiterer Faktor, der als Ursache für die Leistungsunterschiede von Buben und Mädchen in Frage kommt, ist die Gestaltung des Unterrichts. Es könnte sein, daß sich Geschlechtsunterschiede beim Lesen und Schreiben nur dann zeigen, wenn es im Unterricht nicht gelingt, das Interesse der Buben am Lesen und Schreiben zu wecken. Hinweise dafür fanden sich in den Wiener Längsschnittuntersuchungen (Klicpera und Gasteiger-Klicpera 1994b), in denen unabhängig voneinander in zwei Stichproben ein Zusammenhang zwischen dem Leistungsstand der Klassen und den Geschlechtsunterschieden in den Lese- und Schreibleistungen festgestellt wurde. Mädchen waren danach relativ wenig von der Zugehörigkeit zu einer Klasse mit einem hohen bzw. einem geringen Leistungsstand beeinflußt, während der Leistungsstand der Buben stark abfiel, wenn sie in einer Klasse unterrichtet wurden, in der insgesamt geringere Fortschritte beim Lesen gemacht wurden. Diese Unterschiede standen damit in Zusammenhang, daß die Buben in den schwächeren Klassen auch weniger in ihrer Freizeit lasen, während die Mädchen sowohl in den guten wie in den schwächeren Klassen gleich häufig zu den eifrigen Lesern zählten. Nach diesen Beobachtungen dürfte somit das Manifestwerden von Leistungsunterschieden auch von der Gestaltung des Unterrichts abhängen.

Die leichtere Motivierbarkeit der Mädchen zum Lesen könnte auch damit zusammenhängen, daß in vielen Ländern der überwiegende Teil der Lehrkräfte Lehrerinnen sind. Diese Hypothese wurde zunächst von Preston (1962) zur Erklärung dafür formuliert, daß in Deutschland zum damaligen Zeitpunkt die Geschlechtsunterschiede in der Leseleistung geringer waren als in den USA. Spätere Untersuchungen konnten einen Zusammenhang zwischen dem Prozentsatz an weiblichen Lehrkräften und der Größe der Leistungsunterschiede im Lesen zwischen Mädchen und Buben bestätigen (Johnson 1974). Die jüngste internationale Vergleichsstudie von Leseleistungen fand ebenfalls gewisse Hinweise für diesen Zusammenhang, allerdings war dies keineswegs konsistent (Elley 1992).

Zusammenfassend können wir festhalten, daß Mädchen im allgemeinen - vor allem während der Grundschulzeit - bessere Leistungen im Lesen und Schreiben erzielen als Buben. Diese Unterschiede sind allerdings zumeist nicht sehr groß (nach Tizard et al., 1988, betragen die Geschlechtsunterschiede in England etwa ein Drittel jener, die zwischen Schülern aus unterschiedlichen sozialen Schichten festzustellen sind). Nur am unteren Ende des Leistungsspektrums findet sich fast immer ein deutlich größerer Anteil an Buben. Die Ursachen für die Geschlechtsunterschiede dürften in erster Linie in einer geringeren Motivation der Buben zum Lesen und Schreiben sowie in ihren Schwierigkeiten, sich an die Anforderungen des Unterrichts anzupassen, zu suchen sein. Der Unterrichtsgestaltung kommt daher für die Entwicklung des Lesen- und Schreibenlernens von Buben eine besonders große Bedeutung zu. Gelingt es nicht, die Kinder für das Lesen zu gewinnen und ihnen die ersten, für einen Teil der Kinder schwierigen Schritte zu erleichtern, so sind die Auswirkungen auf die Buben deutlich größer als auf die Mädchen.

6. Schulische Faktoren in ihrem Einfluß auf die Häufigkeit von Lese- und Schreibschwierigkeiten

Bei der Diagnose von Lese- und Rechtschreibschwierigkeiten wird zumeist davon ausgegangen, daß alle Kinder seitens der Schule gleiche Chancen beim Lesen- und Schreibenlernen haben, solange sie regelmäßig die Schule besuchen. Auch größere Untersuchungen der 60-er Jahre kamen zu dem Schluß, daß von den Schulen nur ein geringer Einfluß auf die Entwicklung der Kinder ausgeht, daß diese vielmehr in erster Linie von der Begabung und von familiären Einflüssen bestimmt wird (zusammenfassend bei Jencks

1972). Sowohl internationale Vergleichsuntersuchungen, v.a. die IEA-Studien (Postlethwaite und Ross 1992), als auch eine Reihe viel beachteter Untersuchungen im anglo-amerikanischen Raum (z.B. Rutter et al. 1979, Purkey und Smith 1983, Tizard et al. 1988) haben jedoch auf bedeutsame Unterschiede zwischen den Schulen hingewiesen, die nicht durch Eingangsvoraussetzungen (z.B. Unterschiede im sozialen Einzugsgebiet der Schulen) erklärbar sind.

Wenn die Leistungen der Schüler in verschiedenen Schulen verglichen werden, dann wird offensichtlich, daß nach einigen Jahren Schulbesuch zwischen den Schulen beträchtliche Unterschiede in der Häufigkeit von Lese- und Schreibschwierigkeiten bestehen. So beobachtete Cockburn (1973), daß in einem Schulbezirk in Schottland in einigen Schulen nahezu alle Kinder im Lesen recht gut waren, in anderen Schulen jedoch ein Viertel bis ein Drittel der Kinder nach zwei Jahren Volksschulunterricht noch nicht die Anfänge des Lesenlernens gemeistert hatte. Ähnliche Beobachtungen liegen auch aus dem deutschen Sprachraum vor. Valtin (1981) berichtete, daß in Berlin der Prozentsatz der rechtschreibschwachen Kinder in verschiedenen Klassen der 3.Schulstufe zwischen 9 und 71% schwankt, der Prozentsatz leseschwacher Schüler zwischen 4 und 61%.

Ähnlich große Unterschiede im Leistungsstand verschiedener Klassen und in der Häufigkeit von Kindern mit Lese- und Rechtschreibschwierigkeiten beobachteten wir im Rahmen der Wiener Längsschnittuntersuchungen (Klicpera und Gasteiger-Klicpera 1993). Die größten Unterschiede zwischen verschiedenen Klassen waren mitunter zwischen den Parallelklassen ein- und derselben Schule zu finden, waren also nicht auf Merkmale des Einzugsgebiets der Schulen oder das "Schulklima" zurückzuführen.

Dies wird am Beispiel einer der Wiener Längsschnittuntersuchungen deutlich, in der die Lese- und Rechtschreibentwicklung von allen Kindern aus 13 Klassen in 6 verschiedenen Schulen von der 1. zur 2.Klasse analysiert wurden. Wie die folgende Abbildung zeigt, war der Anteil an Schülern, der am Ende der 1.Klasse im Rechtschreiben deutlich hinter dem durchschnittlichen Leistungsstand der Gesamtgruppe zurücklag, in der Klasse Nr.2 größer als in Klasse Nr.1, in Klasse Nr.4 größer als in Klasse Nr.3 etc., obwohl es sich dabei jeweils um Parallelklassen handelte. Besonders auffällig ist der Unterschied zwischen den Klassen Nr.9, 10 und 11, alles Parallelklassen einer Schule. In der Klasse Nr.11 wiesen drei Viertel der Schüler einen deutlichen Rückstand gegenüber der Altersnorm auf, in der Klasse Nr.9 jedoch nur ein einziger.

Auffällig war, daß in vielen Fällen die Parallelklassen der Schulen auch von der Begabung der Kinder her nicht gleichmäßig zusammengesetzt waren. In vielen Fällen unterschieden sich Parallelklassen mit einem unterschiedlichen Leistungsstand im Lesen und Rechtschreiben auch in den Ergebnissen eines gleichzeitig vorgegebenen Intelligenztests. Trotzdem können die Leistungsunterschiede der Klassen im Lesen und Rechtschreiben bei weitem nicht durch die unterschiedliche Begabung der Kinder erklärt werden. Die Unterschiede zwischen den Klassen bleiben vielmehr auch erhalten, wenn der Anteil jener Kinder verglichen wird, deren Leistungen im Lesen und Rechtschreiben deutlich schlechter ausgefallen sind, als man aufgrund ihrer Begabung erwarten würde. Im Längsschnitt betrachtet sind die Leistungsunterschiede zwischen Parallelklassen über die Jahre hinweg äußerst stabil. Nach Ende der 1.Klasse bleiben diese Unterschiede während der gesamten Volksschulzeit weitgehend erhalten und beeinflussen daher auch in einem nicht unbeträchtlichen Ausmaß den Anteil der Schüler, die nach Abschluß der Volksschule ins Gymnasium übertreten (Klicpera und Gasteiger-Klicpera 1993).

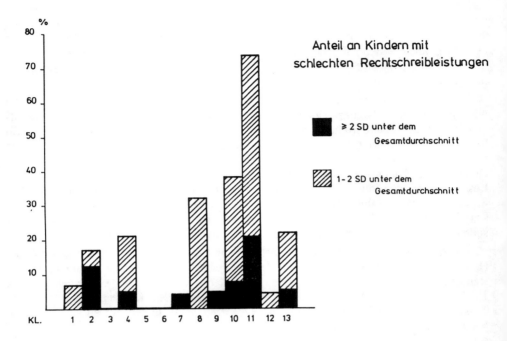

Abb. 16: Anteil an Kindern mit deutlich geringeren Rechtschreibleistungen als die Altersnorm: Vergleich von 13 Klassen am Ende der 1.Schulstufe (Klassen 1/2, 3/4 ... 9/10/11, 12/13 sind Parallelklassen aus 6 Schulen der Wiener Längsschnittuntersuchungen).

Untersuchungen in der Sekundarschule haben nicht nur die Leistungsunterschiede zwischen verschiedenen Schulen bestätigt, sie konnten vielmehr - durch Erfassung sowohl des Leistungsstands, mit dem die Schüler in diese Schulen eintreten, als auch der Fertigkeiten nach mehreren Jahren - zeigen, daß die Schulen die Lernfortschritte der Schüler beeinflussen (Rutter et al. 1979), allerdings wurde in dieser recht einflußreichen Untersuchung der Lernfortschritt in den verschiedenen Schulfächern durch die Prüfungsergebnisse bei den Abschlußexamina bestimmt.

Eine wertvolle Ergänzung der herkömmlichen Fragestellungen zu den Ursachen von Leseschwierigkeiten stammt von Morris (1966). Sie hat eine größere Gruppe von schwachen und guten Lesern aus etwa 80 Klassen ausgewählt und dann festgestellt, wie sich der Unterricht im Lesen und Schreiben, den gute und schwache Schüler erhalten, voneinander unterscheidet. Es zeigte sich, daß schwache Schüler im Unterricht deutlich ungünstigere Bedingungen vorfinden als gute, und zwar bereits in äußeren Bedingungen (z.B. Ausstattung der Klassen mit einer Klassenbücherei).

Wieweit die Schulwegsdifferenzierung, wie sie in den deutschsprachigen Ländern in der Sekundarstufe üblich ist, die weitere Entwicklung im Lesen und Schreiben beeinflußt, ist kaum bekannt. Zwischen den Schülern verschiedener Schultypen bestehen schon beim Übertritt beträchtliche Unterschiede in der Lese- und Schreibfertigkeit. Nach einer etwas älteren österreichischen Untersuchung (Bamberger et al. 1977) war bereits zu Beginn der Sekundarstufe die Lesegeschwindigkeit von Schülern der weiterführenden Schulen

(Abschluß mit Matura bzw. Abitur, Allgemeinbildende höhere Schule, AHS) etwa um 50% größer als von Kindern der Hauptschule. Während in dem ersten Schultyp etwa die Hälfte der Kinder eifrige Leser waren, galt dies für die Hauptschule für weniger als ein Fünftel. Ähnliche Unterschiede konnten auch in den Wiener Längsschnittuntersuchungen beobachtet werden (Klicpera und Gasteiger-Klicpera 1993). Der Besuch der beiden Schultypen hatte zwar keinen unterschiedlichen Einfluß auf die Fortentwicklung der basalen Lesefertigkeiten und des Rechtschreibens, die Schüler der AHS erzielten während der ersten vier Jahre jedoch deutlich größere Fortschritte im Leseverständnis als die Hauptschüler.

Zusammenfassung: Eine mittlerweile beträchtliche Anzahl an Befunden deutet darauf hin, daß sowohl zwischen verschiedenen Schulen als auch zwischen den Parallelklassen von Schulen beträchtliche Unterschiede in den Lese- und Rechtschreibfertigkeiten bestehen. Diese Unterschiede sind nur zum Teil auf soziale Faktoren bzw. unterschiedliche Lernvoraussetzungen bei Schuleintritt zurückzuführen, zum Teil stehen sie in einem direkten Zusammenhang mit der Gestaltung des Unterrichts. Im folgenden Abschnitt soll daher der Frage nach der Bedeutung der Unterrichtsgestaltung für den Erfolg beim Lesen- und Schreibenlernen detailliert nachgegangen und dargestellt werden, wie der Unterricht Kindern helfen kann, lesen und schreiben zu lernen.

7. Kurze Zusammenfassung zu den Ursachen von Lese- und Schreibschwierigkeiten

Die Ausführungen in diesem Abschnitt haben deutlich gemacht, daß viele Faktoren zu Schwierigkeiten beim Erlernen des Lesens und Schreibens beitragen können:

- soziale bzw. familiäre Einflüsse
- Schwächen in einzelnen Teilleistungsbereichen
- mangelndes Zurechtkommen in der Klassensituation
- konstitutionelle Faktoren
- schulische Faktoren

Unser Wissen über die Bedeutung dieser Einflüsse für das Erlernen des Lesens und Schreibens ist sehr differenziert. Dies betrifft sowohl das Verständnis der Einflußfaktoren selbst - für jeden Bereich verfügen wir über eine Fülle an Informationen, die uns gestatten, die Bedingungen genauer anzugeben, die

- für das Erlernen verschiedener Teilfertigkeiten des Lesens und Schreibens von besonderer Bedeutung sind, und auch
- den Zeitpunkt bzw. die Lern- oder Entwicklungsphase zu differenzieren, an dem die Faktoren bedeutsam werden.

Aus sozial- bzw. bildungspolitischer Sicht erscheint ein besseres Verständnis für die sozialen und familiären Einflüsse besonders bedeutsam. Die hier dargestellten Beobachtungen bzw. Befunde weisen auf die nach wie vor bestehenden Benachteiligungen von Kindern aus armen, aber auch aus kinderreichen Familien hin. Sie legen jedoch auch nahe, daß Familien, z.B. durch geeignete Maßnahmen zur Verbesserung der Kooperation zwischen Schule und Elternhaus, in die Lage versetzt werden könnten, den Kindern das Erlernen des Lesens und Schreibens zu erleichtern. Auf diese Möglichkeiten werden wir im folgenden Abschnitt näher eingehen.

Die meiste Beachtung findet wohl nach wie vor die Frage nach den kognitiven Lernvoraussetzungen des Lesens und Schreibens sowie die Frage, aufgrund welcher Teilleistungsschwächen das Erlernen dieser Fertigkeiten manchen Kindern so schwer fällt. Hier wurden in den letzten Jahren bedeutende Fortschritte erzielt. Hervorzuheben ist wohl vor allem, daß sich die Auseinandersetzung mit diesen Fragen immer mehr auf Modelle über den Lese- und Schreibprozeß stützt. Vieles spricht dafür, daß es vor allem spezielle Schwächen im phonologischen Bereich sind, die diese Lernschwierigkeiten bedingen. Hier zeigt sich eine bemerkenswerte Übereinstimmung mit den Analysen der Lese- und Rechtschreibschwierigkeiten, bei denen gleichfalls eine Schwäche im phonologischen Rekodieren als zentrales Problem der meisten lese- und rechtschreibschwachen Kinder aufgezeigt wurde. Doch erscheint es nach wie vor fraglich, ob dies die einzigen Schwierigkeiten sind und ob nicht andere hinzukommen müssen, damit es zu einem schwerwiegenden Versagen beim Lesen- und Schreibenlernen kommt. In jedem Fall dürften Kinder, die nicht nur beim Erlernen des mündlichen Lesens und beim Worterkennen Schwierigkeiten haben, sondern auch beim Leseverständnis, allgemeinere sprachliche Teilleistungsschwächen aufweisen.

Für den Zusammenhang zwischen sozialen Anpassungs- sowie emotionalen Problemen und Lese- und Schreibschwierigkeiten gibt es ebenfalls eine Reihe neuer Befunde, die einerseits nahelegen, daß es sich hierbei vielfach um gemeinsame Folgen einer geringen Vorbereitung auf die schulischen Anforderungen handelt, andererseits dazu Anlaß geben, die Konzentrationsschwierigkeiten als ein Problem zu betrachten, das zu den Leistungsschwächen noch hinzutreten kann und seinerseits deutliche Auswirkungen auf die Art des Herangehens der Kinder an schulische Aufgaben hat. Die mangelnde Verwendung von Lernstrategien und die Passivität im Lernverhalten, die im ersten Abschnitt als charakteristisches Merkmal des Leseverständnisses und der Textproduktion mancher lese- und schreibschwacher Kinder beschrieben wurden, scheinen demnach primär auf Aufmerksamkeits- und Motivationsprobleme zurückzuführen sein.

Der Frage nach den biologisch-konstitutionellen Grundlagen von Lese- und Rechtschreibschwächen wurde in den letzten Jahren neuerlich intensive Aufmerksamkeit gewidmet. Diese Aufmerksamkeit resultiert einerseits daraus, daß recht überzeugend eine familiär bzw. genetisch bedingte Anlage für diese Schwächen aufgezeigt werden konnte. Weiters sind in einigen wenigen Fällen an den Gehirnen von verstorbenen Legasthenikern gehäuft kleinere strukturelle Abweichungen in jenen Hirnregionen nachgewiesen worden, die der Verarbeitung sprachlicher Informationen dienen. Das Ermutigende an diesen Befunden liegt darin, daß auch sie für eine zentrale Bedeutung von phonologischen Verarbeitungsschwächen sprechen. Es scheint demnach so zu sein, daß die Fähigkeit zur Reflexion über den Phonemaufbau der Sprache, die phonologische Bewußtheit, und die phonologische Rekodierungsfähigkeit bei manchen Kindern durch eine vererbbare Anlage beeinträchtigt ist.

Andere Befunde, die mit neurophysiologischen Methoden gewonnen wurden, unterstützen ebenfalls die Ergebnisse der Analyse des Lese- und Schreibprozesses bei lese- und rechtschreibschwachen Schülern und weisen darauf hin, daß diese Prozesse eine von normalen Lesern unterschiedliche Organisation aufweisen.

Die Auseinandersetzung mit schulischen bzw. Unterrichtsfaktoren, die zur Entstehung von Lese- und Schreibschwierigkeiten beitragen können, konnte nur angeschnitten werden. Es liegt jedoch - soviel dürfte klar geworden sein - ein beträchtliches Ausmaß an Evidenz dafür vor, daß die Chancen von Schülern, Fortschritte im Lesen und Schreiben zu erzielen, in verschiedenen Schulen und verschiedenen Klassen einer Schule recht unterschiedlich sind. Die Frage, welche Unterrichtsmerkmale das Lesen- und Schreibenlernen erleichtern, wird eines der zentralen Themen des folgenden Abschnitts sein.

Auch bei der Beantwortung der Frage nach den Ursachen der Lese- und Schreibschwierigkeiten ist die Heterogenität dieser Schwierigkeiten zu berücksichtigen:

- Nach dem Leistungsprofil auf leseunabhängigen Tests lassen sich verschiedene Subtypen unterscheiden.
- Bei der Analyse sowohl der kognitiven Lernvoraussetzungen, wie der sozialen und der konstitutionellen Einflußfaktoren ist es erforderlich, die spezifischen Schwierigkeiten zu beachten, die Kinder beim Erlernen des Lesens und Schreibens zeigen.
- Größere Klarheit kann wohl auch gewonnen werden, indem man die unterschiedliche Genese von Aufmerksamkeitsstörungen und Lese- und Schreibschwierigkeiten berücksichtigt.

Die Tatsache, daß heute ein Einfluß vielfältiger Faktoren auf das Erlernen des Lesens und Schreibens nachgewiesen ist, führt natürlich dazu, daß die Frage nach den Ursachen von Lese- und Schreibschwierigkeiten nach wie vor sehr unterschiedlich beantwortet wird. Von verschiedenen Fachrichtungen wird deren Bedeutung jeweils unterschiedlich gewichtet, Mediziner betonen konstitutionelle Faktoren, Psychologen je nach Orientierung entweder die Teilleistungsschwäche, die familiären Faktoren oder die sozialen Anpassungsprobleme. Dabei sollte jedoch nicht übersehen werden, daß sich diese Schwierigkeiten in vielen Fällen am besten durch ein Zusammenwirken verschiedener Faktoren erklären lassen. So ist zum Beispiel der Einfluß genetisch-konstitutioneller Faktoren in der Regel durch soziale bzw. familiäre Einflüsse verstärkt. Da Eltern bzw. andere Familienangehörige ebenfalls Probleme beim Lesen und Schreiben haben, wird in den Familien weniger gelesen und die Kinder erhalten weniger Unterstützung beim Lesen- und Schreibenlernen. Wahrscheinlich lassen sich sogar noch früher, bereits im Vorschulalter, aufgrund der speziellen Probleme der Eltern eine geringere sprachliche Förderung und damit eine geringere Vorbereitung der Kinder auf die späteren Anforderungen in der Schule aufzeigen.

Von besonderer Bedeutung scheint uns die zunehmende Einsicht zu sein, daß Lese- und Schreibschwächen ihrerseits Auswirkungen auf die weitere Entwicklung der Kinder haben. In der Vergangenheit sind vor allem die negativen Auswirkungen auf die emotionale Entwicklung betont worden. Dies ist sicher ein wichtiger Bereich, allerdings deutet viel darauf hin, daß sich Kinder gegen diese negativen Folgen schützen können, solange kein übermäßiger Leistungsdruck seitens der Eltern vorliegt. Weniger zu vermeiden dürften die negativen Auswirkungen auf die kognitive Entwicklung sein, die dadurch entstehen, daß die Kinder infolge ihrer geringen Lesefähigkeit wichtige Anregungen vermissen. Auch in der heutigen, durch visuelle Medien geprägten Welt sind die Anregungen durch Bücher sowie das Bemühen darum, die eigenen Erfahrungen im Schreiben zu ordnen, für die Entwicklung der Kinder von großer Bedeutung.

Das heutige Wissen um die Ursachen von Lese- und Schreibschwierigkeiten legt eine differenzierte Diagnostik dieser Schwierigkeiten nahe. Dies gilt für alle in diesem Abschnitt besprochenen Bereiche, für Teilleistungsschwächen ebenso wie für die sozialen

Anpassungsschwierigkeiten und die sozialen bzw. familiären Bedingungen, in denen die Kinder leben. Gerade weil die Ursachen für Lese- und Schreibschwierigkeiten in verschiedenen Bereichen gelegen sein können, ist eine differenzierte Diagnostik sinnvoll. Diese muß freilich immer darauf bezogen bleiben, welche Fördermaßnahmen ins Auge zu fassen sind. Diese Fragen werden im folgenden Abschnitt im Vordergrund stehen. Zuletzt noch ein Hinweis zur Vorsicht: In der Vergangenheit wurden aus der Auseinandersetzung mit den Ursachen von Lese- und Schreibschwierigkeiten allzu rasch Konsequenzen für die Therapie gezogen. Aus der Tatsache, daß bei lese- und rechtschreibschwachen Kindern etwa ein Mangel an Automatisierung in einer Reihe von motorischen Fertigkeiten nachgewiesen werden konnte, folgt noch nicht, daß ein Training dieser Fertigkeiten, bis hin zur Automatisierung, diesen Kindern das Lesen und Schreiben erleichtert. Auch diese Frage wird uns im folgenden Abschnitt beschäftigen.

III. Lese- und Schreibunterricht sowie Fördermaßnahmen für Schüler mit Schwierigkeiten beim Erlernen des Lesens und Schreibens

In dem dritten und letzten Abschnitt der Auseinandersetzung mit den Schwierigkeiten beim Erlernen des Lesens und Schreibens wollen wir uns mit den Möglichkeiten beschäftigen, schwachen Schülern beim Lesen- und Schreibenlernen zu helfen. Ähnlich wie im ersten Abschnitt die Lernschwierigkeiten vor dem Hintergrund der normalen Entwicklung betrachtet wurden, so wollen wir in diesem Abschnitt die speziellen Fördermaßnahmen für schwache Schüler vor dem Hintergrund des regurären Lese- und Schreibunterrichts darstellen. Dies hat mehrere Gründe. Einerseits sind wir überzeugt, daß eine Verbesserung des Lese- und Schreibunterrichts wenigstens bei einem Teil der Kinder das Entstehen von ernsteren Lernschwierigkeiten (präventiv) verhindern könnte. Andererseits bleiben auch spezielle Fördermaßnahmen immer auf den regulären Unterricht bezogen. Sie führen im Wesentlichen jene Übungsmethoden fort, die sich auch im regulären Unterricht bewähren. Sie können dabei systematischer vorgehen und ein größeres Ausmaß an Hilfestellungen für die Kinder vorsehen, in der didaktischen Methode sind jedoch die Gemeinsamkeiten größer als die Unterschiede. Somit ist die Auseinandersetzung mit den Fördermaßnahmen für lese- und schreibschwache Kinder von jener mit dem regulären Lese- und Schreibunterricht nicht zu trennen.

Der Unterricht, an dem die Kinder teilnehmen, ist sowohl bei der diagnostischen Klärung der speziellen Schwierigkeiten eines Kindes wie bei der Planung geeigneter Interventionen zu berücksichtigen. Wir sehen in der bisherigen Praxis der Förderdiagnostik, aber auch in der Auseinandersetzung mit den Ursachen von Lese- und Schreibschwierigkeiten die Gefahr, daß der Unterricht, an dem die Kinder teilhaben, zu wenig beachtet wird. Dies gilt insbesondere für das Vorgehen der Psychologie sowie der Kinder- und Jugendpsychiatrie und entspricht zwar der traditionellen Aufgabenteilung zwischen Psychologie und Pädagogik, hat aber ungünstige Auswirkungen. Konzeptionen über den Lese- und Schreiblernprozeß werden nicht mehr danach hinterfragt, welche Relevanz sie für den Unterricht haben. So besteht die Gefahr, daß Lernmodelle formuliert werden, die die Realität und Erfahrungen des Unterrichts nicht berücksichtigen.

Die Trennung einer Auseinandersetzung mit dem Lese- und Schreiblernprozeß bzw. mit Lese- und Schreibschwierigkeiten von der Beschäftigung mit dem Unterricht birgt auch die Gefahr in sich, daß die Ursachen für Lese- und Schreibschwierigkeiten ausschließlich in den Kindern selbst gesehen und die Einflüsse, die von der Unterrichtsgestaltung ausgehen, vernachlässigt werden.

Zwar kann das Ziel, eine empirisch fundierte Unterrichtswissenschaft zu entwickeln, in Anbetracht der damit verbundenen Schwierigkeiten nur ein längerfristiges sein, aber es wurden doch in letzter Zeit beträchtliche Fortschritte in diesem Bereich gemacht, die es aufzuarbeiten gilt. Die folgende Darstellung hat daher das Ziel,

- die Realität der Gestaltung des Lese- und Schreibunterrichts, so wie sie sich der empirischen Unterrichtsforschung eröffnet, darzustellen;
- Ergebnisse über die Wirksamkeit verschiedener didaktischer Methoden im Lese- und Schreibunterricht darzustellen;

- auf Faktoren im Unterricht hinzuweisen, die zu einem unterschiedlichen Lernerfolg von Kindern beitragen können;
- im Besonderen auch darzustellen, was über die Wirksamkeit von Förder- und Therapiemaßnahmen für Kinder mit Lese- und Schreibschwierigkeiten bekannt ist.

Wenn wir uns mit der Gestaltung des Lese- und Schreibunterrichts auseinandersetzen, so sollte uns bewußt sein, daß die Vermittlung der Schriftsprache ein Anliegen der gesamten Schulzeit ist, daß der Unterricht jedoch in den verschiedenen Schuljahren unterschiedliche Schwerpunkte hat. Nach dem Lehrplan der Schule sollen die basalen Kenntnisse im Lesen und Schreiben in den ersten beiden Schuljahren vermittelt werden. In den höheren Grundschulklassen geht es in erster Linie um eine Vertiefung und Sicherung der im ersten Schuljahr grundgelegten Kenntnisse über die Graphem-Phonem-Zuordnungen, um die Erhöhung der Geläufigkeit im Lesen und Schreiben. In den folgenden Jahren steht weniger die Technik des Lesens und Schreibens im Vordergrund, sondern die Aneignung und Erschließung von Sachbereichen über das Medium der Schrift.

Bei der Auseinandersetzung mit dem Lese- und Schreibunterricht muß auch klar sein, daß dieser Unterricht von Anfang an untrennbar verbunden ist mit dem Sprachunterricht und in den höheren Klassen zunehmend auch mit dem Unterricht anderer Gegenstände. Besonders deutlich ist der Zusammenhang des Leseunterrichts mit dem Grammatikunterricht und der Vertiefung und Ausweitung des Wortschatzes.

Ähnlich wie wir im ersten Abschnitt die Darstellung unterteilt haben in das Lesen als Worterkennen bzw. die mündliche Lesefähigkeit, das Rechtschreiben, das Leseverständnis und das schriftliche Ausdrucksvermögen, werden wir auch in diesem Abschnitt eine Trennung der Unterrichtselemente, die für diese Teilfertigkeiten relevant sind, versuchen. Allerdings läßt sich dies hier nur teilweise durchhalten, da die Teilbereiche in der Praxis des Unterrichts immer zusammengehören und anders als im Experiment in der Realität nur schwer voneinander zu trennen sind.

Was charakterisiert effektiven Lese- und Schreibunterricht? Die Frage danach, wodurch effektiver Unterricht im Lesen und Schreiben charakterisiert ist, steht im Vordergrund dieser Auseinandersetzung. Diese Frage hat eine lange Tradition in der pädagogischen Forschung. Bereits in den 20-iger und 30-iger Jahren gab es Bemühungen, die Unterrichtspraktiken zu identifizieren, die zu einem effektiven Lese- und Schreibunterricht beitragen (Blair und Rupley 1983). Die frühen Studien haben zudem Schulen dazu motiviert, den Leseunterricht zu verbessern, und die Auswirkungen dieser Maßnahmen zu erfassen gesucht. Auch in dieser Darstellung wird es darum gehen, Hinweise auf effektive Unterrichtsmethoden im Lese- und Schreibunterricht zu geben, wobei wir uns in diesem Gebiet, in dem vielfach sehr unterschiedliche Meinungen vorherrschen, auf jene Unterrichtsmethoden beschränken wollen, für deren Effektivität ein empirischer Beleg vorhanden ist.

Die Verwendung von Unterrichtszeit im Lese- und Schreibunterricht: Bei allen Überlegungen, welche Unterrichtsmethoden effektiv sind, ist auf die zentrale Bedeutung der Unterrichtszeit hinzuweisen. Es genügt also nicht, erprobte Methoden im Lese- und Schreibunterricht zu verwenden, ausschlaggebend ist auch die Zeit, in der sich die Schüler mit dem Erlernen des Lesens und Schreibens beschäftigen. Nahezu alle Faktoren, die das Erlernen einer Fähigkeit beeinflussen, entfalten ihren Einfluß auf die Lernfortschritte über die dem Lernen gewidmete Zeit (Carroll 1967). Unterschiede in der Begabung zwischen verschiedenen Schülern bedeuten z.B., daß die Schüler unterschiedlich lange brauchen, um sich eine Fähigkeit oder bestimmte Kenntnisse anzueignen. Die Schule greift in den Lernprozeß dadurch ein, indem sie entscheidet, wieviel Zeit den Schülern tatsächlich gegeben wird, sich etwas anzueignen, und indem sie in Abhängigkeit von der Qualität des Unterrichts den Lernprozeß beschleunigen oder hemmen kann. Von Seiten der Kinder kommt dann noch hinzu, wie lange die Schüler bei einer Aufgabe ausharren, wobei natürlich auch das Verhalten des Lehrers und das Klima der Klasse einen Einfluß hat.

Aus dem Modell schulischer Lernprozesse von Carroll (1963) wurde das differenzierte Konzept der schulischen Lernzeit entwickelt (Academic Learning Time, ALT), mit dem sich der Unterrichtseinfluß auf Lernvorgänge recht gut darstellen läßt. Im Rahmen dieses Konzeptes wird vor allem darauf geachtet, wieviel Zeit im Unterricht für einzelne Unterrichtsgegenstände und für den Unterricht bestimmter Kenntnisse und Fertigkeiten zur Verfügung gestellt wird, wieviel Zeit einzelne Kinder tatsächlich von dieser Zeit in Anspruch nehmen und für den Erwerb der in Frage stehenden Fertigkeiten verwenden und schließlich welchen Erfolg sie bei der Lösung der ihnen aufgetragenen Lernaufgaben haben (Smyth, 1980). Die Effizienz eines Unterrichts kann somit bereits durch einfache Zeitmaße bestimmt werden, etwa wieviel von der Unterrichtszeit tatsächlich für den Unterricht verwendet wird und wielange sich die Schüler mit den vorgesehenen Lernaufgaben beschäftigen (= Time on Task, TOT).

Unter Verwendung des Konzepts der schulischen Lernzeit konnte die bekannte Beginning Teacher Evaluation Study (BTES, Fisher et al. 1978, Rosenshine 1981) durch Beobachtung des Unterrichts zeigen, daß die Schüler in der 2.Klasse täglich durchschnittlich etwa eine Stunde lang mit Aufgaben beschäftigt sind, die dem Lese- und Schreibunterricht sowie dem Sprachunterricht zuzurechnen sind. In der 5.Klasse nimmt dies noch etwas zu (1 Stunde und 20 min). Im Vergleich dazu wird dem Mathematikunterricht in den Grundschulklassen deutlich weniger Zeit gewidmet (in der 2.Klasse etwa 25 min, in der 5.Klasse 35 min). Man kann daraus sehen, daß der Lese- und Schreibunterricht in der Grundschule ein relativ großes Gewicht hat. Tatsächlich wird von den Lehrern sogar noch mehr Zeit für diese Aktivitäten angesetzt, ein beträchtlicher Teil dieser Zeit (in beiden Klassenstufen etwa ein Viertel) geht allerdings verloren, da die Schüler entweder auf neue Aufgaben warten müssen, unaufmerksam sind oder mit dem Her- und Wegräumen von Lernmaterialien beschäftigt sind.

Trotz der beträchtlichen Zeit, die dem Lese- und Schreibunterricht gewidmet wird, kommen die Kinder während des Unterrichts recht wenig zum eigenständigen Lesen. Sowohl im englisch- wie im deutschsprachigen Raum (Klicpera et al. 1993, Tizard et al. 1988) lesen die Kinder in den ersten Klassen nur einige Minuten täglich in der Klasse etwas laut vor bzw. lesen sie einen Text leise für sich. Schreiben nimmt demgegenüber einen größeren Stellenwert ein, besteht aber zunächst vielfach aus dem Abschreiben oder dem Einfügen von einzelnen Wörtern in einen Satzrahmen. Für Lehrer ist diese geringe Zeit, die für das Leseüben zur Verfügung steht, verwunderlich, da sie meinen, diesen Übungen weit mehr Aufmerksamkeit und Zeit zu widmen. Man muß allerdings bedenken, daß das laute Lesen fast ausschließlich unter der Kontrolle des Lehrers stattfindet und deshalb bei einer Klasse von zwanzig Kindern für den einzelnen Schüler recht wenig Zeit zur Verfügung steht.

Didaktik des Lese- und Schreibunterrichts: Wenn wir den Lese- und Schreibunterricht in seiner Bedeutung für die Aneignung der Schriftsprache verstehen wollen, müssen wir verschiedene Aspekte unterscheiden:

- die Lernziele im Unterricht, d.h. die Inhalte, Fertigkeiten, die der Unterricht den Kindern zu verschiedenen Zeitpunkten bzw. in verschiedenen Klassenstufen vermitteln will;
- die Übungsformen, durch die diese Lernziele erreicht werden sollen, sowie die Zeit, die diesen Übungen gewidmet wird;
- die Unterrichtsmaterialien, die für die Vermittlung der Lernziele eingesetzt werden und die die Grundlage der Übungen im Lesen und Schreiben darstellen.

Neben diesen speziellen didaktischen Aspekten, auf die wir zunächst für den Lese-, dann für den Rechtschreibunterricht und schließlich für die Vermittlung des Leseverständnisses eingehen wollen, sind auch beim Lese- und Schreibunterricht allgemeine didaktische Prinzipien zu beachten, die anschließend behandelt werden:

- die allgemeinen Leitlinien der Unterrichtsorganisation, an denen sich die Gestaltung des Unterrichts orientiert;
- die Interventionen des Lehrers und die Lehrer-Schüler-Interaktionen, durch die der Lehrer Lernaktivitäten der Schüler steuert;
- die Zusammenarbeit mit den Familien der Schüler.

1. Die Gestaltung des Leseunterrichts

Bei der Gestaltung des Leseunterrichts wollen wir drei Aspekte unterscheiden:
1. die Elemente des Leseunterrichts, d.h. die Inhalte und Übungsformen, aus denen der Unterricht aufgebaut ist;
2. die grundlegende methodische Orientierung des Erstleseunterrichts, über die es weiterhin Auseinandersetzungen gibt, bei denen es einerseits um den Gegensatz zwischen dem synthetischen Leseunterricht und der Ganzwortmethode, andererseits um jenen zwischen dem entdeckenden Lernen und dem direkten Unterricht geht;
3. die im Leseunterricht verwendeten Erstlese-Lehrgänge (Fibeln).

1.1. Elemente des Erstlese-Unterrichts

Die Hinführung der Kinder zur Schrift umfaßt unserer Ansicht nach verschiedene Komponenten, die der Lehrer in die Gestaltung des Unterrichts einbeziehen muß:

- den Unterricht in der Differenzierung, der Analyse und Synthese von Phonemen,
- Einführung der Buchstabennamen bzw. der durch die Buchstaben repräsentierten Phoneme
- Auswahl und Einführung von Wörtern im Erstlese-Unterricht
- Übungen im lauten Lesen, wobei hier die Frage nach der geeigneten Korrektur und den Hilfestellungen des Lehrers bei Lesefehlern von Bedeutung ist,

- die Verbindung von Lesen und Schreiben sowie schließlich
- das leise, selbständige Lesen der Kinder.

Für diese Elemente stellt sich die Frage, welcher Stellenwert ihnen im Erstlese-Unterricht zukommt und wie die entsprechenden Inhalte bzw. Übungsformen den Kindern nahegebracht werden können.

Unterricht in der Differenzierung, der Analyse und Synthese von Phonemen

Da bei einem großen Teil der Kinder die phonologische Bewußtheit zu Schulbeginn sehr gering ausgebildet ist, diese jedoch das Lesen- und Schreibenlernen wesentlich erleichtert, muß die Anfangsphase des Leseunterrichts darauf ausgerichtet sein, die Fertigkeit der Kinder zu erhöhen, das Vorkommen bestimmter Phoneme in Wörtern zu entdecken und bewußt zwischen verschiedenen Phonemen zu differenzieren. Im weiteren sollte auch die Fähigkeit vertieft werden, die Phonemfolge zu analysieren und einzeln vorgesprochene Phoneme zu Silben und Wörtern zu synthetisieren.

Aktivitäten zur "akustischen" Differenzierung, zur Analyse und Synthese von Phonemen werden in den meisten Leselehrgängen empfohlen. Zumeist werden bei der Einführung eines neuen Buchstabens einige Wörter vorgestellt, die den durch den Buchstaben repräsentierten Laut enthalten, und dieser Laut soll dann von den Kindern gedehnt gesprochen und hervorgehoben werden. Nur selten werden die Fertigkeiten der Analyse und Synthese systematisch unterrichtet. Die Ergänzung des Erstleseunterrichts in der 1.Klasse durch ein systematisches Training in der Phonemanalyse und -synthese hat jedoch positive Auswirkungen auf die Lese- und Rechtschreibleistungen (Lie 1991, Tornéus 1984). Besonders bedeutsam sind dabei die Hinweise, daß deratige Trainingsmaßnahmen vor allem für die schwächeren Schüler effektiv sein dürften (z.B. Lie 1991).

Mit der Vermittlung dieser Fertigkeiten muß nicht bis zur Einschulung gewartet werden. Ein spielerisch gestalteter Unterricht in der Analyse und Synthese von Phonemen hat sich bereits im Kindergarten bei Kindern, bei denen Schwierigkeiten im Lesenlernen zu erwarten sind, sehr gut bewährt. Dadurch werden die Voraussetzungen der Kinder für das Lesenlernen verbessert und die ersten Schritte beim Lesen- und Schreibenlernen erleichtert (Ball und Blachman 1991, Cunningham 1990, Torgesen et al. 1992, Treiman und Baron 1983, Vellutino und Scanlon 1987). Darüber hinaus führt ein derartiges Training auch längerfristig zu größeren Fortschritten beim Lesen und Rechtschreiben (Bradley und Bryant 1983, Lundberg et al. 1988, Lundberg und Hoien 1991), wobei sich ein spezifischer Einfluß noch gegen Ende der Pflichtschulzeit nachweisen läßt (Bradley 1988).

Jene Studien, die einen anhaltenden Erfolg von Trainingsmaßnahmen im Vorschulalter nachweisen konnten, haben dieses Training über längere Zeit (Bradley und Bryant 1983 - 2 Jahre, Lundberg et al. 1988 - 1 Jahr) durchgeführt. Auch bei den erfolgreichen Trainingsprogrammen, die ergänzend zum Erstleseunterricht durchgeführt wurden, wurde relativ viel Zeit für die Vertiefung der Phonemanalyse und -synthese verwendet (Lie 1991).

In den bekanntesten Programmen wird die Analyse von Wörtern in Phoneme jeweils vor der Synthese gelehrt, wobei diese Analyse jedoch keine vollständige sein muß. Sie beschränkt sich etwa in dem Programm von Wallach und Wallach (1976) zunächst auf das Ausgliedern der Phoneme in der Anfangsposition von Wörtern, um dann Syntheseübungen an diesen Segmenten einzuführen. Im Folgenden sollen einige Erfahrungen mit dem Training im Segmentieren bzw. dem Zusammenschleifen von Phonemen dargestellt werden, die sich zum Teil auf Experimente stützen, in denen die Effektivität verschiedener Vorgehensweisen bzw. verschiedener Komponenten umfassenderer Trainingsprogramme überprüft wurden.

Erlernen des Segmentierens von Wörtern: Der erste Schritt in einem Training der phonologischen Bewußtheit besteht darin, die Kinder dafür zu sensibilisieren, die Sprachform umabhängig von der durch die Sprache ausgedrückten Bedeutung zu betrachten. Verschiedene Aufgabenstellungen sollen dies erleichtern, etwa das Zählen von Wörtern in einem Satz. Weiters kann die Aufgabe, Wörter zu unterteilen, zunächst mit zusammengesetzten Wörtern (Komposita) demonstriert werden. Auch die Aufgabe, Wörter in Silben zu gliedern, kann das Segmentieren von Silben in Phoneme erleichtern.

1. Da die Schwierigkeit der Phonemanalyse davon abhängig ist, in wieviele Elemente die Wörter aufgegliedert werden sollen, beginnen die meisten Trainingsprogramme mit kurzen, aus zwei Phonemen aufgebauten Wörtern und gehen erst nach einiger Zeit zu Wörtern mit drei Phonemen über. Bei etwas längeren Wörtern ist auch die Position von Bedeutung, an der die auszugliedernden Elemente vorkommen. Zu Beginn fällt es allen Kindern am leichtesten, ein Phonem am Wortanfang auszugliedern (Helfgott 1976, Lewkowicz und Low 1979). Daher wird beim Ausgliedern des ersten Phonems begonnen.

2. Das Erlernen der Segmentation ist auch von der Art der Phoneme abhängig. Am leichtesten können Phoneme ausgegliedert werden, die gedehnt ausgesprochen werden können. Daher fällt das Ausgliedern von Vokalen und Reibelauten (Kontinuanten) am Wortanfang den Kindern besonders leicht. Verschlußlaute können hingegen leichter segmentiert werden, wenn sie am Wortende vorkommen (Marsh und Mineo 1977, Skjelford 1976).

3. Die Aufgabe kann den Kindern durch Hilfestellungen erleichtert werden. Diese bestehen einerseits darin, den zu isolierenden Laut gedehnt auszusprechen bzw. im Fall von Verschlußlauten wiederholt kurz hintereinander vorzusprechen. Nach Ausgliederung der Phoneme am Wortanfang und vor der weiteren Analyse wird geraten, die verschiedenen Laute in ihrer isolierten Form vorzustellen und den Kindern bekannt zu machen (Lewkowicz 1980). Dazu können sie eventuell mit der Vorstellung bzw. dem Bild von etwas verbunden werden, das diesen Laut hervorbringt.

   Die vollständige Segmentierung von Wörtern wird den Kindern durch die Vorgabe visueller Hilfen erleichtert, die ihnen anzeigen, wieviele Segmente zu erwarten sind. Den Kindern hilft es auch, wenn sie bei der Segmentierung das Wort gedehnt aussprechen und zwischen den Segmenten kurze Pausen machen und die Trennung der lautsprachlichen Segmente z.B. von der Manipulation an Blöcken begleitet wird (Elkonin 1973, Lewkowicz und Low 1979). Sobald den Kindern die Zuordnung von Phonemen und Buchstaben bekannt ist, hilft es ihnen, wenn diese Blöcke durch die entsprechenden Buchstaben gekennzeichnet sind (Hohn und Ehri 1983, Lie 1991). Die Buchstaben helfen dabei, die Phoneme in der Vorstellung der Kinder zu repräsentieren (Hohn und Ehri 1983).

4. Die Segmentierung wird nicht für spezifische Phoneme gelernt, sondern generalisiert auch auf nichtunterrichtete Phoneme (Skjelford 1976). Allerdings wird zunächst nicht die Einsicht, daß die Sprache aus (abstrakten) Segmenten zusammengesetzt ist, und die Fähigkeit, diese Segmente zu manipulieren, erworben, sondern nur bestimmte Segmentierungsstrategien. Kinder, die lernen, einen Vokal vom nachfolgenden Konsonanten zu trennen, haben danach noch Schwierigkeiten, Konsonanten von nachfolgenden Vokalen zu trennen, und umgekehrt (Lewkowicz und Low 1979). Um den Übungseffekt möglichst groß zu halten, empfehlen manche Trainingsprogramme deshalb, das Ausgliedern möglichst aller Phoneme in den verschiedenen Positionen zu üben (Lie 1991).

Training im Zusammenschleifen von Lauten: Ein Training im Zusammenschleifen muß durchgeführt werden, wenn eine Generalisierung von einem Unterricht im Buchstaben-Phonem-Zuordnen auf das Lesen unbekannter Wörter erfolgen soll (Farmer et al. 1976, Haddock 1976, Muller 1973). Auch hier gibt es eine Reihe an Erfahrungen, wie das Erlernen des Zusammenschleifens den Kindern erleichtert werden kann.

1. Eine gewisse Schwierigkeitsfolge ist für das Zusammenschleifen gesichert: 2 Segmente leichter als 3 Segmente, CV-C leichter als C-VC, da bei isolierten Konsonanten und Konsonanten am Wortende ein zusätzlicher Laut angefügt wird, wodurch quasi eine neue Sprechsilbe entsteht. Kurze Vokale sind schwerer als lange Vokale mit Konsonanten zu verbinden. Unter den Konsonanten wurden ebenfalls meist Unterschiede gefunden, Verschlußlaute sind schwerer zu verbinden als Reibelaute (Kontinuants).
2. Ob das Üben des Zusammenschleifens bei rein auditiver Vorgabe der Segmente leichter fällt als das Üben mit gleichzeitiger Vorgabe von Buchstaben, ist nicht so leicht zu beantworten. Es hängt wohl davon ab, wieweit die Buchstaben sicher differenziert und Buchstaben und Phoneme gut zugeordnet werden können (Roberts 1975 fand bei Kindern der 1.Klasse eine Erschwernis bei einmaliger Prüfung; Haddock 1976 beobachtete hingegen, daß ein sicheres Beherrschen des Zusammenschleifens besser durch gleichzeitige Vorgabe der Buchstaben beigebracht werden kann.)
3. Wenn mehrere Segmente zusammengeschliffen werden sollen, dann fällt es leichter, eine sequentielle Strategie zu benutzen, sodaß nur die Verbindung von jeweils 2 Elementen versucht wird, wobei das erste Element immer größer wird (Resnick und Beck 1976).
4. Es werden spezifische Strategien für das Zusammenschleifen verschiedener Segmente gelernt, keine allgemeine Fähigkeit. Kinder, die Mühe haben, solche Strategien zu erwerben, werden im Lernfortschritt behindert, wenn die Aufgabenstellung zu rasch geändert wird. Haben die Kinder etwa gelernt CV-C zusammenzuschleifen, dann sollte nicht am nächsten Tag gleich C-CV geübt werden (Fayne und Bryant 1981).
5. Die Fähigkeit zum Zusammenschleifen generalisiert, wenigstens soweit bestimmte Strategien geübt wurden, auch auf andere Wörter mit dem gleichen Muster (Haddock 1976), also etwa auf Wörter, die aus andersartigen Phonemen zusammengesetzt sind (Verschlußlaute - Reibelaute).

Beziehung zwischen der Fähigkeit zum Segmentieren und Zusammenschleifen von Lauten: Für das Erlernen des Lesens dürfte sowohl die Fertigkeit der Phonemanalyse wie der Synthese, des Zusammenschleifens, von Bedeutung sein. Einige Untersuchungen zeigen jedenfalls, daß weder ein Training nur in der Phonemanalyse (Fox und Routh 1984, Goldstein 1976) noch eines nur im Zusammenschleifen (Torgesen et al. 1992) das Erlernen des Lesens deutlich erleichtert, vielmehr ist beides erforderlich. Dabei ist zu berücksichtigen, daß zwar das Zusammenschleifen den Kindern etwas leichter fällt als die Phonemanalyse (Roberts 1975, Helfgott 1976, Goldstein 1976), daß eine gewisse Analysefähigkeit aber eine Voraussetzung dafür ist, von einem Unterricht im Zusammenschleifen (Scherzer und Goldstein 1982, Fox und Routh 1976) zu profitieren. Eine Kombination beider Trainingsformen ist daher zu empfehlen, wobei Synthese- und Analyseübungen zu wechselseitiger Verbesserung führen (Helfgott 1976).

Bei Kindergarten-Kindern ist ein Training der phonologischen Bewußtheit auch ohne explizite Einführung der Buchstaben möglich und hat längerfristig positive Auswirkungen auf das Erlernen des Lesens und Rechtschreibens (Lundberg et al. 1988), die Effektivität scheint aber größer zu sein, wenn dieses Training durch einen Unterricht in den Graphem-Phonem-Beziehungen ergänzt wird (Bradley und Bryant 1983, Bradley 1988). In den meisten Trainingsprogrammen, die für Schulkinder gedacht sind, wird das Training selbst dadurch unterstützt, daß Buchstabenblättchen als visuelle Hilfe für die Kinder verwendet werden (Lie 1991, Williams 1979, 1980). Zudem haben - ähnlich wie beim Unterricht anderer Strategien und Fertigkeiten - Bemühungen zur Förderung der phonologischen Bewußtheit größere Auswirkungen auf das Lesen- und Schreibenlernen, wenn den Kindern vor Augen geführt wird, wie sie die erlernten Fähigkeiten der Phonemmanipulation beim Lesen und Schreiben verwenden können (Cunningham 1990). Ohne diese Erleichterung der Übertragung (des Transfers) dürften vor allem die schwächeren Kinder keine ausreichende Sicherheit in der späteren Anwendung der erlernten Fertigkeiten beim Lesen und Schreiben erlangen.

Das Lernen der Buchstabennamen bzw. der von den Buchstaben repräsentierten Phoneme

In der Lesedidaktik ist umstritten, wieweit es günstig ist, die Kinder zu Beginn des Leseunterrichts die Buchstabennamen lernen zu lassen. Zumeist wird den Kindern zuerst beigebracht, die Buchstaben zu lautieren, da dies eine wesentliche Hilfe für das Erlesen darstellt. Die Buchstabennamen werden erst viel später vermittelt, da deren Kenntnis die Kinder beim Versuch, Wörter zu erlesen, nur verwirren würde (Carnine und Silbert 1979). Diese Empfehlung kann sich auf ein gewisses Maß an empirischer Evidenz stützen. Jenkins et al. (1972) fanden, daß das Lernen von Buchstabennamen das Lesen von Wörtern, die aus diesen Buchstaben aufgebaut sind, keineswegs erleichtert, wohl aber das Lernen des Lautierens dieser Buchstaben. Ehri (1983) hat jedoch zu Recht darauf hingewiesen, daß viele Buchstabennamen einen gewissen Hinweis auf die Phoneme geben, die durch die Buchstaben repräsentiert werden. Das Lernen der Buchstabennamen dürfte es deshalb den Kindern erleichtern, diese Informationen zu behalten.

Die Reihenfolge, in der verschiedene Buchstaben im Leseunterricht eingeführt werden, unterscheidet sich in den verschiedenen Leselehrgängen. Sinnvoll und üblich ist es, zunächst Buchstaben einzuführen, die gedehnt lautiert werden können (z.B. "m"). Es ist auch zu empfehlen, Buchstaben, die visuell ähnlich sind oder die ähnliche Phoneme repräsentieren, nicht unmittelbar nacheinander einzuführen, da sonst die Gefahr der Verwechslung zu groß ist (Carnine und Silbert 1979).

Auswahl von Wörtern für den Erstlese-Unterricht

Im allgemeinen orientieren sich die Lehrer im Erstlese-Unterricht weitgehend an dem verwendeten Leselehrgang, sodaß die folgenden Überlegungen in der Praxis der Unterrichtsplanung wenig Bedeutung haben. Sie stellen jedoch eine Entscheidungshilfe bei der Beurteilung von Leselehrgängen (und von Förderprogrammen für leseschwache Schüler) dar und werden bedeutsam, wenn sich Lehrkräfte das Material für den Leselehrgang selbst zusammenstellen.

Die Leitlinien, die bei der Auswahl der Wörter für die ersten Stadien des Erstleseunterrichts zu beachten sind, hängen weitgehend von der methodischen Orientierung des Leseunterrichts ab. Bei einem Unterricht, der von Anfang an den Akzent auf die systematische Vermittlung von Graphem-Phonem-Korrespondenzen legt, ist es wichtig, Wörter auszuwählen, die aus den im Unterricht vorgestellten Buchstaben aufgebaut und in ihrer Zuordnung eindeutig sind. Bei einem ganzheitlichen Vorgehen im Erstleseunterricht sollte hingegen besonderer Wert darauf gelegt werden, den Kindern durch die Auswahl geeigneter Wörter deren Behalten und Wiedererkennen zu erleichtern.

- Zu Beginn des Leseunterrichts sollten die Wörter aufgrund des Schriftbildes klar voneinander unterscheidbar sein. Es sollte dabei berücksichtigt werden, daß die Kinder zu Beginn des Lesenlernens vor allem auf den jeweils ersten Buchstaben achten. Wörter, die sich nur im ersten Buchstaben unterscheiden, können von Leseanfängern besser wiedererkannt und gelesen werden als Wörter, die sich bei gleichem Anfangsbuchstaben in anderen Buchstaben unterscheiden (Knafle 1976).

- Um die Kinder jedoch frühzeitig daran zu gewöhnen, alle Buchstaben eines Wortes zu beachten, ist es günstig, recht bald Wörter auszuwählen, deren Unterschiede jeweils an verschiedenen Stellen im Wort lokalisiert sind. Diese Unterschiede sollten sich auch nicht immer auf die gleichen Buchstaben beziehen. Leseanfänger lernen zwar rasch,

Wörter zu unterscheiden, in denen nur bestimmte Buchstaben verschieden sind, wenn den Kindern dann aber Wörter vorgegeben werden, die diese Buchstaben nicht enthalten, wird deutlich, daß sie über die anderen Merkmale der Wörter nichts gelernt haben (Hundert und Bucher 1977).

- Durch die Auswahl einander unähnlicher Wörter können nur die Anfangsschwierigkeiten beim Wiedererkennen reduziert werden. Ein sicheres Wiedererkennen von Wörtern durch Leseanfänger erfordert wiederholte Übung und dafür sind bei Listen unähnlicher Wörter etwa ebensoviele Vorgaben nötig wie bei Listen ähnlicher Wörter (Spring et al. 1979).

Bei der Auswahl der Wörter ist weiter zu berücksichtigen, daß es Kindern leichter fällt, Wörter lesen zu lernen, deren Bedeutung ihnen vertraut ist. Kinder lernen zudem rascher, Hauptwörter und Verben zu identifizieren als grammatikalische Funktionswörter (Artikel, Hilfszeitwörter etc.), da diese keine selbständige Bedeutung haben und in der mündlichen Rede auch weniger als selbständige Einheiten hervorgehoben werden (Coleman 1970).

Die Bedeutung des lauten Lesens im Erstlese-Unterricht

Das laute Lesen nimmt im Erstleseunterricht einen besonderen Stellenwert ein. Zu Beginn der Leseentwicklung dürfte es für den Lernfortschritt der Kinder von besonderer Bedeutung sein, daß sie oft die Gelegenheit haben, Wörter oder kurze Texte selbst laut vorzulesen und nicht bloß mitzuschauen. Leseanfänger können im Unterricht beigebrachte Wörter am Ende sicherer identifizieren, wenn sie die Wörter bei den Übungen selbst laut vorlesen sollten (McNeil und Keislar 1963).

Dem lauten Lesen dürfte allerdings in verschiedenen Arten von Leselehrgängen ein unterschiedliches Gewicht zukommen. Bei Leselehrgängen, in denen auf das Erlernen der Graphem-Phonem-Korrespondenzen besonderer Wert gelegt wird und in denen die Wörter über diese Korrespondenzen und das Zusammenschleifen gelesen werden sollen, ist es für die Kinder besonders wichtig, daß sie das Lesen laut üben. Dadurch lernen die Kinder zwar nicht rascher, neue Wörter zu lesen, können die gleichen Wörter jedoch nach längerer Zeit besser lesen, der Behaltenseffekt ist also größer. Dagegen scheint das laute Lesen in Leselehrgängen, in denen die Wörter als Ganzes erkannt werden sollen, keinen besonderen Vorteil gegenüber Übungen zu bringen, in denen die Kinder vom Lehrer vorgesprochene Wörter zu identifizieren haben. Das Lernen des Lesens unterscheidet sich hier ja von Anfang an kaum von dem Wiedererkennen von Schriftbildern (Kibby 1979).

In den höheren Klassen Grundschule nimmt das laute Lesen in den meisten Klassen weiterhin einen relativ hohen Stellenwert ein. Der Leseunterricht ist hier vielfach um das Lesen eines Textes aus dem Schulbuch zentriert und die Schüler werden vom Lehrer aufgefordert, jeweils ein Stück laut vorzulesen. Der Wert dieser Methode ist umstritten, und sie dürfte verbesserungsbedürftig sein. Kritisiert wird, daß das Vorlesen zumeist die Aufmerksamkeit der Schüler von dem Bemühen um ein Verstehen des Textes ablenkt. Auf der anderen Seite hat das laute Lesen jedoch, wie in den Ausführungen zum Leseverständnis (Abschnitt I, Kap.6) betont wurde, eine Reihe an Vorzügen. So kann etwa durch die besondere Betonung wichtiger Wörter, durch Pausen etc., das Verständnis erleichtert werden. Im Regelfall kommen diese Vorteile jedoch gerade beim Vorlesen schwächerer Schüler nicht zum Tragen. Es wurden daher verschiedene Vorgehensweisen für den Lehrer erarbeitet, wie er das gemeinsame Lesen anders gestalten kann, um das

Bemühen um ein Verständnis stärker in den Vordergrund treten zu lassen, aber auch schwächeren Kindern ausreichend Gelegenheit zum Vorlesen zu geben (Hoffman 1987). Im Zentrum dieser Vorschläge steht, daß der Lehrer zunächst den Text einmal vorlesen und ihn mit den Kindern aufschlüsseln soll, bevor die Kinder ihn selbst weiterbearbeiten und paarweise einander vorlesen.

Korrektur von Lesefehlern durch den Lehrer

Begehen die Kinder während des Vorlesens Fehler, stellt sich für den Lehrer die Frage, ob er korrigierend eingreifen soll. Beobachtungen in der Klasse zeigen, daß sich Lehrer unterschiedlich verhalten, je nachdem ob es sich um gut oder schlecht lesende Kinder handelt. Begehen Kinder mit Leseschwierigkeiten einen Fehler, so unterbrechen die Lehrer diese häufiger unmittelbar, nachdem sie einen Fehler begangen haben, als dies bei gut lesenden Kindern der Fall ist. Dieser Unterschied ist besonders deutlich, wenn es sich um Lesefehler handelt, die den Sinn des Lesetexts nicht wesentlich verändern und auch zu keiner Entstellung der grammatikalischen Satzstruktur führen. Gut lesende Kinder werden bei solchen Lesefehlern nur selten unterbrochen, schlecht lesende Kinder hingegen in nahezu der Hälfte der Fälle (Allington 1980a). Lehrer scheinen das Lesen schlecht lesender Kinder besonders aufmerksam zu verfolgen und greifen deshalb häufiger ein. Die Lesefehler schlecht lesender Kinder werden jedoch oft als isolierte Fehler behandelt und der Lehrer diskriminiert weniger, ob die Fehler das Verständnis des Textes erschweren oder nicht (Allington 1980a).

Wenn die Lehrer eingreifen, weisen sie gut lesende Kinder in erster Linie auf die Bedeutung und die Struktur der Sätze hin, bei denen Fehler begangen wurden. Bei schlecht lesenden Kindern beziehen sich diese Hinweise hingegen öfters nur auf das Wort, das falsch gelesen wurde. Die Lehrer weisen etwa darauf hin, welche Buchstaben übersehen wurden oder wie die Aussprache einer bestimmten Buchstabenfolge lautet (Allington 1980a).

Häufige Korrekturen von Lesefehlern durch den Lehrer führen dazu, daß die Kinder genauer lesen. Die Lesefehler weisen eine größere Ähnlichkeit zu den Zielwörtern auf, und auch die grammatikalische Struktur der Sätze wird mehr beachtet. Das Verständnis der Texte am Ende des Vorlesens ist jedoch geringer (Niles 1985). Dies gilt vor allem für gute Leser, bei schwachen Lesern kommt es zwar nicht zu einer Abnahme des an sich schon geringeren Leseverständnisses, allerdings wird es auch nicht verbessert (Pany et al. 1981). Schlechte Leser dürften an häufige Unterbrechungen durch den Lehrer gewöhnt sein und den Zusammenhang der Geschichte, die sie lesen, an sich schon weniger beachten.

Das häufige Korrigieren schlecht lesender Kinder dürfte eine gewisse Abhängigkeit der Kinder vom Lehrer aufrechterhalten und sie davon abhalten, selbständig die ihnen zur Verfügung stehenden Lesestrategien einzusetzen. Dies läßt sich besonders gut zeigen, wenn die Lehrer angewiesen werden, länger zuzuwarten, wenn schwache Leser einen Fehler begehen. In diesem Fall wird zwar die Lesegenauigkeit dieser Kinder etwas geringer, es erhöht sich jedoch die Wahrscheinlichkeit, daß sie ihre Lesefehler selbst korrigieren. Vor allem bei Lesefehlern, die vom Text sehr abweichen und zu einer Entstellung der Bedeutung des Textes führen, kommt es dann häufig zu einer Selbstkorrektur. Dieser positive Einfluß stärkerer Zurückhaltung des Lehrers läßt sich nicht nur unmittelbar während des Vorlesens, sondern auch noch nach einiger Zeit nachweisen (McNaughton 1981a, McNaughton und Glynn 1981). McNaughton (1981c) hat auch festgestellt, daß Lehrer von Leseförderkursen, vielleicht auf Grund dieser Erfahrung, im allgemeinen weniger dazu neigen, Lesefehler von Kindern rasch zu korrigieren, als dies Lehrer in normalen Klassen tun.

Fehlerkorrekturen während des lauten Lesen (Nennen des richtigen Wortes, den Satz nochmals lesen oder die Wörter lautieren lassen) führen, selbst wenn sie einige Zeit konsistent angewandt werden, zu keiner bedeutsamen Reduktion der Lesefehler (Jenkins und Larsen 1979, Rose et al. 1982). Werden die vorher korrigierten Wörter von den Kindern neuerlich gelesen, so kommt es nicht zu weniger Fehlern, als wenn die Fehler der Kinder überhaupt nicht korrigiert wurden. Nur systematische Übungen im Lesen der fehlerhaft gelesenen Wörter, bis keine Fehler mehr auftreten, haben längerfristig einen deutlichen Einfluß auf die Fehlerrate (Jenkins und Larsen 1979).

Bedeutung des Schreibenlernens für das Lesenlernen

Beobachtungen an Kindern, die selbständig - ohne systematischen Unterricht - im Vorschulalter lesenlernten, weisen darauf hin, daß ein Teil dieser Kinder das Lesen über das Schreiben lernt (Durkin 1966). Nach C.Chomsky (1979) stellt das Schreiben ein gutes Medium dar, an dem die Kinder selbständig Konzepte über die Korrespondenz von Sprache und Schrift entwickeln können. Diese Idee ist in den letzten Jahren von einer größeren Anzahl Pädagogen aufgegriffen worden und hat zu einer stärkeren Ermutigung des eigenständigen Schreibens der Kinder bereits in der 1.Klasse geführt. Dies setzt wegen des begrenzten Schriftwortschatzes der Kinder allerdings voraus, daß Fehler beim Schreiben zugelassen und die Kinder ermutigt werden, sich auch Wörter, die sie noch nicht kennen bzw. über deren richtige Schreibweise sie nicht sicher sind, nach dem Gehör zu schreiben. Einige nun vorliegende Befunde sprechen dafür, daß diese Ermutigung des Schreibens nicht nur zu einem rascheren Zuwachs der Schreibfähigkeit, sondern auch zu besseren Leseleistungen führt und somit einen sinnvollen Zugang zum Lesen eröffnen kann (Clarke 1988).

Bedeutung des leisen Lesens im Leseunterricht

Für den Lesefortschritt der Kinder kommt dem verständnisvollen, selbständigen Lesen eine nicht zu unterschätzende Bedeutung zu. Ein Schwerpunkt des Leseunterrichts besteht deshalb darin, Gelegenheiten für das Lesen zu schaffen und das Interesse von Kindern für das Lesen zu wecken (Bamberger 1987, Guthrie und Greaney 1991). Verschiedene Aktivitäten werden vorgeschlagen, um Raum für das Lesen im Unterricht zu schaffen: Einrichten von Leseecken, in die sich die Kinder während des Unterrichts zurückziehen können, um dort still für sich zu lesen; Vorstellen von Büchern durch den Lehrer, aus denen die Kinder dann eines zum selbständigen Lesen auswählen können; Einbeziehung der Schulbibliothek in den Leseunterricht.

Da die schwächeren Leser Schwierigkeiten beim Leseverständnis haben (siehe Abschnitt I, Kap.6), ist eine Vor- und Nachbereitung des selbständigen Lesens durch den Lehrer hilfreich. Auf spezielle Hilfestellungen wird später noch näher eingegangen (siehe Kap.3 dieses Abschnitts). Der Lehrer sollte die Kinder auch ermutigen, auf den Sinn des Gelesenen zu achten. Dazu bietet sich an, das Lesen mit einer (den Fähigkeiten der Kinder angepaßten) Schreibaufgabe zu verbinden oder Arbeitsblätter vorzubereiten, die von den Kindern nach dem selbständigen Lesen eines Textes bearbeitet werden können.

Neben dem Lesen im Unterricht sollten die Kinder bereits frühzeitig motiviert werden, auch zuhause, außerhalb des Unterrichts, zu lesen. Die Lesefreude der Kinder kann dabei durch das Anlesen von Büchern im Unterricht, durch das Vorstellen von Büchern aus der Klassenbibliothek und andere Aktivitäten des Lehrers gefördert werden.

1.2. Die methodische Orientierung des Lese- und Schreibunterrichts

Die Frage nach der geeigneten methodischen Vorgangsweise beim Lese- und Schreibunterricht ruft mitunter starken Dissens unter Pädagogen hervor. Die Diskussion um diese Frage kann allerdings schon allein deshalb nicht immer ruhig und sachlich geführt werden, da von außen seitens der Schulpolitik wiederholt der Vorwurf laut wird, die Schule würde dazu beitragen, daß Kinder nicht lesen und schreiben lernten.

Zwei Themen sind es vor allem, die in dieser Diskussion immer wieder auftauchen. Zum einen die Frage, ob der Leseunterricht nicht durch die Wahl einer ungeeigneten Methode den Kindern das Lesen- und in der Folge das Schreibenlernen erschwert. Zum anderen die Frage, ob die Schule genügend Nachdruck auf den Erwerb basaler Fertigkeiten im Lesen und Schreiben legt. Hinter dieser zweiten Frage steckt zum einen die Befürchtung, die Schule würde nichts mehr von den Kindern verlangen, sondern vielmehr allzu verständnisvoll auf sie und ihre mangelnde Lernmotivation eingehen. Zum anderen wird auch die Befürchtung geäußert, die Schule würde zu viele Ziele verfolgen, sei mit Lerninhalten derart überfrachtet, daß der Unterricht im Lesen und Schreiben zu kurz komme.

Der Einfluß der Leselehrmethode auf die Leseentwicklung

Die Geschichte des Leseunterrichts ist in jedem Land bzw. Kulturkreis eine etwas andere, jedoch lassen sich gewisse Parallelen aufzeigen. In Deutschland lag der Schwerpunkt der Auseinandersetzung in den 60-iger Jahren zwischen einem ganzheitlich (gestaltpsychologisch) orientierten Leseunterricht und einer synthetischen Methode, im englischen Sprachraum spielte sich die Auseinandersetzung dagegen zwischen einem Leseunterricht ab, der die kommunikative Bedeutung der Schriftsprache betonte und einer Kind-zentrierten Pädagogik folgte, und einem synthetischen bzw. die Buchstaben-Lautzuordnung betonenden Unterricht (als Extremposition: Look and Say Method gegen Systematic Phonics). Die Diskussion wurde den vorliegenden Befunden nicht immer gerecht. Sowohl von Schmalohr (1971) wie von Chall (1967) wird betont, daß vorgefaßte Meinungen über den Einfluß von Leselehrmethoden oft zu einer einseitigen Bewertung der Befunde geführt haben.

Deutschsprachige Untersuchungen über den Einfluß der Leselehrmethode auf die Leseentwicklung (synthetischer Leseunterricht gegen Ganzwort-Unterricht): Obwohl in den sechziger Jahren eine teilweise recht heftige Debatte um die Vor- bzw. Nachteile der beiden Leselehrmethoden geführt wurde, mit heftigen Anschuldigungen an die jeweils andere Seite, sie sei für das Versagen vieler Schüler beim Lesenlernen verantwortlich, muß man rückblickend feststellen, daß die kontrollierten Untersuchungen kaum Hinweise auf unterschiedliche Auswirkungen der beiden Methoden gefunden haben. Dies ist an sich nicht so verwunderlich, da sich der Unterschied zwischen den beiden Methoden in erster Linie darauf bezieht, ob beim Leseaufbau zuerst einige Buchstaben vorgestellt und dann aus diesen Buchstaben aufgebaute Wörter erlesen werden sollen (sogenannte synthetische Methode) oder ob die Kinder zunächst mit einer gewissen Anzahl von Wörtern vertraut gemacht werden, um in ihnen dann (analytisch) die von den Kindern zu erlernenden Buchstaben hervorzuheben.

In den unteren Klassen fanden sich in den älteren Untersuchungen meist geringe Vorteile für den synthetischen Unterricht und zwar sowohl im Lesen wie im Rechtschreiben. Zu diesem Ergebnis kam etwa Ferdinand (1970) für die 1.Klasse. Die Unterschiede waren in dieser longitudinal angelegten Untersuchung allerdings schon am Ende der 2.Klasse ausgeglichen. Andere Untersuchungen fanden auch in der 2. bzw. zu Beginn der 3.Klasse im Lesen (H.Müller 1964) und im Rechtschreiben (R.Müller 1965, Schubenz 1966) einen Vorsprung der synthetisch unterrichteten Kinder. Auffallend war dabei nach Müller (1965), daß ganzheitlich unterrichtete Kinder weniger lautgetreu schreiben konnten und häufiger schwere Rechtschreibfehler begingen, in denen das intendierte Wort nicht mehr erkennbar war. In höheren Klassen konnten hingegen keine Unterschiede beobachtet werden und zwar weder von Schmalohr (1959) (5.Klasse) noch von Holzinger (1964) (4.Klasse) oder H.Müller (1964) (4.Klasse).

Deutschsprachige Untersuchungen über die Auswirkungen der Leselehrmethode auf schwache Schüler: Während der Fortschritt im Lesen und Rechtschreiben nach anfänglichen Unterschieden für die Gesamtgruppe der Kinder unter den beiden Methoden ähnlich sein dürfte, gibt es einige Hinweise, daß die Ganzwortmethode sich auf die Fortschritte der schwächeren Kinder ungünstig auswirkt. Die Befunde sind allerdings nicht sehr konsistent.

Holzinger (1964) fand in der 4.Klasse eine größere Streuung der Rechtschreibleistungen bei ganzheitlich unterrichteten Kindern. Schwächer begabte Kinder erzielten bei dieser Leselehrmethode signifikant geringere Leistungen als bei synthetischem Unterricht. Schubenz (1966) kam bei Prüfung der Rechtschreibleistungen in der 2.Klasse zu einem ähnlichen Ergebnis. Der Einfluß der intellektuellen Begabung auf den erreichten Leistungsstand war nur bei ganzheitlichem Unterricht signifikant, bei synthetischem Unterricht hingegen unbedeutend. Auch in der Untersuchung von H.Müller (1964) erzielten vor allem die gering begabten Kinder der 2.Klasse bei ganzheitlichem Unterricht schlechtere Leistungen, wobei nur die Lesefähigkeit geprüft wurde, als bei synthetischem Unterricht.

Erste Beobachtungen von Ferdinand (1965), daß bei ganzheitlichem Unterricht mehr Kinder die erste und zweite Klasse wiederholen müßten als bei synthetischem Unterricht, konnten vom gleichen Autor später (1967) nicht repliziert werden. Vielmehr führte in verschiedenen Schulbezirken jeweils jene Leselehrmethode zu schlechteren Erfolgen, die die verbreitetste war.

Anglo-amerikanische Untersuchungen über den Einfluß der Leselehrmethode auf die Leseentwicklung: Die Auseinandersetzung um die Leselernmethoden wurde in den Vereinigten Staaten seit den dreißiger Jahren geführt und ist bis heute nicht zur Ruhe gekommen. Dies ist verständlich, da das englische Schriftsystem um einiges unregelmäßiger und der Wert von Graphem-Phonem-Zuordnungsregeln für das Lesenlernen daher umstritten ist. Chall (1967) hat versucht, die Ergebnisse einer Vielzahl an Untersuchungen unter Berücksichtigung aller Faktoren, die auf das Ergebnis Einfluß genommen haben könnten, zu bewerten. Ihrer Darstellung ist zu entnehmen, daß in den dreißiger Jahren die Ganzheitsmethode im Leseunterricht mancherorts in reiner Form angewandt und auf den Unterricht von Graphem-Phonem-Zuordnungen gänzlich verzichtet wurde. Wörter sollten als Ganzes wiedererkannt werden. Untersuchungen, die zu dieser Zeit durchgeführt wurden, zeigten recht übereinstimmend, daß Kinder, die mit dieser Leselehrmethode unterrichtet wurden, in den ersten Klassen weniger Worte wiedererkennen und laut vorlesen konnten als Kinder, die einen Unterricht in den Graphem-Phonem-Zuordnungen erhalten hatten. Dieser Unterschied war besonders offensichtlich, wenn die Kinder Wörter lesen sollten, die in den Leselehrgängen nicht vorgekommen waren. Die Lesegeschwindigkeit war hingegen bei der Ganzwortmethode anfangs besser. Diese Unterschiede glichen sich jedoch bald aus, während der Vorteil des

Phonics-Unterrichts bei der Lesegenauigkeit noch längere Zeit nachweisbar war (Chall 1967).

Spätere Untersuchungen über den Einfluß der Leselehrmethoden auf die Leseentwicklung verglichen Leselehrgänge, die unterschiedliches Schwergewicht auf die Vermittlung der Graphem-Phonem-Zuordnung legten. J.Chall faßte in ihrer Übersicht die Ergebnisse von 25 dieser Untersuchungen zusammen (Chall 1967). Leselehrgänge, die einen systematischen Unterricht der Graphem-Phonem-Zuordnungen enthielten, erzielten demnach gleich gute oder bessere Ergebnisse sowohl im Worterkennen und in der Lesegenauigkeit wie in den Rechtschreibleistungen. Der Vorteil der mit diesen Leselehrgängen unterrichteten Kinder beim Rechtschreiben war während der ganzen Grundschulzeit festzustellen. Auch beim Leseverständnis war nach anfangs geringeren Leistungen ein Vorteil dieser Leselehrmethode festzustellen. Die Lesegeschwindigkeit war in den ersten beiden Klassen eher geringer, in den höheren Klassen fand sich kein Unterschied mehr.

Seit der Veröffentlichung der Analyse von Chall sind die Ergebnisse mehrerer großangelegter Untersuchungen über den Einfluß von Leselehrmethoden in den Vereinigten Staaten vorgelegt worden (Bond und Dykstra 1967, Guthrie et al. 1979, Beck 1981). Insgesamt zeigte sich in diesen Untersuchungen, daß die Variabilität der Leseleistungen auch bei Verwendung ähnlicher Leselehrmethoden beträchtlich ist. Manche Analysen konnten keinen signifikanten Einfluß der Leselehrmethoden auf die Leseentwicklung feststellen (Bond und Dykstra 1967). Wird jedoch der Umfang an systematischem Unterricht in Graphem-Phonem-Zuordnungen in den verschiedenen Leselehrgängen betrachtet, so zeigt sich ein signifikanter Vorteil von Programmen, die diesen Unterricht stärker berücksichtigen. Bei Kindern mit geringen Lernvoraussetzungen zu Schulbeginn, also bei Kindern aus sozial benachteiligten Schichten, erzielen Programme, die sich durch besonders starke Betonung der Graphem-Phonem-Zuordnung auszeichnen, konsistent die besten Ergebnisse.

Einfluß der Leselehrmethode auf die Entwicklung der Lesestrategien und der für das Lesen bedeutsamen Fähigkeiten: Die für den Erstleseunterricht verwendeten Leselehrmethoden beeinflussen nicht nur die Geschwindigkeit, mit der sich die Kinder verschiedene Aspekte der Schriftsprache aneignen und in der Ausübung der diese Aspekte berücksichtigenden Operationen zu einer gewissen Fertigkeit kommen können, vielmehr wird damit zu einem gewissen Grad auch die Richtung, die die Lesentwicklung in den Anfangsstadien nimmt, geprägt. Leselehrmethoden, in denen auf das Erlernen der Graphem-Phonem-Zuordnung besonderer Wert gelegt wird, führen zu einer Lesestrategie, in der das Wort aus den einzelnen Phonemen über den Prozeß des Zusammenschleifens aufgebaut wird. Zu Anfang gelingt dies öfters nicht, und die gebildete Lautfolge ist dem zu bildenen Wort zwar ähnlich, aber kein richtiges Wort, sondern eine sinnlose Silbe oder Silbenfolge. Solche Fehler sind für diese Leselehrmethode charakteristisch und verraten die von den Kindern verwendete Lesestrategie (Barr 1975).

Wird im Leseunterricht hingegen darauf verzichtet, Wörter aus kleineren Elementen aufzubauen, und das Erkennen der Wörter auf Grund der ihnen eigenen globalen Merkmale betont, so verfolgen die Kinder die Strategie, Wörter über den Kontext zu erraten bzw. die Merkmale des zu lesenden Wortes mit den bereits als Schriftbildern bekannten Wörtern zu vergleichen. Dies führt zu einer anderen Art von Fehlern. Die Kinder nennen statt des richtigen Wortes ein anderes ihnen bekanntes, das einige Merkmale mit dem richtigen Wort gemeinsam hat. In der ersten Klasse läßt sich eine beträchtliche Konsistenz in dem Fehlermuster bei Kindern feststellen, die nach einer der beiden Leselehrmethoden unterrichtet wurden. Gegen Ende der ersten Klassen ändern die Kinder, die mit einer Ganzheitsmethode unterrichtet wurden, und den größten Fortschritt im Lesenlernen erzielt hatten, allmählich ihre Strategie und wechseln zu jener Strategie über, die von Anfang an für den synthetischen Unterricht charakteristisch ist (Barr 1975).

Ein Leseunterricht, der auf der Vermittlung von Graphem-Phonem-Zuordnungen aufbaut, führt bereits im ersten Halbjahr der 1.Klasse zu einer Zunahme der Fähigkeit, Wörter als aus Phonemen aufgebaut zu verstehen und eine solche Segmentierung durchzuführen, während sich diese Fähigkeit bei einem ganzheitlichen Unterricht in der gleichen Zeit nicht weiter entwickelt (Alegria et al. 1982).

Experimentelle Analogiestudien zum Einfluß der Leselehrmethode: Da in den Leseunterricht außer der Wahl eines synthetischen bzw. ganzheitlichen Vorgehens noch viele andere Faktoren eingehen, wurde versucht, die Auswirkungen dieser unterschiedlichen methodischen Ansätze in experimentellen Untersuchungen zu überprüfen, in denen Kindergarten-Kinder oder Kinder der ersten Volksschulklassen mit geringen Lesekenntnissen für einige wenige Sitzungen mit der einen oder anderen Methode einige Wörter lesen lernten (Richardson und DiBenetto 1977). Die vorgegebenen Wörter werden im allgemeinen unter beiden Leselehrmethoden gleich rasch gelernt, allerdings tun sich Kinder aus sozial benachteiligten Schichten und jüngere Kinder meist leichter, wenn die Wörter als Ganzes gelernt werden sollen und den Kindern vertraut sind (Richek 1978).

Kinder, die während des kurzen Unterrichts auch Graphem-Phonem-Zuordnungen lernen, können jedoch bereits nach wenigen Sitzungen Wörter lesen, die nicht im Unterricht vorgekommen sind, aber aus den gleichen Buchstaben aufgebaut sind wie die gelernten Wörter. Bei einem ganzheitlichen Unterricht findet hingegen so gut wie kein Transfer der Lesefähigkeit auf bisher nicht bekannte Wörter statt. In dem Moment, wo die Anzahl der gelernten Wörter etwas größer und das Intervall zwischen dem Lernen der Wörter und der Prüfung der Lesefähigkeit länger wird, entsteht ein Vorteil für Kinder, die in den Graphem-Phonem-Zuordnungen unterrichtet wurden, auch beim Lesen der im Unterricht verwendeten Wörter. Es zeigt sich zudem, daß diese Gruppe das Wissen um die Graphem-Phonem-Zuordnung nur dann sicher erwirbt, wenn sie während des Unterrichts Wörter nicht nur wiedererkennen, sondern laut lesen muß. Auf diese Weise lernen die Schüler eine neue Reaktion. Dies verzögert zwar den Zuwachs an Lesefertigkeit in der Lernphase, führt jedoch zu einem besseren Behalten. Bei einem ganzheitlichen Leseunterricht ist dieser spezifische Einfluß des lauten Lesens auf die Lerngeschwindigkeit und das Behalten hingegen nicht festzustellen (Kibby 1979).

Mit Hilfe eines kurzfristigen Unterrichts nach den beiden Leselehrmethoden können auch Lernvoraussetzungen besser abgeklärt werden, die für einen raschen Fortschritt der Kinder in den verschiedenartigen Leselehrmethoden verantwortlich sind (Richek 1978). Bei beiden Leselehrmethoden machen zu Schulbeginn jene Kinder den größten Fortschritt, die bereits zuvor eine größere Vertrautheit mit dem Alphabet haben und die Namen von Buchstaben kennen. Der Erfolg eines Leseunterrichts unter Ausnutzung der Graphem-Phonem-Zuordnungen ist jedoch darüber hinaus auch davon abhängig, daß die Kinder bereits ein Wissen um die von den Buchstaben repräsentierten Laute haben und auditiv segmentierte Wörter zusammenschleifen können. Der Erfolg eines ganzheitlichen Leseunterrichts auf der anderen Seite korreliert mit der visuellen Diskriminationsfähigkeit und der Gedächtnisspanne. Die Vorhersagbarkeit des Lernerfolgs unter den beiden Umterrichtsarten läßt darauf schließen, daß spezifische Lernvoraussetzungen nötig sind, um die in dem Unterricht erforderlichen Operationsarten und Strategien beim Lesen ausführen zu können. Die dabei erforderlichen Fähigkeiten scheinen recht spezifisch zu sein, sie lassen sich nicht unter dem etwas allgemeineren Konzept einer Modalitätsbevorzugung (visuell gegen auditiv) zusammenfassen.

Zusammenfassend können wir feststellen, daß die Ergebnisse der älteren, größer angelegten Vergleichsuntersuchungen sowohl aus dem deutsch- und englisch-sprachigen Raum zwar Hinweise für die Bedeutung eines systematischen Unterrichts der Graphem-Phonem-Korrespondenzen im Erstlese-Unterricht erbracht haben, daß der Vorteil dieses Vorgehens jedoch keineswegs so eindeutig ausgefallen ist, wie man sich dies aufgrund der Ausführungen über die Bedeutung des phonologischen Rekodierens für die Leseentwicklung erwartet hätte. Wenn man nach den Ursachen für dieses Ergebnis fragt, so ist zunächst darauf zu verweisen, daß nach der größten bisher durchgeführten Untersuchung, der Cooperative Reading Study (Bond und Dykstra 1967), der Unterschied zwischen den Lehrern, die einer Leselehrmethode folgten, deutlich größer war als die Unterschiede zwischen den Methoden. Es stellt sich daher die Frage, wieweit die Lehrer der von ihnen als Grundlage für den Leseunterricht angegebenen Methode auch tatsächlich folgen. Nach den Ergebnissen einer Untersuchung von Chall und Feldman (1966) kann man davon nicht unbedingt ausgehen. In dieser Studie wurde die von den Lehrern angegebene Schwerpunktsetzung im Anfangsunterricht (v.a. die Betonung eines systematischen Unterrichts von Graphem-Phonem-Zuordnungen) mit den in einer Unterrichtsbeobachtung registrierten Aufgabenstellungen für die Schüler verglichen und kein deutlicher Zusammenhang festgestellt. Es stellt sich daher die Frage, ob Untersuchungen, die sicherstellen, daß die von ihnen verglichenen Lehrmethoden in den beteiligten Klassen auch angemessen realisiert werden, nicht zu eindeutigeren Ergebnissen kommen würden. Ein Hinweis dafür ist einer neuen Vergleichsstudie von Foorman et al. (1991) zu entnehmen, die in Klassen mit einem stärkeren Schwerpunkt auf der Vermittlung von Graphem-Phonem-Korrespondenzen während der 1.Klasse einen deutlich rascheren Zuwachs an Lese- und Rechtschreibfertigkeiten festgestellt hat als in Klassen, in denen dieser Unterricht weniger Gewicht hatte.

Wie bereits erwähnt, dürften die meisten Lehrer im deutschen Sprachraum auch bei einem analytischen Vorgehen (Ganzwortmethode) - wenn auch etwas später - dem systematischen Unterricht von Graphem-Phonem-Zuordnungen relativ viel Aufmerksamkeit widmen. Dies gilt noch mehr für den sogenannten methoden-integrierten oder analytisch-synthetischen Leseunterricht, bei dem die Phoneme zuerst durch die Wortanalyse (i.A. das "Heraushören" der Phoneme in einigen Wörtern) erarbeitet werden, bevor ihre Zuordnung zu Graphemen vorgestellt und Wörter erlesen werden.

Entdeckendes Lernen gegen direkten Unterricht

Neben der Auseinandersetzung um die geeignete Methode zur Vermittlung der Lesetechnik berührt noch eine weitere Diskussion die Didaktik des Lese- und Schreibunterrichts, nämlich die Frage nach dem Wert des direkten Unterrichts. Während von vielen Didaktikern die Aufgabe des Unterrichts in der direkten Vermittlung von Konzepten und in der Anleitung zum systematischen Üben von Lesetechniken gesehen wird, vertreten andere die Position, daß der Unterricht den Kindern nur Anregungen geben und einen Rahmen bereitstellen soll, damit sich die Kinder selbst mit der Schrift auseinandersetzen können.

Ein pädagogisches Konzept, das den Schwerpunkt des Unterrichts besonders deutlich auf die Eigenaktivität der Kinder gelegt hat, ist der sogenannte "offene Unterricht". Dieses Konzept wird oft dem traditionellen schulischen Unterricht, der die direkte Vermittlung verschiedener Fertigkeiten betont, gegenübergestellt. In einigen Untersuchungen wurde der Einfluß dieser beiden Unterrichtsformen auf den Lernfortschritt der Kinder im Lesen und Schreiben während der ersten Grundschuljahre bestimmt.

Carr und Evans (1981) konnten durch direkte Beobachtung der Unterrichtsgestaltung in jeweils 10 Klassen, die dem Konzept der "offenen Erziehung" bzw. der traditionellen Unterrichtsform folgten, zeigen, daß die Unterrichtsgestaltung in diesen Klassen in der Tat deutlich voneinander abweicht. In Klassen, die einem traditionellen Unterrichtsstil verpflichtet sind, wird ein bedeutend größerer Teil der Unterrichtszeit zu Gruppenarbeiten ausgenutzt als in Klassen, die einen offenen Erziehungsstil verwirklichen. Umgekehrt gehen die Kinder bei einem offenen Erziehungsstil viel mehr selbständig gewählten Aktivitäten nach (Carr und Evans 1981). Die Art der Gruppenarbeit, die unter Anleitung des Lehrers stattfindet, ist in beiden Klassenarten ähnlich - etwa ein gleich großer Teil wird mit Lesen bzw. leseverwandten Aktivitäten, mit Erzählen von Geschichten und mit anderen schulisch relevanten Tätigkeiten ausgefüllt (Rechnen etc.).

Die Art des Leseunterrichts ist freilich verschieden. In der offenen Erziehung wird frühzeitig Wert auf lautes, mündliches Lesen und auf das Kennenlernen von Wortbildern gelegt, während im traditionellen Unterricht stärker die Analyse von Wörtern geübt wird. Auch bei den Aktivitäten, denen die Kinder selbständig nachgehen, zeigen sich deutlich qualitative Unterschiede zwischen beiden Unterrichtsarten. Im traditionellen Unterricht ist die Anzahl der Aktivitäten beschränkt. Die Kinder bekommen öfters einen kleinen Text auf, den sie still lesen sollen, um nachher Fragen darüber zu beantworten, oder sie sollen Übungsblätter bearbeiten, in denen Gemeinsamkeiten zwischen verschiedenen Wörtern hervorzuheben sind. In den Klassen mit offener Erziehung hingegen waren die Aktivitäten sehr vielfältig, häufig waren die Kinder mit verschiedenen Arten von Spielen, mit Zeichnen und Ähnlichem beschäftigt. Wenn sie sich in dieser Zeit mit dem Lesen und Schreiben beschäftigten, so fertigten sie oft mit den ihnen vertrauten Wörtern kleine Geschichten an, die sie nachher vorlasen. Die Kinder hatten vielfach auch ein Kästchen, in dem sie die ihnen bereits vertrauten Wörter sammelten.

Insgesamt waren also Klassen mit offener Erziehung stärker Spiel-zentriert, sie gaben den Kindern mehr Möglichkeit, eigenen Interessen nachzugehen und förderten die Kinder durch häufigeren direkten Kontakt zwischen dem Lehrer und den einzelnen Kindern. Durch Verwendung einer Vielzahl an Materialien und durch Förderung vieler Aktivitäten waren diese Klassen sehr lebhaft, und es herrschte eine große Flexibilität. In traditionellen Klassen hingegen waren die Kinder oft an ihren Tischen, der Unterricht war stärker strukturiert und ruhiger. Es wurde mehr Wert auf das Erlernen der basalen Fertigkeiten im Lesen und Rechtschreiben unter direkter Anleitung des Lehrers gelegt.

Wenn am Ende der 1.Klasse die Auswirkungen der beiden Unterrichtsarten auf den schulischen Fortschritt der Kinder bestimmt wurden, zeigte sich ein klarer Vorteil des traditionellen Unterichts. Dieser Vorteil wurde auf der anderen Seite nicht durch größere Fortschritte in der Entwicklung sprachlicher oder sozialer Fertigkeiten aufgewogen, Bereiche, auf die der offene Erziehungsstil besonderen Wert gelegt hatte.

Bemerkenswerter als die Leistungsunterschiede zwischen den Klassen war freilich die deutlich größere Streubreite der Leistungen in den Klassen mit offenem Unterricht. Während in beiden Klassenarten ein etwa gleich großer Prozentsatz der Kinder gute Fortschritte im Lesen gemacht hatte, war die Anzahl der Kinder, die das Lesen am Ende des 1.Schuljahres noch nicht soweit beherrschten, daß sie wenigstens einfache Texte lesen konnten, in den Klassen mit offener Erziehung viel größer.

Auffällig war auch, daß die Leseentwicklung der Kinder in den traditionellen Klassen durch die sprachlichen Fähigkeiten gut vorhergesagt werden konnte, während dies in den Klassen mit offenem Unterricht nicht der Fall war. Dort zeigte sich im Gegenteil sogar eine negative Korrelation zwischen der sprachlichen Ausdrucksfähigkeit und dem Lesefortschritt. Die Kinder mit gutem Sprachvermögen lernten wohl eigene Texte anzufertigen und zu lesen, aber sie nutzten nicht die Gelegenheit, sich mit der Struktur der Schriftsprache auseinanderzusetzen und dadurch zu lernen, auch unbekannte Texte zu lesen.

In beiden Unterrichtsformen zeigte sich ein signifikanter positiver Zusammenhang zwischen der Zeit, die die Kinder mit dem leisen Lesen von Texten zubrachten, und dem Lesefortschritt, während der Zusammenhang mit der Menge an Übungen zum Behalten einzelner Wortbilder signifikant negativ war.

Neben diesen Gemeinsamkeiten wirkten sich jedoch andere Übungen in den beiden Unterrichtsformen unterschiedlich aus. So hatten Übungen im lauten Lesen in traditionell geführten Klassen einen eher negativen, Übungen in der Analyse von Wörtern, die die Kinder weitgehend selbständig ausführten, hingegen einen positiven Einfluß auf die Leseentwicklung. In Klassen mit offenem Unterrichtsstil war der Einfluß dieser beiden Übungsformen genau entgegengesetzt. Diesen Übungen kommt also in Abhängigkeit vom Unterrichtsstil ein unterschiedlicher Stellenwert zu. Sie werden von der Lehrern im Kontext der jeweiligen Unterrichtsform Kindern erst relativ spät oder früher gegeben und auch unterschiedlich benutzt, zum Teil um sich einen Eindruck vom Leistungsstand der Kinder zu bilden, zum Teil als Übungsform in Zusammenhang mit anderen Aktivitäten. Die Unterschiede in Bezug auf den Einfluß von Wortanalyseübungen zeigen jedoch auch an, daß solche Übungen Kinder, die gewisse Kenntnisse der Schriftsprache noch nicht erworben haben, leicht überfordern und dadurch verwirren.

Unterschiede zwischen den Unterrichtsformen scheinen in ihren Auswirkungen nicht auf die 1.Klasse beschränkt zu sein, sondern auch auf den Fortschritt der Lese- und Rechtschreibentwicklung in den höheren Klassen nachzuwirken (Bell et al. 1974).

Diese Untersuchungen über die Implementierung und die Auswirkungen verschiedener pädagogischer Maximen zeigen, daß in der Realisierung von Unterrichtsformen eine Bevorzugung verschiedener Unterrichtsaktivitäten stattfindet, die sich auf die Leseentwicklung der Kinder deutlich auswirkt. Eine einseitige Betonung jener Aktivitäten, an denen die Kinder Interesse zeigten und die sie selbständig durchführen konnten, führt in den Anfängen des Leseunterrichts bei schwächer begabten Kindern in der Tendenz dazu, daß der anfangs notwendige, aber mühsame Erwerb von Kenntnissen über die Struktur der Schriftsprache und der einzelnen Lese- bzw. Rechtschreib-komponenten vermieden oder zumindest nicht intensiv genug betrieben wird.

1.3. Die Bedeutung der Erstleselehrgänge

Die Erstleselehrbücher der Grundschuljahre haben sich allmählich zum wesentlichsten Bestandteil des Lese- und Schreibunterrichts entwickelt. Hiermit folgt die Entwicklung im deutschen Sprachraum einer Tendenz, die sich in den USA bereits seit längerer Zeit etabliert hat. Spache und Spache (1986) begründen diese Entwicklung damit, daß das laute Lesen, das lange Zeit die vorherrschende Übungsmethode im Leseunterricht war, zunehmend durch das leise Lesen ersetzt wird, für das in Form der Lesebücher bzw. der ergänzenden Arbeitshefte und Arbeitsblätter geeignetes Unterrichtsmaterial bereitgestellt werden muß. Ein weiterer Grund ist sicher darin zu sehen, daß Erstleselehrgänge im Rahmen eines individualisierten Unterrichts, bei dem die Schüler einer Klasse jeweils unterschiedliche Aufgaben bekommen, eine große Bedeutung einnehmen.

Die Unterrichtsmaterialien werden zunehmend so aufgebaut, daß der gesamte Lese- und Schreibunterricht mit ihnen durchgeführt werden kann und in den begleitenden Lehrerhandbüchern sehr detaillierte Anweisungen zum Unterricht enthalten sind.

Allerdings sind auch Tendenzen, die die Bedeutung der Erstleselehrgänge wieder zurückdrängen, nicht zu übersehen. So beobachteten Tizard et al. (1988), daß in England der Großteil der Lehrer Materialien aus verschiedenen Leselehrgängen benutzt. Auch empfehlen Didaktiker in letzter Zeit verstärkt, im Erstleseunterricht mit von den Kindern erstellten Texten zu arbeiten, um den Interessen der Kinder besser entsprechen zu können.

Einführung der Buchstaben bzw. der Graphem-Phonem-Korrespondenzen in den Erstleselehrgängen: Trotz der Betonung der Methodenintegration unterscheiden sich auch neuere deutschsprachige Leselehrgänge in der Art, wie die Buchstaben bzw. die Graphem-Phonem-Korrespondenzen eingeführt werden (Bergk 1980, Beck 1981). Leselehrgänge, die einem analytischen Vorgehen im Leseunterricht folgen, stellen einzelne Buchstaben erst dann explizit vor, nachdem die Kinder mit einigen Wörtern vertraut gemacht wurden und in der Folge die den Buchstaben entsprechenden Phoneme aus den Wörtern ausgegliedert und somit "erarbeitet" wurden. Beim synthetischen Ansatz werden hingegen die ersten Buchstaben bereits zu Beginn vorgestellt und die im Leselehrgang enthaltenen Wörter sind nur aus Buchstaben aufgebaut, die bereits explizit im Leseunterricht eingeführt worden sind (Bergk 1980).

Außer diesen allgemeinen Merkmalen gibt es jedoch wenig Gemeinsamkeiten zwischen Leselehrgängen, die unterschiedlichen methodischen Ansätzen verpflichtet sind.

- So wird im Durchschnitt eine ähnlich große Anzahl an Wörtern in der ersten Phase des Leseunterrichts eingeführt, und die eingeführten Wörter werden in der Folge etwa gleich häufig wiederholt, obwohl es bei einem analytischen Ansatz sinnvoller wäre, weniger Wörter zu verwenden und diese öfter zu wiederholen, da von den Kindern erwartet wird, daß sie sich diese Wörter als Ganzes einprägen. Dieses Prinzip ist jedoch offensichtlich schwer durchzuhalten.
- In manchen Leselehrgängen gibt es Hilfen, um mehrgliedrige Grapheme (z.B. "ei") zu kennzeichnen oder auf die Unterscheidung zwischen kurzem bzw. langem Vokal hinzuweisen, dies ist jedoch auch bei Lehrgängen mit einem synthetischen Ansatz nicht konsistent der Fall.
- Große Unterschiede bestehen zwischen den verschiedenen Leselehrgängen auch in der Phonem- bzw. Graphemstruktur des Wortbestands. Häufig werden bereits frühzeitig auch längere Wörter (mehr als 4 Phoneme) eingeführt. Auch wird oft nicht darauf geachtet, daß die Grapheme eindeutig bestimmte Phoneme repräsentieren.

In den deutschsprachigen Leselehrgängen werden die Buchstaben relativ rasch eingeführt, meist innerhalb der ersten 20 bis 25 Unterrichtswochen. Die meisten Leselehrgänge sehen nur wenige spezielle Übungen vor, die das Beherrschen der Graphem-Phonem-Korrespondenzen weiter absichern und spezielle Lesetechniken (wie z.B. das Erkennen häufiger vorkommender Vor- oder Nachsilben) einüben sollen. Übungen zum Erlesen werden an den Textangeboten gemacht, die auch sinnerfassend gelesen werden sollen (Dehn 1975).

"Linguistische" Erstleseprogramme: Das Vorgehen im synthetischen Erstleseunterricht ist bereits frühzeitig als unnatürlich kritisiert worden. Es wurde betont, daß Phoneme den Kindern nicht isoliert vorgestellt werden können, indem der Lehrer den zu einem Graphem gehörigen Laut produziert, da Phoneme Abstraktionen darstellen, die isoliert nicht existieren. Diese Kritik hat zur Entwicklung der sogenannten linguistischen Programme geführt, in denen die Phoneme durch systematische Gegenüberstellung von Minimalpaaren, d.h. Wörtern, die sich nur in dem zu erfassenden Phonem unterscheiden, herausgearbeitet und mit dem Namen des dieses Phonem repräsentierenden Buchstabens bezeichnet werden sollen.

Umfang des verwendeten Wortschatzes: Sowohl in der Anfangsphase wie später bestehen große Unterschiede zwischen verschiedenen Leselehrgängen in der Anzahl der pro 100 Wörtern Text neu eingeführten Wörter, in der Anzahl der Wörter, die in den Texten einer Klassenstufe nur einmal vorkommen und in der Häufigkeit, mit der die mehrmals vorkommenden Wörter wiederholt werden (Willows et al. 1981).

Lesbarkeitsmerkmale der Leselehrgänge: Die Länge der in verschiedenen Programmen verwendeten Sätze, deren Komplexität und die Vertrautheit der Wörter (= Vorkommenshäufigkeit der Wörter in der Umgangssprache) ist sehr unterschiedlich, dies sind aber Faktoren, die die Lesbarkeit von Texten deutlich beeinflussen (Willows et al. 1981). Während in manchen Leselehrgängen eine klare Abstufung der Lesbarkeit der Texte in den verschiedenen Stufen des Leseprogramms erkennbar ist, ist dies in anderen Programmen nicht der Fall.

Auch die Länge der einzelnen Lesetexte ist sehr unterschiedlich. Die meisten Texte in den Eingangsstufen der Leselehrgänge sind so kurz, daß kaum von Geschichten mit einem klar erkennbaren Hergang gesprochen werden kann. Die Beschränkung des Wortschatzes, die angesichts der geringen Lesefertigkeit der Kinder erforderlich erscheint, erschwert das Erzählen einer Geschichte sehr. Die Texte in den Lesebüchern lassen dann vielfach Teile der Information weg, die zum Verständnis der Geschichten notwendig wären, oder ergänzen die Information durch begleitende Bilder. Häufig werden statt Inhaltswörtern auch Pronomina verwendet (das, dies) (Beck 1984). Diese Einschränkungen können - wenn sie vom Lehrer in der Erarbeitung der Texte nicht ausgeglichen werden - dazu führen, daß die Kinder den Geschichten nicht folgen können.

Verständlichmachung der kommunikativen Funktion des Lesens: Ein Hauptakzent der deutschsprachigen Kritik an den Erstleselehrbüchern liegt auf der mangelnden Verständlichmachung der kommunikativen Funktion des Lesens in den Fibeln. Bergk (1980) hat in ihrer Analyse der ersten Unterrichtsschritte in den neueren deutschen Erstleseprogrammen (Fibeln) versucht, verschiedene Ebenen, auf denen sich die Aneignung der Schriftsprache vollzieht, zu berücksichtigen. Die Orientierung an einer Theorie der Aneignung der Schriftsprache hebt dabei unter anderem das Bewußtmachen der kommunikativen Funktion der Schriftsprache hervor. Im diesem Zusammenhang ist natürlich auch auf die häufige Kritik an den Inhalten, den häufig der Lebenswelt und den Interessen von Kindern nicht entsprechenden Figuren, die in den Erstlesebüchern vorgestellt werden, hinzuweisen. Hier hat sich allerdings in den neueren Ausgaben der Erstleselehrgänge viel geändert, sodaß auf diese Kritik nicht näher eingegangen werden soll.

Zusammenfassend sei betont, daß es gerade in der Anfangsphase eine große Herausforderung für Lehrer darstellt, den Kindern das Lesen nahezubringen. Die pädagogisch-psychologische Forschung hat einige der dabei wirksamen Faktoren herausarbeiten können, trotzdem sind definitive Antworten in der nun schon lange Zeit währenden Auseinandersetzung um die beste Leselehrmethode nicht möglich. In einigen Bereichen wurden allerdings Fortschritte erzielt, so etwa bei der Entwicklung geeigneter didaktischer Methoden für die Förderung der Sprachbewußtheit. Auch die Bedeutung des leisen Lesens und der Förderung des Lesemotivation ist klarer herausgearbeitet worden.

2. Rechtschreibunterricht

Der Unterricht im Rechtschreiben ist eng mit dem Erstleseunterricht verbunden. Bereits in den ersten Wochen wird von den Kindern ein großer Teil der in den Erstleselehrgängen vorgestellten Wörter auch geschrieben. Wegen der größeren Langsamkeit des Schreibvorgangs nimmt das Üben des Schreibens daher bereits in der ersten Klasse weit mehr Zeit in Anspruch als das Üben des Lesens (Klicpera und Gasteiger-Klicpera 1993). Der Umfang der Schreibübungen nimmt in den folgenden Klassen noch zu. Wir können also wohl zurecht feststellen, daß das Üben des Rechtschreibens - jedenfalls im Rahmen der Grundschule - einen relativ großen Stellenwert einnimmt. In der pädagogischen Literatur wurde dem Rechtschreibunterricht hingegen relativ wenig Aufmerksamkeit gewidmet, sodaß es schwierig erscheint, die Summe aus den bisher vorliegenden Erfahrungen zu ziehen. Im Bemühen, die Erfahrungen mit dem Rechtschreibunterricht zusammenzufassen, wollen wir auf die folgenden Aspekte näher eingehen:

- die Bedeutung selbst-erdachter Schreibweisen für den Anfangsunterricht im Rechtschreiben
- der Stellenwert von Rechtschreibübungen im Rahmen des Unterrichts, wobei sowohl die Inhalte der Übungen wie deren Form und Verteilung angesprochen werden sollen
- die Bedeutung von Rechtschreibregeln für den Unterricht
- die Fehlerkorrektur beim Rechtschreiben
- besondere Formen des Rechtschreibtrainings (Training kognitiver Strategien, Übungen mit dem Computer etc.)
- der Rechtschreibunterricht in den höheren Klassenstufen

Anregung zum spontanen Schreiben: Selbst-erdachte Schreibweisen im Unterricht

Die Beschreibung verschiedener Stufen der Rechtschreibentwicklung legt die Idee nahe, daß diese Entwicklungsstufen auch eine Orientierung für den Rechtschreibunterricht geben könnten. Davon ausgehend ist für die ersten Klassen vorgeschlagen worden, das Ziel einer orthographisch korrekten Schreibweise zurückzustellen und die Kinder vielmehr zu ermutigen, sich selbst verschiedene Formen auszudenken, wie Wörter geschrieben werden könnten. Neben anekdotischen Berichten bezeugt auch eine Vergleichsstudie aus dem englischen Sprachraum, daß Kinder auf diese Weise dafür sensibilisiert werden, auf die besondere Schreibweise von Wörtern zu achten und auch beginnen, Gemeinsamkeiten in der Schreibweise verschiedener Wörter zu entdecken (Clarke 1988). Zudem wurde beobachtet, daß die Kinder auf diese Weise bereits in der 1.Klasse mehr Wörter selbständig schreiben und - obwohl sie dabei viele Fehler begehen - dadurch nicht verwirrt werden, sondern längerfristig zu einer größeren Rechtschreibsicherheit kommen. Allerdings dürfte diese Vorgehensweise nur in der 1., eventuell noch zu Beginn der 2.Klasse zu empfehlen sein. Der wichtigste Vorteil dieser Methode dürfte sein, daß die Kinder (durch eine geringere Bewertung von Fehlern) zum Schreiben ermutigt werden und gleichzeitig eine gewisse Sensibilität für den Nutzen eines überlegten, strategischen Vorgehens beim Schreiben unbekannter Wörter vermittelt wird (Brown 1990). Vor allem die Ermutigung des Schreibens dürfte sich speziell bei schwächeren Schülern positiv auswirken (Clarke 1988).

Übung des Rechtschreibens

Nach Ansicht der meisten Pädagogen ist das wesentliche Element des Rechtschreibunterrichtes die häufige Übung der zu lernenden Wörter. Welcher Stellenwert dem Üben des Rechtschreibens zukommen sollte, ist in den Lehrplänen nicht explizit festgelegt, Didaktiker empfehlen vielfach, daß für das Üben des Rechtschreibens etwa ein Stunde pro Woche oder eine Viertelstunde täglich anzusetzen sei. Mehr Zeit würde keinen wesentlichen Vorteil bringen, weniger würde allerdings zu einem Leistungsabfall führen (Brown 1990).

Sichern eines Grundwortschatzes: Es stellt sich natürlich die Frage, wie diese Übung zu ökonomisieren ist. Ein Grundgedanke vieler Rechtschreibpädagogen besteht darin, den Übungsprozeß dadurch zu vereinfachen, daß die Anzahl der zu übenden Wörter beschränkt wird, indem man davon ausgeht, daß es für die Mehrzahl der Kinder genügt, wenn sie die häufigsten Wörter sicher schreiben können, die den Großteil der zu schreibenden Wörter ausmachen. Nach verschiedenen Schätzungen kann man davon ausgehen, daß eine sichere Beherrschung von etwa 3000 - 4000 Wörtern gewährleistet, daß 95% der Wörter in Texten fehlerlos geschrieben werden können (Wieczerkowski et al. 1979). Obwohl dieser Gedanke auch in Empfehlungen zum Rechtschreibunterricht Eingang gefunden hat, zeigen Auszählungen der in verschiedenen Rechtschreibprogrammen verwendeten Wörter, daß diese deren Vorkommenshäufigkeit nur in sehr beschränktem Maß berücksichtigen und daß zwischen verschiedenen Programmen zum Teil sehr große Unterschiede in den zur Übung vorgegebenen Wörtern bestehen (Di Stefano und Hagerty 1983).

Üben bestimmter Merkmale der Rechtschreibung: Ein weiteres Element, das eine höhere Effektivität des Rechtschreibunterrichtes gewährleisten dürfte, besteht in der Zusammenstellung der Wörter zu Gruppen, die jeweils ein bestimmtes Merkmal gemeinsam haben. Dadurch wird ein bestimmter Bereich der Rechtschreibung eine Zeitlang systematisch geübt. Eine solche Zusammenstellung von Wortgruppen führt nicht nur zu einem größeren Anstieg der Rechtschreibleistung insgesamt, sondern trägt auch dazu bei, daß nicht geübte Wörter, die eine ähnliche Schreibweise haben, ebenfalls häufig richtig geschrieben werden (Wieczerkowski et al. 1979).

Dieses Prinzip liegt dem Aufbau der meisten Rechtschreibprogramme zugrunde. Wie Rigol (1977) an den Programmen für das zweite Schuljahr gezeigt hat, bestehen jedoch beträchtliche Unterschiede in der Anordnung der zur Übung vorgesehenen Rechtschreibbereiche, in ihrer Bezeichnung und in der Zuordnung einzelner Phänomene zu übergeordneten Kategorien. Weitere Unterschiede bestehen in Bezug darauf, wieviele Bereiche systematisch geübt werden und ein wie großer Prozentsatz der zur Übung vorgegebenen Wörter den verschiedenen Rechtschreibbereichen zugeordnet werden kann. In allen Programmen ist der Prozentsatz der Wörter, die dem jeweils im Vordergrund stehenden Rechtschreibbereich zugeordnet werden können, jedoch relativ groß (66 - 92%). Dies bedingt, daß relativ viele Wörter eingeführt werden, um ein bestimmtes Rechtschreibphänomen zu demonstrieren und zu üben, und daß viele Wörter nur jeweils in einer Stunde geübt, später jedoch nicht mehr wiederholt werden.

Verteilung der Übungen: Lernpsychologische Gesichtspunkte werden im Rechtschreibunterricht im allgemeinen wenig beachtet, obwohl die immer wieder betonte Bedeutung systematischer Übung eine besondere Berücksichtigung lernpsychologischer Erkenntnisse nahelegen sollte. Die Analyse einiger als Lehrmittel verwendeter Rechtschreibprogramme zeigt, daß diese oft fundamentalen lernpsychologischen Prinzipien widersprechen, indem sie etwa viele Wörter in kurzer Zeit einführen und diese dann später nicht mehr zur Übung vorgeben (Rigol 1977). Nach Unterrichtsbeobachtungen zu schließen, ist diese Tendenz auch in der Unterrichtspraxis festzustellen (Gettinger et al. 1982). Demgegenüber konnte nachgewiesen werden, daß vor allem die schwächeren Schüler nur eine begrenzte Zahl von Wörtern pro Tag richtig zu schreiben lernen. Wird die Anzahl der neu eingeführten Wörter erhöht, so nimmt die Wahrscheinlichkeit zu, daß die zuerst gelernten Wörter falsch geschrieben werden. Die Fehler entstehen wahrscheinlich durch Interferenz, da Komponenten aus anderen gelernten Wörtern fälschlich eingefügt werden (Bryant et al. 1981).

Die Anzahl der täglich neu eingeführten Wörter über ein bestimmtes Maß zu erhöhen, verlängert auch die Übungsdauer über Gebühr, da die Kinder dann rasch ermüden und ablenkbarer werden. Allerdings ist die Zahl der von den Kindern täglich neu lernbaren Wörter individuell verschieden. Kinder mit gutem (visuellem und verbalem) Gedächtnis vermögen mehr neue Wörter aufzunehmen als Kinder mit schlechtem Gedächtnis. Neben der Anpassung der neu zu lernenden Wörter an die individuelle Leistungsfähigkeit ist gerade bei Kindern mit Lese- und Rechtschreibschwächen auch wichtig, die gelernten Wörter über längere Zeit immer wieder zu üben, zu kontrollieren, wieweit sie die richtige Schreibweise behalten haben und den Kindern darüber Rückmeldung zu geben. Die häufige, am besten tägliche Kontrolle bedeutet für die Kinder eine zusätzliche Motivation, sich die Schreibweise der Wörter genau einzuprägen. Diese zusätzliche Motivation mag bei Kindern ohne Rechtschreibschwierigkeiten nicht erforderlich sein, für Kinder mit Rechtschreibschwierigkeiten wird dadurch jedoch das längerfristige Behalten des Geübten verbessert (Gettinger et al. 1982).

Bei Schwierigkeiten im Erlernen der Schiftsprache ist es auch notwendig, sich nicht darauf zu verlassen, daß die Kinder bestimmte häufiger wiederkehrende Rechtschreibmuster von selbst erkennen und auf neue Wörter spontan anwenden. Diese Übertragung bekannter Muster auf neue Beispiele muß vielmehr explizit gezeigt und geübt werden. Die Aufmerksamkeit der Kinder muß auf die wiederkehrenden Wortteile gelenkt werden. Solche Aktivitäten erleichtern, wenn sie in den Rechtschreibunterricht eingebaut werden, das langfristige Behalten. Die Ausbildung von Generalisationen und ihre Anwendung auf konkrete Beispiele wird dadurch gefördert.

Übungsformen: Für den Rechtschreibunterricht wird von Pädagogen der Einsatz einer Vielfalt verschiedener Übungsformen gefordert (siehe z.B. Gettinger et al. 1982) - Übungen an einzelnen Wörtern (Einsetzen fehlender Buchstaben, wobei mit zunehmendem Übungsfortschritt die Anzahl der einzusetzenden Buchstaben erhöht wird), Kreuzworträtsel, Suchen der Wörter in einer Liste, Üben der Wörter im Satzkontext (Einsetzen von Wörtern in Lückentexte, Schreiben von Diktaten, Verwenden der Wörter in selbstformulierten Texten). Obwohl diese Forderung aus allgemeinen didaktischen Prinzipien abgeleitet und wohlbegründet erscheint, fehlt der Nachweis, daß ein Unterricht, der sich einer größeren Zahl verschiedenartiger Übungen bedient, tatsächlich wirkungsvoller ist. In der Praxis des Unterrichts dürfte die Gefahr bestehen, daß eine größere Anzahl verschiedenartiger Übungen vom grundlegenden Prinzip verteilter, kumulativer Übungen der zu lernenden Wörter ablenkt. Zudem besteht die Gefahr, daß Übungen angewandt werden, die zusätzliche Anforderungen an die Kinder stellen, die wenig mit Rechtschreiben zu tun haben.

Nur für wenige Merkmale der Übungsformen - z.B. das Üben mit zusammenhängenden Texten gegenüber dem Üben mit Wortlisten - gibt es Befunde, wieweit sie zu einer größeren Sicherheit in der Rechtschreibung beitragen. Die Verwendung von zusammenhängenden Texten scheint beim Üben neuer Wörter zunächst keinen Vorteil zu bringen. Textdiktate führen zu keinem größeren Übungsgewinn als Wortlistendiktate (Nickel 1979). Allerdings dürfte es in späteren Stadien des Übungsprozesses sinnvoll sein, die zu übenden Worte nicht nur isoliert, sondern auch in verschiedenem sinnvollem Kontext wiederzugeben.

Eine recht hilfreiche Übungsform dürfte auch das Lesen-Verdecken-Schreiben-Vergleichen sein, bei der die Schüler zunächst ein Wort lesen, dieses dann verdecken und aus dem Gedächtnis schreiben, um das von ihnen geschriebene Wort mit der Vorlage zu vergleichen (Murphy et al. 1990, Scheerer-Neumann 1993). Neben der Möglichkeit zur unmittelbaren Rückmeldung ist bei dieser Übungsform vor allem die Notwendigkeit der Beachtung der gesamten Buchstabenfolge positiv hervorzuheben.

Bedeutung der Rechtschreibregeln für den Unterricht

Die Übungen der verschiedenen Rechtschreibphänomene werden - vor allem in den höheren Klassen - meist durch das Lernen bestimmter Rechtschreibregeln ergänzt. Das Lernen von Rechtschreibregeln dürfte aber nur dann einen Vorteil bringen, wenn die Regeln einfach sind und nicht durch eine größere Zahl an Ausnahmen durchbrochen werden. Für die deutsche Rechtschreibung bedeutet dies, daß etwa die Regeln der Groß/Kleinschreibung den Kindern eine Hilfe sind, nicht aber die Regeln für die Dehnungskennzeichnung von Vokalen (Dumke 1979). Für andere Regelmäßigkeiten, wie etwa das Getrennt- bzw. Zusammenschreiben von Wörtern, sind die Regeln so allgemein (getrennt werden jene Wörter geschrieben, die ihre ursprüngliche Bedeutung behalten; zusammen jene, deren Verbindung eine neue Bedeutung ergibt - z.B. vor einer Gruppe frei sprechen vs. einen Angeklagten freisprechen), daß ein differenziertes Sprachgefühl erforderlich ist. Wie Klauer (1993) gezeigt hat, profitieren daher von Übungen im Getrennt-/Zusammenschreiben jene Schüler stärker, die zuvor dafür sensibilisiert wurden, auf Ähnlichkeiten in Wortbedeutungen zu achten.

Training in der Bildung von Ableitungsformen als Hilfe für das Rechtschreiben: Ein anderer Bereich, in dem das Lernen von Regeln nachfolgende Übungen erleichtert und zu einem besseren Übungserfolg beiträgt, ist das Gebiet der sogenannten Ableitungen, in denen das morphematische Prinzip die Schreibweise von flektierten Wortformen bestimmt (z.B. fahren/fährt, Baum/Bäume). Systematisches Training in der Bildung von Ableitungen kann zu einer deutlichen Verbesserung der Rechtschreibleistungen von etwas älteren rechtschreibschwachen Schülern führen (Assink 1987, Scheerer-Neumann 1993). In dem Training von Scheerer-Neumann (1993) wurde den Kindern eine spezielle Vorgehensweise zur Überprüfung der Schreibweise von Wörtern mit Vokalen, deren Phonem-Graphem-Zuordnung nicht eindeutig ist, beigebracht (bei Hauptwörtern etwa Bildung des Singulars, bei Zeitwörtern des Infinitivs) und diese Vorgehensweise wurde in kurzen Stichworten zur Erinnerung auf einen Zettel, der in der Anfangsphase des Trainings den Kindern zur Erinnerungsstütze diente, geschrieben. Ein Training in der Anwendung dieser Vorgehensweise über einige Monate führte zur deutlichen Verbesserung der Schreibweise sowohl von geübten Wörtern wie von Wörtern mit ähnlicher Struktur.

Verbale Selbstinstruktion bei der Anwendung von Rechtschreibregeln: In einigen Förderprogrammen (z.B. jenem von Kossow, siehe Kap.8.5) soll die Anwendung von Rechtschreibregeln und die systematische akustisch-artikulomotorische Analyse von Wörtern dadurch erhöht werden, daß die Kinder die einzelnen Schritte der Analyse und der Regelanwendung selbst verbalisieren. Die guten Erfolge, die für das Förderprogramm von Kossow berichtet wurden, veranlaßten Scheerer-Neumann (1979) zu überprüfen, wieweit die Wirksamkeit eines Rechtschreibunterrichts durch die Einführung verbaler Selbstinstruktion zu erhöhen sei. In einem relativ kurzen Training (9 Wochen lang 2 x pro Woche 1/2 Stunde) sollte rechtschreibschwachen Kindern der 3.Klasse die Anwendung von Regeln für die Groß- und Kleinschreibung, für die richtige Wiedergabe von Verschlußlauten und von sp, st sowie die korrekte Wiederhabe mehrsilbiger Wörter beigebracht werden. Ein Teil der Kinder erhielt zusätzlich zu dem Rechtschreibunterricht die Anweisung, sich selbst die Regeln, die eine korrekte Wiedergabe dieser Rechtschreibphänomene ermöglichen würden, vorzusagen. Anfangs wurden diese Kinder durch Orientierungspunkte darauf hingewiesen, wann die Anwendung der Regeln erforderlich war. Diese Hilfe wurde nach einiger Zeit ausgeblendet. Obwohl das Rechtschreibtraining an sich zu einer signifikanten Abnahme der Fehler in den geübten Rechtschreibbereichen führte, man also annehmen kann, daß die Rechtschreibregeln von den Kindern gelernt wurden, hatte die zusätzliche Einführung von Selbstinstruktionen keine weitere Verbesserung der Rechtschreibleistung zur Folge. Verbale Selbstinstruktionen in der Anwendung von Rechtschreibregeln scheinen also für den durchschnittlichen rechtschreibschwachen Schüler keine besondere Hilfe darzustellen.

Fehlerkorrekturen bei Rechtschreibübungen

In den höheren Klassen der Grundschule und in der Sekundarschule ist das Diktat die häufigste Übungsform im Rechtschreibunterricht. Bei dieser Übung dürfte es besonders wesentlich sein, darauf zu achten, daß sich die Kinder nicht durch Fehler falsche Schreibweisen von Wörtern einprägen und so statt richtiger Rechtschreibkenntnisse falsche erwerben. Der Fehlerkorrektur und der Kontrolle kommt somit besondere Bedeutung zu.

Auf welche Weise ist nun die Fehlerkorrektur vorzunehmen, damit ein optimaler Übungsgewinn erzielt werden kann? Vor allem scheint wichtig zu sein, daß die Fehlerkorrektur möglichst unmittelbar nach dem Schreiben des Diktats erfolgt. Nach einer Übung sind die Kinder motiviert zu erfahren, ob sie die Wörter richtig geschrieben haben. Sie wissen noch über die Unsicherheit, die sie beim Schreiben der Wörter empfunden haben, und wahrscheinlich ist ihnen wenigstens bei einigen Wörtern bewußt, daß sie auch an Alternativen gedacht haben. Zu einem späteren Zeitpunkt ist diese Motivation nicht mehr vorhanden. Fehlerkorrekturen werden daher nur oberflächlich betrachtet und die Art der begangenen Fehler wird nicht genügend analysiert. Eine gewisse Einprägung falscher Schreibweisen dürfte auch schon stattgefunden haben. Im Rahmen eines Klassen- bzw. Gruppenunterrichtes kann eine unmittelbare Fehlerkorrektur wohl nur von Schülern selbst vorgenommen werden. Obwohl bei dieser Selbstkorrektur relativ viele Fehler übersehen werden, auch wenn den Schülern der richtig geschriebene Text zum Vergleichen vorgegeben wird, kann damit doch eine stärkere Sicherung korrekter Schreibweisen erreicht werden als bei Korrektur von Diktaten durch die Lehrer und Rückgabe der Verbesserung am nächsten Tag (Nickel 1979). Bei Kindern mit schlechten Rechtschreibleistungen dürfte eine Kontrolle der

Fehler durch den Lehrer oder einen Mitschüler notwendig sein, da die Kinder stärker dazu neigen, Rechtschreibfehler zu übersehen (Angermaier 1971).

Aus den vorliegenden Befunden ist nicht eindeutig zu folgern, ob es wirksamer ist, die Aufmerksamkeit der Kinder auf ihre Fehler hinzulenken, wenn diese korrigiert werden, oder nur die richtige Schreibweise der Wörter herauszustellen. Angermaier (1971) beobachtete bei Kindern ohne Rechtschreibschwächen kurzfristig eine günstigere Wirkung, wenn die falsch geschriebenen Wörter überklebt wurden und die Kinder nur mehr die korrigierten Wörter in der richtigen Schreibweise zu Gesicht bekamen.

Anderen Befunden zufolge ist es wenig hilfreich, den Kindern die richtige Schreibweise der Wörter zu sagen und diese von ihnen nachschreiben zu lassen. Hingegen kommt es zu einer Abnahme der Rechtschreibfehler, wenn das von den Kindern falsch geschriebene Wort zunächst in der Schreibweise, die die Kinder verwendet haben, und dann darüber die richtige Schreibweise aufgeschrieben wird. Dadurch wird wohl die Aufmerksamkeit der Kinder stärker auf die von ihnen begangenen Fehler hingelenkt und sie bekommen die Möglichkeit, ihren Fehler mit der richtigen Schreibweise zu vergleichen. Besonders bei Wörtern, die in ihrer Schreibweise unregelmäßig sind, d.h. von der üblichen Phonem-Graphem-Zuordnung abweichen, scheint dieses Korrekturverfahren wirksam zu sein (Kaufman et al. 1978).

Besondere Formen des Rechtschreibtrainings

a. Training kognitiver Strategien: Aus dem Modell von Simon und Simon (1973) wäre abzuleiten, daß es für die Rechtschreibfähigkeit förderlich ist, wenn die Kinder ermuntert werden, sich die Schreibweise neuer Wörter dadurch einzuprägen, daß sie alternative Schreibweisen der Wörter versuchen, bevor sie sich für eine bestimmte Schreibweise entscheiden, die sie dann mit ihrer Erinnerung an die richtige Schreibweise der Wörter vergleichen können. Tatsächlich scheint dies, wie eine Untersuchung von Blumberg (1976) zeigt, die Einprägung der korrekten Schreibweise zu erleichtern, wahrscheinlich dadurch, daß die Kinder ihre Aufmerksamkeit stärker auf die schwierig zu schreibenden Wortteile konzentrieren. Im Verlauf solcher Übungen nimmt die Anzahl der von den Kindern niedergeschriebenen Alternativen ab, und sie können die korrekte Schreibweise zunehmend besser erinnern, d.h. aktiv reproduzieren. Die verwendeten Strategien deuten darauf hin, daß die Kinder den schwierigen Wortteilen besondere Aufmerksamkeit schenken, da sie diese oft zuerst schreiben und erst nachher den Rest anfügen.

Die Anregung zum Aufschreiben alternativer Schreibweisen von Wörtern dürfte sich allerdings nur auf die Geschwindigkeit des Erlernens der korrekten Schreibweisen neuer Wörter günstig auswirken, das längerfristige Behalten scheint dadurch wenig beeinflußt.

b. Nachfahren von Buchstaben beim Lesenlernen: Da Kinder mit Lese- und Rechtschreibschwächen Schwierigkeiten haben, sich Wörter einzuprägen und ihre Schreibweise zu behalten, sind verschiedene Methoden versucht worden, das Erinnerungsvermögen des legasthenen Kindes zu erhöhen. Unter diesen Methoden verdient die Praxis, die Kinder, während sie den Buchstaben eines Wortes der Reihe nach mit dem Finger nachfahren, die den Buchstaben zugeordneten Laute aussprechen zu lassen, besonderer Erwähnung. Diese Methode bildet einen wesentlichen Bestandteil des in den USA verbreiteten Orton-Gillingham-Leselehrgangs für legasthene Kinder. Der Methode liegt die Idee zugrunde, daß das Behalten der Wörter erleichtert wird, wenn die Kinder die Informationen über die Schreibweise in möglichst vielen Sinnesmodalitäten aufnehmen und speichern.

Da modalitätsspezifische Informationsspeicher auch in der Gedächtnispsychologie postuliert werden, hat diese Methode auch bei experimentell arbeitenden Psychologen stärkere Beachtung gefunden. Wenig vertraute, buchstabenähnliche Figuren werden von Kindern besser behalten, wenn sie nicht nur visuell dargeboten, sondern auch mit dem Finger nachgefahren werden (Hulme 1979). Für Buchstabenfolgen ist zwar bei durchschnittlichen Schülern kein positiver Einfluß des Nachfahrens festzustellen, von Kindern mit Lese- und Rechtschreibschwächen werden Buchstabenfolgen jedoch durch das Nachfahren bedeutend besser behalten als bei rein visueller Vorgabe. Der Vorteil des gleichzeitigen Nachfahrens für das Behalten schriftsprachlichen Materials bei Kindern mit Lese- und Rechtschreibschwächen läßt sich auch bei Wörtern nachweisen (Bradley 1981). Durch die Möglichkeit, die Buchstaben nachzufahren, gleichen sich die Leistungen der Kinder mit Lese- und Rechtschreibschwächen jenen von Kindern ohne Lese- und Rechtschreibschwächen an. Lese- und rechtschreibschwache Kinder scheinen sich somit die Buchstabenfolgen anders einzuprägen als Kinder ohne diese Schwächen. Sie dürften weniger auf eine verbale Kodierung der Buchstabenfolgen zurückgreifen und als Ergänzung stärker auf eine motorische Kodierung angewiesen sein.

Im Gegensatz zu Kindern mit Lese- und Rechtschreibschwächen werden Kinder ohne Lese- und Rechtschreibschwächen (auch ohne spezielle Instruktion) relativ häufig dabei beobachtet, daß sie eine Buchstabenfolge still vor sich hersagen, um sie sich einzuprägen (Hulme 1981). Durch die Methode des Nachfahrens von Buchstaben wird auch den rechtschreibschwachen Kindern nahegelegt, daß sie selbst die den Buchstaben entsprechenden Laute sagen. Dies dürfte wesentlich zu der Effektivität dieser Methode beitragen. Werden die den Buchstaben entsprechenden Laute den Kindern lediglich vorgesagt, ist das Behalten der Wörter signifikant geringer (Bradley 1981).

Umstritten ist, wieweit ein positiver Einfluß des Nachfahrens der Buchstaben auch bei jüngeren Kindern, die erst einen geringen Entwicklungsstand im Lesen und Rechtschreiben erreicht haben, nachzuweisen ist. Hulme (1979) konnte bei durchschnittlichen Schülern keinen positiven Effekt beobachten. Andererseits wird berichtet, daß jüngere Kinder oft spontan Wörter mit dem Finger nachfahren, um sich ihre Schreibweise besser einzuprägen, vor allem wenn sie wissen, daß sie die Wörter später niederschreiben sollen (Blumberg 1976). Der vergleichsweise geringe Effekt von Schreibübungen mit dem Computer bei jüngeren Kindern (Cunningham und Stanovich 1990, siehe weiter unten) legt gleichfalls eine Bedeutung der motorischen Kodierung in den ersten Phasen des Schreibenlernens nahe.

c. Einfluß überdeutlicher, silbenweiser Aussprache auf das Behalten der Rechtschreibung: In der Umgangssprache wird die Aussprache unbetonter Silben häufig verkürzt, Vokale werden ausgelassen oder zu einem unspezifischen Schwa verändert. Eine Möglichkeit, dem entgegenzuwirken und damit die Zuordnung von Sprache und Schrift eindeutiger zu machen, besteht darin, sich die Wörter beim Schreiben langsam, syllabierend vorzusprechen, sodaß jede Silbe die gleiche Betonung erhält. Dadurch wird den Kindern die Struktur der Wörter deutlicher gemacht. In der Tat führen solche Übungen dazu, daß die Kinder die Schreibweise neuer Wörter besser behalten können. Besonders deutliche Effekte sind bei der Wiedergabe unbetonter Silben festzustellen (Drake und Ehri 1984). Mit der langsamen, silbenweise Aussprache wird auch das Erlernen eines anderen Rechtschreibphänomens leichter, nämlich die Beherrschung von Doppelkonsonanten. Mehrsilbige Wörter mit Doppelkonsonanten, z.B. Kammer, werden beim Syllabieren von den meisten geübten Schreibern spontan so unterteilt, daß sowohl am Ende der ersten Silbe wie am Beginn der zweiten der Konsonant steht (Kam-mer, vgl. damit z.B. legen -> le-gen). Rechtschreibübungen, bei denen sich die Kinder die Wörter langsam, syllabierend, vorsprechen, führen deshalb zu einem deutlichen Anstieg der korrekten Wiedergabe von Doppelkonsonanten (Drake und Ehri 1984, Tacke et al. 1993). Der positive Effekt dieser Übungen dürfte vor allem darauf zurückzuführen sein, daß die Kinder eine interne Repräsentation der Wörter aufbauen, in der stärkere Querverbindungen zwischen der orthographischen und phonematischen Repräsentationsform bestehen (Drake und Ehri 1984). Zudem dürfte das begleitende langsame Vorsprechen den Kindern auch eine bessere Konzentration beim Rechtschreiben ermöglichen (Tacke et al. 1993).

d. Einfluß von Leseübungen auf die Rechtschreibsicherheit: Wenn die Kinder einen Text öfters lesen, führt dies in den oberen Grundschulklassen zu einer deutlichen Reduktion der Rechtschreibfehler, selbst wenn die Kinder gar nicht wissen, daß ihnen der Text später nochmals diktiert wird (Wieczerkowski 1979). Neben dieser spezifischen Auswirkung des Lesens von Texten auf die Fähigkeit, die gleichen Texte korrekt schreiben zu können, haben Leseübungen auch einen allgemeinen positiven Einfluß auf die Rechtschreibfähigkeit (Heller 1977). Werden Kindern über mehrere Monate zusätzlich zu den üblichen Schulaufgaben Leseübungen aufgegeben, so läßt sich ein signifikanter Anstieg der Rechtschreibleistung auf einem standardisierten Rechtschreibtest feststellen, der in einer Kontrollgruppe ohne diese zusätzlichen Leseübungen nicht feststellbar ist. Je mehr die Kinder gelesen hatten, desto größer fiel die Steigerung der Rechtschreibleistung aus. Neben dem unmittelbaren Übungseinfluß war jedoch auch die Tatsache bedeutsam, daß die Kinder für alle gelesenen Texte belohnt wurden. Je positiver die Kinder diese Belohnung erlebten und je engagierter sie daher die Übungen mitmachten, desto größer war der Erfolg. Die subjektive Einstellung hatte über den objektiven Befund der von den Kindern tatsächlich gelesenen Seiten hinaus einen signifikanten Einfluß auf das Ergebnis der Übungen.

e. Computer-unterstützter Unterricht im Rechtschreiben: Der Wert Computer-unterstützter Übungen für das Rechtschreiblernen ist umstritten. Die meisten Untersuchungen (Übersicht bei Brown 1990) kamen zu dem Schluß, daß diese Übungsformen keinen wesentlichen Vorteil gegenüber herkömmlichen Rechtschreibübungen besitzen. Zwar sei anfangs eine größere Motivation bei den Kindern festzustellen, dies würde jedoch bald zurückgehen, wenn der Reiz des Neuen verflogen wäre. Eine Untersuchung (Cunningham und Stanovich 1990) konnte sogar gewisse Nachteile feststellen, die darauf zurückgeführt wurden, daß das Wegfallen des handschriftlichen Niederschreibens den Kindern eine zusätzliche Möglichkeit nimmt, sich die Schreibweise von Wörtern einzuprägen.

Einschränkend muß festgestellt werden, daß die Bewertung der Effektivität von Computer-unterstützten Rechtschreibprogrammen derzeit schwer ist, da die Entwicklung der Programme rasch fortschreitet. Gerade das Argument, daß auch bei diesen Programmen der Reiz des Neuen bald nachläßt, ist als eine Herausforderung für die Entwicklung besserer Programme zu betrachten. Leider gilt auch hier, daß für die meisten Programme kaum Ergebnisse von Evaluationsuntersuchungen vorliegen. Dies gilt für den anglo-amerikanischen wie für den deutschen Sprachraum. Die wenigen vorliegenden Berichte beziehen sich meist auf einen relativ kurzen Übungszeitraum und vergleichen i.A. Computer-unterstützte nicht mit anderen (Papier-Bleistift) Rechtschreibübungsformen (z.B. Masendorf und Kullik 1993).

Positiv sind sicher die Möglichkeiten zu bewerten, die durch die automatische Fehlerrückmeldung und den gezielten Einsatz von Rückmeldungen über alternative Schreibweisen entstehen. Positiv ist weiters die automatische Registrierung der Übungsfortschritte zu sehen, sodaß einerseits gezielter geübt werden kann, andererseits der Fortschritt für die Kinder sichtbar gemacht und diese dadurch motiviert werden können. Auch die Verbindung von Rechtschreib- und Sprachprogrammen - wenn also den Schülern gleichzeitig Rückmeldung darüber gegeben wird, wie die von ihnen geschriebenen Buchstabenfolgen ausgesprochen werden - bietet die Chance, daß die Einsicht in den Zusammenhang von Schrift und Sprache bei schwächeren Schülern gefördert wird.

Rechtschreibunterricht in den höheren Klassen

Ein Unbehagen am Rechtschreibunterricht resultiert aus Zielkonflikten. Die Anforderungen an eine korrekte Rechtschreibung, die in der Schule gestellt werden, sind nach Ansicht nicht weniger Pädagogen höher als die Erwartungen, die diesbezüglich im Alltag bestehen. Möglicherweise ist dies ein Grund dafür, daß in den höheren Klassen der Volksschule und in den weiterführenden Schulen das Rechtschreiben nur mehr selten systematisch und gezielt geübt wird, obwohl die Rechtschreibfertigkeiten vieler Kinder noch sehr ungenügend sind. Diktate werden im Rechtschreibunterricht der oberen Klassen häufig als ausschließliche oder zumindest überwiegende Übungsform verwendet. Die zu lernenden Wörter werden nicht mehr eigens eingeführt und hervorgehoben.

Der Verzicht auf weitere systematische Übungen ist unbegründet. Es konnte vielmehr gezeigt werden, daß die Einführung gezielter Rechtschreibprogramme in diesen Klassen zu einer beträchtlichen Leistungssteigerung aller Kinder führt. Allerdings dürfte es hierbei notwendig sein, wegen der beträchtlichen Leistungsunterschiede zwischen Schülern den Unterricht zu differenzieren und die zu übenden Bereiche sowie die Geschwindigkeit des Vorgehens dem individuellen Leistungsstand der Kinder anzupassen. In der Praxis bedeutet dies, daß die Kinder die Leistungsüberprüfung selbst vornehmen und den Fortgang der Übungen zum Teil selbst bestimmen. In der Übernahme eines Teils der Verantwortung dürfte ein zusätzliches motivierendes Element enthalten sein, das gerade für den Rechtschreibunterricht, der sonst für Kinder und Lehrer recht frustrierend sein kann, von wesentlicher Bedeutung ist. In dieser Weise gestaltete Rechtschreibprogramme führen sowohl kurzfristig (Plickat und Lüder 1979) wie längerfristig (Beck und Eisenhauer 1979) zu einem Anstieg der Rechtschreibleistungen gegenüber dem herkömmlichen Unterricht.

Zusammenfassend soll festgehalten werden, daß für das Üben des Rechtschreibens in der Schule zwar viel Zeit aufgewendet wird, daß aber diese Übungen im Allgemeinen wenig systematisch angelegt sind. Spezielle Rechtschreibprogramme können hier den Unterricht ergänzen, es soll aber auch nicht übersehen werden, daß gerade für die schwächeren Schüler eine bessere methodische Gestaltung des Rechtschreibunterrichts in der Klasse von Bedeutung ist. Hierbei sollten nicht nur die hier dargestellten Erfahrungen mit verschiedenen Übungsformen bedacht werden, diese Übungen müssen auch für die Schüler motivierend sein. Dazu ist eine die Schüler ansprechende und zur aktiven Mitarbeit bewegende Unterrichtsgestaltung, etwa durch Einführung kooperativer Unterrichtsformen (siehe z.B. van Oudenhoven et al. 1987), notwendig.

3. Unterricht im Leseverständnis

Einen ersten Zugang zu den Anliegen des Unterrichts im Leseverständnis können wir gewinnen, wenn wir den Aufbau einer typischen Deutschstunde in der Grundschule betrachten. Diese ist jeweils um eine Geschichte bzw. einen Textabschnitt aus dem Lesebuch zentriert und gibt damit - idealerweise - eine 4-teilige Gliederung vor:

- Als Vorbereitung auf die Geschichte soll das Interesse der Kinder geweckt werden, indem ihre Erfahrungen aktiviert und die in der Geschichte angesprochenen Themen in einen größeren Zusammenhang gestellt werden.
- Die als nächstes erfolgende Einführung der für die Kinder in ihrer schriftlichen Form neuen Wörter soll das Lesen erleichtern. Neue Wörter werden in den ersten Klassen meist in einer Phrase oder einem Satz eingebettet vorgestellt, in den höheren Klassen geschieht die Einführung der neuen Wörter oft isoliert ohne Kontext.
- Die Geschichten werden von den Kindern meist reihum vorgelesen.
- Die anschließende Diskussion der Geschichten wird vom Lehrer (mit Fragen) geleitet. Es wird den Lehrern geraten, relativ viele Fragen über die gelesenen Geschichten zu stellen, um einerseits das Verständnis der in den Geschichten erwähnten Begebenheiten sicherzustellen, andererseits die Kinder auch zum Nachdenken über die Geschichten und die darin enthaltenen Aussagen anzuregen.

Beobachtungen über die Praxis des Unterrichts im Leseverständnis: Der eben erwähnte Stundenaufbau gibt das "ideale" Grundgerüst vor, es stellt sich nun die Frage, wie dieses in die Realität umgesetzt wird und wieweit die Lehrer die Arbeit an einem Text nutzen, um das Leseverständnis zu vertiefen und den Kindern allgemeiner anwendbare Strategien für das Aufschließen eines Textes zu vermitteln. Beobachtungen des Klassenunterrichts weisen hierbei auf Schwierigkeiten hin.

In einer viel beachteten Untersuchung beobachtete Durkin (1979) den Unterricht in den höheren Grundschulklassen und achtete dabei vor allem darauf, wieweit den Kindern Hilfen für das Leseverständnis gegeben und sie angeleitet werden, Texte besser zu analysieren und damit verständnisvoller zu lesen. Das Resultat war erschreckend negativ. Weniger als 1% der Lese- (bzw. Deutsch-) stunden wird dazu benutzt, die Kinder darin zu unterrichten, Texte besser verstehen zu können. Die Erklärungen, die gegeben werden, sind sehr unsystematisch und sprunghaft. Sie werden auch nur selten wiederholt und zusammengefaßt und gehen kaum je in Anweisungen über, das vermittelte Wissen nun an einen Lesetext anzuwenden. Wenn Texte gelesen wurden, wurde zuvor meist nur kurz versucht, das Interesse der Kinder zu wecken und ihnen mit Erläuterungen zum Inhalt des Textes das Verständnis zu erleichtern. Ein großer Teil des Unterrichts bestand in der Prüfung des Leseverständnisses durch Fragen über den gerade gelesenen Text. Die meisten Fragen bezogen sich unmittelbar auf einzelne Informationen der Texte, prüften also stärker das konkrete, wörtliche Verständnis als das Verständnis für größere Zusammenhänge.

In anderen Unterrichtsstunden als Deutsch, etwa in Sozialkunde, wurde der Unterricht praktisch niemals dazu verwendet, den Kindern Leseverständnis beizubringen, vielmehr stand der Inhalt ganz im Vordergrund. Auch hier wurden die Lesetexte nur sehr kurz vorher erläutert, dagegen relativ viel Zeit darauf verwandt, durch Fragen zu prüfen, ob die Kinder die Informationen aus dem Text aufgenommen hatten. Vielfach wurden Texte laut von den Kindern vorgelesen, wobei wegen der noch geringen Lesefähigkeit meist reihum gelesen wurde, sodaß diese nur jeweils ein kurzes Textstück vorlesen mußten.

Sowohl in den Deutsch- wie in den anderen Unterrichtsstunden wurden relativ viele Arbeitsblätter verwendet, von denen ein großer Teil von den Lehrern selbst angefertigt und wegen der schlechten Druckqualität schwer zu lesen war. Die Anweisungen an die Kinder für die Aufgaben mit den Arbeitsblättern waren oft unzureichend. Dies führte dazu, daß die Lehrer einen guten Teil ihrer Zeit darauf verwenden mußten, nachträglich Erklärungen und Hilfen bei der Durchführung der Aufgaben zu geben.

Obwohl die Lesefähigkeit der Kinder in den beobachteten höheren Grundschulklassen (4.Klasse Volksschule) noch gering war, wurde sehr wenig Zeit darauf verwendet, die Kenntnisse über die Schriftsprache und ihren Aufbau zu vertiefen und bestimmte Fähigkeiten, die neben der Textanalyse für das Lesen- bzw. Schreibenlernen von Bedeutung sind, zu üben. Auch der Unterricht über den Aufbau der Sprache, über Wortformen, Satzaufbau etc. nahm einen sehr geringen Raum ein. Der wenige Unterricht auf diesem Gebiet war ebenfalls sehr sprunghaft und ließ kein System erkennen.

Spätere Untersuchungen konnten wesentliche Ergebnisse der Studie von Durkin (1979) bestätigen. So kam etwa die englische ORACLE-Untersuchung (Galton et al. 1980) ebenfalls zu dem Schluß, daß sich Lehrer im Leseunterricht vielfach darauf beschränken, den Kindern Übungsaufgaben zu geben, wenig erklären und sich selten auf längere Gespräche und Diskussionen mit den Kindern einlassen.

Förderung des Leseverständnisses in den Lesebüchern: An die Gestaltung der Leselehrbücher und die begleitenden Lehreranweisungen ist die Frage zu richten, wieweit sie die Entwicklung des Leseverständnisses fördern. Eine mittlerweile recht umfangreiche Kritik weist hier auf beträchtliche Mängel hin (siehe z.B. Anderson et al. 1984, Beck et al. 1981 für die Kritik an amerikanischen Leselehrgängen, Dehn 1975 für eine Kritik an deutschen Leselehrgängen).

Da der Leseunterricht um das Lesen von Geschichten zentriert ist, enthalten die Leselehrbücher viele Geschichten aus Kinderbüchern, sodaß die Leselehrbücher eigentlich Anthologien darstellen. Die Zusammenstellung recht unterschiedlicher Texte bringt einige Probleme mit sich, auf die mehrfach hingewiesen wurde (siehe z.B. Beck 1984):

- Die Texte enthalten häufig Wörter, von denen nicht angenommen werden kann, daß sie allen Kindern bekannt sind.
- Zum Verständnis der Texte ist es notwendig, das Hintergrundwissen der Kinder zu aktivieren, den Zusammenhang mit den Erfahrungen der Kinder herzustellen und sich zu versichern, daß alle Kinder über das Wissen bzw. die Erfahrungen verfügen, die in den Geschichten vorausgesetzt werden.
- Bei der Erarbeitung etwas längerer Texte muß zwischendurch unterbrochen werden, um das bisher Gelesene zu verarbeiten und mit den Kindern zu besprechen. Wenn diese Unterbrechungen nicht an den richtigen Stellen vorgenommen werden, so kann das Verständnis der Texte vor, aber auch nach der Unterbrechung sehr beeinträchtigt werden.
- Ein wesentlicher Schwerpunkt in den Lehrerhandreichungen zu den Leselehrgängen wird auf die Diskussion im Anschluß an das Lesen der Geschichten gelegt. Damit diese Diskussionen zur Entwicklung des Leseverständnisses beitragen, müssen die Fragen einen klaren Bezug zu den Informationen der Texte und zum Ablauf der Geschichte haben. Die Anregungen, die den Lehrern gegeben werden, legen vielfach den Schwerpunkt auf Fragen, die nicht das Behalten bzw. Aufsuchen von explizit in den Texten erwähnten Informationen anstreben, sondern helfen sollen, die Informationen aus den Texten zu bewerten. Allgemeinere Fragen regen die Entwicklung von Leseverständnis jedoch nur an, wenn sie noch einen erkennbaren Bezug zu den Texten aufweisen. Derartige allgemeine Fragen werden, wie die eben erwähnte Untersuchung von Durkin (1979) zeigt, von den Lehrern - möglicherweise wegen negativer Erfahrungen - im Unterricht kaum gestellt.

Wie wir gesehen haben, weisen sowohl die praktische Gestaltung des Unterrichts wie auch die Unterrichtsmaterialien Mängel in Bezug auf die Vermittlung eines besseren Leseverständnisses auf. Im Folgenden sollen für drei Kernbereiche erprobte Methoden zur gezielten Förderung des Leseverständnisses dargestellt werden: Erweiterung des Wortschatzes, Vertiefung der syntaktischen Analyse und Vermittlung aktiver Textbearbeitungsstrategien.

Erweiterung des Wortschatzes durch expliziten Unterricht
Voraussetzung für ein Verständnis von Texten ist die Vertrautheit der Kinder mit den im Text vorkommenden Wörtern. Bereits in den höheren Klassen der Grundschule kann nicht vorausgesetzt werden, daß allen Kindern die in den Schultexten vorkommenden Wörter wirklich vertraut sind.

In den letzten Jahren ist die Frage kontrovers diskutiert worden, wieweit Wortbedeutungen den Kindern im Unterricht explizit beigebracht werden sollen. Zwar sind einige Unterrichtsmethoden entwickelt worden, mit denen dies auf sinnvollere Art und Weise geschehen kann, als dies bisher im Leseunterricht üblich war. Es hat sich jedoch auch gezeigt, daß die Kinder die meisten Wörter wohl aus dem Kontext lernen.

Nagy und Herman (1987) haben in einer Zusammenstellung und Reanalyse früherer Befunde herausgearbeitet, welchen Umfang der Wortschatz hat, mit dem die Kinder im Rahmen des schulischen Unterrichts konfrontiert werden. Nach Zählungen amerikanischer Schulbücher schätzen sie, daß die Schüler im Lauf der Pflichtschulzeit etwa 90.000 verschiedene Wortfamilien (unter einer Wortfamilie verstehen sie Wörter, deren Ableitung voneinander leicht erkennbar ist) zu lesen bekommen. Obwohl die Kinder bereits zu Schulbeginn einen recht umfangreichen Wortschatz besitzen, ergibt sich somit eine große Anforderung an seine Erweiterung. Verschiedene Schätzungen ergaben, daß die Kinder im Durchschnitt in der 3.Klasse einen Wortschatz von etwa 8.000 Wörtern und in der 12.Schulstufe von etwa 40.000 Wörtern besitzen. Dies bedeutet, daß die Kinder während der Schulzeit ihren Wortschatz pro Jahr um etwa 3-4.000 Wörter erweitern. Dies würde für einen Unterricht, in dem jedes Wort explizit vorgestellt wird, eine gewaltige Anforderung bedeuten. In der Tat schlagen die (in den USA von ausführlichen Anweisungen begleiteten) Schulbücher jedoch nur vor, jährlich etwa 300 Wörter den Kindern explizit vorzustellen. Unterrichtsbeobachtungen zeigen, daß Lehrer sehr selten Wörter eigens einführen, sodaß wahrscheinlich noch weniger Wörter den Kindern in ihrer Bedeutung vorgestellt werden.

Die Bedeutung der meisten Wörter muß demnach von den Schülern aus dem Kontext erschlossen und auf diese Weise allmählich gelernt werden. Nagy et al. (1985) konnten zeigen, daß das Lernen von Wörtern aus dem Kontext keine sehr effektive Methode ist und daß nur für etwa jedes zwanzigste neue Wort später die Bedeutung angegeben werden kann. Wenn man jedoch bedenkt, daß der durchschnittliche Schüler relativ viel lesen muß, so ist wahrscheinlich, daß trotz des geringen Behaltenseffekts auf diese Weise mit der Zeit recht viele Wörter erlernt werden.

Nagy und Herman (1987) führen einige bedenkenswerte Argumente an, die gegen ein explizites Unterrichten von Wortbedeutungen sprechen. Zum einen sind die meisten Wörter recht selten, so schätzen Nagy und Anderson (1984), daß 90% der in den Schulbüchern vorkommenden Wörter eine Auftretenswahrscheinlichkeit von weniger als einmal pro 1 Million Wörter haben. Auf der anderen Seite machen die 2000 häufigsten Wörter bereits 95% der in den Texten vorkommenden Wörter aus und die 4.000 häufigsten Wörter 97.8%. Man kann daher annehmen, daß der durchschnittliche Schüler bereits in der Volksschule den Großteil dieser Wörter kennt. Die Unsicherheit, ob die Bedeutung mancher Wörter den Schülern bereits bekannt ist und daher nicht eigens unterrichtet werden muß, zeigt sich auch darin, daß bei einer Nachprüfung viele der Wörter, die nach den Schulbüchern den Kindern vorzustellen wären, einem Großteil der Kinder der entsprechenen Klassenstufe bereits bekannt waren. Ein mindestens ebenso gewichtiges Argument gegen das spezielle Unterrichten von Wortbedeutungen liegt darin, daß dies am besten in Zusammenhang mit bestimmten Inhalten erfolgt. Hierbei sollten jedoch vor allem die Wissensinhalte und die für die Kinder bedeutsamen Konzepte im Vordergrund stehen.

Trotz der Skepsis gegenüber dem Unterricht von neuen Wörtern und dem expliziten Bemühen um eine Erweiterung des Wortschatzes sehen jedoch Nagy und Herman (1987) auch, daß unter den Kindern bereits bei Schulantritt große Unterschiede im Umfang ihres Wortschatzes bestehen und daß diese Unterschiede im Verlauf des Schuljahres eher größer werden. Expliziter Unterricht von Wortbedeutungen wird daher von Nagy und Herman in erster Linie bei schwachen Schülern für sinnvoll erachtet.

Schwache Schüler haben oft einen recht beschränkten Wortschatz, der nicht unwesentlich zu ihren Schwierigkeiten beim Verständnis von Gelesenem beiträgt. Dabei ist jedoch zu berücksichtigen, daß die Vertrautheit mit der Bedeutung von Wörtern nicht einfach durch den Unterschied zu beschreiben ist, daß man manche Wörter kennt, andere nicht. Es besteht darüber hinaus ein weiterer kritischer Unterschied zwischen dem bloßen Wissen eines Wortes und einer hinreichenden Vertrautheit, sodaß die Bedeutung der Wörter rasch zugänglich wird und in verschiedenem Zusammenhang ohne längeres Nachdenken verfügbar ist. Das Verstehen von Wörtern bei Verwendung in verschiedenem Zusammenhang setzt voraus, daß die Konzepte, die mit den Wörtern verbunden sind, genügend differenziert und reichhaltig sind. Im Unterricht sollten diese verschiedenen Aspekte als Ziele berücksichtigt werden: Es geht darum,

- daß die Kinder die Bedeutung von Wörtern genau verstehen, damit sie Wörter nicht miteinander verwechseln,
- daß die Bedeutung ihnen rasch, ohne längeres Nachdenken einfällt und
- daß die Bedeutung, die sie mit verschiedenen Wörtern verbinden, so differenziert ist, daß sie die Wörter in verschiedenem Kontext verstehen.

Es dürfte klar sein, daß bei der Einführung neuer, den Kindern nicht vertrauter Wörter verschiedene Vorgehensweisen verwendet werden müssen, um diese Ziele zu erreichen, da verschiedene didaktische Methoden jeweils spezifische Auswirkungen zeigen.

Einige Untersuchungen suchten zu klären, welche Methode den Kindern am meisten hilft, die Bedeutung unbekannter Wörter zu behalten. Danach scheint es für das Lernen neuer Wörter am günstigsten zu sein, wenn ihre Bedeutung durch die Verwendung in Sätzen demonstriert wird und sie die Kinder dann selbst in Sätzen verwenden. Am zweitsinnvollsten ist die Erklärung der Wortbedeutung durch Synonyme oder eine kurze Beschreibung. Der positive Einfluß ist jedoch weniger konsistent als beim Lernen der Wörter im Satzkontext. Definitionen nach dem Wörterbuch und das Angeben des zugehörigen Oberbegriffs mit Übungen in der Kategorienzuordnung hilft jüngeren Kindern nur wenig (Gipe 1979).

Wie ein Unterricht neuer Wörter aussehen kann, zeigt eine Studie von Beck et al. (1982). Im Rahmen des regulären Unterrichts einer 4.Klasse Grundschule in einer sozial benachteiligten Wohngegend wurde ein intensives Programm zur Verbesserung des Wortschatzes der Kinder realisiert. Vordergründig ging es darum, den Kindern während eines halben Jahres in 75 täglichen Sitzungen von 30 min etwa 100 neue Wörter beizubringen. Längerfristig wurde damit jedoch angestrebt, bei den Kindern eine größere Sensibiliät für die Bedeutung von Wörtern zu erreichen, sodaß sie mehr auf den Sinn von Wörtern achten und selbst verschiedene Hinweise, v.a. den Kontext, verwenden sollten, um neue Wörter zu lernen. Für den Unterricht wurden die Wörter nach ihrer Bedeutung in 12 Kategorien zusammengefaßt, die jeweils in einer Woche eingeführt wurden. Dafür waren verschiedene Aktivitäten im Unterricht vorgesehen: Definieren der Wörter; Sätze mit den Wörtern bilden bzw. ergänzen; Situationen ausdenken, in denen die Wörter verwendet werden können; spielerische Aktivitäten, in denen z.B. die Wörter möglichst rasch definiert werden sollen. Diese Aktivitäten bauten zum Teil aufeinander auf und wurden deshalb über 5 Tage verteilt. Bei einem Teil der Wörter waren noch zusätzliche Auffrischübungen in einem Zyklus von 2-3 Tagen vorgesehen, sodaß die Kinder diese Wörter oft im Unterricht verwendeten.

Eine Evaluation des Unterrichts verglich die Fortschritte der Kinder mit jenen der Parallelklassen der gleichen Schule, in denen dieses Programm nicht durchgeführt wurde. Die Evaluation strebte an, verschiedene Aspekte des Wortwissens zu erfassen. Deshalb wurde das Wissen um die Wortbedeutungen (Fähigkeit, die Wörter zu definieren) ebenso erfaßt, wie die Geschwindigkeit, mit der die Bedeutung der Wörter zugänglich wurde (semantische Entscheidungsaufgabe), und die Erleichterung des Verständnisses von Geschichten, in denen die unterrichteten Wörter vorkamen. Die Evaluation konnte eindrucksvolle Fortschritte der geförderten Kinder aufzeigen. Die geförderten Kinder hatten ihr Wissen um Wortbedeutungen deutlich verbessert, wobei dies nicht nur für die im Unterricht vorgestellten Wörter, sondern auch für nicht-geübte Wörter galt - so waren bei diesen Kindern auch deutliche Verbesserungen in einem standardisierten Wortschatztest festzustellen. Häufiges Üben von Wörtern führte zudem zu einer markanten Reduktion der Bearbeitungszeit bei Aufgaben, in denen semantische Attribute der Wörter zu überprüfen waren. Schließlich verbesserte sich durch das Training auch die Wiedergabe von Texten. Die Kinder konnten nicht nur mehr Informationen aus den Texten wiedergeben, sie verwendeten bei der Widergabe auch öfter die unterrichteten Wörter. Von Interesse ist dabei, daß dies vor allem auf die Wiedergabe von Ereignissen auswirkte, die für das Verständnis der Geschichten nicht von zentraler Bedeutung waren. Dies legt nahe, daß durch die größere Vertrautheit mit dem Wortschatz der Geschichten Kapazität freigesetzt wurde, sich auch den Details und den Nebenereignissen einer Geschichte zuzuwenden.

Einige Ergebnisse wiesen darauf hin, daß zu einer Verbesserung des Wortschatzes von Kindern ein intensiver Unterricht notwendig ist. Die Kinder konnten z.B. selbst bei den häufig im Unterricht geübten Wörtern nur für 86% die Bedeutung sicher zuordnen. Das Lernen von Wortbedeutungen fällt somit Kindern nicht leicht. Weiters verbesserte sich die Geschwindigkeit, mit der die Bedeutung von Wörtern ermittelt werden konnte, in direkter Abhängigkeit von der Häufigkeit, mit der die Wörter in den Übungen vorkamen.

In weiteren Experimenten hat die Gruppe um I.Beck die wesentlichen Ergebnisse dieser Trainingsstudie repliziert und erweitert (McKeown et al. 1983, 1985, Beck et al. 1987). Drei Faktoren scheinen für den Erfolg eines Wortschatztrainings bedeutsam: Vielfältigkeit in der Verwendung von Wörtern im Unterricht, Häufigkeit der Verwendung bzw. der Wiederholung der eingeführten Wörter und Bemühen um eine Fortsetzung des Wortlernens außerhalb des Unterrichts (um dies zu erreichen, wurden die Kinder angeregt, auf die Verwendung der neuen Wörter außerhalb des Unterrichts zu achten und in Form eines Wettbewerbs Beispiele dafür zu bringen). Die ergänzenden Experimente sollten die Bedeutung dieser Faktoren klären. Der Vorteil einer vielfältigen Verwendung neu eingeführter Wörter scheint demnach vor allem darin zu liegen, daß die neuen Wörter dann besser mit Kontextinformationen integriert werden können und nicht bloß als isolierte Wörter verstanden werden. Das Achten auf die Wörter auch außerhalb des Klassenunterrichts führt zu einer zusätzlichen Beschleunigung ihrer Bearbeitungsgeschwindigkeit (McKeown et al. 1985).

Unterricht in der syntaktischen Analyse als Hilfe im Leseunterricht

In den ersten Klassenstufen bilden Grammatikübungen einen häufigen Bestandteil des Deutschunterrichts (z.B. Bilden von Sätzen zu vorgegebenen Wörtern, Bilden der Ableitungsformen von Verben). Während ein systematischer Unterricht in der Analyse bzw. dem Aufbau einfacher Sätze in erster Linie für schwächere Schüler in Betracht kommt und daher im Kapitel über Fördermaßnahmen besprochen wird, dürften Übungen in der Analyse komplexerer Sätze und in der Verbindung von Einzelaussagen zu einem Satzgefüge auch im regulären Unterricht der höheren Klassenstufen einen Platz haben. Ein erprobter Vorschlag für die Gestaltung dieser Übungen stammt von Neville und Searls (1985). Kinder sollen in diesen Übungen anhand von Beispielen komplexe Satzgefüge (z.B. "Die Azteken waren erfahrene Metallbearbeiter, die bereits wußten, wie man Bronze herstellt.") in einzelne Aussagen aufgliedern, beziehungsweise umgekehrt Einzelaussagen, die in getrennten Sätzen vorgegeben wurden, zu einem Satzgefüge verbinden (z.B. "Die Sommer sind kurz. Sie sind heiß. Sie sind trocken."). Als Erfolg dieser Übungen konnte ein besseres Verständnis längerer Sätze in standardisierten Lesetests nachgewiesen werden (Neville und Searls 1985).

Förderung aktiver Textbearbeitungsstrategien

In den letzten zehn Jahren wurde in vielen Versuchen demonstriert, daß es möglich ist, das Leseverständnis durch explizite Unterweisung von Textverarbeitungsstrategien zu verbessern. Im Folgenden sollen einige Ansätze dargestellt werden, die sich um die Vermittlung wesentlicher Textbearbeitungstechniken bemühen, und von Untersuchungen berichtet werden, die den spezifischen Auswirkungen der Anwendung dieser Strategien nachgegangen sind. In einigen Untersuchungen geht es dabei vorrangig um die Förderung aktiver Textbearbeitung bei den schwächeren Schülern, trotzdem scheinen die dargestellten Ansätze auch für den regulären Unterricht geeignet.

Förderung der Bildung von Elaborationen: Eine wesentliche Ursache geringen Leseverständnisses liegt - wie in Abschnitt I, Kap.6 gezeigt wurde - in der mangelnden aktiven Auseinandersetzung mit dem Text. Während bereits jüngere, gut lesende Kinder Texte durch das eigene Wissen ergänzen und so zu einem besseren Verständnis des Gelesenen kommen, scheint diese Form der Textverarbeitung bei leseschwachen Kindern weitgehend zu fehlen. Die geringe Neigung leseschwacher Kinder zum Bilden von Textergänzungen entspringt verschiedenen Quellen. Da ist einmal die geringe Tendenz dieser Kinder, ihr eigenes Verständnis des Gelesenen zu prüfen und sich zu fragen, wie die verschiedenen, im Text enthaltenen Informationen aufeinander zu beziehen sind. Stein et al. (1982 a,b) entwickelten ein Training, in dem leseschwachen Kindern die Gründe für Schwierigkeiten, einen Text zu verstehen und zu behalten, vermittelt wurden. Die Kinder wurden darin unterwiesen, sich über einzelne Sätze eines Textes Fragen zu stellen, durch deren Beantwortung sie entscheiden konnten, ob die mitgeteilten Informationen bereits in sich geordnet und stimmig (kohärent) oder unter Heranziehung eigenen Wissens zu ergänzen waren. Das Training führte dazu, daß die Kinder auch bei neuen, nicht geübten Texten besser in der Lage waren, ihre Kohärenz zu beurteilen. Sie konnten auch besser begründen, wieso ein Text kohärent war oder nicht.

Wenn ein Text nicht kohärent und in sich geordnet ist, kann er nur verstanden und gut behalten werden, wenn der Leser selbst versucht, Ordnung in die Informationen zu bringen und fehlende Informationen zu ergänzen. Dabei muß jedoch auf die im Text enthaltenen Informationen möglichst genau eingegangen werden. Auch dieser Schritt fällt leseschwachen Kindern schwer und muß mit ihnen geübt werden. In einem solchen Training sollen die Kinder lernen, sich zu fragen, was sie aus dem Text an Informationen erhalten haben und ob die Informationen eine innere, leicht nachvollziehbare und damit leicht zu behaltende Ordnung haben. Wenn dies nicht der Fall ist, sollten sie sich weiter fragen, warum eine solche Ordnung fehlt, welche Informationen nicht vorhanden sind, und sollten versuchen, aufgrund eigener Überlegungen die Informationen des Textes so zu ergänzen, daß eine logische innere Ordnung entsteht. Bei jeder Ergänzung, die sie vornehmen, müssen sie auch prüfen, ob es ihnen gelungen ist, die Informationen und ihre Ergänzungen in eine bessere Ordnung zu bringen.

Stein et al. (1982 a) haben beim Versuch, ein derartiges Training zu entwickeln, beobachtet, daß es für den Erfolg des Trainings entscheidend ist, daß die Schüler selbst die Erfahrung machen, daß sie sich Texte besser merken können, wenn sie die Informationen durch eigene Ergänzungen kohärenter machen, und daß sie geordnete Informationen besser behalten als Informationen, denen ein innerer Zusammenhang fehlt. Wenn leseschwache Kinder zusätzlich noch die Erfahrung machen, daß auch die Qualität der Ergänzungen entscheidend ist und sie selbst darauf Einfluß haben, wieweit sie einen Text behalten, dann gelingt es fast allen, bedeutsame Leistungsverbesserungen zu erzielen. Während vor dem Training nur 30% der Ergänzungen leseschwacher Kinder genau auf die Textinformationen abgestimmt waren, waren es nach dem Training über 80%. Ähnliche Verbesserungen wurden auch bei der Wiedergabe der Texte erzielt. Konnten vor dem Training 40% der Informationen behalten werden, waren es nachher 90%. Die Leistungen der leseschwachen Kinder hatten sich somit jenen guter Leser angeglichen. Durch das Training nimmt, wie eine weitere Untersuchung der gleichen Autorengruppe gezeigt hat (Franks et al. 1982), auch die Zeit zu, die leseschwache Kinder für das Studium schwieriger inkohärenter Texte verwenden. Die vermehrte aktive Auseinandersetzung mit Texten zeigte sich nicht nur in der Trainingssituation. Die Klassenlehrer der Kinder berichteten, daß die Schüler im Unterricht ebenfalls mehr Fragen stellten und aktiver teilnahmen.

Unterweisung im Stellen von Fragen an einen Text: Die geringe Tendenz leseschwacher Schüler, die Informationen eines Textes mit eigenem Wissen in Zusammenhang zu bringen und, falls nötig, zu ergänzen, dürfte mit Merkmalen des Unterrichts in Zusammenhang stehen, mit dem sie vertraut sind. Lehrer stellen gewöhnlich sowohl im Deutschunterricht wie in anderen Unterrichtsfächern nach dem Lesen eines Textes nahezu ausschließlich Fragen, die sich auf konkrete, im Text bereits enthaltene Informationen beziehen. Hingegen werden nur wenige Fragen gestellt, zu deren Beantwortung die Kinder über die im Text enthaltenen Informationen hinausgehen, Schlußfolgerungen ziehen und eigenes Wissen, eigene Erfahrungen einbringen müssen. Werden schon guten Lesern solche Fragen nur selten von den Lehrern gestellt, so gilt dies in noch größerem Ausmaß für schlechte Leser. Im traditionellen Leseunterricht wird zudem in der Art, wie Lesetexte eingeführt werden, kaum eine Verbindung zu den bisherigen Erfahrungen und dem Vorwissen der Kinder hergestellt. Die Kinder werden nicht angeregt und darin unterwiesen, ihr Vorverständnis beim Lesen der Texte zu nutzen.

Lassen sich die geringen Leistungen von Kindern, leseschwachen insbesondere, beim Beantworten von Fragen, die ein tieferes Verständnis des Textes voraussetzen, verbessern, wenn sie öfters mit solchen Fragen konfrontiert werden und wenn die Art, wie diese Texte im Unterricht eingeführt werden, verändert wird?

Hansen (1981) führte mit durchschnittlich lesenden Kindern der 2.Klasse Volksschule ein kurzes Training durch, bei dem eine Gruppe von Kindern nach dem Lesen von kurzen Geschichten in Form eines Klassengesprächs überwiegend Fragen erhielt, deren Beantwortung voraussetzte, daß die Kinder Folgerungen aus dem Text zogen, während in einer Kontrollgruppe jene Fragen gestellt wurden, die im Leseunterricht üblich sind. Für eine dritte Gruppe von Kindern waren die Fragen zwar wie im traditionellen Leseunterricht überwiegend textbezogen, in der Einführung der Geschichten wurde den Kindern aber erklärt, daß sie das Gelesene mit eigenen Erfahrungen verknüpfen sollten, und sie wurden ermuntert, noch vor dem Lesen der Geschichten eigene Erfahrungen zu den Themen der Geschichten zu erzählen und daraus Vermutungen abzuleiten, was in den Geschichten berichtet werden würde.

Alle Kinder hatten während des Trainings jeweils nach dem Lesen einer Geschichte und nach dem Klassengespräch schriftlich Fragen über die vorgelesene Geschichte zu beantworten. Diese Fragen waren entweder ganz textbezogen oder setzten voraus, daß aus dem Text Folgerungen gezogen bzw. eigene Erfahrungen eingebracht wurden.

Wie erwartet, führte das häufigere Stellen von erweiternden Fragen zu einem besseren Beantworten solcher Fragen nach dem Lesen der Geschichten. Das Anknüpfen an den Erfahrungen der Kinder bei der Einführung der Lesetexte führte ebenfalls dazu, daß die Kinder entsprechende Fragen besser beantworten konnten. Neben diesen spezifischen Auswirkungen führte der veränderte Unterricht auch zu einem insgesamt besseren Verständnis für die gelesenen Geschichten. Die Kinder in den beiden Trainingsgruppen konnten auch allgemeine Fragen zum Text besser beantworten als die Kinder der Kontrollgruppe. Wurden den Kindern jedoch neue Geschichten zum Lesen vorgegeben, die vorher nicht diskutiert worden waren, so ließen sich keine Gruppenunterschiede mehr nachweisen. Die gelernten Lesestrategien konnten also nicht ohne weiteres auf neue Texte übertragen werden.

Hansen und Pearson (1983) vermuteten, daß für die mangelnde Generalisation der Fertigkeiten neben der Kürze des Trainings auch der beschränkte Inhalt der Unterweisung verantwortlich gewesen sein könnte. In einer neuen Untersuchung an gut lesenden und leseschwachen Schülern der 4.Klasse wurden daher die beiden zuvor einzeln erprobten Veränderungen des Leseunterrichts kombiniert und mit einem traditionellen Leseunterricht verglichen. Der Unterricht wurde auch diesmal von den Klassenlehrern der Kinder durchgeführt. Der integrierte didaktische Ansatz hatte nun nicht nur auf das Verständnis und das Behalten der im Unterricht diskutierten Texte einen Einfluß. Auch bei neuen, nicht diskutierten Texten konnten die Kinder am Ende von 5 Wochen besser textbezogene sowie über die unmittelbar im Text gegebenen Informationen hinausreichende Fragen beantworten als die Kinder, die in der gleichen Zeit am traditionellen Leseunterricht teilgenommen hatten. Der veränderte Unterricht wirkte sich vor allem auf leseschwache Kinder günstig aus. Deren Leistungen glichen sich in mancher Hinsicht jenen guter Leser an.

Erarbeiten der Hauptgedanken eines Textes durch Fragen: Einige der in den letzten Jahren ausgearbeiteten Trainingsformen orientieren sich explizit an den traditionellen Unterrichtszielen im Leseunterricht. Ein solches traditionelles Unterrichtsziel ist das Herausarbeiten der Hauptgedanken eines Textesabschnitts.

Wong und Jones (1982) versuchten, den traditionellen Leseunterricht auf diesem Gebiet zu verbessern. In dem Training wurde den Schülern das Konzept, daß jeder Text einen oder mehrere Hauptgedanken hat, zunächst am Beispiel erläutert, und die Kinder wurden darin unterwiesen, sich über den Text selbst Fragen zu stellen. So sollten sie sich fragen, warum sie den Text lasen und welche Information sie vor allem suchten. Wenn sie dann beim Lesen des Textes die Hauptgedanken gefunden hatten, sollten sie sich weitere Fragen zu diesen Hauptgedanken stellen und nach Antworten im Text suchen. Diese Antworten sollten sie sich für die spätere Wiedergabe des Textes einprägen. Bei einem Teil der Texte durften die Kinder vor und nach dem Training die Gedanken auch unterstreichen.

Dieses Training wurde von Wong und Jones etwa eine Woche lang mit 14-15-jährigen leseschwachen Schülern und etwas jüngeren Kindern ohne Leseschwierigkeiten durchgeführt. Während es auf die gut lesenden Kinder, die vor dem Training Lesetexte viel besser verstanden und wiedergegeben hatten als die leseschwachen Schüler, keinen Einfluß hatte, führte es bei den leseschwachen Schülern zu einem deutlichen Leistungsanstieg. Diese Schüler wählten nach dem Training häufiger die tatsächlich wichtigen Informationen zum Unterstreichen aus. Sie widmeten dem Studium der Texte mehr Zeit und verstanden sie auch besser. Die Gelegenheit zum Unterstreichen wirkte sich nach dem Training positiv auf ihr Verständnis der Texte aus, während es vorher, wohl deshalb, weil sie beim Unterstreichen zu ungezielt vorgingen, keinen positiven Einfluß hatte. Auf die Fähigkeit, die Texte zu behalten und frei wiederzugeben, hatte das Training allerdings nur einen geringen, nicht-signifikanten Einfluß. Entweder waren die Unterweisungen für eine Änderung der Lernstrategien zu wenig gezielt gewesen, um auch die Wiedergabe von längeren Texten zu beeinflussen, oder aber das Training war einfach zu kurz.

Wesentlich an diesen Ansätzen ist, daß sie versuchen, die Schüler zu einem inneren Dialog anzuregen, in dem sie sich die Ziele des Lesens und den von ihnen beschrittenen Lösungsweg klarmachen. Sie sollen die einzelnen Schritte ihres Vorgehens selbst verbalisieren (Miller 1985). Es handelt sich dabei um eine Art Selbstinstruktions-Training, für dessen längerfristigen Erfolg entscheidend ist, daß die Schüler auch verstehen, wofür das Fragenstellen an einen Text gut ist und wann sie auf diese Strategie zurückgreifen sollen.

Unterweisung in der Analyse von Textstrukturen: Bei älteren Kindern kann auch ein Unterricht in der Analyse von häufigen Textstrukturen sinnvoll sein (Pearson und

Fielding 1991). Dies gilt bereits für Erzähltexte, für deren Verständnis es hilfreich ist, über den typischen Aufbau einer Geschichte Bescheid zu wissen, um so ihre wichtigsten Teile und die Grundstruktur zu erkennen (Meyer 1980). Mehr noch trifft dies für Sachtexte zu, deren Verständnis verbessert wird, wenn die Schüler gelernt haben, häufiger vorkommende rhetorische Strukturen, wie z.B. Gegenüberstellung, Beschreibung, zu erkennen. In den letzten Jahren wurden verschiedene Methoden entwickelt, die es den Lesern erleichtern sollen, die Beziehung zwischen den Hauptideen eines Textes in einem visuellem Schema darzustellen (siehe Pearson und Fielding 1991). Eine der bekanntesten dieser Methoden ist die Netzdarstellung (Networking, Holley und Dansereau 1984), in der verschienene Formen von Beziehungen zwischen den Ideen (hierarchische Beziehungen - A ist Teil oder Beispiel von B; Cluster-Beziehung - z.B. Analogien) unterschieden und das Beziehungsnetz räumlich dargestellt wird. Untersuchungen (zusammenfassend bei Pearson und Fielding 1991) zeigen, daß die Anwendung dieser Methoden zwar nicht unbedingt zu einem besseren Behalten von Detailinformationen führt, aber zu einem besseren Verständnis der wesentlichen Aussagen eines Texts.

Förderung des Leseverständnisses durch Übung im Zusammenfassen: Wenn es um die Verbesserung von Lesestrategien geht, wird eine Technik häufig erwähnt, nämlich das Schreiben von kurzen Zusammenfassungen über das Gelesene, in denen der Aufbau des Leseabschnitts und die wesentlichen Informationen festgehalten werden. Diese Technik wird meist nur Studenten und Schülern weiterführender Schulen empfohlen. Es scheint, wie eine Untersuchung von Taylor (1982) belegt, jedoch sinnvoll zu sein, diese Technik auch in der Sekundarstufe zu unterrichten und üben zu lassen. Taylor beobachtete sogar, daß eine Unterweisung in dieser Technik gerade leseschwachen Kindern hilft, die gewöhnlich Schwierigkeiten haben, den Aufbau eines gelesenen Textes zu erfassen und bei einer freien Wiedergabe des Inhalts zu berücksichtigen. Allerdings gelang es auch Taylor nur bei einem Teil der Kinder, eine Verbesserung des Leseverständnisses zu erzielen, und zwar bei jenen, die die Technik sicher beherrschten. Die Technik scheint dazu zu verführen, sie mechanisch anzuwenden, sodaß bei neuen Texten der tatsächliche Aufbau vernachlässigt wird. Dies führt dann eher zu einer Beeinträchtigung des Verständnisses und des Lernerfolgs.

Zusammenfassend können wir zunächst feststellen, daß die Vertiefung des Leseverständnisses ein wesentliches Anliegen des Leseunterrichts sein sollte. Gerade schwächere Leser zeichnen sich jedoch dadurch aus, daß sie das Gelesene recht passiv und oberflächlich rezipieren. Unterrichtsbeobachtungen legen zudem nahe, daß der Unterricht die aktive Auseinandersetzung mit Texten zuwenig fördert und den Schülern auch wenig Anregungen gibt, wie sie vorgehen sollen, um sich einen Text zu erarbeiten. Von diesen Beobachtungen ausgehend und angeregt durch die Konzepte der kognitiven Psychologie über das Leseverständnis sind Methoden entwickelt worden, wie eine aktivere Auseinandersetzung mit dem Text und dafür hilfreiche Strategien gefördert werden können. Diese Methoden setzen in starkem Ausmaß darauf, Strategien, die bei effizienten Lesern beobachtet werden können, den Kindern durch direkte Unterweisung zu vermitteln und die Kinder zu stärkerer Selbstreflexion (sich selbst Fragen stellen, die Ziele des Lesens im Auge behalten etc.) anzuregen. Diese Methoden haben sich im Großen und Ganzen als erfolgreich erwiesen und ihre häufigere Verwendung im Unterricht wäre daher wünschenswert. Allerdings ist dabei nicht zu übersehen, daß manche der Anweisungen, die diese Lehrmethoden den Schülern für ihr Vorgehen beim Lesen mitgeben, recht hohe Anforderungen an die Selbstreflexion stellen und daß schwächere

Leser sie nur schwer in ihr Vorgehen einarbeiten können. Eine wesentliche Aufgabe des Lehrers muß daher darin gesehen werden, Situationen zu schaffen, die die Anwendung dieser Strategien und eine aktivere Mitarbeit der Schüler begünstigen. Dies erfordert jedoch auch ein Überdenken der Organisationsformen des Unterrichts. Statt der heute vorherrschenden Lehrer-geführten Auseinandersetzung mit Texten sollte sich der Lehrer als Gesprächspartner betrachten und die Schüler befähigen, selbst aktiver zu den Unterrichtsgesprächen beizutragen, Themen vorzuschlagen, die die Auseinandersetzung mit einem Text weiterführen können, und ihnen die Verantwortung für diese Gespräche mitübertragen (Tharpe und Gallimore 1989).

4. Unterricht im schriftlichen Ausdruck

Von allen Teilbereichen des Lese- und Schreibunterrichts hat der Unterricht im schriftlichen Ausdruck, wenigstens für die Pflichtschulzeit, bisher die geringste Aufmerksamkeit gefunden. Und dies obwohl Unterrichtsbeobachtungen recht einheitlich zeigen, daß für das Schreiben in allen Schuljahren deutlich mehr Zeit verwendet wird als für das Lesen. Bereits in den ersten Grundschuljahren sind die Schüler etwa 15-20% der Unterrichtszeit mit Schreibaufgaben beschäftigt, dies nimmt in den folgenden Jahren noch zu (Klicpera und Gasteiger-Klicpera 1993, Bridge und Hiebert 1985). Ein Großteil der Schreibaufgaben besteht allerdings in Aufgaben, die auf einem recht einfachen Niveau ansetzen. Selbst in den höheren Klassen schreiben Schüler nur selten selbständig längere Texte. Schriftliche Aufgaben werden hier zumeist zur Prüfung des von den Schülern erworbenen Wissens über den Unterrichtsstoff oder der Sprachbeherrschung vorgegeben. Rückmeldungen zu den Texten sind spärlich und bestehen meist nur aus einer globalen Beurteilung und Korrekturen, die in erster Linie die Rechtschreibung bzw. die Satzbildung betreffen (Applebee 1982, Bridge und Hiebert 1985).

Ausgehend von den Prozeßmodellen der Textproduktion sind Unterrichtsstrategien und Übungsformen entwickelt worden, die darauf abzielen, den Schreibprozeß der Schüler weiterzuentwickeln. Diese Unterrichtsstrategien setzen einerseits daran an, das Wissen der Schüler über Textstrukturen zu erhöhen, andererseits jene Prozesse zu fördern, die bei schwächeren Schreibern zumeist nur mangelhaft entwickelt sind, nämlich das Planen des zu schreibenden Textes sowie die Revisionstätigkeit.

Förderung des Textstrukturwissens: Mit ein Grund für die geringe Verständlichkeit und die Kürze der Texte von schwachen Schreibern dürfte ein mangelndes explizites Wissen um den üblichen, regelhaften Aufbau von Texten sein. Es ist daher für Schüler, denen dieses Wissen fehlt, hilfreich, den Aufbau erklärt zu erhalten und an Beispielen nachvollziehen zu können, bevor sie selbst z.B. eine Geschichte oder einen argumentativen Text schreiben. Unterrichtsexperimente (Fitzgerald und Teasley 1986) zeigen, daß eine Unterweisung im Aufbau einer Geschichte, die sich an den Modellen der Geschichtengrammatik orientiert, bei schwächeren Schülern am Ende der Grundschule zu Texten mit einem klareren Aufbau und einer insgesamt größeren Verständlichkeit führt.

Förderung des vorausschauenden Planens bei der Textproduktion: Eine wichtige Aufgabe in der Gestaltung des Schreibunterrichts ist es, den Schülern Schreibanregungen und -aufgaben zu geben, die ihrem Ziel eine realistische Orientierung verleihen und für sie eine Herausforderung darstellen. Diese Konkretisierung der Schreibaufgabe sollte den

Kindern eine klarere Vorstellung des Ziels geben, dem das Schreiben dient, und des Leserkreises, für den der Text bestimmt ist. Von diesem Ziel können die Kinder leichter andere Planungsschritte ableiten.

Als ein Übergangsschritt für die selbständige Entwicklung von Texten kann etwa das gemeinsame Generieren von Ideen für einen Text dienen (Graves 1986). Andere Hilfen, die es den Kindern erleichtern, selbst Ideen zu sammeln, ohne gleich - wie dies häufig beobachtet wird - mit dem Schreiben des Texts zu beginnen, können darin bestehen, die Schüler anzuweisen, Wörter aufzuschreiben, die sie später im Text verwenden möchten (Bereiter und Scardamalia 1987).

Förderung der Textüberarbeitung: Die geringe Tendenz von Kindern als unerfahrenen Schreibern zur Überarbeitung des Textes kann durch Hilfestellungen überwunden werden, die ihnen die Beurteilung des bisher geschriebenen Textes erleichtern (z.B. Werden die Leser verstehen, warum das wichtig ist?) oder Möglichkeiten vor Augen führen, die die Verständlichkeit des Textes erhöhen (z.B. Ich gebe besser ein Beispiel.) (Bereiter und Scardamalia 1987). Ziel dieser Hilfestellungen ist es, daß die Schüler allmählich einen inneren Dialog über den eigenen Text entwickeln und dahin geführt werden, die Angemessenheit des bisher geschriebenen Textes selbst zu reflektieren (Daiute und Kruidenier 1985). Ältere Schüler empfinden solche äußeren Hilfestellungen als positiv und stellen fest, daß sie ihnen die Auseinandersetzung mit dem Schreiben erleichtern.

Auch eine Unterweisung darin, worin eine Textüberarbeitung bestehen kann, etwa anhand eines Modells des Überarbeitungsvorgangs, und die Vorführung dieses Vorgangs durch den Lehrer führt bei älteren Schülern zu einer erhöhten Anstrengung, eigene Texte zu verbessern, wenn ihnen später die Gelegenheit dazu gegeben wird (Fitzgerald und Markham 1987). Durch die Förderung der Textüberarbeitung im Unterricht nimmt allmählich die Fähigkeit zu, die eigenen Texte zu beurteilen und Revisionen so vorzunehmen, daß die Texte qualitativ besser werden.

Geeignete Unterrichtsformen für die Schreibförderung: Auch bei der Förderung der schriftlichen Ausdrucksfähigkeit ergibt sich die Frage, ob die traditionelle Lehrerzentrierte Unterrichtsform den geeigneten Rahmen darstellt. Weder kann der Lehrer allen Schülern ausreichend Hilfestellungen geben, noch kann er allen Schülern in gleicher Weise als Ansprechpartner für die Auseinandersetzung mit ihren Texten dienen. Die Arbeit in kleinen Schreibgruppen sowie Partnerarbeiten sind daher dem noch weithin üblichen Frontalunterricht vorzuziehen.

5. Steuerung des Unterrichts durch den Lehrer

Für den Erfolg des Lese- und Schreibunterrichts ist neben der ausreichenden Verwendung sinnvoller, erprobter Unterrichtsmethoden vor allem die Organisation, Planung und Steuerung des Unterrichtsgeschehens durch den Lehrer entscheidend. Aus diesem Grund muß im Rahmen dieser Darstellung auch auf die Strukturierung der Lese- und Schreibsituationen durch den Lehrer eingegangen werden.

Die empirische Unterrichtsforschung hat deutlich herausgearbeitet, daß der Lernfortschritt der Schüler von der Steuerung des Klassengeschehens durch den Lehrer wesentlich abhängt (Brophy und Good 1986, Doyle 1986). Die Lernaktivitäten zu initiieren, ist dabei in erster Linie die Aufgabe des Lehrers, der durch die Unterrichtsplanung sicher stellen soll, daß Aufgaben gegeben werden, die einen Lernfortschritt mit sich bringen, aber auch nicht zu schwer sind. In der pädagogischen Lernprozeßforschung wurde versucht, jene Verhaltensweisen des Lehrers herauszuarbeiten, die es diesem ermöglichen, die Lernaktivität der Schüler möglichst groß zu halten und gleichzeitig auf die individuellen Lernbedürfnisse der Kinder einzugehen.

Die Studie von Anderson et al. (1979) ist ein gutes Beispiel für diese Form der Prozeßforschung. Anderson et al. beschrieben 22 Verhaltensweisen, die sich in der Organisation von Leseaktivitäten in der Klasse als günstig erwiesen haben. Darunter sind die folgenden hervorzuheben:

- die Aufmerksamkeit der Schüler zu Beginn einer Unterrichtseinheit für die Aufgabenstellung durch den Lehrer zu erhöhen: Zu Beginn einer Stunde soll der Lehrer den Kindern einen Überblick geben, damit sie wissen, was sie erwartet und sich auf die Aufgaben einstellen können. Damit der Wechsel zwischen verschiedenen Aktivitäten geringe Zeit beansprucht, ist einerseits auf eine geeignete Sitzordnung zu achten (bei der der Lehrer den Überblick behält), andererseits sollten Signale mit den Kindern vereinbart werden, die einen Wechsel anzeigen und auf die die Kinder prompt zu reagieren lernen.

- neue Aufgaben einzuführen und zu erklären: Bevor die Kinder mit einer neuen Aufgabe beginnen, muß sichergestellt werden, daß sie genau wissen, was sie zu tun haben, und die Aufgabe sollte an einem Beispiel demonstriert werden.

- einzelne Kinder im Klassen- bzw. Gruppenunterricht dranzunehmen und dabei die Aufmerksamkeit der anderen Kinder aufrechtzuerhalten: Der Lehrer soll die Kinder nach einem bestimmten System aufrufen, um sicherzustellen, daß alle Kinder drankommen und um unnötiges Händeaufzeigen sowie Herausrufen von Antworten zu vermeiden. Durch Zwischenfragen an die Klasse bzw. die Gruppe soll die Aufmerksamkeit der übrigen Kinder wachgehalten werden, während ein Kind vorliest.

- auf Unterrichtsbeiträge von Kindern zu reagieren: Die Richtigkeit von Beiträgen soll anerkannt und eventuell begründet werden, ohne die Kinder jedesmal zu loben (was zu einer Entwertung des Lobs führen würde). Wenn ein Beitrag gelobt wird, sollte - wenn nötig - auch erklärt werden, was besonders gelobt wird. Falsche Antworten sollten korrigiert werden, ohne sie zu kritisieren.

In einer Interventionsstudie in ersten Klassen (Anderson et al. 1979) konnte gezeigt werden, daß durch entsprechende Instruktion der Lehrer sowie deren Orientierung an diesen Prinzipien die für Lernaktivitäten in der Klasse zur Verfügung stehende Zeit sowie der Umfang der von der Klasse gelesenen Texte zunahm. Nach einem Schuljahr war der Leistungstand im Lesen der Klassen, in denen die Intervention stattfand, deutlich höher als in Vergleichsklassen.

Qualitative Analysen des Lehrerverhaltens liegen auch für die Anleitung und Beaufsichtigung der Stillarbeit im Leseunterricht (Anderson et al. 1985) sowie für die Anleitungen der Lehrer bei Leseverständnisaufgaben (Duffy et al. 1986) vor. Diese Untersuchungen gehen über die bloße Feststellung, daß es Unterschiede zwischen Klassen in der Effektivität des Leseunterrichts gibt, hinaus und konnten zeigen, daß die Veränderung spezifischer Verhaltensweisen der Lehrer zu einer Steigerung der Lesefertigkeit bei den Kindern beiträgt.

Unterrichtsorganisation im Erstleseunterricht

Nicht minder bedeutsam als die methodische Orientierung ist die Organisation des Klassenunterrichts. Hier hat sich in den letzten Jahrzehnten ein bedeutsamer Wandel vollzogen. Herrschte früher bereits in der Grundschule der Lehrer-zentrierte Unterricht vor, in dem der Lehrer die ganze Klasse führte und allen Kindern die gleiche Aufgabe gab, so wandelte sich der Unterricht in vielen westlichen Ländern in den Jahrzehnten nach dem 2.Weltkrieg zu einer Unterrichtsform, in der die Aufgabe des Lehrers in erster Linie darin gesehen wurde, die Lernaktivitäten für die Schüler zu strukturieren. Zwei Momente haben sich damit geändert:

- die Aufgabe des Lehrers wird stärker darin gesehen, den Kindern individuelle Aufgaben zu geben, die ihrem jeweiligen Entwicklungsstand angemessen sind, und
- die Klasse wird in kleinere Gruppen von Schülern aufgeteilt, die Substrukturen der Klasse bilden.

Die neuen Elemente des Unterrichts haben - so zeigt die Unterrichtsforschung - in unterschiedlichem Ausmaß Einzug in die Klassen gehalten und damit de facto zu recht unterschiedlichen Organisationsformen geführt. Insgesamt hat die Stillarbeit der Kinder eine größere Bedeutung gewonnen. Der Lehrer arbeitet weniger mit der ganzen Klasse, sondern stellt den einzelnen Kindern Aufgaben, die sie still für sich bearbeiten sollen. Beobachtungsstudien sowohl in England (ORACLE-Projekt, Galton et al. 1980) wie in den USA (BTES, Fisher et al. 1978, Rosenshine 1981) zeigen, daß in diesen Ländern die Kinder bereits in den Grundschuljahren bis zu zwei Drittel der Zeit mit Stillarbeiten beschäftigt sind.

Formen der Gruppenarbeit im Lese- und Schreibunterricht: Obwohl die Kinder nun überwiegend in Gruppen an Tischen sitzen, arbeiten sie meist allein an Aufgaben, Partner- und Gruppenarbeiten werden sehr selten verwendet. Der Unterricht ist soweit individualisiert, daß die Autoren der ORACLE-Studie die Gefahr einer Vereinsamung mancher Kinder in den neuen Organisationsformen sahen (Galton et al. 1980).

Verschiedene Formen der Gruppen- bzw. Partnerarbeit sind deshalb erprobt worden, um den Lehrern Techniken an die Hand zu geben, wie sie die Chancen der neuen Organisationsform nutzen können:

Kooperatives Lernen: Die Methoden des kooperativen Lernens wie die Partnerarbeit und das Gruppenpuzzle (bei dem die einzelnen Schüler bzw. kleine Gruppen von Schülern jeweils einen Beitrag zu einer Arbeit der ganzen Klasse leisten), die systematisch eine Zusammenarbeit der Kinder beim Erreichen der Lernziele anleiten sollen, sind in den letzten Jahren auch auf den Leseunterricht in den höheren Grundschulklassen angewandt worden (Stevens et al. 1987, 1991). Wesentlich für die Effektivität kooperativen Lernens ist neben der Arbeit in über längere Zeit stabilen Gruppen, daß die Leistungen der einzelnen Schüler weiterhin individuell bewertet werden, ihre Leistungen aber gleichzeitig auch die Grundlage für die Bewertung der ganzen Gruppe darstellen, sodaß sich durch den Wettbewerb der Gruppen eine zusätzliche Motivation zur gegenseitigen Unterstützung ergibt.

Im Rahmen des Leseunterrichts in der Grundschule dürfte sich beim Üben des mündlichen Lesens vor allem die Partnerarbeit bewähren, bei der zwei Schüler einander abwechselnd einen Text bzw. neu vorgestellte Wörter vorlesen. Auch für das Korrigieren kürzerer schriftlicher Arbeiten (etwa an Arbeitsblättern) und Übungen zur Wortschatzerweiterung sowie zum Leseverständnis bietet sich die Partnerarbeit an.

Mitschüler als Tutoren: Über den Einsatz von guten Schülern der gleichen Klassenstufe oder von Schülern einer höheren Klassenstufe als Tutoren für schwächere Schüler gibt es eine große Anzahl an Erfahrungsberichten und Evaluationen (z.B. Devin-Sheehan et al. 1976), die zeigen, daß die Turorentätigkeit nicht nur eine Hilfe für die schwächeren Schüler bedeuten kann, sondern auch zu einer Fortentwicklung der Lese- und Schreibfertigkeit der Schüler, die als Tutoren eingesetzt wurden, beiträgt.

Förderung der intrinsischen Motivation im Klassenunterricht

Die Unterrichtsforschung hat deutlich gemacht, daß die Motivation eine wesentliche Bedingung des schulischen Lernens ist. Ziel des Unterrichts muß es sein, es den Schülern zu ermöglichen, sich in dem Lernprozeß wiedererkennen und damit die eigenen Fähigkeiten in den Unterricht einbringen zu können (Corno und Rohrkemper 1985).

Setting	Fördernd	Hemmend
A. *Flexibilität*		
Wahlmöglichkeit	mäßig groß	gering
Äußere Hilfen	soziale, spielerische, technische	keine Hilfen
B. *Belohnungsstruktur*		
Responsivität	Ergebnis kontingent	Ergebnis nicht-kontingent
Interdependenz	Teilaufgaben voneinander abhängig	Teilaufgaben unabhängig
C. *Bewertung*		
Spezifität	spezifische Kriterien	vage Kriterien
Öffentlichkeit	privat	öffentlich
D. *Rückmeldung*		
Zeitpunkt	häufig, unmittelbar, kontingent	selten, verzögert, nicht-kontingent
Informationsgehalt	weist auf Fehlerursache hin	teilt nur Ergebnis mit
Valenz	ermutigend	neutral/negativ
Quelle	bedeutsam	nicht-bedeutsam
Anerkennung	von innen kommend, natürlich	von außen kommend, gezwungen

Eine entscheidende Variable für die Entwicklung des Leistungsverhaltens lernschwacher Kinder dürfte sein, wieweit der Unterricht die Leistungsunterschiede zwischen den Kindern betont. Der Wettbewerb unter den Kindern ist sicher eine starke Motivationsquelle, sich mehr anzustrengen. Lernschwache Kinder müssen hier allerdings ins Hintertreffen geraten. Der traditionelle Klassenunterricht betont über die Noten recht stark den Vergleich zwischen den Kindern und sieht auch andere Mittel vor, den Erfolg von Kindern vor anderen sichtbar zu machen und die Kinder zu einer objektiven Bewertung ihrer Leistungen anzuregen. Demgegenüber wird im kooperativen Unterricht der Erfolg von der Leistung einer Gruppe von Kindern abhängig gemacht. Im individualisierten Unterricht ist das Bemühen erkennbar, die Leistungen nicht anhand objektiver Maßstäbe, sondern an den früheren Leistungen der Kinder und dem erzielten Fortschritt zu messen. Eine Evaluation dieser Bemühungen in Hinblick auf ihre Auswirkungen auf die Fortschritte beim Erlernen des Lesens und Schreibens ist derzeit allerdings noch kaum möglich (Licht und Kistner 1986).

Lehrer-Schüler-Interaktion und Fortschritte im Lesen und Schreiben

Es ist klar, daß die Entwicklung von Schulleistungsproblemen in dem Kontext der Interaktion zwischen Lehrern und Schülern gesehen werden muß. In der Analyse der Lehrer-Schüler-Interaktion ist jedoch im Allgemeinen kaum zu bestimmen, wieweit das Verhalten des Lehrers die Schwierigkeiten der Kinder mitauslöst bzw. sie aufrechterhält oder wieweit Unterschiede in seinem Verhalten leseschwachen und gut lesenden Kindern gegenüber notwendigerweise aus den unterschiedlichen Voraussetzungen entspringen, die die Kinder in den Unterricht einbringen.

Es konnte allerdings gezeigt werden, daß sich die Interaktion zwischen Lehrer und gut bzw. schlecht Lesen lernenden Kindern bereits in der ersten Klasse voneinander unterscheidet, bevor die Lernschwierigkeiten der Kinder in ihrem Ausmaß klar erkannt worden sind (Chapman et al. 1979). Die Lehrer äußern Kindern mit Lernschwierigkeiten gegenüber sowohl mehr Lob wie mehr Kritik und widmen ihnen häufig mehr Aufmerksamkeit als dem Rest der Klasse. Die Zuwendung zu den leseschwachen Kindern erfolgt jedoch nur zu einem geringen Teil in Lernsituationen, sondern ist eine Reaktion darauf, daß die Kinder schon frühzeitig durch unaufmerksames und störendes Verhalten auffallen. Wegen der Schwierigkeiten, die leseschwache Kinder bereits beim Verständnis der Aufgabenanweisungen haben, benötigen sie ebenfalls mehr Zuwendung des Lehrers. Somit kann nur ein geringer Teil der Aktivität des Lehrers diesen Kindern gegenüber auf effektiven Unterricht beim Lesen und Rechtschreiben verwandt werden. Auch in den höheren Klassenstufen ist die Effizienz des Unterrichts, d.h. der Anteil an Unterrichtszeit, der effektiv für das Lernen des Lehrstoffes verwandt wird, bei Kindern mit Schulleistungsproblemen deutlich geringer als bei Kindern mit guten Schulleistungen (Roecks 1980).

Die Schwierigkeit bei der Erfassung der wesentlichen Elemente der Lehrer-Schüler-Interaktion sind jedoch groß. Dies dürfte ein Grund dafür sein, daß in manchen Untersuchungen nur ein geringer Einfluß von Merkmalen der Lehrer-Schüler-Interaktion auf den Fortschritt im Lesen und Rechtschreiben nachgewiesen werden konnte (Coker und Lorentz 1977; Lorentz und Coker 1978). Hinzu kommt, daß sich Lehrer leseschwacher Kinder im allgemeinen sehr bemühen, diese Kinder zu ermutigen. So haben etwa Richey et al. (1981) beobachtet, daß Lehrer mehr positive Interaktionen mit leseschwachen Kindern als mit gut lesenden Kindern aufnehmen und sie häufiger loben. Dies kann freilich, gerade weil das Lob oft nach leichten Aufgaben ausgesprochen wird, von den Kindern auch als Hinweis verstanden werden, daß von ihnen nicht viel erwartet und ihnen nicht viel zugetraut wird (Bar-Tal 1982). Solch ein Eindruck mag noch dadurch verstärkt werden, daß leseschwache Kinder zwar vom Lehrer mehr positive Rückmeldung erhalten, von anderen Kindern dagegen deutlich weniger als die guten Leser (Richey et al. 1981).

6. Unterschiede zwischen verschiedenen Klassen in der Gestaltung des Lese- und Schreibunterrichts

Die großen Untersuchungen über den Einfluß der Leselehrmethode auf den Schulerfolg der Kinder (Bond und Dykstra 1967) zeigten, daß deutlich größere Unterschiede zwischen verschiedenen Klassen bestehen, die die gleiche Leselehrmethode verwenden, als zwischen dem Durchschnitt der Klassen mit unterschiedlichen Leselehrmethoden. Dies deutet darauf hin, daß auch bei Verwendung der gleichen Leselehrmethode noch beträchtliche Unterschiede in der Gestaltung des Lese- und Schreibunterrichts bestehen können.

Ein Aspekt, dem dabei besondere Aufmerksamkeit zukommt, ist das Ausmaß an Unterrichtszeit, das für das Erlernen und Üben des Lesens und Schreibens angesetzt wird. Dieser Aspekt wurde vor allem in der bereits erwähnten Beginning Teacher Evaluation Study (BTES, Fisher et al. 1978, Rosenshine 1981) beachtet. Danach wird in der 2.Schulstufe in einigen Klassen doppelt soviel Zeit für den Lese- bzw. Sprachunterricht verwendet wie in anderen. In der 5.Schulstufe waren die Unterschiede nicht mehr so markant, aber immer noch sehr groß. Bemerkenswert war außerdem, daß die Schüler in diesen Klassen auch einen größeren Teil der für das Lesen angesetzten Zeit für diese Aufgaben verwendeten, daß also die von den Lehrern vorgesehene zusätzliche Zeit nicht zu Ermüdung und Desinteresse bei den Schülern führte, sondern die Lehrer im Gegenteil ein größeres Engagement bei den Schülern erreichen konnten.

Auch in den Wiener Längsschnittuntersuchungen (Klicpera und Gasteiger-Klicpera 1993) konnten sowohl am Ende der 1. wie auch am Ende der 2.Schulstufe deutliche Unterschiede zwischen verschiedenen Klassen in der Zeit, die für Lese- und Schreibaufgaben innerhalb des Sprachunterrichts angesetzt war, beobachtet werden (siehe Abb.17). Bemerkenswert war dabei, daß diese Unterschiede auch zwischen Parallelklassen der Schulen festzustellen waren, sodaß sie nicht auf sozial bedingte unterschiedliche Lernvoraussetzungen der Schüler zurückgeführt werden können.

Wie zu erwarten, entsprechen diesen Unterschieden in der Zeit auch Unterschiede in den Aufgabenstellungen. Wenn Lehrer am Ende des Schuljahres befragt werden, welche Aufgaben sie mit den Schülern durchgenommen haben, so werden ebenfalls deutliche Unterschiede zwischen verschiedenen Klassen ersichtlich. Während manche Lehrer in den ersten Klassen den Kindern nur recht einfache Aufgaben geben, die Kinder z.B. vor allem Sätze mit einer bestimmten, vorhersehbaren Struktur ("Das ist ein ...") lesen lassen oder beim Schreiben die Aufgaben auf das Abschreiben bzw. Ergänzen von Sätzen beschränken, geben andere weit anspruchsvollere Aufgaben wie z.B. das selbständige Schreiben eines Satzes oder einer kleinen Geschichte (Tizard et al. 1988). Diese Unterschiede sind vor allem in der ersten Klasse auch bei der Beobachtung des Unterrichts deutlich (Klicpera und Gasteiger-Klicpera 1993).

Eine Ursache für dieses unterschiedliche Vorgehen im Unterricht dürfte in den unterschiedlichen Erwartungen der Lehrer an das Lernvermögen der Kinder zu suchen sein. Wie Tizard et al. (1988) zeigen konnten, bestehen deutliche Unterschiede zwischen verschiedenen Lehrern darin, welche Lernfortschritte sie von den Kindern erwarten. Diese Unterschiede sind nur teilweise durch die unterschiedlichen kognitiven Lernvoraussetzungen zu erklären, mit denen die Kinder in die Schule kommen, und hängen auch nicht wesentlich von dem Ausmaß an Mitarbeit bzw. der Konzentration der Kinder im Unterricht ab.

348 Unterricht und Fördermaßnahmen

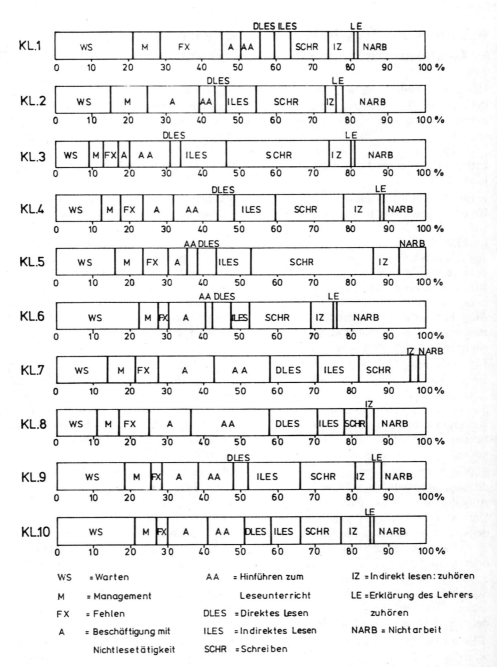

Abbildung 17: Verwendung der Unterrichtszeit in den Deutschstunden am Ende der 1.Klasse Grundschule für verschiedene Schüleraktivitäten: Vergleich von 10 Klassen der Wiener Längsschnittuntersuchungen (Klassen 1/2, 3/4, .. 7/8, 9/10 sind Parallelklassen, siehe Abb.16)

7. Zusammenarbeit zwischen Schule und Elternhaus und Einbeziehung der Eltern in die Leseförderung

Eine Ursache für das Zurückbleiben eines Teils der Kinder beim Lesen und Schreiben dürfte in der mangelnden Unterstützung des Lesenlernens durch die Eltern zu suchen sein.

Für diese mangelnde Unterstützung dürften verschiedene Ursachen verantwortlich sein. Zum Teil liegt es an dem mangelnden Kontakt zwischen Eltern und Lehrern selbst in den ersten Klassen Grundschule. Zwar nehmen praktisch alle Eltern zu Beginn an einem Elternabend teil, nur wenige Lehrer vereinbaren jedoch im ersten Schuljahr Einzelgespräche mit allen Eltern, sodaß die Initiative der Eltern für das Zustandekommen von Gesprächen entscheidend ist, und die Kontakthäufigkeit zwischen Lehrer und Eltern nimmt in den folgenden Schuljahren bereits deutlich ab. Wie Tizard et al. (1988) für England gezeigt haben, ist es auch in den ersten Klassen nicht üblich, daß Lehrer allen Eltern von sich aus erklären, wie sie den Kindern Lesen und Schreiben beibringen, und das Wissen der Eltern über den Unterricht ist deshalb sehr gering. Die meisten Eltern haben nur sehr ungenaue Vorstellungen darüber, wie der Lehrer im Unterricht vorgeht. Auch über die Fortschritte, die die Kinder beim Lesenlernen erzielen, werden die Eltern von den Lehrern nur wenig informiert. Dies gilt vor allem dann, wenn die Kinder geringe Fortschritte erzielen, sodaß die Eltern über die Schwierigkeiten ihrer Kinder lange Zeit im Unklaren bleiben und sich ein allzu optimistisches Bild über die Schulleistungen machen (Tizard et al. 1988).

Die Zurückhaltung der Lehrer bei der Informationsweitergabe an die Eltern dürfte teilweise auf einer falschen Einschätzung des Informationsstands und des Interesses der Eltern liegen. Tizard et al. (1988) führen dies auch darauf zurück, daß die Lehrer, die einen offeneren Unterricht gestalten, fürchten, die Eltern hätten andere Vorstellungen und würden ihnen im Unterricht dreinreden oder negativ reagieren. Die mangelnde Weitergabe von Informationen über Schulschwierigkeiten dürfte auch damit zusammenhängen, daß die Lehrer Sanktionen der Eltern gegenüber den Kindern und negative Auswirkungen auf die Leistungsmotivation der Kinder fürchten.

Hausaufgaben: Das deutlichste Zeichen, daß die Schule auf eine Fortsetzung der Lernübungen zuhause setzt, stellen die Hausübungen dar. Die Einstellung zu Hausübungen sowie das Ausmaß der Zeit, die für deren Ausführung erforderlich ist, differieren beträchtlich zwischen verschiedenen Ländern und zeigen einen engen Zusammenhang mit der Bedeutung, die dem schulischen Erfolg der Kinder zugemessen wird (Chen und Stevenson 1989). In China und Japan werden den Kindern bereits in den ersten Klassen Grundschule deutlich mehr Hausaufgaben gegeben wie etwa in den USA und der größte Teil wird für das Üben des Lesens und Schreibens verwendet. In diesen Ländern wird das Erledigen der Hausübung auch stärker als primäre Verantwortung der Kinder und nicht der Eltern betrachtet, wobei die Kinder trotz des größeren Umfangs eine positivere Einstellung zu den Hausübungen haben. Vergleiche zwischen verschiedenen Ländern zeigen, daß ein größerer Umfang an Hausübungen einen positiven Einfluß auf die schulischen Leistungen hat (Chen und Stevenson 1989).

Im deutschen Sprachraum besteht sowohl unter den Pädagogen wie in der Öffentlichkeit eine gespaltene Einstellung zu den Hausübungen. Daher ist es nicht verwunderlich, daß zwischen verschiedenen Schulen eines Schulbezirks große Unterschiede im Umfang der Hausübungen bestehen. Die zeitliche Belastung durch die Hausübungen hängt allerdings wesentlich vom Leistungsstand der Kinder ab. Schwächere Schüler verbringen in den ersten Klassen der Grundschule deutlich mehr Zeit mit Hausaufgaben und sind stärker auf die Hilfe der Eltern angewiesen. In den höheren Klassen nimmt dieser Unterschied allerdings ab, da der Umfang an Hausübungen insgesamt zugenommen hat und die besseren Schüler nun auch von sich aus mehr für die Schule machen (Klicpera und Gasteiger-Klicpera 1993). Schwächere Schüler lassen nun im Erledigen der Hausaufgaben nach und erhalten auch von den Eltern weniger Unter-stützung. Dies erklärt, wieso im Gegensatz zur Grundschule, wo innerhalb eines Schul-systems eher die schwächeren Schüler mehr Hausübungen machen (Chen und Stevenson 1989), in der Sekundarstufe die Zeit, die mit Hausaufgaben verbracht wird, einen deutlichen positiven Einfluß auf die schulischen Leistungen ausübt (Keith et al. 1986).

Vorlesen der Kinder zuhause: In einer bedeutsamen Untersuchung in England haben Hewison und Tizard (1980) - wie wir bereits erwähnt haben - einen engen Zusammenhang zwischen der Häufigkeit, mit der die Kinder in den ersten Klassen Grundschule von den Eltern ermuntert werden, ihnen vorzulesen, und dem Fortschritt beim Lesenlernen festgestellt. Tizard et al. (1982) griffen diese Befunde auf und versuchten, die Lesefähigkeit von 6-8-jährigen Kindern aus sozial schwächeren Familien dadurch zu verbessern, daß sie die Eltern ermutigten, sich von den Kindern vorlesen zu lassen. Über zwei Jahre erhielten die Kinder mehrmals Bücher von der Schule mit nach Hause, um sie dort den Eltern vorzulesen. Die Mitarbeit der Eltern war ausgezeichnet und sie notierten regelmäßig, was sie sich von den Kindern vorlesen ließen. Zusätzlich durften die Kinder Leseabschnitte, die sie zu Hause gelesen hatten, auch in der Schule vorlesen. Diese Intervention wurde mit einem traditionellen Förderunterricht für das Lesen verglichen, bei dem in anderen Schulen Kinder in kleineren Gruppen zusätzlichen Leseunterricht mehrmals in der Woche erhielten. Auch hier ließen die Lehrer die Kinder möglichst oft vorlesen. In anderen Schulen kam es zu keiner besonderen Förderung der Kinder, weder wurden die Eltern ermuntert, die Kinder vorlesen zu lassen, noch wurden in der Schule Förderstunden abgehalten.

Nach zwei Jahren bestanden deutliche Unterschiede zwischen diesen Gruppen in der Lesefähigkeit. Während die Kinder, die den Eltern zu Hause vorlesen konnten, ihre Leseleistung deutlich verbesserten, hatte der traditionelle Leseförderunterricht in den Schulen kaum Erfolg. Die Leseleistungen dieser Kinder waren nach zwei Jahren nicht besser als jene von Kindern, bei denen gar keine Fördermaßnahmen vorgenommen worden waren. Das Ausmaß der Verbesserung in der ersten Gruppe war hingegen beachtlich. Während in der nicht geförderten Kontrollgruppe nach zwei Jahren 17% der Kinder sehr schlecht lesen konnten, waren es in dieser Gruppe nur 6%. Der Anteil der schlechten Leser betrug in den beiden Gruppen 54 bzw. 27%, der Anteil der Kinder mit mittleren Leseleistungen 22 bzw. 49% und der Anteil der guten Leser 7 bzw. 18%. Die Leistungsunterschiede zwischen den Gruppen blieben auch nach Abschluß der Intervention erhalten und waren noch nach einem Jahr nachweisbar. Eine Nachuntersuchung nach weiteren drei Jahren (Hewison 1988) zeigte, daß die Unterschiede zwischen den Gruppen weitgehend erhalten blieben.

Spätere Interventionsversuche, die ebenfalls in englischen Schulen aus einer Arbeitergegend über mehrere Jahre ein ähnliches Programm durchführten (Hannon 1987), konnten jedoch keine so günstigen Ergebnisse erzielen. Im Unterschied zu den Schulen, die an dem Hearingey Programm (Tizard et al. 1982) beteiligt waren, bestand an diesen Schulen bereits vor dem Programm eine beträchtliche Unterstützung des Lesenlernens der Kinder durch die Eltern. Zwar konnte auch an diesen Schulen durch das Programm das Vorlesen der Kinder zuhause weiter gesteigert, die Leistungssteigerung im Lesen gegenüber den früheren Jahrgängen an den gleichen Schulen, bei denen das Programm noch nicht durchgeführt worden war, fiel jedoch nicht sehr deutlich aus. Es ist unklar, ob die Hilfe, die den Eltern angeboten wurde, nicht ausgereicht hat (da kein zusätzliches Personal zur Verfügung stand, konnten keine Hausbesuche gemacht werden und den Eltern daher nicht persönlich demonstriert werden, welche Unterstützung von ihnen erwartet wurde), oder ob durch das bereits zuvor vorhandene relativ hohe Niveau der häuslichen Unterstützung die zusätzlichen Anregungen keinen so großen Effekt mehr gehabt haben.

Zusammenfassend können wir feststellen, daß das Verhältnis Schule-Elternhaus für das Erlernen des Lesens und Schreibens von beträchtlicher Bedeutung ist. Das darin liegende Potential sollte aktiver genutzt werden, sonst ist eine Enttäuschung der Erwartungen der Eltern schwächerer Schüler an die Schule nicht zu vermeiden und die anfangs große Bereitschaft dieser Eltern, den schulischen Erfolg ihrer Kinder zu unterstützen, verwandelt sich in Resignation.

8. Förderunterricht bei Lese- und Schreibschwierigkeiten

Für einen Teil der Schüler reichen die didaktischen Möglichkeiten im regulären Unterricht nicht aus, sie haben - wie wir im ersten Abschnitt gezeigt haben - zumeist von Anfang an besondere Schwierigkeiten beim Lesen- und Schreibenlernen, und dieser Rückstand vertieft sich in den weiteren Schuljahren. In diesem letzten Kapitel wollen wir uns speziell mit den Fördermöglichkeiten für diese Schüler auseinandersetzen. Welche Ansätze gibt es und welche Erfahrungen wurden damit gemacht?

Bei der Auseinandersetzung mit diesen Fragen ist es sinnvoll, verschiedene Aspekte zu unterscheiden. Ein erster Aspekt betrifft die Organisation, also die Frage nach der geeigneten Form der Förderung. Die Schwierigkeiten, ein geeignetes Organisationsmodell für die Förderung schwacher Schüler zu finden, sind in den letzten Jahren besonders deutlich geworden und haben zu intensiven Auseinandersetzungen über die Ziele der Schule geführt (siehe z.B. Johnston und Allington 1991), daher wollen wir uns mit dieser Frage ausführlicher auseinandersetzen.

Unabhängig davon stellt sich natürlich die Frage nach der inhaltlichen Ausrichtung sowie nach dem didaktischen Vorgehen in der Förderung. Um auf die damit verbundenen Aspekte angemessen eingehen zu können, werden wir zunächst - ähnlich wie bei der Darstellung des Lese- und Schreibunterrichts - ausführlicher erprobte Vorgehensweisen bei der Förderung der basalen Lese- und Rechtschreibfertigkeiten darstellen und die Förderung des Leseverständnisses getrennt behandeln, obwohl natürlich beides eng miteinander verbunden ist.

Inhaltlich bestehen - wie wir zeigen werden - sehr unterschiedliche Konzeptionen für den Förderunterricht lese- und rechtschreibschwacher Kinder (siehe z.B. Bateman 1979, Scheerer-Neumann 1993). Eine nach wie vor sehr einflußreiche Konzeption versteht die Lese- und Rechtschreibschwäche als Folge basaler Funktionsdefizite und erwartet, daß ein Training dieser Funktionen zu einer Überwindung bzw. zumindest einer Reduktion der Lese- und Rechtschreibschwierigkeiten führen wird. Demgegenüber hat gerade in den letzten Jahren die Auffassung stärker an Überzeugungskraft gewonnen, daß der Föderunterricht nicht nach einem Modell über die dem Lesen und Rechtschreiben zugrundeliegenden Funktionen zu konzipieren sei, sondern daß eine genaue Analyse der Lernaufgabe und der dabei von den Kindern zu erwerbenden Kenntnisse und Fähigkeiten die Grundlage des gezielten Förderunterrichts bilden muß. Aufgrund einer solchen Aufgabenanalyse können die notwendigen Kenntnisse und Fertigkeiten systematisch in kleinen Schritten aufgebaut werden.

8.1. Organisationsformen von Fördermaßnahmen für lese- und rechtschreibschwache Kinder an den Schulen

Für Eltern und Schule bestehen verschiedene Möglichkeiten, Kindern zu helfen, trotz Schwierigkeiten das Lesen und Rechtschreiben zu erlernen.

- Die erste Möglichkeit besteht darin, den Kindern eine ihrem Leistungsstand gemäße Teilnahme am normalen Klassenunterricht zu ermöglichen. Dies wird oft als Individualisierung oder Differenzierung des Unterrichts bezeichnet und geschieht in der einen oder anderen Form sicher in jeder Klasse. Eine etwas weitergehende Differenzierung des Lese- und Rechtschreibunterrichts kann dadurch erreicht werden, daß Kinder mit ähnlichem Leistungsstand zu Leistungsgruppen zusammengefaßt werden und der Unterricht dem Leistungsstand der Kinder entsprechend modifiziert wird. Solche Leistungsgruppen werden in den Vereinigten Staaten für den Leseunterricht bereits in der 1.Klasse Volksschule gebildet. Im deutschsprachigen Raum ist diese frühzeitige Differenzierung bisher nicht üblich, obwohl Ansätze dazu bestehen.

- Als zweite Möglichkeit kommt in Betracht, lese- und rechtschreibschwache Kinder zusätzlich oder parallel zum normalen Klassenunterricht in eigenen Fördergruppen zu unterrichten. Wird ein solcher Förderunterricht nicht bereits vom Schulsystem angeboten, so wählen oft die Eltern lese- und rechtschreibschwacher Kinder von sich aus diese Möglichkeit und lassen die Kinder an Förderkursen außerhalb der Schule teilnehmen.

- Die dritte Möglichkeit besteht darin, daß die Kinder mit schweren Lese- und Rechtschreibschwierigkeiten eine Zeitlang gänzlich aus dem normalen Klassenunterricht herausgenommen und in speziellen Förderklassen entweder im Rahmen der Grundschule oder in einer Sonderschule unterrichtet werden.

- Als weitere Form schulischer Förderung haben in den letzten Jahren 1-zu-1 Tutoring-Programme besondere Beachtung gefunden. In diesen Programmen wird Kindern, die beim Lesenlernen frühzeitig Schwierigkeiten erkennen lassen, zusätzlicher individueller Unterricht gegeben, bis sie ihre Schwierigkeiten soweit überwunden haben, daß sie dem regulären Klassenunterricht folgen können und in der Lage sind, das Lesematerial, das in den Klassen verwendet wird, selbständig zu lesen.

- Schließlich wäre als letztes Organisationsmodell noch die stärkere Einbeziehung der Eltern in die Förderung der lese- und schreibschwachen Kinder zu diskutieren.

Jede dieser Förderformen hat ihre Vor- und Nachteile und es ist wichtig, für das einzelne Kind jene Form zu finden, die dem Schweregrad und der Art der Lese- und Rechtschreibschwierigkeiten am besten gerecht wird.

Innere Differenzierung: Bildung von Leistungsgruppen im Erstlese-Unterricht

Die Bildung von Leistungsgruppen geht von der Annahme aus, daß die individuelle Lerngeschwindigkeit der Schüler einer Klasse sehr unterschiedlich und es notwendig sei, sich im Unterricht daran zu orientieren. Durch das unterschiedlich rasche Vorgehen soll gewährleistet werden, daß die Schüler die einzelnen Lernschritte einer Aufgabe sicher beherrschen, bevor neue Lernziele eingeführt werden. Je vollständiger eine Teilaufgabe beherrscht werde, desto leichter würden auch die nachgeordneten Aufgaben gelernt.

Im deutschsprachigen Raum hat sich die Bildung von Leistungsgruppen in der Grundschule kaum durchgesetzt, in den Vereinigten Staaten ist dies jedoch bereits im Erstleseunterricht üblich (Barr und Dreeben 1991). Die Erfahrungen mit dieser Form der Unterrichtsdifferenzierung sind von Interesse, weil sie Antwort auf die Frage versprechen, wieweit eine Anpassung des Unterrichts an das unterschiedliche Lerntempo bzw. die Lernvoraussetzungen der Kinder im Elementarunterricht möglich ist und welche Auswirkungen dies hat.

Zumeist werden in den USA bereits wenige Wochen nach Beginn der ersten Klasse drei Leistungsgruppen für den Leseunterricht gebildet. Die Gruppenzuordnung bleibt für etwa die Hälfte aller Kinder bis zum Ende der 1.Klasse bestehen. Werden Änderungen vorgenommen, so geschieht dies relativ rasch, und zwar bestehen diese Änderungen fast ausschließlich aus der Zuteilung in die nächst höhere bzw. nächst tiefere Leistungsgruppe (Weinstein 1976).

Gestaltung des Unterrichts in den Leistungsgruppen: Wie zu erwarten, ist die Geschwindigkeit des Vorgehens in den Leistungsgruppen sehr unterschiedlich. I.A. dürfte das Tempo des Vorgehens beim Unterricht mit der ganzen Klasse (ohne Leistungsgruppen) etwa dem Unterrichtsfortgang entsprechen, der für die schwächste Leistungsgruppe gewählt wird (Barr 1974). Es gibt jedoch deutliche Unterschiede zwischen Lehrern in dem von ihnen eingeschlagenen Unterrichtsrhythmus. Diese Unterschiede zeigen sich vor allem im Tempo, in dem die stärkste Leistungsgruppe vorgeht, und lassen sich selbst in Klassen beobachten, in denen sich die Lernvoraussetzungen und die Begabung der Kinder kaum unterscheiden.

Die Bildung von Leistungsgruppen im Lesen stellt eine Hilfe für die Strukturierung des Unterrichts dar. Lehrer gehen beim Unterricht von leistungsstarken und leistungsschwachen Gruppen unterschiedlich vor. Allgemein konnte beobachtet werden, daß Lehrer den Unterricht von leistungsstarken Schülern weniger strukturieren, daß sie abstrakteres Material verwenden und häufiger den Schülern selbständig auszuführende Übungen aufgeben, bei denen eine größere Vielfalt an Material eingesetzt wird (Borko et al. 1981). Sie ermuntern auch mehr Diskussionen, und die Kinder werden nicht erst allmählich zu den Aufgaben hingeführt. Ein größeres Interesse der Kinder wird vorausgesetzt.

Den Unterricht von leistungsschwachen Schülern strukturieren die Lehrer viel stärker. Sie versuchen zu Anfang das Interesse der Schüler zu wecken und geben klarer an, was in der folgenden Übung zu tun sein wird. Übungen mit lautem Lesen von Texten werden öfter durchgeführt, die Fragen über das Gelesene sind direkter und mit Aufforderungen an einzelne Schüler verbunden. Die nachfolgenden, einzeln durchzuführenden Übungen werden im Einzelnen erklärt, und die Kinder sollen die Anweisungen wiederholen. Diese Kinder erhalten auch öfter Hilfen, für sie wird eine Frage öfter wiederholt, und sie werden öfter gelobt. Die Kinder der schwächeren Leistungsgruppe werden vom Lehrer auch erst später beim Vorlesen vor der ganzen Klasse drangenommen (Weinstein 1976).

Die Lehrer verwenden ähnlich viel Zeit für den Unterricht der verschiedenen Leistungsgruppen, allerdings sind die Gruppen mit dem geringsten Leistungsniveau meist kleiner, so daß der Lehrer mit jedem Kind mehr Zeit verbringt (Weinstein 1976).

Auch bei einer Bildung von Leistungsgruppen wird ein Teil des Leseunterrichts mit der ganzen Klasse gehalten. Die Entscheidung der Lehrer darüber, welchen Unterrichtsstoff sie mit der ganzen Klasse und welchen sie in Kleingruppen durchnehmen, dürfte von mehreren Faktoren abhängen (Borko et al. 1981). Zum einen werden jene Übungen, die die Lehrer für besonders wichtig halten, eher in Kleingruppen abgehalten, um eine sicherere Aneignung der zu lernenden Fertigkeiten zu gewährleisten. Weiters hängt die Entscheidung über den Einsatz einer differenzierenden Gruppenarbeit auch davon ab, ob geeignete Unterrichtshilfsmittel (Übungsblätter, Arbeits- und Übungshefte, etc.) zur Verfügung stehen. Natürlich hängt die Entscheidung über den Einsatz von Kleingruppenarbeit auch davon ab, wie groß die Klasse ist (eher bei größeren Klassen) und von der Heterogenität des Leistungsniveaus innerhalb der Klasse.

Zuteilung zu den Leistungsgruppen: Wenn Lehrer danach befragt werden, welche Informationen sie bei der Zuweisung von Kindern zu Leistungsgruppen beachten, so geben sie meist zahlreiche Aspekte des Leseleistungsstandes, aber auch des sozialen und des Unterrichtsverhaltens der Kinder an (Stern und Shavelson Note 2 zit. nach Borko et al. 1981). Versuche, diese Entscheidungen an hypothetischen Fällen zu simulieren, zeigen jedoch, daß die Lehrer diese Entscheidung meist nur auf wenige Informationen stützen, wobei vor allem standardisierte Testergebnisse über die Leseleistung von Bedeutung sind. Verschiedene Lehrer verwenden unterschiedliche Strategien, zu einer Entscheidung zu kommen. Je mehr Erfahrung Lehrer haben, desto komplexer werden ihre Strategien und desto häufiger scheinen sie neben dem Leistungsstand der Kinder auch ihr Verhalten während des Unterrichts und den Mitschüler gegenüber in die Entscheidung miteinzubeziehen (Borko und Niles 1982).

Auswirkungen der Leistungsgruppenzugehörigkeit: Trotz einer gößeren Zahl an Untersuchungen über die Auswirkungen der Gruppenbildung auf die Leistungsentwicklung können auch heute noch keine eindeutigen Schlußfolgerungen gezogen werden (Barr und Dreeben 1991). Zum Teil liegt dies daran, daß die Art, wie Leistungsgruppen unterrichtet werden, in größerem Ausmaß vom einzelnen Lehrer abhängt. Jene Untersuchungen, die die Unterrichtsgestaltung in den Leistungsgruppen analysiert haben, lieferten zumeist nur ein Zustandsbild über den Klassenunterricht und konnten den Einfluß der Unterrichtsgestaltung auf die Leistungsentwicklung zu wenig berücksichtigen. Hinzu kommt, daß es nur wenig methodisch gut durchgeführte Vergleiche zwischen einem Unterricht mit starker innerer Differenzierung nach Leistungsgruppen und dem in unserem Raum dominanten Erstlese-Unterricht, in dem alle Schüler ähnliche Aufgaben erhalten, gibt. Insgesamt dürfte jedoch die Schlußfolgerung zulässig sein, daß die Verwendung von Leistungsgruppen im Leseunterricht keine besonderen Vorteile für die Leseentwicklung der schwächeren Schüler mit sich bringt (Slavin 1987). Die Kinder mit den schwächsten Lernvoraussetzungen dürften etwa einen ähnlichen Leistungsstand erreichen, unabhängig davon, ob sie in den schwächeren Leistungsgruppen eines differenzierten Unterrichts oder in einer Klasse ohne Leistungsgruppen unterrichtet werden. Allerdings gibt es gewisse Hinweise, daß sich die längerfristige Leseentwicklung bei Kindern, die bereits in der 1.Klasse in Leistungs-gruppen unterrichtet wurden, für die das Tempo der Stoffvermittlung sehr unter-schiedlich war, bereits frühzeitig besser voraussagen läßt, als dies bei anderen Unterrichtsformen der Fall ist (Barr 1974). Zudem dürfte sich die Differenzierung in Leistungsgruppen auf die affektive Entwicklung, das Selbstwertgefühl und die Leistungsmotivation der schwächeren Schüler eher ungünstig auswirken (Barr und Dreeben 1991).

Zusammenfassend können wir festhalten, daß die innere Differenzierung mithilfe von Leistungsgruppen für die schwächeren Schüler keinen wesentlichen Vorteil bringt. Zwar wird das Vorgehen im Unterricht stärker an das Lerntempo der Schüler angepaßt, dies scheint jedoch - längerfristig betrachtet -, eher zu einer Stabilisierung der Leistungsunterschiede in der Klasse zu führen, als zu einem allmählichen Aufholen der schwächeren Schüler nach einem langsameren Start.

Förderunterricht als spezielles Unterrichtsangebot: Das Beispiel der USA

Der Umfang des Förderunterrichtes für Kinder mit spezifischen Schulleistungsschwächen hat in manchen Ländern, vor allem in den Vereinigten Staaten, in den letzten Jahren deutlich zugenommen. Damit in Zusammenhang steht auch eine starke Zunahme in der Häufigkeit, mit der spezielle Lernschwierigkeiten diagnostiziert werden (Leinhardt et al. 1981, Johnston und Allington 1991). Waren es 1968 noch 120.000 Kinder, bei denen die Schulen offiziell spezifische Lernschwierigkeiten anerkannten, so war diese Zahl 1989 bereits auf 2 Millionen angestiegen. Da das Konzept der Teilleistungsstörungen - von den USA ausgehend - auch im deutschen Sprachraum in den letzten Jahren starke Beachtung gefunden hat, wollen wir uns mit den Erfahrungen bei der Realisierung eines speziellen Förderunterrichts für diese Schüler etwas ausführlicher auseinandersetzen.

In einer umfangreichen Erhebung über die Praxis des Förderunterrichtes in den USA wurde festgestellt, daß Kinder, die einmal in einen Förderunterricht aufgenommen worden waren, meist längere Zeit, häufig bis zu Ende ihrer Schulzeit, in diesen Fördergruppen blieben (Johnston und Allington 1991). Dadurch nimmt natürlich die Zahl der Kinder, die Förderunterricht erhalten, mit den Klassenstufen zu. Obwohl der Förderunterricht eine Ergänzung des normalen Leseunterrichts sein sollte, scheint dies tatsächlich nur selten der Fall zu sein. Der Förderunterricht ersetzt vielmehr in den meisten Fällen den normalen Leseunterricht bei diesen Kindern und bei zwei Drittel von ihnen, vor allem in den höheren Klassen, ist der Förderunterricht überhaupt der einzige Ort, an dem sie formalen Unterricht im Lesen erhalten.

Der Unterricht in den Förderklassen läßt allerdings wenige eigenständige Merkmale erkennen, sondern entspricht in seinem Aufbau weitgehend dem regulären Unterricht. Unterschiede bestehen höchstens darin, daß die Kinder in den Förderstufen häufiger mit Materialien arbeiten, die von den Lehrern selbst vorbereitet wurden, also vor allem mit vervielfältigten Übungsblättern und weniger mit den üblichen Lesebüchern, sowie darin, daß der Unterricht häufiger durch Spiele aufgelockert und unterbrochen wird. In den unteren Klassenstufen sind die Förderklassen kleiner, der Unterricht kann hier noch stärker individualisiert werden. In den höheren Klassenstufen jedoch werden die Förderklassen größer und die Intensität der Betreuung sowie die Individualisierung des Unterrichts nehmen ab. Mit ein Grund dafür, daß auf die individuellen Schwierigkeiten der Kinder wenig Rücksicht genommen wird, liegt darin, daß die Ausbildung der Lehrer der Förderklassen nur gering ist und die Lehrer nur wenig mehr in die Didaktik des Leseunterrichts eingewiesen wurden als andere Grundschullehrer (Allington 1980b).

Eine umfangreiche Untersuchung des Educational Testing Service gibt eine ungefähre Vorstellung davon, womit Lehrer während des Leseförderunterrichtes tatsächlich beschäftigt sind (Quirk et al. 1975). Danach sprechen die Lehrer 45% der Unterrichtszeit selbst, 27% der Unterrichtszeit wird für Vorbereitung und Organisation des Unterrichts verwendet, 26% für den Unterricht bzw. das Üben des Erkennens und der Aussprache von Wörtern (lautes Lesen), 12% für das Üben von Leseverständnis, 9% für den Unterricht des Rechtschreibens und 3% für den Unterricht im Sprachaufbau.

Die direkte Beobachtung des Unterrichts in Förderklassen zeigt darüber hinaus einen Trend, der offensichtlich bei Befragungen und Erhebungen in größerem Stil nur ansatzweise zu erkennen ist. Während diese Erhebungen ergaben, daß leseschwache Kinder häufiger Übungen mit Arbeitsblättern machen, als dies sonst im Unterricht üblich ist, so wird aus der direkten Beobachtung des Unterrichts ersichtlich, daß die leseschwachen Kinder häufig Übungen mit einzelnen Wörtern, Buchstaben und Buchstabengruppen durchführen und weniger zum eigentlichen Lesen kommen (Gambrell et al. 1981). Ein großer Teil des Unterrichts wird also darauf verwandt, den Kindern einzelne isolierte Fähigkeiten beizubringen, die für das Lesen bedeutsam sind. Sie erhalten jedoch relativ wenig Gelegenheit, diese Fähigkeiten beim verständnisvollen Lesen von Texten anzuwenden und die einzelnen Fähigkeiten und Kenntnisse zu integrieren.

Wenn den Kindern Texte zum Lesen gegeben werden, so sind diese häufig zu schwer. Fast die Hälfte der Kinder bekommt Texte zum Lesen, bei denen sie bei mehr als jedem 10.Wort einen Fehler machen. Dies ist eine Fehlerrate, die deutlich über dem liegt, was gewöhnlich als Frustrationsniveau beim Lesen angesehen wird (Fehler bei mehr als jedem 20.Wort oder eine Fehlerrate über 5%).

In einigen neueren Untersuchungen konnte gezeigt werden, daß die Art des Unterrichts in Förderklassen einen deutlichen Einfluß auf den Fortschritt der Kinder hat. Leinhardt et al. (1981) beobachteten den Unterricht in 11 Klassen für Kinder mit spezifischen Lernschwierigkeiten über ein halbes Jahr hinweg und erhoben dabei für jedes Kind neben dem Leistungsstand im Lesen zu Beginn und am Ende dieser Zeit die Aktivitäten, mit denen das Kind während des Unterrichts beschäftigt war, die Strukturierung des Unterrichts vom Material her und das Verhalten des Lehrers. Der Fortschritt der Kinder war sehr unterschiedlich, fast 3/4 dieser Varianz konnte jedoch durch Merkmale des Unterrichts, das Verhalten der Kinder im Unterricht und die Lesefähigkeit der Kinder zu Beginn des Leseunterrichts erklärt werden. Diese erstaunlich gute Vorhersage der Wirksamkeit des Unterrichtes scheint dadurch möglich zu sein, daß die Autoren die Zeit berücksichtigten, die Kinder während des Unterrichts mit verschiedenen für das Lesen relevanten Aktivitäten beschäftigt waren, und auch darauf achteten, was der Inhalt dieser Aktivitäten war und in welcher Beziehung dieser Inhalt zu dem stand, was in dem Test am Ende des halben Jahres an Kenntnissen und Fähigkeiten geprüft wurde.

Leinhardt et al. (1981) konnten zeigen, daß nur die Zeit, die Kinder zu leisem Lesen angehalten wurden, in einem deutlichen Zusammenhang zum Lesefortschritt stand, während weder die Menge des lauten Lesens noch jene der indirekten Leseaktivitäten (Aktivitäten, die nur in einem mittelbaren Zusammenhang mit dem Lesen stehen, wie Diskussionen über Geschichten, Zuhören, aber auch Übungen wie das Angeben von Wörtern, die bestimmte Laute gemeinsam haben) bedeutsam war. In einem zweiten Schritt konnte gezeigt werden, daß die Zeit, die sich Kinder während des Unterrichts mit Lesen beschäftigten, ihrerseits wieder von den anfänglichen Lesefertigkeiten der Kinder abhing, aber auch vom Verhalten des Lehrers. Am Verhalten des Lehrers schien in erster Linie bedeutsam zu sein, wieviel Zeit sich die Lehrer direkt um den Unterricht der einzelnen Kinder kümmern, ihnen etwas erklären und zeigen, ihnen Hilfestellung und Rückmeldung geben können.

Aus den Beobachtungsstudien über die Gestaltung des Förderunterrichts, wie jener von Leinhardt et al. (1981), wurde die Folgerung abgeleitet, daß dieser Unterricht nur hilfreich für die Weiterentwicklung des Lesens ist, wenn er ausreichende Unterstützung für das Lesen bietet:

1. Es sollte den Kindern genügend Zeit gegeben werden, während des Unterrichts leise zu lesen. Gerade bei leseschwachen Kindern scheint dies bedeutsam zu sein, da sie sich außerhalb des Unterrichts nur wenig mit dem Lesen beschäftigen. Leinhardt et al.

(1981) schätzten, daß zusätzliche 5 Minuten leisen Lesens pro Tag in einem halben Jahr zu einem Fortschritt der Leseentwicklung von 1 Monat führen.

2. Der Lehrer sollte mehr Zeit darauf verwenden, den Kindern direkte Hilfen beim Lesen zu geben, ihnen während des Unterrichts einzelne Elemente des Lesevorgangs zu erklären und zu demonstrieren. Die Zeit, die Lehrer gewöhnlich für solche Aktivitäten verwenden, ist sehr gering - pro Stunde im Durchschnitt nur 1 Minute.

3. Der Lehrer ist auch während des Förderunterrichts in kleinen Klassen sehr in Gefahr, sich jenen Schülern zu wenig zu widmen, die im Lesen gegenüber dem Rest der Klasse zurückbleiben.

Von manchen Pädagogen wird allerdings der Wert speziellen Förderunterrichts in den letzten Jahren radikal in Frage gestellt (Johnston und Allington 1991). Es wird darauf hingewiesen, daß die umfangreichen Mittel, die in den Ausbau zusätzlicher Fördermaßnahmen investiert werden, besser genutzt würden, wenn man sie zur Verbesserung des regulären Unterrichts einsetzen würde. Um diesen Einwand allerdings beurteilen zu können, müßte der Unterricht in Förderklassen direkt mit dem regulären Unterricht verglichen werden.

Einen Ansatz in diese Richtung stellt die Untersuchung von Richey et al. (1981) dar. Leseschwache Grundschulkinder waren nach den Beobachtungen, die mehrmals während des Schuljahres vorgenommen wurden, in den regulären Klassen passiver und nahmen weniger am Unterricht teil als in den Fördergruppen. Im Verlauf des Schuljahres verstärkte sich die Tendenz sogar noch. Während die Passivität der leseschwachen Kinder im normalen Klassenverband zunahm, wich die Passivität in der Fördergruppe immer mehr einer aktiven Teilnahme am Unterricht. Der Lesefortschritt während des Schuljahres zeigte zudem einen klaren positiven Zusammenhang mit dem Ausmaß aktiver Teilnahme am Unterricht in der Förderklasse, nicht jedoch in der regulären Klasse. Es schien, als ob der Leseunterricht in der regulären Klasse trotz häufiger Interaktion mit den Lehrern für die leseschwachen Kinder verwirrend war und selbst das Bemühen des Lehrers, die Kinder während des Unterrichts einzubeziehen und ihnen positive Rückmeldung zu geben, nicht zur Aneignung des Unterrichtsstoffes führen konnte.

Traditioneller Legastheniker-Förderunterricht im deutschsprachigen Raum

Der traditionelle Legastheniker-Förderunterricht, wie er z.B. in Österreich seit den 60-er Jahren praktiziert wird, strebt mehrere Ziele an. Einerseits soll versucht werden, für die Kinder eine entlastende Situation zu schaffen und motivationale Barrieren gegenüber dem Lesen und Rechtschreiben abzubauen. Andererseits möchte der Förderunterricht durch ein Training in basalen Fertigkeiten bessere Vorraussetzungen für Fortschritte im Lesen und Rechtschreiben schaffen und sichern (= basales Funktionstraining). Schließlich sollen im Förderunterricht z.B. bestimmte Wortmerkmale, die beim Rechtschreiben besondere Schwierigkeiten bereiten, geübt werden, und die Kinder sollen einfache Texte lesen. Die Divergenz der Ziele wird besonders deutlich, wenn das Training in basalen Fertigkeiten wenig mit dem eigentlichen Lese- bzw. Rechtschreibunterricht integriert wird. Dies belastet den zeitlich doch meist sehr begrenzten Förderunterricht.

Hinzu kommt, daß der Förderunterricht zwar den Kindern helfen soll, im Unterricht besser mitzukommen, die Förderprogramme jedoch ohne Bezug zum parallel stattfindenden Klassenunterricht konzipiert sind. Dies führt dazu, daß Förderlehrer sehr unterschiedlich vorgehen. Einige betonen mehr die Vorbereitung auf den Klassenunterricht und versuchen, durch zusätzliche Übungen des gerade im Unterricht Verlangten ein weiteres Zurückbleiben der Kinder zu verhindern. Andere Förderlehrer wiederum orientieren sich ausschließlich an den zur Verfügung stehenden Förderprogrammen.

Auch die anderen Aufgabenstellungen des Förderunterrichts werden von den Förderlehrern unterschiedlich aufgegriffen. Für manche ist es sehr wichtig, durch eine spielerische Atmosphäre Frustrationen aufzufangen, eine motivationale Grundlage für einen neuen Start im Lesen und Rechtschreiben zu schaffen, bzw. durch den allmählichen Übergang von Spielen zu Übungen die Arbeitshaltung der Kinder aufzubauen. Dabei besteht jedoch die Gefahr, daß bei der begrenzten Zeit der Unterricht im Lesen und Rechtschreiben merklich zu kurz kommt.

Derzeit stehen für den Legastheniker-Förderunterricht in Österreich (regional unterschiedlich) ein bis zwei Unterrichtsstunden pro Woche zur Verfügung. Dieser Förderunterricht wird in der 2. und 3.Klassenstufe angeboten und von etwa einem Viertel der Kinder besucht. Weitgehend unabhängig vom sozialen Einzugsgebiet und vom jeweiligen Leistungsstand der Klasse wird das Förderangebot von allen Lehrern relativ gleichmäßig in Anspruch genommen. Dies führt dazu, daß viele Kinder in den Förderkursen keine besonderen Schwierigkeiten beim Lesen oder Rechtschreiben haben, andererseits nur die Hälfte der schwächeren Schüler daran teilnimmt. Eine Evaluationsstudie in Wien (Klicpera, Gasteiger-Klicpera und Hütter 1993) machte deutlich, daß die Kinder in den Förderkursen nicht sehr viel mehr Gelegenheit zum Üben des Lesens und Schreibens haben als die übrigen Kinder. Noch schwerer wiegt, daß die Übungen - selbst auf einer recht allgemeinen Ebene betrachtet - wenig auf die speziellen Schwierigkeiten der Kinder abgestimmt sind. So wird z.B. mit leseschwachen Kindern das Lesen nicht häufiger geübt als mit Kindern, die nur beim Rechtschreiben Schwierigkeiten zeigen. Dies dürfte daran liegen, daß die Lehrer der Förderkurse, die nur eine relativ geringe Zusatzausbildung haben, die Kinder jeweils nur im Förderkurs sehen und daher wenig Zeit haben, sich intensiv mit den besonderen Schwierigkeiten der einzelnen Kinder auseinanderzusetzen.

Ist der Unterricht lese- und schreibschwacher Schüler in Sonderklassen günstig?

Bei den meisten lese- und rechtschreibschwachen Kindern müßte es möglich sein, durch Anpassung des Klassenunterrichts und eine zusätzliche individuelle Förderung den für das Kind optimalen Fortschritt im Rahmen der normalen Grundschule zu erzielen. Bei schwach begabten Kindern mit drohendem Schulversagen stellt sich jedoch bei der gegenwärtigen Organisation des Schulsystems oft die Frage, ob die weitere schulische Betreuung dieser Kinder innerhalb der Regelschule oder in einer Sonderschule erfolgen soll. Obwohl diese Frage sicher in erster Linie individuell und unter Bezug auf die jeweiligen örtlichen Verhältnisse zu beantworten ist, wäre es günstig, die Auswirkungen der schulischen Betreuungsform auf die Leistungsentwicklung dieser Gruppe von Kindern näher zu kennen. Nur wenige Untersuchungen geben jedoch die erforderlichen Informationen und helfen bei der Entscheidung dieser Frage.

Im Rahmen der National Child Development Study haben Ghodsian und Calnan (1977) Gruppen von Kindern verglichen, die sich mit sieben Jahren in ihren schulischen Leistungen, insbesondere im Lesen, nicht voneinander unterschieden, die aber in der Folge entweder in der Regelschule verblieben oder am Unterricht an einer Sonderschule teilnahmen. Wenn die Leistungen dieser Gruppen am Ende der Grundschulzeit, in England mit 11 Jahren, verglichen wurden, so zeigte sich, daß zwei Gruppen von Kindern signifikant geringere Fortschritte gemacht hatten als die übrigen. Dies waren einmal Kinder, die bereits frühzeitig in die Sonderschule überwechselten, zum anderen aber auch jene Kinder, die in der Regelschule verblieben, aber dort keine zusätzliche Förderung erhielten.

Langfeldt (1978) verfolgte die weitere Schullaufbahn von Kindern, die am Ende der 4.Klasse Grundschule von Schulpsychologen untersucht worden waren und bei denen nach den Richtlinien der Schulbehörden eine Lernbehinderung (Intelligenzquotient 70 bis 80 bei zusätzlichem Schulversagen) vorgelegen hatte, die aber aus verschiedenen Gründen nicht in die Sonderschule, sondern in die Hauptschule aufgenommen worden waren. 2/3 dieser Kinder erreichten ohne Klassenwiederholung den Hauptschulabschluß, wobei sich die schulischen Leistungen in den höheren Klassenstufen, nach den Noten etwa in Deutsch zu schließen, leicht, aber immerhin signifikant verbessert hatten. Die erfolgreichen Schüler wiesen nur einen geringfügig höheren Intelligenzquotienten auf als die nicht erfolgreichen. Die nicht erfolgreichen Schüler stammten aber auch aus etwas ungünstigeren sozialen Verhältnissen. Es scheint also, als ob bei einem guten Teil der minderbegabten Kinder trotz starker Leistungsschwierigkeiten ein Sonderschulbesuch vermieden werden könnte. Von Befürwortern der Sonderschulerziehung wird zwar angenommen, es sei für leistungsschwache Kinder nicht optimal, im regulären Unterricht ständig der Konkurrenz durch andere, leistungsstärkere Kinder ausgesetzt zu sein. Ist dieser negative Einfluß jedoch wirklich maßgebend, so sind die von Langfeldt berichteten Ergebnisse zumindest unerwartet.

Frühzeitige Einzelförderung von Kindern, die beim Erlernen des Lesens und Schreibens Schwierigkeiten zeigen

Da Lese- und Schreibschwierigkeiten äußerst persistent sind, wenn die Kinder einmal einen deutlichen Rückstand zu den übrigen Kindern aufweisen, stellt sich die Frage, ob nicht durch eine frühzeitige intensive Förderung der bisherige Rückstand aufgeholt und den Kindern ein besserer Start der Schullaufbahn ermöglicht werden kann. Als eine derartige Möglichkeit bietet sich die Einzelförderung an. Die Kinder, die nach dem Anfangsunterricht im Lesen und Schreiben noch deutliche Schwierigkeiten zeigen, sollen für eine begrenzte Zeit (etwa für ein halbes bis ein Jahr) zusätzlich zum regulären Lese- und Schreibunterricht täglich durch speziell für diese Aufgabe ausgebildete Lehrkräfte einzeln betreut werden, bis sie soweit Sicherheit im Lesen und Schreiben erreicht haben, daß sie selbständig die Lese- und Schreibaufgaben ihrer Klasse ausführen und damit dem regulären Unterricht wieder folgen können.

Nachdem andere Fördermaßnahmen von begrenztem Erfolg sind, erscheint die Einzelförderung aus verschiedenen Gründen als wirksame Alternative. Einmal kann sich dadurch die Lehrkraft intensiv mit den besonderen Schwierigkeiten des einzelnen Kindes auseinandersetzen und ihm sowohl Aufgaben stellen als auch Hilfen geben, die auf seinen Entwicklungsstand speziell zugeschnitten sind. Zum anderen steht der Lehrer dem Kind konsistent zur Bekräftigung des nun schon durch viele Versagenserlebnisse geprägten Leseverhaltens zur Verfügung. Schließlich dient der Lehrer als externalisierte Stütze beim Lesen und Schreiben und kann den Kindern damit ein korrektes Lesen und Schreiben ermöglichen, bis die erforderlichen Verarbeitungsschritte zur Routine geworden sind und von den Kindern selbst ausgeführt werden können.

Dieser Ansatz setzt voraus, daß die Schulen das Erlernen des Lesens und Schreibens als eine vordringliche Aufgabe des Unterrichts sehen und bereit sind, dafür die Teilnahme an anderen Unterrichtsteilen (etwa am Sachunterricht) zurückzustellen. Als relativ intensive Fördermaßnahme sind mit diesem Ansatz auch beträchtliche Kosten verbunden, die aber längerfristig eine gute Investition darstellen könnten, da durch die frühzeitige

Intervention später notwendig werdende Maßnahmen, wie z.B. Klassenwiederholungen oder eine sonderpädagogische Betreuung, überflüssig werden können.

In den letzten Jahren wird die frühzeitige Einzelförderung im angloamerikanischen Raum zunehmend eingesetzt. Erste derartige Programme wurden Mitte der 70-er Jahre in Neuseeland eingeführt ("Reading Recovery"), mittlerweile gibt es sie auch in einer größeren Anzahl von Schulbezirken in den USA (Wasik und Slavin 1993). Die Mehrzahl dieser Programme sieht es als vordringliches Ziel an, die Kinder direkt beim Lesen und Schreiben zu unterstützen, ihnen ausreichend Gelegenheit zum Üben des Lesens und Schreibens zu geben und sie dabei zu besseren Lesestrategien anzuleiten. Einige Programme verstehen sich auch explizit als eine Ergänzung zum Unterricht, sind also nicht in sich geschlossen, sondern wollen jene Fertigkeiten und Kenntnisse vertiefen, die im Klassenunterricht vermittelt werden.

Evaluationsstudien zeigen, daß geförderte Kinder während der Förderung deutlich größere Fortschritte machen als nicht-geförderte und daß sie diese größtenteils auch längerfristig halten können (Wasik und Slavin 1993). Probleme gibt es allerdings, wenn diese Programme aus einer experimentellen Anfangsphase in den Schulalltag übertreten. Hier zeigt sich, daß für den Erfolg entscheidend ist, wieweit die Programme von den Klassenlehrern und dem gesamten Schulsystem unterstützt werden (Center et al. 1992).

Einbeziehung der Eltern in die Förderung lese- und schreibschwacher Schüler

In Kapitel 7 wurde betont, daß eine Zusammenarbeit zwischen Schule und Elternhaus in der Leseförderung von besonderer Bedeutung ist. Die dort erwähnte Untersuchung von Tizard et al. (1982) konnte zeigen, daß eine Intensivierung der Leseförderung durch die Eltern nach zwei Jahren zu einem deutlichen Fortschritt in den Leseleistungen schwächerer Leser führte, während der traditionelle Leseförderunterricht in den Schulen kaum Erfolg hatte. Die Leseleistungen dieser Kinder waren nach zwei Jahren nicht besser als jene von Kindern, bei denen gar keine Fördermaßnahmen vorgenommen worden waren.

Trotz dieser positiven Erfahrungen stehen Pädagogen der Einbeziehung der Eltern in die Förderung lese- und rechtschreibschwacher Kinder unterschiedlich gegenüber. Von manchen wird die Ansicht vertreten, daß es nicht günstig sei, die Eltern in die Förderung einzubeziehen, da sie emotional zu sehr beteiligt wären und dadurch das familiäre Klima stark belastet würde. Teilweise wird auch die Auffassung vertreten, daß die Förderung lese- und rechtschreibschwacher Schüler die Aufgabe der Schule sei und daher von dieser, möglichst im Rahmen der normalen Unterrichtszeit, wahrzunehmen wäre.

Als weiteres Argument gegen die Einbeziehung der Eltern wird auch angeführt, daß eine Förderung lese- und rechtschreibschwacher Schüler nur sinnvoll sei, wenn sie von erfahrenen Lehrern durchgeführt würde. Dagegen haben jedoch mehrere Untersuchungen nachgewiesen, daß Eltern ebenso wie andere Laien, z.B. Studenten (Schwartz 1977 zitiert nach Gittelman 1983), nach einer relativ kurzen Einführung durchaus in der Lage sind, einen Förderunterricht für lese- und rechtschreibschwache Schüler einzeln, aber auch in kleineren Gruppen durchzuführen und daß sie dabei ähnliche Erfolge erzielen wie voll ausgebildete Lehrer.

Ergebnisse aus dem deutschsprachigen Raum: Auch aus dem deutschen Sprachraum liegen mehrere Untersuchungen vor, die von positiven Erfahrungen mit der Einbeziehung der Eltern in die Förderung lese- und rechtschreibschwacher Kinder berichten. In der

Untersuchung von Machemer (1972) konnten Eltern durch tägliche Diktate häufig vorkommender Wörter und systematische Wiederholung der Wörter bei rechtschreibschwachen Kindern, die allerdings keinen extremen Leistungsrückstand aufwiesen, in 4 1/2 Monaten eine Angleichung an die altersgemäße Rechtschreibleistung in einem standardisierten Rechtschreibtest erzielen. Gabelin und Pannen (1976) berichteten von einer kurzen Interventionsstudie, in der Förderkurse für kleine Gruppen von rechtschreibschwachen Kindern nach kurzer Einführung von Eltern durchgeführt wurden. Die Förderstunden fanden 2x pro Woche über 1/2 Jahr statt. Durch systematische Übung verschiedener Wortgruppen, laufende Fehlerkontrolle und -berichtigung konnte in den Fördergruppen bei Schülern der ersten Klasse Gymnasium eine deutliche Reduktion der Rechtschreibfehler erreicht werden. Reuter und Köhler (1979) wiesen die Eltern rechtschreibschwacher Kinder an, mit ihren Kindern täglich über ein halbes Jahr hinweg Texte zu lesen und die Kinder diese nachher schreiben zu lassen. Die Texte wurden den Eltern vorgegeben, wobei solche ausgewählt wurden, die für die Kinder interessant waren, in ihrer Schwierigkeit jedoch systematisch aufeinander aufbauten. Auch hier wurde eine deutliche Reduktion der Fehler in einem standardisierten Rechtschreibtest beobachtet, gleichzeitig verbesserten sich die Deutschnoten der Kinder.

Bei der Einbeziehung der Eltern in die Förderung bestehen allerdings einige Probleme. Aus den Ausführungen zur sozialen Situation der Familien von lese- und rechtschreibschwachen Kindern dürfte klar geworden sein, daß viele dieser Kinder aus Familien kommen, die nur begrenzt in der Lage sind, den schulischen Fortschritt zu unterstützen. Wenn daher Programme initiiert werden, die Eltern in die Förderung schwacher Schüler einzubeziehen, so muß gleichzeitig darauf geachtet werden, wie die Eltern bei dieser Aufgabe unterstützt werden können. Ein weiteres Problem, auf das bereits hingewiesen wurde, liegt darin, daß Eltern bei der Förderung nicht unbedingt ein Verhalten zeigen, daß mit dem Unterrichtsverhalten des Lehrers kompatibel ist. So können sie etwa die Kinder beim Lesen zu rasch korrigieren oder Hilfestellungen geben, die sie im regulären Unterricht nicht erhalten würden. Eine Einbeziehung der Eltern ohne spezielle Anleitung und Supervision mag daher zu Enttäuschungen und Frustrationen führen.

Zusammenfassend ist festzustellen, daß der Schule verschiedene Alternativen zur Förderung lese- und schreibschwacher Schüler zur Verfügung stehen. Die bisher am häufigsten gewählte, nämlich die Einrichtung von Fördergruppen neben dem regulären Unterricht, hat zwar einige Vor-, aber auch beträchtliche Nachteile. Sie stellt im Idealfall sicher eine Möglichkeit dar, schwächeren Schülern die erforderlichen Übungsmöglichkeiten zu bieten, damit sie ihren Rückstand aufholen. Allerdings zeigt sich hier ein Dilemma: Wird nur wenig Zeit für die Förderung zur Verfügung gestellt, so besteht die Gefahr, daß diese wenige Zeit keine echte Chance zum Aufholen des Rückstands bietet und damit längerfristig betrachtet wenig effizient eingesetzt wird (siehe Kap. 8.7 dieses Abschnitts). Mehr Zeit für Fördergruppen birgt auf der anderen Seite die Gefahr, daß der Förderunterricht den Klassenunterricht ersetzt. Dies kann dazu führen, daß die Fördergruppen, ähnlich wie dies bereits in den USA teilweise der Fall ist, zu einer Art Sonderklasse in der Regelschule werden, mit einer geringen Quote an Rückführungen in den regulären Unterricht. Aus diesem Grund wären die anderen Alternativen, nämlich die stärkere Binnendifferenzierung des Unterrichts, eine zeitlich begrenzte Intensivförderung und die verstärkte Zusammenarbeit mit den Eltern, vermehrt in Erwägung zu ziehen. Es müßten vor allem mehr Erfahrungen über die Möglichkeiten gesammelt werden, die diese

Organisationsformen bieten: etwa welche Kinder damit erreicht werden können, welche Rahmenbedingungen für eine nachhaltige Wirkung erforderlich wären, etc.

8.2. Schwerpunkte bei der Förderung des Lesens und Schreibens

Die Darstellung der Förderschwerpunkte soll die bereits für den regulären Unterricht berichteten Erfahrungen ergänzen. Auf einige Bereiche wurde bereits recht ausführlich eingegangen, dies gilt vor allem für den Unterricht in der Phonemanalyse und -synthese, der einen wichtigen Schwerpunkt in der Förderung darstellt, und für die Übung des Rechtschreibens. Aus diesem Grund sollen hier vor allem die Erfahrungen mit Fördermaßnahmen in den folgenden vier Bereichen näher dargestellt werden:

- systematischer Unterricht von Graphem-Phonem-Korrespondenzen
- Übungen in der Wortanalyse
- Übungen zur Erhöhung der Worterkennungsgeschwindigkeit
- Erhöhung der Lesegeläufigkeit durch wiederholtes Lesen von Texten

Anschließend sollen zwei Themen besprochen werden, die für die Förderung besondere Relevanz haben: nämlich die Notwendigkeit der Beachtung von Lerngesetzen im Förderunterricht und die Differenzierung des Unterrichts.

Die Bedeutung des systematischen Unterrichts von Graphem-Phonem-Korrespondenzen für lese- und rechtschreibschwache Schüler

Die meisten Pädagogen, die mit lese- und rechtschreibschwachen Kindern arbeiten, betonen, daß bei diesen Kindern ein systematischer Unterricht der Graphem-Phonem-Korrespondenzen von besonderer Bedeutung ist (Naidoo 1981, Dummer-Smoch und Hackethal 1993 a,b). Die am weitesten verbreiteten Übungsprogramme für lese- und rechtschreibschwache Kinder sind sowohl im anglo-amerikanischen wie im deutschen Sprachraum einem synthetischen Vorgehen verpflichtet. Dies gilt etwa für das in England und Amerika verbreitete Programm von Gillingham und Stillham oder den Kieler Leseaufbau (Dummer-Smoch und Hackethal 1993 a). Hier wird zu Beginn mit den Kindern intensiv das Erlernen von Buchstaben-Laut-Verbindungen geübt. Diese Verbindungen sollen ganz sicher beherrscht werden, erst dann wird das Zusammenlauten und die Wortanalyse an regelmäßigen Wörtern geübt. Später, wenn mehrsilbige Wörter eingeführt werden, wird den Kindern auch die Silbenunterteilung beigebracht. Neue Wörter werden auch für das Schreiben, dessen Unterricht eng mit dem Leseunterricht gekoppelt ist, immer in der gleichen Weise eingeführt, wobei das vorgesprochene Wort wiederholt, die Buchstaben genannt und dann erst das Wort geschrieben wird, indem nochmals gleichzeitig die Buchstaben benannt werden. Zuletzt wird das Wort nochmals laut wiederholt.

Einige Untersuchungen, in denen über längere Zeit lese- und rechtschreibschwachen Kindern systematisch die Graphem-Phonem-Korrespondenz beigebracht und die Übungen durch ein Training im Zusammenschleifen ergänzt wurden, zeigen, daß durch diesen Unterricht beträchtliche Leistungssteigerungen erzielbar sind. Er muß für die einzelnen Teilbereiche nicht sehr viel Zeit vorsehen, aber systematisch verschiedene Übungen im Wortaufbau und in der Wortanalyse enthalten. Es muß den Kindern auch genügend Gelegenheit gegeben werden, die gelernten Kenntnisse über die Buchstaben-

Lautverbindung beim Lesen neuer Wörter sowie von Sätzen und Texten anzuwenden (Lovitt und Hurlburt 1974).

Wegen der offensichtlichen Schwierigkeit mancher lese- und rechtschreibschwacher Kinder, die Buchstaben-Lautassoziationen zu behalten, wird in vielen Förderprogrammen versucht, diese Assoziationen über mnemotechnische Hilfen (Bilder, Gesten bzw. Lautgebärden etc.) zu verdeutlichen. Einige Förderprogramme versuchen auch, sie durch Einbeziehung anderer sensorischer Modalitäten zu verstärken. Dieser multisensorielle Unterricht stützt sich vor allem auf das Nachfahren der Buchstaben (etwa auf aufgerautem Papier) und das gleichzeitige Schreiben und Lautieren von Wörtern. Zum Teil werden den Kindern auch Symbole als Hilfen angeboten, die Merkmale der von den Buchstaben repräsentierten Laute verdeutlichen sollen, etwa die Artikulationsstelle oder die Stimmhaftigkeit von Konsonanten.

Trotz dem Nachdruck, der auf den systematischen Unterricht von Graphem-Phonem-Korrespondenzen bei lese- und rechtschreibschwachen Kindern gelegt wird, fällt es vielen dieser Kinder schwer, Sicherheit in der Beherrschung der Graphem-Phonem-Korrespondenzen zu erreichen und diese Kenntnisse beim Lesen umzusetzen. Selbst jene Untersuchungen, die Fortschritte von leseschwachen Kindern durch die Fördermaßnahmen belegen konnten, wiesen auf Probleme bei der Generalisation hin (Gittelman und Feingold 1983, Lovett et al. 1990).

In der aufschlußreichsten Untersuchung über die Bedeutung dieses Unterrichts (Lovett et al. 1990) wurde ein Wortlesetraining verglichen, das für (in den Graphem-Phonem-Korrespondenzen) regelmäßige Wörter neben einer systematischen Anleitung zum Erlesen (ähnlich dem bereits beschriebenen Vorgehen) des Wortes auch ständige Wiederholungen der häufigsten Graphem-Phonem-Zuordnungen sowie das Üben von Wörtern mit ähnlichen Buchstabenfolgen vorsah. Das alternative Förderprogramm führte die zu lernenden Wörter in Dreiergruppen ein, übte das Lesen dieser Wörter, ohne auf Regelmäßigkeiten in der Graphem-Phonem-Zuordnung speziell hinzuweisen. Nach 35 Förderstunden, die sich etwa über drei Monate erstreckten, wurde die Fähigkeit der Kinder getestet, die geübten Wörter sowie andere Wörter, die den gleichen Aufbau hatten, aber nicht geübt worden waren, zu lesen. Es zeigte sich, daß beide Trainingsformen etwa in gleichem Ausmaß zu einer Verbesserung der Leseleistung beitrugen. Eine signifikante Verbesserung konnte allerdings nur bei geübten, nicht bei nichtgeübten Wörtern festgestellt werden. Interessant war zudem, daß regelmäßige wie unregelmäßige Wörter in gleichem Ausmaß von beiden Trainingsformen profitierten. Nach diesen Ergebnissen zu schließen hat der systematische und recht intensive Unterricht der Graphem-Phonem-Korrespondenzen zwar dazu geführt, daß die Kinder beim Lesen der geübten Wörter Fortschritte machten, sie eigneten sich die Fertigkeit des phonologischen Rekodierens jedoch nicht soweit an, daß sie sie selbständig auf neue Wörter übertragen konnten. Aus diesem Grund waren die Erfolge der auf die Vermittlung des phonologischen Rekodierens zielenden Trainingsform nicht größer als jene einer Trainingsform, die den Sichtwortschatz der Kinder erweiterte.

Diese Schwierigkeiten der Generalisation von Trainingserfolgen bei leseschwachen Kindern wurden bereits in den 60-er Jahren von Verhaltenstherapeuten beobachtet, die die Methode der Verstärkung konsequent einsetzten, um ein rasches und sicheres Erlernen der Verbindung zwischen geschriebenem Wort und zugehöriger Aussprache zu ermöglichen. Durch die Belohnung des richtigen Lesens sollte nicht nur die Kenntnis der Aussprache von geschriebenen Wörtern erhöht werden, es sollte auch zur Generalisation der Lesefähigkeit auf andere ähnliche Wörter kommen und damit zu einer generellen Verbesserung des Lesens. Kontrollierte Untersuchungen über ein solches Wortlistentraining konnten aber nur einen Anstieg der Lesefähigkeit bei den geübten Wörtern, aber keine darüberhinausgehende Steigerung der Leseleistung feststellen (Staats et al. 1967, Collette-Harris und Minke 1978). Dieses Problem ist sicher im englischen Sprachraum (wegen der geringeren Regelmäßigkeiten der Graphem-Phonem-Korrespondenzen) schwieriger als im Deutschen, zeigt sich jedoch auch hier bei besonders leseschwachen

Kindern. Diese Kinder scheitern, sobald die Anforderungen an das Erlesen durch einen komplexeren Wortaufbau erhöht werden.

Einsatz von Sprachrückmeldung mithilfe des Computers: Eine Möglichkeit, das Erlernen der Graphem-Phonem-Zuordnungen zu erleichtern, stellt die rasche Rückmeldung der Aussprache der gelesenen Wörter dar. Sowohl im englischen wie im deutschen Sprachraum wurde bereits in den 70-er Jahren mehrfach versucht, audio-visuelle Medien im Förderunterricht legasthener Kinder einzusetzen. Es sind z.T. steuerbare Geräte entwickelt worden, in denen in Verbindung mit einem Kassettenrekorder oder ähnlichem die Vorgabe der Wörter oder die Rückmeldung über das Gelesene bzw. Geschriebene erfolgen kann. Scheerer-Neumann (1979) hat über einige derartige Ansätze berichtet. Der Inhalt der Übungen wurde in den wenigsten Fällen neu erarbeitet, sondern meist bestehenden Programmen entnommen. Überprüfungen des Erfolgs von Programmen, die auf der Verwendung audio-visueller Medien basierten, konnten im Allgemeinen keinen besonderen Vorteil gegenüber traditionellen Förderprogrammen feststellen.

Die Sprachausgabe durch den Computer bietet hier neue Möglichkeiten, die sowohl für das Lese- wie für das Rechtschreibtraining verwendet werden können. Beim Lesen können die Kinder bei Wörtern, bei denen sie unsicher sind, wie sie gelesen werden sollen, Hilfe anfordern und sich diese Wörter vorsprechen lassen. Allerdings können schwache Leser zunächst nicht sehr gut entscheiden, bei welchen Wörtern sie Hilfe brauchen (Van Daal und Reitsma 1993). Auch die fehlerhaft gelesenen Wörter werden nur zum Teil selbst entdeckt. Erst nach einiger Übung und bei Begleitung durch einen Instruktor kann eine selbständige Nutzung dieser Programme erreicht werden. Insgesamt scheinen trotz dieser Hilfen eher ältere leseschwache Schüler, die bereits mehr Einsicht in ihre Schwierigkeiten haben, von derartigen Programmen zu profitieren (Olofsson 1992).

Um das Üben auch schwächeren Lesern zu erleichtern, ist es wahrscheinlich notwendig die Übungen zu vereinfachen und auf begrenzte Bereiche zu beschränken. Ein derartiges Programm (Hint and Hunt, HH) wurde von Roth und Beck (1987) beschrieben. Es geht speziell auf die Wiedergabe von Vokalen ein, die im Englischen sehr unregelmäßig ist. Nachdem den Kindern die regelhafte Aussprache der Vokalzeichen, die in der Übung verwendet werden, vorgestellt worden ist, wird jeweils ein Wort vorgesprochen und die Kinder müssen entweder das entsprechende Wort aus den Alternativen am Bildschirm auswählen oder in die leergelassene Stelle das richtige Vokalzeichen einfügen. Die Übung ist nach dem Vorbild von Videospielen aufgebaut (verschiedene Schwierigkeitsniveaus), sodaß die Kinder ihre Leistungen durch mehrmaliges Üben verbessern können, indem sie immer schneller zu reagieren lernen.

Auch beim Rechtschreiben kann die Sprachausgabe durch einen Computer eine Übungshilfe darstellen. Dies gilt nicht nur für die Vorgabe der zu schreibenden Wörter und die nochmalige Kontrolle der Schreibweise durch den Vergleich mit der Aussprache, wenn die Wörter falsch geschrieben wurden. Die Kinder können auch für die Regelmäßigkeiten der Phonem-Graphem-Zuordnung sensibilisiert werden, wenn der Computer rückmeldet, wie die falsch geschriebenen Wörter ausgesprochen werden (Wise und Olson 1992).

Übungen in der Wortanalyse

Um eine Geläufigkeit im Lesen zu erreichen, genügt weder die Kenntnis der Graphem-Phonem-Korrespondenzen, noch die bloße Vertrautheit mit dem Schriftbild von

Wörtern. Ohne zusätzliche Unterweisung in der Analyse von Wortstrukturen fällt es lese- und rechtschreibschwachen Kindern schwer, längere, zusammengesetzte Wörter zu erkennen und zu schreiben. Der Lese- und Rechtschreibunterricht sollte daher durch eine Unterweisung in der Analyse von Wortstrukturen ergänzt werden. Solche Analyseübungen können an drei verschiedenen Arten von Merkmalen der Wortstruktur ansetzen. Es kann die Unterteilung von Wörtern in Silben, in Morpheme oder aber das Erkennen von häufig vorkommenden Buchstabengruppen geübt werden.

Übungen in der Silbenunterteilung

Da lese- und rechtschreibschwache Kinder oft gerade beim Lesen und Schreiben von mehrsilbigen Wörtern besondere Schwierigkeiten haben, ist vermutet worden, daß diese Kinder die Informationen, die eine Gliederung und Unterteilung der Wörter in Silben ermöglichen würden, nur ungenügend ausnützen. In manchen Förderprogrammen werden daher die Kinder darin unterwiesen, die Wörter in Silben zu unterteilen, und üben dieses Unterteilen gezielt. Im Englischen, wo Silbenteilungsregeln recht komplex sind, ist der Erfolg solcher Übungen begrenzt (Simon et al. 1976). Trotzdem haben sich auch dort derartige Übungen vielfach durchgesetzt, da ein Erlesen längerer Wörter über Graphem-Phonem-Zuordnungen auf diese Weise leichter zu bewerkstelligen ist (Lovett et al. 1990). Im Deutschen sind die Silbenteilungsregeln etwas einfacher. Diese Übungen können deshalb Kindern, die in der Leseentwicklung zurückgeblieben sind, zu einer größeren Sicherheit und zu einer erhöhten Geschwindigkeit in der Verarbeitung der Schriftsprache verhelfen.

Scheerer-Neumann (1979) unterwies leseschwache Kinder der 3.Klasse Volksschule in kleinen Gruppen zunächst darin, vorgesprochene Wörter mündlich in Silben zu unterteilen. In einem nächsten Schritt sollten die Kinder lernen, die Vokale der vorgesprochenen Wörter zu erkennen und in Silbenbögen einzutragen. Abschließend wurden den Kindern die Regeln zur Bestimmung von Silbengrenzen beigebracht und mit ihnen geübt, nach den Vokalen auch die Silbenanfänge und das Silbenende in die Silbenbögen einzutragen. Bei den Übungen wurde allmählich die Silbenlänge und die Silbenzahl der vorgesprochenen Wörter erhöht. Insgesamt nahmen diese Übungen zwölfmal eine halbe Stunde, verteilt über sechs Wochen, in Anspruch. Trotz der kurzen Dauer führten die Übungen zu einer deutlichen Abnahme der Fehler beim lauten Lesen, einer Wortliste und eines Textes, und zwar jeweils um ein Drittel. Während vor den Übungen bei den leseschwachen Kindern längere, mehrsilbige Wörter zu deutlich mehr Fehlern Anlaß gaben, war dieser Trend nach Abschluß der Übungen signifikant vermindert. Zusätzlich wirkten sich die Übungen auch in einer deutlichen Zunahme der Selbstkorrektur von Lesefehlern aus. Bei einer Kontrollgruppe leseschwacher Kinder, die in der gleichen Zeit keine spezielle Förderung erhielten, blieben dagegen sowohl die Fehlerzahl beim Lesen, wie die besondere Häufung von Fehlern beim Lesen mehrsilbiger Wörter unverändert. Die leseschwachen Kinder waren nach Abschluß der Übungen auch besser in der Lage, kurzzeitig visuell dargebotene sinnlose Silbenfolgen (Pseudowörter) zu behalten und aufzuschreiben. Während vor den Übungen Pseudowörter nur etwas besser behalten wurden als zufällige Buchstabenfolgen, war der Unterschied zwischen den beiden Arten von Buchstabenfolgen nach Abschluß der Übungen sehr deutlich. Dieser Übungseinfluß war weder in einer nicht geförderten Kontrollgruppe, noch in einer zweiten Kontrollgruppe leseschwacher Kinder zu beobachten, mit denen nur das Lesen von Texten, ohne spezifische Unterweisung in der Silbenunterteilung, geübt worden war.

Die Überprüfung des Übungserfolges durch diese tachiskoskopische Aufgabe machte noch etwas anderes deutlich. Wenn Buchstabenfolgen sehr kurz (weniger als eine Sekunde lang) dargeboten wurden, war im Gegensatz zu gut lesenden Kindern auch nach dem Training die Wiedergabe durch die leseschwachen Kinder noch sehr mangelhaft. Pseudowörter konnten nicht besser als zufällige Buchstabenfolgen wiedergegeben werden. Im Unterschied zu gut lesenden war bei den leseschwachen Kindern auch nach dem Training noch keine Automatisierung des Wortanalysevorgangs erreicht worden. Die Kinder konnten die Wortanalyse nur einsetzen, wenn sie genug Zeit hatten, ihre Aufmerksamkeit auf die relevanten Wortmerkmale zu richten.

In einer späteren Untersuchung (Scheerer-Neumann 1981) konnte ein positiver Einfluß von Silbengliederungsübungen auch auf die Rechtschreibleistung in standardisierten Tests nachgewiesen werden. Allerdings steht der Nachweis aus, daß dieser Einfluß spezifisch ist, da während des Förderunterrichts noch andere Rechtschreibübungen durchgeführt wurden.

Die Tatsache, daß es Kindern deutlich leichter fällt, Silben in Beginn und auslautenden Silbenkorpus zu unterteilen und daß die Hervorhebung von Ähnlichkeiten im Silbenauslaut es Leseanfängern deutlich erleichtert, bislang unbekannte, ähnliche Wörter zu lesen (Treiman 1992), legt nahe, diese Gliederung auch in Übungen mit leseschwachen Kindern zu benutzen. Wise et al. (1989) haben ein entsprechendes Trainingsprogramm konzipiert, bei dem die Kinder vom Computer Wörter, die sie spontan nicht erlesen können, in Silben sowie weiter in Silbenanfang und -auslaut unterteilt vorgesprochen bekommen. Diese Gliederung hilft leseschwachen Kindern, eine bessere Einsicht in die Zuordnung von Schrift und Sprache zu erlangen, und führt damit zu deutlichen Fortschritten in ihrer Wortlesefähigkeit. Allerdings setzt dies eine gewisse Entwicklung der phonologischen Bewußtheit voraus, die Kindern mit großen Leseschwierigkeiten oft fehlt. Für die schwächsten Leser ist daher die Unterteilung in Silben als Lesehilfe am förderlichsten, da diese für sie nachvollziehbar ist (Olson und Wise 1992).

Auch Roth und Beck (1987) haben ein Programm beschrieben, das eine Übungsform aufgreift, die bereits früher in Form von Arbeitsblättern Anwendung gefunden hat, deren Möglichkeiten jedoch durch den Einsatz von Computerprogrammen beträchtlich gesteigert werden können. Das Programm (Wörterbilden, Construct-A-Word, CAW) gibt Anfangsbuchstaben und Wortenden vor, die miteinander kombiniert eine große Anzahl an Wörtern ergeben. Ähnlich wie bei Computerspielen wird den Kindern die Aufgabe gestellt, möglichst viele Wörter in einer vorgegebenen Zeit zu bilden. Die Kinder arbeiten mit den gleichen Anfangsbuchstaben und Wortendungen, bis sie ein vorgegebenes Kriterium erreicht haben. Bei jeder Vorgabe kann allerdings die Anordnung der Wortendungen variiert werden, sodaß ein aufmerksames Durchlesen der Buchstabenfolgen erforderlich ist. Bei Fehlern, wenn also die Zusammenfügung kein richtiges Wort ergibt, wird das Ergebnis vom Computer akustisch mitgeteilt und die Kinder somit informiert, wie das von ihnen gebildete Pseudowort ausgesprochen wird. Die Kinder können zudem um Hilfe nachsuchen, wenn ihnen kein Wort einfällt, das mit den Anfangsbuchstaben und Endungen gebildet werden kann. In diesem Fall wird ein Wort, das die Kinder noch nicht erkannt haben, vom Computer akustisch vorgegeben. Erkennen die Kinder nicht, welcher Anfangsbuchstabe und welche Endung hier verbunden werden, so können sie nochmals Hilfe erhalten, am Bildschirm leuchten dann die richtigen Alternativen auf.

Roth und Beck (1987) setzten dieses und das bereits zuvor beschriebene Programm Hint-and-Hunt in einer Evaluationsstudie in 4.Klassen mit schlechten Lese- und Rechtschreibleistungen 20 Wochen lang ein. Die Kinder hatten während der Unterrichtszeit dreimal wöchentlich 20 min Zeit, mit den Computerprogrammen zu üben (bzw. zu spielen). Obwohl die Übungszeit somit recht begrenzt war, konnten deutliche Leistungsverbesserungen der Kinder, die an den Programmen teilgenommen hatten, nachgewiesen werden. Von den Übungen profitierten in erster Linie die schwächeren Schüler. Sie konnten sich sowohl in der Lesegeschwindigkeit wie in der Lesegenauigkeit markant verbessern, darüber hinaus stieg auch ihr Leseverständnis für Wörter und einzelne Sätze. Bei der Nachtestung hatte sich der Leistungsstand der schwächeren Schüler jenem der besseren wesentlich angenähert. In Vergleichsklassen, die an den Übungen nicht teilnahmen, war im Gegensatz dazu nur eine geringe Leistungssteigerung der Schüler festzustellen und der Unterschied zwischen den schwächeren und den besseren Schülern blieb unverändert. Hervorzuheben ist schließlich noch, daß das Training keine deutlichen Auswirkungen auf das Leseverständnis für längere Texte hatte. Trotz der Verbesserung in der mündlichen Lesefähigkeit und im Worterkennen blieb das Textleseverständnis, das nicht geübt wurde, nahezu unverändert.

Übungen in der Wortanalyse auf der Basis von Morphemen

Da manchen Kindern die Aufgliederung komplexer Lautverbindungen und die Zuordnung von Phonemen zu Graphemen schwer fällt, eine Beherrschung dieser Prozesse aber immer noch keine Sicherheit beim Lesen und Schreiben garantiert, wird in einigen Förderprogrammen die Zuordnung von gesprochener Sprache und Schrift auf einer höheren Ebene angestrebt. Eine solche Ebene, die auch Kindern mit mangelnder Sprachbewußtheit zugänglich ist, ist die Ebene der Morpheme. Wenn man davon ausgeht, daß die Zahl der Morpheme kleiner ist als die Zahl der Wörter und daß eine begrenzte Anzahl von Morphemen so häufig vorkommt, daß mit ihrer Kenntnis eine gewisse Beherrschung der Schriftsprache gegeben ist, so erscheint das Ziel nicht unerreichbar, mit Hilfe eines systematischen Hervorhebens und Übens häufiger Morpheme lese- und rechtschreibschwachen Kindern die Aneignung der Schriftsprache zu erleichtern. Das Operieren (Analysieren und Synthetisieren) auf dieser Ebene ist auch deshalb leichter, weil wenigstens bei den Stammorphemen der Zusammenhang mit der bedeutungstragenden Funktion der Wörter noch unmittelbar gegeben ist.

Im deutschen Sprachraum ist dieses Konzept vor allem vom Legastheniezentrum in Berlin propagiert worden. Es liegen jedoch bisher keine kontrollierten Untersuchungen vor, wieweit die konsistente Verwendung von Morphemen im Förderunterricht zu einem größeren Fortschritt führt als andere Förderprogramme. In gemäßigter Form wird die Aufgliederung in Morpheme, vor allem die Gliederung in Vorsilbe, Stamm- und Nachsilbe, in vielen Programmen eingesetzt und geübt. Ebenso werden in vielen Förderprogrammen Wörter, die das gleiche Stammorphem enthalten, zu Wortfamilien zusammengestellt. Das Üben von Ableitungen zur Ermittlung der Schreibweise mancher Wörter (z.B. Baum - Bäume) bedient sich ebenfalls des morphematischen Prinzips. Systematisches Training in der Verwendung von Ableitungen kann, wie eine Trainingsstudie von Scheerer-Neumann (1993) zeigt, zu einer deutlichen Verbesserung der Rechtschreibleistungen von etwas älteren rechtschreibschwachen Schülern führen.

Übungen im Erkennen häufig vorkommender Buchstabengruppen

Von manchen Lesepädagogen wird dem Erkennen häufiger vorkommender Buchstabengruppen besondere Bedeutung für die Leseentwicklung zugesprochen. In den Leseunterricht bzw. in Förderprogramme für lese- und rechtschreibschwache Kinder werden daher Übungen eingebaut, in denen systematisch das Erkennen häufig vorkommender Buchstabengruppen erleichtert werden soll. Dies geschieht dadurch, daß Wörter zusammengestellt werden, in denen die gleichen Buchstabengruppen vorkommen und besonders hervorgehoben werden. Das Hervorheben von häufig vorkommenden Buchstabengruppen durch Unterstreichen oder mit Hilfe eines größeren Abstandes zu den restlichen Buchstaben der Wörter kann Leseanfängern zu einer größeren Geläufigkeit verhelfen.

Auch diese Übungen können durch Computerprogramme unterstützt und spielerisch umgesetzt werden. So berichten Frederiksen et al. (1985a) von computerunterstützten Übungen in der raschen Identifikation von häufiger vorkommenden Buchstabenfolgen, die in Form eines Rennspiels vorgegeben wurden. Schwache Schüler, die sehr langsam lasen, steigerten die Geschwindigkeit, mit der sie diese Buchstabenfolgen erkennen konnten, beträchtlich und dieser Fortschritt wirkte sich im weiteren auch auf ihre Lesegeschwindigkeit positiv aus. Es scheint, daß diese Übungen schwachen Lesern helfen, von einer rein sequentiellen Verarbeitung der Buchstabenfolge zu einer automatisierten parallelen Verarbeitung fortzuschreiten und ihr bereits vorhandenes Wissen um orthographische Regelmäßigkeiten besser einzubringen, sowie dieses Wissen zu erweitern.

Zusammenfassend kann man feststellen, daß geeignete Übungen in der Wortanalyse lese- und rechtschreibschwachen Kindern das Lesen erleichtern können. Allerdings fällt diesen Kindern auch bei Wortanalyseübungen eine Generalisierung schwer (Hirth et al. 1985). Neue Möglichkeiten eröffnen hier sicher Übungen am Computer, die den Kindern die beim Üben erreichten Fortschritte sichtbar machen können. Es erscheint auch denkbar, daß die Sprachausgabe von Computern Übungen in der Wortanalyse zielführender macht. Die bisherige Evidenz über die längerfristigen Auswirkungen dieser Übungsformen ist allerdings nicht ausreichend. Sowohl die Gliederung von Wörtern in Morpheme wie jene in Silben kann zu einer Ökonomisierung des Leseprozesses beitragen. Übungen, die den Kindern nahebringen, daß die Silbe eine natürliche Gliederung in Beginn und auslautenden Teil hat, versprechen, schwachen Lesern leichter Zugang zum Abbildungsverhältnis der Phonemfolge durch die Schrift zu verschaffen. Es scheint jedoch, daß für diese Übungen ein gewisser Entwicklungsstand der phonematischen Bewußtheit Voraussetzung ist, der gerade den schwächsten Lesern erst vermittelt werden muß.

Übungen zur Erhöhung der Worterkennungsgeschwindigkeit

Im Förderunterricht werden auch Übungen eingesetzt, die in erster Linie der Steigerung der Worterkennungsgeschwindigkeit dienen sollen. Bei diesen Übungen werden den Kindern die Wörter kurz gezeigt, und sie sollen sie erkennen bzw. niederschreiben. Diese Übungen, oft als das Lesen von Blitzkarten bezeichnet, können natürlich auch mit einem Tachistoskop oder dem Computer durchgeführt werden und scheinen sowohl die Lese- wie die Rechtschreibfähigkeit positiv zu beeinflussen. Gutezeit hat ein Förderprogramm zusammengestellt, das um diese Übungen konzipiert ist, und in mehreren Untersuchungen nachgewiesen, daß wiederholte Übungen im Erkennen und Niederschreiben kurzfristig vorgegebener Wörter zu einer größeren Sicherheit beim Lesen und in der Rechtschreibung dieser Wörter führen. Bei dem Training werden Wörter, später auch Sätze, so oft gezeigt, bis die Kinder sich ganz sicher sind, wie die Wörter bzw. Sätze heißen und sie richtig nachsprechen können. Erst dann sollen die Wörter niedergeschrieben werden, wobei der Förderlehrer sofort eingreift, sobald er erkennt, daß eines der Kinder unsicher oder dabei ist, einen Fehler zu begehen. In diesem Fall wird das Wort bzw. der Satz dem Kind noch einmal über das Tachistoskop gezeigt. Die Wörter sind nach Merkmalen, die von den Kindern häufig verwechselt werden, zu Gruppen zusammengestellt (z.B. die Wiedergabe von -chs, -ks, -xs). Andererseits werden auch

Wörter, die häufig vorkommen und Vor- oder Nachsilben gemeinsam haben, in Gruppen vorgegeben. Dieses Training ist sowohl mit einzelnen Kindern wie in kleinen Gruppen durchführbar.

In einer Evaluationsuntersuchung (Gutezeit und Meier 1977) wurden nach acht Wochen, in denen mit lese- und rechtschreibschwachen Kindern der 4.Klasse Volksschule dreimal pro Woche 15 Minuten geübt wurde, bereits signifikant bessere Leistungen in einem standardisierten Rechtschreibtest erreicht. Die Leistungsverbesserung im Rechtschreiben war deutlich besser als bei einer Gruppe von Kindern, die in der gleichen Zeit einmal pro Woche für 45 Minuten an einem herkömmlichen Legasthenie-Förderkurs teilnahmen. Positive Auswirkungen fanden sich vor allem bei Wortdurchgliederungsfehlern (nach Müller), die orthographische Struktur der Wörter konnte also besser wiedergegeben werden. Auch Regelfehler nahmen ab. Zudem verbesserte sich sowohl die Lesesicherheit wie die Lesegeschwindigkeit.

Die Auswirkungen des Trainings scheinen vielfältig zu sein. Neben einer für den Inhalt des Trainings unspezifischen motivationalen Komponente (kurze, verteilte Übungen in sehr kleinen Gruppen, Attraktivität des neuen Mediums) dürfte das Training die Aufmerksamkeit auf gewisse Merkmale der Wörter lenken, wobei die kurzfristige, wiederholte Vorgabe die Aktivierung von Verarbeitungsstrategien etwa in Bezug auf die Durchgliederung der Wörter in größere Segmente wie Silben oder bekannte Morpheme fördert. Auch das Bemühen, vertraute, häufiger vorkommende Buchstabengruppen zu erkennen, wird erhöht, wodurch es wohl zum besseren Einprägen dieser orthographischen Merkmale kommt. Die Aktivierung spezieller Verarbeitungsstrategien für die Wortanalyse wird auch durch den Aufbau des Programms gefördert, da die Wörter jeweils in Merkmalsgruppen vorgegeben werden.

Die Effektivität eines tachistoskopischen Trainings kann noch dadurch erhöht werden, daß den Kindern spezifische Hinweise darüber gegeben werden, welches Merkmal sie bei der schriftlichen Wiedergabe der Wörter nicht genügend beachtet haben (Geuß 1983). Die Kinder, die Schwierigkeiten bei der Beachtung bestimmter Merkmale haben, lernen, ihre Fehler zu vermeiden, indem sie die relevanten Informationen beachten. Die kurzfristige wiederholte Vorgabe einzelner Wörter begünstigt die Ausbildung und Einübung derartiger Strategien auch dadurch, daß hier eine unmittelbare Fehlerkontrolle durch Lehrer und Kinder gegeben ist.

Geuß (1983) konnte durch Vergleich von Fördergruppen, die entweder nur an einem tachistoskopischen Training, nur an einem Training mit Rückmeldung der Fehlerart, an einem kombinierten Trainingsprogramm teilgenommen oder keine Förderung erhalten hatten, zeigen, daß beide Trainingsformen in sechs Wochen (jeweils 3x eine halbe Stunde) zu einer signifikanten Abnahme der Lese- und Rechtschreibfehler führen. Die Kombination beider Trainingsformen ist am günstigsten. Ähnlich wie Gutezeit waren die positiven Auswirkungen des Trainings vor allem bei der Fähigkeit festzustellen, die orthographische Struktur der Wörter wiederzugeben. Es kam zu einer deutlichen Abnahme von Buchstabenauslassungen und -umstellungen.

Leider ist sowohl für die Untersuchungen von Gutezeit wie für die von Geuß nicht bekannt, wieweit die geübten Wörter mit jenen der Rechtschreibtests identisch waren, die zur Erfolgskontrolle verwendet wurden, wieweit also eine Generalisation der geübten Strategien stattgefunden hat oder nur spezifische Übungseffekte beim Schreiben der geübten Wörter erzielt wurden.

Ein Training mit kurzfristiger Vorgabe von Wörtern, die zunächst gelesen und dann geschrieben werden sollen, fördert in erster Linie die Beachtung der orthographischen Struktur. Es dürfte daher besonders dort angezeigt sein, wo es um die Einprägung orthographischer Merkmale geht, für deren Wiedergabe die Fähigkeit auditiv-phonologischer Diskrimination nicht ausreicht, bzw. eventuell bei jenen Kindern, deren Schwäche bei der bewußten Phonem-Graphem-Zuordnung auch durch besondere Übungen nur teilweise verbessert werden kann.

Erhöhung der Lesegeläufigkeit durch wiederholtes Lesen der gleichen Texte

Bei leseschwachen Kindern wird immer wieder beobachtet, daß sie auch nach längerem Üben in der Buchstaben-Lautzuordnung und im Zusammenschleifen noch Mühe haben, diese Fertigkeiten beim Lesen von Texten einzusetzen, selbst wenn sie die einzelnen Aufgaben relativ sicher beherrschen. Ihr Lesen ist daher nach wie vor sehr stockend und mühsam. Beim lauten Lesen wird vielfach in der Intonation der Satzzusammenhang nicht gewahrt, worunter sowohl ihr eigenes Verständnis, wie auch das des Zuhörers leidet. Ein wichtiger Entwicklungsschritt, der von manchen als Integration der einzelnen Lesefertigkeiten, von anderen als Automatisierung des Dekodierungsvorgangs verstanden wird, ist noch nicht gemeistert worden. In den letzten Jahren wurde das wiederholte Lesen des gleichen Textes solange, bis ein geläufiges, flüssiges Lesen ohne Stocken und mit guter Intonation möglich ist, als wichtige Hilfe für das Meistern dieses Übergangs empfohlen.

Eine erste Beschreibung der Anwendung dieser Übungsform bei leseschwachen Kindern hat C.Chomsky (1978) gegeben. Sie beobachtete, daß einigen leseschwachen Kindern der 3.Klassenstufe das Lesen auch nach längerem Förderunterricht noch sehr schwer fiel und daher von ihnen gehaßt und gemieden wurde. Sie lasen fast nichts selbständig und aus eigenem Antrieb. Vor allem die geringe Geschwindigkeit schien die Kinder vom Lesen abzuhalten und damit einen weiteren Fortschritt zu unterbinden. Die Kinder kamen mit Texten praktisch nur während des regulären Klassenunterrichts und in den Förderstunden in Kontakt. Und hier bestanden die Texte überwiegend aus einzelnen Wörtern und kurzen Sätzen. Alles andere war für diese Kinder zu schwer. Chomsky sah die Notwendigkeit, diese Kinder überhaupt erst einmal mit einer größeren Menge an schriftlichem Material in Kontakt zu bringen, um so allmählich die Vertrautheit mit dem Lesen zu erhöhen. Sie kam dabei auf die Idee, Geschichten aus Kinderbüchern auf Kassettenrecorder aufzunehmen. Die Kinder erhielten die Kassetten und den Kassettenrecorder und sollten während des Zuhörens in den Büchern mitlesen. Sie konnten sich die Kassetten so lange anhören, bis sie die Geschichten selbst flüssig lesen konnten, auch wenn sie dann die Geschichten nahezu auswendig wußten. Am Anfang wurden möglichst die Lieblingsgeschichten der Kinder ausgewählt. Die Wörter aus den Geschichten, sowie kurze Abschnitte daraus, wurden gleichzeitig auch in den Förderstunden geübt. Solche Übungen wurden unterstützende Aktivitäten genannt, und sie bestanden aus Übungen in der Wort-, aber auch Satzanalyse und -synthese, Übungen im Erkennen von Wörtern mit Wortkarten, bei denen sie nach wie vor Schwierigkeiten hatten. Die Kinder sollten über die Texte, soweit sie das konnten, auch etwas schreiben oder zeichnen. Nach einiger Zeit wurden sie ermuntert, sich Fragen zu notieren, Ergänzungen und Fortsetzungen der Geschichten und eigene kleine Geschichten zu schreiben. Das Schreiben wurde als wichtige Ergänzung empfunden.

Es wurde großer Wert darauf gelegt, die Aufnahmen in den Kassetten für die Kinder attraktiv zu machen. Kamen mehrere Rollen in den Geschichten vor, so wurden die Stimmen von verschiedenen Personen gesprochen. Auch Musik wurde eingeblendet. Die Geschichten waren etwa 20 - 30 Lesebuchseiten lang. Die Kinder sollten sich täglich wenigstens einmal die ganze Geschichte anhören und mitlesen, dann jeweils einen oder mehrere Abschnitte daraus so oft, daß sie ihn am nächsten Tag vorlesen konnten. Anfangs brauchte es eine gewisse Zeit, bis die Kinder sich daran gewöhnten, beim Zuhören auch wirklich mitzulesen. Chomsky beobachtete, daß den Kindern aber bald das Lesen auf diese Weise erstmals wirklich Spaß machte. Die Kinder waren ganz versunken, wenn sie die Kopfhörer aufhatten und sich gleichzeitig in die Bücher vertieften. Bei der ersten Geschichte brauchte es länger, bis sie die Kinder zur Gänze flüssig lesen konnten.

Die Geschichten mußten 20 - 30 mal angehört werden, was natürlich mehrere Wochen in Anspruch nahm. Bei jeder neuen Geschichte wurde die Anzahl der notwendigen Wiederholungen jedoch geringer. Chomsky beobachtete gleichzeitig auch Veränderungen im Leseverhalten der Kinder. So freuten sich zu Anfang manche Kinder, wenn sie Wörter, die in den Texten wiederholt vorkamen, wiedererkennen konnten. Während die Kinder zunächst nicht sehr gern laut vorlasen, wollten sie nach einiger Zeit auch zu Hause und in der Klasse anderen aus den Geschichten vorlesen. Manche borgten sich nach einiger Zeit auch andere Bücher aus und begannen selbständig darin zu lesen.

Chomsky führte den Erfolg einerseits auf die gesteigerte Motivation der Kinder für das Lesen zurück. Diese erhöhte Motivation kam nicht nur von der Neuheit der Übungsform. Die Kinder konnten auch ein Versagen beim Lesen selbst vermeiden, indem sie sich Teile der Kassette nochmals anhörten, solange sie noch unsicher waren. Andererseits meinte Chomsky, daß die Kinder über das Lesen, wenn es auch zunächst mit äußerer Unterstützung geschah, erstmals genügend schriftliches Material vor sich hatten, an dem sie die bisher erworbenen Fertigkeiten ausprobieren konnten, selbständig Hypothesen über die Wörter als Buchstabenfolgen bilden und testen konnten. Durch das wiederholte Lesen konnten sie ihr Wisssen über die Schriftsprache und ihre Fertigkeiten vervollständigen und organisieren.

Samuels (1979) schlug eine ähnliche, aber etwas einfachere Übungsform vor. Er empfahl, die Kinder Geschichten bzw. kurze Leseabschnitte so oft lesen zu lassen, bis sie diese flüssig und in einer angemessenen Geschwindigkeit vorlesen konnten. Es sollte eine Lesegeschwindigkeit von etwa 85 Wörtern pro Minute erreicht werden. Um die Kinder zu motivieren, wurde ihre Lesegeschwindigkeit nach jeder Übung auf einer Kurve aufgetragen. Die Lesegeschwindigkeit wurde zwar stärker betont als die dabei aufgetretenen Lesefehler; damit die Kinder aber auch auf den Inhalt der Geschichten achteten, wurden nach dem Lesen immer wieder Fragen daüber gestellt. Zu Beginn wurden relativ kurze Abschnitte ausgewählt. Samuels schlug vor, bei leseschwachen Kindern der Grundschule anfangs Texte mit etwa 200 Wörtern auszuwählen. Die Länge der Lesetexte wurde dann allmählich gesteigert. Samuels beobachtete nicht nur bei den geübten Texten einen positiven Einfluß auf die Lesegeschwindigkeit. Auch neue Texte konnten mit Fortschreiten der Übungen flüssiger gelesen werden. Die Kinder waren durch den eigenen Fortschritt, den sie an ihrer Lesekurve ablesen konnten, sehr motiviert.

Samuels sah als Ziel der Übungen eine Automatisierung der basalen Lesefertigkeiten an, vor allem des Dekodierens. Er betonte, daß jede neue Fertigkeit nur nach längerer Übung aus dem Stadium der Sicherheit und Genauigkeit in ein automatisiertes Stadium übergeht, in dem die einzelnen Schritte ohne ständige Kontrolle ausgeführt werden.

Schreiber (1980) wies darauf hin, daß der besondere Wert des wiederholten lauten Lesens für die Leseentwicklung auch damit in Zusammenhang stehen könnte, daß für Kinder prosodische Merkmale der Intonation, wie die Position des Satzakzentes und der Pausen, wichtig für das Verständnis der Satzstruktur sind. Da die Segmentierung des Satzes in schriftlichen Texten für die Kinder zunächst nicht erkennbar ist, müssen sie erst lernen, von sich aus kleinere, syntaktisch sinnvolle Einheiten zu bilden. Sie können dafür morphologische, syntaktische und semantische Informationen benutzen. Dies gelingt ihnen jedoch erst, wenn sie beim Lesen die Übereinstimmung dieser Hinweise mit der prosodischen Segmentierung beim Sprechen erkennen. Übungen im wiederholten lauten Lesen bieten eine gute Gelegenheit, solche Zuordnungen zwischen der Prosodie und den in der Schriftsprache abgebildeten Hinweisen für die Segmentierung von Sätzen oft genug zu erkennen, damit sich eine gewisse Fertigkeit bei der Analyse einstellt.

Die Erklärungen, die für die Auswirkungen wiederholten lauten Lesens auf die Leseentwicklung gegeben wurden, weisen darauf hin, daß diese Übungen wahrscheinlich nur in einer bestimmten Stufe der Leseentwicklung sinnvoll sind. Diese Vermutung wird von Carver und Hoffmann (1981) bestätigt. Bei leseschwachen Jugendlichen ist durch diese Übungsform nur mehr ein begrenzter Fortschritt zu erzielen. Zwar wird auch in diesem Alter noch beobachtet, daß durch diese Übungen eine größere Lesegeschwindigkeit sowohl bei geübten wie bei neuen Texten zu erreichen ist. Das Verständnis der gelesenen Texte nimmt jedoch kaum zu. Auf den späteren Stufen der Leseentwicklung dürfte das geringe allgemeine Wissen und die mangelnde Fähigkeit zur Textanalyse von leseschwachen Schülern der Hauptgrund für ihre Verständnisschwierigkeiten sein. Texte, die beim Lesen Schwierigkeiten bereiten, werden von leseschwachen Jugendlichen auch nur ungenügend verstanden, wenn sie ihnen mündlich vorgegeben werden.

Die von C.Chomsky und Samuels vorgeschlagenen Methoden sind von Pädagogen bald aufgegriffen worden und haben eine Reihe von Experimenten angeregt, bei denen versucht wurde, die Bedingungen für die Wirksamkeit dieser Methoden einzugrenzen. Dabei ist es wohl nötig, nochmals darauf hinzuweisen, daß es sich hier um verschiedene methodische Ansätze handelt.

Der von C.Chomsky vorgeschlagene Zugang, die Kinder mitlesen zu lassen, während sie einer Kassette zuhören, hat einige offensichtliche Vorteile. Da die Kinder hier von Anfang an einer Geschichte folgen können und die Mühe des Lesens sehr erleichtert wird, ist diese Aufgabe für Kinder sehr attraktiv (Reitsma 1988). Auf der anderen Seite besteht die Gefahr, daß die Kinder mehr auf die vorgelesene Geschichte achten als auf den schriftlichen Text. Entscheidender dürfte sein, daß hier die Kinder Hilfe beim Lesen bekommen, ohne selbst noch versucht zu haben, das Wort zu erlesen. Untersuchungen haben daher eine relativ geringe Wirksamkeit dieser Methode wenigstens zur Unterstützung des Lesenlernens bei normalen Kindern während der ersten Klassen festgestellt (Reitsma 1988). Kinder müssen wahrscheinlich ein Mindestmaß an Lesefertigkeit aufweisen und - wie bereits von C.Chomsky angemerkt - weniger in ihrer Lesegenauigkeit als vielmehr in der Lesegeschwindigkeit beeinträchtigt sein (Dowhower 1987). Entscheidend für die Wirksamkeit dürfte zusätzlich sein, daß die Lesegeschwindigkeit des Vorlesenden individuell der Lesegeschwindigkeit des jeweiligen Kindes angepaßt wird und höchstens um etwa ein Drittel schneller ist (McMahon 1983). Auf diese Weise könnte es möglich sein, daß schwache Leser genügend Zeit für das selbständige Erlesen bekommen.

Das wiederholte selbständige Erlesen einer Geschichte dürfte hingegen einen deutlichen Übungserfolg zeigen, der nicht bloß auf die geübten Wörter, sondern auch auf das Lesen anderer Texte generalisiert. Für das Ausmaß an Generalisation ist freilich entscheidend, wieweit sich die Texte in ihrem Vokabular überlappen (Rashotte und Torgesen 1985). Neben der herkömmlichen Methode des Vorlesenlassens bietet hier die Verwendung von Computerprogrammen die Möglichkeit, den Kindern während den Übungen mehr Selbständigkeit zu geben, da sie am Computer über Sprachprogramme die Aussprache unbekannter Wörter erfragen können. Trotz der dabei entstehenden Verzögerungen können Leseanfänger den Spannungsbogen beim Lesen halten. Für Kinder sind diese Übungen gleichfalls sehr motivierend (Reitsma 1988).

Beachtung von Lerngesetzen im Förderunterricht

Gerade bei leseschwachen Kindern ist es wichtig, im Lese- und Schreibunterricht jene Prinzipien zu beachten, die den Lernerfolg zu optimieren helfen. Eines dieser Prinzipien ist es, daß eine Aufgabe vollständig beherrscht werden soll, bevor man zur nächsten übergeht. Dies wird im Englischen auch als mastery-learning bezeichnet. Bryant et al. (1982) konnten zeigen, daß die Anwendung dieses Prinzips bei Kindern mit Lernschwierigkeiten zu einem besseren Lernerfolg führt als die herkömmlichen Übungsformen. Bryant et al. gaben leseschwachen Kindern eine begrenzte Anzahl von Wörtern jeweils in Gruppen von 5 Wörtern vor, und zwar solange, bis sie diese rasch lesen konnten. Wörter, die während einer Übung sicher und geläufig gelesen werden konnten, wurden dann eine Zeitlang nicht mehr vorgegeben. Sobald dieser erste Schritt von den Kindern beherrscht wurde, wurde das Lesen der Wörter in Sätzen und zuletzt in kurzen Texten, deren Verständnis geprüft wurde, geübt. Dieser konsequente, systematische Unterricht führt zu einem signifikant besseren Erfolg als weniger systematisches Vorgehen.

Übungen mit leseschwachen Kindern sollten immer verteilt über mehrere Tage und nicht massiert in einer Sitzung stattfinden. Gerade beim Lesenlernen scheint die Verteilung von Übungen besonders wichtig zu sein. Leseschwache Kinder lernen ebenso wie Kinder der ersten Klasse Graphem-Morphem-Korrespondenzen zwar rascher, wenn dies in wenigen Sitzungen durchgenommen und ausgiebig geübt wird. Das Behalten des Gelernten ist jedoch viel schlechter, als wenn die Übungen über mehrere Sitzungen verteilt werden (Kryzanovski und Carnine 1980). Verteilte Übungen geben den Kindern mehr Gelegenheit, die verschiedenen bei den Übungen verwendeten Wörter zu vergleichen und die wesentlichen Merkmale immer wieder herauszuarbeiten.

Bei leseschwachen Kindern sollte besonders darauf geachtet werden, daß sie die Aufmerksamkeit auf die relevanten Merkmale, die für das Erkennen und Lesen von Wörtern notwendig sind, richten. Leseschwache Kinder sind in Gefahr, nur recht grobe Merkmale von Wörtern zu beachten, wie die Länge oder den Anfang der Wörter. Dies gilt sowohl bei der Verwendung von Graphem-Phonem-Korrespondenzen wie bei der strukturellen Analyse von Wörtern. Nur wenn gewährleistet ist, daß die Kinder die Aufmerksamkeit auf die relevanten Merkmale richten, kann längeres Üben fruchtbar werden. Eine bloße Ausdehnung der Übungszeit führt an sich noch nicht zu einem besseren Behalten der Wörter (Kibby 1979). Dabei ist wichtig, besonders darauf zu achten, daß die Kinder nicht bloß das am stärksten hervorstechende Merkmal von Wörtern in Betracht ziehen, sondern gleichzeitig mehrere zur Verfügung stehende Informationen berücksichtigen. Um dies zu erleichtern, müssen die Aufgaben vorstrukturiert und zusätzliche Hilfestellungen gegeben werden, die dann allmählich wieder auszublenden sind. Zunächst ist es wohl wichtig, die für das Lesen relevanten Informationen besonders hervorzuheben. Allmählich können die Kinder dann Wege lernen, die relevanten Informationen selbst zu extrahieren. Übungen, die ein gleichzeitiges Beachten der graphischen Merkmale und der Aussprache von Wörtern erleichtern, sind etwa das gleichzeitige langsame Aussprechen der Laute, während die Kinder mit dem Finger die Form der Buchstaben nachfahren.

Leseschwachen Kindern sollte auch vermehrt Gelegenheit gegeben werden, die Fähigkeiten, die sie beim systematischen Üben von Wörtern erworben haben, in verschiedene Leseaufgaben einzubringen. Bei diesen Kindern läßt sich immer wieder feststellen, daß Fähigkeiten, die an sich vorhanden sind, nicht für den Leseprozeß fruchtbar gemacht werden. Die Kinder sollen die Nützlichkeit der Anwendung verschiedener Kenntnisse und Fähigkeiten für den Leseprozeß selbst erfahren und lernen, einzelne Fähigkeiten miteinander zu integrieren. Diese Integration scheint am besten möglich zu sein, wenn genug Gelegenheit für das Lesen von Texten geeigneten Schwierigkeitsgrades geboten wird (Kibby 1979).

Differenzierung des Förderunterrichts

Nachdem Kinder sehr unterschiedliche Schwierigkeiten beim Lesen und Schreiben haben können, liegt die Forderung nahe, der Förderunterricht sei, den Fähigkeiten der Kinder entsprechend, zu differenzieren. In gewisser Weise ist diese Forderung selbstverständlich. So dürfte auf der Hand liegen, daß sich die Förderung bei Kindern mit isolierten Rechtschreibschwierigkeiten in erster Linie um eine Steigerung der Rechtschreibfertigkeit bemühen wird. Allerdings sollte auch in diesem Fall darauf geachtet werden, daß die Kinder auch zum Lesen motiviert werden und genügend Anregungen dazu erhalten, da längerfristig auch bei diesen Kindern wesentliche Einflüsse auf die Weiterentwicklung des Rechtscheibens vom Lesen ausgehen (Klicpera und Gasteiger-Klicpera 1993).

Schwieriger ist die Frage zu beantworten, ob die Schwächen der Kinder dadurch kompensiert werden können, daß im Unterricht ihre jeweiligen Stärken ausgenutzt werden. Bereits frühzeitig ist behauptet worden, ein Kind, das etwa eine Schwäche in der visuellen Verarbeitung hätte, sei anders zu unterrichten als ein Kind mit einer Schwäche in der auditiven Verarbeitung. Heute würde man sagen, Kinder, die besondere Probleme beim Erarbeiten eines Sichtwortschatzes bzw. beim direkten lexikalischen Zugang haben, aber das segmentweise Erlesen beherrschen, seien anders zu unterrichten als Kinder, die Mühe haben, das phonologische Rekodieren zu erlernen. Erfahrungen, die diese Position belegen, gibt es allerdings nur wenige. Es kann daher nur sehr allgemein auf Befunde aus Längsschnittuntersuchungen hingewiesen werden, die darauf hindeuten, daß Kinder, die sich in den ersten Klassen überwiegend auf ein ganzheitliches (direktes) Erlesen von Wörtern stützen und Mühe mit dem Erlesen neuer Wörter haben, eine schlechtere Prognose haben als Kinder, die recht langsam lesen, aber eine größere Sicherheit beim Erlesen unbekannter Wörter und damit beim phonologischen Rekodieren zeigen (Adams und Bruck 1993). Dies würde nahelegen, daß Förderprogramme auch bei Kindern, die einen größeren Sichtwortschatz haben, Nachdruck auf das Lernen von Graphem-Phonem-Zuordnungen und des segmentweisen Erlesens unbekannter Wörter legen sollten.

8.3. Förderung des Leseverständnisses

Da die Verständnisschwierigkeiten leseschwacher Kinder durch mehrere Faktoren bedingt sein und verschiedene Textebenen betreffen können, ist es wichtig zu entscheiden, auf welchem Niveau die Förderung ansetzen soll, um zu einer möglichst effektiven Steigerung ihrer Lesefähigkeit beizutragen. Sollen den leseschwachen Kindern Hilfen gegeben werden, die zu einem besseren Verständnis einzelner Wörter und des unmittelbaren Kontextes beitragen, oder muß ihnen der Sinn des Textes bzw. die Aufgabe, für die sie den Text lesen sollen, deutlicher vor Augen geführt und die eigenen Erfahrungen, die zum Verständnis beitragen können, aktiviert werden? Vielen leseschwachen Kindern scheint es mehr zu helfen, wenn ihnen schwierig zu lesende Wörter und deren Bedeutung erklärt werden und die Analyse von Sätzen erleichtert wird. Letzteres kann durch das Stellen von Fragen über den Sinn von Sätzen, bei denen sie Fehler begangen haben, erfolgen. Dies gilt jedoch nicht nur für leseschwache, sondern auch für jüngere Kinder mit einer ähnlich geringen Lesefähigkeit. Die Haupthürde für diese Kinder beim Leseverständnis dürfte also neben dem Dekodieren das mangelnde Wissen um Wortbedeutungen und Satzstrukturen sein.

Bei der Planung einer speziellen Förderung des Leseverständnisses ist natürlich auch zu berücksichtigen, daß es unter den leseschwachen Kindern beträchtliche individuelle Unterschiede gibt. Leseschwache Kinder, bei denen die Worterkennungsfähigkeit relativ gut entwickelt ist, können Texte bereits dann besser verstehen und wiedergeben, wenn in einen Text strukturierende Hinweise eingebaut werden (Meyer et al. 1980). Diesen Kindern hilft es auch, wenn der Text in kleineren Einheiten vorgegeben (Cromer 1970) oder die Aufmerksamkeit auf solche Einheiten gelenkt wird (Martinez et al. 1980). Die Wiedergabe von Texten wird bei diesen Kindern weiter verbessert, wenn sie sich die Beziehung zwischen einzelnen Teilen der Geschichte bildlich vorstellen (Levin 1973). Für Kinder mit schlechten Worterkennungsleistungen sind solche Hilfestellungen hingegen relativ wenig hilfreich, wenn zuvor nicht die basalen Lesefertigkeiten verbessert werden.

Da bereits ausführlicher auf verschiedene Methoden der Förderung des Leseverständnisses im regulären Unterricht eingegangen wurde, soll hier nur auf zwei Bereiche ergänzend hingewiesen werden: einmal auf den Unterricht in der syntaktischen Analyse, zum anderen auf zusätzliche Hilfen zur Unterstützung einer aktiven Textbearbeitung, die besonders bei Schülern mit schwachem Leseverständnis angezeigt sind.

Unterricht in der syntaktischen Analyse als Hilfe im Leseunterricht

Das häufige Üben mit einzelnen Wörtern im Leseunterricht und im Leseförderunterricht führt dazu, daß manche der leseschwachen Kinder nicht lernen, das Dekodieren der Buchstaben-Laut-Verbindungen bzw. das Erkennen einzelner Wörter mit der Ausnützung des Kontexts zu verbinden. Diese Schüler machen beim Lesen zusammenhängender Texte deshalb öfters Fehler, bei denen der Sinn des Textes nicht mehr erkennbar ist oder wesentlich verändert wird.

Verschiedene didaktische Vorgehensweisen wurden zur Unterstützung dieser Integration von Dekodieren und Kontextverwendung vorgeschlagen. Eine Möglichkeit, die die Analyse von Verlesungsfehlern nahelegt, besteht darin, Kinder dafür zu sensibilisieren, wieweit Lesefehler den Sinn des Textes verändern, und ihnen verständlich zu machen, daß es in diesem Sinn schwerwiegende und leichte Lesefehler gibt (Pflaum und Pascarella 1980). Wenn die Kinder dies verstanden haben, können sie lernen, den Kontext systematischer zu nutzen, um neue Wörter vorherzusagen, aber auch um eigene Fehler zu korrigieren. Vom Kontext abgeleitete Hypothesen über neue Wörter sollen gemeinsam mit den Kindern überprüft werden. Im allgemeinen genügen einige wenige Buchstaben (etwa der Anfangsbuchstabe), um herauszufinden, welches von den im Kontext sinnvollen Wörtern tatsächlich als nächstes folgt.

Pflaum und Pascarella (1980) berichten, daß das Hinlenken der Aufmerksamkeit der Kinder auf ihre eigenen Fehler und eine Diskussion darüber, wie diese Fehler durch Verwendung des Kontextes korrigiert werden können, den Kindern zunächst unangenehm ist. Gegenüber einer herkömmlich geförderten Gruppe nimmt bei leseschwachen Kindern das Leseverständnis jedoch stärker zu, wenn ein solcher Unterricht über längere Zeit (hier 3 Monate) fortgeführt wird. Ein solcher Unterricht ist freilich nur dann sinnvoll und wirksam, wenn die Kinder bereits eine gewisse Lesefähigkeit erreicht haben. Als untere Grenze wird von Pflaum und Pascarella ein Leseniveau angegeben, das jenem von Kindern zu Beginn der 3.Klasse Volksschule entspricht.

Von Bedeutung für lesegestörte Kinder ist auch die Übung im Aufbauen von Sätzen aus einzelnen Wörtern, wobei mit den Kindern ein bestimmtes Vorgehen eingeübt werden sollte (Weaver 1979). Die Kinder sollten vom Verb ausgehen und die einzelnen Satzteile systematisch ergänzen, sowie nach jedem Schritt prüfen, ob der Satz Sinn macht. Diese aktive Manipulation und der stufenweise Aufbau hat sich als hilfreicher erwiesen als Übungen im Zerlegen von Sätzen (White et al. 1981).

Für die höheren Klassenstufen ist eine Ergänzung dieser Übungen durch die Analyse komplexerer Sätze sinnvoll, wie bereits in dem Kapitel über die Förderung des Leseverständnisses im Unterricht dargestellt (Neville und Searls 1985).

Förderung aktiver Textbearbeitungsstrategien bei leseschwachen Schülern

Gerade bei leseschwachen Kindern kommt der Förderung aktiver Textbearbeitungsstrategien besondere Bedeutung zu. In vielen der im Kapitel über die Förderung des Leseverständnisses dargestellten Ansätze zur expliziten Unterweisung in speziellen Textbearbeitungsstrategien wurde daher auch auf den besonderen Nutzen dieses Unterrichts für leseschwache Schüler hingewiesen. Bei vielen leseschwachen Schülern genügt es jedoch nicht, nur einzelne Strategien zu vermitteln, da sie spontan nur sehr geringe Anzeichen einer aktiven Bearbeitung von Texten zeigen. Einige Untersuchungen stellten sich daher das Ziel, nachzuweisen, daß durch die Unterweisung in mehreren derartigen Strategien eine merkbare Verbesserung des gesamten Leseverständnisses zu erreichen ist.

Palincsar und Brown (1984) berichteten von einem derartigen, umfassenderen Versuch. In einer intensiven Trainingsphase über mehrere Wochen wurden mit leseschwachen Schülern der 7.Schulstufe verschiedene Techniken geübt, wie etwa das eigene Verständnis laufend zu überprüfen, sich selbst Fragen über den Text zu stellen, die Informationen zusammenzufassen, vorherzusagen, welche Informationen noch fehlen. Diese Aktivitäten wurden in kleinen Gruppen zunächst vom Lehrer demonstriert und die Schüler sollten die Vorgehensweise unter ständiger Rückmeldung und Kontrolle seitens des Lehrers übernehmen. Die Aufgabe wurde für die Schüler während des Trainings dadurch vereinfacht, daß nur mit relativ kurzen Textabschnitten von einigen Sätzen gearbeitet wurde. Die Inhalte waren dem Sachkundeunterricht der gleichen Klassenstufe entnommen. Trotz des vereinfachten Trainingsmaterials konnte nicht nur ein Fortschritt im Leseverständnis bei ähnlichen einfachen Aufgaben nachgewiesen werden, sondern auch eine Verbesserung im Verständnis der Themen des Klassenunterrichts.

Dieses Unterrichtsexperiment zeigt, daß ein deutlicher Fortschritt im Leseverständnis bei leseschwachen Kindern durch die Förderung aktiver Textverarbeitungsstrategien erreichbar ist, ein Fortschritt, der auch für den Lehrer im Klassenunterricht spürbar ist. Der Ansatz besticht dadurch, daß den Kindern schrittweise mehr Selbständigkeit bei der Bearbeitung der Aufgaben übertragen wird, aber durch ständige Rückmeldung seitens des Lehrers sichergestellt wird, daß die Kinder auf dem richtigen Weg bleiben. Dies stellt eine Arbeitsweise dar, die für die Kleingruppen von Förderkursen sehr gut geeignet ist.

8.4. Interventionen zur Verbesserung des Klassenverhaltens und der Lernmotivation

Veränderung von ungünstigen Attributionsstilen: Die negativen Auswirkungen ungünstiger Attributionsmuster bei lernschwachen Schülern haben zu Bemühungen geführt, diesen Attributionsstil direkt zu beeinflussen und lernschwache Kinder davon zu überzeugen, die Ursachen für die Lernschwierigkeiten nicht in der mangelnden eigenen Begabung zu erblicken, sondern in unzureichendem eigenen Bemühen. Dieses Training (für eine Übersicht siehe Licht und Kistner 1986) besteht aus zwei Komponenten, einerseits der Vorgabe von Aufgaben, die bei den Kindern zu einer gewissen Anzahl an Fehlern, aber auch zu richtigen Lösungen führen, und der Rückmeldung des Trainers, daß die Anstrengung der Kinder entscheidend ist. Wesentlich ist dabei, den Optimismus zu vermitteln, die Kinder hätten es selbst in der Hand, zu einer erfolgreichen Lösung der Aufgaben zu kommen. Deshalb sind auch die Aufgaben so zu wählen, daß die Kinder die Erfahrung machen, durch mehr Anstrengung bessere Leistungen erzielen zu können.

Die Erprobung verschiedener Rückmeldeformen hat gezeigt, daß positive Rückmeldungen über das Bemühen zu mehr Persistenz bei der Aufgabenbearbeitung führen als die Ermahnung, sich noch mehr anzustrengen. Zudem dürfte sich die Verbindung von Attribuierungstraining und Training in speziellen Lernstrategien als besonders fruchtbar erweisen. Der Akzent im Attribuierungstraining kann auch stärker darauf gelegt werden, daß Fehler durch die mangelnde Anwendung der richtigen Strategien und nicht allein durch zu geringe Anstrengung zustande kommen. Auf diese Weise können negative Auswirkungen vermieden werden, die dadurch entstehen, daß die Kinder sich als zu faul oder nachsichtig einschätzen und somit in ihrem negativen Selbstkonzept bestätigt werden.

Kontrollierte Untersuchungen zeigen wenigstens kurzfristig deutliche positive Auswirkungen des Attribuierungstrainings auf die Bereitschaft, auch schwierige Aufgaben zu versuchen, und eine vermehrte Ausdauer bei der Aufgabenbearbeitung (Übersicht bei Licht und Kistner 1986). Borkowski et al. (1987) führen zusätzliche Evidenz an, daß durch das Attribuierungstraining besonders die Generalisation einmal erlernter Strategien auf neue Aufgaben erleichtert wird. Lernschwachen Kindern explizit zu vermitteln, daß es auf ihre Aktivität beim Lernen ankommt, trägt also wesentlich dazu bei, daß sie gerade erworbene Fertigkeiten auch anwenden.

Förderung der Mitarbeit in der Klasse durch den Lehrer: Wiederholt konnte gezeigt werden, daß die Verstärkung angemessenen Unterrichtsverhaltens (z.B. aktive Teilnahme an Klassengesprächen) durch den Lehrer nicht nur zu einer deutlichen Zunahme dieses Verhaltens, sondern auch zu einem Anstieg der Leistungen im Lesen führt (Hops und Cobb 1974, Walker und Hops 1976). Auch wenn diese Interventionen nicht ausreichen, um die Lese- und Schreibfertigkeit von schwachen Schülern nachhaltig zu verbessern, und die Auswirkungen auf den Fortschritt im Lesen deutlich geringer sind als bei einer effektiven Leseförderung (Lovett et al. 1989, 1990), so dürfte doch klar sein, daß der Klassenlehrer auch in ein Förderprogramm, das außerhalb des regulären Unterrichts stattfindet, einbezogen werden muß und daß er darauf achten soll, daß die Schüler ihre Lernfortschritte in der Klasse zur Geltung bringen können.

8.5. Die Bedeutung von Förderprogrammen für den Unterricht lese- und schreibschwacher Schüler

Förderprogramme können in mehrfacher Weise zu einer Verbesserung des Unterrichts lese- und rechtschreibschwacher Schüler beitragen, einmal dadurch, daß sie eine theoretische Orientierung bieten und angeben, worauf sich der Förderunterricht konzentrieren soll. Weiters können sie dem Lehrer helfen, den Leistungsstand der Kinder in bestimmten Bereichen besser zu beurteilen. Dies kann man den diagnostischen Einfluß eines Förderprogramms nennen. Schließlich enthalten sie zumeist Anregungen zu Übungsformen gegeben und zum Teil auch Arbeitsmaterialien für die Schüler.

Da verschiedene Förderprogramme in unterschiedlichem Ausmaß und unterschiedlicher Qualität zur Orientierung des Förderunterrichts, zur Diagnose und zu seiner Gestaltung beitragen, unterscheiden sie sich wohl auch in ihrem Einfluß auf den Lernfortschritt lese- und rechtschreibschwacher Kinder. Evaluationen der verschiedenen Förderprogramme, die auch die Verwendung dieser Programme im Unterricht erfassen, fehlen jedoch weitgehend, so daß diese Vermutung nur in Ansätzen durch empirische Befunde zu bestätigen ist. Trotzdem wollen wir einige kritische Anmerkungen zu den Förderprogrammen machen:

- Nahezu alle Förderprogramme sind nicht curriculumsbezogen. Dies bedeutet de facto, daß Förder- und Klassenunterricht nebeneinander her laufen. Dadurch können die Kinder aber nur sehr begrenzt das, was sie im Förderunterricht lernen, in den Klassenunterricht integrieren und bleiben daher trotz der speziellen Übungen im Förderunterricht in der Klasse weiter zurück.

- Die weitgehende Trennung von Klassen- und Förderunterricht hat aber auch zur Folge, daß das im Förderunterricht Gelernte außerhalb dieses Unterrichts nicht oder zumindest nur sehr begrenzt geübt wird. Die fehlende Bezugnahme auf den Klassenunterricht verstärkt das Dilemma für die Förderlehrer und verunsichert sie in der Entscheidung, ob sie sich an die Programme halten oder ob sie sich stärker am Unterricht der jeweiligen Klasse orientieren sollen.

- Die wenigsten Programme verfügen über Einstufungstests, die dem Lehrer ermöglichen zu entscheiden, auf welcher Stufe des Leseunterrichts sie mit den Kindern beginnen bzw. fortfahren sollen. Anstatt zu bestimmen, wie groß die Lese- und Rechtschreibschwierigkeiten der Kinder sind bzw. wieweit die Kinder in ihrer Lese- und Rechtschreibentwicklung fortgeschritten sind, wird in einigen Programmen versucht, die Kinder danach zu differenzieren, bei welchen Fehlerschwerpunkten sie im Rechtschreiben Schwierigkeiten haben, und diese Rechtschreibphänomene werden isoliert geübt. Eine sinnvolle, der jeweiligen Entwicklungsstufe des Lesens und Rechtschreibens angemessene Integration des Förderunterrichts wird dadurch erschwert.

- Programme, die wenig konkrete Anregungen für Unterrichtsaktivitäten und im Unterricht einsetzbares Fördermaterial anbieten bzw. deren Angebot wenig strukturiert ist, sind in ihrem Erfolg sehr von der Aktivität der einzelnen Förderlehrer abhängig. Je mehr die Lehrer die Richtlinien und Anregungen der Programme aufgreifen und selbst geeignetes Unterrichtsmaterial zusammenstellen, desto größer ist der positive Einfluß derartiger Förderprogrammen. Dies bedeutet nicht, daß Förderprogramme vorzuziehen sind, die eine ausgefeilte Materialsammlung anbieten, die Auswahl von Programmen muß sich allerdings nach der Erfahrung und den zeitlichen Möglichkeiten der Lehrkräfte richten.

- Die in vielen Programmen vorgesehene Methodenvielfalt verwirrt die Kinder. Gerade Kinder mit Lese- und Rechtschreibschwierigkeiten benötigen eine größere Konsistenz der Übungsformen. Die Verwendung von sehr unterschiedlichen Übungsformen führt dazu, daß relativ viel Zeit damit verbracht werden muß, den Kindern die Übungen zu erklären. Damit wird die Zeit, die für das eigentliche Üben zur Verfügung steht, reduziert, und der Lehrer hat auch weniger Zeit, den Kindern das Lesen und Rechtschreiben zu erklären und Hilfestellungen zu geben.
- Manche der im Förderunterricht verwendeten Übungen und Hilfsmittel lenken eher von der eigentlich zu lernenden Aufgabe ab und tragen wenig zu einer Erhöhung der Lese- und Rechtschreibfähigkeit bei.
- In vielen Förderprogrammen wird zuviel mit einzelnen Wörtern geübt. Dies verlangt den Kindern ein hohes Maß an Konzentration und Anstrengung ab und führt nicht unbedingt zu einer Erhöhung der Freude am Lesen und Schreiben. Wegen des geringen motivierenden Werts der vorgeschlagenen Übungsformen wird in vielen Programmen empfohlen, den Förderunterricht durch Spiele aufzulockern. Auch diese Spiele setzen vielfach, soweit sie überhaupt auf die Aufgabe des Lesens und Rechtschreibens bezogen sind, an einzelnen Wörtern an. Dabei wird übersehen, daß auch lese- und rechtschreibschwache Kinder motiviert sind, das Lesen und Schreiben zu lernen, und daß die eigentliche Verstärkung aus Fortschritten beim Lesen und Schreiben kommen soll. Die Aufgabe des Förderlehrers wäre es, diese Fortschritte für die Kinder erfahrbar zu machen, wobei die wenigsten Förderprogramme dem Lehrer dabei helfen.

Im Folgenden werden einige Förderprogramme besprochen, die im deutschsprachigen Raum häufiger verwendet werden. Dabei mußte eine Auswahl getroffen werden, da die Anzahl der angebotenen Programme recht groß ist. Wir wählten zwei Programme aus, die sich durch einen systematischen Aufbau auszeichnen (das Programm von Kossow und den Kieler Lese- und Rechtschreibaufbau) sowie ein Programm, mit dem wir uns im Rahmen der Wiener Längsschnittuntersuchung intensiver auseinandergesetzt haben, da es im Wiener Raum häufiger Verwendung findet.

Förderprogramm von Kossow: In dem Förderprogramm von Kossow (1977) wird ein klarer Akzent auf die Verbesserung der artikulatorisch-phonematischen Gliederungs- und Differenzierungsfähigkeit gesetzt. Das Förderprogramm enthält einen klaren Aufbau, indem von einzelnen Buchstaben und von Silben ausgegangen wird, in den späteren Übungen jedoch auch die Berücksichtigung von größeren Wortmerkmalen (morphologische, etymologische Merkmale, Analogie zu anderen Wörtern, syntaktische Ableitungen) geübt wird. In den späteren Stadien des Förderprogramms sind zudem auch Einprägungsübungen für das Behalten der spezifischen Schreibweise einzelner Wörter vorgesehen. Die Kinder sollen auf diese Weise Wörter lernen, deren Schreibweise von der Aussprache nicht abzuleiten ist.

Das Programm ist in Stufen gegliedert, für die entsprechende Einstufungstests vorgesehen sind. Dies erleichtert sowohl die anfängliche Einstufung der Kinder wie die Kontrolle, ob ein Kind die jeweiligen Lernschritte schon gemeistert hat. Kossow geht bei der Diagnose der Lese- und Rechtschreibschwierigkeiten von einer Fehleranalyse aus. Die wichtigsten interpretativen bzw. funktionalen Fehlerkategorien sind Differenzierungs- und Gliederungsfehler. Beide Fehlerkategorien sollen die Schwierigkeiten näher bezeichnen, die Kinder bei der Analyse und Verarbeitung der mündlichen Sprache haben. Differenzierungsfehler bezeichnen Fehler, die durch Schwierigkeiten bei der Unterscheidung von Lauten entstehen. Gliederungsfehler würden hingegen nach Kossow durch unzureichende Aufgliederung und Analyse von Wörtern zustande kommen. Beide Fehlerarten werden in gröbere und feinere Fehler unterschieden. Gröbere Differenzierungsfehler würden vorliegen, wenn Konsonanten verwechselt werden, die an verschiedenen Artikulationsstellen gebildet werden. Die Verwechslungen langer Vokale wären ebenfalls grobe Differenzierungsfehler, jene kurzer Vokale dagegen feine. Gröbere Gliederungsfehler sind solche, in denen die Silbenstruktur der Wörter nicht erhalten ist, während in feineren Gliederungsfehlern der Aufbau der Silben vor allem bei Konsonantengruppen nicht richtig wiedergegeben ist. Die Fehleranalyse soll die Ausrichtung des Förderprogramms nicht nur zu Anfang der Übungen bestimmen, sondern soll immer wieder vorgenommen werden, um eine ständige Ausrichtung der Übungen an den jeweiligen Schwierigkeiten der Kinder zu ermöglichen.

In dem Förderprogramm ist die Einführung und systematische Anwendung von Hilfen vorgesehen. Durch diese Hilfen soll die schrittweise Verinnerlichung von Lernprozessen erleichtert werden, eine Idee, die der sowjetischen Lerntheorie entsprungen ist. Durch Zeichen werden die Kinder darauf hingewiesen, welche Schritte sie bei der Analyse von Wörtern, beim Differenzieren von Lauten etc. durchzuführen haben. Diese Zeichen sollen von den Kindern während des Lese- bzw. Rechtschreibvorgangs verbalisiert werden. Mit fortschreitendem Übungserfolg werden die Hilfen allmählich wieder ausgeblendet. Mit der Ausblendung der Hilfen soll ein Fortschritt im Aufbau einer bewußten Selbstkontrolle einhergehen. Die Automatisierung des Lese- und Rechtschreibvorgangs wird zwar als Fernziel anerkannt, dieses soll jedoch über die Stufe bewußter Selbstkontrolle erreicht werden.

Kieler Lese- und Rechtschreibaufbau: Der Kieler Lese- und Rechtschreibaufbau (Dummer-Smoch und Hackethal 1993 a,b) wendet sich in erster Linie an Kinder, die nach den ersten Schuljahren noch große Schwierigkeiten beim Lesen und Schreiben haben. Die Programme zeichnen sich vor allem durch die klare Betonung des phonologischen Rekodierens als zentraler Lese- und Schreibstrategie aus, deren Erlernen den Kindern erleichtert werden soll. Dies wird dadurch angestrebt, daß einerseits die von den Kindern beim Lesen- und Schreibenlernen zu meisternde Aufgabe in Stufen mit ansteigendem Schwierigkeitsgrad gegliedert wird (v.a. durch Zusammenstellung entsprechender Wortlisten). Andererseits werden den Kindern Hilfen angeboten, die es ihnen erleichtern sollen, die Zuordnung von Phonemen und Graphemen vorzunehmen. Die wichtigste Hilfe in diesem Programm ist die Einführung von Lautgebärden zur Identifikation der Phoneme, eine Hilfe, über deren Bedeutung allerdings bisher kaum gesicherte Befunde, sondern nur Erfahrungsberichte vorliegen. Weitere Hilfen bestehen in der systematischen Einführung der Silbengliederung sowohl beim Lesen wie beim Rechtschreiben und in der Betonung des lauten Mitsprechens beim Schreiben.

Ähnlich wie bei der Orton-Gillingham-Methode wird zuerst die Zuordnung von Buchstaben und Lauten, dann das Lesen (und Schreiben) einfacher Silben und das Lesen von Wörtern geübt. Die Auswahl der zu übenden Wörter zeichnet sich durch einen systematischen Aufbau aus, wobei zuerst nur Wörter vorgestellt werden, die durch einfache Wortstruktur (regelmäßige Konsonant-Vokalfolgen) und durch eindeutige und leichte Graphem-Phonem-Zuordnung (gedehnt aussprechbare Konsonanten, lange Vokale) gekennzeichnet sind. Der Schwierigkeitsgrad der Wörter wird systematisch und stufenweise erhöht (durch Einführung von Konsonanten, die nicht gedehnt ausgesprochen werden können; durch Konsonantenverbindungen am Wortanfang etc.), sobald die

Kinder genügend Sicherheit auf einer Stufe erworben haben. Im Rechtschreiben wird diese Systematik fortgesetzt, indem zuerst Wörter mit regelmäßiger Phonem-Graphem-Zuordnung geübt werden, dann Wörter, deren Schreibweise durch Bildung von Ableitungen oder durch silbenweises Aussprechen (bei Doppelkonsonanten) ermittelbar ist, etc.

In den Übungsformen wird besonderer Wert auf einfache, klar strukturierte Übungen gelegt (Vorlesen, Abschreiben aus dem Gedächtnis etc.). Ihr Motivationswert soll durch die häufige Verwendung von Partnerübungen (zuerst mit einem Pädagogen oder einem Elternteil, dann mit Kindern) gesteigert werden. Zusätzlich zu den traditionellen Übungsformen werden auch einige Spiele mit Wortkarten sowie Übungen am Computer im Rahmen des Programms angeboten.

Förderprogramm von Kowarik und Kraft: Dem Förderprogramm von Kowarik und Kraft (1973) liegt die Vorstellung zugrunde, daß lese- und rechtschreibschwache Kinder vor allem in zwei Bereichen Schwierigkeiten haben: Wegen der Raum-Lage-Labilität hätten lese- und rechtschreibschwache Kinder Schwierigkeiten bei der Erfassung der Orientierung von Buchstaben und beim Erkennen und Behalten ihrer richtigen Reihenfolge. Andererseits hätten lese- und rechtschreibschwache Kinder auch Schwächen in der akustischen Differenzierung und würden daher ähnliche Laute verwechseln. Diese beiden Bereiche müßten daher vor allem geübt werden, wobei der größere Nachdruck auf Übungen zur Erhöhung der Raumorientierung gelegt wird. Da jedoch gleichzeitig noch auf andere Lese- und Rechtschreibbereiche besonderer Wert gelegt werden soll, so wird etwa die Bedeutung einer schönen Schrift für lese- und rechtschreibschwache Kinder hervorgehoben, ergibt das Förderprogramm keine eindeutige und klare Orientierung für die Gestaltung des Förderunterrichts.

In dem Förderprogramm ist auch kein klarer Aufbau von einfacheren zu schwierigeren Übungen vorgesehen. Hier gibt es nur eine einzige Ausnahme. Da nach Ansicht der Autoren des Förderprogramms alle legasthenen Kinder Schwierigkeiten beim Erfassen der Raumorientierung hätten, sollte dieser Bereich mit den Kindern bereits relativ frühzeitig geübt werden, da eine größere Sicherheit in diesem Bereich das Erlernen anderer Teilbereiche des Lesens und Rechtschreibens erleichtern würde. Die eigentlichen Lese- und Rechtschreibübungen sind nach Buchstaben bzw. Buchstabengruppen gegliedert. Für jeden dieser Buchstaben bzw. Buchstabengruppen sind Wortlisten zusammengestellt, die in allen Übungen sowohl relativ häufige wie relativ seltene Wörter enthalten.

Anleitungen zur Individualisierung der Förderung werden nur wenige gegeben. Es wird eine Auswahl der Übungen aufgrund einer Analyse eines kurzen Diktats nach Fehlerschwerpunkten empfohlen, deren Zuverlässigkeit jedoch in Anbetracht der Kürze des Diktats äußerst fragwürdig ist. Während der Durchführung des Förderprogramms werden keine Unterlagen zu Verfügung gestellt, die eine Überprüfung erlauben würden, wieweit die Kinder die zu übenden Rechtschreibmerkmale bereits beherrschen und daher andere Rechtschreibphänomene üben könnten. Der Aufbau des Programms scheint nicht geeignet zu sein, einen optimalen Lernfortschritt zu erzielen. Die Übungen sind jeweils auf einzelne Bereiche konzentriert, es ist keine Wiederholung früher geübter Bereiche vorgesehen. Bei jeder Übung wird eine Vielzahl unterschiedlicher Wörter eingeführt und diese Wörter werden stets einzeln und kaum in einem sinnvollen Kontext vorgegeben. Manche der Wörter dürften den Kindern gar nicht vertraut sein. Obwohl das Ziel vieler Übungen das richtige Erkennen und Differenzieren von Phonemen ist, werden die Laute nicht systematisch von anderen ähnlichen Lauten differenziert. Dies wird sogar aus der

Idee heraus, daß die Kinder dadurch überfordert würden und eine Hemmung durch Ähnlichkeit eintreten würde (Ranschburgsche Hemmung), bewußt vermieden. In dem Förderprogramm wird vielmehr zuerst die Festigung der Einzellaut-Buchstaben-Verbindung angestrebt, erst später sollen mit den Kindern Differenzierungsübungen durchgeführt werden. Es erscheint jedoch fraglich, wieweit eine Festigung der Einzellaut-Buchstabenverbindung möglich ist, ohne daß die Kinder die einzelnen Laute von anderen ähnlichen Lauten zu differenzieren lernen.

Dadurch, daß die einzelnen Übungen nicht systematisch aufeinander bezogen sind, werden manche Bereiche, die den Kindern beim Rechtschreiben Schwierigkeiten bereiten, nicht beachtet, so etwa das Aufgliedern von Konsonantenverbindungen. In der Anleitung zum Förderprogramm wird zwar darauf hingewiesen, daß man die Kinder lehren soll, wiederkehrende Wortteile, also größere Einheiten als Buchstaben, zu erkennen. Dies wird jedoch in dem Förderprogramm nicht systematisch geübt und es sind auch keine Übungen in der Wortanalyse vorgesehen.

In dem Förderprogramm sind Bemühungen erkennbar, das Lernen des Lesens und Rechtschreibens durch das Angebot von Hilfen zu erleichtern. Diese (visuelle, sprechmotorische, akustische, schreibmotorische Hilfen, Orientierungshilfen, psychologische Hilfen) setzen jedoch an sehr unterschiedlichen Aspekten der Schriftsprache an, bleiben rein äußerlich und sind nicht in den Lese- und Rechtschreibprozeß integriert. Es besteht auch kein innerer Zusammenhang zwischen den verschiedenen Hilfen, bei denen Assoziationen zwischen bestimmten Vokalen und Wörtern hergestellt und durch eine Art Piktogramm (z.B. ü = grünes Hütchen, eu = roter Feuerbogen) symbolisiert werden sollen. Nur in wenigen Piktogrammen wird ein besonderes Merkmal der durch die Buchstaben repräsentierten Phoneme hervorgehoben, z.B. die Kürze von Vokalen oder die "Härte" von Konsonanten. Die akustischen und sprechmotorischen Hilfen erschöpfen sich auf der anderen Seite weitgehend in Anweisungen für Übungen, die getrennt vom Lese- und Rechtschreibunterricht gehalten werden. Es wird nicht aufgezeigt, wie das in diesen Übungen Gelernte für das Lesen und Rechtschreiben fruchtbar gemacht werden kann, zumindest wird diese Übertragung nicht explizit geübt. Durch die starke Unterteilung des Förderprogramms in Übungen für einzelne Buchstaben bzw. Buchstabengruppen lernen die Kinder trotz der vereinzelt angebotenen Hilfen kein systematisches Vorgehen bei der Differenzierung der Laute.

Zusammenfassend kann man feststellen, daß die drei Programme ein relativ breites Spektrum an Ideen in unterschiedlicher Weise für die Förderung nutzen. Vor allem die beiden ersten Programme zeichnen sich durch einen klaren Aufbau und eine starke Strukturierung aus. Dies dürfte schwachen Schülern das Lesen- und Schreibenlernen wesentlich erleichtern. Was allerdings für diese, wie für die meisten anderen Programme, fehlt, ist der Nachweis, daß die angebotenen Hilfen das Lesen- und Schreibenlernen tatsächlich wesentlich erleichtern. Auch eine klarere Dokumentation der erreichbaren Fortschritte und der Geschwindigkeit, mit der diese Fortschritte bei verschiedenen Kindern erzielt werden können, wäre für ein besseres Verständnis des Nutzens dieser Förderprogramme hilfreich.

8.6. Die Bedeutung des sogenannten Funktionstrainings im Legasthenikerförderunterricht

Obwohl von vielen Legastheniker-Förderlehrern und Legasthenietherapeuten dem Training perzeptueller (visueller, auditiver) und perzeptuo-motorischer Fähigkeiten viel Zeit eingeräumt wird, ist der Nachweis, daß diese Trainingsinhalte für den Fortschritt von lese- und rechtschreibschwachen Kindern wesentlich sind, sehr mangelhaft. Solche Fördermaßnahmen werden denn wohl auch mehr aus der Ansicht abgeleitet, daß Lese- und Rechtschreibschwierigkeiten aus der unzureichenden Entwicklung von perzeptuellen bzw. perzeptuo-motorischen Fähigkeiten resultieren.

Die wenigen kontrollierten Untersuchungen zu verschiedenen Formen eines perzeptuellen bzw. perzeptuo-motorischen Trainings konnten bei leseschwachen Kindern keine Steigerung der Lesefähigkeit nachweisen (z.B. McCormick et al. 1968, Übersicht bei Hamill et al. 1974, Gittelmann 1983). Das gleiche gilt auch für ein Training in der auditiven Diskriminationsfähigkeit. Allerdings liegt für diese Trainingsprogramme auch kein Nachweis vor, daß die Entwicklung der perzeptuellen und perzeptuo-motorischen Fähigkeiten über den begrenzten, geübten Bereich einiger weniger spezifischer Aufgaben hinaus durch dieses Training angeregt wird (Feldmann et al. 1968).

Begrenzter Wert von visuellen Diskriminationsübungen: Im Förderunterricht lese- und rechtschreibschwacher Kinder werden vielfach Übungen durchgeführt, die die Fähigkeit, visuelle Differenzierungen vorzunehmen, erhöhen sollen. Besondere Beachtung wird dabei gewöhnlich der Unterscheidung der Links-Rechts-Orientierung gewidmet. Das Material, das dabei verwendet wird, besteht oft aus geometrischen Formen, wobei angenommen wird, daß der Übungseffekt auf die Unterscheidung von Schriftzeichen generalisiert. Diese Annahme konnte experimentell jedoch nicht bestätigt werden (Santa 1975). Es scheint nicht einmal nötig zu sein, die Unterscheidung verschiedener Buchstaben eigens zu üben, da der Umgang mit Wörtern sich bei längerer Übungszeit auch auf die Fähigkeit, zwischen verschiedenen Buchstaben zu unterscheiden, auswirkt. Selbst bei Leseanfängern haben Übungen im Erkennen und Unterscheiden von Wörtern einen größeren Generalisationseffekt als Übungen mit einzelnen Buchstaben.

Psychomotorische Therapie: Zum Teil wird als Ziel dieses Trainings die Anregung der gesamten sensomotorischen Entwicklung betrachtet, die als Grundlage kognitiver Lernprozesse aufgefaßt wird. Die Förderung begrenzter Fähigkeiten und die Entwicklung unmittelbarer Voraussetzungen des Lesens und Rechtschreibens tritt demgegenüber in manchen Therapieansätzen zurück. Ein solches weiter gestecktes Ziel wird oft gerade mit der sogenannten psychomotorischen Therapie verbunden, der auch ein positiver Einfluß auf das Selbstbewußtsein der Kinder und ihre Integration in eine Gruppe gleichaltriger Kinder zugeschrieben wird.

Eggert et al. (1973) verglichen den Einfluß einer solchen Therapie mit einem herkömmlichen Förderprogramm für Kinder mit Lese- und Rechtschreibschwierigkeiten und einer nicht geförderten Kontrollgruppe. Allerdings wurden die Auswirkungen der beiden Trainingsformen nur über eine relativ kurze Zeit (3 Monate) verglichen, dann wurde für weitere drei Monate mit beiden geförderten Gruppen zu gleichen Teilen sowohl das psychomotorische Training wie ein Rechtschreib-Förderprogramm durchgeführt. Der Erfolg beider Trainingsformen auf die Rechtschreibleistung war sehr gering und der Leistungsanstieg war nicht einmal größer als bei der nicht-geförderten Kontrollgruppe.

Auch Tests zur motorischen Koordinationsfähigkeit zeigten keinen spezifischen Einfluß des psychomotorischen Trainings. In einem Fragebogen schätzen sich allerdings die Kinder nach dem psychomotorischen Training als sicherer und weniger gespannt ein.

Umfassende Behandlung von Teilleistungsschwierigkeiten: Die bisher dargestellten Ansätze zielen auf einzelne Teilleistungsschwächen und sind auch im zeitlichen Umfang bzw. der Intensität der Förderung begrenzt. Vertreter der Hypothese, daß Lese- und Schreibschwierigkeiten durch die mangelnde Ausbildung basaler Teilleistungen bedingt sind, fordern eine umfassendere Therapie. Die bisherigen Erfahrungen mit intensiven Förderprogrammen, die sich an diesem Ansatz orientieren, zeigen allerdings keinen allzu großen Erfolg. Prominente Vertreter dieses Ansatzes sind in den USA Silver und Hagin, die bereits in 70-er Jahren spezielle Verfahren zur Diagnostik und Therapie von Teilleistungsstörungen entwickelt haben. Nach diesem Modell wurde eine intensive Einzelförderung für schwache Leser konzipiert, die tägliche, individuell an den Schwierigkeiten der Kinder orientierte Übungen vorsehen. Eine Evaluation dieser Therapie konnte allerdings nur recht geringe Fortschritte nachweisen (Wasik und Slavin 1993).

8.7. Die Wirksamkeit von Fördermaßnahmen für lese- und rechtschreibschwache Kinder

Obwohl an vielen Stellen spezielle Fördermaßnahmen für lese- und rechtschreibschwache Kinder durchgeführt werden, gibt es nur wenige Untersuchungen, die über die Effektivität der Förderprogramme Aufschluß geben. Die meisten derartigen Untersuchungen beziehen sich auf Fördermaßnahmen und auf Übungsprogramme, deren Inhalt nicht näher beschrieben wurde, und über deren Durchführung meist nur globale Angaben, im Allgemeinen die Anzahl der Übungsstunden pro Woche über einen bestimmten Zeitraum, gemacht werden. Methodisch weisen die meisten Untersuchungen gewisse Mängel auf, wodurch eine Beurteilung des Übungserfolges erschwert wird. So ist z.B. in vielen Untersuchungen nicht ersichtlich, wieweit die Übungen und die Erfolgsmessung inhaltlich aufeinander bezogen waren, ob also in der Erfolgskontrolle in erster Linie speziell geübte Inhalte erfaßt wurden oder ob allgemeinere Auswirkungen der Übungen auf die Lese- und Rechtschreibleistung geprüft wurden.

Die Beurteilung wird in vielen Fällen auch dadurch erschwert, daß die Fortschritte der geförderten Kinder nicht mit den Fortschritten der Kinder in einer Kontrollgruppe verglichen wurden. Selbst dann, wenn eine unbehandelte Kontrollgruppe vorhanden war, bleibt unklar, wieweit die erzielten Fortschritte auf unspezifische Effekte, wie Aufmerksamkeitszuwendung, Vermittlung einer positiven Einstellung und einer optimistischen Haltung, zurückzuführen sind. Deshalb wäre es optimal, auch für die Kontrollgruppe Fördermaßnahmen vorzusehen, die aber an anderen Momenten ansetzen als an der Förderung der Lese- und Rechtschreibfertigkeit (Gittelman 1983).

Evaluationsstudien, die keine Kontrollgruppe verwendet haben: In Anbetracht des Mangels an gut kontrollierten Untersuchungen soll kurz auch auf die Ergebnisse einiger Untersuchungen eingegangen werden, die keine Kontrollgruppe verwendet haben, sondern über die Fortschritte von Kindern während eines regulären Therapie- bzw. Förderprogramms berichten. Im allgemeinen handelt es sich um den Vergleich von Testergebnissen zu Beginn bzw. bei Abschluß der Therapie. Die Berichte stammen teilweise von sogenannten "Dyslexie-Kliniken" bzw. "Leskliniken", wie sie etwa an

Spitälern oder Pädagogikinstituten der Universitäten in England oder den USA eingerichtet sind. Hier werden Kinder meist ein- oder zweimal die Woche außerhalb der Unterrichtszeit für eine Stunde gefördert. Die Kinder kommen gewöhnlich aus Familien der Mittelklasse, vielfach wird nur über die Ergebnisse von Kindern mit wenigstens durchschnittlicher Intelligenz berichtet. Die Untersuchungen kommen teilweise zu dem Schluß, daß die Mehrzahl der lese- und rechtschreibschwachen Kinder während der Förderung deutliche Fortschritte erzielt und den Rückstand im Lesen und Rechtschreiben teilweise aufgeholt hat. Der durchschnittliche Fortschritt, der in den verschiedenen Untersuchungen berichtet wird, ist jedoch recht unterschiedlich.

- Hornsby und Miles (1980) berichten von dem Fördererfolg in drei Dyslexie-Kliniken in Großbritanien, in denen der Schwerpunkt auf den systematischen Unterricht der Graphem-Phonem-Zuordnungen gelegt wurde. Der Lernzuwachs in der Lesesicherheit und im Rechtschreiben während der Förderung (im Durchschnitt etwa 1 1/2 Jahre) soll beinahe doppelt so groß gewesen sein, wie aufgrund der altersgenormten Tests zu erwarten (durchschnittlicher Fortschritt 28 Monate).
- Andrews und Shaw (1986) beziehen sich auf die Fortschritte, die lese- und rechtschreibschwache Kinder in einer Dyslexie-Klinik in London bei regelmäßig durchgeführten Lese- und Rechtschreibtests erzielt haben. Sie kommen zu dem Schluß, daß die Kinder in den ersten Monaten durch die Förderung ihren Rückstand etwas aufholen und größere Fortschritte machen, daß diese Fortschritte später jedoch trotz Fortführung der Fördermaßnahmen geringer werden. Bezogen auf altersgenormte Tests haben die Kinder in den durchschnittlich 21 Monaten, in denen sie an den Fördermaßnahmen teilnahmen, auch etwa 21 Monate in ihrem Leistungsstand im Lesen und Schreiben hinzugewonnen.
- Richardson et al. (1978) führten eine relativ intensive Behandlung (täglich 1 Stunde zusätzliches systematisches Üben) leseschwacher Kinder in kleinen Gruppen über ein halbes Jahr durch und konnten in dieser Zeit einen Lernfortschritt erzielen, der nach altersnormierten Tests etwa ein Jahr beträgt. Trotz der beträchtlichen Fortschritte ergab die Extrapolation der Lernkurve, daß die Kinder erst nach weiteren zwei Jahren intensiver Förderung ihren Rückstand aufgeholt haben werden.
- Nach Thomson (1988) konnte bei Kindern, die eine spezielle Heimschule für legasthene Kinder besuchten und dort täglich einen besonders strukturierten Unterricht erhielten, der anfänglich schwere Rückstand im Lesen und Rechtschreiben nach drei Jahren beträchtlich reduziert werden. Die Kinder erzielten in dieser Zeit jährlich Fortschritte, die etwa jenen von 1 1/5 Schuljahren entsprechen. Außerdem war festzustellen, daß sie gerade in jenen Bereichen Fortschritte erzielen, die ihnen sonst besondere Probleme bereiten, nämlich in der phonologischen Bewußtheit und im phonologischen Rekodieren.

Die meisten Förderprogramme dürften sich nicht gleichmäßig auf verschiedene Aspekte der Lesefähigkeit auswirken. DeVito (1977) stellte fest, daß die schulischen Leseförderprogramme einen geringeren Einfluß auf das Leseverständnis als auf die Worterkennungsfähigkeit haben - ein Ergebnis, das bei der Konzentration der meisten Programme auf das Lesen einzelner Wörter nicht unerwartet ist. Nach Dunham (1960) sind die Auswirkungen von relativ kurzen Fördermaßnahmen (in der Untersuchung von Dunham 6 Monate lang 1-2 Stunden pro Woche) auf die Lesemotivation geringer als auf die Lesefähigkeit. Die Lesefreude der Kinder wird sich erst dann entwickeln, wenn sie einen gewissen Stand der Lesefähigkeit erreichen.

Während somit von Einrichtungen, die selbst Förderprogramme für lese- und rechtschreibschwache Kinder durchführten, überwiegend Fortschritte berichtet wurden, konnten Untersuchungen an Beratungsstellen, die die Förderung nicht selbst durchgeführt, aber den Einfluß der Förderung auf die langfristige Entwicklung der betreuten Kinder bestimmt haben, keinen deutlichen Einfluß von Fördermaßnahmen feststellen.

So berichteten Gottesman et al. (1975), daß die herkömmlichen Fördermethoden keinen merklichen Einfluß auf die Leistungsentwicklung dieser Kinder hatten. Kinder, die wegen der Nähe zu entsprechenden Zentren Förderkurse besuchten, erzielten bei der Nachuntersuchung keine besseren

Leistungen im Lesen als andere Kinder, die nicht an Förderkursen teilgenommen hatten. Ähnliche Ergebnisse berichten auch Safer und Allen (1973).

Natürlich ist bei der Bewertung dieser Untersuchungen zu bedenken, daß ohne zufällige Zuordnung der Kinder zu verschiedenen Behandlungen die Tendenz besteht, jene mit größeren Schwierigkeiten im Lesen und Rechtschreiben in Förderprogramme, die eine intensivere Betreuung ermöglichen, aufzunehmen, sodaß der Einfluß des Schweregrades der Störung und der Betreuungsform nicht mehr unabhängig zu bestimmen sind. Es kommt dann, wie in der Untersuchung von Ackerman et al. (1977a), zu dem scheinbar paradoxen Ergebnis, daß lese- und rechtschreibschwache Kinder in intensiven Förderprogrammen den geringsten Fortschritt machen und nicht-geförderte lese- und rechtschreibschwache Kinder sich am stärksten verbessern.

Stabilität der erzielten Fortschritte: Auch wenn in vielen Untersuchungen während der Fördermaßnahmen eine Beschleunigung des Lernzuwachses im Lesen und Rechtschreiben festgestellt wurde, ist gewöhnlich beobachtet worden, daß der Leistungsstand der Kinder nach Beendigung der Intervention wieder abfällt und die Kinder den erreichten Fortschritt nicht halten können. Bereits einige Zeit nach Abschluß der Förderung unterscheiden sich die geförderten Kinder kaum noch von lese- und recht-schreibschwachen Kindern, die keinen zusätzlichen Förderunterricht erhalten hatten (Shearer 1967).

Die wahrscheinlichste Ursache für den mangelnden langfristigen Erfolg der Fördermaßnahmen liegt darin, daß der Leistungsfortschritt während der Förderung nicht groß genug war, um einen Rückfall am Ende der Behandlung zu verhindern, wenn die Kinder wieder voll am Unterricht in ihren Klassen teilnehmen und die Unterstützung verlieren. Ein zusätzlicher Faktor dürfte in der Entmutigung der Kinder zu sehen sein, wenn sie wieder mit ihren Schwierigkeiten während des Unterrichts konfrontiert sind. Das Ziel der Fördermaßnahmen muß deshalb sein, daß die Kinder ein Stadium der Unabhängigkeit und Selbstkontrolle im Lesen und Rechtschreiben erreichen und damit den weiteren Fortschritt im Lesen und Rechtschreiben selbst beeinflussen können. Dies ist nach Ansicht verschiedener Autoren nur gewährleistet, wenn die Kinder das Niveau ihrer Klassenstufe erreichen (Richardson et al. 1978). Bei älteren Kindern und bei Jugendlichen mag dieses Ziel recht hoch gesteckt sein. Hier wäre es vielleicht angemessener, ein bestimmtes Minimalmaß an Lese- und Schreibfertigkeit als Ziel vorzugeben. Hornsby und Miles (1980) meinen, daß minimale Anforderungen an schriftsprachliche Kompetenz erfüllt sind, wenn die Schüler ein Lesealter von etwa 10 Jahren und ein Rechtschreibalter von etwa 9 Jahren erreichen.

Einen wesentlichen Faktor für den weiteren Fortschritt von lese- und rechtschreibschwachen Kindern nach Abschluß spezieller Fördermaßnahmen stellt das Ausmaß an Unterstützung dar, das diese Schüler auch weiterhin im regulären Unterricht erhalten.

- Shearer (1967) konnte zeigen, daß nach längerer Förderung nur bei jenen lese- und rechtschreibschwachen Kindern, die keine weitere Förderung mehr erhalten, ein Stillstand oder Rückfall im Lernzuwachs eintritt.
- Tobin und Pumfrey (1976) beobachteten, daß von den Kindern, die in England private (katholische) Schulen besuchten, langfristig der Vorsprung durch frühere Fördermaßnahmen gehalten werden konnte, sodaß sich in diesen Schulen die Kinder der geförderten Gruppe signifikant von einer unbehandelten Kontrollgruppe unterschieden. In den öffentlichen Schulen kam es jedoch nach Abschluß der Fördermaßnahmen zu einem deutlichen Leistungsabfall bei den Kindern und nach einiger Zeit unterschieden sich die geförderte und die nicht geförderte Gruppe nicht mehr voneinander. Tobin und Pumphrey führten dies darauf zurück, daß die privaten Schulen besser organisiert sind und häufiger Lehrer haben, die den schlecht lesenden Kindern besondere Hilfe und Förderung zuteil werden

lassen. In diesen Schulen wird mehr Nachdruck auf eine solche Förderung gelegt, und das Interesse der Eltern an den schulischen Leistungen ihrer Kinder wird ebenfalls stärker geweckt.
- Oft ist der Wechsel von der Grundschule in eine weiterführende Schule, wie etwa die Hauptschule, für einen Leistungsrückfall der Kinder verantwortlich, selbst wenn sie während der Grundschule im Förderkurs Fortschritte im Lesen gemacht haben. Dies steht wohl damit im Zusammenhang, daß in den meisten weiterführenden Schulen, nicht nur im deutschen Sprachraum, sondern auch in England, keine spezielle Förderung für das Lesen und Rechtschreiben mehr angeboten wird (Lytton 1967).

Kontrollierte Untersuchungen über den Erfolg von Förderprogrammen

Nur in wenigen Untersuchungen wurde die Wirksamkeit von Fördermaßnahmen für lese- und rechtschreibschwache Kinder durch den Vergleich einer geförderten mit einer nicht-geförderten Gruppe überprüft. Noch seltener wurde versucht, unspezifische Effekte, etwa den motivationalen Effekt eines häufigeren Kontakts zwischen Lehrern und Schülern in einer kleineren Gruppe, von den speziellen Auswirkungen eines Trainings im Lesen und Rechtschreiben zu trennen. Die meisten Untersuchungen, die eine geförderte mit einer nicht-geförderten Gruppe verglichen haben, haben zudem nur kleine Gruppen von Kindern über einen relativ kurzen Zeitraum beobachten können. Zum Teil war in diesen Untersuchungen keine zufällige Zuteilung der Kinder in eine Fördergruppe und in eine Kontrollgruppe möglich (Cashdan und Pumfrey 1969), zum Teil waren die Ausgangsleistungen beider Gruppen verschieden (Camp und van Doorninck 1971). Man kann daraus, daß diese Untersuchungen entweder keinen (Cashdan und Pumfrey 1969) oder doch nur einen sehr begrenzten, nämlich einen auf die im Förderkurs geübten Aufgaben beschränkten Erfolg (Camp und van Doorninck 1971) nachweisen konnten, keine zu weitreichenden Schlüsse ableiten, zumal die Förderung dem zeitlichen Umfang nach nicht sehr intensiv war.

Die Untersuchung von Gittelman und Feingold (1983) ist eine der wenigen, die den Erfolg eines Förderunterrichts im Lesen mit einem allgemeinen, nicht spezifisch auf das Lesen ausgerichteten Förderunterricht verglich. Der Förderunterricht wurde vier Monate lang dreimal pro Woche für eine Stunde abgehalten. Die Zuweisung zu den beiden Fördergruppen erfolgte zufällig, Voraussetzung für die Teilnahme am Förderunterricht war ein Rückstand in der Leseentwicklung um mindestens ein Jahr und ein verbaler Intelligenzquotient von mindestens 85. Die im Lesen geförderte Gruppe lag nach vier Monaten in allen durch Tests erfaßten Leistungsbereichen deutlich über der Kontrollgruppe, wobei vor allem die Sicherheit in der Graphem-Phonem-Zuordnung und die Flüssigkeit des lauten und leisen Lesens zugenommen hatten. Der erreichte Vorsprung konnte zum Teil auch noch zwei und acht Monate nach Abschluß der Fördermaßnahmen nachgewiesen werden. Obwohl die Ergebnisse ein eindrucksvoller Beleg für die Wirksamkeit von speziellen Fördermaßnahmen sind, werden sie insofern relativiert, als die Leistungsverbesserung eher bei experimentellen Lesetests als auf den standardisierten Schulleistungstests für das Lesen nachzuweisen war. Zudem meinten die Lehrer der Kinder, die den Fördermaßnahmen allerdings von vornherein skeptisch gegenüberstanden, keine Fortschritte bei den Kindern festzustellen. Auch geht aus dem Bericht nicht hervor, wieweit eine Überschneidung zwischen dem Inhalt der Übungen und dem der Tests bestand, ob sich also die Fortschritte in erster Linie auf die geübten Wörter bezogen oder ob eine Generalisierung stattfand.

Zwei neuere kontrollierte Untersuchungen aus Kanada (Lovett et al. 1989, 1990) geben ebenfalls Anlaß zu zurückhaltendem Optimismus über die Möglichkeiten einer spezifischen Beeinflussung der längerfristigen Entwicklung von lese- und rechtschreibschwachen Kindern.

In einer ersten Untersuchung (Lovett et al. 1988, 1989) wurde ein Förderprogramm, das auf die Verbesserung der Fähigkeit, einzelne Wörter ohne Kontexthilfen zu lesen und korrekt zu schreiben, zielte, mit einem Programm zur allgemeinen Sprachförderung, in dem die allgemeinen mündlichen und schriftsprachlichen Fähigkeiten der Kinder gefördert werden sollten, und einem Programm zur Verbesserung des Klassenverhaltens (als Kontrolle für unspezifische Therapieeffekte) verglichen. Die Förderprogramme umfaßten 40 einstündige Sitzungen über 10 Wochen und richteten sich an durchschnittlich intelligente Kinder zwischen 8 und 13 Jahren mit einem großen Rückstand im Lesen und Rechtschreiben. Lovett et al. (1989) konnten zeigen, daß die beiden Förderprogramme, die eine Verbesserung der schriftsprachlichen Kompetenz anstrebten, tatsächlich zu besseren Leistungen bei jenen Aufgaben führten, die in den jeweiligen Trainigsprogrammen geübt worden waren. Bei den Kindern, die ein Training im Lesen einzelner Wörter erhalten hatten, waren beträchtliche Fortschritte in der Lesegenauigkeit und beim Rechtschreiben von Listen regelmäßiger und unregelmäßiger Wörter erzielt worden. Kinder, die an dem Sprachförderungsprogramm teilgenommen hatten, konnten die geübten Texte rascher und fehlerfreier lesen. Sie hatten auch ihren Wortschatz verbessert und an Kompetenz bei der Analyse von Sätzen gewonnen. Alle diese Fortschritte waren allerdings in erster Linie an jenen Wörtern bzw. Texten festzustellen, die in den Programmen geübt worden waren. Eine Generalisation hatte nur sehr begrenzt stattgefunden. So konnten etwa die Kinder, die systematischen Unterricht in den regelhaften Graphem-Phonem-Korrespondenzen erhalten hatten, Pseudowörter, die nicht geübt worden waren, nach dem Training nicht besser lesen als die anderen. Auch auf standardisierten Lesetests ließ sich zwar eine signifikante Verbesserung jener beiden Gruppen feststellen, mit denen das Lesen geübt worden war, dieser Fortschritt war jedoch relativ gering.

Eine spätere Untersuchung (Lovett et al. 1990) bestätigte die Hauptergebnisse. In dieser Untersuchung wurde mit zwei großen Gruppen lese- und rechtschreibschwacher Kinder ein Training im Worterkennen und Rechtschreiben, das das Erfassen der Graphem-Phonem- bzw. Phonem-Graphem-Korrespondenzen erleichtern sollte, durchgeführt oder ein Lese- und Schreibprogramm, das den Sichtwortschatz sowie den Umfang der sicher geschriebenen Wörter erweitern sollte. Erneut wurden die Fortschritte der Kinder mit jenen einer dritten Gruppe verglichen, die an einem Programm zur Verbesserung des Klassenverhaltens teilnahm. Die Programme umfaßten 35 einstündige Sitzungen. Beide Lese- und Schreibtrainingsformen führten zu einem Anstieg der Lese- und Rechtschreibfähigkeit, wobei diesmal speziell zwischen Wörtern unterschieden wurde, die mit den Kindern geübt worden waren, und ähnlichen Wörtern, die nicht geübt worden waren. Diese Unterscheidung machte deutlich, daß die Fortschritte in der Lesefähigkeit allein bei den geübten Wörtern festzustellen waren. Auch bei dem Programm, in dem immer wieder das Erlesen von Wörtern geübt worden war, trat keine Generalisierung der Wortlesefähigkeit ein. Die geringe Generalisierung zeigte sich auch darin, daß es erneut zu einer nur geringen Verbesserung der Leistungen auf standardisierten Lesetests kam. Der einzige Bereich, in dem sich eine gewisse Generalisierung zeigte, war das Rechtschreiben. Kinder, die einen systematischen Unterricht in den Graphem-Phonem-Korrespondenzen erhalten hatten, konnten auch ungeübte, regelmäßig geschriebene Wörter korrekt schreiben.

Aufgrund der wenigen gut kontrollierten Untersuchungen über den Erfolg von Förderprogrammen können wir feststellen, daß bei lese- und rechtschreibschwachen Kindern durch zusätzliche Übung eindeutig Fortschritte zu erzielen sind. Diese Fortschritte stellen sich jedoch nur langsam ein und betreffen in erster Linie die tatsächlich geübten Wörter. Jene Untersuchungen, die explizit prüften, wieweit eine Generalisierung des Gelernten stattgefunden hatte, konnten kaum Anzeichen für eine allgemeine Verbesserung der Lesefertigkeit feststellen.

Deutschsprachige Untersuchungen zur Wirksamkeit von Fördermaßnahmen für lese- und rechtschreibschwache Schüler

Obwohl auch im deutschen Sprachraum auf Initiative der Eltern und der Schulbehörden lese- und rechtschreibschwache Kinder häufig in besonderen Programmen zusätzlich gefördert werden, gibt es hier ebenfalls nur wenige Untersuchungen über die Effektivität eines solchen Förderunterrichts. Untersuchungen, in denen die kurz- und langfristigen Auswirkungen des Förderunterrichts durch Vergleich mit einer unspezifisch geförderten Kontrollgruppe evaluiert wurden, fehlen gänzlich.

In Österreich werden seit den 60-er Jahren spezielle Förderkurse für lese- und rechtschreibschwache Kinder von den Schulbehörden empfohlen. Über die Organisationsform dieser Kurse wurde bereits im Kap.8.1 berichtet und auf beträchtliche Mängel hingewiesen. Inhaltlich orientieren sich die Förderkurse in Wien überwiegend an Legastheniker-Förderprogrammen von Kowarik und Kraft, in den übrigen Bundesländern häufig auch an anderen Förderprogrammen. Zur Effektivität dieser Förderkurse gibt es einige Untersuchungen, die recht übereinstimmend entweder nur einen sehr geringen oder keinen Erfolg der Fördermaßnahmen nachweisen konnten.

- Rainer (1982) testete in Salzburg Kinder der 3.Klasse, die an Förderkursen teilnahmen, in der Mitte des Schuljahres und dann nochmals am Beginn des nächsten Schuljahres. Während der Zeit, die zwischen diesen beiden Testzeitpunkten (April bis Dezember) lag, holten die geförderten Kinder den Rückstand in ihren Rechtschreibleistungen den übrigen Kindern gegenüber nicht auf. Sie machten auch nicht mehr Fortschritte als andere Kinder mit schwachen Rechtschreibleistungen, die von den Lehrern nicht zu den Förderkursen angemeldet worden waren.
- Zeman (1978) verglich in Wien den Fortschritt einer Gruppe geförderter mit einer Kontrollgruppe nicht geförderter Legastheniker. Die Kurse fanden zwei- bis dreimal pro Woche für jeweils 25 Minuten statt. Die Dauer des Kursbesuchs betrug weniger als zwei Jahre. Auch in dieser Untersuchung konnte kein Unterschied im Fortschritt beim Rechtschreiben zwischen geförderten und nicht-geförderten Kindern beobachtet werden. Nur im Lesen fand sich ein etwas größerer Leistungsanstieg bei den geförderten Kindern, obwohl dieser Bereich im Förderunterricht weniger im Vordergrund stand.
- Seyfried und Rop (1985) verglichen in Oberösterreich die Fortschritte von lese- und rechtschreibschwachen Schülern der 2.Klasse Grundschule, die nach Zufall für die Teilnahme an Förderkursen ausgewählt oder nicht gefördert wurden. Die Förderkurse fanden während des Schuljahres für zwei Stunden pro Woche statt, der Unterricht in den Kursen bestand aus einer Mischung von Lese-, Rechtschreib- und Funktionsübungen ("Lautschulung", Sprachtraining, motorische Übungen). Ein positiver Effekt des Förderprogramms konnte lediglich auf die Rechtschreibleistungen legasthener Schüler nachgewiesen werden, der Erfolg erschien im Verhältnis zum Aufwand des Förderunterrichts und zum Effekt des Klassenunterrichts (d.h. den Fortschritten, die auch bei den nicht-geförderten Kindern festzustellen waren) äußerst gering.
- Im Rahmen der Wiener Längsschnittuntersuchungen konnten die Fortschritte von Kindern, die in der 2. bzw. 3.Klasse wöchentlich für eine Stunde während der Unterrichtszeit an Legastheniker-Förderkursen teilnahmen, und Kindern mit ähnlichen Lese- und Rechtschreibleistungen, die nicht an den Kursen teilnahmen, über mehrere Jahre verglichen werden (Klicpera, Gasteiger-Klicpera und Hütter 1993). Die Förderung orientierte sich vielfach an den Programmen von Kowarik und Kraft, da diese Übungshefte den Lehrern von der Schulbehörde zur Verfügung gestellt wurden. Weder kurz- noch längerfristig konnte ein Erfolg der Förderung festgestellt werden. Post-hoc Vergleiche zeigten, daß dies zum guten Teil daran lag, daß in den Kursen nur wenig Zeit der Übung des Lesens und Rechtschreibens gewidmet wurde und viel Zeit mit Funktionsübungen und Spielen verbracht wurde, die andere Fertigkeiten, wie etwa die Rechts-Linksunterscheidung, schulen sollten.

Der geringe Erfolg der österreichischen schulischen Fördermaßnahmen für lese- und rechtschreibschwache Schüler ist nicht so ganz unerwartet, wenn man die zumeist ungünstigen Rahmenbedingungen bedenkt. Zum Teil düfte es allerdings auch an den bereits kritisch betrachteten Merkmalen der verwendeten Förderprogramme gelegen sein, die sich vor allem dann ungünstig auswirken, wenn wenig Zeit für die Förderung zur Verfügung steht.

Andere Untersuchungen aus dem deutschsprachigen Raum konnten durchaus über günstigere Ergebnisse spezieller Fördermaßnahmen berichten.

Atzesberger und Frey (1977) fanden bei einem für drei Stunden pro Woche angesetzten Förderunterricht, der zwei Jahre lang dauerte, eine signifikante Zunahme der Lesegeschwindigkeit und eine deutliche Abnahme der Lese- und Rechtschreibfehler. Die Lesegeschwindigkeit und die Rechtschreibleistungen waren jedoch auch am Ende der Fördermaßnahmen noch deutlich unterdurchschnittlich. Nur bei den Lesefehlern war die Abnahme so stark, daß das Leistungsniveau normal lesender Kinder der gleichen Klassenstufe erreicht war.

Vor allem die Untersuchungen über die Wirksamkeit des Legasthenie-Therapieprogramms von Kossakowski bzw. Kossow berichten von deutlichen Leistungssteigerungen auch im Rechtschreiben. Bei diesen Untersuchungen ist jedoch nicht klar, wieweit sich der Inhalt der Rechtschreibübungen mit dem Inhalt des Tests deckt, der zur Überprüfung des Fördererfolges vorgegeben wurde. Nach Falkenhagen und Winsmann (1964) kommt es bei Durchführung des Förderprogrammes über ein Schuljahr (zwei Stunden pro Woche) zu einer Abnahme der Rechtschreibfehler um 75%, in einer nicht geförderten Kontrollgruppe war hingegen kein Rückgang der Fehler festzustellen. Kossow (1977) konnte während eines einjährigen intensiven Trainings in einigen kleinen Legastheniker-Klassen (11 bis 16 Kinder) eine Reduktion der Fehlerzahl um 78% erreichen. Bei stationärer Betreuung legasthener Kinder und weitgehend individueller Förderung der Kinder konnte sogar in noch kürzerer Zeit (3 bis 4 Monate) eine Reduktion der Rechtschreibfehler um 90% erreicht werden.

Einflußfaktoren auf den Erfolg von Fördermaßnahmen
Prädiktion des Fördererfolgs: Es wäre von Vorteil, wenn es möglich wäre, bei einzelnen Kindern vorherzusagen, ob bei ihnen durch eine Teilnahme an einem Förderkurs eine deutliche Leistungssteigerung erreicht werden kann. Eine derartige individuelle Vorhersage des Fördererfolgs scheint jedoch derzeit kaum möglich. Aus den bisherigen Untersuchungen geht hervor, daß sowohl allgemeinere kognitive Lernvoraussetzungen (z.B. die Intelligenz) wie auch das Verhalten der Kinder nur einen geringen Einfluß auf den Fördererfolg ausüben. Intelligentere Kinder verbessern ihre Leistungen während eines Förderunterrichts zwar stärker und rascher, der Einfluß der Intelligenz ist jedoch nicht sehr groß. Die in verschiedenen Untersuchungen berichteten Korrelationen zwischen dem Fördererfolg und der Intelligenz der Kinder liegen zwischen 0.10 und 0.35 (Cashdan et al. 1971, Bluestein 1967, Lovell et al. 1962, 1963).

Der Erfolg von speziellen Fördermaßnahmen für das Lesen und Rechtschreiben ist auch von der anfänglichen Lese- bzw. Rechtschreibleistung der Kinder abhängig. Kinder, die in der Lese- bzw. Rechtschreibentwicklung nicht so weit zurückgeblieben sind, profitieren von Fördermaßnahmen gewöhnlich stärker (Lytton 1967, Bluestein 1967). Einen gewissen Einfluß auf den Fördererfolg hat auch die Fähigkeit der Kinder, sich in der Klassengemeinschaft zurechtzufinden. Besser angepaßte Kinder machen auch in den Förderkursen etwas größere Fortschritte (Lytton 1967). Größere Fortschritte zeigen auch Kinder, die ein höheres Sprachverständnis aufweisen (Bluestein 1967).

Zeitpunkt der Förderung: Allgemein wird davon ausgegangen, daß es günstig wäre, möglichst Kinder mit Lese- und Schreibschwierigkeiten frühzeitig zu fördern. Aufgrund der bisher durchgeführten Untersuchungen läßt sich die Frage, ob Fördermaßnahmen erfolgreicher sind, wenn sie bereits frühzeitig beginnen, nicht eindeutig beantworten. Bluestein (1967) beobachtete, daß der traditionelle Legasthenikerförderunterricht eher bei etwas älteren Kindern, d.h. in der 3. und 4.Klasse Volksschule, zu Erfolgen führt als bei jüngeren. Der spezielle Einfluß des Alters bzw. Förderungszeitpunkts läßt sich jedoch schwer bestimmen, da Kinder, die erst später in Förderkurse aufgenommen werden, sich gewöhnlich auch in anderen Merkmalen von jüngeren Kindern unterscheiden (z.B. in ihrer Intelligenz, Cashdan et al. 1971). Man muß wohl davon ausgehen, daß Maßnahmen zur frühzeitigen Förderung lese- und schreibschwacher Kinder auch eine andere Orientierung und Schwerpunktsetzung als die traditionellen Förderprogramme benötigen und es wenig ratsam ist, diese Programme bereits in der ersten Klasse vorzugeben (Wasik und Slavin 1993, siehe die Ausführungen zur frühzeitigen Einzelförderung).

Gruppengröße: Kleinere Gruppen bei der Förderung ermöglichen ein individuelleres Eingehen des Lehrers und führen damit zu einem größeren Erfolg, wie sich empirisch zeigen ließ (Atzesberger und Frey 1977, Cashdan et al. 1971). Allerdings scheint das Arbeiten in einer kleinen Gruppe auch Vorzüge zu haben, sodaß ein Einzelunterricht - trotz des intensiveren Kontakts zwischen Lehrer und Kindern - nicht unbedingt vorzuziehen ist (Lovell et al. 1962).

Gestaltung der Förderprogramme: In den vorausgehenden Kapiteln dieses Abschnitts wurde bereits ausführlich dargestellt, welche didaktischen Methoden sich beim Lese- und Schreibunterricht und bei der Förderung bewährt haben. Es zeigt sich allerdings, daß selbst bei einheitlich konzipierten Fördermaßnahmen beträchtliche Unterschiede zwischen Gruppen bestehen, die von verschiedenen Betreuern unterrichtet werden, und daß diese Unterschiede nur zum Teil auf die Zusammensetzung der Gruppen zurückzuführen sind (Atzesberger und Frey 1977). Die Beobachtung des Förderunterrichts kann hier Aufschluß geben. Sie zeigt, daß für den Fortschritt der Kinder nicht nur die (von den Lehrern angegebene) didaktische Orientierung ausschlaggebend ist, sondern auch die Zeit, die verschiedenen Aktivitäten gewidmet wird, vor allem die Häufigkeit mündlichen Lesens und die Häufigkeit, mit der den Kindern selbständige schriftliche Arbeiten zugewiesen werden (Aman und Werry 1982, Klicpera, Gasteiger-Klicpera und Hütter 1993).

Zusammenfassend wäre zunächst festzuhalten, daß eine spezielle Förderung lese- und schreibschwacher Schüler durchaus erfolgversprechend ist, daß diese Erfolge jedoch ein gut strukturiertes Programm sowie genügend Zeit zum Üben voraussetzen. Fördermaßnahmen, die eher halbherzig und nach dem Gießkannenprinzip konzipiert sind, erfüllen die in sie gesetzten Erwartungen nicht. Die intensiven Bemühungen um eine Förderung von Kindern mit speziellen Lese- und Schreibschwierigkeiten können heute auf eine Reihe an Erfahrungen über wirksame Vorgehensweisen zurückblicken, an denen sich die Planung von Fördermaßnahmen orientieren kann. Diese Erfahrungen betreffen sowohl die Modifikation bzw. den systematischeren Einsatz von Elementen des regulären Erstleseunterrichts als auch spezielle Vorgehensweisen, die bei Kindern ohne Lese- und Schreibschwierigkeiten nicht erforderlich sind, bei speziellen Lernschwierigkeiten jedoch angezeigt sein können, etwa das wiederholte Lesen eines Textes mithilfe eines Kassettenrecorders oder besondere Übungen in der Wortanalyse.

9. Kurze Zusammenfassung zum Lese- und Schreibunterricht und den Fördermaßnahmen für Schüler mit speziellen Schwierigkeiten beim Erlernen des Lesens und Schreibens

In diesem Abschnitt wurde versucht, herauszuarbeiten, was sich im Lese- und Schreibunterricht nach den Ergebnissen empirischer Untersuchungen bewährt. Besonderes Augenmerk wurde dabei stets auf die Situation von Schülern gelegt, die besondere Schwierigkeiten bei der Aneignung der Schrift zeigen. Das Ziel dieses Abschnitts war somit, so könnte man sagen, die Integration jener Erfahrungen der Unterrichtsforschung, die zur Verbesserung des Lese- und Schreibunterrichts beitragen können.

Es wurde versucht, für jeden der vier Bereiche, deren Anforderungen im ersten Abschnitt des Buches dargestellt wurden (Worterkennen bzw. basale Lesefertigkeit, Rechtschreiben, Leseverständnis und schriftlicher Ausdruck) die wichtigsten, empirisch bewährten Unterrichtsprinzipien darzustellen und anschließend auf die Bedeutung der Klassenführung und der Zusammenarbeit zwischen Schule und Elternhaus sowie auf spezielle Erfahrungen in der Förderung lese- und schreibschwacher Kinder einzugehen. Die Darstellung hat die vielfältigen Anforderungen, die an den Lese- und Schreibunterricht zu stellen sind, deutlich gemacht. Gleichzeitig war jedoch darauf hinzuweisen, daß nach einer größeren Anzahl von Beobachtungsstudien, die in verschiedenen Ländern während des regulären Klassenunterrichts durchgeführt wurden, nur in einem Teil der Klassen optimale Lernbedingungen für die Kinder vorhanden sind. Dies wirkt sich deutlich auf die Leistungen der Kinder aus und bedeutet, daß eine wesentliche Komponente der Hilfe für schwache Schüler darin bestehen muß, den Lese- und Schreibunterricht in unseren Schulen insgesamt zu verbessern.

Im Folgenden wollen wir eine kurze Zusammenfassung jener didaktischen Ansätze bringen, deren Bedeutung für das Lesenlernen besonders herausgearbeitet wurde.

Leseunterricht: Mitbedingt durch die Betonung des phonologischen Rekodierens als wesentlicher Teilfertigkeit des Lesens ist die Bedeutung eines systematischen Unterrichts der Phonem-Graphem-Zuordnungen in den letzten Jahren besonders betont worden. Damit die Kinder jedoch von diesem Unterricht profitieren können, sollte ihnen geholfen werden, sich des Aufbaus der Sprache bewußt zu werden. Entsprechende Übungen können in einer dem Alter angemessenen Form bereits im Kindergarten oder im Anfangsunterricht vorgegeben werden und helfen gerade den schwächeren Schülern die ersten Schwierigkeiten beim Lesen zu überwinden. Für das Lesenlernen überaus bedeutsam erscheint es, sowohl dem lauten wie dem leisen Lesen einen ausreichenden Stellenwert im Unterricht einzuräumen und den Lese- in geeigneter Weise mit dem Schreibunterricht zu verbinden.

Auch für das Erlernen des *Rechtschreibens* ist die Einsicht in den Sprachaufbau zentral, daneben ist jedoch auch von Bedeutung, ausreichend Gelegenheit zum Üben zu geben. Hier hat sich, wie berichtet, zu Anfang bewährt, die orthographische Korrektheit der Schreibweise nicht zu sehr zu betonen, sondern die Kinder vor allem zum Schreiben zu ermutigen. Die berichteten Erfahrungen zeigten weiters, daß es für den Rechtschreibunterricht wichtig ist, geeignete Übungsformen zu finden und die Kinder in den höheren Klassen auch gezielt mit den komplexeren orthographischen Regelmäßigkeiten des Schriftsystems vertraut zu machen. Einzelne besondere Hilfestellungen für das Rechtschreiblernen, wie Übungen in der Wortanalyse, wurden in Kap.2 bzw. - soweit sie besonders für schwächere Schüler relevant sind - in Kap.8 vorgestellt.

Besonders betont wurde, daß für die *Entwicklung des Leseverständnisses und des schriftlichen Ausdrucks* das Vertrautmachen mit geeigneten Lese- und Schreibstrategien im Unterricht zu empfehlen ist. Insbesondere für schwächere Schüler reicht es dabei nicht aus, Texte vorzugeben und sie gemeinsam mit den Schülern zu besprechen. Geeignete Strategien, den Inhalt der Texte aufzuschließen und deren Aufbau bzw. Struktur zu erfassen, sollten erklärt, vom Lehrer immer wieder demonstriert und von den Schülern angewandt werden. Auch die Erweiterung des aktiven Wortschatzes der Kinder und der Fähigkeit zur Satzanalyse bzw. zum Satzaufbau kann im Unterricht - wie die verschiedenen Beispiele in Kap.3 zeigen - effizient erfolgen und zu einer Verbesserung des Leseverständnisses und des schriftlichen Ausdrucks beitragen.

Mindestens ebenso bedeutsam wie die Verwendung geeigneter didaktischer Methoden ist die Organisation des Unterrichts bzw. die Klassenführung durch den Lehrer. Durch eine angemessene Steuerung des Unterrichts kann der Lehrer sicherstellen, daß die Unterrichtszeit auch effektiv genutzt und die Aufmerksamkeit der Kinder erhalten bleibt. Gerade hierin, in der Verwendung der Unterrichtszeit, unterscheiden sich Klassen mit verschiedenem Leistungsstand im Lesen und Rechtschreiben. Trotz aller Bemühungen der Lehrer ist jedoch nicht zu übersehen, daß die im Unterricht für das Lesen zur Verfügung stehende Zeit sehr gering ist. Allein schon deshalb kommt der Zusammenarbeit zwischen Elternhaus und Schule eine wesentliche Bedeutung zu. Sowohl durch Information der Eltern wie auch durch die Einbeziehung der Eltern in die Lese- und Schreibförderung der Schüler kann die Schule die Chancen erhöhen, daß alle Schüler ausreichende Fortschritte machen.

Obwohl ein Teil der Probleme beim Lesen- und Schreibenlernen durch bessere Gestaltung des Unterrichts sowie durch stärkere Differenzierung verhindert bzw. rechtzeitig aufgefangen werden kann, scheint es uns außer Frage zu stehen, daß manche Schüler zusätzliche Hilfestellungen und eine spezielle Förderung beim Lesen- und Schreibenlernen benötigen. Die Indikationsstellung für derartige Fördermaßnahmen sollte unserer Meinung nach möglichst früh erfolgen und müßte auch die Tatsache berücksichtigen, daß ein Rückstand im Lesen und Schreiben in verschiedenen Klassen mit recht unterschiedlicher Häufigkeit anzutreffen ist.

Auf die Schwierigkeiten, eine geeignete Organisationsform für schulische Fördermaßnahmen zu finden, und die Erfahrungen mit verschiedenen Förderungformen wurde ausführlicher eingegangen. Es soll nochmals betont werden, daß einige Kinder intensive Unterstützung beim Lesen- und Schreibenlernen benötigen. Dies kann eventuell in der Schule auch als Einzelförderung oder in einer kleinen Gruppe angeboten werden, wie die beschriebenen Beispiele zeigen. Kann die Schule diese erforderliche Förderung nicht gewährleisten, so ist es unserer Ansicht nach die Aufgabe der öffentlichen Hand bzw. des Staates sicherzustellen, daß diese Kinder durch eine Förderung außerhalb der Schule (in psychologischen Beratungsstellen oder anderen geeigneten Einrichtungen) die Chance erhalten, die basalen Grundfertigkeiten im Lesen und Schreiben zu erwerben. Eine derartige Möglichkeit ist unter den derzeitigen Bedingungen absolut notwendig. Derartige Möglichkeiten stehen aber in sehr unterschiedlichem Ausmaß zur Verfügung. Während in der BRD die Finanzierung derartiger Maßnahmen (über die Eingliederungshilfe der Sozialhilfe) vorgesehen ist, stehen in Österreich keine geeigneten Finanzierungsmöglichkeiten für Schüler aus sozial schwächeren Familien zur Verfügung.

Die Schwerpunkte und empfehlenswerte Methoden der Förderung wurden ausführlicher dargestellt und die bisherigen Erfahrungen sowie die Erfolgschancen besprochen. Bei Kindern, aber auch älteren Personen mit einem beträchtlichem Rückstand im Lesen und/ oder Rechtschreiben deutet vieles darauf hin, daß folgende Methoden am erfolgversprechendsten sind:

- besonders strukturiertes Vorgehen bei der Vermittlung des phonologischen Rekodierens sowie aureichende Gelegenheiten, die Zuordnung von Graphemen und Phonemen zu üben;
- zusätzliche Unterweisung in der Wortanalyse, sei es durch Gliederung der Wörter in Silben, in Morpheme oder in häufig vorkommende Buchstabengruppen;
- spezielle Bemühungen zur Erhöhung der Lesegeschwindigkeit

Neben der Wahl geeigneter Übungsformen dürfte vor allem auch eine stärkere Strukturierung der Aufgaben und die Beachtung von Lerngesetzen, wie etwa die Verteilung von Übungen, die rasche Rückmeldung des Erfolgs von besonderer Bedeutung sein. An einzelnen Beispielen wurde gezeigt, daß die Umsetzung der in der Legasthenikertherapie häufiger angewandten spielerischen Übungsformen in computer-unterstützte Übungsspiele sich besonders bewähren dürfte, da sie dem Leistungsniveau der Kinder individuell angepaßt werden können und - wenn sie als Wettbewerb (mit Ergebnisrückmeldung) gestaltet werden - den Kindern einen Anreiz zum Üben bieten.

Neben der Förderung der basalen Lese- und Rechtschreibfertigkeiten wurde auch der Darstellung geeigneter Übungs- und Unterrichtsformen zur Förderung des Leseverständnisses besondere Aufmerksamkeit gewidmet. Hier kommt neben einer Vertiefung der Fertigkeiten in der Satzanalyse vor allem der Förderung aktiver Textbearbeitung ein wichtiger Stellenwert zu. Als geeignetes Medium haben sich dabei dialogische Formen der Vermittlung von Verständnisstrategien bewährt.

Ein für die Förderung wichtiger Gesichtspunkt konnte in der Darstellung nur kurz angesprochen werden, nämlich der differenzierte Einsatz von Förderprogrammen für Kinder mit verschiedenen Formen von Schwierigkeiten. Hierüber ist leider nur wenig bekannt. Dies gilt vor allem für die Frage, wieweit eine unterschiedliche Förderung von Kindern je nach Schwerpunkt ihrer Probleme beim Worterkennen bzw. Rechtschreiben zu empfehlen ist. Wir neigen zu der Ansicht, daß für die längerfristige Entwicklung des Lesens und Schreibens ein systematisches Training des phonologischen Rekodierens nicht zu umgehen ist. Im weiteren Verlauf freilich ist eine Differenzierung der Förderung, je nach Entwicklungsstand und Schwerpunkt der Probleme, unbedingt zu empfehlen. Deshalb wurde auch ausführlicher auf spezielle Methoden zur Erhöhung der Lesegeschwindigkeit, auf die Unterstützung beim Rechtschreiben und auf die Förderung des Leseverständnisses eingegangen.

In der Praxis orientiert sich die Förderung vielfach an Förderprogrammen, von denen ein breites Angebot zur Verfügung steht. Um die Vorzüge und Nachteile der verschiedenen Programme beurteilen zu können, wurden verschiedene Gesichtspunkte für eine Analyse dieser Programme angegeben und drei bekanntere Programme kurz dargestellt.

Obwohl auch bei der Entwicklung und Evaluation von Fördermaßnahmen in den letzten Jahren viele Fortschritte erzielt wurden, fehlt es noch immer an systematischer Überprüfung der Wirksamkeit mancher Fördermethoden sowie der Bedingungen, unter denen ihre Anwendung anzuraten ist. Hier wären dringend weitere Anstrengungen erforderlich. Die Erfahrungen in der Evaluation der bisherigen Fördermaßnahmen für lese- und schreibschwache Kinder zeigen, daß längerfristige Erfolge nicht so leicht zu erzielen sind. Nur bei intensiver Förderung können diese Kinder bedeutsame Fortschritte erzielen. Vor allem die Erfahrungen mit zeitlich weniger intensiven Förderprogrammen sind hingegen sehr zurückhaltend zu beurteilen.

Schlußwort

Der Leitgedanke dieser Darstellung bestand darin, daß es bei der Auseinandersetzung mit Lese- und Schreibschwierigkeiten notwendig ist, von einer Analyse des Lese- und Schreibprozesses auszugehen. Wir hoffen, daß sich dieser Ansatz als fruchtbar erwiesen und zu einem besseren Verständnis sowohl der speziellen Schwierigkeiten mancher Kinder beim Erlernen des Lesens und Schreibens als auch zu einer klareren Analyse ihrer Ursachen und schließlich zu einer effektiveren Förderung und Therapie beigetragen hat.

Ausgehend von Informationsverarbeitungsmodellen über den Prozeß des Lesens und Schreibens sowie über jenen des Lesen- und Schreibenlernens ist es möglich, verschiedene Teilfertigkeiten zu unterscheiden, die von den Schülern bei der Aneignung der Schrift erworben werden müssen und deren Erlernen manchen schwerfällt. Diese Differenzierung hat durchaus praktische Konsequenzen, da sie - wie wir gezeigt haben - eine neue Betrachtung der Lese- und Schreibentwicklung und damit auch neue Ansätze in der Diagnostik von Lernschwierigkeiten nahelegt.

Wir wollen abschließend zunächst kurz versuchen, einige gemeinsame Linien, die sich in allen drei Abschnitten dieses Buches finden, hervorzuheben und Querverbindungen zwischen den Abschnitten deutlicher zu machen:

Zentrale Bedeutung der phonologischen Rekodierung für die Aneignung der basalen Lese- und Rechtschreibfertigkeiten: Sowohl bei der Auseinandersetzung mit dem Lese- und Rechtschreibprozeß als auch bei der Beschäftigung mit den Ursachen von speziellen Lese- und Schreibschwierigkeiten und bei der Darstellung von Interventionsmaßnahmen wurde der besondere Stellenwert des phonologischen Rekodierens für das Erlernen der basalen Lese- und Rechtschreibfertigkeiten deutlich. Schwächen im phonologischen Rekodieren beim Worterkennen und Rechtschreiben dürften eine zentrale Rolle bei Lese- und Schreibschwächen von Kindern spielen und in der Folge auch die Aneignung anderer Teilfertigkeiten beeinträchtigen. Das phonologische Rekodieren, also die Fähigkeit, Graphemen Phoneme zuordnen zu können, beruht sowohl auf einer Einsicht in den Aufbau der Sprache (phonologische Bewußtheit) als auch auf der Verfügbarkeit differenzierter phonologischer Repräsentationsformen, die die Sprachwahrnehmung, das Gedächtnis und die Sprachproduktion unterstützen. Ein Teil der lese- und schreibschwachen Kinder weist hier eine anhaltende Schwäche oder zumindest einen bedeutsamen Entwicklungsrückstand auf. Von besonderem Interesse ist es, daß Zwillingsuntersuchungen aus den letzten Jahren - wie lange vermutet - recht eindeutig darauf hinweisen, daß diese Schwäche genetisch mitbedingt sein dürfte. Auch aus der Unterrichtsforschung bzw. den Bemühungen um eine Prävention und Rehabilitation dieser Schwierigkeiten wird deutlich, daß ihre Wirksamkeit entscheidend davon abhängt, wieweit es gelingt, Kindern beim Erlernen des phonologischen Rekodierens zu helfen.

Auseinandersetzung sowohl mit den Schwierigkeiten bei der Aneignung der basalen Fertigkeiten des mündlichen Lesens und Rechtschreibens wie mit Schwierigkeiten im Leseverständnis und im schriftlichen Ausdruck: Die Auseinandersetzung mit Lese- und Schreibschwierigkeiten konzentrierte sich bislang vor allem auf die basalen Fertigkeiten des Worterkennens und Rechtschreibens. Unserer Ansicht nach läßt sich jedoch durch eine Ausweitung der Betrachtungsweise und die Berücksichtigung vor allem des Leseverständnisses, aber auch der schriftlichen Ausdrucksfähigkeit, ein besseres Verständnis für diese Schwierigkeiten gewinnen. Damit wird deutlich, daß die Anforderungen des Worterkennens bzw. des mündlichen Lesens und des Rechtschreibens auf der einen Seite sowie des Leseverständnisses und des schriftlichen Ausdrucks auf der anderen Seite jeweils recht spezifisch sind. Jeder dieser Bereiche kann Kindern spezielle Schwierigkeiten bereiten, wobei die Ursachen dieser verschiedenen Schwierigkeiten jeweils unterschiedliche sein können.

Auch wenn wir hier erst am Anfang stehen und die vorliegende Befunde keineswegs für eine eindeutige Aussage ausreichen, deutet vieles darauf hin, daß es für ein besseres Verständnis notwendig sein dürfte, diese verschiedenen Schwierigkeiten klarer voneinander zu differenzieren.

Letzlich gilt dies auch für die Förderung und den Unterricht dieser Kinder. Genauso wie manche Kinder Probleme beim Worterkennen aufgrund einer Schwäche im phonologischen Rekodieren haben und deshalb eine spezifische Förderung und einen besonders systematischen Unterricht in den Graphem-Phonem-Zuordnungen sowie genügend Gelegenheit zur Übung benötigen, so haben andere Kinder Schwächen im Leseverständnis und benötigen deshalb eine besondere Unterstützung in jenen Teilfertigkeiten, auf denen das Leseverständnis aufbaut.

Differenzierung zwischen unterschiedlichen Subtypen bzw. Untergruppen: Ein wesentliches Anliegen dieser Darstellung war es, aufzuzeigen, daß nicht alle Kinder die selben Schwierigkeiten beim Lesen und Schreiben haben. Dabei mußten wir uns auch mit der traditionellen Differenzierung zwischen spezifischen Lese- und Rechtschreibschwierigkeiten (Legasthenie) und allgemeinen Lese- und Schreibschwächen auseinandersetzen. Während ursprünglich die Lese- und Rechtschreibfertigkeit von einer Minderbegabung abgehoben wurde, sehen wir heute klarer, daß diese Differenzierung zu unscharf und in vielerlei Hinsicht problematisch ist. Die Identifikation von Kindern mit spezifischen Lese- und Schreibschwierigkeiten muß daher überdacht werden. Es ist nach dem heutigen Kenntnisstand fraglich, ob die Diskrepanz zwischen der Allgemeinbegabung, vor allem wenn sie durch nonverbale Intelligenztests erfaßt wird, und der Lese- und Rechtschreibleistung die geeignete Methode darstellt, Kinder mit spezifischen, isolierten Schwierigkeiten zu identifizieren. Vielmehr dürfte es zielführender sein, zwischen allgemeinen sprachlichen Schwächen, die beim Erwerb der Schriftsprache zu allgemeineren Problemen, sowohl verschiedener Teilfertigkeiten des Worterkennens und des Rechtschreibens wie auch des Leseverständnisses und des schriftlichen Ausdrucks führen können, und umschriebeneren Problemen bei der phonologischen Verarbeitung zu unterscheiden.

Neben den bereits genannten Differenzierungen muß noch auf eine weitere Unterscheidung hingewiesen werden, die bei der Förderung zu beachten ist. Nämlich die Beachtung besonderer Aufmerksamkeitsstörungen bei den lese- und schreibschwachen Kindern. Ein Teil dieser Kinder dürfte Probleme dabei haben, die Aufmerksamkeit lange genug bei den Lese- und Schreibaufgaben zu halten. Dies wird besonders dann deutlich, wenn die Aufgaben die aktive Anwendung von Strategien und die beharrliche, rekursive Bearbeitung verlangen. Ähnliche Schwierigkeiten zeigen freilich auch Kinder, denen das Worterkennen und Schreiben keine besonderen Probleme bereitet. Für diese Kinder sind besondere Motivationshilfen, aber auch Unterstützung in der Aneignung der zunächst mühsameren Verständnisstrategien erforderlich. Hilfen, die nicht alle lese- und schreibschwachen Schüler benötigen.

Bedeutung des Lesens für die kognitive Entwicklung und im Besonderen für die Weiterentwicklung der schriftlichen Fertigkeiten: Schwächen im Lesen und Schreiben bedeuten nicht nur ein Handicap für die weitere Schul- und Berufslaufbahn. Bereits in den ersten Phasen der Schriftaneignung beeinflussen die sich entwickelnden Lese- und Schreibfertigkeiten auch die Einsicht, die die Kinder in die Sprache gewinnen können, und im weiteren helfen sie mit, eine neue Form der Reflexion und der Kommunikation sowie einen anderen Stil des Sprachgebrauchs zu formen. Das Lesen und Schreiben wird somit zu einer wichtigen Anregung für die gesamte kognitive Entwicklung der Kinder und wohl auch für die Persönlichkeitsentwicklung. Lese- und schreibschwachen Kindern fehlt diese Anregung.

Daraus folgt, daß sich Lernvoraussetzungen für das Lesen und Schreiben zu einem guten Teil erst in der Interaktion mit der Schrift herausbilden, und es wird deutlich, wie bedeutsam es ist, im Unterricht schwacher Leser in erster Linie die basalen Lese- und Schreibfertigkeiten zu fördern. Wird hingegen ein Training von anderen Teilleistungen (wie z.B. der Raumlage-Orientierung) vorangestellt, so besteht die Gefahr, daß die Kinder nicht genug zum Lesen kommen und damit von diesen positiven Konsequenzen des Lesens nicht profitieren können.

Auch für die Diagnostik stellt der negative Einfluß der mangelnden Leseerfahrung ein besonderes Problem dar. Wenn die fehlende Anregung durch das Lesen die Entwicklung der sprachlichen Fertigkeiten der Kinder nachhaltig beeinflußt, ist es diagnostisch natürlich schwer, bei älteren Kindern ein spezifisches Defizit in einem Teilbereich der sprachlichen Begabung festzustellen, das den Leseschwierigkeiten zugrundeliegt. Manche Kinder werden wahrscheinlich die negativen Auswirkungen kompensieren können, andere - etwas schwächer begabte oder von den Eltern weniger unterstützte - hingegen sind dazu nicht in der Lage. Für die Förderung bedeutet dies, daß die meisten lese- und schreibschwachen Kinder in den höheren Klassen auch spezielle Hilfen beim Leseverständnis bzw. beim schriftlichen Ausdruck benötigen.

Diese wenigen Hinweise machen deutlich, daß der gegenwärtige Entwicklungsstand der Auseinandersetzung mit Lese- und Schreibschwächen Querverbindungen zwischen ursprünglich getrennt verfolgten Fragestellungen erlaubt.

In der Auseinandersetzung mit Lese- und Schreibschwierigkeiten stehen sich auf der einen Seite die Anhänger des klassischen Legastheniemodells bzw. eines eher medizinisch orientierten Teilleistungsansatzes und auf der anderen Seite Vertreter eines eher pädagogisch-psychologisch orientierten Standpunkts gegenüber, der die Bedeutung des Unterrichts und die besonderen Merkmale des Lese- und Schreiblernprozesses betont. Nach unserer Einschätzung ist diese nun schon fast traditionelle Lagerbildung nicht hilfreich und hat Fortschritte im deutschsprachigen Raum lange Zeit blockiert. Unser Anliegen war es, die Fronten zwischen diesen Lagern aufzuweichen und zu einer konstruktiven Auseinandersetzung und Zusammenarbeit beizutragen. Wir glauben, daß dies heute möglich sein dürfte, da sich in der Forschung vielerlei Berührungspunkte zwischen den ursprünglich weit auseinanderliegenden Standpunkten ergeben haben. In gewisser Weise gibt der heutige Wissensstand allen ein wenig recht und zwingt gleichzeitig alle, ihre Standpunkte zu überdenken. Jene, die dem klassischen Legastheniekonzept verpflichtet sind, können sich darauf berufen, daß recht eindeutige Belege dafür vorhanden sind, daß Lese- und Schreibschwierigkeiten bei vielen Kindern durch genetische Anlagen bedingt sind. Auf der anderen Seite steht allerdings - wie bereits betont - die Notwendigkeit, bessere Kriterien für die Abgrenzung von isolierten bzw. spezifischen Lese- und Rechtschreibschwierigkeiten zu finden etc.

Eine besondere Chance für die Überbrückung der Gegensätze zwischen den Standpunkten sehen wir in der Möglichkeit, die verschiedenen Traditionen in gemeinsamen Forschungs- und Interventionsstrategien zu verbinden, etwa indem die Entwicklung von Kindern aus Familien mit einem besonderen Risiko für Lese- und Rechtschreibschwierigkeiten analysiert und präventive Maßnahmen für diese Kinder entwickelt und erprobt werden. Auch die empirische Analyse spezieller Interventionsansätze der Legasthenikerförderung (wie etwa der Unterstützung des Lesenlernens mit Lautgebärden) könnte eine Brücke schlagen und zu einer besseren Integration zwischen den verschiedenen Disziplinen (Medizin, Psychologie, Pädagogik), denen die Förderung von Kindern mit spezifischen Lese- und Rechtschreibschwierigkeiten ein Anliegen ist, führen.

Gefordert ist unserer Ansicht nach auch das Schulsystem. Viele der hier berichteten Befunde müßten der Schulverwaltung und den Politikern zu denken geben. Es sollen nur einige hervorgehoben werden:

- die hohe Persistenz von Lese- und Schreibschwierigkeiten sowie die Tatsache, daß ein Teil die Schule mit sehr geringen Lese- und Schreibfertigkeiten verläßt;
- die geringe Effektivität schulischer Fördermaßnahmen für lese- und schreibschwache Kinder;
- die großen Unterschiede zwischen verschiedenen Schulen und zwischen Parallelklassen innerhalb von Schulen.

Maßnahmen, die von Seiten der Schulverwaltung zu treffen wären, betreffen einerseits die Qualitätssicherung innerhalb des Schulsystems, um rechtzeitig Hilfen bereitzustellen, wenn in einer Klasse besondere Probleme auftreten, vielleicht sogar eine Art Frühmeldesystem für Schwierigkeiten. Hier geht es unserer Meinung nach in erster Linie um eine Stärkung der pädagogischen Kompetenzen der Schulleitung. In eine ähnliche Richtung zielen Maßnahmen, die einen Anreiz dafür bieten können, den Lese- und Schreibunterricht an den Schulen generell zu verbessern, sei es durch schulinterne Fortbildung, sei es durch Förderung von Initiativen zur didaktischen Fortentwicklung des Leseunterrichts. Von besonderer Bedeutung scheinen uns auch alle Maßnahmen zu sein, die eine angemessene intensive Förderung innerhalb sowie eventuell auch außerhalb des Schulsystems ermöglichen. Hier sind sicher Innovationen nötig, um besser geeignete Organisationsformen zu finden als das herkömmliche Förderkurssystem.

Wir sind der festen Überzeugung, daß es für ein demokratisches Bildungssystem zu den absoluten Prioritäten gehört, möglichst allen Schülern die Grundfertigkeiten im Lesen und Schreiben beizubringen, die es ihnen ermöglichen, nicht nur den späteren Anforderungen im Alltag sowie im Beruf nachkommen zu können, sondern auch aktiv am sozialen und kulturellen Leben der Gemeinschaft teilzunehmen. Auch wenn diese Aufgabe schwierig erscheint, so können wir sie heute wahrscheinlich eher bewältigen als jemals zuvor.

Literatur

Aaron,P.G. (1989): Qualitative and quantitative differences among dyslexic, normal and non-dyslexic poor readers. Reading and Writing, 1, 291-309.
Aaron,P.G. & Malatesha,R. (Hrsg.) (1989): Reading and writing disorders in different orthographic systems. Dordrecht: Kluwer.
Ackerman,P.T., Dykman,R.A. & Gardner,M.Y. (1990): ADD students with and without dyslexia differ in sensitivity to rhyme and alliteration. Journal of Learning Disabilities, 23, 279-283.
Ackerman,P.T., Dykman,R.A. & Oglesby,D.M. (1994): Visual event-related potentials of dyslexic children to rhyming and nonrhyming stimuli. Journal of Clinical and Experimental Neuropsychology, 16, 138-154.
Ackerman,P.T., Dykman,R.A. & Peters,J.E. (1977a): Learning-disabled boys as adolescents: Cognitive factors and achievement. Journal of the American Academy of Child Psychiatry, 16, 296-313.
Ackerman,P.T., Dykman,R.A. & Peters,J.E. (1977b): Teenage status of hyperactive and nonhyperactive learning disabled boys. American Journal of Orthopsychiatry, 47, 577-596.
Adams,M.J. (1979a): Models of word recognition. Cognitive Psychology, 11, 133-176.
Adams,M.J. (1979b): Some differences between good and poor readers. In: M.L.Kamil & A.J.Moe (Hrsg.) Reading research: Studies and application. 28th Yearbook of the National Reading Conference. Clemson,SC: Nationnal Reading Conference.
Adams,M.J. (1980): Failures to comprehend and levels of processing in reading. In: R.J.Spiro, B.C.Bruce, W.F.Brewer (Hrsg.) Theoretical issues in reading comprehension: Perspectives from cognitive psychology, linguistics, artificial intelligence, and education. Hillsdale,N.J.: L.Erlbaum.
Adams,M.J. (1990): Beginning to read: Thinking and learning about print. Cambridge,MA: MIT Press.
Adams,M.J. & Huggins,A.W.F. (1985): The growth of children's sight vocabulary: A quick test with educational and theoretical implications. Reading Research Quarterly, 20, 262-281.
Adams,M.J. & Huggins,A.W.F. (1986): Assessing the decoding skills of students in the second through fifth grade. Unveröffentlichtes Manuskript. Boston: Bolt, Beranek & Newman.
Alegria,J., Pignot,E. & Morais,J. (1982): Phonetic analysis of speech and memory codes in beginning readers. Memory & Cognition, 10, 451-456.
Alexander,K.L. & Entwisle,D.R. (1988): Achievement in the first 2 years of school: Patterns and processes. Monographs of the Society for Research in Child Development, 53 (2, Serial Nr.218).
Allen,L., Cipielewski,J. & Stanovich,K.E. (1992): Multiple indicators of children's reading habits and attitudes: Construct validity and cognitive correlates. Journal of Educational Psychology, 84, 489-503.
Allington,R.L. (1978a): Effects of contextual constraints upon rate and accuracy. Perceptual and Motor Skills, 46, 1318.
Allington,R.L. (1978b): Word identification abilities of severly disabled readers: A comparison in isolation and context. Journal of Reading Behavior, 10, 409-416.
Allington,R.L. (1978c): Sensitivity to orthographic structure as a function of grade and reading ability. Journal of Reading Behavior, 10, 437-439.
Allington,R.L. (1980a): Teacher interruption behaviors during primary-grade oral reading. Journal of Educational Psychology, 72, 371-377.
Allington,R.L. (1980b): Teaching reading in compensatory classes: A descriptive summary. The Reading Teacher, 34, 178-183.
Allington,R.L. & Strange,M. (1978): Word prediction of good and poor readers. In: P.D.Pearson & J.Hansen (Hrsg.) Reading: Disciplined inquiry into process and practice. 27th Yearbook of the National Reading Conference. Clemson,SC: National Reading Conference.
Allred,R.A. (1990): Gender differences in spelling achievement in grades 1 through 6. Journal of Educational Research, 83, 187-193.
Aman,M.G. & Werry,J.S. (1982): Children's reading disorders: Problems of definition and a two-year follow-up. Australian Paediatric Journal, 18, 268-272.
Anderson,L.M., Evertson,C.M. & Brophy,J.E. (1979): An experimental study of effective teaching in first-grade reading groups. Elementary School Journal, 79, 193-223.
Anderson,L.M., Brubaker,N.L.,Alleman-Brooks,J. & Duffy,G.G. (1985): A qualitative study of seatwork in first-grade classrooms. Elementary School Journal, 86, 123-140.
Anderson,R.C. & Nagy,W.E. (1991): Word meanings. In: R.Barr, M.L.Kamil, P.Mosenthal & P.D.Pearson (Hrsg.) Handbook of research on reading, Vol.II. New York: Longman.
Anderson,R.C., Osborn,J. & Tierney,R.J. (Hrsg.) (1984): Learning to read in American schools: Basal readers and content texts. Hillsdale,N.J.: L.Erlbaum.
Anderson,R.C. & Pearson,P.D. (1984): A schema-theoretic view of basic processes in reading comprehension. In: P.D.Pearson, R.Barr, M.L.Kamil & P.Mosenthal (Hrsg.) Handbook of research on reading. New York: Longman.
Anderson,R.C., Wilson,P.T. & Fielding,L.G. (1988): Growth in reading and how children spend their time outside of school. Reading Research Quarterly, 23, 285-303.
Andrews,N. & Shaw,J. (1986): The efficacy of teaching dyslexics. Child: Care, Health and Development, 12, 53-62.

Angermaier,M. (1971): Alternative zum programmierten Unterricht: Bessere Methodik im klassischen Diktat. Zeitschrift für erziehungswissenschaftliche Forschung, 5, 63-81.
Angermaier,M. (1974): Sprache und Konzentration bei Legasthenie. Göttingen: Hogrefe.
Annett,M. (1985). Left, right, hand and brain: The right shift theory. London: L.Erlbaum.
Annett,M. & Kilshaw,D. (1984): Lateral preference and skill in dyslexics: Implications of the right shift theory. Journal of Child Psychology and Psychiatry, 25, 357-377.
Appelman,I.B. & Mayzner,M.S. (1981): The letter-frequency effect and the generality of familiarity effects on perception. Perception & Psychophysics, 30, 436-446.
Applebee,A. (1978): The child's concept of story. Chicago: University of Chicago Press.
Applebee,A.N. (1982): Writing and learning in school settings. In: M.Nystrand (Ed.) What writers know. The language, process, and structure of written discourse. New York: Academic Press.
Aram,D.M. & Healy,J.M. (1988): Hyperlexia: A review of extraordinary word recognition. In: L.K.Obler & D.Fein (Hrsg.) The exceptional brain. Neuropsychology of talent and special abilities. New York: Guilford.
Asher,S.R. & Markell,R.A. (1974): Sex differences in comprehension of high- and low-interest reading material. Journal of Educational Psychology, 66, 680-687.
Assink,E.M.H. (1987): Algorithms in spelling instruction: The orthography of Dutsch verbs. Journal of Educational Psychology, 79, 228-235.
Atzesberger,M. & Frey,H. (1977): Vergleich von Ausgangs- und Endleistungen bei zweijähriger Förderung von Legasthenikern an Koblenzer Grundschulen. In: V.Ebel (Hrsg.) Legasthenie - Ursachen, Diagnose, Behandlung, rechtliche und gesellschaftliche Problematik. Bericht über den Fachkongreß des Bundesverbandes Legasthenie 1976. Hannover: Bundesverband Legasthenie.
August,G.J. & Garfinkel,B.D. (1990): Comorbidity of ADHD and reading disability among clinic-referred children. Journal of Abnormal Child Psychology, 18, 29-45.
Backman,J., Bruck,M., Herbert,M. & Seidenberg,M. (1984): Acquisition and use of spelling-sound correspondences in reading. Journal of Experimental Child Psychology, 38, 114-133.
Backman,J., Mamen,M. & Ferguson,H. (1984): Reading level design: Conceptual and methodological issues in reading research. Psychological Bulletin, 96, 560-568.
Baddeley,A.D., Logie,R.H. & Ellis,N.C. (1988): Characteristics of developmental dyslexics. Cognition, 29, 197-228.
Badecker,W., Hillis,A. & Caramazza,A. (1990): Lexical morphology and its role in the writing process: Evidence from a case of acquired dysgraphia. Cognition, 35, 205-243.
Baker,L. & Brown,A.L. (1984): Metacognitive skills and reading. In: P.D.Pearson, R.Barr, M.L.Kamil & P.Mosenthal (Hrsg.) Handbook of research on reading. New York: Longman.
Bakker,D.J. & Moerland,R. (1981): Are there brain-tied sex differences in reading? In: A.Ansara, N.Geschwind, A.Galaburda, M.Albert & N.Gartell (Hrsg.) Sex differences in dyslexia. Towson,MD: Orton Dyslexia Society.
Bakwin,H. (1973): Reading disability in twins. Developmental Medicine and Child Neurology, 15, 184-187.
Bale,P. (1981): Behaviour problems and their relationship to reading difficulty. Journal of Research in Reading, 4, 123-135.
Balhorn,H. (1985): Fehleranalysen- Ein versuch, ausschnitte des regelbildungsprozesses, in dem lerner sich das ortografische system re-konstruieren, zu rekonstruieren. In: G.Augst (Hrsg.) Graphematik und Orthographie: Neuere Forschungen der Linguistik, Psychologie und Didaktik in der Bundesrepublik Deutschland. Frankfurt, Bern und New York: Peter Lang.
Ball,E.W. & Blachman,B.A. (1991): Does phoneme awareness training in kindergarten make a difference in early word recognition and developmental spelling. Reading Research Quarterly, 26, 49-66.
Balota,D.A., Flores d'Arcais,G.B. & Rayner,K. (Hrsg.) (1990): Comprehension processes in reading. Hillsdale,N.J.: L.Erlbaum.
Balow,B. & Blomquist,M. (1965): Young adults ten to fifteen years after severe reading disability. Elementary School Journal, 66, 44-48.
Balow,B., Rubin,R. & Rosen,M.J. (1975): Perinatal events as precursors of reading disability. Reading Research Quarterly, 11, 36-71.
Bamberger,R. (1987): Leseförderung. In: H.Balhorn & H.Brügelmann (Hrsg.) Welten der Schrift in der Erfahrung der Kinder. Konstanz: Faude.
Bamberger,R., Binder,L. & Vanecek,E. (1977): Zehnjährige als Buchleser: Untersuchung zum Leseverhalten, zur Leseleistung und zu den Leseinteressen. Wien: Jugend und Volk.
Barganz,R.A. (1974): Phonological and orthographic relationships to reading performance. Visible Language, 8, 101-122.
Baron,J. (1973): Phonemic stage not necessary for reading. Quarterly Journal of Experimental Psychology, 25, 241-246.
Baron,J. (1979): Orthographic and word-specific mechanisms in children's reading of words. Child Development, 50, 60-72.
Baron,J. & Hodge,J. (1978): Using spelling-sound correspondences without trying to learn them. Visible Language, 12, 55-70.

Baron,J. & Strawson,C. (1976): Use of orthographic and word-specific knowledge in reading words aloud. Journal of Experimental Psychology: Human Perception and Performance, 2, 386-393.
Baron,J. & Thurston,I. (1973): An analysis of the word superiority effect. Cognitive Psychology, 4, 207-228.
Baron,J. & Treiman,R. (1980): Use of orthography in reading and learning to read. In: J.F.Kavanagh & R.L.Venezky (Hrsg.) Orthography, reading, and dyslexia. Baltimore: University Park Press.
Baron,J., Treiman,R., Wilf,J.F. & Kellman,P. (1980): Spelling and reading by rules. In: U.Frith (Hrsg.) Cognitive processes in spelling. London: Academic Press.
Barr,D.F., Mullin,T.A. & Kissel,E. (1978): Application of the verbal transformation effect with learning disabled children. Brain and Language, 6, 75-81.
Barr,R. (1974): Instructional pace differences and their effect on reading acquisition. Reading Research Quarterly, 9, 526-554.
Barr,R. (1975): The effect of instruction on pupil reading strategies. Reading Research Quarterly, 10, 555-582.
Barr,R. & Dreeben,R. (1991): Grouping students for reading instruction. In: R.Barr, M.L.Kamil, P.Mosenthal & P.D.Pearson (Hrsg.) Handbook of research on reading, Vol.II. New York: Longman.
Barron,R.W. (1980): Visual and phonological strategies in reading and spelling. In: U.Frith (Hrsg.) Cognitive processes in spelling. London: Academic Press.
Barron,R.W. & Baron,J. (1977): How children get meaning from printed words. Child Development, 48, 587-594.
Barry,C. & Seymour,P.H.K. (1988): Lexical priming and sound-to-spelling contingency effects in nonword spelling. Quarterly Journal of Experimental Psychology, 40A, 5-40.
Bar-Tal,D. (1982): Attributions in the classroom: The effect of teachers' behavior on pupils' causal perception. In: C.Antak & C.Brewin (Hrsg.) The applications of attribution theory to clinical and educational practice. New York: Academic Press.
Bateman,B. (1979): Teaching reading to learning disabled and other hard-to-teach children. In: L.B.Resnick & P.A.Weaver (Hrsg.) Theory and practice of early reading, Vol.1. Hillsdale,N.J.: L.Erlbaum.
Bauer,D.W. & Stanovich,K.E. (1980): Lexical access and the spelling-to-sound regularity effect. Memory and Cognition, 8, 424-432.
Baxter,D. & Warrington,E. (1987): Transcoding sound to spelling: A single or multiple sound unit correspondence. Cortex, 23, 11-28.
Beauvois,M.F. & Dérouesné,J. (1979): Phonological alexia: Three dissociation. Journal of Neurology, Neurosurgery, and Psychiatry, 42, 1115-1124.
Beauvois,M.F. & Dérouesné,J. (1981): Lexical or orthographic agraphia. Brain, 104, 21-49.
Beck,I. (1981): Reading problems and instructional practices. In: G.E.MacKinnon & T.G.Waller (Hrsg.) Reading research. Advances in theory and practice, Vol.2. New York: Academic Press.
Beck,I. (1984): Developing comprehension: The impact of the directed reading lesson. In: R.C.Anderson, J.Osborn & R.J.Tierney (Hrsg.) Learning to read in American schools: Basal readers and content texts. Hillsdale,N.J.: L.Erlbaum.
Beck,I., McCaslin,E.S. & McKeown,M.G. (1981): Basal readers´ purpose for story reading: Smoothly paving the road or setting up a detour? Elementary School Journal, 81, 45-51.
Beck,I., McKeown,M.G. & Omanson,R.C. (1987): The effects and uses of diverse vocabulary instructional techniques. In: M.G.McKeown & M.E.Curtis (Hrsg.) The nature of vocabulary acquisition. Hillsdale,N.J.: L.Erlbaum.
Beck,I., Perfetti,C.A. & McKeown,M.G. (1982): Effects of long-term vocabulary instruction on lexical access and reading comprehension. Journal of Educational Psychology, 74, 506-521.
Beck,M. & Eisenhauer,P. (1979): Zum Problem des langfristigen Übungserfolgs im Rechtschreibunterricht. In: H.Plickat & W.Wieczerkowski (Hrsg.) Lernerfolg und Trainingsformen im Rechtschreibunterricht. Bad Heilbrunn: J.Klinkhardt.
Becker,C.A. (1980): Semantic context effects in visual word recognition: An analysis of semantic strategies. Memory and Cognition, 8, 493-512.
Becker,C.A. (1985): What do we really know about semantic context effects during reading? In: D.Besner, T.G.Waller & G.E.MacKinnon (Hrsg.) Reading research: Advances in theory and practice, Vol.5. Orlando: Academic Press.
Becker,R. (1977): Die Lese-Rechtschreibschwäche aus logopädischer Sicht. 3.Auflage. Berlin: VEB Verlag Volk und Gesundheit.
Beech,J.R. & Harding,L.M. (1984): Phonemic processing and the poor reader from a developmental lag viewpoint. Reading Research Quarterly, 19, 357-366.
Beentjes,J.W.J. & Van der Voort,T.H.A. (1988): Television's impact on children's reading skills: A review of research. Reading Research Quarterly, 23, 389-413.
Beers,J.W. & Beers,C.S. (1980): Vowel spelling strategies among first and second graders: A growing awareness of written words. Language Arts, 57, 166-172.
Beers,J.W. & Henderson,E.H. (1977): A study of developing orthographic concepts among first graders. Research in the Teaching of English, 11, 133-148.

Bell,A.E., Switzer,F. & Zipursky,M.A. (1974): Open-area eduation: An advantage or disadvatage for beginners? Perceptual and Motor Skills, 39, 407-416.
Belmont,L. & Birch,H.G. (1965): Lateral dominance, lateral awareness and readering disability. Child Development, 36, 57-71.
Bender,B.G., Linden,M. & Robinson,A. (1991): Cognitive and academic skills in children with sex chromosome abnormalities. Reading and Writing, 3, 315-327.
Ben-Dror,I., Pollatsek,A. & Scarpati,S. (1991): Word identification in isolation and in context by college dyslexic students. Brain and Language, 40, 471-490.
Benezra,E. & Douglas,V.I. (1988): Short-term serial recall in ADDH, normal, and reading-disabled boys. Journal of Abnormal Child Psychology, 16, 511-525.
Bereiter,C. (1980): Development in writing. In: L.W.Gregg & E.R.Sternberg (Hrsg.) Cognitive processes in writing. Hillsdale,N.J.: L.Erlbaum.
Bereiter,C. & Scardamalia,M. (1987): The psychology of written composition. Hillsdale,N.J.: L.Erlbaum.
Bergk,M. (1980): Leselernprozeß und Erstlesewerke: Analyse des Schriftspracherwerbs und seiner Behinderungen mit Kategorien der Aneignungstheorie. Bochum: Kamp.
Berger,M., Yule,W. & Rutter,M. (1975): Attainment and adjustment in two geographical areas II: The prevalence of specific reading retardation. British Journal of Psychiatry, 126, 510-519.
Berger,N.S. & Perfetti,C.A. (1977): Reading skill and memory for spoken and written discourse. Journal of Reading Behavior, 9, 7-16.
Berkhan,O. (1885): Über die Störung der Schriftsprache bei Halbidioten und ihre Ähnlichkeit mit dem Stammeln. Archiv für Psychiatrie, 16, 78-86.
Bertelson,P. & de Gelder,B. (1989): Learning about reading from illiterates. In: A.M.Galaburda (Hrsg.) From reading to neurons. Cambridge,Mass.: MIT Press.
Bias,R.G. & McCusker,L.X. (1980): Phonological recoding in lexical decision at recognition treshold. Journal of Reading Behavior, 12, 5-21.
Biemiller,A. (1970): The development of the use of graphic and contextual information as children learn to read. Reading Research Quarterly, 6, 75-96.
Biemiller,A. (1977): Relationships between oral reading rates for letters, words, and simple texts in the develoment of reading achievement. Reading Research Quarterly, 13, 223-253.
Bierwisch,M. (1972) Schriftstruktur und Phonologie. Probleme und Ergebnisse der Psychologie, 43, 21-44.
Bigsby,P. (1990): Abstract letter identities and developmental dyslexia. British Journal of Psychology, 81, 227-263.
Binder,L., Urban,W. & Vanecek,E. (1984): Vierzehnjährige als Buchleser: Eine Untersuchung des Leseverhaltens, der Leseleistung und der Leseinteressen am Ende der Pflichtschulzeit. Wien: Jugend und Volk.
Bisgaard,M.L., Eiberg,H., Moller,N., Niebuhr,E. & Mohr,J. (1987): Dyslexia and chromosome 15 heteromorphism: Negative lod score in a Danish material. Clinical Genetics, 32, 118-119.
Bishop,D.V.M. (1989): Unfixed reference, monocular occlusion, and developmental dyslexia: A critique. British Journal of Ophthalmology, 73, 209-215.
Bishop,D.V.M. (1990): How to increase your chances of obtaining a significant association between handedness and disorder. Journal of Clinical and Experimental Neuropsychology, 12, 812-816.
Bishop,D.V.M. & Adams,C. (1990): A prospective study of the relationship between specific language impairment, phonological disorders and reading retardation. Journal of Child Psychology and Psychiatry, 31, 1027-1050.
Bisiacchi,P.S., Cipolotti,L. & Denes,G. (1989): Impairment in processing meaningless verbal material in several modalities: The relationship between short-term memory and phonological skills. Quarterly Journal of Experimental Psychology, 41A, 293-319.
Bissex,G.L. (1980): Gyns at wrk: A child learns to write and read. Cambridge,Mass.: Harvard University Press.
Black,J.L., Collins,D.W.K., DeRoach,J.N. & Zubrick,S. (1984): A detailed study of sequential saccadic eye movements for normal and poor-reading children. Perceptual and Motor Skills, 59, 423-434.
Blair,T.R. & Rupley,W.H. (1983): A critique of W.S.Gray and A.I.Gate's studies of teacher effectiveness in reading instruction: Early efforts to present a focus. In: L..Gentile, M.L.Kamil & J.S.Blanchard (Hrsg.) Reading research revisited. Columbus,OH.: C.E.Merrill.
Blank,M. (1968): Cognitive processes in auditory discrimination in normal and retarded readers. Child Development, 39, 1091-1101.
Bluestein,V.W. (1967): Factors related to and predictive of improvement in reading. Psychology in the Schools, 4, 272-276.
Blumberg,P. (1976): The effects of written attempts prior to correct visual presentation on spelling acquisition and retention. Contemporary Educational Psychology, 1, 221-228.
Boder,E. (1973): Developmental dyslexia: A diagnostic approach based on three atypical reading-spelling patterns. Developmental Medicine and Child Neurology, 15, 663-687.
Bond,G.L. & Dykstra,R. (1967): The cooperative research program in first-grade reading instruction. Reading Research Quarterly, 2 (4) Special issue.

Borcherding,B., Thompson,K., Kruesi,M., Bartko,J., Rapaport,J.L. & Weingartner,H. (1988): Automatic and effortful processing in attention deficit/ hyperactivity disorder. Journal of Abnormal Child Psychology, 16, 333-345.
Borko,H. & Niles,J. (1982): Factors contributing to teachers' judgements about students and decisions about grouping students for reading instruction. Journal of Reading Behavior, 14, 127-140.
Borko,H., Shavelson,R.J. & Stern,P. (1981): Teachers' decisions in the planning of reading instruction. Reading Research Quarterly, 16, 449-466.
Borkowski,J.G., Johnston,M.B. & Reid,M.K. (1987): Metacognition, motivation, and controlled performance. In: S.J.Ceci (Hrsg.) Handbook of cognitive, social, and neuropsychological aspects of learning disabilities, Vol.2. Hillsdale,N.J.: L.Erlbaum.
Boudreault,M., Thivierge,J., Coté,R., Boutin,P., Julien,Y. & Bergeron,S. (1988): Cognitive development and reading achievement in pervasive-ADD, situational-ADD and control children. Journal of Child Psychology and Psychiatry, 29, 611-619.
Bouma,H. & Legein,C.P. (1975): Foveal and parafoveal recognition of letters and words by dyslexics and by average readers. Neuropsychologia, 15, 69-80.
Bradley,L. (1981): The organization of motor patterns for spelling: An effective remedial strategy for backward readers. Developmental Medicine and Child Neurology, 23, 342-346.
Bradley,L. (1988): Making connections in learning to read and spell. Applied Cognitive Psychology, 2, 3-18.
Bradley,L. & Bryant,P. (1982): Reading and spelling difficulties. In: J.P.Das, R.F.Mulcahy & A.E.Wall (Hrsg.) Theory and research in learning disabilities. New York: Plenum Press.
Bradley,L. & Bryant,P. (1983): Categorizing sounds and learning to read: A causal connection. Nature, 301, 419-421.
Brady,S.A., Shankweiler,D.P. & Mann,V.A. (1983): Speech perception and memory coding in relation to reading ability. Journal of Experimental Child Psychology, 35, 345-367.
Brainerd,C.J., Kingsma,J. & Howe,M.L. (1986): Long-term memory development and learning disability: Storage and retrieval loci of disabled/ nondisabled differences. In: S.J.Ceci (Hrsg.) Handbook of cognitive, social, and neuropsychological aspects of learning disabilities, Vol.1. Hillsdale,N.J.: L.Erlbaum.
Brandt,J. & Rosen,J.J. (1980): Auditory phonemic perception in dyslexia: Categorical identification and discrimination of stop consonants. Brain and Language, 9, 324-337.
Bransford,J.D., Stein,B.S., Vye,N.J., Franks,J.J., Auble,P.M., Mezynski,K.J. & Perfetto,G.A. (1982): Differences in approaches to learning: An overview. Journal of Experimental Psychology: General, 111, 390-398.
Breitmeyer,B.G. (1989): A visually based deficit in specific reading disability. Irish Journal of Psychology, 10, 534-541.
Bridge,C.A. & Hiebert,E.H. (1985): A comparison of classroom writing practices, teachers' perceptions of their writing instruction, and textbook recommendations on writing practices. Elementary School Journal, 86, 155-172.
Britton,J., Burgess,T., Martin,N., McLeod,A. & Rosen,H. (1975): The development of writing abilities (11-18). London: Macmillan Education.
Brophy,J. & Good,T.L. (1986): Teacher behavior and student achievement. In: M.C.Wittrock (Hrsg.) Handbook of research on teaching. Third edition. New York: Macmillan.
Brown,A.L. (1980): Metacognitive development and reading comprehension. In: R.J.Spiro, B.C.Bruce & W.F.Brewer (Hrsg.) Theoretical issues in reading comprehension: Perspectives from cognitive psychology, linguistics, artificial intelligence, and education. Hillsdale,N.J.: L.Erlbaum.
Brown,A.L. & Day,J.D. (1983): Macrorules for summarizing texts: The development of expertise. Journal of Verbal Learning and Verbal Behavior, 22, 1-14.
Brown,A.S. (1990): A review of recent research on spelling. Educational Psychology Review, 2, 365-397.
Brown,B., Haegerstrom-Portnoy,G., Adams,A.J., Yingling,C.D., Galin,D., Herron,J. & Marcus,M. (1983): Predictive eye movements do not discriminate between dyslexic and control children. Neuropsychologia, 21, 121-128.
Bruck,M. (1988): The word recognition and spelling of dyslexic children. Reading Research Quarterly, 23, 51-69.
Bruck,M. (1990): Word-recognition skills of adults with diagnosis of dyslexia. Developmental Psychology, 26, 439-454.
Bruck,M. (1992): Persistence of dyslexics' phonological awareness deficits. Developmental Psychology, 28, 874-886.
Bruck,M. & Treiman,R. (1990): Phonological awareness and spelling in normal children and dyslexics: The case of initial consonant clusters. Journal of Experimental Child Psychology, 50, 156-178.
Bruck,M. & Waters,G. (1988): An analysis of the spelling errors of children who differ in their reading and spelling skills. Applied Psycholinguistics, 9, 77-92.
Bruck,M. & Waters,G. (1990a): Effects of reading skill on component spelling skills. Applied Psycholinguistics, 11, 425-437.

Bruck,M. & Waters,G. (1990b): An analysis of the component spelling and reading skills of good readers-good spellers, good readers-poor spellers, and poor readers-poor spellers. In T.H.Carr & B.A.Levy (Hrsg.): Reading and its development: Component skills approaches. San Diego,CA.: Academic Press.
Bryant,D.N., Fayne,H.R. & Gettinger,M. (1982): Applying the mastery learning model to sight word instruction for disabled readers. Journal of Experimental Education, 50, 116-121.
Bryant,P. & Bradley,L. (1980): Why children sometimes write words which they cannot read. In: U.Frith (Hrsg.) Cognitive processes in spelling. London: Academic Press.
Bryant, P. & Goswami,U. (1986): Strength and weaknesses of the reading level design: A comment on Backman, Mamen, and Ferguson. Psychological Bulletin, 100, 101-103.
Bryant,P. & Impey,L. (1986): The similarities between normal readers and developmental and acquired dyslexics. Cognition, 24, 121-137.
Bryden,M.P. (1988): Does laterality make any difference? Thoughts on the relation between cerebral asymmetry and reading. In: D.Molfese & S.Segalowitz (Hrsg.) Brain lateralization in children. New York: Guilford.
Bub,D.N., Cancelliere,A. & Kertesz,A. (1985): Whole-word and analytic translation of spelling to sound in a non-semantic reader. In: K.E.Patterson, J.C.Marshall & M.Coltheart (Hrsg.) Surface dyslexia: Neuropsychological and cognitive studies of phonological reading. London: L.Erlbaum.
Burt,C. (1937): The backward child. London: University of London Press.
Burtis,P.J., Bereiter,C., Scardamalia,M. & Tetroe,J. (1983): The development of planning in writing. In: B.M.Kroll & G.Wells (Hrsg.) Explorations in the development of writing. Chichester: J.Wiley.
Butkowsky,I.S. & Willows,D.M. (1980): Cognitive-motivational characteristics of children varying in reading ability: Evidence for learned helplessness in poor readers. Journal of Educational Psychology, 72, 408-422.
Byrne,B. (1992): Studies in the acquisition procedure for reading: Rationale, hypotheses, and data. In: P.B.Gough, L.C.Ehri & R.Treiman (Hrsg.) Reading acquisition. Hillsdale,N.J.: L.Erlbaum.
Byrne,B. & Fielding-Barnsley,R. (1989): Phonemic awareness and letter knowledge in the child's acquisition of the alphabetic principle. Journal of Educational Psychology, 81, 313-321.
Byrne,B. & Fielding-Barnsley,R. (1990): Acquiring the alphabetic principle: A case for teaching recognition of phoneme identity. Journal of Educational Psychology, 82, 805-812.
Cahen,L.S., Craun,M.J. & Johnson,S.K. (1971): Spelling difficulty: A survey of the research. Revue of Educational Research, 41, 281-301.
Calfee,R.C., Lindamood,P. & Lindamood,C. (1973): Acoustic-phonetic skill and reading - Kindergarten through twelfth grade. Journal of Educational Psychology, 64,293-298.
Camp,B.W. & van Doorninck,W.J. (1971): Assessment of "motivated" reading therapy with elementary school children. Behavior Therapy, 2, 214-222.
Camp,B.W. & Zimet,S.G. (1974): The relationship of teacher rating scales to behavior observations and reading achievement of first-grade children. Journal of Special Education, 8, 353-359.
Campbell,R. (1983): Writing nonwords to dictation. Brain and Language, 19, 153-178.
Campbell,R. (1985): When children write nonwords to dictation. Journal of Experimental Child Psychology, 40, 133-151.
Campbell,R. (1987): One or two lexicons for reading and writing words: Can misspellings shed any light? Cognitive Neuropsychology, 4, 487-499.
Campbell,R. & Butterworth,B. (1985): Phonological dyslexia and dysgraphia in a highly literate subject: A developmental case with assiociated deficits in phonemic processing and awareness. Quarterly Journal of Experimental Psychology, 37A, 435-475.
Caramazza,A., Berndt,R.S. & Hart,J. (1981): „Agrammatic" reading. In: F.J.Pirozzolo & M.C.Wittrock (Hrsg.) Neuropsychological and cognitive processes in reading. New York: Academic Press.
Caramazza,A. & Miceli,G. (1990): The structure of graphemic representations. Cognition, 37, 243-297.
Caramazza,A., Miceli,G., Silveri,M.C. & Laudanna,A. (1985): Reading mechanisms and the organisation of the lexicon: Evidence from acquired dyslexia. Cognitive Neuropsychology, 2, 81-114.
Caramazza,A., Miceli,G. & Villa,G. (1986): The role of the (output) phonological buffer in reading, writing, and repetition. Cognitive Neuropsychology, 3, 37-76.
Caramazza,A., Miceli,G., Villa,G. & Romani,C. (1987): The role of the graphemic buffer in spelling: Evidence from a case of acquired dysgraphia. Cognition, 26, 59-85.
Carnine,D. & Silbert,J. (1979): Direct instruction reading. Columbus, Ohio: Bell and Howell Company.
Carpenter,D. & Miller,L.J. (1982): Spelling ability of reading disabled LD students and able readers. Learning Disability Quarterly, 5, 65-70.
Carr,T.H. & Evans,M.A. (1981): Classroom organization and reading ability: Are motivation and skill antagonistic goals. In: J.Edwards (Hrsg.) Social psychology of reading. London: Edward Arnold.
Carr,T.H. & Pollatsek,A. (1985): Recognizing printed words: A look at current models. In: D.Besner, T.G.Waller & G.E.MacKinnon (Hrsg.) Reading research: Advances in theory and practice, Vol.5. Orlando: Academic Press.
Carver,R.P. & Hoffman,J.V. (1981): The effects of practice through repeated reading on gain in reading ability using a computer-based instructional system. Reading Research Quarterly, 16, 374-390.

Cashdan,A. & Pumfrey,P.D. (1969): Some effects of the remedial teaching of reading. Educational Research, 11, 138-142.
Cashdan,A., Pumfrey,P.D. & Lunzer,E.A. (1971): Children receiving remedial teaching in reading. Educational Research, 13, 98-105.
Cattell,J.M. (1886): The time taken up by cerebral operations. Mind, 11, 220-242, 377-392, 524-538.
Center,Y., Wheldall,K. & Freeman,L. (1992): Evaluating the effectiveness of reading recovery: A critique. Educational Psychology, 12, 263-274.
Chafe,W. & Danielewicz,J. (1987): Properties of spoken and written language. In: R.Horowitz & S.J.Samuels (Hrsg.) Comprehending oral and written language. San Diego: Academic Press.
Chall,J.S. (1967): Learning to read: The great debate. New York: McGraw-Hill.
Chall,J.S. & Feldman,S. (1966): First-grade reading: An analysis of the interactions of professed methods, teacher implementation, and child background. Reading Teacher, 19, 569-575.
Chall,J.S., Jacobs,V.A. & Baldwin,L.E. (1990): The reading crisis: Why poor children fall behind. Cambridge,MA: Harvard University Press.
Chapman,R.B., Larsen,S.C. & Parker,R.M. (1979): Interactions of first-grade teachers with learning disordered children. Journal of Learning Disabilities, 12, 225-230.
Chen,C. & Stevenson,H.W. (1989): Homework: A cross-cultural examination. Child Development, 60, 551-560.
Chomsky,C. (1969): The acquisition of syntax in children from five to ten. Cambridge, Mass.: MIT Press.
Chomsky,C. (1978): When you still can't read in third grade: After decoding, what? In: S.J.Samuels (Hrsg.) What research has to say about reading instruction. Newark,DE: International Reading Association.
Chomsky,C. (1979): Approaching reading through invented spelling. In: L.B.Resnick & P.A.Weaver (Hrsg.) Theory and practice of early reading, Vol.2. Hillsdale,N.J.: L.Erlbaum.
Chomsky,N. (1970): Phonology and reading. In: H.Levin & J.P.Williams (Hrsg.) Basic studies on reading. New York: Basic Books.
Chomsky,N. & Halle,M. (1968): The sound pattern of English. New York: Harper & Row.
Clark,M.M. (1979): Reading difficulties in schools. 2.Auflage. London: Heinemann Educational Books.
Clarke,L.K. (1988): Invented versus traditional spelling in first graders' writing: Effects on learning to spell and read. Research in the Teaching of English, 22, 281-309.
Clay,M.M. (1972): Reading: The patterning of complex behaviour. London: Heinemann Educational Books.
Clay,M.M. & Imlach,R.H. (1971): Juncture, pitch, and stress as reading behavior variables. Journal of Verbal Learning and Verbal Behavior, 10, 133-139.
Cobb,J.A. (1972): Relationship of discrete classroom behaviors to fourth-grade academic achievement. Journal of Educational Psychology, 63, 74-80.
Cockburn,J.M. (1973): Annual surveys of reading disability in a Scottish county. British Journal of Educational Psychology, 43, 188-191.
Cohen,M. & Stricker,G. (1979): Reversal errors in strong, average, and weak letter namers. Journal of Learning Disabilities, 12, 533-537.
Cohen,A.S.(1975): Oral reading errors of first grade children taught by a code-emphasis approach. Reading Research Quarterly,10,616-650.
Cohen,G. & Freeman,R. (1978): Individual differences in reading strategies in relation to handedness and cerebral asymmetry. In: J.Requin (Hrsg.) Attention and perfprmance VII. Hillsdale, NJ: L.Erlbaum.
Cohen,R.L. (1982): Individual differences in short term memory. In: N.Ellis (Hrsg.) International review of research in mental retardation, Vol.11. New York: Academic Press.
Coker,H. & Lorentz,J.L. (1977): Growth in reading as a correlate of pupil classroom behavior. In: P.D.Pearson & J.Hansen (Hrsg.) Reading: Theory, research and practice. 26th Yearbook of the National Reading Conference. Clenson,SC: National Reading Conference.
Coleman,E.B. (1970): Collecting a data base for a reading technology. Journal of Educational Psychology Monograph, 61 (4,2).
Collette-Harris,M. & Minke,.A. (1978): A behavioral experimental analysis of dyslexia. Behaviour Research and Therapy, 16, 291-295.
Collins,A., Brown,J.S. & Larkin,K.M. (1980): Inference in text understanding. In: R.J.Spiro, B.C.Bruce, W.F.Brewer (Hrsg.) Theoretical issues in reading comprehension: Perspectives from cognitive psychology, linguistics, artificial intelligence, and education. Hillsdale,N.J.: L.Erlbaum.
Collins,A. & Gentner,D. (1980): A framework for a cognitive theory of writing. In: L.W.Gregg & E.R.Sternberg (Hrsg.) Cognitive processes in writing. Hillsdale,N.J.: L.Erlbaum.
Coltheart,M. (1978): Lexical access in simple reading tasks. In: G.Underwood (Hrsg.) Strategies of information processing. London: Academic Press.
Coltheart,M. (1980): The semantic error: Types and theories. In: M.Coltheart, K.Patterson & J.C.Marshall (Hrsg.) Deep dyslexia. London: Routledge & Kegan Paul.
Coltheart,M., Davelaar,E., Jonasson,J.T. & Besner,D. (1977): Access to the internal lexicon. In: S.Dornic (Hrsg.) Attention and performance VI. Hillsdale,N.J.: L.Erlbaum.

Coltheart,M., Masterson,J., Bing,S., Prior,M. & Riddoch,J. (1983): Surface dyslexia. Quarterly Journal of Experimental Psychology, 35A, 469-495.
Coltheart,V., Laxon,V.J., Keating,G.C. & Pool,M.M. (1986): Direct access and phonological encoding processes in children's reading: Effects of word characteristics. British Journal of Educational Psychology, 56, 255-270.
Cone,T.E. & Wilson,L.R. (1981): Quantifying a severe discrepancy: A critical analysis. Learning Disability Quarterly, 4, 359-371.
Conners,C.K. (1978): Critical review of "Electroencephalographic and neurophysiological studies in dyslexia". In: A.L.Benton & D.Pearl (Hrsg.) Dyslexia: An appraisal of current knowledge. New York: Oxford University Press.
Conners,C.K. (1987): Event-related potentials and quantitative EEG brain-mapping in dyslexia. In: D.J.Bakker, C.Wilsher, H.Debruyne & N.Bertin (Hrsg.) Developmental dyslexia and learning disorders. Basel: Karger.
Conners,F.A. & Olson,R.K. (1990): Reading comprehension in dyslexic and normal readers: A component skills analysis. In: D.A.Balota, G.B.Flores d'Arcais & K.Rayner (Hrsg.) Comprehension processes in reading. Hillsdale,N.J.: L.Erlbaum.
Content,A., Kolinsky,R., Morais,J. & Bertelson,P. (1986): Phonetic segmentation in prereaders: Effects of corrective information. Journal of Experimental Child Psychology, 42, 49-72.
Corno,L. & Rohrkemper,M.M. (1985): The intrinsic motivation to learn in classrooms. In: C.Ames & R.Ames (Hrsg.) Research on motivation in education, Vol.2. The classroom milieu. Orlando: Academic Press.
Cossu,G. & Marshall,J.C. (1990): Are cognitive skills a prerequisite for learning to read and write. Cognitive Neuropsychology, 7, 23-40.
Cox,T. (1979): A follow-up study of reading attainment in a sample of eleven-year old disadvantaged children. Educational Studies, 5, 53-60.
Cox,T. (1987): Slow starters versus long-term backward readers. British Journal of Educational Psychology, 57, 73-86.
Crain,S. & Shankweiler,D. (1990): Explaining failures in spoken language comprehension by children with reading disability. In: D.A.Balota, G.B.Flores d'Arcais & K.Rayner (Hrsg.) Comprehension processes in reading. Hillsdale,N.J.: L.Erlbaum.
Critchley,M. (1970): Developmental dyslexia. 2.Auflage. London: Heinemann.
Cromer,W. (1970): The difference model: A new explanation for some reading difficulties. Journal of Educational Psychology, 61, 471-483.
Cromer,W. & Wiener,M. (1966): Idiosyncratic response patterns in good and poor readers. Journal of Consulting Psychology, 30, 1-10.
Cunningham,A.E. (1990): Explicit versus implicit instruction in phonological awareness. Journal of Experimental Child Psychology, 50, 429-444.
Cunningham,A.E. & Stanovich,K.E. (1990): Assessing print exposure and orthographic processing skills in children: A quick measure of reading experience. Journal of Educational Psychology, 82, 733-740.
Cunningham,A.E. & Stanovich,K.E. (1990): Early spelling acquisition: Writing beats the computer. Journal of Educational Psychology, 82, 159-162.
Cunningham,A.E. & Stanovich,K.E. (1991): Tracking the unique effects of print exposure in children: Associations with vocabulary, general knowledge, and spelling. Journal of Educational Psychology, 82, 264-274.
Curtis,M.E. (1980): Development of components of reading skill. Journal of Educational Psychology, 72, 656-669.
Daiute,C. (1985): Do writers talk to themselves? In: S.W.Freedman (Hrsg.) The acquisition of written language: Response and revision. Norwood,N.J.: Ablex.
Daiute,C. & Kruidenier,J. (1985): A self-questioning strategy to increase young writers' revising processes. Applied Psycholinguistics, 6, 307-318.
Dale,E. (1965): Vocabulary measurement: Techniques and major findings. Elementary English, 42, 895-901.
Dalgleish,B.W.J. & Enkelman,S. (1979): The interpretation of pronominal reference by retarded and normal readers. British Journal of Educational Psychology, 49, 290-296.
Daneman,M. (1991): Individual differences in reading skills. In: R.Barr, M.L.Kamil, P.Mosenthal & P.D.Pearson (Hrsg.) Handbook of research on reading, Vol.II. New York: Longman.
Daneman,M. & Carpenter,P.A. (1980): Individual differences in working memory and reading. Journal of Verbal Learning and Verbal Behavior, 19, 450-466.
Davenport,L., Yingling,C.D., Fein,G., Galin,D. & Johnstone,J. (1986): Narrative speech deficits in dyslexia. Journal of Clinical and Experimental Neuropsychology, 8, 347-361.
Davey,B. & Macready,G.B. (1985): Prerequisite relations among inference tasks for good and poor readers. Journal of Educational Psychology, 77, 539-552.
Davie,R., Butler,N. & Goldstein,H. (1972): From birth to seven: A report of the National Child Development Study. London: Longman.

Decroll,F. & Müller,U. (Hrsg.) (1981): Analphabetismus in der Bundesrepüblik Deutschland. Frankfurt a.M.: Diesterweg.
DeFries,J.C. & Decker,S.N. (1982): Genetic aspects of reading disability: A family study. In: R.N.Malatesha & P.G.Aaron (Hrsg.) Reading disorders: Varieties and treatments. New York: Academic Press.
DeFries,J.C., Fulker,D.W. & LaBuda,M.C. (1987): Reading disability in twins: Evidence for a genetic etiology. Nature, 329, 537-539.
DeFries,J.C., Olson,R.K., Pennington,B.F. & Smith,S.D. (1991): Colorado reading project: An update. In: D.D.Duane & D.B.Gray (Hrsg.) The reading brain. Parkton,MD: York Press.
DeFries,J.C., Stevenson,J., Gillis,J.J. & Wadsworth,S.J. (1991): Genetic etiology of spelling deficits in the Colorado and London twin studies of reading disability. Reading and Writing, 3, 271-283.
DeHirsch,K., Jansky,J.J. & Langford,W.S. (1966): Predicting reading failure. New York: Harper & Row.
Dehn,M. (1975): Texte in Fibeln und ihre Funktion für das Lernen. Kronberg/Ts.: Scriptor.
Dehn,M. (1984): Wie Kinder Schriftsprache erlernen - Ergebnisse aus einer Längsschnittuntersuchung. In: I.Naegele, R.Valtin (Hrsg.) Rechtschreibunterricht in den Klassen 1-6. Frankfurt: Arbeitskreis Grundschule.
Deloche,G., Andreewsky,E. & Desi,M. (1982): Surface dyslexia: A case report and some theoretical implications to reading models. Brain and Language, 15, 12-31.
Denckla,M.B. & Rudel,R.G. (1976): Naming of object drawings by dyslexic and other learning disabled children. Brain and Language, 3, 1-15.
Denckla,M.B., LeMay,M. & Chapman,C.A. (1985): Few CT Scan abnormalities found even in neurologically impaired learning disabled children. Journal of Learning Disabilities, 18, 132-135.
Denes,G., Cipolotti,L. & Semenza,C. (1987): How does a phonological dyslexics read words she has never seen? Cognitive Neuropsychology, 4, 11-31.
Denner,B. (1970): Representational and syntactic competence of problem readers. Child Development, 41, 881-887.
Dennis,M., Lovett,M. & Wiegel-Crump,C.A. (1981): Written language acquisition after left or right hemidecortication in infancy. Brain and Language, 12, 54-91.
Derouesné,J. & Beauvois,M.F. (1979): Phonological processing in reading: Data from alexia. Journal of Neurology, Neurosurgery, and Psychiatry, 42, 1125-1132.
Desberg,P., Elliott,D.E. & Marsh,G. (1980): American black English and spelling. In: U.Frith (Hrsg.) Cognitive processes in spelling. London: Academic Press.
Deshler,D.D., Ferrell,W.R. & Kass,C.E. (1978): Error monitoring of schoolwork by learning disabled adolescents. Journal of Learning Disabilities, 11, 401-414.
Devin-Sheehan,L., Feldman,R.S. & Allen,,V.L. (1976): Reasearch on children tutoring children: A critical review. Review of Educational Research, 46, 355-385.
DeVito,P.J. (1977): Reading achievement of Rhode Island compensatory education students: A school effects study. Contemporary Educational Psychology, 2, 332-344.
DiStefano,P. & Hagerty,P. (1983): An analysis of high-frequency words found in commercial spelling series and misspelled in students' writing. Journal of Educational Research, 76, 181-185.
Dobbins,D.A. (1988): Yule's "hump" revisited. British Journal of Educational Psychology, 58, 338-344.
Dobbins,D.A. & Tafa,E. (1991): The "stability" of identification of underachieving readers over different measures of intelligence and reading. British Journal of Educational Psychology, 61, 155-163.
Doctor,E.A. & Coltheart,M. (1980): Children's use of phonological encoding when reading for meaning. Memory and Cognition, 8, 195-209.
Dodd,B., Sprainger,N. & Oerlemans,M. (1989): The phonological skills of spelling disordered children. Reading and Writing, 1, 333-355.
Doehring,D.G. (1968): Patterns of impairment in specific reading disability: A neuropsychological investigation. Bloomington: Indiana University Press.
Doehring,D.G., Trites,R.L., Patel,P.G. & Fiedorowicz,A.M. (1981): Reading disabilities: The interaction of reading, language, and neuropsychological deficits. New York: Academic Press.
Donahue,M. (1984): Learning disabled children's comprehension and production of syntactic devices for marking given versus new information. Applied Psycholinguistics, 5, 101-116.
Donaldson,M. (1984): Speech and writing and modes of learning. In: H.Goelman, A.A.Oberg & F.Smith (Hrsg.) Awakening to literacy. Exeter, N.H.: Heinemann.
Douglas,J.W.B. (1964): The home and the school: A study of ability and attainment in the primary school. London: MacGibbon & Kee.
Douglas,V.I. & Benezra,E. (1990): Supraspan verbal memory in attention deficit disorder with hyperactivity, normal and reading-disabled boys. Journal of Abnormal Child Psychology, 18, 617-638.
Dowhower,S.L. (1987): Effects of repeated reading on second-grade transitional readers' fluency and comprehension. Reading Research Quarterly, 22, 389-406.
Downing,J. (1979): The psycholinguistic basis of cognitive clarity. In: M.L.Kamil & A.J.Moe (Hrsg.) Reading Research: Studies and applications. 28th Yearbook of the National Reading Conference. Clenson,SC: National Reading Conference.

Downing,J., DeStefano,J.,Rich,G. & Bell,A. (1984): Children's view of spelling. Elementary School Journal, 85, 185-198.
Downing,J. & Leong,C.K. (1981): Psychology of learning to read. New York: Macmillan.
Doyle,W. (1986): Classroom organization and management. In: M.C.Wittrock (Hrsg.) Handbook of research on teaching. Third edition. New York: Macmillan.
Draeger,S., Prior,M. & Sanson,A. (1986): Visual and auditory attention performance in hyperactive children: Competence or compliance. Journal of Abnormal Child Psychology, 14, 411-424.
Drake,D.A. & Ehri,L.C. (1984): Spelling acquisition: Effects of pronouncing words on memory for their spellings. Cognition and Instruction, 1, 297-320.
Drewnowski,A. (1978): Detection errors on the word *the*: Evidence for the acquisition of reading levels. Memory and Cognition, 6, 403-409.
Drewnowski,A. (1981): Missing *-ing* in reading: Developmental changes in reading units. Journal of Experimental Child Psychology, 31, 154-168.
Duane,D.D. & Gray,D.B. (Hrsg.) (1991): The reading brain. Parkton,MD: York Press.
Duara,R., Kusheh,A., Cross-Glenn,K., Barker,W.W., Jallad,B., Pascal,S., Loewenstein;D.A., Sheldon,J.; Rabin,M., Levin,B. & Lubs,H. (1991): Neuroanatomic differences between dyslexic and normal readers on magnetic resonance imaging scans. Archives of Neurology, 48, 410-416.
Duffy,G.D., Roehler,L.R., Meloth,M.S., Vavrus,L.G., Book,C., Putnam,J. & Wesselman,R. (1986): The relationship between explicit verbal explanations during reading skill instruction and student awareness and achievement: A study of reading teacher effects. Reading Research Quarterly, 21, 237-252.
Dumke,D. (1979): Einsatz von Rechtschreibregeln in der Grundschule. In: H.Plickat & W.Wieczerkowski (Hrsg.) Lernerfolg und Trainingsformen im Rechtschreibunterricht. Bad Heilbrunn: J.Klinkhardt.
Dummer,L. (1981): Die spezifische Lese-Rechtschreibschwäche. Wien: Jugend und Volk.
Dummer-Smoch,L. & Hackethal,R. (1993a): Handbuch zum Kieler Leseaufbau. 3.Aufl. Kiel: Veris Verlag.
Dummer-Smoch,L. & Hackethal,R. (1993b): Handbuch zum Kieler Rechtschreibaufbau. 2.Aufl. Kiel: Veris Verlag.
Dunham,J. (1960): The effects of remedial eduaction on young children's reading ability and attitude to reading. British Journal of Educational Psychology, 30, 173-175.
Dunn-Rankin,P. (1978): The visual characteristics of words. Scientific American, 238, 122-130.
Durkin,D. (1966): Children who read early: Two longitudinal studies. New York: Teachers College Press.
Durkin,D. (1979): What classroom observations reveal about reading comprehension instruction. Reading Research Quarterly, 14, 481-533.
Dyer,F.N. (1973): The Stroop phenomenon and ist use in the study of perceptual, cognitive and response processes. Memory and Cognition, 1, 106-120.
Eamon,D.B. (1978/79): Selection and recall of topical information by better and poorer readers. Reading Research Quarterly, 14, 244-257.
Edfeldt,A.W. (1960): Silent speech and silent reading. Chicago: Chicago University Press.
Eggert,D., Schuck,E. & Wieland,A.J. (1973): Ergebnisse eines Untersuchungsprogramms zur kontrollierten Behandlung lese-rechtschreibschwacher Grundschüler, Teil I: Diagnose. In: R.Valtin (Hrsg.) Einführung in die Legasthenieforschung. Weinheim: Beltz.
Ehri,L.C. (1976): Do words really interfere in naming pictures? Child Development, 47, 502-505.
Ehri,L.C. (1978): Beginning reading from a psycholinguistic perspective: Amalgamation of word identities. In: F.B.Murray (Hrsg) The development of the reading process. International Reading Association Monograph Nr.3. Newark,Del.: International Reading Association.
Ehri,L.C. (1979): Linguistic insight: Treshold of reading acquisition. In: T.G.Waller & G.E.MacKinnon (Hrsg.) Reading research: Advances in theory and practice, Vol.1. New York: Academic Press.
Ehri,L.C. (1980): The development of orthographic images. In: U.Frith (Hrsg.) Cognitive processes in spelling. London: Academic Press.
Ehri,L.C. (1983): A critique of five studies related to letter-name knowledge and learning to read. In: L..Gentile, M.L.Kamil & J.S.Blanchard (Hrsg.) Reading research revisited. Calumbus,OH.: C.E.Merrill.
Ehri,L.C. (1984): How orthography alters spoken language competencies in children learning to read and spell. In: J.Downing & R.Valtin (Hrsg.) Language awareness and learning to read. New York: Springer Verlag.
Ehri,L.C. (1992): Reconceptualizing the development of sight vocabulary and its relationship to recoding. In: P.B.Gough, L.C.Ehri & R.Treiman (Hrsg.) Reading acquisition. Hillsdale,N.J.: L.Erlbaum.
Ehri,L.C. & Robbins,C. (1992): Beginners need some decoding skill to read words by analogy. Reading Research Quarterly, 27, 13-26.
Ehri,L.C. & Sweet,J. (1991): Fingerpoint-reading of memorized text: What enables beginners to process the print? Reading Research Quarterly, 26, 442-462.
Ehri,L.C. & Wilce,L.S. (1979): The mnemonic value of orthography among beginning readers. Journal of Educational Psychology, 71, 26-40.

Ehri,L.C. & Wilce,L.S. (1980): The influence of orthography on readers' conceptualization of the phonemic structure of words. Applied Psycholinguistics, 1, 371-385.
Ehri,L.C. & Wilce,L.S. (1983): Development of word identification speed in skilled and less skilled beginning readers. Journal of Educational Psychology, 75, 3-18.
Ehri,L.C. & Wilce,L.S. (1985): Movement into reading: Is the first stage of printed word learning visual or phonetic? Reading Research Quarterly, 20, 163-179.
Ehri,L.C. & Wilce,L.S. (1987): Does learning to spell help beginners learn to read words? Reading Research Quarterly, 18, 47-65.
Eichler,W. (1976): Zur linguistischen Fehleranalyse von Spontanverschreibungen bei Vor- und Grundschulkindern. In: A.Hofer (Hrsg.) Lesenlernen: Theorie und Unterricht. Düsseldorf: Schwann.
Eichler,W. (1983): „Kreative Schreibirrtümer". Zur Auseinandersetzung des Schülers mit dem Verhältnis Laut-Schrift und mit den Rechtschreibregeln. Diskussion Deutsch, 74, 629-640.
Eisenberg,L. (1966): The epidemiology of reading retardation and a program for preventive intervention. In: J.Money (Hrsg.) The disabled reader: Education of the dyslexic child. Baltimore,MD: J.Hopkins Press.
Eisenberg,P. & Becker,C.A. (1982): Semantic context effects in visual word recognition, sentence processing, and reading: Evidence for semantic strategies. Journal of Experimental Psychology: Human Perception and Performance, 8, 739-756.
Eisenhut,H.D. (1981): Leistungsvermögen und Leistungsdefizite lese- rechtschreibschwacher Schüler. Weinheim: Beltz.
Elkonin,D.B. (1973): U.S.S.R. In: J.Downing (Hrsg.) Comparative reading. New York: Macmillan.
Elley,W.B. (1992): How in the world do students read? IEA study of reading literacy. The Hague: International Association for the Evaluation of Educational Achievement.
Ellis,A.W. (1979): Slips of the pen. Visible Language, 13, 265-282.
Ellis,A.W. (1982): Spelling and writing and reading and speaking. In: A.W.Ellis (Hrsg.) Normality and pathology in cognitive functions. New York: Academic Press.
Ellis,A.W., Young,A.W. & Flude,B.M. (1987): "Afferent dysgraphia" in a patient and in normal subjects. Cognitive Neuropsychology, 4, 465-486.
Ellis,N.C. & Large,B. (1987): The development of reading: As you seek so shall you find. British Journal of Psychology, 78, 1-28.
Ellis,N.C. & Miles,T.R. (1978): Visual information processing in dyslexic children. In: M.M.Gruneberg, P.E.Morris & R.N.Sykes (Hrsg.) Practical aspects of memory. London: Academic Press.
Englert,C., Raphael, T., Fear,K. & Anderson,L. (1988): Students' metacognitive knowledge about how to write informational text. Learning Disability Quarterly, 11, 18-46.
Englert,C.S. & Thomas,C.C. (1987): Sensitivity to text structure in reading and writing: A comparison between learning disabled and non-learning disabled students. Learning Disability Quarterly, 10, 93-105.
Ensslen,S. & von Benda,U. (1985): Qualitative Analyse von Rechtschreibfehlern bei legasthenen und sprachentwicklungsgestörten Kindern. Zeitschrift für Entwicklungspsychologie und Pädagogische Psychologie, 17, 299-311.
Entwisle,D.R. & Hayduk,L.A. (1978): Too great expectations: The academic outlook of young children. Baltimore and London: John Hopkins University Press.
Esser,G. (1994): Die Bedeutung organischer und psychosozialer Risiken für die Entstehung von Teilleistungsschwächen. Frühförderung interdisziplinär, 13, 49-60.
Esser,G. & Schmidt,M.H. (1987): Minimale cerebrale Dysfunktion - Leerformel oder Syndrom? Empirische Untersuchungen zur Bedeutung eines zentralen Konzepts in der Kinderpsychiatrie. Stuttgart: Enke.
Falkenhagen,H. & Winsmann,H. (1964): Zur Therapie der Lese-Rechtschreib-Schwäche durch gezieltes Training. Probleme und Ergebnisse der Psychologie, 12, 7-29.
Farmer,A.R., Nixon,M. & White,R.T. (1976): Sound blending and learning to read: An experimental investigation. British Journal of Educational Psychology, 46, 155-163.
Fayne,H.R. & Bryant,N.D. (1981): Relative effects of various word synthesis strategies on the phonics achievement of learning disabled youngsters. Journal of Educational Psychology, 73, 616-623.
Feagans,L. & McKinney,J.D. (1981): The pattern of exceptionality across domains in learning disabled children. Journal of Applied Developmental Psychology, 1, 313-328.
Feagans,L.V. & Short,E.J. (1984): Developmental differences in the comprehension and production of narratives by reading-disabled and normally achieving children. Child Development, 55, 1727-1736.
Feilke,H. & Augst,G. (1989): Zur Ontogenese der Schreibkompetenz. In: G.Antos, H.P. Krings (Hrsg.): Textproduktion. Ein interdisziplinärer Forschungsüberblick, Niemeyer, Tübingen (=Konzepte der Sprach- und Literaturwissenschaft 48).
Feldmann,S., Schmidt,D. & Deutsch,C. (1968): Effect of auditory training on reading skills of retarded readers. Perceptual and Motor Skills, 26, 467-480.
Felton,R.H., Wood,F.B., Brown,I.S., Campbell,S.K. & Harter,M.R. (1987): Seperate verbal memory and naming deficits in attention deficit disorder and reading disability. Brain and Language, 31, 171-184.

Fennell,E., Satz,P. & Morris,R. (1983): The development of handedness and dichotic listening asymmetries in relation to school achievement: A longitudinal study. Journal of Experimental Child Psychology, 35, 248-262.
Ferdinand,W. (1965): Sitzenbleiberhäufigkeit und Anfangsunterricht. Neue Deutsche Schule, Heft 18.
Ferdinand,W. (1970): Über die Erfolge des ganzheitlichen und synthetischen Lese- (Schreib)unterrichts in der Grundschule. Essen.
Ferdinand,W. & Müller,F. (1965): Empirische Untersuchungen zum Legastheniproblem. Praxis der Kinderpsychologie und Kinderpsychiatrie, 14, 1-8.
Ferreiro,E. (1984): The underlying logic of literacy development. In: H.Goelman, A.A.Oberg & F.Smith (Hrsg.) Awakening to literacy. Exeter, N.H.: Heinemann.
Finucci,J.M. & Childs,B. (1983): Dyslexia: Family studies. In: C.L.Ludlow & J.A.Cooper (Hrsg.) Genetic aspects of speech and language disorders. New York: Academic Press.
Finucci,J.M., Isaacs,S.D., Whitehouse,C.C. & Childs,B. (1983): Classification of spelling errors and their relationship to reading ability, sex, grade placement, and intelligence. Brain and Language, 20, 340-355.
Fischer,F.W., Liberman,I.Y. & Shankweiler,D. (1978): Reading reversals and developmental dyslexia: A further study. Cortex, 14, 496-510.
Fischer,F.W., Shankweiler,D. & Liberman,I.Y. (1985): Spelling proficiency and sensitivity to word structure. Journal of Memory and Language, 24, 423-441.
Fisher,C.W., Filby,N.N., Marliave,R.S., Cahen,L.S., Dishaw,N.M., Moore,J.E. & Berliner,D.C. (1978): Teaching behaviors, academic learning time and student achievement. Final report of phase III-B. Beginning teacher evaluation study. San Francisco: Far West Laboratory for Educational Research and Development.
Fitzgerald,J. (1984): The relationship between reading ability and expectations for story structure. Discourse Processes, 7, 21-41.
Fitzgerald,J. & Teasley,A.B. (1986): Effects of instruction in narrative structure on children's writing. Journal of Educational Psychology, 78, 424-432.
Fitzgerald,J. & Markham,L.R. (1987): Teaching children about revision in writing. Cognition and Instruction, 4, 3-24.
Fleisher,L.S., Jenkins,J.R. & Pany,D. (1979): Effects on poor readers' comprehension of training in rapid decoding. Reading Research Quarterly, 15, 30-48.
Fletcher,J.M. & Morris,R. (1986): Classification of disabled learners: Beyond exclusionary definitons. In: S.J.Ceci (Hrsg.) Handbook of cognitive, social, and neuropsychological aspects of learning disabilities, Vol.1. Hillsdale,N.J.: L.Erlbaum.
Flower,L.S. & Hayes,J.R. (1980): The dynamics of composing: Making plans and juggling constraints. In: L.W.Gregg & E.R.Sternberg (Hrsg.) Cognitive processes in writing. Hillsdale,N.J.: L.Erlbaum.
Flowers,D.L., Wood,F.B. & Naylor,C.E. (1991): Regional cerebral blood flow correlates of language processes in reading disability. Archives of Neurology, 48, 637-643.
Fodor,J.A. (1983): Modularity of mind. Cambridge,MA: MIT Press.
Foorman,B.R., Francis,D.J., Novy,D.M. & Liberman,D. (1991): How letter-sound instruction mediates progress in first-grade reading and spelling. Journal of Educational Psychology, 83, 456-469.
Forness,S.R. & Esveldt,K.C. (1975): Classroom observation of children with learning and behavior problems. Journal of Learning Disabilities, 8, 382-385.
Fowler,A.E. (1988): Grammaticality judgments and reading skill in grade 2. Annals of Dyslexia, 38, 73-94.
Fowler,A.E. (1991): How early phonological development might set the stage for phoneme awareness. In: S.A.Brady & D.P.Shankweiler (Hrsg.) Phonological processes in literacy: A tribute to I.Y.Liberman. Hillsdale,N.J.: L.Erlbaum.
Fowler,C.A., Liberman,I.Y. & Shankweiler,D. (1977): On interpreting the error pattern of the beginning reader. Language and Speech, 20, 162-173.
Fowler,C.A., Napps,S.E. & Feldman,L. (1985): Relations among regular and irregular morphologically related words in the lexicon as revealed by repetition priming. Memory and Cognition, 13, 241-255.
Fox,B. & Routh,D.K. (1976): Phonemic analysis and synthesis as word-attack skills. Journal of Educational Psychology, 68, 70-74.
Fox,B. & Routh,D.K. (1980): Phonemic analysis and severe reading disability in children. Journal of Psycholinguistic Research, 9, 115-119.
Fox,B. & Routh,D.K. (1984): Phonemic analysis and synthesis as word-attack skills: Revisited. Journal of Educational Psychology, 76, 1059-1064.
Francis,H. (1973): Children's experience of reading and notions of units in language. British Journal of Educational Psychology, 43, 17-23.
Franks,J.J., Vye,N.J., Auble,P.M., Mezynski,K.J., Perfetto,G.A., Bransford,J.D., Stein,B.S. & Littlefield,J. (1982): Learning from explicit versus implicit texts. Journal of Experimental Psychology: General, 111, 414-422.
Frederiksen,J.R. (1978): Assessment of perceptual, decoding, and lexical skills and their relation to reading proficiency. In: A.M.Lesgold, J.W.Pellegrino, S.D.Fokkema & R.Glaser (Hrsg.) Cognitive psychology and instruction. New York: Plenum Publ.

Frederiksen,J.R. (1981): Sources of process interactions in reading. In: A.M.Lesgold & C.A.Perfetti (Hrsg.) Interactive processes in reading. Hillsdale,N.J.: L.Erlbaum.
Frederiksen,J.R., Warren,B.M. & Rosebery,A.S. (1985a): A componential approach to training reading skills: Part 1. Perceptual units training. Cognition and Instruction, 2, 91-130.
Frederiksen,J.R., Warren,B.M. & Rosebery,A.S. (1985b): A componential approach to training reading skills: Part 2. Decoding and use of context. Cognition and Instruction, 2, 271-338.
Fredman,G. & Stevenson,J. (1988): Reading processes in specific reading retarded and reading backward 13 year olds. British Journal of Developmental Psychology, 6, 97-108.
Freyd,P. & Baron,J. (1982): Individual differences in acquisition of derivational morphology. Journal of Verbal Learning and Verbal Behavior, 21, 282-295.
Frieze,I.H., Francis,W.D. & Hartman,B.H. (1982): Defining success in classroom settings. In: J.Levine & M.Wang (Hrsg.) Teacher and student perceptions: Implications for learning. Hillsdale,N.J.: L.Erlbaum.
Frith,U. (1971): Why do children reverse letters? British Journal of Psychology, 62, 459-468.
Frith,U. (1979): Reading by eye and writing by ear. In: P.A. Kolers, M.Wrolstad, H.Bouma (Hrsg.) Processing of visible language, Vol.1. New York: Plenum Press.
Frith,U. (1980): Unexpected spelling problems. In: U.Frith (Hrsg.) Cognitive processes in spelling. London: Academic Press.
Frith,U. (1983): The similarities and differences between reading and spelling problems. In: M.Rutter (Hrsg.) Developmental neuropsychiatry. New York: Guilford Press.
Frith,U. (1985): Beneath the surface of developmental dyslexia. In: K.E.Patterson, J.C.Marshall & M.Coltheart (Hrsg.) Surface dyslexia: Neuropsychological and cognitive studies of phonological reading. London: L.Erlbaum.
Funnell,E. (1983): Phonological processes in reading: new evidence from acquired dyslexias. British Journal of Psychology, 74, 159-180.
Gabelin,T. & Pannen,G. (1976): Außerschulisches Rechtschreibtraining mit freiwilligen Helferinnen. Psychologie in Erziehung und Unterricht, 23, 283-288.
Galaburda,A.M. (1991): Anatomy of dyslexia: Argument against phrenology. In: D.D.Duane & D.B.Gray (Hrsg.) The reading brain. Parkton,MD: York Press.
Galaburda,A.M. & Kemper,T.L. (1979): Cytoarchitectonic abnormalities in developmental dyslexia: A case study. Annals of Neurology, 6, 94-100.
Galaburda,A.M., Rosen,G.D. & Sherman,G.F. (1989): The neural origin of developmental dyslexia: Implications for medicine, neurology, and cognition. In: A.M.Galaburda (Hrsg.) From reading to neurons. Cambridge,Mass.: MIT Press.
Galaburda,A.M., Sherman,G.F., Rosen,G.D., Aboitiz,F. & Geschwind,N. (1985): Developmental dyslexia: Four consecutive patients with cortical anomalies. Annals of Neurology, 18, 222-223.
Galton,M. & Simon,B. (Hrsg.) (1980): Progress and performance in the primary classroom. London: Routlege & Kegan Paul.
Galton,M., Simon,B. & Croll,P. (1980): Inside the primary classroom. London: Routlege & Kegan Paul.
Gambrell,L.B., Wilson,R.M. & Gantt,W.N. (1981): Classroom observation of task-attending behaviors of good and poor readers. Journal of Educational Research, 74, 400-404.
Garner,R. (1980): Monitoring of understanding: An investigation of good and poor readers' awareness of induced miscomprehension of text. Journal of Reading Behavior, 12, 55-64.
Garner,R. (1981): Monitoring of passage inconsistency among poor comprehenders: A preliminary test of the "piecemeal processing" explanation. Journal of Educational Research, 74, 159-162.
Garner,R. (1987): Metacognition and reading comprehension. Norwood,N.J.: Ablex.
Garner,R. & Anderson,J. (1982): Monitoring-of-understanding research: Inquiry directions, methodological dilemmas. Journal of Experimental Education, 51, 70-76.
Garner,R. & Reis,R. (1981): Monitoring and resolving comprehension obstacles: An investigation of spontaneous text lookbacks among upper-grade good and poor comprehenders. Reading Research Quarterly, 16, 569-582.
Garnham,A., Oakhill,J.V. & Johnson-Laird,P.N. (1982): Referential continuity and the coherence of discourse. Cognition, 11, 29-46.
Gates,A.I. (1961): Sex differences in reading ability. Elementary School Journal, 61, 431-434.
Gathercole,S.E. & Baddeley,A.D. (1990): The role of phonological memory in vocabulary acquisition: A study of young children learning new names. British Journal of Psychology, 81, 439-454.
Gathercole,S.E. & Baddeley,A.D. (1993): Phonological working memory: A critical building block for reading development and vocabulary acquisition? European Journal of the Psychology of Education, 8, 259-272.
Gelb,I.J. (1963): A study of writing. 2.Aufl. Chicago: University of Chicago Press.
Gentry,J. (1978): Early spelling strategies. Elementary School Journal, 79, 88-92.
Geschwind,N. (1983): Biological associations of left-handedness. Annals of Dyslexia, 33, 29-40.
Geschwind,N. & Behan,P. (1982): Left-handedness: Association with immune disease, migraine, and developmental learning disorder. Proceedings of the National Academy of Science, 79, 5097-5100.
Gettinger,M. (1991): Learning time and retention differences between nondisabled students and students with learning disabilities. Learning Disability Quarterly, 14, 179-189.

Gettinger,M., Bryant,N.D. & Fayne,H.R. (1982): Designing spelling instruction for learning-disabled children: An emphasis on unit size, distributed practice, and training for transfer. Journal of Special Education, 16, 439-448.
Geuß,H. (1983): Ursachen der Wirksamkeit tachistoskopischer Trainings bei Schreib-/ Leseschwäche. Praxis der Kinderpsychologie und Kinderpsychiatrie, 32, 37-44.
Ghodsian,M. & Calnan,M. (1977): A comparative longitudinal analysis of special education groups. British Journal of Educational Psychology, 47, 162-174.
Gibson,E.J. (1971): Perceptual learning and the theory of word perception. Cognitive Psychology, 2, 351-368.
Gibson,E.J., Gibson,J.J., Pick,A.D. & Osser,H. (1962): A developmental study of the discrimination of letter-like forms. Journal of Comparative and Physiological Psychology, 55, 897-906.
Gibson,E.J. & Guinet,L. (1971): Perception of inflections in brief visual presentations of words. Journal of Verbal Learning and Verbal Behavior, 10, 182-189.
Gibson,E.J. & Levin,H. (1975): The psychology of reading. Cambridge,MA: MIT-Press.
Gickling,E.E. & Armstrong,D.L. (1978): Levels of instructional difficulty as related to on-task behavior, task completion, and comprehension. Journal of Learning Disabilities, 11, 559-566.
Gillis,J.J., Gilger,J.W., Pennington,B.F. & DeFries,J.C. (1992): Attention deficit disorder in reading-disabled twins: Evidence for a genetic etiology. Journal of Abnormal Child Psychology, 20, 303-315.
Gipe,J. (1979): Investigating techniques for teaching word meanings. Reading Research Quarterly, 14, 624-644.
Gittelman,R. (1983): Treatment of reading disorders. In: M.Rutter (Hrsg.) Developmental Neuropsychiatry. New York: Guilford Press.
Gittelman,R. & Feingold,I. (1983): Children with reading disorders - I. Efficacy of reading remediation. Journal of Child Psychology and Psychiatry, 24, 167-191.
Gjessing,H.J. & Karlsen,B. (1989): A longitudinal study of dyslexia: Bergen's multivariate study of children's learning disabilities. New York, Berlin und Heidelberg: Springer-Verlag.
Glavin,J.P. & Annesley,F.R. (1971): Reading and arithmetic correlates of conduct-problem and withdrawn children. Journal of Special Education, 5, 213-219.
Gleitman,L.R. & Rozin,P. (1977): The structure and acquisition of reading I: Orthographies and the structure of language. In: A.S.Reber & D.L.Scarborough (Hrsg.) Toward a psychology of reading. Hillsdale,N.J.: L.Erlbaum.
Glogauer,W. (1977): Rechtschreibung und Intelligenz. Eine empirische Untersuchung. Psychologie in Erziehung und Unterricht, 24, 287-292.
Glushko,R.J. (1979): The organisation and activation of orthographic knowledge in reading aloud. Journal of Experimental Psychology: Human Perception and Performance, 5, 674-691.
Godfrey,J.J., Syrdal-Lasky,A.K., Millay,K.K. & Knox,C.M. (1981): Performance of dyslexic children on speech perception tests. Journal of Experimental Child Psychology, 32, 401-424.
Goelman,H., Oberg,A. & Smith,F. (Hrsg.) (1984): Awakening to literacy. London: Heineman Educational Books.
Goldman,S.R. (1976): Reading skill and the minimum distance principle: A comparison of listening and reading comprehension. Journal of Experimental Child Psychology, 22, 123-142.
Goldman,S.R., Hogaboam,T.W., Bell,L.C. & Perfetti,C.A. (1980): Short-term retention of discourse during reading. Journal of Educational Psychology, 72, 657-655.
Goldstein,D.M. (1976): Cognitive-linguistic functioning and learning to read in preschoolers. Journal of Educational Psychology, 68,680-688.
Goldstein,D. & Dundon,W.D. (1987): Affect and cognition in learning disabilities. In: S.J.Ceci (Hrsg.) Handbook of cognitive, social, and neuropsychological aspects of learning disabilities, Vol.2. Hillsdale,N.J.: L.Erlbaum.
Golinkoff,R. (1978): Phonemic awareness skills and reading achievement. In: F.Murray und J.J.Pikulsky (Hrsg.): The acquisition of reading. Baltimore: University Park Press.
Golinkoff,R.M. & Rosinski,R.R. (1976): Decoding, semantic processing, and reading comprehension skill. Child Development, 47, 252-258.
Goodman,K.S. (1976): Reading: A psycholinguistic guessing game. In: H.Singer & R.Ruddell (Hrsg.) Theoretical models and processes of reading. 2.Auflage. Newark,Del.: International Reading Association.
Goodman,R. & Stevenson,J. (1989): A twin study of hyperactivity - II. The aetiological roles of genes, family relationships and perinatal adversity. Journal of Child Psychology and Psychiatry, 30, 691-709.
Goodman,R.A. & Caramazza,A. (1986): Dissociation of spelling errors in written and oral spelling: The role of allographic conversion in writing. Cognitive Neuropsychology, 3, 179-206.
Goody,J. (1987): The interface between the written and the oral. Cambridge: Cambridge University Press.
Gordon,C.J. & Braun,C. (1986): Mental processes in reading and writing: A critical look at self-reports as supportive data. Journal of Educational Research, 79, 292-301.
Goswami,U. (1986): Children's use of analogy in learning to read: A developmental study. Journal of Experimental Child Psychology, 42, 73-83.

Goswami,U. (1988a): Orthographic analogies and reading development. Quarterly Journal of Experimental Psychology, 40A, 239-268.
Goswami,U. (1988b): Children's use of analogy in learning to spell. British Journal of Developmental Psychology, 6, 21-33.
Goswami,U.C. & Bryant,P. (1989): The interpretation of studies using the reading level design. Journal of Reading Behavior, 21, 413-424.
Goswami,U.C. & Bryant,P. (1990): Phonological skills and learning to read. Hillsdale,N.J.: Erlbaum.
Gottesman,R., Belmont,I. & Kaminer,R. (1975): Admission and follow-up status of reading disabled children referred to a medical clinic. Journal of Learning Disabilities, 8, 642-650.
Gough,P.B. (1993): The beginning of decoding. Reading and Writing, 5, 181-192.
Gough,P.B. & Hillinger,M.L. (1980): Learning to read: An unnatural act. Bulletin of the Orton Society, 30, 179-196.
Goulandris,N.K. & Snowling,M. (1991): Visual memory deficits: A plausible cause of developmental dyslexia? Evidence from a single case study. Cognitive Neuropsychology, 8, 127-154.
Grabe,M. (1980): Utilization of imposed structure: The impact of reading competence and grade level. Journal of Reading Behavior, 12, 31-40.
Grabe,M. & Prentice,W. (1979): The impact of reading competence on the ability to take a perspective. Journal of Reading Behavior, 11, 21-25.
Graesser,A.C., Golding,J.M. & Long,D.L. (1991): Narrative representation and comprehension. In: R.Barr, M.L.Kamil, P.Mosenthal & P.D.Pearson (Hrsg.) Handbook of research on reading, Vol.II. New York: Longman.
Graesser,A.C., Hoffman,N.L. & Clark,L.F. (1980): Structural components of reading time. Journal of Verbal Learning and Verbal Behavior, 19, 135-151.
Graham,S. (1990): The role of production factors in learning disabled students' compositions. Journal of Educational Psychology, 82, 781-791.
Graves,M. (1984): The roles of instruction in fostering vocabulary development. Paper presented at the meeting of the American Educational Research Association. New Orleans.
Graves,D.H. (1986): Kinder als Autoren: Die Schreibkonferenz. In: H.Brügelmann (Hrsg.) ABC und Schriftsprache. Rätsel für Kinder, Lehrer und Forscher. Konstanz: Faude.
Gregg,N., Hoy,C., McAlexander,P. & Hayes,C. (1991): Written sentence production error patterns of college writers with learning disabilities. Reading and Writing, 3, 169-185.
Gross,K., Rothenberg,S., Schottenfeld,S. & Drake,C. (1978): Duration tresholds for letter identification in left and right visual fields for normal and reading-disabled children. Neuropsychologia, 16, 709-715.
Gross-Glenn,K., Duara,R., Barker,W., Loewenstein,D., Chang,J., Yoshii,F., Apicella,A., Pascal,S., Boother,T., Sevush,S., Jallad,B., Novoa,L. & Lubs,H. (1991): Positron emission tomographic studies during serial word-reading by normal and dyslexic adults. Journal of Clinical and Experimental Neuropsychology, 13, 531-544.
Gross-Glenn,K., Duara,R., Yoshii,F., Barker,W.W., Chang,J.Y., Apicella,A., Boothe,T. & Lubs,H.A. (1990): PET scan reading studies: familial dyslexics. In: G.T.Pavlidis (Hrsg.) Perspectives on dyslexia. Vol.1. Neurology, neuropsychology and genetics. New York: J.Wiley.
Günther,H., Gfoerer,S. & Weiss,L. (1984): Inflection, frequency, and the word superiority effect. Psychological Research, 46, 261-281.
Gutezeit,G. & Meier,E. (1977): Zur Effektivität eines projektionstachistoskopischen Übungsprogramms bei legasthenen Kindern aus 4.Grundschulklassen. Praxis der Kinderpsychologie und Kinderpsychiatrie, 26, 266-274.
Guthrie,J.T. (1973): Reading comprehension and syntactic responses in good and poor readers. Journal of Educational Psychology, 65, 294-299.
Guthrie,J.T. & Greaney,V. (1991): Literacy acts. In: R.Barr, M.L.Kamil, P.Mosenthal & P.D.Pearson (Hrsg.) Handbook of research on reading, Vol.II. New York: Longman.
Guthrie,J.T., Martuza,V. & Seifert,M. (1979): Impacts of instructional time in reading. In: L.B.Resnick & P.A.Weaver (Hrsg.) Theory and practice of early reading, Vol.3. Hillsdale,N.J.: L.Erlbaum.
Guthrie,J.T. & Seifert,M. (1977): Letter-sound complexity in learning to identify words. Journal of Educational Psychology, 69, 686-696.
Guttentag,R.E. & Haith,M.M. (1978): Automatic processing as a function of age and reading ability. Child Development, 49, 707-716.
Guttentag,R.E. & Haith,M.M. (1979): A developmental study of automatic word processing in a picture classification task. Child Development, 50, 894-896.
Guttentag,R.E. & Haith,M.M. (1980): A longitudinal study of word processing by first-grade children. Journal of Educational Psychology, 72, 701-705.
Haddock,M. (1976): Effects of an auditory and auditory-visual method of blending instruction on the ability of prereaders to decode synthetic words. Journal of Educational Psychology, 68, 825-831.
Hall,J.W., Wilson,K.P., Humphreys,M.S., Tinzmann,M.B. & Bowyer,P.M. (1983): Phonemic similarity effects in good vs. poor readers. Memory & Cognition, 11, 520-527.
Hallgren,B. (1950): Specific dyslexia: A clinical and genetic study. Acta Psychiatrica Scandinavica, Supplement 65, 1-287.

Hammill,D.D., Goodman,L. & Wiederholt,J.L. (1974): Visual-motor processes: Can we train them? The Reading Teacher, 27, 469-478.
Hammill,D.D. & Larsen,S.C. (1974): The relationship of selected auditory perceptual skills and reading ability. Journal of Learning Disabilities, 7, 429-435.
Hanley,J.R., Hastie,K. & Kay,J. (1992): Developmental surface dyslexia and dysgraphia: An orthographic processing impairment. Quarterly Journal of Experimental Psychology, 44A, 285-319.
Hanna,P.R., Hanna,J.S., Hodges,R.E. & Rudorf,E.H. (1966): Phoneme-grapheme correspondences as cues to spelling improvement. Washington: US Dept. of Health, Education and Welfare.
Hannon,P. (1987): A study of the effects of parental involvement in the teaching of reading on children's reading test performance. British Journal of Educational Psychology, 57, 56-72.
Hansen,C.L. (1978): Story retelling used with average and learning disabled readers as a measure of reading comprehension. Learning Disability Quarterly, 1, 62-69.
Hansen,J. (1981): The effects of inference training and practice on young children's reading comprehension. Reading Research Quarterly, 16, 391-417.
Hansen,J. & Pearson,D.P. (1983): An instructional study: Improving the inferential comprehension of good and poor fourth-grade readers. Journal of Educational Psychology, 75, 821-829.
Harris,A.J. & Sipay,E.R. (1985): How to increase reading ability: A guide to developmental and remedial methods, 8.Auflage. New York: Longman.
Harter,M.R., Diering,S. & Wood,F.B. (1988a): Separate brain potential characteristics in children with reading disability and attention deficit disorder: Relevance - independent effects. Brain and Cognition, 7, 54-86.
Harter,M.R., Anllo-Vento,L., Wood,F.B. & Schroeder,M.M. (1988b): Separate brain potential characteristics in children with reading disability and attention deficit disorder: Color and letter relevance effects. Brain and Cognition, 7, 115-140.
Hatfield,F.M. & Patterson,K.E. (1983): Phonological spelling. Quarterly Journal of Experimental Psychology, 35A, 451-468.
Hawkins,H.L., Reicher,G.M., Rogers,M. & Peterson,L. (1976): Flexible coding in word recognition. Journal of Experimental Psychology: Human Perception and Performance, 2, 380-385.
Hayes,J.R. & Flower,L.S. (1980): Identifying the organization of writing processes. In: L.W.Gregg & E.R.Sternberg (Hrsg.) Cognitive processes in writing. Hillsdale,N.J.: L.Erlbaum.
Healy,A.F. (1981): The effects of visual similarity on proofreading for misspellings. Memory and Cognition, 9, 453-460.
Hécaen,H. & Kremin,H. (1976): Neurolinguistic research on reading disorders resulting from left hemisphere lesions. In: H.Whitaker & H.A.Whitaker (Hrsg.) Studies in neurolinguistics, Vol.2. New York: Academic Press.
Helfgott,J.A. (1976): Phonemic segmantation and blending skills of Kindergarten children: Implications for beginning reading acquisition. Contemporary Educational Psychology, 1, 157-169.
Heller,D. (1977): Über den Zusammenhang zwischen Lesen und Rechtschreiben. Psychologie in Erziehung und Unterricht, 24, 205-212.
Helmke,A., Schrader,F.W. & Lehneis-Klepper,G. (1991): Zur Rolle des Elternverhaltens für die Schulleistungsentwicklung ihrer Kinder. Zeitschrift für Entwicklungspsychologie und Pädagogische Psychologie, 23, 1-22.
Henderson,L. (1982): Orthography and word recognition in reading. London: Academic Press.
Henderson,L. (1985): Towards a psychology of morphemes. In: W.A.Ellis (Hrsg.) Recent progress in the psychology of language, Vol.1. Hove: L.Erlbaum.
Henderson,L. (1986): From morph to morphem: The psychologist gaily trips whre the linguist has trodden. In: G.Augst (Hrsg.) New trends in graphemics and orthography. Berlin: Gruyter.
Henderson,L. & Chard,J. (1980): The reader's implicit knowledge of orthographic structure. In: U.Frith (Hrsg.) Cognitive processes in spelling. London: Academic Press.
Henderson,S.E. (1974): Speed of letter cancellation on the basis of visual and name identity in young children. Journal of Experimental Child Psychology, 17, 347-352.
Hess,A.M. (1982): An analysis of the cognitive processes underlying problems in reading comprehension. Journal of Reading Behavior, 14, 313-333.
Hewison,J. (1988): The long-term effectiveness of parental involvement in reading: A follow-up to the Harringey Reading Project. British Journal of Educational Psychology, 58, 184-190.
Hewison,J. & Tizard,J. (1980): Parental involvement and reading attainment. British Journal of Educational Psychology, 50, 209-215.
Hillis,A.E. & Caramazza,A. (1989): The graphemic buffer and attentional mechanisms. Brain and Language, 36, 208-235.
Hinchley,J. & Levy,B.A. (1988): Developmental and individual differences in reading comprehension. Cognition and Instruction, 5, 3-47.
Hinshelwood,J. (1900): Letter-, word- and mind-blindness. London: Lewis.
Hirth,R., Mechler,W., Rott,C. & Zielinski,W. (1985): Vergleich zweier Trainingsmethoden zur Erhöhung der Wortgeschwindigkeit schwacher Leser in der Grundschule. Psychologie in Erziehung und Unterricht, 32, 178-183.

Hiscock,M. & Beckie,J.L. (1993): Overcoming the right-ear advantage: A study of focused attention in children. Journal of Clinical and Experimantal Neuropsychology, 15, 754-772.
Hiscock,M. & Kinsbourne,M. (1987): Specialization of the cerebral hemispheres: Implications for learning. Journal of Learning Disabilities, 20, 130-143.
Hoffman,J.V. (1987): Rethinking the role of oral reading in basal instruction. Elementary School Journal, 87, 367-373.
Hogaboam,T.W. & Perfetti,C.A. (1978): Reading skill and the role of verbal experience in decoding. Journal of Educational Psychology, 70, 717-729.
Hogrebe,M.C., Nist,S.L. & Newman,I. (1985): Are there gender differences in reading achievement? An investigation using the high school and beyond data. Journal of Educational Psychology, 77, 716-724.
Hohn,W.E. & Ehri,L.C. (1983): Do alphabet letters help prereaders acquire phonemic segmentation skill? Journal of Educational Psychology, 75, 752-762.
Holley,C.D. & Dansereau,D.F. (1984): Networking: The technique and empirical evidence. In: C.D.Holley & D.F.Dansereau (Hrsg.) Spatial learning strategies: Techniques, applications, and related issues. New York: Academic Press.
Holmes,D.L. & Peper,R.J. (1977): An evaluation of the use of spelling error analysis in the diagnosis of reading disabilities. Child Development, 48, 1708-1711.
Holmes,J.R: (1978): „Regression" and reading brackdown. In: A.Caramazza & E.B.Zurif (Hrsg.) Language acquisition and language bracksown: Parallels and divergencies. Baltimore: J.Hopkins Press.
Holzinger,F. (1964): Leistungserhebung auf der vierten Schulstufe. Graz und Wien (Zit. nach Schmahlohr 1971).
Hook,P.E. & Johnson,D.J. (1978): Metalinguistic awareness and reading strategies. Bulletin of the Orton Society, 28, 62-78.
Hooper,S.R. & Willis,W.G. (1989): Learning disability subtyping: Neuropsychological foundations, conceptual models, and issues in clinical differentiation. New York: Springer.
Hoover-Dempsey,K.V., Bassler,O.C. & Brissie,J.S. (1987): Parent involvement: Contributions of teacher efficacy, school socioeconomic status, and other school characteristics. American Educational Research Journal, 24, 417-435.
Hops,H. & Cobb,J.A. (1974): Initial investigation into academic survival skill training, direct instruction, and first grade achievement. Journal of Educational Psychology, 66, 548-553.
Horn,J.L., O'Donnell,J.P. & Leicht,D.J. (1988): Phonetically inaccurate spelling among learning-disabled, head-injured, and nondisabled young adults. Brain and Language, 33, 55-64.
Hornsby,B. & Miles,T.R. (1980): The effects of a dyslexia-centered teaching programme. British Journal of Educational Psychology, 50, 236-242.
Hotopf,N. (1980): Slips of the pen. In: U.Frith (Hrsg.) Cognitive processes in spelling. London: Academic Press.
Hulme,C. (1979): The interaction of visual and motor memory for graphic forms following tracing. Quarterly Journal of Experimental Psychology, 31, 249-261.
Hulme,C. (1981): The effects of manual tracing on memory in normal and retarded readers: Some implications for multi-sensory teaching. Psychological Research, 43, 179-191.
Hulme,C. (1988): The implausibility of low-level visual deficits as a cause of children's reading difficulties. Cognitive Neuropsychology, 5, 369-374.
Hulme,C. & Snowling,M. (1992): Deficits in output phonology: An explanation of reading failure. Cognitive Neuropsychology, 9, 47-72.
Humphreys,G.W. (1985): Attention, automaticity, and autonomy in visual word recognition. In: D.Besner, T.G.Waller & G.E.MacKinnon (Hrsg.) Reading research: Advances in theory and practice, Vol.5. London: Academic Press.
Humphreys,P., Kaufmann,W.E. & Galaburda,A.M. (1990): Developmental dyslexia in women: Neuropathological findings in three patients. Annals of Neurology, 28, 727-738.
Hundert,J. & Bucher,B. (1977): Beginning readers discriminate words by their simplest cue. Alberta Journal of Educational Research, 23, 186-194.
Hynd,G.W. & Semrud-Clikeman,M. (1989): Dyslexia and brain morphology. Psychological Bulletin, 106, 447-482.
Hynd,G.W., Semrud-Clikeman,M., Loris,A.R., Novey,E.S. & Eliopulos,D. (1990): Brain morpholgy in developmental dyslexia and attention deficit disorder/ hyperactivity. Archives of Neurology, 47, 919-926.
Ingram,T.T.S. (1963): Delayed development of speech with special reference to dyslexia. Proceedings of the Royal Society of Medicine, 56, 199-212.
Jackson,M.D. & McClelland,J.L. (1975): Sensory and cognitve determinants of reading speed. Journal of Verbal Learning and Verbal Behavior, 14, 565-574.
Jackson,M.D. & McClelland,J.L. (1979): Processing determinants of reading speed. Journal of Experimental Psychology: General, 108, 151-181.
Jansky,J.J. & DeHirsch,K. (1972): Preventing reading failure - Prediction, diagnosis, intervention. New York: Harper & Row.

Jencks,C., Smith,M., Acland,H., Bane,M.J., Cohen,D., Gintis,H., Heyns,B. & Michelson,S. (1972): Inequality: A reassessment of the effect of familiy and schooling in America. New York: Basic Books.
Jenkins,J., Bausell,R.B. & Jenkins,L.M. (1972): Comparisons of letter name and letter sound training as transfer variables. American Educational Research Journal, 9, 75-86.
Jenkins,J.R. & Larson,K. (1979): Evaluating error-correction procedures for oral reading. Journal of Special Education, 13, 145-156.
Jensen,A.R. (1962): Spelling errors and the serial-position effect. Journal of Educational Psychology, 53, 105-109.
Job,R., Sartori,G., Masterson,J. & Coltheart,M. (1984): Developmental surface dyslexia in Italian. In: R.N.Malatesha & H.A.Whitaker (Hrsg.) Dyslexia: A global issue. The Hague: Martinius Nijhoff.
Jochmus,I. (1971): Reaktive Depression bei Legasthenikern. In: A.L.Annell (Hrsg.) Depressionszustände bei Kindern und Jugendlichen. Stockholm: Almqvist & Wiksell.
Johnson,D.D. (1974): Sex differences in reading across cultures. Reading Research Quarterly, 9, 67-86.
Johnson,N.S. (1982): What do you do if you can't tell the whole story? The development of summarization skills. In: K.E.Nelson (Hrsg.) Children's language. Vol.5. New York: Gardner Press.
Johnston,C., Prior,M. & Hay,D. (1984): Prediction of reading disability in twin boys. Developmental Medicine and Child Neurology, 26, 588-595.
Johnston,J.C. (1981): Understanding word perception: Clues from studying the word superiority effect. In: O.J.L.Tzeng & H.Singer (Hrsg.) Perception of print: Reading research in experimental psychology. Hillsdale,N.J.: L.Erlbaum.
Johnston,P. & Allington,R.L. (1991): Remediation. In: R.Barr, M.L.Kamil, P.Mosenthal & P.D.Pearson (Hrsg.) Handbook of research on reading, Vol.II. New York: Longman.
Johnston,R.S., Rugg,M.D. & Scott,T. (1987a): The influence of phonology on good and poor readers when reading for meaning. Journal of Memory and Language, 26, 57-68.
Johnston,R.S., Rugg,M.D. & Scott,T. (1987b): Phonological similarity effects, memory span and developmental reading disorders: The nature of the relationship. British Journal of Psychology, 78, 205-211.
Johnston,R.S., Rugg,M.D. & Scott,T. (1988): Pseudohomophone effects in 8 and 11 year old good and poor readers. Journal of Research in Reading, 11, 110-132.
Jorm,A.F. (1979a): The cognitve and neurological basis of developmental dyslexia: A theoretical framework and review. Cognition, 7, 19-33.
Jorm,A.F. (1979b): The nature of the reading deficit in developmental dyslexia: A reply to Ellis. Cognition, 7, 421-433.
Jorm,A.F. (1981): Children with reading and spelling retardation: Functioning of whole-word and correspondence-rule mechanisms. Journal of Child Psychology and Psychiatry, 22, 171-178.
Jorm,A.F. & Share,D.L. (1983): Phonological recoding and reading acquisition. Applied Psycholinguistics 4, 103-147.
Jorm,A.F., Share,D.L., MacLean,R. & Matthews,R. (1984): Phonological recoding skills and learning to read: A longitudinal study. Applied Psycholinguistics, 5, 201-207.
Juel,C. (1980): Comparison of word identification strategies with varying context, word type, and reader skill. Reading Research Quarterly, 15, 358-376.
Juel,C. (1983): The development and use of mediated word identification. Reading Research Quarterly, 18, 306-327.
Juel,C. (1988): Learning to read and write: A longitudinal study of 54 children from first through fourth grade. Journal of Educational Psychology, 80, 437-447.
Juel,C., Griffith,P.L. & Gough,P.B. (1986): Acquisition of literacy: A longitudinal study of children in first and second grade. Journal of Educational Psychology, 78, 243-255.
Jung,U.O.H. (1976): Legasthenie als linguistisches Defizit. Linguistische Berichte, 41, 22-38.
Jung,U.O.H. (1977): Zur auditiven Diskrimation legasthener und nicht-legasthener Schüler. Linguistik und Didaktik, 31, 210-218.
Jung,U.O.H. (1981): Linguistische Aspekte der Legasthenieforschung. In: Valtin,R., Jung,V.O.H., Scheerer-Neumann,G. (Hrsg.): Legasthenie in Wissenschaft und Unterricht. Wissenschaftliche Buchgesellschaft, Darmstadt.
Juola,J.F., Schadler,M., Chabot,R.J. & McGaughey,M.W. (1978): The development of visual information processing skills related to reading. Journal of Experimental Child Psychology, 25, 459-476.
Juola,J.F., Schadler,M., Chabot,R.J., McGaughey,M.W. & Wait,J. (1979): What do children learn when they learn to read? In: L.B.Resnick & P.A.Weaver (Hrsg.) Theory and practice of early reading, Vol.2. Hillsdale,N.J.: L.Erlbaum.
Kagan,J. (1964): The child's sex role classification of school objects. Child Development, 35, 1051-1056.
Kail,R.V., Chi,M.T.H., Ingram,A.L. & Danner,F.W. (1977): Constructive aspects of children's reading comprehension. Child Development, 48, 684-688.
Kapur,N. (1980): Recognition of word associates in semantic paralexia. British Journal of Psychology, 71, 401-405.
Karpova,S.N. (1966): The preschooler's realisation of the lexical structure of speech. In: F.Smith & G.A.Miller (Hrsg.) The genesis of language. Cambridge,MA: MIT Press.

Katz,L. (1977): Reading ability and single-letter orthographic redundancy. Journal of Educational Psychology, 69, 653-659.
Katz,L. & Feldman,L.B. (1981): Linguistic coding in word recognition: Comparisons between a deep and a shallow orthography. In: A.M.Lesgold & C.A.Perfetti (Hrsg.) Interactive processes in reading. Hillsdale,N.J.: L.Erlbaum.
Katz,R.B. (1986): Phonological deficiencies in children with reading disability: Evidence from an object-naming task. Cognition, 22, 225-257.
Kauffman,J.M., Hallahan,D.P., Haas,K., Brame,T. & Boren,R. (1978): Imitating children's errors to improve their spelling performance. Journal of Learning Disabilities, 11, 217-222.
Kaufmann,W.E. & Galaburda,A.M. (1989): Cerebrocortical microdysgenesis in neurologically normal sybjects: A histopathological study. Neurology, 39, 238-244.
Kay,J. & Lesser,R. (1985): The nature of phonological processing in oral reading: Evidence from surface dyslexia. Quarterly Journal of Experimental Psychology, 37A, 39-81.
Kay,J. & Patterson,K.E. (1985): Routes to meaning in surface dyslexia. In: K.E.Patterson, J.C.Marshall & M.Coltheart (Hrsg.) Surface dyslexia: Neuropsychological and cognitive studies of phonological reading. London: L.Erlbaum.
Keith,T.Z., Reimers,T.M., Fehrman,P.G., Pottebaum,S.M. & Aubey,L.W. (1986): Parental involvement, homework, and TV time: Direct and indirect effects on high school achievement. Journal od Educational Psychology, 78, 373-380.
Kemmler,L. (1967): Erfolg und Versagen in der Grundschule. Göttingen: Hogrefe.
Kemmler,L. (1976): Schulerfolg und Schulversagen: Eine Längsschnittuntersuchung vom ersten bis zum fünfzehnten Schulbesuchsjahr. Göttingen: Hogrefe.
Kessler,J.W. (1980): History of minimal brain dysfunctions. In: H.E.Rie & E.D.Rie (Hrsg.) Handbook of minimal brain dysfunctions. New York: J.Wiley.
Kibby,M.W. (1979): The effects of certain instructional conditions and response modes on initial word learning. Reading Research Quarterly, 15, 147-171.
Kinneavy,J.L. (1971): A theory of discourse. Englewood Cliffs, N.J.: Prentice-Hall.
Kintsch,E. (1990): Microprocesses and macroprocesses in the development of summarization skill. Cognition and Instruction, 7, 161-195.
Kintsch,W. (1974): The representation of meaning in memory. Hillsdale, N.J.: L.Erlbaum.
Kintsch,W. & van Dijk,T.A. (1978): Toward a model of text comprehension and production. Psychological Review, 85, 363-394.
Klasen,E. (1970): Das Syndrom der Legasthenie. Bern: Huber.
Klauer,K.J. (1992): In Mathematik mehr leistungsschwache Mädchen, im Lesen und Rechtschreiben mehr leistungsschwache Jungen? Zur Diagnostik von Teilleistungsschwächen. Zeitschrift für Entwicklungspsychologie und Pädagogische Psychologie, 24, 48-65.
Klauer,K.J. (1993): Induktives Denken beeinflußt das Rechtschreibenlernen. Zeitschrift für Entwicklungspsychologie und Pädagogische Psychologie, 25, 353-365.
Kletzien,S.B. (1990): Strategy use by good and poor comprehenders reading expository text of differing levels. Reading Research Quarterly, 26, 67-86.
Klicpera,C. (1982): Ansätze zur diagnostischen Differenzierung von Kindern mit Lese- und Rechtschreibschwierigkeiten. Heilpädagogische Forschung, 10, 43-69.
Klicpera,C. (1983): Kodierungsprozesse und Gedächtnisstrategien von legasthenen Schülern. Zeitschrift für Entwicklungspsychologie und Pädagogische Psychologie, 15, 42-65.
Klicpera,C. (1984): Der neuropsychologische Beitrag zur Legasthenieforschung: Eine Übersicht über wichtige Erklärungsmodelle und Befunde. Fortschritte der Neurologie und Psychiatrie, 52, 93-103.
Klicpera,C. (1985): Leistungsprofile von Kindern mit spezifischen Lese- und Rechtschreibschwierigkeiten. Heidelberg: Edition Schindele.
Klicpera,C. (1991): Schwierigkeiten beim Erlernen des Lesens und Schreibens I: Eine Längsschnittuntersuchung über die Entwicklung der Lese- und Schreibfertigkeit von der 1. bis zur 8.Schulstufe. Wien: Abteilung für angewandte und klinische Psychologie.
Klicpera,C. (1994): Entwicklung des Rechtschreibens im ersten Schuljahr. Wien: Abteilung für angewandte und klinische Psychologie.
Klicpera,C., Ehgartner,M., Gasteiger-Klicpera,B. & Schabmann,A. (1993a): Lesenlernen in den ersten beiden Klassen der Sonderschule: Entwicklung der Wortlesefähigkeit bei lernbehinderten Kindern in der Sonderschule und bei guten und schwachen Lesern in der Grundschule. Heilpädagogische Forschung, 19, 97-103.
Klicpera,C., Ehgartner,M., Gasteiger-Klicpera,B. & Schabmann,A. (1993b): Voraussetzungen für das Lesenlernen bei lernbehinderten Kindern in der Sonderschule und bei guten und schwachen Lesern in der Grundschule: Eine Längsschnittuntersuchung zur Entwicklung des phonematischen Bewußtseins in der ersten Schulstufe. Heilpädagogische Forschung, 19, 104-109.
Klicpera,C. & Gasteiger-Klicpera,B. (1993): Lesen und Schreiben - Entwicklung und Schwierigkeiten. Die Wiener Längsschnittuntersuchungen über die Entwicklung, den Verlauf und die Ursachen von Lese- und Schreibschwierigkeiten in der Pflichtschulzeit. Bern: Huber Verlag.

Klicpera,C. & Gasteiger-Klicpera,B. (1994a): Linkshändigkeit und Legasthenie: Kein Beleg für die Rechtsverschiebungstheorie bei Wiener Kindern, aber Hinweise auf Verzerrungen bei der Auswahl von Kindern für Fördermaßnahmen. Pädiatrie und Pädologie, 29, 11-15.
Klicpera,C. & Gasteiger-Klicpera,B. (1994b): Sind die Lese- und Rechtschreibleistungen von Buben stärker von der Unterrichtsqualität abhängig als jene von Mädchen? Praxis der Kinderpsychologie und Kinderpsychiatrie, 43, 2-8.
Klicpera,C., Gasteiger-Klicpera,B. & Hütter,E. (1993): Die Praxis der Legasthenikerförderung in zwei Wiener Schulbezirken. In: Bundesministerium für Unterricht und Kunst (Hrsg.) Was macht die Förderung effektiv? Kontroverse (?) Konzepte zur Legasthenikerbetreuung. Wien: Ketterl-Verlag, (S.41-147).
Klicpera,C. & Savakis, M. (1983): Das Behalten kurzer Geschichten bei leistungsunauffälligen und leseschwachen Schülern. Psychologie in Erziehung und Unterricht, 30, 24-30.
Klicpera,C. & Schabmann,A. (1993): Do German-speaking children have a chance to overcome reading and spelling difficulties? A longitudinal survey from the second until the eighth grade. European Journal of Psychology of Education, 8, 307-323.
Knafle,J.D. (1976): Children's learning of words as a function of minimum contrasts in variable letter positions. Journal of Reading Behavior, 8, 205-220.
Knobloch,H. & Pasamanick,B. (1966): Prospective studies on the epidemiology of reproductive casuality: Methods, findings and some implications. Merrill Palmer Quarterly, 12, 27.
Kooi,B.Y., Schutz,R.E. & Baker,R.L. (1965): Spelling errors and the serial-position effect. Journal of Educational Psychology, 56, 334-336.
Kossakowski,A. (1961): Wie überwinden wir die Schwierigkeiten beim Lesen- und Schreibenlernen, insbesondere bei Lese-Rechtschreib-Schwäche? Berlin: Volk und Wissen.
Kossow,H.J. (1977): Zur Therapie der Lese-Rechtschreibschwäche: Aufbau und Erprobung eines theoretisch begründeten Therapieprogramms. Berlin: VEB Deutscher Verlag der Wissenschaften.
Kotsonis,M.E. & Patterson,C.J. (1980): Comprehension-monitoring skills in learning-disabled children. Developmental Psychology, 16, 541-542.
Kowarik,O. & Kraft,J. (1973): Die Legasthenie und ihre methodische Behandlung. Wien: Jugend und Volk.
Kreiner,D.S. (1992): Reaction time measures of spelling: Testing a two-strategy model of skilled spelling. Journal of Experimental Psychology: Learning, Memory, and Cognition, 18, 765-776.
Kreiner,D.S. & Gough,P.B. (1990): Two ideas about spelling: Rules and word-specific memory. Journal of Memory and Language, 29, 103-118.
Kroll,B.M. (1978): Cognitive egocentrism and the problem of audience awareness in written discourse. Research in the Teaching of English, 12, 269-281.
Kroll,B.M. (1981): Developmental relationships between speaking and writing. In: B.M.Kroll & R.J.Vann (Hrsg.) Exploring speaking-writing relationships: Connections and contrasts. Urbana, Il.: National Council of Teachers of English.
Kroll,B.M. (1986): A developmental study of explanatory writing. Educational Review, 38, 113-126.
Krueger,L.E., Keen,R.H. & Rublevich,B. (1974): Letter search through words and nonwords by adults and fourth-grade children. Journal of Experimental Psychology, 102, 845-849.
Krupski,A. (1986): Attention problems of youngsters with learning handicaps. In: J.K.Torgesen & B.W.L.Wong (Hrsg.) Psychological and educational perspectives on learning disabilities. New York: Academic Press.
Kryzanovski,J. & Carnine,D. (1980): The effects of massed versus spaced formats in teaching sound-symbol correspondences to young children. Journal of Reading Behavior, 12, 225-229.
LaBerge,D. & Samuels,S.J. (1974): Towards a theory of automatic information processing in reading. Cognitive Psychology, 6, 293-323.
Langer,J.A. (1986): Children reading and writing: Structures and strategies. Norwood,N.J.: Ablex.
Langfeldt,H.P. (1978): Die Schullaufbahn „schlechter" Grundschüler an der Hauptschule. Sonderpädagogik, 8, 175-182.
Langhorst,E. (1975): Das Dilemma der Legasthenie- und LRS-Definitionen und seine Konsequenzen für Forschung und Lehre. Psychologie in Erziehung und Unterricht, 22, 224-238.
Lanyon,R.M. (1974): An experimental investigation into the relevance of auditory discrimination and articulatory skills for spelling achievement in children. Eduational Review, Occasional Publications Nr.5, 23-30.
Laosa,L.M. (1982): School, occupation, culture, and family: The impact of parental schooling on the parent-child relationship. Journal of Educational Psychology, 74, 791-827.
Larsen,J.P., Hoien,T., Lundberg,I. & Oedegaard,H. (1990): MRI evaluation of the size and symmetry of the planum temporale in adolescents with developmental dyslexia. Brain and Language, 39, 289-301.
Larsen,J.P., Hoien,T. & Oedegaard,H. (1992): Magnetic resonance imaging of the corpus callosum in developmental dyslexia. Cognitive Neuropsychology, 9, 123-134.
Larsen,S.C. & Hudson,F.G. (1973): Oral kinesthetic sensitivity and the perception of speech. Child Development, 44, 845-848.

Laxon,V.J., Coltheart,V. & Keating,G.C. (1988): Children find friendly words friendlier too: Words with many orthographic neighbours are easier to read and spell. British Journal of Educational Psychology, 58, 103-119.

Lefton,L.A. & Spragins,A.B. (1974): Orthographic structure and reading experience affect the transfer from iconic to short-term memory. Journal of Experimental Psychology, 103, 775-781.

Leinhardt,G., Zigmond,N. & Cooley,W.W. (1981): Reading instruction and its effects. American Educational Research Journal, 18, 343-361.

Lemoine,H.E., Levy,B.A. & Hutchinson,A. (1993): Increasing the naming speed of poor readers: Representations formed across repetitions. Journal of Experimental Child Psychology, 55, 297-328.

Leonard,C.M., Voeller,K.K.S., Lombardino,L.J., Morris,M.K., Hynd,G.W., Alexander,A.W., Andersen,H.G., Garofalakis,M., Honeyman,J.C., Mao,J., Agee,F. & Staab,E.V. (1993): Anomalous cerebral structure in dyslexia revealed with magnetic resonance imaging. Archives of Neurology, 50, 461-469.

Leslie,R. & Calfee,R.C. (1971): Visual search through word lists as a function of grade level, reading ability and target repetition. Perception and Psychophysics, 10, 169-171.

Levin,J.R. (1973): Inducing comprehension in poor readers: A test of a recent model. Journal of Educational Psychology, 65, 19-24.

Lewis,E.R. & Lewis,H.P. (1965): An analysis of errors in the formation of manuscript letters by first-grade children. American Educational Research Journal, 2, 25-35.

Lewkowicz,N.K. (1980): Phonemic awareness training: What to teach and how to teach it. Journal of Educational Psychology, 72, 686-700.

Lewkowicz,N.K. & Low,L.Y. (1979): Effects of visual aids and word structure on phonemic segmentation. Contemporary Educational Psychology, 4, 238-252.

Liberman,I.Y. (1973): Segmentation of the spoken word and reading acquisition. Bulletin of the Orton Society, 23, 65-77.

Liberman,I.Y., Shankweiler,D., Liberman,A.M., Fowler,C. & Fischer,F.W. (1977): Phonetic segmentation and recoding in the beginning reader. In: A.S.Reber & D.L.Scarborough (Hrsg.) Towards a psychology of reading. Hillsdale,N.J.: L.Erlbaum.

Liberman,I.Y., Shankweiler,D., Orlando,C., Harris,K.S. & Berti,F.B. (1971): Letter confusion and reversals of sequence in the beginning reader: Implications for Orton's theory of developmental dyslexia. Cortex, 7, 127-142.

Licht,B. & Kistner,J. (1986): Motivational problems of learning disabled children: Individual differences and their implications for treatment. In: J.K.Torgesen & B.W.L.Wong (Hrsg.) Psychological and educational perspectives on learning disabilities. New York: Academic Press.

Lie,A. (1991): Effects of a trainig program for stimulating skills in word analysis in first-grade children. Reading Research Quarterly, 26, 234-250.

Lorentz,J.L. & Coker,H. (1978): Observed patterns of teacher-pupil classroom behavior as predictors of student growth in reading. In: P.D.Pearson & J.Hansen (Hrsg.) Reading: Disciplined inquiry into process and practice. 27th Yearbook of the National Reading Conference. Clenson,SC: National Reading Conference.

Lovegrove,W., Martin,F. & Slaghuis,W. (1986): A theoretical and experimental case for a visual deficit in specific reading disability. Cognitive Neuropsychology, 3, 255-267.

Lovegrove,W. & Williams,M.C. (1993): Visual temporal processing deficits in specific reading disability. In: D.M.Willows, R.S.Kruk & E.Corcos (Hrsg.) Visual processes in reading and reading disabilities. Hillsdale,N.J.: L.Erlbaum.

Lovell,K., Byrne,C. & Richardson,B. (1963): A further study of the educational progress of children who had received remedial education. British Journal of Educational Psycholoy, 33, 3-9.

Lovell,K., Johnson,E. & Platts,D. (1962): A summary of a study of the reading ages of children who had been given remedial teaching. British Journal of Educational Psycholoy, 32, 66-71.

Lovett,M.W. (1984): A developmental perspective on reading dysfunction: Accuracy and rate criteria in the subtyping of dyslexic children. Brain and Language, 22, 67-91.

Lovett,M.W., Ransby,M.J., Hardwick,N., Johns,M.S. & Donaldson,S.A. (1989): Can dyslexia be treated? Treatment specific and general treatment effects in dyslexic children's response to remediation. Brain and Language, 37, 90-121.

Lovett,M.W., Warren-Chaplin,P.M., Ransby,M.J. & Borden,S.L. (1990): Training the word recognition skills of reading disabled children: Treatment and transfer effects. Journal of Educational Psychology, 82, 769-780.

Lovitt,T.C.. & Hurlburt,M. (1974): Using behavior-analysis techniques to assess the relationship between phonics instruction and oral reading. Journal of Special Education, 8, 57-72.

Lubs,H., Duara,R., Levin,B., Jallod,B., Lubs,M.L., Rabin,M., Kushch,A. & Cross-Glenn,D. (1991): Dyslexia subtypes: Genetics, behavior and brain imaging. In: D.D.Duane & D.B.Gray (Hrsg.) The reading brain. Parkton,MD: York Press.

Ludlow,C.L. & Cooper,J.A. (Hrsg.) (1983): Genetic aspects of speech and language disorders. New York: Academic Press.

Lukatela,G., Gligorijevic,B., Kostic,A. & Turvey,M.T. (1980): Representation of inflected nouns in the internal lexicon. Memory and Cognition, 8, 415-423.

Lundberg,I. (1985): Longitudinal studies of reading and reading difficulties in Sweden. In: G.E.MacKinnon & T.G.Waller (Hrsg.) Reading research: Advances in theory and practice, Vol.4. Orlando: Academic Press.

Lundberg,I., Frost,J. & Petersen,O. (1988): Effects of an extensive program for stimulating phonological awareness in preschool children. Reading Research Quarterly, 23, 263-284.

Lundberg,I. & Hoien,T. (1991): Initial enabling knowledge and skills in reading acquisition: Print awareness and phonological segmentation. In: D.J.Sawyer & B.J.Fox (Hrsg.) Phonological awareness in reading: The evolution of current perspectives. New York: Springer.

Lundberg,I., Olofsson,A. & Wall,S. (1980): Reading and spelling skills in the first school years predicted from phonemic awareness skills in kindergarten. Scandinavian Journal of Psychology, 21, 159-173.

Lytton,H. (1967): Follow-up of an experiment in selection for remedial education. British Journal of Educational Psycholoy, 37, 1-9.

MacArthur,C.A., Graham,S. & Schwartz,S. (1991): Knowledge of revision and revising behavior among students with learning disabilities. Learning Disability Quarterly, 14, 61-73.

Macaruso,P., Bar-Shalom,E., Crain,S. & Shankweiler,D. (1989): Comprehension of temporal terms by good and poor readers. Language and Speech, 32, 45-67.

Macaulay,R.S. (1978): The myth of female superiority in language. Journal of Child Language, 5, 353-363.

Maccoby,E.E. & Jacklin,C.N. (1974): The psychology of sex differences. Stanford,CA: Stanford University Press.

Machemer,P. (1972): Entwicklung eines Übungsprogramms für Eltern zur Behandlung von Legasthenikern nach verhaltenstherapeutischem Modell. Schule und Psychologie, 19, 336-346.

MacKay,D.G. (1978): Derivational rules and the internal lexicon. Journal of Verbal Learning and Verbal Behavior, 17, 61-71.

Mackworth,J.W. & Wackworth,N.H. (1974a): How children read: Matching by sight and sound. Journal of Reading Behavior, 6, 295-303.

Mackworth,J.W. & Wackworth,N.H. (1974b): Spelling recognition and coding by poor readers. Bulletin of the Psychonomic Society, 3, 59-60.

Malmquist,E. (1958): Factors related to reading disabilities in the first grade of the elementary school. Stockholm: Almqvist & Wiksell.

Manis,F.R. & Morrison,F.J. (1985): Reading disability: A deficit in rule learning? In L.S.Siegel & F.J.Morrison (Hrsg.) Cognitive development in atypical children. New York: Springer-Verlag.

Manis,F.R., Szeszulski,P.A., Howell,M.J. & Horn,C.C. (1986): A comparison of analogy- and rule-based decoding strategies in normal and disabled readers. Journal of Reading Behavior, 18, 7-21.

Manis,F.R., Szeszulski,P.A., Holt,L.K. & Graves,K. (1990): Variation in component word recognition and spelling skills among dyslexic children and normal readers. In T.H.Carr & B.A.Levy (Hrsg.): Reading and its development: Component skills approaches. San Diego,CA.: Academic Press.

Mann,V.A. (1984): Reading skill and language skill. Developmental Review, 4, 1-15.

Mann,V.A. & Ditunno,P. (1990): Phonological deficiencies: Effective predictors of future reading problems. In: G.T.Pavlidis (Hrsg.) Perspectives on dyslexia. Vol.2. Cognition, language and treatment. New York: J.Wiley.

Mann,V.A. & Liberman,I.Y. (1984): Phonological awareness and verbal short-term memory: Can they presage early reading problems? Journal of Learning Disabilities, 17, 592-599.

Marcel,T. (1980): Phonological awareness and phonological representation: Investigation of a specific spelling problem. In: U.Frith (Hrsg.) Cognitive processes in spelling. London: Academic Press.

Margolin,D.I., Marcel,A.J. & Carlson,N.R. (1985): Common mechanisms in dysnomia and post-semantic surface dyslexia: Processing deficits and selective attention. In: K.E.Patterson, J.C.Marshall & M.Coltheart (Hrsg.) Surface dyslexia: Neuropsychological and cognitive studies of phonological reading. London: L.Erlbaum.

Marjoribanks,K. (1979): Families and their learning environments. London: Routledge & Kegan Paul.

Markman,E.M. (1977): Realizing that you don't understand: A preliminary investigation. Child Development, 48, 986-992.

Markman,E.M. (1979): Realizing that you don't understand: Elementary school children's awareness of inconsistencies. Child Development, 50, 643-655.

Marsh,G., Desberg,P. & Cooper,J. (1977): Developmental changes in reading stategies. Journal of Reading Behavior, 9, 391-394.

Marsh,G., Friedman,M., Welch,V. & Desberg,P. (1980): The development of strategies in spelling. In: U.Frith (Hrsg.) Cognitive processes in spelling. London: Academic Press.

Marsh,G., Friedman,M., Desberg,P. & Saterdahl,K. (1981): Comparison of reading and spelling strategies in normal and reading disabled children. In: M.P.Friedman, J.P.Das & N.O'Connor (Hrsg.) Intelligence and learning. New York: Plenum Press.

Marsh,G. & Mineo,R.J. (1977): Training preschool children to recognize phonemes in words. Journal of Educational Psychology, 69, 748-753.

Marshall,J.C. (1984): Toward a rational taxonomy of the acquired dyslexias. In: R.N.Malatesha & H.A.Whitaker (Hrsg.) Dyslexia: A global issue. The Hague: Martinius Nijhoff.

Marshall,J.C. (1989): The description and interpretation of acquired and developmental reading disorders. In: A.M.Galaburda (Hrsg.) From reading to neurons. Cambridge,Mass.: MIT Press.
Marshall,J.C. & Newcombe,F. (1966): Syntactic and semantic errors in paralexia. Neuropsychologia, 4, 169-176.
Marshall,J.C. & Newcombe,F. (1980): The conceptual status of deep dyslexia: An historical perspective. In: M.Coltheart, K.Patterson & J.C.Marshall (Hrsg.) Deep dyslexia. London: Routledge & Kegan Paul.
Martinez,P.R., Ghatala,E.S. & Bell,J.A. (1980): Size of processing unit during reading and retention of prose by good and poor readers. Journal of Reading Behavior, 12, 89-95.
Martlew,M. (1992): Handwriting and spelling: Dyslexis children's abilities compared with children of the same chronological age and younger children of the same spelling level. British Journal of Educational Psychology, 62, 375-390.
Martos,F.J. & Vila,J. (1990): Differences in eye movements control among dyslexic, retarded and normal readers in the Spanish population. Reading and Writing, 2, 175-188.
Masendorf,F. & Kullik,U. (1993): Erfolgskontrolle des computerunterstützten Rechtschreibtrainings ALPHI 2.0 unter globaler und individueller Bezugsnorm. Psychologie in Erziehung und Unterricht, 40, 225-229.
Mason,J.M. (1980): When do children begin to read: An exploration of four year old children's letter and word reading competencies. Reading Research Querterly, 15, 203-227.
Mason,M. (1978): From print to sound in mature readers as a function of reader ability and two forms of orthographic regularity. Memory & Cognition, 6, 568-581.
Mason,M. (1980): Reading ability and the encoding of item and location information. Journal of Experimental Psychology: Human Perception and Performance, 6, 89-98.
Masonheimer,P.E., Drum,P.A. & Ehri,L.C. (1984): Does environmental print identification lead children into word reading? Journal of Reading Behavior, 16, 257-271.
Massaro,D.W., Taylor,G.A., Venezky,R.L., Jastrzembski,J.E. & Lucas,P.A. (1980): Letter and word perception: Orthographic structure and visual processing in reading. Amsterdam: North-Holland.
Mattingly,I.G. (1991): Modularity, working memory, and reading disability. In: S.A.Brady & D.P.Shankweiler (Hrsg.) Phonological processes in literacy: A tribute to I.Y.Liberman. Hillsdale,N.J.: L.Erlbaum.
Mattis,S. (1978): Dyslexia syndromes: A working hypothesis that works. In: A.L.Benton & D.Pearl (Hrsg.) Dyslexia: An appraisal of current knowledge. New York: Oxford University Press.
Mattis,S., French,J.H. & Rapin,I. (1975): Dyslexia in children and young adults: Three independent neuropsychological syndromes. Developmental Medicine and Child Neurology, 17, 150-163.
Mattson,A.J., Sheer,D.E. & Fletcher,J.M. (1992): Electrophysiological evidence of lateralized disturbances in children with learning disabilities. Journal of Clinical and Experimental Neuropsychology, 14, 707-716.
Maughan,B., Gray,G. & Rutter,M. (1985): Reading retardation and antisocial behavior: A follow-up into employment. Journal of Child Psychology and Psychiatry, 26, 741-758.
May,P. (1986): Schriftaneignung als Problemlösen: Analyse des Lesen(lernen)s mit Kategorien der Theorie des Problemlösens. Frankfurt: P.Lang.
McCaughey,M.W., Juola,J.F., Schadler,M. & Ward,N.J. (1980): Whole-word units are used before orthographic knowledge in perceptual development. Journal of Experimental Child Psychology, 30, 411-421.
McClelland,J.L. (1976): Preliminary letter identification in the perception of words and nonwords. Journal of Experimental Psychology: Human Perception and Performance, 2, 80-91.
McClelland,J.L. & Rumelhart,D.E. (1981): An interactive activation model of context effects in letter perception: Part 1. An account of basic findings. Psychological Review, 88, 375-407.
McCormick,C.C., Schnobrich,J.N., Footlik,S.W. & Poether,B. (1968): Improvement in reading achievement through perceptual-motor training. Research Quarterly, 39, 627-633.
McCormick,S. (1992): Disabled readers' erroneous responses to inferential comprehension questions: Description and analysis. Reading Research Quarterly, 27, 54-77.
McCusker,L.X., Hillinger,M.L. & Bias,R.G. (1981): Phonological recoding and reading. Psychological Bulletin, 89, 217-245.
McCutchen,D. (1987): Children's discourse skill: Form and modality requirements of schooled writing. Discourse Processes, 10, 267-286.
McFarland,C.E., Frey,T.J. & Landreth,J.M. (1978): The acquisition of abstract letter codes. Journal of Experimental Child Psychology, 25, 437-446.
McGee,R., Williams,S., Share,D.L., Anderson,J. & Silva,P.A. (1986): The relationship between specific reading retardation, general reading backwardness and behavioural problems in a large sample of Dunedin boys: A longitudinal study from five to eleven years. Journal of Child Psychology and Psychiatry, 27, 597-610.
McKeown,M.G. (1985): The acquisition of word meaning from context by children of high and low ability. Reading Research Quarterly, 20, 482-496.
McKeown,M.G., Beck,I., Omanson,R.C. & Perfetti,C.A. (1983): The effects of long-term vocabulary instruction on reading comprehension: A replication. Journal of Reading Behavior, 15, 3-18.

McKeown,M.G., Beck,I., Omanson,R.C. & Pople,M.T. (1985): Some effects of the nature and frequency of vocabulary instruction on the knowledge and use of words. Reading Research Quarterly, 20, 522-535.
McKinney,J.D., Mason,J., Perkerson,K. & Clifford,M. (1975): Relationship between classroom behavior and academic achievement. Journal of Educational Psychology, 67, 198-203.
McMahon,M.L. (1983): Development of reading-while-listening skills in the primary grades. Reading Research Quarterly, 19, 38-52.
McMichael,P. (1979): The hen or the egg? Which comes first - antisocial emotional disorders or reading disability? British Journal of Educational Psychology, 49, 226-238.
McNaughton,S. (1981a): Becoming an independent reader: Problem solving during oral reading. New Zealand Journal of Educational Studies, 16, 177-185.
McNaughton,S. (1981b): The influence of immediate teacher corrections on self-corrections and proficient oral reading. Journal of Reading Behavior, 13, 367-371.
McNaughton,S. (1981c): Low progress readers and teacher instructional behaviour during oral reading: The risk of maintaining instructional dependence. Exceptional Child, 28, 167-176.
McNaughton,S. & Glynn,T. (1981): Delayed versus immediate attention to oral reading errors: Effects on accuracy and self-correction. Educational Psychology, 1, 57-65.
McNeil,J.D. & Keislar,E.R. (1963): Value of the oral response in beginning reading: An experimental study using programmed instruction. British Journal of Educational Psychology, 33, 162-168.
McNellis,K.L. (1987): In search of the attentional deficit. In: S.J.Ceci (Hrsg.) Handbook of cognitive, social, and neuropsychological aspects of learning disabilities, Vol.2. Hillsdale,N.J.: L.Erlbaum.
Meis,R. (1970): Diagnostischer Rechtschreibtest für 4. und 5.Klassen (DRT 4-5). Weinheim: Beltz.
Mendenhall,J.E. (1930): An analysis of spelling errors. New York: Columbia University, Teachers College.
Meyer,B.J.F. (1975): The organization of prose and ist effects on memory. Amsterdam: North-Holland.
Meyer,B.J.F., Brandt,D.M. & Bluth,G.J. (1980): Use of author's textual schema: Key for ninth graders' reading comprehension. Reading Research Quarterly, 16, 72-103.
Meyer,D.E., Schwaneveldt,R.W. & Ruddy,M.G. (1975): Loci of contextual effects on visual word recognition. In: P.M.A.Rabbitt & S.Dornic (Hrsg.) Attention and Performance 5. London und New York: Academic Press.
Meyers,C.E., Attwell,A.A. & Orpet,R.E. (1968): Prediction of fifth grade achievement from kindergarten test and rating data. Educational and Psychological Measurement, 28, 457-463.
Mikulecky,L. (1982): Job literacy: The relationship between school training and workplace actuality. Reading Research Quarterly, 17, 400-419.
Mikulecky,L. & Drew,R. (1991): Basic literacy skills in the workplace. In: R.Barr, M.L.Kamil, P.Mosenthal & P.D.Pearson (Hrsg.) Handbook of research on reading, Vol.II. New York: Longman.
Miles,J. & Stelmack,R.M. (1994): Learning disability subtypes and the effects of auditory and visual priming on visual event-related potentials to words. Journal of Clinical and Experimental Neuropsychology, 16, 43-64.
Miller,G.E. (1985): The effects of general and specific self-instruction training on children's comprehension monitoring performances during reading. Reading Research Quarterly, 20, 216-628.
Miller,P.H. (1985): Metacognition and attention. In: D.L.Forrest-Pressley, G.E.MacKinnon & T.G.Waller (Hrsg.) Metacognition, cognition, and human performance. Vol.2: Instructional practices. Orlando: Academic Press.
Mitterer,J.O. (1982): There are at least two kinds of poor readers: Whole-word poor readers and recoding poor readers. Canadian Journal of Psychology, 36, 445-461.
Moats,L. (1983): A comparison of spelling errors of older dyslexic and second-grade normal children. Annals of Dyslexia, 33, 121-140.
Mommers,M.J.C. (1987): An investigation into the relation between word recognition skills, reading comprehension and spelling skills in the first two years of primary school. Journal of Research in Reading, 10, 122-143.
Mommers,M.J.C. & Boland,T. (1989): Die Entwicklung der Dekodierfertigkeit, des Leseverständnisses und der Rechtschreibung bei Grundschülern: eine Längsschnittstudie. Zeitschrift für Pädagogische Psychologie, 3, 17-25.
Montgomery,D. (1981): Do dyslexics have difficulty accessing articulatory information? Psychological Research, 43, 235-243.
Morais,J., Alegria,J. & Content,A. (1987): The relationship between segmental analysis and alphabetic literacy: An interactive view. Cahiers de Psychologie Cognitive, 7, 415-439.
Morais,J., Bertelson,P., Cary,L. & Alegria,J. (1986): Literacy training and speech segmentation. Cognition, 24, 45-64.
Morais,J., Cary,L., Alegria,J. & Bertelson,P. (1979): Does awareness of speech as a sequence of phones arise spontaneously? Cognition, 7, 323-331.
Morris,J.M. (1966): Standards and progress in reading. Slough: National Foundation for Educational Research.
Morrison,F.J. (1984): Reading disability: A problem in rule learning and word decoding. Developmental Review, 4, 36-47.

Morton,J. (1969): Interaction of information in word recognition. Psychological Review, 76, 165-178.
Morton,J. (1979): Word recognition. In: J.Morton & J.C.Marshall (Hrsg.) Psycholinguistic series Vol.2: Structures and processes. London: P.Elek.
Morton,J. (1980): The logogen model and orthographic structure. In: U.Frith (Hrsg.) Cognitive processes in spelling. London: Academic Press.
Morton,J. & Patterson,K. (1980a): A new attempt at an interpretation, or, an attempt at a new interpretation. In: M.Coltheart, K.Patterson & J.C.Marshall (Hrsg.) Deep dyslexia. London: Routledge & Kegan Paul.
Morton,J. & Patterson,K. (1980b): "Little words - no". In: M.Coltheart, K.Patterson & J.C.Marshall (Hrsg.) Deep dyslexia. London: Routledge & Kegan Paul.
Morton,L.L. & Siegel,L.S. (1991): Left ear dichotic listening performance on consonant-vowel combinations and digits in subtypes of reading-disabled children. Brain and Language, 40, 162-180.
Müller,H. (1964): Methoden des Erstleseunterrichts und ihre Ergebnisse. Meisenheim.
Müller,R. (1965): Rechtschreibung und Fehleranalyse. Schule und Psychologie, 12, 161- 173.
Muller,D. (1973): Phonic blending and transfer of letter training to word reading in children. Journal of Reading Behavior, 5, 212-217.
Murphy,J.F., Herrn,C.L.. Williams,R.L. & McLaughlin,T.F. (1990): The effects of copy, cover, compare approach in increasing spelling accuracy with learning disabled students. Contemporary Educational Psychology, 15, 378-386.
Murray,W.S. & Kennedy,A. (1988): Spatial coding in the processing of anaphor by good and poor readers: Evidence from eye movement analysis. Quarterly Journal of Experimental Psychology, 40A, 693-718.
Myklebust,H.R. (1973): Development and disorders of written language. Vol.2. Studies of normal and exceptional children. New York: Grune & Stratton.
Nagy,W.E. & Anderson,R.C. (1984): How many words are there in printed school English? Reading Research Quarterly, 19, 304-330.
Nagy,W.E. & Herman,P.A. (1987): Breadth and depth of vocabulary knowledge: Implications for acquisition and instruction. In: M.G.McKeown & M.E.Curtis (Hrsg.) The nature of vocabulary acquisition. Hillsdale,N.J.: L.Erlbaum.
Naidoo,S. (1972): Specific dyslexia. New York: J.Wiley.
Naidoo,S. (1981): Teaching methods and their rationale. In: G.T.Pavlidis & T.R.Miles (Hrsg.) Dyslexia research and its applications to education. Chichester, J.Wiley.
Naumann,C.L. (1989): Gesprochenes Deutsch und Orthographie: Linguistische und didaktische Studien zur Rolle der gesprochenen Sprache in System und Erwerb der Rechtschreibung. Frankfurt, Bern und New York: Peter Lang.
Naylor,C.E., Wood,F.B. & Flowers,D.L. (1990): Physiological correlates of reading disability. In: G.T.Pavlidis (Hrsg.) Perspectives on dyslexia. Vol.1. Neurology, neuropsychology and genetics. New York: J.Wiley.
Neely,J.H. (1977): Semantic priming and retrieval from lexical memory: Roles of inhibitionless spreading activation and limited-capacity attention. Journal of Experimental Psychology: General, 106, 226-254.
Nelson,H.E. (1980): Analysis of spelling errors in normal and dyslexic children. In U.Frith (Hrsg.) Cognitive processes in spelling. London: Academic Press.
Nelson,H.E. & Warrington,E.K. (1974): Developmental spelling retardation and its relation to other cognitive abilities. British Journal of Psychology, 65, 265-274.
Nelson,H.E. & Warrington,E.K. (1980): An investigation of memory functions in dyslexic children. British Journal of Psychology, 71, 487-503.
Neville,D.D. & Searls,E.F. (1985): The effect of sentence-combining and kernel-identification training on the syntactic component of reading comprehension. Research in the Teaching of English, 19, 37-61.
Newman,A.P. (1972): Later achievement of pupils underachieving in reading in first grade. Reading Research Quarterly, 7, 477-508.
Newman,A.P. (1977): Twelve year study of pupils who were underachieving in reading in first grade. In: P.D.Pearson & J.Hansen (Hrsg.) Reading. Theory, research and practice. Twenty-sixth Yearbook of the National Reading Conference. Clemson,S.C.: National Reading Conference.
Nickel,H. (1979): Fehlerkorrektur und Übungsfortschritt in einem Rechtschreibtraining. In: H.Plickat & W.Wieczerkowski (Hrsg.) Lernerfolg und Trainingsformen im Rechtschreibunterricht. Bad Heilbrunn: J.Klinkhardt.
Nicolson,R.I. & Fawcett,A.J. (1990): Automaticity: A new framework for dyslexia research? Cognition, 35, 159-182.
Niemeyer,W. (1974): Legasthenie und Milieu. Hannover: Schroedel.
Niles,J.A. (1985): Research on teacher-pupil interactions during oral reading instruction. In: B.A.Hudson (Hrsg.) Advances in reading/ language research, Vol.3. Grennwich,CT: JAI Press.
Niles,J.A. & Taylor,B.M. (1978): The development of orthographic sensitivity during the school year by primary grade children. In: P.D.Pearson & J.Hansen (Hrsg.) Reading: Disciplined inquiry into theory

and practice. 27th Yearbook of the National Reading Conference. Clemson,S.C.: National Reading Conference.
Nodine,B., Barenbaum,E. & Newcomer,P. (1985): Story composition by learning disabled, reading disabled, and normal children. Learning Disability Quarterly, 8, 167-181.
Nolan,K.A. & Caramazza,A. (1982): Modality-independent impairments in word processing in a deep dyslexic patient. Brain and Language, 16, 237-264.
Oakan,R., Wiener,M. & Cromer,W. (1971): Identification, organization, and reading comprehension for good and poor readers. Journal of Educational Psychology, 62, 71-78.
Oakhill,J. (1983): Instantiation in skilled and less-skilled comprehenders. Quarterly Journal of Experimental Psychology, 35A, 441-450.
Oakhill,J. (1984): Inferential and memory skills in children's comprehension of stories. British Journal of Educational Psychology, 54, 31-39.
Oakhill,J. & Garnham,A. (1988): Becoming a skilled reader. Oxford: Blackwell.
Obrzut,J.E., Conrad,D.F., Bryden,M.P. & Boliek,C.A. (1988): Cued dichotic listening with right-handed, left-handed, bilingual, and learning-disabled children. Neuropsychologia, 26, 119-131.
Obrzut,J.E., Obrzut,A., Bryden,M.P. & Bartels,S.G. (1985): Information processing and speech lateralization in learning-disabled children. Brain and Language, 25, 87-101.
Oehrle,B. (1975): Visuelle Wahrnehmung und Legasthenie. Weinheim: Beltz Verlag.
Olofsson,A. (1992): Synthetic speech and computer aided reading for reading disabled children. Reading and Writing, 4, 165-178.
Olson,R.K., Kliegl,R. & Davidson,B.J. (1983): Eye movements in reading disability. In: K.Rayner (Hrsg.) Eye movements in reading: Perceptual and language processes. New York: Academic Press.
Olson,R.K., Kliegl,R., Davidson,B.J. & Foltz,G. (1985): Individual and developmental differences in reading disability. In: G.E.MacKinnon & T.G.Waller (Hrsg.) Reading research: Advances in theory and practice, Vol.4. Orlando: Academic Press.
Olson,R.K. & Wise,B.W. (1992): Reading on the computer with orthographic and speech feedback: An overview of the Colorado remediation project. Reading and Writing, 4, 107-144.
Olson,R.K., Wise,B.W., Conners,F., Rack,J. & Fulker,D. (1989): Specific deficits in component reading and language skills: Genetic and environmental influences. Journal of Learning Disabilities, 22, 339-349.
Olson,R.K., Wise,B.W., Conners,F. & Rack,J. (1990): Organization, heritability, and remediation of component word recognition and language skills in disabled readers. In T.H.Carr & B.A.Levy (Hrsg.): Reading and its development: Component skills approaches. San Diego,CA.: Academic Press.
O'Neill,M.E. & Douglas,V.I. (1991): Study strategies and story recall in attention deficit disorder and reading disability. Journal of Abnormal Child Psychology, 19, 671-692.
Oney,B. & Goldman,S.R. (1984): Decoding and comprehension skills in Turkish and English: Effects of the regularity of graphme-phoneme correspondences. Journal of Educational Psychology, 76, 557-568.
Orton,S.T. (1937): Reading, writing and speech problems in children. New York: Norton.
Owings,R.A., Peterson,G.A., Bransford,J.D., Morris,C.D. & Stein,B.S. (1980): Spontaneous monitoring and regulation of learning: A comparison of successful and less successful fifth graders. Journal of Educational Psychology, 72, 250-256.
Pace,A.J. & Golinkoff,R.M. (1976): Relationship between word difficulty and access of single-word meaning by skilled and less skilled readers. Journal of Educational Psychology, 68, 760-767.
Palincsar,A.S. & Brown,A.L. (1984): Reciprocal teaching of comprehension-fostering and monitoring activities. Cognition and Instruction, 1, 117-175.
Pany,D., McCoy,K.M. & Peters,E.E. (1981): Effects of corrective feedback on comprehension skills of remedial students. Journal of Reading Behavior, 13, 131-143.
Papagno,C. (1992): A case of peripheral dysgraphia. Cognitive Neuropsychology, 9, 259-270.
Paris,S.G. & Myers,M. (1981): Comprehesion monitoring, memory and study strategies in good and poor readers. Journal of Reading Behavior, 13, 5-22.
Patterson,K.E. (1978): Phonemic dyslexia: Errors of meaning and the meaning of errors. Quarterly Journal of Experimental Psychology, 30, 587-607.
Patterson,K.E. (1982): The relation between reading and phonological coding: Further neuropsychological observations. In: A.W.Ellis (Hrsg.) Normality and pathology in cognitive functions. London: Academic Press.
Patterson,K.E. & Coltheart,V. (1987): Phonological processes in reading: A tutorial review. In: M.Coltheart (Hrsg.) The psychology of reading. Attention and performance XII. Hillsdale, N.J.: L.Erlbaum.
Patterson,K.E. & Kay,J. (1982): Letter-by-letter reading: Psychological descriptions of a neurological syndrome. Quarterly Journal of Experimental Psychology, 34A, 411-441.
Patterson,K.E. & Marcel,A.J. (1977): Aphasia, dyslexia and the phonological coding of written words. Quarterly Journal of Experimental Psychology, 29, 307-318.

Patterson,K.E. & Morton,J. (1985): From orthography to phonology: An attempt at an old interpretation. In: K.E.Patterson, J.C.Marshall & M.Coltheart (Hrsg.) Surface dyslexia: Neuropsychological and cognitive studies of phonological reading. London: L.Erlbaum.
Pavlidis,G. (1981): Do eye movements hold the key to dyslexia? Neuropsychologia, 19, 57-64.
Pavlidis,G. (1983): The "dyslexia syndrome" and its objective diagnosis by erratic eye movements. In: K.Rayner (Hrsg.) Eye movements in reading: Perceptual and language processes. New York: Academic Press.
Pavlidis,G. (1986): The role of eye movements in the diagnosis of dyslexia. In: G.T.Pavlidis & D.F.Fisher (Hrsg.) Dyslexia: Its neuropsychology and treatment. Chichester: J.Wiley.
Pearson,P.D. & Fielding,L. (1991): Comprehension instruction. In: R.Barr, M.L.Kamil, P.Mosenthal & P.D.Pearson (Hrsg.) Handbook of research on reading, Vol.II. New York: Longman.
Pennington,B.F. (1990): The genetics of dyslexia. Journal of Child Psychology and Psychiatry, 31, 193-201.
Pennington,B.F., Gilger,J., Pauls,D., Smith,S.A., Smith,S.D. & DeFries,I.C. (1991): Evidence for a major gene transmission of developmental dyslexia. Journal of the American Medical Association, 266, 1527-1534.
Pennington,B.F., McCabe,L.L., Smith,S.D., Lefly,D.L., Bookman,M.O., Kimberling,W.J. & Lubs,H.A. (1986): Spelling errors in adults with a form of familial dyslexia. Child Development, 57, 1001-1013.
Pennington,B.F. & Smith,S.D. (1983): Genetic influences on learning disabilities and speech and language disorders. Child Development, 54, 369-387.
Pennington,B.F., Smith,S.D., Kimberling,W.J., Green,P.A. & Haith,M.M. (1987): Left-handedness and immune disorders in familial dyslexics. Archives of Neurology, 44, 634-639.
Pennington,B.F., Smith,S.D., McCabe,L.L., Kimberling,W.J. & Lubs,H.A. (1984): Developmental continuities and discontinuities in a form of familial dyslexia. In: R.N.Emde & R.J.Harmon (Hrsg.) Continuities and discontinuities in development. New York: Plenum Press.
Pennington,B.F., Van Orden,G.C., Kirson,D. & Haith,M. (1991): What is the causal relation between verbal STM problems and dyslexia? In: S.A.Brady & D.P.Shankweiler (Hrsg.) Phonological processes in literacy: A tribute to I.Y.Liberman. Hillsdale,N.J.: L.Erlbaum.
Pennington,B.F., Van Orden,G.C., Smith,S.D., Green,P.A. & Haith,M.M. (1990): Phonological processing skills and deficits in adults dyslexics. Child Development, 61, 1753-1778.
Perfetti,C.A. (1977): Language comprehension and fast decoding: some prerequisites for skilled reading comprehension. In: J.T.Guthrie (Ed.): Cognition, curriculum and comprehension. Newark,Del.: International Reading Association.
Perfetti,C.A. (1985): Reading ability. New York: Oxford University Press.
Perfetti,C.A. (1988): Verbal efficiency in reading ability. In: M.Daneman, G.E.MacKinnon & T.G.Waller (Hrsg.) Reading research: Advances in theory and practice. Vol.6. San Diego, CA: Academic Press.
Perfetti,C.A., Beck,J., Bell,L.C. & Hughes,C. (1987): Phonemic knowledge and learning to read are reciprocal: A longitudinal study of first grade children. Merrill-Palmer Quarterly, 33, 283-319.
Perfetti,C.A., Finger,E. & Hogaboam,T.W. (1978): Sources of vocalization latency differences between skilled and less skilled young readers. Journal of Educational Psychology, 70, 730-739.
Perfetti,C.A. & Goldman,S.R. (1976): Discourse memory and reading comprehension skill. Journal of Verbal Learning and Verbal Behavior, 14, 33-42.
Perfetti,C.A., Goldman,S.R. & Hogaboam,T.W. (1979): Reading skill and the identification of words in discourse context. Memory & Cognition, 7, 273-282.
Perfetti,C.A. & Hogaboam,T.W. (1975): The relationship between single word decoding and reading comprehension skill. Journal of Educational Psychology, 67, 461-469.
Perfetti,C.A. & Lesgold,A.M. (1977): Discourse comprehension and sources of individual differences. In: M.A.Just & P.A.Carpenter (Eds.) Cognitive processes in comprehension. Hillsdale,N.J.: L.Erlbaum.
Perfetti,C.A. & Lesgold,A.M. (1979): Coding and comprehension in skilled reading and implications for reading instruction. In: L.B.Resnick & P.A.Weaver (Eds.) Theory and practice of early reading, Vol.1. Hillsdale,N.J.: L.Erlbaum.
Perfetti,C.A. & Roth,S.F. (1981): Some of the interactive processes in reading and their role in reading skill. In: A.Lesgold & C.A.Perfetti (Hrsg.) Interactive processes in reading. Hillsdale,N.J.: L.Erlbaum.
Perin,D. (1981): Spelling, reading and adult illiteracy. Psychological Research, 43, 245-257.
Perin,D. (1982): Spelling strategies in good and poor readers. Applied Psycholinguistics, 3, 1-14.
Peters,A. (1908): Über kongenitale Wortblindheit. Münchener Medizinische Wochenschrift, 55, 1116-1119, 1239-1240.
Petrauskas,R.J. & Rourke,B.P. (1979): Identification of subtypes of retarded readers: A neuropsychological, multivariate approach. Journal of Clinical Neuropsychology, 1, 17-38.
Pfeiffer,G. & Zielinski,W. (1975): Über den Zusammenhang von Rechtschreibung und Intelligenz. Psychologie in Erziehung und Unterricht, 22, 1-8.
Pflaum,S.W. & Pascarella,E.T. (1980): Interactive effects of prior reading achievement and training in context on the reading of learning-disabled children. Reading Research Quarterly, 16, 138-158.

Phillips,L.M. (1988): Young readers' inference strategies in reading comprehension. Cognition and Instruction, 5, 193-222.
Pick,A.D., Unze,M.G., Brownell,C.A., Drozdal,J.G. & Hopmann,M.R. (1978): Young children's knowledge of word structure. Child Development, 49, 669-680.
Piirainen,I.T. (1981): Handbuch der deutschen Rechtschreibung. Bochum: Kamp.
Plickat,H. & Lüder,J. (1979): Programmiertes Lernen im Rechtschreibunterricht. In: H.Plickat & W.Wieczerkowski (Hrsg.) Lernerfolg und Trainingsformen im Rechtschreibunterricht. Bad Heilbrunn: J.Klinkhardt.
Posner,M.I. & Snyder,C.R.R. (1975): Attention and cognitive control. In: R.L.Solso (Hrsg.) Theories in information processing. Hillsdale,N.J.: L.Erlbaum.
Postlethwaite,T.N. & Ross,K.N. (1992): Effective schools in reading. Implications for educational planners. The Hague: International Association for the Evaluation of Educational Achievement.
Preston,R.C. (1953): Comparison of word-recognition skill in German and American children. Elementary School Journal, 53, 453-456.
Preston,R.C. (1962): Reading achievement of German and American children. School and Society, 90, 350-354.
Preston,R.C. & Yarrington,D.J. (1967): Status of fifty retarded readers eight years after reading clinic diagnosis. Journal of Reading, 11, 122-129.
Prior,M. & McCorriston,M. (1983): Acquired and developmental spelling dyslexia. Brain and Language, 20, 263-285.
Purkey,S.C. & Smith,M.S. (1983): Effective schools: A review. Elementary School Journal, 83, 427-452.
Quirk,T.J., Trismen,D.A., Nalin,K.B. & Weinberg,S.F. (1975): The classroom behavior of teachers during compensatory reading instruction. Journal of Educational Research, 68, 185-192.
Rabinovitch,R.D., Drew,A.L., DeJong,R.N., Ingram,W. & Withey,L.I. (1954): A research approach to reading retardation. Research Publications of the Association for Research in Nervous and Mental Disease, 34, 363-397.
Rack,J.P., Hulme,C. & Snowling,M.J. (1993): Learning to read: A theoretical synthesis. In: H.Reese (Hrsg.) Advances in child development and behavior, Vol.24 (S.99-132). Orlando,FL: Academic Press.
Rack,J.P., Snowling,M.J. & Olson,R.K. (1992): The nonword reading deficit in developmental dyslexia: A review. Reading Research Quarterly, 27, 29-53.
Rahman,T. & Bisanz,G.L. (1986): Reading ability and use of story schema in recalling and reconstructing information. Journal of Educational Psychology, 78, 323-333.
Rainer,S. (1982): Legasthenikerbetreuung - eine pädagogische Verpflichtung. Beiträge zur Pädagogischen Psychologie Nr.627-632. Wien: Ketterl Verlag.
Rapala,M.R. & Brady,S. (1990): Reading ability and short-term memory: The role of phonological processing. Reading and Writing, 2, 1-25.
Rashotte,C.A. & Torgesen,J.K. (1985): Repeated reading and reading fluency on learning disabled children. Reading Research Quarterly, 20, 180-188.
Rauer,W., Bruhn,J., Wieczerkowski,W. & Winkler,H. (1978): Rechtschreibfertigkeit und psychologische Grundleistungen des Rechtschreibens bei Schülern des vierten Schuljahres. Zeitschrift für empirische Pädagogik, 2, 132-154.
Rawson,M. (1968): Developmental language disability: Adult accomplishments of dyslexic boys. Baltimore: J.Hopkins Press.
Rayner,K. (1986): Eye movements and the perceptual span: Evidence for dyslexic typology. In: G.T.Pavlidis & D.F.Fisher (Hrsg.) Dyslexia: Its neuropsychology and treatment. Chichester: J.Wiley.
Rayner,K., Murphy,L.A., Henderson,J.M. & Pollatsek,A. (1989): Selective attentional dyslexia. Cognitive Neuropsychology, 6, 357-378.
Rayner,K. & Pollatsek,A. (1989): The psychology of reading. Englewood Cliffs,N.J.: Prentice Hall.
Read,C. (1971): Pre-school children's knowledge of English phonology. Harvard Educational Review, 41, 1-34.
Read,C. (1986): Children's categorisation of speech sounds in English. London: Routledge and Kegan Paul.
Read,C., Zhang,Y., Nie,H. & Ding,B. (1986): The ability to manipulate speech sounds depends on knowing alphabetic spelling. Cognition, 24, 31-44.
Reicher,G.M. (1969): Perceptual recognition as a function of meaningfulness of stimulus material. Journal of Experimental Psychology, 81, 274-280.
Reitsma,P. (1978): Changes in letter processing in beginning readers. Journal of Experimental Child Psychology, 25, 315-325.
Reitsma,P. (1983a): Printed word learning in beginning readers. Journal of Experimental Child Psychology, 36, 321-339.
Reitsma,P. (1983b): Word-specific knowledge in beginning reading. Journal of Research in Reading, 6, 41-56.
Reitsma,P. (1984): Sound priming in beginning readers. Child Development, 55, 406-423.

Reitsma,P. (1988): Reading practice for beginners: Effects of guided reading, reading-while-listening, and independent reading with computer-based speech feedback. Reading Research Quarterly, 23, 219-235.
Resnick,L.B. & Beck,I. (1976): Designing instruction in reading: Interaction of theory and practice. In: J.Guthrie (Hrsg.) Aspects of reading acquisition. Baltimore: J.Hopkins University Press.
Reuter,P.E. & Köhler,V. (1979): Nachuntersuchung, 19 Monate nach Abschluß eines verhaltenstherapeutisch unterstützten häuslichen Legasthenietraining. Praxis der Kinderpsychologie und Kinderpsychiatrie, 29, 250-253.
Reynolds,A.J. (1989): A structural model of first-grade outcome for an urban, low socioeconomic status, minority population. Journal of Educational Psychology, 81, 594-603.
Reynolds,C.R. (1984): Critical measurement issues in learning disabilities. Journal of Special Education, 18, 451-477.
Richardson,E. & DiBenedetto,B. (1977): Transfer effects of a phonic decoding model: A review. Reading Improvement, 14, 239-247.
Richardson,E., DiBenedetto,B. & Adler,A. (1982): Use of the decoding skills test to study differences between good and poor readers. In: K.D.Gadow & I.Bialer (Hrsg.) Advances in learning and behavioral disabilities, Vol.1. Greenwich,Conn.: JAI Press.
Richardson,E., DiBenedetto,B., Christ,A., Press,M. & Winsberg,B.G. (1978): An assessment of two methods for remediating reading deficiencies. Reading Improvement, 15, 82-95.
Richardson,J.T.E. (1975): The effects of word imageability in acquired dyslexia. Neuropsychologia, 13, 281-288.
Richek,M.A. (1978): Readiness skills that predict initial word learning using 2 different methods of instruction. Reading Research Quarterly, 13, 200-222.
Richey,D.D. & McKinney,J.D. (1978): Classroom behavior styles of learning disabled boys. Journal of Learning Disabilities, 11, 297-302.
Richey,D.D., Miller,M. & Lessman,J. (1981): Resource and regular classroom behavior of learning disabled students. Journal of Learning Disabilities, 14, 163-166.
Richman,N., Stevenson,J. & Graham,P. (1982): Preschool to school: A behavioural study. London: Academic Press.
Richmond,A.E. (1960): Children's spelling needs and the implications of research. Journal of Experimental Eduation, 29, 3-21.
Rie,H.E. (1980): Definitional problems. In: H.E.Rie & E.D.Rie (Hrsg.) Handbook of minimal brain dysfunctions. New York: J.Wiley.
Rie,H.E. & Rie,E.D. (Hrsg.) (1980): Handbook of minimal brain dysfunctions. New York: J.Wiley.
Rigol,R. (1977): Zur materialorganisation von rechtschreibübungen. In: G.Spitta Hrsg.) Rechtschreibunterricht. Braunschweig: Westermann.
Roberts,R.N. (1981): Naturalistic assessment for classroom intervention: Speech and motor behavior as predictors of academic competence. Behavioral Assessment, 3, 15-30.
Roberts,T. (1975): Skills of analysis and synthesis in the early stages of reading. British Journal of Educational Psychology, 45, 3-9.
Robinson,H.M. & Smith,H.K. (1962): Reading clinic clients - Ten years after. Elementary School Journal, 63, 22-27.
Rodgers,B. (1983): The identification and prevalence of specific reading retardation. British Journal of Educational Psychology, 53, 369-373.
Rodgers,B. (1986): Change in the reading attainment of adults: A longitudinal study. British Journal of Developmental Psychology, 4, 1-17.
Roecks,A.L. (1980): Instructional cost and utilization of classroom time for fifth grade students of differing achievement level. Journal of School Psychology, 18, 381-387.
Roeltgen,D.P. & Heilman,K.M. (1984): Lexical agraphia: Further support for the two-system hypothesis of linguistic agraphia. Brain, 107, 811-827.
Roeltgen,D.P. & Heilman,K.M. (1985): Review of agraphia and a proposal for an anatomically-based neuropsychological model of writing. Applied Psycholinguistics, 6, 205-230.
Rose,T.L., McEntire,E. & Dowdy,C. (1982): Effects of two error-correction procedurs on oral reading. Learning Disability Quarterly, 5, 100-105.
Rosenshine,B.V. (1980): Skill hierarchies in reading comprehension. In: R.J.Spiro, B.C.Bruce, W.F.Brewer (Hrsg.) Theoretical issues in reading comprehension: Perspectives from cognitive psychology, linguistics, artificial intelligence, and education. Hillsdale,N.J.: L.Erlbaum.
Rosenshine,B.V. (1981): How time is spent in elementary classrooms. Journal of Classroom Interaction, 17, 16-25.
Rosinski,R.R. (1977): Picture-word interference is semantically based. Child Development, 48, 643-647.
Rosinski,R.R., Golinkoff,R.M. & Kukish,K.S. (1975): Automatic semantic processing in a picture-word interference task. Child Development, 46, 247-253.
Rosinski,R.R. & Wheeler,K.E. (1972): Children's use of orthographic structure in word discrimination. Psychonomic Science, 26, 97-98.
Rost,D.H. (1987): Leseverständnis oder Leseverständnisse? Zeitschrift für Pädagogische Psychologie, 1, 175-196.

Roth,S.F. & Beck,I.L. (1987): Theoretical and instructional implications of the assessment of two microcomputer word recogniton programs. Reading Research Quarterly, 22, 197-218.
Rothi,L.J. & Heilman,K.M. (1981): Alexia and agraphia with spared spelling and letter recognition abilities. Brain and Language, 12, 1-13.
Rott,C. & Zielinski,W. (1985): Vergleich der Buchstaben- und Wortlesefertigkeit guter und schwacher Leser der 2.-4.Grundschulklasse. Zeitschrift für Entwicklungspsychologie und Pädagogische Psychologie, 17, 150-163.
Rourke,B.P. (Hrsg.) (1985): Neuropsychology of learning disabilities: Essentials of subtype analysis. New York: Guilford.
Rozin,P. & Gleitman,L.R. (1977): The structure and acquisition of reading II: The reading process and the acquisition of the alphabetic principle. In: A.S.Reber & D.L.Scarborough (Hrsg.) Toward a psychology of reading. Hillsdale,N.J.: L.Erlbaum.
Rubenstein,H., Lewis,S.S. & Rubenstein,M.A. (1971): Evidence for phonemic recoding in visual word recognition. Journal of Verbal Learning and Verbal Behavior, 10, 645-657.
Rubin,H. (1988): Morphological knowledge and early writing ability. Language and Speech, 31, 337-355.
Rubin,H., Rotella,T., Schwartz,L. & Bernstein,S. (1991): The effect of phonological analysis training on naming performance. Reading and Writing, 3, 1-10.
Rubin,H., Zimmerman,S. & Katz,R. (1989): Phonological knowledge and naming ability in children with reading disability. Reading and Writing, 1, 393-404.
Rumelhart,D.E. & McClelland,J.L. (1982): An interactive activation model of context effects in letter perception: Part 2. The contextual enhancement effect and some tests and extensions of the model. Psychological Review, 89, 60-94.
Rumsey,J.M., Andreason,P., Zametkin,A.J., Aquino,T., King,C., Hamburger,S.D., Pikus,A., Rapaport,J.L. & Cohen,R.M. (1992): Failure to activate the left temporoparietal cortex in dyslexia: An oxygen 15 positron emission tomographic study. Archives of Neurology, 49, 527-534.
Rumsey,J.M., Dorwart,R., Vermess,M., Denckla,M.B., Kruesi,M.J.P. & Rapaport,J.L. (1986): Magnetic resonance imaging of brain anatomy in severe developmental dyslexia. Archives of Neurology, 43, 1045-1046.
Russel,G. (1982): Impairement of phonetic reading in dyslexia and its persistence beyond childhood - Research note. Journal of Child Psychology and Psychiatry, 23, 459-475.
Rutter,M. (1974): Emotional disorder and educational underachievement. Archives of Disease in Childhood, 49, 249-256.
Rutter,M., Maughan,B., Mortimore,P. & Ouston, J. (1979): Fifteen thousand hours: Secondary schools and their effects on children. Cambridge, Mass.: Harvard University Press.
Rutter,M., Tizard,J. & Whitmore,K. (1970): Education, health and behaviour. London: Longmans.
Rutter,M., Tizard,J., Yule,W., Graham,P. & Whitmore,K. (1976): Research report: Isle of Wight studies 1964-1974. Psychological Medicine, 6, 313-332.
Ryder,R.J. & Graves,M.F. (1980): Secondary students' internalization of letter-sound correspondences. Journal of Educational Research, 73, 172-178.
Ryder,R.J. & Pearson,P.D. (1980): Influence of type-token frequencies and final consonants on adults' internalization of vowel digraphs. Journal of Educational Psychology, 72, 618-624.
Sabatino,D.A. (1982): Research on achievement motivation with learning disabled populations. Advances in Learning and Behavioral Disabilities, 1, 75-116.
Safer,D.J. & Allen,R.P. (1973): Factors associated with improvement in severe reading disability. Psychology in the schools, 10, 110-118.
Saffran,E.M. (1985): Lexicalisation and reading performance in surface dyslexia. In: K.E.Patterson, J.C.Marshall & M.Coltheart (Hrsg.) Surface dyslexia: Neuropsychological and cognitive studies of phonological reading. London: L.Erlbaum.
Saffran,E.M. & Marin,O.S. (1977): Reading without phonology: Evidence from aphasia. Quarterly Journal of Experimental Psychology, 29, 515-525.
Samuels,S.J. (1979): The method of repeated readings. The Reading Teacher, 32, 403-408.
Samuels,S.J., Begy,G. & Chen,C.C. (1975): Comparison of word recognition speed and strategies of less skilled and more highly skilled readers. Reading Research Quarterly, 11, 72-86.
Samuels,S.J., Dahl,P. & Archwamety,T. (1974): Effect of hypothesis/test training on reading skill. Journal of Educational Psychology, 66, 835-844.
Samuels,S.J., LaBerge,D. & Bremer,C.D. (1978): Units of word recognition: Evidence for developmental changes. Journal of Verbal Learning and Verbal Behavior, 17, 715-720.
Samuels,S.J. & Turnure,J.E. (1974): Attention and reading achievement in first grade boys and girls. Journal of Educational Psychology, 66, 29-32.
Sanders,R.J. & Caramazza,A. (1990): Operation of the phoneme-to-grapheme conversion mechanism in a brain injured patient. Reading and Writing, 2, 61-82.
Santa,C.M. (1975): Visual discrimination and word recognition. Reading Improvement, 12, 245-250.
Sartori,G., Barry,C. & Job,R. (1984): Phonological dyslexia: A review. In: R.N.Malatesha & H.A.Whitaker (Hrsg.) Dyslexia: A global issue. The Hague: Martinius Nijhoff.

Satz,P. & Fletcher,J.M. (1987): Left-handedness and dyslexia: An old myth revisited. Journal of Pediatric Psychology, 12, 291-298.
Satz,P. & Morris,R. (1981): Learning disability subtypes: A review. In: F.J. Pirozollo & M.C.Wittrock (Hrsg.) Neuropsychological and cognitive processes in reading. New York: Academic Press.
Satz,P. & Soper,H.V. (1986): Left-handedness, dyslexia, and autoimmune disorder: A critique. Journal of Clinical and Experimental Neuropsychology, 8, 453-458.
Satz,P., Taylor,H.G., Friel,J. & Fletcher,J.M. (1978): Some developmental and predictive precursors of reading disabilities: A six-year follow-up. In: A.L.Benton & D.Pearl (Hrsg.) Dyslexia: An appraisal of current knowledge. New York: Oxford University Press.
Satz,P. & Zaide,J. (1983): Sex differences: Clues or myths on genetic aspects of speech and language disorders? In: Ludlow,C.L., Cooper,J.A. (Eds.): Genetic aspects of speech and language disorders. Academic Press, New York.
Scarborough,H.S. (1989): Prediction of reading disability from familial and individual differences. Journal of Educational Psychology, 81, 101-108.
Scarborough,H.S. (1990): Very early language deficits in dyslexic children. Child Development, 61, 1728-1743.
Scardamalia,M. & Bereiter,C. (1986): Research on written composition. In: M.C.Wittrock (Hrsg.) Handbook of research on teaching. Third edition. New York: Macmillan.
Scardamalia,M., Bereiter,C. & Goelman,H. (1982): The role of production factors in writing ability. In: M.Nystrand (Hrsg.) What writers know: The language, process, and structure of written discourse. New York: Academic Press.
Schabmann,A. & Klicpera,C. (1994): Bericht über die Lesefähigkeit deutschsprachiger Schüler in Südtirol. Bozen: Pädagogisches Institut für die deutsche Sprachgruppe.
Scheerer,E. (1987): Visual word recognition in German. In: A.Allport, D.G.Mackay, W.Prinz & E.Scheerer (Hrsg.) Language perception and production: Relationships between listening, speading, reading and writing. London: Academic Press.
Scheerer-Neumann,G. (1979): Intervention bei Lese- Rechtschreibschwäche. Bochum: Kamp.
Scheerer-Neumann,G. (1981): The utilization of intraword structure in poor readers: Experimental evidence and a training program. Psychological Research, 43, 155-178.
Scheerer-Neumann,G. (1989): Wie verhalten sich Eltern beim Schriftspracherwerb ihrer Kinder? Fünf Fallbeispiele. Unterrichtswissenschaft, 17, 156-175.
Scheerer-Neumann,G. (1993): Interventions in developmental reading and spelling disorders. In: H.Grimm & H.Skowronek (Hrsg.) Language acquisition problems and reading disorders: Aspects of diagnosis and intervention. Berlin: Gruyter.
Scheerer-Neumann,G., Ahola,H., König,U. & Reckermann,U. (1978): Die Ausnutzung sprachlicher Redundanz bei leseschwachen Kindern: I.Nachweis des spezifischen Defizits. Zeitschrift für Entwicklungspsychologie und Pädagogische Psychologie, 10, 35-48.
Schenk-Danzinger,L. (1968): Handbuch der Legasthenie im Kindesalter. Weinheim: Beltz Verlag.
Scherzer,C.E. & Goldstein,D.M. (1982): Children's first reading lesson: Variables influencing within-lesson emotional behavior and postlesson achievement. Journal of Educational Psychology, 74, 382-392.
Schmahlohr,E. (1959): Die Auswirkungen des ganzheitlichen und lautsynthetischen Schreibleseunterrichts auf den späteren Schulerfolg. Zeitschrift für experimentelle und angewandte Psychologie, 6, 839-867.
Schmahlohr,E. (1971): Psychologie des Erstlese- und Schreibunterrichts. 2.Aufl. München: E.Reinhardt.
Schmahlohr,E. & Winkelmann,W. (1969): Eine gruppen- und textspezifische Analyse von Rechtschreibfehlern: Ein Beitrag zum Problem der Legasthenie. Zeitschrift für experimentelle und angewandte Psychologie, 16, 613-635.
Schneider,W. (1980): Bedingungsanalysen des Rechtschreibens. Bern: Huber Verlag.
Schneider,W. & Shiffrin,R.M. (1977): Automatic and controlled processing in vision. In: D.LaBerge & S.J.Samuels (Hrsg.) Basic processes in reading. Perception and comprehension. Hillsdale,N.J.: L.Erlbaum.
Schonhaut,S. & Satz,P. (1984): Prognosis for children with learning disabilities: A review of follow-up studies. In: M.Rutter (Hrsg.): Developmental Neuropsychiatry. New York: Guilford.
Schreiber,P.A. (1980): On the acquisition of reading fluency. Journal of Reading Behavior, 12, 177-186.
Schreiber,P.A. (1987): Prosody and structure in children´s syntactic processing. In: R.Horowitz & S.J.Samuels (Hrsg.) Comprehending oral and written language. San Diego: Academic Press.
Schreiber,P. & Read,C. (1980): Children's use of phonetic cues in spelling, parsing, and - maybe - reading. Bulletin of the Orton Society, 30, 209-224.
Schreuder,R., Grendel,M., Poulisse,N., Roelofs,A. & Van de Voort,M. (1990): Lexical processing, morphological complexity, and reading. In: D.A.Balota, G.B.Flores d'Arcais & K.Rayner (Hrsg.) Comprehension processes in reading. Hillsdale,N.J.: L.Erlbaum.
Schriefers,H., Friederici,A. & Graetz,P. (1992): Inflectional and derivational morphology in the mental lexicon: Symmetries and asymmetries in repetition priming. Quarterly Journal of Experimental Psychology, 44A, 373-390.

Schubenz,S. (1966): Soll am Beginn des Rechtschreib- (und Lese-) Unterrichts die Synthese oder die Analyse der Texteinheiten betont werden? Schule und Psychologie, 13, 39-45.
Schulte-Körne,G., Remschmidt,H. & Hebebrand,J. (1993): Zur Genetik der Lese-Rechtschreibschwäche. Zeitschrift für Kinder- und Jugendpsychiatrie, 21, 242-252.
Schwantes,F.M. (1981): Locus of context effect in children's word recognition. Child Development, 52, 895-903.
Schwantes,F.M., Boesl,S.L. & Ritz,E.G. (1980): Children's use of context in word recognition: A psycholinguistic guessing game. Child Development, 51, 730-736.
Schwartz,G.J. (1977): College students as contingency managers for adolescents in a program to develop reading skills. Journal of Applied Behavior Analysis, 10, 645-655.
Schwartz,S. (1983): Spelling disability: A developmental linguistic analysis of pattern abstraction. Applied Psycholinguistics, 4, 303-316.
Schwartz,S. & Doehring,G. (1977): A developmental sudy of children's ability to acquire knowledge of spelling patterns. Developmental Psychology, 13, 419-420.
Scribner,S. & Cole,M. (1981): The psychology of literacy. Cambridge,MA: Harvard University Press.
Secrist,R.H. (1976): Internalization of English orthographic patterns. Visible Language, 10, 309-322.
Seidenberg,M.S. (1985): The time course of information activation and utilization in visual word recognition. In: D.Besner, T.G.Waller & G.E.MacKinnon (Hrsg.) Reading research: Advances in theory and practice, Vol.5. Orlando: Academic Press.
Seidenberg,M.S., Bruck,M., Fornarolo,G. & Backman,J. (1985): Word recognition processes of poor and disabled readers: Do they necessarily differ? Applied Psycholinguistics, 6, 161-180.
Seidenberg,M.S. & McClelland,J. (1989): A distributed, developmental model of word recognition. Psychological Review, 94, 523-568.
Seyfried,P. & Rop,I. (1985): Ergebnisse zur schulischen Legasthenikerbetreuung. Wien: Ketterl.
Seymour,P.H.K. (1986): Cognitive analysis of dyslexia. London und New York: Routledge & Kegan Paul.
Seymour,P.H.K. (1987): Individual cognitive analysis of competent and impaired reading. British Journal of Psychology, 78, 483-506.
Seymour,P.H.K. & Dargie,A. (1990): Associative priming and orthographic choice in nonword spelling. European Journal of Cognitive Psychology, 2, 395-410.
Seymour,P.H.K. & Elder,L. (1986): Beginning reading without phonology. Cognitive Neuropsychology, 3, 1-36.
Seymour,P.H.K. & Evans,H.M. (1988): Developmental arrest at the logographic stage: Impaired literacy functions in Klinefelter's XXY syndrome. Journal of Research in Reading, 11, 133-151.
Seymour,P.H.K. & Evans,H.M. (1993): The visual (orthographic) processor and developmental dyslexia. In: D.M.Willows, R.S.Kruk & E.Corcos (Hrsg.) Visual processes in reading and reading disabilities. Hillsdale,N.J.: L.Erlbaum.
Seymour,P.H.K. & MacGregor,C.J. (1984): Developmental dyslexia: Experimental analysis of phonological, morphemic, and visual impairments. Cognitive Neuropsychology, 1, 43-82.
Seymour,P.H.K. & Porpodas,C.D. (1980): Lexical and non-lexical processing of spelling in dyslexia. In: U.Frith (Hrsg.) Cognitive processes in spelling. London: Academic Press.
Shallice,T. (1981): Phonological agraphia and the lexical route in writing. Brain, 104, 413-429.
Shallice,T. & Coughlan,A.K. (1980): Modality specific word comprehension deficits in deep dyslexia. Journal of Neurology, Neurosurgery, and Psychiatry, 43, 866-872.
Shallice,T. & Saffran,E. (1986): Lexical processing in the absence of explicit word identification: Evidence from a letter-by-letter reader. Cognitive Neuropsychology, 3, 429-458.
Shallice,T. & Warrington,E.K. (1980): Single and multiple component central dyslexic syndromes. In: M.Coltheart, K.Patterson & J.C.Marshall (Hrsg.) Deep dyslexia. London: Routledge & Kegan Paul.
Shanahan,T. & Lomax,R.G. (1986): An analysis and comparison of theoretical models of the reading-writing relationship. Journal of Educational Psychology, 78, 116-123.
Shankweiler,D. & Crain,S. (1986): Language mechanisms and reading disorder: A modular approach. Cognition, 24, 139-146.
Shankweiler,D. & Liberman,I.Y. (1972): Misreading: A search for causes. In: J.F.Kavanagh & I.G.Mattingly (Hrsg.) Language by ear and by eye: The relationship between speech and reading. Cambridge, MA: MIT Press.
Shankweiler,D., Liberman,I.Y., Mark,L.S., Fowler,C.A. & Fischer,W. (1979): The speech code and learning to read. Journal of Experimental Psychology: Human Learning and Memory, 5, 531-545.
Share,D.L., Jorm,A.F., MacLean,R. & Matthews,R. (1986): Sources of individual differences in reading acquisition. Journal of Educational Psychology, 76, 1309-1324.
Share,D.L., McGee,R., McKenzie,D., Williams,S. & Silva,P.A. (1987): Further evidence relating to the distinction between specific reading retardation and general reading backwardness. British Journal of Developmental Psychology, 5, 35-44.
Share,D.L. & Silva,P.A. (1986): The stability and classification of specific reading retardation: A longitudinal study from age 7 to 11. British Journal of Educational Psychology, 56, 32-39.
Share,D.L. & Silva,P.A. (1988): Language deficits and specific reading retardation: Cause or effect? British Journal of Disorders of Communication, 22, 219-226.

Shaywitz,S.E., Shaywitz,G.A., Fletcher,I.M. & Escobar,M.D. (1990): Prevalence of reading disability in boys and girls: Results of the Connecticut longitudinal study. Journal of the American Medical Association, 264, 998-1002.
Shearer,E. (1967): The long-term effects of remedial education. Educational Research, 9, 219-222.
Shepard,L.A. (1980): An evaluation of the regression discrepancy method for identifying children with learning disabilities. Journal of Speical Education, 14, 79-91.
Shimron,J. & Navon,D. (1982): The dependence on graphemes and on their translation to phonemes in reading: A developmental study. Reading Research Quarterly, 17, 210-228.
Sidman,M. & Kirk,B. (1974): Letter reversals in naming, writing, and matching to sample. Child Development, 45, 616-625.
Siegel,L.S. (1988): Evidence that I.Q. scores are irrelevant to the definition and analysis of reading disability. Canadian Journal of Psychology, 42, 201-215.
Siegel,L.S. (1993): The development of reading. In: H.Reese (Hrsg.) Advances in child development and behavior, Vol.24 (S.63-97). Orlando,FL: Academic Press.
Silberberg,N.E. & Silberberg,M.C. (1967): Hyperlexia - Specific word recognition skills in young children. Exceptional Children, 34, 41-42.
Silva,P.A., McGee,R. & Williams,S. (1985): Some characteristics of 9-year-old boys with general reading backwardness or specific reading retardation. Journal of Child Psychology and Psychiatry, 26, 407-421.
Simner,M.L. (1981): The grammar of action and children's printing. Developmental Psychology, 17, 866-871.
Simon,D.P. (1976): Spelling: A task analysis. Instructional Science, 5, 277-302.
Simon, D.P. & Simon,H.A. (1973): Alternative uses of phonemic information in spelling. Review of Educational Research, 43, 115-137.
Simon,L.H., Hansen,R.A., Kelstein,I. & Porterfield,R. (1976): A remedial program for poor decoders in an inner-city high school. Journal of Reading Behavior, 8, 311-319.
Skjelford,V. (1976): Teaching children to segment spoken words as an aid in learning to read. Journal of Learning Disabilities, 9, 297-306.
Slavin,R.E. (1987): Ability groups and standardized achievement in elementary schools: A best evidence synthesis. Review of Educational Research, 57, 293-336.
Smiley,S.S., Oakley,D.D., Worthen,D., Campione,J.C. & Brown,A.L. (1977): Recall of thematically relevant material by adolescent good and poor readers as a function of written versus oral presentation. Journal of Educational Psychology, 69, 381-387.
Smith,F. (1971): Understanding reading. New York: Holt, Rinehart & Winston.
Smith,P.T. (1980): Linguistic information in spelling. In: U.Frith (Hrsg.) Cognitive processes in spelling. London: Academic Press.
Smith,S.D. (1986): Genetics and learning disabilities. San Diego: College-Hill.
Smith,S.D., Goldgar,D.E., Pennington,B.F., Kimberling,W.J. & Lubs,H.A. (1986): Analysis of subtypes of specific reading disability: Genetic and cluster analytic approaches. In: G.T.Pavlidis & D.F.Fisher (Hrsg.) Dyslexia: Its neuropsychology and treatment. Chichester: J.Wiley.
Smith,S.D., Kimberling,W.J., Pennington,B.F. & Lubs,H.A. (1983): Specific reading disability: Identification of an inherited form through linkage analysis. Science, 219, 1345-1347.
Smith,S.D., Pennington,B.F., Kimberling,W.J. & Ing,P.S. (1990): Familial dyslexia: Use of genetic linkage data to define subtypes. Journal of the American Academy of Child and Adolescent Psychiatry, 29, 204-213.
Smith-Lock,J.M. (1991): Errors of inflection in the writing of normal and poor readers. Language and Speech, 34, 341-350.
Smyth,W.J. (1980): Pupil engaged learning time: Concepts, findings and implications. Australian Journal of Education, 24, 225-245.
Snowling,M. (1980): The development of grapheme-phoneme correspondences in normal and dyslexic readers. Journal of Experimental Child Psychology, 29, 294-305.
Snowling,M. (1981): Phonemic deficits in developmental dyslexia. Psychological Research, 43, 219-234.
Snowling,M. & Frith,U. (1981): The role of sound, shape and orthographic cues in early reading. British Journal of Psychology, 72, 83-87.
Snowling,M. & Frith,U. (1986): Comprehension in "hyperlexic" readers. Journal of Experimental Child Psychology, 42, 392-415.
Snowling,M., Goulandris,N., Bowlby,M. & Howell,P. (1986): Segmentation and speech perception in relation to reading skill: A developmental analysis. Journal of Experimental Child Psychology, 41, 489-507.
Snowling,M. & Hulme,C. (1989): A longitudinal case study of developmental phonological dyslexia. Cognitive Neuropsychology, 6, 379-401.
Snowling,M., Hulme,C., Wells,B. & Goulandris,N. (1992): Continuities between speech and spelling in a case of developmental dyslexia. Reading and Writing, 4, 19-31.
Snowling,M., Stackhouse,J. & Rack,J. (1986): Phonological dyslexia and dysgraphia - a developmental analysis. Cognitive Neuropsychology, 3, 309-339.

Soli,S.D. & Devine,V.T. (1976): Behavioral correlates of achievement: A look at high and low achievers. Journal of Educational Psychology, 68, 335-341.
Sommers,R.K. & Taylor,M.L. (1972): Cerebral speech dominance in language-disordered and normal children. Cortex, 8, 224-232.
Sowden,P.T. & Stevenson,J. (1994): Beginning reading strategies in children experiencing contrasting teaching methods. Reading and Writing, 6, 109-123.
Speece,D.L., McKinney,J.D. & Appelbaum,M.I. (1985): Classification and validation of behavioral subtypes of learning-disabled children. Journal of Educational Psychology, 77, 67-77.
Speedie,L.J., Rothi,L.J. & Heilman,K.M. (1982): Spelling dyslexia: A form of cross-cuing. Brain and Language, 15, 340-352.
Spivey,N.N. & King,J.R. (1989): Readers as writers composing from sources. Reading Research Quarterly, 24, 7-26.
Spreen,O. (1982): Adult outcome of reading disorders. In: R.N.Malatesha & P.G.Aaron (Hrsg.) Reading disorders: Varieties and treatment. New York: Academic Press.
Spreen,O. (1989): The relationship between learning disability, emotional disorders, and neuropsychology: Some results and observations. Journal of Clinical and Experimental Neuropsychology, 11, 117-140.
Spring,C. & Capps,C. (1974): Encoding speed, rehearsal, and probed recall of dyslexic boys. Journal of Educational Psychology, 66, 780-786.
Spring,C., Gilbert,N. & Sassenrath,J. (1979): Learning to read words: Effects of overlearning and similarity on stimulus selection. Journal of Reading Behavior, 11, 69-71.
Spring,C. & Perry,L. (1983): Naming speed and serial recall in poor and adequate readers. Contemporary Educational Psychology, 8, 141-145.
Staats,A.W., Minke,K.A., Goodwin,W. & Landeen,J. (1967): Cognitive behavior modification: "Motivated learning" reading treatment with subprofessional therapy-technicians. Berhaviour Research and Therapy, 5, 283-299.
Stackhouse,J. & Snowling,M. (1992): Barriers to literacy development in two cases of developmental verbal dyspraxia. Cognitive Neuropsychology, 9, 273-299.
Staller,J., Buchanan,D., Singer,M., Lappin,J. & Webb,W. (1978): Alexia without agraphia: An experimental case study. Brain and Language, 5, 378-387.
Stanley,G., Smith,G.A. & Howell,E.A. (1983): Eye-movements and sequential tracking in dyslexic and control children. British Journal of Psychology, 74, 181-187.
Stanners,F.F., Neiser,J.J., Hernon,W.P. & Hall,R. (1979): Memory representation for morphologically related words. Journal of Verbal Learning and Verbal Behavior, 18, 399-412.
Stanovich,K.E. (1980): Toward an interactive-compensatory model of individual differences in the development of reading fluency. Reading Research Quarterly, 16, 32-71.
Stanovich,K.E. (1981): Attentional and automatic context effects in reading. In: A.M.Lesgold & C.A.Perfetti (Hrsg.) Interactive processes in reading. Hillsdale,N.J.: L.Erlbaum.
Stanovich,K.E. (1986): Matthew effect in reading: Some consequences of individual differences in the acquisition of literacy. Reading Research Quarterly, 21, 360-407.
Stanovich,K.E. (1988): Explaining the differences between the dyslexic and the garden-variety poor reader: The phonological core model. Journal of Learning Disabilities, 21, 590-604.
Stanovich,K.E. (1990): Concepts in developmental theories of reading skill: Cognitive resources, automaticity, and modularity. Developmental Review, 10, 1-29.
Stanovich,K.E. (1991a): Discrepancy definitions of reading disability: Has intelligence led us astray? Reading Research Quarterly, 26, 7-29.
Stanovich,K.E. (1991b): Word recognition: Changing perspectives. In: R.Barr, M.L.Kamil, P.Mosenthal & P.D.Pearson (Hrsg.) Handbook of research on reading, Vol.II. New York: Longman.
Stanovich,K.E. (1991c): Conceptual and empirical problems with discrepancy definitions of reading disability. Learning Disability Quarterly, 14, 269-280.
Stanovich,K.E. (1992): Speculations on the causes and consequences of individual differences in early reading acquisition. In: P.B.Gough, L.C.Ehri & R.Treiman (Hrsg.) Reading acquisition. Hillsdale,N.J.: L.Erlbaum.
Stanovich,K.E. (1993): Does reading make you smarter? Literacy and the development of verbal intelligence. In: H.Reese (Hrsg.) Advances in child development and behavior, Vol.24 (S.133-180). Orlando,FL: Academic Press.
Stanovich,K.E. & Bauer,D.W. (1978): Experiments on the spelling-to-sound regularity effect in word recognition. Memory and Cognition, 6, 410-415.
Stanovich,K.E. & Cunningham,A.E. (1992): Studying the consequences of literacy in a literate society: The cognitive correlates of print exposure. Memory and Cognition, 20, 51-68.
Stanovich,K.E., Cunningham,A.E. & Cramer,B. (1984): Assessing phonological awareness in kindergarten children: Issues of task comparability. Journal of Experimental Child Psychology, 38, 175-190.
Stanovich,K.E., Cunningham,A.E. & Feeman,D.J. (1984): Intelligence, cognitive skills, and early reading progress. Reading Research Quarterly, 19, 278-303.
Stanovich,K.E., Cunningham,A.E. & West,R.F. (1981): A longitudinal study of automatic recognition skills in first graders. Journal of Reading Behavior, 13, 57-74.

Stanovich,K.E., Nathan,R.G. & Vala-Rossi,M. (1986): Developmental changes in the cognitive correlates of reading ability and the developmental lag hypothesis. Reading Research Quarterly, 21, 267-283.
Stanovich,K.E., Nathan,R.G. & Zolman,J.E. (1988): The developmental lag hypothesis in reading: Longitudinal and matched reading-level comparisons. Child Development, 59, 71-86.
Stanovich,K.E. & West,R.F. (1989): Exposure to print and orthographic processing. Reading Research Quarterly, 24, 402-433.
Stanovich,K.E., West,R.F. & Feeman,D.J. (1981): A longitudinal study of sentence context effects in second-grade children: Tests of an interactive-compensatory model. Journal of Experimental Child Psychology, 32, 185-199.
Stedman,L.C. & Kaestle,C.F. (1987): Literacy and reading performance in the United States, from 1880 to the present. Reading Research Quarterly, 22, 8-46.
Stein,B.S., Bransford,J.D., Franks,J.J., Owings,R.A., Vye,N.J. & McGraw,W. (1982a): Differences in the precision of self-generated elaborations. Journal of Experimental Psychology: General, 111, 399-405.
Stein,B.S., Bransford,J.D., Franks,J.J., Vye,N.J. & Perfetto,G.A. (1982b): Differences in judgement of learning difficulty. Journal of Experimental Psychology: General, 111, 406-413.
Stein,C.L., Cairns,H.S. & Zurif,E.B. (1984): Sentence comprehension limitations related to syntactic deficits in reading-disabled children. Applied Psycholinguistics, 5, 305-322.
Stein,J. & Fowler,S. (1981): Visual dyslexia. Trends in Neurosciences, 4, 77-80.
Stein,J. & Fowler,S. (1982): Diagnosis of dyslexia by means of a new indicator of eye dominance. British Journal of Ophtalmology, 66, 332-336.
Stein,N.L. & Glenn,C.G. (1979): An analysis of story comprehension in elementary school children. In: R.O.Freedle (Hrsg.) New directions in discourse processing. Norwood,N.J.: Ablex.
Stein,N.L. & Trabasso,T. (1982): What's in a story: Critical issues in comprehension and instruction. In: R.Glaser (Hrsg.) Advances in the psychology of instruction, Vol.2. Hillsdale, N.J.: L.Erlbaum.
Steinheiser,R. & Guthrie,J.T. (1978): Reading ability and efficiency of graphemic-phonemic encoding. Journal of General Psychology, 99, 281-291.
Stelmack,R.M. & Miles,J. (1990): The effect of picture priming on event-related potentials of normal and disabled readers during a word recognition memory task. Journal of Clinical and Experimental Neuropsychology, 12, 887-903.
Stephenson,S. (1907): Six cases of congenital wordblindness affecting three generations of one family. Ophtalmoscope, 5, 482-484.
Sterling,C.M. (1983): Spelling errors in context. British Journal of Psychology, 74, 353-364.
Stevens,R.J., Madden,N.A., Slavin,R.E. & Farnish,A.M. (1987): Cooperative integrated reading and composition: Two field experiments. Reading Research Quarterly, 22, 433-454.
Stevens,R.J., Slavin,R.E. & Farnish,A.M. (1991): The effects of cooperative learning and direct instruction in reading comprehension strategies on main idea identification. Journal of Educational Psychology, 83, 8-16.
Stevenson,D.L. & Baker,D.P. (1987): The familiy-school relation and the child's school performance. Child Development, 58, 1348-1357.
Stevenson,H.W. & Lee,S. (1990): Contexts of achievement: A study of American, Chinese, and Japanese children. Monographs of the Society for Research in Child Development, 55 (1-2, Serial Nr.221).
Stevenson,H.W., Parker,T., Wilkinson,A., Hegion,A. & Fish,E. (1976): A longitudinal study of individual differences in cognitive development and scholastic achievement. Journal of Educational Psychology, 68, 377-400.
Stevenson,J. (1988): Which aspects of reading ability show a "hump" in their distribution? Applied Cognitive Psychology, 2, 77-85.
Stevenson,J., Graham,P., Fredman,G. & McLoughlin,V. (1987): A twin study of genetic influences on reading and spelling ability and disability. Journal of Child Psychology and Psychiatry, 28, 229-247.
Stevenson,J. & Fredman,G. (1990): The social environmental correlates of reading ability. Journal of Child Psychology and Psychiatry, 31, 681-698.
Sticht,T.G. (1982): Literacy at work. In: B.A.Hutson (Hrsg.) Advances in Reading/ Language Research, Vol.1. Greenwich, Conn.: JAI Press.
Sticht,T.G. & James,J.H. (1984): Listening and reading. In: P.D.Pearson, R.Barr, M.L.Kamil & P.Mosenthal (Hrsg.) Handbook of research on reading. New York: Longman.
Stott,D.H. (1981): Behaviour disturbance and failure to learn: A study of cause and effect. Educational Research, 23, 163-172.
Strauss,A.A. & Lehtinen,L.E. (1947): Psychopathology and education of the brain-injured child. New York: Grune & Stratton.
Stuart,M. (1990): Factors influencing word recognition in pre-reading children. British Journal of Psychology, 81, 135-146.
Stuart,M. & Coltheart,M. (1988): Does reading develop in a sequence of stages? Cognition, 30, 139-181.
Studert-Kennedy,M. (1987): The phoneme as perceptuomotor structure. In: A.Allport, D.Mackay, W.Prinz & E.Scheerer (Hrsg.) Language perception and production. London: Academic Press.

Sturge,C. (1982): Reading retardation and antisocial behavior. Journal of Child Psychology and Psychiatry, 23, 21-31.
Sulzby,E. (1988): A study of children's early reading development. In: A.D.Pellegrini (Hrsg.) Psychological bases for early education. Chichester: J.Wiley.
Sweeney,J.E. & Rourke,B.P. (1978): Neuropsychological significance of phonetically accurate and phonetically inaccurate spelling errors in younger and older retarded spellers. Brain and Language, 6, 212-225.
Szeszulski,P.A. & Manis,F.R. (1987): A comparison of word recognition processes in dyslexic and normal readers at two reading age levels. Journal of Experimental Child Psychology, 44, 365-376.
Tacke,G., Wörner,R., Schultheiss,G. & Brezink,H. (1993): Die Auswirkung rhythmisch-syllabierenden Mitsprechens auf die Rechtschreibleistung. Zeitschrift für Pädagogische Psychologie, 7, 139-147.
Taft,M. (1979): Lexical access via an orthographic code: The basic orthographic syllabic structure (BOSS). Journal of Verbal Learning and Verbal Behavior, 18, 21-39.
Taft,M. (1985): The decoding of words in lexical access: A review of the morphographic approach. In: D.Besner, T.G.Waller & G.E.MacKinnon (Hrsg.) Reading research: Advances in theory and practice, Vol.5. Orlando: Academic Press.
Taft,M. & Forster,K.I. (1975): Lexical storage and retrieval of prefixed words. Journal of Verbal Learning and Verbal Behavior, 14, 638-647.
Tallal,P. (1980): Auditory temporal perception, phonics, and reading disability in children. Brain and Language, 9, 182-198.
Taylor,B.M. (1982): Text structure and children's comprehension and memory for expository material. Journal of Educational Psychology, 74, 323-340.
Taylor,H.G., Satz,P. & Friel,J. (1979): Developmental dyslexia in relation to other childhood reading disorders: Significance and clinical utility. Reading Research Quarterly, 15, 84-101.
Taylor,K.K. (1986): Summary writing by young children. Reading Research Quarterly, 21, 193-208.
Taylor,M.B. & Williams,J.P. (1983): Comprehension of learning-disabled readers: Task and text variations. Journal of Educational Psychology, 75, 743-751.
Teale,W.H. & Sulzby,E. (Hrsg.) (1986): Emergent literacy: Writing and reading. Norwood,N.J.: Ablex.
Temple,C.M. (1984): Surface dyslexia in a child with epilepsy. Neurosychologia, 22, 569-576.
Temple,C.M. (1985a): Reading with partial phonology: Developmental phonological dyslexia. Journal of Psycholinguistic Research, 14, 523-541.
Temple,C.M. (1985b): Developmental surface dysgraphia: A case report. Applied Psycholinguistics, 6, 391-406.
Temple,C.M. (1986): Developmental dysgraphias. Quarterly Journal of Experimental Psychology, 38A, 77-110.
Temple,C.M. (1990): Foop is still floop: A six year follow-up of phonological dyslexia and dysgraphia. Reading and Writing, 2, 209-221.
Temple,C.M., Jeeves,M.A. & Vilarroya,O. (1989): Ten pen men: Rhyming skills in two children with callosal agenesis. Brain and Language, 37, 548-564.
Temple,C.M., Jeeves,M.A. & Vilarroya,O. (1990): Reading in callosal agenesis. Brain and Language, 39, 235-253.
Tenney,Y.J. (1980): Visual factors in spelling. In: U.Frith (Hrsg.) Cognitive processes in spelling. London: Academic Press.
Tharpe,R.G. & Gallimore,R. (1989): Rousing minds to life: Teaching, learning, and schooling in social context. New York: Cambridge University Press.
Thomas,C.C., Englert,C.S. & Gregg,S. (1987): An analysis of errors and strategies in the expository writing of learning disabled students. Remedial and Special Education, 8, 21-30.
Thomassen,A.J.W.M. & Teulings,H.L.H.M. (1983): The development of handwriting. In: M.Martlew (Hrsg.) The psychology of written language. London: Wiley.
Thompson,J.S., Ross,R.J. & Horwitz,S.J. (1980): The role of computed axial tomography in the study of the child with minimal brain dysfunction. Journal of Learning Disabilities, 13, 334-337.
Thomson,M.E. (1988): Preliminary findings concerning the effects of specialized teaching on dyslexic children. Applied Cognitive Psychology, 2, 19-31.
Thorstad,G. (1991): The effects of orthography on the acquisition of literacy skills. British Journal of Psychology, 82, 527-537.
Tierney,R.J., Bridge,C. & Cera,M.J. (1979): The discourse processing operations of children. Reading Research Quarterly, 14, 539-573.
Tierney,R.J. & Shanahan,T. (1991): Research on the reading-writing relationship: Interactions, transactions, and outcomes. In: R.Barr, M.L.Kamil, P.Mosenthal & P.D.Pearson (Hrsg.) Handbook of research on reading, Vol.II. New York: Longman.
Tizard,B., Blatchford,P., Burke,J., Farquhar,C. & Plewis,I. (1988): Young children at school in the inner city. Hillsdale,N.J.: L.Erlbaum.
Tizard,J., Schofield, W.N. & Hewison,J. (1982): Collaboration between teachers and parents in assisting children's reading. British Journal of Educational Psychology, 52, 1-15.
Tobin,D. & Pumfrey,P.D. (1976): Some long term effects of the remedial teaching of reading. Educational Review, 29, 1-12.

Torgesen,J.K. & Houck,D.G. (1980): Processing deficits of learning disabled children who perform poorly on the digit span test. Journal of Educational Psychology, 72, 141-160.
Torgesen,J., Morgan,S.T. & Davis,C. (1992): Effects of two types of phonological awareness training on word learning in Kindergarten children. Journal of Educational Psychology, 84, 364-370.
Torneus,M. (1984): Phonological awareness and reading: A chicken and egg problem?. Journal of Educational Psychology, 76, 1346-1358.
Treiman,R. (1984): Individual differences among children in spelling and reading styles. Journal of Experimental Child Psychology, 37, 463-477.
Treiman,R. (1985 a): Phonemic awareness and spelling: Children's judgements do not always agree with adults'. Journal of Experimental Child Psychology, 39, 182-201.
Treiman,R. (1985 b): Spelling of stop consonants after /s/ by children and adults. Applied Psycholinguistics, 6, 261-282.
Treiman,R. (1985 c): Phonemic analysis, spelling and reading. In: T.H.Carr (Hrsg.) The development of reading skills. San Francisco: Jossey-Bass.
Treiman,R. (1991): Children's spelling errors on syllable-initial consonant clusters. Journal of Educational Psychology, 83, 346-360.
Treiman,R. (1992): The role of intrasyllabic units in learning to read and spell. In: P.B.Gough, L.C.Ehri & R.Treiman (Hrsg.) Reading acquisition. Hillsdale,N.J.: L.Erlbaum.
Treiman,R. (1993): Beginning to spell: A study of first-grade children. New York: Oxford University Press.
Treiman,R. & Baron,J. (1983): Phoneme analysis training helps children benefit from spelling-sound rules. Memory and Cognition, 11, 382-389.
Treiman,R. & Hirsh-Pasek,K. (1985): Are there qualitative differences in reading behavior between dyslexics and normal readers? Memory and Cognition, 13, 357-364.
Trites,R.L. & Fiedorowicz,C. (1976): Follow-up study of children with specific or primary reading disability. In: R.M.Knights & D.J.Bakker (Hrsg.) The neuropsychology of learning disorders: Theoretical approaches. Baltimore,MD: University Park Press.
Trudewind,C. & Wegge,J. (1989): Anregung - Instruktion - Kontrolle: Die verschiedenen Rollen der Eltern als Lehrer. Unterrichtswissenschaft, 17, 133-155.
Tunmer,W.E. & Hoover,W.A. (1992): Cognitive and linguistic factors in learning to read. In: P.B.Gough, L.C.Ehri & R.Treiman (Hrsg.) Reading acquisition. Hillsdale,N.J.: L.Erlbaum.
Tunmer,W.E., Pratt,C. & Herriman,M.L. (Hrsg.) (1984): Metalinguistic awareness in children: Theory, research, and application. Berlin: Springer Verlag.
Tweedy,J.R. & Lapinski,R.H. (1981): Facilitating word recognition: Evidence for strategic and automatic factors. Quarterly Journal for Experimental Psychology, 33A, 51-60.
Tyler,S. & Elliot,C.D. (1988): Cognitive profiles of groups of poor readers and dyslexic children on the British Ability Scales. British Journal of Psychology, 79, 493-508.
Underwood,G. & Boot,D. (1986): Hemispheric asymmetries in developmental dyslexia: Cerebral structure or attentional strategies. Journal of Reading Behavior, 18, 219-228.
Valle-Arroyo,F. (1990): Spelling errors in Spanish. Reading and Writing, 2, 83-98.
Valtin,R. (1970): Legasthenie - Theorien und Untersuchungen. Weinheim: Beltz Verlag.
Valtin,R. (1972): Empirische Untersuchungen zur Legasthenie. Hannover: Schroedel.
Valtin,R. (1978): Dyslexia: Deficit in reading or deficit in research? (Critical comments on the methodological and theoretical aspects of research on Legasthenie) Reading Research Quarterly, 14, 201-225.
Valtin,R. (1981): Zur 'Machbarkeit' der Ergebnisse der Legasthenieforschung: Eine empirische Untersuchung. In: R.Valtin, V.O.H.Jung, G.Scheerer-Neumann (Hrsg.): Legasthenie in Wissenschaft und Unterricht. Wissenschaftliche Buchgesellschaft, Darmstadt.
Valtin,R. (1989): Prediction of writing and reading achievement - Some findings from a pilot study. In: M.Brambring, F.Lösel & H.Skowronek (Hrsg.) Children at risk: Assessment, longitudinal research, and intervention. Berlin: de Gruyter.
Van Daal,V.H.P. & Reitsma,P. (1993): The use of speech feedback by normal and disabled readers in computer-based reading practice. Reading and Writing, 5, 243-259.
Van der Meere,J. & Sergeant,J. (1988): Focused attention in pervasively hyperactive children. Journal of Abnormal Child Psychology, 16, 627-639.
Van der Wissel,A. & Zegers,F.E. (1985): Reading retardation revisited. British Journal of Developmental Psychology, 3, 3-19.
Van Dijk,T.A. (1987): Episodic models in discourse processing. In: R.Horowitz & S.J.Samuels (Hrsg.) Comprehending oral and written language. San Diego: Academic Press.
Van Dijk,T.A. & Kintsch,W. (1983): Strategies of discourse comprehension. New York: Academic Press.
Van Orden,G.C., Pennington,B.F. & Stone,G.O. (1990): Word identification in reading and the promise of subsymbolic psycholinguistics. Psychological Review, 97, 488-522.
Van Oudenhoven,J.P., Wiersema,B. & Van Yperen,N. (1987): Effects of cooperation and feedback by fellow-pupils on spelling achievement. European Journal of Psychology of Education, 2, 83-91.
Van Strien,J.W., Bouma,A. & Bakker,D.J. (1987): Birth stress, autoimmune diseases and handedness. Journal of Clinical and Experimental Neuropsychology, 9, 775-780.

Vellutino,F.R. (1979): Dyslexia: Theory and research. Cambridge, Mass.: MIT Press.
Vellutino,F.R. & Scanlon,D.M. (1987): Phonological coding, phonological awareness and reading ability: Evidence from a longitudinal and experimental study. Merrill-Palmer Quarterly, 33, 321-363.
Venezky,R.L. (1970): The structure of English orthography. The Hague: Mouton.
Venezky,R.L. (1991): The development of literacy in the industrialized nations of the west. In: R.Barr, M.L.Kamil, P.Mosenthal & P.D.Pearson (Hrsg.) Handbook of research on reading, Vol.II. New York: Longman.
Venezky,R.L., Chapman,R.S. & Calfee,R.C. (1972): The development of letter-sound generalizations from second through sixth grade. Technical Report No.231. Madison: Wisconsin Research and Development Center for Cognitive Learning.
Venezky,R.L. & Johnson,D.D. (1973): Development of two letter-sound patterns in grades one through three. Journal of Educational Psychology, 64, 109-115.
Wagner,R. (1988): Causal relations between the development of phonological processing abilities and the acquisition of reading skills: A meta-analysis. Merrill-Palmer Quarterly, 34, 261-279.
Wagner,R., Balthazor, M., Hurley,S., Morgan,S., Raskotte,C., Shaner,R., Simmons,K. & Stage,S. (1987): The nature of prereaders' phonological processing abilities. Cognitive Development, 2, 355-373.
Wagner,R. & Torgesen,J. (1987): The nature of phonological processing and its causal role in the acquisition of reading skills. Psychological Bulletin, 101, 192-212.
Walberg,H.J. & Tsai,S. (1984): Reading achievement and diminishing returns to time. Journal of Educational Psychology, 76, 442-451.
Walker,H.M. & Hops,H. (1976): Increasing academic achievement by reinforcing direct academic performance and/or facilitative nonacademic responses. Journal of Educational Psychology, 68, 218-225.
Wallach,L., Wallach,M.A., Dozier,M.G. & Kaplan,N.E. (1977): Poor children learning to read do not have trouble with auditory discrimination but do habe trouble with phoneme recognition. Journal of Educational Psychology, 69, 36-39.
Wallach,M.A. & Wallach,L. (1976): Teaching all children to read. Chicago: University of Chicago Press.
Waller,T.G. (1976): Children's recognition memory for written sentences: A comparison of good and poor readers. Child Development, 47, 90-95.
Walter,K. (1956): Über die angeborenen Schreib-Lese-Schwächen. Schweizer Archiv für Neurologie und Psychiatrie, 78, 288-311.
Warnke,A. (1990): Legasthenie und Hirnfunktion: Neuropsychologische Befunde zur visuellen Informationsverarbeitung. Bern: Huber.
Warren-Leubecker,A. & Carter,B.W. (1988): Reading and growth in metalinguistic awareness: Relations to socioeconomic status and reading readiness skills. Child Development, 59, 728-742.
Warrington,E.K. (1981): Concrete word dyslexia. British Journal of Psychology, 72, 175-196.
Warrington,E.K. & Shallice,T. (1980): Word-form dyslexia. Brain, 103, 99-112.
Wasik,B.A. & Slavin,R.E. (1993): Preventing early reading failure with one-to-one tutoring: A review of five programs. Reading Research Quarterly, 28, 178-200.
Waters,G., Bruck,M. & Seidenberg,M.S. (1985): Do children use similar processes to read and spell words? Journal of Experimental Child Psychology, 39, 511-530.
Waters,G., Bruck,M. & Malus-Abramowitz,M. (1988): The role of linguistic and visual information in spelling: A developmental study. Journal of Experimental Child Psychology, 45, 400-421.
Waters,G., Seidenberg,M.S. & Bruck,M. (1984): Children's and adults' use pf spelling-sound information on three reading tasks. Memory and Cognition, 12, 293-305.
Watson,C. & Willows,D.M. (1993): Evidence for a visual-processing-deficit subtype among disabled readers. In: D.M.Willows, R.S.Kruk & E.Corcos (Hrsg.) Visual processes in reading and reading disabilities. Hillsdale,N.J.: L.Erlbaum.
Weaver,C.A. & Kintsch,W. (1991): Expository text. In: R.Barr, M.L.Kamil, P.Mosenthal & P.D.Pearson (Hrsg.) Handbook of research on reading, Vol.II. New York: Longman.
Weaver,P.A. (1979): Improving reading comprehension: Effects of sentence organization instruction. Reading Research Quarterly, 15, 129-146.
Weaver,P.A. & Dickinson,D.K. (1979): Story comprehension and recall in dyslexic students. Bulletin of the Orton Society, 29, 157-171.
Weber,R.M. (1970): A linguistic analysis of first-grade reading errors. Reading Research Quarterly, 5, 427-451.
Wehrens,H.H. (1981): Analphabetismus im Strafvollzug - eine Situationsanalyse. In: F.Decroll & U.Müller (Hrsg.) Für ein Recht auf Lesen. Analphabetismus in der Bundesrepublik Deutschland. Frankfurt a.M.: Diesterweg.
Weiner,B. (1979): A theory of motivation for some classroom experiences. Journal of Educational Psychology, 71, 3-25.
Weinstein,R.S. (1976): Reading group membership in first grade: Teacher behaviors and pupil experience over time. Journal of Educational Psychology, 68, 103-116.

Weisberg,R. (1979): A comparison of good and poor readers' ability to comprehend explicit and implicit information in short stories based on two modes of presentation. Research in the Teaching of English, 18, 337-351.
Werker,J.F. & Tees,R.C. (1987): Speech perception in severely disabled and average reading children. Canadian Journal of Psychology, 41, 48-61.
Werner,E.E., Simonian,K. & Smith,R.S. (1967): Reading achievement, language functioning and perceptual-motor development of 10- and 11-year-olds. Perceptual and Motor Skills, 25, 409-420.
West,R.F. & Stanovich,K.E. (1978): Automatic contextual facilitation in readers of three ages. Child Development, 49, 717-727.
West,R.F., Stanovich,K.E. & Mitchell,H.R. (1993): Reading in the real word and its correlates. Reading Research Quarterly, 28, 34-50.
White,C.V., Pascarella,E.T. & Pflaum,S.W. (1981): Effects of training in sentence construction on the comprehension of learning disabled children. Journal of Educational Psychology, 73, 687-704.
White,K.R. (1982): The relation between socioeconomic status and academic achievement. Psychological Bulletin, 91, 461-481.
Wieczerkowski,W. (1979): Einflüsse eines kurzzeitigen Lesetrainings auf die Rechtschreibleistung. In: H.Plickat & W.Wieczerkowski (Hrsg.) Lernerfolg und Trainingsformen im Rechtschreibunterricht. Bad Heilbrunn: J.Klinkhardt.
Wieczerkowski,W., Balhorn,H. & Langer,I. (1979): Rechtschreibtraining nach dem Kriterium der sozialen Nutzbarkeit der Übungsinhalte. In: H.Plickat & W.Wieczerkowski (Hrsg.) Lernerfolg und Trainingsformen im Rechtschreibunterricht. Bad Heilbrunn: J.Klinkhardt.
Wilding,J. (1989): Developmental dyslexics don't fit into boxes: Evidence from case studies. European Journal of Cognitive Psychology, 1, 105-127.
Wilkinson,A.C. (1980): Children's understanding in reading and listening. Journal of Educational Psychology, 72, 561-574.
Wilkinson,A. & Hanna,P. (1980): The development of style in children's writing. Educational Review, 32, 173-184.
Wilkinson,A., Barnsley,G., Hanna,P. & Swan,M. (1980): Assessing language development. Oxford: Oxford University Press.
Williams,J.P. (1975): Training children to copy and to discriminate letterlike forms. Journal of Educational Psychology, 67, 790-795.
Williams,J.P. (1979): The ABD's of reading: A program for the learning disabled. In: L.B.Resnick & P.A.Weaver (Hrsg.) Theory and practice of early reading, Vol.3. Hillsdale,N.J.: L.Erlbaum.
Williams,J.P. (1980): Teaching decoding with an emphasis on phoneme analysis and phoneme blending. Journal of Educational Psychology, 72, 1-15.
Willows,D.M., Borwick,D. & Hayvren,M. (1981): The content of school readers. In: G.E.MacKinnon & T.G.Waller (Hrsg.) Reading research. Advances in theory and practice, Vol.2. New York: Academic Press.
Wilson,P.T. & Anderson,R.C. (1986): What they don't know will hurt them: The role of prior knowledge in comprehension. In J.Orasanu (Hrsg.) Reading comprehension: From research to practice. Hillsdale,N.J.: L.Erlbaum.
Wimmer,H. & Frith,U. (1994): Orthographies and learning to read: An English-German comparison. Unveröffentlichtes Manuskript, Universität Salzburg.
Wimmer,H. & Goswami,U. (1994): The influence of orthographic consistency on reading development: Word recognition in English and German children. Cognition (im Druck).
Wimmer,H. & Hummer,P. (1990): How German-speaking first-graders read and spell: Doubts on the importance of the logographic stage. Applied Psycholinguistics, 11, 349-368.
Wimmer,H., Landerl,K., Linorter,R. & Hummer,P. (1991): The relationship of phonemic awareness to reading acquisition: More consequence than precondition but still important. Cognition, 40, 219-249.
Wimmer,H., Landerl,K. & Schneider,W. (1994): The role of rhyme awareness in learning to reading a regular orthography. British Journal of Developmental Psychology (im Druck).
Wimmer,H., Zwicker,T. & Gugg,D. (1991): Schwierigkeiten beim Lesen und Schreiben in den ersten Schuljahren: Befunde zur Persistenz und Verursachung. Zeitschrift für Entwicklungspsychologie und Pädagogische Psychologie, 23, 280-298.
Wing,A.M. & Baddeley,A.D. (1980): Spelling errors in handwriting: A corpus and a distributional analysis. In: U.Frith (Hrsg.) Cognitive processes in spelling. London: Academic Press.
Wise,B.W. & Olson,R.K. (1992): How poor readers and spellers use interactive speech in a computerized spelling program. Reading and Writing, 4, 145-163.
Wise,B.W., Olson,R.K., Anstett,M., Andrews,L., Terjak.M., Schneider,V., Kostuch,J. & Kriho,L. (1989): Implementing a long-term computerized remedial reading program with synthetic speech feedback. Behavior Research Methods, Instruments, and Computers, 21, 173-180.
Wocken,A. & Wocken,H. (1977): Über Störungen der Artikulation und Lautdiskrimination bei lernbehinderten und legasthenen Schülern. Sonderpädagogik, 7, 74-79.
Wolf,C.G. & Robinson,D.O. (1976): Use of spelling-to-sound rules in reading. Perceptual and Motor Skills, 43, 1135-1146.

Wolf,M. (1981): The word retrieval process and reading. In: K.Nelson (Hrsg.) Children's language, Vol.3. New York: Gardner Press.
Wolf,M. (1984): Naming, reading and the dyslexias: A longitudinal overview. Annals of Dyslexia, 34, 87-115.
Wolf,M. (1986): Rapid alternating stimulus naming in the developmental dyslexias. Brain and Language, 27, 360-379.
Wolf,M. & Gow,D. (1986): A longitudinal investigation of gender differences in language and reading development. First Language, 6, 81-110.
Wong,B. (1980): Activation the inactive learner: Use of questions/prompts to enhance comprehension and retention of implied information in learning disabled children. Learning Disability Quarterly, 3, 29-37.
Wood,F., Flowers,L., Buchsbaum,M. & Tallal,P. (1991): Investigations of abnormal temporal functioning in dyslexia through rCBF, auditory evoked potentials, and Positron Emission Tomography. Reading and Writing, 3, 379-393.
Yopp,H.K. (1988): The validity and reliability of phonemic awareness tests. Reading Research Quarterly, 23, 159-177.
Young,A.W. & Ellis,A.W. (1981): Asymmetry of cerebral hemispheric function in normal and poor readers. Psychological Bulletin, 89, 183-190.
Yuill,N. & Oakhill,J. (1988): Understanding of anaphoric relations in skilled and less skilled comprehenders. British Journal of Psychology, 79, 173-186.
Yule,W. (1973): Differential prognosis of reading backwardness and specific reading retardation. British Journal of Educational Psychology, 43, 244-248.
Yule,W. (1976): Issues and problems in remedial education. Developmental Medicine and Child Neurology, 18, 674-682.
Yule,W., Rutter,M., Berger,M. & Thompson,J. (1974): Over- and under-achievement in reading: Distribution in the general population. British Journal of Educational Psychology, 44, 1-12.
Zeman,M. (1978): Kursmäßige Legasthenikertherapie an Wiens Schulen. Wien: Ketterl.
Zielinski,R. & Schneider,W. (1986): Diagnostische Möglichkeiten bei Lese- und Rechtschreibschwierigkeiten - Folgerungen aus der Forschung. In: K.Ingenkamp, R.Horn & R.S.Jäger (Hrsg.) Tests und Trends 5, Jahrbuch der Pädagogischen Diagnostik. Weinheim: Beltz.
Zifzack,M. (1981): Phonological awareness and reading acquisition. Contemporary Educational Psychology, 6, 117-126.
Zingeler-Gundlach,U., Langheinrich,D. & Kemmler,L. (1970): Fehleranalyse von guten und schwachen Rechtschreibleistungen normal begabter Grundschüler. Zeitschrift für Entwicklungspsychologie und pädagogische Psychologie, 2, 75-85.
Zinna,D.R., Liberman,I.Y. & Shankweiler,D. (1986): Children's sensitivity to factors influencing vowel reading. Reading Research Quarterly, 21, 465-480.
Zurif,E.B. & Carson,G. (1970): Dyslexia in relation to cerebral dominance and temporal analysis. Neuropsychologia, 8, 351-361.
Zur Oeveste,H. (1977): Untersuchung der Rechtschreibung von Schülern. In: K.J.Klauer & H.J.Kornadt (Hrsg.) Jahrbuch für empirische Erziehungswissenschaft 1977. Düsseldorf: Pädagogischer Verlag Schwann.
Zur Oeveste,H. (1981): Vorhersage orthographischer Strukturfehler. Psychologie in Erziehung und Unterricht, 28, 72-81.

Sachregister

academic survival skills 276f, 377
Agraphien 188ff
Alexien 173ff
Allergien 288
Allograph 98f, 191
alphabetisches Stadium 46, 52f, 108ff
alternierende Schreibweise 26, 85f, 186
Anaphora 137, 146
Analogien 20f, 61f, 102f, 111, 115f
Analogie-Modell 20f
Analphabeten 41f, 220ff
Ansprechen der Rezipienten 155, 157f, 161f
Arbeitsgedächtnis 257
Artikulation 7, 38f, 195, 247, 249f
artikulatorische Interferenz 115
Attribuierungsverhalten 271ff, 377
auditive Wahrnehmung 7, 38f, 247f, 250f, 383
Aufmerksamkeit im Unterricht 274, 377
Aufmerksamkeitsstörung 268, 273ff
Ausdenken der Inhalte eines Texts 157f, 161f
außerschulisches Lesen 170, 240ff, 266f, 295f, 350f
Automatisierung 29f, 31, 56, 67f, 90f, 126f, 261
Benennen von Buchstaben 86ff
berufliche Anforderungen an das Lesen 5, 221f
Bildbenennen 252ff, 294
bottom-up-Prozesse 16f
Broca'sche Aphasie 173
Buchstaben-Ausstreich-Experiment 64
Buchstabenschemata 16, 26f, 56, 65f, 86ff, 112, 121
Buchstabengruppen 64, 367f
Buchstaben-Suchaufgabe 64
Buchstaben-übergreifende Merkmale 86f
Buchstabennamen 109, 187, 310
Computer-unterstützter Unterricht 329, 330f, 364, 366ff, 372
Corpus Callosum 186, 291
Dehnlesen 74, 308ff, 316
Delinquenz 278
Depressive Reaktionen 270f
Dialekteinflüsse 124
dichotisches Hören 288
differenzierender Unterricht 352, 353ff, 374
direkter Unterricht 318ff
Diskrepanzdefinition 209ff, 230
Diskrepanz Lesen-Rechtschreiben 113f, 169ff
Diskursformen 139, 156, 162f
dyseidetische Störung 193f, 260f
dysphonetische Störung 193f
EEG 285f
Einbeziehung der Eltern in die Förderung 349ff, 352, 360f

Einfluß des Lesens auf die kognitve Entwicklung 265ff, 301, 398
Einfluß des Leseunterrichts auf die Leseentwicklung 73f, 314ff, 318ff
Einsicht in Vorgang der Rechtschreibung 118f
Einzelförderung 352, 359f
Elaborationen 337f
Eltern-Kind-Beziehung 237ff, 273
Eltern-Schule 238ff, 349ff
Emotionale Störungen 209, 268ff
entdeckendes Lernen 318ff
Epidemiologie 212ff, 218ff, 277, 284f, 293f
Epilepsie 291
Erstlesebücher 310f, 320ff
Erstleseunterricht 306ff
Evaluation von Fördermaßnahmen 360, 363, 384ff
Evozierte Potentiale im EEG 286
explizite/ implizite Information 147
Fehlerkorrektur 312f, 327f, 375
Fernsehen 242f
Fingerlesen 50
Förderklassen 355ff
Förderprogramme 307ff, 362ff, 378ff
Förderprogramm von Kossow 379f
Förderprogramm von Kowarik und Kraft 381f
Förderung der phonematischen Bewußtheit 43, 307ff
Fragen an einen Text 332f, 338ff, 376
funktioneller Analphabetismus 220ff, 225f
Funktionsübungen 383f
Funktionswörter (grammatikalische Partikel) 36, 176, 178ff
Ganzwortmethode 314ff
Gedächtnisstrategien 258
Genetische Faktoren 276, 280ff, 295, 398f
Geschichtenerzählen 163, 206f
Geschichtenstrukturen 139f, 149, 339f, 341
Geschichtenwiedergabe 143, 149, 206f
Geschlechtschromosomenanomalien 195f, 283
Geschlechtsunterschiede 292ff
grammatikalische Kompetenz 125f, 134ff, 144f, 171, 255f
Graphem-Bildung 100, 105, 112, 191
Graphembuffer 100, 105, 190
Graphem-Phonem-Korrespondenz 9, 10, 18ff, 57ff, 76ff, 174, 184, 194f, 310f, 314ff, 362ff
Grundwortschatz 324
Gruppenarbeit im Unterricht 344
Gruppengröße beim Förderunterricht 391
Händigkeit 287f
Halbfelduntersuchung 289
Handzeichen (Lautgebärden) 363, 380
Hauptgedanken eines Textes 139f, 149, 339
Hausaufgaben 241, 349f

Sachregister

Häufigkeit eines Rückstands im Lesen 219f
Häufigkeit eines Rückstands im Rechtschreiben 220
Hemisphärektomie 291
Hemisphärendominanz 287ff
hirnanatomische Veränderungen 289ff
Hirnstoffwechsel 286f
Homophon-Effekt 23, 24, 52, 81, 179f, 196, 198
Hyperaktivität 268, 278f
Hyperlexie 207f
Inferenz 138f, 147f
Intelligenz 210ff, 244f, 390
interaktionelles Entwicklungsmodell 233ff
Interferenzaufgaben 23, 90f
Kieler Lese- und Rechtschreibaufbau 362, 380f
Klassen, Unterschiede zwischen Schulklassen 295f, 347f
Kohärenz 157, 161, 166, 337ff
Kohäsionsmittel 166, 206
Kommunikative Funktion des Lesens 5f, 322
Konnektoren 166, 206
Konsistenz der Aussprache 20
Konsonantenschrift 9, 58
Konsonantenverbindungen 109f, 124, 129
Kontexteinfluß beim Worterkennen 5, 30ff, 56, 68ff, 91ff
Kontrolle des eigenen Verständnisses 150f
Kontrollprozeß beim Schreiben 105f, 127
Konvergenzkontrolle der Augen 260
Konzepte über die Schrift 34f
Konzeptionswissen 155
Kooperatives Lernen 344
Korrektur von Lesefehlern 312f, 364
Korrektur von Rechtschreibfehlern 327f
Kurzzeitgedächtnis, verbales 195, 249, 252, 253f
Länge der Wörter 49, 67, 78, 105, 186, 190, 193, 195
lautes Lesen 18ff, 57, 145, 305, 312f, 343, 350f
Lautsynthese 307ff
Legasthenie (spezif. Lese- und Rechrschreib- schwierigkeiten) 208ff
Legasthenikerförderkurse 352, 357f, 389
Lehrer-Schüler Interaktion 312f, 343, 345f
leises Lesen 22ff, 305, 313f
Leistungsgruppen 352, 353ff
Lernbehinderung 216
Lerngesetze im Förderunterricht 373f
Lernzeit 304f, 346, 347f
Lernverhalten 151f, 238f, 275
Lesbarkeit 322
Lesebücher 320ff, 333f
Lesefehler 48ff, 59f, 176ff, 182ff, 194ff, 203f
Lesehäufigkeit 5, 170, 241ff, 295f
Lesegeschwindigkeit 12, 55, 200f, 204, 293, 371ff

Leselehrmethode 314ff
Lesestile 199f
Leseverständnis 131ff, 205f, 312f, 313f, 332ff, 374ff
Leseverständnisschwierigkeiten 141ff, 184f, 187, 204, 205f, 262, 293, 374ff
lexikalische Dysgraphie 189f
Lexikalische Entscheidungsaufgabe 22f, 28, 57, 65, 85, 187, 193, 198
Lexikon 8, 17, 22, 27f, 252f
„linguistische" Erstleselehrgänge 321
Linkage-Analyse 281f
literale Alexie 174
Logogene 17, 97ff, 181, 188, 199
Logographie 8
logographisches Stadium 46, 47ff, 107, 120, 195f
Makrostrukturen des Textes 136, 156, 166
mastery learning 373
Mathematikleistungen 226
metakognitive Bewußtheit 258
metalinguistische Bewußtheit 35ff
Mikrostrukturen des Textes 136, 156, 166
Minimale zerebrale Dysfunktion 269, 283f
modalitätsspezifische Defizite 192f
Modell der zweifachen Zugangswege 18ff, 97ff, 183
Modularität 29f, 246
Morpheme 10, 27ff, 56, 66f, 89f, 97, 99, 104f, 108, 176, 367
Morphemische Leseschwäche 193
Motivation 239f, 275, 295, 345
multisensorieller Unterricht 363
Nachfahren von Buchstaben 328f, 363
Neglekt-Dysgraphie 188, 191
Networking 340
Netzwerkmodell des Worterkennens 21f, 100
Oberflächen- (lexikalische) Dysgraphie 189f, 196f
Oberflächendyslexie 174, 182ff, 193, 196f
offener Unterricht 319ff
Oralität vs. Literalität 5, 146
Organisation von Leseaktivitäten im Unterricht 343
Orientierungsfehler 87ff, 121, 214f
Orthographie, deutsche 9ff
orthographische Konventionen 117, 125
orthographische Regularität 25f, 63ff, 82f
orthographisches Stadium 47, 53f, 110f, 120, 205
periphere Agraphien 188, 191
periphere Alexie 173f
perzeptuelles Defizit 86f, 201, 258ff, 383f
perzeptuo-motorisches Training 383
„Phönizier" vs. „Chinesen" 199f
Phonem-Graphem-Zuordnung 97, 99f, 101f, 112ff, 121ff, 170, 189, 194f, 362ff
phonetische Merkmale 110

phonetisches Stadium der Rechtschreibentwicklung 108ff
Phonographie 8
phonologische Angemessenheit von Rechtschreibfehlern 120, 122ff, 128f, 189f, 194ff, 202f
phonologische Bewußtheit 37ff, 207f, 247f, 254f, 296, 308ff
phonologische Dysgraphie 189
phonologische Dyslexie 174ff, 193ff
phonologischer Outputbuffer (Zwischenspeicher) 185, 247f
phonologisches Rekodieren beim Lesen 17ff, 56ff, 76ff, 174f, 181f, 183f, 194ff, 203, 215f, 225, 229, 291, 396
phonologisches Rekodieren im Gedächtnis 252, 291
phonologische Verarbeitungsschwächen 247ff
physische/ Namensidentität 86
Planungsprozeß beim Rechtschreiben 105
Planung der schriftlichen Wiedergabe 6, 154f, 161f, 341f
Positionseinfluß 25, 39f, 59, 105
Prädiktion des Lesenlernens 42f, 253, 254f, 282
Propositionsanalyse 136f
prosodische Gliederung 6
Pseudohomophone 23, 52, 61, 63, 80, 81, 83, 84, 175, 178, 179f, 184, 193, 196, 197, 198
Pseudowörter 15f, 18f, 25, 53, 58ff, 77ff, 101f, 114, 115f, 124, 175, 179, 189, 194f, 198, 200, 202f, 207, 215f, 225, 250, 254, 365
psychomotorische Therapie 383f
qualitative Fehleranalyse - Lesen 48ff, 59, 73f, 175ff, 194ff
qualitative Fehleranalyse - Rechtschreiben 114f, 122ff, 127ff, 194ff, 202f, 379f
Reaktionsverweigerung 52
Rechtschreibfehler (siehe auch qualitative Fehleranalyse) 323
Rechtschreibreform 11
Rechtschreibregeln 326f
Rechtschreibschwäche, umschriebene 201ff, 261f
Rechtschreibunterricht 323ff
Rechts-Links-Unterscheidung 262
Redundanz, orthographische 25 f, 63ff, 82f
Referenzbeziehungen 145f
regelmäßige/ unregelmäßige Wörter 19, 20, 24, 57, 58f, 80f, 84f, 112ff, 123, 176, 180, 182ff, 189, 194ff, 200, 215
Regelmäßigkeit der Schriftsprache 9, 10, 19, 58f, 60f, 71, 112ff, 231
regionale Unterschiede 237
Regression Intelligenz-Lesen 213f
Reime 39ff, 179, 252, 287
Reversionsfehler 87ff, 121, 214f
Revision von Texten 158, 162, 167, 172, 342
Sachtexte 140f, 150, 164, 165, 167, 340

Sakkaden 260
Satzanalyse 144f, 172, 336f, 375f
Satzbau 132, 166, 167, 206, 255f
Satzverständnis 134ff, 144f, 257
schemageleitetes Textverständnis 137ff, 148f
Schriftsysteme 8ff
schriftlicher Ausdruck 153ff, 341f
Schulbildung der Eltern 236
Schullaufbahn 226f
schulische Einflüsse 296ff
Schulwegsdifferenzierung 298f
Segmentierung der Sprache 6ff, 37ff, 307f
Sekundarstufe 226f, 331, 387
selbsterlerntes Schreiben 108f, 323
Selbstkontrolle beim Rechtschreiben 105f, 127, 327f
Selbstkonzept 271ff
semantische Fehler beim Lesen 177
semantisches System 22, 181f
semiphonetisches Stadium der Rechtschreibentwicklung 108, 120
Sequenzfehler 88f, 121
Silben 7f, 21, 41, 97, 108
Silbengliederung 7f, 21, 41, 115, 329f, 362, 365ff
Silbenschrift 9
silbenweise Aussprache 329f
Situationsmodell 138
Skript 138
Sonderschulbesuch 212, 216, 352, 358f
soziale Faktoren 235ff, 294
soziale Schicht 235f
Sprachentwicklungsstörung 124, 254ff, 294
sprachliche Effizienztheorie 254ff
Stabilität von Fortschritten 386f
Stadien der Leseentwicklung 45ff, 70f, 72, 169ff, 195f
Stadien der Rechtschreibentwicklung 106ff, 119f, 169ff, 205
Stadien der schriftlichen Ausdrucksfähigkeit 158f
Strategiewissen 167f
Stroop-Aufgabe 23, 67f, 90f
Studierverhalten 151f
Stufen der phonologischen Bewußtheit 40f
Subvokalisation 115
Syntax 134f, 144f, 255f, 257, 266, 336f, 375f
syntaktische Bewußtheit 36f
synthetischer Leseunterricht 314ff
Teilleistungsschwächen 244ff, 383f
Temporallappen 286f
Tiefendyslexie 174, 176ff
top-down-Prozesse 17, 31f, 138
transientes visuelles Subsystem 259f
Tutoren 345
Überarbeitung von Texten 158, 162, 167, 172, 342

Sachregister

Überwachen des Verständlichkeit eines Textes beim Schreiben 157
Überwachen des eigenen Verständnisses beim Lesen 141, 150f, 376
Übungsformen im Rechtschreibunterricht 325f, 379
Untergruppen lese- und schreibschwacher Schüler 143, 192ff, 230, 262, 263ff, 275f, 397f
Unterricht im Leseverständnis 332ff, 374ff
Unterrichtsorganisation 343, 344f
Unterrichtssteuerung 342ff
Unterrichtszeit 304f, 346, 347f
Unterstützung schulischen Lernen durch die Eltern 240f
Verbale Kodierfähigkeit 256f
Vergleich von leseschwachen Kindern mit jüngeren Kindern auf gleichem Leseentwicklungsstand („Leseniveau-Design") 72, 79f, 81, 246
Vergleich von Wörtern 23, 193
Verhaltensauffälligkeiten 268ff, 390
Verlauf 120, 122f, 222ff, 243f, 267, 277ff
Verteilung von Übungen 324f, 373
Visuell-analytische Leseschwäche 193, 199
Visuelle Diskriminationsübungen 383
Visuelles Gedächtnis 103f, 261
Visuelle Wahrnehmung 13ff, 86f, 199, 258ff
Vorbereitung auf die Schule 238
Vorlesen 33f, 240f, 350f
Vorstellbarkeit von Wörtern 180, 181

Vorwissen 136, 147, 150, 155, 161
Wernicke´sche Aphasie 173
wiederholtes Lesen 83ff, 370ff
Wiener Längsschnittuntersuchungen 44f, 51, 52, 54f, 74f, 84, 114, 117, 122, 125, 164, 166, 204, 205, 206, 215f, 219f, 224f, 240f, 270, 295f, 297ff, 347f, 358, 389
Wortanalyse 362, 364ff
Wortbewußtheit 36f
Wortbildungsregeln 104f, 117f, 326
Worterkennen 13ff
Wortfindungsschwierigkeiten 252f
Wortformdyslexie 174, 185ff, 200f
Worthäufigkeitseffekt 24, 30, 77, 102, 116, 125, 185, 187, 189, 197
Wortschatz 38, 132, 133f, 143f, 166, 172, 206, 254f, 266, 321, 334ff
Wortspezifisches Wissen 63, 83f, 102f, 116f, 125, 175f, 194ff, 207, 216, 225
Wortüberlegenheitseffekt 13f,
zentrale Agraphien 188ff
zentrale Alexien 174ff
zentrale Inhalte eines Textes 139, 148f, 339
Zusammenfassen eines Textes 164f, 167, 340, 376
Zusammenhang Lesen-Rechtschreiben 113f, 169ff, 229f, 313, 330
Zusammenhang Leseverständnis-schriftlicher Ausdruck 171ff
Zusammenschleifen von Lauten 308f, 316
Zwillingsuntersuchungen 276, 280f